Beck-Wirtschaftsberater

Lexikon der Betriebswirtschaft

dtv

Beck-Wirtschaftsberater

Lexikon der

Betriebswirtschaft

3.300 grundlegende und aktuelle Begriffe für Studium und Beruf

Von Prof. Dr. Ottmar Schneck (Hrsg.),
mit Beiträgen von Prof. Dr. Ottmar Schneck,
Prof. Dr. Klaus Hahn, Prof. Dr. Uwe Schramm,
Dr. Matthias Stelzer

10., vollständig überarbeitete Auflage

dtv

www.dtv.de
www.beck.de

Originalausgabe

dtv Verlagsgesellschaft mbH & Co. KG,
Tumblingerstraße 21, 80337 München

Druck und Bindung: Druckerei C.H. Beck, Nördlingen
(Adresse der Druckerei: Wilhelmstraße 9, 80801 München)
Satz: ottomedien, Darmstadt
Umschlaggestaltung: Agentur 42, Bodenheim
unter Verwendung eines Fotos von Fotolia © Friedberg
ISBN 978-3-423-50962-6 (dtv)
ISBN 978-3-406-72647-7 (C. H. Beck)

9 783406 726477

Vorwort

Der große Erfolg der ersten neun Auflagen hat uns darin bestärkt, die Konzeption eines auf den Bereich Betriebswirtschaft konzentrierten, aktuellen und wissenschaftlich präzisen Lexikons beizubehalten. Qualität vor Quantität war auch in der zehnten Auflage unsere Maxime. Von A bis Z sind zahlreiche neue Begriffe zu finden, die neue Verfahren und Regelungen, wie z. B. Digitalisierung, Digitale Güter, Digitale Geschäftsmodelle sowie Cyber Security beschreiben. In einer VUCA-Welt scheint mit Big Data und dem Internet der Dinge Vieles neu und Agilität wichtig. Gleichzeitig bleibt doch Vieles gleich und bewährt und so sind trotz neuer Begriffe und Aktualisierung die Bezüge zur Basis und den Grundlagenbegriff rund um Produktivität, Wirtschaftlichkeit, Rentabilität sowie Liquidität nicht aufgegeben. Es bleibt dabei, dass es ein Grundgerüst an betriebswirtschaftlichen Basistermini gibt, die hier zwar stets aktualisiert sind, aber niemals durch neue Modebegriffe ersetzt werden können.

Die Bereiche Allgemeine Betriebswirtschaftslehre, Planung, Organisation, Personalführung, Wissenschaftstheorie, Wirtschaftsrecht, Investition und Finanzierung sowie Produktion und Kostenrechnung/Controlling wurden von *Prof. Dr. Ottmar Schneck* bearbeitet. Die Überarbeitung der Bereiche Bilanzierung und Rechnungslegung erfolgte durch *Prof. Dr. Klaus Hahn*, der Bereiche Steuern und Prüfungswesen durch *Prof. Dr. Uwe Schramm.* Informatik, Beschaffung, Logistik und Marketing überarbeitete *Dr. Matthias Stelzer.*

Ich wünsche Ihnen im Studium, in der Weiterbildung oder im Beruf einen hohen Nutzwert dieses Buches. Wir sind im Sinne eines kontinuierlichen Qualitätsmanagements an Kritik und Anregungen interessiert und freuen uns auf Ihre Zuschriften an: Verlag C.H.Beck, Wirtschaftswissenschaftliches Lektorat, Wilhelmstr. 9, 80801 München oder an Prof. Dr. Ottmar Schneck, SRH Fernhochschule – The Mobile University –.

Danken möchte ich abschließend meinen Koautoren für die konstruktive Arbeit und insbesondere Herrn Dipl.-Volkswirt *Hermann Schenk* vom Verlag C. H. Beck für die wie gewohnt vorzügliche Zusammenarbeit.

München, im Oktober 2018 *Ottmar Schneck*

Abkürzungsverzeichnis

AfA .... Absetzung für Abnutzung
AfaA .... Absetzung für außergewöhnliche Abnutzung
AfS .... Absetzung für Substanzverringerung
AG .... Aktiengesellschaft
AGB .... Allgemeine Geschäftsbedingungen
AHK .... Anschaffungs- oder Herstellungskosten
AK .... Anschaffungskosten
AKA .... Ausfuhrkredit-Gesellschaft mbH
AktG .... Aktiengesetz
allg. .... allgemeine
AO .... Abgabenordnung
AOEWL .... Arbeitsorientierte Einzelwirtschaftslehre
ArbGG .... Arbeitsgerichtsgesetz
Art. .... Artikel
AStG .... Außensteuergesetz
AÜG .... Arbeitnehmerüberlassungsgesetz
AuslInvestG .... Gesetz über den Vertrieb ausländischer Investmentanteile und über die Besteuerung der Erträge aus ausländischen Investmentanteilen
AVB .... Allgemeine Versicherungsbedingungen
BA .... Berufsakademie
BAB .... Betriebsabrechnungsbogen
BaFin .... Bundesanstalt für Finanzdienstleistungsaufsicht
BBiG .... Berufsbildungsgesetz
BDA .... Bundesvereinigung der Deutschen Arbeitgeberverbände e. V.
BDB .... Bundesverband Deutscher Banken e. V.
BDI .... Bundesverband der Deutschen Industrie e. V.
Bek. .... Bekanntmachung
BetrVG .... Betriebsverfassungsgesetz
BewG .... Bewertungsgesetz
BfA .... Bundesversicherungsanstalt für Angestellte

BfB .... Bundesverband der Freien Berufe
BFH .... Bundesfinanzhof
BGB .... Bürgerliches Gesetzbuch
BGBl .... Bundesgesetzblatt
BGH .... Bundesgerichtshof
BGHZ .... Sammlung der Entscheidungen des BGH in Zivilsachen
BilMoG .... Bilanzrechtsmondernisierungsgesetz
BiRiLiG .... Bilanzrichtlinien-Gesetz
BIZ .... Bank für internationalen Zahlungsausgleich
BKartA .... Bundeskartellamt
BPO .... Betriebsprüfungsordnung
BUrlG .... Bundesurlaubsgesetz
bzw. .... beziehungsweise
ca. .... circa
CAD .... Computer Aided Design
CAE .... Computer Aided Engineering
CAM .... Computer Aided Manufacturing
CAP .... Computer Aided Planning
CAQ .... Computer Aided Quality Control
CD .... Certificate of Deposit
CIM .... Computer Integrated Manufacturing
CPM .... Critical Path Method
DFG .... Deutsche Forschungsgemeinschaft
DGB .... Deutscher Gewerkschaftsbund
DGPI .... Deutsche Gesellschaft für Produktinformation
d. h. .... das heißt
DHKT .... Deutscher Handwerkskammertag
DIHK .... Deutscher Industrie- und Handelskammertag
DIN .... Deutsche Industrienorm
DIW .... Deutsches Institut für Wirtschaftsforschung
DLG .... Deutsche Landwirtschafts-Gesellschaft
DPR .... Deutsche Prüfstelle für Rechnungslegung
DRS .... Deutscher Rechnungslegungs-Standard
DRSC .... Deutsches Rechnungslegungs-Standards-Committee
DSR .... Deutscher Standardisierungsrat

DTB .... Deutsche Terminbörse
DWGK .... Deutsche Gesellschaft für Warenkennzeichnung
ECU .... European Currency Unit
EDV .... Elektronische Datenverarbeitung
e. G. .... Eingetragene Genossenschaft
EHUG .... Gesetz über elektronische Handelsregister und Genossenschaftsregister sowie das Unternehmensregister
ErbStG .... Erbschaftsteuergesetz
ESt .... Einkommensteuer
EStG .... Einkommensteuergesetz
EStR .... Einkommensteuerrichtlinie
EU .... Europäische Union
e. V. .... Eingetragener Verein
E. V. .... Eidesstattliche Versicherung
evtl. .... eventuell
EWIV .... Europäische Wirtschaftliche Interessenvereinigung
FASB .... Financial Accounting Standards Board
FGO .... Finanzgerichtsordnung
FIFO .... first in – first out
FördG .... Fördergebietsgesetz
GAAP .... Generally Accepted Accounting Principles
GbR .... Gesellschaft bürgerlichen Rechts
gem. .... gemäß
GenG .... Genossenschaftsgesetz
GesO .... Gesamtvollstreckungsordnung
GewStG .... Gewerbesteuergesetz
GG .... Grundgesetz
GKR .... Gemeinschaftskontenrahmen
GmbH .... Gesellschaft mit beschränkter Haftung
GmbHG .... GmbH-Gesetz
GO .... Gewerbeordnung
GoB .... Grundsätze ordnungsmäßiger Buchführung
GoBil .... Grundsätze ordnungsmäßiger Bilanzierung
GoK .... Grundsätze ordnungsmäßiger Konsolidierung

GoS .... Grundsätze ordnungsmäßiger Systeme
GrStG .... Grundsteuergesetz
GTZ .... Deutsche Gesellschaft für Technische Zusammenarbeit
GuV .... Gewinn- und Verlustrechnung
GWB .... Gesetz gegen Wettbewerbsbeschränkungen
GWG .... Geringwertige Wirtschaftsgüter
HB .... Handelsbilanz
HGB .... Handelsgesetzbuch
HK .... Herstellungskosten
hl .... Hektoliter
h. M. .... herrschende Meinung
h. R. .... herrschende Rechtsprechung
IAB .... Institut für Arbeitsmarkt- und Berufsforschung der Bundesanstalt für Arbeit
IAS .... International Accounting Standards
IASC .... International Accounting Standards Committee
i. d. F. .... in der Fassung
i. d. R. .... in der Regel
IdW .... Institut der Wirtschaftsprüfer
i. e. S. .... im eigentlichen Sinne
IFRS .... International Financial Reporting Standards
IHK .... Industrie- und Handelskammer
IKR .... Industriekontenrahmen
IOSCO .... International Organization of Securities Commissions
i. R. .... im Rahmen
i. S. .... im Sinne
ISA .... International Standard of Auditing
i. w. S. .... im weiteren Sinne
JArbSchG .... Jugendarbeitsschutzgesetz
KAGG .... Gesetz über Kapitalanlagegesellschaften
KapAEG .... Kapitalaufnahmeerleichterungsgesetz
kfm. .... kaufmännisch
kg .... Kilogramm
KG .... Kommanditgesellschaft
KGaA .... Kommanditgesellschaft auf Aktien

KGV .... Kurs-Gewinn-Verhältnis
KNA .... Kosten-Nutzen-Analyse
KO .... Konkursordnung
KonTraG .... Gesetz zur Kontrolle und Transparenz im Unternehmensbereich
KSchG .... Kündigungsschutzgesetz
KSt .... Körperschaftsteuer
KStG .... Körperschaftsteuergesetz
KStR .... Körperschaftsteuerrichtlinie
KVP .... Kleinstverkaufspreis
KVP .... Kontinuierlicher Verbesserungsprozess
KVStG .... Kapitalverkehrsteuergesetz
KWG .... Kreditwesengesetz
l .... Liter
LIBOR .... London Interbank Offered Rate
LIFO .... last in – first out
LOFO .... lowest in – first out
LSP .... Leitsätze für die Preisermittlung aufgrund von Selbstkosten
LZB .... Landeszentralbank
max. .... maximal
Min. .... Minuten
Mio. .... Millionen
Mrd. .... Milliarden
MuSchG .... Mutterschutzgesetz
MWh .... Megawattstunde
o. g. .... oben genannte
OECD .... Organization for Economic Cooperation and Development
OHG .... Offene Handelsgesellschaft
OR .... Operations Research
PERT .... Program Evaluation and Review Technique
PIMS .... Profit Impact of Market Strategy
PPS .... Produktionsplanungs- und Steuerungssystem (PPS-System)
PR .... Public Relations
PublG .... Publizitätsgesetz

RAP .... Rechnungsabgrenzungsposten
RoI .... Return on Investment
RVO .... Reichsversicherungsordnung
SAHZ .... Schütt-aus-hol-zurück
SCHUFA .... Schutzgemeinschaft für allgemeine Kreditsicherung
S. E. .... Societas Europea
SEC .... Securities and Exchange Commission
SFAS .... Statement of Financial Accounting Standards
SME .... Small and Medium Sized Entities
sog. .... sogenannte(r)
StB .... Steuerbilanz
Std. .... Stunden
StR .... Steuerrichtlinien
StDV .... Steuerdurchführungsverordnung
StGB .... Strafgesetzbuch
TQM .... Total Quality Management
TUG .... Transparenzrichtlinie-Umsetzungsgesetz
u. a. .... unter anderem
US-GAAP .... United States Generally Accepted Accounting Principles
USP .... Unique Selling Proposition
UStG .... Umsatzsteuergesetz
usw. .... und so weiter
UWG .... Gesetz gegen den unlauteren Wettbewerb
VerbrKrG .... Verbraucherkreditgesetz
VerglO .... Vergleichsordnung
vs. .... versus
WG .... Wechselgesetz
WpHG .... Wertpapierhandelsgesetz
WPO .... Wirtschaftsprüferordnung
z. B. .... zum Beispiel
ZPO .... Zivilprozessordnung
z. T. .... zum Teil
ZVG .... Gesetz über die Zwangsversteigerung und die Zwangsvollstreckung
z. Zt. .... zur Zeit

A

▶ Abandon

Möglichkeit, auf ein bestimmtes Recht zu verzichten bzw. es aufzugeben, wenn die damit verbundenen Verpflichtungen nicht erfüllbar sind bzw. nicht erfüllt werden können. Dies ist z. B. bei einem Börsentermingeschäft vereinbar, wenn am vereinbarten Tag des Kaufes bzw. Verkaufes die Lieferung vereinbarter Wertpapiere nicht möglich ist. Sofern der Verpflichtete von der Lieferung zurücktreten kann, wird dies als Abandonrecht bezeichnet. Weitere Abandone, d. h. Rücktrittsrechte, sind im Aktienrecht bei der Umwandlung von Gesellschaften und im Rahmen der Berechnung von Abfindungen bei Gesellschafterwechsel vorgesehen.

▶ ABC-Analyse

Ursprünglich Verfahren zur Analyse von Lagerbeständen. Sie basiert auf der Erkenntnis, dass meist ein relativ kleiner Teil der beschafften Güterarten den Hauptteil am gesamten Lagerbestand repräsentiert. Dementsprechend erfolgt eine Klassifizierung der Materialarten nach ihrem relevanten Anteil am Wert des Gesamtbestandes in A-, B- und C-Güter. Eine strenge Einteilung in diese drei Klassen ist jedoch nicht zwingend vorgeschrieben. Je nach Verteilung können auch weniger oder mehr Klassen berücksichtigt werden. Wichtig ist hierbei die Erkenntnis, dass nicht alle Materialklassen in der → *Lagerhaltung* in gleicher Weise zu behandeln sind, da sie mit unterschiedlicher Intensität zur Kostenentwicklung beitragen. Zunehmend wird die ABC-Analyse auch für Projekte bei der Einteilung in Groß- (A), Mittel- (B) und Kleinprojekte (C) und im Bereich des → *Marketing* bei der Segmentierung von Kundengruppen oder Absatzgebieten eingesetzt. Durch eine derartige Analyse kann z. B. festgestellt werden, dass 50 % des kumulierten Projektaufwandes durch nur 5 % der Projekte verursacht werden oder z. B. nur 5 % der Kunden zu 50 % des Umsatzes beitragen.

▶ Abdiskontierung

→ *Abzinsung*

▶ Abell/Hammond-Modell

Möglichkeit im Rahmen der Strategischen Planung zur Definition bzw. Identifikation von Geschäftsfeldern. Hierzu werden drei Dimensionen betrachtet. Dies sind: die Kundengruppe, die angesprochen werden soll, deren zu befriedigende Bedürfnisse sowie die zur Erfüllung der Bedürfnisse verwendeten Technologien. Die Methode kann auch als Erweiterung der Ansoff-Matrix betrachtet werden.

▶ Abfindung

Einmalige Geldleistung zur Ablösung von Ansprüchen, die z. B. bei → *Kündigung* gem. §§ 9 ff. KSchG oder dem Ausscheiden aus einem Unternehmen bzw. einem Arbeitsverhältnis erwachsen sind. Gem. §§ 304 ff. AktG ist bei Abschluss eines Beherrschungs- oder Gewinnabführungsvertrages im Zusammenhang mit einem → *Unternehmenszusammenschluss* eine angemessene Abfindung zu zahlen, um eine Benachteiligung außenstehender Aktionäre zu vermeiden. Gleiches gilt bei Betriebsänderungen gem. §§ 113 ff. BetrVG. Abfindungen werden auch häufig innerhalb von Sozialplänen (§§ 112 ff. BetrVG) vereinbart. Die Bemessung der Abfindung bei Ausscheiden aus einer Gesellschaft kann z. B. mittels der → *Barwertmethode* erfolgen. Abfindungen sind für Arbeitnehmer gem. Sozialgesetzbuch bis zu bestimmten Beträgen steuerfrei.

▶ Abflussprinzip

→ *Betriebsausgaben*

▶ Abgabe

Gem. → *Abgabenordnung (AO)* Oberbegriff für alle → *Steuern*, Gebühren, Beiträge und Sonderabgaben. Während Steuern Abgaben ohne konkreten Gegenleistungsanspruch aufgrund der Finanzhoheit einer öffentlich-rechtlichen Körperschaft darstellen (z. B. → *Einkommensteuer*), sind Gebühren und Beiträge Abgaben mit einem konkreten Gegenleistungsanspruch. Während Beiträge nur anfallen, wenn die Gegenleistung in Anspruch genommen wird (z. B. Erschließungsbeitrag), müssen Gebühren auch bezahlt werden, wenn die Gegenleistung nicht genutzt wird (z. B. Rundfunkgebühren). Zölle und steuerliche Nebenleistungen (z. B. Zwangsgelder) stellen ebenfalls Abgaben dar.

▶ Abgabenordnung (AO)

Rahmengesetz für alle Steuergesetze, Richtlinien und Verordnungen, die eine Gleichmäßigkeit der Besteuerungsregelungen und den effizienten Vollzug der Steuergesetze sowie die Modalitäten der Steuerermittlungs- und -fahndungsverfahren regelt. Die Abgabenordnung ist in neun Teile gegliedert. Dies sind einleitende Vorschriften mit Abgabendefinition, das Steuerschuldrecht, weitere allgemeine Verfahrensvorschriften, Durchführungsbestimmungen bei der Besteuerung und Erhebungs-, Vollstreckungs- und Strafvorschriften bei Zuwiderhandlungen.

▶ Abgeld

→ *Disagio*

▶ Abgeltungsteuer

Seit Veranlagungszeitraum 2009 abgeführte Form der Steuer auf Kapitalerträge. Die Abgeltungsteuer beträgt 25 % zzgl. Solidaritätszuschlag und ggf. Kirchensteuer. Sie wird direkt von der auszahlenden

Stelle einbehalten und abgeführt. Damit ist in den meisten Fällen die Besteuerung der Kapitaleinkünfte abgegolten. Da der Satz von 25 % unter dem Spitzensatz bei der Einkommensteuer von 42 %/ 45 % liegt, ist dies für alle Steuerpflichtige mit einem Grenzsteuersatz über 25 % eine Steuerersparnis. Haben Steuerpflichtige einen niedrigeren Steuersatz als 25 %, können sie beantragen, dass die Kapitaleinkünfte mit dem individuellen persönlichen Steuersatz versteuerte werden. In bestimmten Konstellationen von Kapitalschuldner und -gläubiger sind die Kapitaleinkünfte zwingend in die Veranlagung aufzunehmen, um Steuervermeidungsgestaltungen zu verhindern.

► Abkommen zur Vermeidung der internationalen Doppelbesteuerung

→ *Doppelbesteuerung*

► Ablauforganisation

Räumliche und zeitliche Ordnung (Strukturierung) des Prozesses der Erledigung von Aufgaben im Betrieb, die als Ergebnis der → *Aufgabenanalyse* und → *Aufgabensynthese* erkannt und zusammengefasst wurden. Hilfestellungen zur Beurteilung, wann und wo Arbeiten erledigt werden sollen, bietet z. B. das → *Operations Research (OR)* in Warteschlangen-, Transport- und Reihenfolgemodellen. Im Gegensatz zu diesen Prozessüberlegungen (Rhythmisierung und Terminierung) wird im Rahmen der → *Aufbauorganisation* eine Ordnung der organisatorischen Einheiten nicht in raum-zeitlicher, sondern in hierarchischer Hinsicht erstellt.

► Abmahnung

Im Sinne einer Verwarnung ein mündlicher oder schriftlicher Hinweis auf ein pflicht-, treue- oder vertragswidriges Verhalten unter Androhung von Sanktionen im Wiederholungsfall. Eine Abmahnung gegenüber Mitarbeitern kann z. B. erfolgen bei Verletzung von Arbeitsvertragspflichten, bevor eine schriftliche Kündigung ausgesprochen wird, gegenüber Konkurrenten bei unlauterer Werbung

(→ *Gesetz gegen den unlauteren Wettbewerb UWG*) vor einer Unterlassungsklage oder wenn → *Allgemeine Geschäftsbedingungen (AGB)* verletzt werden.

Abmahnungen werden außerdem häufig ausgesprochen bei missbräuchlicher Verwendung von Gebrauchsmustern, → *Patenten* oder → *Lizenzen* sowie von Firmennamen (→ *Firma*). Wird der Verwarnung nicht nachgekommen, kann eine Klage auf Schadensersatz (→ *Schaden*) angestrengt werden. Die Pflicht zur Abmahnung sowie die Einhaltung von Fristen ist im → *Arbeitsrecht* bzw. im Gesellschaftsrecht geregelt.

▶ Above the Line Advertising

Sammelbegriff für die → *Werbung* in den klassischen Medien, zu denen Hörfunk, TV, Film, Zeitungen und Zeitschriften sowie Plakate zählen. Eine eindeutige Abgrenzung zu → *Below the Line Advertising* ist allerdings schwierig, da z. B. die vielfältigen Aktivitäten der Direktwerbung (→ *Direktmarketing*) einem nicht eindeutig definierbaren Grenzbereich zuzuordnen sind.

▶ ABS

→ *Asset Backed Securities (ABS)*

▶ Absatz

(1) Verwertung der in einem Unternehmen erstellten Leistungen am Markt.

(2) Menge der an andere Personen überlassenen Waren oder Dienstleistungen.

(3) Alle Tätigkeiten, die dazu bestimmt sind, die Abgabe der vom Unternehmen geschaffenen Leistungen in den Markt zu bewirken.

Hieraus wird ersichtlich, dass es beim Absatz um mehr als nur den Verkauf von Gütern geht (→ *Absatzpolitisches Instrumentarium*).

▶ Absatzforschung

→ *Marktforschung*

▶ Absatzhelfer

→ *Distributionsorgane*

▶ Absatzkanal

Alle Stufen, die das → *Eigentum* an einem → *Gut* durchläuft, um vom Hersteller auf den Verbraucher überzugehen (z. B. Großhandel, Einzelhandel, Konsument). Als Stufe wird hierbei der Entscheidungsträger bezeichnet, der die volle rechtliche Gewalt über die Ware erhält. Die Absatzkanalbreite beschreibt die Anzahl der Teilnehmer, mit denen ein Hersteller auf einer Stufe zusammenarbeitet, während die Absatzkanaltiefe die Anzahl der Stufen beschreibt, auf denen ein Hersteller mit Akteuren in einem Absatzkanal interagiert.

Zu unterscheiden sind:

(1) Ubiquitärer Vertrieb: Ein Produkt ist in allen verfügbaren Absatzstellen eines Absatzkanals erhältlich. Dieses in der Realität nur schwer umsetzbare Prinzip trifft am ehesten noch bei Softdrinks, Zeitungen und Zigaretten zu.

(2) Intensiver Vertrieb: Es wird versucht, mit vertretbarem Aufwand möglichst viele Absatzstellen in den Absatzkanal einzubeziehen, wobei aus Kostengründen durchaus eine Konzentration auf einzelne Absatzgebiete erfolgen kann. Innerhalb der gewählten Absatzgebiete herrscht eine hohe Erhältlichkeit der Waren.

(3) Selektiver Vertrieb: Es werden bewusst nur ausgewählte Verkaufsstellen beliefert, die den definierten Anforderungen des Herstellers genügen. Hintergrund sind eine gewünschte Exklusivität und der Vorteil von mehr Transparenz und Steuerbarkeit des Absatzkanals durch den Hersteller.

(4) Exklusiver Vertrieb: Bezeichnet die Vertriebspolitik, bei der der Absatzstelle in einem abgegrenzten Gebiet durch Gebietsschutz eine relative Monopolstellung eingeräumt wird. Beispiele hierfür sind die Absatzpolitik der Automobilhersteller oder Mineralölkonzerne, die ihren Händlern eine Exklusivität in einem regional abgegrenzten Gebiet zusichern.

(5) Paralleldistribution: Hier werden parallel zwei oder mehrere Absatzkanäle eingeschaltet, wodurch die Abhängigkeit von einem Absatzkanal sinkt und eine Risikostreuung resultiert. Andererseits kann es beim Verbraucher zu Irritationen über das Profil eines Produktes kommen, das in u. U. völlig gegensätzlichen Absatzkanälen erhältlich ist. Zusätzlich kann der heftige Wettbewerb zwischen den Absatzkanälen um den Endabnehmer zu Querelen führen.

▶ Absatzmittler

→ *Distributionsorgane*

▶ Absatzpolitik

Planung, Realisation und Kontrolle der Aktivitäten, die zur zielgerichteten Gestaltung des Absatzes eines Betriebes notwendig sind (→ *Absatzpolitisches Instrumentarium*).

▶ Absatzpolitisches Instrumentarium

Alle Handlungsmöglichkeiten (marketingpolitische Instrumente), die im Bereich der Absatzpolitik eingesetzt werden, um absatzpolitische → *Ziele* zu erreichen. Absatzpolitische Zielinhalte können ökonomischen Charakter wie z. B. → *Gewinn,* → *Erlös,* → *Kosten,* Absatzmenge oder Marktanteil, psychologischen Charakter wie Bekanntheit, → *Image* oder Markenidentität sowie streutechnischen Charakter wie z. B. die Zahl der Ansprachen oder → *Reichweite* haben. Als absatzpolitische Instrumente werden die → *Produktpolitik,* → *Sortimentspolitik,* Servicepolitik (→ *Service*), → *Kontrahierungspolitik,* → *Kommunikationspolitik* und → *Distributionspolitik* bezeichnet. Werden diese Instrumente kombiniert, wird von → *Marketing-Mix* gesprochen.

▶ Absatzprogramm

→ *Sortiment*

▶ Absatzweg

→ *Distributionspolitik,* → *Distributionsweg*

▶ Absatzwirtschaft

(1) Gesamtwirtschaftlich die Bezeichnung für den Handel.

(2) Einzelwirtschaftlich die Bezeichnung eines betrieblichen Funktionsbereiches im Gegensatz z. B. zur → *Beschaffung,* → *Produktion* oder den Finanzen, der sich mit dem → *Absatz* der erstellten Güter mit Hilfe des → *Absatzpolitischen Instrumentariums* beschäftigt (→ *Marketing*).

▶ Abschlag

Auch als Deport, → *Disagio* oder → *Damnum* bezeichnete Spanne, um die ein Kurs oder Preis unter dem Nominalbetrag veranschlagt wird. Beispiele sind der Dividendenabschlag vom Börsenkurs nach Dividendenauszahlung (→ *Kurszusätze*), der Bezugsrechtsabschlag nach Ausgabe von Berichtigungsaktien bei einer Kapitalerhöhung aus Gesellschaftsmitteln, und der Zinsabschlag bei Krediten, sofern ein Disagio bzw. Damnum vereinbart wurde. Eine Zahlung vor Rechnungsabschluss wird als Abschlagszahlung bezeichnet. Im Gegensatz hierzu ist der Aufschlag (→ *Report,* → *Agio*) zu beachten.

▶ Abschlagsdividende

Abschlagszahlung auf die zu erwartende bzw. anfallende Dividendenausschüttung. Auch als Zwischen- oder Interimsdividende bezeichnet und im amerikanischen Sprachraum gebräuchlich (quarter dividend). Rechtliche Grundlage ist § 59 AktG, wonach der Vorstand durch Satzungsbeschluss eine derartige Abschlagszahlung an die Aktionäre leisten kann. Fristen und Höhen dieser Auszahlung sind in § 59 AktG geregelt.

▶ Abschlagszahlung

→ *Ratenkredit*

▶ Abschluss

→ *Jahresabschluss*

▶ Abschlussprüfer

→ *Wirtschaftsprüfer*

▶ Abschöpfung

Form eines Zolls (Abgabe) im grenzüberschreitenden Warenverkehr mit Agrarerzeugnissen zur Erzielung einheitlicher Preise innerhalb der Europäischen Union (EU). Der Abschöpfungssatz wird im Sinne des Außenwirtschaftsgesetzes von der *Bundesanstalt für Landwirtschaftliche Marktordnung* festgelegt.

▶ Abschreibung

Erfassung der Wertminderung abnutzbaren Vermögens im → *Rechnungswesen.* Gebäude, Maschinen, Büroeinrichtungen usw. erfahren durch Abnutzung, Verschleiß oder technischen Fortschritt eine Entwertung. Diese Entwertung muss im → *Jahresabschluss* bei der Darstellung der Vermögenswerte in der Bilanz sowie der Ertragslage in der Gewinn- und Verlustrechnung erfasst werden. Abschreibungen stellen Aufwendungen im Sinne eines Güterverbrauchs dar, der in der → *Gewinn- und Verlustrechnung (GuV)* zu einer Minderung des Gewinns führt. Die Abschreibung führt gleichzeitig zu einer Verminderung des Vermögenswertes in der Schlussbilanz eines Unternehmens.

Sowohl handels- als auch steuerrechtlich kann die Abschreibung als periodengerechte Verteilung von Anschaffungs- und Herstellungskosten auf die Geschäftsjahre der Nutzung des Vermögensgegenstandes interpretiert werden (§ 253 III HGB und § 7 I EStG). Weitere → *Abschreibungsarten* stellen die bilanzielle und kalkulatorische Abschreibung sowie hinsichtlich der Abschreibungsursachen die planmäßige und außerplanmäßige Abschreibung dar.

Bei den → *Abschreibungsverfahren* lassen sich die lineare, degressive, leistungsbezogene und progressive Abschreibung unterscheiden. Im Jahresabschluss wird die Höhe und kumulierte Menge aller bisherigen Abschreibungen aus dem → *Anlagenspiegel* deutlich. Häufig existieren für einzelne Vermögensgegenstände so genannte Abschreibungspläne. Neben den klassischen Abschreibungen von Vermögensgegenständen des Anlagevermögens ist insbesondere bei einer → *Bank* und einem → *Finanzinstitut* die → *Abschreibung* auf Forderungen zu beachten. Erfolgt bei Vermögensgegenständen kein Wertverfall, sondern im Gegenteil eine Zunahme des Wertes, so sieht § 253 HGB für Einzelkaufleute und Personengesellschaften ein Beibehaltungswahlrecht, für Kapitalgesellschaften gem. § 280 HGB ein Zuschreibungs- bzw. Wertaufholungsgebot im Jahresabschluss vor.

▶ Abschreibung, außerplanmäßige

Abschreibungsverfahren (→ *Abschreibungsverfahren*), das außergewöhnliche Wertminderungen von Vermögensgegenständen im → *Rechnungswesen* erfassen soll. Ursachen für eine außerplanmäßige Abschreibung können eine erhöhte Inanspruchnahme, unterlassene Instandhaltung, der technische Fortschritt, Katastrophen und andere außergewöhnliche Ereignisse oder eine anderweitige mangelnde Verwendbarkeit des Vermögensgegenstandes sein. Eine Form der außerplanmäßigen Abschreibung stellt auch die Sofortabschreibung gem. § 6 Abs. 2 EStG so genannter geringwertiger Wirtschaftsgüter, d. h. Güter mit einem Anschaffungs- oder Herstellpreis unter 800 €, dar.

▶ Abschreibung, degressive

Abschreibungsverfahren (→ *Abschreibungsverfahren*), das die Anschaffungs- und Herstellungskosten eines Vermögensgegenstandes mittels anfänglich hoher und über die Nutzungsdauer kontinuierlich sinkender Abschreibungsbeträge verteilt. Im Gegensatz zur linearen Abschreibung sinkt damit der Buchwert des Vermögens anfänglich stärker, was einem anfänglich stärkeren Werteverlust aufgrund des technischen Fortschrittes und meist anfänglich stark sinkender Marktwerte entspricht. Aufgrund der stärkeren Abnahme der Buchwerte in den Anfangsjahren werden durch die höhere Abschreibung in den Anfangsjahren die Gewinne und damit die Steuerzahlungen geschmälert bzw. auf spätere Jahre verschoben. Die degressiven Abschreibungsbeträge lassen sich geometrisch oder arithmetisch fallend berechnen. Bei der geometrisch-degressiven Abschreibung wird stetig mittels eines festen Abschreibungsprozentsatzes vom Buchwert abgeschrieben. Bei der arithmetisch-degressiven Methode fallen die jährlichen Abschreibungsbeträge um denselben Abschreibungsbetrag multipliziert mit der arithmetisch sinkenden Abschreibungsrate. Die arithmetisch-degressive Abschreibung wird auch als digitale Abschreibung bezeichnet. Während in der Handelsbilanz beide Verfahren möglich und zulässig sind, kann steuerlich die geometrisch-degressive Abschreibung seit 2011 nicht mehr angewendet werden. Ein Übergang von der geometrisch-degressiven Abschreibungsmethode auf die lineare Abschreibung ist handelsrechtlich zulässig, jedoch nicht umgekehrt.

▶ Abschreibung, kalkulatorische

Im Rahmen der → *Kostenrechnung* und → *Kostenvergleichsrechnung* eingesetzte Größe zur Abbildung von Wertminderungen von Vermögensgegenständen. Durch den Einbezug in die Preiskalkulation soll über die verdiente → *Abschreibung* eine Wiederbeschaffung der Gegenstände ermöglicht werden. Da im Gegensatz zu der handelsrechtlichen Abschreibung hier in der internen Rechnungslegung keine Vorschriften über die Höhe und → *Abschreibungsverfahren* zu beachten sind, können angesichts regelmäßig steigender Wiederbeschaffungskosten auch höhere kalkulatorische Abschreibungen als in der Bilanz angesetzte Wertminderungen veranschlagt werden. Kalkulatorische Abschreibungen stellen wie alle kalkulatorischen Kosten so genannte → *Zusatzkosten* dar. Sie werden im Rahmen der Kostenvergleichsrechnung bei der Beurteilung der Vorteilhaftigkeit von alternativen Investitionen als → *Fixe Kosten* in die Berechnung einbezogen.

▶ Abschreibung, leistungsbedingte

Abschreibungsverfahren (→ *Abschreibungsverfahren*), das den Werteverzehr eines Vermögensgegenstandes nach Maßgabe der Inanspruchnahme bzw. tatsächlichen Nutzung im Abschreibungsjahr ansetzt. Problematisch bei dieser Methode ist die Prognose der zu erwartenden jährlichen Inanspruchnahme bzw. Leistungsabgabe des Vermögensgegenstandes, um einen Abschreibungsplan über die gesamte Nutzungsdauer aufstellen zu können. Häufig wird dieses Problem dadurch gelöst, dass die Anschaffungs- und Herstellungskosten (AHK) durch die Gesamtkapazität dividiert werden und damit ein Abschreibungssatz pro erstelltem Gut entsteht (z. B. AHK = 100 000 € geteilt durch 25 maximal erstellbarer Leistungseinheiten = Abschreibungssatz 4 € pro Stück). Die Multiplikation des Abschreibungssatzes pro Stück mit der tatsächlichen Leistungsmenge eines Jahres ergibt dann den Abschreibungsbetrag des jeweiligen Rechnungsjahres. Die handelsrechtlich uneingeschränkt erlaubte Methode wird in der Steuerbilanz gem. § 7 EStG nur zugelassen, wenn sie wirtschaftlich begründbar ist, d. h. wenn die Leistungserbringung in den einzelnen Nutzungsjahren erheblich schwankt und wenn die jährliche Leistungsmenge nachgewiesen, d. h. gemessen werden kann.

▶ Abschreibung, lineare

Abschreibungsverfahren (→ *Abschreibungsverfahren*), das den Werteverzehr eines Vermögensgegenstandes gleichmäßig auf die Nutzungsdauer verteilt. Der Abschreibungsbetrag pro Jahr wird damit durch eine einfache Division der Anschaffungs- und Herstellungskosten (AHK) durch die in Jahren gemessene Nutzungsdauer ermittelt (z. B. 100 000 € AHK geteilt durch 8 Jahre ND = jährlicher Abschreibungsbetrag 12 500 €). Die lineare Abschreibung setzt im Gegensatz zur leistungsbedingten Abschreibung eine weitgehend gleichmäßige Nutzung bzw. Inanspruchnahme des Gegenstandes voraus. Trotz dieser meist unrealistischen Annahme (meist anfänglich höhere Wertminderung durch technischen Fortschritt) wird die lineare Abschreibung im Gegensatz zur degressiven Methode in der Praxis häufiger angewandt. Gem. § 7 EStG ist die lineare Abschreibung in der Steuerbilanz zulässig.

▶ Abschreibung, progressive

Abschreibungsverfahren (→ *Abschreibungsverfahren*) mit jährlich steigenden, d. h. progressiven Abschreibungsbeträgen. Im Gegensatz zur degressiven Abschreibung darf in der Handelsbilanz z. B. für Vermögensgegenstände wie Obstplantagen oder land- und forstwirtschaftliche Betriebe, die eine anfänglich geringe Nutzung und später höhere Nutzung des Gegenstandes voraussetzt, progressiv abgeschrieben werden. In der Steuerbilanz ist die progressive Abschreibung gem. § 7 EStG verboten.

▶ Abschreibung, steuerliche

→ *Absetzung für Abnutzung (AfA)*

▶ Abschreibungsarten

Abschreibungen (→ *Abschreibung*) lassen sich nach mehreren Einteilungsmöglichkeiten typisieren. Hinsichtlich des Ausweises in der Bilanz einerseits bzw. des Einbezugs in der Kostenrechnung andererseits lassen sich bilanzielle und kalkulatorische Abschreibungen unterscheiden. Während in der Bilanz die Bildung der Abschreibung und damit die Bewertung der Vermögensgegenstände nach Handels- bzw. Steuerrecht vorzunehmen ist (Abbildung A-1), ist der Ansatz kalkulatorischer Abschreibung zur Preisbildung im Rahmen der Kostenrechnung lediglich von den Unternehmenszielen abhängig. Während also in der Bilanz die Anschaffungs- und Herstellungskosten über die Nutzungszeit periodengerecht verteilt werden sollen, geht es bei der kalkulatorischen Abschreibung um das Verdienen des Werteverzehrs von Vermögensgegenständen über den Preis. Hinsichtlich der Abschreibungsursachen lassen sich planmäßige und außerplanmäßige Abschreibungen unterscheiden. Während die planmäßige Abschreibung einen normalen technischen Verschleiß oder den Ablauf der Nutzungsdauer erfasst, kann nach den Vorschriften des HGB und EStG auch eine erhöhte Inanspruchnahme oder vorzeitige Beendigung der Nutzungsmöglichkeit durch Katastrophen oder technischen Fortschritt durch eine außerplanmäßige Abschreibung erfasst werden. Die Möglichkeiten der außerplanmäßigen Abschreibung sind in Handels- und Steuergesetzen normiert. Von den Abschreibungsarten sind die verschiedenen → *Abschreibungsverfahren* zu unterscheiden.

Abschreibungsgründe	Handelsrecht	Steuerrecht
Abschreibungsgründe	Handelsrecht	Steuerrecht
Substanzverringerung	–	§ 7 VI EStGAbsetzung für Substanz-verringerung (AfS)
Außergewöhnliche Abnutzung (Katastrophe, versteckter Mangel, unterlassene Instandsetzung)	§ 253 III, 5 HGBAußerplanmäßige Abschreibung auf den niedrigeren beizulegenden Wert	§ 7 I, 5 ESt-GAußerplanmäßige Absetzung für außergewöhnliche technische oder wirtschaftliche Abnutzung (AfaA)
Sinkende Wieder-Beschaffungspreise	–	§ 6 I EStGTeilwertabschreibung
Wirtschaftspolitische Gründe	–	§ 6 I EStGTeilwertabschreibung

Abb. A-1: Abschreibungsarten nach Handels- und Steuerrecht

▶ Abschreibungsgrad

(Anlagennutzungsgrad). Grad der Abnutzung von Vermögensgegenständen. Auch Relation von kumulierter Abschreibung zu Anschaffungs- und Herstellungskosten von Anlagegegenständen. Je höher der Abschreibungsgrad ist, desto kürzer ist die restliche Nutzungsdauer der Vermögensgegenstände. Besonders bei anlageintensiven Unternehmen ist diese Kennzahl im → *Rating* von Bedeutung. Generell sollte sie möglichst klein sein.

$$\text{Abschreibungsgrad} = \frac{\text{kumulierte Abschreibungen von Vermögensgegenständen}}{\text{Anschaffungs- und Herstellungskosten von Vermögensgegenständen}}$$

▶ Abschreibungsmethoden

→ *Abschreibungsverfahren*

▶ Abschreibungsplan

Nach dem Grundsatz der Planmäßigkeit (§ 253 III HGB) notwendige Aufstellung, bei der neben den Anschaffungs- und Herstellungskosten beschrieben werden muss:

(1) die wirtschaftliche Nutzungsdauer,

(2) der Verkaufserlös am Ende der wirtschaftlichen Nutzungsdauer,

(3) alle relevanten Informationen zur Bestimmung des zweckmäßigsten Abschreibungsverfahrens, wie z. B. der Verlauf der Wertminderung des in dem abzuschreibenden Vermögensgegenstand enthaltenen Nutzungsvorrats.

▶ Abschreibungsverfahren

Zur Bestimmung des Werteverzehrs, d. h. der → *Abschreibung* eines Vermögensgegenstandes im → *Rechnungswesen* sind verschiedene Methoden bzw. Verfahren denkbar. Bei der Wahl des Verfahrens sind die → *Grundsätze ordnungsmäßiger Buchführung (GoB)* und damit beispielsweise die Klarheit, Übersichtlichkeit und Stetigkeit der angewandten Methode zu beachten. Es lassen sich grundsätzlich die leistungsbedingte, lineare, degressive und progressive Abschreibung unterscheiden. Die in der Praxis am häufigsten angewandten Methoden sind die lineare und die degressive Abschreibung, meist in Kombination mit Übergang von der degressiven zur linearen Abschreibung nach einer längeren Nutzungsdauer.

▶ Absentismus

Motivationsbedingte → *Fehlzeiten* im Betrieb, die sich nicht medizinisch (z. B. Krankheit, Mutterschutz) oder durch vertragliche Regelungen (z. B. Urlaub) erklären lassen. Dem Problem des Absentismus wird zunehmend Bedeutung beigemessen, da zum einen durch die Fehlzeiten Personalkosten durch Überstunden, Aushilfen oder durch den Einsatz von → *Personalleasing* entstehen und zum anderen derartige Fehlzeiten als Indikator für eine verfehlte → *Personalführung* angesehen werden (→ *Motivationsbilanz*).

▶ Absetzung für Abnutzung (AfA)

Steuerrechtliche → *Abschreibung,* die Wertminderungen an langlebigen Wirtschaftsgütern, d. h. Wirtschaftsgütern, die länger als ein Jahr dem Betrieb dienen, erfasst. Rechtsgrundlage ist § 7 I EStG. Die AfA sind begrifflich identisch mit der handelsrechtlichen planmäßigen Abschreibung. AfA stellen steuerrechtlich → *Betriebsausgaben* oder → *Werbungskosten* dar, je nachdem, innerhalb welcher → *Einkunftsarten* sie vorgenommen werden können. § 7 I EStG sieht als Grundsatz die lineare Absetzung für Abnutzung in konstanten Jahresbeträgen vor. Berechnet wird die jährliche Absetzung für Abnutzung als Quotient aus Anschaffungs- oder Herstellungskosten dividiert durch die betriebsgewöhnliche → *Nutzungsdauer.* Aus Gründen des einheitlichen Verwaltungshandelns gibt die → *Finanzbehörde* eine so genannte → *AfA-Tabelle* heraus, in denen die betriebsgewöhnliche Nutzungsdauer typisierend festgelegt wird. Abweichend von dem Grundsatz der linearen AfA kennt das Steuerrecht noch die Methoden der degressiven AfA, der Leistungsabschreibung, auch Absetzung für Abnutzung für Substanzverringerung genannt. Ein Wechsel der Methode der AfA ist nur von der degressiven zur linearen Methode möglich. Das → *Steuergesetz* setzt die AfA nicht nur als Wertminderungsfaktor ein, vielmehr werden erhöhte Absetzungen für Abnutzung und → *Sonderabschreibungen* als Lenkungsanreize verwendet. Erhöhte AfA gab und gibt es insbesondere für Zwecke der Altbausanierung und der Erstellung von Wohnungen mit Sozialbindung. Sonderabschreibungen sind zusätzlich zu den planmäßigen AfA vorzunehmen und können meist über einen Förderzeitraum beliebig verteilt werden.

▶ Absetzung für außergewöhnliche Abnutzung (AfaA)

Wenn die betriebsgewöhnliche → *Nutzungsdauer* von Wirtschaftsgütern, die länger als ein Jahr dem Betrieb dienen, durch technischen Fortschritt oder übermäßige Beanspruchung sich als kürzer herausstellt als ursprünglich angenommen, dann kann diesem Umstand durch eine AfaA Rechnung getragen werden.

▶ Absetzung für Substanzverringerung

→ *Absetzung für Abnutzung (AfA)*

▶ Absonderung

Recht auf eine bevorzugte Befriedigung eines Zahlungsanspruches aus einem zu einer Konkursmasse (→ *Insolvenzrecht*) gehörenden Objekt, welches mit einem Pfandrecht oder einem pfandähnlichen Recht belegt ist. Dies ist beispielsweise bei Gläubigern der Fall, denen eine → *Hypothek,* → *Grundschuld* oder → *Rentenschuld* zusteht, oder denen ein Gegenstand sicherungsübereignet bzw. sicherungsabgetreten wurde. Im Gegensatz zur → *Aussonderung* verbleibt damit das Objekt in der Konkursmasse und ist damit Teil der Zwangsvollstreckung, wobei der Erlös aus der Konkursmasse zunächst zur Befriedigung der abgesonderten Ansprüche herangezogen wird.

▶ Abteilung

Organisatorische Einheit, bestehend aus einer oder mehreren → *Stellen,* wobei i. d. R. eine Stelle der Abteilung, die als → *Instanz* bezeichnet wird, mit einer Weisungskompetenz ausgestattet ist. Im Gegensatz zu befristeten Stellenzusammenfassungen, wie z. B. bei einem → *Kollegium* oder einem → *Projekt,* wird eine Abteilung auf unbegrenzte Zeit gebildet. Normalerweise kann eine Stelle bzw. ein Mitarbeiter nur einer Abteilung angehören bzw. dieser zugewiesen sein. Eine Ausnahme dieser Regel bildet das → *Gruppenkonzept von Likert.* Die Größe einer Abteilung ist u. a. abhängig von der Beherrschbarkeit der in der Abteilung angesiedelten Stellen und deren Aufgaben durch die vorangestellte Instanz. Diese Problematik wird in der Literatur unter dem Stichwort → *Leitungsspanne* diskutiert.

▶ Abtretung

→ *Zession*

▶ Abweichungsanalyse

Letzte Phase im → *Führungsprozess*, in der die Ursachen von Abweichungen zwischen Plänen (Soll) und tatsächlichen Zuständen (Ist), die in der Kontrollphase festgestellt wurden, analysiert werden. Die Ergebnisse dieser Analysen sollen in den → *Planungsprozess* für die künftigen Planperioden einfließen, um zukünftige Planabweichungen zu verhindern oder zu vermindern.

▶ Ab Werk

→ *Handelsklauseln*

▶ Abwertung

Verschiebung von Paritäten, d. h. Austauschverhältnissen zwischen zwei Währungen. Durch die Abwertung fällt bei einer Mengennotierung (z. B. Menge US-$ pro 1 € der Wechselkurs der inländischen Währung in Relation zur ausländischen Währung (→ *Währungsrisiko*). Wird der Wechselkurs in der Preisnotierung (€ pro 1 US-$) angegeben, ist eine Abwertung an der Erhöhung der Devisenkurse festzustellen. Umgekehrt verhält es sich bei der Aufwertung.

▶ Abwicklung

→ *Liquidation*

▶ Abzahlungsgeschäft

→ *Ratenkredit*

▶ Abzahlungskredit

→ *Ratenkredit*

▶ Abzinsung

Zur rechnerischen Ermittlung des Gegenwartswertes (→ *Barwert*, → *Kapitalwertmethode*) einer oder mehrerer künftiger Zahlungen mittels Zinseszinsrechnung. Die Multiplikation der Zahlung mit dem so genannten Abzinsungsfaktor (→ *Finanzmathematik*) soll den abnehmenden Wert einer künftigen Zahlung (z. B. durch Inflation) für eine heutige Finanzierungs- und Investitionsentscheidung kalkulierbar machen. Beispiel: Ein Sparer interessiere sich dafür, wie hoch seine Spareinlage heute bei einem Zinssatz von 10 % sein soll, wenn er in zwei Jahren einen Kapitalbedarf von 121 € hat. Werden die 121 € mit dem Abzinsungsfaktor ($1/(1+i)^n = 1/(1+0{,}1)^2 \approx 0{,}826446$) multipliziert, so erhält man als notwendigen Kapitaleinsatz heute 100 € (→ *Aufzinsung*).

▶ Abzugsfähige Steuern

Steuern (→ *Steuern*), die als → *Betriebsausgaben*, → *Werbungskosten* oder → *Sonderausgaben* abzugsfähig sind. So ist insbesondere die → *Kirchensteuer* als Sonderausgabe im Rahmen der Ermittlung des zu versteuernden Einkommens abzugsfähig.

▶ Abzugskapital

→ *Betriebsnotwendiges Kapital*

▶ Accounting

→ *Rechnungswesen*

▶ Accrual Principle

Entspricht dem Grundsatz der Periodenabgrenzung. Man spricht von einer Abgrenzung nach „Accrual Basis“, d. h. einer periodengerechten Rechnungsabgrenzung.

▶ Activity Based Accounting

→ *Prozesskostenrechnung*

▶ Adblocker

Software, die Werbebanner auf einer Webseite identifiziert und ausblendet. Hiermit wird dem Anbieter der Webseite, auf der die

Werbung geschaltet ist, die Möglichkeit genommen, entsprechende Einkünfte durch das Anklicken der Werbung durch die Nutzer zu erzielen. Das Unternehmen, auf die die Werbung verlinkt ist erzielt damit eine reduzierte mögliche Reichweite bei Interessenten.

Hintergrund ist, dass Nutzer sich zunehmend von Werbung auf Internetseiten gestört fühlen und deshalb die Werbeblocker installieren oder im Webbrowser aktivieren. Aus Sicht der Betreiber von Webseiten gefährden Ad Blocker deren wirtschaftliche Erlössituation, sofern diese ihre Inhalte ganz oder teilweise über Werbeeinnahmen finanzieren. Deshalb bitten viele bekannte Seiten ihre Nutzer, keinen Ad Blocker zu benutzen. Als nicht-juristische Reaktion auf Adblocker setzen Betreiber von Webseiten im Gegenzug auf Technologielösungen, die den Adblocker austricksen. Wie hoch der Anteil der User auf Webseiten ist, die einen Adblocker installiert haben, hängt von mehreren Faktoren ab: vom benutzten Browser, von den Inhalten der Seite und von der Zusammensetzung der Userschaft.

Der Bundesgerichtshof hat den Einsatz von Adblockern erlaubt und die Klage eines großen deutschen Verlags gegen einen Softwareanbieter abgewiesen. In dem Angebot des Werbeblockers sei kein unlauterer Wettbewerb und auch keine rechtswidrige aggressive Geschäftspraxis zu sehen. Die Entscheidung über den Einsatz des Werbeblockers liege letztlich beim Nutzer und nicht bei dem beklagten Unternehmen.

▶ Ad-hoc-Publizität

Unverzügliche Veröffentlichung von sog. Insiderinformationen. Gem. Art. 17 MAR (Market Abuse Regulation) unterliegt jeder Emittent von Finanzinstrumenten, die zum Handel an einem geregelten Markt, im Freiverkehr oder am Markt für Emissionszertifikate in einem Mitgliedstaat zugelassen sind oder für die eine solche Zulassung beantragt worden ist, dieser Verpflichtung. Nach Art. 7 MAR gelten als Insiderinformationen präzise Informationen über nicht öffentlich bekannte Umstände, die geeignet sind, im Falle ihres öffentlichen Bekanntwerdens den Kurs der Finanzinstrumente erheblich zu beeinflussen. Vor der Veröffentlichung sind die Börsen, an denen die Finanzinstrumente gehandelt werden und die → *Bundesanstalt für Finanzdienstleistungsaufsicht (BAFin)* zu unterrichten. Diese überwacht deren Einhaltung. Die DGAP (Deutsche Gesellschaft für Ad-hoc-Publizität) stellt die sofortige elektronische Verbreitung der Meldung sicher.

▶ Adoptionsprozess

Im Rahmen des → *Marketing* beschriebener Prozess, der darlegt, ob ein Kunde ein für ihn neues Produkt annimmt und künftig gebraucht oder aber ablehnt. In der Regel werden im Adoptionsprozess folgende fünf Phasen unterschieden: Wahrnehmung, Interesse, Bewertung, Probieren, Adoption oder Ablehnung.

▶ ADR

→ *American Depositary Receipts (ADR)*

▶ Änderungskündigung

→ *Kündigung*

▶ Äquivalenzprinzip

(1) Besteuerungsprinzip, das → *Steuern* als Gegenleistung für eine erbrachte Leistung definiert.

(2) Versicherungsprinzip bei einigen Individual- und Sozialversicherungen (→ *Versicherung*), wonach die Leistungen (Ausgaben der Versicherung) den Gegenleistungen (Beiträgen der Versicherten) zu entsprechen haben.

▶ Äquivalenzziffernrechnung

Im Rahmen der → *Kostenträgerrechnung* eingesetztes → *Kalkulationsverfahren* zur Ermittlung der → *Kosten* je erbrachter Leistungseinheit. Sofern die Kosten, die verschiedene → *Kostenträger* verursacht haben, in einer proportionalen Beziehung zueinander stehen (z. B. → *Sortenproduktion*), so können die zu verteilenden Gesamtkosten auch mit Hilfe so genannter Äquivalenzziffern verteilt werden. Stellt beispielsweise ein Unternehmen, vier Biersorten (A, B, C, D) her, und ist die Produktionsmenge sowie der jeweilige Materialverbrauch bekannt, so kann aufgrund des Materialverbrauchs eine Äquivalenzziffer der weitgehend einheitlichen Einsatzgüter ermittelt werden. Wird die Menge mit der Äquivalenzziffer multipliziert, so entsteht in der Summe eine so genannte Einheitsmenge. Werden die Gesamtkosten durch diese Einheitsmenge dividiert, so entsteht ein Schlüssel, mit dem die Äquivalenzziffer zu multiplizieren ist, um die Selbstkosten pro Stück der jeweiligen Sorten zu ermitteln (Abbildung A-2).

Sorte	Produktionsmenge	Äquivalenzziffer nach Materialverbrauch	Rechnungseinheit	Selbstkosten
A	500	2	1000	2 × 2,5 = 5
B	1000	1,5	1500	1,5 × 2,5 = 3,75
C	300	3	900	3 × 2,5 = 7,5
D	200	2,5	500	2,5 × 2,5 = 6,25
		Einheitsmenge:	3.900	

Gesamtkosten = 9.750

Selbstkosten je Einheitsstück: $\frac{9.750}{3.900} = 2,5$

Abb. A-2: Beispiel für eine Äquivalenzziffernrechnung

▶ AfA

→ *Absetzung für Abnutzung (AfA)*

▶ AfaA

→ *Absetzung für außergewöhnliche Abnutzung (AfaA)*

▶ AfA-Tabelle

Festlegung einer typisierenden → *Nutzungsdauer* und daraus abgeleiteter Sätze für die lineare → *Absetzung* für *Abnutzung (AfA)* für ein langlebiges → *Wirtschaftsgut* für steuerliche Zwecke. AfA-Tabellen werden für allgemeine Wirtschaftsgüter des Anlagevermögens als auch für Wirtschaftsgüter bestimmter Wirtschaftszweige aufgestellt. Herausgegeben werden sie vom Bundesfinanzministerium und veröffentlicht im Bundessteuerblatt. Sie sind bindend für die Finanzverwaltung und dienen der einheitlichen Rechtsanwendung. Jedem Steuerpflichtigen steht es frei, durch geeignete Nachweise abweichende Nutzungsdauern dem → *Finanzamt* anzuzeigen.

Die AfA-Tabellen werden regelmäßig überarbeitet und dem jeweiligen typisierten Stand angepasst. Die in den AfA-Tabellen angegebenen Abschreibungssätze sind auf der Basis eines durchschnittlichen Einschichtbetriebs und des technischen Nutzungspotentials des Wirtschaftsgutes ausgewiesen. Bei Zweischichtbetrieb erhöht sich der Satz um 25 %, bei Drei- und Vierschichtbetrieb um 50 %, sofern die zusätzliche Beanspruchung nicht bereits bei der Festlegung der Nutzungsdauer berücksichtigt wurde.

▶ Affiliate Marketing

Begriff aus dem Online-Marketing, der sich auf das Provisionsgeschäft zwischen dem Betreiber einer Webseite und dem Werbetreibenden bezieht. Dabei wird der Anbieter von Werbeflächen auf einer Webseite als „Affiliate“ bezeichnet, der Werbetreibende üblicherweise als „Advertiser“. Eine Provision wird gezahlt, wenn der Link zu einem Erfolg führt, wobei unterschiedliche Abrechnungsmodelle möglich sind (→ *Cost per Click*). Dabei kann der Werbetreibende aufgrund individueller Codes für die Links bei unterschiedlichen Affiliates erkennen, über welchen der Kunde auf seine Webseite gelenkt wurde. Durch Cookies lässt sich die Vermittlung nachverfolgen und so ggf. auch weitere Käufe in einem definierten Zeitraum abrechnen.

Die Unterscheidung zur → *Bannerwerbung* liegt vor allem in der Abrechnung über das Provisionsmodell sowie einer stärkeren inhaltlichen Gestaltung der Links.

▶ Aftermarket Effect

→ *Unternehmensbewertung*

▶ After Sales-Service

Kaufmännischer oder technischer Kundendienst als Dienstleistung für den Kunden nach Kauf eines Produktes. Dies kann z. B. die Schulung von Personal zur Anwendung von Software, Wartungsarbeiten bei Hardware oder eine laufende Qualitätskontrolle und Überwachung des Herstellers von Anlagen beim Kunden sein. I. S. der zunehmend wichtigeren Kundennähe ein wichtiges Element des → *Marketing*.

▶ AG

→ *Aktiengesellschaft (AG)*

▶ AGB

→ *Allgemeine Geschäftsbedingungen (AGB)*

▶ Agency Costs

→ *Principal-Agent-Theorie*

▶ Agent

Handelsvertreter (→ *Handelsvertreter*) oder → *Kommissionär*, der im → *Handel* oder im Versicherungsgewerbe Kauf- und Verkaufsaufträge vermittelt und Verträge anbahnt. Im Gegensatz zum → *Makler* hat der Agent das Geschäft nicht nur zu vermitteln und dafür ein Honorar zu erhalten, sondern auch für den Auftraggeber aufzutreten bzw. den Agenturvertrag abzuschließen. Rechtlich liegt ein Geschäftsbesorgungsvertrag vor. Sofern die Agentur bzw. der Agent kein Musterlager unterhält, wird er auch als → *Broker* bezeichnet. Im Gegensatz zu Firmenvertretern (→ *Reisender*) vermittelt der Agent oder Broker nicht einzelne Unternehmensleistungen exklusiv, sondern ist frei in seiner Produkt- oder Dienstleistungsauswahl.

▶ Agglomeration

→ *Standort*

▶ Agilität

Merkmal von Organisationen und Personen, flexibel und proaktiv sowie antizipativ und initiativ zu agieren, um in einer so genannten VUCA-Welt (*volatility*, *uncertainty*, *complexity* und *ambiguity*, → *Digitale Geschäftsmodelle*) notwendige Veränderungen rechtzeitig zu bewirken. Agilität kann als Eigenschaft von Menschen, wie auch als Zustand einer Organisation bezeichnet werden. Agilität setzt eine unbürokratische Organisationskultur voraus, eine Personalführung mit Rollenbildern statt Stellenbeschreibungen und kundenorientierten, iterativen Prozessen, die eher Szenarien folgen, als Plänen oder Zielvorgaben.

▶ Agio

Bei einem → *Wertpapier* die Differenz zwischen dem → *Nennwert* und dem tatsächlich zu zahlenden Preis bzw. Kurs. Ist der Preis höher, so wird das Aufgeld als Agio bezeichnet, ist der Preis niedriger, so wird das Abgeld als Disagio bezeichnet. Sowohl Auf- als auch Abgeld werden meist in Prozent des Nennwertes ausgedrückt. Da nach AktG die Emission von Aktien unter pari, d. h. unter Nennwert verboten ist, ist bei derartigen Anteilscheinen ein Agio üblich, während bei der Emission von Schuldverschreibungen (Fremdkapital) ein → *Disagio* im Sinne einer vorgezogenen Verzinsung sehr häufig vorkommt. Das Agio muss nach § 272 II HGB bei Kapitalgesellschaften in die so genannte Kapitalrücklage (→ *Rücklagen*) eingebucht werden.

▶ AG u. Co. KG

→ *Aktiengesellschaft u. Co. KG (AG u. Co. KG)*

▶ AIDA-Regel

Abkürzung für die Unterteilung des Kaufprozesses beim Konsumenten in folgende Phasen: (1) **A**ttention: Aufmerksamkeit, (2) **I**nterest: Interesse, (3) **D**esire: Wunsch nach dem Gut, (4) **A**ction:

Kaufentschluss. Entsprechend dieser Phasen sollte z. B. die → *Werbung* aufgebaut bzw. ein → *Werbemittel* eingesetzt werden.

▶ AKA

→ *Ausfuhrkredit-Gesellschaft mbH (AKA)*

▶ AK (HK)

→ *Herstellungskosten*

▶ Akkord

Von accord = Gleichklang abgeleiteter Begriff für ein Fertigungsverfahren bei der → *Produktion* von Gütern, der eine gleichmäßige und gleichgerichtete Aufgabenanordnung voraussetzt. Die dazu passende Lohnform (→ *Lohnformen*) stellt den → *Akkordlohn* dar.

▶ Akkordlohn

Als Geld- oder Zeitakkord vorkommende Lohnform (→ *Lohnformen*) für die → *Produktion* von Gütern im → *Akkord*. Beim Geldakkord errechnet sich der Geldfaktor (z. B. 5,–/Stück). Im Zeitakkord wird eine Vorgabezeit für eine Normalleistung vereinbart (z. B. 5 Stück/Min.), bei deren Überschreitung bzw. Unterschreitung eine höhere bzw. niedrigere Entlohnung erfolgt.

▶ Akkordrichtsatz

→ *Akkord*

▶ Akkreditiv

→ *Dokumentenakkreditiv*

▶ Akquise

(Akquisition). Alle Maßnahmen der Kundengewinnung durch persönliche Verkaufsgespräche im Rahmen des Direktverkaufs. Dies kann z. B. durch Kundenbesuche, Telefonaktionen oder Werbeanzeigen geschehen. Der Begriff umschreibt die Phase, in der versucht wird, neue Kunden zu gewinnen bzw. bestehende Kunden zu erneuten Käufen zu bewegen. Mit Kaltakquise wird dabei die Erstansprache eines neuen Kunden bezeichnet. Bei Privatpersonen ist die Kontaktaufnahme per Telefon, Fax oder E-Mail ohne deren vorherige Zustimmung nach dem → *Gesetz gegen den unlauteren Wettbewerb (UWG)* verboten. Die Rechtsprechung geht allerdings immer häufiger von „mutmaßlicher Einwilligung" aus, wenn Personen ihre Daten auf Internet-Plattformen angeben oder wenn es sich um Produkte handelt, die „mutmaßlich für die Person von Interesse sind".

▶ Akquisition

(**1**) Übernahme eines Unternehmens oder Unternehmensteiles (→ *Unternehmenszusammenschluss*), die im englischsprachigen Raum auch als Mergers and Acquisitions (M & A) bezeichnet wird.

(**2**) Gewinnung neuer Kundenbeziehungen im Rahmen des → *Marketing* bzw. Vertriebs.

▶ AktG

→ *Aktiengesetz (AktG)*

▶ Aktie

Das Teilhaberrecht an einer → *Aktiengesellschaft (AG)* verbriefendes → *Wertpapier,* welches als Nennbetragsaktie gem. § 8 AktG mit einem Mindestnennbetrag von 1 Euro ausgestattet ist. Höhere Aktiennennbeträge müssen gem. § 8 AktG über volle Euro lauten. Die Summe der Nennwerte der Aktien ergibt das → *Grundkapital* einer AG bzw. → *Kommanditgesellschaft auf Aktien (KGaA)*. Stückaktien lauten auf keinen Nennbetrag. Englisch werden die Anteilscheine auch als Stock oder Share bezeichnet. Je nach Ausgestaltung der verbrieften Rechte können verschiedene → *Aktienarten* unterschieden werden (Abbildung A-3).

Stückelung des Grundkapitals

- Nennwertaktien
- Quotenaktien/Stückaktien (Anteil in Prozent vom Grundkapital, z. B. 1/500)

Übertragbarkeit der Aktien

- Inhaberaktien (Übertragung und Übergabe gem. § 929 BGB)
- Namensaktien (Erfassung in einem Aktienbuch, Indossierung (Abtretung) und Übergabe sind gem. § 68 AktG dem Vorstand anzuzeigen)
- Vinkulierte Namensaktien (Namensaktien, deren Übertragung gem. § 68 II AktG von der Genehmigung durch den Vorstand abhängt

Umfang und Qualität der Rechte

- Stammaktien (Uneingeschränktes Teilhaberrecht auf Teilnahme, Stimme und Auskunft in der Hauptversammlung sowie Dividendenanspruch, Bezugsrecht bei Kapitalerhöhung und Anteil am Liquidationserlös)
- Vorzugsaktien (Eingeschränkte Teilhaberrechte, meist bei Stimmrecht)

Ausgabezeitpunkt

- Alte Aktien (bereits im Umlauf befindliche Anteilscheine)
- Neue Aktien (junge Aktien nach Kapitalerhöhung bzw. Neuemission)

Sonderformen

- Eigene Aktien (grundsätzlich gem. § 71 AktG mit Ausnahmen verboten; z. B. zur Abwendung von Schaden → Eigene Aktien)
- Vorratsaktien (beim Emittenten zur Kurspflege zurückgehaltene Anteilsscheine)
- Belegschaftsaktien (von Mitarbeitern zur Vermögensbildung gezeichnete Papiere)
- Geschäftsbereichsaktien (→ Tracking Stock), die Aktienrechte nur für einzelne Geschäftsbereiche verbriefen)

Abb. A-3: Aktienarten

▶ Aktienanalyse

→ *Wertpapieranalyse*

▶ Aktienarten

Aktien werden in Abhängigkeit von ihrer Stückelung, der Übertragbarkeit, dem Umfang und der Qualität der Rechte sowie dem Ausgabezeitpunkt in verschiedener Form ausgegeben (Abbildung A-3).

▶ Aktienbuch

Von einer → *Aktiengesellschaft (AG)* geführtes Verzeichnis, in dem die ausgegebenen Namensaktien (→ *Aktienarten*) gem. § 67 AktG unter Angabe des Eigentümernamens, dessen Wohnsitz und Beruf eingetragen sind. In dem Buch werden die Verkäufe der Namensaktien namentlich vermerkt.

▶ Aktiengesellschaft (AG)

Rechtsform (→ *Rechtsform*) des privaten Rechts (→ *Kapitalgesellschaft* mit eigener Rechtspersönlichkeit), die im → *Aktiengesetz (AktG)* rechtlich geregelt ist. Die AG ist eine typische Rechtsform für Großunternehmen, da ein großer Kapitalbedarf durch eine Vielzahl von Anteilseignern (Aktionären) gedeckt werden kann.

Sofern das Aktienkapital auf viele Aktionäre, insbesondere Privatpersonen verteilt bzw. gestreut ist, wird auch von Publikumsgesellschaft gesprochen. Die Gründungsvoraussetzungen sind in §§ 23 f. AktG ausführlich geregelt und setzen bei der Gründung mindestens einen Gesellschafter und ein → *Grundkapital* von mindestens 50 000 € voraus. Das Grundkapital ist in Teile, den so genannten Aktiennennwerten von jeweils mindestens 1 Euro, aufgeteilt. Durch die i. d. R. hohe → *Fungibilität* der Aktien, d. h. Übertragbarkeit der Anteile an der → *Börse*, ist das Risiko einer Kapitalbeteiligung an einer AG i. d. R. geringer als die Beteiligung an einer → *Personengesellschaft*. Die Gründer einer AG müssen alle Aktien übernehmen, eine notariell beurkundete Satzung dem Amtsgericht vorlegen und die AG im → *Handelsregister* eintragen lassen. Zu diesem Zeitpunkt müssen mindestens ¼ des Nennbetrages der Aktien einbezahlt sein. Organe der AG sind der → *Vorstand*, der → *Aufsichtsrat* und die → *Hauptversammlung*.

Die Leitung der AG obliegt dem Vorstand (mindestens eine Person), der eigenverantwortlich auf maximal fünf Jahre pro Amtsperiode die Gesellschaft führt und vertritt. Der Vorstand wird vom Aufsichtsrat bestellt, der diesen zu überwachen und ggf. abzuberufen hat. Für diese Überwachungsfunktion hat der Aufsichtsrat, der aus mind. 3 und max. 21 Personen besteht und dessen Mitglieder auf maximal vier Jahre je Amtsperiode zu wählen sind, weitgehende Informations- und Prüfungsrechte. Bei der Besetzung des Aufsichtsrates ist das → *Mitbestimmungsgesetz (MitbestG)* bzw. → *Montan-Mitbestimmungsgesetz (Montan-MitbestG)* zu beachten. Außerdem sind bei Akzeptanz des deutschen → *Corporate Governance* Kodex „konkrete Ziele für die angemessene Beteiligung von Frauen" nötig. Oberstes Organ der AG ist die Hauptversammlung der Aktionäre (HV), deren Kompetenzen ebenfalls im AktG (§ 119) genau festgelegt sind. Die HV kann die Aktionärsvertreter in den Aufsichtsrat bestellen, den Aufsichtsrat und den Vorstand entlasten und den Abschlussprüfer wählen. Die Stimmrechte bemessen sich nach der Art und Anzahl der Aktien des Aktionärs.

▶ Aktiengesellschaft, kleine

Seit 1995 zulässige → *Rechtsform*, die explizit für kleinere und mittelgroße Unternehmen konzipiert wurde, denen bisher der Gang an die Börse zur Kapitalerhöhung verwehrt blieb, da ihnen evtl. die Voraussetzungen für eine große → *Aktiengesellschaft* fehlten. Zur Gründung sind analog der großen AG 50 000 € Grundkapital nötig und die Aktionäre müssen namentlich bekannt sein. Ein Vorstandsmitglied kann das Unternehmen leiten und muss jedes Quartal schriftlich an den → *Aufsichtsrat* (i. d. R. die Familiengesellschafter) berichten. Der Aufsichtsrat besteht aus mindestens 3 Personen. Bei Unternehmen bis zu 500 Beschäftigten ist kein Aufsichtsrat nötig. Die → *Hauptversammlung* wird lediglich mit eingeschriebenem Brief einberufen und hat den → *Vorstand* und Aufsichtsrat ggf. zu entlasten. Sie trifft außerdem wichtige Beschlüsse. Die kleine AG kann an die Börse gehen, muss aber nicht. Die Erhöhung des Eigenkapitals über die Ausgabe von Aktien (→ *Aktie*) ist damit möglich.

▶ Aktiengesellschaft u. Co. KG (AG u. Co. KG)

Rechtsform (→ *Rechtsform*) einer → *Kommanditgesellschaft (KG)*, also einer → *Personengesellschaft*, bei der eine → *Aktiengesellschaft (AG)* die Funktionen des Komplementärs wahrnimmt. Die Geschäfte der KG werden damit durch den → *Vorstand* der AG geführt. Im Gegensatz zur GmbH u. Co. KG kommt die AG u. Co. KG in der Praxis sehr selten vor, da die Gründung einer AG weitaus aufwendiger ist als die einer GmbH.

▶ Aktiengesetz (AktG)

Gesetz, das ergänzend zum → *Handelsgesetzbuch (HGB)* spezifische Vorschriften für → *Aktiengesellschaft (AG)*, → *Kommanditgesellschaft auf Aktien (KGaA)* sowie → *Verbundene Unternehmen* im Sinne des Aktiengesetzes enthält. Die Vorschriften für Aktiengesellschaften betreffen vor allem Fragen der → *Unternehmensverfassung*, der → *Rechnungslegung* einschließlich deren Prüfung und Offenlegung, der Feststellung des → *Jahresabschlusses*, der Ausschüttungsbemessung (→ *Gewinnverwendung*) sowie der Kapitalbeschaffung und -herabsetzung. Darüber hinaus beinhaltet das AktG sog. Sonder-, Straf- und Schlussvorschriften für die Organe → *Vorstand* und → *Aufsichtsrat* einer Aktiengesellschaft, wie z. B. die Verschwiegenheitspflicht.

▶ Aktienindex

Kennziffer, die in der Regel börsentäglich Aktienkursänderungen in Bezug auf einen Basiswert zu einem frei gewählten Basiszeitpunkt wiedergibt. Aus der Entwicklung des Indexes sollen grundlegende Entwicklungen (→ *Hausse*, → *Baisse*) des Aktienmarktes bzw. der → *Börse* ableitbar sein. Der bekannteste Index in Deutschland ist der → *Deutsche Aktienindex (DAX)*.

Die → *Deutsche Börse AG* berechnet außerdem für den deutschen Rentenmarkt den *Deutschen Rentenindex (REX)*, *Jumbo-Pfandbrief-*

index (JEX) und *Deutschen Pfandbriefindex (PEX)*, die jeweils auf ein Basisjahr indiziert werden, und den *E-BOX* und *BOX* als Messgrößen für Wertentwicklung von fest verzinslichen Staatsanleihen an den europäischen Rentenmärkten.

▶ Aktienmantel

Bezeichnung für die eigentliche Wertpapierurkunde über das Anteilsrecht an einer → *Aktiengesellschaft (AG)*. Er verbrieft das Mitgliedschaftsrecht, während der → *Bogen* lediglich die Legitimation für einen Dividendenanspruch verbrieft. Sowohl Mantel als auch Bogen sind getrennt veräußerbar. Die reale Auslieferung von Mantel und Bogen wird als → *Tafelgeschäft* im Gegensatz zum → *Depotgeschäft* bezeichnet, bei dem die Urkunden gesammelt verwahrt werden.

▶ Aktionär

→ *Aktiengesellschaft (AG)*

▶ Aktionärspflege

→ *Investor Relations*

▶ Aktionärsrechte

Rechte eines Anteilseigners einer → *Aktiengesellschaft (AG)*, die insbesondere im → *Aktiengesetz (AktG)* und unternehmensspezifisch in der Satzung festgelegt sind. Zu den gesetzlich definierten Rechten gehört insbesondere gemäß § 12 AktG ein Stimmrecht je Aktie, sofern dies z. B. bei Vorzugsaktien nicht ausgeschlossen wurde, Mitteilungspflichten bei Beteiligungsabsicht (§§ 20 f. AktG) an den Aktionär, das Recht zur Teilnahme an der → *Hauptversammlung* (§§ 54 f. AktG, §§ 118 f. AktG) sowie das Recht auf einen Gewinnanteil (§§ 60 f. AktG), Stimmrechte gemäß §§ 118 f. AktG, Bezugsrecht gemäß § 186 AktG sowie ein Recht am Anteil des Liquidationserlöses bei Auflösung des Unternehmens (§§ 262 f. AktG). Den Aktionärsrechten sind die Pflichten, insbesondere die Pflicht zur Einlage und die insbesondere in der Satzung definierten Nebenpflichten, entgegenzustellen.

▶ Aktionseinheiten, organisatorische

Personenunabhängige Einheiten in einer → *Aufbauorganisation,* welche die Aufgaben, die nach der → *Aufgabenanalyse* und → *Aufgabensynthese* gebildet wurden, ausführen. Die kleinste organisatorische Einheit wird als → *Stelle* bezeichnet. Weiterhin lassen sich als organisatorische Aktionseinheiten die → *Instanz,* die → *Abteilung,* der → *Stab,* das → *Kollegium* und die Projektgruppe unterscheiden.

▶ Aktiva

Vermögensgegenstand (→ *Vermögensgegenstand*) bzw. → *Wirtschaftsgut,* das auf der Soll-Seite der → *Handelsbilanz* bzw. → *Steuerbilanz* ausgewiesen wird. Dabei wird nach der voraussichtlichen Dauer der Unternehmenszugehörigkeit unterschieden in → *Anlagevermögen* und → *Umlaufvermögen* sowie in den aktiven → *Rechnungsabgrenzungsposten (RAP).* Die §§ 266 ff. HGB enthalten detaillierte Gliederungsvorgaben sowohl für das Anlage- als auch das Umlaufvermögen. Der Wert aller ausgewiesenen Aktiva muss übereinstimmen mit dem aller → *Passiva*), die auf der Haben-Seite der → *Bilanz* gezeigt werden.

▶ Aktivgeschäfte

Bankgeschäfte (→ *Bankgeschäfte*), die auf der Aktivseite der → *Bankbilanz* ihren Niederschlag finden. Hierzu gehören vor allem Kreditgeschäfte (Forderungen) sowie eigene Anlagegeschäfte der Banken, wie z. B. der Kauf eines Wertpapieres oder einer → *Beteiligung.* Der Gegenbegriff, das → *Passivgeschäft,* beinhaltet die Beschaffung der für die Aktivgeschäfte erforderlichen finanziellen Mittel.

▶ Aktivierte Eigenleistungen

In der → *Gewinn- und Verlustrechnung (GuV)* zu berücksichtigende Ertragsgröße, sofern diese nach dem → *Gesamtkostenverfahren*

(GKV) gem. § 275 II HGB erstellt wird. Der Ansatz dieser **Ertragsposition** hat die Aufgabe, die in der GuV in verschiedenen Positionen enthaltenen Aufwendungen, die im Zusammenhang mit der Erstellung eigener Anlagen angefallen sind, wieder zu neutralisieren, damit eine Belastung des Jahresergebnisses vermieden wird.

▶ Aktivierung, handelsrechtliche

Ansatz und Ausweis eines Vermögensgegenstandes (einschließlich Rechnungsabgrenzungsposten) auf der Aktivseite der → *Handelsbilanz.* Voraussetzung ist, dass zum einen ein Vermögensgegenstand vorliegt – hierzu müssen bestimmte Kriterien erfüllt sein – und zum anderen die bestehenden spezifischen Aktivierungspflichten, -wahlrechte und -verbote beachtet werden. Die IFRS und US-GAAP knüpfen nicht am Begriff des Vermögensgegenstandes, sondern am Begriff des „Asset“ (Vermögenswert) an und beinhalten abweichende Aktivierungspflichten, -verbote und -wahlrechte. Im Gegensatz zur Aktivierung regelt die Passivierung den Ansatz und Ausweis auf der Passivseite der Bilanz.

▶ Aktivierung, steuerrechtliche

Originäre steuerrechtliche Aktivierungsvorschrift nach § 4 I EStG. Demnach ergibt sich der → *Gewinn* aus der Differenz des → *Betriebsvermögens* am Schluss des → *Wirtschaftsjahres* und dem Betriebsvermögen am Schluss des vorangegangenen Wirtschaftsjahres korrigiert um Entnahmen und Einlagen. Außer dem Begriff Betriebsvermögen gibt das Gesetz keine weiteren positiven Hinweise und Definitionen von Betriebsvermögen. Es muss sich aber nach der Gewinndefinition um Vermögensteile (→ *Wirtschaftsgut*) handeln, die zur Gewinn- bzw. Einkunftserzielung eingesetzt werden. Hierbei hat sich folgende Qualifizierung von → *Vermögen* herauskristallisiert:

(1) Notwendiges Betriebsvermögen: Hierunter fallen Wirtschaftsgüter, die ausschließlich und unmittelbar für eigenbetriebliche Zwecke (= Gewinn- bzw. Einkunftserzielung) des Steuerpflichtigen genutzt werden oder dazu bestimmt sind. Hierzu gehört, dass die

Wirtschaftsgüter in einem gewissen objektiven Zusammenhang mit dem → *Betrieb* stehen und ihn zu fördern bestimmt und geeignet sind. Durch das Merkmal der Bestimmung kommt hier auch ein subjektives Element zum Tragen, das dem Steuerpflichtigen einen Gestaltungsspielraum lässt. Sofern die betriebliche Nutzung bei Wirtschaftsgütern außer Grund und Boden und Gebäuden mehr als 50 % beträgt, werden sie in vollem Umfang als Betriebsvermögen behandelt. Die private Mitbenutzung wird dann über eine Entnahme geregelt.

(2) **Gewillkürtes Betriebsvermögen**: Bei einer betrieblichen Nutzung von mindestens 10 % bis zu 50 % können Wirtschaftsgüter außer Grund und Boden und Gebäuden, bei der Gewinnermittlung als gewillkürtes Betriebsvermögen behandelt werden.

(3) **Notwendiges Privatvermögen**: Werden Wirtschaftsgüter zu mehr als 90 % privat genutzt, gehören sie im vollen Umfang zum Privatvermögen. Eine betriebliche Mitbenutzung wird dann als Einlage abgerechnet. Die Entscheidung, ein Wirtschaftsgut als gewillkürtes Betriebsvermögen in den Betriebsvermögensvergleich aufzunehmen, hat insbesondere auch Auswirkung auf die Behandlung eines Veräußerungsgewinns bzw. -verlustes. Die dargestellte Unterteilung hat nur Auswirkungen auf die → *Einkommensteuer.* Für die → *Umsatzsteuer* gilt diese Einteilung nicht. Hier kann ab einer unternehmerischen Nutzung von 10 % der Vorsteuerabzug vorgenommen werden, der dann über die Zeit der Nutzung durch entsprechende Umsatzsteuer auf den Eigenverbrauch korrigiert wird.

Damit hat der Steuerpflichtige zumindest einen Liquiditätsvorteil. Diese Regelung hat über die EG-Richtlinie zur Harmonisierung der Umsatzsteuer im deutschen Steuerrecht Gültigkeit. Bei Grund und Boden und Gebäuden kennt das Steuerrecht unterschiedliche Nutzungs- und Funktionszusammenhänge, anhand derer eine Zuordnung zum Betriebsvermögen vorgenommen wird. So kann ein Gebäude bzw. Gebäudeteil in 4 Nutzungs- und Funktionszusammenhängen vorkommen: (1) Nutzung zu eigenbetrieblichen Zwecken, (2) Nutzung zur Vermietung an Fremdbetriebe, (3) Nutzung zur Vermietung zu fremden Wohnzwecken, (4) Nutzung zu eigenen Wohnzwecken.

Die Einteilung ist wichtig für die Zulässigkeit bestimmter Regeln über die → *Absetzungen für Abnutzung (AfA).*

▶ Aktivitätskostenrechnung

→ *Prozesskostenrechnung*

▶ Aktivtausch

Bilanzveränderung, die sich nur auf der Aktivseite der Bilanz niederschlägt und erfolgsneutral ist, da nur eine Umbuchung – ein „Tausch" – zwischen Aktivpositionen erfolgt, so dass die Bilanzsumme und damit das Eigenkapital unverändert bleiben. Ein Aktivtausch ergibt sich z. B. beim Barkauf von Wertpapieren, der zu einem Zugang bei den Wertpapieren und zu einem Abgang der Kassenbestände in gleicher Höhe führt. Entsprechend ergibt sich ein → Passivtausch aus einer erfolgsneutralen Umbuchung zwischen Passivpositionen.

▶ Aktuar

Bei einer → *Versicherung* angestellter Mitarbeiter, der nach § 65 Versicherungsaufsichtsgesetz (VAG) eine zu bildende → *Deckungsrückstellung* ordnungsgemäß berechnet.

▶ Akzept

Unterschrift eines Bezogenen (Akzeptant) auf einem Wechselformular. Mit dem Akzept wird aus der Tratte (Wechsel ohne Akzept) eine vollständige Wechselurkunde, wobei zu beachten ist, dass auch ohne die Unterschrift des Bezogenen der Wechsel gültig sein kann, wenn die acht gesetzlichen Bestandteile (→ *Wechsel*) vorliegen.

▶ Akzeptakkreditiv

→ *Dokumentenakkreditiv*

▶ Akzeptkredit

Verpflichtung einer → Bank, einen auf sie gezogenen → Wechsel zu akzeptieren (→ Akzept). Im Gegensatz zur üblichen Diskontierung eines Wechsels (→ Diskontsatz), bei der der Einreicher des zu diskontierenden Wechsels von der Bank Kredit bis zur Fälligkeit erhält, leiht die Bank beim Akzeptkredit dem Aussteller lediglich ihren „guten Namen" (Kreditleihe). Ein solches Bankakzept wird in der Regel im Rahmen der → Außenhandelsfinanzierung vom Importeur über seine Bank an den Exporteur als Sicherstellung begeben. Es dient damit häufig neben einem anderen → Exportdokument als Zahlungssicherheit beim → Dokumentenakkreditiv oder dem → Dokumenteninkasso.

▶ Alkopopsteuergesetz

Das Gesetz über die Erhebung einer Sondersteuer auf alkoholhaltige Süßgetränke (Alkopops) zum Schutz junger Menschen ist am 1.7. 2004 in Kraft getreten und hat 2009 ein Aufkommen von rd. 2 Mrd. €. Obwohl in der → *Abgabenordnung* geregelt ist, dass Steuern zur Einnahmeerzielung ohne Zweckbindung erhoben werden, regelt das AlkopopStG, dass die Mittel für Maßnahmen zur Suchtprävention der Bundeszentrale für gesundheitliche Aufklärung zustehen (→ *Verbrauchsteuer*).

▶ Allfinanz

→ *Finanzdienstleistungen*

▶ Allgemeine Geschäftsbedingungen (AGB)

Für eine Vielzahl von Verträgen vorformulierte Vertragsbedingungen, die eine Vertragspartei (Verwender der AGB) der anderen Vertragspartei bei Abschluss des Vertrages stellen kann. Seit 1.1.2002 sind die vielen ehemals in Einzelgesetzen und Richtlinien formulierten Bestimmungen im neu verfassten BGB (Bürgerlichen Gesetzbuch) integriert. Im Teil Schuldrecht findet sich in §§ 305–310 BGB der wesentliche Teil des ehemaligen AGB-Gesetzes wieder. Darin sind insbesondere folgende Regeln von Bedeutung: AGB können in Verträge einbezogen werden, wenn der Vertragspartner unter Einbezug körperlicher Behinderungen von dem Inhalt der AGB Kenntnis nehmen kann (§ 305 BGB), durch die Inhalte entgegen den Geboten von → *Treu und Glauben* nicht „unangemessen benachteiligt wird" (§ 307 BGB) oder dem Verbote, wie z. B. der Ausschluss der Gewährleistung bei Leistungsstörungen, gegenüberstehen (§ 308 BGB). Insbesondere gesetzlich gebotene Fristen, → Haftung und Schadenersatzansprüche darf eine AGB nicht ausschließen (§ 309 BGB).

▶ Allgemeine Versicherungsbedingungen (AVB)

Analog zu den → *Allgemeinen Geschäftsbedingungen (AGB)* regeln die AVB bei Versicherungsverträgen die grundlegenden Rechte und Pflichten des Versicherers und des Versicherungsnehmers. In den AVB werden zumeist die Produkte der Versicherung (z. B. Haftpflicht-, Unfall-, Krankenversicherung) detailliert beschrieben und ausgelegt, um die Risikodeckung durch den Versicherer auf die gewünschten Fälle (z. B. Haftpflichtschaden, Unfall, Krankheit) zu begrenzen. Die Allgemeinen Versicherungsbedingungen müssen von den zuständigen Aufsichtsbehörden genehmigt werden.

▶ Allokation

→ *Kapitalallokation*

▶ Allonge

Anhang bzw. Verlängerungsstück bei einem auf Namen lautenden → *Wertpapier.* Die Allonge wird vor allem bei einem → *Wechsel* für das → *Indossament* weiterer Wechselbeteiligter sowie beim → *Wechselprotest* als Protesturkunde verwandt. Sie wird für Indossamente notwendig, wenn auf der Rückseite der Wechselurkunde kein Platz für weitere Indossamente vorhanden ist. Das Verlängerungsstück muss mit der Haupturkunde fest verbunden sein (z. B. Ankleben) und die Verbindungsstelle durch einen Stempel vor Abtrennung gesichert werden.

▶ Allphasen-Netto-Umsatzsteuer

Seit 1968 geltendes System der Umsatzbesteuerung mit Vorsteuerabzug. Es wird präzise als Allphasen-Netto-Umsatzsteuersystem mit Vorsteuerabzug bezeichnet. Jeder steuerbare Umsatz wird auf jeder Wirtschaftsstufe besteuert, wobei die → *Steuerbemessungsgrundlage* für die zu berechnende und abzuführende → *Umsatzsteuer* der Nettobetrag, also Verkaufspreis ohne Umsatzsteuer, ist. Dabei darf der → *Unternehmer* selbst bezahlte Umsatzsteuer im Rahmen des Einkaufs von für die Produktion notwendigen Vorleistungen als Vorsteuer abziehen. Die tatsächliche Zahllast errechnet sich als Differenz aus der dem Unternehmer von seinen Abnehmern bezahlten Umsatzsteuer und der von ihm selbst für Vorleistungen bezahlten Umsatzsteuer. Letztlich wird nur der Endverbraucher wirtschaftlich mit Umsatzsteuer belastet, während im Unternehmenssektor keine wirtschaftliche Belastung mit Umsatzsteuer auftritt. Eine Ausnahme kann bei einer Umsatzsteuererhöhung eintreten, wenn die Erhöhung nicht über den Preis an den Verbraucher weitergegeben werden kann (→ *Steuerüberwälzung*).

▶ Altaktionär

→ *Bezugsrecht*

▶ Alternativanlage

→ *Finanzierungskosten*, → *Kalkulationszinsfuß*

▶ Alternative

Vorgehensweise zur Erreichung von Zielen bzw. zur Lösung der Probleme. Bei der Suche nach Lösungsalternativen lassen sich vor allem → *Kreativitätstechniken* einsetzen (→ *Alternativensuche*).

▶ Alternativensuche

Teilphase der → *Planung*, bei der gefundene einzelne Lösungskonzepte oder -maßnahmen zu realisierbaren und überschneidungsfreien Alternativenbündeln zusammengefasst werden. Eine → *Alter-*

native sollte im → *Zulässigen Bereich* (→ *LP-Modelle*) sein und sachlich wie auch zeitlich geordnet werden. Ergebnis der Ordnung können Alternativenhierarchien und -folgen (→ *Entscheidungsbaum*) sein.

▶ Altersruhegeld

→ *Rentenformel*

▶ Altersteilzeit

Gilt für Arbeitnehmer ab dem 55. Lebensjahr und gibt ihnen die Möglichkeit, ihr Vollzeitarbeitsverhältnis bis zum Übergang in den Ruhestand (→ *Rentenformel*) in ein Teilzeitarbeitsverhältnis umzuwandeln. Finanzielle Anreize werden durch einen Aufstockungsbetrag zum Entgelt von Seiten der → *Bundesagentur für Arbeit (BA)* gewährt. Es werden zwei Modelle unterschieden: das Blockmodell (Freistellung en bloc) oder das kontinuierliche Modell (Reduzierung der Arbeitszeit).

▶ Altersvorsorge-Sondervermögen

Durch das 3. Finanzmarktfördergesetz neu entstandener Begriff für Pensions-Sondervermögen bzw. Pensionsfonds (→ *Fonds*) von Unternehmen zur Altersabsicherung ihrer Mitarbeiter.

▶ Altersvorsorgevertrag

Anlageform, die im Rahmen der Riester-Rente gefördert wird. Alle Anlageformen, die der Riester-Förderung dienen sollen, müssen von der Bundesanstalt für Finanzdienstleistungen zertifiziert werden. Der Altersvorsorgevertrag, der die Förderkriterien erfüllen will, muss kumulativ folgende Merkmale aufweisen:

- laufende Beitragsleistung während der Ansparphase
- Leistungen frühestens mit Vollendung des 60. Lebensjahres
- Zusage bei Vertragsabschluss, dass zu Beginn der Auszahlungsphase mindestens die eingezahlten Beiträge zur Verfügung stehen
- Vereinbarung von lebenslang gleich bleibenden oder steigenden monatlichen Leibrenten oder eines qualifizierten Auszahlungsplans

- Absicherung der Hinterbliebenen
- Anlage der Beiträge ausschließlich in Rentenversicherungen, Investmentanteilen oder Bankguthaben
- gleichmäßige Verteilung der in Ansatz gebrachten Abschluss- und Vertriebskosten (über mindestens 10 Jahre)
- jährliche schriftliche Information des Anlegers über die Verwendung der eingezahlten Beiträge und den Kapitalstand
- Anspruch des Steuerpflichtigen auf Ruhenlassen und Wechsel in einen anderen Altersvorsorgevertrag
- Ausschluss der Abtretung an Dritte.

▶ Ambient Marketing

Der Begriff umschreibt innovative, planbare Medienformate, die im direkten Lebensumfeld der Zielgruppe platziert und wahrgenommen werden. Dadurch werden die Maßnahmen nicht störend, sondern eher sympathisch und originell empfunden, getreu dem Motto: „Die Werbung kommt nicht zum Konsumenten, sondern der Konsument zur Werbung".

Im Fokus stehen primär junge Zielgruppen im Alter von 16–35 Jahren, wodurch Ambient-Medien besonders gut für den Aufbau junger und erlebnisorientierter Marken geeignet sind. Ambient-Marketing-Aktionen sind im Gegensatz zum → *Guerilla-Marketing* planbar, messbar und wiederholbar.

Die Platzierung der Medien im direkten Lebensumfeld der Zielgruppe kann an unterschiedlichsten Stellen durchgeführt werden: Trend- und Szenegastronomie (z. B. Bar, Club, Kino, Café), Freizeiteinrichtungen (z. B. Fitnesscenter, Sportstudio, Schwimmbad, Wellnessanlage), Out of Home (z. B. Straße, Einkaufspassage, Bahnhof, Flughafen), Point of Sale (z. B. Supermarkt, Bäckerei, Videothek, Tankstelle), Point of Education (z. B. Kindergarten, Schule, Universität) oder zu Hause (z. B. Pizzakarton).

▶ Ambulanter Handel

Im Gegensatz zum stationären → *Handel* Bezeichnung für Haustürgeschäfte, Markthandel, Straßenhandel, Wandergewerbe und fliegende Händler.

▶ Ambush Marketing

(englisch: Hinterhalt) nutzt die mediale Aufmerksamkeit von Großereignissen, wie zum Beispiel die Fußballweltmeisterschaft, die Olympischen Spiele, regionale Events oder bestimmte Branchenevents. Es kennzeichnet die Vorgehensweise eines Unternehmens, dem Publikum eines Events durch eigene Marketing-Maßnahmen eine autorisierte Verbindung zum Event zu signalisieren, obwohl das betreffende Unternehmen keine legalisierten oder lediglich unterprivilegierte Vermarktungsrechte an dieser von Dritten gesponserten Veranstaltung besitzt. Häufig handelt es sich dabei um Veranstaltungen, die von direkten Wettbewerbern durchgeführt oder gesponsert werden. Ambush Marketing fungiert quasi als Trittbrettfahrer, indem es von einem Ereignis profitiert, ohne finanziell oder konzeptionell beteiligt zu sein. Aus diesem Grund wird Ambush Marketing immer wieder auch als Trittbrettfahrer-Marketing, Parasiten-Marketing oder Schmarotzer-Marketing bezeichnet. Ambush Marketing zielt darauf ab, mit wenig Aufwand in die Öffentlichkeit zu gelangen und die Aufmerksamkeit auf das eigene Unternehmen zu lenken, und die Wirkung der offiziellen Sponsoringaktivitäten eines Wettbewerbers gezielt zu schwächen.

▶ American Depositary Receipts (ADR)

Wertpapier (→ *Wertpapier*), das Rechte an zugrunde liegenden Aktien verbrieft. Es handelt sich damit um neuartige → *Derivate*, d. h. abgeleitete Rechte auf Basiswerte. Großunternehmen, wie beispielsweise die *Daimler AG*, verwenden ADR zur Platzierung ihrer an sich nicht an einer ausländischen → *Börse* zugelassenen Aktien, um an den dortigen Börsen zumindest derartige Anteilsrechte emittieren zu können.

▶ Amortisation

Wiederfreisetzung von gebundenem Kapital (→ *Kapitalbindung*) in dem Zeitpunkt, wenn die laufenden Einnahmen die Anfangsinvestition übersteigen. Der Amortisationszeitpunkt kann mit Hilfe der → *Amortisationsrechnung* ermittelt werden.

▶ Amortisationsrechnung

Statisches → *Investitionsrechenverfahren,* bei dem die Rückflüsse einer → *Investition* kumuliert der Anfangsinvestition gegenübergestellt werden. Beim Amortisationszeitpunkt überschreiten die kumulierten Zahlungsüberschüsse die Anfangsinvestition. Dabei können die geschätzten künftigen Zahlungen mit Hilfe der Durchschnittsmethode oder der so genannten kumulierten Methode den Anfangsinvestitionen gegenübergestellt werden. Bei der **Durchschnittsmethode** wird ein durchschnittlicher künftiger Zahlungsüberschuss (z. B. 100 €) der Anfangsinvestition (z. B. 10 €) gegenübergestellt und der Amortisationszeitpunkt (z. B. 10 Jahre) ermittelt. Bei der **kumulierten Methode** werden die zu erwartenden unterschiedlichen künftigen Zahlungen einzeln aggregiert und ein exakter Zeitpunkt ermittelt, an dem die Investition zurückgeflossen ist. Diese Kapitalrückflussmethode wird in der amerikanischen Literatur als Pay-off- oder Pay-back-Methode bezeichnet. Sie ist insbesondere für Investoren geeignet, die nicht im Sinne der → *Kostenvergleichsrechnung,* → *Gewinnvergleichsrechnung* oder → *Rentabilitätsvergleichsrechnung* die günstigste, gewinnträchtigste oder rentabelste Investition suchen, sondern aus einem Sicherheitsbewusstsein eine möglichst schnelle Wiedergewinnung ihres eingesetzten Kapitals wünschen. Um aus der an sich statischen Rechenmethode ein dynamisches Verfahren zu machen, sind lediglich die prognostizierten künftigen Zahlungen mit einem Kalkulationszinsfuß abzuzinsen (→ *Abzinsung,* → *Finanzmathematik*) und so in die Durchschnitts- oder Kumulationsbetrachtung einzubeziehen.

▶ Amtliche Notierung

→ *Amtlicher Markt*

▶ Amtlicher Markt

Im deutschen Wertpapierhandelsgesetz reguliertes Börsensegment, ehemals auch „amtlicher Handel“ genannt. Am 1. November 2007 wurde der Amtliche Markt mit dem Geregelten Markt fusioniert und alle in diesen Segmenten enthaltenen Wertpapiere automatisch in das neu entstandene Segment Regulierter Markt übernommen.

▶ Amtliches Kursblatt

→ *Amtlicher Markt*

▶ Amtsgericht

→ *Handelsregister,* → *Rechtsweg*

▶ Anderskosten

Teil der → *Kalkulatorischen Kosten,* die sich aufgrund einer abweichenden Bewertung eines Güterverbrauchs in der Kostenkalkulation gegenüber der → *Gewinn- und Verlustrechnung (GuV)* ergeben. Beispiele hierfür sind → *Abschreibung, kalkulatorische,* → *Kalkulatorische Zinsen* (Fremdkapitalzinsen) und → *Kalkulatorische Wagnisse.* So können z. B. im Gegensatz zu den realen → *Abschreibungen* im Rahmen der kalkulatorischen Abschreibungen Kosten auf Basis von Wiederbeschaffungswerten ermittelt werden, die nach HGB für die Gewinn- und Verlustrechnung nicht zulässig sind. Als weiteres Beispiel kann der Ansatz kalkulatorischer Fremdkapitalzinsen für ein eventuell außergewöhnliches und einmalig günstig erhaltenes Darlehen bezeichnet werden.

▶ Android

Auf Linux basierendes Betriebssystem vorwiegend für Smartphones und andere mobile Geräte wie Tablets, das von Google im Wettbewerb zu Apples iOS 2005 vom ursprünglichen Entwickler Andy Rubin erworben wurde. Die erste Version wurde 2008 auf den Markt gebracht und seither ständig weiterentwickelt. Inzwischen wurden auch weitere angepasste Android-Versionen für Fernsehgeräte (Android TV), für Uhren bzw. Smartwatches (Android Wear), Autos (Android Auto) sowie vernetzte Kleingeräte (Android Things) auf den Markt gebracht.

Von den Hardwareherstellern der Smartphones oder Tablets werden die Android Grundversionen typischerweise in der Oberfläche spezifisch angepasst, um eine Unterscheidung zu Wettbewerbsprodukten sicher zu stellen. Diese entscheiden auch, wie lange Sicherheitsupdates oder Systemupgrades zur Verfügung gestellt werden.

Die Versionsbezeichnung orientiert sich seit Android 1.5 an den englischen Namen einer Süßspeise, deren Anfangsbuchstaben jeweils im Alphabet aufsteigend sind. Die im August 2016 vorgestellte Version 7 firmiert auch unter der Bezeichnung „Nougat", die im August 2017 erschienene Version 8 unter „Oreo" und die im August 2018 präsentierte Version 9 unter „Pie".

Android hatte als Smartphone-Betriebssystem im zweiten Quartal 2017 einen weltweiten Marktanteil von 87,7 Prozent, das Apple Betriebssystem iOS 12,1 %. Mit dem Ausstieg von Microsoft aus dem Markt der Betriebssysteme für Mobilgeräte (Windows Mobile) teilen sich derzeit nur noch Google und Apple den Markt. Seit dem Marktstart 2008 erzielte Google mit Android einen Umsatz von 31 Mrd. US-Dollar (Stand: Januar 2016)

▶ Anfechtung

Maßnahme, um ein rechtlich wirksam gewordenes und durch → *Willenserklärungen* zustande gekommenes Rechtsgeschäft nachträglich für nichtig (→ *Nichtigkeit*) erklären zu lassen. Anfechtungsgründe für zustande gekommene Willenserklärungen sind nach BGB eine arglistige Täuschung, Inhalts-, Erklärungs- oder Eigenschaftsirrtümer. Eine Willenserklärung setzt einen inneren Willen (Handlungswille und Erklärungsbewusstsein) sowie die Äußerung des Willens (Erklärung selbst) voraus.

Eine arglistige Täuschung nach einer Willenserklärung liegt z. B. dann vor, wenn der Verkäufer eines Gebrauchtwagens dem Käufer ehrenwörtlich versichert, dass der Wagen erst 55 000 km gefahren sei, obwohl er in Wirklichkeit bereits 155 000 km gefahren ist und der Verkäufer dies weiß. Ein Inhaltsirrtum (§ 119 I, 1 BGB) liegt vor, wenn der Erklärende weiß, was er sagte, aber nicht wusste, was das Gesagte bedeutete. Ein Erklärungsirrtum (§ 119 I, 2 BGB) liegt vor, wenn der Erklärende das, was er sagte oder tat, gar nicht wollte, indem er sich z. B. versprach, verschrieb oder vergriff. Ein Eigenschaftsirrtum (§ 119 II BGB) liegt vor, wenn der Erklärende weiß, was er sagte, aber falsche Vorstellungen von der betroffenen Sache oder Person hatte. Ein weiterer Anfechtungsgrund ist ein Übermittlungsfehler z. B. durch Telefon oder Telefax.

All diese für Wirtschaftsgeschäfte wichtigen Fälle können zu einer Anfechtung gem. § 119 II BGB führen, so dass die zugrunde liegenden Willenserklärungen und damit das Rechtsgeschäft nachträglich für nichtig erklärt werden können. Ein Vertrag wird dadurch von Anfang an unwirksam. Auf die formale Richtigkeit und Rechtzeitigkeit der Anfechtungserklärung gem. den Bestimmungen des BGB ist zu achten.

▶ Anfrage

Rechtlich unverbindliche Bitte an einen Anbieter, um Informationen über dessen Waren, Produkte, Leistungen, Preise oder Lieferbedingungen zu erhalten (→ *Angebot*).

▶ Angebot

(1) → *Willenserklärung,* die den ersten Schritt zu einem Vertragsabschluss (→ *Vertrag*) darstellt. Rechtlich wird dieses Angebot als Antrag gem. § 145 BGB bezeichnet. Im Antrag muss der Wille des Anbietenden, sich rechtlich binden zu wollen, d. h. einen Vertrag zu wollen (Bindungswille), klar zum Ausdruck kommen. Inserate in Zeitungen, Schaufensterauslagen oder Werbeplakate sind beispielsweise keine Angebote, sondern nur Aufforderungen zur Abgabe eines Angebotes, welche dann zu einem Vertrag führen sollen. Ein Angebot kann auch durch Zusätze (o.O., ohne Obligo, freibleibend) so formuliert werden, dass der Bindungswille ausgeschlossen wird.

(2) Volkswirtschaftlich die gesamte Gütermenge, die auf einem Markt angeboten wird (→ *Marktformen*). Durch den Preismechanismus soll dieses Angebot im marktwirtschaftlichen → *Wirtschaftssystem* auf einem Markt der → *Nachfrage* angeglichen werden (→ *Angebotsfunktion*).

▶ Angebotsfunktion

Funktionale Beziehung zwischen dem mengenmäßigen Angebot auf einem → *Markt* und dem dafür bezahlten → *Preis*. Häufig werden bei steigenden Preisen zunehmend mehr Güter angeboten (→ *Elastizität*).

▶ Angestellter

Nach einem Urteil des Bundesarbeitsgerichtes zählt zu den Angestellten, wer in einem abhängigen Beschäftigungsverhältnis steht (→ Arbeitnehmer) und monatlich ein festes Gehalt bzw. Grundgehalt anstatt einem z. B. nach Stunden oder Mengengrößen bemessenen Lohn erhält. Im BetrVG ist zudem geregelt, wer als „Leitender Angestellter" zu bezeichnen ist. Dies ist, wer eine überwiegend leitende, beaufsichtigende oder vergleichende Tätigkeit ausübt und im Wesentlichen frei von Weisungen ist. Im Zweifel ist leitender Angestellter, wer bereits zu einem früheren Zeitpunkt den leitenden Angestellten zugeordnet wurde, einer als Leitungsebene definierten Managementebene angehört, ein Jahresgehalt bezieht, das für leitende Angestellte im Unternehmen üblich ist, oder im Zweifel ein Jahreseinkommen bezieht, das über dem Dreifachen der Bemessungsgrenze der Sozialversicherung liegt (§ 5 IV BetrVG). Gem. Sprecherausschussgesetz kann in Unternehmen mit mindestens zehn leitenden Angestellten ein „Sprecherausschuss der Leitenden Angestellten" gebildet werden, der i. d. R. auch Vertretungsrechte im Aufsichtsrat wahrnimmt. Die Unterscheidung zwischen Angestellten und Arbeitern verliert im Arbeitsrecht immer mehr an Bedeutung.

▶ Angestellter, leitender

→ *Angestellter*

▶ Angstklausel

→ *Indossament*, → *Wechsel*

▶ Anhang

Bestandteil des Einzel- und Konzernabschlusses. Er ist von einer → *Kapitalgesellschaft* und von Unternehmen, für die das Publizitätsgesetz gilt, zu erstellen. Ausgenommen sind nach § 264 I 5 HGB sog. Kleinstkapitalgesellschaften. Der Anhang ist, als Teil des Abschlusses, auch beim elektronischen Bundesanzeiger einzureichen und bekannt machen zu lassen.

Der Anhang erfüllt dabei mehrere Funktionen: insbesondere die

(1) **Interpretationsfunktion**, da einzelne Positionen der Bilanz und GuV näher erläutert werden,

(2) **Ergänzungsfunktion**, da zusätzliche Informationen, die sich nicht unmittelbar auf einzelne Positionen der Bilanz und GuV beziehen, angegeben werden, wie z. B. Haftungsverhältnisse, Zusammensetzung der Arbeitnehmer usw.

(3) **Entlastungsfunktion,** da durch Verlagerung von Informationen in den Anhang die Bilanz und GuV klar und übersichtlich dargestellt werden kann, z. B. indem Vermerke zu einzelnen Bilanzpositionen nicht in der Bilanz, sondern im Anhang angegeben werden.

Der Inhalt und Umfang der Anhangangaben ist insb. in §§ 284–288 HGB zum Einzelabschluss und in §§ 313–314 HGB zum Konzernabschluss geregelt. Kleine und mittelgroße Kapitalgesellschaften müssen bestimmte Anhangangaben gem. § 288 HGB nicht veröffentlichen (Publizität). Das AktG und GmbHG enthalten zusätzliche spezifische Angabepflichten für die → *Aktiengesellschaft (AG)* und die → *Gesellschaft mit beschränkter Haftung (GmbH).*

Die Anhangangaben nach IFRS und US-GAAP, die sog. **Notes**, sind weitaus umfangreicher als nach deutschem Recht.

▶ Anlagekartei

→ *Anlagenbuchhaltung*

▶ Anlagenbuchhaltung

Nebenbuchhaltung der Finanz- und Betriebsbuchhaltung (→ *Buchhaltung*), in der die Geschäftsvorfälle, die das Sachanlagevermögen betreffen, gesondert erfasst und verbucht werden. Sie wird insbesondere bei anlageintensiven Unternehmen eingerichtet, und zwar i. d. R. dezentral in den einzelnen Werken. In der Anlagenbuchhaltung wird die → *Abschreibung* häufig getrennt für die → *Handelsbilanz*, die → *Steuerbilanz* und die → *Kalkulation* (Betriebsergebnisrechnung) ermittelt.

▶ Anlagendeckungsgrade

Aus der → *Bilanz* ermittelbare → *Kennzahl*, die durch die Gegenüberstellung bestimmter langfristiger → *Passiva* und langfristiger → *Aktiva* gewonnen werden. Dadurch soll der Zusammenhang zwischen der Finanzierung (Kapitalbeschaffung) und der Investition (Mittelverwendung) aufgezeigt werden, um die finanzielle Stabilität eines Unternehmens beurteilen zu können. Die Finanzierung (Deckung) des Anlagevermögens wird durch die **sog. Deckungsgrade A und B** und die Finanzierung des Anlagevermögens zuzüglich dem langfristigen Umlaufvermögen durch den sog. **Deckungsgrad C** beurteilt, deren Definitionen Abbildung A-4 zeigt. Sofern bestimmte Normen für diese Kennzahlen vorgegeben werden, liegen sog. → *Finanzierungsregeln* vor.

Nach der **goldenen Bilanzregel** soll das Anlagevermögen durch langfristiges Kapital finanziert (gedeckt) sein, wobei die enge Definition ausschließlich die Deckung durch Eigenkapital fordert, während die weite Definition Eigenkapital und langfristiges Fremdkapital einbezieht. Die Problematik solcher Normen besteht insbesondere darin, dass wegen der Stichtagsbezogenheit der Bilanzposten die zeitliche Struktur der Ein- und Auszahlungen, welche für die effektive Liquidität maßgeblich ist, nicht abgebildet werden kann und die Bilanzansätze bilanzpolitischen Einflüssen unterliegen.

$$\text{Deckungsgrad A} = \frac{\text{Eigenkapital}}{\text{Anlagevermögen}}$$

$$\text{Deckungsgrad B} = \frac{\text{Eigenkapital + langfristiges Fremdkapital}}{\text{Anlagevermögen}}$$

$$\text{Deckungsgrad C} = \frac{\text{Eigenkapital + langfristiges Fremdkapital}}{\text{Anlagevermögen + langfristiges Umlaufvermögen}}$$

Abb. A-4: Anlagendeckungsgrade

▶ Anlagen im Bau (AiB)

Werden Investitionen im Anlagevermögen vorgenommen, die am Bilanzstichtag noch nicht vollendet sind, so sind diese Aufwendungen nach § 266 II HGB unter der Bilanzposition Anlagen im Bau zu aktivieren. Dabei werden Eigen- sowie Fremdleistungen berücksichtigt. Anlagen im Bau sind vor allem Gebäude, aber auch größere Maschinen (Anlagen) können unter diesen Begriff fallen.

▶ Anlagenintensität

→ *Vermögensstrukturkennzahlen*

▶ Anlagenkartei

→ *Anlagenbuchhaltung*

▶ Anlagenspiegel

Verzeichnis, das die Entwicklung einzelner Posten des Anlagevermögens zeigt. Der Anlagespiegel ist gem. § 284 III HGB Bestandteil des Anhangs von großen und mittelgroßen Kapitalgesellschaften sowie gemäß § 313 IV HGB des Konzernanhangs. Im Anlagespiegel ist, ausgehend von den historischen Anschaffungs- oder Herstellungskosten, zu Beginn des Geschäftsjahres durch die Berücksichtigung von Zugängen, Abgängen, Umbuchungen und Zuschreibungen sowie der kumulierten Abschreibungen zum Jahresende auf die Buchwerte am Ende des Geschäftsjahres überzuleiten. Während Zu-

und Abgänge sowie Ab- und Zuschreibungen für sich sprechen, werden bei den Umbuchungen die Umgliederungen bereits vorhandener Anlagewerte auf andere Positionen des Anlagevermögens ausgewiesen. Ferner sind zu den Abschreibungen konkretisierend anzugeben die kumulierten Abschreibungen zu Beginn des Jahres, die Abschreibungen des laufenden Jahres, die Abschreibungen im Zusammenhang mit Zu- und Abgängen sowie Umbuchungen im Laufe des Geschäftsjahres. Aus der Summe der kumulierten Abschreibungen kann insbesondere der Ersatzinvestitionsbedarf einer Unternehmung erkannt werden.

▶ Anlagenwirtschaft

Auch als Facility Management bezeichneter Aufgabenkomplex, der die Beschaffung von Betriebsmitteln, die Planung des Betriebsmitteleinsatzes sowie die Betriebsmittelerhaltung (Instandhaltung) und Verwaltung umfasst. Abhängig davon, wie weit der Aufgabenbereich von der Vorbereitung, Auslösung bis zur Überwachung von Beschaffungs-, Erhaltungs- und Nutzungsvorgängen der Betriebsmittel reicht, hat die Anlagenwirtschaft rechtliche, ökonomische, soziale und ökologische Aspekte zu untersuchen.

▶ Anlagevermögen

Vermögensgegenstand (→ *Vermögensgegenstand*), der aufgrund seiner Eigenschaft und/oder der betrieblichen Zweckbestimmung dazu bestimmt ist, dauernd dem Geschäftsbetrieb zu dienen. Das Anlagevermögen umfasst gem. § 266 II HGB: Immaterielle Vermögensgegenstände, Sachanlagen und Finanzanlagen, welche in der → *Bilanz* entsprechend dem gesetzlichen Gliederungsschema weiter zu unterteilen sind. Die Entwicklung des Anlagevermögens wird im sog. → *Anlagenspiegel* dargestellt.

Das Anlagevermögen ist nach § 253 I HGB höchstens mit den Anschaffungs- oder Herstellungskosten (Wertobergrenze) anzusetzen. Bei Vermögensgegenständen, deren Nutzung zeitlich begrenzt ist, ist gem. § 253 III 1 HGB eine planmäßige → *Abschreibung* über die voraussichtliche Nutzungsdauer vorzunehmen. Außerplanmäßigen Abschreibungen unterliegt sowohl das abnutzbare als auch das nicht abnutzbare Anlagevermögen (vor allem die Finanzanlagen). Nach dem sog. gemilderten → *Niederstwertprinzip,* welches für das Anlagevermögen gem. § 253 III 5 HGB gilt, sind Abschreibungen bei dauerhaften Wertminderungen zwingend vorzunehmen, bei vorübergehenden Wertminderungen besteht grundsätzlich ein Abschreibungsverbot.

Bei Finanzanlagen können außerplanmäßige Abschreibungen gem. § 253 III 6 HGB auch bei nur vorübergehender Wertminderung vorgenommen werden. Dies gilt aber nicht für die Steuerbilanz. Nach § 6 I Nr. 1–2 EStG sind sog. Teilwertabschreibungen nur bei einer dauerhaften Wertminderung zulässig. Fallen die Gründe für eine außerplanmäßige Abschreibung später weg, besteht grundsätzlich gem. § 253 V 1 HGB eine Zuschreibungspflicht bis zu den planmäßig fortgeführten Anschaffungs- oder Herstellungskosten. Eine Ausnahme besteht jedoch beim erworbenen Geschäfts- oder Firmenwert. Hier darf gem. § 253 V 2 HGB später keine Zuschreibung mehr erfolgen.

Wertobergrenze stellen nach HGB immer die Anschaffungs- oder → *Herstellungskosten* dar. IFRS und US-GAAP erlauben in bestimmten Fällen, z. B. bei Wertpapieren, eine Zuschreibung über die Anschaffungskosten hinaus, allerdings erfolgt diese je nach Wertpapierkategorie ggf. auch erfolgsneutral, d. h. ohne Berührung der GuV direkt über das Eigenkapital.

▶ Anlegerschutz

Zum Schutz vor Vermögensverlusten regeln insbesondere das Aktiengesetz, das Kapitalanlagegesetz, das Kreditwesengesetz und die länderspezifischen Börsenordnungen Vorschriften, die dem Investor, dem Anleger, insbesondere dem Aktionär dienen sollen. Insbesondere zu nennen sind die Regelungen zur Gewinnverwendung (§§ 150 f. AktG), die Angabepflichten in den Elementen des Jahresabschlusses (§§ 152 f. AktG), die Prüfungspflicht des Jahresabschlusses (§§ 170 f. AktG) sowie Vorschriften zur Sorgfaltspflicht und Verantwortlichkeit von → *Vorstand* und → *Aufsichtsrat* (§§ 92 f. AktG) in Verbindung mit den Aktionärsrechten (→ *Hauptversammlung*). Es setzt sich zunehmend die Tendenz durch, mit Hilfe eines geplanten → *Investor Relations* die Anleger über die gesetzlich definierten Informationspflichten hinaus über die Entwicklung des Unternehmens zu informieren, um ein besonderes Vertrauensverhältnis und damit eine dauerhafte Bindung mit den Investoren herzustellen.

▶ Anleihe

Auch als Bond, Schuldverschreibung, Obligation bezeichnetes → *Wertpapier,* das die Schuld im Rahmen der Kredit- bzw. → *Fremdfinanzierung* verbrieft. Die Anleihe lautet über den Gesamtbetrag des Kredits und wird in so genannten Teilschuldverschreibungen gehandelt. Der Käufer bzw. Gläubiger einer Anleihe erwirbt das Recht auf Rückzahlung und Verzinsung während der mittel- bis langfristigen Laufzeit. Anleihen haben in der Praxis Laufzeiten zwischen 5 und 30 Jahren. Insbesondere die Bundesschuldverschreibungen werden als Langläufer platziert. Bezüglich der Tilgungs- und Zinszahlung, so genannter Umtauschrechte und Kündigungsrechte sowie der Emittenten lassen sich zahlreiche Varianten von Anleihen mit vielfältigen Varianten an Anleiheausstattungen unterscheiden. Bezüglich der **Emittenten** lassen sich Anleihen der öffentlichen Hand (z. B. Bundesschatzbrief, → *Kommunalobligation* oder → *Pfandbrief*) von Bankschuldverschreibungen, insbesondere von Spezialkreditinstituten (z. B. → *Kreditanstalt für Wiederaufbau (KfW),* → *Ausfuhrkredit-Gesellschaft mbH (AKA),* → *Industriekreditbank AG*) unterscheiden. Auch private Banken begeben Schuldverschreibungen, wobei die Hypothekenbanken hier den größten Marktanteil einnehmen. Anleihen von emissionsfähigen Industrie-, Handels- und Dienstleistungsunternehmen werden zusammengefasst unter dem Begriff der Industrieschuldverschreibung bzw. → *Industrieobligation.* Bezüglich der **Anleiheausstattungen** lassen sich verschiedene Tilgungs-, Kündigungs-, Besicherungs- und Verzinsungsmodalitäten kombinieren. Bezüglich der **Tilgung** kann eine Gesamttilgung am Ende der Laufzeit oder eine Ratentilgung mit oder ohne tilgungsfreie Jahre bzw. in unterschiedlich hohen oder gleich hohen Raten (→ *Annuität*) vereinbart werden. Die Tilgung kann von Seiten des Schuldners in bestimmten Tranchen, durch gleichmäßigen Rückkauf oder durch Auslosung bestimmter zurückzukaufender Stückzahlen vereinbart sein. Bezüglich der **Verzinsung** lassen sich die meisten Varianten unterscheiden. So lassen sich zunächst festverzinsliche von variabel verzinslichen Schuldverschreibungen unterscheiden. Bei einer variabel verzinslichen Anleihe spricht man von einem Floater → *Floating Rate Note (FRN)*. Werden die Zinsen erst am Ende der Laufzeit erbracht, so handelt es sich um einen → *Zero Bond*. Die Zinssätze lassen sich außerdem an so genannte Referenzzinssätze (z. B. → *London Interbank Offered Rate (LIBOR)* oder → *Euro Interbank Offered Rate (EURIBOR)*) ankoppeln oder mit so genannten Zinsobergrenzen (→ *Cap*), Zinsuntergrenzen (→ *Floor*) bzw. einer Kombination aus beidem (→ *Collar*) vereinbaren. Schuldverschreibungen, die Gläubiger und Anteilsrechte kombinieren, können als → *Wandelschuldverschreibung* oder → *Optionsschuldverschreibung* ausgegeben werden. Anleihen von Emittenten mit schlechter Bonität werden als → *High Yield-Anleihen* bezeichnet.

▶ Annahmevermerk

→ *Wechsel*

▶ Annahmeverzug

→ *Verzug*

▶ Announcement-Effekt

→ *Unternehmensbewertung*

▶ Annuität

Regelmäßige Rate, die insbesondere von einer → *Bank* bei der Vergabe von Krediten gegenüber Kreditnehmern vereinbart wird, um eine gleichmäßige Zins- und Tilgungsleistung und damit Planungssicherheit zu erzielen. Bei sinkendem Zinsanteil durch bereits getilgte Kreditanteile kann im Rahmen der Annuität der Tilgungsanteil steigen. Im Sinne der → *Investitionsrechenverfahren* wird die Annuität zur Bestimmung der Vorteilhaftigkeit einer → *Investition* eingesetzt. Hier wird von einer äquivalenten, äquidistanten und uniformen Zahlungsreihe gesprochen. Äquivalent bedeutet, dass die aus einer z. B. unförmigen künftigen Ein- und Auszahlungsreihe umgerechnete Annuitätenzahlung wertmäßig gleich sein muss. Äquidistant bedeutet, dass die Zahlungen periodisch bzw. regelmäßig in der gleichen Fristigkeit anfallen. Uniformität bedeutet die Beibehaltung der Betragshöhe (→ *Annuitätenmethode*).

▶ Annuitätendarlehen

Langfristiger → *Kredit,* der als Rückzahlungsmodalität eine → *Annuität,* d. h. gleich bleibende Zahlung, aus der Summe von Zins und Tilgung vorsieht.

▶ Annuitätenmethode

Dynamisches → *Investitionsrechenverfahren* zur Umrechnung einer Zahlungsreihe in eine → *Annuität,* d. h. äquivalente, äquidistante und uniforme Zahlungsweise. Werden mehrere Investitionsalternativen verglichen, so ist die mit der höchsten Annuität auszuwählen. Um eine nichtäquivalente, nichtäquidistante und nichtuniforme Zahlungsreihe in eine Annuität umzuformen, ist der Kapitalwert (→ *Kapitalwertmethode*) C^0 mit dem Wiedergewinnungsfaktor (→ *Finanzmathematik*) zu multiplizieren. Aus dem Beispiel (Abbildung A-5) wird deutlich, dass die Investition 1 mit einer Anfangsausgabe von 20 000 € und einem Kapitalwert von 13 513 € einer Annuität von 4262 € entspricht, während Investition 2 mit einer höheren Anfangsinvestition und einem etwas höheren Kapitalwert zu einer Annuität von 4692 € kommt.

Jahre	Investition I	Investition II
0	– 20.000	– 30.000
1	– 5.000	– 1.000
2	+ 2.000	+ 5.000
3	+ 3.000	+ 10.000
4	+ 50.000	+ 50.000
Kapitalwert	13.513	14.883
Wiedergewinnungsfaktor	× 0,3154708	× 0,31154708
Annuität	4.262	4.692

Abb. A-5: Beispiel für eine Annuitätenrechnung

▶ Anreize

Instrumente bzw. Maßnahmen zur → *Motivation* der Mitarbeiter (incentives). Nach der → *Bedürfnispyramide von Maslow* sind hier die Instrumente zur Befriedigung der Mitarbeiterbedürfnisse je Bedürfnisstufe und bei der → *Zwei-Faktoren-Theorie v. Herzberg* die Motivatoren im Gegensatz zu den Hygienefaktoren gemeint.

▶ Ansätze der Betriebswirtschaftslehre

Schulen und Denkrichtungen der noch relativ jungen Wissenschaftsdisziplin Betriebswirtschaftslehre. Zu nennen sind insbesondere der Ansatz von *Erich Gutenberg* (→ *Kombinationsprozess der Produktionsfaktoren*), der → *Entscheidungsorientierte Ansatz* (*Edmund Heinen*), der Ansatz von *Hans Ulrich* (→ *System*), der Verhaltenswissenschaftliche Ansatz (*Günther Schanz*), der Situative Ansatz und neuerdings der Marketingansatz sowie der Ökologieansatz bzw. → *Ökologisch-soziale Ansatz.* Die Unterschiedlichkeit der Ansätze führte in der Geschichte der BWL immer wieder zu → *Methodenstreit.* Aktuell wird von einem Paradigmenwechsel zu einem noch nicht existenten prozessorientierten Ansatz (→ *Prozess*) gesprochen.

▶ Anschaffungsdarlehen

→ *Ratenkredit*

▶ Anschaffungskosten, handelsrechtliche

Aufwendungen, die geleistet werden, um einen Vermögensgegenstand zu erwerben und ihn in einen betriebsbereiten Zustand zu versetzen (§ 255 I HGB). Die Anschaffungskosten stellen einerseits die Ausgangsgröße für die Abschreibungen und andererseits die Wertobergrenze nach deutschem Bilanzrecht dar (→ *Bewertung*). Zu den Anschaffungskosten gehören neben dem eigentlichen **Anschaffungspreis** auch die **Anschaffungsnebenkosten** (z. B. Eingangsfrachten oder Zölle) sowie die **nachträglichen Anschaffungskosten** (z. B. Erschließungsbeiträge oder Umbaukosten) und die Anschaffungspreisminderungen (z. B. Skonti oder Rabatte). Nicht zu den

Anschaffungskosten gehören die → *Umsatzsteuer,* soweit sie als Vorsteuer abgezogen werden kann, sowie die Kosten der Kapitalbeschaffung gem. § 255 III HGB (Abbildung A-6). Die Anschaffungskosten nach IFRS und US-GAAP stimmen i. d. R. mit denen nach HGB überein.

	Anschaffungspreis
+	Anschaffungsnebenkosten
+	nachträgliche Anschaffungskosten
./.	Anschaffungspreisminderungen
=	**Anschaffungskosten**

Abb. A-6: Bestandteile der Anschaffungskosten

▶ Anschaffungskosten, steuerliche

Maßstab zur Bewertung des → *Betriebsvermögens.* Eine Legaldefinition der steuerlichen Anschaffungskosten ist im → *Steuergesetz* nicht zu finden. § 6 I EStG schreibt vor, dass ein → *Wirtschaftsgut* mit den Anschaffungs- oder Herstellungskosten zu bewerten sind. Die inhaltliche Ausgestaltung des Begriffes orientiert sich an der handelsrechtlichen Definition in § 255 HGB (→ *Anschaffungskosten, handelsrechtliche*). Wichtig für Aufwendungen bei der Zuordnung zu den Anschaffungskosten ist der Zweck einer Aufwendung, da der Anschaffungskostenbegriff final zu verstehen ist. Bei vorsteuerabzugsberechtigten Unternehmern zählt die Vorsteuer nicht zu den Anschaffungskosten. Steuerpflichtige, die keinen oder nur teilweisen Vorsteuerabzug vornehmen können, müssen in der Regel die nichtabzugsfähige Vorsteuer zu den steuerlichen Anschaffungskosten hinzurechnen. Ausnahmen sieht § 9 b EStG vor.

Während beim → *Tausch* handelsrechtlich ein Wahlrecht besteht, den eingetauschten → *Vermögensgegenstand* mit dem Buchwert des hingetauschten Gutes anzusetzen, ist steuerrechtlich grundsätzlich von einer Gewinnrealisierung auszugehen, d. h. das eingetauschte Wirtschaftsgut ist mit dem → *Gemeinen Wert* des hingetauschten anzusetzen.

▶ Anschaffungswertprinzip

→ *Realisationsprinzip*

▶ Anschlussinsolvenz

→ *Insolvenzrecht*

▶ Ansoff-Matrix

→ *Produkt-/Marktstrategien nach Ansoff*

▶ Anspruch

Gem. § 194 BGB das Recht, von einem anderen ein Tun oder Unterlassen verlangen zu können. I. d. R. handelt es sich bei den Beteiligten (→ *Natürliche Person* oder → *Juristische Person*) um einen Schuldner einerseits und um einen → *Gläubiger* andererseits, die gegenseitige Lieferungs- und Zahlungsansprüche, Ansprüche auf Gebrauchsüberlassung bei Miete bzw. Leihe oder Ansprüche auf Herausgabe einer Sache haben.

▶ Anspruchsgruppe

→ *Stakeholder*

▶ Anspruchsniveau

Kriterium der Optimalität (→ *Optimal*) in Entscheidungsmodellen (→ *Entscheidungstheorie*) für ein Zielausmaß. So kann beispielsweise ein Arbeitnehmer erst *ab* einer bestimmten Lohnhöhe mit seinem Lohn zufrieden sein oder es kann ihm genügen, *bis* zu einer bestimmten Lohnhöhe zu verdienen. Dieses Zielausmaß entspricht damit der Satisfizierung i. S. des Optimalitätsbegriffes im Gegensatz zur Fixierung oder Extremierung (Minimierung, Maximierung).

▶ Anstalt

Rechtsform (→ *Rechtsform*) des öffentlichen Rechts, welche im Gegensatz zu den Körperschaften des öffentlichen Rechts keine Mitglieder, sondern einen Träger hat. Beispiele sind öffentlich-rechtliche Sparkassen (Träger: Kreise, Länder oder Städte), öffentlich-rechtliche Rundfunkanstalten (Träger: Länder) oder öffentliche Krankenhäuser. Die Trägerschaft wird dabei stets im Namen (→ *Firma*) deutlich, z. B. Kreissparkasse, Landesrundfunkanstalt oder Kreiskrankenhaus. Selbständige, d. h. selbst rechtsfähige Anstalten des öffentlichen Rechts können die Benutzung ihrer → *Leistung* (z. B. Rundfunkleistung) an gewisse Bedingungen (z. B. Gebührenzahlung) knüpfen. Bei nicht rechtsfähigen Anstalten, z. B. Krankenhäusern, Bibliotheken oder Abwasserbeseitigungsunternehmen besteht ein allgemeines Recht auf Anstaltsnutzung. Es kann sogar seitens des Staates bzw. Anstaltsträgers ein Zwang zur Benutzung der Anstaltsleistungen (z. B. Müllabfuhr) auferlegt werden.

▶ Anteil

Ausdruck für eine → *Beteiligung* an einer → *Personengesellschaft* oder → *Kapitalgesellschaft*, die häufig durch einen Anteilschein (z. B. → *Aktie*) verbrieft (→ *Securitization*) wird. Der Eigentümer des Anteils bzw. Anteilscheins wird als Anteilseigner bezeichnet (→ *Immobilienfonds*, → *Kapitalanlagegesellschaft (KAG)*).

▶ Anteilseigner

→ *Anteil*

▶ Anteilserwerb

→ *Akquisition*

▶ Antizipative Posten

→ *Rechnungsabgrenzungsposten (RAP)*

▶ Antrag

→ *Vertrag*

▶ Anwachsung

Übergang eines → *Anteils* an einer Gesellschaft an einen anderen Gesellschafter gem. § 738 BGB. Während z. B. bei Ausscheiden eines Gesellschafters den verbleibenden Gesellschaftern dessen Anteil anwächst, erwirbt der Ausscheidende einen Anspruch auf → *Abfindung.* Evtl. ist zu diesem Zweck eine Auseinandersetzungsbilanz notwendig.

▶ AO

→ *Abgabenordnung (AO)*

▶ AOEWL

→ *Arbeitsorientierte Einzelwirtschaftslehre (AOEWL)*

▶ App

Schlanke Software für Mobilgeräte und Computer mit Ausrichtung auf eine bestimmte Funktion. Der Begriff leitet sich von dem englischen Wort „Application" ab.

Apps können sowohl als auf dem Endgerät gespeicherte Software als auch über webbasierte Serveranwendungen fungieren. Durch die Konzentration auf einen bestimmten Nutzen sind sie auch in der Programmgröße unterschiedlich zu klassischen Softwareprogrammen.

Die Marktentwicklung von Apps ist eng mit der Einführung von Smartphones und anderen mobilen Endgeräten wie Tablets verbunden. Apps werden in der Regel über so genannte Stores angeboten (Google Play Store, Apple App Store) und sind dort mittlerweile in einer unendlichen Vielzahl von kostenlosen und kostenpflichtigen Varianten verfügbar. Typischerweise können diese Plattformen funktionsspezifisch (Wetter, Nachrichten, Finanzen, Telefon, etc.) nach passenden Apps durchsucht werden.

▶ Application Service Provider (ASP)

Dienstleister, die eine Software über das Internet zur Verfügung stellen. Teilweise stellt der Anbieter nur die Rechnerleistung zur Verfügung und installiert die Software der Kunden auf diesen Rechnern. Bei der reinen Form ist hingegen auch die Software im Besitz des ASP, auf die die Anwender gegen Gebühr zugreifen können. Vorteil für den Nutzer ist, dass Installation, Updates und Wartung nicht mehr vom Anwender erfolgen, sondern diese durch den ASP erbracht werden.

▶ Arbeit

(**1**) Bewusste Tätigkeit eines Menschen, die nicht der direkten Befriedigung persönlicher Bedürfnisse (z. B. bei der Freizeitgestaltung) dient, sondern auf ein wirtschaftliches Ziel (z. B. Einkommenserzielung) ausgerichtet ist. Diese Tätigkeit kann jedoch indirekt zur Befriedigung der persönlichen Bedürfnisse beitragen (z. B. Einkommensverwendung in der Freizeit).

(**2**) Wirtschaftswissenschaftlich ein Produktionsfaktor neben anderen Faktoren, der je nach → *Betriebsart* mehr oder weniger zur Erstellung von Gütern notwendig ist. Volkswirtschaftlich hat sich die Dreiteilung der Produktionsfaktoren in Arbeit, Kapital und Boden durchgesetzt. Betriebswirtschaftlich werden die Produktionsfaktoren nach *Erich Gutenberg* in dispositive und elementare Produktionsfaktoren unterschieden. Arbeit kann dabei sowohl dispositiv (gedankliche Arbeit) als auch elementar (körperliche, ausführende Arbeit) sein.

▶ Arbeiter

Mitarbeiter eines Unternehmens, deren Tätigkeit überwiegend körperlicher Art ist. Die Entlohnung erfolgt im Gegensatz zu einem Festgehalt durch zeit- oder mengenbemessene → *Lohnformen* (z. B. → *Akkord*). Arbeiter sind im Gegensatz zu Angestellten unabhängig von der Höhe ihres Verdienstes krankenversicherungspflichtig.

▶ Arbeitgeberanteil

Beitrag des Arbeitgebers zur Sozialversicherung eines Arbeitnehmers. Der Anteil beträgt in der Kranken-, Pflege-, Renten- und Arbeitslosenversicherung je 50 %. Der verbliebene Betrag muss voll vom Arbeitnehmer (Arbeitnehmeranteil) aufgebracht werden.

▶ Arbeitgeberverbände

Freiwillige Zusammenschlüsse von Arbeitgebern, meist in der Rechtsform des → *Eingetragenen Vereins* (e. V.), die als Gegengewicht zu den Arbeitnehmerorganisationen Ende des vergangenen Jahrhunderts gebildet wurden. Die Arbeitgeberverbände sind im Gegensatz zu den Gewerkschaften zunächst regional und dann nach Fachverbänden branchenorientiert gegliedert. Die → *Bundesvereinigung der Deutschen Arbeitgeberverbände e. V. (BDA)* bildet mit derzeit 56 Fachspitzenverbänden und 14 Landesverbänden die Dachorganisation der Arbeitgeber. Die Hauptaufgaben der Verbände sind die Verhandlung und der Abschluss von Tarifverträgen mit den Gewerkschaften, die Beratung und Vertretung der Arbeitgeber in arbeits- und sozialrechtlichen Fragen (z. B. im Prozess gegen einen gekündigten Mitarbeiter vor dem Arbeitsgericht), gemeinsame Aus- und Fortbildungsveranstaltungen sowie die Einflussnahme in Staat und Gesellschaft für die eigenen Interessen (Lobbyismus). Von den Arbeitgeberverbänden sind die Wirtschaftsverbände (→ *Industrie- und Handelskammer (IHK)*, → *Handwerkskammer*) und Branchenverbände (z. B. *Verband der deutschen Automobilindustrie* oder der *Zentralverband der Elektrotechnischen Industrie* → *ZVEI-Kennzahlensystem*) zu unterscheiden. Diese verfolgen verbandsinterne Interessen, z. B. gemeinsame marketingpolitische Strategien.

▶ Arbeitnehmer

Gesetzlich nicht definierter Begriff für einen abhängig beschäftigten Mitarbeiter eines Unternehmens. Es gibt vielmehr eine Reihe einzelner gesetzlicher Vorschriften, die Merkmale des Arbeitnehmerbegriffes widerspiegeln, so z. B. § 2 BUrlG, §§ 5 f. BetrVG, § 5 ArbGG oder § 23 KSchG. Als Arbeitnehmer könnte man denjenigen bezeichnen, der als Nichtselbständiger aufgrund freier Bereitschaft für einen anderen fremdbestimmte Arbeit leistet. Diese Fremdbestimmtheit der Arbeit ist ebenso abhängig von der Berufsgruppe und Art der Beschäftigung wie z. B. die Weisungsgebundenheit oder persönliche Abhängigkeit vom Arbeitgeber. Nicht als Arbeitnehmer gelten Beamte, Soldaten und Zivildienstleistende, Selbständige (§§ 611 ff. BGB), im Betrieb mithelfende Familienangehörige (§ 1619 BGB), Ordensleute (z. B. in Krankenhäusern § 5 II BetrVG) und Organpersonen von Juristischen Personen wie z. B. Geschäftsführer oder Vorstandsmitglieder. Der Arbeitnehmer verpflichtet sich im → *Arbeitsvertrag* zur Arbeitsleistung (→ *Arbeitsbewertung*) und erhält hierfür die im Arbeitsvertrag sowie die gesetzlich geregelten Gegenleistungen (→ *Lohnformen*, → *Mitbestimmung*).

▶ Arbeitnehmeranteil

→ *Arbeitgeberanteil*

▶ Arbeitnehmersparzulage

→ *Vermögensbildungsgesetz (5. VermBG)*

▶ Arbeitnehmerüberlassung

→ *Personalleasing*

▶ Arbeitnehmerverbände

Auf Dauer und vom Wechsel einzelner Mitglieder unabhängige Vereinigungen von abhängig Beschäftigten (→ *Arbeitnehmern*) zum Zweck der Verteidigung und Verbesserung der Einkommens- und Arbeitsbedingungen. Diese Vereinigungen (Gewerkschaften) vertreten die wirtschaftlichen und sozialen Interessen der Mitglieder nach außen, indem sie Tarifverträge mitgestalten, Arbeitnehmer vor Arbeitsgerichten vertreten, die Rechte der → *Mitbestimmung* überwachen sowie auf die Wirtschaftspolitik Einfluss nehmen.

Der Beitritt in eine Gewerkschaft ist für Arbeitnehmer in der Bundesrepublik Deutschland freiwillig. Seit einigen Jahren sinkt der

„Organisationsgrad", d. h. der Anteil der Gewerkschaftsmitglieder, gemessen an der Zahl der Gesamtbeschäftigten und liegt derzeit bei ca. 25 %. Abhängig davon, ob es sich um eine Industriegewerkschaft (z. B. IG Chemie), eine Vereinigung über mehrere Branchen hinweg (z. B. Gewerkschaft ver.di), einen Berufsverband (z. B. Gewerkschaft der Polizei), eine Standesorganisation (z. B. Deutscher Beamtenbund) oder eine geschlechtsspezifische Vereinigung (z. B. Verband weiblicher Angestellter) handelt, sind die Aufnahmebedingungen in den jeweiligen Statuten geregelt.

▶ Arbeitsanalyse

→ *Arbeitsbewertung*, → *REFA*

▶ Arbeitsbewertung

Bewertung einer → *Arbeitsleistung* bzw. dieser zugrunde liegenden Aufgabe. Dies ist ein wesentliches Problem i. R. der → *Personalwirtschaft*. Die Bewertung der Arbeit ist maßgeblich für die Entlohnung (→ *Lohnformen*) und muss daher sowohl die geistigen und körperlichen Anforderungen als auch die evtl. der Arbeitsbewältigung zugrunde liegende Verantwortung und die vorliegenden Arbeitsbedingungen einbeziehen. Diese Merkmale des „Genfer Schemas" wurden durch die → *REFA* erweitert in Anforderungsarten, nach denen eine Arbeit zu bewerten sei (Abbildung A-7). Eine „richtige" Arbeitsbewertung ist Voraussetzung für eine evtl. angestrebte → *Lohngerechtigkeit*.

▶ Arbeitsdirektor

Gesetzlich definiertes, gleichberechtigtes Mitglied im → *Vorstand* bei Betrieben des Bergbaus sowie der Eisen- und Stahlindustrie in der → *Rechtsform* der → *Kapitalgesellschaft* mit mehr als 1000 Beschäftigten gem. → *Montan-Mitbestimmungsgesetz (Montan-MitbestG)* v. 21.5. 1951 (erweitert 1956, 1967). Arbeitsdirektoren haben im Wesentlichen die personellen und sozialen Angelegenheiten auf „höchster Ebene" zu vertreten und damit als Organ der → *Mitbestimmung* zu wirken. Der Arbeitsdirektor kann nicht gegen die Mehrheit der Arbeitnehmervertreter im → *Aufsichtsrat* bestimmt werden (Sperrklausel).

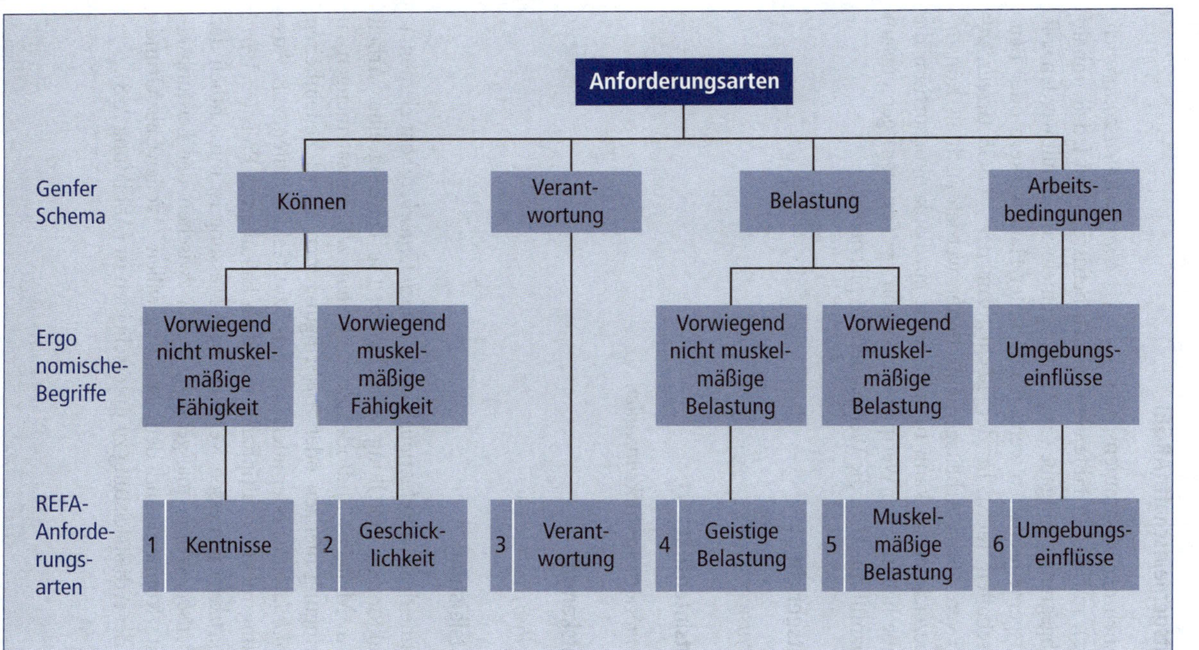

Abb. A-7: Möglichkeiten der Arbeitsbewertung

▶ Arbeitsgemeinschaft (ARGE)

Unternehmenszusammenschluss (→ *Unternehmenszusammenschluss*), mit dessen Hilfe eine zeitlich befristete und i. d. R. inhaltlich abgegrenzte Aufgabe (→ *Projekt*) gemeinsam erfüllt werden soll. Arbeitsgemeinschaften werden z. B. unter Handwerkern oder Baugesellschaften meist in der Rechtsform der → *BGB-Gesellschaft (GbR)* vereinbart. Arbeitsgemeinschaften werden auch als Konsortien bezeichnet. So kann beispielsweise ein Bankenkonsortium die Aufgabe haben, eine Wertpapieremission (→ *Emission*) gemeinsam durchzuführen, d. h. die Wertpapiere zu platzieren.

▶ Arbeitsgericht

→ *Rechtsweg*

▶ Arbeitsintensität

→ *Vermögensstrukturkennzahlen*

▶ Arbeitskampf

→ *Tarifvertrag*

▶ Arbeitsleistung

Im Sinne der → *Produktionsfaktoren (nach Gutenberg)* ein elementarer Faktor zur Erstellung von Gütern. Die Leistung einer Arbeit kann in Mengen- und/oder Zeiteinheiten, z. B. Einsatzmengen zu Ausbringungsmengen oder Ausbringungsmengen zu Zeiteinheiten (→ *Produktivität*) oder auch in Wert- bzw. Geldeinheiten, z. B. Ausbringungsmenge multipliziert mit dem kalkulierten Preis (→ *Wirtschaftlichkeit*) gemessen werden. Diese Messung ist hinsichtlich der → *Arbeitsbewertung* maßgeblich, wobei zwischen der Leistungsfähigkeit (Können) und dem Leistungswillen (Wollen) als Grundlagen der Arbeitsleistung zu unterscheiden ist (Abbildung A-8).

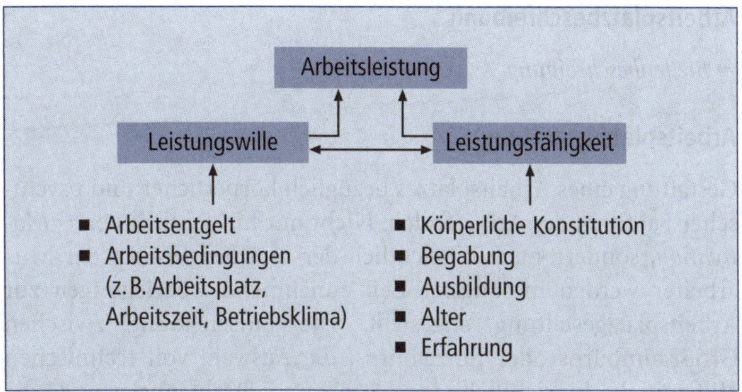

Abb. A-8: Einflüsse auf die Arbeitsleistung

▶ Arbeitsmarktforschung

Erste Phase der → *Personalbeschaffung*, um den Umfang und die Art des beschaffbaren Personals laufend zu ermitteln. Dies kann betrieblich durch die Personalabteilung oder überbetrieblich z. B. durch das *IAB* (→ *Institut für Arbeitsmarkt- und Berufsforschung der Bundesagentur für Arbeit (IAB)*) erfolgen.

▶ Arbeitsorientierte Einzelwirtschaftslehre (AOEWL)

Ansatz der Betriebswirtschaftslehre, der 1974 von den Gewerkschaften konzipiert wurde und durch eine Projektgruppe konkretisiert werden sollte. Zeitlich parallel zum Ansatz von Günther Schanz (→ *Verhaltenswissenschaftlicher Ansatz*) sollte eine vor allem auf den abhängig beschäftigten → *Arbeitnehmer* ausgerichtete Betriebswirtschaftslehre entstehen. Ziel war die so genannte „emanzipatorische Rationalität" im Gegensatz zum → *Ökonomischen Prinzip*. Die Lebensqualität der Arbeiter sollte oberste Maxime sein. Die Sicherung des Arbeitsplatzes, des Einkommens, eine Vermögensbeteiligung oder die Humanisierung der Arbeit waren einige Schlagworte dieses Ansatzes. Der stark ideologisch geprägte Ansatz vermochte sich jedoch im Wirtschaftsleben und in der → *Wissenschaft* bis heute nicht durchzusetzen, weshalb er eher als Episode denn als Ansatz in der Geschichte der Betriebswirtschaftslehre zu bezeichnen ist.

▶ Arbeitsplatzbeschreibung

→ *Stellenbeschreibung*

▶ Arbeitsplatzgestaltung

Gestaltung eines Arbeitsplatzes bezüglich körperlicher und psychischer Faktoren des Arbeitenden. Nicht nur hinsichtlich der → *Motivation,* sondern auch hinsichtlich der → *Arbeitsleistung* der Mitarbeiter werden in jüngster Zeit zunehmend Überlegungen zur Arbeitsplatzgestaltung angestellt. Die Entscheidung zwischen Großraumbüros oder Einzelbüros, die Auswahl von technischen Hilfsmitteln hinsichtlich der Lärm- und Strahlenbelastung, die ergonomische Gestaltung von Arbeitsplätzen (Bewegungsfreiheit, Lichtverhältnisse, Farbgestaltung) sowie die Diskussion bezüglich der Überkopfarbeit in Fertigungsbetrieben sind Themenstellungen einer bewussten Gestaltung von Arbeitsplätzen.

▶ Arbeitsrecht

Gesamtheit aller Rechtsregeln, die sich mit der Rechtsbeziehung zwischen Arbeitgeber und unselbständig beschäftigtem Arbeitnehmer befassen. Versuche, die zahlreichen Einzelgesetze in ein einheitliches Arbeitsgesetzbuch zu übernehmen, sind bisher gescheitert. Die Einteilung in ein individuelles Arbeitsrecht (Arbeitgeber-/Arbeitnehmer-Verhältnis) und ein kollektives Recht (Rechtsbeziehung zwischen → *Arbeitgeberverbänden* und → *Arbeitnehmerverbänden*) findet sich in zahlreichen Einzelgesetzen (z. B. → *Betriebsverfassungsgesetz (BetrVG),* Kündigungsschutzgesetz KSchG, Jugendarbeitsschutzgesetz JSchG, → *Arbeitszeitgesetz (AZG).* Das Arbeitsrecht ist zu einem sehr großen Teil Richterrecht. Zur Einordnung der Arbeitsgerichte in die deutsche Gerichtsbarkeit s. → *Rechtswege.*

▶ Arbeitsrecht, kollektives

→ *Tarifvertrag,* → *Betriebsvereinbarung*

▶ Arbeitsschutz

Das Arbeitsschutzrecht umfasst Vorschriften des technischen, medizinischen und sozialen Arbeitsschutzes. Die Einhaltung des Arbeitsschutzes unterliegt staatlicher Aufsicht (z. B. durch Gewerbeaufsichtsämter). Nach dem Arbeitsschutzgesetz (ArbSchG) ist in erster Linie der Arbeitgeber für den Arbeitsschutz (insbesondere Unfall- und Gefahrenverhütung) verantwortlich. Das Arbeitsschutzrecht wird stark von EG-Recht beeinflusst.

▶ Arbeitsteilung

Art- und mengenmäßige Zerlegung der betrieblichen Gesamtaufgabe in ihre Teilaufgaben. Organisatorisch betrachtet erfolgt dies in der → *Aufgabenanalyse.* Die Arbeitsteilung wurde bisher grundsätzlich als vorteilhaft empfunden, da durch spezialisierte Tätigkeiten Lerneffekte und damit Kosteneinsparungen möglich sind. Die Beherrschbarkeit von Arbeitshandlungen (Schnelligkeit, Geschicklichkeit, Sicherheit) ist bei arbeitsteiligen Verrichtungen höher, so dass evtl. auch weniger qualifizierte und damit personalkostengünstigere Mitarbeiter benötigt werden. Der Spezialisierungsgrad von Mitarbeitern sollte nach neueren Erkenntnissen der Betriebspsychologie nicht zu groß sein (→ *Humanisierung der Arbeit*), um die Entfaltung der Persönlichkeit von Arbeitnehmern zu ermöglichen und Desinteresse, Ermüdungs- bzw. Demotivationserscheinungen (→ *Motivation*) aufgrund der Monotonie arbeitsteiliger Verrichtungen entgegenzuwirken. Der mittlerweile als zu stark empfundenen Spezialisierung der Industriearbeit der vergangenen Jahrzehnte wird aktuell durch neue Konzepte der → *Werkstattproduktion,* Gruppenarbeit oder durch personalwirtschaftliche Konzepte des → *Job Enrichment,* → *Job Enlargement* oder der → *Job Rotation* entgegengewirkt. Insbesondere in der Automobilindustrie wird in diesem Zusammenhang durch die Einführung der Gruppenarbeit und der Ausweitung von Arbeitsschritten je Arbeiter von einer „zweiten Revolution in der Automobilindustrie“ gesprochen. Auslöser waren hier positive Erfahrungen in der japanischen Industrie im Hinblick auf die → *Arbeitsleistung* durch die → *Lean Production.*

▶ Arbeitsvertrag

Vertrag (→ *Vertrag*) zwischen Arbeitgeber und → *Arbeitnehmer* zur Begründung eines Arbeitsverhältnisses. Dieser ist regelmäßig an keine Form gebunden, wird aber aus Gründen der Rechtssicherheit meist schriftlich vereinbart. Ausnahmen gelten für Berufsausbildungsverträge, die gem. § 4 BBiG einer Niederschrift bedürfen, sowie für die Befristung des Arbeitsverhältnisses (§ 623 BGB). Gem. Nachweisgesetz hat der Arbeitgeber die Pflicht, über die wesentlichen Vertragsbedingungen eine Niederschrift anzufertigen. Für die Gestaltung eines evtl. auch mündlich vereinbarten Arbeitsvertrages besteht grundsätzlich Vertragsfreiheit. Eingeschränkt wird diese Freiheit durch gesetzliche Arbeitgeber- oder Arbeitnehmerpflichten, die im → *Arbeitsrecht* festgelegt sind. Der Arbeitgeber hat insbesondere die Vergütungspflicht und die Fürsorgepflicht. Er besitzt ein Weisungsrecht gegenüber dem Arbeitnehmer. Der Arbeitnehmer hat insbesondere die Arbeitspflicht, die Weisungsfolgepflicht und eine Treuepflicht. Dem Arbeitnehmer stehen das Recht auf Entlohnung, bezahlte Feiertage und Urlaub zu. Neben diesen gesetzlichen Bestimmungen kann ein → *Tarifvertrag* oder → *Betriebsvereinbarung* weitere Einschränkungen für die Gestaltung eines Arbeitsvertrages darstellen. Diese sind aber z. T. abdingbar (Abbildung A-9).

Der Umfang der im Arbeitsvertrag geregelten Arbeitszeit ergibt sich aus dem → *Arbeitszeitgesetz (AZG)* in Verbindung mit dem jeweils geltenden Manteltarifvertrag. Für besondere Arbeitnehmergruppen (z. B. Jugendliche oder Mütter) existieren Sonderregelungen (z. B. Jugendschutzgesetz, Mutterschutzgesetz).

Das Arbeitsverhältnis wird beendet durch Tod des Arbeitnehmers, die Nichtigkeit des Arbeitsvertrages, eine vorgesehene und sachlich begründete Befristung, die Schließung eines Aufhebungsvertrages oder durch → *Kündigung*.

▶ Arbeitszeit

Nach dem → *Arbeitszeitgesetz (AZG)* definierte Zeit, in der ein Mitarbeiter seine Arbeitskraft vertraglich gegen Entgelt der Unternehmung zur Verfügung stellt. Gemäß AZG darf die regelmäßige Ar-

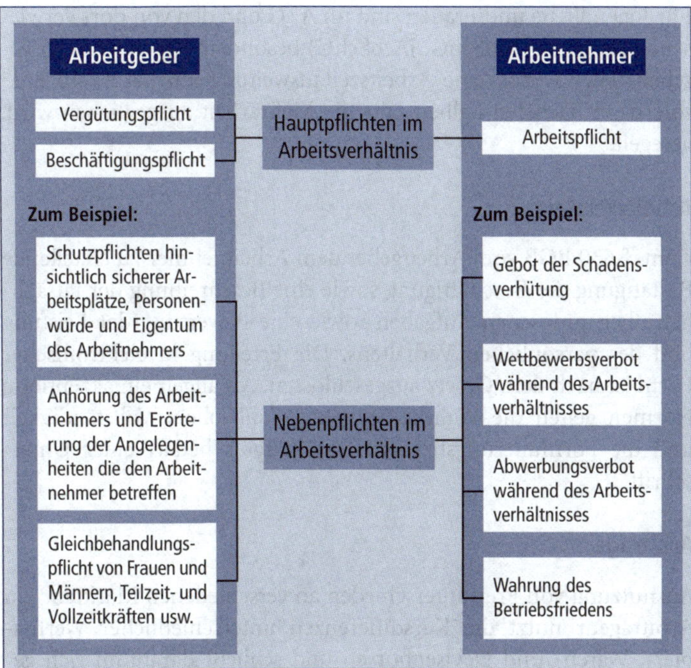

Abb. A-9: Pflichten des Arbeitgebers und des Arbeitnehmers

beitszeit von 8 Stunden pro Tag sowie eine wöchentliche Arbeitszeit von 48 Stunden nicht überschritten werden. Ziel ist der Gesundheitsschutz von Arbeitnehmern durch Ruhezeiten und die Einhaltung von Sonn- und Feiertagsregeln. Abweichungen für bestimmte Branchen, Saisonarbeiten oder durch tarif- und einzelvertragliche Vereinbarungen sind möglich.

▶ Arbeitszeitgesetz (AZG)

Gesetz vom 6. 6. 1994, das die Gesundheit der → *Arbeitnehmer* und die Sonn- und Feiertagsruhe durch Bestimmung von Höchstarbeitszeiten schützt (→ *Arbeitsschutz*) sowie die Rahmenbedingungen für flexible Arbeitszeiten verbessert.

Für Jugendliche und Frauen sind im AZG und den von dort verwiesenen Gesetzen (MuSchG, JArbSchG) besondere Regelungen vorgesehen. Hier wurde eine Arbeitszeitausweitung auf bis zu 10 Std., sofern im nächsten halben Jahr die Mehrarbeit ausgeglichen wird, geregelt.

▶ Arbeitszeugnis

Gem. § 630 BGB vom Arbeitgeber dem Arbeitnehmer zu erstellende Bestätigung der Beschäftigung sowie eine Beschreibung der tatsächlich übernommenen Aufgaben sowie eine Bewertung der Leistung und des persönlichen Verhaltens. Die Erteilung in elektronischer Form ist nach dem Gesetz ausgeschlossen. Als allgemein akzeptierte Normen gelten die Wahrheitspflicht, Wohlwollen, Vollständigkeit und die Formulierungsfreiheit. Das Zeugnis bedarf einer Unterschrift.

▶ Arbitrage

Ausnutzung von Preisunterschieden an verschiedenen Märkten. Ein Arbitrageur nutzt die Kursdifferenzen unterschiedlicher Wertpapier-, Waren- und Devisenbörsen und schließt daraufhin sich gegenseitig kompensierende Geschäfte ab (z. B. Kauf von 100 Aktien in Frankfurt und Verkauf von 100 gleichen Aktien an der → *New York Stock Exchange (NYSE)*). Arbitragegeschäfte setzen eine präzise und schnelle Informationsversorgung von den unterschiedlichen Märkten voraus.

▶ Arglistige Täuschung

→ *Mängelgewährleistung*

▶ Arithmetischer Mittelwert

→ *Statistik*

▶ Assekuranz

→ *Versicherung*

▶ Assessment Center

Verfahren der → *Personalauswahl*, bei dem i. d. R. in mehrtägigen Beurteilungsseminaren durch verschiedene Auswahlverfahren (aufgabenspezifische Eignungstests, Intelligenztests, Einzel- und Gruppendiskussionen, Plan- und Rollenspiele) versucht wird, ein möglichst umfassendes Bild von den Bewerbern um eine → *Stelle* zu erhalten. Durch die steigenden Personalkosten und die Risiken einer Fehlbesetzung (→ *Kündigung*) ist bei der Personalauswahl der Trend zu umfassenden Auswahlverfahren im Gegensatz zu den einfachen Vorstellungsgesprächen oder bloßen graphologischen Gutachten zum Bewerbungsschreiben feststellbar. Die höheren → *Kosten* eines Assessment Centers gegenüber Einzel-Auswahlverfahren sind jedoch zu beachten.

▶ Asset

→ *Vermögensgegenstand*

▶ Asset Backed Securities (ABS)

Verbriefte Anteile an einem Forderungspool, die durch die wertpapiermäßige Verbriefung handelbar werden und somit zum Teil das → *Factoring* oder andere Zwischenfinanzierungsformen ersetzen können. Verbrieft ein Unternehmen seine Forderungen und verkauft diese Fondszertifikate, so werden diese voraussichtlich nur gekauft, wenn die Vermögenspositionen keine allzu lange Laufzeit aufweisen und durch ein niedriges Bonitätsrisiko gekennzeichnet sind. Durch diese relativ innovative Finanzierungsalternative können die meist hohen Factoringkosten umgangen werden, wobei zu beachten ist, dass die Forderungsrisiken beim Unternehmen verbleiben (Abbildung A-10).

▶ Asset Management

Verwaltung des unternehmenseigenen Vermögens unter Risiko- und Ertragsgesichtspunkten. Asset Management wird als Dienstleistung von Finanzintermediären (z. B. Banken) angeboten, die Anlageentscheidungen für das Geldvermögen ihrer Kunden vorbereiten

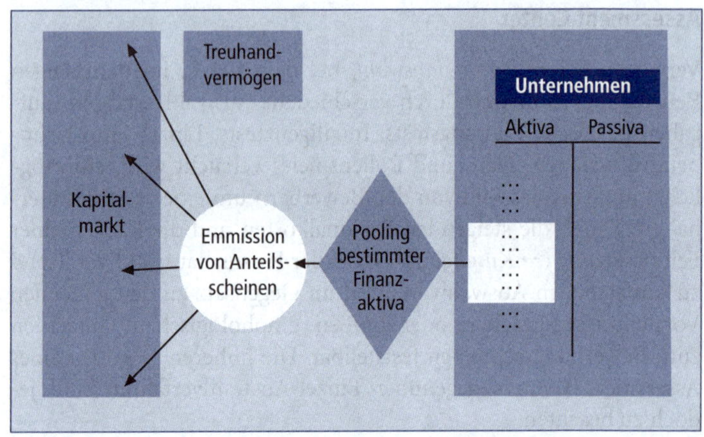

Abb. A-10: Asset Backed Securities (ABS)

und umsetzen. Der Kunde überlässt einem sog. Asset Manager einen Geldbetrag für einen bestimmten Zeitraum mit dem Ziel, bei gegebenem Risiko eine möglichst hohe Rendite zu erzielen bzw. für eine bestimmte Rendite das Risiko zu minimieren.

▶ Assoziierte Unternehmen

→ *Konzernabschluss, Equity-Bewertung*

▶ AStG

→ *Außensteuergesetz (AStG)*

▶ At-Equity-Konsolidierung

→ *Konzernabschluss, Equity-Bewertung*

▶ Audit

Umfassende und systematische Überprüfung der Planung und Durchführung von Maßnahmen eines Unternehmens in Bezug auf die Plan-, Ziel- und Soll-Größen (z. B. Financial Audit, Marketing Audit, Öko-Audit, → *Controlling*).

▶ Audit Committee

Ständiger, vor allem mit Prüfungsangelegenheiten beauftragter Ausschuss, der insbesondere in US-amerikanischen Unternehmen üblich ist. Unternehmen, die an der → *New York Stock Exchange (NYSE)* notiert sind, müssen einen solchen Ausschuss einrichten. Der Grund ist, dass nach US-amerikanischem Gesellschaftsrecht keine funktionale Trennung in ein Geschäftsführungs- und ein Aufsichtsorgan erfolgt, vielmehr übt der *Board of Directors* beide Funktionen aus. Die Mitglieder des Audit Committee, i. d. R. 3 bis 5 Personen, werden von dem *Board of Directors* bestimmt. Ihre Aufgabe besteht neben der Wahl und Nominierung des Abschlussprüfers vor allem in der zielorientierten Koordination der Aufgaben der → *Internen Revision* und der externen Abschlussprüfung. Sie dürfen keine Geschäftsführungsbefugnis haben.

Die Einrichtung von Audit Committees ist in Deutschland nicht vorgeschrieben. Als Kontrollorgan ist bei bestimmten → *Rechtsformen* ein → *Aufsichtsrat* einzurichten. Dennoch werden zunehmend auch in deutschen Unternehmen, nicht zuletzt infolge der erweiterten Prüfungspflichten des Aufsichtsrates durch das Gesetz zur Kontrolle und Transparenz im Unternehmensbereich (KonTraG), Audit Committees eingerichtet, die die Arbeit des Aufsichtsrats insbesondere bei seinen Prüfungstätigkeiten unterstützen sollen. Mitglieder dieser sog. Prüfungsausschüsse können gemäß § 111 II AktG auch Nicht-Mitglieder des Aufsichtsrates sein, z. B. Sachverständige. Teilweise findet sich für dieses Gremium auch die Bezeichnung Bilanzrat oder Bilanzausschuss, soweit es auch beratend zu Fragen der Rechnungslegung Stellung nimmt.

▶ Auditierung

→ *Audit*

▶ Aufbauorganisation

Hierarchische Ordnung von organisatorischen Aktionseinheiten (→ *Aktionseinheiten, organisatorische*). Ergebnis der → *Aufgabenanalyse* und → *Aufgabensynthese* sind strukturierte Aufgabenkomplexe

(→ *Stelle*), die auf Personen zu verteilen sind (→ *Stellenbeschreibung*). Im Gegensatz zu Überlegungen über den sinnvollen Ablauf der Aufgabenerledigung (→ *Ablauforganisation*) entsteht durch die hierarchische Ordnung der einzelnen organisatorischen Einheiten (Stelle, → *Abteilung*, → *Kollegium* und → *Stab*) und die Herstellung von Verbindungslinien zwischen diesen Einheiten (→ *Liniensysteme*) die Aufbauorganisation. Diese kann grafisch als → *Organigramm* dargestellt werden. Als grundlegende Arten von Aufbauorganisationen können die → *Funktionale Organisation*, die → *Divisionale Organisation* und die → *Matrixorganisation* unterschieden werden. Sonderformen stellen die → *Tensor-Organisation*, die → *Teamorganisation* und die → *Projektorganisation* dar. Eine spezielle Darstellungsform der Aufbauorganisation findet sich bei *Likert* (→ *Linking Pin*) und *Mintzberg* (→ *Mintzberg-Konfiguration*).

▶ Aufbewahrungsfrist

In § 257 HGB und § 147 AO genannte Fristen für die Aufbewahrung von Belegen für Kaufleute (→ *Kaufmann*). Bücher und Aufzeichnungen wie z. B. → *Inventar*, → *Bilanz*, bilanzerläuternde Unterlagen und Organisationsunterlagen müssen demnach zehn Jahre, empfangene und Kopien abgesandter Handels- und Geschäftsbriefe, Buchungsbelege sowie Unterlagen für die Bemessung der → *Steuern* sechs Jahre aufbewahrt werden. Die aufbewahrten Unterlagen können oder müssen im Falle eines Rechtsstreites herangezogen werden können (→ *Fristigkeit*, → *Verzug*).

▶ Aufdiskontierung

→ *Aufzinsung*

▶ Aufgabenanalyse

Erste Stufe des Organisationskreislaufs, bei dem die Gesamtaufgabe in Teilaufgaben zerlegt wird. Diese Zerlegung der Gesamtaufgabe kann mit Hilfe von Kriterien, welche auf organisationstheoretische Überlegungen von Kosiol zurückzuführen sind, erfolgen. Die Aufgabe kann nach *Erich Kosiol*

(1) nach der **Verrichtung** hinsichtlich der Einzeltätigkeiten gegliedert werden. Die Aufgabe „Produktion" könnte so z. B. in die Teilverrichtungen Vorfertigen, Hauptfertigen und Montieren zerlegt werden.

(2) Nach dem **Objekt** kann hinsichtlich der Teilobjekte, also woran etwas zu verrichten ist, gegliedert werden. Die Produktion einer Maschinenfabrik könnte so z. B. in die Sparten Bohrmaschinen, Fräsmaschinen, Schleifmaschinen usw. zerlegt werden.

(3) Nach dem Kriterium **Zweckbeziehung** lässt sich eine Aufgabe in Zweckaufgaben, d. h. am Objekt auszuführende Teilaufgaben, und in Verwaltungsaufgaben zerlegen.

(4) Nach dem Kriterium der **Phase** lässt sich eine Aufgabe entsprechend dem → *Führungsprozess* in Planungs-, Realisations- und Kontrollaufgaben zerlegen.

(5) Nach dem **Rang** einer Teilaufgabe in der Management-Hierarchie lassen sich Führungs- und Ausführungsaufgaben unterscheiden. Der Unterschied liegt hier im Umfang der Entscheidungskompetenz des Aufgabenträgers. Als weitere Kriterien der Aufgabenanalyse werden in der Organisationstheorie die

(6) **Sachmittel** (womit werden Aufgaben erfüllt) und

(7) der **Raum** (wo werden Aufgaben erfüllt) genannt. Ergebnis der Aufgabenanalyse sind Teilaufgaben, die in der sich anschließenden → *Aufgabensynthese* zu sinnvollen Aufgabenkomplexen zusammengefasst werden sollen, um diese anschließend auf Personen (Aufgabenträger) zu verteilen (→ *Stellenbeschreibung*).

▶ Aufgabensynthese

Zweite Phase des Organisationskreislaufs, bei der die Teilaufgaben, die als Ergebnis der → *Aufgabenanalyse* ermittelt wurden, zu sinnvollen Aufgabenkomplexen zusammengefasst werden. Der kleinste sinnvolle Aufgabenkomplex ist eine → *Stelle*, d. h. die Summe von Teilaufgaben, die in der gewöhnlichen Arbeitszeit von einer Person noch bewältigt werden kann. Die Aufgabensynthese wird daher auch als Stellenbildung bezeichnet. Die Größe der Aufgabenkomplexe hängt von der Art der Verrichtung selbst (Kompliziertheit,

Schwere), der Leistungsfähigkeit und -willigkeit der Personen, die für die Stellen vorgesehen sind (→ *Arbeitsleistung*) und von den zur Verfügung stehenden Sach- und Hilfsmitteln (z. B. technische Ausstattung) ab. Kriterien für die Zusammenfassung von Teilaufgaben zu sinnvollen Aufgabenkomplexen sind analog zu den Kriterien der Aufgabenanalyse gleiche Verrichtungen (→ *Funktionale Organisation*), gleiche Objekte (→ *Divisionale Organisation*) oder räumlich bzw. zeitlich zusammenhängende Teilaufgaben. Eine Zusammenfassung nach dem Zweckprinzip in Zweck- bzw. Verwaltungsaufgaben ist ebenfalls denkbar.

Die möglichen organisatorischen Aktionseinheiten (→ *Aktionseinheiten, organisatorische*), zu denen Aufgaben zusammengefasst werden können, werden als → *Stelle*, → *Instanz*, → *Abteilung*, → *Kollegium*, → *Stab* oder Projektgruppe bezeichnet.

▶ Aufgeld

→ *Agio*

▶ Aufhebungsvertrag

Einvernehmlicher Vertrag zwischen Arbeitnehmer und Arbeitgeber über die Beendigung des Arbeitsverhältnisses, welches im → *Arbeitsvertrag* begründet wurde. Der Aufhebungsvertrag bedarf der Schriftform (§ 623 BGB). Immer mehr Unternehmen ersetzen den klassischen Aufhebungsvertrag, bei dem der Ex-Mitarbeiter regelmäßig eine dreimonatige Sperrzeit beim Arbeitslosengeld vom Arbeitsamt auferlegt bekommt, durch einen sog. Abwicklungsvertrag, bei dem der Arbeitgeber kündigt und der Mitarbeiter unterschreibt, dass er gegen diese Kündigung nichts einwendet, und dafür eine → *Abfindung* erhält. Zudem wird beim Abwicklungsvertrag die Abfindung nicht auf das Arbeitslosengeld angerechnet.

▶ Auflassung

Durch einen Notar durch eine → *Notarielle Beurkundung* dokumentierte Einigung der Übertragung eines Grundstückes vom Verkäufer an den Käufer im → *Grundbuch* (§ 925 BGB).

▶ Auflösung

→ *Liquidation*

▶ Aufrechnung

In §§ 387 bis 396 BGB geregelte wechselseitige → *Tilgung* zweier sich gegenüberstehender → *Forderungen* durch eine einfache Verrechnung. Die → *Erfüllung* einer Leistung wird dadurch ersetzt, und die sich gegenüberstehenden Forderungen erlöschen. Die in den §§ 387 ff. BGB genannten Voraussetzungen einer Aufrechnung, so z. B. die Gegenseitigkeit, Gleichartigkeit und Fälligkeit der aufzurechnenden Forderungen sowie die ausdrückliche Erklärung der Aufrechnung, sind zu beachten.

▶ Aufsichtsrat

Gesetzlich vorgeschriebenes Aufsichtsorgan bei einer → *Aktiengesellschaft* (*AG*), → *Kommanditgesellschaft auf Aktien* (*KGaA*), Genossenschaft oder einem → *Versicherungsverein auf Gegenseitigkeit*, welches den Vorstand bzw. die Geschäftsleitung der Gesellschaft zu berufen und zu überwachen hat. Auch eine → *Gesellschaft mit beschränkter Haftung (GmbH)* kann gem. § 52 GmbHG einen Aufsichtsrat bestellen, wobei dann die Vorschriften des AktG analog anzuwenden sind. Der Aufsichtsrat hat weiterhin die Aufgabe der Einberufung der Haupt- bzw. Mitgliederversammlung. Die Vorschriften des Betriebsverfassungsgesetzes, des Mitbestimmungsgesetzes und ggf. des Montan-Mitbestimmungsgesetzes sind bei der Berufung zum Aufsichtsrat zu beachten. Durch das Gesetz zur Kontrolle und Transparenz im Unternehmensbereich (KonTraG) müssen Aufsichtsgremien mindestens viermal pro Jahr tagen. Außerdem ist die Zahl der Aufsichtsmandate pro natürlicher Person auf maximal 10 begrenzt und sind nach dem deutschen → *Corporate Governance* Kodex eine angemessene Zahl Frauen zu berufen.

▶ Auftrag

Unvollkommener zweiseitiger, also nicht gegenseitiger → *Vertrag*, bei dem sich der Beauftragte dem Auftraggeber gegenüber zur unentgeltlichen Besorgung eines Geschäftes für diesen verpflichtet. Im Gegensatz zum → *Werkvertrag* wird also keine Vergütung geschuldet. Für die Aufwendungen der Besorgung kann der Beauftragte allerdings einen Ersatz verlangen. Rechtsgrundlage sind die §§ 664 ff. BGB. Der Beauftragte hat die Weisungen des Auftraggebers zu befolgen und das Besorgte herauszugeben.

▶ Auftragsfertigung

→ *Werklieferungsvertrag,* → *Werkvertrag*

▶ Aufwand

Grundbegriff aus dem → *Rechnungswesen,* der das negative Rechenelement der Finanzbuchhaltung kennzeichnet. Der Gegenbegriff, das positive Rechenelement, ist der Ertrag. Die Differenz zwischen allen Aufwendungen und Erträgen einer Periode ergibt den Periodenerfolg. Während das Begriffspaar → *Ausgabe*/Einnahme die Veränderung des Geldvermögensbestandes erfasst, stellen Aufwand/Ertrag auf den Verbrauch und die Entstehung von Gütern und Dienstleistungen ab. Aufwand und Ertrag einer Periode können, müssen aber nicht mit den Veränderungen des Geldvermögensbestandes, also den Ausgaben und Einnahmen, korrespondieren. Dabei lassen sich folgende Fälle im Hinblick auf den Zusammenhang zwischen Aufwand und Ausgabe unterscheiden:

(1) **Aufwand jetzt – Ausgabe jetzt;** z. B. Lohn- und Gehaltszahlungen für Mitarbeiter.

(2) **Aufwand jetzt – Ausgabe später;** z. B. Bildung einer Rückstellung für Umstellungen und Umbauten. Die Ausgaben fallen erst später an, wenn die Umbaumaßnahmen tatsächlich durchgeführt werden.

(3) **Aufwand jetzt – Ausgabe nie;** z. B. Bildung einer Rückstellung für juristische Prozesse, die in späteren Jahren aufzulösen ist, da der Prozess gewonnen wurde.

(4) **Ausgabe jetzt – Aufwand später;** z. B. Kauf einer Maschine, der zwar zu einer Ausgabe führt, die aber erst dann ergebniswirksam wird, wenn die Maschine abgeschrieben wird.

(5) **Ausgabe jetzt – Aufwand nie;** z. B. Aufnahme eines Kredits, der zwar einen Schuldzugang, eine Ausgabe, darstellt, der Kreditbetrag als solcher berührt aber nicht die Erfolgsrechnung, er stellt keinen Aufwand dar.

Eine entsprechende Fallunterscheidung kann auch für die → *Ertrag* und → *Einnahme* getroffen werden.

Der Umfang der auszuweisenden Aufwendungen und Erträge wird bestimmt durch die Bilanzierungs- und Bewertungsvorschriften. Die Aufwendungen und Erträge, die in der → *Handelsbilanz* berücksichtigt werden, nicht jedoch in der Kosten- bzw. Betriebsergebnisrechnung, z. B. Aufwendungen und Erträge aus Beteiligungen, stellen **neutralen Aufwand** oder **neutralen Ertrag** dar. Soweit die Aufwendungen/Erträge mit den Kosten/Leistungen der Betriebsergebnisrechnung übereinstimmen, liegt sog. Zweckaufwand/Zweckertrag vor.

▶ Aufwand, neutraler

→ *Aufwand*, → *Neutraler Aufwand*

▶ Aufwandsrückstellungen

→ *Rückstellungen*

▶ Aufwandsstrukturkennzahlen

Kennzahlen, die an der → *Gewinn- und Verlustrechnung (GuV)* anknüpfen und angeben, welchen Anteil eine bestimmte Aufwandskategorie an den Umsatzerlösen (beim → *Umsatzkostenverfahren (UKV)*) oder der Gesamtleistung (beim → *Gesamtkostenverfahren (GKV)*) ausmacht. Beim Gesamtkostenverfahren werden vor allem berechnet:

$$\text{Materialintensität} = \frac{\text{Materialaufwand}}{\text{Gesamtleistung}}$$

$$\text{Personalintensität} = \frac{\text{Personalaufwand}}{\text{Gesamtleistung}}$$

Die Kennzahlen geben Einblick in die Faktoreinsatzverhältnisse (Produktionsfaktoren) im Unternehmen. Aus deren Veränderungen im Zeitablauf können Umschichtungen, Rationalisierungen, Einsparungen etc. ersichtlich werden. Bei Anwendung des Umsatzkostenverfahrens bieten sich zur Analyse der Aufwandsstruktur an:

$$\text{Herstellungsintensität} = \frac{\text{Herstellungskosten}}{\text{Umsatzerlöse}}$$

$$\text{FuE-Intensität} = \frac{\text{FuE-Kosten}}{\text{Umsatzerlöse}}$$

$$\text{Vertriebsintensität} = \frac{\text{Vertriebskosten}}{\text{Umsatzerlöse}}$$

$$\text{Verwaltungsintensität} = \frac{\text{Verwaltungskosten}}{\text{Umsatzerlöse}}$$

Die Entwicklung dieser Kennzahlen ist insbesondere im Zeitablauf und im innerbetrieblichen Vergleich von Interesse. Der zwischenbetriebliche Vergleich wird durch die Abgrenzungsproblematik der einzelnen Aufwandskategorien erschwert.

▶ Aufwandsteuern

Überbegriff für → *Steuern,* die als betrieblicher Aufwand abzugsfähig sind. Hierzu zählt insbesondere die → *Verbrauchsteuer* im engeren Sinne, aber auch die → *Gewerbesteuer.*

▶ Aufwands- und Ertragskonsolidierung

→ *Konzernabschluss, Konsolidierung/Eliminierung*

▶ Aufwendungen, vergebliche

Gem. § 284 BGB im allgemeinen Leistungsstörungsrecht genannter Begriff, wonach im Falle einer Pflichtverletzung des Schuldners als Alternative zum Schadenersatz statt der Leistung auch ein Anspruch auf Ersatz der Aufwendungen, die im Vertrauen auf den Erhalt der Leistung vergeblich gemacht wurden, in Betracht kommen.

▶ Aufzinsung

Bei der Berechnung eines Vermögensendwertes, nach Anlage eines bestimmten Kapitalbetrages für eine bestimmte Zeit, kann ein heute eingesetzter Kapitalbetrag mit einem Aufzinsungsfaktor multipliziert werden, um den Zins- und Zinseszinseffekt in die Berechnung einzubeziehen (→ *Finanzmathematik*). Beispiel: Sollen von einem Sparer 100 € zwei Jahre lang zu einem Zinssatz von 10 % angelegt werden, so kann dieser Betrag mit dem Aufzinsungsfaktor ($(1+i)^n = (1+0,1)^2 = 1,21$) multipliziert werden, wodurch sich ein Vermögensendwert nach dem zweiten Jahr von 121 € ergibt (→ *Abzinsung*).

▶ Auktion

Marktveranstaltung (→ *Zwangsversteigerung*), die im Wege des öffentlichen Aufrufes durch einen Auktionator an bestimmten Orten zu bestimmten Zeiten stattfindet und bei der nicht fungible (→ *Fungibilität*) Waren an den Meistbietenden verkauft werden. Die Ware muss dabei präsent sein, d. h. sie darf nicht durch Typen oder Muster vertreten werden. Auktionen kommen z. B. im Kunsthandel, bei Obst, Gemüse, Blumen, Holz, Vieh, Tabak oder Wolle vor. Als Auktionstechniken lassen sich die (1) Aufsteigerung, bei der sich der Preis mit jedem weiteren Gebot erhöht, und die (2) Absteigerung (Veiling) unterscheiden, bei der ein hoher Anfangspreis so lange stufenweise ermäßigt wird, bis ein Käufer den Zuschlag erhält.

▶ Ausbringungsmenge

Die von einem Unternehmen in einer Zeiteinheit hergestellte Menge an Gütern und Dienstleistungen (Output). Zur Berechnung der → *Produktivität* und → *Beschäftigung* im Sinne der Kapazitätsauslastung notwendige Größe (→ *Einsatzmenge*).

▶ Ausfallbürgschaft

→ *Bürgschaft*

▶ Ausfallwahrscheinlichkeit

(PD, Probability of Default). Die auf Basis historischer Daten ermittelte Wahrscheinlichkeit des Eintrittes eines Ausfalls (i. d. R. Insolvenz) für einen bestimmten Zeitraum (i. d. R. ein bis fünf Jahre).

Die Ausfallwahrscheinlichkeit für Kredite an Staaten ist die Ein- Jahres-PD der internen Rating-Klasse, welcher der Kreditnehmer zugeordnet ist. Die PD der Kreditnehmer, die in Übereinstimmung mit der Referenz-Ausfalldefinition der/den Ausfallklasse(n) zugeordnet werden, beträgt 100 %. Die Mindestanforderungen für die Herleitung der PD-Schätzungen der jeweiligen Rating-Klasse wurden vom Basler Ausschuss für Bankenaufsicht spezifiziert.

▶ Ausfallzeit

→ *Fehlzeiten*

▶ Ausfuhrbürgschaft

→ *Bürgschaft*, → *Euler-Hermes-Kreditversicherungs AG*

▶ Ausfuhrgarantie

→ *Garantie*, → *Euler-Hermes-Kreditversicherungs AG*

▶ Ausfuhrkredit-Gesellschaft mbH (AKA)

Spezialbank für die Exportfinanzierung mit Sitz in Frankfurt a. M. Die Finanzierung erfolgt aus verschiedenen Plafonds (Plafonds A und C aus Mitteln der Konsortialbanken, Plafond B als Rediskont bei der → *Deutschen Bundesbank*). Notwendige Sicherheit zum Erhalt eines AKA-Kredites ist eine Bürgschaft der → *Euler-Hermes-Kreditversicherungs AG.*

▶ Ausfuhrversicherung

→ *Euler-Hermes-Kreditversicherungs AG*

▶ Ausgabe

Monetäres Äquivalent der eingekauften Güter und Dienstleistungen, das die Verminderung des Geldvermögensbestandes misst, also des Zahlungsmittelbestandes *und* Bestandes an → *Forderungen* abzüglich Verbindlichkeiten. Daher gilt: **Ausgabe** = Auszahlung und/

oder Forderungsabgang und/oder Schuldenzugang. Der Gegenbegriff ist die → *Einnahme.* Folgende Fallgruppen sind zu unterscheiden:

(1) **Ausgabe = Auszahlung;** z. B. Barkauf einer Maschine.

(2) **Ausgabe, keine Auszahlung;** z. B. Wareneinkauf mit Zahlungsziel, der zu einem Abgang des Geldvermögensbestandes (Schuldenzugang) führt, nicht jedoch zu einer Abnahme der Zahlungsmittel, da die Auszahlung erst später anfällt, wenn die Verbindlichkeit beglichen wird.

(3) **Auszahlung, keine Ausgabe;** z. B. Tilgung einer Lieferantenverbindlichkeit. Sie stellt eine Minderung der Zahlungsmittel (Auszahlung) dar, die aber zu keiner Minderung des Geldvermögensbestandes führt, da die Auszahlung und der Abbau der Verbindlichkeit sich kompensieren.

Ausgaben, die im Rahmen der steuerlichen Einkommensermittlung absetzbar sind, werden als → *Betriebsausgaben* bezeichnet.

▶ Ausgaben, steuerliche

→ *Betriebsausgaben*

▶ Ausgliederung

→ *Outsourcing*

▶ Auslandsüberweisung

Auftrag eines Kunden an seine Bank, Geld an einen Gebietsfremden zu übertragen. Auslandsüberweisungen sind ab 12 500 Euro meldepflichtig. Die Meldung erfolgt in Deutschland an die Bundesbank, eine Missachtung kann als Ordnungswidrigkeit geahndet werden. Der BIC (Bank Identifier Code) der Bank des Begünstigten ist für die beauftragte Bank notwendig und beschleunigt die Verarbeitung. Die Angabe der International Banking Account Number (IBAN) ist notwendig für Zahlungen innerhalb der Europäischen Union. Überweisungen in Nicht-EU-Länder werden meist mit → *SWIFT* getätigt.

▶ Ausschreibung

Öffentliche Aufforderung von Behörden, öffentlichen Unternehmen oder Institutionen an interessierte Unternehmen, ein Angebot für eine Lieferung oder Leistung von Gütern einzureichen. Auch als Submission bezeichnet. Die Angebotsabgabe muss dabei einmalig und geheim erfolgen und es dürfen keine Nachverhandlungen geführt werden. Den Zuschlag erhält in der Regel das Unternehmen, welches das preisgünstigste Angebot unterbreitet.

▶ Ausschüttung

→ *Gewinnverwendung*

▶ Ausschüttungsbelastung

→ *Körperschaftsteuer*

▶ Ausschüttungssperre

Regelung zur Begrenzung der an die Anteilseigner einer → *Kapitalgesellschaft* ausschüttbaren Beträge im Interesse des Gläubigerschutzes, da bei Kapitalgesellschaften nur das Gesellschaftsvermögen – und nicht das Privatvermögen – der Anteilseigner haftet. Eine Begrenzung der Ausschüttung ergibt sich zum einen aus den → *Grundsätzen ordnungsmäßiger Buchführung (GoB)* und den nachgelagerten Grundsätzen, z. B. dem Anschaffungswertprinzip, wonach die Anschaffungskosten die Wertobergrenze bilden. Darüber hinaus enthält das HGB in § 268 VIII in drei Fällen spezifische Ausschüttungssperren: (1) Aktivierung selbst geschaffener Immaterieller Vermögensgegenstände, (2) Aktivierung latenter Steuern und (3) Zeitwertbewertung des Deckungsvermögens für Pensionsverpflichtungen. In diesen Fällen dürfen Gewinne nur ausgeschüttet werden, wenn die nach der Ausschüttung verbleibenden frei verfügbaren Rücklagen zuzüglich eines Gewinnvortrags und abzüglich eines Verlustvortrags mindestens den ausschüttungsgesperrten Beträgen abzüglich passiver latenter Steuern entsprechen. Darüber hinaus besteht seit dem BilRUG eine Ausschüttungssperre gem. § 272 V HGB für phasengleich vereinnahmte Beteiligungserträge, soweit sie noch nicht zugeflossen sind oder ein Anspruch noch nicht entstanden ist. Diese sind in eine Rücklage einzustellen. Nach § 301 AktG unterliegen die ausschüttungsgesperrten Beträge auch einer sog. Ergebnisabführungssperre. Derartige gesetzliche Begrenzungen der Ausschüttung enthalten die IFRS und US-GAAP nicht.

▶ Ausschuss

(**1**) Mangelhafte Erzeugnisse bei der Güterproduktion, die den Anforderungen an die → *Qualität* des Produktes nicht entsprechen (→ *Produkthaftung*). Der Ausschuss kann als Abfall betrachtet werden oder zur Nachbesserung evtl. in den Gütererstellungsprozess zurückgeführt werden (→ *Ökologischer Ansatz der Betriebswirtschaftslehre*).

(**2**) Organisatorische Aktionseinheit (→ *Aktionseinheiten, organisatorische*) als → *Kollegium* in der Unternehmensorganisation.

▶ Außendienst

Vor allem im → *Handel* und in der → *Versicherung* gebräuchliche Unterscheidung zwischen dem externen Verkauf von Gütern beim Kunden und der im Innendienst erfolgenden Verkaufsabwicklung (Terminüberwachung, Angebotserstellung, Bearbeiten von Aufträgen). Für die Trennung von Verkaufsaufgaben in einen Außen- und Innendienst sprechen regionale Standortvorteile, höhere Spezialisierung und Motivation des Verkaufspersonals und eine manipulationsfreie Reklamations- und Abrechnungstätigkeit. Gegen eine solche Trennung sprechen der Koordinations- und Informationsaufwand sowie die Motivationsprobleme im Innendienst aufgrund der schwierigen Erfolgszurechnung.

▶ Außenfinanzierung

Art der → *Finanzierung*, die nach der Kapitalherkunft im Gegensatz zur → *Innenfinanzierung* von außerhalb des Unternehmens erfolgt. Die Deckung des Kapitalbedarfs eines Unternehmens aus externen bzw. exogenen Quellen kann durch die Aufnahme neuer Eigentümer (→ *Beteiligungsfinanzierung*) zur Beschaffung von → *Eigenkapital* oder durch einen → *Kredit*, ein → *Darlehen*, die Ausgabe von Anteilscheinen wie → *Commercial Paper (CP)*, → *Certificate of Deposit (CD)*, → *Floating Rate Note (FRN)* oder einer anderen → *Anleihe* erfolgen.

▶ Außenhandelsfinanzierung

Finanzierung (→ *Finanzierung*) der Ex- und Importwarenströme. Träger der Außenhandelsfinanzierung sind hauptsächlich noch immer die Banken, wobei die zunehmende Zahl von Finanzinstituten und ein zunehmender Wettbewerb durch staatliche Institute, z. B. → *Kreditanstalt für Wiederaufbau (KfW)*, → *Bank für internationalen Zahlungsausgleich (BIZ)*, → *Europäische Investitionsbank (EIB)*, → *Weltbankgruppe* oder → *Deutsche Investitions- und Entwicklungsgesellschaft (DEG)*, zu einem sinkenden Marktanteil für Banken trotz steigendem Marktvolumen führt. Als Instrumente der Außenhandelsfinanzierung lassen sich der nicht dokumentäre Zahlungsverkehr (→ *Auslandsüberweisung*, → *Reisezahlungsmittel*, → *Wechsel*) vom dokumentären Zahlungsverkehr (→ *Dokumenteninkasso*, → *Dokumentenakkreditiv*) unterscheiden. Des Weiteren spielen zunehmend → *Derivate* als Finanzierungsform im Außenhandel zur Absicherung von Währungs- und Zinsrisiken eine Rolle.

▶ Außenprüfung

Mittel der Finanzverwaltung zur Überprüfung der Angaben des Steuerpflichtigen in der → *Steuererklärung*. Grundsätzlich hat der Steuerpflichtige Mitwirkungspflichten im Rahmen des Steuererhebungsverfahrens. Hierzu zählt insbesondere die Pflicht, die für die Besteuerung erheblichen Verhältnisse den → *Finanzbehörden* gegenüber anzuzeigen. Bei Steuerpflichtigen, die einen → *Gewerbebetrieb*, eine Land- und Forstwirtschaft betreiben oder freiberuflich tätig sind, würde die Mitwirkungspflicht unter anderem darin bestehen, sämtliche Belege einzureichen. Eine Prüfung an Amtsstelle wäre zu umfangreich. Die Steuerbescheide werden daher häufig unter dem Vorbehalt der Nachprüfung erlassen, denn für die o. g. Gruppe der Steuerpflichtigen sieht das Gesetz ausdrücklich eine Außenprüfung vor. Weiterhin können Außenprüfungen immer dann angeordnet werden, wenn der Steuerpflichtige seine steuerlichen Mitwirkungspflichten nicht ordnungsgemäß wahrnimmt. Im Rahmen einer Außenprüfung werden dann meist vor Ort beim Steuerpflichtigen oder dessen Berater die für die Besteuerung maßgeblichen Verhältnisse geprüft.

Eine Außenprüfung muss angemessene Zeit vor Beginn der Prüfung schriftlich angeordnet werden. In dieser Prüfungsanordnung sind insbesondere der Umfang der Prüfung (Steuerart, Veranlagungsjahr usw.) anzugeben. Gegen diesen Verwaltungsakt stehen dem Steuerpflichtigen die allgemeinen außergerichtlichen und gerichtlichen Rechtsmittel offen. Nach Abschluss der Außenprüfung soll über das Ergebnis eine Schlussbesprechung stattfinden, in der der Prüfer insbesondere strittige Sachverhalte, die rechtliche Beurteilung von Prüfungsfeststellungen und deren steuerliche Auswirkungen darlegt und mit dem Steuerpflichtigen und seinem Berater diskutiert. Über die Ergebnisse der Außenprüfung ist ein schriftlicher Prüfungsbericht zu erstellen, der dem Steuerpflichtigen auf Antrag auszuhändigen ist. Da der Prüfungsbericht keine direkte Außenwirkung entfaltet, ist dagegen kein Rechtsmittel möglich.

Nach Auswertung des Prüfungsberichts in der Veranlagungsstelle ergehen dann gegebenenfalls geänderte endgültige Steuerbescheide an den Steuerpflichtigen. Nach einer Außenprüfung sind die geprüften Veranlagungszeiträume steuerlich abgeschlossen. Es herrscht somit für beide Seiten Rechtsicherheit. Im Rahmen der Außenprüfung ist es möglich, sich von den Finanzbehörden verbindliche Auskünfte über die steuerrechtliche Beurteilung bestimmter Sachverhalte für die Zukunft geben zu lassen. Außenprüfungen sind auch als abgekürzte Außenprüfungen oder sog. betriebsnahe Veranlagungen möglich. Hierbei werden nur punktuelle Prüfungen von wesentlichen Besteuerungsgrundlagen vorgenommen.

▶ Außensteuergesetz (AStG)

Gesetz über die Besteuerung von Auslandsbeziehungen (AStG) aus dem Jahr 1972, das kein → *Steuergesetz* im klassischen Sinne mit den vier Bestandteilen Steuersubjekt, Steuerobjekt, → *Steuerbemes-*

sungsgrundlage und → *Tarif* ist. Im eigentlichen Sinne handelt es sich um ein so genanntes Korrekturgesetz, welches bestimmte Sachverhalte im Zusammenhang mit Auslandsbeziehungen anders als die sonstigen deutschen Steuergesetze korrigierend profiskalisch regelt. Insbesondere die Berichtigung der inländischen → *Einkünfte* bei internationalen Verflechtungen, die → *Steuerpflicht* beim Wohnsitzwechsel in niedrig besteuernde Gebiete und die Einkünftezurechnung bei Beteiligung an ausländischen Zwischengesellschaften stellen den Regelungsinhalt dar. Neben dem Außensteuergesetz regeln Abkommen zur Vermeidung der → *Doppelbesteuerung* wichtige Sachverhalte im Rahmen von Auslandsbeziehungen.

▶ Aussonderung

Trennung der nicht einem Schuldner gehörenden Vermögenswerte von der Konkursmasse (→ *Insolvenzrecht*). Dies sind z. B. Gegenstände unter → *Eigentumsvorbehalt* oder die von einem Schuldner lediglich verwahrten Gegenstände (Depot). Das Aussonderungsrecht verlangt im Gegensatz zur → *Absonderung* die körperliche Aushändigung der Gegenstände an den Berechtigten vor Zwangsvollstreckung einer Konkursmasse.

▶ Aussperrung

Mögliche Reaktion von Arbeitgebern i. R. eines Arbeitskampfes, welcher als Antwort auf einen → *Streik* seitens der → *Arbeitnehmer* zu betrachten ist (→ *Tarifvertrag*). Die Aussperrung stellt eine Entlassung der Arbeitnehmer auf Zeit, d. h. eine Suspendierung, dar, so dass Lohnzahlungen oder Sozialleistungen für diese Zeit entfallen. Sowohl Mitglieder der → *Arbeitnehmerverbände* als auch Nichtmitglieder können ausgesperrt werden. Die Aussperrung muss verhältnismäßig sein, d. h. vor einer Aussperrung muss jede Verhandlungsmöglichkeit genutzt worden sein und das Kampfmittel muss als Reaktion der gegnerischen Aktion entsprechen. Trotz häufiger Streiks bei Tarifauseinandersetzungen sind Aussperrungen seitens der Arbeitgeber bisher äußerst selten.

▶ Ausverkauf

→ *Gesetz gegen den unlauteren Wettbewerb (UWG)*

▶ Auszahlung

Begriff der Finanzbuchführung, der zu den Grundbegriffen des → *Rechnungswesens* zählt und die Verringerung der Zahlungsmittel (Bargeld sowie jederzeit verfügbares Bankguthaben) einer Unternehmung erfasst. Der Gegenbegriff ist die → *Einzahlung*. Beispiele für Auszahlungen sind: Barkauf von Produktionsfaktoren, Überweisung von Löhnen und Gehältern, Barentnahme eines Gesellschafters einer Personengesellschaft. Der Umfang der Auszahlungen und Ausgaben kann, muss aber nicht übereinstimmen, s. → *Ausgabe*.

▶ Automatisierung

Übertragung menschlicher Arbeit auf Maschinen. Häufig synonym mit dem Begriff → *Rationalisierung* verwendet.

▶ Autonome Arbeitsgruppe

→ *Teilautonome Gruppe*

▶ Aval

→ *Wechselbürgschaft*

▶ Avalkredit

Kredit (→ *Kredit*), bei dem zusätzlich zum Schuldner ein Bürge (→ *Bürgschaft* gemäß §§ 765 f. BGB) haftet. In Verbindung mit §§ 349 f. HGB handelt es sich zumeist um eine so genannte Ausfallbürgschaft, d. h. der Bürge wird nur dann in Anspruch genommen, wenn der eigentliche Schuldner nicht fristgerecht zahlt (→ *Einrede der Vorausklage*). Die häufigste Form des Avalkredits ist die Bürgschaft von Seiten einer Bank, die häufig zur Absicherung von Steuerschulden, Zöllen oder Gewährleistungen im Außenhandel (→ *Außenhandelsfinanzierung*) verlangt wird. Für die Gewährung der Garantie verlangt die Bank eine Avalprovision, die in der Regel zwischen einem und vier Prozent des Nominalwertes pro Jahr beträgt. Der Avalkredit wird auch als Bürgschaftskredit bezeichnet. Er ist auch im Zusammenhang mit Verpflichtungen aus → *Wechseln,* dem → *Dokumentenakkreditiv* und → *Dokumenteninkasso* gebräuchlich.

▶ AVB

→ *Allgemeine Versicherungsbedingungen (AVB)*

▶ Avisierung

→ *Dokumentenakkreditiv*

▶ Axiom

Aussage, die unbezweifelbar wahr, d. h. evident ist, so dass es keiner weiteren Prüfung bzw. Verifikation ihrer Richtigkeit bedarf. Axiome können im Sinne von Gesetzesaussagen Teil einer → *Theorie* sein. In der Betriebswirtschaftslehre finden sich im Gegensatz zu den Naturwissenschaften (→ *Wissenschaft,* → *Wissenschaftstheorie*) kaum Axiome, da sich die Umweltbedingungen, d. h. Rahmenbedingungen von Betrieben, stets verändern und dadurch Theorien zeitlich betrachtet sehr vergänglich sind.

B

▶ B

→ *Kurszusätze*

▶ b

→ *Kurszusätze*

▶ B2B

→ *Business to Business*

▶ B2C

→ *Business to Consumer*

▶ BA

→ *Bundesagentur für Arbeit (BA)*

▶ BAB

→ *Betriebsabrechnungsbogen (BAB)*

▶ BaFin

→ *Bundesanstalt für Finanzdienstleistungsaufsicht (BaFin)*

▶ Baisse

Bezeichnung für anhaltend sinkende Kurse an einer → *Börse* im Gegensatz zur → *Hausse.* Die Tendenz zu sinkenden Kursen wird an Börsen mit dem Bären, im Gegensatz zum Bullen der Hausse, symbolisiert.

▶ Balanced Scorecard

Ansatz zur Visualisierung verschiedener, meist gleichrangiger, aber untereinander heterogener Ziele, um mehrere Dimensionen des Unternehmenserfolgs abzubilden und als Steuerungsinstrument einzusetzen. Inhaltlich sind die Bereiche Finanzwirtschaft, Kundenergebnis und Geschäftsbeziehung, Erfolgswirtschaft, interne Wertkette, Innovation und Know-how betroffen, die in den vier Feldern Kundenperspektive, interner Management-Prozess, Innovations- und Lernfähigkeit sowie Shareholderperspektive dargestellt werden. Als geistige Väter gelten *David P. Norton* und *Robert S. Kaplan.*

▶ Bank

Umgangssprachlicher Begriff für die in § 1 Kreditwesengesetz (KWG) genannten Unternehmen, die → *Bankgeschäfte* betreiben, wenn der Umfang dieser Geschäfte einen in kaufmännischer Weise eingerichteten Geschäftsbetrieb erfordert. Banken wie auch Finanzinstitute übernehmen eine Transformationsfunktion von Informationen, Losgrößen, Fristen und Risiken. Von Informationsfunktion spricht man bei der Beschaffung oder dem Handel von Informationen für Kunden der Bank. Diese Funktion nimmt an Bedeutung zu, da Banken z. B. bei Unternehmensverkäufen zunehmend in eine Beratungsrolle gelangen. Dies zeigt auch der gestiegene Provisionsanteil am Ertrag der Banken. Die klassische Losgrößen-, Fristen- und Risikotransformation bedeutet die Umwandlung z. B. vieler kleiner Einlagen in einen großen Kredit, vieler kurzfristiger Einlagen in eine langfristige Ausleihung oder vieler bezüglich der Risiken gemischter Einlagen in eine langfristige sichere Ausleihung. Banken unterliegen in Deutschland einer strengen → *Banken- und Finanzaufsicht.* Sie dürfen nicht mehr in der → *Rechtsform* der → *Einzelunternehmung* firmieren und bedürfen der Zulassung durch die → *Bundesanstalt für Finanzdienstleistungsaufsicht (BaFin)*. Dieses stellt strenge Anforderungen z. B. an die Eigenkapitalausstattung und Liquidität der Bank sowie die fachliche Eignung der Leitungspersonen. Jede Bank hat eine unverwechselbare → *Bankleitzahl.*

▶ Bankakzept

→ *Akzeptkredit*

▶ Bankbilanz

Bilanz (→ *Bilanz*) eines Kreditinstituts, einer → *Bank* bzw. im weiteren Sinne der vollständige → *Jahresabschluss.* Wegen der Besonderheit der Bankgeschäfte bestehen für die Rechnungslegung der Kreditinstitute spezifische Rechtsvorschriften, die als lex specialis vorrangig vor den allgemein gültigen Bilanzierungs- und Bewertungsvorschriften anzuwenden sind.

Für die Gliederung der Bilanz und → *Gewinn- und Verlustrechnung (GuV)* gelten nicht § 266 bzw. § 275 HGB, sondern insbesondere die Formblattvorschriften, die in der vom Bundesminister der Justiz erlassenen Verordnung über die Rechnungslegung der Kreditinstitute enthalten sind. Die → *Aktiva* sind hiernach vorrangig nach der „Geldnähe", d. h. vom Kassenbestand bis hin zu den Grundstücken, und die → *Passiva* nach der Dauer der Einlagen, beginnend mit täglich fälligen Verbindlichkeiten und endend mit Eigenkapital zu gliedern. Die GuV wird primär nach Geschäftsarten (z. B. Zinserträge aus Kredit- und Geldmarktgeschäften, laufende Erträge aus Aktien, Provisionen usw.) untergliedert.

Für die Bewertung gelten im Wesentlichen die im HGB enthaltenen ergänzenden Vorschriften für Kreditinstitute (§§ 340 ff. HGB), die den Banken in größerem Umfang die Bildung stiller Reserven ermöglichen. Insbesondere können Forderungen und Wertpapiere des Umlaufvermögens zu einem niedrigeren als nach § 253 HGB vorgeschriebenen oder zulässigen Wert angesetzt werden, soweit dies nach vernünftiger kaufmännischer Beurteilung zur Sicherung gegen die besonderen Risiken des Geschäftszweigs der Kreditinstitute notwendig ist.

▶ Bankbürgschaft

→ *Avalkredit*

▶ Bankenkonsortium

Zusammenschluss von Banken, meist zur → *Emission* von → *Effekten* bzw. Wertpapieren. Weitere Gründe von Konsortien sind eine gemeinsame Vergabe von Großkrediten oder die Übernahme umfangreicher Bürgschaften. Häufig existiert in größeren Banken eine Konsortialabteilung, welche die zeitlich befristeten Konsortialverträge mit anderen Banken schließt. An der Spitze eines Konsortiums steht eine konsortialführende Bank, die federführend für die technische und organisatorische Abwicklung der Geschäfte des Konsortiums zuständig ist. Im Konsortialvertrag werden die Konsortialquoten der Konsortialmitglieder und deren Rechte und Pflichten definiert. Konsortien firmieren meist als → *BGB-Gesellschaft (GbR)*.

▶ Bankenstimmrecht

→ *Depotstimmrecht*

▶ Bankensysteme

Neben dem im deutschsprachigen europäischen Raum vorherrschenden Universalbankensystem, bei dem alle Bankgeschäfte (→ *Bank*, → *Finanzinstitut*) unter einem Dach angeboten werden können, lässt sich in den USA, Japan, Großbritannien, Frankreich und Italien ein Trennbankensystem beobachten. Um die Macht der Banken zu begrenzen (Beteiligungsbesitz, Aufsichtsratsmandate, Depotstimmrechte und Interessenkonflikte), werden z. B. in den USA das Effekten- und Kreditgeschäft einerseits vom Einlagengeschäft andererseits getrennt. Banken dürfen jeweils nur einen der beiden Bankgeschäftstypen anbieten. Eine weitere Trennmöglichkeit, wie sie in Japan, Großbritannien, Frankreich oder Italien vorkommt, ist die Trennung in kurz- und langfristige Finanzgeschäfte.

▶ Banken- und Finanzaufsicht

Nach der großen Finanzkrise des Jahres 2008 wurden 2009 mit Wirkung ab 1.1.2012 die bisher als EU-Ausschüsse tagenden Aufsichtsgremien für Banken in das so genannte Europäische Finanzaufsichtssystem zusammengefasst. Dies umfasst heute die **EBA** (European Banking Authority) mit Sitz in London als Nachfolgerin von CEBS (Committee of European Banking Supervisors), die **ESMA** (European Securities and Markets Authority) mit Sitz in Paris als Nachfolgerin von CESR (Committee of European Securities Regulators) und der **EIOPA** (European Insurance and Occupational Pensions Authority) als Nachfolgerin von CEIPOS (Committee of European Insurance and Occupational Pensions Supervisors) mit Sitz in Frankfurt a. M.

Weiterhin wurde der **ESRB** (European Systemic Risk Board) mit Sitz bei der Europäischen Zentralbank EZB in Frankfurt a.M. eingerichtet, der die Stabilität des gesamten Finanzsystems überwachen soll und sich dafür mit den drei genannten Finanzaufsichtsbehörden austauscht. Die EZB hat mit dieser Behörde von der EU die Aufgabe erhalten, die jede für sich selbstständigen genannten Aufsichtsbehörden zu koordinieren.

Zentrale Aufgabe der **EBA** (European Banking Authority) ist die Entwicklung von Aufsichtsstandards für europäische Banken, wobei die Aufsicht über deren Einhaltung den nationalen Aufsichtsbehörden obliegt. In einem JST (Joint Supervisory Team) sollen künftig die Banken auf die Einhaltung der Regelungen von Basel III und der nationalen Vorschriften überprüft werden.

Die Banken- und Finanzaufsicht ist Teil der so genannten → *Bankenunion* und wird auch als SSM (Single Supervisory Mechanism) bezeichnet.

▶ Bankenunion

2014 von der Europäischen Union beschlossener Rahmen für eine europäische Finanzarchitektur mit einheitlicher → *Banken- und Finanzaufsicht*, einheitlichen Restrukturierungs- und Abwicklungsmechanismen bei Bankpleiten und einem gemeinsamen System der

Einlagensicherung. Während eine europäische, auf EZB und BaFin als nationale Bankenaufsicht verlagerte Bankenaufsicht bereits vor der Bankenunion durch die so genannte SSM-Verordnung (Single Supervisory Mechanism) realisiert wurde, ist der europäische Abwicklungsfonds (SRM Single Resolution Mechanism) die Antwort auf die häufigen staatlichen Unterstützungen für marode Banken, die in der Vergangenheit als zu groß und als „systemrelevant" galten. Bankinsolvenzen sollen dadurch für Kunden unschädlich möglich sein. Das gemeinsame Einlagensicherungssystem DGS (Deposit Guarantee Scheme) soll die Verknüpfung von Banken- und Staatenrisiken lockern und so solventen Banken in nicht solventen Staaten durch ein evtl. besseres Rating aufgrund des DGS das Kreditgeschäft erleichtern.

▶ Bank für internationalen Zahlungsausgleich (BIZ)

Von sieben Staaten 1930 als AG gegründete → *Bank* mit Sitz in Basel, welche die Aufgabe hat, die Zusammenarbeit der Zentralbanken unter den Ländern zu fördern und als Treuhänder oder Agent bei den ihr übertragenen internationalen Zahlungsgeschäften (z. B. Entwicklungshilfezahlungen) zu wirken. Insbesondere bei der Reform des Kreditaufsichtsrechts nimmt die BIZ eine dominierende Stellung ein. So wurden hier neue Regelungen zur Hinterlegung riskanter Aktivgeschäfte von Banken durch Haftendes Eigenkapital sowie das Konzept von → *Basel I, II, III* erarbeitet.

▶ Bankgarantie

→ *Avalkredit*, → *Garantie*

▶ Bankgeheimnis

Grundsätzliche Pflicht eines Kreditinstitutes zur Verschwiegenheit über Kundendaten, die in Deutschland im so genannten Bankenerlass der → *Abgabenordnung (AO)* und der Rechtsprechung des Bundesgerichtshofs (BGH) geregelt ist. Danach haben Banken eine generelle Verschwiegenheitspflicht über die finanziellen Verhältnisse ihrer Kunden gegenüber Dritten. Lediglich bei gesetzlichen Vorschriften, behördlichen Anordnungen oder in Strafverfahren ist die Bank zur Auskunft verpflichtet. Mit der Einführung der Zinsabschlagsteuer wurde allerdings ein Kontenabrufverfahren eingeführt und ist in der → *Bankenunion* ein Zugriff von EZB und nationaler Bankenaufsicht auf Bankdaten unter bestimmten Bedingungen möglich. Die USA hat nach der Finanzkrise 2008 bereits 2010 ein Gesetz erlassen (Foreign Account Tax Compliance Act – FATCA), das Auskünfte von ausländischen Banken über US-Bürger für US-Steuerbehörden erlaubt. Inzwischen haben die OECD-Mitgliedsländer 2014 einen gemeinsamen Standard zum automatischen Informationsaustausch entwickelt (Standard for Automatic Exchange of Financial Account Information). Trotz nationalen Datenschutzgesetzen kann faktisch von einem echten Bankgeheimnis nicht mehr gesprochen werden.

▶ Bankgeschäft

Gemäß § 1 KWG (Kreditwesengesetz) Wertpapiergeschäfte, Kreditgeschäfte, Zahlungsverkehrsgeschäfte und sonstige Geschäfte. Unternehmen, die Bankgeschäfte in Deutschland betreiben, benötigen nach § 32 KWG eine Erlaubnis der BaFin (Bundesanstalt für Finanzdienstleistungsaufsicht). Bankgeschäfte sind nach KWG: Wertpapiergeschäfte wie Finanzkommissions-, Depot-, Investment- und Emissionsgeschäfte. Kreditgeschäfte wie Gelddarlehen/Akzeptkredite, Diskontgeschäfte und Garantiegeschäfte. Zu den Zahlungsverkehrsgeschäften zählen das Girogeschäft und E-Geld-Geschäft. Unter Sonstige Geschäfte fallen Einlagengeschäfte und Darlehenserwerbsgeschäfte. Zu den Bankgeschäften unter Zeitaspekten zählen die vier Geschäfte Kassageschäft, einfaches Kreditgeschäft, Termingeschäft und das Kreditanlagengeschäft.

▶ Bankkredit

Kredit (→ *Kredit*) einer → *Bank* als Kreditgeber. Hierbei kann es sich um eine Geldleihe (Überlassung von Zahlungsmitteln) als auch um eine → *Kreditleihe* (Überlassung einer Haftungszusage) handeln. Das Kreditgeschäft ist Teil der Bankgeschäfte im Sinne des → *Kredit-*

wesengesetz (KWG). Typische Bankkredite im Sinne der Kreditleihe sind der → *Avalkredit* und → *Akzeptkredit*. Typische Geldleihkredite sind der → *Kontokorrentkredit*, → *Wechselkredit*, → *Lombardkredit*, Kredit im Rahmen des → *Dokumentenakkreditivs* (Rembourskredit) sowie der so genannte Negoziierungskredit. Jede Bank wird im Rahmen einer Kreditprüfung die persönliche und wirtschaftliche → *Kreditwürdigkeit* des Kreditnehmers sowie dessen → *Kreditsicherheiten* analysieren, bevor sie Geld- oder Zahlungszusagen vergibt.

▶ Bankleitzahl

Zahlenfolge, die eine eindeutige Zuordnung einer Bank im → *Zahlungsverkehr* erlaubt. Die 1970 in Deutschland eingeführte BLZ mit 8 Ziffern wurde 2014 im Wege der Internationalisierung des Zahlungsverkehrs und zur Schaffung eines einheitlichen europäischen Zahlungsverkehrsraumes (SEPA – Single Euro Payments Area), durch die IBAN (International Bank Account Number) in Kombination mit dem BIC (Bank Indentifier Code) ersetzt. Zeitverzögerungen bei Überweisungen oder Lastschriften sollen so vermieden werden (→ *SWIFT*).

▶ Bankplatz

Ort, an dem sich eine Zweigstelle der → *Europäischen Zentralbank (EZB)* befindet. Von Bedeutung ist der Bankplatz im Zusammenhang mit der Diskontierung von Wechseln. Damit ein Wechsel durch die Bundesbank angekauft wird (→ *Diskontkredit*), ist u. a. Voraussetzung, dass der Zahlungsort auf ein Kreditinstitut an einem Bankplatz lautet. Ein Ort, an dem die Deutsche Bundesbank keine Zweigstelle unterhält, wird als Nebenplatz bezeichnet.

▶ Bankrott

In § 283 StGB geregelte Straftat, die mit Freiheitsstrafe bis zu fünf Jahren oder mit Geldstrafe geahndet werden kann und als → *Überschuldung* bzw. drohende oder eingetretene Zahlungsunfähigkeit definiert wird. Als schwerer Bankrott wird mit bis zu zehn Jahren Freiheitsstrafe geahndet, wer bewusst diese Überschuldung aus Gewinnsucht bzw. zur wissentlichen Schädigung vieler Personen herbeiführt. Als Zahlungsunfähigkeit gilt der Tatbestand der → *Illiquidität* (Gegenteil von → *Liquidität*). Ein Unternehmen ist dann überschuldet, wenn das Vermögen nicht mehr ausreicht, um die Schulden zu decken.

► Bannerwerbung

(Display Advertising) ist ein Element der klassischen Onlinewerbung. Hierbei werden graphische Werbemittel wie Banner, Buttons, Animationen oder Videos auf der Webseite platziert, um den Nutzer dazu zu bewegen durch einen Klick auf diesen Hyperlink weiterführende Werbung oder Informationen zu erhalten. Sie sind auch ein Mittel, den Nutzer auf die Webseiten des Werbetreibenden zu leiten und sollen gegenüber einem reinen Text-Link eine höhere Aufmerksamkeit erzielen.

Mittlerweile werden graphisch erweiterte Anzeigen eingesetzt, die sich z. B. dynamisch über die eigentliche Webseite ausbreiten, diese dynamisch als Video umgeben oder auch mit Audiobeiträgen verknüpft sind. Diese sollen eine schnellere und höhere Aufmerksamkeit des Nutzers erreichen.

Abhängig von der Gestaltung sowie den Möglichkeiten unterscheiden sich auch die in Rechnung gestellten Preise für das Belegen einer Webseite mit Bannerwerbung.

► Bardepot

Unverzinsliche Zwangseinlage von inländischen Kreditnehmern bei der → *Deutschen Bundesbank* in Höhe des jeweils geltenden Bardepotsatzes, die aus dem Ausland Kredite aufnehmen. Der Bardepotsatz wird von der Deutschen Bundesbank aufgrund des § 23 Außenwirtschaftsgesetz (AWG) festgelegt.

► Bardividende

Bei Aktien bzw. Anteilscheinen ausgeschütteter Anteil am Gewinn nach Abzug von 15 % → *Körperschaftsteuer.* Von der Bardividende behält die auszahlende → *Bank* 25 % → *Kapitalertragsteuer (KESt)* ein und führt diese von der Quelle direkt an das Finanzamt ab, sofern der dividendenberechtigte Anteilseigner keinen → *Freistellungsauftrag* bei seiner Bank gestellt hat.

▶ Bargeld

→ *Geld*

▶ Bargeldloser Zahlungsverkehr

→ *Zahlungsverkehr*

▶ Bargeldverkehr

→ *Zahlungsverkehr*

▶ Bargründung

Im Gegensatz zur → *Sachgründung* leisten die Anteilseigner einer Gesellschaft bei deren Gründung ihre Einlagen in barer Form, d. h. in Form der gesetzlichen Zahlungsmittel. Die Höhe der notwendigen Einlagen bei Gründung bemisst sich nach der Art der → *Rechtsform*.

▶ Barreserve

Kassenbestand von Kreditinstituten bei der → *Deutschen Bundesbank*.

▶ Bartering

Multilaterales Tauschgeschäft (Ringtausch, Kompensationsgeschäfte, Ware gegen Ware), bei dem das Warenangebot und die -nachfrage vieler Teilnehmer mit Hilfe der EDV über eine Bartering-Gesellschaft verrechnet werden. Wenn beispielsweise ein Hotelier Fleischwaren von einem Großmetzger benötigt, dieser wiederum Maschinen zur Wurstproduktion von einem Maschinenbauunternehmen braucht und der Maschinenfabrikant eine Fortbildungsveranstaltung in dem genannten Hotel reservieren möchte, so können diese Leistungen evtl. gegeneinander aufgerechnet werden. Eine gesetzliche Grundlage dieser in Deutschland aufgrund der Liquiditätsvorteile zunehmenden Geschäfte fehlt bisher. Die gesetzlichen Bestimmungen zum „Tausch“ gem. § 515 BGB und die Regelungen zum Kaufvertrag (→ *Kauf*) sind hier nur mit Einschränkungen anwendbar. Problematisch ist beim Bartering die Handhabung der → *Gewährleistung*.

▶ Barwert

Mit Hilfe der Abzinsung (→ *Finanzmathematik*) ermittelter Wert einer künftigen Zahlungsreihe (→ *Kapitalwertmethode*).

▶ Barwertfaktor

Andere Ausdrucksweise für Abzinsungsfaktor (→ *Finanzmathematik*).

▶ Barwertmethode

Rechenmethode zur Ermittlung des aktuellen Wertes künftig anfallender Zahlungsströme oder Cashflows unter Anwendung eines kalkulatorischen Zinssatzes (→ *Abzinsung*). Die finanzmathematische Formel für die Berechnung lautet:

$$B_{to} = \sum_{t=0}^{n} Z_t \cdot q^{-t} \; (q = (1+i))$$

Hierbei bedeutet:

Z^t: Zahlungen der Periode t (→ *Einzahlung* oder → *Auszahlung* oder saldierte Zahlungsgröße). i: → *Kalkulationszinsfuß*, n: Anzahl der Planungsperioden.

Die Barwertmethode kommt insbesondere bei den → *Investitionsrechenverfahren* zur Anwendung. Aber auch bei der → *Bewertung* langfristig laufender Zahlungen werden diese z. B. für bilanzielle Zwecke mit dem → *Barwert* angesetzt (Beispielrechnung bei → *Kapitalwertmethode*).

▶ Barzahlungsrabatt

→ *Skonto*

▶ Basel I; II; III

Neuordnung der Kreditvergabe (1988 Basel I, 1994 Basel II; 2011 Basel III) aufgrund von Finanzkrisen, um den Risiken im Kreditgeschäft gerecht zu werden und Kreditausfälle zu vermeiden. Vorgeschlagen vom Basler Ausschuss für Bankenaufsicht am Sitz der Bank für internationalen Zahlungsausgleich BIZ in Basel und jeweils umgesetzt durch nationale Gesetzgeber oder in Europa durch EU-Verordnungen. Basel I führte eine Unterlegung von Krediten in Höhe von 8 % mit so genanntem haftendem Eigenkapital ein. Diese rechnerische Größe bestand aus Kernkapital (eingezahltes Grundkapital), Ergänzungskapital (z. B. Nachrangdarlehen) und Drittrangmitteln (z. B. Haftungszusagen von Trägern). Mit Basel II wurde verpflichtend ein → *Rating* für die Kredite eingeführt und diese Unterlegung mit Eigenmitteln risikogewichtet, d. h. abhängig vom Rating musste mehr oder weniger Eigenkapital unterlegt werden. Mit Basel III wurde nach Verhandlungen der G20-Staaten 2010 in Seoul eine Limitierung der Anrechnung von Eigenmitteln vereinbart (z. B. Nichtanrechnung von Drittrangmitteln, begrenzte Anrechnung von Ergänzungskapital), so dass nur so genanntes hartes Kernkapital letztlich als Haftungsmasse für die Risiken der ausgegebenen Kredite dienen soll. Weiterhin wurde die prozentuale Hinterlegungssumme erhöht.

▶ Basispreis

Vertraglich festgesetzter Preis, zu dem eine → *Option* über → *Devisen* oder Wertpapiere ausgeübt werden kann. Sie ist nicht zu verwechseln mit dem Strike Price eines Terminkontraktes, der zu diesem Preis ausgeführt werden muss (→ *Devisentermingeschäft*, → *Währungsterminkontrakt*). Häufig existieren an den verschiedenen Börsen plätzen unterschiedliche Mindestpreise bzw. Minimalpreise, deren Vielfaches jeweils als Basispreis zu verwenden ist.

▶ Basiszinssatz

Seit 1.1.2002 in § 247 BGB definierter Zinssatz, der von Gerichten z. B. für die Berechnung von Verzugszinsen (→ *Verzugszinssatz*) oder in Streitfällen Verwendung findet, sofern sich die Beteiligten nicht anderweitig über die Zinshöhe einig sind. Der Prozentsatz war bei Inkrafttreten des Schuldrechtsmodernisierungsgesetzes am 1.1.2002 mit 3,62 angesetzt worden und wird laufend zum 1.1. und 1.7. eines Jahres angepasst. Die dafür maßgebliche Bezugsgröße ist der Zinssatz für die jüngste Hauptrefinanzierungsoperation der Europäischen Zentralbank vor dem ersten Kalendertag des betreffenden Halbjahres. Der Basiszinssatz wird regelmäßig im Bundesanzeiger publiziert.

▶ Bausparkasse

Gem. § 1 KWG Kreditinstitut, dessen Geschäftsbetrieb darauf gerichtet ist, regelmäßig getätigte Einlagen von Bausparern (Bauspareinlagen) entgegenzunehmen und aus den angesammelten Beiträgen den Bausparern nach gewissen Zuteilungsregeln (Wartezeit, Ansparsumme) zinsverbilligte Bausparkredite zu gewähren (→ *Bankgeschäfte*). Die Gewährung des Kredites wird als Zuteilung bezeichnet. Das Bauspargeschäft entspricht damit einem Kollektivvertrag unter den Bausparern, bei dem das regelmäßig eingezahlte Bausparvermögen von der Bausparkasse gegenüber dem Kapitalmarktzins niedrig verzinst wird und dafür der später vom Bausparer in Anspruch genommene Bausparkredit äußerst günstig beansprucht werden kann.

▶ Baustellenproduktion

Produktionsprogramm (→ *Produktionsprogramm*), bei dem ein Produkt an Ort und Stelle der späteren Verwendung oder Nutzung erstellt wird. Im Gegensatz zur klassischen → *Werkstattproduktion* oder Fabrikfertigung sind hier die Produktionsfaktoren (Mensch und Betriebsmittel) hinsichtlich des Einsatzortes flexibel zu planen. Häufig stellt eine Baustellenproduktion eine → *Einzelproduktion* (z. B. Haus, Staudamm, Kraftwerk) dar.

▶ Bayes-Regel

→ *Entscheidungsregeln*

▶ bB

→ *Kurszusätze*

▶ BCG-Matrix

→ *Portfolioanalyse*

▶ BDA

→ *Bundesvereinigung der Deutschen Arbeitgeberverbände e. V. (BDA)*

▶ BDB

→ *Bundesverband Deutscher Banken e. V.*

▶ BDI

→ *Bundesverband der Deutschen Industrie e. V. (BDI)*

▶ Bedarf

→ *Bedürfnis*

▶ Bedarfsermittlung

→ *Materialbedarf*

▶ Bedingte Kapitalerhöhung

→ *Kapitalerhöhung, bedingte*

▶ Bedürfnis

Gedanklicher Ausgangsprozess eines Kaufentscheidungsprozesses, der einen Mangelzustand kennzeichnet, auf dessen Überwindung ein Individuum hinarbeitet. Ein Bedarf ist dagegen die Ausrichtung des Bedürfnisses auf ein bestimmtes Gut. Ein Bedürfnis kann z. B. Durst sein und der entstehende Bedarf das Bedürfnis nach Bier. Der Bedarf konkretisiert sich evtl. in einer → *Nachfrage* an einem → *Markt* (z. B. in der Gastwirtschaft). Fraglich ist dann, ob der Nachfrage bzw. dem Bedarf/Bedürfnis ein → *Angebot* gegenübersteht.

Abb. B-1: Bedürfnispyramide von Maslow

▶ Bedürfnispyramide von Maslow

Von *Abraham Maslow* wurde 1943 eine hierarchische Ordnung der menschlichen Bedürfnisse aufgestellt, die er in Pyramidenform darstellte (Abbildungen B-1 und B-2). Grundüberlegung seiner Motivationstheorie ist, dass hierarchisch höherrangige Bedürfnisse erst dann befriedigt werden (können), wenn die jeweils untergeordneten Bedürfnisse befriedigt wurden (Dringlichkeitsordnung). Insbesondere die Wachstumsbedürfnisse sind so lange nur latente Bedürfnisse, solange die Defizitbedürfnisse nicht weitgehend befriedigt sind. Die Abbildungen stellen die Bedürfnishierarchie sowie Möglichkeiten der jeweiligen Bedürfnisbefriedigung dar. Eine → *Führungskraft* kann mit einer derartigen Liste einen den jeweiligen Bedürfnissen der Mitarbeiter angepassten → *Führungsstil* auswählen. Nachfolgeuntersuchungen zu den Thesen von *Maslow* (*David Krech*, u. a.) kamen zu dem Ergebnis, dass sich die Befriedigung der einzelnen Bedürfnisklassen durchaus überschneiden kann (Abbildung B-2), so dass eine eindeutige Einteilung von Mitarbeitern in bestimmte Bedürfnisklassen nicht mehr möglich ist (→ *ERG-Theorie von Alderfer*).

Bedürfnisse (Motive)	Möglichkeiten der Bedürfnisbefriedigung
(1) Grundbedürfnisse (physiologische Bedürfnisse) Dazu zählen u.a. Essen, Trinken und Wohnen.	Durch Lohn und Gehalt, Urlaubsregelung, Kantine, ärztliche Betreuung, verbilligte Einkaufs- und Wohnmöglichkeiten usw.
(2) Sicherheitsbedürfnisse Dazu zählen u.a. Schutz vor Willkür, Drohung, Entbehrung.	Durch Sicherheit des Arbeitsplatzes, Sicheres, Sicherung des Einkommens, Altersversorgung, Versorgung bei Krankheit und Unfall usw.
(3) Bedürfnisse nach mitmenschlicher Zuwendung (soziale Bedürfnisse) Dazu zählen u.a. Bedürfnisse nach Freundschaft, Gesellung, Zugehörigkeit zu einer Gruppe.	Durch Kommunikation am Arbeitsplatz, Information auch über nicht-arbeitsplatzgebundene Informationen, Problemlösungsgespräche, Zugehörigkeit zu einer Gruppe usw.
(4) Bedürfnisse nach Anerkennung Dazu zählen u.a. psychische Bedürfnisse nach Anerkennung, Respekt, Würde, Status,	Durch Übertragung von Kompetenzen, verbale und materielle Anerkennung, Erlangen eines bestimmten Status oder eines Ehrentitels, Bereitstellung eines Dienstfahrzeugs usw.
(5) Bedürfnisse nach Selbstverwirklichung Dazu zählen u.a. Bedürfnisse nach Selbständigkeit, Selbstentfaltung, Selbstverantwortung und Selbsterfüllung.	Durch Mitbestimmung bei der Arbeit, Erfüllung auf Grund der Aufgabenstellung, Selbstverantwortung bei der Arbeitszeitregelung und Pausengestaltung, Weiterbildung, Aufstiegsmöglichkeiten usw.

Abb. B-2: Bedürfnisse und ihre Befriedigung nach Maslow

▶ Befragung

Erhebungsmethode (→ *Erhebungsmethode*), welche zur Analyse gegenwärtiger Zustände als auch zur → *Prognose* oder Projektion (→ *Szenario*) von zukünftigen Zuständen für sämtliche Funktionsbereiche eines Betriebes (z. B. → *Marktforschung*) einsetzbar ist. Es lassen sich Repräsentativ- und Exklusivbefragungen unterscheiden. Bei der Repräsentativbefragung soll eine Stichprobe (z. B. Wahlkreis) aus einer Gesamtheit (z. B. Wahlberechtigte) befragt werden. Die Stichprobe soll repräsentativ sein, d. h. die Grundgesamtheit möglichst genau abbilden. Solche Befragungen finden sich bei den Statistischen Bundes- und Länderbehörden für die Ermittlung von Preisindizes (→ *Panel*) oder bei Umfragen zu Wahlen und Konjunkturentwicklungen. Im Gegensatz dazu handelt es sich bei einer Exklusivbefragung (z. B. → *Delphi-Befragung*) um eine Befragung von Experten oder Fachleuten, die zu einem Thema ihre Meinung äußern sollen, welche dann statistisch ausgewertet wird. Die Vor- und Nachteile einer schriftlichen versus einer mündlichen Befragung können z. B. anhand der Frageform, des Zeitbedarfs für die Beantwortung der Fragen, des persönlichen Kontaktbedarfes und des Angesprochenfühlens vom Befragten beurteilt werden.

▶ Begebung

→ *Emission*

▶ Beglaubigung

Zulässige bzw. teilweise vorgeschriebene Form für → *Willenserklärungen* bei Rechtsgeschäften. So hat ein Notar beispielsweise bei der Anmeldung zur Eintragung ins → *Handelsregister* gem. § 12 HGB die Identität des Unterzeichners zu bestätigen bzw. zu beglaubigen. Andere Formtypen für Rechtsgeschäfte sind die Schriftform oder die → *Notarielle Beurkundung*.

▶ Beherrschungsvertrag

Im Rahmen eines → *Unternehmenszusammenschlusses* zustande gekommener → *Vertrag* bei dem ein beherrschender Einfluss eines Unternehmens über das andere, und damit eine einheitliche Leitung gemäß § 18 AktG (→ *Konzern*) vereinbart wird. Häufig ist ein derartiger Vertrag mit einem → *Gewinnabführungsvertrag* gekoppelt. Rechtliche Grundlage ist § 291 AktG. Stellt sich eine Unternehmung gemäß § 291 Abs. 2 AktG durch Vertrag unter eine einheitliche Leitung eines Konzerns, ohne dass dadurch ein Abhängigkeitsverhältnis entsteht, so ist dieser Vertrag kein Beherrschungsvertrag. Die Auslegung dieser gesetzlichen Ausnahme ist in der Praxis allerdings schwierig.

▶ Beibehaltungswahlrecht

→ *Wertaufholung*

▶ Beitrag

Abgabe (→ *Abgabe*), die im Gegensatz zur Steuer oder Gebühr nur bei Inanspruchnahme der Gegenleistung fällig wird (z. B. Erschließungsbeitrag). Als Beitrag wird häufig auch die Prämie für eine → *Versicherung* bezeichnet.

▶ Beizulegender Wert

Möglichkeit der → *Bewertung* von Vermögensgegenständen im Anlage- und Umlaufvermögen gem. § 253 III u. IV HGB. Im Umlaufvermögen ist er gemäß dem strengen → *Niederstwertprinzip* immer dann anzusetzen, wenn ein Börsen- oder Marktpreis nicht existiert und er unter den Anschaffungs- oder Herstellungskosten liegt. Die Höhe des Wertes ist im Gesetz nicht näher konkretisiert. Nach h. M. ist er aus dem vermutlichen, vorsichtig geschätzten Marktpreis abzuleiten, wobei im → *Vorratsvermögen* je nach Position der Beschaffungs- und/oder Absatzmarkt relevant ist.

Im Anlagevermögen wird durch den Ansatz des beizulegenden Wertes die erforderliche außerplanmäßige → *Abschreibung* berücksichtigt. Als Maßstab kommen im Sachanlagevermögen insbesondere die Wiederbeschaffungskosten eines vergleichbaren Gegenstandes in Betracht, während bei den Finanzanlagen, vor allem bei einer → *Beteiligung*, der → *Ertragswert* heranzuziehen ist.

Nach IFRS und US-GAAP kommt der Fair Value, d. h. der Betrag, zu dem voneinander unabhängige Parteien bereit wären, einen entsprechenden Gegenstand (asset) zu tauschen, dem Begriff des beizulegenden Wertes sehr nahe. Allerdings ist der Fair Value nach IFRS und US-GAAP nicht ausschließlich als niedrigerer Wert im Vergleich zu den Anschaffungs- und Herstellungskosten, sondern je nach Bilanzierungssachverhalt ggf. auch als höherer Wert heranzuziehen.

▶ Belegschaft

Summe der durch einen → *Arbeitsvertrag* an ein Unternehmen gebundenen → *Arbeitnehmer*.

▶ Belegschaftsaktie

→ *Aktienarten*

▶ Beleihungswert

Im Rahmen einer Kreditprüfung für dingliche → *Kreditsicherheiten* (z. B. Grundstücke, Gebäude, Vorräte) festgelegter Wert, bis zu dem ein Kreditgeber die Vermögensgegenstände als verwertbare Kreditsicherheit akzeptiert. In Höhe eines individuell vom Kreditgeber festgelegten Ganzen oder Teils dieses Wertes, d. h. bis zur so genannten Beleihungsgrenze, wird dann eine verbriefte Sicherheit über die bewerteten Vermögensgegenstände, z. B. in Form einer → *Grundschuld* oder → *Hypothek*, ausgestellt und dient dem Kreditgeber als Sicherheit. Als Beleihungsgrenzen haben sich in der Bankpraxis, z. B. für festverzinsliche Wertpapiere zwischen 70 und 90 %, für Aktien zwischen 50 und 70 %, für Grundstücke zwischen 60 und 80 % vom Beleihungswert eingespielt. Insbesondere bei Forderungen ist aufgrund deren Ungewissheit bzw. eventueller Uneinbringlichkeit eine Beleihungsgrenze schwer festlegbar. Häufig stellt die festgestellte Beleihungsgrenze den im Fall einer → *Liquidation* bzw. → *Zwangsversteigerung* erzielbaren Liquidationswert dar.

▶ Below the Line Advertising

Sammelbegriff für die Werbung in den nicht klassischen Medien, denen sich z. B. die Neuen Medien, die Aktivitäten im Rahmen des → *Direktmarketing*, neue Formen der → *Public Relations (PR)* wie → *Product Placement* oder → *Sponsoring*, aber auch das → *Event-Marketing* zuordnen lassen. Kennzeichnend ist, dass durch die erhöhte Aufmerksamkeitswirkung dieser Maßnahmen eine Abgrenzung zur klassischen → *Werbung* und den mit der Informationsüberlastung verbundenen Problemen erzielt werden soll.

▶ Bemessungsgrundlage

→ *Steuerbemessungsgrundlage*

▶ Benchmark

Im Rahmen des → *Finanzmanagements* von Managern eines → *Fonds* oder des → *Investment Bankings* eingesetzte Richtwerte vergleichbarer Finanzanlagen mit bester → *Performance.* Richtwerte und damit eine Benchmark können z.B. ein → *Aktienindex* (z.B. *DAX, Dow Jones, J.P. Morgan Government Bond Index*) oder das → *Kurs-Gewinn-Verhältnis (KGV)* einer Alternativanlage sein. Insbesondere im finanzwirtschaftlichen → *Portefeuille* Management werden in das finanzielle Portfolio Benchmarks als Richtwerte bzw. Zielgrößen eingetragen.

▶ Benchmarking

Kontinuierliche Vergleichsanalyse von Produkten, Prozessen oder Methoden des eigenen Unternehmens mit denen des besten Konkurrenten bzw. des „best in class". Durch den Vergleich sollen effiziente Prozesse und Methoden auch über Branchengrenzen hinweg adaptiert werden, um so Spitzenleistung in allen Funktionsbereichen zu erzielen. Bei der Auswahl des Vergleichsunternehmens ist auf die Vergleichbarkeit (z.B. Branche, Region, Produktionsprogramm, Größe, Alter), die Möglichkeit der Datengewinnung sowie die Methode der Datenauswertung zu achten.

▶ Benefit-Segmentierung

Das in der deutschsprachigen Literatur als „Nutzensegmentierung" bezeichnete Konzept zählt zu den am häufigsten verwendeten Ansätzen der → *Marktsegmentierung.* Der mit einem Produkt oder einer Dienstleistung verbundene und vom (potenziellen) Kunden wahrgenommene Nutzen stellt dabei die Grundlage zur Bildung von in sich möglichst homogenen Kundensegmenten dar. Das Anwendungsspektrum dieses Marktsegmentierungskonzeptes ist sehr vielfältig und reicht von Anwendungen im Bereich kurzlebiger Konsumgüter bis hin zu komplexen Anlageentscheidungen im Investitionsgüterbereich.

Im Gegensatz zu den oft eingesetzten psychographischen Kriterien wie Einstellungen oder Werten setzt der erwartete Nutzen unmittelbar an der Präferenzbildung von Nachfragern an und nimmt daher einen unbestrittenen Stellenwert zur Erklärung und Prognose des Nachfragerverhaltens ein. Gegenüber alternativen Verfahren der Marktsegmentierung weisen nutzenorientierte Kundensegmentierungen damit eine bestmögliche Kaufverhaltensrelevanz auf und erfüllen so eine ganz entscheidende Anforderung an aussagefähige Zielgruppenbestimmungen.

▶ Beobachtung

→ *Erhebungsmethode*, → *Marktforschung*

▶ Bereitschaftskosten

Kosten (→ *Kosten*), die im Gegensatz zu den Kosten der Leistungserstellung (→ *Leistungskosten*) nicht von der Art, Menge und dem Wert der tatsächlich erbrachten Leistung abhängen, sondern mit dem Auf- oder Abbau der Bereithaltung einer bestimmten → *Kapazität* zusammenhängen. Sie werden dementsprechend durch Absatzprognosen bzw. Erwartungen über die künftige Leistungserstellung determiniert.

▶ Bereitstellungsprovision

→ *Kreditkosten*

▶ Bergrechtliche Gewerkschaft (bG)

Rechtsform (→ *Rechtsform*) des privaten Rechts (→ *Kapitalgesellschaft*), die für die Vereinigung von Miteigentümern an einem Bergwerk konzipiert und offiziell 1980 abgeschafft wurde. Die Bedeutung dieser Rechtsform ist mittlerweile so stark zurückgegangen, dass nur noch zwei Betriebe 1992 in Deutschland diese Rechtsform ausfüllten. Die übrigen Bergwerksbetriebe firmieren zumeist als → *Aktiengesellschaft (AG)*. Die Mitglieder an der bG werden als Gewerken, deren Geschäftsanteil als Kux bezeichnet.

▶ BERI-Index

Index zur Beurteilung von Länderrisiken bei Exportgeschäften, bestehend aus drei Teilrisikoindikatoren: Operations Risk-Index ORI (Geschäftsklima), Political Risk-Index (PRI) (politische Risiken), R-Index (Rückzahlungsindex).

▶ Bernoulli-Regel

→ *Entscheidungsregeln*

▶ Berufsgenossenschaft

Verbände mit Zwangsmitgliedschaft für alle Unternehmen, um die gesetzliche Unfallversicherung gem. §§ 646 ff. RVO zu tragen. Sie übernehmen die Haftpflicht der Unternehmen z. B. bei Arbeitsunfällen. Die Beiträge an die Berufsgenossenschaft haben allein die Unternehmen, nicht die Arbeitnehmer zu entrichten.

▶ Beschäftigung

Tatsächliche Auslastung bzw. Produktionsleistung einer vorhandenen → *Kapazität.* Die Relation zwischen der Maximalkapazität und der Beschäftigung wird als Beschäftigungsgrad bezeichnet. Bei der Planung der Beschäftigung ist auf technische Faktoren (z. B. Verschleißanfälligkeit) bei Vollauslastung, aber auch auf ökonomische Faktoren (z. B. → *Leerkosten*) zu achten.

▶ Beschäftigungsabweichung

Abweichung von der geplanten → *Beschäftigung* im Rahmen der Grenzen der → *Kapazität.* Die daraus entstehenden Kostenabweichungen können im Rahmen der flexiblen → *Plankostenrechnung* ermittelt werden und dienen als Maß für die Nutzung der → *Fixen Kosten* im Betrieb (→ *Leerkosten*).

▶ Beschäftigungsförderungsgesetz (BeschFG)

1985 in Kraft getretenes und am 25.9. 1996 zuletzt geändertes Gesetz zur Bekämpfung der Arbeitslosigkeit und verstärkten Sanktionierung von → *Schwarzarbeit.* Einzelregelungen sind z. B. Unterstützungszahlungen für Arbeitnehmer, die aus einer Vollzeit- in eine Teilzeitbeschäftigung wechseln, die Möglichkeit der Befristung von Arbeitsverträgen, Lohnkostenzuschüsse für Arbeitslose in Umweltmaßnahmen, sozialen Diensten und der Jugendhilfe, verlängerte Arbeitslosenhilfe für gemeinnützige Arbeiten oder verstärkte Sanktionen gegen Schwarzarbeit.

▶ Beschäftigungsgrad

→ *Beschäftigung*

▶ Beschaffung

Quantitative und qualitative Versorgung eines Unternehmens mit materiellen und immateriellen Gütern.

Die Beschaffungspolitik hat die zielgerichtete Gestaltung der Beschaffung eines Unternehmens zur Aufgabe. Ihr stehen analog zur Absatzpolitik vier beschaffungspolitische Instrumente zur Verfügung: (1) Die Produktpolitik legt Art und Menge sowie die zeitliche Verteilung der Beschaffungen fest. (2) Auf Liefer- und Zahlungsbedingungen sowie Boni und Rabatte wird über die Preis- und Konditionenpolitik Einfluss genommen. (3) Durch eine gezielte Steuerung des Informationsflusses zwischen dem Betrieb und seinen Lieferanten versucht die Kommunikationspolitik Lieferbeziehungen zu pflegen bzw. aufzubauen. (4) Die → *Logistik* bei Abwicklung einer Bestellung wird durch die Bezugspolitik bestimmt.

▶ Beschaffungskosten

Kosten (→ *Kosten*), die im Zusammenhang mit der → *Beschaffung* von Gütern anfallen. Sie lassen sich in unmittelbare und mittelbare Kosten aufteilen: (1) Unmittelbare Beschaffungskosten resultieren aus der Bestellmenge multipliziert mit dem Bestellpreis und den beschaffungsmengenabhängigen Nebenkosten wie → *Zoll*, → *Versicherung* oder Kosten der Materialprüfung. (2) Mittelbare Beschaffungskosten sind mit dem Bestellvorgang verbunden, jedoch nicht bestellmengenabhängig (Personal, Porto, Telefon, usw.). → *Fehlmengenkosten*, die bei Nichtbereitstellung bzw. verspäteter Bereitstellung anfallen, können je nach Fehlmengenursache als mittelbare oder unmittelbare Beschaffungskosten betrachtet werden.

▶ Beschaffungsmarketing

Ansatz, die Grundgedanken des → *Marketing* nicht nur auf die Absatz-, sondern auch auf die Beschaffungsseite im Rahmen betrieblicher Prozesse anzuwenden. Er beschäftigt sich damit vor allem mit der Beeinflussung der Lieferanten und des Beschaffungsmarktes mit dem Ziel, auch hier marktgerechte Lösungen zu finden. Voraussetzung für eine effektive Gestaltung der Beschaffung ist eine enge Zusammenarbeit des Einkaufs mit dem Verkauf und natürlich der Produktentwicklung. Die Einkaufsprozesse müssen streng am Absatzmarkt orientiert sein, um Fehlbeschaffungen zu vermeiden und frühzeitige Entwicklungen zu ermöglichen. Nur so können rechtzeitig Kooperationen mit Lieferanten und strategische Einkaufsziele umgesetzt werden. Die Hauptaufgabe des Beschaffungsmarketing ist es somit, auf dem Beschaffungsmarkt im Hinblick auf den Absatz optimale Lösungen zu finden.

▶ Beschaffungsmarkt

Im Gegensatz zu einem Absatzmarkt (→ *Absatz*) der Markt, welcher der → *Produktion* vorgelagert ist und auf dem ein Unternehmen seine → *Produktionsfaktoren (nach Gutenberg)* bezieht.

▶ Beschaffungspolitik

→ *Beschaffung*

▶ Beschaffungspolitisches Instrumentarium

→ *Beschaffung*

▶ Beschwerdemanagement

Ansatz i. S. der → *Kundenorientierung*, der im Umgang mit unzufriedenen oder verärgerten Kunden zu einem Dialog kommen will, bei dem beide Seiten Vorteile erzielen. Problematisch für Kunden sind i. d. R. nicht Probleme durch aufgetretene Irrtümer und Fehler, sondern ein Verhalten, bei dem sich Mitarbeiter des problemverursachenden Unternehmens für unzuständig erklären und keinerlei Bereitschaft zeigen, das Problem zu beseitigen oder den Schaden wieder gutzumachen. Generelles Ziel des Beschwerdemanagements ist die Wiederherstellung der Kundenzufriedenheit, d. h. negative Auswirkungen auf das Unternehmen zu minimieren und die in Beschwerden enthaltenen Hinweise auf betriebliche Schwächen als Chancen zu identifizieren und zu nutzen. Daraus ergeben sich als Teilziele das Herstellen von (Beschwerde-)Zufriedenheit, Vermeiden von → *Opportunitätskosten* anderer Reaktionsformen unzufriedener Kunden (z. B. negative Mund-zu-Mund-Kommunikation), Auswerten und Nutzen der in Beschwerden enthaltenen Informationen sowie Reduzieren interner und externer Fehlerkosten.

▶ Besitz

Im Gegensatz zum → *Eigentum,* d. h. der rechtlichen Gewalt über eine Sache (dingliches Recht) gem. § 854 BGB die tatsächliche Gewalt über die Sache. Es lassen sich zwei Besitzarten unterscheiden. Besitzt jemand z. B. als Mieter oder Pächter eine Sache auf Zeit, so ist der Vermieter (Eigentümer) gleichzeitig **mittelbarer Besitzer** (§ 868 BGB), während der Mieter oder Pächter als **unmittelbarer Besitzer** (→ *Besitzkonstitut*) bezeichnet wird. Kein Besitzer, sondern nur **Besitzdiener** ist gem. § 855 BGB, wer im Haushalt oder Unternehmen die tatsächliche Gewalt für einen anderen ausübt, dessen Weisungsbefugnis er untersteht (→ *Vertretung*). Fragestellungen zu Besitz und Eigentum spielen bei den → *Kreditsicherheiten* und im Vertragsrecht eine entscheidende Rolle.

▶ Besitzkonstitut

Das durch Einigung und Übergabe verschaffte → *Eigentum* an einer Sache ist grundsätzlich vom Besitz zu trennen. Soll ein Gegenstand den Eigentümer wechseln, ohne dass die Sache übergeben wird, so kann gemäß § 931 BGB das Rechtsinstrument des Besitzkonstituts den Übergabevorgang ersetzen. Der Neueigentümer bzw. Käufer einer Sache ist dann mittelbarer Besitzer, während der die Sache eventuell weiternutzende Veräußerer unmittelbarer Besitzer bleibt. Dieses rechtliche Hilfsmittel ist insbesondere zur Absicherung von Krediten gebräuchlich (→ *Kreditsicherheiten*, → *Sicherungsübereignung*, → *Eigentumsvorbehalt*).

▶ Bestätigungsvermerk

Zusammenfassende Feststellung der Ergebnisse der Jahresabschlussprüfung. In § 322 I HGB ist ein so genanntes Formeltestat seit 1985 enthalten, das die Übereinstimmung mit den gesetzlichen Vorschriften und sonstigen maßgeblichen Rechnungslegungsgrundsätzen, **ein den tatsächlichen Verhältnissen entsprechendes Bild der Vermögens-, Finanz- und Ertragslage** und die Übereinstimmung des → *Lageberichts* mit dem → *Jahresabschluss* testiert. Dieser Bestätigungsvermerk muss in geeigneter Weise ergänzt oder eingeschränkt werden, um einen falschen Eindruck über den Inhalt der → *Prüfung* und die Tragweite des Bestätigungsvermerks zu vermeiden. Bei besonders schwerwiegenden Einschränkungen ist der Bestätigungsvermerk zu versagen. Dies ist in einem Vermerk zum Jahresabschluss zu erklären und zu begründen. Der Abschlussprüfer hat den Bestätigungsvermerk oder den Vermerk über die Versagung zu unterzeichnen. Neben einer Beschreibung von Gegenstand, Art und Umfang der Prüfung wird das Formeltestat in einem Kernsatz bestätigen, dass die durchgeführte Prüfung zu keinen Einwendungen geführt hat und dass der von den gesetzlichen Vertretern der Gesellschaft aufgestellte Jahresabschluss nach Erkenntnis des Prüfers ein den tatsächlichen Verhältnissen entsprechendes Bild der Vermögens-, Finanz- und Ertragslage des Unternehmens darstellt. Nach § 322 HGB gilt als Grund, den Bestätigungsvermerk zu versagen, wenn der Prüfer nicht in der Lage ist, ein Prüfungsurteil abzugeben (disclaimer).

Im Rahmen des Bestätigungsvermerks für einen Konzernabschluss kann bei der Anwendung von HGB-Regelungen, IFRS oder US-

GAAP ein sog. duales Testat erteilt werden. Hierbei wird zwar unter einer Überschrift, aber in separaten Absätzen die Übereinstimmung mit den jeweiligen Rechnungslegungsvorschriften testiert.

► Bestand

Menge an Roh-, Hilfs- und Betriebsstoffen (→ *Produktionsfaktoren (nach Gutenberg)*) sowie halbfertigen Erzeugnissen (→ *Erzeugnisse, fertige und unfertige*, → *Halbfabrikate*), die vom Unternehmen für die Produktion auf → *Lager* gehalten wird. Um einen Produktionsstillstand zu vermeiden, wird in der Regel ein Mindestbestand (Sicherheitsbestand), d. h. ein so genannter „Eiserner Bestand", unterhalten, der nie unterschritten werden sollte. Der Meldebestand errechnet sich aus diesem Mindestbestand plus dem Verbrauch pro Zeiteinheit (z. B. pro Tag) multipliziert mit der Zeitdauer zwischen → *Bestellung* und Auslieferung. Sinkt der Lagerbestand auf diesen Meldebestand, erfolgt eine neue Bestellung (Abbildung B-3).

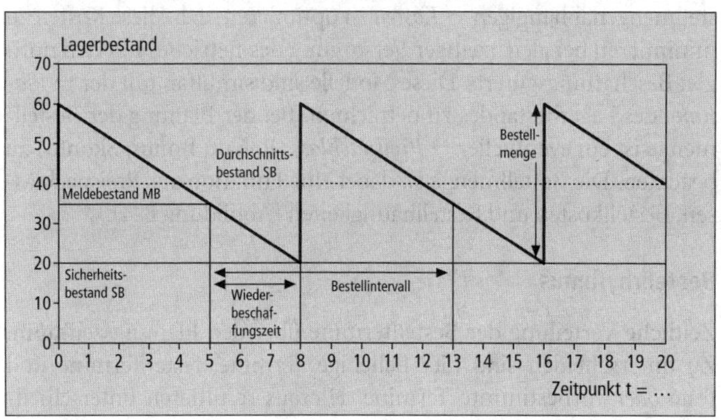

Abb. B-3: Lagerbestand in Abhängigkeit von der Zeit

► Bestandskonto

→ *Kontenarten*

▶ Bestellerkredit

Kredit (→ *Kredit*) einer → *Bank* an einen ausländischen Besteller (Importeur) in Absprache mit dem einheimischen Exporteur. Im Gegensatz zu einem üblichen Kredit an den Exporteur zur Vorfinanzierung seiner Warenproduktion erhält hier der Exporteur eine Sicherheit, dass die hergestellten Waren auch vom Importeur durch den Kredit der inländischen Bank finanziert werden können. Im Gegensatz zum Lieferantenkredit hat der Bestellerkredit in den letzten Jahren eine zunehmende Bedeutung erhalten. Dies liegt unter anderem daran, dass die Hausbanken zunehmend Refinanzierungsmittel durch die → *Kreditanstalt für Wiederaufbau (KfW)* oder die → *Ausfuhrkredit-Gesellschaft mbH (AKA)* erhalten.

▶ Bestellmenge, optimale

Problem, das insbesondere im → *Operations Research (OR)* untersucht wird und zum Ziel hat, die Bestellmenge hinsichtlich der bestellmengenabhängigen → *Kosten* zu optimieren, d. h. diese Kosten zu minimieren bei gleichzeitiger Versorgung des Betriebes mit den nötigen Beschaffungsgütern. Diese Modelle sind simultan mit der → *Planung* des Lagerbestandes zu betrachten. Bei der Planung der Bestellmenge ist ein eventueller → *Preisnachlass* (Rabatt, Bonus, Skonto) zu beachten. Die Bestellmenge ist dabei eine Funktion aus Preisnachlässen, Bestellkosten und Bestellhäufigkeiten (Abbildung B-4).

▶ Bestellrhythmus

Zeitliche Verteilung der Bestelltermine über den Planungszeitraum. Zu unterscheiden sind hier beliebige Termine, feste Termine und feste *oder* vorbestimmte Termine. Hieraus resultieren unterschiedliche Verfahren:

(1) Beliebige Termine führen zum Bestellpunktverfahren. Das → *Lager* wird aufgefüllt, wenn der Lagerbestand eine bestimmte Menge unterschreitet. Hierbei sind Entscheidungen über die Bestellmenge (→ *Bestellmenge, optimale*) und die Höhe des kritischen Lagerbestandes (Bestellpunkt) zu treffen. Bestellt wird also, wenn ein kritischer Mindeststand im Lager erreicht ist. Dieser optimale Sicherheitsbestand liegt beim Minimum von Fehlmengen und Lagerhaltungskosten.

(2) Feste Termine führen zum Bestellrhythmusverfahren. Das Lager wird immer nach einer bestimmten Zeit aufgefüllt. Hier ist eine Entscheidung über den optimalen zeitlichen Abstand zwischen den Bestellungen zu treffen. Ziel ist die Optimierung des Bestellrhythmus derart, dass die Kosten, deren Höhe sich in Abhängigkeit von der Länge der Bestellperiode ändert, minimiert werden. Voraussetzung ist hierbei eine periodische Vorratsüberprüfung.

(3) Im dritten Fall erfolgt eine Kombination beider Verfahren. Einflussfaktoren sind damit die Meldemenge und eine regelmäßige Lagerüberprüfung.

▶ Bestellung

(1) Annahme eines Lieferantenangebotes.

(2) Eindeutige Aufforderung an einen Lieferanten, eine Lieferung vorzunehmen. Zur Vorbereitung der Bestellung gehört die Einholung eines → *Angebots.* Die Bestellung sowie die Überwachung des Auftrags sind üblicherweise Aufgaben des betrieblichen Einkaufs. Zum Abschluss des Kaufvertrags (→ *Vertrag*) ist bei einem vorausgehenden Angebot rechtlich keine Bestätigung der Bestellung notwendig, soweit sich diese im Rahmen des Angebots hält. Sie ist aber in der Regel dennoch üblich.

▶ Bestellzeitpunkt, optimaler

Aus dem Grundmodell der optimalen Bestellmenge (→ *Bestellmenge, optimale*) oder der daraus abgeleiteten optimalen Bestellhäufigkeit abgeleiteter optimaler Zeitpunkt bzw. Termin der Bestellung (→ *Bestellrhythmus*).

▶ Bestens

Ohne ein Limit erteilter Auftrag (→ *Order*) eines Kunden an seine → *Bank* zum Verkauf von Wertpapieren. Der Verkauf erfolgt dann zum höchstmöglichen Kurs. Ein unlimitierter Auftrag verfällt in der Regel am Ende des Börsentages. Gegensatz beim Kauf: → *Billigst.*

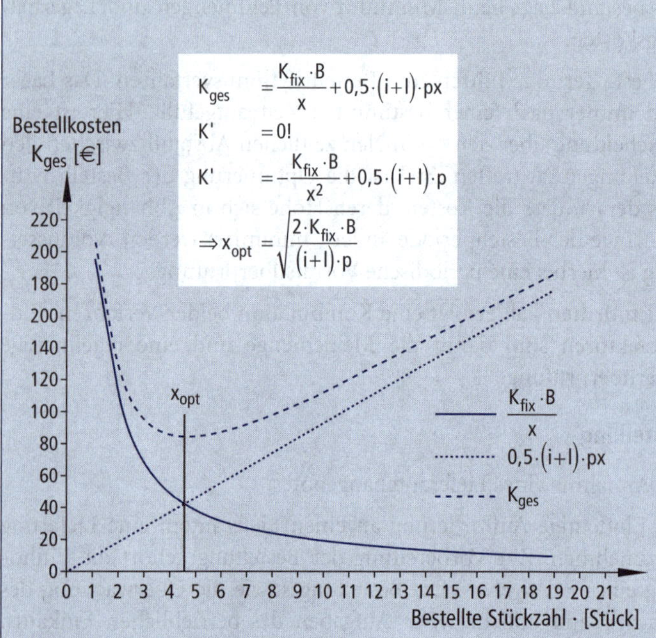

Periodenbedarf B = 8 Stück/Jahr
Bestellfixe Kosten K_{fix} = 25 €
Einstandsstückpreis p = 100 €/Stück
Kapitalbindungskostensatz i = 8 %
Lagerkostensatz l = 10 %

Für eine hohe Bestellmenge sprechen u. a. Kostenvorteile

- beim Transport
- bei den fixen Bestellkosten
- bei den Beschaffungspreisen und -konditionen.

Für eine niedrige Bestellmenge sprechen beispielsweise

- die Vermeidung von Kapitalbindungskosten
- das Niedrighalten der Lagerkosten
- die Risikovermeidung hinischtlich Schwund, Verderb, Mode.

Daraus entsteht ein Kostenminimierungsproblem K_{ges} = min! mit der Minimierungsvorschrift K' = 0:

Abb. B-4: Optimale Bestellmenge

▶ Besteuerungsprinzipien

Bei der Bemessung einer → *Steuer* angewandter Grundsatz der Besteuerung. Es lassen sich drei Besteuerungsprinzipien unterscheiden:

(1) Divisionsprinzip: Das gesamte geplante Steueraufkommen wird durch die Zahl der Steuerzahler geteilt und jeder Steuerpflichtige entrichtet denselben Betrag (Kopfsteuerprinzip, Poll-Tax).

(2) Äquivalenzprinzip: Als Gegenleistung für eine erbrachte Leistung, z. B. → *Gewerbesteuer* oder → *Grundsteuer* als Gegenleistung für die von einem gewerblichen Unternehmen ihrer Sitzgemeinde verursachten → *Kosten* (Flächenverbrauch, Straßenzufahrten).

(3) → *Leistungsfähigkeitsprinzip:* Besteuerung nach der wirtschaftlichen Leistungsfähigkeit des Steuerpflichtigen. Insbesondere die → *Einkommensteuer* wird mit dem Leistungsfähigkeitsprinzip begründet. Auch das Bundesverfassungsgericht hat in mehreren Urteilen dieses Prinzip als grundlegend für die Besteuerung anerkannt. Umstritten ist allerdings der richtige Maßstab, der die Leistungsfähigkeit des Einzelnen misst. Hier kommen insbesondere das → *Einkommen* und der → *Konsum* in Betracht.

▶ Betafaktor

Risikomaß, welches das Ausmaß der Sensitivität der Rendite einer Aktie in Bezug auf die Renditeänderung eines als repräsentativ anzusehenden Marktindexes bzw. in Relation zur Branche oder zum Sektor misst. Das Beta wird für einen Zeitraum von 30 und 250 Tagen berechnet. Betawerte größer als 1 indizieren demzufolge ein höheres Risiko für den Einzelwert als der Gesamtmarkt und umgekehrt. Aufgrund des Betafaktors lassen sich drei Gruppen von Aktien bilden: Aktien mit einem Betafaktor größer 1 bedeutet, dass die Aktie sich in größeren Schwankungen als der Gesamtmarkt bewegt, bei 1 bewegt sie sich wie der Gesamtmarkt und bei kleiner 1 weniger stark als der Gesamtmarkt. Hat eine Aktie z. B. ein Beta in Höhe von 1,4, so bedeutet dies, dass bei gleich bleibendem Beta in Zukunft ein Anleger bei einer 10 %-Steigerung des DAX-Indexes mit einer 14 %-Steigerung des betreffenden Aktienkurses rechnen kann.

Natürlich wirkt der Betafaktor auch in umgekehrter Richtung, d. h. bei fallendem DAX-Index würde die Aktie überproportional verlieren. Die Berechnung erfolgt nach folgender statistischer Formel:

$$\beta = \frac{COV_{xpy}}{\tau_x^2} p_{xy} \frac{\tau_x}{\tau_y}$$

β = Betafaktor; τ = Streuung von x oder y; $COV_{x,y}$ = Kovarianz zwischen x und y

▶ Beteiligung

(1) Im Sinne des Handelsrechts Anteile an verbundenen Unternehmen, die dem eigenen Geschäftsbetrieb durch die Herstellung einer dauernden Beziehung dienen (§ 271 I 1 HGB). Wegen der mangelnden Operationalisierbarkeit des Begriffes hat der Gesetzgeber in § 271 I 3 HGB eine Beteiligungsvermutung ausgesprochen. Danach gelten alle Kapitalanteile von mehr als 20 % an einer Kapitalgesellschaft als Beteiligung, sofern diese Vermutung nicht durch das Unternehmen widerlegt wird, da z. B. Veräußerungsabsicht besteht. Beteiligungen sind in der Bilanz als separater Posten innerhalb der Finanzanlagen gem. § 266 II HGB zu zeigen. Soweit Anteile an einer Personengesellschaft gehalten werden, gelten diese sowohl handels- als auch steuerrechtlich immer als Beteiligung. Das Erreichen der Beteiligungsgrenzen von 3, 5, 10, 15, 20, 25, 30, 50 und 75 % an börsennotierten Gesellschaften für die Deutschland das Herkunftsland ist, ist der Gesellschaft sowie der → *Bundesanstalt für Finanzdienstleistungsaufsicht (BaFin)* mitzuteilen (§ 33 I WpHG).

(2) Allgemeine Bezeichnung für Stimmrechts- oder Kapitalanteile, die von einer Privatperson oder juristischen Person (= Anteilseigner) an einem Unternehmen gehalten werden. Die Rechte des Anteilseigners sind i. d. R. abhängig von der Höhe der Anteile sowie der Rechtsform und den Satzungsbestimmungen der Gesellschaft, an der die Beteiligung gehalten wird.

▶ Beteiligungscontrolling

Koordination, Unterstützung und Steuerung der Beteiligungsgesellschaften im Hinblick auf die bestmögliche Erreichung der Gesamtunternehmensziele sowie der Zielvorgaben für einzelne Gesellschaften (→ *Controlling*). Das Beteiligungscontrolling erstreckt sich nicht nur auf eine → *Beteiligung* im Sinne von § 271 HGB, sondern auf alle Anteile, die an selbständigen juristischen Einheiten gehalten werden. Die zunehmende Verflechtung der Wirtschaft und die damit einhergehenden Akquisitionen und Verselbständigungen einzelner Unternehmensbereiche haben dazu geführt, dass in fast allen größeren Unternehmen eigene Beteiligungsressorts (z. T. auf Vorstandsebene) eingerichtet wurden. Das Instrumentarium des Beteiligungscontrolling mit einem fest vorgegebenen Berichtsrhythmus und -inhalt erstreckt sich zum einen auf die klassischen bilanzanalytischen Kennzahlen und Kennzahlensysteme und zum anderen auf die Ermittlung von Beteiligungs- bzw. Unternehmenswerten.

▶ Beteiligungserwerb

→ *Akquisition*

▶ Beteiligungsfinanzierung

Finanzierung (→ *Finanzierung*) eines Unternehmens von außen (→ *Außenfinanzierung*) mit Eigenkapital. Beteiligungsfinanzierung kann durch den Eigentümer selbst bei Gründung oder durch Nachschuss von eigenem Kapital, durch eine Ausgabe von Anteilscheinen bei einer → *Kapitalerhöhung* oder durch die Neuaufnahme von Gesellschaftern erfolgen. Die Eigenkapitalüberlassung kann in Form von Sacheinlagen, Geldeinlagen oder durch Überlassung von Rechten erfolgen. Durch die Beteiligungsfinanzierung erwirbt der Kapitalgeber ein Miteigentumsrecht, einen Anspruch auf Gewinn- und Verlustanteil am bilanziellen Substanzwert, den stillen Reserven, dem Firmenwert sowie ein Anteil am Liquidationserlös. Je nach Rechtsform ist mit der Beteiligungsfinanzierung eine Mitwirkung an der Geschäftsführung verbunden. Der jeweilige Grad der Einflussnahme wird typischerweise über die absolute Höhe oder entsprechende Beteiligungsverträge definiert.

▶ Beteiligungsgesellschaft

→ *Kapitalbeteiligungsgesellschaft (KBG)*

▶ Betrieb

Technische, soziale, wirtschaftliche, organisatorische, umweltbezogene und evtl. rechtliche Einheit, die Güter zur Deckung eines Bedarfs erstellt, dazu selbständig Entscheidungen trifft und dafür die Risiken trägt. Dieser traditionelle Betriebsbegriff wird aktuell zunehmend in Frage gestellt. So kann mit zunehmend neuen Organisationsformen (z. B. → *Management-Holding,* → *Gemeinschaftsunternehmen,* → *Strategische Allianz*) häufig nicht mehr von einer organisatorischen oder rechtlichen Einheit eines Betriebes gesprochen werden. Technisch betrachtet befinden sich Fabriken oder Werke oft nicht am selben → *Standort,* um von einer Einheit sprechen zu können. Die soziale Einheit wird durch Arbeitszeitflexibilisierungsmaßnahmen und die zunehmende Selbstbestimmung am Arbeitsplatz bzw. die steigende Zahl von Heimarbeitern ebenfalls aufgehoben. Güter werden häufig nicht für den Bedarf, sondern für einen anonymen, oft nicht einmal vorhandenen → *Markt* produziert und die Selbständigkeit der Entscheidungen in einer Marktwirtschaft kann durch zahlreiche Restriktionen und Rahmenbedingungen von Seiten der Politik eingeengt sein. Das Unternehmensrisiko kann ebenfalls auf mehrere Schultern verteilt oder z. B. per Subventionen abgeschoben werden. Durch die zunehmende Ausweitung der betriebswirtschaftlichen Untersuchungen auch auf öffentliche Unternehmen ist die Abgrenzung zur Haushalts- und Volkswirtschaft ebenfalls nicht mehr eindeutig möglich. Die Zunahme so genannter selbstverwalteter Betriebe, bei denen Vermögensverteilung, Demokratieprinzip, Einheitslohn u. a. Ziele gelten, bringt weiterhin die traditionelle Sicht eines Betriebes durcheinander. Aktuelle Umweltschutzüberlegungen bedürfen ebenfalls einer Modifizierung des traditionellen Betriebsbegriffes. Ein neuer zeitgemäßer Betriebsbegriff ist daher schwierig in einer → *Definition* zu fassen. Interdisziplinäre Überlegungen müssen hier Platz greifen. In jedem Fall ist der Betriebsbegriff von den Begriffen Fabrik, Werk, Geschäft (Handelsgeschäft nach HGB) und → *Firma* abzugrenzen. Um den Betriebsbegriff voll zu erfassen, ist die Einteilung von Betrieben in → *Betriebsarten* hilfreich.

▶ Betriebliche Übung

Kraft betrieblicher Übung, also der tatsächlichen Praxis im konkreten Unternehmen, kann für den Arbeitnehmer ein Vertrauenstatbestand begründet werden, der auf den Vertragsinhalt einwirkt. Auf diese Weise können Gratifikationsansprüche (z. B. „Weihnachtsgeld“) entstehen, die im → *Arbeitsvertrag* nicht vereinbart sind. Voraussetzung ist die wiederholte (mindestens dreimalige) und vorbehaltlose Zahlung der gleichen Gratifikation durch den Arbeitgeber. Die betriebliche Übung kann vom Arbeitgeber wieder geändert oder ganz beseitigt werden.

▶ Betriebsabrechnung

→ *Betriebsabrechnungsbogen (BAB)*, → *Betriebsbuchhaltung*

▶ Betriebsabrechnungsbogen (BAB)

Verfahren im Rahmen der → *Kostenstellenrechnung* zur Umlage von → *Gemeinkosten* auf eine → *Kostenstelle.* Nachdem im ersten Schritt primäre Gemeinkosten verursachungsgerecht ermittelt wurden, sollen sie durch eine innerbetriebliche Leistungsverrechnung von den so genannten Vorkostenstellen auf Endkostenstellen verteilt werden. Dabei lassen sich verschiedene Typen von Leistungsverflechtungen im Betrieb unterscheiden. Bei einer einseitigen und einstufigen Leistungsabgabe an eine Kostenstelle ist z. B. ein Mitarbeiter nur mit der Beschaffung von Material für ein Produkt gleich einer Kostenstelle beschäftigt. Derartige Kosten können im BAB sofort an die die Leistung empfangenden Kostenstellen verteilt werden, während die so nicht direkt zurechenbaren Kosten zunächst bei der Vorkostenstelle bleiben. Erbringt eine Vorkostenstelle an mehrere Kostenstellen eine Leistung, so muss im Wege eines Kostenstellenausgleichs- oder Umlageverfahrens die Verteilung der primären Kosten erfolgen. Häufig wird dieses Umlageverfahren in Form einer Blockumlage (prozentuale Verteilung) der Kosten der Vorkostenstelle entsprechend der Anzahl belieferter Endkostenstellen oder im Wege eines Treppen- bzw. Stufenleiterverfahrens entsprechend ihrer Leistungsinanspruchnahme vorgenommen. Problematisch erweist sich die Verteilung der Gemeinkosten bei gegenseitiger Leistungsabgabe von zwei Kostenstellen. Hier müssen im Rahmen eines Gleichungssystems sämtliche Leistungsverflechtungen bzw. gegenseitige Leistungsbeiträge verrechnet werden. Nachdem sämtliche primäre Gemeinkosten über sekundäre Gemeinkosten auf Haupt- und letztlich Endkostenstellen umgelegt sind, ist eine verursachungsgerechte Verteilung bzw. Verrechnung auf die Kostenträger im Wege der Ermittlung von Zuschlagssätzen vorzunehmen. Um derartige Zuschlagssätze zu ermitteln, sind die Gemeinkosten in Relation zu ihrer jeweiligen Bezugsgröße zu setzen. Dies erfolgt bei den Materialgemeinkosten in Relation zu den Materialeinzelkosten, bei den Fertigungsgemeinkosten in Relation zu den Fertigungslöhnen und bei den Vertriebs- und Verwaltungsgemeinkosten in Relation zu Herstellkosten der abgesetzten Produkte. Sind die Zuschlagssätze ermittelt, so kann im Wege der → *Kostenträgerrechnung* eine stückbezogene sowie periodenbezogene Kalkulation durchgeführt werden (in einem vereinfachten Beispiel eines Betriebsabrechnungsbogens Abbildung B-5). Die Kosten einer mit 10 Mitarbeitern besetzten Kantine werden entsprechend dem Schlüssel der Mitarbeiterzahl in einer Stufe auf die beiden Endkostenstellen Montage und Vertrieb umgelegt und in der Summe mit den Einzelkosten ein Zuschlagssatz ermittelt.

	Kantine	Montage	Vertrieb	Σ
Mitarbeiter	10	20	5	35
Gemeinkosten	10.000,–	180.000,–	20.000,–	210.000,–
Umlage	→	8.000,–	2.000,–	
Kantine $\frac{10.000}{(35-10)} = 400 \times MA$				
Summe Gemeinkosten		188.000,–	22.000,–	210.000,–
+ Einzelkosten		112.000,–	34.000,–	
		300.000,–	58.000,–	
Zuschlagssätze:		168 %	65 %	

Abb. B-5: Beispiel der Verrechnung von Gemeinkosten in einem Betriebsabrechnungsbogen

▶ Betriebsarten

Ein → *Betrieb* deckt durch seine erstellten Güter (→ *Gut*) den Bedarf von Güternachfragern (→ *Bedürfnis*). Je nachdem, ob die Betriebe fremden Bedarf oder Eigenbedarf decken, spricht man von **Unternehmen** oder **Haushalten**. Hinsichtlich der Anteilseigner lassen sich **private** oder öffentliche Betriebe unterscheiden. Je nach Art der erzeugten Leistung können **Sach-** oder **Dienst Leistungsbetriebe** getrennt werden. Volkswirtschaftlich wird in diesem Zusammenhang von primärem, sekundärem und tertiärem Sektor gesprochen. Betriebe lassen sich weiterhin nach der → *Branche*, der → *Rechtsform* oder der Größe (→ *Betriebsgröße, optimale*) einteilen. Größeneinteilungen finden sich erstmals seit dem Bilanzrichtliniengesetz rechtlich geregelt im Handelsgesetzbuch (HGB) zur Bestimmung von Publizitätspflichten. Nach dem vorwiegend eingesetzten Produktionsfaktor lassen sich **personal**- oder **anlagen**- bzw. **kapitalintensive** Betriebe unterscheiden.

▶ Betriebsaufspaltung

Durch Ausgliederung bestimmter betrieblicher Funktionen oder → *Vermögen* entstandene betriebswirtschaftliche Unternehmensgebilde ohne eigene → *Rechtsform*. Wird eine wesentliche Betriebsgrundlage (z. B. das → *Anlagevermögen*) aus einem bestehenden → *Betrieb* in eine Gesellschaft bürgerlichen Rechts oder eine → *Kommanditgesellschaft (KG)* ausgegliedert (= Besitzunternehmen, Besitzpersonengesellschaft), und betreibt eine → *Kapitalgesellschaft* den eigentlichen Geschäftsbetrieb der Unternehmung mittels Anmietung der wesentlichen Betriebsgrundlage (Betriebsunternehmen, Betriebskapitalgesellschaft), liegt steuerrechtlich eine Betriebsaufspaltung vor, wenn die Personen oder Personengruppe sowohl das Besitzunternehmen als auch das Betriebsunternehmen in dem Sinne beherrschen, dass sie in der Lage sind, in beiden Unternehmen einen einheitlichen geschäftlichen Betätigungswillen durchzusetzen. Liegen die zwei Kriterien, personelle und sachliche Verflechtung, vor, ist die Vermietung oder Verpachtung der wesentlichen Betriebsgrundlagen keine Vermögensverwaltung mehr, sondern eine gewerbliche Tätigkeit mit der Folge, dass auch das Besitzunternehmen als → *Gewerbebetrieb* behandelt wird und → *Einkünfte* aus Gewerbebetrieb erzielt.

Die Aufteilung in Besitz- und Betriebsunternehmen ist im Rahmen der echten Betriebsaufspaltung eine typische Art, daneben existiert noch die Aufspaltung in ein Produktions- und Vertriebsunternehmen. Ist bei der Aufspaltung nur eine → *Personengesellschaft* (KG, GmbH u. Co. KG) beteiligt, wird dies auch mitunternehmerische Betriebsaufspaltung genannt, während bei der Aufspaltung nur in Kapitalgesellschaften von kapitalistischer Betriebsaufspaltung gesprochen wird. Insbesondere Haftungsbeschränkungen, Unternehmenskontinuität und Kapitalbeschaffungsmöglichkeiten sind die meistgenannten Gründe für eine Betriebsaufspaltung. Gerade beim Generationenwechsel in mittelständischen Unternehmen bietet sich diese Konstruktion an, um eine Aufsplitterung des → *Betriebsvermögens* zu verhindern.

▶ Betriebsausgaben

Steuerrechtliche im Rahmen der Gewinnermittlung absetzbare Aufwendungen, die durch den → *Betrieb* veranlasst sind. Damit ist der Betriebsausgabenbegriff kausal definiert. Dennoch können nicht alle betrieblich verursachten Aufwendungen abgezogen werden. Wichtige Einschränkungen sind im § 4 V EStG festgelegt. So dürfen Verpflegungsmehraufwendungen nur im Rahmen bestimmter Pauschbeträge steuerlich geltend gemacht werden. Ebenso sind Geschenke an Geschäftspartner im Abzug der Höhe nach begrenzt. Der Katalog der nichtabziehbaren Betriebsausgaben enthält weiterhin Ausgaben, die auch die private Lebensführung des Steuerpflichtigen tangieren könnten, wie Ausgaben für Ferienhäuser, Yachten, Jagden, usw. Grundsätzlich gilt auch, dass Betriebsausgaben vom Abzug ausgeschlossen sind, wenn es keine objektiven Maßstäbe zur Aufteilung der betrieblichen und privaten Veranlassung gibt. Der Betriebsausgabenbegriff zerfällt je nach Gewinnermittlungsart in zwei Kategorien. Beim → *Betriebsvermögensvergleich* werden unter Betriebsausgabe Aufwendungen verstanden, die der abzurechnenden Periode zuzurechnen sind, unabhängig davon, wann sie zahlungswirksam werden. Bei der → *Einnahmen-Ausgaben-Überschuss-*

rechnung sind Betriebsausgaben mit → *Auszahlung*/→ *Ausgabe* gleichzusetzen, d. h. es gilt das Abflussprinzip des § 11 EStG. Es werden als Betriebsausgaben nur Auszahlungen/Ausgaben berücksichtigt, die dem Grunde und dem Zahlungszeitpunkt nach in der Abrechnungsperiode angefallen sind. Einige Ausnahmen gibt es für regelmäßig wiederkehrende Zahlungen, die kurze Zeit (bis 10 Tage) nach Ende der Abrechnungsperiode angefallen sind. Im Rahmen der → *Körperschaftsteuer* gelten grundsätzlich dieselben Regeln wie für die → *Einkommensteuer.* Allerdings gibt es eine eigene Vorschrift über die nichtabzugsfähigen Betriebsausgaben. Hier fällt insbesondere auf, dass die Hälfte der Vergütungen an Aufsichtsrat oder Beirat vom steuerlichen Abzug ausgeschlossen ist. Dies ist deshalb unsystematisch, da der → *Aufsichtsrat* oder Beirat die volle Höhe seiner Vergütung als → *Einkünfte* aus selbständiger Tätigkeit versteuern muss.

▶ Betriebsbuchhaltung

Teil der → *Buchhaltung,* der den Leistungserstellungsprozess einer Unternehmung abbildet und hierbei – im Gegensatz zur Finanzbuchhaltung – nicht an Zahlungsvorgänge bzw. deren Verrechnung in Form von → *Aufwand* und → *Ertrag* gebunden ist, sondern losgelöst hiervon den bewerteten leistungsbezogenen Güterverbrauch erfasst. Die in der Betriebsbuchhaltung errechnete Erfolgsgröße wird als → *Betriebsergebnis* bezeichnet. Es stellt die Differenz der Leistungen abzüglich der Kosten dar. Die zahlenmäßige Erfassung des Leistungsprozesses in der Betriebsbuchhaltung erfolgt in drei Rechenwerken, der → *Kostenartenrechnung,* der → *Kostenstellenrechnung* und der → *Kostenträgerrechnung.* Zwischen der Betriebsbuchhaltung und der Finanzbuchhaltung bestehen enge Wechselbeziehungen. In der Buchhaltung erfolgt die Verknüpfung in Form des sog. **Einkreissystems** (z. B. gemäß dem Gemeinschaftskontenrahmen) oder eines sog. **Zweikreissystems** (z. B. gemäß dem Industriekontenrahmen). Daneben werden häufig außerhalb der Buchhaltung, z. B. für planerische Zwecke, Überleitungsrechnungen zwischen dem Betriebsergebnis und Jahresüberschuss/-fehlbetrag erstellt.

▶ Betriebsdatenerfassung

Im Rahmen der → *Produktion* bzw. Produktionsplanung und Steuerung gesammelte, gespeicherte, aktualisierte und ausgewertete auftragsbezogene (z. B. Produktionszeit), maschinenbezogene (z. B. Unterbrechungszeit), mitarbeiterbezogene (z. B. Anwesenheitszeit) sowie materialbezogene (z. B. Materialverbrauch) Daten. Diese bilden die Grundlagen für ein → *Produktionsplanungs- und Steuerungssystem (PPS).*

▶ Betriebseinnahmen

Positive Rechengröße im Rahmen der Gewinnermittlung. Diese müssen nicht in Geld bestehen, vielmehr sind auch Sachleistungen als (Betriebs-) → *Einnahme* gemäß § 8 EStG anzusetzen. Sie sind dann mit dem ortsüblichen → *Preis* anzusetzen. So wie bei den → *Betriebsausgaben* zerfällt auch der Betriebseinnahmenbegriff in zwei Kategorien. Beim → *Betriebsvermögensvergleich* werden unter Betriebseinnahmen Erträge verstanden, die der abzurechnenden Periode zuzurechnen sind, unabhängig davon, wann sie zahlungswirksam werden. Bei der → *Einnahmen-Ausgaben-Überschussrechnung* sind Betriebseinnahmen mit → *Einzahlung* gleichzusetzen, d. h. es gilt das Zuflussprinzip des § 11 EStG. Es werden als Betriebseinnahmen nur Einzahlungen berücksichtigt, die dem Grunde und dem Zahlungszeitpunkt nach in der Abrechnungsperiode angefallen sind. Einige Ausnahmen gibt es für regelmäßig wiederkehrende Zahlungen, die kurze Zeit (bis 10 Tage) nach Ende der Abrechnungsperiode angefallen sind.

▶ Betriebseinnahmen/-ausgaben-Überschussrechnung

→ *Einnahmen-/Ausgaben-Überschussrechnung*

▶ Betriebsergebnis

Erfolgsgröße in der Betriebsergebnisrechnung, die in der Regel nicht mit dem handelsrechtlichen Ergebnis der Finanzbuchhaltung, dem Jahresüberschuss bzw. -fehlbetrag, übereinstimmt, da bei der Ermittlung des Betriebsergebnisses bestimmte Kostenbestandteile verrechnet werden, die in der handelsrechtlichen Rechnungslegung nicht (z. B. die kalkulatorischen Zinsen auf das eigenfinanzierte betriebsnotwendige Kapital) oder nicht in gleicher Höhe (z. B. die kalkulatorischen Abschreibungen auf Basis von Wiederbeschaffungswerten) angesetzt werden. Das Betriebsergebnis stellt in der Regel eine **unternehmensinterne** Größe dar, die nicht veröffentlicht wird. Soweit in der handelsrechtlichen GuV eine → *Erfolgsspaltung* in ein „Betriebliches Ergebnis“ und ein „Finanzergebnis“ erfolgt, ist das ausgewiesene betriebliche Ergebnis nicht identisch mit dem internen auf Basis von kalkulatorischen Größen ermittelten Betriebsergebnis, wenngleich von manchen Unternehmen auch in der externen GuV die Bezeichnung „Betriebsergebnis“ verwendet wird.

▶ Betriebsergebnisrechnung

→ *Betriebsergebnis*, → *Kurzfristige Erfolgsrechnung*

▶ Betriebsgesellschaft

→ *Doppelgesellschaft*

▶ Betriebsgröße, optimale

Zur Beurteilung der Größe eines Betriebes können zahlreiche Kriterien (z. B. → *Umsatz*, Beschäftigtenzahl, regionale Ausdehnung, Bilanzsumme oder Ausbringungsmenge) verwendet werden. Seit dem Bilanzrichtliniengesetz v. 1985 wird im → *Handelsgesetzbuch (HGB)* (§ 267 HGB) in kleine, mittelgroße und große Kapitalgesellschaften unterschieden. Eine betriebswirtschaftliche Einteilung der Unternehmensgrößen ist schwer möglich, ebenso eine Aussage zur optimalen Betriebsgröße. Derartige Überlegungen wurden in den sechziger Jahren i. R. der Betriebswirtschaftslehre ergebnislos angestellt. Durch die aktuelle „Ökologisierung“ der Betriebswirtschaftslehre wird zunehmend eine erneute Diskussion über die optimale Betriebsgröße i. S. einer ressourcenschonenden oder flächennutzungsminimierenden Betriebsgröße gefordert. Personalorientiert könnte eine optimale Betriebsgröße definiert werden als diejenige Größe, welche die Mitarbeiterkommunikation und -identifikation maximal ermöglicht.

▶ Betriebsklima

Ausdruck für die → *Motivation* und → *Kommunikation* der Mitarbeiter in einem Betrieb, beeinflusst durch die vorliegenden Arbeitsbedingungen. Da umfassende Untersuchungen zu Motivations- und Kommunikationsbeziehungen in Gesamtbetrieben schwer möglich sind, werden neuerdings so genannte Klimazonen, d. h. Elemente des Gesamtbetriebsklimas, untersucht. Einteilungskriterien dieser Klimazonen können organisatorische oder räumliche Aufgabenteilungen im Betrieb sein (→ *Aufgabenanalyse*). Einige wesentliche Einflussgrößen auf das Betriebsklima sind die → *Unternehmensphilosophie*, der → *Führungsstil* und die → *Aufbauorganisation.* Neuerdings wurde für ein schlechtes Betriebsklima, hervorgerufen durch Belästigungen am Arbeitsplatz, der Begriff → *Mobbing* geprägt.

▶ Betriebsmittel

→ *Produktionsfaktoren (nach Gutenberg)*

▶ Betriebsnotwendiges Kapital

Kapitalbetrag, der im leistungswirtschaftlichen (betrieblichen) Bereich eines Unternehmens gebunden ist. Er ergibt sich aus der Differenz des betriebsnotwendigen (betriebsbedingten) Vermögens abzüglich der zinslos zur Verfügung stehenden Mittel, wie erhaltene Anzahlungen und Verbindlichkeiten aus Lieferungen und Leistungen. Zum betriebsnotwendigen Vermögen zählen sämtliche Vermögensgegenstände, die zur Aufrechterhaltung des Betriebszweckes erforderlich sind. Nicht zu berücksichtigen sind also stillgelegte Anlagen, Wertpapiere und dergleichen. Für den externen Analytiker wird folgendes Ermittlungsschema vorgeschlagen:

Gesamtes Vermögen lt. Bilanz
./. Finanzanlagen
./. Sonstige Vermögensgegenstände
./. Wertpapiere des Umlaufvermögens
= Betriebsnotwendiges Vermögen

Für interne Zwecke können differenzierte Betrachtungen erfolgen. In manchen Unternehmen wird das betriebsnotwendige Vermögen auf Basis von Zeitwerten bzw. Restbuchwerten auf Basis der kalkulatorischen Abschreibung ermittelt. Andere Unternehmen wiederum berechnen durchschnittlich gebundene Werte, zum Beispiel beim Anlagevermögen die Hälfte der Wiederbeschaffungskosten. Das betriebsnotwendige Vermögen bildet die Bezugsgröße für die Berechnung der Renditekennzahl → *Return on Investment (RoI)*.

▶ Betriebsnotwendiges Vermögen

→ *Betriebsnotwendiges Kapital*

▶ Betriebsprüfung

→ *Außenprüfung*

▶ Betriebsrat

Nach dem → *Betriebsverfassungsgesetz* (BetrVG) zuständiges Vertretungsorgan der → *Arbeitnehmer* in Fragen der betrieblichen → *Mitbestimmung*. Der Betriebsrat stellt den oder die gewählten Repräsentanten der Arbeitnehmer eines Betriebes dar. Er übt seine gesetzlichen Rechte i. S. eines privatrechtlichen Amtes aus, d. h. er handelt in eigenem Namen und nicht als Vertreter im Namen der Arbeitnehmer, so dass er an Weisungen einzelner Arbeitnehmer oder der → *Betriebsversammlung* nicht gebunden ist. Die Aufgabenerfüllung des Betriebsrates soll gem. BetrVG in einer „vertrauensvollen Zusammenarbeit zum Arbeitgeber und zum gesamtbetrieblichen Wohl" sowie „der Pflicht zur Gleichbehandlung aller Betriebsangehörigen" erfolgen. Voraussetzung zur Wahl eines Betriebsrates für vier Jahre i. R. einer Betriebsversammlung gem. §§ 1 ff. BetrVG ist, dass ein Betrieb mindestens fünf wahlberechtigte Arbeitnehmer im Alter von mindestens 18 Jahren in ständiger Beschäftigung hat, von denen mindestens drei wählbar sind. Ein Zwang zur Wahl eines Betriebsrates besteht nicht. Seine Hauptaufgaben erstrecken sich auf die Überwachung von Tarifverträgen (Lohn- und Gehaltsfragen), Betriebsvereinbarungen (Urlaub, Entlassungen), den Mitbestimmungsrechten der Mitarbeiter sowie den Arbeitszeit- und Kündigungsschutzbestimmungen. Das BetrVG regelt detailliert die Art, Zusammensetzung, Freistellungsmöglichkeiten, Informations- und Mitspracherechte des Betriebsrates. Privatrechtliche Zusatzvereinbarungen über umfassendere Mitwirkungsrechte können zwischen Betriebsrat und Arbeitgeber vereinbart werden (Betriebsvereinbarung). Besteht ein Betrieb aus mehreren Unternehmen, so muss nach § 47 BetrVG ein Gesamtbetriebsrat gebildet werden, der sich aus Mitgliedern der einzelnen Betriebsräte zusammensetzt. Analoges gilt gem. § 54 BetrVG bei Konzernen (Konzern-Betriebsrat). Hat ein Unternehmen mit Sitz innerhalb der EU mindestens zwei Unternehmen in verschiedenen Mitgliedstaaten mit einer bestimmten Mitarbeiterzahl gemäß EU-Verordnung, so muss es einen so genannten Euro-Betriebsrat bilden.

▶ Betriebsrentenstärkungsgesetz

Ein sog. „Omnibusgesetz", dessen Regelungen in eine Vielzahl von bestehenden Gesetzen eingreifen zur Verbesserung der Rahmenbedingungen zur betrieblichen Altersvorsorge. Insbesondere folgende Verbesserungen sind ab 1.1.2018 in Kraft:

- Verbesserung der Beitragszusagen bei Entgeltumwandlung durch Einbeziehung des vom Arbeitgeber eingesparten Sozialversicherungsbeitrags
- Erhöhung des steuerfreien Höchstbetrags der Umwandlung auf 8 % der Beitragsbemessungsgrenze der Rentenversicherung
- Erhöhter Förderbetrag für Geringverdiener bei monatlichen Einkommen bis 2.000 €
- Erhöhung der Zulagen bei der Riester-Rente

▶ Betriebsstoffe

→ *Produktionsfaktoren (nach Gutenberg)*

▶ Betriebsübergang

Geht ein Betrieb oder Betriebsteil durch ein Rechtsgeschäft auf einen anderen Inhaber über, so tritt dieser in die bestehenden Arbeitsverhältnisse ein (§ 613 a BGB). Der neue Inhaber erhält die Stellung des Arbeitgebers. Nur in Grenzen haftet der alte Inhaber als bisheriger Arbeitgeber (§ 613a II BGB). Eine → *Kündigung* des Arbeitsverhältnisses durch den alten oder neuen Arbeitgeber aus Anlass des Betriebsübergangs ist unwirksam (§ 613 a IV BGB).

▶ Betriebsvereinbarung

Schriftliche Vereinbarungen zwischen Geschäftsleitung (→ *Führung*) und → *Betriebsrat* über gegenseitige Rechte und Pflichten, die über den → *Tarifvertrag* hinausgehen (§ 77 II, IV BetrVG). Häufiger Gegenstand von Betriebsvereinbarungen sind Regelungen zur → *Arbeitszeit* und Fragen der betrieblichen → *Mitbestimmung*. Die Betriebsvereinbarung gilt gegenüber jedem Arbeitnehmer eines Betriebes, unabhängig von seiner gewerkschaftlichen Mitgliedschaft, darf jedoch keine Elemente enthalten, die üblicherweise im Tarifvertrag geregelt sind. Dies gilt nicht für leitende Angestellte. Auf einen Tarifvertrag kann sich hingegen nur ein Arbeitnehmer berufen, der gewerkschaftlich organisiert ist. Abweichungen von einer Betriebsvereinbarungsvorschrift sind nur zulässig, wenn die Regelung sachlogisch auf den einzelnen Mitarbeiter bezogen werden kann und die paritätischen Mitbestimmungsrechte des Betriebsrats gem. § 87 I BetrVG nicht unterläuft.

▶ Betriebsverfassungsgesetz (BetrVG)

Gesetz von 1952, maßgeblich erweitert am 15. 1. 1972 und zuletzt am 1.4. 2017 novelliert, das die Informations-, Mitwirkungs- und Mitbestimmungsrechte der Arbeitnehmer für Betriebe der Privatwirtschaft mit mehr als fünf ständigen, zur Wahl des Betriebsrates berechtigten Mitarbeitern, bzw. in der Landwirtschaft mit mehr als 10 Mitarbeitern, regelt. Zuständiges Vertretungsorgan der Arbeitnehmer ist nach BetrVG der Betriebsrat. Dieser hat nach BetrVG zahlreiche Mitwirkungs- und Einspracherechte bei betrieblichen

Entscheidungen (z. B. Arbeits- und Umweltschutz, Arbeitsplatzgestaltung, Aus- und Weiterbildungsmaßnahmen, Gehaltsfragen, Kündigungen und Versetzungen). Der Betriebsrat ist bei Unternehmen mit mehr als 200 Beschäftigten für seine Betriebsratsarbeit freizustellen. Neben dem Betriebsrat hat das BetrVG im Interesse einer umfassenden Vertretung der Arbeitnehmer weitere Gremien geschaffen. Dies sind die → *Betriebsversammlung,* welche mindestens einmal im Vierteljahr zur Information der Arbeitnehmer einzuberufen ist, der Jugendausschuss für spezielle Angelegenheiten von jugendlichen Mitarbeitern, der Wirtschaftsausschuss, der in Betrieben ab 100 ständig beschäftigten Arbeitnehmern vom Betriebsrat zu bilden ist, und die Einigungsstelle, die als Schlichtungsstelle, paritätisch besetzt aus Arbeitnehmern und Arbeitgebervertretern, bei Meinungsverschiedenheiten in Erscheinung tritt.

Nach dem BetrVG ist für die Arbeitnehmer in den Aufsichtsräten regelmäßig eine Drittelparität, d. h. ein Drittel der Stimmen und Sitze, vorgesehen. Damit diese Drittelparität in jedem Fall eingehalten werden kann, sehen Spezialgesetze (z. B. § 95 AktG) eine aus mindestens drei Mitgliedern bestehende oder durch drei teilbare Anzahl von Aufsichtsratsmandaten vor. Besondere Vorschriften gelten nach BetrVG für Betriebe in der Rechtsform des → *Versicherungsvereines auf Gegenseitigkeit (VVaG),* für Erwerbs- und Wirtschaftsgenossenschaften (→ *Genossenschaft, eingetragene (eG)*) mit mehr als 500 Mitarbeitern sowie für Konzerne (§§ 77 ff. BetrVG). Interessanterweise besteht keine Unternehmensmitbestimmung für Religionsgemeinschaften und ihre karitativen und erzieherischen Einrichtungen unbeschadet ihrer → *Rechtsform* (§ 81 BetrVG).

▶ Betriebsvergleich

Vergleichende Beurteilung von Unternehmen oder Unternehmensteilen auf Basis von → *Kennzahlen.* Der **externe** Betriebsvergleich ist insbesondere relevant, um die relative Wettbewerbsposition eines Unternehmens abschätzen zu können. Hierzu werden u. a. von Branchenverbänden für deren Mitglieder sog. Betriebsvergleiche durchgeführt und daraus typische Branchenwerte (Durchschnittswerte) abgeleitet. Die Problematik der Betriebsvergleiche liegt vor allem in den

Unterschieden in der Betriebsgröße, der Rechtsform, dem Standort und der Kundenstruktur. Darüber hinaus erfolgen **unternehmensinterne** Betriebsvergleiche, z. B. im Rahmen des → *Beteiligungscontrolling* oder der Berichterstattung über einzelne Geschäftsfelder (→ *Segmentberichterstattung*), um die optimale Allokation der finanziellen Mittel innerhalb des Unternehmens sicherzustellen.

▶ Betriebsvermögen

Abgrenzung zum Privatvermögen, wenn es um die steuerliche Zuordnung von Wirtschaftsgütern geht. Weiterhin Maßgröße im Rahmen des → *Betriebsvermögensvergleichs* und der Vermögensaufstellung. In der ersten Begriffsverwendung kommt es für die Berücksichtigung der mit dem Wirtschaftsgut entstehenden → *Einnahme* und → *Ausgabe* entscheidend auf die Zuordnung zur Vermögenssphäre an. Wird ein Wirtschaftsgut dem Betriebsvermögen zugerechnet, können Aufwendungen, die mit diesem Wirtschaftsgut zusammenhängen, steuerlich geltend gemacht werden. Ebenso sind Veräußerungsgewinne und -verluste steuerlich relevant. In der zweiten Begriffsverwendung wird das Betriebsvermögen als Residualgröße aus der Differenz von → *Vermögen* und → *Schulden* im bilanztechnischen Sinne (→ *Bilanz*) verstanden. Es handelt sich also um eine Art Eigenkapitalgröße, die auch als Reinvermögen bezeichnet wird. Dabei unterscheidet sich nochmals die ertragsteuerliche und bewertungsrechtliche Verwendung.

▶ Betriebsvermögensbewertung

Zentrale Bewertungsvorschrift für ertragsteuerliche Zwecke gem. § 6 EStG. Zentrale Werte sind hier die Anschaffungskosten (→ *Anschaffungskosten, handelsrechtliche*), die → *Herstellungskosten* und der → *Teilwert.* Sofern ein Steuerpflichtiger bereits nach handelsrechtlichen Grundsätzen zur Erstellung eines → *Jahresabschlusses* verpflichtet ist, sind die handelsrechtlichen Bewertungsansätze über die Maßgeblichkeit auch für steuerrechtliche Zwecke bindend. Im Rahmen der Einheitsbewertung für → *Betriebsvermögen* enthalten die §§ 9 ff. BewG die wertbestimmenden Vorschriften. Bewertungsgrundsatz ist hierbei der → *Gemeine Wert.*

▶ Betriebsvermögensvergleich

Vergleich der Werte des → *Betriebsvermögens* zu zwei festgelegten Zeitpunkten (Ende der Periode t, Ende der Periode t –1) für den zu versteuernden → *Gewinn* eines Unternehmens. Da hierbei das Betriebsvermögen zu einem bestimmten Stichtag ermittelt wird, wird häufig auch der Begriff Bestandsvergleich verwendet.

▶ Betriebsversammlung

Vom → *Betriebsverfassungsgesetz* (BetrVG) vorgesehenes Organ der → *Mitbestimmung* in Unternehmen. Die Betriebsversammlung umfasst alle Arbeitnehmer eines Betriebes und hat lediglich passive Informationsrechte (§§ 41 ff. BetrVG). Sie kann aus zeitlichen Gründen durch Teilversammlungen sowie aus organisatorischen oder räumlichen Gründen durch Abteilungsversammlungen ersetzt werden. Der → *Betriebsrat* ist für deren Einberufung zuständig.

▶ Betriebswirtschaftslehre

Teil der → *Wirtschaftswissenschaft*, der sich mit dem „mikroökonomischen" Verhalten von Menschen in Betrieben beschäftigt. Der Erfahrungsgegenstand der Betriebswirtschaftslehre ist der → *Betrieb* und die → *Betriebsarten*, der Erkenntnisgegenstand der Betriebswirtschaftslehre ist das → *Ökonomische Prinzip*, d. h. das Wirtschaftlichkeitsprinzip. Dieses Wirtschaftlichkeitsprinzip hat sich im Zeitablauf in Abhängigkeit von den unterschiedlichen Ansätzen der Betriebswirtschaftslehre fortentwickelt. Die Volkswirtschaftslehre beschäftigt sich dagegen mit einem ganzen → *Wirtschaftssystem*, d. h. mit dem makroökonomischen Verhalten von Betrieben. Die Betriebswirtschaftslehre kann in eine Allgemeine und eine Spezielle Betriebswirtschaftslehre unterschieden werden. Hier handelt es sich entweder um Themen, die für jeden Betrieb relevant sind, oder um Themen, welche sich nur auf einen einzelnen → *Funktionsbereich* (z. B. Beschaffungslehre) oder → *Branche* bzw. Institution (z. B. Bankbetriebslehre) beziehen.

▶ Betrug

Durch Täuschung verursachte Schädigung eines Vermögens, wodurch sich der Täter zu Unrecht bereichern will (§ 263 StGB). Die Täuschungshandlung beruht auf einem bewusst herbeigeführten Irrtum (→ *Anfechtung*).

▶ Beurkundung

→ *Notarielle Beurkundung*

▶ BewDV

→ *Steuerdurchführungsverordnung*

▶ Bewegungsbilanz

Veränderungsrechnung im Rahmen der Bilanzanalyse, die auf dem Gedankengut der dynamischen Bilanzauffassung (→ *Bilanztheorie, dynamische*) basiert, wonach die → *Bilanz* dem Wesen nach eine Einnahmen-Ausgaben-Rechnung darstellt, so dass Bestandsveränderungen sich als Herkunft oder Verbleib von Finanzierungsmitteln auffassen lassen. Zur Aufstellung einer Bewegungsbilanz sind in einem ersten Schritt die Differenzen der einzelnen Bilanzposten zwischen dem Anfangsbestand und dem Endbestand zu ermitteln (= Bestandsdifferenzenbilanz), danach in einem zweiten Schritt die „Mittelverwendung", d. h. die Zugänge der Aktiva und die Abgänge der Passiva, und andererseits die „Mittelherkunft", d. h. die Zugänge der Passiva und die Abgänge der Aktiva, gegenüberzustellen (Abbildung B-6).

Der analytische Aussagegehalt der Bewegungsbilanz ist insofern stark eingeschränkt, als eine so definierte Mittelherkunft und -verwendung häufig auf reinen Bewertungsvorgängen, z. B. einer Zuschreibung im Anlagevermögen, basiert und daher keine zuverlässigen Aussagen zur Liquiditätsentwicklung ermöglicht. Diesen Mangel versucht die → *Kapitalflussrechnung* zu beseitigen, die nicht an bilanziellen Bestandsveränderungen anknüpft, sondern an liquiditätswirksamen Veränderungen.

Mittelverwendung	Mio. €	Mittelherkunft	Mio. €
Zugänge der Aktiva		Zugänge der Passiva	
1. Anlagevermögen	200	1. Rücklagen	100
2. Umlaufvermögen		2. Rückstellungen	200
– Fertige und unfertige Erzeugnisse	150		
– Kasse	50		
Abgänge der Passiva		Abgänge der Aktiva	
1. Darlehen	20	1. Roh-, Hilfs- und Betriebsstoffe	100
2. Verbindlichkeiten aus Lieferungen und Leistungen	30	2. Forderungen	50
	450		450

Abb. B-6: Beispiel einer Bewegungsbilanz

▶ Beweislastumkehr

Abweichung von dem üblichen Umstand, dass ein Anspruchssteller (Kläger) einen anspruchsbegründenden Umstand zu beweisen hat, sondern sein Fehlen vom Anspruchsgegner (Beklagten) darzulegen ist. Diese Beweislastumkehr tritt zum Beispiel beim Verbrauchsgüterkauf in den ersten 6 Monaten nach Gefahrenübergang auf. In diesem Zeitraum wird beim Auftreten eines Fehlers zugunsten des Käufers vermutet, dass der Fehler bereits bei Lieferung der Kaufsache vorhanden war (§ 476 BGB). Der Gegenbeweis obliegt dann dem Verkäufer.

▶ Bewertung

(1) Beurteilung von Alternativen im Rahmen der unternehmerischen Entscheidungsfindung, vor allem der → *Planung*.

(2) Festlegung des Preises, der einer Sache, einer Dienstleistung oder einem Verfahren zuzuordnen ist. Als Wertmaßstäbe kommen **objektivierte Werte** in Form von Marktpreisen oder, soweit diese nicht vorhanden sind, Näherungswerte (→ *Beizulegender Wert*) in Frage.

Objektivierte Werte sind insbesondere bei der Bewertung in der → *Handelsbilanz* und → *Steuerbilanz* relevant, um vergleichbare Rechnungs- und Besteuerungsgrundlagen zu gewährleisten. Während die → *Bilanzierung* die Fragen des **Bilanzansatzes** als solchem regelt, wird im Rahmen der Bewertung die **Höhe** der ausgewiesenen Abschlussposten bestimmt. Das HGB enthält → *Bewertungswahlrechte*, -verbote und -gebote.

Bei der **subjektiven Bewertung** wird den einzelnen Sachverhalten ein individueller Preis beigemessen, z. B. ein Entscheidungswert (Grenzpreis) im Rahmen von Kaufpreisverhandlungen über ein Unternehmen oder eine Beteiligung. Auf unternehmensindividuellen Festlegungen basieren auch → *Verrechnungspreise* im Rahmen der innerbetrieblichen Leistungsbeziehungen.

▶ Bewertung des Anlagevermögens

→ *Anlagevermögen*

▶ Bewertung des Umlaufvermögens

→ *Umlaufvermögen*

▶ Bewertungsdurchführungsverordnung

→ *Steuerdurchführungsverordnung*

▶ Bewertungsgesetz (BewG)

Gesetz zur Regelung der → *Bewertung* einzelner Wirtschaftsgüter (z. B. Wertpapiere, Grund und Boden) und Einheiten von Wirtschaftsgütern (z. B. Betriebsvermögen) für alle öffentlich-rechtlichen Abgaben, die durch Bundesrecht geregelt sind, soweit in den anderen Steuergesetzen nicht besondere Bewertungsvorschriften enthalten sind. Somit führt das Bewertungsgesetz nicht direkt zu einer → *Steuerschuld*, vielmehr enthält es Regelungen, wie das Steuerobjekt zu bewerten ist, es legt also den Grundstein für die → *Steuerbemessungsgrundlage*. Bedeutend sind die Regelungen des Bewertungsgesetzes insbesondere dort, wo der → *Einheitswert* oder sonstige besondere Werte als Bemessungsgrundlage für → *Steuern* dienen. Aber auch für ertragsteuerliche Zwecke finden sich im Bewertungsgesetz Regelungen hinsichtlich der Bewertung von wiederkehrenden Nutzungen und Leistungen oder einer → *Rente.* Es gibt bei den → *Ertragsteuern* zwar Bewertungsspezialnormen (§ 6 EStG), aber in den Fällen, in denen diese Spezialnorm keine Aussagen macht, greifen dann die Regelungen des Bewertungsgesetzes.

▶ Bewertungsgrundsätze

Im Handelsrecht in § 252 HGB kodifizierte allgemeine Grundsätze, von denen nur in begründeten Ausnahmefällen abgewichen werden kann. Diese allgemeinen Grundsätze gehören zu den → *Grundsätzen ordnungsmäßiger Buchführung (GoB),* wenngleich der Inhalt und Umfang der GoB weitergehend ist. Zu den allgemeinen Bewertungsgrundsätzen nach § 252 HGB gehören:

(1) **Grundsatz der Bilanzidentität**, der besagt, dass die Wertansätze der Positionen der Schlussbilanz mit denen der Eröffnungsbilanz des Folgejahres übereinstimmen müssen, der Grundsatz wird in erweiterter Form auch als → *Grundsatz der formellen Bilanzkontinuität* bezeichnet.

(2) **Going-Concern-Prinzip**, wonach bei der Festlegung der Wertansätze von der Fortführung der Unternehmenstätigkeit auszugehen ist.

(3) **Grundsatz der Einzelbewertung**, gemäß dem alle Vermögensgegenstände und Schulden einzeln zu bewerten sind.

(4) **Grundsatz der Vorsicht** und das damit zusammenhängende **Realisationsprinzip**. Das Vorsichtsprinzip verlangt, dass alle vorhersehbaren Risiken und Verluste berücksichtigt werden, auch wenn diese am Abschlussstichtag noch nicht eingetreten sind. Dagegen sind nach dem Realisationsprinzip Gewinne erst dann zu erfassen, wenn sie realisiert sind. Diese ungleiche (imparitätische) Behandlung von Gewinnen und Verlusten im Hinblick auf den Realisationszeitpunkt wird als → *Imparitätsprinzip* bezeichnet (→ *Grundsatz der Vorsicht,* → *Realisationsprinzip*).

(5) **Grundsatz der Periodenabgrenzung**, wonach → *Aufwand* und → *Ertrag* die Rechenelemente der handelsrechtlichen Rechnungslegung bilden und nicht etwa Auszahlungen und Einzahlungen.

(6) **Grundsatz der Stetigkeit**, der verlangt, dass die im vorhergehenden Jahresabschluss angewandten Bilanzierungs- und Bewertungsmethoden unverändert beibehalten werden.

▶ Bewertungsmaßstäbe

Normen zur Festlegung der betragsmäßigen Höhe (→ *Bewertung*), mit der ein wirtschaftlicher Sachverhalt sich im → *Rechnungswesen* niederschlägt. Die Bewertungsmaßstäbe bzw. -kategorien sind dabei im Handels- und Steuerrecht nur zum Teil identisch. Im Steuerrecht enthält das → *Bewertungsgesetz (BewG)* insbesondere die für die Ermittlung der → *Substanzsteuern* relevanten Bewertungsmaßstäbe (u. a. → *Einheitswert* und → *Gemeiner Wert* sowie dessen Ausprägungen in Form des Teilwertes, Nennwertes, Kapitalwertes und Ertragswertes), während das → *Einkommensteuergesetz* die Bewertungskategorien Anschaffungskosten (ggf. vermindert um → *Absetzung für Abnutzung (AfA)*), → *Herstellungskosten* und → *Teilwert* sowie hilfsweise die weiteren Kategorien des Bewertungsgesetzes kennt.

Im Handelsrecht sind neben den Bewertungsmaßstäben Anschaffungskosten (ggf. vermindert um → *Abschreibung*) und Herstellungskosten weitere spezifische Wertkategorien je nach Bilanzposition relevant, d. h. für das → *Umlaufvermögen* vor allem Börsen- oder Marktpreise oder eventuell ein → *Beizulegender Wert* sowie für bestimmte → *Forderungen* und Rentenverpflichtungen der → *Barwert* und für → *Rückstellungen* ein nach vernünftiger kaufmännischer Beurteilung sich ergebender notwendiger Erfüllungsbetrag. Anstelle einer Einzelbewertung sind unter bestimmten Voraussetzungen auch → *Sammelbewertungsverfahren* zugelassen. Nach IFRS und US-GAAP ist neben den Anschaffungs- und Herstellungskosten vor allem der Fair Value relevant, der je nach Bilanzposition und Sachverhalt auch dann anzusetzen ist, wenn er über den Anschaffungs- bzw. Herstellungskosten liegt, während nach HGB die Anschaffungs- bzw. Herstellungskosten die Wertobergrenze bilden.

▶ Bewertungswahlrechte

Gesetzlich zulässige Entscheidungsspielräume, die die Bewertung der Vermögensgegenstände und Schulden mit unterschiedlich hohen Werten zulassen. Ihre zweckentsprechende Ausübung stellt zusammen mit den Bilanzierungswahlrechten ein Instrument der → *Bilanzpolitik* dar. Zu wesentlichen im HGB explizit genannten Bewertungswahlrechten (Abbildung B-7). Darüber hinaus bestehen eine Reihe von Ermessensspielräumen (sog. Implizite Wahlrechte) bei der Wertermittlung. Hierzu zählen z. B. die Bestimmung von Nutzungsdauern oder die Ermittlung des Erfüllungsbetrags von Rückstellungen. Dieser Betrag ist nicht objektivierbar. Nach IFRS und vor allem nach US-GAAP bestehen insgesamt betrachtet weniger explizite Bewertungswahlrechte, d. h. die Höhe der Wertansätze ist insofern eindeutiger definiert. Allerdings ergeben sich auch nach IFRS und US-GAAP umfangreiche Ermessensspielräume.

Bewertungssachverhalt	Bewertungswahlrechte
Herstellungskostenermittlung (§ 255 II HGB)	Einbeziehungswahlrecht für – Allgemeine Verwaltungskosten – Aufwendungen für betriebliche Altersversorgung sowie soziale Einrichtungen und Leistungen
Anschaffungskostenermittlung (§ 255 I HGB)	Alternativ je nach Sachverhalt möglich: – Einzelbewertung – Durchschnittsmethode – Verbrauchsfolgemethode – Festwertmethode – Gruppenbewertung
Pensionsrückstellungsberechnung (§ 253 I. u. II HGB)	– Wahlrecht bzgl. der versicherungsmathematischen Methode – Wahlrecht zur Pauschalierung der Restlaufzeit (15 Jahre) bei der Bestimmung des Zinssatzes

Abb. B-7: Wesentliche Bewertungswahlrechte nach HGB

▶ BewG

→ *Bewertungsgesetz (BewG)*

▶ Bezogener

Auf einem → *Wechsel* genannte zahlungspflichtige Person. Durch die Anerkennung der Wechselschuld in Form eines Akzeptes, d. h. einer namentlichen Unterschrift auf der Wechselurkunde, anerkennt der Bezogene seine Zahlungsverpflichtung an und ebenfalls den im Wechsel genannten Zahlungs- bzw. Verfalltag des Wechsels.

▶ Bezugsrecht

Bei einer ordentlichen Kapitalerhöhung (→ *Kapitalerhöhung, ordentliche*) nach § 182 AktG würden die Altaktionäre durch die Ausgabe neuer Aktien bei sinkendem Börsenkurs und einen sinkenden Einfluss auf Hauptversammlungsbeschlüsse durch die Zunahme der Stimmrechte Vermögensnachteile erleiden, wenn die AG nicht verpflichtet wäre, den Altaktionären ein Recht auf Bezug der jungen Aktien einzuräumen (§ 186 AktG).

Abb. B-8: Beispiel für eine Kapitalerhöhung

BEISPIEL: Eine Aktiengesellschaft mit 1 Mio. € Grundkapital (GK) und 500 000 € Rücklagen (KRL) hätte Aktien zum → *Nennwert* von 100 € in Umlauf (Abbildung B-8). Der Bilanzkurs (formaler Anteilswert im Gegensatz zum Börsenkurs) je Aktie beträgt somit 150 €. Würde dieses Unternehmen nun sein Grundkapital verdoppeln und 10 000 junge Aktien zu einem Einführungskurs von 120 € verkaufen, so erhielte es zusätzlich 1 Mio. € Grundkapital plus 200 000 € Kapitalrücklage (KRL) aus dem → *Agio* von 20 € über dem Nominalwert der Aktie. Würde man die neue Eigenkapitalhöhe von 2,7 Mio. € durch die im Umlauf befindlichen 20 000 Aktien dividieren, so erhielte man einen neuen Bilanzkurs von 135 €, der 15 € unter dem alten Bilanzkurs liegt. Die Altaktionäre hätten damit ohne die Ausgabe von Bezugsrechten einen buchmäßigen Verlust von 15 € je Altaktie hinzunehmen.

Die formale Berechnung des Bezugsrechtes lässt sich nach der in Abbildung B-9 genannten Formel errechnen.

$$\text{Bezugsrecht} = \frac{K_a - K_n}{\frac{a}{n} + 1} = \frac{150 - 200}{\frac{10.000}{10.000}} = 15,-$$

K_a = alter Börsenkurs vor Kapitalerhöhung
K_n = Ausgabekurs junger Aktien
a = Anzahl alter Aktien
n = Anzahl neuer Aktien
a/n = Bezugsverhältnis

Abb. B-9: Beispiel für die Berechnung eines Bezugsrechts

▶ BfA

→ *Bundesversicherungsanstalt für Angestellte (BfA)*

▶ BfB

→ *Bundesverband der Freien Berufe (BfB)*

▶ BFH

→ *Bundesfinanzhof (BFH)*

▶ bG

→ *Kurszusätze*

▶ BGA

→ *Arbeitgeberverbände*

▶ BGB-Gesellschaft (GbR)

Rechtsform (→ *Rechtsform*) des privaten Rechts (→ *Personengesellschaft*), welche im BGB §§ 705 ff. geregelt ist und die rechtliche Grundlage für sämtliche Personengesellschaften darstellt. Die Gesellschaft bürgerlichen Rechts (GbR) ist eine auf einem → *Vertrag* beruhende Personenvereinigung ohne Rechtsfähigkeit, bei der sich die Gesellschafter zur Förderung eines gemeinsamen Zweckes zusammenschließen. Eine Rechtsanwaltssozietät, Lotteriegemeinschaften, Gemeinschaftspraxen von Ärzten oder eine Arbeitsgemeinschaft von Bauunternehmern sind einige Beispiele von BGB-Gesellschaften. Sofern die GbR nur für kurze Dauer gegründet wurde, wird sie auch als „Gelegenheitsgesellschaft" bezeichnet. Für die Gesellschaftsschulden haften neben dem Gesellschaftsvermögen der GbR die Gesellschafter persönlich unbeschränkt und unmittelbar als Gesamtschuldner (→ *Haftung*). Zur → *Finanzierung* stehen der Gesellschaft lediglich die Einlagen der Gesellschafter oder ein auf Personalsicherheiten (→ *Kreditsicherheiten*) basierender → *Kredit* einer → *Bank* zur Verfügung. Die GbR wird grundsätzlich gemeinschaftlich geleitet und alle Gesellschafter sind gleichmäßig am → *Gewinn* und → *Verlust* beteiligt. Vertragliche Vereinbarungen können andere Regelungen vorsehen. Vorschriften der → *Publizität,* → *Rechnungslegung* und → *Prüfung* sind nicht zu erfüllen.

▶ BIC

→ *Bankleitzahl*

▶ Bid

Ausdruck an → *Börsen* für Kaufgebote.

▶ Biddings

→ *Auktion*

▶ Big Data

Kurzform für große Datenmengen, die mit moderner IT-Technologie strukturiert und verarbeitet werden können. Die Massendaten werden häufig beim Kauf, der Nutzung oder Verarbeitung von Produkten und Dienstleistungen, aber auch Überwachungssystemen gewonnen und können durch Anwendung von Algorithmen auf Nutzerverhalte oder persönliche Verhaltensweisen schließen lassen. Marktforschung, Nachrichtendienste oder Trendforschungen profitieren u. a. von der durch Massenspeichert und Massendaten verarbeitende Software. So können Produkte optimiert, Bonitäten schneller geprüft, Profile von Nutzern verstanden oder industrielle Produktionen an Kundenwünsche angepasst werden. Zu beachten ist dabei der → *Datenschutz* und ethische Aspekte der Verarbeitung personenbezogener Daten.

▶ Bilanz

Gegenüberstellung der Vermögensgegenstände und Schulden zu einem bestimmten Stichtag in Kontoform. Als Saldo verbleibt das → *Eigenkapital,* die Differenz aus Vermögen und Schulden. Auf der Soll-Seite des Kontos stehen die → *Aktiva* und auf der Haben-Seite die → *Passiva.* Damit gilt immer die Gleichung: Summe aller Aktiva = Summe aller Passiva. Insofern ist die wörtliche Übersetzung des aus dem lateinischen stammenden Begriffs Bilanz (= „bilanx") mit einer sich in einem Gleichgewicht befindlichen Waage sinnfällig. Die Veränderung des Eigenkapitals zwischen zwei Bilanzstichtagen entspricht dem Jahresüberschuss bzw. -fehlbetrag. Nach § 242 I HGB hat jeder → *Kaufmann* zu Beginn seines Handelsgewerbes und zum Ende eines jeden Geschäftsjahres eine Bilanz aufzustellen. Die Bilanz und die GuV bilden zusammen eine Einheit, die als Jahresabschluss (§ 242 III HGB) bezeichnet wird. Bei Kapitalgesellschaften kommt gem. § 264 HGB noch der → *Anhang* als gleichrangiger Bestandteil hinzu.

Die Gliederung und Bewertung der Bilanzpositionen orientiert sich am Bilanzzweck. Entsprechend werden verschiedene → *Bilanzarten* unterschieden. Die Gliederung der jährlichen Abschlussbilanz ist in

§ 266 II und III HGB für Kapitalgesellschaften grundsätzlich vorgegeben, allerdings darf eine kleine → *Kapitalgesellschaft* eine verkürzte Bilanz aufstellen, in der nur die mit Buchstaben und römischen Zahlen bezeichneten Posten gesondert ausgewiesen sind. Eine Kleinstkapitalgesellschaft kann die Bilanz weiter auf die Posten verkürzen, die im § 266 II und III mit Buchstaben bezeichnet sind. Die IFRS (IAS 1) schreiben bestimmte Posten vor, die **mindestens** in der Bilanz ausgewiesen werden müssen. Diese Mindestgliederung ist zum Teil detaillierter als die nach HGB (z. B. wird die separate Angabe der Immobilien verlangt, die als Finanzinvestition gehalten werden), zum Teil aber auch weniger spezifiziert (z. B. im Hinblick auf die Untergliederung des → *Vorratsvermögens*).

Die Reihenfolge der Aktiva richtet sich grundsätzlich nach dem Grad der Liquidierbarkeit der Vermögensgegenstände, beginnend mit den längerfristig gebundenen Vermögensgegenständen, während die Passiva nach dem Grad der Fristigkeit der Finanzierungsquellen (Liquidität), beginnend mit dem Eigenkapital, zu untergliedern sind. In der → *Bankbilanz* gilt die umgekehrte Reihenfolge für die Bilanzposten.

▶ Bilanzänderung, handelsrechtliche

Korrektur eines bereits **festgestellten** → *Jahresabschlusses* wegen Nichtigkeit oder einer anderweitigen Fehlerhaftigkeit, ohne dass der Nichtigkeitstatbestand vorgelegen hat. Der Jahresabschluss muss nochmals festgestellt werden.

▶ Bilanzänderung, steuerrechtliche

Wechsel zwischen zwei grundsätzlich zulässigen Bilanzansätzen eines → *Wirtschaftsgutes* in einer bereits beim → *Finanzamt* eingereichten → *Bilanz.* Faktisch will der Steuerpflichtige ein Wahlrecht in anderer Weise ausüben als ursprünglich geplant. Diese Bilanzänderung, die in § 4 II 2 EStG geregelt ist, ist nur mit Zustimmung des Finanzamtes möglich. Eine Bilanzänderung ist nur noch zulässig in einem engen zeitlichen und sachlichen Zusammenhang mit einer → *Bilanzberichtigung.*

▶ Bilanzanalyse

Verfahren der Informationsgewinnung und -auswertung, mit dessen Hilfe Erkenntnisse über die gegenwärtige und zukünftige Ertragslage sowie Vermögens- und Finanzlage eines Unternehmens gewonnen werden sollen (→ *Kennzahl*). Gegenstand der Bilanzanalyse ist nicht nur die eigentliche → *Bilanz,* sondern der gesamte → *Jahresabschluss* (Bilanz, GuV, Kapitalflussrechnung, Eigenkapitalspiegel, Segmentberichterstattung u. Anhang) sowie der → *Lagebericht* und die weiteren Bestandteile des Geschäftsberichts und sonstige Unternehmensveröffentlichungen (z. B. Monatsabschlüsse). Synonym wird die Bezeichnung Jahresabschlussanalyse verwendet. Die beurteilende Betrachtung, d. h. die Wertung auf Basis der Bilanzanalyse, wird als Bilanzkritik bezeichnet.

Die Bilanzanalyse wird zum einen von unternehmensexternen Gruppen durchgeführt, wie z. B. Banken, Lieferanten, Anteilseignern, Konkurrenzunternehmen und Kunden, denen grundsätzlich nur veröffentlichte Daten zur Verfügung stehen. Zum anderen ist die Bilanzanalyse aber auch unternehmensintern für die Unternehmensleitung als Instrument der Unternehmensführung und Steuerung relevant. Dabei wird auch auf internes Zahlenmaterial zurückgegriffen. Ferner werden häufig von der Arbeitnehmerseite Bilanzanalysen erstellt. Die Bilanzanalyse stellt auch ein Instrument des Aufsichtsrats zur Durchführung seiner Kontrollfunktionen und des Abschlussprüfers im Rahmen der Darstellung der wirtschaftlichen Lage im Prüfungsbericht dar.

Erstreckt sich die Informationsgewinnung ausschließlich auf die Auswertung von Zahlenmaterial, liegt eine sog. **quantitative** Bilanzanalyse vor. Werden auch die Erläuterungen, z. B. im → *Anhang* oder Lagebericht, in die Analyse einbezogen, dann spricht man von einer sog. **qualitativen** Bilanzanalyse. In der Praxis findet sich meistens eine Kombination der quantitativen und qualitativen Bilanzanalyse. Ein wesentliches Instrument der Bilanzanalyse stellt die Ermittlung und Auswertung von Kennzahlen und → *Kennzahlensystemen* dar. Vor Berechnung der eigentlichen Bilanzkennzahlen sind die Daten meistens in Form von Umgliederungen und Umbewertungen aufzubereiten, um vergleichbare

Kennzahlenwerte, z. B. für mehrere Unternehmen oder Perioden, zu erhalten.

▶ Bilanzarten

Charakter der Bilanz im Hinblick auf ein bestimmtes Merkmal, dabei kann vor allem nach folgenden Kriterien systematisiert werden (Abbildung B-10).

(1) **Bilanzierungsanlass,** wobei sog. **ordentliche Bilanzen** periodisch aufgrund gesetzlicher oder vertraglicher Regelungen und sog. **Sonderbilanzen** (= außerordentliche Bilanzen) nur bei bestimmten einmaligen oder unregelmäßigen Anlässen wie z. B. Gründung, → *Umwandlung,* → *Fusion,* → *Sanierung* oder nach dem → *Insolvenzrecht* zu erstellen sind.

<table>
<tr><th>Systematisierungs-merkmal</th><th colspan="5">Bilanzarten</th></tr>
<tr><td rowspan="2">Anlass</td><td rowspan="2">Ordentliche Bilanzen</td><td colspan="4">Sonderbilanzen, z. B.</td></tr>
<tr><td>Gründung</td><td>Umwandlung</td><td>Fusion</td><td>Insolvenz</td></tr>
<tr><td rowspan="2">Zeitraum</td><td colspan="4">Abschnittsbilanz</td><td rowspan="2">Total-bilanz</td></tr>
<tr><td>Jahr</td><td>Halbjahr</td><td>Quartal</td><td>Monat</td></tr>
<tr><td>Zeitbezug</td><td colspan="3">Ist-Bilanzen</td><td colspan="2">Plan-Bilanzen</td></tr>
<tr><td>Inhalt</td><td colspan="3">Beständebilanzen</td><td colspan="2">Bewegungsbilanzen</td></tr>
<tr><td>Anzahl der Unternehmen</td><td colspan="3">Einzelbilanz</td><td colspan="2">Konzernbilanz</td></tr>
<tr><td>Empfänger</td><td colspan="3">Externe Bilanz</td><td colspan="2">Interne Bilanz</td></tr>
</table>

Abb. B-10: Bilanzarten

(2) **Bilanzierungszeitraum,** der sich auf einen bestimmten Zeitabschnitt (z. B. **Jahr, Halbjahr, Quartal, Monat**) während des Bestehens eines Unternehmens oder in Sonderfällen auch auf die Totalperiode vom Beginn bis zum Ende des Unternehmens erstrecken kann (= Totalbilanz).

(3) **Zeitbezug der Bilanz,** der als sog. **Ist-Bilanz** auf vergangenen Daten beruht, wie z. B. die gesetzlich vorgeschriebene Jahresbilanz, oder als sog. **Plan-Bilanz**, die hauptsächlich für interne Zwecke aufgestellt wird, auf prognostizierten Werten basiert.

(4) **Bilanzinhalt,** der als **Beständebilanz** die Aktiva und Passiva zu einem bestimmten Stichtag enthält oder als → *Bewegungsbilanz*, die Veränderungen von Aktiv- und Passivposten wiedergibt.

(5) **Anzahl der einbezogenen Unternehmen,** dabei ist in die **Einzelbilanz**, in der nur ein Unternehmen berücksichtigt wird, und in die **Konzernbilanz**, in der die Vermögensgegenstände und Schulden aller Unternehmen eines Konzerns zusammengefasst (konsolidiert) werden, zu unterscheiden.

(6) **Bilanzempfänger**, danach kann unterteilt werden in **interne** Bilanzen, die unternehmensintern insbesondere zur Information der Unternehmensleitung erstellt werden, und in **externe** Bilanzen, die – wie die → *Handelsbilanz* – veröffentlicht werden oder für den Fiskus bestimmt sind. In internen Bilanzen können bilanzpolitische Alternativen durchgespielt werden, sie können aber auch losgelöst von gesetzlichen Vorschriften betriebswirtschaftliche Bilanzierungsregeln unterstellen und damit die Basis für unternehmerische Entscheidungen darstellen.

▶ Bilanzberichtigung

Ersatz eines unzulässigen Bilanzansatzes oder -wertes durch einen zulässigen in der bereits beim → *Finanzamt* eingereichten → *Steuerbilanz.* Im Gegensatz zur Bilanzänderung ist eine Zustimmung des Finanzamtes nicht erforderlich. Bei dem unzulässigen Wert kann es sich um einen Verstoß sowohl gegen handelsrechtliche als auch steuerrechtliche Normen oder gegen die → *Grundsätze ordnungsmäßiger Buchführung (GoB)* handeln.

▶ Bilanzeid

Schriftliche Erklärung der Unternehmensleitung, dass die Rechnungslegung nach bestem Wissen ein den tatsächlichen Verhältnissen entsprechendes Bild der Vermögens-, Finanz- und Ertragslage vermittelt. Die gesetzlichen Vertreter von Kapitalgesellschaften, die als sog. → *Inlandsemittenten* Wertpapiere ausgeben, sind zur Abgabe dieses Bilanzeids verpflichtet. Vorbild für die Regelung ist der US-amerikanische Sarbanes-Oxley-Act. Die Erklärung ist gemäß den

§§ 264, 289, 297 und 315 HGB bei der Unterzeichnung des Einzel- und Konzernabschlusses sowie des Lageberichts und Konzernlageberichts abzugeben. Ferner wird in § 115 II WpHG bestimmt, dass auch für den → *Halbjahresfinanzbericht* ein Bilanzeid abzugeben ist.

▶ Bilanzgewinn

Vom Jahresüberschuss verbleibender positiver Betrag, nachdem zuvor hieraus die Unternehmensleitung aufgrund gesetzlicher oder satzungsmäßiger Bestimmungen Teile in die Rücklagen eingestellt hat. Über die Verwendung des Bilanzgewinns in Form von Ausschüttung oder weiterer Rücklageneinstellung entscheiden die Anteilseigner auf Basis eines Gewinnverwendungsvorschlags der Unternehmensleitung. Ein eventueller negativer Betrag, ein **Bilanzverlust**, ist in das folgende Geschäftsjahr vorzutragen. Für eine → *Aktiengesellschaft* und → *Kommanditgesellschaft auf Aktien* enthält das → *Aktiengesetz (AktG)* materielle und formelle Vorschriften zur Ableitung des Bilanzgewinns/Bilanzverlusts aus dem Jahresüberschuss bzw. -fehlbetrag (→ *Gewinnverwendungsrechnung*).

▶ Bilanzidentität

→ *Grundsatz der formellen Bilanzkontinuität*

▶ Bilanzierung

Ansatz von Vermögensgegenständen und → *Schulden* in der Bilanz. Die Bilanzierung bestimmt den Ausweis dem **Grunde nach**, während die → *Bewertung* den Ausweis der **Höhe nach** festlegt. Nach dem → *Grundsatz der Richtigkeit und Vollständigkeit* (§ 246 HGB) besteht Bilanzierungs**pflicht** für **sämtliche,** dem bilanzierenden Unternehmen zuzurechnende Vermögensgegenstände und Schulden, soweit nicht → *Bilanzierungsverbote* oder → *Bilanzierungswahlrechte* zur Anwendung kommen.

▶ Bilanzierungspflicht

→ *Bilanzierung*

▶ Bilanzierungsregeln

→ *Finanzierungsregeln*

▶ Bilanzierungsverbote

Aktivierungs- und Passivierungsverbote für bestimmte Vermögensgegenstände bzw. Schulden. Nach § 248 II 2 HGB dürfen selbst geschaffene Marken, Drucktitel, Verlagsrechte, Kundenlisten oder vergleichbare Vermögensgegenstände nicht aktiviert werden. Ferner besteht nach § 248 I HGB ein explizites Aktivierungsverbot für Aufwendungen zur Unternehmensgründung, zur Beschaffung von Eigenkapital und für den Abschluss von Versicherungen. Zusätzlich gilt nach § 255 II 4 HGB ein explizites Aktivierungsverbot für Forschungskosten sowie Vertriebskosten. Ein **Passivierungsverbot** gilt für alle → *Rückstellungen,* die nicht die in § 249 HGB genannten Kriterien erfüllen.

▶ Bilanzierungswahlrechte

Gesetzlich zulässige Wahlrechte bei der → *Bilanzierung* von Vermögensgegenständen (Aktivierungswahlrechte) und Schulden (Passivierungswahlrechte). Die zweckentsprechende Ausübung der Bilanzierungs- und → *Bewertungswahlrechte* kann einerseits zu einem besseren Einblick in die Vermögens-, Finanz- und Ertragslage führen, sie stellt anderseits aber auch ein Instrument der → *Bilanzpolitik* dar. Abbildung B-11 zeigt wesentliche im HGB explizit genannte Bilanzierungswahlrechte. Die IFRS und US-GAAP enthalten in der Summe weniger Bilanzierungs- und Bewertungswahlrechte, d. h. sie sind insoweit stärker normiert, sie beinhalten aber mehr Ermessensspielräume.

Position	Gesetzliche Regelung
Aktivierungswahlrechte:	
Eigene Entwicklungskosten bei hoher Erfolgswahrscheinlichkeit	§ 248 II HGB
Disagio	§ 250 III HGB
Aktive latente Steuern (Aktivsaldo)	§ 274 I HGB

Abb. B-11: Wesentliche Aktivierungswahlrechte gem. HGB

▶ Bilanzkennzahlen

Kennzahlen, die auf Basis der Bilanz im Rahmen der → *Bilanzanalyse* ermittelt werden. Neben **absoluten** Bilanzkennzahlen, wie z. B. das betriebsnotwendige Vermögen, sind insbesondere **relative** Bilanzkennzahlen (Verhältniszahlen) relevant, die eingeteilt werden in → *Kapitalstrukturkennzahlen,* die Positionen der Passivseite zueinander in Bezug setzen, wie z. B. das Fremdkapital zum Gesamtkapital (= → *Verschuldungsgrad*), und → *Vermögensstrukturkennzahlen,* die an der Aktivseite der Bilanz anknüpfen, wie z. B. das Anlagevermögen im Verhältnis zum Gesamtvermögen (= Anlagenintensität). Außerdem werden sog. → *Anlagendeckungsgrade* und → *Liquiditätsgrade* ermittelt, die bestimmte Passiva in Bezug zu bestimmten Aktiva setzen, z. B. das Eigenkapital zum Anlagevermögen (= Anlagendeckungsgrad A). Der Aussagewert dieser Kennzahlen (Abbildung unter → *Kennzahl*) ist insbesondere wegen der Stichtagsbezogenheit der Bilanz begrenzt. Neben den Bilanzkennzahlen werden vor allem Ertragskennzahlen und → *Aufwandsstrukturkennzahlen* ermittelt.

▶ Bilanzpolitik

Gestaltung des Jahresabschlusses im Rahmen der durch die Rechtsordnung vorgegebenen Grenzen, mit dem Ziel, das Verhalten der Adressaten zielgerichtet zu beeinflussen. Da Gegenstand der Bilanzpolitik sowohl die eigentliche → *Bilanz* als auch die → *Gewinn- und Verlustrechnung (GuV)* und der → *Anhang* und eventuell weitere jahresabschlussbezogene Informationen (z. B. der → *Cashflow*) sind, ist terminologisch der Begriff **Rechnungslegungspolitik** exakter, der sich aber nicht durchgesetzt hat. Die Aktionsparameter der Bilanzpolitik erstrecken sich zum einen auf Maßnahmen vor der eigentlichen Abschlusserstellung, die sog. Sachverhalts**gestaltung**, und auf Maßnahmen zur Sachverhalts**abbildung**, die **Bilanzpolitik** i. e. S. Diese kann weiter unterschieden werden in eine **formelle** Bilanzpolitik, in deren Mittelpunkt Fragen der Gliederung, der Erläuterung und des Ausweises stehen, und in eine **materielle** Bilanzpolitik, deren Gegenstand insbesondere die Ausübung der → *Bilanzierungswahlrechte* und → *Bewertungswahlrechte* sowie die Entscheidung bei bestehenden Ermessensspielräumen (z. B. im

Rahmen der Rückstellungsbildung) ist. Der Umfang der Bilanzpolitik hängt entscheidend von den verfolgten Zielsetzungen, z. B. Gewinnglättung oder Abbildung eines Gewinnsprungs, ab.

▶ Bilanzrechtsmodernisierungsgesetz (BilMoG)

Das Bilanzrechtsmodernisierungsgesetz (BilMoG), das am 29.5.2009 in Kraft getreten ist, beinhaltete eine grundlegende Reform des HGB mit dem Ziel einer Annäherung an die IFRS. Zur Erhöhung der Aussagekraft des HGB-Einzelabschlusses wurde überdies die umgekehrte Maßgeblichkeit abgeschafft, d. h. rein steuerliche Wahlrechte, wie z. B. die Rücklage für Ersatzbeschaffung, dürfen in der Handelsbilanz nicht mehr angesetzt werden. Damit gehen zukünftig die Bilanzierung und Bewertung in der Steuer- und Handelsbilanz weit auseinander, eine sog. Einheitsbilanz ist nicht mehr möglich. Trotz der Annäherung des HGB an die IFRS sind die verbleibenden Unterschiede zu IFRS aber immer noch gravierend, z. B. im Rahmen der Bewertung der Finanzinstrumente oder der Langfristigen Auftragsfertigung (→ *Percentage of Completion-(PoC-)Methode*).

▶ Bilanzstichtag

→ *Geschäftsjahr*

▶ Bilanztheorie

Theoretischer Bezugsrahmen, der losgelöst von konkreten gesetzlichen Vorschriften ausgehend von bestimmten Zielsetzungen den Inhalt und die Ausgestaltung einer Bilanz beschreibt. Die bilanztheoretische Diskussion hat in Deutschland eine lange Tradition. Zu den älteren Bilanztheorien zählen die statische, die dynamische und die organische Bilanztheorie, auf die aber nach wie vor bei der Interpretation gesetzlicher Regelungslücken zurückgegriffen wird. Zu den neueren Theorien zählen die kapitaltheoretische sowie die informationsbezogene Bilanztheorie (→ *Bilanztheorie, informationsbezogene*).

▶ Bilanztheorie, dynamische

Theorie (→ *Bilanztheorie*), die die Hauptaufgabe der → *Bilanz* in der Ergebnisermittlung sieht. Die eigentliche Berechnung des Ergebnisses erfolgt in der → *Gewinn- und Verlustrechnung (GuV)*. Die Bilanz dient dazu, die Wertbewegungen periodisch abzugrenzen. Daher werden als Aktiva die liquiden Mittel sowie alle Vermögensgegenstände, die am Bilanzstichtag noch nicht im Leistungsprozess verwertet oder abgesetzt sind, erfasst, während die Passiva das Kapital und alle noch nicht eingelösten Verpflichtungen sowie der abgelaufenen Periode zurechenbare Aufwendungen, die noch nicht zu Ausgaben geführt haben, umfasst. Die Bilanz hat also primär die Aufgabe eines Abrechnungskontos (Kräftespeichers) für schwebende Vorgänge, die bei ihrer endgültigen Realisierung ihren Niederschlag in der GuV finden. Um den Ausweis von Scheingewinnen oder -verlusten zu vermeiden, geht die dynamische Bilanztheorie grundsätzlich von der realen Kapitalerhaltungstheorie aus. Die dynamische Bilanztheorie wurde von *Eugen Schmalenbach* entwickelt und später von *Ernst Walb* (Finanzwirtschaftliche Bilanz) und *Erich Kosiol* (Pagatorische Bilanz) weiterentwickelt.

▶ Bilanztheorie, informationsbezogene

Theorie (→ *Bilanztheorie*), die am Informationsgehalt der → *Bilanz* bzw. des → *Jahresabschlusses* für die Adressaten anknüpft. In einer Reihe von empirischen Untersuchungen wird der Nachweis zu erbringen versucht, dass jahresabschlussbezogene Informationen für die Entscheidung der Adressaten zur Kapitalanlage im Unternehmen bzw. zur Kreditgewährung eine hohe Bedeutung haben und eine Erweiterung des Informationsumfangs um freiwillige Angaben, besonders zur Finanzplanung, den Bilanzierungs- und Bewertungsmethoden sowie den FuE-Kosten, zu einer besseren Beurteilung des Unternehmens in der externen Analyse führt.

▶ Bilanztheorie, kapitaltheoretische

Theorie (→ *Bilanztheorie*), die die gesamte Unternehmung als Investitionsobjekt betrachtet. Das Ergebnis einer Periode, der ökonomische Gewinn/Verlust, ergibt sich aus der Veränderung des Ertragswertes der Unternehmung in der Abrechnungsperiode bzw. der Verzinsung des Ertragswertes zu Beginn der Periode. Entsprechend müssten bezogen auf die einzelnen Bilanzposten diese mit ihren Ertragswerten bilanziert werden. Da der ökonomische Gewinn von den unterstellten Zukunftserwartungen – die nicht objektivierbar sind – abhängig ist, wird u. a. von *Dieter Schneider* vorgeschlagen, diese Konzeption in der betrieblichen Praxis ergänzend im Sinne einer Ausschüttungsbegrenzung zu verwenden, d. h. der auf Basis der → *Grundsätze ordnungsmäßiger Buchführung (GoB)* ermittelte Gewinn wird nur dann auch als ausschüttungsfähig im Sinne der Erhaltung des Ertragswertes der Unternehmen angesehen, wenn er über dem ökonomischen Gewinn liegt. Das Gedankengut der kapitaltheoretischen Bilanz entspricht insoweit dem → *Shareholder Value*-Konzept, als beide von einer Ertragswertbetrachtung des Unternehmens ausgehen.

▶ Bilanztheorie, organische

Theorie (→ *Bilanztheorie*), die der → *Bilanz* gleichrangig zwei Ziele beimisst, einerseits die Vermögensermittlung *und* andererseits die Erfolgsermittlung. Die Bezeichnung organisch soll ausdrücken, dass die Substanz des Unternehmens bei einer proportionalen Entwicklung der unternehmerischen und der gesamtwirtschaftlichen Produktivität erhalten bleibt. Daher werden die den Umsätzen zuzuordnenden Aufwendungen mit Wiederbeschaffungskosten angesetzt, um den Ausweis von Scheingewinnen/-verlusten zu verhindern. Die organische Bilanztheorie geht im Wesentlichen auf *Fritz Schmidt* zurück.

▶ Bilanztheorie, statische

Theorie (→ *Bilanztheorie*), die der → *Bilanz* die Aufgabe beimisst, den Zustand (Status) des Unternehmens zu einem bestimmten Stichtag zu beschreiben. Nach der älteren Auffassung, die auf *Hermann von Simon* zurückgeht, besteht die wesentliche Aufgabe der Bilanz in der Darstellung des Vermögens zu einem bestimmten

Stichtag. Insbesondere *Heinrich Nicklisch* hat die statische Bilanztheorie durch Einbeziehung der Wechselbeziehungen zur GuV weiterentwickelt. Nach der neueren Auffassung der statischen Bilanztheorie, die vor allem von *Walter Le Coutre* entwickelt wurde, hat die Bilanz die Aufgabe einer Kapitaldispositionsrechnung, die der Überwachung des im Unternehmen gebundenen Sach- und Finanzkapitals dient. Im Rahmen der statischen Bilanztheorie wird von der nominalen Kapitalerhaltung ausgegangen.

▶ Bilanzverlust

→ *Bilanzgewinn*

▶ Billigst

Ohne Limit erteilter Auftrag (→ *Order*) eines Kunden an seine → *Bank* zum Kauf von Wertpapieren. Der Kauf erfolgt zum bestmöglichen Kurs. Unlimitierte Aufträge verfallen in der Regel am Ende des Börsentages. Gegensatz beim Verkauf: → *Bestens*.

▶ BilMoG

→ *Bilanzrechtsmodernisierungsgesetz (BilMoG)*

▶ BIZ

→ *Bank für internationalen Zahlungsausgleich (BIZ)*

▶ BKartA

→ *Kartell*; → *Gesetz gegen Wettbewerbsbeschränkungen (GWB)*

▶ Black-Scholes-Formel

Von *Fischer Black* und den beiden 1997 mit dem Wirtschaftsnobelpreis ausgezeichneten amerikanischen Wissenschaftlern *Robert C. Merton* und *Myron Scholes* konzipierte Rechenmethode zur Ermittlung des Preises von Optionsscheinen. Mit Hilfe dieser Formel soll ein Anleger prüfen, ob der aktuell angebotene Optionspreis zu hoch oder zu niedrig bzw. angemessen ist. Black und Scholes leiteten 1973 am Beispiel einer europäischen Kaufoption ein Gleichgewichtsmodell ab, das von den Prämissen ausgeht, dass während der Optionslaufzeit keine Dividendenzahlung erfolgt, keine Transaktionszahlung oder Steuerzahlungen anfallen und der Zinssatz für risikolose Anlagen während der Optionslaufzeit bekannt sei. Unter diesen Voraussetzungen nehmen sie an, dass der Optionspreis von fünf Faktoren abhängt. Diese sind der Preis der zugrunde liegenden Aktie, die es mit der Option zu kaufen gilt, der Basispreis B, die Restlaufzeit der Option t sowie die Varianz der Rendite der Basisaktie und letztlich der Zinssatz für risikolose Anlagen R. Mit den genannten Prämissen und diesen fünf Faktoren wird die folgende Formel abgeleitet.

Es zeigt sich, dass der Optionspreis nach der Black-Scholes-Formel vor allem vom Aktienkurs und der Restlaufzeit der Option abhängt.

$$C = A \cdot N(d_1) - B \cdot e^{-r \cdot t} \cdot N(d_2)$$

mit:

$$d_1 = \frac{\ln(A/B) + (r + 0{,}5 \cdot VAR) \cdot t}{VAR \cdot \sqrt{t}}$$

$$d_2 = d_1 - VAR \cdot \sqrt{t}$$

C = Wert der Call-Option
A = Preis der zugrundeliegenden Aktie A
B = Basispreis bzw. Bezugspreis
N = Wert der kumulierten Standardnormalverteilung
e = Euler'sche Zahl = 2,718281828
r = Zinssatz für risikolose Anlagen
t = Restlaufzeit der Option
VAR = Varianz der Rendite der Basisaktie
ln = natürlicher Logarithmus

▶ Blue Chip

Gebräuchliche Bezeichnung für umsatzstarke Aktien von großen, international bekannten und weltweit bedeutenden Unternehmen, so genannten Standardwerten, deren Kursentwicklung gleichzeitig auch der Berechnung eines → *Aktienindex* zugrunde gelegt wird.

▶ Blueprinting

Ein dem Ablaufdiagramm ähnliches Verfahren zur Visualisierung von Prozessen. Ziel ist die Identifikation von Schnittstellen zwischen

Kunde und Anbieter. Das Verfahren hilft den Grad der → *Kundenintegration* zu planen und bildlich darzustellen. „Service-Blueprint" bezieht sich dabei auf das Blueprinting von Dienstleistungen. Die Vorteile des Verfahrens liegen vor allem in der Erhöhung der Prozesstransparenz durch Visualisierung, Identifikation der Kunden/Anbieter-Schnittstellen, in Prozessverbesserungen durch Aufdecken von Problemen und Fehlerquellen und damit als Grundlage für → *Business Reengineering*, d. h. Neugestalten von Prozessen. Die Erstellung von Blueprints erfolgt meist im Team mit Vertretern der am Prozess beteiligten Organisationseinheiten, wobei zur Ist-Aufnahme der Prozesse häufig Flip-Charts oder eine leere Wand verwendet werden („Brown Paper"). Anschließend können optimierte Soll-Prozesse zielgerichtet modelliert werden („White Paper").

▶ Bobl

Abkürzung für Bundesobligation, → *Anleihe*

▶ Börse

Punktmarkt für Gattungskäufe vertretbarer Sachen mit meist begrenzter Teilnehmerzahl (→ *Börsenzulassung*). Bei einem Gattungskauf werden gleichartige und gleichwertige, aber nicht einzeln bestimmbare Güter gehandelt, d. h. beim Kauf von einer Tonne Weizen oder 5000 Aktien muss nicht eine bestimmte Weizenladung oder ein bestimmtes Stück eines Wertpapieres geliefert werden. Bei vertretbaren Sachen handelt es sich um im Handelsverkehr üblicherweise nach Zahl, Maß oder Gewicht eindeutig bestimmbare Objekte, z. B. bei Aktien feste Nennwerte (1 €) oder normierte Gewichte (Barrel Öl, Tonnen Weizen). Die wichtigste Unterscheidung bei den Börsen bezieht sich auf die zu handelnden Objekte (Wertpapiere oder Waren) sowie auf den Erfüllungszeitpunkt (Kassahandel, Terminhandel). Beim Kassahandel werden die Verträge sofort, d. h. ein bis zwei Tage nach Abschluss erfüllt, während beim Terminhandel die Waren oder Wertpapiere erst zum vereinbarten Termin geliefert werden müssen. Während der Kassahandel meist an den regionalen Länderbörsen vollzogen wird, ist der Terminhandel an internationalen Börsenplätzen (z. B. London für Wertpapiere, Chicago für Waren) üblich (→ *Börsenhandelsformen*). Die Entwicklung der Börsen lässt sich bis ins 16. Jahrhundert zurückverfolgen, wo vor allem in Hafenstädten Kaufleute für Handelsgeschäfte zusammentrafen und feste Märkte und Messen organisierten. Eine weitere Tendenz in der Börsenlandschaft ist der Zusammenschluss von Börsen trotz Handel an verschiedenen Börsenplätzen.

▶ Börsenaufsicht

Die Börsenaufsicht ist zur umfassenden und unmittelbaren Beaufsichtigung des an den Börsen stattfindenden Handelsgeschehens befugt. Sie wird von der jeweils zuständigen höchsten Landesbehörde ausgeübt. Börsenaufsichtsbehörden sind in Deutschland die Wirtschafts- oder Finanzministerien bzw. -senatsverwaltungen der Länder. Die jeweilige Börsenaufsichtsbehörde überwacht den Wertpapierhandel und alle damit verbunden steuerrechtlichen Belange. Sie ist auch zur sofortigen Verfolgung von Insider-Vorfällen berechtigt. Der Wertpapierhandel wird auf Bundesebene von der → *Bundesanstalt für Finanzdienstleistungsaufsicht (BaFin)* geregelt und kontrolliert (→ *Bankenunion*).

▶ Börsenauftrag

Auftrag (→ *Order*) an eine → *Bank* zum Kauf oder Verkauf von an einer → *Börse* gehandelten Objekten. Der Börsenauftrag enthält neben der genauen Bezeichnung des Objektes (z. B. Wertpapier-Kennnummer) die gewünschte Stückzahl mit gewünschtem Nennwert und evtl. ein Kurslimit (→ *Kurszusätze*). Üblicherweise werden Aufträge limitiert, d. h. der Kurs, bis zu dem gekauft oder verkauft werden soll, festgelegt und als Geltungsdauer der Ultimo eines Monats angegeben. Unbefristete Aufträge gelten nach den Allgemeinen Geschäftsbedingungen der Börsen als Tagesaufträge und erlöschen nach Börsenschluss. Die Banken führen den Börsenauftrag nach § 405 HGB im eigenen Namen (Selbsteintritt) für fremde Rechnung (→ *Kommissionsgeschäft*) aus. Erteilt der Kunde keine besondere Weisung, so bleibt der Bank die Wahl des Börsenplatzes offen. Zusätzlich sind, insbesondere bei mündlichen Aufträgen, die → *Allgemeinen Geschäftsbedingungen (AGB)* der Banken zu beachten.

▶ Börsenausschuss

→ *Börsenorgane*

▶ Börsenbesucher

→ *Börsenteilnehmer*

▶ Börseneinführung

→ *Emission*, → *Going Public*

▶ Börsengesetz (BörsG)

Gesetz vom 22.6. 1896 mit jeweils aktuellen Änderungen in sechs Hauptabschnitten zur allgemeinen Bestimmung der Teilnehmer, Organe, Zulassung und Wertpapierhandelsformen in Deutschland.

▶ Börsenhandelsformen

Präsenz- oder Computerbörse. Bei der Präsenzbörse treffen Angebot und Nachfrage auf einem Börsenparkett (Börsensaal) durch Vermittlung natürlicher Personen (Kursmakler, → *Börsenteilnehmer*) zusammen, während beim Computerhandel die Marktteilnehmer ihren Handel am Bildschirm abwickeln. In Abhängigkeit vom → *Börsenmarktsegment* an dem jeweiligen → *Börsenplatz* lassen sich unterschiedliche Börsenzeiten für die Präsenzbörse einerseits und den meist Rund-um-die-Uhr-Handel an Computerbörsen unterscheiden. In Deutschland ist insbesondere die → *Eurex* als Terminbörse bekannt.

▶ Börsenkursfeststellung

→ *Börse*, → *Kurszusätze*

▶ Börsenmakler

→ *Börsenteilnehmer*

▶ Börsenmarktsegmente

Neben der Unterscheidung in Waren- und Wertpapierbörsen kann in Kassa- und Terminbörsen unterschieden werden. Bei Terminbörsen erfolgt die Erfüllung der Verträge zu einem späteren Termin. Börsenmarktsegmente werden beim Kassamarkt, bei dem die Erfüllung sofort bzw. maximal nach zwei Börsentagen zu erfolgen hat, in drei gesetzlich regulierte Marktsegmente unterschieden. Diese waren Amtlicher Handel, → *Geregelter Markt* und → *Freiverkehr.* Der amtliche Markt sowie der geregelte Markt wurden zum → *Regulierten Markt* zusammengeführt. Der Freiverkehr blieb als solcher bestehen. Heutzutage werden die zwei Börsensegmente Regulierter Markt und Freiverkehr durch das deutsche Börsengesetz definiert und reguliert. Der Regulierte Markt ist ein EU-gesetzlich reguliertes Marktsegment, der Freiverkehr ein börsenreguliertes Marktsegment.

▶ Börsenorgane

Gremien einer → *Börse.* Oberstes Organ ist der **Börsenvorstand.** Ihm obliegt die Leitung der Börse. Dies bedeutet insbesondere die Zulassung von Börsenbesuchern (→ *Börsenteilnehmer*), die Einhaltung der Börsenordnung, und damit die Verhängung von Ordnungsstrafen, die Festlegung der Geschäftsbedingungen (Usancen), die Aufsicht über die Kursmaklerkammer und die letztliche Entscheidung über die Zulassung eines Börsenobjektes (Ware oder Wertpapier). Der Börsenvorstand wird von den an der Börse dauernd zugelassenen Personen für drei Jahre gewählt. Die **Kursmaklerkammer** ist die Interessenvertretung der amtlich bestellten und vereidigten Handelsmakler, die die amtliche Kursfeststellung vornehmen. Das **Ehrengericht** wird vom Börsenvorstand auf drei Jahre gewählt und soll laufend die kaufmännische Vertrauenswürdigkeit der → *Börsenteilnehmer* begutachten. Das **Schiedsgericht** wird bei Streitigkeiten zwischen Börsenteilnehmern eingesetzt.

▶ Börsenplatz

Ort, an dem eine → *Börse* existiert. In Deutschland wird noch an acht Börsenplätzen (Berlin, Düsseldorf, Frankfurt, Hamburg, Hannover, München, Stuttgart) zu unterschiedlichen Börsenzeiten gehandelt. Der bedeutendste Börsenplatz in Deutschland ist Frankfurt a. M. Die international bedeutendsten Börsenplätze stellen New York, London, Tokio und Hongkong dar. Die einzelnen Börsenplätze versuchen sich angesichts des international zunehmenden Wettbewerbsdrucks auf einzelne → *Börsenmarktsegmente* zu spezialisieren. So werden in New York und London vornehmlich Aktien und am Londoner Börsenplatz überwiegend Geldmarktpapiere gehandelt. Hamburg und Bremen sind neben ihrem Wertpapierhandel als Warenbörsen bekannt.

▶ Börsenprospekt

→ *Börsenzulassung*

▶ Börsenteilnehmer

Durch die → *Börsenaufsicht* zugelassene und damit zugangsberechtigte natürliche oder juristische Personen. Dies sind neben Börsenmaklern die so genannten ordentlichen und außerordentlichen Börsenbesucher. Diese werden nach § 7 BörsG in Personen mit Handelsbefugnis (z. B. Bankvertreter) und sonstige Personen (z. B. Pressevertreter) unterschieden. Als ordentliche Börsenbesucher werden die Vorstandsmitglieder und leitenden Direktoren der an der Börse zugelassenen handelnden Banken sowie die Inhaber persönlich haftender Gesellschaften definiert. Außerordentliche Börsenbesucher sind Personen, die im Namen und für Rechnung der ordentlichen Börsenbesucher teilnehmen. Börsenmakler sind nach § 93 HGB → *Handelsvertreter,* die zwischen Angebots- und Nachfrageofferten vermitteln. Es werden vereidigte Kursmakler für den Amtlichen Handel und freie, d. h. nicht vereidigte Makler für die übrigen → *Börsenmarktsegmente* unterschieden. Die Vereidigung, und damit die Befähigung zur amtlichen Kursfeststellung, wird von der jeweiligen Landesregierung ausgesprochen. Doppelzulassungen an mehreren Börsen sind möglich.

▶ Börsenvorstand

→ *Börsenorgane*

▶ Börsenzulassung

Zulassung von Wertpapieren zum Handel an der Börse. Die Zulassungsvoraussetzungen und Zulassungsverfahrensweisen sind in der Börsenzulassungs-Verordnung, die in ihrer aktuellen Bekanntmachung aus dem Einlagensicherungs- und Anlegerentschädigungsgesetz (EAEG) abgeleitet sind, geregelt. Die Zulassung ist vom Emittenten zusammen mit einem Kreditinstitut durch einen Zulassungsantrag bei der Zulassungsstelle zu beantragen. Der Antrag enthält alle wertpapierbezogenen Angaben (Betrag, Art, Höhe, Termine) und wird im Kursblatt und in der Börsenanzeige sowie durch Aushang im Börsensaal veröffentlicht. Vor jeder Neuemission eines Wertpapiers muss ein Börsenprospekt veröffentlicht werden, der alle Angaben zur Beurteilung des Wertpapiers beinhalten muss.

▶ Bogen

Neben dem → *Aktienmantel* ausgegebener Teil der Wertpapierurkunde, der den Dividendenanspruch verbrieft. Der Bogen besteht aus dem Coupon (→ *Kupon*) und einem Erneuerungsschein.

▶ Bond

Im Gegensatz zu Notes, d. h. Kurzläufern mit einer mittleren Laufzeit von fünf bis sieben Jahren, ein auf dem → *Finanzmarkt* emittiertes langfristiges Forderungspapier (→ *Zero Bond*, → *Anleihe*).

▶ Bonität

Ausdruck für die Zahlungsfähigkeit und -willigkeit im Rahmen der Kreditprüfung (→ *Liquidität*). Banken holen zur Bonitätsprüfung von Privatpersonen häufig die Auskunft der SCHUFA (→ *Schutzgemeinschaft für allgemeine Kreditsicherung (SCHUFA)*) ein.

▶ Bonus-Zertifikat

→ *Zertifikat*

▶ Bonus

(1) Sonderausschüttung einer → *Aktiengesellschaft (AG)* z. B. als Jubiläumsbonus oder aus Anlass eines besonders ertragreichen Jahres.

(2) → *Preisnachlass* im Gegensatz zu → *Rabatt* und → *Skonto*.

▶ Bookbuilding-Verfahren

Im Gegensatz zum klassischen Festpreisverfahren bei der → *Emission* von Wertpapieren auf einem → *Finanzmarkt* vorzeitige Preisfindungsphase unter Einbeziehung von Großinvestoren. In einer ersten Phase werden denkbare Emissionskurse, die von potentiellen institutionellen Großinvestoren akzeptiert würden, auf so genannten Roadshows vorgestellt, auf denen fiktiv das zu platzierende Papier gezeichnet werden kann. Nach Abschluss dieser so genannten Ordertaking Period liegen Zeichnungswünsche vor, auf Basis derer der Emissionskurs festgelegt und das Papier zur realen Zeichnung angeboten wird.

▶ Bote

→ *Vertretung*

▶ Bottom-up-Prinzip

→ *Koordination innerhalb der Planung*

▶ Brainstorming

Eine Art der → *Kreativitätstechniken*, die in den 1940er Jahren von dem Werbefachmann *Alex Osborn* entwickelt wurde und nach bestimmten Regeln ablaufen soll. Es sollen eine begrenzte Zahl von Teilnehmern (5–12 Personen) möglichst viele Ideen in einer bestimmten Zeit entwickeln (Quantität vor Qualität), ohne dass die anderen Teilnehmer Kritik an den Vorschlägen üben dürfen. Das Brainstorming soll Kreativität und Phantasie anregen. Ausgewertet werden die Vorschläge durch Fachleute, was bereits als Problemstellung für die Motivation der Teilnehmer, welche ihre eigenen Ideen nicht kommentieren können, anzusehen ist. Eingesetzt wird diese

Technik vor allem im → *Planungsprozess* in den Phasen → *Zielbildung* und → *Alternativensuche.*

▶ Brainwriting

Das Brainwriting ist die schriftliche Variante des → *Brainstorming.* Die Methode 635 z. B. bedeutet, dass sechs Teilnehmer innerhalb von jeweils fünf Minuten in einer Gruppensitzung jeweils drei Vorschläge zu Papier bringen und diese im 5-Minuten-Takt weitergeben, bis jeder Teilnehmer auf jedem Blatt seine kreativen Ideen notiert hat. Aufbauende, assoziierende Ideen sind dabei erlaubt. Diese Techniken haben den Nachteil, dass oft in Zeitdruck Kreativität „gemacht" werden soll, Kritik zu unterdrücken ist und die Auswertung von Externen erfolgt.

▶ Branche

Zweige der Volkswirtschaft, die sich i. d. R. durch ihre Produkte oder Produktgruppen voneinander unterscheiden. Nach der Zahl der Erwerbstätigen ermittelte das Statistische Bundesamt für 1987 folgende Einteilung der Wirtschaftszweige, die eindeutig zum Ausdruck bringt, dass 50 % der Beschäftigten in nur 30 % der Unternehmen (Sachleistungen) und ebenfalls 50 % der Beschäftigten in den restlichen 70 % der Unternehmen (Dienstleistungen) beschäftigt sind. Tendenziell sind also Sachleistungsunternehmen größere Betriebe.

▶ Branchenanalyse nach Porter

→ *Wettbewerbsstrategien nach Porter*

▶ Branding

Etablieren einer → *Marke* durch gezielte → *Werbung.* Es wird dabei versucht, bestimmte Botschaften, Gegenstände oder Zeichen mit dem Produkt und der Marke zu verknüpfen. Das Branding ist ein wichtiger Bestandteil der erfolgreichen Vermarktung von Produkten.

Kunden sollen einen emotionalen und möglichst positiven Bezug zum Produkt entwickeln. Hierbei hilft die Gewöhnung an oder Identifikation mit der Marke als Ergebnis erfolgreichen Brandings.

Ziel des Branding ist die Abgrenzung vom Wettbewerb, aber auch die aktive Gestaltung der Markenwahrnehmung, bevor diese am Markt negativ erfolgt. Erfolgreiches Branding zeigt sich in einem hohen → *Markenwert* und der Bereitschaft von Kunden, höhere Preise als beim Wettbewerb zu bezahlen.

Ein Beispiel für erfolgreiches Branding sind beispielsweise große Marken wie Apple oder Porsche, bei deren Erwähnung das Logo und/oder ein bestimmter Slogan sofort erinnert werden.

▶ Break-even-Analyse

Gegenüberstellung der Erlös- und der Kostenfunktion einer → *Investition* zur Ermittlung der Menge, ab deren Produktion die Investition in die Gewinnzone kommt, d. h. die Erlöse größer werden als die Kosten. Mit dem bei der Darstellung der → *Kostenvergleichsrechnung* und → *Gewinnvergleichsrechnung* vorgestellten Beispiel wurde für eine dort genannte Maschine A der Break-even-Punkt mit 5400 Stück ermittelt (Abbildung B-12). Neben der genannten grafischen Ermittlung kommt die analytische Gleichsetzung der Erlös- und der Kostenfunktion zu demselben Ergebnis.

▶ Broker

Bezeichnung für freie Kursmakler (→ *Börsenteilnehmer*). Der Begriff ist allerdings auf den Wertpapierhandel begrenzt und im Zusammenhang mit den Partnern der Makler, den so genannten Jobbers und Dealers, die im Auftrag der Broker auf dem Parkett handeln und agieren, zu verstehen. Rechtlich handelt es sich bei den Brokern um Kommissionäre (→ *Kommissionsgeschäft*), die Aufträge in eigenem Namen für fremde Rechnung ausführen.

▶ Brutto für Netto

→ *Handelsklauseln*

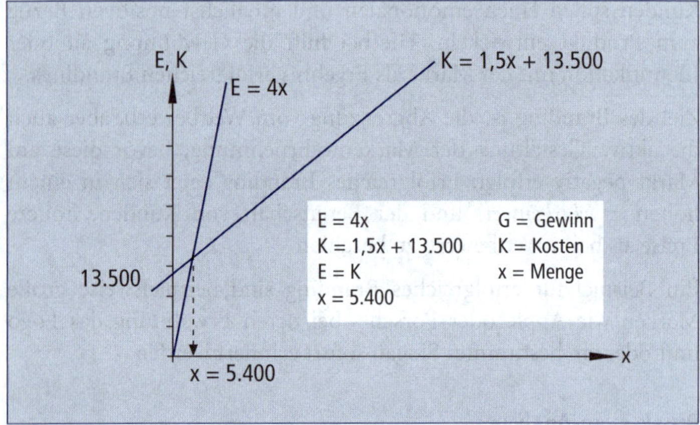

Abb. B-12: Ermittlung des Break-even-Punktes durch Gegenüberstellung der Erlös- und der Kostenfunktion

▶ Buchführung

Laufende, systematische, in Geldeinheiten vorgenommene Dokumentation von Geschäftsvorfällen anhand der zugrunde liegenden Belege. Nach § 238 I HGB ist grundsätzlich jeder → Kaufmann verpflichtet, Bücher zu führen und hierbei die GoB zu beachten. Die Buchführung dient vor allem der Selbstinformation des Unternehmens, der Rechenschaftslegung gegenüber den Gesellschaftern, dem Gläubigerschutz sowie generell als Beweismittel. Darüber hinaus dient sie dem Nachweis der Besteuerungsgrundlagen. Nach § 241a i. V. m. § 242 IV HGB sind Einzelkaufleute von der Buchführungs- und auch Bilanzierungspflicht befreit, wenn sie die beiden folgenden Größenmerkmale an zwei aufeinander folgenden Abschlussstichtagen nicht überschreiten:

– Umsatzerlöse 600.000 € und

– Jahresüberschuss 60.000 €.

Die Größenmerkmale sind an die Grenzen in § 141 AO angelehnt, bei deren Überschreitung unabhängig von der Kaufmannseigenschaft die Verpflichtung besteht, Bücher für steuerliche Zwecke zu führen (= sog. originäre steuerliche Buchführungspflicht).

Die gesetzlichen Bestimmungen schreiben kein bestimmtes → *Buchführungsverfahren* vor, allerdings werden bestimmte Mindestanforderungen an die Art und Weise der Aufzeichnungen gestellt.

Als Buchführungssystem kommen die einfache Buchführung und die doppelte Buchführung in Frage. Die einfache Buchführung ist weitgehend auf die Erfassung von Zahlungsvorgängen beschränkt. Daher ist aus der einfachen Buchführung weder eine Bilanz noch eine Gewinn- und Verlustrechnung ableitbar. Die Bilanz wird im Wesentlichen aus der Inventur entwickelt. Die Erfolgsermittlung geschieht im Wege eines Vermögensvergleichs.

In der Wirtschaftspraxis wird heute fast ausschließlich die doppelte Buchführung verwendet, bei der jeder Geschäftsvorfall sowohl als Soll- als auch als Haben-Buchung erfasst wird. Darüber hinaus werden die Geschäftsvorfälle nicht nur chronologisch, sondern auch nach sachlichen Ordnungskriterien auf sog. **Sachkonten** im Hauptbuch erfasst.

Der Gesetzgeber schreibt für die Buchhaltung – im Gegensatz zum → *Jahresabschluss* – keine bestimmte Währung vor, sie könnte daher jederzeit auch in Fremdwährung geführt werden.

▶ Buchführungsverfahren

Techniken, die die Erfassung und Bearbeitung der Geschäftsvorfälle in der Buchführung regeln. Dabei kann in konventionelle und EDV-gestützte Verfahren unterschieden werden. Die konventionellen Buchführungsverfahren lassen sich nach der äußeren Ausgestaltung der Bücher unterteilen in:

(1) Übertragungsbuchführung, hier werden die Geschäftsvorfälle in Büchern erfasst, und zwar zunächst chronologisch im Grundbuch (→ *Buchhaltung*), von dem sie dann in die Sachkonten des Hauptbuchs übertragen werden.

(2) Lose-Blatt-Buchführung, bei der Grundbuch, Hauptbuch und Nebenbücher im Wege der Durchschrift in einem Arbeitsgang erstellt werden.

(3) Offene-Posten-Buchführung, bei der die Führung der Nebenbücher, insbesondere der Debitoren- und Kreditorenbuchführung, durch einen beleg- oder datenmäßigen Nachweis der jeweils offenen Posten ersetzt wird. Zu diesem Zweck werden die Belege von noch nicht beglichenen Rechnungen (Eingangs- oder Ausgangsrechnungen) getrennt von bereits beglichenen Rechnungen abgelegt. Diese Art der Aufbewahrung ersetzt die eigentliche Buchung, d. h. den Buchungssatz. Sie ist sowohl im Handels- als auch im Steuerrecht zulässig (§ 239 IV HGB und § 146 V AO).

Die konventionellen Buchführungsverfahren werden in der Praxis zunehmend durch EDV-gestützte Verfahren ersetzt bzw. ergänzt. Dabei ist die manuelle Tätigkeit weitgehend auf die Belegsammlung, -prüfung, -vorkontierung und -eingabe beschränkt, die einzelnen Buchungsschritte werden dagegen automatisch durchgeführt. Nach § 239 IV HGB und § 146 V AO sind EDV-gestützte Buchführungssysteme zugelassen, sofern sie den → *Grundsätzen ordnungsmäßiger Buchführung (GoB)* entsprechen. Dabei muss sichergestellt sein, dass die Daten während der Dauer der Aufbewahrungsfrist verfügbar sind und jederzeit innerhalb einer angemessenen Frist lesbar gemacht werden können.

▶ Buchgeld

→ *Geld*

▶ Buchhaltung

Für die → *Buchführung* zuständiger Bereich im Unternehmen (z. B. eine Abteilung), in dem die Bücher geführt – also gehalten – werden. Dabei werden – bei der doppelten Buchführung – folgende Bücher unterschieden:

(1) die sog. **Grundbücher**, die der vollständigen Erfassung der Geschäftsvorfälle in zeitlicher Reihenfolge dienen,

(2) die sog. **Hauptbücher**, in denen die in den Grundbüchern erfassten Geschäftsvorfälle nach sachlichen Kriterien in sog. Sachkonten übertragen werden, und

(3) die **Nebenbücher** (Hilfsbücher), welche die Aufgabe haben, die Aussagekraft der Hauptbücher zu verbessern, indem bestimmte Teilbereiche detailliert erfasst und ins Hauptbuch übertragen werden. Hierzu zählen insbesondere die Kontokorrentbuchhaltung (Einzeldarstellung der Forderungen und Verbindlichkeiten), die Kassenbuchhaltung, die Lohn- und Gehaltsbuchhaltung (-abrechnung), die → *Anlagenbuchhaltung* und die Material- und Lagerbuchhaltung. Je nachdem, ob die Buchhaltung (Haupt- und Nebenbücher) Aufgaben des externen oder internen Rechnungswesens übernimmt, ist weiter zu differenzieren in die → *Finanzbuchhaltung* bzw. Geschäftsbuchhaltung (für externe Zwecke) und die → *Betriebsbuchhaltung* (für interne Zwecke).

▶ Buchhaltung, kameralistische

→ *Rechnungswesen, kameralistisches*

▶ Buchprüfer, vereidigter

→ *Wirtschaftsprüfer*

▶ Buchungssatz

Angabe der Konten in bestimmter Form, auf denen ein Geschäftsvorfall im Rahmen der doppelten → *Buchführung* erfasst wird. Üblich ist die Nennung der Sollbuchung an erster und der Habenbuchung an zweiter Stelle. Z. B. lautet der Buchungssatz beim Barkauf einer Maschine: „Per Maschine an Kasse", wobei mit „per" die Sollbuchung und mit „an" die Habenbuchung charakterisiert werden. Die Bezeichnung „per" wird zum Teil auch weggelassen. Mitunter wird anstelle von „an" auch ein Schrägstrich (/) gesetzt. Soweit mehr als zwei Konten auf einer Seite angesprochen werden, führt dies zu sog. zusammengesetzten Buchungssätzen. Bei der doppelten Buchführung muss aber dennoch der Betrag aller Sollbuchungen und aller Habenbuchungen übereinstimmen. Wann ein Geschäftsvorfall im Soll, und wann im Haben zu buchen ist, hängt von der Kontenart ab. Bei einem Aktivkonto (Passivkonto) werden der Anfangsbestand und die Zugänge auf der Soll-Seite (Haben- Seite) und die

Abgänge auf der Haben-Seite (Soll-Seite) erfasst. Bei **Erfolgskonten** werden die Aufwendungen im Soll und Erträge im Haben gebucht. Gemäß den → *Grundsätzen ordnungsmäßiger Dokumentation (GoD)* sind die Buchungssätze klar und übersichtlich in der → *Buchhaltung* zu dokumentieren.

▶ Budget

(**1**) Im Rahmen eines Investitions- und Finanzplans für einzelne Bereiche eines Unternehmens vorgesehene Haushaltsposition, die im Sinne eines Etats innerhalb eines bestimmten Zeitraums maximal verbraucht werden kann. Die Budgetierung von Finanzmitteln setzt eine entsprechende → *Organisation,* z. B. in → *Profit Center* oder besser in Investment Center voraus.

(**2**) Im Rahmen der → *Zielkostenrechnung* vom Zielpreis, und damit den Zielkosten, für Unternehmensbereiche abgeleitete maximale Verbrauchsmenge in Geld- oder Warenwerten, die zur Erstellung einer Gesamtleistung maximal verbraucht werden kann. Derartige Budgetplanung ist auch im Zusammenhang mit einer Budgetkontrolle und -steuerung des operativen → *Controlling* zu sehen. In der amerikanischen Literatur hat sich hierzu eine eigenständige Accounting Theory of Budgeting herausgebildet, die im Zusammenhang mit dem Grundgedanken des Scientific Management (Motivation durch Zielvorgaben) ein selbst steuerndes Budgetwesen fordert, d. h. die Mitarbeiter zu einem selbst geplanten und kontrollierten Budgetdenken anhalten soll. Dagegen wird Budgetierung im deutschsprachigen Raum noch immer als Finanzmittelvorgabe von vorgesetzten Stellen verstanden.

▶ Bürgerlich-rechtliche Gesellschaft

→ *BGB-Gesellschaft (GbR)*

▶ Bürgschaft

Verpflichtung gemäß §§ 765 ff. BGB eines Bürgen gegenüber dem → *Gläubiger* eines Dritten für die Verbindlichkeiten des Dritten einzustehen. Sofern das Einstehenmüssen davon abhängt, ob der Gläubiger beim Dritten erfolglos bereits seine Forderung eingetrieben hat, oder jederzeit ohne → *Einrede der Vorausklage* haftet, wird zwischen Ausfallbürgschaft und selbstschuldnerischer Bürgschaft unterschieden. Die Bürgschaft stellt im Gegensatz zur → *Garantie* eine **akzessorische** Kreditsicherheit dar, d. h. die Existenz der Bürgschaft ist vom Umfang und Bestand der Hauptschuld abhängig. Die Haftung des Bürgen kann auf einen bestimmten Betrag begrenzt werden (Höchstbetragsbürgschaft). Im Rahmen der → *Außenhandelsfinanzierung* übernehmen insbesondere die → *Euler-Hermes-Kreditversicherungs AG* und die → *Ausfuhrkredit-Gesellschaft mbH (AKA)* Garantien für wirtschaftliche und politische Risiken, insbesondere Zahlungsrisiken, des ausländischen Importeurs. Eine Bürgschaft muss nach BGB grundsätzlich schriftlich erfolgen. Ausgenommen von dieser Vorschrift sind Bürgschaften von Vollkaufleuten (→ *Kaufmann*), wenn die Bürgschaftsübernahme gemäß § 350 HGB ein Handelsgeschäft darstellt.

▶ Bürgschaftskredit

→ *Avalkredit*

▶ Bürokommunikation

Jeder elektronische Austausch von → *Daten* und → *Information* im Büro. Eine klare Trennung von Bürokommunikationssystemen und Büroinformationssystemen ist heute kaum mehr möglich, da bei verteilten Rechnersystemen auch Kommunikation bei Informationssystemen stattfindet. Bürokommunikationssysteme existieren auf Basis von Großrechnern sowie von lokalen Netzen, an die Workstations oder Mikrocomputer angeschlossen sind.

▶ Bürokratie

Form der → *Organisation,* die eine unpersönliche Ordnung hierarchisch gegliederter Einheiten darstellt. Verantwortlichkeiten und Befugnisse sind klar zugeordnet. Die Aufgabenverteilung erfolgt meist funktional (→ *Funktionale Organisation*), d. h. es gibt spezialisierte Stellen für bestimmte Fachgebiete. Die Stellen werden personenunabhängig definiert. Die Auslese der Funktionsträger erfolgt rein nach formalen Qualifikationsanforderungen. Kreativität, Phantasie oder ganzheitliches Denken sind meist nicht gefragt. Ein → *Dienstweg* und der Grundsatz der Aktenmäßigkeit sind einzuhalten. Alle Vorgänge werden zu diesem Zweck exakt schriftlich dokumentiert. Eingangsstempel, Aktenzeichen und Aufbewahrungsfristen kennzeichnen dieses Prinzip. Als Vorteile gegenüber flachen Strukturen (→ *Lean Management*) werden die Stetigkeit, Berechenbarkeit, Planbarkeit und Zuverlässigkeit von Bürokratien genannt. Dem stehen eine latente Schwerfälligkeit, Kompliziertheit und evtl. Unüberschaubarkeit gegenüber. Bürokratien verhalten sich häufig resistent gegenüber Umweltveränderungen. Nach *Max Weber* ist die Bürokratie ein effizientes Instrument zur Herrschaftsausübung und damit eine effiziente Form der Organisation. Problematisch ist die im öffentlichen Bereich häufig anzutreffende Übersteigerung der Bürokratie zum Selbstzweck.

▶ Bumerang-Effekt

→ *Reaktanz*

▶ Bundesagentur für Arbeit (BA)

Nachfolgeorganisation der Arbeitsämter. Neben der Stellenvermittlung und Informationspolitik bzw. Aus- und Weiterbildungsvermittlung für Arbeitssuchende wird neuerdings über diese regionalen Agenturen auch die Sozialhilfe ausbezahlt, die mit dem Arbeitslosengeld zusammengelegt wurde (Hartz IV). Das so genannte Arbeitslosengeld II ist die Bezeichnung für diese zusammengelegte Unterstützung.

▶ Bundesanleihe (Bundesobligation)

→ *Anleihe*

▶ Bundesanstalt für Finanzdienstleistungsaufsicht (BaFin)

2002 geschaffene Bundesbehörde zur Überwachung von Banken, Versicherungen und Wertpapierbörsen. Bis 2002 gab es getrennte

Bundesaufsichtsbehörden für das Kreditwesen (BaKred), das Versicherungswesen (BAV) und das Wertpapierwesen (BAWe). Die Aufsicht wurde letztlich 2011 durch die Übertragung der Kompetenzen auf europäische Behörden wieder dezentralisiert. So ist die EBA (European Banking Authority) in London für die Überwachung und die Aufsicht der Banken zuständig, die ESMA (European Securities and Markets Authority) in Paris für die Beaufsichtigung der Wertpapierbörsen verantwortlich und die EIOPA (European Insurance and Occupational Pensions Authority) in Frankfurt beaufsichtigt die Versicherungsgesellschaften. (→ *Bankenunion)*

▶ Bundesbank

→ *Deutsche Bundesbank*

▶ Bundesfinanzhof (BFH)

Höchstes deutsches Steuergericht mit Sitz in München im zweistufigen Aufbau der Finanzgerichtsbarkeit. Die untere Stufe stellen die Finanzgerichte dar, die obere Stufe und damit das höchste Finanzgericht ist der Bundesfinanzhof. Er ist die letzte Gerichtsinstanz über Steuer- und Zollsachen für das Bundesgebiet. Im europäischen Rahmen gewinnt für Steuer- und Zollsachen der Europäische Gerichtshof (EuGH) immer stärker an Bedeutung. Verfahrensregelungen sind in der → *Finanzgerichtsordnung* enthalten. Die Entscheidungen des Bundesfinanzhofes sind formell immer nur auf den zu entscheidenden Einzelfall anwendbar und somit nur für die Verfahrensbeteiligten bindend. Dennoch sind seine Aussagen oft wegen des Mustercharakters und der grundsätzlichen Bedeutung auf eine Vielzahl von ähnlichen oder gleichen Sachverhalten übertragbar. Der Bundesfinanzhof nahm seine Tätigkeit zum 1.10.1950 auf. Rechtsgrundlage ist Artikel 108 VI GG und das Gesetz über den Bundesfinanzhof vom 29.6.1950. Er wurde als erster der in Artikel 95 GG genannten obersten Gerichtshöfe des Bundes in der Bundesrepublik Deutschland errichtet und trat die Nachfolge des Reichsfinanzhofes an, der von 1918 bis 1945 oberstes Finanzgericht war.

▶ Bundeskartellamt (BKartA)

→ *Gesetz gegen Wettbewerbsbeschränkungen (GWB)*, → *Kartell*

▶ Bundesobligation (Bundesanleihe)

→ *Anleihe*

▶ Bundesrechnungshof (BRH)

Oberste Bundesbehörde mit Sitz in Bonn. Als unabhängiges Organ der staatlichen Finanzkontrolle nur dem Gesetz unterworfen. Der BRH prüft die Haushalts- und Wirtschaftsführung des Bundes sowie öffentlicher Haushalte und Unternehmen. Sie ist gegenüber der Regierung autonom und kann Zeit und Arbeit ihrer Prüfung selbst bestimmen.

▶ Bundesschatzbrief

Anleihe (→ *Anleihe*) mit sechs- oder siebenjähriger Laufzeit des Bundes als Emittent über Beträge ab 50 € bzw. 100 € oder ein Vielfaches hiervon. Es werden aktuell zwei Typen angeboten. Bei Typ A mit einer Laufzeit von sechs Jahren werden Zinsen jährlich ausgeschüttet, während bei Typ B mit einer Laufzeit von sieben Jahren die Zinsen akkumuliert und am Ende der Laufzeit mit dem Nominalbetrag ausbezahlt werden. Die Anleihe hat die Eigenschaft der → *Mündelsicherheit* und ist nach Ablauf des ersten Jahres vorzeitig rückzahlbar. In der Regel steigt mit zunehmender Laufzeit der Zinssatz an.

▶ Bundesverband der Deutschen Industrie e. V. (BDI)

Spitzenorganisation der deutschen Industrie(-verbände) zur Vertretung der Interessen der Mitglieder bzw. der 36 Mitgliedsverbände in Politik und Gesellschaft. Die Mitgliedschaft ist im Gegensatz zu einer → *Kammer* freiwillig. Im Gegensatz zu den Arbeitgeberverbänden tritt der BDI bei Tarifverhandlungen nicht in Erscheinung.

▶ Bundesverband der Freien Berufe (BfB)

Dachverband von über 90 Vereinigungen für → *Freie Berufe* mit Sitz in Bonn zur Vertretung von deren Interessen in Politik und Gesellschaft.

▶ Bundesverband der Selbständigen e. V.

Interessenvertretung der mittelständischen Industrie mit Sitz in Berlin. Der Bundesverband und seine Landesverbände vertreten gemeinsam ca. 60 000 Unternehmen.

▶ Bundesverband Deutscher Banken e. V.

Der Dachverband mit Sitz in Berlin vertritt mehr als 220 private Banken und elf Mitgliedsverbände.

▶ Bundesvereinigung der Deutschen Arbeitgeberverbände e. V. (BDA)

Dachverband von 55 Bundesfachverbänden und 14 Landesvereinigungen der deutschen Privatwirtschaft mit Sitz in Berlin. Hauptaufgabe ist die Beratung der beteiligten Unternehmen in sozialpolitischen und arbeitsrechtspolitischen Belangen sowie die Unterstützung bei der Tarifpolitik.

▶ Bundesvereinigung der Fachverbände des Deutschen Handwerks

→ *Zentralverband des deutschen Handwerks (ZDH)*

▶ Bundesversicherungsanstalt für Angestellte (BfA)

Bis 1. Oktober 2005 Träger der Rentenversicherung für Angestellte in Deutschland in der → *Rechtsform* der → *Körperschaft* des öffentlichen Rechts mit Sitz in Berlin. Seitdem wird sie unter dem Namen Deutsche Rentenversicherung Bund geführt.

▶ Bundling

Die Zusammenfassung von bisher eigenständigen Angeboten zu einem neuen Gesamtangebot, das, obwohl aus bekannten Elementen bestehend, vom Käufer als neues Leistungsspektrum erlebt wird. Es sind sowohl die Zusammenstellung von Produkten als auch die Kombination von Produkt(en) und Dienstleistungen denkbar. Der Vorteil für den Käufer kann zum einen in dem aus der → *Synergie* resultierenden Leistungsvorteil, zum anderen in einem Preisvorteil bestehen. Beispiel ist der Verkauf von Computern, bei denen PC, Drucker, Monitor, Maus etc. zusammen angeboten werden oder umfangreiche Software enthalten ist. Im Bereich der Finanzierung spricht man von Bundling im Gegensatz zum → *Stripping*, wenn Rechte aus einem Wertpapier neu zusammengestellt werden.

▶ Business Intelligence

Verfahren und Prozesse zur systematischen Analyse (Sammlung, Auswertung und Darstellung) von Daten in elektronischer Form. Ziel ist die Gewinnung von Erkenntnissen, die in Hinsicht auf die Unternehmensziele bessere operative oder strategische Entscheidungen ermöglichen. Basis sind hier analytische Konzepte und IT-Systeme, die Daten über das eigene Unternehmen, die Mitbewerber oder Marktentwicklung im Hinblick auf den gewünschten Erkenntnisgewinn auswerten.

Der dem Bereich Wirtschaftsinformatik zuzuordnende Begriff Business Intelligence (BI, deutsch etwa Unternehmensdatenanalyse oder Geschäftsanalytik) beruht ursprünglich auf der Veröffentlichung eines IBM Mitarbeiters aus dem Jahre 1958 und wurde zu Beginn der 1990er Jahre allgemein populär.

Im engeren Sinn bezeichnet BI nur die Methodik der Datenerfassung, im weiteren Sinn versteht man unter Business Intelligence die Integration von Strategien, Prozessen und Technologien, um aus verteilten und inhomogenen Unternehmens-, Markt- und Wettbewerberdaten erfolgskritisches Wissen über Status, Potentiale und Perspektiven zu erzeugen.

In der Praxis versteht man unter „Business Intelligence" in der Regel die Automatisierung des Berichtswesens (Reporting). Die in den ERP-Systemen (→ *Enterprise Resource Planning*) anfallenden Unternehmensdaten werden genutzt, um unter verschiedenen Blickwinkeln die Situation des Unternehmens zu analysieren und ggf. zu bewerten. Die Analyse erfolgt üblicherweise in einer vom ERP-System getrennten Software. Gründe hierfür können sein:

- ungeeignete Strukturierung der Daten im ERP-System
- keine Auswertungsmöglichkeit über mehrere ERP-Systeme, zum Beispiel bei der Aggregation für einen Konzernbericht
- unzureichende Möglichkeit, fremde Daten z. B. von Wettbewerbern oder Forschungsinstituten einzubeziehen
- Belastung des ERP-Systems durch analytische Auswertungen
- laufende Änderung der Daten im ERP-System.

Bereits im Jahr 2007 fand eine starke Konzentration auf dem Markt für BI-Software statt. Oracle kaufte Hyperion, SAP übernahm Business Objects, Cognos übernahm Applix und IBM erwarb schließlich Cognos.

▶ Business Plan

Liquiditätsorientierter Plan über Ausgaben und Einnahmen, der häufig bei einer Unternehmensgründung (Start up) von den Geldgebern, z. B. → *Venture Capital (VC)* -Gebern, verlangt wird und den Break-even sowie den → *Cashflow* der Geschäftsidee ausdrücken soll. Aus dem Business Plan soll letztlich eine Unternehmensbewertung (→ *Kennzahlenanalyse*) möglich sein. Bei der Analyse des Business Plans achten Geldgeber neben den Finanzzahlen vor allem auf die Erfahrungen und Ausbildung des Managements, da von ihm maßgeblich der Umsetzungserfolg einer Geschäftsidee abhängt.

▶ Business Reengineering

Von *Michael Hammer* und *James Champy* im gleichnamigen Buch (1994) geprägter Begriff für einen radikalen und fundamentalen Unternehmenswandel. Im Gegensatz zu dem als → *Kaizen* bezeichneten japanischen Modell eines kontinuierlichen Unternehmenswandels soll hier durch eine konsequente Kunden-, Prozess- und Mitarbeiterorientierung auf Umweltveränderungen reagiert werden. Der Kunde soll mittels → *Zielkostenrechnung* den Preis eines Produktes und damit die Budgets der einzelnen Funktionsbereiche im Betrieb bestimmen. Die Ablauforganisation soll nicht hierarchisch durch Weisungen auf einem Dienstweg, sondern durch eine horizontale Prozessanordnung von Tätigkeiten (→ *Prozesskostenrechnung*) vereinfacht werden. Es entstehen Netzwerke (Redesign). Dadurch sollen Durchlaufzeiten erheblich vermindert (→ *Simultaneous Engineering*) und Kosten drastisch gesenkt werden. Durch den Einbezug von Generalisten statt Spezialisten sowie → *Coaching* statt Führung soll die Effizienz der Arbeit erhöht werden. Fraglich bleibt, ob diese fundamentale Umstrukturierung eines Unternehmens für europäische Betriebe anwendbar ist. In jedem Fall ist bei revolutionären Wandeln mit Widerständen zu rechnen.

► Business to Business (B2B)

Insbesondere in Verbindung mit → *E-Business* verwendeter Begriff (auch B2B), der beschreibt, dass beide Handelspartner Unternehmen sind. Durch Einbeziehung der gesamten Wertschöpfungskette sind hier deutlich höhere Umsatzpotentiale als im → *Business to Consumer*-Bereich, also dem Handel mit dem Endverbraucher, zu erwarten. Durch die Zentralisierung beider Marktseiten über eine elektronische Handelsplattform wird eine kostengünstige Erschließung weltweiter Angebots- und Nachfragekanäle erhofft. Medium ist in der Regel dabei das Internet. Nachfrageseitig wird erwartet, dass durch eine erhöhte Transparenz bzgl. Angeboten und Preisen zunächst Einsparungen erzielt werden können. Ein weiterer Einspareffekt resultiert aus geringeren → *Transaktionskosten,* die für Suche nach Geschäftspartnern und Geschäftsanbahnung anfallen sollen. Schließlich soll vor allem aus der Bündelung von Beschaffungsaktivitäten die Nutzung von Mengenvorteilen resultieren. Angebotsseitig erhöht sich hier sicherlich der Preisdruck, insbesondere wenn auf der Nachfrageseite Unternehmen mit großer Marktmacht wie in der Automobilindustrie stehen.

▶ Business to Consumer (B2C)

In Verbindung mit → *E-Business* verwendeter Begriff, der eine Handelspartnerschaft zwischen Unternehmen und Endverbraucher beschreibt. Medium ist hier ebenfalls das Internet, wobei die wesentlichen Geschäfte derzeit hauptsächlich über den → *Online-Vertrieb* abgewickelt werden. Waren und Dienstleistungen können jederzeit, d. h. 24 Stunden rund um die Uhr, 7 Tage die Woche vom PC aus ausgewählt und bestellt werden. Über diese Vertriebsschiene werden vor allem Bücher, Mode, Event-Tickets sowie Reisen, zunehmend aber auch technische Konsumgüter gekauft. Für den Endverbraucher liegen die Vorteile vor allem in der umfassenden Transparenz über Anbieter und Preise sowie in der Möglichkeit, ohne Einschränkungen durch Ladenöffnungszeiten einkaufen zu können.

▶ Buy-back

Kompensationsgeschäft analog dem → *Bartering,* bei dem im Voraus eine feste Abnahme von Fertigwaren nach Lieferung von Rohstoffen oder Halbfertigerzeugnissen vereinbart wurde.

▶ Buying Center

Insbesondere bei der Beschaffung von Investitionsgütern sind nicht nur Einzelpersonen, sondern häufig mehrere betriebliche Funktionsträger an der Entscheidungsfindung beteiligt (z. B. Entwickler, Einkäufer, Geschäftsleitung, Fertigungsleitung). Dieser Personenkreis wird als Buying Center (Einkaufsgremium) bezeichnet. Er umfasst alle Personen und Gruppen, die in irgendeiner Art und Weise am Einkaufsprozess beteiligt sind. Sein Umfang hängt in der Praxis u. a. von der Betriebsgröße ab. Mit steigender Zahl der Beschäftigten steigt i. d. R. auch die Zahl der am Buying Center beteiligten Personen.

▶ bz

→ *Kurszusätze*

C

▶ CAD

→ *Computer Aided Design (CAD)*

▶ CAE

→ *Computer Aided Engineering (CAE)*

▶ Cafeteria-System

Bisher vorwiegend in den USA eingesetzte Lohnform, bei der der → *Arbeitnehmer* aus einer Palette von Sozialleistungen innerhalb eines bestimmten individuellen Budgets die Entgeltbestandteile selbst wählen bzw. zusammenstellen kann. Damit sollen die betrieblichen Zusatzleistungen auf das individuelle → *Bedürfnis* der Mitarbeiter optimal abgestimmt werden. So schätzt ein Mitarbeiter möglicherweise den Wert eines Firmenwagens höher ein als die Barausschüttung einer → *Prämie.* Das Cafeteria-System wurde insbesondere aufgrund der → *Gleichheitstheorie* von *Adams* entwickelt, um den Mitarbeitern eine Gestaltungsmöglichkeit des ihnen zufließenden „outputs" zu geben.

▶ Call

Kaufoption (→ *Option*), bei der der Käufer das Recht erwirbt, innerhalb der Optionsfrist zu einem vereinbarten Optionspreis bei Optionsfälligkeit die vereinbarten Wertpapiere, → *Devisen* oder Waren zu erwerben. (engl.: *Go long*)

▶ Call Center

Kommunikationszentren, in denen Kundenkontakte mittels moderner Kommunikationsmittel (Telefon, E-Mail, Fax, Internet, Anrufbeantworter, etc.) auf der Basis EDV-gestützter Informationstechnologien, insbesondere von Kundendaten aus Datenbanken, abgewickelt werden. Call Center sind oftmals ausgegliederte Organisationseinheiten (→ *Outsourcing*) von Unternehmen (mit Arbeitsplätzen im Unternehmen oder bei den Mitarbeitern zu Hause) oder selbständige Unternehmen, die als Spezialisten Aufträge durchführen. Ziele sind das Erreichen von Kundennähe und dadurch Kundenbindung sowie → *Kundenzufriedenheit* bzw. Kundenloyalität durch Kundenbegeisterung (→ *Direktmarketing*).

▶ CAM

→ *Computer Aided Manufacturing (CAM)*

▶ CAP

→ *Computer Aided Planning (CAP)*

▶ Cap

Zinsbegrenzungsvertrag bzw. Kauf einer → *Garantie*, dass die eigenen Zinszahlungen eine bestimmte Zinsobergrenze nicht übersteigen. Der Käufer eines Cap hat somit die Gewissheit, dass seine Zinskosten eine festgelegte Obergrenze nicht überschreiten bzw. bei steigenden Zinsen vom Vertragspartner ausgeglichen werden. Bei einer Vereinbarung einer Zinsuntergrenze spricht man von einem → *Floor*. Werden sowohl Zinsunter- als auch -obergrenzen vereinbart, handelt es sich um einen → *Collar*.

▶ Capital Asset Pricing Model (CAPM)

Modell im Rahmen der Kapitalmarkttheorie, das im Gegensatz zur klassischen Ableitung von Thesen bezüglich des Einflusses von Kapitalkosten bzw. Zinsen auf den Kapitalmarkt den Preis bzw. Marktwert einzelner Wertpapiere als entscheidender Einflussfaktor auf die Zusammenstellung eines Wertpapierportefeuilles betrachtet (→ *CAPM-Satz*). Wird für jedes Wertpapier in einem → *Portefeuille* dessen Marktwert bestimmt, so kann durch die Ableitung einer Trendgerade durch die ermittelten Koordinatenpunkte eine so genannte Wertpapierlinie gezeichnet werden. Diese Linie gibt Auskunft über das so genannte systematische Risiko innerhalb des Portefeuilles.

▶ CAPM

→ *Capital Asset Pricing Model (CAPM)*

▶ CAPM-Satz

Das → *Capital Asset Pricing Model (CAPM)* lässt sich bei börsennotierten Unternehmen zur Bestimmung des Verzinsungsanspruchs der Aktionäre heranziehen. Ausgangspunkt ist die Überlegung, dass ein Aktionär für die Übernahme von Risiko entschädigt werden möchte, d.h. er wird in Aktien nur dann investieren, wenn deren Rendite höher ist im Vergleich zu einer Investition in eine risikolose Anlage. Dieser Renditezuschlag wird als sog. **Risikoprämie** bezeichnet. Die Höhe der Risikoprämie bestimmt sich zum einen aus der durchschnittlichen Risikoprämie des Marktes und zum anderen aus dem spezifischen Risiko einer bestimmten Aktienanlage. Allgemein gilt folgende Formel zur Ermittlung des Eigenkapitalkostensatzes K_{EK}:

$$K_{EK} = r_f + \underbrace{\beta \cdot \underbrace{(r_M - r_f)}_{\text{Markt-risikoprämie}}}_{\text{Risikoprämie gesamt}}$$

wobei r_f die erwartete Verzinsung einer risikolosen Geldanlage (i. d. R. die Rendite einer langfristigen Bundesanleihe) und r_M die erwartete Rendite bei einer Investition in ein sog. Marktportefeuille, z. B. in ein Portefeuille, das entsprechend dem DAX zusammengesetzt ist, sowie β den sog. Beta-Faktor symbolisieren. Der Beta-Faktor misst die Volatilität der Rente (Dividenden- und Kursentwicklung) eines bestimmten Unternehmens im Vergleich zum Marktportefeuille, dessen Beta-Faktor definitionsgemäß den Wert „1" aufweist. Kapitalanlagen in Unternehmen mit einem Beta-Faktor größer als 1 sind risikobehafteter als in Unternehmen mit einem Beta-Faktor kleiner als 1. Die Beta-Faktoren der DAX-Unternehmen werden ausgehend von Vergangenheitsdaten täglich von der Deutsche Börse AG u. a. im Handelsblatt veröffentlicht.

Der so definierte Eigenkapitalkostensatz geht in den gewichteten Eigen- und Fremdkapitalkostensatz (→ *Weighted Average Cost of Capital (WACC)*) ein, der dann im Rahmen der unternehmensinternen Investitionsrechnung sowie vor allem der → *Unternehmensbewertung* auf Basis der → *Discounted-Cashflow-Methode* verwendet wird.

► Capped Warrant

Optionsschein (→ *Optionsschein*), bei dem eine Gewinnobergrenze festgeschrieben ist. Überschreitet beispielsweise bei einem Kaufoptionsschein (Call) der Aktienkurs die Obergrenze, dann nimmt der Optionsscheininhaber an der weiteren positiven Kursentwicklung der Aktie nicht mehr teil. Die Begrenzung kann sich auf einen Nominalbetrag oder einen → *Aktienindex* beziehen.

► Captive Broker

→ *Broker*

► CAQ

→ *Computer Aided Quality Assurance (CAQ)*

▶ Carry-over-Effekt

Wirkungsverzögerungen von Werbemaßnahmen, so dass die Werbewirkung des Instrumenteneinsatzes erst in einer Folgeperiode zur Geltung kommt. Zur Prognose von Wiederholungskäufen, Imitations- und Sättigungseffekten in der Werbewirkungsforschung von Bedeutung.

▶ Cash and Carry

Selbstbedienungsgroßhandel. Ausschließlich für Einzelhändler, Gastwirte, Großverbraucher und sonstige gewerbliche Verwender gedachte Betriebsform des Großhandels, in der nach dem Prinzip der Selbstbedienung ein großes Sortiment von Konsumgütern, wie z. B. Nahrungs- und Genussmittel, auf einem großflächigen Abhollager angeboten wird. Die Kunden suchen die Ware selbst aus und sorgen für den Transport zur und von der Kasse.

▶ Cash Burn Rate

Insbesondere im Zusammenhang mit der Vergabe von → *Venture Capital (VC)* verwendetes Maß des Verbrauches liquider Mittel zur Deckung eines negativen → *Cashflow*. Ermittelt werden soll der Zeitpunkt, ab dem das Unternehmen nicht mehr in der Lage sein wird, seinen Zahlungsverpflichtungen nachzukommen. Eine hohe Cash Burn Rate zeigt damit eine hohe Liquiditätsfähigkeit und umgekehrt (→ *Liquidität*, → *Liquiditätsgrade*).

▶ Cashflow

Absolute → *Kennzahl*, insbesondere zur Beurteilung der Finanzlage, aber auch der Ertragslage einer Unternehmung. Wörtlich übersetzt stellt der Cashflow den Zahlungsstrom einer Periode dar, der sich aus der Differenz der Einzahlungen (Cash inflow) und Auszahlungen (Cash outflow) ergibt. Methodisch kann die Ermittlung des Cashflow nach der sog. **direkten** oder der sog. **indirekten Methode** erfolgen. Die direkte Methode knüpft unmittelbar an die Ein- und

Auszahlungen einer Periode an, so dass folgendes Ermittlungsschema gilt:

Einzahlungswirksame Geschäftsvorfälle
– Auszahlungswirksame Geschäftsvorfälle
= Cashflow

In der Praxis ist – wegen der einfacheren Ermittlung – die indirekte Methode weitaus verbreiteter, bei der vom Gewinn/Verlust ausgegangen wird, welcher um nicht zahlungswirksame Aufwendungen und Erträge zu korrigieren ist, wie z. B. Abschreibungen, Zuführungen zu Rückstellungen usw. Somit gilt:

Gewinn/Verlust
+ nicht auszahlungswirksame Geschäftsvorfälle (z. B. Abschreibungen)
– nicht einzahlungswirksame Geschäftsvorfälle (z. B. Zuschreibungen)
= Cashflow

Die indirekte Methode stellt aus externer Sicht die einzige Möglichkeit zur Ableitung einer Cashflow-Größe dar. Die verschiedenen in der Literatur diskutierten Cashflow-Definitionen unterscheiden sich in der Anzahl der Positionen, um die der Gewinn/Verlust korrigiert wird.

Der Cashflow als Teil des sog. **Cashflow-Statement** ist nach § 297 I HGB Pflichtbestandteil aller Konzernabschlüsse sowie nach § 264 I 2 HGB der Einzelabschlüsse kapitalmarktorientierter Kapitalgesellschaften, die nicht zur Aufstellung eines Konzernabschlusses verpflichtet sind. Das DRSC hat dazu einen Rechnungslegungsstandard, DRS 21, veröffentlicht. In den Cashflow-Statements wird in einen Cashflow aus der **Geschäftstätigkeit** und der **Investitionstätigkeit** sowie der **Finanzierungstätigkeit** unterschieden (Abbildung C-1).

	Mittelzufluss/-abfluss aus der Geschäftstätigkeit
+/–	Mittelzufluss/-abfluss aus der Investitionstätigkeit
+/–	Mittelzufluss/-abfluss aus der Finanzierungstätigkeit
=	Veränderung der liquiden Mittel
+	Anfangsbestand der liquiden Mittel lt. Bilanz
=	Endbestand der liquiden Mittel lt. Bilanz

Abb. C-1: Grundschema einer Kapitalflussrechnung

Der Cashflow soll insbesondere aufzeigen, inwieweit ein Unternehmen in der Lage ist, zukünftig Einzahlungsüberschüsse zu erwirtschaften, um seine finanziellen Verpflichtungen, insbesondere auch die Schuldentilgung, zu erfüllen. Als Ertragsindikator spielt er vor allem im Rahmen der Discounted Cashflow-Methode eine Rolle, d. h. als Barwert des geplanten zukünftigen Cashflow. In diesem Zusammenhang wird der Begriff des **Free Cashflow** verwendet, der sich ergibt, wenn von dem Cashflow aus der Geschäftstätigkeit die Auszahlungen für die Investitionen (wobei je nach Definition nur die Ersatz- oder auch die Erweiterungsinvestitionen berücksichtigt werden) sowie die Steuer- und Zinszahlungen und die Tilgungen abgezogen werden.

In den letzten Jahren hat sich beim Begriff Cashflow eine Differenzierung in Brutto-, Operating-, Netto- und Free Cashflow durchgesetzt, die in Abbildung C-2 visualisiert werden soll. Entsprechend diesem Ansatz lassen sich verschiedene Betrachtungen hinsichtlich der → *Discounted-Cashflow-Methode (DCF)* zur Unternehmensbewertung unterscheiden.

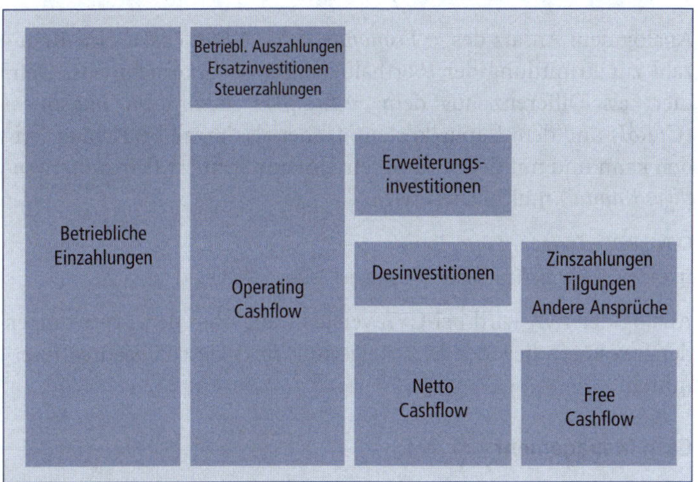

Abb. C-2: Cashflow-Arten

▶ Cashflow Return on Investment (CFRoI)

Analog dem Konzept des → *Return on Investment (RoI)* wird hier statt dem Gewinn in die dort genannte Formel der → *Cashflow* eingefügt. In Abhängigkeit von der verwendeten Cashflow Basis (Operating, Free, Netto Cashflow, Abbildung C-1) ist in Relation zum eingesetzten Kapital (Bruttoinvestitionsbasis) eine dynamisierte Rentabilitätsbetrachtung möglich. Dadurch ist neben der → *Discounted-Cashflow-Methode* und anderen → *Shareholder Value* -Betrachtungen (→ *Economic Value Added (EVA)*, → *Market Value Added (MVA)*) ebenfalls eine wertorientierte Beurteilung des Unternehmens für Investoren möglich. Auch wenn die Relation leicht zu errechnen ist, so muss stets die Schätzproblematik künftiger Cashflows und die Bewertungsproblematik des eingesetzten Kapitals beachtet werden.

▶ Cashflow-Statement

→ *Cashflow,* → *Kapitalflussrechnung*

▶ Cashflow Value Added (CVA)

Analog dem Ansatz des → *Economic Value Added (EVA)* eine Kennzahl zur Ermittlung der Werthaltigkeit eines Unternehmens. Definiert als Differenz aus dem → *Cashflow Return on Investment (CFRoI)* und dem Kapitalkostensatz, der als Spread bezeichnet werden kann und mit dem Bruttobetriebsvermögen (→ *Betriebsnotwendiges Kapital*) multipliziert wird.

CVA = BBV × Spread

Spread = CFRoI abzüglich erwarteter CFRoI auf Basis des WACC

Analog der EVA wird bei CVA versucht, die über den Erwartungen der Investoren liegende Wertsteigerung eines Geschäftsjahres zu ermitteln.

▶ Cash Management

Ausgleich von Finanzmittelüberschüssen und -defiziten in einem → *Konzern* bzw. einer → *Holding,* um durch den direkten Liquiditätsausgleich ohne Einschaltung von Finanzintermediären (z. B.

→ *Bank*, → *Finanzinstitut*) → *Finanzierungskosten* zu sparen. Häufig erfolgt das Cash Management zu internen Zins- bzw. Verrechnungssätzen, wobei die externen Geldmarktsätze vergleichbarer Anlagen bzw. Geldaufnahmen als Richtwert dienen können. Erfolgt das Cash Management international und zwischen Mutter- und Tochtergesellschaften, so wird es auch als → *Matching* bezeichnet. Im Gegensatz zum → *Cash Pooling* werden Liquiditätsüberschüsse, sofern sie nicht von anderen Gesellschaften benötigt werden, allerdings nicht in einem gemeinsamen Finanzpool angesammelt, sondern autonom von jeder rechtlich selbständigen Unternehmenseinheit des Konzerns verwaltet.

▶ Cash Pooling

Unternehmensinterner Liquiditätsausgleich durch ein zentrales Finanzmanagement, das den Unternehmensteilen im → *Konzern* oder einer → *Holding* Kredite zur Deckung von Liquiditätslücken anbietet. Der Pool wird gefüllt durch Liquiditätsüberschüsse aller Unternehmensteile. Erst wenn der unternehmensinterne Liquiditätsausgleich zur Erhaltung der Zahlungsfähigkeit nicht ausreicht, wird auf externe Geld- und Kapitalmärkte zurückgegriffen. Eine geringere zentrale Kassenhaltung und verbesserte interne Kreditbedingungen sind Gründe für das Pooling.

▶ Category Management

Zusammenarbeit zwischen Industrie und Handel, deren wesentliches Merkmal die Steuerung von Warengruppen als → *Strategische Geschäftseinheit (SGE)* ist. Categories sind demnach Gruppen von Produkten, von denen der Kunde glaubt, dass sie zusammengehören. Damit stellt dieses ein Instrumentarium des Handels zur strategischen und operativen Planung und Steuerung von Sortiment und Warenwirtschaft dar. Im Idealfall trägt ein Category Manager die weitestgehende Verantwortung für alle einkaufs- und verkaufsbezogenen Aktivitäten für eine Category. Insgesamt impliziert dies eine intensive, strategisch und operativ orientierte produktgruppenbezogene Zusammenarbeit zwischen Hersteller und Handel.

▶ Catering

Versorgung eines Betriebes mit Lebensmitteln und Verpflegung durch fremde Catering-Unternehmen. Dies stellt eine Alternative zur werkseigenen Kantine oder Küche dar und wird bei bestimmten Branchen, so z. B. bei Luftfahrtunternehmen, oder bei bestimmten Betriebsgrößen angewandt. Bei kleinen Unternehmen lohnt sich eine eigene Kantine evtl. nicht, so dass Catering eine kostengünstige Alternative darstellen kann.

▶ CAx-Systeme

Oberbegriff für computergestützte Prozesse oder Technologien („Computer Aided"), die stark auf die Entwicklung bzw. Konstruktion und nachgelagerte Fertigungsschritte bezogen sind. Das „x" steht dabei als Platzhalter für unterschiedliche Anwendungen.

Wesentliche Ausprägungen hierbei sind:

- → *Computer Aided Design (CAD)*, rechnergestützte Formgebung
- → *Computer Aided Engineering (CAE)*, rechnergestützte Entwicklung
- Computer Aided Innovation (CAI), rechnergestütztes Erfinden
- → Computer Aided Manufacturing (CAM), rechnergestützte Fertigung
- → *Computer Aided Planning (CAP)*, rechnergestützte Planung
- → *Computer Aided Quality Assurance (CAQ)*, rechnergestütztes Qualitätsmanagement
- Computer Aided Styling (CAS), rechnergestützte Gestaltung

Kombinationen wie CAD/CAM beschreiben den Prozess des computergestützten Konstruierens, bei dem das elektronische Modell dann elektronisch in den Fertigungsprozess und entsprechende Fertigungsmaschinen übermittelt wird.

▶ CD

→ *Certificate of Deposit (CD)*

▶ CDS

→ *Credit Default Swap*

▶ Centerkonzept

Organisatorische Einteilung eines Unternehmens in eigenverantwortliche Einheiten, die eine Umsatz-, Kosten- und/oder Ergebnisverantwortung haben, wobei diese Verantwortung an definierte Personen gebunden ist.

Kennzeichnend sind interne „Kunden-Lieferanten-Beziehungen“, bei denen auch interne Leistungen mit einem Preis versehen sind. Gemessen werden die einzelnen Center z. B. an den Preisen externer Anbieter für diese Leistungen. Typische Center in diesem Konzept sind: Cost Center (bzw. Expense Center), Service Center (bzw. Revenue Center) und → *Profit Center.*

▶ Certificate of Deposit (CD)

Inhaberpapier (→ *Inhaberpapier*), das die Einlage bei einer Bank verbrieft und im Gegensatz zum → *Commercial Paper (CP)* bezüglich der Laufzeit standardisiert ist. Die Laufzeiten betragen zwischen 30 Tagen und 180 Tagen. Längere Laufzeiten, zum Teil bis zu fünf Jahre, sind möglich, aber selten. Im Gegensatz zu einer klassischen Festgeldanlage bei einer Bank bietet ein CD eine Weiterverkäuflichkeit und teilweise höhere Verzinsung. Während die CD in den USA bereits in den sechziger Jahren als Geldmarktpapier im Umlauf war, wurde diese Form des → *Wertpapiers* von der → *Deutschen Bundesbank* erst 1986 zum Handel zugelassen.

▶ Ceteris paribus

„Unter sonst gleichen Bedingungen“. Eine bei Wirtschaftstheorien gebräuchliche Formulierung für die Konstanthaltung von Prämissen und Grundannahmen bei der Variation einer oder weniger Variablen eines → *Modells.* Wenn z. B. bei einem Experiment der Einfluss einer einzelnen Größe (Ursache) auf eine andere Größe (Wirkung) untersucht werden soll, indem alle anderen Ursachen für die Wirkung außer Acht gelassen werden, spricht man von der Ceteris-paribus-Annahme. Diese Methode wird insbesondere in der Produktions- und Kostentheorie angewandt, wenn z. B. untersucht wird, wie sich die → *Kosten* verändern, wenn der Einsatz eines Produktionsfaktors variiert wird.

▶ c & f

→ *Handelsklauseln*

▶ Chaostheorie

Entsprechend dem Weltbild von *Pierre Simon de Laplace, John Stuart Mill* u. a., wonach der Verlauf aller Dinge vorhersagbar sei, wenn nur alle Anfangsbedingungen bekannt sind, häufen sich aktuell in allen Wissenschaften die Versuche, die eine komplexe, nichtlineare und dynamische Entwicklung von Zuständen, bisher erklärt durch externe Schocks oder Zufälle, durch nichtlineare und dynamische Modellgleichungen zu determinieren versuchen. Ob dahinter nur urmenschliches Streben nach einem Ordnen des realen Chaos (griech.: gestaltlose Urmasse) hin zu einem deterministischen Chaos steckt, muss sich künftig zeigen. Für die Betriebswirtschaft haben derartige Chaostheorien insbesondere im Marketing zur Erklärung von Marktturbulenzen, in der Ablauforganisation bei Engpassproblemen und in der Personalführung beim unstrukturierten Gruppenverhalten von Menschen Bedeutung (→ *Evolutionstheoretischer Ansatz*). Erste Anwendungen in der Produktionstheorie finden sich bei der so genannten → *Fuzzy Logic,* die bereits in zahlreichen elektronischen und optischen Geräten verwendet wird.

▶ Chargenproduktion

Produktionsprogramm (→ *Produktionsprogramm*), bei dem eine bestimmte Menge an Einsatzgütern in einem abgeschlossenen Teilprozess der Produktion bearbeitet wird. Der Teil der Gesamtproduktionsmenge, der gemeinsam in einem Teilprozess bearbeitet wurde, wird als Charge bezeichnet. Häufig unterscheiden sich die Chargen hinsichtlich ihrer Beschaffenheit (z. B. Farbton nach einem Brennvorgang, Geschmack nach einem Brauvorgang), so dass sie häufig gegenüber den Kunden bzw. Abnehmern durch eine Chargennummer unterscheidbar gemacht werden. Der Umfang einer Charge kann durch die Kapazität des Teilprozesses (z. B. Fassungsvermögen eines Ofens) oder durch die jeweils verfügbare Einsatzmenge der Grundstoffe bestimmt sein. Durch die Variation der Produkteigenschaften und den teilweise diskontinuierlichen Produktionsausstoß (z. B. kompletter Ausschuss eines Brennofeninhaltes) stellt dieser Fertigungstyp besondere Anforderungen an die Produktions- und Absatzplanung.

▶ Chart

Im Rahmen der Analyse von Wertpapieren bzw. Effekten insbesondere für Aktien eingesetzte grafische Darstellung von Kursverläufen der betrachteten Analyseobjekte zur Prognose der weiteren Kursverläufe. Im Gegensatz zur Fundamentalanalyse (→ *Wertpapieranalyse*), die mit Hilfe der → *Barwertmethode* die künftigen Ertragsaussichten zu einem heutigen inneren Wert des Papiers verrechnet, versucht die Technische Analyse, mittels eines Charts ausschließlich aufgrund der Beobachtung des bisherigen Kursverlaufes die künftige Entwicklung vorherzusehen. Die als Liniencharts, Balkencharts oder so genannte Point-and-Figure-Charts vorkommenden Darstellungen werden anhand von Durchschnitts-, Trendlinien oder Extremwerten im Chart beurteilt. In der Abbildung sind so genannte 30-Tage-Linien, Widerstandslinien oder Unterstützungslinien dargestellt (→ *Random Walk-Hypothese*). Ob, wie überzeugte Chartisten glauben, Wimpel-, Flaggen-, oder Keildarstellungen eindeutige Hinweise auf künftige Kursentwicklungen ermöglichen, sei dahingestellt. Häufig führt das Durchstoßen einer Widerstandslinie oder die Bildung so genannter Kopf-Schulter-Formationen zu einer Kursentwicklung, die ausschließlich durch die Chartanalyse bedingt ist (Self-fulfilling-Prophecy).

▶ Chartanalyse

→ *Wertpapieranalyse*

▶ Checkliste

Schriftliche Aufzählung von Merkmalen, die einen Gegenstand umfassend beschreiben. Durch Checklisten soll das Vergessen oder das versehentliche bzw. absichtliche Übergehen von Teilaspekten verhindert werden. Die Listen stellen an den Benutzer keine hohen Anforderungen und werden daher in der Praxis z. B. bei Materialprüfungen oder in der Projektarbeit (→ *Projekt*) häufig eingesetzt.

▶ Chief Executive Officer (CEO)

Chief Executive Officer ist die aus dem angloamerikanischen Sprachraum stammende Bezeichnung für den Vorsitzenden der Geschäftsleitung bzw. der Geschäftsführung oder Vorstandsvorsitzenden eines Unternehmens. In amerikanischen Unternehmen ist der CEO vom „Chairman of the Board" zu unterscheiden, der dem Aufsichtsrat von Aktiengesellschaften vorsteht. Hier ist aber der CEO häufig aber auch Mitglied des Aufsichtsrats (Member of the Board).

Im Zuge der zunehmenden → *Globalisierung* wird die Bezeichnung CEO vermehrt auch von Organisationen im deutschsprachigen Raum verwendet, sie hat aber im Gegensatz zur Bezeichnung des Geschäftsführers oder Vorstandsvorsitzenden keine rechtliche Bedeutung.

▶ Chief Financial Officer (CFO)

Chief Financial Officer ist die aus dem angloamerikanischen Sprachraum stammende Bezeichnung, die im deutschsprachigen Raum in etwa dem Kaufmännischen Geschäftsführer oder Finanzvorstand der → *Aktiengesellschaft* entspricht. Sie wird im Rahmen der zunehmenden → *Globalisierung* auch verstärkt als Titel angewendet, hat aber wie die Bezeichnung → *Chief Executive Officer (CEO)* keine rechtliche Bedeutung.

▶ Churn Management

Kunstwort, das aus den Begriffen „Change" und „Turn" gebildet wurde. Hintergrund sind die Bestrebungen, Kunden vom möglichen

„Abwandern" zu einem Wettbewerber abzuhalten und sie deshalb rechtzeitig und gezielt anzusprechen. Die Möglichkeiten des Kunden in Zeiten des Internet-Commerce (→ *Internet-Marketing*) verschiedene Anbieter von Produkten und Dienstleistungen vergleichen, führt zu einer fehlenden Kundenloyalität, da das Abwandern zum Mitbewerber nur einen geringen Aufwand erfordert. Insbesondere bei Vertragsbeziehungen mit bestimmter Laufzeit wie Mobilfunkverträgen oder Zeitschriftenabonnements ist dieses Verhalten zu beobachten. Grundsätzlich ist es für Unternehmen sinnvoll, nur profitable Kunden zu halten und unprofitablen den Weggang zu erleichtern (→ *Customer Lifetime Value (CLV)*).

▶ CI

→ *Corporate Identity (CI)*

▶ CIM

→ *Computer Integrated Manufacturing (CIM)*

▶ Claim Management

Nachforderungsmanagement als Teil des Vertragsmanagements im → *Projekt.* Bei einem Projekt, welches über einen längeren Zeitraum läuft, ist es nicht möglich, alle in der Zukunft liegenden Entwicklungen bereits bei der Vertragsgestaltung zu berücksichtigen. Dies hat zur Folge, dass sich in der Projektdurchführung Änderungen ergeben, die vorher von den Vertragsparteien entweder nicht bedacht oder aber anders bewertet wurden. Änderungen, unabhängig ob durch den Auftraggeber, durch andere Projektbeteiligte oder durch Dritte wie z. B. den Gesetzgeber veranlasst, bewirken immer eine Veränderung der Kostenplanung und des zeitlichen Rahmens des Projekts. Vor allen Dingen die Langfristigkeit sowie die hohe Variabilität im Anlagengeschäft führen zu einem häufigen vertraglichen Änderungsbedarf. Darüber hinaus können → *Leistungsstörungen* eintreten, die den vertraglich vereinbarten Projektablauf behindern. Claims sind finanzielle oder terminliche Forderungen, die eine Vertragspartei über den eigentlichen Vertragsinhalt hinaus an eine andere stellen kann. Claim-Manager sind Dienstleister und Berater für den Projektleiter und müssen die Gründe für Verzögerungen beurteilen und bewerten sowie technisch mögliche Änderungen mit den in den Verträgen festgelegten Anforderungen abwägen können.

▶ Clean Payment

Bezeichnung für den nichtdokumentären Zahlungsverkehr im Rahmen der → *Außenhandelsfinanzierung*. Hierzu gehören insbesondere die Auslandsüberweisung, die → *Reisezahlungsmittel* und auch der → *Wechsel* im Außenhandelsgeschäft.

▶ Clearing

Bewusster Ausgleich von Forderungen und Verbindlichkeiten zwischen Banken oder zwischen Marktteilnehmern auf einem → *Finanzmarkt*. Insbesondere im Termingeschäft am → *Terminmarkt* ist die Einschaltung eines so genannten Clearing-House gebräuchlich, das die ordnungsgemäße Verrechnung und Abwicklung sowie teilweise die Besicherung der einzelnen Geschäfte zwischen Käufer und Verkäufer besorgt (Geschäftsbesorgungsverträge). Im Gegensatz zur klassischen Clearingstelle, z. B. einer Girozentrale im Sparkassenbereich, die nur gegenseitige Zahlungen verrechnet und damit meist nur EDV-technische Hilfestellung bietet, hat die neue Art des Clearings eine erhebliche qualitative Verbesserung erfahren. So nimmt z. B. die → *Deutsche Börse AG* die Funktion des Clearing-House im Rahmen der in Frankfurt stattfindenden Wertpapier- und Devisentermingeschäfte wahr.

▶ Clearing-House

→ *Clearing*

▶ Client

(1) Rechner, der auf einen Server zugreifen muss, um Anwendungen oder Dokumente zu nutzen.

(**2**) Programm, das auf eine bestimmte Server-Anwendung zugreift, um die angebotenen Dienste zu nutzen, z. B. „Front-End“ für eine Datenbank-Server-Anwendung. Der Client bietet eine Benutzeroberfläche (Schnittstelle) für die Eingabe, Bearbeitung und Abfrage von Daten; die eigentliche Arbeit mit den Daten erledigt die Server-Anwendung.

(**3**) Im Internet wird unter einem Client ein Programm verstanden, das alle Regeln und Verfahren kennt, um auf bestimmte Internet-Dienste (zum Beispiel E-Mail, FTP) zugreifen zu können.

▶ Client-Server

In einem Computernetz stellt ein Server Daten und Dienste für den angeschlossenen → *Client* bereit. Die Begriffe „Client“ (dt.: Kunde) und „Server“ (dt.: Diensteanbieter) können sowohl einen Rechner (Hardware) als auch ein Computerprogramm (Software) bezeichnen. Der Server nimmt die Anfragen eines oder mehrerer Clients entgegen und sendet daraufhin die angeforderten Daten über das Netz. So können Speicherplatz und Rechnerkapazitäten optimal ausgelastet und Anwendungsprogramme von mehreren Nutzern gemeinsam genutzt werden. Diese Computerarchitektur wurde von der Firma *Xerox* am Palo Alto Research Center (PARC) entwickelt.

▶ Climax-Indikator (CLX)

Aktienindex (→ *Aktienindex*) und → *Chart,* das zur Beurteilung des Gesamtmarktes dient. Aus einer Anzahl den Markt repräsentierender Aktien wird für jede Aktie die Relation aus Handelsumsätzen und dem jeweiligen Kurs errechnet. Sinken die Kurse, ohne dass die Umsätze zurückgehen, so kann mit einem baldigen Sinken des Kurses gerechnet werden. Die Linie der Über- oder Unterverkäufe ergibt die Climax-Linie.

▶ Cloud Computing

Bereitstellung von IT-Infrastruktur (Speicherplatz, Rechenleistung, Anwendersoftware) über das Internet. Diese wird über ein Rechnernetz zur Verfügung gestellt und ist daher nicht auf dem lokalen

Rechner installiert. Unternehmen, die diese Computingdienste anbieten, werden als Cloudanbieter bezeichnet und stellen die Cloud Computing-Dienste üblicherweise basierend auf der jeweiligen Nutzung in Rechnung.

Die alltägliche Verwendung von E-Mails, Filme oder Fernsehsendungen wiederzugeben, online Spiele zu spielen oder Bilder und andere Dateien zu speichern sind bereits heute typische Anwendungsgebiete des Cloud Computing.

Anwendungsmöglichkeiten der Cloud sind u. a.:

- Daten speichern, sichern und wiederherstellen
- Websites und Blogs hosten
- Audio- und Videoinhalte streamen
- Software bedarfsgesteuert bereitstellen
- Datenmuster analysieren und Vorhersagen treffen

Vorteile des Cloud Computing liegen v. a. in

- **Kosten:** Hardware-, Software- sowie Investitionskosten in Datacenter entfallen oder können deutlich reduziert werden. Zusätzlich entfallen die Kosten für Betreuung und Wartung dieser Systeme.
- **Geschwindigkeit:** Die Flexibilität der Systeme erlaubt, dass sich selbst äußerst große Mengen an Computingressourcen innerhalb weniger Minuten bereitstellen lassen.
- **Globale Skalierung:** Die Möglichkeit, die richtige Menge an IT-Ressourcen (beispielsweise eine höhere oder niedrigere Leistung, Speicherkapazität oder Bandbreite) genau dann bereitzustellen, wenn sie benötigt wird – und zwar vom richtigen geografischen Standort.
- **Produktvität:** Durch die Eliminierung von lokalen Datacentern lässt sich der Einrichtungs- und Verwaltungsaufwand von Hard- und Software deutlich reduzieren und ermöglicht, dass sich IT-Teams auf wichtigere Unternehmensziele konzentrieren können.
- **Leistung:** Die größten Cloud Computing-Dienste werden in einem globalen Netzwerk aus sicheren Datencentern ausgeführt,

die regelmäßig auf die neueste Generation schneller und effizienter Computinghardware aktualisiert werden. Dieser Aufbau bietet gegenüber einem einzelnen Unternehmensdatencenter eine Reihe von Vorteilen, wie z. B. geringere Netzwerklatenzen für Anwendungen und größere Kostenersparnisse.

- **Zuverlässigkeit:** Datensicherung, Notfallwiederherstellung und Geschäftskontinuität werden erleichtert und die zugehörigen Kosten werden gesenkt, da Daten an mehreren redundanten Standorten im Netzwerk des Cloudanbieters gespiegelt werden können.

Arten des Cloud Computing:

- **Public Cloud:** Befinden sich im Besitz externer Clouddienstanbieter und werden von diesen betrieben. Dabei werden die Computingressourcen wie Server und Speicher über das Internet bereitgestellt. Microsoft Azure ist ein Beispiel für eine Public Cloud. Bei Public Clouds sind sämtliche Hardware-, Software- und andere unterstützende Infrastrukturkomponenten Eigentum des Cloudanbieters und werden von diesem verwaltet. Sie nutzen einen Webbrowser, um auf diese Dienste zuzugreifen und ihr Konto zu verwalten.
- **Private Cloud:** Bei einer Private Cloud werden die Cloud Computing-Ressourcen exklusiv von einem einzigen Unternehmen genutzt. Private Clouds können sich physisch im lokalen Datencenter des Unternehmens befinden. Einige Unternehmen nutzen jedoch auch die Leistungen externer Dienstanbieter, um ihre Private Cloud zu hosten. Bei Private Clouds werden die Dienste und Infrastrukturkomponenten in einem privaten Netzwerk verwaltet.
- **Hybrid Cloud:** Hybrid Clouds sind eine Kombination aus Public Clouds und Private Clouds, die über Technologien für eine gemeinsame Nutzung von Daten und Anwendungen verbunden sind. Da Daten und Anwendungen zwischen Public Clouds und Private Clouds verschoben werden können, profitieren Unternehmen mit Hybrid Clouds von mehr Flexibilität und umfangreicheren Bereitstellungsoptionen.

Die Nutzung von Cloud Computing zeigt sich im privaten Nutzerbereich verstärkt in den über die Cloud zur Verfügung gestellten Datenspeicher, auf die dann geräteunabhängig und plattformübergreifend zugegriffen werden kann. Dies erlaubt u. a. geräteunabhängig Dokumente von lokalen Zugängen unabhängig bearbeiten zu können.

Inzwischen sind darüber hinaus auch die Anbieter von wichtigen Softwarepaketen wie Microsoft mit dem Office Softwarepaket dabei, künftige Versionen nur noch als Cloud Angebot anstatt der bisher üblichen Installation auf dem lokalen Rechner anzubieten (Microsoft Office 365).

▶ Cluster-Analyse

Verfahren der → *Marktsegmentierung.* Ziel hierbei ist es, eine heterogene Konsumentenschaft in sich möglichst homogene, d. h. ähnliche, untereinander aber möglichst heterogene, d. h. unterschiedliche Gruppen einzuteilen. Bei dieser Analyse werden die Konsumenten anhand bestimmter Konsumentenmerkmale (z. B. Alter, Einkommen) in so genannte Cluster („Klumpen") eingeteilt. Dabei kann folgender Ablauf zugrunde gelegt werden:

(1) Festlegung der zu berücksichtigenden Konsumentenmerkmale

(2) Ermittlung der Ausprägungen der Konsumentenmerkmale je Person

(3) Ermittlung der Ähnlichkeit bzw. Verschiedenheit der Konsumenten anhand dieser Ausprägungen

(4) Bildung von Cluster-Gruppen

(5) Beschreibung der Cluster.

▶ CNC-Fertigung

Computergesteuertes Produktionsverfahren (Computerized Numerical Control), bei dem mit Hilfe eines Computers numerische Daten in Steuersignale für die Bewegung und Schaltung eines Werkzeugs umgesetzt werden. Vorgänger von CNC-Maschinen waren NC-Maschinen, die noch mit Hilfe eines Lochstreifens die Fertigung steuerten. Moderne CNC-Techniken steuern nicht nur die Bewegung von Werkzeugen in Produktionsanlagen, sondern stellen gleichzeitig den Zustand der einzelnen Maschine bzw. des Werkstücks fest und melden dies im Sinne eines Regelkreises an die Steuergröße weiter. In modernen CNC-Anlagen wird selbst der Werkzeugwechsel automatisch gesteuert.

▶ Coaching

Psychische und/oder physische Begleitung einer → *Führungskraft* durch einen Coach (Trainer). Der Coach kann dem Begleiteten von Hinweisen zur Etikette bei Tisch bis hin zu Verhaltensregeln in Führungssituationen oder körperlichen Problemen (z. B. Stressbewältigung; → *Motivation*) Hilfestellung anbieten. Diese Hilfestellung wird erst in jüngster Zeit systematisch von Beratungsunternehmen angeboten.

▶ Collaborative Business

Bezeichnung für eine zwischenbetriebliche Kooperation, die sich auf organisatorische und Daten verarbeitende Vorgänge bezieht (Abkürzung: C-Business). Dabei werden bewusst Unternehmensgrenzen übersprungen und auch mit Konkurrenzunternehmen Netzwerke geplant. So möchte z. B. ein Kunde beim Lieferanten permanent den Stand der Produktion oder Auslieferung per Internet erfahren oder will der Kunde sein Beschaffungssystem mit dem des Lieferanten verknüpfen. Ziel ist, Prozesse zu optimieren sowie Zeit und Kosten zu sparen. Kollaborativ steht in diesem Zusammenhang für die Ausführung eines Geschäftsprozesses mit dem Zugriff auf alle notwendigen Ressourcen der Partnerunternehmen. C-Business ist damit die konsequente Fortentwicklung von → *Supply Chain Management (SCM)*.

▶ Collar

Vereinbarung einer Zinsober- und einer Zinsuntergrenze (→ *Cap*, → *Floor*).

▶ Commercial Paper (CP)

Inhaberpapier (→ *Inhaberpapier*), das im Gegensatz zu einem → *Certificate of Deposit (CD)* nicht von Banken, sondern meist von Unternehmen als Inhaberteilschuldverschreibung ausgegeben wird. Im Gegensatz zu den CDs sind die Laufzeiten nicht standardisiert und die Zinszahlung erfolgt durch die Berechnung eines → *Disagio.* Als Emittenten kommen nur erstklassige Industrieadressen mit einem guten → *Standing* in Frage, die von den Ratingagenturen (→ *Rating*) mit einer hohen Bonität eingestuft werden. Ein dem CP verwandtes Finanzierungsinstrument stellen → *Asset Backed Securities (ABS)* dar.

▶ Commodity

Begriff für Rohstoffe oder Waren, die an Börsen gehandelt werden. Hierzu zählen nicht-metallische Rohstoffe wie Kakao, Zucker, Getreide etc. sowie metallische Rohstoffe, die an einer entsprechenden → *Börse* gehandelt werden. In einer weiter gehenden Definition werden unter Commodities alle beweglichen Güter wie Geschäftsgegenstände, Investitionsgüter, Konsumgüter und Rohstoffe verstanden.

Der Commodity-Ansatz geht davon aus, dass der Umgang mit bestimmten Waren auch Konsequenzen hinsichtlich des strategischen und operativen → *Marketing* hat.

▶ Compound Annual Growth Rate (CAGR)

→ *Wachstumsrate*

▶ Comprehensive Income

Gesamtergebnisgröße (Comprehensive Income) nach IFRS (IAS 1) und US-GAAP, welches sich aus der Addition des Jahresüberschusses/-fehlbetrags (Net Income) und des Sonstigen Ergebnisses (Other Comprehensive Income) ergibt. Das Sonstige Ergebnis enthält die in der Abrechnungsperiode erfolgsneutral, d. h. direkt ins Eigenkapital gebuchten Beträge, wie z. B. Zuschreibungen bei einem Wertpapier der Kategorie „Available for Sale" über die Anschaffungskosten hinaus. Das Comprehensive Income bringt also den Gewinn zum Ausdruck, der sich ergeben hätte, wenn anstelle der erfolgsneutralen Buchungen diese erfolgswirksam über die → *Gewinn- und Verlustrechnung (GuV)* gebucht worden wären. Dabei sind auch latente Steuern zu berücksichtigen. Im → Eigenkapitalspiegel sind diese erfolgsneutral gebildeten Bestandteile des Eigenkapitals separat zu zeigen.

▶ Computer Aided Design (CAD)

Rechnergestützte Konstruktion bzw. Entwicklung von Werkzeugen und Produkten. Teil des CAD ist der Entwurf von Produktteilen und der Gesamtkonfiguration des Produkts in anschaulicher Darstellung, die Bestimmung der geometrischen Formen sowie die Durchführungen von Berechnungen über notwendige Materialien und Produktionsprogramme.

▶ Computer Aided Engineering (CAE)

Zusammenfassender Begriff für die Komponenten → *Computer Aided Design (CAD)* und → *Computer Aided Planning (CAP)*. CAE umfasst damit alle Ingenieuraufgaben wie Entwicklung, Konstruktion, Test, Analyse bis hin zur Arbeitsablaufplanung. Die sich anschließende Realisierung der Arbeitsablaufplanung im Sinne der Produktion kann ebenfalls computerunterstützt werden (→ *Computer Aided Manufacturing (CAM)*).

▶ Computer Aided Manufacturing (CAM)

Rechnergestützte Produktion, die sowohl Transport-, Lager- als auch Fertigungsvorgänge steuert. Vorausgegangen ist meist eine rechnergestützte Konstruktion (→ *Computer Aided Design (CAD)*) sowie eine rechnergestützte Arbeitsplanung (→ *Computer Aided Planning (CAP)*). Durch die kombinierte Verknüpfung von CNC-Technik, automatischer Transport- und Lagerverwaltung, rückwirkender Prüf- und Messsysteme sowie einer kontinuierlichen Prozesssteuerung und -überwachung entsteht ein flexibles Fertigungskonzept, das auf unterschiedliche Situationen (z. B. Auftragslage, Kapazitätsausfall) reagieren kann. Ziel ist sowohl eine zeitliche Optimierung durch automatischen Werkzeugwechsel und Minimierung von Rüstzeiten, als auch die qualitative Verbesserung des Produktionsprozesses durch Vermeidung menschlicher Fehler.

▶ Computer Aided Planning (CAP)

Computergestützte Arbeitsplanung auf Basis eines → *Computer Aided Design (CAD)*. Aufgabe der Arbeitsplanung besteht darin, auf Basis einer Konstruktion die einzelnen Arbeitsschritte und den Einsatz von Werkzeugen von Arbeitssystemen bzw. Produktionsfaktoren zu gestalten. Ausgegangen wird zumeist von den notwendigen Materialien und Einzelteilen, wodurch eine so genannte → *Stückliste* entsteht. Anschließend kann ein Prozessentwurf über die chronologisch bzw. logisch sinnvollen Arbeitsschritte erstellt werden. Zielsetzung des CAP, das meist im Rahmen eines → *Computer Integrated Manufacturing (CIM)*- Systems vorkommt, ist neben einer zeitlichen Optimierung des Arbeitsablaufs (Minimierung der Durchlaufzeit) eine Reduktion der Planungszeiten und -kosten durch die Computerunterstützung und eine qualitative Verbesserung der Arbeitsleistung.

▶ Computer Aided Quality Assurance (CAQ)

Computerunterstützte Maßnahmen zur Planung und Durchführung von Qualitätssicherung. CAQ begleitet und überwacht den Produktionsprozess von der Produktionsplanung (→ *Computer Aided Engineering (CAE)*) bis einschließlich der Fertigung (→ *Computer Aided Manufacturing (CAM)*), wozu eine Vernetzung der Computersysteme im Fertigungsbereich erforderlich ist, um die notwendigen Daten zu erheben und auszuwerten. CAQ bettet sich in das Modell des → *Computer Integrated Manufacturing (CIM)* ein.

▶ Computerbörse

→ *Börsenhandelsformen*

▶ Computer Integrated Manufacturing (CIM)

Computerunterstützte Planung, Steuerung und Kontrolle der → *Produktion* eines Unternehmens. Dies kann von der Konstruktion (→ *Computer Aided Design (CAD)*) über die Arbeitsplanung (→ *Computer Aided Planning (CAP)*) bis hin zur rechnergestützten Produktion (→ *Computer Aided Manufacturing (CAM)*) reichen. Häufig werden derartige Systeme in der EDV-Branche unter dem Begriff → *Produktionsplanungs- und Steuerungssystem (PPS)* angeboten.

▶ Conjoint Measurement

Ein auf Marktforschungsdaten basierendes Verfahren, um die quantitative Prozentbedeutung einzelner Nutzenkomponenten der angebotenen Leistung (in der Praxis meist von Produkten, nur z. T. erst von Dienstleistungen) zu ermitteln. Da diese nutzenstiftenden Leistungsmerkmale meist in Verbundbeziehung zueinander stehen und der subjektiv vom Kunden empfundene Nutzen keineswegs nur von der Einzelleistung herrühren muss, sondern z. B. auch durch das generelle Unternehmensimage bedingt ist, versucht die Analyse zunächst einen so genannten **Bündelnutzen** zu ermitteln. Daraus werden im nächsten Schritt relevante Kaufeigenschaften (i. S. der → *Zielkostenrechnung*) herausgefiltert, die dann kombiniert mit einem Kosten- und Erfolgsdenken innerhalb des Conjoint Costing Basis für die Leistungs- und insbesondere Produktgestaltungsentscheidung sind. Der Ablauf des Conjoint Measurement lässt sich in 5 Phasen einteilen: (1) Erkennen relevanter Kaufmerkmale, (2) Operationalisierung der möglichen Ausprägungen je Kaufmerkmal, (3) Durchführung der Marktforschung, (4) Bestimmung der Gesamtnutzenfunktion sowie der Teilnutzenwerte aufgrund der einzelnen Kaufmerkmale und (5) Überlegungen zur Produktgestaltung.

▶ Consistency Principle

→ *Grundsatz der materiellen Bilanzkontinuität (Stetigkeit)*

▶ Consulting

Unternehmensberatung. Je nach Beratungskonzept, Einflussgrad auf den Klienten bzw. Beteiligungsintensität des Klienten am Beratungsprozess unterscheidbare Beratungsarten. Consulting kann sich von der Krisen- bzw. Sanierungsberatung, über eine konkrete Problemlösungsberatung bis hin zum → *Coaching*, d. h. einer laufenden Unternehmens- oder Führungskräfteberatung erstrecken. Eine Trennung in Personal- und Unternehmensberatung ist im Rahmen des Consulting immer weniger möglich. Die Beratungsmethoden unterscheiden sich je nach Beratungsstrategie und Philosophie eines Consultants. Bei der Auswahl eines Consultant kann in Deutschland der *Bundesverband Deutscher Unternehmensberater (BDU)* behilflich sein, der Mindestanforderungen an die Qualifikation seiner Mitglieder stellt.
Häufig wird ein Unternehmen bei der Implementierung von Beratungsvorschlägen allein gelassen, wodurch Umsetzungs- und Motivationsprobleme entstehen. Eine Einbindung des Beraters im Sinne einer permanenten → *Organisationsentwicklung* oder eines → *Coaching* ist daher unter Abwägung der Kosten vorteilhaft.

▶ Consumer Price Index (CPI)

Maßstab für die durchschnittliche Preisentwicklung eines definierten Warenkorbes der städtischen Bevölkerung in den USA. Die Berechnung beruht auf Daten von 1982–84, die mit dem Index 100 gleichgesetzt wurden. Der Warenkorb setzt sich aus Lebensmitteln, Energie, Kosten für Wohnen, Kleidung, Beförderungsmittel, Gesundheit, Bildung, Erziehung und Unterhaltung zusammen. Der CPI stellt für die Verbraucher eine Möglichkeit dar, die Preise des Warenkorbes zu verschiedenen Zeitpunkten zu vergleichen. Jeden Monat befragt das Bureau of Labor Statistics (BLS) Einzelhandelsgeschäfte überall in den USA und sammelt Preisinformationen. Diese Posten werden dann in eine der 200 Ausgabenkategorien eingeordnet. So können Preisveränderungen in den einzelnen Kategorien abgeschätzt werden.

▶ Consumption on the Job

Verschaffung eines zusätzlichen Verdienstes oder Honorars von Managern einer Unternehmung oder deren Aufsichtspersonen z. B. durch luxuriöse Geschäftsausstattung oder Bewirtung bei Besprechungen, die zu Lasten der Ausschüttung oder Gewinnanteile der Anteilseigner gehen. In diesem Zusammenhang ist auch der → *Moral Hazard* von Bedeutung.

▶ Content Management

Oberbegriff für die Administration von Webinhalten, die auch den Erstellungsprozess sowie die weitergehende Aktualisierung beinhaltet. Digitale Informationen als Text- Bild- Audio- oder Videodateien werden hierbei häufig als Content (Inhalt) bezeichnet. Diese können als einzelne Dateien oder als zusammenhängende Dateisysteme, wie in Webseiten oder Datenbanken, vorliegen.

Content Management Systeme (CMS) sind Softwaresysteme, die es erlauben, unterschiedliche Rollen und Verantwortlichkeiten an verschiedene Nutzer und Content-Kategorien/Typen zu vergeben, die wichtigsten Nutzer und ihre Rollen zu identifizieren, Verarbeitungsprozesse als Workflow zu definieren (z. B. die Möglichkeit, Nachrichten per E-Mail an Verantwortliche zu senden, sobald sich am Content bestimmter Unterlagen etwas ändert und verschiedene Versionen einer Unterlage nachzuhalten und zu verwalten.

▶ Content Marketing

Beim Content Marketing werden im Gegensatz zu klassischer Werbung nicht direkt Produkte oder das Unternehmen dargestellt, sondern es wird über Unterhaltung, nützliche Informationen oder Wissensvermittlung versucht, eine positive Verbindung zum Unternehmen oder den Produkten herzustellen. Häufig wird dies in entsprechenden Fachpublikationen oder Unterhaltungsmedien mit hoher Reichweite gemacht. Zunehmende Bedeutung gewinnen aber auch firmeneigene Blogs, die Nutzung von → *Social Media* wie Facebook, Twitter & Co., entsprechende eigene Apps oder Online-Plattformen wie YouTube u. ä.

Ziel ist es, Unternehmen durch positive Beiträge und Informationsvermittlung als Experten und Kenntnisträger zu positionieren, um beim Kunden eine Präferenz für das Unternehmen und seine Produkte aufzubauen.

Als Beispiele für Content-Marketing lassen sich die Online Publikationen großer Elektronikhändler nennen, bei denen nicht einzelne Produkte beworben werden sondern Infos zu neuen technologischen Trends vermittelt werden oder auch Apps von Herstellern von Pflanzenschutzmitteln, die Informationen über die Pflanzen- und Tierwelt bereitstellen.

► Controller

→ *Controlling*

► Controlling

Laufender, informationsverarbeitender Prozess zur Überwachung und Steuerung der Realisation von Plänen (→ *Führungsprozess*). Im Gegensatz zur bloßen → *Kontrolle,* z. B. durch die → *Interne Revision*, hat das Controlling begrenzte Weisungskompetenzen zur Steuerung der Abläufe. Controlling vollzieht sich häufig mittels einer → *Kennzahl* und → Kennzahlensysteme.

Bei der Festlegung der Geschäftspolitik und insbesondere bei der Strategischen Planung und Operativen Planung wirkt der Controller mit (strategisches Controlling). Er ermittelt Auswirkungen der Zielsetzungen und der Einzelplanungen auf die Wettbewerbsfähigkeit der Unternehmung. Diese Aufgabe ist stark zukunftsorientiert. Darauf aufbauend werden die langfristigen Ziele der Unternehmung festgelegt und geeignete Maßnahmen zu deren Verwirklichung sowie die dazu notwendigen Ressourcen geplant (operatives Controlling). Der Controller hat diese Einzelpläne zu einem konsistenten Gesamtplan zusammenzufügen. Die Einhaltung der Planrealisation hat er laufend zu überwachen; bei Abweichungen sind von ihm die Ursachen zu analysieren und eventuelle Gegensteuerungsmaßnahmen zu entwickeln. Hierfür hat der Controller auch die entsprechenden betriebswirtschaftlichen Instrumente und Techniken zu entwickeln bzw. an die betriebsindividuellen Gegebenheiten anzupassen und fortzuentwickeln.

Neben dem klassischen Controlling lassen sich spezielle Ausprägungen wie z. B. das → *Prozesscontrolling,* → *Marketing-Controlling,* → *Servicecontrolling* oder → *Projektcontrolling* unterscheiden.

▶ Convenience Goods

Güter des alltäglichen Bedarfs, die häufig und ohne intensive Planung oder Vorbereitung gekauft werden. Im Normalfall handelt es sich um Güter mit einem vergleichsweise niedrigen Preis, die mit Hilfe einer Massenmarktstrategie des Herstellers vertrieben werden. Diese Güter können an vielen Orten erworben werden, zum Beispiel: Brot, Zeitung, Toilettenpapier, Benzin u. a. Der Kunde kauft diese entsprechend seiner Kaufgewohnheiten ohne extensiven Informations- und Auswahlprozess und erwartet auch eine hohe regionale Verfügbarkeit.

Im Rahmen der → *Produkteinteilung* lassen sich darüber hinaus auch Shopping Goods sowie Speciality Goods unterscheiden.

▶ Conversion Rate

Kennzahl aus dem Online Marketing, die das Verhältnis der Besucher einer Website zu sog. „Conversions" prozentual anzeigt. Als Conversion kann jedes zuvor definierte Ziel gezählt werden, es muss nicht zwangsläufig ein Kauf oder eine Transaktion sein. So können z. B. auch Besuche einer Seite (→ *Page Impression*) im Vergleich zu Newsletteranmeldungen gezählt werden. So kann die Conversion Rate berechnet werden, indem die Anzahl an Conversions durch die Anzahl der Impressions geteilt wird.

Beispiel: 175 Conversions / 1000 Impressionen = 17,5 % Conversion Rate

Um zu vermeiden, dass mehrfache Seitenaufrufe derselben Person an einem Tag gezählt werden oder Seitenbesuche durch Bots (automatisierte Zugriffe zur Manipulation der Zugriffszahlen) können differenziertere Messmethoden eingesetzt werden.

Für die CRO (Conversion-Rate-Optimierung) gehört das Messen von Kunden im Verhältnis zu den erfolgten Conversions zu den wichtigsten Kennzahlen. Die CRO ist meist Teil der Suchmaschinenoptimierung. Sie kann die Generierung von → *Leads*, die Umsatz- sowie die Absatzzahlen verbessern.

Allgemein wird unter Online-Marketing-Experten von einer durchschnittlichen Conversion Rate von 1 % im E-Commerce ausgegangen. Dies bedeutet in der Praxis, dass jeder 100ste Besucher etwas im Shop einkauft. Erfolgreiche Online-Shops arbeiten in der Regel mit Conversion Rates von knapp 10 Prozent. Allerdings hängt die Höhe der Conversion Rate von vielen weiteren Faktoren ab wie Art der Produkte, Preis der Produkte und der Saison.

Faktoren, die die Conversion Rate verschlechtern:

- Geringe Anzahl an Bezahlmöglichkeiten
- Komplizierte Anmeldevorgänge
- Unseriös wirkende Bestellvorgänge
- Geringe Sicherheitsstandards im Bestellprozess
- Technische Probleme bei der Bestellabwicklung
- Schlecht platzierte Buttons

▶ Corporate Behaviour

→ *Corporate Identity (CI)*

▶ Corporate Communications

→ *Corporate Identity (CI)*

▶ Corporate Design

→ *Corporate Identity (CI)*

▶ Corporate Finance

Insbesondere von einer → *Bank* oder einem → *Finanzinstitut* angebotene Dienstleistung an Unternehmen, deren gesamtes oder Teile des Finanzmanagements zu übernehmen. Dies kann die Beratung bei der Finanzierung von Projekten, der Entscheidung zwischen → *Leasing* versus Kauf, dem → *Investment Banking* sowie der Anbahnung und Finanzierung von Unternehmenszusammenschlüssen bzw. Unternehmensübernahmen (Mergers and Acquisitions) sein.

▶ Corporate Governance

Bezeichnung für die interne Organstruktur eines Unternehmens sowie all deren Regelungen, Sachverhalte und Verhaltensrichtlinien. Dabei können Regelungen auf Länder, Unternehmens- und Individualebene unterschieden werden. Der von einer CG-Kommission i. S. eines „aktienrechtlichen Ethik-Rates" im Auftrag der Deutschen Bundesregierung 2002 erlassene und seither kontinuierlich weiterentwickelte Corporate Governance Codex sieht Soll- und Kann-Vorstellungen an Aufsichtsräte und Vorstände von börsennotierten Gesellschaften vor. Der Kodex soll das Aktiengesetz ergänzen und wie Ausführungsrichtlinien die „Sorgfalt eines ordentlichen und gewissenhaften Geschäftsleiters" präzisieren bzw. in künftige Gesetzesänderungen einfließen. Da es sich bisher nicht um parlamentarisch legitimierte Gesetze handelt, wird deren Einhaltung stets fraglich bleiben.

▶ Corporate Identity (CI)

Anzustrebende Einmaligkeit bzw. Persönlichkeit eines Unternehmens, die dieses unverwechselbar macht und damit den relevanten Bezugsgruppen der Umwelt (z. B. Konsumenten, Lieferanten, Aktionären, Bürgern, Parteien, Medien) erlaubt, das Unternehmen in seiner Einmaligkeit zu erkennen, sowie den Mitarbeitern ermöglicht, sich mit dem Unternehmen zu identifizieren. Es lassen sich drei Elemente einer Corporate-Identity-Policy nennen:

(1) *Corporate Design*: Unverwechselbare Gestaltung der Elemente, die zum Erscheinungsbild des Unternehmens gehören, z. B. der Fir-

menname bzw. das Firmenzeichen, die Firmenfarben oder das Unternehmens- und Produkt-Design.

(2) *Corporate Communications*: Unternehmensbezogene Kommunikationspolitik. Hierzu zählen zum einen das so genannte Corporate Advertising (Unternehmenswerbung) und die → *Public Relations (PR)*, → *Öffentlichkeitsarbeit*. Ziele der Unternehmenswerbung sind z. B. die Erhöhung des Bekanntheitsgrades, die Vertrauenswerbung oder die Korrektur falscher Einschätzungen von Kunden. Öffentlichkeitsarbeit hat die Aufgabe, Vertrauen gegenüber dem Unternehmen und Verständnis für das Unternehmen zu schaffen. Hierunter fallen Maßnahmen wie Informationen an Journalisten, Pressekonferenzen, Bereitstellung von Broschüren und Filmen, Betriebsbesichtigungen, Stiftungen und Preise.

(3) *Corporate Behaviour*: Beeinflussung der Verhaltensweisen der Mitarbeiter untereinander und gegenüber der Umwelt entsprechend der verfolgten Corporate Identity. Es werden also Verhaltensweisen angestrebt, die nach außen die Einmaligkeit des Unternehmens erkennen lassen und intern die Integration der Mitarbeiter in das Unternehmen und ihre Identifikation mit dem Unternehmen fördern.

▶ Corporate Venture Capital

→ *Venture Capital (VC)*

▶ Cost-Benefit-Analyse

→ *Kosten-Nutzen-Analyse*

▶ Cost Center

→ *Profit Center*

▶ Cost Driver

→ *Prozesskostenrechnung*

▶ Cost per Click

(auch: „Pay per Click“) Abrechnungsmodell im Online Marketing, bei dem das werbetreibende Unternehmen dem Betreiber der Webseite pro Klick auf das Werbemittel wie Banner, Textlink oder Video einen definierten Betrag bezahlt. Das Tracking von Klicks auf Websites sowie die Herkunftsquelle ist mit entsprechenden Webanalyse-Tools möglich.

Die Preise pro Klick orientieren sich üblicherweise an verschiedenen Faktoren. So werden für Klicks auf Werbebanner üblicherweise höhere Preise verlangt als bei Klicks auf Textlinks. Klicks auf der Startseite sind üblicherweise teurer als solche auf nachfolgenden Webseiten. Auch die Reichweite spielt wie bei klassischen Medien eine Rolle bzgl. des CPC. Ebenso werden typischerweise bei größeren gebuchten Anzeigen entsprechende Rabatte gewährt.

Alternative Abrechnungsmethoden zum Cost per Click sind erfolgsbasierte Modelle wie Cost per Lead (CPL), Cost per Action (CPA), Cost per Order (CPO) oder Cost per Sale (CPS), bei denen Provisionen für weitergeleitete Kunden (CPL), Anmeldungen (CPA) oder tatsächliche Käufer (CPO, CPS) bezahlt werden. Aufgrund der Einfachheit sowie der bewährten Möglichkeiten der Messung hat sich der Klick als Maßstab für die Vergütung von Werbung im Online-Marketing bewährt.

▶ Coupon

→ *Kupon*

▶ Courtage

Vergütung für → *Makler.* Für amtliche Kursmakler einheitlicher Satz, z. B. für Aktien 0,06 % oder für festverzinsliche Wertpapiere maximal 0,075 % des Kurswertes, bei freien Maklern keine festen Sätze. So erhalten z. B. Börsenmakler eine Courtage in Abhängigkeit vom Kurswert der vermittelten Wertpapiere oder Immobilienmakler eine Courtage in Abhängigkeit von der Monatsmiete oder dem Kaufpreis der vermittelten Immobilie.

▶ CPM (Critical Path Method)

→ *Netzplantechnik*

▶ Credit Default Swap (CDS)

Kreditderivat, das prinzipiell einer Versicherung ähnelt, da der Versicherungsnehmer eine Prämie bezahlt und im Schadensfall Anrecht auf eine Leistung hat. Durch einen CDS wird das Ausfallrisiko einer Kreditposition an einen Vertragspartner übertragen. Dieser wird dafür mit einer Prämie entschädigt, die in Abhängigkeit des potentiellen Schadens sowie der Schadenseintrittswahrscheinlichkeit festgesetzt wird. Falls während der Laufzeit des CDS der Ausfall (Default) des Basistitels (Underlying) eintritt, muss der Risikokäufer eine Zahlungsverpflichtung erfüllen. Entweder erfolgt diese als so genanntes Cash Settlement, was bedeutet, dass ein fixer Geldbetrag oder die Wertdifferenz zwischen dem Nominalwert (→ *Nennwert*) und dem Marktwert nach Eintritt des Kreditereignisses (Credit Event) gezahlt werden, oder als physisches Settlement, d. h. der Sicherungsgeber kauft dem Risikoverkäufer die im Wert gesunkenen Titel zu einem ursprünglich vereinbarten Preis ab. Der CDS endet mit dem Eintritt des Kreditereignisses, bei Nichteintritt läuft er aus.

Anstelle eines Einzeltitels kann auch ein gesamtes Portfolio mit Anleihen oder Krediten als Underlying definiert werden, was dann als Basket Default Swap (Basket CDS) bezeichnet wird. Wird der gesamte Basket CDS bereits bei Eintritt des ersten Kreditereignisses aufgelöst, da der Risikokäufer den Risikoverkäufer entschädigt, bezeichnet man das als First to Default Swap.

▶ Credit Enhancement

Vertragliche Vereinbarung, bei der die Bank eine Verbriefungsposition zurückbehält oder übernimmt. Sie bietet (dadurch) wirtschaftlich gesehen bis zu einem bestimmten Ausmaß anderen Beteiligten an der Transaktion zusätzlichen Schutz vor Verlusten. Primär von den laufenden Einnahmen aus einer Immobilie abhängig.

▶ Critical Incident-Technik

Verfahren der → *Marktforschung*, bei dem Kunden nach besonders negativen und positiven Erlebnissen in Bezug auf ihre Zufriedenheit befragt werden. Ziel ist die Ermittlung der Bereiche im Unternehmen, bei denen sich negative Kundenerlebnisse häufen. Der Kunde wird dazu aufgefordert, sich explizit über seine Erfahrungen mit Verkäufern, Produkten oder dem Unternehmen zu äußern, die besonders negative oder besonders positive Konsequenzen für ihn gehabt haben.

In einem mehrstufigen Verfahren werden diese Aussagen ausgewertet und so klassifiziert, dass über das Erkennen bestimmter Häufigkeiten Erkenntnisse über Verbesserungsnotwendigkeiten gewonnen werden können.

▶ Critical Path Method (CPM)

→ *Netzplantechnik*

▶ Cross-Border Leasing

Sonderform des → *Leasing*, d. h. dem Vermieten von Gegenständen im Außenhandel (cross-border = grenzüberschreitend). Da die steuerliche Zurechnung des Leasinggegenstandes länderspezifisch unterschiedlich sein kann, lassen sich durch Cross-Border Leasing evtl. steuerliche Vergünstigungen dadurch erzielen, dass sowohl Leasingnehmer als auch Leasinggeber den Leasinggegenstand abschreiben können. Die steuerlichen Vergünstigungen in einem Land können außerdem in vergünstigten Leasingraten an den Partner weitergegeben werden (tax-based leasing). Im Rahmen des Cross-Border Leasing kommt insbesondere auch das Sale and Lease Back-Verfahren zur Anwendung. Sofern Leasinggeber und -nehmer dem gleichen Konzern angehören und z. B. eine deutsche Muttergesellschaft der ausländischen Tochtergesellschaft Gegenstände vermietet, wird von Intercompany Leasing gesprochen.

▶ Cross Buying

Zusatz- oder Folgekäufe, die ein Kunde bei demselben Unternehmen tätigt. War der Kunde mit einem Produkt oder einer Dienstleistung eines Unternehmens zufrieden, wird er es in Erwägung ziehen, weitere Produkte aus dem Leistungsprogramm der Firma zu kaufen. Für das Unternehmen lässt sich durch die Ausschöpfung dieser Kundenloyalität (→ *Loyalitätsmarketing*) Umsatz und Gewinn steigern.

Aus der Sicht des Verkäufers handelt es sich dabei um → *Cross Selling*.

▶ Cross Docking

Aus dem Bereich der → *Logistik* stammende Warenumschlagsart, bei der der Lieferant bereits die Kommissionierung der Waren empfängerspezifisch (z. B. einzelne Filialen oder Standorte) vornimmt. Über ein Umschlagslager werden die Lieferungen dann direkt an die Empfänger geleitet.

Das gegenteilige Konzept ist die sortenreine Lieferung an ein Lager mit Einlagerung sowie anschließender Kommissionierung und Auslieferung an den Endempfänger. Beim Cross-Docking kann also der Einlagerungsprozess sowie das Bestandslager vermieden werden.

Wesentliche Ziele dieses Verfahrens liegen zum einen in der Reduzierung der Anzahl der Prozessschritte sowie der Vermeidung damit verbundener Kosten wie auch der Kosten eines Bestandslagers.

▶ Cross Impact-Analyse

Technik zur Prognose von Umweltentwicklungen auf der Basis von Expertenurteilen, die versucht die Zusammenhänge (engl. *Cross Impact*) zwischen verschiedenen, zukünftig möglicherweise auftretenden Ereignissen darzustellen, zu analysieren und deren gegenseitige Auswirkungen zu berücksichtigen. Die Wahrscheinlichkeit, dass ein bestimmtes Ereignis eintritt, wird direkt vom Eintritt bzw. Nichteintritt eines anderen Ereignisses beeinflusst. Die Cross Impact Analyse erlaubt es, die Eintrittswahrscheinlichkeit jedes Ereignisses in Abhängigkeit von anderen Ereignissen zu bestimmen.

Sie wird in mehreren Schritten durchgeführt:

(1) Definition der relevanten Umweltergebnisse, die präzise und voneinander isoliert angegeben werden sollen

(2) Schätzung der unbedingten Eintrittswahrscheinlichkeiten der Ereignisse sowie deren Eintrittszeitpunkt

(3) Ableitung der Verknüpfungsfunktion, mit der die unbedingten Eintrittswahrscheinlichkeiten aus Schritt 2 in bedingte Wahrscheinlichkeiten überführt werden. Gesucht ist die Wahrscheinlichkeit, dass Ereignis i eintritt, wenn Ereignis j eingetreten ist. Als Ergebnis erhält man die Cross Impact-Matrix.

(4) Schätzung der Interdependenzen zwischen den einzelnen Ereignissen. Diese Abhängigkeiten werden durch so genannte „Impacts“ mit Werten zwischen 0 und 1 erfasst, die die Stärke des Zusammenhangs angeben und die noch durch die Richtung des Zusammenhangs näher spezifiziert werden

(5) Berechnung der revidierten Wahrscheinlichkeit der Ereignisse

▶ Cross Selling

Versuch, einem Kunden durch Verkauf eines Produktes gleichzeitig ein anderes Produkt aus dem Leistungsprogramm oder ein Kuppelprodukt mit zu verkaufen. Grundgedanke des Allfinanzkonzeptes, bei dem Banken auch Versicherungen, Bausparverträge und andere Finanzdienstleistungen anbieten.

▶ Culpa in contrahendo (cic)

Auch als Positive Forderungsverletzung bekannte Norm in §§ 241 und 311 BGB, wonach bereits bei Anbahnung eines Vertrages Schutzpflichten zu beachten sind und daher bei Verletzung Schadenersatzpflichten erwachsen können. So kann z. B. bei einer Kaufhandlung einem Kunden Schaden zugefügt werden, obgleich der Vertrag noch nicht geschlossen wurde. Es entsteht also eine Schuld bei Vertragsschluss (Culpa in contrahendo).

▶ Currency Future

→ *Währungsterminkontrakt*

▶ Currency Option

→ *Option*, → *Währungsoption*

▶ Currency Swap

→ *Swap*

▶ Customer Integration

→ *Kundenintegration*

▶ Customer Journey

→ *Design Thinking*

▶ Customer Lifetime Value (CLV)

Der Kundenkapitalwert oder Customer Lifetime Value bezeichnet den Gewinn, den ein Unternehmen mit einem Kunden über die Dauer der gesamten Kundenbeziehung erzielt. Dabei wird zwischen dem theoretischen Kapitalwert und dem tatsächlichen Kapitalwert unterschieden. Während der theoretische CLV die Gesamtausgaben eines Kunden (auch die bei der Konkurrenz) berücksichtigt, bezeichnet der tatsächliche CLV nur die Ausgaben, die auch tatsächlich im eigenen Unternehmen getätigt werden. Wesentliche Einflussfaktoren auf den CLV bilden die einmaligen Kundengewinnungskosten, der durchschnittliche Kundenumsatz p. a., die Kundenbindungsrate sowie die durchschnittliche Umsatzrendite.

▶ Customer Relationship Management (CRM)

Der im Rahmen des Konsumgütermarketings angesiedelte Ansatz entstammt dem Investitionsgütermarketing, das sich mit der Frage der langfristigen und individuellen → *Kundenbindung* befasst. Zwar steht die Schaffung von persönlicher Kommunikation eigentlich im

Widerspruch zu den Definitionsmerkmalen des Konsumgütermarketings wie mehrstufige, indirekte Absatzkanäle, Massenkommunikation und einer Vielzahl von Abnehmern, doch besteht auch im Konsumgüterbereich die verstärkte Notwendigkeit, in den Dialog mit dem Kunden zu treten. Mittel hierzu sind beispielsweise das → *Direktmarketing* oder in den Maßnahmen des → *Nachkaufmarketings* wie → *Kundenclubs* zu sehen. Ziel ist es, durch eine verstärkte Bindung des Kunden diesen in seiner Kaufentscheidung und auch danach zu unterstützen und ihn langfristig an das Unternehmen zu binden, was in Zeiten zunehmenden Wettbewerbs und der Informationsüberlastung immer bedeutender wird.

Customer Relationship Management (CRM) will langfristige Beziehungen zu den wichtigen Kunden aufbauen.

▶ Customization

→ *Mass Customization*

▶ CVA

→ *Cashflow Value Added (CVA)*

▶ Cyber Security

Sicherheit von Software, Hardware und verarbeiteter Daten durch adäquate Schutzmaßnahmen. Eine Sicherheits- und Risikomanagementkultur, Antivirenprogramme, Verschlüsselung von Daten durch Kryptosysteme, Meldewesen bei so genannten Hackerangriffen, → *Datenschutz* durch bestimmte Sicherungs- und Speicherungssysteme oder technische Geräte zum Aufspüren von Angriffen auf eigene Computersysteme können Elemente der Cyber Security sein. Anlässe sind meist das Ausspähen von Daten und Systemen oder deren bewusste Störung oder Zerstörung.

D

▶ Dachmarke

Breite der Herstellermarkenstrategie: Führung aller Leistungen eines Unternehmens unter einer einheitlichen → *Marke*; auch Programm- oder Company-Marke genannt (z. B. *Allianz, Siemens* oder die Dachmarke der Deutschen Post AG *DHL*); auch „Markenhaus" oder „Programm-Marke" genannt; vergleichbar mit Sortimentsmarken im Handel (z. B. *Erlenhof* von *REWE*).

▶ Damnum

Abschlag im Sinne eines → *Disagios* vom Nominalwert eines Darlehens. Durch die Reduzierung der effektiven Auszahlungssumme des Darlehens (unter pari) kommt es dadurch, dass der Nominalbetrag zurückzuzahlen ist, zu einer Zinsvorauszahlung. Das Damnum wie das Disagio dient häufig zur Reduzierung der Nominalzinsen und unter Einbeziehung steuerlicher Vorteile (Abschreibungsfähigkeit des Damnums) evtl. zu einer Reduktion beim → *Effektivzins.* In der Handels- und Steuerbilanz ist das Damnum auf die Dauer der Darlehenslaufzeit zu verteilen (zeitliche Abgrenzung).

▶ Darlehen

Gem. § 488 BGB zweiseitiger Vertrag, mit den zwei Hauptpflichten, des Darlehensgebers, dem Darlehensnehmer einen Geldbetrag in vereinbarter Höhe zur Verfügung zu stellen, und des Darlehensnehmers, einen geschuldeten Zins zu zahlen und das zur Verfügung gestellte Darlehen bei Fälligkeit zurückzuerstatten. Nach § 490 BGB hat der Darlehensgeber ein außerordentliches Kündigungsrecht für den Fall, dass die Darlehensrückzahlung erkennbar gefährdet ist (z. B. drohende Zahlungsunfähigkeit, wesentliche Verschlechterung der Werthaltigkeit von Sicherheiten). Sachdarlehen werden in § 607 BGB, Darlehensvermittlungsverträge sind im Maklerrecht in den §§ 655 ff. geregelt. Unter dem separat in § 492 BGB geregelten → *Verbraucherdarlehen* wird der Überziehungskredit verstanden. Abzugrenzen sind Darlehen von den → *Finanzierungshilfen.* Werden Darlehen unter pari, d. h. mit einem Abschlag vom Nennwert, ausbezahlt, so wird die Differenz als → *Damnum* oder auch → *Disagio* bezeichnet.

▶ Datamining

Bei einem differenziert und relational angelegten Grunddatenbestand können Folgewirkungen einzelner Effekte abschätzbar werden. Beim softwaregestützten Datamining steht die Ermittlung bislang unbekannter Zusammenhänge im → *Data-Warehouse* im Vordergrund (z. B. Zusammenhang zwischen Sortimentsstruktur und Kostenentwicklung).

▶ Datenschutz

Neben der allgemeinen sicheren Aufbewahrung von Daten vor allem der Schutz personenbezogener Daten im Rahmen der Datenverarbeitung durch Dritte. Besonders durch die 2018 in Deutschland in Kraft getretene Datenschutz-Grundverordnung (DSGVO) auf Basis einer EU-Datenschutzrichtlinie aus dem Jahre 1995 entstandenen gesetzlichen Regelungen wurden allgemeine Regelungen im Umgang mit Daten und die verpflichtende Einführung von Datenschutzbeauftragten in Unternehmen geregelt. Wesentliche Bestimmungen betreffen Einwilligungspflichten bei Datenspeicherung, das Recht auf Auskunft zu gespeicherten Daten, Rechte zur Lösung und Widerspruchsrechte für automatisierte Datenverarbeitungen und Vorschriften zur Speicherung von Daten.

▶ Data-Warehouse

Datenbestand des Unternehmens, aus dem man sich im Sinne eines Warenhauses für vielfältige Auswertungen bedienen kann.

▶ Daten

Angaben über Sachverhalte und Vorgänge in einer maschinell verarbeitbaren Form. Zu unterscheiden sind numerische Daten (Zahlen, Sonderzeichen, wie z. B. +, –), alphabetische Daten (z. B. Buchstaben) sowie alpha-numerische Daten (z. B. Kombination aus Zahlen, Buchstaben und Sonderzeichen). Im Bereich der → *Elektronische Datenverarbeitung (EDV)* werden als Daten nur jene Informationen bezeichnet, die zum Zweck der maschinellen Interpretation in einem fest vereinbarten Aufbau aufgezeichnet sind (so genannte „formatierte Daten"). Unstrukturierte („unformatierte"), schriftliche Informationen werden hingegen als Text bezeichnet.

▶ Datenbank

Einheit zur Speicherung von → *Daten.* Datenbanken sind damit Informationssammlungen, die in elektronischen Speichern erfasst und mit einem Programm durchsucht und ergänzt werden können. Die strukturierte Organisation der Daten in einer Datenbank ermöglicht den gezielten und schnellen Zugriff auf die einzelnen Daten. Der Umfang ergibt sich aus den in einem Unternehmen bestehenden Informationsanforderungen der unterschiedlichen Datenverarbeitungsprozesse.

▶ Datenschutz

Schutz personenbezogener Daten vor Missbrauch bei ihrer Speicherung, Übermittlung, Veränderung und Löschung. Aufgrund der besonderen Problematik, die im Bereich der elektronischen Datenverarbeitung hiermit verbunden ist, trat am 1. 1. 1978 das „Bundesdatenschutzgesetz" in Kraft, das regelmäßig aktualisiert wird. Inzwischen existiert auch eine Europäische Datenschutzkonvention, das Thema wird auch global diskutiert. Durch Datenschutzgesetze soll vor allem die Privatsphäre vor dem Datenmissbrauch durch Dritte geschützt werden. Normiert werden in dem o. g. Gesetz besonders die Rechte des Einzelnen gegenüber Eingriffen in seine Privatsphäre. Damit verbunden sind Rechte auf Auskunftserteilung, Berichtigung und Löschung.

▶ Datenverarbeitung

→ *Elektronische Datenverarbeitung (EDV)*

▶ Dauerauftrag

Von einem Kunden an seine → *Bank* erteilter Auftrag (→ *Order*) zur periodisch wiederkehrenden Überweisung einer Zahlung zu Lasten seines → *Kontos* an einen definierten Empfänger. Im Gegensatz hierzu ist die → *Lastschrift* ein Auftrag des Empfängers an seine Bank, zugunsten seines Kontos eine Zahlung einzuziehen (→ *Inkasso*).

▶ DAX

→ *Aktienindex*, → *Deutscher Aktienindex (DAX)*

▶ DBA

→ *Doppelbesteuerungsabkommen*

▶ DCF-Methode

→ *Cashflow*

▶ Dean-Modell

→ *Investitionsprogrammentscheidung*

▶ Debitor

Bezeichnung für einen Schuldner eines Kredits durch einen Gläubiger (Kreditor).

▶ Deckungsbeitrag

Rechengröße in der → *Kostenträgerrechnung* auf Basis von variablen Kosten (→ *Teilkostenrechnung*), die durch die Differenz der variablen Kosten von den Erlösen des Gesamtunternehmens von Produktgruppen oder einzelnen Produkten entsteht. Der Deckungsbeitrag kann im Wege des → *Direct Costing* als Gesamtdeckungsbeitrag oder mit Hilfe einer mehrstufigen → *Deckungsbeitragsrechnung* je Produkt oder Produktart ermittelt werden.

▶ Deckungsbeitragsrechnung

Rechenverfahren im Rahmen der → *Kostenrechnung*, insbesondere → *Kostenträgerrechnung*, bei der von den Erlösen → Variable Kosten insgesamt oder stufenweise subtrahiert werden, um eine Größe zu ermitteln, die zur Deckung der → *Fixen Kosten* zur Verfügung steht (→ *Deckungsbeitrag*). Die stufenweise Deckungsbeitragsrechnung zeigt Abbildung D-1. Hier soll verdeutlicht werden, welchen Beitrag einzelne Produkte bzw. Produktgruppen zur Deckung der zurechenbaren bzw. nur für Produktgruppen oder das gesamte Unternehmen anfallenden fixen Kosten leisten. Die einfache Deckungsbeitragsrechnung kann auch als → *Direct Costing* bezeichnet werden (s. Beispiel dort).

Produktgruppe	I		II
Produkte	1	2	3
Erlöse	22.000,–	34.000,–	15.000,–
./. variable Kosten	12.000,–	22.000,–	8.000,–
Deckungsbeitrag I je Produkt	10.000,–	12.000,–	7.000,–
./. Produktfixkosten	4.000,–	5.000,–	3.000,–
Deckungsbeitrag II je Produktgruppe	6.000,–	7.000,–	4.000,–
./. Produktgruppenfixkosten	3.000,–		1.000,–
Deckungsbeitrag III	10.000,–		3.000,–
./. Unternehmensfixkosten	2.000,–		
kalkulatorischer Periodenerfolg	11.000,–		

Abb. D-1: Beispiel einer dreistufigen Deckungsbeitragsrechnung

▶ Deckungsgrad

→ *Anlagendeckungsgrade*, → *Liquiditätsgrade*

▶ Deckungskapital

→ *Deckungsrückstellung*

▶ Deckungsrückstellung

Rückstellungen (→ *Rückstellungen*), die nach dem Gesetz über die Beaufsichtigung der Versicherungsunternehmen (Versicherungsaufsichtsgesetz VAG) und gem. §§ 341 f. HGB von Versicherungsunternehmen zu bilden sind. Sie werden von einem → *Aktuar* berechnet und gebildet und gemäß § 73 VAG von einem Treuhänder bestätigt. Es handelt sich um gesetzlich zu bildende Rückstellungen im Lebensversicherungsbereich, die dem Prämienzahler garantieren sollen, dass bei Ausschüttung seiner Lebensversicherung ausreichend Kapital des Versicherungsunternehmens vorhanden ist. Das Ergebnis der Bildung von Deckungsrückstellungen ist der so genannte Deckungsstock. Er bildet für das Versicherungsunternehmen ein Sondervermögen, das vom übrigen Vermögen zu trennen ist (→ *Treuhandschaft*). Die Deckungsrückstellungen sind aufgrund der spezifischen Risiken der Versicherungsunternehmen Teil der so genannten versicherungstechnischen Rückstellungen, die bei keiner anderen Unternehmensart zulässig sind (Rückstellungen). Der Rückkaufswert und Beleihungswert einer Lebensversicherung ergibt sich aus dem Wert des Deckungsstockes, d. h. der inzwischen gesammelten Deckungsrückstellungen.

▶ Deckungsstock

→ *Deckungsrückstellung*

▶ Deduktion

Im Gegensatz zur Induktion, d. h. der Schlussfolgerung vom Einzelnen zum Allgemeinen, wird hier von einer allgemeinen Aussage auf einzelne Sachverhalte geschlossen. Beide Verfahren stellen Forschungsmethoden i. R. der → *Wissenschaftstheorie* dar. Man spricht deshalb auch von empirisch-induktiver versus theoretisch-deduktiver Forschungsmethode. Um deduktiv schließen zu können, wird eine → *Theorie* (verifizierte Allgemeinheitsaussagen) benötigt, während zur Induktion empirische Einzeluntersuchungen nötig sind, um Aussagen für einen allgemeinen Zusammenhang machen zu können.

▶ Definition

Gleichsetzung eines bisher unbekannten Wortes oder Fachausdruckes (Terminus) durch eine Kombination bereits bekannter Wörter (nomologische Aussagesysteme). Bekannte Wörter können Prädikatoren, d. h. Realbeschreibungen, sein. Das zu definierende Objekt wird als Definiendum, die bekannten Begriffe, mit denen definiert wird, als Definiens bezeichnet. Definitionen können mit Begriffen, d. h. inhaltsvollen Wörtern, und evtl. Synonyma (begriffsgleichen Wörtern) erfolgen. Wenn der zu definierende Begriff in der Definition selbst enthalten ist, spricht man von einer Tautologie. Die Definition ist i. R. der Sprachanalyse eine bedeutende Forschungsrichtung. Auch in der noch relativ jungen Betriebswirtschaftslehre, bei der im Gegensatz zu Naturwissenschaften (z. B. Physik) noch viele Definitionen unzweckmäßig sind, ist präzises Definieren, beispielsweise mittels des vorliegenden Lexikons, notwendig.

▶ Defizit

Verlust (→ *Verlust*) eines öffentlichen Haushaltes (→ *Betriebsarten*) durch Übersteigen der Einnahmen über die Ausgaben.

▶ Delegation

Übertragung von Kompetenzen und/oder Verantwortlichkeiten auf untergeordnete Hierarchieebenen i. R. der Personalführung oder der organisatorischen Gestaltung einer Unternehmung. Die Delegation von Verantwortung ohne gleichzeitige Übertragung der → *Kompetenz* ist ein häufiger Grund für die De-Motivation (→ *Motivation*) von Mitarbeitern. Delegation führt zur Entlastung der delegierenden Einheiten und soll zur Motivation der Delegierten beitragen.

▶ Deliktsfähigkeit

Fähigkeit, sich durch eine unerlaubte Handlung, bei der ein → *Schaden* entsteht, schadensersatzpflichtig zu machen. Die Deliktsfähigkeit ist neben der → *Geschäftsfähigkeit* Teil der Handlungsfähigkeit. Sie ist gem. § 828 BGB beschränkt zwischen 7 und 18 Jahren. Die volle Deliktsfähigkeit beginnt ab 18 Jahren.

▶ De-Listing

→ *Going Private*

▶ Delkredere

(1) → *Wertberichtigung* auf Forderungsausfälle.

(2) Gewährleistung für den Eingang einer Forderung eines Kommissionärs gegenüber dem Kommitenten (→ *Kommissionsgeschäft*).

(3) Sicherheitsrüstung eines Remisier, d. h. eines Vermittlers von Wertpapieraufträgen. Diese Leistung wird auch als Einschuss (Initial Margin) bezeichnet.

▶ Delphi-Befragung

Form einer → *Befragung* (→ *Erhebungsmethode*) als Exklusiv-, im Gegensatz zu einer Repräsentativbefragung, bei der Experten mit Fachwissen und Sachkompetenz zu einem Thema Stellung nehmen sollen. Emotionen sollen durch Sachkunde ersetzt und Gruppendynamik durch Anonymität der Befragten erreicht werden. Nach der Auswahl geeigneter Experten werden diese mit identischen Fragen konfrontiert, die Ergebnisse statistisch ausgewertet und die Auswertungsergebnisse (z. B. Mittelwert, Median, Quartile, → *Standardabweichung*, Spannweiten) an die Experten zurückgeschickt. Diese sollen eine zweite → *Prognose* mit Kenntnis der Auswertungen und ihrer Abweichungen vom Mittelwert abgeben. Das Verfahren kann mehrmals wiederholt werden, wobei zu bezweifeln ist, ob sich die

Qualität der Befragungsergebnisse verbessert, wenn abweichende Meinungen immer wieder neu zu begründen sind. Die Delphi-Prognose wurde z. B. von *VW* bei der Einführung des *Golf* und aktuell bei zahlreichen Elektronikkonzernen zur Absatzprognose eingesetzt.

▶ Delta

Kennzahl einer Optionsanlage, die angibt um wie viel Euro sich das Produkt theoretisch verändert, wenn sich der Kurs des Basiswertes um einen Euro verändert (→ *Elastizität*, → *Gamma*, → *Omega*, → *Rho*, → *Theta*, → *Vega*).

▶ De-Motivation

→ *Motivation*

▶ Deport

→ *Abschlag*

▶ Deposit Guarantee Scheme (DGS)

→ *Bankenunion*

▶ Depotgeschäft

Gemäß § 1 → *Kreditwesengesetz (KWG)* durch die → *Bundesanstalt für Finanzdienstleistungsaufsicht (BaFin)* zu genehmigendes und zu beaufsichtigendes Bankgeschäft, welches die Verwahrung und Verwaltung von Wertgegenständen zum Inhalt hat. Neben der Verwahrung (§§ 688 ff. BGB) kann die Verwaltung z. B. die Einlösung von Dividendenscheinen (→ *Gewinnverwendung*), die Ausübung von Bezugsrechten (→ *Depotstimmrecht*) sowie die Beachtung von Terminen und Fristen bei der Einlösung von Zinsscheinen umfassen. Die Banken unterscheiden zwischen offenen und geschlossenen Depots. Bei geschlossenen Depots werden die Wertgegenstände für einen Kunden gesondert, z. B. in einem Safe, aufbewahrt, während offene Depots eine Sammelverwahrung darstellen. Innerhalb der

Sammelverwahrung von Wertpapieren werden so genannte Streifbanddepots (gesonderte Hinterlegung von Papieren je Inhaber) von den meist üblichen Sammeldepots (ungetrennte Verwahrung der Wertpapiere für alle Kunden meist bei einer gesonderten Depotbank) unterschieden. Bei so genannten Sperrdepots ist eine Herausgabe der hinterlegten Gegenstände nur aufgrund der Erfüllung der speziellen Vereinbarungen (z. B. Codewörter) möglich.

▶ Depotstimmrecht

Aktionäre können, sofern sie so genannte Stammaktien (→ *Aktienarten*) mit Stimmrecht besitzen, dieses an eine → *Bank* zur Ausübung auf der → *Hauptversammlung* delegieren. Da die Aktien der Bankkunden zumeist in deren Depot verwahrt oder verwaltet werden, wird diese → *Vollmacht* auch als Depotstimmrecht bezeichnet. Die Vollmacht bzw. Anweisung muss schriftlich und explizit erfolgen, d. h. es gibt keine Dauervollmacht an eine Bank. Die Vielzahl der Depotstimmrechte für Kleinaktionäre in Händen der Banken führte in der Vergangenheit immer wieder zu Kritik an der Macht deutscher Banken, die durch ihre Stimmrechtsfülle Hauptversammlungsbeschlüsse maßgeblich beeinflussen können.

▶ Depotwechsel

→ *Wechsel*

▶ Derivate

Die im Sinne des Gesetzes über den Wertpapierhandel an einer in- und ausländischen → *Börse* gehandelten Rechte an Waren, Wertpapieren oder → *Devisen*. Typische Derivate stellen die → *Option*, der → *Swap* und → *Futures* dar. Die Rechte aus derartigen Verträgen bzw. Kontrakten sind aus anderen Finanzinstrumenten (Underlinings?) abgeleitet. Statt Derivate wird zum Teil auch der Begriff hybride Finanzierungsinstrumente verwendet. Größter Derivatehandelsplatz ist die deutsch-schweizerische Eurex; wobei geschätzt wird, dass der überwiegende Teil des Geschäftsvolumens auf den Handel → *Over the Counter (OTC)* entfallen. Trotz steigenden

Marktvolumens bedeutet die Zunahme des außerbörslichen Geschäfts damit eine Schwächung der traditionellen Finanzmärkte.

▶ Design Thinking

Ansatz bzw. Methode, um mit drei so genannten Grundprinzipien (Team, Raum, Prozess) kreativ neue Problemstellungen zu lösen. Angelehnt an Kreativitätstechniken von Designern, die aus der Kombination von Beobachtung, Ideenfindung, Verfeinerung und Ausführung ihre Kreationen entwerfen, soll auch bei jeglichen anderen Prozessen und Problemen die Methode anwendbar sein. Als Begründer wird *David Kelley* genannt, der 1991 den Begriff des Design Thinking erfunden hat und eine gleichnamige Agentur gründete. Wesentliches Element ist die Diskussion um die so genannte Customer Journey, d. h. die Erlebnisse und Emotionen, die Kunden bei Kauf und Nutzen von Produkten und Diensten erleben. Diese nutzenfokussierte Sicht soll neue Attribute von Objekten generieren, die dann eine einmalige Verkaufsposition (→ *Unique Selling Proposition*) ermöglichen.

▶ Design to Cost

Verfahren der Produktentwicklung, bei dem konsequent für einzelne Komponenten die kostengünstigste Lösung bereits in der Entwicklung gesucht wird. Dabei werden insbesondere auch die Kosten, die nachträglich anfallen (Folgekosten), in die Betrachtung einbezogen (z. B. Vertriebskosten, Servicekosten). Direkt verbunden ist das Verfahren mit der → *Zielkostenrechnung*. Durch eine Betrachtung der Alternativen innerhalb der „Elemente“ eines Produkts oder einer Dienstleistung lassen sich häufig kostengünstigere, aber in der Einschätzung des Kunden gleichwertige Leistungen ermitteln.

▶ Desinvestition

→ *Investition*

▶ Deutsche Börse AG

Die Deutsche Börse AG ist Teil der Deutsche Börse Gruppe. Zur Deutsche Börse AG gehören ihre 100-prozentigen Töchter Clearstream International S.A. und Deutsche Börse Systems AG. Sie ist Trägerin der Frankfurter Wertpapierbörse (FWB) und besitzt einen Anteil an der Terminbörse Eurex. Mit → *Xetra* betreibt die Deutsche Börse AG eine der weltweit leistungsfähigsten und flexibelsten Handelsinfrastrukturen und mit → *Eurex* die weltweit größte Terminbörse.

▶ Deutsche Bundesbank

Nach Art. 88 GG vom Bund als Währungs- und Notenbank mit Sitz in Frankfurt am Main eingerichtete Institution, die bis zu ihrer Ablösung durch die → *Europäische Zentralbank (EZB)* den Geldumlauf und die Kreditversorgung der Wirtschaft in Deutschland regelte. Die Bundesbank ist inzwischen ausführendes Organ der EZB und insbesondere für die nationale Bankenaufsicht zuständig. Die ehemaligen geldpolitischen Instrumente der Ausgabe von Banknoten, die Diskontsatzpolitik (Leitzinsfestsetzung), Offenmarktpolitik (An- und Verkauf von Wertpapieren) und die Mindestreservepolitik (Pflichteinlagen von Banken bei der Bundesbank) sind auf die Europäische Zentralbank (EZB) übergegangen.

▶ Deutsche Forschungsgemeinschaft (DFG)

Von Bund, Ländern und in geringem Maße vom Stifterverband für die Deutsche Wirtschaft getragene Einrichtung, die die wissenschaftliche Forschung fördern soll. Hierzu vergibt sie i. d. R. Stipendien und Gelder für Forschungsprojekte auf Antrag. Die DFG hat ihren Sitz in Bonn-Bad Godesberg und ist auch für die → *Betriebswirtschaftslehre* ein wesentlicher Motor der Forschung.

▶ Deutsche Gesellschaft für Ad-hoc-Publizität mbH

→ *Ad-hoc-Publizität*

▶ Deutsche Gesellschaft für Internationale Zusammenarbeit (GIZ)

Bundeseigene Unternehmung, die sich mit der fachlich-technischen → *Planung*, → *Koordination* und Durchführung von Maßnahmen der Zusammenarbeit mit Entwicklungsländern beschäftigt. Die GIZ ging 2011 aus dem Zusammenschluss der deutschen Gesellschaft für Technische Zusammenarbeit (GTZ) und den Deutschen Entwicklungsdienst (DED) hervor.

▶ Deutsche Gesellschaft für Produktinformation mbH (DGPI)

1978 gegründete Institution für die → *Normung* und Typung von Produkten und Kennzeichnung von Gütesiegeln. Die Verbraucherorganisationen in Deutschland arbeiten zur Erstellung von Verbraucher-Produktinformationen eng mit der DGPI zusammen.

▶ Deutsche Gesellschaft für Warenkennzeichnung mbH (DWGK)

1971 als Tochterunternehmen des Deutschen Institutes für Normung (DIN) gegründete Institution, die das DIN-Zeichen „vermarktet" und vor Missbrauch schützt.

▶ Deutsche Industrienorm (DIN)

Patentrechtlich geschütztes Verbandszeichen (→ *Marke*) des Deutschen Instituts für Normung, das auf eine freiwillige Beachtung der festgelegten Normen durch die Industrie und den Handel setzt. Inzwischen ist durch die Europäische Union eine Vielzahl zusätzlicher internationaler Normen für die Unternehmen relevant. Im Rahmen der europäischen Harmonisierung werden zunehmend DIN-Normen durch so genannte → *ISO-Normen* ersetzt (International Organisation for Standardization).

▶ Deutsche Investitions- und Entwicklungsgesellschaft (DEG)

In Köln ansässige und, neben der → *Kreditanstalt für Wiederaufbau (KfW)*, in der → *Außenhandelsfinanzierung* maßgebliche staatliche Finanzierungsgesellschaft. Die DEG wurde 1962 gegründet und stellt insbesondere langfristige Kredite und Risikokapital für private

Investitionen in Länder der Dritten Welt zur Verfügung. Nach den DEG-Statuten sollen Projekte, die gleichermaßen rentabel, umweltverträglich und entwicklungspolitisch effektiv sind, gefördert werden.

▶ Deutsche Landwirtschafts-Gesellschaft e. V. (DLG)

Vereinigung zur Förderung der produktionstechnischen, betriebs- und marktwirtschaftlichen Kenntnisse in der Landwirtschaft und der Ernährungswissenschaft. Bekannt sind die DLG-Prämierungen von Lebensmitteln.

▶ Deutsche Prüfstelle für Rechnungslegung (DPR)

Privatrechtliche Enforcement-Institution, die gem. § 342b HGB die Einhaltung der Rechnungslegungs- und Publizitätsvorschriften überprüft. Betroffen sind die Einzel- und Konzernabschlüsse sowie die Lageberichte der Unternehmen, die als Emittent Wertpapiere i. S. d. § 2 I WpHG ausgegeben haben. Die Prüfstelle wurde 2004 als privater Verein gegründet und vom Bundesministerium der Justiz im Einvernehmen mit dem Bundesministerium der Finanzen anerkannt. Sie tritt international unter der Bezeichnung Financial Reporting Enforcement Panel (FREP) auf. Die Prüfstelle wird nicht nur bei konkreten Anhaltspunkten für einen Verstoß, sondern auch ohne besonderen Anlass durch Stichproben oder auf Verlangen der → *Bundesanstalt für Finanzdienstleistungsaufsicht (BaFin)* tätig.

Die Zusammenarbeit der Unternehmen mit der Prüfstelle ist freiwillig. Mit den Unternehmen soll eine einvernehmliche Lösung zur Beseitigung von festgestellten Fehlern herbeigeführt werden.

▶ Deutscher Aktienindex (DAX)

Aktienindex (→ *Aktienindex*), der die 30 umsatzstärksten deutschen Aktien beinhaltet. Er wird minütlich berechnet aus Preisen an der Frankfurter Wertpapierbörse und aktuellen Preisen aus dem Computerhandel (→ *Xetra*). Bezogen auf den gesamten Börsenumsatz macht der Handel mit Aktien, die im DAX-Portfolio enthalten sind, ca. 75 Prozent des gesamten Aktienhandels aus. Er ist damit ein deutliches Indiz für die → *Performance*, d. h. die gesamte Börsenverfassung. Neben dem klassischen DAX wurden in den letzten Jahren weitere Aktienindizes, so z. B. der HDAX und MDAX eingeführt. Einige Werte des DAX sind auch im europäischen Aktienindex → *Dow Jones Euro Stoxx 50* enthalten.

▶ Deutscher Gewerkschaftsbund (DGB)

Spitzenorganisation von acht Einzelgewerkschaften (→ *Arbeitnehmerverbände*) in der Bundesrepublik Deutschland.

▶ Deutscher Handwerkskammertag (DHKT)

Vereinigung von 53 Handwerkskammern in Deutschland mit Sitz in Berlin. Der DHKT, als Dachverband der fachübergreifenden Interessenvereinigungen des deutschen Handwerks, vertritt die gemeinsamen Angelegenheiten der ihm angehörenden Handwerkskammern gegenüber der Politik und Gesellschaft.

▶ Deutscher Industrie- und Handelskammertag (DIHK)

Dachorganisation der 80 deutschen Industrie- und Handelskammern mit Sitz in Berlin. Im Auftrag und in Abstimmung mit den IHK übernimmt der DIHK die Interessenvertretung der deutschen Wirtschaft gegenüber den Entscheidern der Bundespolitik und den internationalen Institutionen. Zudem existiert eine Vertretung des DIHK bei der Europäischen Union in Brüssel.

▶ Deutsches Institut für Wirtschaftsforschung (DIW)

Eines der führenden Wirtschaftsforschungsinstitute in der Bundesrepublik Deutschland (Berlin). Es wurde 1925 gegründet und erstellt Konjunkturprognosen. Das DIW liefert mit anderen Forschungsinstituten jährlich eine Konjunkturprognose an die Bundesregierung.

▶ Deutsches Patentamt

Bundesbehörde in München, welche die Prüfung und Erteilung der → *Patente* für die Bundesrepublik Deutschland zur Aufgabe hat und gegebenenfalls das Bundespatentgericht einschaltet, wenn Patente nicht eingehalten werden.

▶ Deutsches Rechnungslegungs Standards Committee (DRSC)

Privates Rechnungslegungsgremium in Form eines eingetragenen Vereins, das 1998 von Vertretern aus Unternehmen, Banken und Versicherungen sowie Wirtschaftsprüfungsgesellschaften gegründet wurde und vom Bundesministerium der Justiz die offizielle Anerkennung als deutsches Standardisierungsgremium erhalten hat. Zu den Kompetenzen des DRSC gehören nach § 342 I HGB: (1) Die Entwicklung von Empfehlungen zur Anwendung der Grundsätze über die Konzernrechnungslegung, (2) Die Beratung des Bundesministeriums der Justiz bei Gesetzgebungsvorhaben zu Rechnungslegungsvorschriften, (3) Die Vertretung der Bundesrepublik Deutschland in internationalen Standardisierungsgremien und (4) Erarbeitung von Interpretationen der internationalen Rechnungslegungsstandards. Wichtigste Organe des DRSC sind neben dem DRSC-Präsidium vor allem der HGB-Ausschuss, der u. a. die Deutschen Rechnungslegungsstandards (DRS) erarbeitet und der IFRS-Ausschuss, der vor allem für die IFRS-Interpretationen zuständig ist.

▶ Deutsche Terminbörse (DTB)

Vorläuferorganisation der → Eurex

▶ Devisen

Buchwert in fremden Währungseinheiten. Im Gegensatz zu den Sorten (Bargeld in fremden Währungseinheiten) kommt derartiges Buchgeld als Guthaben (→ *Loro*, → *Nostro*) oder als Scheck und → *Wechsel*, die auf fremde Währung lauten, vor (→ *Devisentermingeschäft*, → *Devisenkassageschäft*).

▶ Devisenkassageschäft

Tausch von → *Devisen* zu einem Kassakurs (→ *Kassamarkt*) in heimische oder andere handelbare Währungen. Das amtliche Kursfixing an deutschen Devisenbörsen findet um 13 Uhr deutscher Zeit statt. Häufig werden Kassageschäfte zu diesem Tageskurs abgewickelt. Hier werden sowohl Geld- als auch Briefkurse notiert, d. h. Kauf- und Verkaufskurse. Ein Devisenkassageschäft kann auch zu einem Mittelkurs, d. h. dem arithmetisch zwischen Geld- und Briefkurs befindlichen Preis, gehandelt werden (→ *Devisentermingeschäft*).

▶ Devisenkurs

An Devisenbörsen täglich festgestellte Kurse für amtlich notierte Währungen. Es werden stets drei Kurse, der so genannte Geldkurs (Ankaufskurs), der Mittelkurs und der Briefkurs (Verkaufskurs) notiert. Die amtlich festgestellten Geld- und Briefkurse dienen den Banken als Orientierung zur Abrechnung ihrer Devisengeschäfte mit ihren Kunden.

▶ Devisenswap

→ *Swap*

▶ Devisentermingeschäft

Im Gegensatz zum → *Devisenkassageschäft* eine vertragliche Vereinbarung zu einem künftigen, aber heute festgelegten Termin, Devisen zu einem ebenfalls heute vereinbarten Wechselkurs auszutauschen. Im Gegensatz zu Währungsterminkontrakten (Currency Future) sind beim Devisentermingeschäft Volumen, Preisgestaltung, Laufzeit und gehandelte Währung frei vereinbar. Am → *Terminmarkt* können derartige Geschäfte mit einer Laufzeit bis zu zehn Jahren abgeschlossen werden. Die Kursbildung am Devisenterminmarkt hängt entscheidend von der Zinssatzdifferenz in den Ländern der involvierten Währungen ab. Aus der Zinssatzdifferenz lässt sich der so genannte → *Swap-Satz* errechnen.

▶ Dezentralisation

→ *Zentralisation*

▶ DFCF-Methode

→ *Cashflow*

▶ DFG

→ *Deutsche Forschungsgemeinschaft (DFG)*

▶ DGB

→ *Deutscher Gewerkschaftsbund (DGB)*

▶ DGPI

→ *Deutsche Gesellschaft für Produktinformation mbH (DGPI)*

▶ DGS

→ *Bankenunion*

▶ Dienstleistung

Im Gegensatz zur Sachleistung eine Möglichkeit der Einteilung von Gütern und → *Betriebsarten.* Eine Dienstleistung ist ein → *Gut* immaterieller Art, also keine Ware i. S. von Sachleistungen. Beispiele sind die ärztliche Versorgung, Unterhaltungsdienste, Versicherungs-, Bank-, Transportleistungen, etc. Dienstleistungen werden vorwiegend individuell auf Wunsch erstellt und sind im Gegensatz zu den meisten Sachleistungen nicht lagerfähig.

▶ Dienstleistungsmarketing

Spezielles → *Marketing* für eine → *Dienstleistung.* Die klassischen Marketingkonzeptionen, welche in erster Linie überwiegend für Konsum- und Investitionsprodukte entwickelt wurden, lassen eine einfache Übertragung auf die vielfach immateriellen Dienstleistungen nicht zu. Im Unterschied zum Produktions- und Sachleistungsbetrieb, bei dem der Kundenkontakt erst über ein schon fertiges Produkt erfolgt, ist es beim Dienstleistungsbetrieb vielfach das immaterielle und interaktive Dienstleistungspotential, mit dem der Dienstleistungsnachfrager direkt konfrontiert wird. Dienstleistungen zeichnen sich besonders durch hohe, persönlich-interaktive (personendominante) und/oder wissensbasierte Leistungserstellungsprozesse aus. Dies impliziert verstärkt die direkte Teilnahme des Kunden an der Leistungserstellung (→ *Kundenintegration*, Integration des sog. externen Faktors). Dieser Trend wird durch das Wort „Prosumption" (Produktion und Konsumption) umschrieben. Zu beachten gilt ferner, dass der Kunde für eine Leistungserstellung bezahlt, ohne das Ergebnis in allen seinen Ausprägungen zu kennen.

▶ Dienstvertrag

Vertrag, in dem sich der Dienstverpflichtete gegenüber dem Dienstberechtigten zur Leistung bestimmter Dienste verpflichtet (§ 611 BGB). Im Unterschied zum → *Arbeitnehmer* erbringt der Dienstverpflichtete seine Arbeit selbständig, insbesondere weisungsfrei. Vom → *Werkvertrag* unterscheidet sich der Dienstvertrag dadurch, dass der Dienstverpflichtete nur eine Tätigkeit, nicht aber einen bestimmten Erfolg schuldet.

▶ Dienstweg

Kommunikationsbeziehung (→ *Liniensysteme*) in einer → *Aufbauorganisation,* die nur eine Richtung der Informationsübermittlung zulässt. Direkte, z. B. vertikale Koordination zwischen einzelnen organisatorischen Aktionseinheiten ist unzulässig. Klare Weisungsbefugnisse und die Verhinderung von Manipulationen durch direkte und unmittelbare Abstimmungsvorgänge einerseits und die Überlastung von Instanzen sowie lange Entscheidungszeiträume andererseits kennzeichnen dieses Kommunikationsprinzip. Eine Variante zur Vermeidung der Nachteile kann hier die so genannte → *Fayolsche Brücke* darstellen.

▶ Differenzinvestition

Fiktive → *Investition* zur Vergleichbarkeit von Investitionsalternativen mit unterschiedlicher Lebensdauer bzw. unterschiedlichem Anfall der Zahlungsrückflüsse. Wird beispielsweise eine Maschine vier Jahre und die andere nur zwei Jahre genutzt, so muss bei der Maschine mit kürzerer Lebens- oder Nutzungsdauer eine Differenz-, Supplementment-, Komplementär- oder Zusatzinvestition in die Betrachtung einbezogen werden, um beide Projekte vergleichen zu können. Anderenfalls wären sowohl Kosten-, Gewinn- oder Renditevergleiche als auch Kapitalwerte, Vermögensendwerte oder interne Zinsen nicht vergleichbar.

▶ Differenzsteuersatz

→ *Durchschnittsteuersatz*

▶ Diffusionstheorie

I. S. der Sozialwissenschaften die Verbreitung einer neuen Idee, eines neuen Verfahrens oder eines neuen Produktes im Zeitablauf durch verschiedene Kommunikationskanäle bei Individuen, Gruppen oder sonstigen Übernahmeeinheiten innerhalb gegebener Wertesysteme oder Kulturen. Diffusionsmodelle im Bereich des → *Marketing* stellen Modelle des → *Konsumentenverhaltens* dar, mit denen Einflüsse auf die Kaufentscheidungen (→ *Kauf*) der Konsumenten abgebildet werden. Die Diffusionsforschung interessiert sich vor allem für die Kommunikationsbeziehungen in einem sozialen → *System* und deren Wirkung auf die Ausbreitung einer Neuerung. Sie will dabei klären, wie es zu einer Übernahme (Adoption) einer Innovation kommt und welche Faktoren für diesen Prozess relevant sind. Lassen sich diese Faktoren beschreiben, so kann darauf aufbauend das Diffusionsmodell zur Prognose der weiteren Entwicklung verwendet werden.

Die Gesamtheit der Übernehmer, also z. B. die Käufer eines neuen Produktes, können nach dem Zeitpunkt der Übernahme in fünf Gruppen eingeteilt werden (Abbildung D-2).

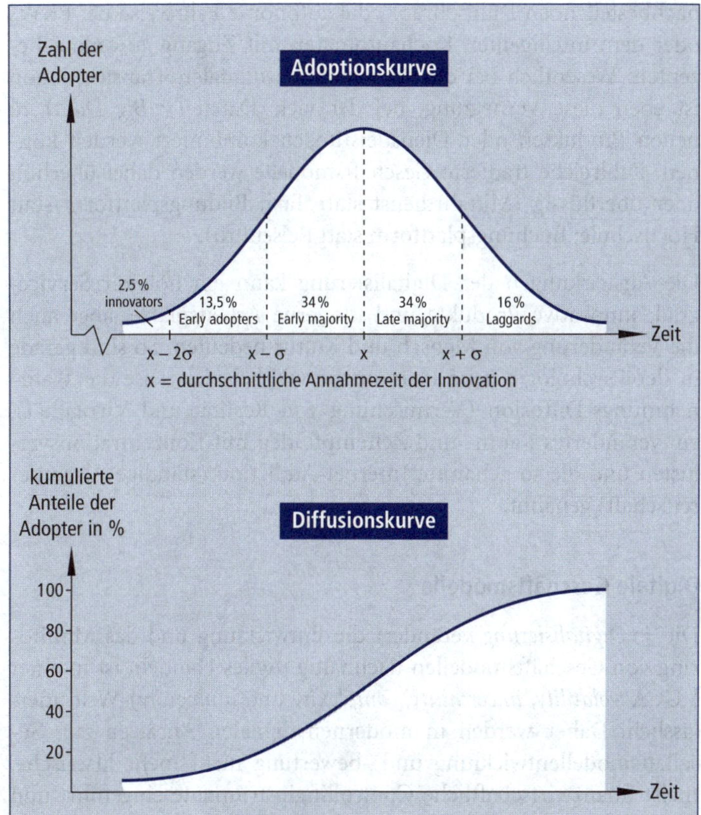

Abb. D-2: Typische Adoptions- und Diffusionskurven (Quelle: Nieschlag, R.; Dichtl, E.; Hörschgen, H.: Marketing, 19. Aufl., Berlin 2002, S. 173)

▶ Digitalisierung

Im einfachsten Wortsinne die Umstellung von analogen auf digitale Systeme wie beispielsweise der Übergang zur Internet-Telefonie, digitalen Sprachsteuerung oder von Printbüchern auf E-Books. Dabei führt die Digitalisierung, d. h. die Vernetzung von Daten und Tätigkeiten bzw. Prozessen zu einer grundlegenden Veränderung vielfältiger Dinge (Internet of Things), wie beispielsweise den selbst nachbestellenden Kühlschrank, die autonome Fahrweise bei PKWs oder dem intelligenten Kochautomaten mit Zugang zu online-Rezepten. Wesentlich bei der so genannten digitalen Transformation ist eben diese Vernetzung, bei der viele Daten (→ *Big Data*) zu neuen Produkten oder Dienstleistungen kombiniert werden können. Zahlreiche tradierte Geschäftsmodelle werden dabei überholt oder überflüssig (Mitfahrdienst statt Taxi; Bildungsplattform statt Hochschule; Buchungsplattform statt Reisebüro).

Die Auswirkungen der Digitalisierung kann ein höherer Servicegrad, innovative Produkte und moderne Arbeitsplätze, aber auch die Veränderung von Mensch und Kultur bedeuten. So sind gerade in der Psychologie neue Phänomene wie beispielsweise die Wahrnehmungs-Diffusion (Vermischung von Realität und Virtualität), ein verändertes Raum- und Zeitempfinden mit Konzentrationsverlusten und die so genannte Internet-Addiction (ständige Alarmbereitschaft) genannt.

▶ Digitale Geschäftsmodelle

Die → *Digitalisierung* verändert die Entwicklung und das Monitoring von Geschäftsmodellen nachhaltig. Agiles Handeln ist in einer VUCA(*volatility*, *uncertainty*, *complexity* und *ambiguity*)-Welt unerlässlich. Daher werden in modernen digitalen Ansätzen zur Geschäftsmodellentwicklung und -bewertung nicht mehr klassische, meist finanzwirtschaftliche Controllinginstrumente eingeführt und Projektziele und -realisierungen, sondern so genannte Reifegrade unterschieden. Eine bereits vielfach angewandte Einteilung der Reifegrade erfolgt in einem Portfolio mit 4 Feldern, das nach *Westerman* in Anfänger, Trendsetter, Konservative und digitale Vorreiter unterscheidet.

Als Anfänger werden Organisationen bezeichnet, die digitale Geschäftsmodelle erst überlegen und eine abwartende Strategie verfolgen. Diese laufen Gefahr, an „first mover" einen Markt zu verlieren. Trendsetter nutzen jede neue Innovation und versuchen diese in Form von Versuch und Irrtum für sich zu nutzen. Die so genannten Konservativen verändern ihre Geschäftsmodelle, nutzen dabei aber bekannte Technologien und Software, um ihre Prozesse zu modernisieren und Fehlinvestitionen zu vermeiden. Digitale Vorreiter hingegen zeichnen sich dadurch aus, dass sie eine starke digitale Kultur haben und die Weitsicht der Selektion zwischen digitaler Mode und nutzbaren Technologie. Hier sind Mitarbeiter aktiv, die in digitalen Transformationen bereits Erfahrung haben.

▶ Digitale Güter

Im Rahmen der → *Digitalisierung* werden so genannte digitale Güter immer wichtiger. Dabei handelt es sich nicht nur um nicht-reale Dienstleistungen wie beispielsweise die Vermittlung einer Taxifahrt im Gegensatz zur Taxifahrt selbst, sondern um bestimmte Eigenschaften, die diese Güter determinieren. Wir unterscheiden 4 Kriterien, um von digitalen Gütern zu sprechen:

(1) Wahrnehmungsunterschied, d. h. Güter, die nicht zu sehen, hören, anzufassen oder zu schmecken sind und so lediglich als Versprechen von Leistungen auftreten bzw. mehr Vertrauen vom Käufer erfordern. Daher sind Produktbewertungen auf Plattformen wichtig.

(2) Kopierbarkeit, d. h. diese Güter sind weitestgehend mit geringem Aufwand zu kopieren und haben damit geringe Eintrittsbarrieren in einen Markt. Ein Schutz geistigen Eigentums ist schwer zu erzielen und so wird häufig von öffentlichen Gütern ausgegangen, obwohl es Urheber gibt. Die Kopierbarkeit ist auch mit einer Veränderbarkeit (Rekombination) einhergehend, so dass zahlreiche Varianten dieser Güter auf dem Markt sind.

(3) Systemabhängigkeit, d. h. die Güter benötigen zur Nutzung meist Betriebssysteme und Geräte, die eine Nutzung erst ermöglichen. Gerade mit diesen komplementären Gütern können eigene Geschäftsmodelle entwickelt werden. Diese Netzwerkeffekte werden häufig als eigentliches Geschäftsmodell verstanden.

(4) Preisstrukturen sind hier nicht klassisch kalkulierbar und hängen vom Nutzwert und weniger den Kosten ab. Da häufig kein Preis für digitale Güter vom Endkunden entrichtet wird, ist Werbung oder die Veräußerung von Nutzerdaten eine Möglichkeit der Finan-

zierung. Hier sind inzwischen Vorschriften des → *Datenschutzes* zu beachten.

▶ Digitale Transformation

Die → *Digitalisierung* verändert das wirtschaftliche Umfeld von Unternehmen nachhaltig und führt u. a. zu veränderten Geschäftsmodellen. Der Übergang von einem traditionellen Geschäftsfeld wie beispielsweise der Bestellung aus Katalogen eines Reisebüros zu einer digitalen Reiseplattform für Endkunden ist ein solcher digitaler Transformationsprozess. Die Herausforderung dabei ist die meist damit einhergehende Radikalität der Veränderung. Häufig gibt es zwischen tradierten Modellen und einem digitalen Geschäftsmodell keine Übergänge. Dies erfordert eine erhebliche Umorganisation, Neudefinitionen von Prozessen und Aufgabenbeschreibungen für Mitarbeiter und Auswirkungen auf Standorte und Produktsortimente. Die Unsicherheit aufgrund der meist einhergehenden Einmaligkeit und Nichtlernmöglichkeit bzw. Komplexität ist eine weitere Besonderheit der digitalen Transformation. Dazu kommen Zeitdruck und zum Teil hohe IT-Aufwendungen und technische Umstellungen. Als Ambidextritäts-Problematik wird zudem die häufig vorkommende Parallelität von traditionellen Prozessen und Produkten mit den digitalen Plattformen bezeichnet (Beispiel: örtlicher Buchhandel mit digitaler Bestellplattform).

▶ Digitalsteuer

Eine Steuer, die von der EU erhoben werden soll, um die Verlagerung von Gewinnen großer Verkäufer im Internet auf Niedrigsteuergebiete zu unterbinden. Der Idee nach soll der Plattformbetreiber, der die Kaufakte vermittelt, einen bestimmten Prozentsatz des Umsatzes (im Gespräch sind 1,5 bis 3 %) an die EU abführen. Bisher ist noch offen, ob sich die EU-Staaten einstimmig dafür entscheiden können. Das wäre die erste echte Steuer, die die EU als Finanzierungsmittel vereinnahmen würde.

▶ Digitaler Finanzbericht

Ab 1.4.2018 eingeführter bundesweiter und bankenweiter Standard für die elektronische Übermittlung von Jahresabschlüssen an die teilnehmenden Banken und Sparkassen. Die Daten werden im XBRL-Format übertragen, dabei wird die gleiche technische Infrastruktur wie bei der „E-Bilanz" an das Finanzamt genutzt. Derzeit ist die Teilnahme an der elektronischen Übermittlung sowohl für Banken als auch für Unternehmen noch freiwillig. Die Übermittlung an das Kreditinstitut kann vom Steuerberater auf Weisung des Mandanten vorgenommen werden.

▶ DIHK

→ *Deutscher Industrie- und Handelskammertag (DIHK)*

▶ DIN

→ *Deutsche Industrienorm (DIN)*

▶ Direct Costing

Kostenträgerrechnung (→ *Kostenträgerrechnung*) auf der Basis von variablen Kosten, die neben den → *Kosten* auch die Erlösseite einbezieht. Im Gegensatz zur mehrstufigen → *Deckungsbeitragsrechnung* handelt es sich beim Direct Costing um eine einstufige Berechnung des Deckungsbeitrags. Von den Erlösen je Produkt bzw. Leistungseinheit werden die variablen Kosten abgezogen, so dass je Leistungsart ein Deckungsbeitrag ermittelt wird, der addiert zu einem Gesamtdeckungsbeitrag zusammengefasst werden kann. Werden von diesem die fixen Kosten abgezogen, ergibt sich ein kalkulatorischer Periodenerfolg (Beispielrechnung Abbildung D-3). Problematisch beim Direct Costing ist die sachgerechte Zuordnung von Kosten als variable Kosten oder → *Fixe Kosten*. Im Gegensatz zur mehrstufigen Deckungsbeitragsrechnung werden die Fixkosten hier als Block undifferenziert behandelt, so dass ihre Abbaufähigkeit im betrieblichen Leistungsprozess nicht erkannt wird. Dennoch wird diese Form der Deckungsbeitragsrechnung in der Praxis sehr häufig angewandt, da zumindest grob der Erfolgsbeitrag je Leistungsart erkannt werden kann.

Produkte	1	2	3
Erlöse (Preis × Menge)	22.000,–	34.000,–	15.000,–
./. variable Kosten	12.000,–	22.000,–	8.000,–
Deckungsbeitragje Produktart	10.000,–	12.000,–	7.000,–
Gesamtdeckungsbeitrag		29.000,–	
./. Gesamte fixe Kosten		18.000,–	
Kalkulatorischer Periodenerfolg		11.000,–	

Abb. D-3: Beispiel einer einstufigen Deckungsbeitragsrechnung

▶ Direct Mailing

Maßnahme des → *Direktmarketing*, bei der der einzelne Konsument persönlich angeschrieben wird. Dies erlaubt eine gezielte Ansprache der relevanten Konsumenten, d. h. der gewünschten → Zielgruppe. Wird mittlerweile verstärkt durch die Ansprache per E-Mail ergänzt.

▶ Directors Dealing

Bezeichnung für Aktienkäufe durch Vorstände oder Aufsichtsräte.

▶ Direkte Produkt-Rentabilität (DPR)

Kennzahl (→ *Kennzahl*) zur Beurteilung des Erfolges in Handelsunternehmen und zunehmend auch in der Industrie. Mit der DPR wird keine Prozentrentabilität (→ *Rentabilität*), sondern ein → *Deckungsbeitrag* in Euro errechnet. Die Grundidee besteht darin, die Gefahr der willkürlichen Kostenschlüsselung zu umgehen, indem ein Deckungsbeitrag stufenweise ermittelt wird und damit explizit der Einzelartikel bzw. zumindest die übergeordnete Warengruppe zum Kalkulationsobjekt aufsteigt. Konkret wird die DPR meist definiert als Nettoverkaufspreis (d. h. exklusive → *Umsatzsteuer*) abzüglich Nettoeinkaufspreis zzgl. sonstige herstellerseitige Vergütungen (z. B. Werbekostenzuschüsse, artikelbezogene Rabatte) abzüglich der direkten Produktkosten. Zur Deckungsbeitragsermittlung subtrahiert die DPR-Rechnung einzelne ausgewählte Kostenarten, z. B. Prozesskosten der Warenpräsentation, oder Logistik vom Nettoerlös je Warengruppe und vermeidet pauschale Kostenzuordnungen im Zuge einer willkürlichen → *Vollkostenrechnung*.

▶ Direkte Steuern

Steuern (→ *Steuern*), die vom Steuerpflichtigen selbst wirtschaftlich getragen werden. Die → *Einkommensteuer* ist die wichtigste direkte Steuerart.

▶ Direktmarketing

Direkte Ansprache von Zielpersonen (→ *Zielgruppe*) über die verschiedenen Medien mit der Absicht, die Angesprochenen zu einer sofortigen Reaktion zu veranlassen. Die eingesetzten Medien können dabei mit denen der → *Werbung* übereinstimmen. Im Gegensatz zur klassischen Medienwerbung ist jedoch bei einer Direktmarketingmaßnahme ein Antwortmechanismus, z. B. ein Coupon oder eine Antwortkarte bei einer Anzeige oder ein Überweisungsformular bei einem Spendenaufruf enthalten. Zu unterscheiden sind das mediale Direktmarketing und das personale Direktmarketing (persönlicher Verkauf) (Abbildung D-4).

Abb. D-4: Formen des Direktmarketing (Quelle: Berndt, R.: Marketingstrategie und Marketingpolitik, 4. Aufl., Berlin u. a. 2005, S. 320)

Zur Direktwerbung werden alle Werbeansprachen gezählt, die gezielt an Zielpersonen durch die Post oder durch spezielle Verteilerorganisationen gestreut werden. Beispiele hierfür sind z. B. Werbebriefe, Prospekte oder Kataloge. Als Direct-Response-Werbung wird die Kombination aus Elementen der traditionellen Medienwerbung und der Direktwerbung verstanden, also z. B. Anzeigen, die einen Coupon oder eine Antwortkarte enthalten.

▶ Direktorialprinzip

Im Gegensatz zum Kollegialprinzip, bei dem gemeinschaftlich Entscheidungen herbeigeführt werden, sollen hier von hierarchisch übergeordneten Stellen (→ *Instanz*) Entscheidungen getroffen und Weisungen erteilt werden. Dieses Prinzip entspricht einem autoritären → *Führungsstil* und kann im positivsten Sinne als patriarchalisch (väterlich gutmeinend) verstanden werden.

▶ Direktvertrieb

Distributionsform, bei der der → *Handel* (Groß-, Einzelhandel) nicht eingeschaltet ist und damit eine unmittelbare Beziehung zwischen Hersteller und Endabnehmer besteht. Diese können sowohl private Personen als auch Gewerbetreibende sein. Von Unternehmensseite werden hierbei vor allem Außendienstmitarbeiter eingesetzt, die entweder im Rahmen des persönlichen Verkaufs oder des Telefonverkaufs tätig werden. In einer weiteren Fassung können dem Direktvertrieb auch die Einschaltung eigener Verkaufsstellen oder der Versandhandel zugerechnet werden. Aufgrund der intensiven Kundenkontakte ist diese Vertriebsform vor allem bei erklärungs- und beratungsintensiven Produkten vorteilhaft. Insbesondere bei Investitionsgütern stellt er den Regelfall dar. Privatkunden werden bei Haustürgeschäften durch ein einwöchiges Widerrufsrecht vor übereilten Kaufentscheidungen geschützt. Typische Beispiele für den Einsatz des Direktvertriebs sind Bücherclubs, Bausparverträge, Versicherungen (z. B. *COSMOS*) oder bestimmte Kosmetika (z. B. *AVON*).

▶ Direktzusage

Häufigste Form der betrieblichen Altersvorsorge, bei der ein Arbeitgeber durch Bildung von → *Rückstellungen* (→ *Pensionsrückstellungen*) dem Arbeitnehmer eine Vorsorgeleistung für das Alter einräumt. Weitere so genannte Durchführungswege siehe → *Rentenbesteuerung*.

▶ Disagio

Abschlag bzw. Abgeld auf den Nennwert eines → *Wertpapiers* oder Kredites. Im Gegensatz zum → *Agio* soll hier durch den Abschlag, und damit eine verminderte Darlehensauszahlung bzw. Unterpariemission bei Wertpapieren, eine Zinszahlung vorgezogen werden. Das Disagio bewirkt somit eine Erhöhung des Effektivzinses. Es wird im Zusammenhang mit Darlehensgewährung auch als Damnum bezeichnet.

▶ Discontinued Operations

Unternehmensbereiche, z. B. Geschäftsfelder, Sparten oder auch juristische Einheiten, die aufgrund eines Beschlusses der Unternehmensleitung kurz- oder mittelfristig durch Verkauf oder Stilllegung beendet werden sollen. Nach IFRS 5 und US-GAAP müssen die Gewinne und Verluste dieser Unternehmensbereiche in der → *Gewinn- und Verlustrechnung (GuV)* separat dargestellt werden. Außerdem sind die Auswirkung auf die Vermögens- und Finanzlage aufzuzeigen. Die verstärkte Ausrichtung der Unternehmenspolitik am → *Shareholder Value* und die damit verbundene Fokussierung auf sog. Kerngeschäftsfelder führt häufig zu Discontinued Operations und damit zu entsprechenden Berichtspflichten in US-GAAP- und IFRS-Abschlüssen. Nach deutschem Recht bestehen hierfür bisher keine spezifischen Berichtspflichten.

▶ Discounted-Cashflow-Methode

Ausgehend von einer wertorientierten Betrachtung von Unternehmen (→ *Shareholder Value*) hat sich in den letzten Jahren zur Abschätzung eines Unternehmenswertes die DCF-Methode neben dem → *Economic Value Added (EVA)* oder dem → *Market Value Added (MVA)* etabliert. Dabei wird der für die nächsten Jahre (z. B. 20 Jahre) prognostizierte → *Cashflow* mit einem Kapitalkostensatz (z. B. → *Weighted Average Cost of Capital (WACC)*) abgezinst und als Unternehmenswert definiert. Die Schätzprobleme künftiger Einzahlungen und Auszahlungen, sofern der Cashflow direkt ermittelt wird, bzw. der künftigen Jahresüberschüsse, Abschreibungen und Rückstellungsveränderungen, sofern der Cashflow indirekt ermittelt wird, sind offensichtlich. Aufgrund der Schätzprobleme werden in so genannten → *Due -Diligence-* Betrachtungen vernünftigerweise nur Ein- und Auszahlungen für einige Jahre erfasst und spätere Jahre mit einem Restwert angesetzt. Problematisch ist weiterhin, dass ein → *Goodwill* oder → *Firmenwert* nicht erfasst wird. Erfolgspotentiale kommen bei einer reinen Liquiditätsbetrachtung ebenfalls nicht zur Geltung. Letztlich ist wie bei jeder → *Abzinsung* die Qual der Wahl eines richtigen Kalkulationszinssatzes zu nennen. Selbst wenn ein fairer Kapitalkostensatz als Abzinsungsgröße gefunden ist, ist die Wahl der für das Unternehmen relevanten Cashflow-Größe noch zu überdenken (Operating Cashflow, Free Cashflow, …, Abbildung unter → *Cashflow*).

$$DCF = \sum_{t=1}^{n} \frac{CF^t}{(1+i)_t}$$

▶ Discounter

Einzelhandelsbetrieb, der seine Ware dauerhaft erheblich unter den empfohlenen (→ *Preisbindung*) oder üblichen Preisen verkauft. Hierdurch unterscheidet er sich auch von der Sonderangebotspolitik, bei der niedrige Preise zeitlich befristet gelten und evtl. ein Preisausgleich über andere Produkte erfolgt. Möglich wird der dauerhafte Niedrigpreis durch Kostensenkungen, die v. a. durch den Verzicht auf Nebenleistungen wie → *Service* oder anspruchsvolle Warenpräsentation sowie auch Beschaffung großer Mengen, Ausschaltung des Zwischenhandels, schnellen Warenumschlag durch niedrige Lagerhaltung und ständige -kontrolle, rationelle Nutzung aller Betriebsflächen und geringen Personalbestand erreicht werden.

Die angebotenen Waren weisen dementsprechend folgende Merkmale auf: Geringe Erklärungsbedürftigkeit, große Packungen und Gebinde sowie hohe Umsätze durch große Umschlaggeschwindigkeit. Discounter sind vor allem im Lebensmittelbereich anzutreffen; zunehmend finden sich aber auch Fachdiscounter im Non-Food-Bereich (→ *Handelsvertriebsweg*).

▶ Discount-Zertifikat

→ *Zertifikat*

▶ Disintermediation

Verdrängung einer → *Bank* von ihren traditionellen Funktionen als Finanzintermediär, d. h. als Intermediär bzw. Händler von Informationen, Transformation von Losgrößen (Hereinnahme vieler kleiner Einlagen und Ausgabe großer Kredite), Fristen (Vergabe langfristiger Kredite und Hereinnahme vieler kurzfristiger Einlagen) sowie Risiken (Risikostreuung). Die Intermediationsfunktionen werden zunehmend von so genannten In-house-Banken übernommen. Neben der Tendenz zum → *In-house-Banking* großer Unternehmen, mit gutem → *Standing* und erstklassiger → *Bonität,* verursacht der Trend zur Verbriefung von Forderungen (→ *Securitization*) ebenfalls die Abnahme der Marktanteile von Banken, d. h. eine Disintermediation im Geschäftsbankenbereich.

▶ Diskontierung

→ *Abzinsung*, → *Diskontsatz*

▶ Diskontkredit

Kredit (→ *Kredit*), bei dem eine → *Bank* einen → *Wechsel* als Sicherheit ankauft (→ *Wechselkredit*). Die Bank kann sich ihrerseits zu einem Basiszinssatz der Deutschen Bundesbank (ehemals → *Diskontsatz*) bei der → *Europäischen Zentralbank (EZB)* refinanzieren.

▶ Diskontsatz

Zinssatz, zu dem die → *Deutsche Bundesbank* bis zur Einführung des → *Euro* → *Wechsel* von Banken angekauft hat (Rediskontierung). Das Instrument der Diskontpolitik ist auf die → *Europäische Zentralbank (EZB)* übergegangen, die mit diversen Instrumenten die Geldmenge kontrolliert. Als Ersatz für den Diskontsatz gilt seit 1999 auf nationaler Ebene der so genannte Basiszinssatz und auf europäischer Ebene die → *European Interbank Offered Rate (EURIBOR)*.

▶ Diskriminanzanalyse

1936 von *R. A. Fischer* entwickeltes mathematisch-statistisches Verfahren zur Errechnung der → *Signifikanz* einer Variablen auf eine (Kredit-)Entscheidung, hinsichtlich deren Zuordnung zu einer von mindestens zwei sich nicht überschneidenden Teilmengen (z. B. solvent, nicht solvent). Ziel ist es, verschiedene Gruppen aufgrund ihrer Variablen zu differenzieren, so dass ein neues Element anhand seiner Merkmale einer Gruppe zugeordnet werden kann. Die Bonitätseinstufung (→ *Bonität*) eines Unternehmens in Risikoklassen (→ *Risiko*) kann basierend auf einer solchen Diskriminanzanalyse erfolgen, indem Jahresabschlusskennzahlen (→ *Kennzahlenanalyse*) als Variablen herangezogen werden.

▶ Display Advertising

→ *Bannerwerbung*

▶ Disposition

(1) Organisationstheoretisch eine fallweise einmalige Strukturierung (→ *Organisation*), d. h. eine Regelung für einen Einzelfall.

(2) Tätigkeit zur kurzfristigen → *Planung* von Zeiten und Mengen beim Gütererstellungsprozess (z. B. Liquiditätsdisposition).

▶ Dispositionskredit

Kredit (→ *Kredit*) im Sinne der Übersicherungsmöglichkeit eines Girokontos einer Privatperson vergleichbar mit dem → *Kontokorrentkredit* eines Unternehmens.

▶ Dispositiver Faktor

→ *Produktionsfaktoren (nach Gutenberg)*

▶ Distribution

Verteilung von Gütern, d. h. die Art und Weise wirtschaftlicher Tätigkeit, welche die Güter von der → *Produktion* zum Abnehmer führt (→ *Distributionspolitik*).

▶ Distributionsorgane

Gliederung der Distributionselemente nach betriebszugehörigen Vertriebsorganen, Absatzmittlern und Absatzhelfern. Betriebszugehörige Vertriebsorgane lassen sich in rechtlich selbständige Vertriebsorgane (z. B. Vertriebsgesellschaften, Verkaufskontor) und rechtlich unselbständige Vertriebsorgane (z. B. Vertriebsabteilung, Verkaufsniederlassung, Reisende, Mitglieder der Geschäftsleitung) einteilen. Ein Absatzmittler (z. B. *Groß-* und *Einzelhandel*) ist ein Zwischenhändler in der Absatzkette vom Hersteller zum Endkunden, der im Gegensatz zum Absatzhelfer (z. B. → *Handelsvertreter* und -makler, Kommissionäre) Eigentum am Produkt erwirbt.

▶ Distributionspolitik

Oberbegriff für diejenigen Marketinginstrumente (→ *Absatzpolitisches Instrumentarium*), die als → *Vertriebspolitik* und → *Verkaufspolitik* bezeichnet werden. Es handelt sich um die Entscheidungen, welche im Zusammenhang mit dem Weg eines Produktes zum Endverbraucher stehen, sowie die Einteilung von Verkaufsbezirken, die → *Planung* des Außendienstes und die Festlegung des Verkaufsbudgets.

▶ Distributionsweg

Alle Stufen, die das → *Eigentum* an einem → *Gut* durchläuft, um vom Hersteller auf den Verbraucher überzugehen (z. B. Großhandel, Einzelhandel, Konsument). Als Stufe wird hierbei der Entscheidungsträger bezeichnet, der die volle rechtliche Gewalt über die Ware erhält (→ *Distributionspolitik*).

▶ Diversifikation

Strategie (→ *Strategie*) im Rahmen von Produkt-/Marktentscheidungen zur Erzielung eines externen Unternehmenswachstums. Die Diversifikation bezieht sich stets auf neue Produkte für neue Märkte und kann in eine horizontale, vertikale und in eine laterale Form unterschieden werden.

Horizontal bedeutet, dass ein neues Produkt auf derselben Wertschöpfungskette aufgenommen wird, das mit den bisherigen Produkten sachlich verwandt ist (z. B. Pilsbrauerei kauft Weizenbierbrauerei). Die vertikale Diversifikation bezieht sich auf vor- bzw. nachgelagerte Produktionsstufen im Verhältnis zum eigenen Produkt. So kann eine Brauerei beispielsweise vorwärts diversifizieren durch den Kauf bzw. Bau eigener Gaststätten und rückwärts diversifizieren durch den Anbau eigenen Getreides. Bei der lateralen Diversifikation werden Produkte aufgenommen, die zu den bisherigen Produkten keinen oder nur einen sehr geringen Bezug aufweisen (z. B. ein Fahrradproduzent kauft einen Lebensmittelhandel). Diversifikationen allein um des Unternehmenswachstums wegen erscheinen ohne ausnutzbare Synergieeffekte (→ *Synergie*) wenig sinnvoll, so dass für eine laterale Diversifikation nach heutigen Erkenntnissen (→ *Lean Production*) wenig spricht.

▶ Dividende

→ *Gewinnverwendung*

▶ Dividendenpolitik

Teil der → *Bilanzpolitik* mit dem Ziel, die Höhe und den Zeitpunkt der an die Anteilseigner auszuschüttenden Beträge (Dividende) so festzulegen, dass diese an ihrem Investment in der Unternehmung festhalten bzw. weitere Beträge anlegen (→ *Investor Relations*). Die Anteilseigner präferieren im Allgemeinen einen möglichst stetigen und verlässlichen Dividendenstrom. Dividenden können aus dem laufenden Ergebnis oder aus den → *Rücklagen* dotiert werden. Aktionsparameter der Dividendenpolitik sind daher einerseits bilanzpolitische Maßnahmen zur Ergebnisglättung sowie andererseits zur Auflösung oder auch Bildung von Rücklagen. In Deutschland haben die Aktionäre gem. § 58 IV AktG Anspruch auf den Bilanzgewinn des Einzelabschlusses (Jahresabschlusses). Eine Verstetigung der Dividende setzt daher an einer Verstetigung der Gewinne – insbesondere durch Bildung und Auflösung stiller Rücklagen – an.

▶ Dividendenschein

→ *Kupon*

▶ Divisionale Organisation

Aufbauorganisation (→ *Aufbauorganisation*), bei der die erste Hierarchieebene nicht nach gleichartigen Tätigkeiten oder Verrichtungen gegliedert ist, sondern nach Divisionen, Geschäftsbereichen bzw. Sparten. Diese drei Begriffe werden synonym verwandt. Derartige Sparten können entweder nach Produkten bzw. Produktgruppen, einer Kunden- bzw. → *Zielgruppe* oder nach Regionen gegliedert sein (Abbildung D-5). Bei dieser Form der Untergliederung spricht man vom Objektprinzip (→ *Aufgabenanalyse* und → *Aufgabensynthese*). Die divisionale Organisationsform breitete sich in den vierziger und fünfziger Jahren in den USA und erst ab den sechziger und vor allem in den siebziger Jahren in Europa aus. Hauptgründe dafür waren die zunehmende → *Diversifikation* und das damit verbundene Größenwachstum der Unternehmen, welches eine funktionale Eingliederung der ständig neuen Unternehmensbereiche unmöglich machte. Vorteile der divisionalen Organisationsform sind deren Anpassungsfähigkeit an neue Produkte, Kunden oder regionale Absatzmärkte, die Entlastung der Unternehmensspitze durch die Spartenleiter, ein guter Marktüberblick durch die produktorientierten Abteilungen sowie die gute Möglichkeit der → *Personalent-*

wicklung von bewährten Generalisten als Spartenleiter zu Führungskräften im Vorstand des Gesamtunternehmens. Als entscheidender Nachteil wird der häufig zu beobachtende Spartenegoismus genannt, der zu Doppelarbeiten oder der zunehmenden Einrichtung von Zentralbereichen und damit zu einer Mischform mit der funktionalen Organisation führt (s. Abbildung unter → *Funktionale Organisation*).

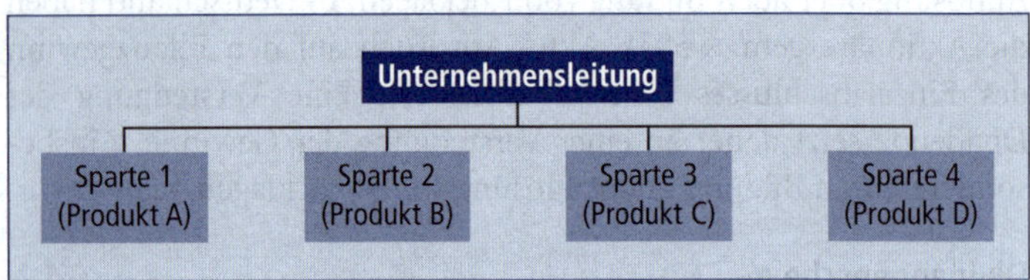

Abb. D-5: Divisionale Organisationsstruktur

Eine Sparte wird bei der divisionalen Organisationsform meist als → *Profit Center* geführt, was motivierende Auswirkungen auf die Mitarbeiter haben kann. Eine dreidimensionale Verbindung von funktionalen und divisionalen Organisationskriterien erfolgt in der → *Tensor-Organisation.*

▶ Divisionskalkulation

Im Rahmen der → *Kostenträgerrechnung* als → Kalkulationsverfahren häufig eingesetztes Instrument zur Ermittlung der Stückkosten der erzeugten Leistungseinheiten. Es lassen sich die einstufige und mehrstufige Divisionskalkulation sowie die → *Äquivalenzziffernrechnung* unterscheiden. Bei der einstufigen Divisionskalkulation wird ohne Differenzierung in → *Einzelkosten* und → *Gemeinkosten* die Summe der Kosten durch die hergestellte Menge dividiert und so die Selbstkosten pro Leistungseinheit ermittelt. Dies ist dann sinnvoll und zweckmäßig, wenn es sich um die Herstellung nur eines Produkts handelt und das Unternehmen gleichmäßig ausgelastet ist bzw. ohne Lagerbestandsveränderungen arbeiten kann. Treten hingegen Veränderungen im Lagerbestand auf, dann ist eine Divisionskalkulation nur durch die Differenzierung in hergestellte und abgesetzte Mengen sinnvoll. Bei der mehrstufigen Divisionskalkulation, bei der eine nach Fertigungsbereichen differenzierte → *Kostenstellenrechnung* vorliegen muss, ist die Division der dort angefallenen Kosten durch die dort hergestellte bzw. bearbeitete Stückzahl zu dividieren (Stufenkalkulation). Zur schematischen Darstellung der ein- und mehrstufigen Divisionskalkulation s. Formel.

Einstufig: $SK = \frac{k}{x}$

Mehrstufig: $SK = k_M + \sum_{j=1}^{m} \frac{k^{Fj}}{x_j}$

SK = Selbstkosten; K = Gesamtkosten; × = hergestellte Menge; k_m = Materialkosten (Einzel- und Gemeinkosten); k_{Fj} = Fertigungskosten der Produktstufe j (Einzel- und Gemeinkosten; j = Produktionsstufen 1-m

▶ DIW

→ *Deutsches Institut für Wirtschaftsforschung (DIW)*

▶ DLG

→ *Deutsche Landwirtschafts-Gesellschaft e. V. (DLG)*

▶ Dokumentenakkreditiv

Vereinbarung eines Zahlungspflichtigen, zumeist Importeurs, im Rahmen der → *Außenhandelsfinanzierung* mit seiner → *Bank* in seinem Auftrag und nach seinen Weisungen gegen Übergabe vorgeschriebener Dokumente eine Zahlung an einen Begünstigten, zumeist Exporteur, zu leisten. Ein eröffnetes Akkreditiv stellt somit ein Zahlungsversprechen einer Bank (Akkreditivbank, eröffnende Bank) dar. Im Gegensatz zum → *Dokumenteninkasso* haftet somit zusätzlich eine Bank dem Begünstigten. Als Rechtsgrundlage wird häufig § 87 BGB (abstraktes Schuldversprechen) herangezogen. Darüber hinaus existieren von der Internationalen Handelskammer in Paris aufgestellte einheitliche Richtlinien und Gebräuche für Dokumentenakkreditive (ERA), die inzwischen weltweit üblich sind, und auf die in den Geschäften zugrunde liegenden Kaufverträgen meist verwiesen wird. Zum Ablauf eines Akkreditivs s. Abbildung D-6.

Grundsätzlich muss in diesem Kaufvertrag eine Akkreditivklausel existieren, um diese Zahlungsart in Gang zu setzen. Das Zahlungsversprechen der Bank gegenüber dem Exporteur wird als bedingt und abstrakt bezeichnet. Die Zahlung ist deshalb *bedingt*, da sie nur gegen die Aushändigung eindeutig bestimmter Dokumente zu einem eindeutig bestimmten Zeitpunkt der Vorlage geleistet wird. Das Versprechen ist *abstrakt*, da es vom zugrunde liegenden Kaufvertrag losgelöst ist, d. h. die Bank auch ohne die Erfüllung des Warengeschäftes für die Zahlung bei Dokumentenvorlage haftet. Häufig schaltet die vom Importeur beauftragte Akkreditivbank eine Korrespondenzbank ein, die dann als avisierende Bank bezeichnet wird. Im Zeitpunkt der Vorlage des Dokumentenakkreditivs beim Exporteur wird das Akkreditiv eröffnet. Übergibt der Exporteur die vereinbarten Dokumente, so wird die avisierende Bank zahlen oder, was selten vorkommt, ihm z. B. in Form eines Wechsels ein Zahlungsversprechen für einen späteren Zeitpunkt abgeben. Die Prüfung der vom Exporteur vorgelegten Dokumente muss von der avisierenden Bank sehr sorgfältig vorgenommen werden, da das Fehlen einer vereinbarten Bedingung das ganze Rechtsgeschäft zunichtemacht. Die Dokumentenübergabe wird im Bankjargon als Auskehren und die Zahlung als Honorierung bezeichnet. In Abhängigkeit von der Widerruflichkeit, Sicherheit und den Zahlungsarten lassen sich vielerlei Formen des Akkreditivs unterscheiden. Ein unwiderrufliches Dokumentenakkreditiv kann weder geändert noch annulliert werden, d. h. die Akkreditivbank bzw. avisierende Bank muss unabhängig von der Bonität des Importeurs haften bzw. an den Exporteur Zahlung leisten. Beim widerruflichen Akkreditiv kann die eröffnende Bank jederzeit bis zur Eröffnung (Phase 4 in Abbildung D-6) das Zahlungsversprechen zurücknehmen. Als bestätigtes Akkreditiv wird bezeichnet, wenn die avisierende, d. h. eigentlich die Akkreditiveröffnung nur übermittelnde, Bank als zusätzlicher Haftender eintritt. Dies wird häufig bei Geschäften mit Osteuropa vereinbart. Beim unbestätigten Akkreditiv haftet neben dem Importeur lediglich die Akkreditivbank. Bei einem Sichtakkreditiv (payable after sight) hat die avisierende Bank ohne verzögernde Dokumentenprüfung eine sofortige Zahlung, allerdings unter Vorbehalt, zu leisten. Die Dokumentenprüfung erfolgt erst später. Bei einer hinausgeschobenen Zahlung (default payment) wird eine Zahlung in Raten oder spätere Zahlung vereinbart. Bei einem Remboursakkreditiv erfolgt die Zahlung durch Akzeptierung eines → *Wechsels.* Das Akkreditiv wird im angloamerikanischen Raum als *commercial letter of credit* (bei sofortiger Zahlung) oder auch bei *standby letter of credit* (im Sinne einer → *Garantie*) bezeichnet. Bei einem übertragbaren Akkreditiv handelt es sich um die vertraglich vereinbarte Möglichkeit der Zahlung von der avisierenden Bank an einen Dritten statt dem Exporteur.

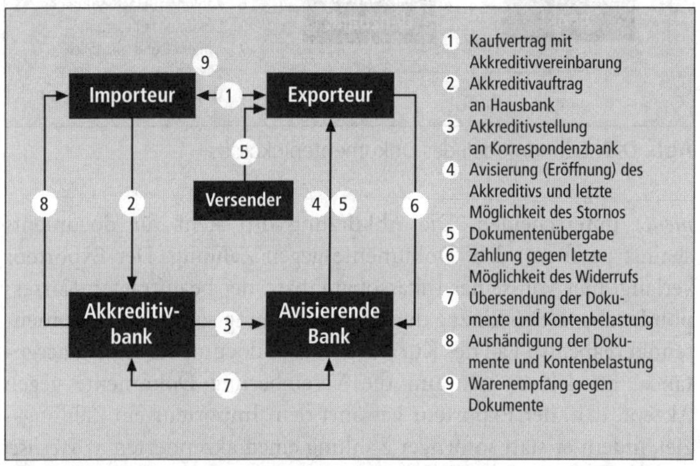

Abb. D-6: Grundmodell des Dokumentenakkreditivs

▶ Dokumenteninkasso

Auftrag eines Zahlungsberechtigten, zumeist Exporteurs, an seine → *Bank*, vom Zahlungsverpflichteten (Importeur) die Zahlung einzuziehen (→ *Inkasso*). Für die Legitimation des Einzugs übergibt der Exporteur seiner Bank → *Exportdokumente* (z. B. ein → *Konnossement*), die dann gegen Zahlung von der Bank oder deren Korrespondenzbank an den Importeur ausgehändigt werden. Mit Hilfe der Dokumente kommt dann der Importeur an die Waren. Zum exakten Ablauf des Geschäftes s. Abbildung D-7. Es lassen sich zwei Arten von Dokumenteninkassi (engl.: *collection*, franz.: *encaisse-*

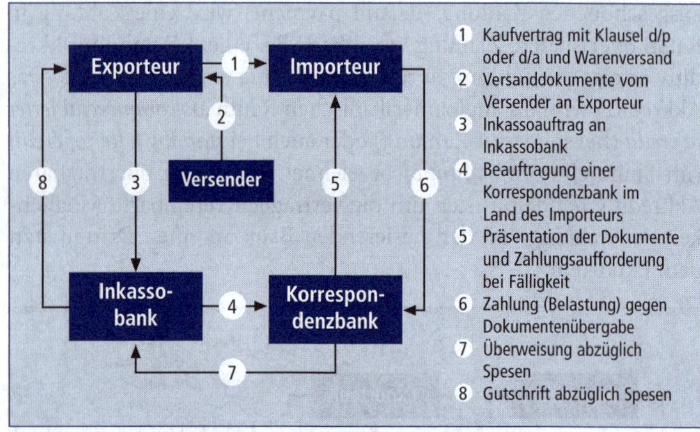

Abb. D-7: Grundmodell des Dokumenteninkassos

ment) unterscheiden. Die Abkürzung d/p steht für documents against payment, d. h. Dokumente gegen Zahlung. Der Exporteur verlangt hier von seiner Inkassobank bzw. der beauftragten Korrespondenzbank den Einzug der fälligen Zahlung sofort bei Dokumentenübergabe. Im Fall des Kürzels d/a, d. h. documents against acceptance, handelt es sich um die Vereinbarung Dokumente gegen Akzept, d. h. der Exporteur gewährt dem Importeur ein Zahlungsziel, indem er statt sofortiger Zahlung einen akzeptierten → *Wechsel* annimmt. Sofern zusätzlich zum Zahlungsversprechen des Importeurs auf einem Wechsel eine Bank als Bürge eintritt, wird dies als Aval bzw. → *Wechselbürgschaft* seitens einer Bank bezeichnet. Für die Wirksamkeit der international gebräuchlichen Zahlungsform wurden von der französischen Handelskammer so genannte einheitliche Richtlinien für Inkasso (ERI) aufgestellt, die inzwischen weltweite Bedeutung erlangt haben. So ist ein Hinweis auf die ERI neben den d/p- und d/a-Klauseln bereits im Kaufvertrag üblich. Sofern der Importeur mittels eines Wechsels bezahlt, kann statt Weiterleitung dieser Urkunde über die Banken an den Exporteur auch die Verwahrung des Wechsels bei der Auslandsbank vereinbart werden. Diese hat dann bei Fälligkeit die Aufgabe, die Forderung einzutreiben. Individuell zu vereinbaren sind die Verteilung der Inkassospesen, Zinsen bei Zahlungsaufschub, der Inkassoweg sowie Ausschlüsse und Bedenkzeiten bzw. Regelungen für Problemfälle (z. B. Warenuntergang). Das Dokumenteninkasso stellt damit aus Sicht des Exporteurs eine gewisse Sicherheit dar, da die Ware so lange in seinem Besitz verbleibt, bis Zahlung gegen Dokumente erfolgt ist. Aus Sicht des Importeurs besteht die Sicherheit, dass die Ware hergestellt und auf dem Weg oder im Zielhafen angekommen ist, sobald er die Versanddokumente vorliegen hat.

▶ Domizilstelle

→ *Diskontsatz*, → *Wechsel*

▶ Doppelbesteuerung

In vielen Ländern, in denen Gewinne bzw. Einkommen nach dem so genannten Welteinkommensprinzip zu versteuern sind, kommt es bei grenzüberschreitender Tätigkeit oftmals zu einer doppelten Besteuerung, dadurch, dass einmal das Quellenland, also das Land, in dem das → *Einkommen* erzielt wird, und zum anderen das Wohnsitzland die Steuer auf dieses Einkommen erhebt. Viele Steuergesetze enthalten Regelungen zur Anrechnung von im Ausland gezahlten Steuern, aber eine vollständige Vermeidung der Doppelbesteuerung kann so in der Regel nicht erreicht werden. Hierzu sind bilaterale Abkommen zur Vermeidung der Doppelbesteuerung (→ *Doppelbesteuerungsabkommen*) notwendig.

▶ Doppelbesteuerungsabkommen

Abkommen zur Vermeidung von Doppelbesteuerung. Zum 1.1. 2018 waren 96 Abkommen auf dem Gebiet der → *Steuern* vom Einkommen und vom Vermögen abgeschlossen. Mit 6 Staaten besteht ein Abkommen auf dem Gebiet der → *Erbschaft- und Schenkungsteuer*. Das älteste noch gültige Abkommen auf dem Gebiet der Steuern vom Einkommen besteht mit Thailand aus dem Jahr 1967, auf dem Gebiet der Erbschaft- und Schenkungsteuern mit Griechenland aus dem Jahr 1910. Beide wurden jeweils fortentwickelt und dem aktuellen Rechtstand angepasst. Die OECD hat ein Musterabkommen entwickelt, das bei den Verhandlungen meistens Ausgangspunkt für die konkreten bilateralen Abkommen darstellt. Diese haben als völkerrechtliche Verträge Vorrang vor den nationalen Steuergesetzen und erreichen eine weitgehende Vermeidung der Doppelbesteuerung durch Zuweisung des Besteuerungsrechtes auf nur einen der beteiligten Staaten oder bei Doppelbesteuerung durch Anrechnung, Abzug oder Freistellung der Einkommen bzw. Steuer im jeweils anderen Staat.

▶ Doppelgesellschaft

Mischform von Rechtsformen des privaten Rechts, die aus zwei rechtlich selbständigen Gesellschaften besteht. Die Doppelgesellschaft kann bei Gründung zweier von vornherein rechtlich selbständiger Gesellschaften, die aber beide einen einheitlichen Zweck verfolgen, entstehen. Sie kann aber auch Ergebnis einer → *Betriebsaufspaltung* sein. Häufig werden Betriebe in zwei rechtlich unabhängige Gesellschaften getrennt, um einzelne Funktionsbereiche auch rechtlich zu trennen oder um Vermögen aufzuteilen und → *Steuern* zu optimieren. So können Besitzpersonengesellschaften von Betriebskapitalgesellschaften einerseits und Produktionspersonengesellschaften von Vertriebskapitalgesellschaften andererseits unterschieden werden. Die Produktion und die Leitung sollen rechtlich getrennt werden, um damit Haftungsfragen auf eine Gesellschaft zu begrenzen oder Vermögen, z. B. Grundstücke, aus der Haftung einer Gesellschaft herauszuhalten. Die Doppelgesellschaften entstehen häufig auch durch den Generationswechsel im Unternehmen, indem einem Nachfolger ein selbständiges Unternehmen übertragen wird. Eine gesetzlich normierte Doppelgesellschaft ist die KGaA→ *Kommanditgesellschaft auf Aktien.*

▶ Doppelwährungsanleihe

→ *Anleihe*

▶ Dotationskapital

Eigenkapital von Kreditinstituten des öffentlichen Rechts im Sinne von § 10 II Nr. 5 KWG. Das vom Gewährträger (z. B. bei einer Kreissparkasse der Kreis) eingezahlte Eigenkapital und die Rücklagen bilden bei diesen Kreditinstituten ein → Haftendes Eigenkapital.

▶ D & O-Versicherung

D & O steht für Directors and Officers, d. h. die Organe von Gesellschaften wie Geschäftsführer, Vorstände oder Aufsichtsräte, die durch eine solche Versicherung gegen Schadenersatzansprüche von Anlegern geschützt werden sollen. Drittmittel → *Eigenkapital* von Banken.

▶ Dow Jones Euro Stoxx 50

Aktienindex (→ *Aktienindex*), der am 26. 2. 1998 von den führenden Europäischen Börsen in Frankfurt, Paris und Zürich gemeinsam eingeführt wurde. Er beinhaltet die so genannte „Champions League" der Aktien im Gebiet der Euro-Länder (→ *Euro*).

▶ Drifting Costs

→ *Zielkostenrechnung*

▶ Drittmittel

→ *Eigenkapital von Banken*

▶ DRSC

→ *Deutsches Rechnungslegungs Standards Committee (DRSC)*

▶ DTB

→ *Eurex*

▶ Due Diligence

Unternehmensanalyse im Rahmen der Entscheidungsfindung insb. bzgl. des Kaufes oder Verkaufes eines Unternehmens oder von Unternehmensteilen, Börseneinführungen, Kreditgewährungen, Ausscheiden eines Gesellschafters etc. Due Diligence bedeutet wörtlich übersetzt „erforderliche Sorgfalt". Im übertragenen Sinne heißt dies, dass die Unternehmensanalyse formalisiert, umfassend und fundiert erfolgt, z. B. in Form von Fragebögen, die durch ein Expertenteam ausgearbeitet und ausgewertet werden. Dies können Dritte, z. B. Wirtschaftsprüfer, Unternehmensberater, Steuerberater, etc., oder aber auch eigene Mitarbeiter sein, z. B. aus den Ressorts Merger & Acquisition, Controlling oder Bilanzen. Häufig geht einer Due Diligence ein sog. Letter of Intent voraus, in dem der potentielle Erwerber sein Kaufinteresse und der potentielle Verkäufer Art und Umfang der Auskunftserteilung dokumentieren. Als Abschlussbericht wird i. d. R. ein Due Diligence Report erstellt.

▶ Dumping

Verkauf von Waren unter → *Selbstkosten* oder Einstandskosten. Dieses absatzpolitische Instrument (aggressive Preispolitik) des → *Marketing* dient dazu, Konkurrenten aus dem → *Markt* zu drängen, und verstößt erst gegen das Gesetz gegen Wettbewerbsbeschränkungen (GWB), wenn durch das Dumping ein Vernichtungswettbewerb angestrebt wird, der den Wettbewerb an sich außer Kraft setzen soll (§§ 22 ff. GWB). Volkswirtschaftlich werden z. T. Anti-Dumping-Zölle zum „Schutz" der einheimischen Wirtschaft gegen ausländische Billigprodukte eingesetzt (Protektionismus).

▶ DuPont-Kennzahlensystem

Kennzahlensystem, das bereits 1919 im amerikanischen Konzern du Pont de Nemours eingeführt wurde und inzwischen in verschiedenen Versionen und Ergänzungen in der Praxis weit verbreitet ist. Dabei wird die Spitzenkennzahl, der → *Return on Investment (RoI)*, die Rendite des investierten Kapitals, in der ersten Stufe aufgespalten in die Umsatzrentabilität und die → *Umschlagshäufigkeit* des inves-

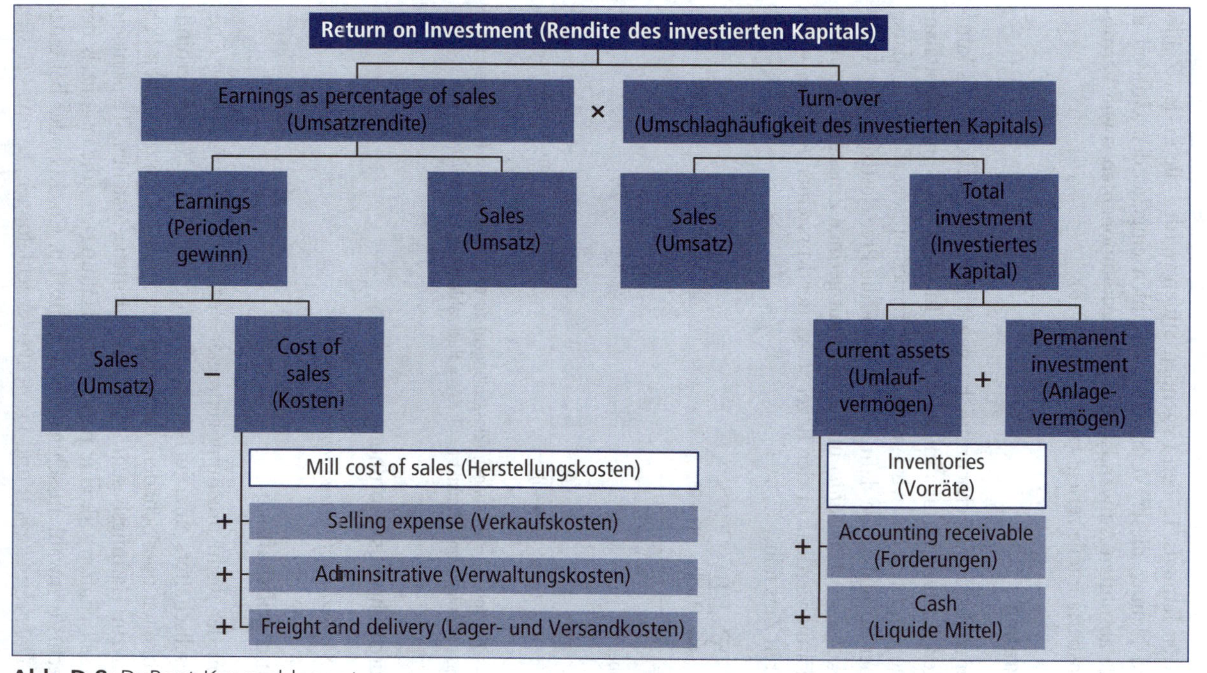

Abb. D-8: DuPont-Kennzahlensystem

tierten Kapitals. In den folgenden Stufen werden die in den Zähler und Nenner dieser Verhältniskennzahlen eingehenden Größen in ihre absoluten Aufwands- und Ertragskomponenten sowie Vermögensbestandteile zerlegt (Abbildung D-8).

▶ Duration

Kennzahl, die durchschnittliche, gewichtete Fälligkeiten eines künftigen Zahlungsstroms misst, den ein Investor aus seiner Kapitalanlage erwartet. Sie wird auch als durchschnittliche Bindungsdauer einer Kapitalanlage definiert. So kann die Preiselastizität der Anleihekurse (→ *Volatilität*) in Reaktion auf geringe Zinssatzänderungen erkannt werden. In der Regel steigt der Kurs einer Anleihe, wenn deren Zins fällt.

$$D = \frac{\sum_{t=1}^{n} \frac{t \cdot E_t}{(1+i)^t} + \frac{n \cdot KA_n}{(1+I)^n}}{KA_o}$$

wobei:

$$KA_0 = \sum_{t=1}^{n} \frac{t \cdot E_t}{(1+i)^t} + \frac{n \cdot KA_n}{(1+I)^n}$$

D = Duration; E_t = Zahlungen (Zinszahlungen) zu den Zeitpunkten t (Zeitwerte); KA_o = Preis der Anleihe im Zeitpunkt t = 0; KA^n = Rückzahlungskurs der Anleihe

▶ Durchführungsverordnung

→ *Steuerdurchführungsverordnung*

▶ Durchgriffshaftung

Von der Rechtsprechung geprägter Begriff für die → *Haftung* eines Gesellschafters einer juristischen Person (z. B. GmbH) für Verbindlichkeiten oder Schäden, die durch Missbrauch der juristischen Person zur Haftungsbeschränkung bei Dritten entstehen. Täuscht ein Gesellschafter z. B. eine persönliche Haftung vor, die er mittels der Rechtsformwahl ausschließt, z. B. GmbH u. Co. KG oder bei einer → *Doppelgesellschaft* und Firmenverschachtelungen, so muss er sich den Durchgriff auf sein Privatvermögen trotz anders lautender Rechtslage gefallen lassen, wenn der Anschein gegen → *Treu und Glauben* gem. § 242 BGB verstoßen hat. Die persönliche Haftung wurde geregelt in BGHZ 22, 226; 61, 380; 78, 333.

▶ Durchlaufende Posten

Beträge, die vom Unternehmen einbehalten werden, um sie anschließend an Dritte abzuführen. Typische Beispiele sind die vom Unternehmen einbehaltene → *Lohnsteuer* und → *Kirchensteuer* sowie die einbehaltenen Sozialversicherungsbeiträge der Arbeitnehmer, die vom Unternehmen an das Finanzamt bzw. die Sozialversicherungsträger abgeführt werden. Die → *Umsatzsteuer* stellt einen durchlaufenden Posten ohne Aufwandscharakter dar, da sie beim Verkauf dem Warenwert zugeschlagen und somit vom Kunden bezahlt wird. Bei der Berechnung der sog. Zahllast an das Finanzamt darf die vom Unternehmen beim Bezug der Leistungen bezahlte Vorsteuer mit der Umsatzsteuer verrechnet werden.

▶ Durchlaufzeit

Zeitspanne, die ein Werkstück vom Eintritt in den Fertigungsbereich bis zu dessen endgültiger Fertigstellung und Übergabe an den Vertriebsbereich benötigt. Sie kann bestehen aus der Bearbeitungszeit, Rüstzeit, Transportzeit, Kontrollzeit sowie Liege- und Wartezeit. Im Rahmen der Liege- und Wartezeit wird differenziert zwischen Lagerungszeit, ablaufbedingter Liegezeit, störungsbedingter Liegezeit und durch Menschen bedingte Liegezeit. Durch Techniken, wie z. B. die → *Netzplantechnik,* soll eine Optimierung der Durchlaufzeit durch sich überlappende und parallel ablaufende Vorgänge erreicht werden. Mit der Durchlaufzeit ist die Kapazitätsterminierung verbunden, da die Art und Auslastungsmöglichkeit der → *Kapazität* entscheidend auf die genannten Einzelzeiten Einfluss nimmt. Von Bedeutung für die Belegung und Planung von Einzelvorgängen ist die bewusste Planung von Zeitpuffern, um einen → *Engpass* in der Produktion zu vermeiden.

▶ Durchschnittsteuersatz

Steuerbetrag dividiert durch die → *Steuerbemessungsgrundlage.* Der Anstieg des Durchschnittsteuersatzes lässt Aussagen über die → *Progression* der jeweiligen Steuer zu. Weiterhin lassen sich mittels Durchschnittsteuersatz Aussagen über die Verteilungswirkung der Steuerbelastung machen.

▶ Durchschnittsverfahren

→ *Amortisationsrechnung*

▶ DVFA/SG-Ergebnis

Absolute Erfolgskennzahl, die durch Hinzurechnungen und Kürzungen zum Jahresüberschuss/-fehlbetrag ermittelt wird. Das Berechnungsschema wurde von der Deutschen Vereinigung für Finanzanalyse und Asset Management e. V. (DVFA) und der Schmalenbach-Gesellschaft Deutsche Gesellschaft für Betriebswirtschaft e. V. (SG) ermittelt und in den vergangenen Jahren immer wieder aktualisiert. Zielsetzung ist es, eine Erfolgsgröße abzuleiten, die bereinigt ist um ungewöhnliche sowie dispositionsbedingte (bilanzpolitisch gestaltete) Aufwendungen und Erträge. Dadurch soll vor allem ein aussagekräftiger zwischenbetrieblicher Vergleich der Ergebnissituation der Unternehmen ermöglicht werden.

▶ DWGK

→ *Deutsche Gesellschaft für Warenkennzeichnung mbH (DWGK)*

▶ Dynamische Investitionsrechenverfahren

→ *Investitionsrechenverfahren*

E

▶ **Earnings before Interest, Taxes, Depreciation and Amortization (EBITDA)**

Gewinn vor Zinsen (Interest I), Steuern (Tax T) und Abschreibungen (Depreciation D = Abschreibung von Sachanlagen), während als Amortization (A) die Abschreibung von immateriellen Vermögensgegenständen bezeichnet wird.

▶ **EBA**

→ *Banken- und Finanzaufsicht*

▶ **EbB**

→ *Kurszusätze*

▶ **ebG**

→ *Kurszusätze*

▶ **EBIT**

→ *Earnings before Interest, Taxes, Depreciation and Amortization (EBITDA)*

▶ **EBITDA**

→ *Earnings before Interest, Taxes, Depreciation and Amortization (EBITDA)*

▶ E-Business

Als E-Business oder E-Commerce bezeichneter Geschäftsverkehr zwischen Unternehmen (→ *Business to Business,* B2B) oder zwischen Unternehmen und ihren Kunden (→ *Business to Consumer,* B2C), der ganz oder teilweise über das Internet oder ähnliche offene oder geschlossene Computernetze abgewickelt wird. Auch das Internet-Shopping (also der Einkauf im Internet) und das → *Online- Banking* (der Zahlungsverkehr über das Internet) und elektronische Kreditkarten-Transaktionen sind zum E-Commerce zu rechnen. Die Abgrenzung zwischen E-Commerce und E-Business ist strittig. Typischerweise erfolgt der Vertragsabschluss online, während die Vertragserfüllung offline durchgeführt wird.

▶ Ecklohn

Der im → *Tarifvertrag* für einen über 21 Jahre alten Facharbeiter der untersten Tarifgruppe festgesetzte Normallohn. Er bildet damit die Grundlage für die Berechnung der Grundlöhne für die anderen Lohngruppen (→ *Lohnformen*). Der Ecklohn ist bei Tarifverhandlungen jeweils ein Verhandlungsgegenstand.

▶ eClass

Standard für Materialklassifikationen und Warengruppen, mit dem ähnlich dem in der Baubranche verwendeten LB-DIN-Schlüssel eine einheitliche Datenstruktur für Materialien und Dienstleistungen geschaffen werden soll, die von allen Beteiligten im Beschaffungsprozess (→ *Beschaffung*) gleich verstanden wird. Insbesondere bei Ausschreibungen im Internet sollen sich Nachfrager und Lieferant so einfacher finden. Verwendet wird dieser Schlüssel u. a. von Unternehmen wie *BASF, Bayer, SAP, Audi* oder *Volkswagen.*

▶ E-Commerce

→ *E-Business*

▶ E-Commerce-Vertrag

Gem. § 312e BGB als Vertrag über die Lieferung von Waren oder die Erbringung von Dienstleistungen definiert, bei dem sich der Unternehmer zum Zwecke des Abschlusses eines Tele- oder Mediendienstes bedient. Nicht erfasst ist hier der individuelle Telefonverkehr, wenn z. B. ein Fernsehzuschauer aufgrund einer eingeblendeten Telefonnummer Waren per Telefon bestellt. Wenn eine Spirituosenhandlung auf ihrer Homepage Waren anbietet und der Verbraucher mit einem interaktiven Bestellformular bestellen kann, so ist § 312 BGB einschlägig. Die Pflichten des Unternehmers bei Abschluss eines elektronischen Vertrages sind in § 312e I 1–4 BGB geregelt. Demnach müssen dem Kunden angemessene, wirksame und zugängliche technische Mittel zur Eingabefehlererkennung und -beseitigung vor Abgabe der Bestellung zur Verfügung gestellt werden. Über diese Mittel ist der Kunde zu informieren. Weiterhin besteht seitens des Unternehmers eine Informationspflicht gegenüber dem Verbraucher über die einzelnen technischen Schritte, die zum Vertragsabschluss führen, darüber, ob der Vertrag elektronisch gespeichert wird, ob er dem Kunden zugänglich ist, darüber, welche Sprachen für den Vertragsabschluss zur Verfügung stehen und ggf. über die einschlägigen Verhaltenscodizes, denen er sich unterwirft, und deren elektronische Abrufbarkeit. Weiterhin verpflichtet Absatz 3 des § 312e BGB den Unternehmer zur unverzüglichen elektronischen Bestätigung der Bestellung und Nr. 4 verlangt, dass die Vertragsbestimmungen und → *Allgemeine Geschäftsbedingungen (AGB)* so zur Verfügung gestellt werden, dass sie der Kunde bei Vertragsabschluss abrufen und „in wiedergabefähiger Form“ speichern kann.

▶ Economic Value Added (EVA)

Absoluter Wert, der die Wertsteigerung eines Unternehmens gegenüber dem Anteilseigner anzeigen soll (→ *Shareholder Value*). Neben der → *Discounted-Cashflow-Methode* und dem Maß des → *Market Value Added (MVA)* ist der EVA in den letzten Jahren zu einem der maßgeblichen Indizes für die Qualität eines Managements und damit die Attraktivität eines Unternehmens aus Sicht eines Investors geworden.

EVA = Investment × Spread

Spread = Erreichte Rendite – Geforderte Rendite

Mit dem Investment kann das → *Betriebsnotwendige Kapital* oder das für ein Projekt investierte Kapital gemeint sein. So lässt sich EVA auch für einen Unternehmensteil berechnen. Bei der Berechnung des Spread ist für die erreichte Rendite der RoI oder RoE zu verwenden. Als Maß für die geforderte Rendite kann eine eigene Erwartung oder ein berechneter Kapitalkostensatz, z. B. → *Weighted Average Cost of Capital (WACC)* verwendet werden. Ist EVA positiv, so wurde für die Anteilseigner ein Mehrwert geschaffen, im umgekehrten Fall kann von einer „Wertvernichtung" in Relation zu den Erwartungen gesprochen werden. Damit eignet sich EVA als wirkungsvolles Instrument für eine leistungsbezogene Entlohnung von Managern. In der angelsächsischen Literatur wird die erreichte Rendite als → *Operatives Ergebnis* vor Zinsen und nach Steuern (NOPAT) ermittelt. Demnach ergibt sich ein positiver EVA, wenn der NOPAT die Eigen- und Fremdkapitalkosten übersteigt, also die Rendite höher ist als die gewogenen Kapitalkosten (WACC). Dies bedeutet, dass das Unternehmen in der Lage war die Kapitalkosten zu verdienen und zusätzlich einen Vermögenszuwachs für die Investoren erzielt hat. Es lassen sich aber auch Größen wie EBIT oder EBITDA zur EVA-Berechnung verwenden. Die Interpretation muss dann eben entsprechend ausfallen.

▶ Economies of Scale

Skaleneffekte, -erträge, d. h. Kostenersparnisse, die bei wachsender Ausbringungsmenge durch vermehrte Chancen produktivitätssteigernder Spezialisierung (→ *Arbeitsteilung*), durch Lerneffekte (→ *Erfahrungskurve*) oder durch Kapazitätsgrößenvorteile (→ *Kapazität*) entstehen. Die langfristigen Stückkosten sollen bei steigender Ausbringungsmenge sinken. Aus dieser Überzeugung heraus (→ *Gesetz der Massenproduktion*) wurde in den sechziger Jahren in der → *Betriebswirtschaftslehre* die Diskussion um die optimale Betriebsgröße (→ *Betriebsgröße, optimale*) geführt. Diese unkritische „Größenillusion" wird heute vermehrt abgelehnt, da ein großes Unternehmen auch größere personalwirtschaftliche Probleme (z. B. Identifikationsprobleme) und evtl. eine unflexiblere → *Organisation* hat als kleine Einheiten.

▶ Economies of Scope

Verbundvorteile i. S. von Vorteilen aufgrund einer → *Diversifikation* im Gegensatz zu den Größenvorteilen bei den → *Economies of Scale.* Hier sollen Kostensynergieeffekte bei einer breiten Produktpalette genutzt werden. Ein → *Unternehmenszusammenschluss* kann das Ziel verfolgen, einen gegenseitigen Kompetenztransfer (Economies of Scope) der sich verbindenden Unternehmen herzustellen. Die Ausnutzung derartiger Synergieeffekte (→ *Synergie*) etwa als → *Strategische Allianz* erfolgte z. B. zwischen *BMW* und *Softlab* (Industrie- und Softwareunternehmen) oder zwischen *Klöckner* und *Seitz-Einzinger-Noll* (Stahlwerk und Maschinenbauer).

▶ ECU

→ *European Currency Unit (ECU)*

▶ EDV

→ *Elektronische Datenverarbeitung (EDV)*

▶ Effekten

Wertpapiere, die vertretbar, d. h. börsenfähig bzw. fungibel sind. Hierzu zählen insbesondere die → *Aktie* und → *Anleihe.* Nicht zu den Effekten zählen Banknoten, Schecks, Wechsel und andere nicht vertretbare bzw. börsenfähige Wertpapiere. Gemäß § 1 → *Kreditwesengesetz (KWG)* ist das Effektengeschäft ein → *Bankgeschäft.* Es umfasst die Emission, den Handel, d. h. An- und Verkauf sowie die Verwahrung und Verwaltung der Effekten für andere.

▶ Effektengeschäft

→ *Effekten*, → *Bankgeschäfte*

▶ Effektivität

→ *Effizienz*

▶ Effektivlohn

An den → *Arbeitnehmer* tatsächlich gezahlter → *Lohn,* der i. d. R. höher ist als der im → *Tarifvertrag* vereinbarte. Er enthält außer dem tariflichen Mindestlohn die Überstundenvergütungen und übertariflichen Lohnzuschläge (→ *Betriebsvereinbarung*).

▶ Effektivzins

Tatsächliche Rendite einer Kreditaufnahme bzw. Kapitalanlage. → *Banken* sind verpflichtet, die Effektivverzinsung bei Kreditangeboten anzugeben. Diese errechnet sich unter Berücksichtigung eines eventuellen → *Disagio* bzw. der Auszahlungs- und Rückzahlungssummen. So ist der Effektivzins beim → *Kredit* regelmäßig höher als der Nominalzins, wenn der Kreditnehmer eine geringere Darlehenssumme ausbezahlt bekommt als der Kredit ausmacht bzw. zurückbezahlt werden muss (Disagio). Auch Spesen, Gebühren und Provisionen können in die Effektivzinsberechnung einbezogen werden. Analog muss zur Berechnung der Effektivverzinsung einer Kapitalanlage, wie beispielsweise beim festverzinslichen → *Wertpapier,* der eventuell höhere Rückzahlungswert als der nominale Anlagewert als Korrektiv zum Nominalzins gesehen werden. In der Praxis hat sich hier folgende Erfahrungsformel herausgebildet:

$$i_{eff} = \frac{i_{nom} + \frac{a}{T}}{E} \times 100$$

i_{eff} = effektiver Zinssatz; i_{nom} = nominaler Zinssatz; a = Agio (Differenz aus Auszahlungs- und Rückzahlungskurs); T = Laufzeit; E = Emissionskurs

▶ Efficient Consumer Response (ECR)

Gesamtunternehmensbezogenes Konzept mit Bündelung ausgefeilter Techniken, die im Rahmen einer partnerschaftlichen und auf Vertrauen basierenden Kooperation zwischen Hersteller und → *Handel* darauf abzielen, Ineffizienzen entlang der Wertschöpfungskette unter Berücksichtigung der Verbraucherbedürfnisse und der maximalen Kundenzufriedenheit zu beseitigen, um allen Beteiligten jeweils einen Nutzen zu stiften, der im Alleingang nicht zu erreichen wäre.

Durch einen präzisen und papierlosen Austausch von Informationen (Efficient Information – EI) mittels Electronic Data Interchange (EDI) sollen dabei neben einer bedarfsgerechten und kontinuierlichen Versorgung der Konsumenten die Administrations-, Logistik-, Kapital- sowie Marketingkosten erheblich reduziert werden. ECR umfasst i. d. R. vier Teilbereiche:

- **Efficient Store Assortments** (ESA): Effiziente Filialsortimente; durch Bestands- und Regaloptimierung verspricht man sich eine höhere Verkaufsflächenproduktivität und eine erhöhte Warenumschlagshäufigkeit.
- **Efficient Replenishment** (ER): Effizienter Warennachschub oder auch Quick Response. Durch automatische Filial- und Lagerbestellungen, eine JIT-Logistik sowie Ablaufverbesserungen, die der Warenbeschädigung entgegenwirken, sollen die Hersteller-, Großhandels- und Einzelhandelslagerbestände sowie Lieferzeiten minimiert werden. Efficient bzw. Continuous Replenishment erscheint insbesondere bei Warengruppen mit relativ linearem Abverkauf sinnvoll. Saisonartikel oder Frischwaren sind deshalb nicht einzubeziehen.
- **Efficient Promotion** (EP): Effiziente Absatzförderung. Die EP dient der Beschleunigung des Warenabflusses beim Handel, wodurch die Produktivität gesteigert wird.
- **Efficient Product Introductions** (EPI): Effiziente Produkteinführung. Durch eine Zusammenarbeit bei der Produktentwicklung und -einführung sollen die Einführungsaktivitäten (bessere Testmöglichkeiten, schnelle Reaktion auf Konsumentenverhalten) optimiert und Fehlschläge vermieden werden.

▶ Effizienz

Im Gegensatz zum Grad der Zielerreichung (Ergebnisausmaß), der **Effektivität**, die Vorteilhaftigkeit des Weges zur Erreichung des Ergebnisses. Während Effizienz also ausdrückt, wie man etwas richtig macht, soll die Effektivität messen, ob man das Richtige getan hat. Effizienz und Effektivität können sich auf sämtliche Funktionsbereiche und Aspekte der → *Führung* des Unternehmens beziehen.

Systematische Effizienzuntersuchungen mit Hilfe von Effizienzkriterien bzw. messbaren Effizienzvariablen sind in der Betriebswirtschaftslehre noch selten. Als theoretischer Bezugsrahmen kann der → *Situative Ansatz* dienen.

▶ EFSF

→ *Bankenunion*

▶ e. G.

→ *Genossenschaft, eingetragene (e G)*

▶ Ehrengericht

→ *Börsenorgane*

▶ Eidesstattliche Versicherung (E.V.)

Formvorschrift für die Beteuerung der Richtigkeit einer Erklärung aufgrund von gesetzlich vorgeschriebenen Fällen oder in Form eines förmlichen Beweisverfahrens vor einer Behörde oder einem Gericht. Früher als Offenbarungseid bezeichnet, den ein Schuldner abzugeben hat, wenn der Gläubiger wegen einer Geldforderung vollstrecken will, aber die → *Zwangsvollstreckung* in das bewegliche Vermögen fruchtlos bleibt. Der Schuldner gibt daraufhin ein Verzeichnis des gesamten Vermögens mit der Versicherung (E.V.) ab, dass er die Angaben nach bestem Wissen richtig und vollständig gemacht hat. Wer in Vermögenssachen eine E.V. abgeben muss, wird gem. § 915 ZPO beim Amtsgericht in ein so genanntes Schuldnerverzeichnis beim zuständigen Amtsgericht eingetragen. Hierin kann jeder Einsicht nehmen. Die Eintragung wird nur auf Antrag des Schuldners gelöscht, wenn 3 Jahre vergangen sind, oder die Gläubiger befriedigt sind. Das Schuldnerverzeichnis dient Banken u. a. Gläubigern bei der Kreditwürdigkeitsprüfung (→ *Schutzgemeinschaft für allgemeine Kreditsicherung (SCHUFA)*). Die Abgabe einer falschen E.V. ist strafbar.

▶ Eigenbetriebe

→ *Regiebetrieb*

▶ Eigene Aktien

Aktien, die das emittierende Unternehmen durch Rückkauf von den Aktionären in ihrem eigenen Bestand hält. Der Erwerb eigener Aktien ist in Deutschland gem. § 57 I AktG grundsätzlich verboten, da er wie eine Einlagenrückgewährung wirkt und damit gegen das Gläubigerschutzprinzip verstößt, denn wirtschaftlich betrachtet stellt er eine Rückzahlung von Teilen des → *Grundkapitals* und damit eine Verringerung der Haftungssumme dar. Gem. § 71 AktG ist jedoch der Erwerb eigener Aktien in bestimmten Ausnahmefällen zugelassen, u. a. zur Ausgabe von Belegschaftsaktien und zur Ausgabe von → *Stock Options*. Dabei dürfen maximal 10 % des Grundkapitals erworben werden. Der Nennbetrag der erworbenen eigenen Aktien ist gem. § 272 Ia HGB in einer Vorspalte offen mit dem gezeichneten Kapital zu verrechnen. Übersteigt der Kaufpreis den Nennbetrag muss die Differenz mit den frei verfügbaren Rücklagen verrechnet werden.

▶ Eigenfertigung versus Fremdbezug

Im Zuge der Globalisierung der Wirtschaft und der dadurch möglichen Verlagerung von Produktionen in günstigere Standorte sowie durch die zunehmende Komplexität von Produkten und Produktionsabläufen wird die Frage nach der Selbsterstellung oder Fremdvergabe bzw. dem Einkauf von Halbfabrikaten zur Weiterverarbeitung immer wichtiger. Die auch als Make or buy-Entscheidung klassifizierten Überlegungen können kostenorientiert, fertigungsorientiert oder qualitätsorientiert bzw. zeitlich bestimmt sein. Kostenbedingte Gründe lassen sich zumeist auf geringere Lohn- und Materialkosten in ausländischen Produktionsstätten zurückführen. Der komparative Kostenvorteil ergibt sich eventuell durch einen direkteren Rohstoffzugang, günstigere Lager-, Transport- und Produktionspreise sowie geringere Anforderungen an die Erfüllung gesetzlicher Arbeitsschutz- und Umweltauflagen. Fertigungsbezogene Vorteile können sich z. B. auf die Auslastung nationaler oder internationaler Kapazitäten sowie die Nutzung von Know-how bzw. Personal, qualitätsbezogene Vorteile auf die Leistungsfähigkeit und Qualitätsstandards von Produktionsanlagen beziehen. Die Frage des Fremdbezugs kann sich auch allein aus zeitlichen Erwägungen (Dringlichkeit) stellen. Die traditionellen Modelle der Vergleichsrechnung zwischen Eigenfertigung und Fremdbezug wurden bereits in den fünfziger Jahren von *Erich Gutenberg* unter Kostenaspekten angestellt. Unter strategischen Aspekten wird Make or buy zur Optimierung der → *Durchlaufzeit* und Erhöhung der Qualität im Rahmen einer umfangreichen Lieferantenauswahl betrachtet.

▶ Eigenfinanzierung

Im Gegensatz zur → *Fremdfinanzierung* die Beschaffung von → *Eigenkapital* durch → *Einlage* der bisherigen Anteilseigner bzw. Gesellschafter oder durch Ausgabe von Anteilscheinen am → *Finanzmarkt.* Im Gegensatz zu den Fremdkapitalgläubigern haben die Anteilseigner aufgrund ihres Miteigentums Mitspracherechte, einen Anspruch auf einen Gewinnanteil, aber auch eine Verpflichtung zur Verlustbeteiligung sowie einen Anspruch auf einen Anteil am Substanz- und Liquidationswert bei Konkurs oder → *Liquidation.* Bei vorzeitigem Ausscheiden eines Gesellschafters muss zudem im Wege der → *Unternehmensbewertung* der Anteil an den stillen Reserven bzw. dem → *Firmenwert* zur Berechnung der → *Abfindung* bestimmt werden. Die Eigenfinanzierung kann in Form von Einlagen von Geld oder Sachen als auch durch den Erwerb von Anteilscheinen oder die Übertragung von Rechten (immaterielle Vermögensgegenstände) erfolgen. Das durch die Eigenfinanzierung gebildete Eigenkapital stellt für das Unternehmen ein so genanntes Rückgriffs- bzw. Haftungskapital dar. Neben der genannten Bildung von Eigenkapital von außen (→ *Außenfinanzierung*) kann Eigenkapital auch von innen im Wege der → *Selbstfinanzierung,* d. h. dem Einbehalt von Gewinnen und der Einstellung in die Rücklagen, gebildet werden. Das Haftungskapital stellt demnach nicht nur das bilanzielle Grund- oder Stammkapital, sondern auch die in der Bilanz offen ausgewiesenen Rücklagearten dar. Insbesondere bei kleinen und mittelständischen innovativen Unternehmen ist die Eigenfinanzierung mittels → *Venture Capital (VC)* oder durch die Emission von Wertpapieren auf dem → *Geregelten Markt* zu erwähnen.

▶ Eigengeschäft

Von Banken betriebener Handel mit Wertpapieren, insbesondere mit → *Effekten* an einer → *Börse* auf eigene Rechnung. Im Gegensatz dazu wird das Effektengeschäft im Auftrag von Kunden betrieben.

▶ Eigenkapital

Finanzielle Mittel, die der Unternehmung von den rechtlichen Eigentümern zur Verfügung gestellt werden. Eigenkapital und → *Fremdkapital* ergeben zusammen das Gesamtkapital. Während die Fremdkapitalgeber erfolgsunabhängige Verzinsungsansprüche ihres Kapitals erhalten (Fremdkapitalzinsen), stehen den Eigenkapitalgebern erfolgsabhängige Zahlungsansprüche zu, die von der Höhe des Unternehmenserfolgs bestimmt werden. In der Praxis finden sich auch Mischformen zwischen Eigen- und Fremdkapital, z. B. Optionsanleihen.

Das bilanzielle Eigenkapital ergibt sich aus der Differenz der Buchwerte aller → *Aktiva* abzüglich aller → *Schulden.* Es entspricht dem sog. Reinvermögen, d. h. dem Teil des Anlage- und Umlaufvermögens, der mit Eigenkapital finanziert ist. Das bilanzielle Eigenkapital enthält häufig → *Stille Rücklagen.* Soweit diese bekannt sind und zu dem bilanziellen Eigenkapital hinzugerechnet werden, erhält man das effektive Eigenkapital.

Das Eigenkapital hat einerseits eine Haftungsfunktion und andererseits eine Bemessungsfunktion für den Umfang der Verfügungsrechte (wie z. B. zur Geschäftsführung, Information, Kontrolle) der Anteilseigner, die im Einzelnen von der Rechtsform und Satzung abhängig sind. Die Haftungsfunktion besteht darin, dass im Falle von Verlusten des Unternehmens zunächst das Eigenkapital vermindert wird (sog. Voraushaftungs- oder Verlustpufferfunktion) und für den Fall der Insolvenz zunächst das Fremdkapital zurückbezahlt werden muss, bevor die Eigenkapitalgeber ihre (verbleibenden) Anteile erhalten (= sog. Insolvenzpufferfunktion).

Der Ausweis des Eigenkapitals erfolgt je nach Rechtsform unterschiedlich. Bei Einzelunternehmen und Personengesellschaften hat das Eigenkapitalkonto grundsätzlich Saldencharakter, d. h. der Anfangsbestand wird fortgeschrieben um Einlagen und Entnahmen sowie Gewinne bzw. Verluste (= variables Konto). Lediglich das Konto des Kommanditisten und das Konto des Stillen Gesellschafters haben Höchstwertcharakter, d. h. deren Haftung ist hierauf begrenzt.

Bei Kapitalgesellschaften setzt sich das Eigenkapital gemäß § 266 III HGB aus folgenden Komponenten zusammen:

(1) Gezeichnetes Kapital

(2) Kapitalrücklage

(3) Gewinnrücklagen

(4) Gewinnvortrag/Verlustvortrag

(5) Jahresüberschuss/Jahresfehlbetrag.

Das gezeichnete Kapital hat Nennwertcharakter, es ändert sich nur bei Kapitalerhöhungen oder -herabsetzungen. Bei Aktiengesellschaften wird es als **Grundkapital** (§ 6 AktG) und bei der GmbH als **Stammkapital** (§ 5 GmbHG) bezeichnet. Soweit es nicht voll eingezahlt ist, ist nach § 272 I 2 HGB der ausstehende noch nicht eingeforderte Betrag offen abzusetzen (= Eigenkapitalkürzung). Ein ausstehender bereits eingeforderter Betrag ist dagegen auf der Aktivseite unter den Forderungen auszuweisen. Die Kapitalrücklage enthält neben dem gezeichneten Kapital weitere Beträge, die dem Unternehmen von außen zugeführt wurden, darin unterscheidet sie sich von der Gewinnrücklage. In die Kapitalrücklage ist das Agio einzustellen, welches sich bei der Aktienausgabe zu einem Kurs über dem Nominalbetrag ergibt. Gewinnrücklagen entstehen durch einbehaltene Gewinne. Die Möglichkeiten und Grenzen der Bildung von Gewinnrücklagen sind im AktG detailliert geregelt (→ *Rücklagen*).

Im Konzernabschluss nach HGB und nach IFRS werden innerhalb des Eigenkapitals auch die sog. Anteile in Fremdbesitz als „Nicht beherrschende Anteile“ ausgewiesen.

▶ Eigenkapital, bilanzielles

→ *Eigenkapital*

▶ Eigenkapital, haftendes

→ *Haftendes Eigenkapital*

▶ Eigenkapital, ökonomisches

→ *Eigenkapital von Banken*

▶ Eigenkapital, regulatorisches

→ *Eigenkapital von Banken*

▶ Eigenkapitalquote

→ *Kennzahl*

▶ Eigenkapitalrentabilität

→ *Rentabilität*

▶ Eigenkapitalspiegel

Darstellung der Entwicklung des Eigenkapitals in Form einer Matrix, in der einerseits (z. B. auf der Ordinate) die Gründe für eine Eigenkapitalveränderung, z. B. Kapitalerhöhung, Dividendenzahlung etc., abgetragen werden und andererseits (z. B. auf der Abszisse) die bilanziellen Eigenkapitalpositionen, u. a. Gezeichnetes Kapital, Kapitalrücklagen etc., in denen sich diese Eigenkapitalveränderungen niedergeschlagen haben. Der Eigenkapitalspiegel ist nach § 297 I HGB Bestandteil des Konzernabschlusses und nach § 264 I 2 HGB der Einzelabschlüsse kapitalmarktorientierter Kapitalgesellschaften, die nicht zur Aufstellung eines Konzernabschlusses verpflichtet sind. Nach IFRS (IAS 1) und US-GAAP ist der Eigenkapitalspiegel stets Bestandteil des Einzel- und Konzernabschlusses.

▶ Eigenkapital von Banken

Das → *Eigenkapital* einer → *Bank* setzt sich aus drei Bereichen, dem Kernkapital, Ergänzungskapital und den Drittrangmitteln zusammen. Dieses → *Haftende Eigenkapital* der Banken soll adäquat zu den Risiken ausreichen, um die Einlagen der Gläubiger nicht zu gefährden. Mit den Eigenkapitaladäquanzrichtlinien (→ *Basel I, II, III*) kommt diesem Eigenkapital eine weiterhin wichtige Bedeutung zu. Zum Kernkapital gehört das bilanzielle Eigenkapital (Eingezahltes Grundkapital, Rücklagen und Gewinn) und das Ökonomische Eigenkapital (Sonderrücklagen abzüglich Korrekturpositionen). Zum Regulatorischen Eigenkapital gehören zusätzlich langfristige Verbindlichkeiten. Eine detaillierte Übersicht der Einzelpositionen kann einer Bankbilanz entnommen bzw. bei der Deutschen Bundesbank angefordert werden.

▶ Eigenmarke

Marke (→ *Marke*), die sich im rechtlichen Eigentum eines Handelsunternehmens befindet und die Leistungen des jeweiligen Handelsunternehmens markiert (Bsp. *Milfina* bei *Aldi*).

▶ Eigenschaften, zugesicherte

→ *Mängelgewährleistung*, → *Garantie*

▶ Eigentum

Im Gegensatz zum → *Besitz,* d. h. der tatsächlichen Herrschaft über eine Sache, hier gem. § 903 BGB das umfassende, grundsätzlich unbeschränkte Recht an einer Sache, d. h. die rechtliche Gewalt über die Sache. Der Eigentümer kann, soweit ein Gesetz dies nicht verbietet oder Rechte Dritter betroffen sind, mit der Sache nach Belieben verfahren und andere von jeder Einwirkung an der Sache ausschließen. Das Eigentumsrecht ist in der Verfassung (Abs. 14 GG) besonders gegen den Eingriff des Staates geschützt und ein wesentlicher Pfeiler der demokratischen Grundordnung.

Das Eigentum wird an beweglichen Sachen in aller Regel durch **Einigung** der Vertragspartner und **Übergabe** der Sache verschafft. Bei unbeweglichen Sachen (z. B. Grundstücken) erfolgt der Eigentumsübergang durch Einigung und → *Auflassung* (Einigung vor Notar und Eintragung ins Grundbuch). Gehört ein Gegenstand eigentumsrechtlich mehreren gemeinsam, spricht man von Bruchteilseigentum gem. §§ 741 ff. BGB. Verschiedene Eigentumsformen lassen sich unterscheiden (Abbildung E-1).

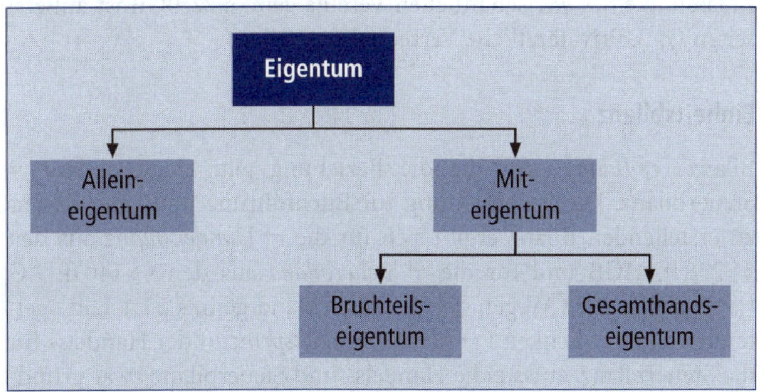

Abb. E-1: Eigentumsformen

▶ Eigentumsvorbehalt

Gemäß § 449 BGB als aufschiebende Bedingung zu interpretierender Vorbehalt des Eigentums eines Verkäufers, bis der Käufer den Kaufpreis vollständig bezahlt hat. Die Ware kann dabei bereits übergeben sein, ohne dass das Eigentum übertragen wurde. Zahlt der Käufer trotz Besitz der Ware den Kaufpreis nicht, so ist der Verkäufer zum Rücktritt von dem Vertrag berechtigt (→ *Verzug*). Der Rücktritt setzt voraus, dass zunächst eine angemessene Frist zur Leistung gesetzt wurde (§ 323 BGB). Nach deren Ablauf und dem Rücktritt vom Vertrag kann der Verkäufer sein Eigentum zurückfordern. Auch nach Verjährung der gesicherten Forderung ist der Rücktritt vom Vertrag möglich (§§ 216, 218 BGB).

▶ Eigenverbrauch

→ *Umsatzsteuer*

▶ Eingetragener Verein (e. V.)

Juristische Person (→ *Juristische Person*), die nichtwirtschaftlichen Charakter hat und in ein Vereinsregister einzutragen ist (§ 55 BGB).

Aufgrund dieser Zweckbestimmung hat der e. V. im Wirtschaftsleben als Unternehmensform wenig Bedeutung. Die behördliche Zulassung eines wirtschaftlichen Vereins gem. § 22 BGB ist äußerst selten (z. B. Privatärztliche Verrechnungsstellen).

▶ Einheitsbilanz

Bilanz (→ *Bilanz*), für die die Beziehung gilt: Handelsbilanz = Steuerbilanz. Die Verpflichtung zur Buchführung und einer daraus zu erstellenden Bilanz ergibt sich für die → *Handelsbilanz* aus den §§ 238 ff. HGB und für die → *Steuerbilanz* aus den §§ 140 ff. AO (→ *Buchführung*). Wegen der in Deutschland gem. § 5 I 1 EStG geltenden Maßgeblichkeit (→ *Maßgeblichkeitsprinzip*) der Handels- für die Steuerbilanz müsste die Handels- und Steuerbilanz zwar grundsätzlich übereinstimmen, wegen der inzwischen häufigen Durchbrechungen dieses Grundsatzes, infolge von Sondervorschriften im Steuerrecht, ist eine einheitliche Bilanzierung in der Handels- und Steuerbilanz nicht mehr möglich. Hinzu kommt, dass im Rahmen des BilMoG auch die sog. umgekehrte Maßgeblichkeit abgeschafft wurde. Danach dürfen steuerliche Wahlrechte (sog. Vergünstigungsnormen) nicht mehr in die Handelsbilanz übernommen werden.

▶ Einheitskurs

→ *Börsenhandelsformen*

▶ Einheitstheorie

→ *Konzernabschluss, Grundsätze (GoK)*

▶ Einheitswert

Nach Maßgabe des → *Bewertungsgesetz (BewG)* für die Bewertung von Grundbesitz (= Betriebe der Land- und Forstwirtschaft, Grundstücke und Betriebsgrundstücke) zu ermittelnde Bemessungsgrundlage für die → *Grundsteuer.* Grundsätzlich bestimmt das Bewertungsgesetz, dass im Rahmen der → *Hauptfeststellung* in Zeitabständen von sechs Jahren die Einheitswerte festzustellen sind.

Allerdings wurden letztmalig zum 1.1.1964 die Einheitswerte für Grundbesitz festgestellt. Für Zwecke der Grundsteuer werden diese Werte um einen Zuschlag von 40 % erhöht. Im April 2018 hat das BVerfG die Werteermittlung des Einheitswerts in der vorstehenden Fassung für die Bemessung der Grundsteuer für verfassungswidrig erklärt und dem Gesetzgeber eine Übergangsfrist bis 31.12.2019 eingeräumt, innerhalb der eine gesetzliche Grundlage für eine Neubewertung geschaffen werden muss. Danach hat der Gesetzgeber bis 31.12. 2024 Zeit, eine Neubewertung aller 30 Millionen Grundstücke durchzuführen. Schafft er das nicht, ist die Grundsteuer ab 1.1.2025 in der heutigen Form nicht mehr zu erheben.

▶ Einkauf

→ *Beschaffung*

▶ Einkommen

Maßstab zur Messung der Leistungsfähigkeit und → *Steuerbemessungsgrundlage* für die → *Einkommensteuer.* Für die Ermittlung des Einkommens i. S. der Bemessungsgrundlage für die Einkommensteuer müssen folgende Schritte unternommen werden:

(**1**) In jeder der sieben qualifizierten → *Einkunftsarten* sind den Markteinnahmen die unmittelbar damit zusammenhängenden Ausgaben und Aufwendungen (→ *Betriebsausgaben,* → *Werbungskosten*) gegenzurechnen. So entsteht als erste Zwischengröße die Summe der Einkünfte aus den Einkunftsarten.

(**2**) In folgenden weiteren Schritten wird das zu versteuernde Einkommen als Bemessungsgrundlage wie folgt ermittelt:

	Summe der Einkünfte aus den Einkunftsarten
=	Summe der Einkünfte
–	Altersentlastungsbetrag für Steuerpflichtige, die das 64. Lebensjahr vollendet haben (§ 24a EStG)
–	Entlastungsbetrag für Alleinerziehende § 24b EStG
–	Abzug für Land- und Forstwirte (§ 13 III EStG)
+	Hinzurechnungsbetrag nach § 52 Abs. 3 sowie § 8 Abs. 5 AIG

	Summe der Einkünfte aus den Einkunftsarten
=	Gesamtbetrag der Einkünfte
–	Verlustabzug nach § 10d EStG
–	Sonderausgaben (§§ 10, 10b, 10c EStG)
–	außergewöhnliche Belastungen (§§ 33 bis 33c EStG)
–	Steuerbegünstigungen der Baudenkmale sowie der schutzwürdigen Kulturgüter (§§ 10 f bis 10i EStG)
–	Erstattungsüberhänge von Sonderausgaben früherer Jahre (§ 10 Abs. 4b EStG)
+	zuzurechnendes Einkommen (gemäß § 15 I → Außensteuergesetz (AStG))
=	Einkommen
–	Kinderfreibetrag (§§ 31, 32 VI EStG)
–	Härteausgleich (§ 46 III EStG)
=	zu versteuerndes Einkommen

▶ Einkommen, zu versteuerndes

→ *Einkommen*

▶ Einkommensteuer

Steuer des Bundes auf das → *Einkommen.* Steuersubjekt, d. h. einkommensteuerpflichtig sind alle natürlichen Personen, die ihren Wohnsitz oder gewöhnlichen Aufenthalt in der Bundesrepublik Deutschland haben und mit ihrer Tätigkeit eine der sieben → *Einkunftsarten* verwirklichen. Die ESt ist eine der größten Steuerquellen des Staates und trägt mit einem Drittel zum Gesamtaufkommen bei. Die → *Steuerbemessungsgrundlage* für die Tarifanwendung stellt das zu versteuernde Einkommen dar. Der → *Steuertarif* ist linear progressiv steigend zwischen dem Eingangsgrenzsteuersatz von 15 % und dem → *Spitzensteuersatz* von 45 %. Die Einkommensteuer kennt verschiedene Erhebungsformen.

(1) Grundsätzlich ist die Einkommensteuer eine Veranlagungssteuer, d. h. nach dem Ende des Veranlagungszeitraums (= Kalenderjahr) wird die Steuer aufgrund der Angaben in der → *Steuererklärung* errechnet und fällig. Zur Sicherung der Staatseinnahmen

werden vierteljährliche Vorauszahlungen auf die voraussichtliche Jahreseinkommensteuerschuld erhoben.

(2) Die zweite Erhebungsform ist der Quellenabzug. Hierbei wird an der Entstehungsquelle der → *Einkünfte* bereits ein Steuerabzug vorgenommen. Anders als bei der Veranlagung erhält hierbei der Steuerpflichtige keine Verfügungsgewalt über sein Bruttoeinkommen. Vielmehr sind Arbeitgeber, Gläubiger oder Zahlungsstellen zur Einbehaltung und ordnungsgemäßen Abführung verpflichtet. Betroffen sind hiervon insbesondere die Einkünfte aus nichtselbständiger Arbeit und die Einkünfte aus Kapitalvermögen. Im Rahmen des Quellenabzugs werden die → *Lohnsteuer* als die Quellensteuer auf die Einkünfte aus nichtselbständiger Arbeit, die Abgeltungsteuer und → *Kapitalertragsteuer (KESt)* als Quellensteuer auf diverse Formen der Zins- und Dividendenzahlungen im Rahmen der Einkünfte aus Kapitalvermögen unterschieden. Während die Abgeltungsteuer auf Kapitaleinkünfte endgültigen Charakter hat, wirkt die Lohnsteuer als Vorauszahlung und wird auf die Steuerschuld angerechnet oder erstattet.

▶ Einkommensteuererklärung

Dokument, mit dem die Verhältnisse, die für die → *Einkommensteuer* maßgeblich sind, bei der → *Finanzbehörde* angezeigt werden. Es gibt amtliche Vordrucke, aber die Finanzverwaltung möchte die Daten zunehmend in elektronischer Form mittels des Internetprogramms *ELSTER*. Eine Einkommensteuererklärung umfasst einen vierseitigen Mantelbogen, in dem allgemeine Angaben über die Person, seine persönlichen Verhältnisse und Abzugsbeträge bei der Einkommensermittlung (→ *Einkommen*), wie → *Sonderausgaben*, außergewöhnlichen Belastungen u. a. zu machen sind. Weiterhin müssen für alle → *Einkunftsarten* eine oder mehrere Anlagen ausgefüllt werden, aus der die spezifischen Angaben zur jeweiligen Einkunftsart ersichtlich sind. Weiterhin gibt es eine Reihe von Anlagen zu verschiedenen Angabekomplexen (z. B. Kinder, Unterhaltsleistungen, Förderung der eigenen Wohnung usw.). Prinzipiell ist jeder Steuerpflichtige verpflichtet, eine Einkommensteuererklärung abzugeben, es sei denn, dass durch den Quellenabzug die exakte Einkommensteuerschuld bereits ermittelt und abgeführt wurde. Dies ist aber faktisch nur bei einem Steuerpflichtigen der Fall, der → *Einkünfte* aus nichtselbständiger Arbeit bezieht, sich in Steuerklasse 1 befindet, keine → *Werbungskosten* und Sonderausgaben oberhalb der Pauschbeträge nachweist. Die meisten Steuerpflichtigen haben somit eine Einkommensteuererklärung bis 31.7. des Jahres, das dem maßgeblichen Veranlagungszeitraum folgt, abzugeben. Auf Antrag kann diese Frist verlängert werden.

▶ Einkommensteuergesetz (EStG)

Gesetz, das für die Einkommensteuer grundlegende Aussagen zum Steuersubjekt (→ *Steuerpflicht*), dem Steuerobjekt (→ *Einkunftsarten*), der → *Steuerbemessungsgrundlage* (→ *Einkommen*) und dem → *Steuertarif* (→ *Einkommensteuertarif*) trifft. Daneben enthält das Gesetz noch verfahrenstechnische Regelungen hinsichtlich der Quellenabzugsverfahren und der Gewährung von Kindergeld. Damit ist aus einem ursprünglich einfach konzipierten Gesetz ein Gesetzeswerk mit formal 99 Paragraphen geworden. Diese Zahl erhöht sich auf faktisch 201 (Stand 1.1.2018), da viele Paragraphen zwar dieselbe Ziffer besitzen, aber durch Buchstabenzusätze ausdifferenziert wurden.

▶ Einkommensteuerpflicht

Im → *Einkommensteuergesetz (EStG)* **grundgelegter** Verpflichtungstatbestand, der eine → *Steuerpflicht* auslöst. Hier lassen sich sechs Gründe nennen:

(**1**) Unbeschränkte Steuerpflicht gilt für natürliche Personen, die im Inland einen Wohnsitz oder ihren gewöhnlichen Aufenthalt haben,

(**2**) unbeschränkte Steuerpflicht für deutsche Staatsangehörige im Ausland, die in einem Dienstverhältnis zu einer inländischen juristischen Person des öffentlichen Rechts stehen, sowie deren deutsche Haushaltsangehörigen. Dies betrifft insbesondere Botschaftspersonal und Militärpersonal im Ausland,

(**3**) unbeschränkte Steuerpflicht auf Antrag für natürliche Personen mit keinem Wohnsitz oder gewöhnlichem Aufenthalt im Inland, wenn deren → *Einkünfte* im Kalenderjahr mindestens zu 90 % der deutschen → *Einkommensteuer* unterliegen. Dies betrifft insbesondere Grenzpendler,

(**4**) fiktive unbeschränkte Steuerpflicht von EU- und EWR-Familienangehörigen. Diese Regelung ergänzt die oben unter (3) genannte Grenzpendlerregelung, damit die familienmäßigen Vergünstigungen des deutschen Einkommensteuergesetzes auch für diese Gruppe von Steuerpflichten anwendbar sind,

(**5**) beschränkte Steuerpflicht für alle natürlichen Personen, die im Inland weder Wohnsitz noch gewöhnlichen Aufenthalt haben, aber inländische Einkünfte erzielen, für die nicht die 90 %-Grenze von (3) greift,

(**6**) die erweiterte beschränkte Steuerpflicht für natürliche Personen, die in ein sog. Niedrigsteuerland gezogen sind, aber noch wesentliche wirtschaftliche Interessen im Inland haben. Diese Regelung findet sich im → *Außensteuergesetz (AStG)*, gilt jedoch für die Einkommensteuer.

▶ Einkommensteuertarif

Mathematische Beziehung des Steuersatzes, der auf die → *Steuerbemessungsgrundlage* Y anzuwenden ist und den Steuerbetrag S ergibt. Der Tarif ist in fünf Tarifzonen eingeteilt, d. h. je nachdem, in welcher Zone das zu versteuernde Einkommen liegt, wird ein anderer Tarifteil angewendet (Abbildung E-2). Die Einkommensteuerbetragskurve ist eine Parabel, die bei einem Einkommen von 54 058/108 116 € in die an diesem Punkt anliegende Gerade mündet.

Neben diesem allgemeinen Einkommensteuertarif gibt es für gewerbliche → *Einkünfte* noch eine Besonderheit. Von der Einkommensteuerschuld können Steuerpflichtige mit gewerblichen Einkünften das 3,8fache des Gewerbesteuermessbetrages abziehen. Zudem kann für nicht entnommene Gewinne eine Steuervergünstigung in Anspruch genommen werden. Der Steuersatz reduziert sich auf 28,25 %. Bei späterer Entnahme der Gewinne sind diese mit 25 % nachzuversteuern.

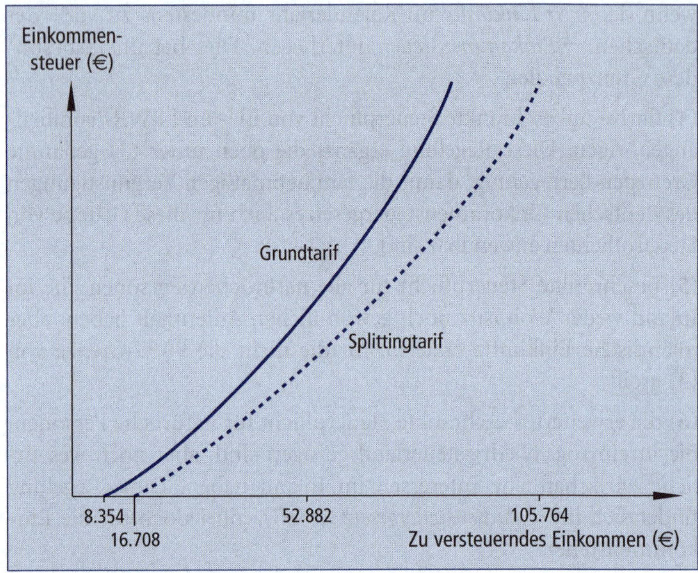

Abb. E-2: Verlauf der Einkommensteuertariffunktion

▶ Einkünfte

Im Rahmen der → *Einkommensteuer* Ausgangsgröße für die Bemessungsgrundlage des zu versteuernden Einkommens. Es lassen sich sieben → *Einkunftsarten* unterscheiden. Die Einkünfteermittlung erfolgt in den Einkunftsarten 1 bis 3 mittels Gewinnermittlung, in den Einkunftsarten 4 bis 7 mittels der Ermittlung des Überschusses der Einnahmen über die Werbungskosten.

▶ Einkunftsarten

Objekt der Besteuerung im Rahmen der → *Einkommensteuer.* Es lassen sich sieben Einkunftsarten unterscheiden:

1. Einkünfte aus Land- und Forstwirtschaft,
2. Einkünfte aus Gewerbebetrieb,
3. Einkünfte aus selbständiger Arbeit,

4. Einkünfte aus nichtselbständiger Arbeit,
5. Einkünfte aus Kapitalvermögen,
6. Einkünfte aus Vermietung und Verpachtung,
7. sonstige Einkünfte des Katalogs im § 22 EStG.

Durch die Typisierung kommt es zum Teil zu Abgrenzungsproblemen hinsichtlich der Einordnung gerade zwischen den Einkunftsarten 1 und 2, 2 und 3 sowie 4 und 2 oder 3. Bei einer Gleichbehandlung aller Einkunftsarten wären diese Probleme eher akademischer Art, da jedoch materielle Vergünstigungen oder Zusatzbelastungen mit der jeweiligen Einordnung verbunden sind, hat die Einordnung wesentliche Bedeutung. Damit überhaupt eine wirtschaftliche Tätigkeit in eine der Einkunftsarten eingeordnet wird und eine steuerliche Relevanz hervorruft, muss diese mit der Absicht betrieben werden, zumindest langfristig Überschüsse oder → *Gewinn* zu erzielen. Dadurch erklärt sich auch, dass z. B. ein Lottogewinn nicht einkommensteuerpflichtig ist. Wohl sind aber die Zinsen, die aus der Geldanlage eines Lottogewinns in einer späteren Periode ausgezahlt werden, steuerpflichtig.

Im Rahmen zunehmender digitaler Geschäftsmodelle wird darüber diskutiert, ob dieser Ansatz der Einkünftedifferenzierung noch angebracht und zielführend bei der Besteuerung ist.

Die Einkunftsarten 1 bis 3 werden als Gewinneinkunftsarten bezeichnet, weil die Ausgangsgröße für die Ermittlung der Einkünfte der Gewinn darstellt. Die Einkunftsarten 4 bis 7 sind die Überschusseinkunftsarten, da hier die Ausgangsgröße für die Einkunftsermittlung als Überschuss der Einnahmen über die → *Werbungskosten* ermittelt wird.

▶ Einlage

(1) Die an eine → *Bank* oder einen → *Fonds* zur Verwaltung in einem Namen für fremde Rechnung gegebenen Geldmittel eines Kunden (z. B. Sparbuch oder → *Termineinlagen*, → *Einlagengeschäft*).

(2) Zuführung von → *Eigenkapital* einer Personengesellschaft (→ *Rechtsform*) von den Gesellschaftern (z. B. OHG-Gesellschafter,

Komplementäre, Kommanditisten oder Stille Gesellschafter) (→ *Beteiligungsfinanzierung*). Hierbei sind die Mindesteinlagen entsprechend den gesetzlichen Vorschriften zu beachten. Dies sind bei der → *Aktiengesellschaft (AG)* gemäß § 36 AktG ein Viertel des Grundkapitals bei Bargründung und Volleinzahlung bei Sachgründung. Gemäß § 7 GmbHG haben die Gesellschafter einer → *Gesellschaft mit beschränkter Haftung (GmbH)* bei Bargründung ebenfalls ein Viertel des Stammkapitals und bei Sachgründung das volle Stammkapital zu erbringen, wobei mindestens 12 500 € einzuzahlen sind. Gemäß § 19 GenG ist der Mindestanteil, den Genossen einer Genossenschaft einzulegen haben, 10 % ihres Geschäftsanteils je Genosse. Das noch nicht eingelegte Eigenkapital muss in der → *Bilanz* offen ausgewiesen werden (eingefordertes und noch nicht eingezahltes Kapital).

(3) Im Steuerrecht jedes → *Wirtschaftsgut*, das ein Steuerpflichtiger seinem Betrieb zuführt.

▶ Einlagengeschäft

Bankgeschäft (→ *Bankgeschäft*), bei dem Kunden ihrer → *Bank* ein → *Darlehen* im Sinne des § 607 BGB in Form von → *Spareinlagen* oder → *Termineinlagen* zur Verfügung stellen. Bei Einlagenzertifikate aushändigenden Industrieunternehmen handelt es sich z. B. um ein → *Certificate of Deposit (CD)* oder eine → *Industrieobligation*.

▶ Einlinienorganisation

→ *Liniensysteme*

▶ Einmann-Gesellschaft

→ *Gesellschaft mit beschränkter Haftung (GmbH)*, → *Gesellschaft mit beschränkter Haftung u. Co. KG*

▶ Einnahme

Monetäres Äquivalent der veräußerten Güter und Dienstleistungen eines Unternehmens, welches zu einer Erhöhung des Geldvermögensbestandes führt, d. h. des Zahlungsmittelbestandes und Bestandes an → *Forderungen* abzüglich → *Verbindlichkeiten,* so dass gilt:

Einnahme = Einzahlung und/oder Forderungszugang und/oder Schuldenabgang. Der Gegenbegriff ist die Ausgabe. Folgende Fälle sind zu unterscheiden:

(1) Einnahme = Einzahlung, z. B. Barverkauf von Waren.

(2) Einnahme, keine Einzahlung, z. B. Warenverkauf auf Ziel, der zu einer Zunahme des Geldvermögensbestandes (Forderung) führt, nicht jedoch zu einer Zunahme der Zahlungsmittel, da die Einzahlung erst später anfällt, wenn der Schuldner bezahlt.

(3) Einzahlung, keine Einnahme, z. B. Aufnahme eines Barkredites, der zu einer Mehrung der Zahlungsmittel führt, aber zu keiner Mehrung des Geldvermögensbestandes, da dem Zahlungsmittelzugang in gleicher Höhe ein Zugang der Verbindlichkeiten gegenübersteht.

Einnahmen, die im Rahmen der steuerlichen Einkommensermittlung angesetzt werden, stellen sog. → *Betriebseinnahmen* dar.

▶ Einnahmen, steuerliche

→ *Betriebseinnahmen*

▶ Einnahmen-Ausgaben-Überschussrechnung

Bei der Einkunftsermittlung bedient sich das → *Einkommensteuergesetz (EStG)* mehrerer Ermittlungsverfahren. Mittels der Einnahmen-Ausgaben-Überschussrechnung wird der → *Gewinn* bei kleinen Gewerbetreibenden und insbesondere bei Freiberuflern und selbständig Tätigen im Sinne der 3. Einkunftsart ermittelt. Hierbei handelt es sich um eine Geldrechnung, das heißt es werden Zu- und Abflüsse der Geldmittel betrachtet. Eine → *Bilanz* im Sinne einer Vermögensaufstellung gibt es im Rahmen dieser Gewinnermittlung nicht. Lediglich durch eine Gegenüberstellung der Einnahmen und Ausgaben in der relevanten Periode, meist → *Wirtschaftsjahr,* wird der Gewinn ermittelt. Allerdings sind hier auch die Vorschriften über die → *Absetzung für Abnutzung (AfA)* zu beachten, ebenso die Einschränkungen beim Abzug der → *Betriebsausgaben* und dem Einkauf besonders werthaltigen Umlaufvermögens (z. B. Gold)

▶ Einrede

Allgemein i. S. des BGB das subjektive Recht einer Person, die Ausübung des Rechts einer anderen Person zu hemmen. Im Vertragsrecht der häufig notwendige → *Einspruch* z. B. bei Verjährung (§ 222 I BGB) eines Anspruches, um diesen abzubedingen. So kann z. B. ein → *Gläubiger,* der vom Schuldner eine Leistung noch nach der Verjährungsfrist erhält, diese behalten, wenn keine Verjährungseinrede erfolgte.

▶ Einrede der Vorausklage

Einrede (→ *Einrede*) bzw. Einspruch im Rahmen der → *Bürgschaft* durch den Bürgen gegenüber dem Gläubiger, zunächst alle übrigen Schuldner bzw. zunächst den Hauptschuldner in Anspruch zu nehmen, bevor er zur Zahlung bzw. Haftung herangezogen wird. Während bei der normalen Bürgschaft diese Einrede zulässig ist, verbietet das Wechselrecht bei einer → *Wechselbürgschaft* diesen Einspruch. Hier haftet der Bürge selbstschuldnerisch und unmittelbar ohne Einredemöglichkeit.

▶ Einsatzmenge

Menge der eingesetzten betrieblichen → *Produktionsfaktoren (nach Gutenberg),* welche im Rahmen der → *Produktionstheorie* auch als Faktoreinsatz bezeichnet wird.

▶ Einschreibung

Einzelbetriebliche Marktveranstaltung eines Anbieters, i. R. derer der Anbieter verschiedene Nachfrager auffordert, ein Gebot für ein von ihm angebotenes Objekt (Nutzungsrecht) abzugeben. Einschreibungen werden z. B. bei der Vergabe von Schürfrechten oder

Lizenzen durchgeführt. Analog zur → *Ausschreibung* sind die Nachfrager gehalten, einmalige und geheime Gebote abzugeben.

▶ Einschuss

Auch als Marge oder Margin bezeichneter Betrag, der bei einer so genannten Clearingstelle einer Terminbörse (→ *Terminmarkt*, → *Börse*) als Sicherheit für das zugrunde liegende Börsengeschäft zu hinterlegen ist. An der → *Eurex* wird in der Regel eine Initial Margin zwischen zwei und sieben Prozent des Kontraktvolumens verlangt. So dient diese Marge beispielsweise bei einer → *Option* am Erfüllungstag zur Glattstellung der Verpflichtung.

▶ Einspruch

Rechtliche Widerspruchsmöglichkeit von Bürgern gegen einen Verwaltungsakt (z. B. Strafmandat) oder gegen eine behördliche Entscheidung (z. B. Steuer-, Mahnbescheid). Dieser Einspruch bzw. Widerspruch ist von der → *Einrede* zu unterscheiden.

▶ Einstandspreis

Preis eines Produktionsfaktors (→ *Produktionsfaktoren (nach Gutenberg)*) der aus der Summe aller → *Kosten* ermittelt wird, die entstehen, bis das Produkt den Verfügungsbereich des Kunden (z. B. Warenannahme) erreicht hat. Dazu gehören neben dem Produktpreis die Fracht- und Verpackungskosten, Zölle etc.

▶ Einzahlung

Begriff der Finanzbuchführung, der zu den Grundbegriffen im → *Rechnungswesen* zählt und die Erhöhung der Zahlungsmittel (Bargeld sowie jederzeit verfügbare Bankguthaben) einer Unternehmung erfasst. Der Gegenbegriff ist die → *Auszahlung*. Beispiele für Einzahlungen sind: Barverkauf von Waren, Vorauszahlungen an das Unternehmen oder Aufnahme eines Barkredites. Einzahlungen und → *Einnahmen* können – müssen aber nicht – übereinstimmen.

▶ Einzelabschluss

→ *Jahresabschluss*, → *Bilanzarten*

▶ Einzelbewertung

→ *Grundsatz der Einzelbewertung*

▶ Einzelhandel

→ *Handel*

▶ Einzelkaufmann

→ *Kaufmann*, → *Einzelunternehmung*

▶ Einzelkosten

Kosten (→ *Kosten*), die sich unmittelbar einem Kostenträger (z. B. Erzeugnis- oder Leistungseinheit, Produkt) zurechnen lassen. Dies sind meist die Kosten von Gütern, die direkt in die Produkte eingehen (Roh- und Hilfsstoffe) sowie direkt in der → *Produktion*, z. B. bei der Bedienung einer Maschine anfallen (z. B. Fertigungslöhne). Im Gegensatz hierzu werden → *Gemeinkosten* indirekt, d. h. mit Hilfe von Verrechnungssätzen auf die einzelnen Kostenträger verteilt.

▶ Einzelproduktion

Produktionsprogramm (→ *Produktionsprogramm*), bei dem jedes zu erstellende Produkt einmalig konstruiert oder gefertigt wird. Im Gegensatz zur → *Massenproduktion* handelt es sich hier meist um eine individuelle Auftragsfertigung für bestimmte Kunden. Dies ist typisch im Großanlagenbau (z. B. Staudamm, Kraftwerk, Spezialmaschinen). Da es sich bei einzeln erstellten Produkten häufig auch um Prototypen für vergleichbare Kundenbedürfnisse handelt, wird zwischen einmaliger, erstmaliger und wiederholter Einzelproduktion unterschieden.

▶ Einzelunternehmung

Rechtsform (→ *Rechtsform*) einer Unternehmung des privaten Rechts, welche von einer Einzelperson, dem Kaufmann, rechtlich repräsentiert wird. Rechtsgrundlage ist das HGB §§ 1–104. Der Einzelunternehmer betreibt seine Geschäfte unter seinem Familiennamen und mindestens einem ausgeschriebenen Vornamen als → *Firma* gem. § 18 HGB. Die Unternehmung wird von dem Einzelunternehmer persönlich geleitet (→ *Personengesellschaft*), der unbeschränkt mit seinem ganzen Privatvermögen haftet und dem der → *Gewinn* oder → *Verlust* uneingeschränkt zufällt. Der Tod des Inhabers löst die Unternehmung auf. Dem Einzelunternehmer stehen relativ wenige Finanzierungsquellen zur Verfügung. Hauptfinanzierungsquelle ist seine → *Einlage* (im Gegensatz zur → *Entnahme*) und gegebenenfalls die Kreditfinanzierung durch → *Banken*. Die Kreditfinanzierung wird hier naturgemäß durch die Personalsicherheiten (→ *Kreditsicherheiten*) und das → *Vermögen* des Inhabers begrenzt. Die Einzelunternehmung hat keine Publizitäts- oder Prüfungspflichten zu erfüllen. Außer der allgemeinen Pflicht für jeden Kaufmann, gem. §§ 238 ff. HGB eine Handelsbilanz zu erstellen, welche wiederum maßgeblich für die Steuerbilanz ist (§ 5 EStG), bestehen keine Vorschriften zur → *Rechnungslegung*. Die Steuerbelastung ergibt sich im Wesentlichen aus der → *Vermögensteuer*, der → *Gewerbesteuer* und der → *Einkommensteuer* für die Einkünfte des Inhabers.

▶ Einzelwertberichtigungen auf Forderungen

Abschreibung (→ *Abschreibung*) auf einzelne → *Forderungen* zur Erfassung des speziellen, in der Person des jeweiligen Schuldners liegenden Kreditrisikos (insb. Ausfallrisiko, Verzögerungsrisiko, Wechselkursrisiko). In bestimmten Fällen kann dieses spezielle Kreditrisiko auch pauschal erfasst werden, wenn z. B. bei einem größeren Forderungsbestand eine Einzelbewertung unmöglich oder zu zeitaufwendig wäre. In diesen Fällen werden Forderungen nach der Art der Schuldner und der Laufzeit der Forderungen zu sog. Risikoklassen zusammengefasst und pauschal in Höhe eines bestimmten – i. d. R. aus vergangen Daten abgeleiteten – Prozentsatzes aktivisch wertberichtigt. Diese pauschale Einzelwertberichtigung ist nicht zu verwechseln mit der → *Pauschalwertberichtigung auf Forderungen* zur Erfassung des allgemeinen Kreditrisikos.

▶ Einzugsermächtigung

Vollmacht gegenüber einem Gläubiger, im Rahmen des bargeldlosen Zahlungsverkehrs vom Girokonto des Schuldners Zahlungen einzuziehen (→ *Inkasso*). Der Auftrag kann jederzeit widerrufen werden sowie eine → *Lastschrift* zurückgegeben werden.

▶ EIOPA

→ *Banken- und Finanzaufsicht*

▶ Eiserner Bestand

→ *Bestand*

▶ Elastizität

Mathematische Maßgröße für die Abhängigkeit verschiedener Größen voneinander. Die Elastizität gibt die prozentuale Veränderung der beeinflussten Größe (z. B. Menge, → *Angebot*) in Relation zur prozentualen Veränderung der beeinflussenden Größe (z. B. Preis) an. Eine der wichtigsten Elastizitäten in der → *Betriebswirtschaftslehre* stellt die Preiselastizität der → *Nachfrage* dar. Hier stellt sich die Frage, wie sich die Nachfrage nach einem → *Gut* verändert, wenn sich der → *Preis* dieses Gutes um eine Einheit erhöht oder vermindert. Sofern sich die Nachfrage kaum oder gar nicht verändert, spricht man von preisunelastischer Nachfrage und umgekehrt. Sofern der Preis eines Gutes die Absatzmenge eines anderen Gutes beeinflussen kann, spricht man von Kreuzpreiselastizität (s. Formel).

$$\text{Elastizität} = \frac{\text{prozentuale Änderung der beeinflussten Größe}}{\text{prozentuale Änderung der beeinflussenden Größe}}$$

▶ Electronic Cash

→ *Point of Sale Banking (POS)*

▶ Elektronische Datenverarbeitung (EDV)

Nach der DIN-Norm 44300 eine Funktionseinheit zur Verarbeitung von → *Daten,* insbesondere zur Durchführung mathematischer, umformender, übertragender und speichernder Operationen. Der Begriff „elektronisch" wird in diesem Zusammenhang heute nicht mehr verwendet, ist jedoch im allgemeinen Sprachgebrauch üblich. Synonym werden Begriffe wie Rechensystem, Rechenanlage, Datenverarbeitungsanlage oder Computer verwendet. Grundsätzlich zählen zur Datenverarbeitung alle Vorgänge, die sich auf die Erfassung, Speicherung, Übertragung oder Transformation von Daten beziehen. Ein wesentliches Kennzeichen der EDV ist die Automatisierung, d. h. dass Computer die ihnen gegebenen Anweisungen weitgehend selbständig und ohne weitere manuelle Eingriffe abarbeiten. Die enorme Arbeitsgeschwindigkeit und Speicherkapazität von Computern ermöglicht die Bearbeitung großer Datenmengen, die ohne Einsatz der EDV nicht möglich wären.

▶ Elementarfaktoren

→ *Produktionsfaktoren (nach Gutenberg)*

▶ e-Logistics

Sammelbegriff für die logistischen Prozesse in einem Unternehmen, die elektronisch abgebildet werden. Die bekannteste Form ist die elektronische Verfolgung von Lieferungen und des Warenflusses über das Internet.

▶ ELSTAM (Elektronische Lohnsteuerabzugsmerkmale)

Die Höhe der vom Arbeitslohn einzubehaltenden → *Lohnsteuer* bestimmt sich zum einen nach der Höhe der monatlichen Bezüge, zum anderen sind die persönlichen Besteuerungsmerkmale des Arbeitnehmers wie Familienstand, Steuerklasse, Konfessionszugehörigkeit, Kinderzahl und individuelle Freibeträge von Bedeutung. Als Hilfsmittel für den richtigen Steuerabzug muss der Arbeitgeber die ELSTAM in einer zentralen Datenbank beim Bundesamt für

Finanzen abfragen. Beim Lohnsteuerabzug ist der Arbeitgeber an die ELSTAM gebunden. Seit 2004 muss der Arbeitgeber zum Ende des Jahres dem Finanzamt eine elektronische Lohnsteuerbescheinigung für das abgelaufene Jahr übermitteln.

▶ ELSTER

Elektronische Steuererklärung. → *Einkommensteuererklärung*

▶ Emerging Issue Task Force (EITF)

→ *Financial Accounting Standards Board (FASB)*

▶ Emerging Market

Bezeichnung für einen → *Finanzmarkt* von Schwellenländern wie z. B. Mexiko, Argentinien, Venezuela oder Anfang der neunziger Jahre die asiatischen Tigerstaaten. Die Investition in derartige Finanzmärkte ist mit einem erheblichen Zinsänderungs- und Währungsrisiko verbunden, wie Ende der neunziger Jahre insbesondere in den asiatischen Ländern (z. B. Indonesien, Thailand) zu erkennen war.

▶ Emission

Ausgabe von → *Effekten* bzw. Wertpapieren. Unabhängig davon, ob die Emission an einer → *Börse* oder außerbörslich → *Over the Counter (OTC)* erfolgt, wird zwischen Selbst- und Fremdemission unterschieden. Bei der Selbstemission übernimmt die → *Aktiengesellschaft (AG)* den Verkauf der Aktien selbst und trägt damit das volle Emissionsrisiko. Bei der Fremdemission tritt eine Bank oder häufig ein → *Bankenkonsortium* als Emittent bzw. Erstkäufer ein, das die Aktien auf eigene Rechnung platziert bzw. zur Kurspflege zum Teil behält. Während das Emissionsrisiko beim Fremdemittenten liegt, ist für die Aktiengesellschaft eine meist erhebliche Vermittlungsprovision zu kalkulieren. Der Erfolg einer Emission hängt entscheidend vom → *Standing* und richtigen Timing der Effektenausgabe ab.

▶ Emissionskurs

→ *Bezugsrecht*

▶ Endwert

→ *Vermögensendwertmethode*

▶ Endwertmethode

→ *Vermögensendwertmethode*

▶ Energiesteuergesetz

Verbrauchsteuer auf den Verbrauch von Kraftstoffen, Heizöl und Gas. Das Aufkommen steht in voller Höhe dem Bund zu. Am 1.8. 2006 wurde das Energiesteuergesetz eingeführt und nahm die Regelungen des Mineralölsteuergesetzes auf (→ *Verbrauchsteuer*).

▶ Engpass

Situation, bei der weniger von einem Gut vorhanden ist als nachgefragt wird.
Im Rahmen eines Produktionsprozesses versteht man darunter eine auftretende Stockung aufgrund von Materialmangel, Personal- oder Finanzrestriktionen sowie Ausfällen von Kapazitäten allgemein. Zur Vermeidung derartiger Betriebsstörungen bietet die → *Netzplantechnik* trotz Optimierung der Durchlaufzeiten die Möglichkeit, zeitliche Puffer einzubauen. Auch im Rahmen eines CIM- und PPS-Systems sind die Möglichkeiten von Engpässen zu beachten (→ *Computer Integrated Manufacturing (CIM)*, → *Produktionsplanungs- und Steuerungssystem (PPS)*).

▶ Entgelt

Preise für die → *Leistung* eines Anbieters. Die Entscheidung über die Höhe dieser Preise wird im Rahmen der → *Preispolitik* des Anbieters getroffen.

▶ Entgeltfortzahlung

→ *Lohnfortzahlung*

▶ Entlassung

→ *Kündigung*

▶ Entlastung (des Vorstandes)

→ *Aktiengesellschaft (AG)*, → *Genossenschaft, eingetragene (eG)*

▶ Entlohnung

→ *Lohnformen*

▶ Entnahme

Im Gegensatz zur Einlage die Herausnahme von Vermögensgegenständen (z. B. Geld, Wertpapiere oder Waren) aus einem Betrieb für private Zwecke. Bei einer → *Personengesellschaft* entspricht die Entnahme der Entlohnung der Gesellschafter. Bei einer → *Kapitalgesellschaft* ist eine Entnahme nur im Wege der Ausschüttung (→ *Ausschüttungssperre*) möglich. Entnahmen verringern entsprechend das → *Eigenkapital.*

▶ Entrepreneur

Bezeichnung für Unternehmensgründer.

▶ Entscheidung

Phase i. R. der → *Planung,* in welcher nach der Bewertung der Handlungsalternativen die Alternative ausgewählt wird, welche → *Optimal* erscheint. Zur → *Bewertung* sind Bewertungskriterien, i. d. R. die gebildeten Ziele mit den Zielgewichtungen, sowie die → *Prognose* der Ergebnisse je Alternative notwendig. Die Berechnung der Gesamtwerte je Alternative kann mittels so genannter → *Entscheidungsregeln* erfolgen, so dass die optimale Alternative je nach Ziel aus dem Vergleich dieser Gesamtergebnisse möglich ist. Als → *Planungstechnik* lassen sich zur Entscheidung die → *Nutzwertanalyse (NWA),* → *Kosten-Nutzen-Analyse,* Lineare Programmierung (→ *LP-Modelle*) und so genannte → *Heuristiken,* d. h. Faustregeln einsetzen.

▶ Entscheidung, konstitutive

Hinsichtlich der Bedeutung der Entscheidung kann in konstitutive Entscheidungen und Ablaufentscheidungen unterschieden werden. Konstitutive Entscheidungen sind grundlegend und meist einmalig (langfristig) im Leben eines Unternehmens. Bei den konstitutiven Entscheidungen handelt es sich um die Wahl des Standortes, der → *Rechtsform* oder um die Entscheidung über einen → *Unternehmenszusammenschluss.*

▶ Entscheidungsbaum

Darstellung von heutigen Entscheidungen mit ihren jeweiligen zeitlichen Konsequenzen, d. h. möglichen Folgeentscheidungen und Konsequenzen (Alternativenfolgen). Es handelt sich um einen mit Kosten und/oder Zeiten bewerteten Alternativenfolge-Baum, der für die starre oder flexible Planung (→ *Planungsarten*) von Bedeutung ist. Um einen Entscheidungsbaum zu berechnen, sind die Eintrittswahrscheinlichkeiten künftiger Zustände und Situationen je Folgealternative in die Kalkulation der heutigen Entscheidung mit einzubeziehen. Bei der flexiblen Planung sind bedingte Entscheidungen aufgrund von bedingten Wahrscheinlichkeiten zu berechnen.

▶ Entscheidungslogik

→ *Entscheidungstheorie,* → *Entscheidungsorientierter Ansatz*

▶ Entscheidungsmatrix

Das Grundmodell der Entscheidungstheorie stellt die Elemente einer jeden Entscheidung, d. h. die Ziele (Z) und Alternativen (a) in einer Matrix dar. Je nachdem, um welche Entscheidungssituation es sich handelt, lassen sich je Ziel noch verschiedene Umweltzustände (u), bei Risiko mit ihren jeweiligen Eintrittswahrscheinlichkeiten (w) angeben. Sofern bekannt, können Ziele mit ihren Zielgewichtungen (G^Z) in die Entscheidung einfließen. Vor der Entscheidung sind die Ergebniswerte (e), d. h. die Ergebnisse jeder Alternative je Ziel zu bestimmen (Abbildung E-3).

	Z_1			…	Z_n
	G_{Z1}			…	G_{Zn}
	U_1	…	U_i	…	U_j
	w_{U1}	…	w_{Ui}	…	w_{Uj}
a_0 a_1	e_{111}				
. . .					
a_m					e_{njm}

Abb. E-3: Grundmodell einer Entscheidungsmatrix

▶ Entscheidungsorientierter Ansatz

Einer der → *Ansätze der Betriebswirtschaftslehre*, der maßgeblich auf *Edmund Heinen* zurückzuführen ist, der 1962 in einer Festschrift für *Erich Gutenberg* einen Aufsatz über die „Zielfunktion der Unternehmung" publizierte. Seiner Meinung nach ist nicht die Kombination von Produktionsfaktoren das Wesentliche in Betrieben, sondern die → *Entscheidung* im Betrieb, die von der → *Betriebswirtschaftslehre* zu untersuchen seien. Wesentlich ist dabei *nicht, dass* entschieden wird, *sondern wie* entschieden werden soll (optimale Entscheidungen). Es bildeten sich zwei Varianten des Ansatzes, die Entscheidungslogik einerseits und die realtheoretische Entscheidungstheorie andererseits heraus. Die Entscheidungslogik geht davon aus, dass dem Entscheidungsträger eines Unternehmens Ziele von Seiten der Betriebswirtschaftslehre vorzugeben seien, während bei der anderen Variante der pragmatischen Entscheidungstheorie die → *Zielbildung* den Betrieben selbst überlassen bleiben soll. *Heinen* wollte eine angewandte Betriebswirtschaftslehre, die den Unternehmern Ratschläge für optimale Entscheidungen, z. B. für die Rechtsform-, Standort- oder Zusammenschlussentscheidung gibt (→ *Optimal*, → *Entscheidung, konstitutive*). Dieser Ansatz stellt trotz vieler nachfolgender Ansätze der Betriebswirtschaftslehre in den siebziger und achtziger Jahren nach wie vor eine der bedeutendsten theoretischen Grundlagen der Betriebswirtschaftslehre dar.

▶ Entscheidungsprozess

→ *Planung*, → *Entscheidung*

▶ Entscheidungsregeln

Techniken (→ *Planungstechnik*), die bei Vorliegen eines Entscheidungsmodells die Auswahl der Handlungsalternative, welche als → *Optimal* erscheint, abhängig von den subjektiven Präferenzen des Entscheidungsträgers ermöglichen sollen. Je nach → *Entscheidungssituationen* lassen sich bei einer Entscheidung bei → *Risiko* die Bayes-Regel, μ-σ-Regel, Bernoulli-Regel und bei einer Entscheidung bei Ungewissheit die Maximax-, Hurwicz-, Laplace- und die Savage-Niehans-Regel unterscheiden. Die Zahlenbeispiele (Abbildung E-4 und E-5) verdeutlichen die Berechnung der Entscheidungsregeln.

Umwelt-zustände	u_1	u_2	u_3			
Alternativen w	0,3	0,5	0,2	μ	σ	μ-2σ
a_1	90	110	150	112	21	70
a_2	95	105	120	105	8,7	87,6

Abb. E-4: Beispielrechnung für eine Entscheidung bei Risiko

Die Bayes-Regel (Erwartungswertregel) setzt eine risikoneutrale Grundhaltung des Entscheidungsträgers voraus, weshalb die bekannten Wahrscheinlichkeiten über das Eintreffen von Umweltzuständen mit den Ergebniswerten je Alternative multipliziert und je Alternative addiert werden. Das Ergebnis ist der Erwartungswert, anhand dessen die Entscheidung zu treffen ist. Bei der μ-σ-Regel ist die Berechnung der Standardabweichung, d. h. die Streuung der

Wahrscheinlichkeitsverteilung zu werten, so dass je nach Gewichtung dieses Abweichungsmaßes von Risikoaversen (μ-2σ) oder Risikofreudigen (μ+σ) gesprochen werden kann. Das Bernoulli-Prinzip ordnet den einzelnen Werten einer Ergebnismatrix gesondert Nutzenwerte anhand einer Nutzenfunktion zu, so dass auch hier die Entscheidung je nach Nutzenpräferenz des Trägers ausfällt.

Alternativen	Umweltzustände			Minimax	Maximax	Hurwicz	Laplace	Savage-Niehans			
	u_1	u_2	u_3	Zeilenminima	Zeilenmaxima	R = 0,3; 1 − R = 0,7		Max. Nachteile 8	6	9	Minimierung des max. Nachteiles
a_1	2	1	9	1	$\boxed{9}$	(9·0,3)+(1·0,7)	$\frac{2}{3}+\frac{1}{3}+\frac{9}{3}$	6	5	0	6
a_2	8	0	7	0	8	(8·0,3)+0	$\boxed{\frac{8}{3}+0+\frac{7}{3}}$	0	6	2	6
a_3	3	6	5	$\boxed{3}$	6	$\boxed{(6·0,3)+(3·0,7)}$	$\frac{3}{3}+\frac{6}{3}+\frac{5}{3}$	5	0	4	$\boxed{5}$

Abb. E-5: Beispielrechnung für eine Entscheidung bei Ungewissheit

Nach der Maximax-Regel wählt der Entscheidungsträger diejenige Alternative, die bei dem jeweils günstigsten Umweltzustand noch das beste Ergebnis liefert (Maximierung der Zeilenmaxima). Es handelt sich hier um eine äußerst optimistische Entscheidung. Nach der Minimax-Regel wählt der Entscheidungsträger diejenige Alternative, die bei Eintreten des ungünstigsten Zustandes noch die besten Ergebnisse liefert (Maximierung der Zeilenminima). Dies entspricht einer pessimistischen Haltung. Nach der Hurwicz-Regel (Optimismus-Pessimismus-Regel) wird eine Mischform aus den ersten beiden Regeln durch einen Faktor λ eingeführt, der als Optimismusparameter bezeichnet wird. Je größer λ ist, desto eher tendiert diese Regel zum Maximaxprinzip und umgekehrt. Nach der Savage-Niehans-Regel, der Regel des kleinsten Bedauerns, soll der maximale Nachteil, der sich durch eine falsche Entscheidung ergibt, noch minimiert werden. Es handelt sich also um eine äußerst pessimistische, risikoaverse Grundeinstellung.

► Entscheidungssituationen

Im Rahmen der Entscheidungstheorie werden drei verschiedene Zustände der Zukunft unterschieden, welche bei der Entscheidung jeweils unterschiedlich zu berücksichtigen sind. Entweder liegen dem Entscheidungsträger sichere Informationen über die Zukunft vor (Entscheidung bei Sicherheit) oder die Zukunft ist unsicher (Unsicherheit). Bei der Unsicherheitssituation werden zwei weitere Situationstypen, die Risikosituation und die Ungewissheitssituation unterschieden. Bei einer Risikosituation liegen dem Entscheidungsträger noch Informationen über die Wahrscheinlichkeiten des Eintreffens bestimmter Zustände vor, während bei einer Entscheidung bei Ungewissheit keinerlei Wahrscheinlichkeitsaussagen über die Zukunft vorliegen, d. h. die Zukunft völlig unsicher ist. Je nach Entscheidungssituation lassen sich bei Vorliegen eines Entscheidungsmodells unterschiedliche → *Entscheidungsregeln* anwenden (Abbildung E-6).

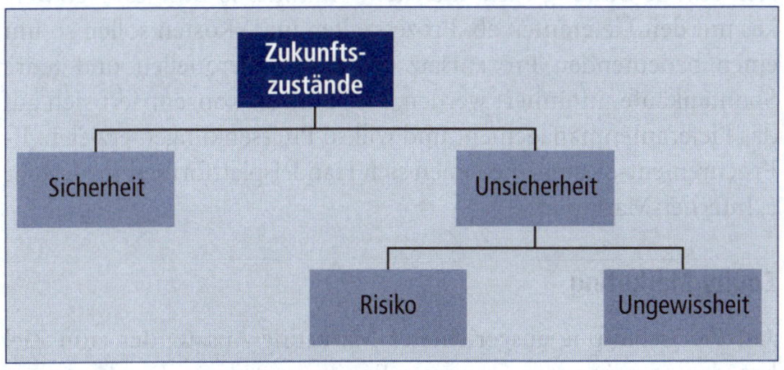

Abb. E-6: Entscheidungssituationen

► Entscheidungstheorie

Dem → *Entscheidungsorientierten Ansatz* zugrunde liegende Aussagesysteme über das Zustandekommen optimaler Entscheidungen. Es lässt sich die deskriptive Richtung (wie *wird* in der Realität entschieden) von der normativen Richtung (wie *soll* in der Realität entschieden werden) unterscheiden. Die praktisch-normative Richtung wird auch als Entscheidungslogik bezeichnet (Entscheidungsorientierter Ansatz). Sie entwickelt Entscheidungsmodelle, in denen z. B. → *Entscheidungsregeln* Anwendung finden können. Die Entscheidungslogik wird zunehmend zur Spieltheorie weiterentwickelt.

▶ EONIA

→ *Euro Overnight Index Average (EONIA)*

▶ E-Procurement

Auch als Online-Beschaffung oder E-Purchasing bezeichnete Nutzung von Informations- und Kommunikationstechnologien zur Unterstützung von elektronischen Beschaffungsprozessen im Unternehmen. Hierzu zählen z. B. die elektronische Rechnungsstellung durch Lieferanten, die elektronische Auftragsübermittlung zum Lieferanten, die Auftragsverfolgung und der Status im Intranet oder Internet sowie Ausschreibungen über das Internet. E-Procurement zielt auf die Bildung eines Internet → *Business to Business* Netzwerkes mit den Lieferanten ab. Prozesszeiten und -Kosten sollen so um einen bedeutenden Prozentsatz gesenkt, Fehlerquellen und teure Spontankäufe minimiert werden. Der Einkauf konzentriert sich auf das Lieferantenmanagement und will so Preissenkungen erzielen. E-Procurement-Systeme bedienen sich Handelsplattformen für Käufer („Internet-Marktplätze").

▶ Equity-Marketing

Auf Wertschaffung ausgerichteter Marketing-Ansatz, der zum Ziel hat, den so genannten Customer Equity zu steigern. Der Customer Equity bezeichnet die Summe der von den gegenwärtigen und zukünftigen Kunden innerhalb eines bestimmten Zeitraums über die Dauer ihrer Bindung an ein Unternehmen (→ *Kundenbindung*) generierten, diskontierten Einzahlungsüberschüsse, d. h. der Summe der individuellen → *Customer Lifetime Value (CLV)*. Diese „Intangible Assets" bestimmen zunehmend das Potential eines Unternehmens und damit auch Bewertung der Aktien, was durch die klassischen Anlage- und Bewertungskriterien immer unzureichender erfolgt. An der Fähigkeit zur Akquisition und Bindung von attraktiven

Neu- und Bestandskunden entscheidet sich letztendlich, ob ein Unternehmen im Wettbewerb Erfolg hat.

▶ Equity Methode

→ *Konzernabschluss, Equity-Bewertung*

▶ ERA

→ *Dokumentenakkreditiv*

▶ Erbbaurecht

→ *Grundbuch*

▶ Erbschaftsteuer-Durchführungsverordnung

→ *Steuerdurchführungsverordnung*

▶ Erbschaftsteuergesetz

Zuletzt wegen der Feststellung der Verfassungswidrigkeit durch das BVerfG am 4.11.2016 geändertes Gesetz zur Regelung der → *Erbschaft- und Schenkungsteuer* für Erbschafts- und Schenkungsfälle ab 1.7.2016. Das Erbschaftsteuergesetz regelt Fragen nach dem Steuersubjekt (Erbe, Beschenkter, Schenker), dem Steuerobjekt (Erwerb von Todes wegen, Schenkung unter Lebenden, Zweckzuwendung und Erbersatzsteuer bei Familienstiftungen), der → *Steuerbemessungsgrundlage* (Wert der Bereicherung) und dem → *Tarif* (doppelte → *Progression:* einmal nach Verwandtschaftsgrad und einmal nach Höhe der Bemessungsgrundlage). Daneben enthält das Gesetz noch verfahrenstechnische Regelungen hinsichtlich der Anzeige und Meldepflicht von Erb- und Schenkungsfällen sowie Regelungen über die Stundung der Steuer in bestimmten Fällen. Das Gesetz umfasst formal 37 Paragraphen, wobei aber 42 materielle Regelungen enthalten sind.

▶ Erbschaft- und Schenkungsteuer

Steuer, die den Bundesländern zufließt und die eine Übertragung von → *Vermögen,* sei es von Todes wegen oder unter Lebenden erfasst. Die deutsche Erbschaft- und Schenkungsteuer ist als so genannte Erbanfallsteuer konzipiert. Nicht der Erblasser oder Schenker versteuert als letzten Besteuerungsakt in seiner persönlichen Vermögensphäre, sondern der Erbe bzw. der Beschenkte hat nach dem Vermögensübergang einen ersten Besteuerungsakt in seiner persönlichen Vermögensphäre zu erdulden. Damit entgeht man dem Vorwurf der Mehrfachbesteuerung auf der Ebene des Erblassers bzw. des Schenkers, denn Vermögen kann in der Regel nur aus bereits versteuertem Einkommen gebildet worden sein. Das Bundesverfassungsgericht hat den Gesetzgeber mehrfach aufgefordert, wesentliche Elemente der → *Bewertung* und der Freibeträge ab dem 1.7.2016 neu zu regeln. So ersetzen bei steuerlich relevanten Vermögensübergängen im Bereich des Grundvermögens so genannte Bedarfswerte den bisherigen → *Einheitswert.* Weiterhin gilt nun eine merkmalsabhängige, größenbezogene umfangreiche Verschonung von → *Betriebsvermögen,* verbunden mit einer Tarifentlastung. Allgemeine Freibeträge gelten in Höhe von 500 000 € für den Ehegatten und 400 000 € für Kinder. Diesegewähren die vom Bundesverfassungsgericht geforderte Freistellung eines üblichen Familienvermögens.

▶ Erfahrungskurve

Empirische Grundlage der → *Strategischen Planung,* um Preisstrategien in Abhängigkeit von der bisher abgesetzten Produktionsmenge zu entwickeln. In der Erfahrungskurve werden die → *Kosten* in Abhängigkeit von der kumulierten Produktionsmenge abgetragen (langfristige Gesamtkostenkurve). Ergebnis einer umfangreichen Studie war, dass mit jeder Verdoppelung der kumulierten Produktmenge, bezogen auf die → *Wertschöpfung,* die preisbedingten Stückkosten tendenziell um einen konstanten Prozentsatz (zwischen 20 und 30 %) abnehmen, d. h. in der kumulierten Produktionsmenge die gesamte Erfahrung (Lernkurve) steckt. Eine darauf aufbauende Preisstrategie könnte sein, dass der Preis bei Markteintritt des Produktes so lange hoch zu halten ist, bis ein Preiseinbruch aufgrund neu einsteigender Konkurrenten (Nachahmer) zu befürchten ist (Abschöpfungsstrategie bei der → *Portfolioanalyse*). Erklärungstheoretische Basis des Kurvenverlaufs ist die Lernkurventheorie (arbeitende Menschen realisieren Übungsgewinne), die Theorie der Größendegression (Fixkostendegressionseffekt), der technische Fortschritt sowie Rationalisierungspotentiale.

▶ Erfahrungsobjekt

→ *Wissenschaftstheorie*

▶ Erfolg

Positives Ergebnis unternehmerischen Handelns, das in qualitativer oder quantitativer Form gemessen wird. Die → *Erfolgsrechnung* unterstellt einen nach bestimmten Kriterien definierten quantitativen Erfolgsmaßstab, z. B. → *Jahresüberschuss/-fehlbetrag,* zu versteuerndes → *Einkommen* oder → *Betriebsergebnis.*

▶ Erfolgsbeteiligung

Beteiligung der Arbeitnehmer am Erfolg (z. B. → *Gewinn,* → *Umsatz*) des Unternehmens im Gegensatz zur Beteiligung am Kapital. Entweder steht ein betriebliches → *Ziel* (→ *Motivation*) oder ideologische Zielsetzungen hinter der Einführung von Arbeitnehmerbeteiligungsmodellen. Je nach Beteiligungsbasis, d. h. der zugrunde liegenden Erfolgsgröße lassen sich die Leistungsbeteiligung, die Ertragsbeteiligung oder die Gewinnbeteiligung unterscheiden (Abbildung E-7). Bei der Leistungsbeteiligung werden die Arbeitnehmer unabhängig vom Absatz der erstellten Güter an der zugrunde liegenden Leistung oder den Kosteneinsparungen beteiligt. Bei der Ertragsbeteiligung sind die Berechnungsgrundlagen die am Markt abgesetzten Leistungen, wobei Gewinn und Verlust berücksichtigt werden. Bei der Gewinnbeteiligung, der in der Praxis am häufigsten auftretenden Beteiligungsform, wird sowohl die Leistungserstellung als auch -verwertung berücksichtigt, wobei die Arbeitnehmer nur am positiven Erfolg beteiligt sind. In Frankreich ist eine gesetzliche

Gewinnbeteiligung vorgeschrieben, während diese in den meisten übrigen marktwirtschaftlichen Ländern den privatrechtlichen Vereinbarungen zwischen den Arbeitgebern und -nehmern überlassen bleibt.

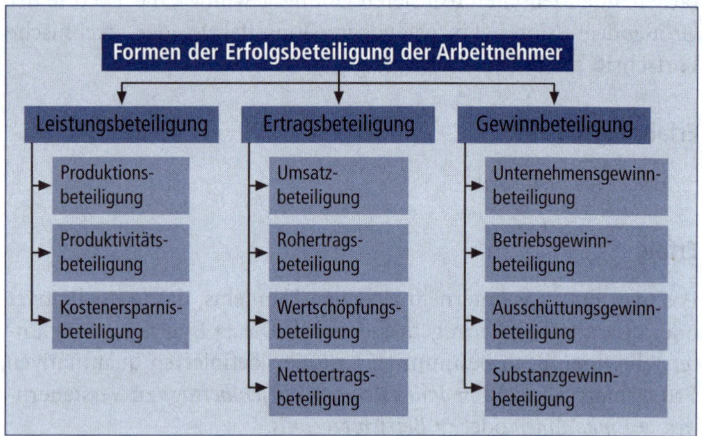

Abb. E-7: Möglichkeiten der Erfolgsbeteiligung (Quelle: Wöhe, Einführung in die Allgemeine Betriebswirtschaftslehre, 25. Aufl., München 2013, S. 148)

Je nach Ausschüttungsform (kollektiv oder individuell) und einer eventuellen Verwendungsauflage sind weitere Unterarten zu unterscheiden.

▶ Erfolgsfaktoren

Liste von wesentlichen Einflussgrößen auf Erfolgskennzahlen. Nach der Euphorie der PIMS-Studie in den siebziger Jahren, mit Marktanteil und Marktwachstum wesentliche Cashflow-Treiber gefunden zu haben, werden zunehmend qualitative Erfolgsfaktoren (z. B. Kundenstruktur, Image, → *Performance*) herausgestellt.

▶ Erfolgskonto

→ *Konto*

▶ Erfolgsrechnung

Rechnung zur Ermittlung des Erfolgs einer Unternehmung oder eines Unternehmensteils. Diese Rechnung kann auf der handelsbilanziellen Erfolgsrechnung (= → *Gewinn- und Verlustrechnung (GuV)*), der kalkulatorischen Erfolgsrechnung (= → *Betriebsergebnis*), der → *Steuerbilanz* oder einer Einnahmen-/Ausgabenrechnung (= → *Cashflow*) beruhen. Jede dieser Erfolgsrechnungen führt, wegen unterstellter unterschiedlicher Rechenelemente, zu einem anderen Ergebnis. Dabei finden sich folgende Bezeichnungen (Abbildung E-8).

Erfolgsrechnung	positives Ergebnis	negatives Ergebnis
handelsbilanzielle GuV	Jahresüberschuss bzw. Bilanzgewinn	Jahresfehlbetrag Bilanzverlust
Betriebsergebnisrechnung	Betriebsgewinn	Betriebsverlust
Steuerbilanz	steuerlicher Gewinn	steuerlicher Verlust
Einnahmen-/Ausgabenrechnung	Einzahlungsüberschuss	Auszahlungsüberschuss

Abb. E-8: Bezeichnungen für das positive und negative Ergebnis in den verschiedenen Erfolgsrechnungen

▶ Erfolgsspaltung

Aufspaltung des Gesamtunternehmensergebnisses, z. B. Jahresüberschusses, in seine Komponenten (Erfolgsquellen), um die tatsächliche nachhaltige Ertragskraft zu erkennen. Üblich ist eine Erfolgsspaltung nach zwei Kriterien: Zum einen nach der Betriebszugehörigkeit in betriebliche und betriebsfremde Erfolgskomponenten und zum anderen nach der Regelmäßigkeit in regelmäßig und unregelmäßig anfallende Erfolgskomponenten (Abbildung E-9). Hieraus leiten sich folgende Ergebnisgrößen ab:

(1) Ordentliches betriebliches Ergebnis und

(2) Finanzergebnis,

die beide auf regelmäßigen Aufwendungen und Erträgen basieren, und

(3) Außerordentliches Ergebnis, das die unregelmäßigen Aufwendungen und Erträge, und zwar sowohl im Sinne von außergewöhnlich als auch periodenfremd, enthält.

	Betriebszugehörigkeit	
Regelmäßigkeit	Betriebliche Erfolgskomponenten	Betriebsfremde Erfolgskomponenten
Regelmäßig anfallende Erfolgskomponenten	Ordentliches betriebliches Ergebnis	Finanzergebnis
Unregelmäßig anfallende (außergewöhnliche und/oder periodenfremde) Erfolgskomponenten	Außerordentliches Ergebnis (im betrieblichen Sinne)	

Abb. E-9: Erfolgsspaltung nach den Kriterien Betriebszugehörigkeit und Regelmäßigkeit

Mit dem Bilanzrichtlinie-Umsetzungsgesetz (BilRUG) ist ab 2016 der Ausweis eines außerordentlichen Ergebnisses in der nach § 275 HGB offen zu legenden GuV – entsprechend IFRS – entfallen. Näherungsweise können aber die sonstigen betrieblichen Erträge/Aufwendungen nunmehr zur Bestimmung des außerordentlichen Ergebnisses im betrieblichen Sinne herangezogen werden, da mit dem BilRUG regelmäßig anfallende Lieferungen und Leistungen, auch wenn sie für den Unternehmenszweck nicht typisch sind, in den Umsatzerlösen auszuweisen sind. Damit verbleiben in den sonstigen betrieblichen Erträgen und auch in den sonstigen betrieblichen Aufwendungen grundsätzlich Sachverhalte, die als außerordentlich im betrieblichen Sinne zu interpretieren sind, wie z. B. Erträge aus der Auflösung von Rückstellungen. Zur Bestimmung einer nachhaltig zu erzielenden Ergebnisgröße kann weiter das ordentliche betriebliche Ergebnis bzw. das Finanzergebnis um die gem. § 285 31 bzw. § 314 I 23 HGB im Anhang anzugebenden Erträge und Aufwendungen von außergewöhnlicher Größenordnung oder außergewöhnlicher Bedeutung bereinigt werden.

▶ Erfüllung

Erbringung einer vertraglich vereinbarten Leistung. Dadurch erlischt das Schuldverhältnis zwischen Schuldner und → *Gläubiger.* Als Erfüllungsersatz kennt das BGB die Annahme an Erfüllungs statt (§ 364, 1 BGB), die → *Aufrechnung* und die Hinterlegung ohne Ausschluss der Rücknahme (§ 378 BGB). Der Erfüllungsort und die Erfüllungszeit können vertraglich z. B. in den → *Allgemeinen Geschäftsbedingungen (AGB)* vereinbart werden oder gesetzlich geregelt sein (z. B. §§ 269, 447 I BGB, § 29 ZPO). Sofern keine vertragliche Vereinbarung getroffen wurde oder sich ein natürlicher Erfüllungsort ergibt (z. B. Malerarbeiten), ist gem. § 269 BGB die Leistung an dem Ort zu erbringen, an dem der Schuldner zur Zeit der Entstehung des Schuldverhältnisses seinen Wohnsitz hatte (gesetzlicher Erfüllungsort). Waren müssen demnach beim Lieferanten abgeholt werden, d. h. Warenschulden sind grundsätzlich Holschulden. Für den Zahlungsort bestimmt das BGB dagegen gem. § 270 BGB, sofern keine vertragliche Vereinbarung getroffen wurde, dass geschuldetes Geld dem Gläubiger an dessen Wohnsitz zu übermitteln ist. Geldschulden sind demnach grundsätzlich Schickschulden. Der Schuldner kann sich bei der Erfüllung seiner Leistungspflichten auch eines Erfüllungsgehilfen bedienen.

▶ Erfüllungsgehilfe

Gem. § 278 BGB vorgesehene Bezeichnung für einen gesetzlichen Vertreter (→ *Vertretung*) oder eine Person, deren sich ein Schuldner zur → *Erfüllung* seiner → *Schulden* bedient. Zu beachten ist für den Schuldner, dass er sich ein eventuelles Verschulden seines Erfüllungsgehilfen (z. B. verspätete Zahlung) wie eigenes Verschulden anrechnen lassen muss und dies zu vertreten hat.

▶ Erfüllungsort

Ort, an dem ein Schuldner seine → *Leistung* zu erbringen hat. Auch als Leistungsort bezeichnet. Im Zweifel, d. h. wenn in einem → *Vertrag* nichts anderes geregelt ist, ist der Erfüllungs- bzw. Leistungsort der Ort des Wohnsitzes oder der gewerblichen Niederlassung des Schuldners (§ 268 I BGB). Bedeutsam ist der Erfüllungsort meist bei gerichtlichen Auseinandersetzungen zur Bestimmung des Gerichtsortes.

▶ Erfüllungszeit

Zeitpunkt oder -raum, zu oder innerhalb dessen ein Schuldner seine → *Leistung* zu erbringen hat. Zu beachten sind hier die → *Verjährung* und → *Fristigkeit* (→ *Erfüllungsort*).

▶ Ergänzungsbilanzen

Bilanz, in der im Gegensatz zu den → *Sonderbilanzen* nur Wertunterschiede gegenüber der Gesamthandsbilanz erfasst werden, die auf einzelne Gesellschafter entfallen. Oftmals werden im Rahmen von Gesellschafterwechseln bei einer → *Personengesellschaft* Ergänzungsbilanzen notwendig, wenn der Kaufpreis über oder unter dem Buchwert des Kapitalkontos des ausscheidenden Gesellschafters liegt. Dann entstehen positive oder negative Ergänzungsbilanzen für den neuen Gesellschafter, da die Buchwerte in der Gesamthandsbilanz fortgeführt werden.

▶ Ergänzungskapital

→ *Eigenkapital von Banken*

▶ Ergebnis, außerordentliches

→ *Erfolgsspaltung*

▶ Ergiebigkeit

→ *Wirtschaftlichkeit*

▶ ERG-Theorie von Alderfer

These von *Clayton P. Alderfer*, dass sich die Bedürfnisklassen in der → *Bedürfnispyramide von Maslow* willkürlich überlappen können. Aus dieser Erkenntnis heraus reduziert er die Bedürfnishierarchie auf folgende drei Klassen.

(1) Existenzbedürfnisse E „Existence Needs“ (z. B. Sicherheit, Bezahlung, physiologische Bedürfnisse)

(2) Kontaktbedürfnisse R „Related Needs" (z. B. Achtung, Wertschätzung)

(3) Wachstumsbedürfnisse G „Growth Needs" (z. B. Entfaltung, Selbstverwirklichung).

Alderfer stellt nun aufgrund von empirischen Untersuchungen drei Thesen zur → *Motivation* auf.

(1) Frustrationsthese: Nicht befriedigte Bedürfnisse bleiben dominant, d. h. je weniger z. B. E-Bedürfnisse befriedigt werden, desto stärker werden sie (z. B. Hunger).

(2) Frustrations-Regressions-These: Wird ein Bedürfnis nicht befriedigt, so steigen niedrigere Bedürfnisse auf, d. h. z. B. je weniger R-Bedürfnisse befriedigt werden, desto stärker werden E-Bedürfnisse (z. B. Kummerspeck).

(3) Befriedigungs-Progressions-These: Die Befriedigung eines Bedürfnisses aktiviert ein anderes Bedürfnis, d. h. der Mensch ist unersättlich.

▶ Erhebungsmethode

Verfahren zur Datenerhebung bzw. Informationssammlung (→ *Marktforschung*). Nach der Neuartigkeit der erhobenen Daten lassen sich die Primär- und Sekundärerhebungen unterscheiden. Kennzeichnend für die Primärforschung ist, dass neue, originäre Daten durch eigene „Feldarbeit" erhoben werden. Sekundärerhebungen bereiten bereits ermittelte Daten von Primärerhebungen neu auf („Desk Research"). Im Rahmen der Primärforschung sind drei Hauptformen zu unterscheiden: Die → *Befragung*, die Beobachtung und das → *Experiment*. Eine Befragung ist dadurch gekennzeichnet, dass die Testpersonen selbst Auskunft geben. Unter einer Beobachtung wird die zielgerichtete, planmäßige Erfassung von sinnlich wahrnehmbaren Sachverhalten im Augenblick ihres Auftretens verstanden. Beim Experiment wird der interessierende Sachverhalt mit Hilfe eines Versuchs ermittelt.

Des Weiteren ist im Rahmen einer Primäruntersuchung zwischen Voll- und Teilerhebung zu unterscheiden. Bei einer Vollerhebung

(Totaluntersuchung) werden die interessierenden Sachverhalte bei allen Elementen der Grundgesamtheit erhoben. Dieser (seltene) Fall liegt z. B. bei einer Volkszählung vor. Eine Teilerhebung (Partialuntersuchung) ist dadurch gekennzeichnet, dass nur ein Teil der Grundgesamtheit bei der Erhebung berücksichtigt wird. Dieser Teil der Grundgesamtheit, bei dem die Untersuchung durchgeführt wird, wird als → *Stichprobe* bezeichnet. Die Wahl der Größe der Stichprobe und ihre Zusammensetzung beeinflussen deren Repräsentativität, d. h. die Übereinstimmung mit der Grundgesamtheit (→ *Stichprobenverfahren*). Repräsentative Erhebungen lassen sich von exklusiven Erhebungen wie z. B. der → *Delphi-Befragung* unterscheiden.

▶ ERI

→ *Dokumenteninkasso*

▶ Erkenntnisobjekt

→ *Wissenschaftstheorie*

▶ Erlös

In Geldeinheiten ausgedrückter Wert abgesetzter Sach- oder Dienstleistungen bezogen auf eine Periode oder auch ein bestimmtes Produkt bzw. einen Auftrag. Der Wertbegriff kann – wie in der externen → *Erfolgsrechnung* (→ *Gewinn- und Verlustrechnung (GuV)*) – an pagatorische Größen anknüpfen oder auch wie in der internen Erfolgsrechnung kalkulatorische Bestandteile (→ *Erlösrechnung*) beinhalten.

▶ Erlösrechnung

Rechnung, die den → *Erlös* im Rahmen der internen Erfolgsrechnung ermittelt. Hierbei können losgelöst von den handelsrechtlichen Grundsätzen kalkulatorische Erlösbestandteile berücksichtigt werden, indem z. B. Tagespreise statt der effektiven Absatzpreise angesetzt werden. Selbsterstellte Anlagegegenstände oder Bestandserhöhungen an Halb- und Fertigerzeugnissen werden i. d. R. ebenfalls mit kalkulatorischen Erlösen, d. h. unter Berücksichtigung eines Gewinnzuschlags, angesetzt.

▶ Eröffnungsbilanz

Bilanz (→ *Bilanz*), die gem. § 242 I HGB jeder → *Kaufmann* zu Beginn seines Handelsgewerbes und eines jeden Geschäftsjahres aufzustellen hat. Nach dem → *Grundsatz der formellen Bilanzkontinuität* müssen die Gliederung und der Wertansatz der einzelnen Positionen in der Schlussbilanz eines Geschäftsjahres mit denen der Eröffnungsbilanz des Folgejahres übereinstimmen.

▶ Ersatzinvestition

→ *Investitionsarten*

▶ Ertrag

Positives Rechenelement der Finanzbuchhaltung, das zu den Grundbegriffen im → *Rechnungswesen* zählt. Der Gegenbegriff, das negative Rechenelement, ist der → *Aufwand.* Die Differenz: Summe aller Erträge abzüglich aller Aufwendungen einer Periode ergibt den Periodenerfolg. Während das Begriffspaar → *Einnahme* und → *Ausgabe* die Veränderung des Geldvermögensbestandes erfasst, stellen Ertrag/Aufwand auf die Entstehung und den Verbrauch von Gütern und Dienstleistungen ab. Ertrag und Einnahme können – müssen aber nicht – übereinstimmen. Dabei lassen sich folgende Fälle unterscheiden:

(1) Ertrag jetzt – Einnahme jetzt; z. B. Entstehung eines Zinsanspruchs gegenüber einem Kreditnehmer.

(2) Ertrag jetzt – Einnahme früher; z. B. Verkauf eines Erzeugnisses, für das bereits eine Anzahlung in der Vorperiode gewährt wurde.

(3) Ertrag jetzt – Einnahme nie; z. B. Einbuchung einer Forderung, die in späteren Jahren wegen Nichteingang endgültig abgeschrieben werden muss.

(4) Einnahme jetzt – Ertrag früher; z. B. Verkauf von Wertpapieren (Einnahme), auf die in früheren Jahren bereits eine entsprechende ergebniswirksame → *Wertaufholung* erfolgte (Ertrag).

(5) Einnahme jetzt – Ertrag nie; z. B. Gewährung eines Kredits, der zwar einen Forderungszugang, eine Einnahme, darstellt, die Kreditgewährung als solche berührt aber nicht die Erfolgsrechnung, sie stellt keinen Ertrag dar.

Eine entsprechende Fallunterscheidung ist auch für den Zusammenhang zwischen Aufwand und Ausgabe möglich. Der Umfang der auszuweisenden Erträge wird bestimmt durch die handelsrechtlichen Bilanzierungs- und Bewertungsvorschriften. Die Erträge, die in der → *Handelsbilanz* berücksichtigt werden, nicht jedoch in der Kosten- bzw. Betriebsergebnisrechnung, stellen sog. **neutralen Ertrag** dar. Soweit die Erträge mit den Leistungen der Betriebsergebnisrechnung übereinstimmen, liegt ein sog. Zweckertrag vor.

▶ Ertragsgebirge

Grafische Darstellung des Ertragsgesetzes (→ *Produktionsfunktion vom Typ A*) mit zwei eingesetzten Produktionsfaktoren (Abbildung E-10).

▶ Ertragsgesetz

→ *Produktionsfunktion vom Typ A*

▶ Ertragsteuern

Überbegriff für → *Steuern,* die an den Ertrag der wirtschaftlichen Leistungsfähigkeit anknüpfen. Umfasst im derzeitigen deutschen Steuersystem folgende Steuerarten: → *Einkommensteuer,* → *Gewerbesteuer* und → *Körperschaftsteuer.* Fast die Hälfte des Gesamtsteueraufkommens des Staates wird von den Ertragsteuern erbracht.

▶ Ertragswert

Abgezinste oder aufgezinste Summe künftiger Zahlungen (→ *Abzinsung*). Die Berechnung erfolgt wie beim → *Barwert.* Der Ertragswert

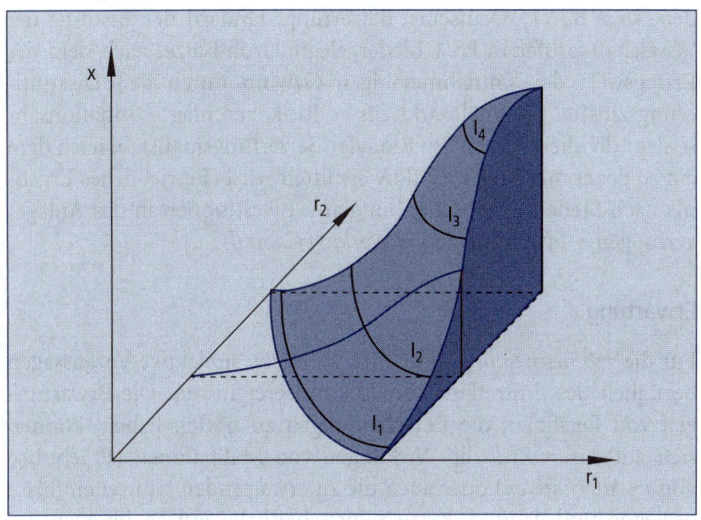

Abb. E-10: Ertragsgebirge bei der Produktionsfunktion vom Typ A (Produktionsfaktoren r^1 und r^2, Ertrag x)

kann auch auf einen in der Zukunft liegenden Zeitpunkt berechnet werden, dann erfolgt eine Aufzinsung der Zahlungen zum Vermögensendwert. Es gibt mehrere → *Ertragswertverfahren,* steuerlich stellt der Ertragswert im Rahmen des Stuttgarter Verfahrens die Ertragskomponente dar. Weiterhin kommt er im Rahmen der Bedarfswertermittlung bei bebauten Grundstücken im Rahmen der → *Erbschaft- und Schenkungsteuer* zum Ansatz.

▶ Ertragswertverfahren

Betriebswirtschaftliches Verfahren im Rahmen der → *Unternehmensbewertung,* das sich an den künftigen Erfolgen des Unternehmens orientiert. Errechnet den Wert einer zu bewertenden Einheit (Unternehmen, Teilbetrieb, Beteiligung) als Summe der abgezinsten zukünftigen → *Cashflow.* Die Unterschiede der einzelnen Verfahren liegen insbesondere in der Definition des Cashflows und der Berücksichtigung von Risikofaktoren. Es lassen sich zahlungsorientierte Überschussmethoden von Marktwertmethoden unterscheiden, so z. B.: (1) Deutscher Bewertungsstandard des Instituts der Wirtschaftsprüfer in ES 1 niedergelegte Grundsätze, nach dem der Ertragswert den entnahmefähigen Gewinn durch den Diskontierungszinsfuß (Kapitalmarktzins + Risikozuschlag – Inflationsabschlag) dividiert, (2) Internationaler Bewertungsmaßstab, nach dem ein so genannter Free Cashflow ermittelt wird (Betriebliches Ergebnis nach Steuern + Abschreibungen – Investitionen in das Anlagevermögen + Erhöhung des → *Working Capital*).

▶ Erwartung

Für die → *Entscheidungstheorie* maßgebliche subjektive Voraussagen bezüglich des Eintreffens von Zukunftsereignissen. Die Erwartungen von Personen, die Entscheidungen zu treffen haben, können sich auf das → *Ziel,* die Wirkungen von Maßnahmen (Ergebnisse von → *Alternativen*) oder auch die zu erwartenden Umwelteinflüsse beziehen und dadurch betriebswirtschaftliche Entscheidungen beeinflussen (Erwartungswert-Prinzip bei den → *Entscheidungsregeln*).

▶ Erwartungswert-Prinzip

→ *Entscheidungsregeln*

▶ Erweiterungsinvestition

→ *Investitionsarten*

▶ Erzeugnisse, fertige und unfertige

Vermögensgegenstände, die gem. § 266 II HGB innerhalb des → *Vorratsvermögens* auszuweisen sind und für die die Bewertungsregeln des Umlaufvermögens, insbesondere das strenge → *Niederstwertprinzip* gelten. Unfertige Erzeugnisse sind im Rahmen der eigenen → *Produktion* be- oder verarbeitete Rohstoffe und Hilfsstoffe, die noch nicht zu einem fertigen Erzeugnis geführt haben, sie werden auch als → *Halbfabrikate* bezeichnet. Den unfertigen Erzeugnissen werden die unfertigen Leistungen (Dienstleistungen) gleichgestellt. Fertige Erzeugnisse sind Produkte, die in dem bilanzierenden Unternehmen hergestellt und in verkaufs- bzw. versandfertigem Zustand sind. Ausgangsbasis für die Bewertung sind die → *Herstellungskosten*, ggf. sind gem. § 253 III HGB Abwertungen auf den niedrigeren Marktpreis bzw. → *Beizulegenden Wert* vorzunehmen. Grundsätzlich erfolgt Einzelbewertung, in bestimmten Fällen sind die → *Sammelbewertungsverfahren* sowie die Festbewertung und die → *Gruppenbewertung* zugelassen.

▶ ESMA

→ *Banken- und Finanzaufsicht*

▶ ESRB

→ *Banken- und Finanzaufsicht*

▶ EStDV

→ *Steuerdurchführungsverordnung*

▶ EStG

→ *Einkommensteuergesetz (EStG)*

▶ Euler-Hermes-Kreditversicherungs AG

Neben der staatlichen → *Ausfuhrkredit-Gesellschaft mbH (AKA)* für Ausfuhrgarantien und Bürgschaften im Außenhandel engagiertes privates Kreditinstitut (→ *Bank*), welches neben der ebenfalls privaten *C & L Deutsche Revision AG Wirtschaftsprüfungsgesellschaft* vom Bund für die Bearbeitung der dann vom Bund auszuzahlenden Garantien und Bürgschaften verpflichtet wurde. *Euler-Hermes* und *C & L* sind damit Mandatare des Bundes. Sie sind nicht nur beauftragt, sondern auch ermächtigt, Ausfuhrgarantien und Bürgschaften zu gewähren und handeln im Auftrag und für Rechnung des Bundes.

▶ Eurex

Computerbörse (→ *Börsenhandelsformen*). Mehrländerbörse Europas, die 2000 durch den Zusammenschluss der Kassa- und Terminbörsen von Amsterdam, Brüssel und Paris entstanden ist. In den Folgejahren kamen die Börsen von Portugal (Lissabon) und England (London) hinzu. Zugangspunkte – so genannte „Access Points“ – außerhalb Deutschlands und der Schweiz befinden sich derzeit in Amsterdam, Chicago, Helsinki, Hongkong, London, Madrid, New York, Sydney und Tokio. Pro Jahr werden mehrere hundert Millionen Kontrakte (→ *Derivate*) über die Eurex gehandelt. Um bei der Eurex handeln zu können, ist eine Registrierung notwendig, die ein Mindestkapital und Prüfungen der fachlichen Eignung voraussetzt.

▶ EURIBOR

→ *Euro Interbank Offered Rate (EURIBOR)*

▶ Euro

Seit 1.1.2002 gültiges Zahlungsmittel in den am 1.1.1993 am Maastrichter Vertrag beteiligten Ländern der Europäischen Union. Der Euro löste in Deutschland die seit 1948 gültige Deutsche Markt (DM) ab. Wie die DM, die seit 1958 mit dem Abkommen von Bretton-Woods frei in andere Währungen umgetauscht werden konnte, kann auch der Euro beliebig in andere Währungen konvertiert werden. Er ist damit im Gegensatz zu der in den achtziger Jahren eingeführten European Currency Unit (ECU) nicht bloße Verrechnungseinheit, sondern auch Zahlungsmittel. Der Euro wird in 100 Cent unterteilt. Der Wert im Vergleich zu anderen Währungen wie dem Dollar oder Yen hängen entscheidend von der Einhaltung der so genannten → *Konvergenzkriterien* ab.

▶ Euro-Betriebsrat

→ *Betriebsrat*

▶ Eurogeldmarkt

→ *Euromarkt*

▶ Euro Interbank Offered Rate (EURIBOR)

Geldmarkt-Referenzzinssatz, zu dem Banken (→ *Bank*) Tagesgeld verleihen. Andere Referenzzinssätze sind EONIA oder LIBOR.

▶ Eurokapitalmarkt

→ *Euromarkt*

▶ Euromarkt

Geld und Kapitalmarkt (→ *Finanzmarkt*) in US-Dollar und allen bekannten Europäischen Währungen (Euro, Pfund, Franken) außerhalb der USA. Der teilweise irreführende Begriff bedeutet damit nicht ein Handel von Geld oder Kapital innerhalb von Europa, sondern lediglich außerhalb der USA. Haupthandelsplätze sind London und Luxemburg für Europäische Marktteilnehmer, die Bahamas und Kaiman-Inseln als → *Offshore*- Finanzzentren für Marktteilnehmer aus USA sowie Hongkong und Singapur für asiatische Handelspartner. Der Euromarkt entwickelte sich nach dem Ende des Bretton Woods-Währungssystems in den sechziger Jahren, als Europäer ihre Dollarüberschüsse angesichts sehr niedriger Zinsen nicht mehr in den USA anlegen wollten und hierfür neue Marktplätze suchten. Da auf dem Eurogeldmarkt (Kredite bis zu einem Jahr, üblicherweise jedoch lediglich 90 Tage) und dem Kapitalmarkt (Kredite mit Laufzeiten zwischen 5 und 15 Jahren) die nationalen Notenbankpolitiken unterlaufen werden, versucht die → *Bank für internationalen Zahlungsausgleich (BIZ)* in Basel als Informationszentrum für die Notenbanken zu fungieren, um zumindest die Handelsvolumina festzustellen.

▶ EuroMAX

→ *Börsenplatz*

▶ Euro Overnight Index Average (EONIA)

Tagesgeld-Referenzzins im Euro-Währungsgebiet, in dessen Berechnung Umsatzziffern einzelner Kreditinstitute eingehen (andere Referenzzinssätze: LIBOR, EURIBOR).

▶ Europäische Aktiengesellschaft

→ *Societas Europaea (S.E.)*

▶ Europäische Investitionsbank (EIB)

1958 von der damaligen EG gegründete selbständige → *Bank* mit Sitz in Luxemburg. Hauptaufgabe der EIB ist die Projektfinanzierung im Rahmen der → *Außenhandelsfinanzierung.* Es werden Projekte mit Absicherung, d. h. → *Garantie* oder → *Bürgschaft* durch die EU, finanziert, bei denen ein Europäer beteiligt ist und das Projekt die Ziele der Europäischen Gemeinschaftspolitik fördert.

▶ Europäisches Finanzaufsichtssystem (EFSF)

→ *Bankenunion*

▶ Europäische Wirtschaftliche Interessenvereinigung (EWIV)

1989 im Rahmen der EG-Harmonisierung neu geschaffene → *Rechtsform* des Europäischen Gesellschaftsrechts. Danach haben kleinere und mittlere Unternehmen unter 500 Arbeitnehmern aus EG-Mitgliedstaaten seit 1. 7. 1989 die Möglichkeit, grenzüberschreitende Kooperationen in Form der EWIV zu betreiben, wobei diese Rechtsform selbst keine eigenen Gewinne erwirtschaften soll, sondern lediglich im Sinne einer → *Holding* als Dachgesellschaft zu nutzen ist. In der Praxis hat diese Rechtsform noch kaum Bedeutung. Die Grundstruktur ähnelt der deutschen → *Offenen Handelsgesellschaft (OHG).* Auch hier haben die Gesellschafter gemeinschaftliche Geschäftsführungsbefugnis und haften unbeschränkt und gesamtschuldnerisch. Die EWIV ist am Kapitalmarkt nicht emissionsfähig.

▶ Europäische Zentralbank (EZB)

1999 mit Einführung des → *Euro* neu geschaffene Zentralbank für den Euro-Währungsraum, die vom Europäischen Parlament unabhängig ist und ihren Sitz in Frankfurt hat. Die EZB setzt sich aus den nationalen Notenbanken der Euro-Länder zusammen. Sie nimmt die Aufgaben der Geldpolitik wahr, vorrangiges Ziel ist die

Wahrung der Preisstabilität des Euro. Somit sind die Aufgaben der ehemaligen nationalen Deutschen Bundesbank auf sie übergegangen bzw. dient diese als ausführendes Organ für geldpolitische Maßnahmen in Deutschland. Die EZB ist zunehmend auch für die Bankenaufsicht in Europa zuständig.

▶ European Banking Authority (EBA)

→ *Banken- und Finanzaufsicht*

▶ European Currency Unit (ECU)

Bis zur Einführung des → *Euro* noch gebräuchliche Verrechnungseinheit an den internationalen Währungsbörsen und dem → *Euromarkt.* Der ECU wurde 1981 eingeführt und stellt einen Währungskorb dar, bei dem die Mitgliedswährungseinheiten gewichtet den aktuellen Wert bzw. Kurs ausdrückten.

▶ European Financial Reporting Advisory Group (EFRAG)

→ *EU-Verordnung zur Rechnungslegung*

▶ European Insurance and Occupational Pensions Authority (EIOPA)

→ *Banken- und Finanzaufsicht*

▶ European Securities and Markets Authority (ESMA)

→ *Banken- und Finanzaufsicht*

▶ European Systematic Risk Board (ESRB)

→ *Banken- und Finanzaufsicht*

▶ Euro Stoxx 50

→ *Dow Jones Euro Stoxx 50*

▶ Euwax

Auf → *Derivate* spezialisiertes Handelssegment, das 1999 an der → *Börse* Stuttgart eingerichtet wurde und als Plattform für verbriefte Derivate gilt.

▶ e. V.

→ *Eidesstattliche Versicherung (E.V.)*, → *Eingetragener Verein (e. V.)*

▶ EVA

→ *Economic Value Added (EVA)*

▶ Event-Marketing

Zielgerichtete und systematische Planung von Veranstaltungen und anderen Ereignissen unter Beachtung der Grundsätze des → *Marketing*. Typische Veranstaltungen sind dabei firmeninterne Events wie Außendienstkonferenzen, Startveranstaltungen oder Händlerpräsentationen, Messen und Ausstellungen unterschiedlichster Art sowie PR-Veranstaltungen. Wichtig ist dabei vor allem der Einsatz eines fundierten Marketingkonzepts, um Fehler durch den häufig ziellosen Einsatz von Prominenten oder einen provinziellen oder unprofessionellen Auftritt zu vermeiden. Eingesetzt werden können deshalb spezielle Event-Marketing-Agenturen, die über entsprechendes Fachwissen und Erfahrung verfügen.

▶ Eventualverbindlichkeiten

→ *Haftungsverhältnisse*

▶ Evoked Set

Die Menge von Produkten oder Marken, die vom Konsumenten in den Kaufentscheidungsprozess einbezogen werden, die ihm also zunächst bekannt sind, aber auch als akzeptabel angesehen werden. Bekannte, aber nicht akzeptierte Marken werden hingegen nicht in die Auswahl genommen. In der Regel ist die Zahl der zum Evoked Set gehörenden Marken vergleichsweise klein (1 bis 5). Für die Anbieter insbesondere von Markenartikeln ist es deshalb wichtig, durch den richtigen Einsatz des → *Marketing Mix* beim Konsumenten entsprechende Präferenzen zu bewirken.

▶ Evolutionstheoretischer Ansatz

Neuer Ansatz der Betriebswirtschaftslehre, der auf der allgemeinen Evolutionstheorie (*Charles Darwin*) aufbauend die bisher als konstant betrachteten Prämissen von Entscheidungen durch Parameteränderungen i. S. eines laufenden, evolutionären Prozesses betrachtet. Im Gegensatz zu den traditionellen statischen oder dynamischen Analysen sollen auch die endogenen Variablen (→ *Ceteris-paribus-Annahme*) bei der evolutorischen Analyse dynamisiert werden. Der Ansatz wird in der Organisationstheorie vor allem von *Werner Kirsch* fortentwickelt, so dass künftig Organisationen nicht mehr z. B. alle 10 Jahre einer Reorganisation unterworfen werden sollen, sondern laufend und antizipativ an die Umwelt anzupassen sind (Organisationsentwicklung, → *Krisenmanagement,* → *Produktlebenszyklus*). Der Einfluss des evolutorischen Ansatzes nimmt aktuell in allen Funktionsbereichen der Betriebswirtschaftslehre an Bedeutung zu. Bezeichnend für diesen Ansatz sind die zunehmende Akzeptanz chaotischer, kreativer Prozesse (→ *Chaostheorie*) und die zunehmende Betonung der Prozessoptimierung in der BWL im Gegensatz zur bisherigen Strukturoptimierung (Paradigmenwechsel).

▶ EWIV

→ *Europäische Wirtschaftliche Interessenvereinigung (EWIV)*

▶ ex BA

→ *Kurszusätze*

▶ EXIT-Kanäle

Bezeichnung für die verschiedenen Möglichkeiten des Ausstieges eines Investors aus seinem Investment. Hier können der freie Verkauf der Anteile, z. B. über einen Börsengang (→ *Going Public*), die

Übernahme durch einen anderen Investor, das → *Going Private* oder der Verkauf an das Management (→ *Management Buy Out*) genannt werden.

▶ Experiment

Empirische → *Erhebungsmethode,* die in der Betriebswirtschaftslehre wie auch in den übrigen Sozialwissenschaften (→ *Wissenschaft*) wenig Anwendung findet, da im Gegensatz zu Laborexperimenten in der Naturwissenschaft die Wirtschaft nur schwer in Modellen darstellbar ist. Durch das Experiment sollen Kausalhypothesen (→ *Theorie*) verifiziert werden, indem einzelne Variablen verändert werden. Mit Hilfe der → *Simulation* kann allerdings auch diese Form der empirischen Studie in der Betriebswirtschaftslehre an Bedeutung gewinnen, vorausgesetzt, es ist möglich, Wirtschaftsabläufe in Modelle mit Algorithmen zu fassen. So nimmt die Bedeutung von Planspielen, bei denen solche Abläufe simuliert werden, in der Betriebs- und Volkswirtschaftslehre an Bedeutung zu.

▶ Expertensystem

Standardisierte Wissensbasis, die einen unternehmensübergreifenden Einsatz, z. B. in der Produktion (→ *Produktionsplanungs- und Steuerungssystem (PPS)*) oder der Personal- und Anlagenwirtschaft, erlaubt. Grundlage ist stets eine → *Datenbank* bzw. ein → *Data-Warehouse,* d. h. eine zentrale Stelle, bei der definierte Nutzer jederzeit Daten abfragen und auswerten können. In der Regel handelt es sich um unternehmensindividuelle Software, da eine klassische Standardsoftware (z. B. SAP) die Vielfalt und Unterschiedlichkeit von Kunden-, Auftrags-, Produktions- und Absatzdaten nur schwer erfassen und für die individuellen Nutzungsziele aufbereiten kann.

▶ Export

In der → *Handelsbilanz* der volkswirtschaftlichen Rechnung (Zahlungsbilanz) erfasste Warenausfuhr im Gegensatz zum → *Import.* Nach wie vor stellen chemische Erzeugnisse, Maschinenbauprodukte, Autos und Industriewaren den größten Exportanteil in Deutschland dar. Das Ausfuhrvolumen betrug 1997 rund 800 Mrd. DM. Die steigende Bedeutung des Exports für die deutsche Wirtschaft ist ebenfalls an der zunehmenden Zahl an Finanzprodukten der → *Außenhandelsfinanzierung* zu erkennen.

▶ Exportdokumente

Die bei der Ausfuhr (→ *Export*) und Einfuhr (→ *Import*) meist verwendeten Dokumente sind Rechnungen, Transport- und Lagerpapiere, Versicherungspolicen und so genannte Warenbegleitpapiere. Sie übernehmen im Rahmen der → *Außenhandelsfinanzierung,* z. B. durch das → *Dokumentenakkreditiv* oder → *Dokumenteninkasso,* eine Beweisfunktion, Verfügungsfunktion über die Ware sowie teilweise noch eine Funktion bei der Verzollung (→ *Zoll*). Das wichtigste Exportdokument stellt die Handelsrechnung (commercial invoice, facture commerciale) dar, in dem Namen, Anschriften, Datum, Warenbezeichnungen, aber auch Lieferbedingungen (→ *Handelsklauseln*) und Zahlungsbedingungen (terms of payment) genannt werden. Darüber hinaus ist die Zollfaktura (customs invoice, facture douanière), insbesondere im Außenhandel mit Kanada und den USA, von Bedeutung, in der die für die Verzollung der Ware im Importland notwendigen Daten enthalten sind. Des Weiteren ist die Konsulatsfaktura (consular invoice, facture consulaire), welche im Wesentlichen den Warenursprung belegt, sowie das → *Ursprungszeugnis* zu nennen. Ein zunehmend unverzichtbares Exportdokument stellt auch eine Police bzw. ein Zertifikat einer → *Versicherung* dar, die sowohl Transport als auch politische Risiken abdecken kann. Insbesondere im Überseehandel mit Schiffen ist die Versicherung vor Havarien oder Beschädigungen notwendig. Eines der im Seehandel unverzichtbaren und in § 642 HGB explizit geregelten Dokumente, stellt das → *Konnossement* (bill of loading, connaissement) dar.

▶ ex Z

→ *Kurszusätze*

F

▶ Fachhandel

→ *Handel*

▶ Facility Management

→ *Anlagenwirtschaft*

▶ Factoring

Ankauf von → *Forderungen* aus Lieferungen und Leistungen bei oder vor Fälligkeit durch eine Factoring-Gesellschaft (→ *Finanzinstitut*). Abhängig davon, ob eine Forderung zu einem bestimmten Zeitpunkt (z. B. Fälligkeit der Forderung) oder einem durchschnittlichen Fälligkeitszeitpunkt mehrerer Forderungen angekauft wird, unterscheidet man ein Standard Factoring vom Maturity Factoring. Rechtlich stellt Factoring eine Abtretung (→ *Zession*) dar, so dass auch hier zwischen einer offenen und stillen Form unterschieden wird, je nachdem, ob der Schuldner von der Abtretung erfährt. Abhängig vom Umfang der Übernahme des Ausfallrisikos der Zahlung wird zwischen echtem Factoring (Nonrecourse Factoring) und unechtem Factoring (Recourse Factoring) unterschieden. Beim unechten Factoring verbleibt ein gewisses Kreditrisiko beim Veräußerer der Forderung. Häufig übernehmen Factoring-Gesellschaften außer den Risiken auch Servicefunktionen wie z. B. die Debitorenbuchhaltung, das Inkasso oder Mahnwesen (→ *Mahnung*). Aus Sicht des Abtretenden ergeben sich neben der Risikominderung und den Liquiditätsvorteilen evtl. Kosteneinsparungen durch den Wegfall des Inkasso und Mahnwesens. Außerdem tritt im Sinne der → *Kreditwürdigkeit* bzw. → *Bonität* eine Verbesserung der Bilanzoptik durch die Ersetzung von Forderungen durch Liquidität ein. Im Bereich der → *Außenhandelsfinanzierung* wird das Exportfactoring einzelner Auslandsforderungen als → *Forfaitierung* bezeichnet.

▶ Factory Outlet

Herstellereigene Vertriebsform in der Form von Verkaufsstellen am Ort der Herstellung, in der ein typischerweise ausgewähltes → *Sortiment* wie II. Wahl-Artikel oder Auslaufmodelle angeboten werden. Die Preisgestaltung unterscheidet sich durch häufig beträchtliche Unterschreitung der Endverkaufspreise im Fachhandel. Dies führt im Endeffekt zu einer Substitution von Handelsabsätzen und weniger zu zusätzlichem Umsatzvolumen.

▶ Fahrerloses Transportsystem (FTS)

Computergesteuerte, automatisierte Fördereinrichtungen für Güter in Produktionshallen. Häufig durch Induktionsschleifen gesteuerte Fahrstraßen, auf denen der Transport durch Rechner optimiert und überwacht werden soll (→ *Produktionsplanungs- und Steuerungssystem (PPS)*).

▶ Fahrlässigkeit

→ *Haftung*

▶ Fair Presentation

Generalnorm der → *Rechnungslegung*, welche auch als „True and Fair View" oder im deutschen Sprachgebrauch als sog. Einblicksforderung bezeichnet wird, wonach der → *Jahresabschluss* und → *Konzernabschluss* sowie die zugehörigen → *Lageberichte* ein den tatsächlichen Verhältnissen entsprechendes Bild der Vermögens-, Finanz-

und Ertragslage wiedergeben müssen. Im deutschen Handelsrecht hat diese Einblicksforderung aber insoweit nur subsidiären Charakter, als der vorsichtige Wert im Zweifel höhere Priorität als der vermeintlich tatsächliche Wert hat. Zum anderen ist die Generalnorm (unter Beachtung des Vorsichtsprinzips) nur dann heranzuziehen, wenn Gesetzeslücken oder begründete Zweifel bei der Auslegung bestehen.

Nach IFRS und US-GAAP wird der Grundsatz der Fair Presentation nicht explizit durch das Vorsichtsprinzip eingeschränkt.

▶ Fair Value

→ *Beizulegender Wert*

▶ Faktor

→ *Produktionsfaktoren (nach Gutenberg)*

▶ Faktoreinsatz

→ *Einsatzmenge*

▶ Fakturierung

Erstellung einer Rechnung als auch Präsentation einer Rechnung beim Kunden (Abrechnung).

▶ Falsifikation

→ *Theorie*

▶ FASB

→ *Financial Accounting Standards Board (FASB)*

▶ Fayolsche Brücke

Kommunikationsprinzip, nach dem grundsätzlich der → *Dienstweg* einzuhalten ist, in spezifischen, evtl. dringenden Fällen jedoch eine direkte horizontale und unmittelbare Abstimmung zwischen einzelnen organisatorischen Einheiten zulässig ist. Da solche Regelungen eine Ausnahme darstellen sollen, ist die Verwandtschaft dieses Kommunikationsprinzips mit dem → *Management by Exception* deutlich.

▶ Fazilitäten

→ *Note Issuance Facility (NIF)*

▶ Feasibility-Studie

Durchführbarkeitsstudie z. B. bei Direktinvestitionen im Ausland oder als Vorstufe zur Prüfung alternativer Anlagemöglichkeiten.

▶ Fed

Abkürzung für *Federal Reserve Board*, die US-Notenbank.

▶ Fehlerhafte Gesellschaft

Unternehmung, welche die Erfordernisse der gewählten → *Rechtsform* nicht erfüllt bzw. nicht erfüllt hat. Fehlerhaft kann auch bedeuten, dass ein Gesellschaftsvertrag nichtig aufgrund von sittenwidrigen Regelungen ist (→ *Nichtigkeit*). Bei der Fehlerhaften Gesellschaft ist zwischen Außen- und Innenverhältnis zu unterscheiden. Wenn die Unternehmung bereits ihre Tätigkeit aufgenommen hat, kann ein gutgläubiger Dritter (Kunde, Lieferant) sich auf seinen „guten Glauben", dass die Gesellschaft fehlerfrei gegründet wurde, berufen.

▶ Fehlmengenkosten

Kosten (→ *Kosten*), die entstehen, wenn der Materialbedarf nicht durch beschaffte Mengen gedeckt werden kann. Sie setzen sich z. B. aus Preisdifferenzen bei Substituten (→ *Gut*), Stillstandskosten in der Produktion, Konventionalstrafen oder Goodwill-Verlusten zusammen (→ *Opportunitätskosten*). Die Gefahr der Entstehung derartiger Kosten kann durch die Einführung des → *Just in Time (JiT)*-Konzeptes steigen.

▶ Fehlzeiten

Zeiten, in denen Arbeitnehmer vom Betrieb abwesend sind, obwohl sie nach dem → *Arbeitsvertrag,* → *Tarifvertrag* oder einer anderen → *Betriebsvereinbarung* Anwesenheitspflicht hätten. Nicht zu den Fehlzeiten zählen daher gesetzlich oder vertraglich vereinbarte Abwesenheiten wie z. B. Urlaub, Mutterschutz oder Kuraufenthalte. Fehlzeiten lassen sich grundlegend in Absentismus (motivationsbedingte Fehlzeiten) und Krankenstand (körperlich, psychisch oder umweltbedingte Fehlzeiten) unterscheiden (Abbildung F-1).

Beispiele für die in der Abbildung dargestellten Fehlzeiten sind:

(**1**) organische Leiden und Schwächen der körperlichen Konstitution,

(**2**) Probleme im psychosozialen Bereich (z. B. Krankheit durch Tod eines Angehörigen),

(**3**) Lärm, Staub, Dämpfe, Nässe und Erschütterungen, welche zu Berufskrankheiten führen können,

(**4**) stressbedingte nervöse Leiden, Magen- oder Herzerkrankungen, z. B. ausgelöst durch einen autoritären → *Führungsstil,*

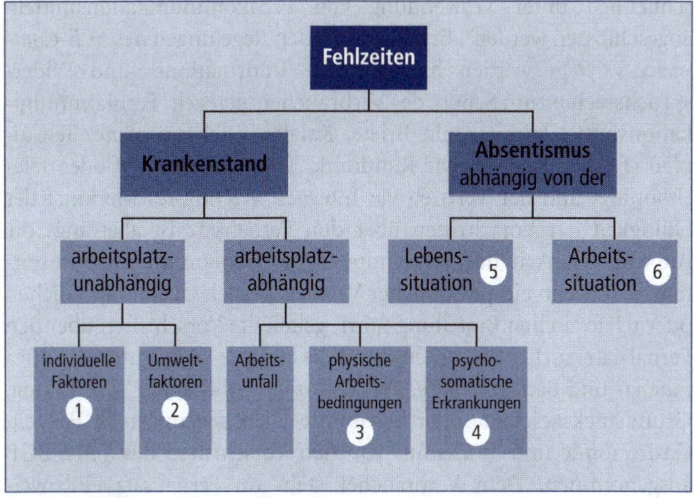

Abb. F-1: Fehlzeiten

(5) vom Geschlecht, Alter oder der Nationalität abhängige Faktoren,

(6) von der Entlohnung, dem Führungsstil oder Gruppenverhalten abhängige Fehlzeiten.

Das Problem der Fehlzeiten ist aktuell und hat maßgebliche Auswirkungen auf die → *Personalkosten* und den Arbeitsablauf (→ *Ablauforganisation*). Im internationalen Vergleich liegt Deutschland nach Schweden an der Spitze der Fehlzeitstatistik. Die erneute Überprüfung der Motivationstheorien und motivationstheoretischer Instrumente ist daher angebracht (De-Motivationstheorie bei → *Motivation*).

▶ F & E-Management

→ *Innovationsmanagement*

▶ Fernabsatz

Ab § 312b BGB unter „Besondere Vertriebsformen“ geregelte Vorschriften bezüglich des elektronischen Geschäftsverkehrs bzw. der Verträge zwischen Unternehmern und Verbrauchern, die „ausschließlich unter Verwendung von Fernkommunikationsmitteln abgeschlossen werden“. Ergänzend zu den Regelungen des → *E-Commerce-Vertrags* werden hier spezielle Informations- und Widerspruchsrechte zum Schutz des Verbrauchers geregelt. Fernkommunikationsmittel können sein Briefe, Kataloge, Telefonanrufe, Telekopien (Fax), E-Mails, sowie Rundfunk, Telekatalogverkauf oder Teleshopping, und der Vertrieb via Internet. Wichtigstes Merkmal der Gültigkeit der Vorschriften über den Fernabsatz ist allerdings die Ausschließlichkeit der Verwendung von Fernkommunikationsmitteln, d. h. wenn ein persönlicher Vertreterbesuch zu einer brieflichen oder telefonischen Bestellung führt, gelten die Vorschriften über den Fernabsatz nicht. Außerdem sind bestimmte Geschäfte wie etwa Finanz- und Bankgeschäfte, Versicherungen und deren Vermittlung, Grundstücksgeschäfte oder bestimmte Dienstleistungen in Freizeit, Gastronomie und Tourismus von den Vorschriften des § 312 BGB ausgenommen. Dem Verbraucher steht im Fernabsatz ein zweiwöchiges Widerrufsrecht (§ 355 BGB) und ein zweiwöchiges Rückgaberecht (§ 356 BGB) zu. Von beiden Rechten kann der Verbraucher ohne Angabe von Gründen Gebrauch machen.

▸ Fertigung

→ *Produktion*

▸ Fertigungsbreite

Im Gegensatz zur → *Produktionstiefe* die Anzahl der Modelle bzw. Produktvarianten, die ein Unternehmen anbietet. Eine große Produktvielfalt lässt auf einen starken Diversifikationsgrad schließen.

▸ Fertigungsinsel

Auch als flexible Fertigungszelle oder Fertigungszentrum bezeichneter Ort, an dem die Vorteile der → *Werkstattproduktion* und → *Fließproduktion* kombiniert werden sollen. Die Arbeitssysteme werden auf einen Bearbeitungsmittelpunkt hin zusammengefasst, indem mehrere bei der Fließfertigung getrennte Arbeitsschritte gemeinsam erfolgen und nach einer definierten Zeit im Rahmen des Fließprinzips an eine nächste Insel weitergegeben werden. Die Zusammenfassung der zu produzierenden Teile zu einer Teilefamilie erfolgt meist nach dem so genannten Objektprinzip, d. h. gleiche Verrichtungen werden an verwandten Produkten durchgeführt. Ziel einer derartigen Arbeitsorganisation ist die Reduzierung der → *Durchlaufzeit* sowie die Vereinfachung von Material- oder Informationsflüssen. Ob damit zusätzlich ein Motivationseffekt für die in einer Fertigungsinsel arbeitenden Mitarbeiter verbunden ist, bleibt fraglich.

▸ Fertigungslos

→ *Losgröße, optimale*

▸ Fertigungsprogramm

→ *Produktionsprogramm*

▶ Fertigungstiefe

→ *Produktionstiefe*

▶ Fertigungstypen

→ *Produktionsprogramm*

▶ Fertigungsverfahren

→ *Produktionsprogramm*

▶ Festgeld

→ *Termineinlagen*

▶ Festverzinsliches Wertpapier

→ *Anleihe*

▶ Festwertbewertung

Verfahren gem. § 240 III HGB zur vereinfachten Ermittlung der **Menge** und des **Wertes** von → *Vermögensgegenständen* des Sachanlagevermögens sowie von Roh-, Hilfs- und Betriebsstoffen, die regelmäßig ersetzt werden, z. B. Gerüst- und Schalungsteile, Hotelgeschirr usw., und in ihrem Gesamtwert für das Unternehmen von nachrangiger Bedeutung sind. Diese Vermögensgegenstände können mehrere Jahre mit einer gleich bleibenden Menge und einem gleich bleibenden Wert angesetzt werden, sofern ihr Bestand in seiner Größe, seinem Wert und seiner Zusammensetzung nur geringen Veränderungen unterliegt. Für Kontrollzwecke ist alle drei Jahre eine vollständige → *Inventur* durchzuführen. Die Festwertbewertung ist nach IFRS und US-GAAP grundsätzlich nicht zulässig, es sei denn, sie kann mit dem → *Grundsatz der Wirtschaftlichkeit und Wesentlichkeit* begründet werden.

▶ FIFO

→ *Verbrauchsfolgeverfahren*

▶ Fiktivkaufmann (Scheinkaufmann)

→ *Kaufmann*

▶ Filiale

Zweigstelle eines Dienstleistungsunternehmens (z. B. → *Handel*, → *Bank*, → *Versicherung*) entsprechend den Werken an verschiedenen Standorten bei Industrieunternehmen. Insbesondere im Handelsbetrieb ist die Filialisierung ein wesentliches Instrument des → *Marketing* (Kundennähe durch bewusste Distributionspolitik) und der → *Finanzierung* (Ausnutzung von Einkaufsrabatten). Vergleichbare Effekte können durch → *Franchising* oder Vertragshandel erzielt werden.

▶ Financial Accounting Standards (FAS)

→ *Financial Accounting Standards Board (FASB)*

▶ Financial Accounting Standards Board (FASB)

Private Organisation, die in den USA maßgeblich für den Erlass der Rechnungslegungsvorschriften zuständig ist. Ursprünglich hatte 1938 diese Aufgabe der amerikanische Berufsstand der Wirtschaftsprüfer, das American Institute of Certified Public Accountants (AICPA), von der SEC übertragen bekommen. Wegen der zum Teil sehr langwierigen Arbeiten, der vom AICPA eingesetzten (ehrenamtlichen) Boards und wegen Zweifel an der Unabhängigkeit der Arbeit wurde 1972 im Einvernehmen mit dem AICPA die Befugnis zum Erlass von Rechnungslegungsvorschriften an das neu gegründete Financial Accounting Standards Board (FASB) übertragen, das sich aus sieben hauptberuflich tätigen Mitgliedern aus der Wirtschaftsprüfung, der Industrie und Wissenschaft zusammensetzt. Die Arbeit des FASB wird finanziert und überwacht vom FAF, der Financial Accounting Foundation, die auch die Mitglieder des FASB bestellt. Die FAF ist eine unabhängige private Stiftung.

▶ Financial Design

→ *Financial Engineering*

▶ Financial Engineering

Finanzierungsberatung und -betreuung, hauptsächlich durch eine → *Bank,* bei größeren Unternehmen zur individuellen Gestaltung der Kapitalaufbringung bzw. → *Finanzierung* (Finanzmanagement). Durch die inzwischen beinahe unübersehbare Variationsvielfalt an Ausstattungsmerkmalen von Finanzinstrumenten (Finanzinnovationen) nimmt die Bedeutung eines individuellen Designs von Anleihen oder Anteilscheinen bezüglich der Zins-, Tilgungs- und anderer Ausstattungsmerkmale an Bedeutung zu.

▶ Financial Futures

Standardisierte Verträge (Kontrakte), in denen sich ein Partner gegenüber dem → *Stillhalter* verpflichtet, gegen Hinterlegung einer Kaution bzw. eines Einschusses (Initial Margin) die im Kontrakt definierte Menge an Geld, Wertpapieren oder → *Devisen* zu einem bestimmten Termin (→ *Terminmarkt*) zu kaufen oder zu verkaufen. Die Standardisierung der Kontrakte erfolgt hinsichtlich der Erfüllungstermine und Mengen sowie der vorab festgelegten Kauf- bzw. Verkaufspreise. Im Gegensatz zu den Warenterminkontrakten handelt es sich bei den Finanzterminkontrakten vornehmlich um einen → *Zinsterminkontrakt* und ein → *Devisentermingeschäft* sowie Aktienindexterminkontrakt. In der Regel erfolgen bei den Termingeschäften keine physischen Erfüllungen durch die zugrunde liegenden Basiswerte, d. h. die Lieferung von Devisen oder Wertpapieren, sondern am Ende der Laufzeit werden offene Kontrakte glattgestellt, d. h. durch Gegengeschäfte kompensiert.

▶ Financial Mobility at Risk

Quantifizierung der Liquiditätsreserven, die im Falle des Eintritts von Ausfall-, Zinsänderungs- und Währungsrisiken mit einer bestimmten Wahrscheinlichkeit verbraucht würden. Hierzu ist analog der → *Value at Risk (VAR)*- Methode ein Risikopotential zu definieren, das mit dem FMaR zu hinterlegen bzw. über eine Finanzplanung zu sichern ist. Häufig wird hier von primärem, sekundärem bis hin zu quartiärem Risikodeckungspotential gesprochen. Insbesondere beim Handel mit → *Derivaten* sind Risikodeckungen sinnvoll.

▶ Finanzamt

Unterste → *Finanzbehörde,* die örtlich für die Besteuerung der Steuerpflichtigen zuständig ist. Die örtliche Zuständigkeit richtet sich nach speziellen Bestimmungen. So gilt im Rahmen der Einkommensbesteuerung für natürliche Personen das Wohnsitzfinanzamt als zuständig. Im Rahmen der → *Umsatzsteuer* ist das Finanzamt zuständig, in dessen Bezirk der → *Unternehmer* sein Unternehmen ganz oder vorwiegend betreibt, bei den Realsteuern ist das Lage- oder Betriebsstättenfinanzamt zuständig und bei Zöllen und Verbrauchsteuern ist das Hauptzollamt zuständig, in dessen Bezirk der Tatbestand verwirklicht wird, an den das Gesetz die Steuer knüpft. Innerhalb der Finanzämter kann es unterschiedliche Organisationsstrukturen geben. Entweder es gibt Einteilungen nach Steuerarten oder nach Steuerpflichtigen. Bei letzterer Einteilung hat der Steuerpflichtige einen Veranlagungsbeamten als Ansprechpartner für seine Steuern. Meist ist intern insbesondere die Veranlagungsstelle von der Einspruchsstelle getrennt. Schließlich soll nicht der Veranlagungsbeamte auch das Rechtsmittel über einen Verwaltungsakt entscheiden, an dem er persönlich mitgewirkt hat.

▶ Finanzanalyse

Im engeren, traditionellen Sinne Beurteilung der Kreditwürdigkeit mit Hilfe der → *Bilanzanalyse.* Im weiteren, heutigen Sinne umfassende Analyse der wirtschaftlichen Lage eines Unternehmens, insbesondere im Hinblick auf die künftige Erfolgsermittlung und Zahlungsfähigkeit. Finanzanalysen werden vor allem durchgeführt von (potentiellen) Eigen- und Fremdkapitalgebern, potentiellen Erwerbern von Unternehmen oder Unternehmensteilen, Anlageberatern, Kunden und Konkurrenten, aber auch im Unternehmen selbst im Rahmen von Management-Informationssystemen. Demzufolge unterscheidet man in die **externe** und **interne** Finanzanalyse, je nachdem, ob ausschließlich publizierte Daten oder auch internes Zahlenmaterial zur Verfügung stehen. Die Vielfalt der Informationsinteressen der an der Finanzanalyse interessierten Gruppen führt dazu, dass sich das analytische Instrumentarium der Finanzanalyse neben der klassischen Bilanzanalyse mit der Bildung von Kennzahlen und Kennzahlensystemen vor allem auf die → *Break-even-Analyse*, die → *Wertpapieranalyse*, die Verfahren der → *Unternehmensbewertung* sowie die (interne) → *Finanzplanung* erstreckt.

▶ Finanzanlagen

Bestandteil des Anlagevermögens in der → *Bilanz*. Hierzu gehören gem. § 266 II HGB alle Anteile und Ausleihungen an verbundenen Unternehmen, die Beteiligungen und Ausleihungen an Beteiligungsunternehmen sowie die Wertpapiere des Anlagevermögens (dauerhafter Anteilsbesitz) und sonstige Ausleihungen. Für die Bewertung der Finanzanlagen gelten nach HGB als Wertobergrenze die Anschaffungskosten. Hiervon sind gemäß dem gemilderten → *Niederstwertprinzip* gem. § 253 III 5–6 HGB Abschreibungen bei voraussichtlich dauerhaften Wertminderungen vorzunehmen, bei vorübergehenden Wertminderungen besteht ein Abschreibungswahlrecht. In der Steuerbilanz sind nach § 6 I Nr. 1–2 HGB nur bei dauerhaften Wertminderungen sog. Teilwertabschreibungen zulässig. Nach IFRS und US-GAAP richtet sich die Bewertung der Finanzanlagen danach, welcher Wertpapierkategorie diese zugeordnet werden (→ *Wertpapier*). Dabei können bzw. müssen gegebenenfalls die Anschaffungskosten überschritten werden.

▶ Finanzbedarf

→ *Kapitalbedarf*

▶ Finanzbehörde

Im Gesetz über die Finanzverwaltung geregelter Aufbau der für die Besteuerung zuständigen Behörden. Demnach werden Bundesfinanzbehörden und Landesfinanzbehörden unterschieden. Innerhalb dieser Gruppen ergibt sich gemäß Abb. F-2 folgender Aufbau:

	Bundesfinanzbehörde	Landesfinanzbehörde
oberste Behörde	Bundesminister der Finanzen	Landesfinanzminister oder entsprechender Finanzsenator
Oberbehörden	Bundesschuldenverwaltung Bundesmonopolverwaltung für Branntwein Bundeszentralamt für Steuern Zollkriminalamt Bundesamt zur Regelung offener Vermögensfragen	
Mittelbehörden	Oberfinanzdirektionen	Oberfinanzdirektionen
örtliche Behörden	Hauptzollämter mit Dienststellen (Zollämter, Grenzkontrollstellen) Zollfahndungsämter Bundesvermögensämter Bundesforstämter	Finanzämter

Abb. F-2: Finanzbehörden

Auffallend ist die Doppelzuordnung der Oberfinanzdirektionen. Das hängt damit zusammen, dass die Länder zum Teil für Bundessteuern die Verwaltung übernehmen.

▶ Finanzbuchhaltung

Teil der → *Buchhaltung,* der die erfolgswirksamen und -unwirksamen Zahlungsvorgänge einer Unternehmung erfasst und die abrechnungstechnische Vorstufe für die Erstellung des gesetzlich vorgeschriebenen Jahresabschlusses ist. Synonym wird die Bezeichnung Geschäftsbuchhaltung verwendet. Die erfolgswirksamen Vorgänge werden in Form von → *Aufwand* und → *Ertrag* und nicht wie in der → *Betriebsbuchhaltung* in Form von → *Kosten* und → *Leistung* abgebildet. Zur Finanzbuchführung bzw. -haltung ist jeder Kaufmann verpflichtet, der die Größenmerkmale in § 241a HGB überschreitet. Zusätzlich besteht bei bestimmten Größenmerkmalen nach § 141 AO für steuerliche Zwecke die Verpflichtung zur Finanzbuchführung (→ *Buchführung*).

▶ Finanzderivate

→ *Derivate*

▶ Finanzdienstleistungen

Begriff für die Zusammenfassung von Dienstleistungen im Investitions- und Finanzbereich, hervorgerufen durch die zunehmende Kooperation unter Banken, Versicherungen und Bausparkassen zu so genannten Allfinanzunternehmen. Die marketingpolitische → *Strategie*, die zu einer Zunahme derartiger Kooperationen geführt hat, ist die Zielgruppenorientierung. Kunden bzw. einzelnen Zielgruppen soll ein Problemlösungspaket und nicht mehr wie bisher einzelne Finanzprodukte angeboten werden. So werden künftig Finanzdienstleistungsanbieter einem Kunden die passende Geldanlageform, kombiniert mit Bauspar- und Versicherungselementen, verkaufen können. Dies setzt qualifizierte Außendienstmitarbeiter voraus.

▶ Finanzflussrechnung

→ *Kapitalflussrechnung*, → *Cashflow*

▶ Finanzgerichte

→ *Rechtsweg*

▶ Finanzgerichtsordnung

Gesetz über die Zulassung und das Verfahren vor Finanzgerichten. Der Rechtsweg ist insbesondere für öffentlich-rechtliche Streitigkeiten über Abgabenangelegenheiten und die Vollziehung von Verwaltungsakten in Abgabeangelegenheiten gegeben. Dabei sind die Anfechtungs- und Verpflichtungsklage, Feststellungsklage und Sprungklage möglich. Wenn ein außergerichtliches → *Rechtsbehelfsverfahren* vorgesehen ist, kann erst nach Abschluss dieses Verfahrens Klage erhoben werden, sofern das Vorverfahren ganz oder zum Teil ohne Erfolg blieb. Für die Annahme einer Klage sind insbesondere die Frist und Formvorschriften zu beachten. Die Frist zur Erhebung der Klage beträgt i. d. R. einen Monat; sie beginnt mit der Bekanntgabe der Entscheidung über den außergerichtlichen Rechtsbehelf. Die Klage ist schriftlich vom Klagebefugten beim Finanzgericht anzubringen. Die Begründung der Klage und das Vorbringen der Beweismittel können noch zu einem späteren Zeitpunkt erfolgen. Vor dem Finanzgericht gilt noch kein Vertretungszwang im Gegensatz zu Verfahren vor dem → *Bundesfinanzhof (BFH)*. Im Rahmen des Finanzgerichtsverfahrens kann die Angelegenheit von einem Einzelrichter oder einem aus drei Richtern bestehenden Senat bearbeitet und entschieden werden. Das Finanzgericht ist letzte Tatsacheninstanz und kann selbständig Sachaufklärung betreiben. Gegen ein Urteil kann Revision beim BFH eingelegt werden, wenn sie zulässig ist. Wird die Revision im Finanzgerichtsurteil ausgeschlossen, kann hiergegen Nichtzulassungsbeschwerde eingelegt werden. Verfahren im Rahmen der Finanzgerichtsbarkeit sind kostenpflichtig.

▶ Finanzholding

→ *Holding*

▶ Finanzierung

Entscheidung über die Ausstattung bzw. Änderung des betrieblichen Kapitals (Kapitalbeschaffung, Kapitalumschichtung). Die Art der Finanzierung ist bei der **bilanzorientierten** Betrachtungsweise der Finanzierung aus der Passivseite der → *Bilanz* zu ersehen. Hier wird die Mittelherkunft nach Eigen- bzw. Fremdfinanzierung getrennt. Von einer **zahlungsorientierten** Betrachtungsweise wird gesprochen, wenn unter Finanzierung ein Bündel von Ein- und Auszahlungen verstanden wird. Finanzierungen im Sinne von Einzahlungen führen dann zu Verpflichtungen für künftige Zins- und Tilgungsauszahlungen. Eine Trennung zwischen dem Finanzierungs- und Investitionsbegriff (→ *Investition*) erfolgt bei der zahlungsorientierten Betrachtung nicht. Es lassen sich verschiedene Finanzierungsarten und Finanzierungsformen unterscheiden (Abbildung F-3). Nach der **Kapitalherkunft** wird die Innen- und Außenfinanzierung unterschieden. Innenfinanzierung bedeutet die Kapitalbeschaffung aus dem Umsatzprozess. Hier können Gewinne einbehalten, d. h. thesauriert werden (Selbstfinanzierung), Kapital durch Vermögensverkauf freigesetzt werden oder es können durch die Bildung von → *Rückstellungen* und die Absetzung von Abschreibungen (→ *Lohmann-Ruchti-Effekt*) in der → *Gewinn- und Verlustrechnung (GuV)* finanzielle Mittel einbehalten werden. Bei der Außenfinanzierung, d. h. der Beschaffung von Kapital an den Geld- und Kapitalmärkten (→ *Finanzmarkt*) werden finanzielle Mittel durch die Aufnahme neuer Beteiligter im Unternehmen (Eigenfinanzierung) oder die Aufnahme von Krediten und Darlehen (Fremdfinanzierung) beschafft. Bei der Beteiligungs- bzw. Eigenfinanzierung ist zu beachten, dass eventuell zusätzliche Mitbestimmungsrechte der neuen Eigentümer geschaffen werden, während bei der Fremdfinanzierung die vereinbarten Zins- und Rückzahlungsmodalitäten zu beachten sind.

Nach der **Verwendungsart** und dem Verwendungszweck lassen sich entsprechend den Investitionsbegriffen Sach- und Finanzfinanzierungen unterscheiden. Die Unterscheidung in Brutto-, Re- und Nettofinanzierung bezieht unterschiedliche Umfänge an Zins-, Tilgungszahlungen und so genannten Transaktionskosten (z. B. Finanzierungsanbahnungskosten) ein. Bei einer Neu-, Ersatz- und Erweiterungsinvestition können ebenfalls unterschiedliche Finanzierungsformen betrachtet werden. So wird regelmäßig bei einer neuen Finanzierung die Prüfung der → *Finanzierungsziele* strenger vorgenommen werden als bei Ersatz- oder Erweiterungsfinanzierungen. Nach der Fristigkeit lassen sich kurz-, mittel- und langfristige Finanzierungsformen unterscheiden. Die dabei angesetzten Zeitgrenzen können in Anlehnung an § 286 V HGB in bis zu einem Jahr (kurzfristig), ein bis fünf Jahre (mittelfristig) und ab fünf Jahre (langfristig) definiert werden.

▶ Finanzierungsformen

→ *Finanzierung*

▶ Finanzierungshilfen

Im 8. Abschnitt des 2. Buches des BGB (ab §§ 499 ff. BGB) verwendeter Überbegriff für bestimmte (Verbraucher-)Finanzierungsformen. Dazu zählt der entgeltliche Zahlungsaufschub eines Unternehmers gegenüber einem Verbraucher von mehr als 6 Monaten, Finanzierungsleasingverträge und Teilzahlungsgeschäfte. Für letz-

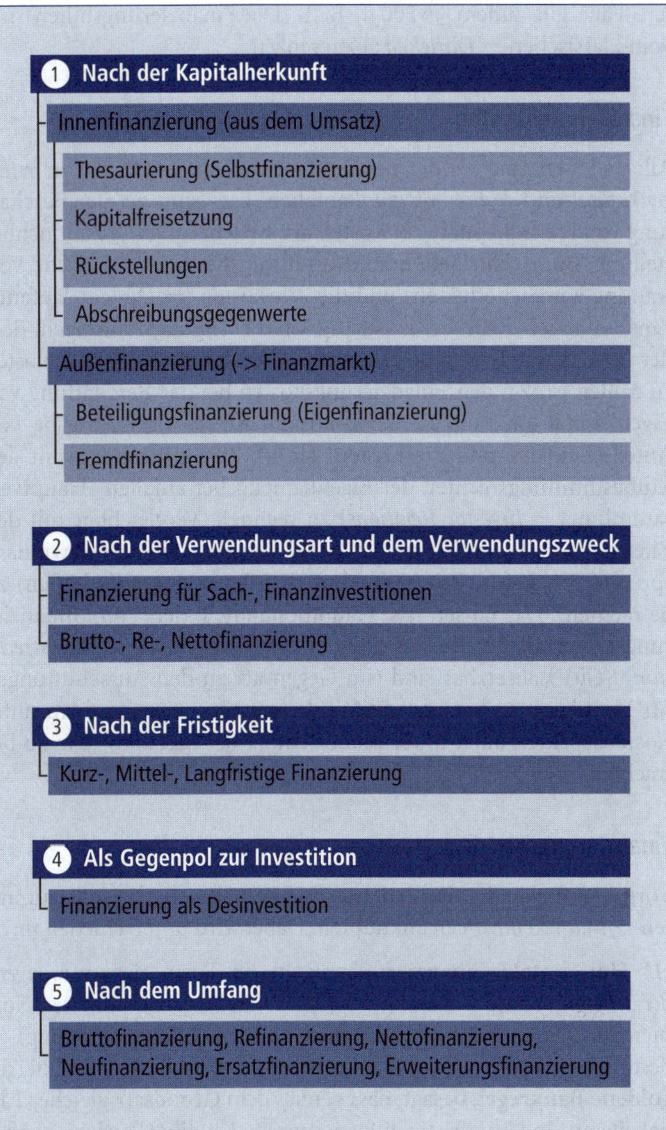

Abb. F-3: Arten von Finanzierung

tere Fälle gilt zudem §§ 500 ff. BGB. Die Finanzierungshilfen sind vom klassischen → *Darlehen* abzugrenzen.

▶ Finanzierungskosten

Alle → *Kosten*, die bei der Beschaffung von Kapital, d. h. von → *Eigenkapital* und → *Fremdkapital* anfallen. Dies sind bei der Beschaffung von Fremdkapital z. B. Kosten der Besicherung (Grundbuchbestellung, Bürgschaftsgebühren, Kosten für die treuhänderische Verwaltung von Sicherheiten) und die Zinskosten (→ *Disagio*, laufende Zinszahlungen). Hierbei ist strittig, ob die Tilgungszahlungen, d. h. der so genannte Kapitaldienst, ebenfalls zu den Finanzierungskosten zu zählen ist. Zu den Finanzierungskosten bei der Beschaffung von Eigenkapital sind die Emissionskosten (Druck und Ausgabe von Anteilscheinen), und die Kosten, die im Zusammenhang mit den Mitbestimmungsrechten der Eigenkapitalgeber anfallen (Hauptversammlung, → *Investor Relations*) zu rechnen. Vergleichbar mit den Zinsen beim Fremdkapital ist beim Eigenkapital der Gewinnanspruch (Dividende, Privatentnahme bei Personengesellschaften) zu betrachten. Da Zinsen als Hauptbestandteil der Fremdfinanzierungskosten als Betriebsausgaben in der → *Gewinn- und Verlustrechnung (GuV)* absetzbar sind (im Gegensatz zu den Ausschüttungen für Eigenkapitalgeber), ist die Wahl einer Finanzierungsform unter Kostenaspekten auch unter Einbeziehung der Steuervorteile zu betrachten.

▶ Finanzierungsregeln

Vorgaben für die Kapitalstruktur in Unternehmen, die an bestimmten → *Bilanzkennzahlen* anknüpfen. Dabei wird unterschieden in:

(1) **Horizontale Finanzierungsregeln**, in Form der → *Anlagendeckungsgrade* und → *Liquiditätsgrade.* Diese Regeln beinhalten Normen für das Verhältnis bestimmter Aktiva (Mittelverwendung) zu bestimmten Passiva (Mittelherkunft). Eine der ältesten Regeln, die **goldene Bankregel**, besagt, dass gemäß dem Grundsatz gleicher Fälligkeitstermine kurzfristig aufgenommene Kredite (Passivgeschäfte) nur kurzfristig ausgeliehen werden dürfen (Aktivgeschäft), während

langfristige Finanzierungsmittel auch langfristig verwendet werden können.

(2) **Vertikale Finanzierungsregeln**, die an → *Kapitalstrukturkennzahlen* anknüpfen und bestimmte Vorgaben für das Verhältnis von Eigen- zu Fremdkapital festlegen, z. B. für den → *Verschuldungsgrad.*

► Finanzierungstheorie

Die traditionelle Finanzierungsforschung begreift → *Finanzierung* als Lehre von der Kapitalbeschaffung und damit der Finanzierungsformen (Abbildung F-3). Finanzierung ist somit eine aus zahlungsorientierter Sicht notwendige Entscheidung aufgrund einer vorliegenden Investitionsentscheidung. Entsprechend dieser Lehre wird nach der Herkunft und Fristigkeit des Kapitals sowie der Günstigkeit der Kapitalbeschaffungskosten (→ *Finanzierungskosten*) untergliedert. Hauptinstrument dieser Denkweise im Unternehmen ist die → *Finanzplanung.* Neuere Ansätze der Finanzierungstheorie richten ihr Augenmerk auf die → *Finanzmärkte* und deren Marktunvollkommenheit (→ *Entscheidung* bei Unsicherheit). Die Vielfalt neuer Finanzinnovationen zeugt von einem zunehmenden Wunsch nach individuellen, der Risikopräferenz eines Investors angepasste Finanzierungsstrategie. In diesem Zusammenhang entstanden die Begriffe Finanzchemie und → *Financial Engineering* bzw. Financial Design. Zins-, Tilgungs- und andere Modalitäten einer Finanzierungsform sollen individuell aus einem Menü analog eines Cafeteriasystems für ein Unternehmen zusammengestellt werden. Die neuesten Ansätze der Finanzierungstheorie beschäftigen sich im Rahmen der so genannten → *Principal-Agent-Theorie* mit den Anreizen bzw. Beiträgen von Kapitalgebern (Prinzipal) und dem kapitalnehmenden Management (Agent). Darin kommen die über die rationalen Finanzierungskosten hinausgehenden Erwägungen eines Managements zum Tragen, die eventuell einem Bankkredit Vorzug gegenüber einer anderen Finanzierungsform einräumen, weil sie von dieser Bank materielle oder immaterielle Anreize (z. B. Flugreisen) erhalten. Neben den Finanzierungskosten sind damit zusätzliche Kosten wie z. B. Monitoring Costs (Überwachungskosten einer internen Revision gegenüber dem Agenten) oder Bonding Costs

(Kosten der Prüfung von Vertrauenswürdigkeit von Seiten des Prinzipals) zu betrachten.

▶ Finanzierungsziele

Die bei der Finanzierung eines Unternehmens anzusetzenden bzw. zu entwickelnden Zielsetzungen und Kennzahlen orientieren sich bei rationaler Betrachtung stets an den fünf Grundpostulaten der → *Liquidität,* Unabhängigkeit, Sicherheit, → *Rentabilität* und den → *Finanzierungskosten.* Dabei ist die Liquidität im Sinne einer Zahlungsfähigkeit durch einen positiven Zahlungsmittelbestand in mindestens der Höhe der kurzfristigen Verbindlichkeiten gekennzeichnet. Dies bedeutet gleichzeitig eine Unabhängigkeit gegenüber Gläubigern mit fälligen Zahlungsverpflichtungen und eine Sicherheit gegenüber einer substanzverringernden Liquidierung von Vermögensgegenständen. Auch auf die Rentabilität hat die Art der Finanzierung insofern Einfluss, als sich die Entscheidung über die Periodenentnahmen, und damit den Kapitalabfluss, auf die Eigen-, Gesamt- und Umsatzrentabilität auswirkt. Die Finanzierungskosten setzen sich in der Regel aus Zins und Tilgung sowie den so genannten Transaktionskosten zusammen. Die bei einer Finanzierungsentscheidung anfallenden Makler- und Depotgebühren, Steuern, Informationskosten, aber auch die so genannten Opportunitätskosten, d. h. Nachteile gegenüber einer anderen Finanzierungsform, werden zusammenfassend als Transaktionskosten bezeichnet.

▶ Finanzinstitut

Nach § 1 III → *Kreditwesengesetz (KWG)* am 9.9.1998 mit der fünften Novelle des KWG eingeführte Form von Kreditinstituten, die nicht Institute im Sinne des Abs. 1, d. h. eine → *Bank* sind, aber deren Haupttätigkeit darin besteht, z. B. Beteiligungen zu erwerben, Geldforderungen entgeltlich zu erwerben (→ *Factoring*), Leasingverträge abzuschließen, Kreditkarten auszugeben oder → *Derivate* zu handeln. Insgesamt umfasst der Abs. 3 des § 1 KWG elf explizit genannte Geschäfte, bei deren Vorliegen ein Unternehmen als Finanzinstitut gilt und damit aufgrund des Einbezugs im KWG unter die → *Banken- und Finanzaufsicht* gerät. Dies sind

(**1**) der Erwerb von Beteiligungen,

(**2**) der entgeltliche Erwerb von Geldforderungen,

(**3**) der Abschluss von Leasing-Verträgen,

(**4**) die Ausgabe und Verwaltung von Kreditkarten und Reiseschecks,

(**5**) das Handeln und Wechseln von ausländischen Zahlungsmitteln für eigene Rechnung oder im Auftrag von Kunden (inklusive Sortengeschäft),

(**6**) das Handeln mit Wertpapieren für eigene Rechnung,

(**7**) das Handeln mit Terminkontrakten, Optionen, Wechselkurs- oder Zinssatzinstrumenten für eigene Rechnung oder im Auftrag von Kunden,

(**8**) die Emission von Wertpapieren und damit verbundene Dienstleistungen,

(**9**) die Beratung von Unternehmen über ihre Kapitalstruktur, ihre industrielle Strategie und die damit verbundenen Fragen sowie bei Zusammenschlüssen und Übernahmen verbundene Dienstleistungen,

(**10**) Vermittlung von Darlehen zwischen Kreditinstituten (Geldmaklergeschäfte) und

(**11**) die Verwaltung von Vermögen in Wertpapieren für andere oder die Beratung bei der Anlage von Vermögenswerten.

▶ Finanzinstrumente

Bezeichnung für Verträge, die sowohl die klassischen, die **originären** finanzwirtschaftlichen Instrumente, d. h. die Einlagen-, Kredit- und Wertpapiergeschäfte, als auch die modernen, die **derivativen** Finanzinstrumente (= sog. Finanzinnovationen oder Derivate) umfassen. Diese derivativen Finanzinstrumente können zum einen isoliert zur Gewinnerzielung (= sog. Trading) oder zum anderen zur Absicherung anderweitiger Risiken, z. B. Währungsrisiken bei Lieferung in Fremdwährung (sog. → *Hedging*), eingesetzt werden. Zu den derivativen Finanzinstrumenten gehören insb. Devisentermingeschäfte, Optionsgeschäfte, Swap-Geschäfte, Futures, Forward-Rate-Agreements sowie weitere Sonderformen, wie caps oder floors.

Derivative Finanzinstrumente sind schwebende Geschäfte und als solche grundsätzlich nicht bilanzierungsfähig. Aufgrund von Marktentwicklungen können jedoch aus diesen Geschäften unrealisierte Gewinne und unrealisierte Verluste entstehen. Während nach HGB unrealisierte Gewinne aus solchen Geschäften nur im Rahmen der Bildung von Bewertungseinheiten berücksichtigt werden dürfen, sind diese nach IFRS (IAS 39) und US-GAAP grundsätzlich zu erfassen. Nach § 254 HGB können sog. Bewertungseinheiten gebildet werden, wenn zum Ausgleich von Wertänderungen aus Grundgeschäften (z. B. einer Warenlieferung in US-Dollar) gegenläufige derivative Finanzinstrumente (z. B. Devisentermingeschäfte) mit vergleichbaren Risiken als Sicherungsinstrumente eingesetzt werden. Bei diesem sog. Hedge-Accounting kann es zu einer Verrechnung unrealisierter Gewinne aus derivaten Finanzinstrumenten mit erwarteten Verlusten aus Grundgeschäften kommen. Zur Offenlegung des Inhalts und Umfangs der Finanzderivate bestehen sowohl nach HGB als auch nach IFRS umfangreiche Vorschriften, insbesondere sind die Nominalwerte sowie die Marktwerte und Buchwerte der Finanzinstrumente offen zu legen.

▶ Finanzinvestition

→ *Investition*

▶ Finanzkontrolle

→ *Finanzplanung*

▶ Finanzmarkt

Nach der Fristigkeit von Finanztiteln lassen sich grundsätzlich der → *Geldmarkt* vom → *Kapitalmarkt* unterscheiden (Abbildung F-4). Eine exakte zeitliche Trennung lässt sich hierbei nicht feststellen. Auf den Geldmärkten werden traditionell Titel bis zu einem Jahr gehandelt, und alle langfristigeren Titel auf dem so genannten Kapitalmarkt. Nach dem Organisationsgrad lassen sich organisierte Finanzmärkte (→ *Börse*) und freie Finanzmärkte (OTC = Over the Counter-Märkte) unterscheiden. Regionale Unterschiede betreffen vor allem die Bedeutung des einzelnen Finanzmarktplatzes. So können regionale und internationale Finanzmärkte sowie Freihandelszonen (→ *Offshore-* Zentren) unterschieden werden. Nach dem Erfüllungszeitpunkt der gehandelten Finanztitel lassen sich Kassamärkte (Erfüllung sofort) und Terminmärkte (Verpflichtung zu einem Finanzgeschäft heute, Erfüllung später) unterscheiden. Nach den Produkten unterscheidet man Primär- und Sekundärmärkte, d. h. Märkte, auf denen erstmalig emittierte Titel gehandelt werden, oder bereits im Umlauf gehandelte Titel angeboten bzw. nachgefragt werden. Die Unterscheidung in einen Eigenkapitalmarkt (Aktien, Beteiligungspapiere) und einen Fremdkapitalmarkt (Renten, Kredite) ist noch wenig gebräuchlich. Demgegenüber wird häufig zwischen Devisen- und Währungsmarkt und einem Markt für so genannte → *Derivate* (→ *Option,* → *Swap,* → *Futures*) unterschieden. Finanzmärkte übernehmen Informations-, Allokations- und Tauschfunktionen. Auf einem Finanzmarkt sollte eine vollkommene Transparenz herrschen, d. h. die Informationen über die Finanztitel sollten jedem zur Verfügung stehen, so dass ein optimaler Ausgleich zwischen Angebot und Nachfrage (Allokation) erreicht werden kann. Durch eine Vielfalt an Anbietern und Nachfragern sollte es möglich sein, unterschiedliche zeitliche und mengenmäßige Angebote und Nachfragen zu transformieren, d. h. dass ein Nachfrager nach einem großen Finanzbetrag sich durch die Ausgabe vieler kleiner Anteilscheine finanzieren kann, oder auch eine Bank die Ausgabe eines langfristigen Kredites durch die Hereinnahme vieler kurzfristiger Einlagen vornehmen kann. Durch eine zunehmend unübersehbare Zahl von Offshore-Zentren, die Tendenz zum → *In-house Banking* großer Unternehmen, immer wieder bekannt werdende → *Insidergeschäfte* und die Risikoaversion vieler Banken werden diese drei Funktionen allerdings oft beeinträchtigt. Finanzmarktteilnehmer können Private, Unternehmen, der Staat, Händler als auch Banken und Versicherungen sein. Als Tendenzen auf den internationalen Finanzmärkten lassen sich die Verbreiterung der Angebotspalette (Allfinanz), eine Tendenz zur Verbriefung von Finanztiteln (Securitization) sowie der Einsatz modernen Informationstechnologien (Technisierung) nennen.

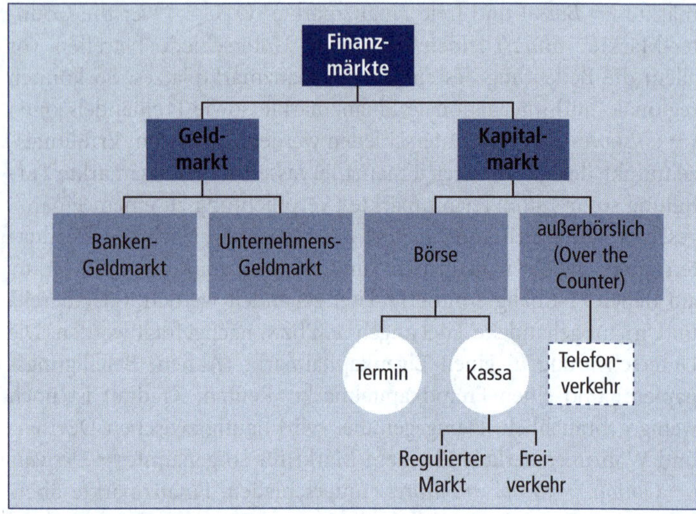

Abb. F-4: Finanzmärkte

▶ Finanzmathematik

Zweig der Mathematik, der sich mit finanzwirtschaftlichen Entscheidungsproblemen, z. B. der Berechnung von Zinsen, Tilgung, Renten, Annuitäten und Bar- bzw. Kapitalwerten, beschäftigt. Die finanzmathematischen Grundformeln sind im Folgenden zusammengefasst und werden jeweils mit einem kurzen Beispiel erläutert.

BEISPIEL: Aufzinsung

100 € sollen für 2 Jahre bei einem Zinssatz von 10 % angelegt werden. Den Anleger interessiert der Endwert.

Kapital am Ende des 1. Jahres: 100 + (0,1 × 100) = 110

Kapital am Ende des 2. Jahres: 100 + (0,1 × 100) + 0,1 (100 + 0,1 = 100)
= 100 (1 + 0,1) + 0,1 (100[1 + 0,1])
= 100 (1 + 0,1) × (1 + 0,1)
= $100\ (1 + 0{,}1)^2$
= 121 €

Aufzinsungsfaktor: $(1 + i)^n$
i = Zinssatz, n = Anlagezeitraum, Nutzungsdauer

BEISPIEL: Abzinsung

121 € werden in 2 Jahren benötigt. Der Zinssatz betrage 10 %. Den Sparer interessiert seine notwendige Spareinlage heute, um zusammen mit den Zinsen in zwei Jahren 121 € zur Verfügung zu haben.

Kapitaleinsatz heute: $K + (0{,}1\ K) + 0{,}1\ (K + 0{,}1\ K) = 121$

$K = (1 + 0{,}1)^2 = 121$

$K = 121/(1 + 0{,}1)^2$

$K = 100$ €

Abzinsungsfaktor: $\frac{1}{(1 + i)^n}$

BEISPIEL: Rentenberechnung

Eine Rente von 100,– € soll drei Jahre lang jeweils am Ende eines jeden Jahres ausbezahlt werden. Den Sparer interessiert der heutige Wert seiner dreijährigen Rentenzahlung, d. h. der abgezinste Wert seiner gleichbleibenden Zahlungsreihe. Er rechnet mit einem Wertverlust des Geldes von 10 % pro Jahr (Abzinsung mit i = 0,1)

Abzinsung: $100\ (1/[1 + i]^1) \quad + 100\ (1/[1 + i]^2) \quad + 100\ (1/[1 + i]^3$

$90{,}90 \quad + \ 82{,}64 \quad + \ 75{,}13 = 248{,}67$ €

Daraus ist der Rentenbarwertfaktor ableitbar:

$$\frac{(1{,}1)^3 - 1}{(1{,}1)^3 \times (1{,}1 - 1)} \times 100 = 248{,}67 \text{ €}$$

Rentenbarwertfaktor: $\frac{(1+ i)^n - 1}{(1+ i)^n \times (1+ i - 1)} = \frac{q^n - 1}{q^n\,(q - 1)}$

BEISPIEL: Annuitätenberechnung

Ein Kapital von 248,67 €, das heute zur Verfügung steht, soll zu einem Zinssatz von 10 % angelegt und in den nächsten drei Jahren als Rente in gleichhohen Beträgen, jeweils am Ende eines Jahres, ausbezahlt werden. Gleichsetzung des Kapitals mit den abgezinsten gleichhohen Rentenbeträgen der 3 Jahre

$248{,}67 \text{ €} = R\ (1/[1 + i]^1) + R\ (1/[1 + i]^2) + R\ (1/[1 + i]^3) \quad R = 100$

Daraus ist ein Wiedergewinnungsfaktor ableitbar:

$$\frac{(1{,}1)^3 \times (1{,}1 - 1)}{(1{,}1)^3 - 1} \times 248{,}67 \text{ €} = 100{,}\text{– jährliche Rente}$$

Wiedergewinnungsfaktor: $\frac{q^n\,(q - 1)}{q^n - 1}$

BEISPIEL: Unterjährige Verzinsung bei Wiederanlage von Zinsen zum aktuellen Zinssatz

- 100 € waren zwei Jahre lang angelegt, wobei Zinsen quartalsweise, also viermal jährlich gezahlt wurden.
- Barwert = $100 \times 1/(1 + 0{,}1/4)^{4 \times 1} + 100 \times 1/(1 + 0{,}1/4)^{4 \times 2} = 235{,}88$
- Endwert = $100 \quad (1 + 0{,}1/4)^{4 \times 1} + 100 \quad (1 + 0{,}1/4)^{4 \times 2} = 251{,}76$

Abzinsungsfaktor bei unterjähriger Verzinsung: $1/(1 + i/m)^{mn}$
Aufzinsungsfaktor bei unterjähriger Verzinsung: $(1 + i/m)^{mn}$
m = Anzahl der Zinstermine pro Jahr

▶ Finanzplanung

Vollständige, zeitpunktgenaue und betragsgenaue Bruttoausweise von Ein- und Auszahlungen. Diese Pläne, auch als Kapitalbedarfsrechnung bezeichnet, sollen den Finanzmittelbedarf einer Periode oder eines Zeitraums feststellen. Dabei ist insbesondere die zeitpunktgenaue Prognose bzw. Ermittlung der Zahlungen wichtig (→ *Rechnungsabgrenzungsposten (RAP)*). Um den zeitlichen Abstand zwischen Ausgaben und Einnahmen, und damit den Kapitalbedarf, präzise ermitteln zu können, hat sich neben einer einfachen Auflistung der Ein- und Auszahlungsarten eine kumulierte Betrachtung der Zahlungsströme bewährt (Abbildung F-5). Aus einer derartigen Betrachtung kann nicht nur der Kapitalbedarf zu einem Zeitpunkt, sondern auch die horizontale Zeitlücke zwischen Ausgaben und zugehörigen Einnahmen erkannt werden. Bei der Gewährung von Zahlungszielen ist damit auf die Höhe eventuell notwendiger Zwischenfinanzierungen zu schließen (→ *Kapitalbedarf*).

▶ Finanzverwaltung

→ *Finanzbehörde*

▶ Finanzwechsel

→ *Wechsel,* dem kein Warengeschäft zugrunde liegt.

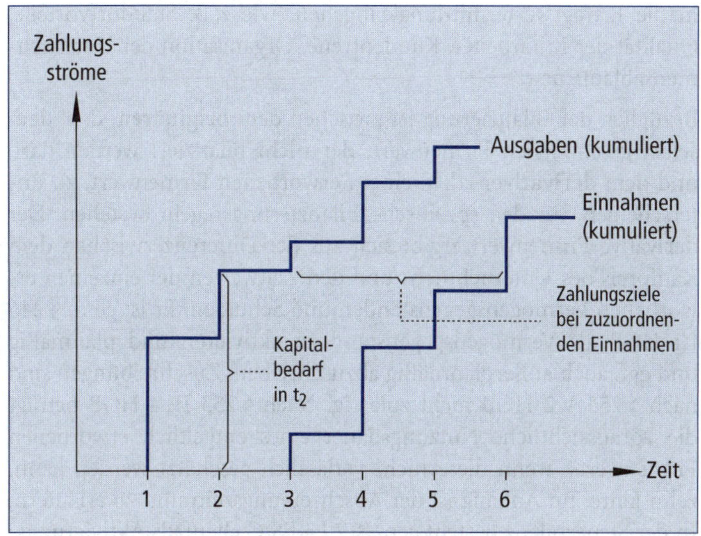

Abb. F-5: Finanzplanung mit kumulierten Zahlungsströmen

▶ Firma

Gem. § 17 HGB der Name, unter dem ein → *Kaufmann* im Handel seine Geschäfte betreiben und die Unterschrift abgeben kann. Ein Kaufmann kann unter dieser Firma klagen und verklagt werden. Je nach Rechtsform ist die Firma bzw. der Firmenname durch entsprechende Zusätze, die die Rechtsform verdeutlichen, unterschiedlich geregelt (§§ 18 ff. HGB). Die Fortführung eines Geschäftes mit einem neuen Inhaber unter alter Firmenbezeichnung wird als „abgeleitete Firma" bezeichnet und ist gem. § 31 HGB im Handelsregister einzutragen.

▶ Firmenwert

Unterschied zwischen dem → *Ertragswert* und dem → *Substanzwert* einer Unternehmung, auch Geschäftswert oder Goodwill genannt, bzw. sofern die Differenz negativ ist, als Geschäftsminderwert bzw. Badwill bezeichnet. Er beruht darauf, dass bestimmte Güter einzeln nicht bewertbar sind und daher nicht in die Substanzwert-, jedoch in die Ertragswertermittlung eingehen, wie z. B. Standortvorteile, Qualität der Mitarbeiter, Kundentreue, Organisation der Unternehmensabläufe usw.

Bezüglich der Bilanzierung ist zwischen dem **originären**, d. h. dem selbst geschaffenen Firmenwert, der **nicht** bilanziert werden darf, und dem **derivativen**, d. h. einem erworbenen Firmenwert, zu unterscheiden, für den spezifische Bilanzierungsregeln bestehen. Der derivative Firmenwert ergibt sich aus der Differenz zwischen dem Kaufpreis des Unternehmens und den Zeitwerten der einzelnen erworbenen Vermögensgegenständen und Schulden. Er ist gem. § 246 I 4 HGB als Vermögensgegenstand zu aktivieren und planmäßig und ggf. auch außerplanmäßig abzuschreiben. Zuschreibungen sind nach § 253 V 2 HGB nicht zulässig. Nach § 253 III 4 HGB beträgt die voraussichtliche Nutzungsdauer eines entgeltlich erworbenen Firmenwerts, wenn diese nicht verlässlich geschätzt werden kann, zehn Jahre. Im Anhang ist der Abschreibungszeitraum zu erläutern. In der Steuerbilanz besteht gem. § 7 I 3 EStG ebenfalls Aktivierungspflicht, wobei sich die planmäßige Abschreibungsdauer auf 15 Jahre erstreckt. Nach IFRS und US-GAAP ist ein erworbener Firmenwert ebenfalls zu aktivieren, jedoch nicht planmäßig abzuschreiben, sondern nur außerplanmäßig im Rahmen eines sog. → *Impairment-Tests*. Spätere Wertaufholungen sind nicht zulässig.

▶ FIT

Zustand, in dem eine Organisation oder ein anderes Instrument der → *Unternehmensführung* optimal auf die jeweilige **Situation** des Unternehmens abgestimmt ist (s. dazu das Grundmodell des → *Situativen Ansatzes*).

▶ Five Forces-Modell nach Porter

→ *Wettbewerbsstrategien nach Porter*

▶ Fixe Kosten

Im Gegensatz zu Variablen Kosten von einer kurzfristigen Beschäftigungsänderung bzw. der Änderung der Ausbringungsmenge unabhängige → *Kosten* (Abbildung F-6). Absolut fixe Kosten fallen zur Aufrechterhaltung der Betriebsbereitschaft (z. B. Kfz-Steuern, Versicherungsprämien, Mieten und Leasingbeiträge) unabhängig von der Beschäftigung an. Intervallfixe Kosten verändern sich bei unterschiedlichen Beschäftigungsober- oder -untergrenzen sprunghaft (z. B. zusätzliche Einstellung eines Mitarbeiters, zusätzliche Anmietung einer Lagerhalle).

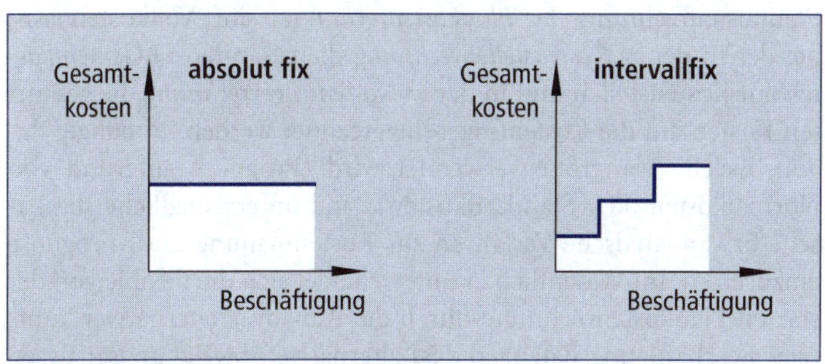

Abb. F-6: Verhalten fixer Kosten

▶ Fixgeschäft

Vertrag, bei dem sich mindestens ein Vertragspartner zur Leistung zu einem bestimmten Zeitpunkt oder innerhalb einer Frist verpflichtet (→ *Eurex*).

▶ Fixing

Börsentägliche Festlegung der (Einheits-)Kurse an einer Devisenbörse.

▶ Fixkostendeckungsrechnung

Kostenträgerrechnung (→ *Kostenträgerrechnung*), die als Kombination aus → *Teilkostenrechnung* und → *Vollkostenrechnung* angesehen werden kann. Im Gegensatz zur klassischen Kostenträgerrechnung werden hier die jeweiligen → *Fixen Kosten* je Leistungseinheit als Zuschlagssatz in Prozent vom → *Deckungsbeitrag* angegeben.

▶ Fixkostendegressionseffekt

Auch als Gesetz der Massenproduktion bezeichneter Effekt, nach dem die → *Fixen Kosten* pro Ausbringungsmenge mit steigender Beschäftigung abnehmen.

▶ Flexible Plankostenrechnung

Plankostenrechnung (→ *Plankostenrechnung*) auf Vollkostenbasis, bei der in der → *Kostenstellenrechnung* die gesamten → *Gemeinkosten* auf Kostenstellen und in der → *Kostenträgerrechnung* die gesamten Kosten auf die Kostenträger zugerechnet werden. Abhängig davon, welche Plangröße verwendet wird (Prognose aufgrund von Normalkosten oder Standardkosten), sind unterschiedliche statistische bzw. analytische Verfahren zur Kostenplanung und -prognose einzusetzen. Im Wesentlichen unterscheidet sich die flexible von der starren Plankostenrechnung durch die Annahme alternativer künftiger Beschäftigungsdaten, so dass alternative Abweichungsanalysen sowohl bezüglich der künftig verbrauchten Mengen als auch der künftigen Preise für Material und Löhne zugrunde zu legen sind. Die flexible Plankostenrechnung kann auch auf Teilkostenbasis erfolgen und wird dann als → *Grenzplankostenrechnung* bezeichnet.

▶ Flexible Planung

→ *Planungsarten*

▶ Flexibles Fertigungssystem (FFS)

An Veränderungen der Situation (z. B. Auftragsbestand, Kapazität) anpassbare Kombination aus → *Werkstattproduktion* und → *Fließproduktion*, welche mit Hilfe eines automatischen Transportsystems einen reibungslosen Arbeitsablauf garantieren soll. Voraussetzung für die Planung und Steuerung eines FFS ist eine möglichst exakte Abschätzung der Konfigurationsvariablen wie z. B. Anzahl und Kapazität der Bearbeitungsmaschinen, die logische Abfolge des Materialflusssystems sowie notwendige Lagerbestände und Durchlaufzeiten. Teil des FFS ist somit ein flexibles Montagesystem mit einem flexiblen Transportsystem. Man spricht auch von gerichtetem Materialfluss und taktgebundener Werkstückweitergabe im Sinne einer Innenverkettung als Gegenstück zur Außenverkettung bei der Fließfertigung.

▶ Fließproduktion

Produktionsprogramm (→ *Produktionsprogramm*), bei dem die Erstellung eines Produktes streng nach chronologischen Gesichtspunkten organisiert ist. Die Betriebsmittel, d. h. Maschinen werden entsprechend der Abfolge an Bearbeitungsschritten angeordnet, so dass ein Fließprinzip entsteht, bei dem aus den Einsatzgütern Schritt für Schritt ein Endprodukt entsteht. Da hierbei ein fester Arbeitsrhythmus (Takt) notwendig ist, muss an Stellen, bei denen Engpässe bezüglich der Arbeitsleistung von Menschen oder Maschinen zu erwarten sind, zusätzliche Produktionskapazität (z. B. Materiallager, Springer im Sinne von kurzfristig einsetzbaren Mitarbeitern) geplant werden. Entstehen dennoch Engpässe bei einem Produktionsschritt, so werden sämtliche nachfolgend organisierten Produktionsprozesse behindert. Diesem Nachteil der Abhängigkeit von Engpässen oder Ausfällen von Produktionsfaktoren kann beim Aufbau einer so genannten Straßenfertigung ohne fest vorgegebene Taktzeiten begegnet werden. An einer derartigen Fertigungsstraße sind die einzelnen Teilverrichtungen wiederum in größere Gruppen zusammengefasst, welche für die Erstellung einer Teilleistung verantwortlich sind, aber innerhalb der Gruppe eine freie Arbeitsverteilung vornehmen können. Im Gegensatz zu einer Fließ- bzw. Fließbandproduktion soll die Straßenfertigung flexibler auf Engpässe und Ausfälle von Betriebsmitteln reagieren können.

▶ Floating Rate Note (FRN)

Anleihe (→ *Anleihe*) mit variabler Verzinsung (Floater), bei der die Verzinsung meist alle drei oder sechs Monate an einen sich eventuell verändernden Referenzzinssatz, z. B. → *London Interbank Offered Rate (LIBOR)* oder Frankfurt Interbank Offered Rate (FIBOR) angepasst wird. Häufig ist eine Mindestverzinsung garantiert

(→ *Floor*). Bei der Verzinsung kann auf den vereinbarten Referenzzinssatz an einem Geldmarkt ein Auf- oder Abschlag vereinbart werden. Daneben kann der Floater mit einem vorzeitigen Kündigungsrecht durch den Emittenten oder einem Umtauschrecht in einen anderen Floater durch den Käufer (Flip-Flop Floating Rate Note) ausgestattet sein. Durch die Kombination mit Zinsober- und -untergrenzen (→ *Cap,* → *Floor,* → *Collar*) oder → *Swap* und Optionsrechten lassen sich eine Vielfalt an Varianten derartiger Anleihen bzw. Schuldverschreibungen vorstellen.

▶ Floor

Vereinbarung einer Zinsuntergrenze im Gegensatz zum → *Cap.* Der Käufer eines Floor kauft gegen eine Prämie die → *Garantie,* dass seine Zinserträge eine vertraglich vereinbarte Untergrenze nicht unterschreiten. Fallen die Zinsen (→ *Zinsänderungsrisiko*), so gleicht der Vertragspartner die ausgefallenen Zinserträge aus. Werden Zinsober- und -untergrenzen vereinbart, so handelt es sich um einen → *Collar.*

▶ Fluktuation

Im weitesten Sinn jede Beendigung eines Beschäftigungsverhältnisses in einem Betrieb. Die natürliche Fluktuationsrate ergibt sich aufgrund des altersbedingten Ausscheidens (Pensionierung), dem krankheitsbedingten Ausscheiden (Behinderung, Arbeitsunfall) oder der → *Kündigung* bzw. Entlassung. Das für die → *Personalführung* wichtiger zu untersuchende Phänomen ist die motivationsbedingte Fluktuationsrate. Im Gegensatz zum → *Absentismus* (z. B. → *Innere Kündigung*) scheiden die Mitarbeiter hier aufgrund ihrer De-Motivation aus dem Betrieb aus. Die Fluktuationsrate (Abgänge je Zeiteinheit) hat Auswirkungen auf die → *Personalbeschaffung* und Personalbedarfsermittlung.

▶ FOB

→ *Handelsklauseln*

▶ Fonds

Sondervermögen einer → *Kapitalanlagegesellschaft (KAG),* die in eigenem Namen und für fremde Rechnung der Anteilseigner Geldanlage betreibt (→ *Investment Banking*). Es lassen sich offene und geschlossene Fonds in Abhängigkeit von der Begrenztheit der Einlagen sowie spezielle und gemischte Fonds in Abhängigkeit von der Anlageform unterscheiden.

▶ Forderungen

Ansprüche eines → *Gläubigers* auf eine Leistung (= Geldleistung oder sonstige Leistung) durch einen Schuldner. Gem. § 266 II HGB sind in der Bilanz explizit folgende Forderungen anzugeben:

(1) Forderungen aus Lieferungen und Leistungen,

(2) Forderungen gegen verbundene Unternehmen,

(3) Forderungen gegen Unternehmen, mit denen ein Beteiligungsverhältnis besteht.

Darüber hinaus weisen eine Reihe weiterer, nach § 266 II HGB separat anzugebender Bilanzposten Forderungscharakter auf:

(1) Anzahlungen,

(2) Ausleihungen,

(3) Wertpapiere,

(4) Guthaben bei Kreditinstituten.

Ferner können Forderungen unter den Sonstigen Vermögensgegenständen oder den Rechnungsabgrenzungsposten (Vorauszahlungen) enthalten sein. Kapitalgesellschaften müssen gem. § 268 IV HGB zu jedem Posten den Betrag mit einer Restlaufzeit von mehr als einem Jahr in der Bilanz oder im Anhang gesondert vermerken.

Forderungen sind grundsätzlich zu ihrem Nennbetrag anzusetzen. Unverzinsliche oder niedrig verzinsliche Forderungen sind abzuzinsen, bei einer Restlaufzeit ≤ 1 Jahr kann aus Vereinfachungsgründen auf die Abzinsung verzichtet werden. Bei Forderungen/Verbindlichkeiten in Fremdwährung mit einer Restlaufzeit von ≤ 1 Jahr sind Währungsgewinne gem. § 256a HGB zu berücksichtigen. Zur Berücksichtigung des speziellen Kreditrisikos sind → *Einzelwertberichtigungen auf Forderungen* und zur Erfassung des allgemeinen Kreditrisikos → *Pauschalwertberichtigungen auf Forderungen* vorzunehmen.

▶ Forderungsabtretung

→ *Zession*

▶ Forfaitierung

Zession (→ *Zession*) fällig werdender mittel- bis langfristiger Exportforderungen an einen Forfaiteur bzw. eine Factoring-Gesellschaft. Im Gegensatz zum klassischen → *Factoring* übernimmt der Forfaiteur in der Regel keine Dienstleistungs- bzw. Servicefunktionen für den Exporteur bzw. Gläubiger. Außerdem werden die Forderungen meist in Form eines Wechsels verbrieft und dann in Form eines → *Indossaments* übertragen. Als zusätzliche Sicherheiten für den Forfaiteur ist eine → *Garantie* und → *Bürgschaft* von Banken oder Importländern möglich und in manchen Ländern üblich. Analog zum Factoring wird echtes und unechtes Forfaitieren unterschieden, in Abhängigkeit davon, ob der Exporteur noch ein begrenztes Ausfallrisiko trägt. Es lassen sich die gleichen Vorteile wie beim Factoring, insbesondere die Verbesserung der Liquiditätssituation und Vermeidung existenzgefährdender Ausfallrisiken nennen.

▶ Form

Für bestimmte Rechtsgeschäfte gem. §§ 126 ff. BGB vorgeschriebene Ausdrucksweise, z. B. → *Notarielle Beurkundung* oder Schriftform. Dies dient sowohl der Beweissicherung als auch der Verhinderung eines unbedachten Geschäftsabschlusses, so z. B. bei Grundstücksgeschäften.

▶ Formalziele

Nach *Erich Kosiol* im Gegensatz zu den Sachzielen die finanzwirtschaftlichen Ziele eines Unternehmens, d. h. Ertrags-, Kosten-, Liquiditäts- oder Kapitalziele. Die meisten privatwirtschaftlichen

Unternehmen sind formalzieldominant, d. h. verfolgen zuerst Gewinn- oder Umsatzziele und erstellen hierzu Sach- oder Dienstleistungen (→ *Sachziele*).

▶ Formelle Organisation

→ *Aufbauorganisation*, → *Informelle Organisation*

▶ Formkaufmann

→ *Kaufmann*

▶ Fortlaufender Kurs

→ *Börsenhandelsformen*

▶ Fortschreibung

Berücksichtigung von Änderungen innerhalb des Zeitraums zwischen zwei Hauptfeststellungen der zu bewertenden Einheit hinsichtlich des Wertes, der Zurechnung und der Art. Eine Wertfortschreibung wird durchgeführt, wenn der zuletzt festgestellte → *Einheitswert* nach oben um mehr als 10 %, mindestens 5.000 € oder um mehr als 100.000 €, nach unten um mehr als 10 %, mindestens 500 € oder um mehr als 5.000 € abweicht. Eine Zurechnungsfortschreibung erfolgt, wenn sich die Eigentumsverhältnisse der zu bewertenden Einheit (z. B. durch Verkauf) ändern. Eine Artfortschreibung wird vorgenommen, wenn die Bewertungseinheit die Vermögensart wechselt. Eine Umrechnung in Euro wird nach § 30 BewG vorgenommen.

▶ Forward

Individuell ausgestaltete, nicht-börslich abgeschlossene und gehandelte Termingeschäfte. Bei einem Forward vereinbaren die Vertragspartner individuell die Art und den Preis des Objektes, den Fälligkeitszeitpunkt und die Liefermenge. Im Gegensatz dazu sind → *Futures* standardisierte Terminkontrakte.

▶ Forward Rate Agreement (FRA)

Vereinbarung zwischen zwei Vertragsparteien, einen bestimmten Zinssatz für die Zukunft ohne Kapitalbewegung festzuschreiben. Der Käufer eines FRA sichert sich so z. B. für einen zukünftigen Zeitraum gegen Zinsschwankungen ab, da der Verkäufer des FRA den Zinsausgleich zum vereinbarten Fixzins übernimmt. Bezugsgrößen der Zinsvereinbarungen sind häufig Referenzzinssätze von bekannten Terminbörsen, z. B. → *London Interbank Offered Rate (LIBOR)* oder Frankfurt Interbank Offered Rate (FIBOR). Ein FRA kann bis zu zwei Jahren abgeschlossen werden. Der Beginn wird als Settlement, das im Vertrag definierte Ende als Maturity bezeichnet. Zwei Arbeitstage vor dem Maturity wird ein Fixing zur Begründung des letztlich noch ausstehenden Zinsrisikos vorgenommen.

▶ FRA

→ *Forward Rate Agreement (FRA)*

▶ Frachtbrief

Transportpapier, das den Versand einer Ware nachweisen soll, aber im Gegensatz z. B. zum → *Konnossement* oder → *Ladeschein* kein → *Eigentum* schafft. Die Innehabung des Frachtbriefes kann allerdings das Recht, die Ware anzuhalten oder umzuleiten, bedeuten. Im Bahntransport existieren so genannte Duplikatsfrachtbriefe, bei Straßentransporten Spediteurübernahmebescheinigungen, im Luftverkehr der so genannte Luftfrachtbrief und bei internationalen Firmenfahrten der so genannte Truck Waybill oder CIM-Frachtbrief.

▶ Frachtfrei

→ *Handelsklauseln*

▶ Fraktale Fabrik

Der Begriff Fraktal stammt aus der mathematisch-geometrischen Beschreibung natürlicher Strukturen bei lebenden Organismen und deren Materie. Fraktale sind sich selbst ähnlich in Struktur oder Verhalten. Jedes Fraktal eines solchen Organismus verfolgt im Kleinen die Ziele des Gesamtsystems und betreibt weitgehend Selbstorganisation und Selbstoptimierung. Die Organisation unserer bisherigen Fabriken ist vorwiegend vertikal-hierarchisch strukturiert und durch eine starke horizontale Zergliederung gekennzeichnet. Dies führt zu einem hohen zeitlichen Koordinationsaufwand der Teileinheiten. Die notwendige Kommunikation wird im Regelkreis des Fraktals selbst abgewickelt und alle notwendigen Funktionen im Fraktal erledigt. Auch der Wunsch nach flachen Strukturen (→ *Lean Management*) spielt für die Diskussion von fraktalen Fabriken eine große Rolle. Sofern Fraktale auch selbständige Ziele bilden, ist stets zu hinterfragen, ob Synergieeffekte bei völlig autonomen Einheiten noch realisiert werden. Die Chancen wie auch die Risiken von fraktalen Strukturen werden derzeit erst angedacht, bzw. sind in der Realität noch nicht zu beobachten. (→ *Industrie 4.0*)

▶ Framework

→ *International Financial Reporting Standards (IFRS)*, → *United States Generally Accepted Accounting Principles (US-GAAP)*

▶ Franchising

Vertikal-kooperativ organisiertes Absatzsystem in Form einer vertraglich geregelten Zusammenarbeit zwischen rechtlich selbständigen Unternehmen, die als Franchise-Geber einerseits (Kontraktgeber) und Franchise-Nehmer andererseits (Kontraktnehmer) bezeichnet werden. Das Leistungsprogramm des Franchise-Gebers ist das Franchise-Paket. Es besteht aus einem Beschaffungs-, Absatz- und Organisationskonzept, der Gewährung von Schutzrechten, der Ausbildung des Franchise-Nehmers und der Verpflichtung des Franchise-Gebers, den Franchise-Nehmer aktiv und laufend zu unterstützen und das Konzept ständig weiterzuentwickeln. Der Franchise-Nehmer ist in eigenem Namen und für eigene Rechnung tätig. Er hat das Recht und die Pflicht, das Franchise-Paket gegen Entgelt zu nutzen. Als Leistungsbeitrag liefert er Arbeit, Kapital und Informationen. Beispiele für Franchising als Vertriebsform sind *McDonald's*, *Benetton* oder *Coca-Cola*.

▶ Free Cashflow

→ *Cashflow*

▶ Freibetrag

Viele Steuergesetze gewähren Abzugsbeträge von der → *Bemessungsgrundlage,* um die Besteuerung aus sozial- und gesellschaftspolitischen Gründen abzuschwächen (Existenzminimum, → *Einkommensteuertarif,* Sparerfreibetrag). Andererseits werden Freibeträge in Form von Pauschalen gewährt, um den Steuerpflichtigen Nachweispflichten zu erleichtern. Sie können Freibetragspauschalen immer dann in Anspruch nehmen, wenn sie dem Grunde nach abzugsberechtigt sind. Der Besteuerung unterliegt somit nur der Teil der Bemessungsgrundlage, der die Freibeträge überschreitet. Klassische Freibetragspauschalen sind die Werbungskostenpauschalen, z. B. → *Einkünfte* aus nichtselbständiger Arbeit in Höhe von 1.000 €/Jahr, bei Einkünften aus Kapitalvermögen von 801/1602 €/Jahr oder die sog. „Übungsleiterpauschale" von 2.400 €. Die Steuergesetze kennen eine Vielzahl solcher Pauschalen, die neben den eingangs erwähnten Gründen auch der Verwaltungsvereinfachung dienen.

▶ Freibleibend

→ *Handelsklauseln*

▶ Freie Berufe

Berufsgruppe, die nicht als → *Gewerbe* angesehen wird, aber selbständig eine bestimmte Leistungserstellung betreibt. Beispielsweise sind Ärzte, Architekten, Künstler, Rechtsanwälte, → *Steuerberater* oder → *Wirtschaftsprüfer* selbständige Freiberufler. Angehörige der freien Berufe betreiben kein Gewerbe, sind daher nicht Kaufleute und unterliegen daher auch nicht der Gewerbesteuerpflicht.

▶ Freier Makler

→ *Börsenteilnehmer*

▶ Freigrenze

Im Gegensatz zum → *Freibetrag* gewährt die Freigrenze in nachgewiesener Höhe und maximal bis zu ihrer gesetzlich fixierten Höhe Freistellung von der Besteuerung. Wird die Freigrenze überschritten, entfällt ein Abzugsbetrag ganz. Die → *Steuerbemessungsgrundlage* wird in voller Höhe der Besteuerung unterworfen.

▶ Frei Haus

→ *Handelsklauseln*

▶ Freistellungsauftrag

Geltendmachung des Sparer-Pauschalbetrages in Höhe von maximal 801 € durch den Steuerpflichtigen bei seiner → *Bank*. In dem Auftrag an die Bank wird geregelt, bis zu welcher Höhe und bis zu welchem Tag die Bank Zinsen und Dividenden ohne Abzug von → *Kapitalertragsteuer (KESt)* bzw. → *Abgeltungsteuer* an ihn auszahlen soll. Die Bank ist verpflichtet, die eingegangenen Freistellungsaufträge an das Bundeszentralamt für Steuern zu melden. Dort wird ein Abgleich pro Steuerpflichtigem über alle von ihm erteilten Freistellungsaufträge vorgenommen. Die Summe der erteilten Freistellungsaufträge darf bei einem Alleinstehenden 801 € pro Jahr nicht übersteigen. Bei Ehegatten, die zusammen veranlagt werden, verdoppelt sich der Betrag auf 1602 € pro Jahr. Somit können Zinsen, die sich aus einer durchschnittlich jährlichen Verzinsung von 5 % auf ein Kapital von 32 040 € ergeben, für ein Ehepaar steuerfrei ausbezahlt werden.

▶ Freistellungsbescheid

→ *Freistellungsauftrag*

▶ Freistellungsmethode

→ *Doppelbesteuerungsabkommen*

▶ Freiverkehr

Börsenmarktsegment für Wertpapiere, die die → *Börsenzulassung* zum Regulierten Markt nicht erfüllen. Die Kursfeststellung wird von freien Maklern im Gegensatz zu amtlichen Kursmaklern (→ *Börsenteilnehmer*) vorgenommen. Trotz der Freiheit des Handels auch außerhalb der Börsenzeiten (Vorbörse, Nachbörse), meist am Telefon, existieren an den meisten deutschen Börsen Freiverkehrsrichtlinien.

▶ Freizeichnungsklausel

Bestimmung in einem → *Vertrag,* nach der ein Anbieter entweder die Haftung oder die Erfüllung ausschließt, begrenzt oder an eine Bedingung knüpft (z. B. solange Vorrat reicht, gültig bis, keine Gewähr für…).

▶ Fremdbezug

→ *Eigenfertigung versus Fremdbezug*

▶ Fremdfinanzierung

Im Gegensatz zur → *Eigenfinanzierung* die Beschaffung von → *Fremdkapital* von Banken oder auf Finanzmärkten. Der Beschaffung von Fremdkapital von außen stehen vielfältige Möglichkeiten von Krediten oder Anleihen zur Verfügung. Dem Vorteil des Fremdkapitals gegenüber dem Eigenkapital, dass die Einleger in der Regel kein Mitspracherecht haben und eine feste Zins- und Tilgungsvereinbarung, im Gegensatz zu einer Gewinnbeteiligung, vorliegt, muss der eindeutige Rechtsanspruch auf Rückzahlung und die zeitliche Befristung der Kapitalüberlassung gegenübergestellt werden. Steuerrechtlich sind Fremdkapitalzinsen als Betriebsausgaben abziehbar, was bei der Ausschüttung von Gewinnen, z. B. in Form von Dividenden an die Eigenkapitalgeber nicht möglich ist. Mit den genannten Vor- und Nachteilen ist zudem die Problematik der Kreditsicherheiten zu nennen. Auch die Finanzierung aus → *Rückstellungen* im Sinne von langfristig zur Verfügung stehendem Fremdkapital ist als Fremdfinanzierung zu bezeichnen (z. B. die Bildung von Pensionsrückstellungen).

▶ Fremdkapital

Finanzielle Mittel, die dem Unternehmen – im Gegensatz zum → *Eigenkapital* – zeitlich befristet überlassen werden. Das Fremdkapital und Eigenkapital ergeben zusammen das Gesamtkapital. Die Fremdkapitalgeber erhalten, soweit es sich um Kredite handelt, im Gegensatz zum Eigenkapital eine erfolgs*un*abhängige Verzinsung. In der Praxis finden sich aber auch Mischformen zwischen Eigen- und Fremdkapital, z. B. Optionsanleihen. Das Fremdkapital in der Bilanz setzt sich gem. § 266 III HGB zusammen aus: → *Rückstellungen,* → *Verbindlichkeiten* und den passiven → *Rechnungsabgrenzungsposten (RAP).* Das Fremdkapital stellt eine wichtige Bezugsgröße im Rahmen der Bildung von → *Finanzierungsregeln* dar und beeinflusst über die Höhe der Fremdkapitalzinsen die Gesamtkapitalrentabilität. Dieser Zusammenhang wird im Rahmen des → *Leverage-Effektes* betrachtet.

▶ Fremdkapitalkosten

→ *Finanzierungskosten*

▶ Friedenspflicht

→ *Tarifvertrag,* → *Streik*

▶ Fristenkongruenz

→ *Finanzierungsregeln*

▶ Fristigkeit

(1) Rechtlich maßgeblicher Zeitpunkt für Handlungen und Rechtsgeschäfte (z. B. Aufbewahrungs-, Benachrichtigungs-, Kündigungsfristen).

(2) Bezugszeitraum (Laufzeit), auf den sich eine → *Planung,* → *Kontrolle* (z. B. → *Buchführung*), Analyse oder auch eine Dienstleistung

(z. B. → *Kredit*) beziehen kann. Die Dreiteilung von Laufzeiten in kurz-, mittel- und langfristig hat sich eingebürgert, ohne dass einheitliche Zeiträume hierfür definiert wären.

▶ FRN

→ *Floating Rate Note (FRN)*

▶ Frühwarnsysteme

Planungstechnik (→ *Planungstechnik*), bei denen unternehmensgefährdende Probleme frühzeitig erkannt und strukturiert werden sollen. Zur Konzeption eines Frühwarnsystems ist ein Beobachtungsbereich zu definieren (z. B. extern der Arbeits-, Kapital-, Absatz-, Beschaffungsmarkt oder intern einzelne Funktionsbereiche), danach ein Indikator festzulegen, der messbar ist und frühzeitig Probleme anzeigen kann („Schwache Signale"). Des Weiteren ist die Festlegung von Toleranzgrenzen, Bandbreiten oder Signalpunkten, ab denen der Indikator Frühwarnsignale erteilt, notwendig. Der Ausbau des Informationskanals, auf dem die Frühwarninformationen zum Auswertenden kommen, ist letztlich noch wichtig. Frühwarnsysteme werden zunehmend insbesondere für den Personalbereich eingesetzt, um rechtzeitig künftiges Arbeitskräftepotential und die → *Motivation* der Mitarbeiter zu beobachten. Die Motivatoren nach *Abraham Maslow* oder *Frederick Herzberg* (→ *Bedürfnispyramide von Maslow*, → *Zwei-Faktoren-Theorie v. Herzberg*) können dabei als erste Ansätze von personalwirtschaftlichen Indikatoren verwendet werden, die evtl. den Personalkosten vorauseilen.

▶ Führung

Zielorientierte Gestaltung von Betrieben. Betriebe stellen Güter mit Sachmitteln und Menschen i. R. eines Prozesses her. Dieser Gütererstellungsprozess darf in einer immer dynamischer und komplexer werdenden Unternehmensumwelt (→ *Umwelt*) nicht dem Zufall überlassen werden, sondern muss zielorientiert gestaltet werden. Die zielorientierte Gestaltung i. S. der → *Betriebswirtschaftslehre* kann sich auf Personen (→ *Personalführung*) oder auf Betriebe bzw. Unternehmen (→ *Unternehmensführung*) beziehen (Abbildung F-7). Bei der Personalführung wird der Begriff „Gestaltung" häufig durch den Begriff „Einflussnahme" ersetzt, da es hier um die Verhaltensbeeinflussung von Personen geht. Die Unternehmensführung kann nach der neueren betriebswirtschaftlichen Literatur in die Bereiche → *Planung,* → *Kontrolle,* → *Organisation* und → *Information* zerlegt werden. Gestaltung bzw. Einflussnahme sollen nicht nur **zielorientiert** sein, sondern gleichzeitig die Veränderungen der Unternehmensumwelt (**situativ**) berücksichtigen. Diese situative und zielorientierte Führung kann weiterhin unter einem funktionalen Blickwinkel (Das Führen) und mit einer institutionalen Sicht (Die Führung) betrachtet werden. **Das Führen** (planen, kontrollieren, Personal führen) hat in **der Führung** (Organisation) zu erfolgen. Beide Aspekte der Führung bedürfen der Information, so dass die situative, informationsverarbeitende und zielorientierte Gestaltung (Führung) zusammenfassend wie folgt darzustellen ist (Abbildung F-8): Eine derartige Definition von Führung (→ *Führungsfunktionen*) ist eindeutig abgrenzbar zu den Begriffen → *Management,* → *Leitung* und → *Verwaltung.*

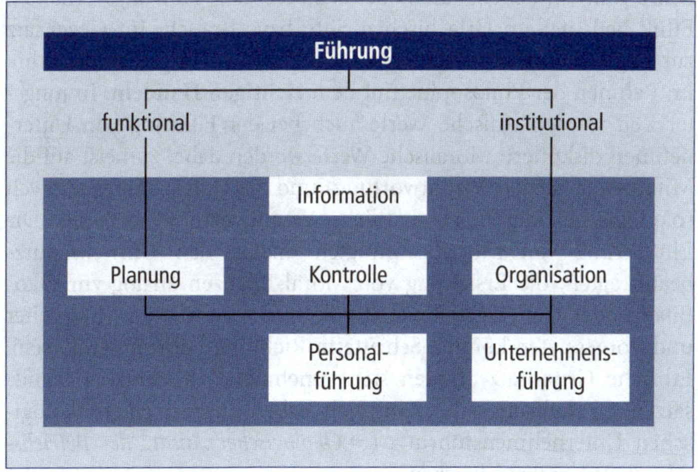

Abb. F-7: Führungselemente

▶ Führungseigenschaften

These in → *Führungstheorien,* dass eine → *Führungskraft* bestimmte Eigenschaften bzw. Fähigkeiten besitzt, um sich als Führer zu legitimieren bzw. um Führungspositionen überhaupt zu erreichen. Die Lerntheorie, d. h. die These, dass Führungsverhalten erlernbar ist, steht dieser Aussage entgegen. Dennoch werden in der Literatur und vor allem in populärwissenschaftlichen Veröffentlichungen regelmäßig Ranglisten so genannter Führungseigenschaften genannt. Belastbarkeit, Intelligenz, Urteilsfähigkeit, Integrität, Selbstbeherrschung, Kreativität, Überzeugungskraft und Verantwortungsbewusstsein sind einige der genannten Eigenschaften einer aktuellen Studie. Auch hier ist davon auszugehen, dass es i. S. des → *Situativen Ansatzes* nicht die optimalen, d. h. für sämtliche Unternehmen und Führungssituationen wirkungsvollen Eigenschaften gibt (Schlüsselqualifikation).

▶ Führungsethik

Lehre vom „sittlichen, guten oder auch rechten" Führungsverhalten. Ethik bedeutet im Griechischen Sitte bzw. Brauch. Im Gegensatz zur Logik (Lehre vom **richtigen Denken**) beschäftigt sich die Ethik im Rahmen der Philosophie mit dem **richtigen Handeln**. In jüngster Zeit werden ethische Werte auch bei der Führung von Unternehmen diskutiert. Moralische Werte werden dabei zumeist auf die Mitarbeiter (soziale Verantwortung) und die Unternehmensumwelt (ökologische oder gesellschaftliche Verantwortung) bezogen. Die Einführung von Moralbeauftragten analog den Umweltschutzbeauftragten, die Erstellung von Moral-Bilanzen analog zur Öko-Bilanz oder das Angebot von Ethik-Trainings für die Mitarbeiter und Vorgesetzten können Schritte in Richtung Führungsethik sein. Ethische Grundsätze finden sich zunehmend in Führungsgrundsätzen. Die Führungsethik kann sich insbesondere in einer Ökologischen Unternehmensführung (→ *Ökologischer Ansatz der Betriebswirtschaftslehre*) ausdrücken.

▶ Führungsfunktionen

Zwecke bzw. Aufgaben, die der → *Führung* von Unternehmen und Personen in der → *Betriebswirtschaftslehre* zugewiesen werden. Die erste Begründung für → *Personalführung* entstammt der patriarchalischen Sichtweise zu Beginn dieses Jahrhunderts. Demnach ist Führung notwendig, weil Menschen geführt werden **wollen**. Dieses Menschenbild, das von unmündigen, sich unterordnenden und hilflosen Personen ausgeht, die einer „starken Hand" bedürfen, wurde in den zwanziger und dreißiger Jahren abgelöst durch die eher ideologische Überzeugung, dass Menschen geführt werden müssen. Ohne eine „starke Hand" würden Egoismus, Orientierungslosigkeit und Chaos herrschen. Eine evtl. durch bestimmte Merkmale sich auszeichnende „Elite" („arische Herrenmenschen") soll die Führung übernehmen und die Selbstbestimmung der Geführten unterbinden. Dieses elitäre Menschenbild ist in einigen Ländern und wissenschaftlichen Disziplinen immer noch vorherrschend. Neuere Führungsbegründungen betonen eher das partizipative Miteinander von Menschen und stellen die → *Motivation* von Personen in den Mittelpunkt der Führungsaufgaben. Nach dieser Sichtweise legitimiert nicht → *Macht,* sondern Motivationsfähigkeit einen Führer. Parallel zu dieser Entwicklung lassen sich immer mehr versachlichte Führungsbegründungen feststellen. So gilt es, ein Unternehmen in einer sich stets verändernden → *Umwelt* zu führen, um dessen Existenz und Entwicklung zu sichern. Aus diesen Führungsbegründungen lassen sich **vier Führungsfunktionen** ableiten:

(1) Unternehmen bestehen aus Personen und Sachmitteln, die es aufeinander abzustimmen gilt. Etwas abzustimmen, d. h. zu koordinieren (→ *Koordination*) und zu integrieren setzt Übersicht (**Ganzheitlichkeit**) desjenigen, der koordiniert, voraus. Daher ist Koordination eine Aufgabe der Führung.

(2) Ohne Personen ist eine Unternehmung nicht denkbar. Personen sind über ihre Aufgaben zu informieren und zur Aufgabenerfüllung zu motivieren. → *Information* und Motivation sind daher weitere Funktionen der Führung, die **Selbständigkeit** und **Kompetenz** voraussetzen.

(3) Betriebe müssen in vielfältiger Weise nach außen hin vertreten werden. Die → *Vertretung* und Repräsentation des Unternehmens sind meist **nicht delegierbar** und daher Aufgabe der Führung.

(4) Die vierte Funktion der Führung leitet sich aus dem Begriff selbst ab. Führung gibt Ziele vor und ist damit **richtungweisend**.

Führung soll also Ziele vorgeben, koordinieren, motivieren, informieren und repräsentieren. Führungsentscheidungen werden selbständig getroffen und sind ganzheitliche, richtungweisende Entscheidungen, die i. d. R. nicht delegierbar sind.

▶ Führungsgrundsätze

Schriftlich fixierte und dokumentierte Regelungen bezüglich der → *Führungsphilosophie* einer Unternehmung und den für die → *Führungskraft* verbindlichen und einheitlich zu handhabenden → *Führungsmodellen.* Führungsgrundsätze sollen den Mitarbeitern bekannt gemacht werden. Die Vorteile von Führungsgrundsätzen liegen in der Transparenz des → *Führungsstiles* und des zugrunde liegenden Führungsmodells für die Mitarbeiter und können als Grundlage für die Beurteilung der Führungspersonen (→ *Arbeitsbewertung*) herangezogen werden. Um eine hohe Identifikation (→ *Motivation*) der Führenden und Geführten mit den Führungsgrundsätzen herzustellen, ist eine gemeinsame Entwicklung und regelmäßige Überprüfung der Regeln sinnvoll. Führungsgrundsätze werden häufig i. R. eines so genannten → *Corporate Identity (CI)*-Konzeptes genannt.

▶ Führungskraft

Person, die → *Führungsfunktionen* wahrnimmt bzw. Träger der Führungsaufgaben ist und ggf. bestimmte → *Führungseigenschaften* erfüllt. Es kann sich dabei um → *Vorstand,* Direktoren, Geschäftsführer oder → *Meister* handeln.

▶ Führungsmodelle

Modelle, Konzepte oder Prinzipien der → *Führung,* die geschlossene Aussagesysteme zur Konkretisierung einer → *Führungsphilosophie* bezüglich der Ziele und einsetzbaren Mittel der Führung darstellen. Sie beeinflussen damit maßgeblich den → *Führungsstil.* Den Handlungsempfehlungen und Verhaltensnormen der Modelle liegen i. d. R. wenige oder keine empirisch gesicherten Erkenntnisse über die → *Effizienz* dieser Modelle zugrunde. I. S. des → *Situativen Ansatzes* kann davon ausgegangen werden, dass es kein optimales, für alle Betriebe stets anwendbares Führungsmodell gibt, sondern dieses vielmehr von dessen Situation (→ *Umwelt*), z. B. dem Leistungsprogramm, der Größe und dem Alter der Unternehmung abhängt.

Die bekanntesten Führungsmodelle lassen sich nach *Edmund Heinen* in Total- und Partialmodelle einteilen. Bei den Partialmodellen unterscheidet man die Führung durch Eingriffe in Ausnahmefällen (→ *Management by Exception*), die Führung durch Aufgabenübertragung (→ *Management by Delegation*), die Führung durch Vorgabe von Entscheidungsregeln (→ *Management by Decision Rules*) und die Führung durch Ergebnisüberwachung (→ *Management by Results*). Bei den Totalmodellen sind die Führung durch Zielvereinbarung (→ *Management by Objectives*), das → *Harzburger Führungsmodell* und das → *St. Galler Führungsmodell* sowie das → *Gruppenkonzept von Likert* zu nennen.

► Führungsphilosophie

Der → *Führung* zugrunde liegende Haltung eines Unternehmens oder einer Person, die durch Moral- und Werteinstellungen (→ *Unternehmensphilosophie*) derjenigen geprägt ist, die bestimmte → *Führungsmodelle* oder einen bestimmten → *Führungsstil* für den → *Führungsprozess* bewusst auswählen. So wird z. B. ein Führer, der die Wertvorstellung „soziale Verantwortung" verinnerlicht hat, nicht den autoritären, sondern vielmehr eine Variante des kooperativen Führungsstils pflegen. Die Führungsphilosophie schlägt sich meist in sog. → *Führungsgrundsätzen* nieder. Neuerdings fließen zunehmend Themen der → *Führungsethik* in die Führungsphilosophien ein.

▶ Führungsprozess

Ablauf bzw. Prozess, bis Pläne entstehen, realisiert und deren Ergebnisse kontrolliert werden (funktionale → *Führung*). Dieser Prozess lässt sich theoretisch in die Teilphasen → *Zielbildung*, → *Problemanalyse*, → *Alternativensuche*, → *Prognose*, → *Bewertung* und → *Entscheidung*, Realisation, → *Kontrolle* und → *Abweichungsanalyse* einteilen. Die Teilphasen können in der Realität übersprungen (Feed forward) oder wiederholt (Feed back) werden, weshalb von Führungsprozess und nicht von Führungsablauf gesprochen wird. Strittig ist in der Literatur, ob die Phase der Zielbildung schon und die Phase der Entscheidung noch zur Planung zu rechnen sind. Die Abbildung ist an die Terminologie von *Jürgen Wild* angelehnt. Der Führungsprozess lässt sich erleichtern und verbessern durch den Einsatz von Techniken (→ *Planungstechnik*).

▶ Führungsstil

Verhaltensmuster eines Vorgesetzten (Führer) gegenüber einem Untergebenen (Geführter). Dieses Verhaltensmuster, das sich meist vom aktuellen und situativen Führungsverhalten unterscheidet, kann von autoritär bis kooperativ reichen (Abbildung F-8). Die Abbildung veranschaulicht verschiedene Varianten innerhalb dieses Intervalls von autoritär bis demokratisch (kooperativ), welche sich durch den Grad der Entscheidungsbeteiligung des Geführten an Führungsentscheidungen unterscheiden.

Sind sämtliche Entscheidungen und Abläufe im Unternehmen durch Regelungen, Dienstanweisungen und die dafür einzuhaltenden Dienstwege bestimmt, spricht man auch von bürokratischem Führungsstil (→ *Verwaltung*), der am ehesten in die Klasse der autoritären Führungsstile passt. Mit dem patriarchalischen Führungsstil eng verwandt ist der charismatische Stil. Hier tritt aber kein väterlich gutmeinender Führer auf, der für seinen Schutzbefohlenen das Beste will, sondern eine intuitiv-kreativ handelnde Persönlichkeit, die durch ihre Ausstrahlung ein Vorbild für die Mitarbeiter darstellt. Dieser Führungsstil ist evtl. nicht erlernbar und legitimiert sich durch → *Motivation* anstatt durch → *Macht*.

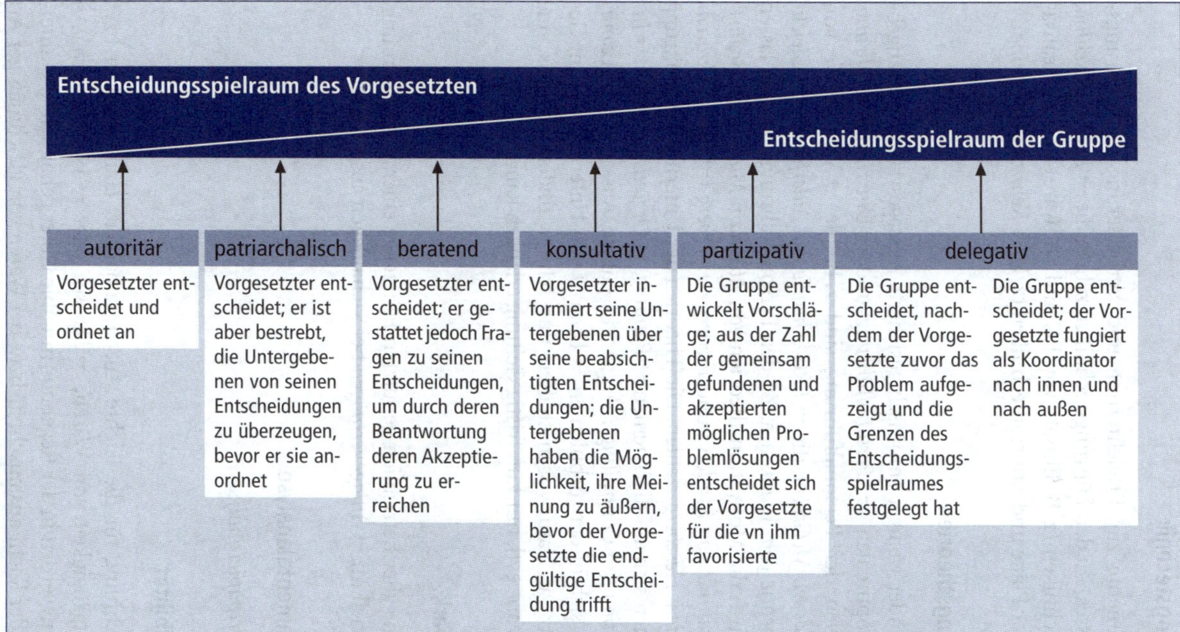

Abb. F-8: Führungsstile

▶ Führungstechnik

Instrumente zur Erleichterung und Verbesserung des Führungsprozesses. Zu den Führungstechniken zählen die → *Planungstechnik*, Realtechniken (z. B. Einsatz von PC und Software) bei der Realisation der Pläne und Kontrolltechniken (z. B. → *Kennzahlensysteme*).

▶ Führungstheorien

Mehr oder weniger empirisch gesicherte Aussagesysteme zur angeblich „optimalen" → *Personalführung* und → *Unternehmensführung.* Theorien der Personalführung sind z. B. die → *X/Y-Theorie* von *Douglas M. McGregor*, die → *ERG-Theorie von Alderfer*, die → *Gleichheitstheorie von Adams* u. a. Zu den Personalführungstheorien lassen sich auch die Motivationstheorien von *Abraham Maslow* (→ *Bedürfnispyramide von Maslow*) und *Frederick Herzberg* (→ *Zwei-Faktoren-Theorie v. Herzberg*) zählen. Die Theorien der Unternehmensführung beziehen sich auf die Themen → *Planung*, → *Organisation* und → *Information* (→ *Controlling*). Allgemein gültige Aussagen (→ *Axiom*) lassen sich in der turbulenten → *Umwelt* von Unternehmen im Gegensatz zu Naturwissenschaften nur schwer finden, so dass eine → *Theorie* evtl. nur kurzfristig Geltung erlangen kann.

▶ Fuhrpark

Summe aller betrieblich genutzten Fahrzeuge einer Unternehmung. Bilanziell im → *Anlagevermögen* bei Sachanlagen ausgewiesen.

▶ Fundamentalanalyse

→ *Wertpapieranalyse*

▶ Fungibilität

Bezeichnung für die leichte Austauschbarkeit, Handelbarkeit bzw. Marktgängigkeit von Waren, → *Devisen* oder → *Wertpapieren.* An Börsen werden in der Regel nur fungible Güter gehandelt, die untereinander leicht austauschbar bzw. bei Waren von gleichmäßiger Art und Güte sind (z. B. Getreide, Tabak oder Kaffee). Die Fungibilität eines Gutes wird auch als Vertretbarkeit bezeichnet.

▶ Funktionale Organisation

Aufbauorganisation (→ *Aufbauorganisation*), bei der die zu erfüllenden Aufgaben (→ *Aufgabenanalyse* und → *Aufgabensynthese*) nach dem Verrichtungsprinzip, d. h. nach gleichen Verrichtungen zusammengefasst sind, so dass eine Gliederung nach Funktionen (→ *Beschaffung*, → *Produktion*, → *Finanzierung* und → *Investition*, → *Marketing* und → *Absatz*) entsteht (Abbildung F-9). Die Bezeichnung „funktionale Organisation" bezieht sich meist nur auf die erste Hierarchieebene der → *Organisation*. Auf den weiteren Ebenen können die Aufgaben z. B. nach Produkten oder Regionen (→ *Divisionale Organisation*) untergliedert sein. Insbesondere bei einem homogenen → *Produktionsprogramm* und einer stabilen → *Umwelt* mit wenigen zu verarbeitenden Informationen lassen sich funktionale Organisationen vorfinden. Sie haben die Vorteile einer übersichtlichen Strukturierung mit klaren Kompetenzabgrenzungen und einer starken → *Spezialisierung* der Stelleninhaber in den Funktionsbereichen. Die Möglichkeiten der internen → *Personalentwicklung* werden durch die oft zu starke Spezialisierung der Mitarbeiter jedoch begrenzt und der Trend zur Überlastung der Unternehmensspitze durch die meist notwendige Einlinienstruktur (→ *Liniensysteme*) ist zu beachten.

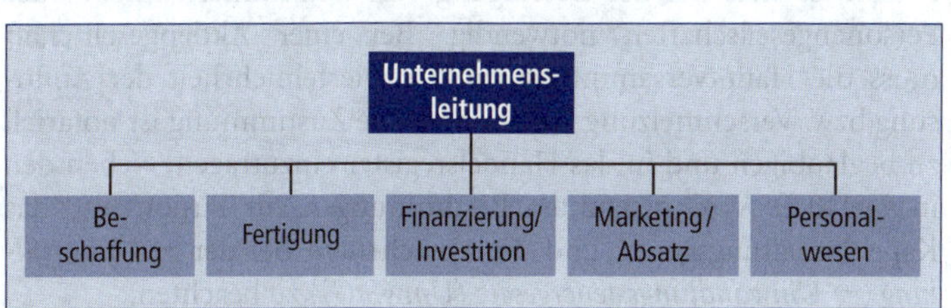

Abb. F-9: Funktionale Organisationsstruktur

▶ Funktionsbereich

In einem → *Betrieb* zusammengefasste gleichartige Verrichtungen (→ *Funktionale Organisation*) wie z. B. → *Beschaffung,* → *Lagerhaltung,* → *Produktion,* → *Investition* und → *Finanzierung* sowie → *Marketing* und → *Absatz.* Diese Einteilung der Funktionsbereiche wird in der → *Betriebswirtschaftslehre* als eine mögliche → *Typologie* der speziellen Lehrgebiete (im Gegensatz zur Allgemeinen Betriebswirtschaftslehre) verwandt.

▶ Fusion

Verschmelzung von zwei oder mehreren rechtlich selbständigen Unternehmen zu einer neuen wirtschaftlichen und rechtlichen Einheit (→ *Unternehmenszusammenschluss*). Es sind die nationale Fusionsrichtlinie und die internationalen bzw. Europäischen Fusionsbestimmungen zu beachten. Die Verschmelzung kann durch Aufnahme einer Gesellschaft in eine rechtlich bereits existierende Unternehmung oder durch Neubildung mittels → *Liquidation* der Altgesellschaften erfolgen. Bei der Fusion ohne Liquidation erfolgt die Verschmelzung im Wege der Gesamtrechtsnachfolge, d. h. durch Aufnahme des Vermögens als Gesamtheit auf die übernehmende Gesellschaft. Bei der Fusion mit Liquidation werden die Vermögensgegenstände der übertragenden Gesellschaft einzeln bewertet und im Wege der Einzelrechtsnachfolge übertragen. Diese Form der Fusion ist stets bei der Beteiligung von Einzelunternehmen oder Personengesellschaften notwendig. Bei einer Aktiengesellschaft muss die Hauptversammlung mit Dreiviertelmehrheit der Auflösung bzw. Verschmelzung zustimmen. Die Zustimmung ist notariell zu beglaubigen und in das Handelsregister einzutragen. Neben den in §§ 340 ff. AktG genannten Bestimmungen zur Fusion sind das Kapitalerhaltungsgesetz und die Vorschriften bei der → *Umwandlung* (→ *Umwandlungssteuergesetz (UmwStG)*) zu beachten.

▶ Fusionsrichtlinie

→ *Steuerharmonisierung*

▶ Futures

Überbegriff über standardisierte Verträge bzw. Kontrakte am → *Terminmarkt.* Dies können → *Financial Futures* (Finanzterminkontrakte bezüglich von Zinsen, Devisen oder Wertpapieren) oder Warenterminkontrakte sein. In jedem Fall verpflichtet sich eine Vertragspartei, die im Kontrakt definierte Menge einer Währung, Ware, eines Wertpapieres oder einer Zinsdifferenz zu einem im Vorhinein festgelegten Kontraktpreis zu kaufen oder zu verkaufen.

▶ Fuzzy Logic

Unscharfe Logik, entwickelt von *Lofti Zadik* im Rahmen der so genannten künstlichen Intelligenz. Diskrete Wahrheitswerte (wahr oder falsch bzw. 1 oder 0) der herkömmlichen Binärlogik werden durch einen stetigen Bereich, in der Regel ein Intervall von 0 bis 1 mit einer gewissen Unschärfe ersetzt. Eingesetzt wird die Art von Logik bereits in japanischen Kameras und anderen Geräten (→ *Chaostheorie*).

G

▶ G

→ *Kurszusätze*

▶ GAAP

→ *United States Generally Accepted Accounting Principles (US-GAAP)*

▶ Gamma

Kennzahl für Optionsgeschäfte, die angibt, um welchen absoluten Betrag sich das Delta einer Option ändert, wenn sich der Kurs des jeweiligen Basiswertes um einen Betrag eins ändert. Hat eine Option ein Delta von 0,65 und ein Gamma von 0,05, so steigt das Delta auf 0,7, wenn der Basiswert um einen Euro zulegt (→ *Delta*, → *Omega*, → *Rho*, → *Theta*, → *Vega*).

▶ Gang an die Börse

→ *Going Public*

▶ Gap-Analyse

Instrument der → *Strategischen Planung* zur Früherkennung strategischer Probleme (Lücken). Eine erwartete Entwicklung (WIRD)

wird der geplanten Entwicklung (SOLL) gegenübergestellt, um eine mögliche Ziellücke (Gap) zu erkennen (Abbildung G-1). Das Schließen der Lücke kann durch die → *Strategie-Arten* erfolgen.

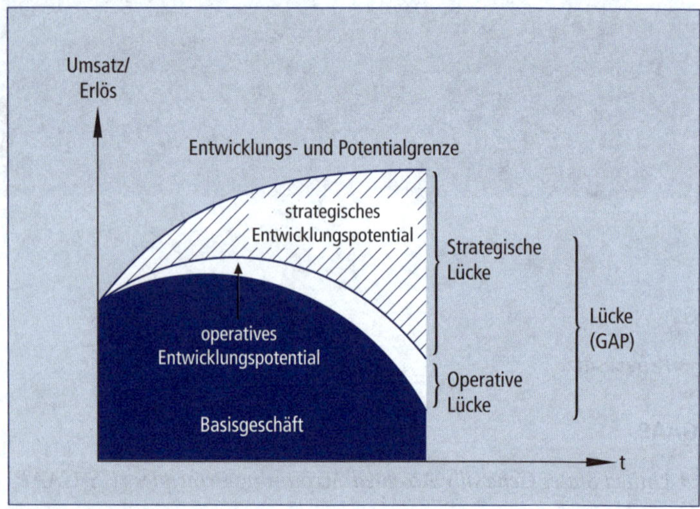

Abb. G-1: GAP-Analyse

▶ Garantie

(**1**) Gewährleistung eines Verkäufers für die unentgeltliche Beseitigung von Sachmängeln innerhalb einer bestimmten Frist. Sachmängel (→ *Mängelgewährleistung*) sind wert- oder tauglichkeitsmindernde Abweichungen der tatsächlichen Beschaffenheit von einem Zustand oder einer Sache von der Soll-Beschaffenheit, wie sie durch einvernehmliche Definition der Vertragsparteien festgelegt wurden. Garantien werden z. T. als marketingpolitisches Instrument (Garantiepolitik) bei technischen oder hochwertigen Erzeugnissen hinsichtlich der Haltbarkeit oder Funktionsfähigkeit gewährt. Durch eine vertragliche Garantieleistung kann die gesetzliche Gewährleistungspflicht ausgeweitet, aber auch eingeschränkt werden. Nach §§ 433 ff. BGB lassen sich die Beschaffenheits- und die Haltbarkeitsgarantie unterscheiden. Im Sinne der EU-Verbrauchergüterkaufrichtlinie gilt in § 443 BGB, dass die in einer Garantieerklärung gemachten Aussagen den Käufer gegenüber demjenigen berechtigen, der sie eingeräumt hat. Dies kann, muss aber nicht der Verkäufer sein. Der Käufer kann sich dabei auch auf die in der Werbung angegebenen Bedingungen stützen. Die Garantieleistungen müssen also nicht explizit im Vertrag genannt sein. Weiterhin haftet der Unternehmer für die Folgen bei Fehlen einer zugesicherten (garantierten) Eigenschaft, ohne dass es auf das Verschulden ankäme (§§ 276, 280 ff., 459 und 463 BGB).

(2) Im Gegensatz zur → *Bürgschaft* abstraktes, d. h. vom Hauptgeschäft unabhängiges Zahlungsversprechen, das meist durch eine → *Bank* im Rahmen der → *Außenhandelsfinanzierung* oder eines → *Avalkredits* gemäß § 8 KWG abgegeben wird. Diese Eigenschaft wird als **fiduziarisch** im Gegensatz zu **akzessorisch**, das heißt vom Hauptgeschäft abhängig, bezeichnet. Anbieter derartiger Garantien sind beispielsweise die → *Euler-Hermes-Kreditversicherungs AG* oder die → *Ausfuhrkredit-Gesellschaft mbH (AKA)*. Häufig übernimmt die Hausbank eines Importeurs eine Garantie (im Gegensatz zum → *Dokumentenakkreditiv* hier ohne Dokumente) gegenüber dem Exporteur für die Zahlung einzustehen. Im Außenhandel sind inzwischen die von der Internationalen Handelskammer von Paris 1992 zuletzt revidierten „Einheitlichen Richtlinien für auf Anfordern zahlbare Garantien" (ERDG) als Vertragsbestandteile üblich. Hier werden, sofern im Kaufvertrag auf die ERDG als Geschäftsbedingungen verwiesen wird, insbesondere Gerichtsstand, Fristen und Umfang der Garantie bzw. formale Anforderungen geregelt. Es werden direkte und indirekte Garantien unterschieden. Eine direkte Garantieurkunde wird direkt an den (ausländischen) Begünstigten ausgehändigt, eine indirekte Garantie wird über eine beauftragte Bank, die zumeist zusätzlich in die Haftung genommen wird, an den Begünstigten ausgehändigt. Um die Wirksamkeit der im Gegensatz zur Bürgschaft rechtlich nicht geregelten Garantie zu gewährleisten, sind neben dem Hinweis auf die ERDG im Vertrag insbesondere die Rechtsgültigkeit (z. B. es gilt das Recht der Bundesrepublik Deutschland) sowie die Befristung (z. B. die Garantie erlischt zwei Monate nach Warenabnahme) zu regeln. International ist die Abkürzung **on first demand**, d. h. eine Klausel, nach der auf erstes Anfordern der Garant zahlen muss, gebräuchlich. Bezüglich der Garantieobjekte lassen sich Zahlungsgarantien (Importeur zahlt nicht oder teilweise), Konnossement-Garantien (→ *Exportdokumente* sind noch nicht eingetroffen oder verloren gegangen), Zollgarantien (Garantie für den Zoll, dass Waren nur als Transitwaren wieder ausgeführt werden) und sonstige Garantien (z. B. Bietungsgarantie, Einzahlungsgarantie, Erfüllungsgarantie, Schlussgarantie u.v.a.) unterscheiden.

▶ Garantie-Zertifikat

→ *Zertifikat*

▶ GbR

→ *BGB-Gesellschaft (GbR)*

▶ Gebietskörperschaft

→ *Körperschaft*

▶ Gebrauchsmuster

Schutzrecht, das sich auf Produktinnovationen bezieht, d. h. auf Arbeitsgeräte oder Gebrauchsgegenstände sowie deren Teile, die sich durch eine neue Gestaltung, Anordnung oder Vorrichtung auszeichnen (Gebrauchsmustergesetz, GebrMG). Die Anforderungen an die Erteilung eines Gebrauchsmusterschutzes sind geringer als beim → *Patent.* Es erfolgt eine Eintragung in die **Gebrauchsmusterrolle**. Die maximale Laufzeit des Gebrauchsmusterschutzes einschließlich Verlängerungen beträgt 8 Jahre.

▶ Gebrauchtwaren

Im Gegensatz zu Neuwaren gelten für Gebrauchtwaren nach § 475 BGB eingeschränkte Gewährleistungsrechte (→ *Garantie*). Grundsätzlich haftet der Verkäufer zwei Jahre lang nach Lieferung eines Verbrauchsgutes für Vertragswidrigkeiten. Bei Gebrauchtwaren kann im Vertrag individualrechtlich diese Frist herabgesetzt oder gänzlich ausgeschlossen werden.

▶ Gefährdungshaftung

Haftung (→ *Haftung*) wegen Gefährdung aufgrund von Vertragsverletzung, unerlaubter Handlung oder bei Verschulden eines Schädigers, z. B. bei Haltung eines Tieres, KFZ oder anderer Fahrzeuge, aber auch bei Berg-, Jagd- oder Wildschäden, Emissionen oder bei der Herstellung gefährlicher Produkte (→ *Produkthaftung*). Eine Gefährdung liegt dann vor, wenn eine Einrichtung betrieben wird, die ihrer Natur nach geeignet ist, anderen Schäden zuzufügen. Hier trifft den Halter einer derartigen Einrichtung auch ohne Verschulden eine Schadensersatzpflicht, wenn durch den Betrieb der Einrichtung der Schaden entstanden ist (Kausalität).

▶ Gefahrenübergang

Zeitpunkt, an dem die Gefahr bzw. das Risiko des zufälligen Untergangs oder einer Verschlechterung einer Sache vom Verkäufer auf den Käufer übergeht. Dieser Gefahrenübergang ist beim Kaufvertrag gem. § 446 BGB mit der Übergabe der Sache gegeben. Bei Versendungskäufen gilt gem. § 447 BGB bereits die Übergabe an die Transportperson (→ *Spediteur*) als Gefahrenübergang.

▶ Gegenwartswert

→ *Barwert*

▶ Gehalt

→ *Lohn*

▶ Geld

Mittel, das in einer Volkswirtschaft als Tausch- und Zahlungsmittel, als Wertaufbewahrungsmittel, Recheneinheit sowie als Wertmesser für die Warenwerte dienen kann. Bei Geld kann es sich um Bargeld, Buchgeld (Sichteinlagen), Termineinlagen (Festgeld) oder → *Spar-*

einlagen handeln. Als Geldmenge wird das in einer Wirtschaft vorhandene Geld definiert, welches sich außerhalb des Bankensystems befindet. Die → *Europäische Zentralbank EZB* steuert als „Hüterin der Währung" mit ihrer Geldpolitik diese Geldmenge. Befindet sich zu viel Geld im Umlauf, so führt dies zur → *Inflation.* Die Beschaffung von Geld kann am → *Geldmarkt* zu Geldmarktzinssätzen → *London Interbank Offered Rate (LIBOR).*

▶ Geldmarkt

Teil des → *Finanzmarktes,* auf dem im Gegensatz zum → *Kapitalmarkt* **kurzfristige** Geldaufnahmen und Geldanlagen getätigt werden können. Der Geldmarkt wird häufig in einen Unternehmensgeldmarkt und Bankengeldmarkt untergliedert. Die bekanntesten Marktplätze für Tages- oder Monatsgelder sind London und Frankfurt (→ *London Interbank Offered Rate (LIBOR).* Durch die zunehmende → *Disintermediation,* d. h. dem Ausschalten von Banken durch → *In-house Banking,* und dem konzerninternen → *Matching,* d. h. internem kurzfristigen Liquiditätsausgleich zwischen Unternehmen, erfahren die Geldmärkte sinkende Zuwachsraten im Gegensatz zum Kapitalmarkt.

▶ Geldvermögensbestand

Bestandsgröße, die sich aus der Summe des → *Zahlungsmittelbestandes* (Bargeld und Giralgeld) und des Bestandes an Forderungen und Verbindlichkeiten an einem bestimmten Stichtag ergibt. Der Begriffsumfang des Geldvermögensbestandes ist also umfassender als der des Zahlungsmittelbestandes. Die Bewegungen des Geldvermögensbestandes werden bestimmt durch die Stromgrößen → *Einnahme* und → *Ausgabe,* während der Zahlungsmittelbestand von → *Einzahlung* und → *Auszahlung* abhängig ist.

▶ Geldwäschegesetz

Gesetz über das Aufspüren von Gewinnen aus schweren Straftaten (GwG) aus dem Jahr 1993, zuletzt novelliert am 26.7.2017 mit der Neuorganisation der Zentralstelle für Finanztransaktionsuntersuchungen „zur Verhinderung der Nutzung des Finanzsystems zum Zwecke der Geldwäsche". In Verbindung mit der Aufnahme des § 261 StGB, eines neu aufgenommenen Paragraphen, der die Geldwäsche als Straftatbestand sowie die fahrlässige Beteiligung daran unter Strafe stellt. Bargeschäfte oder Geschäfte mit Bargeldersatz von über 15 000 € oder mehr müssen von der → *Bank* aufgezeichnet und diese Aufzeichnung 6 Jahre zur Verfügung der Strafverfolgungsbehörden gehalten werden. Die Bank muss Fälle, die den Verdacht einer Geldwäschehandlung nahe legen, unverzüglich zur Anzeige bringen. Die Bank hat damit nach § 11 GwG eine über eine bloß moralische Verpflichtung, Straftaten anzuzeigen, hinausreichende Verdachtsschöpfungs- und Anzeigepflicht. Nach § 2 hat die Bank bei Annahme oder Abgabe von Bargeld über 10 000 € denjenigen zu identifizieren, der ihr gegenüber auftritt. Um durch pünktliche Stückelung der Geldgeschäfte das Unterlaufen des Schwellenbetrages zu vermeiden oder zu verhindern, ist die Identifizierungspflicht auch für solche Fälle begründet, in denen Anhaltspunkte dafür vorliegen, dass zwischen den einzelnen Geschäftsvorfällen eine Verbindung besteht. Nach § 6 ist sogar bei Verdacht einer Straftat unterhalb des Schwellenbetrages eine Identifizierungspflicht vorgeschrieben.

▶ Gemeindesteuer

→ *Kommunalsteuer*

▶ Gemeiner Wert

Im Rahmen des Bewertungsgesetzes genannter zentraler Ansatz bei der → *Bewertung* von Vermögensgegenständen. Er wird durch den → *Preis* bestimmt, der im gewöhnlichen Geschäftsverkehr nach der Beschaffenheit des Wirtschaftsgutes bei einer Veräußerung zu erzielen wäre. Dabei sind alle Umstände, die den Preis beeinflussen, zu berücksichtigen. Ungewöhnliche oder persönliche Verhältnisse sind nicht zu berücksichtigen. Umgangssprachlich wird der gemeine Wert auch als → *Verkehrswert* bezeichnet. Anders als bei der Festlegung des Teilwerts wird hier nicht unterstellt, dass es sich um → *Betriebsvermögen* handeln muss, bzw. das → *Going-Concern-Prinzip* gilt. Einkommensteuerrechtlich hat der gemeine Wert Bedeutung bei der Geschäftsaufgabe und der damit zusammenhängenden Überführung der Wirtschaftsgüter aus dem Betriebsvermögen in das Privatvermögen. Bewertungsrechtlich kommt es bei der Ermittlung des gemeinen Wertes für nicht notierte Anteile und Betriebsvermögen zur Anwendung des vereinfachten Ertragswertverfahrens.

▶ Gemeinkosten

Kosten (→ *Kosten*), die im Gegensatz zu den → *Einzelkosten* den Kostenträgern (z. B. Produkten) nicht direkt zurechenbar sind. Sie werden daher im Rahmen der → *Kostenstellenrechnung* durch Verrechnungssätze bzw. Schlüsselgrößen den Kostenträgern zugeordnet. Beispiele sind Gehälter kaufmännischer Angestellter, Versicherungsbeiträge oder Energiekosten, die für den gesamten Betrieb anfallen und nicht an einer Maschine oder durch einen Vorgang auf das hergestellte Produkt oder die hergestellte Dienstleistung zurechenbar sind. Gemeinkosten können in echte und unechte Gemeinkosten unterteilt werden. Unechte Gemeinkosten sind solche Kosten, die im Gegensatz zu den echten Gemeinkosten den Kostenträgern zwar zurechenbar wären, der Abrechnungsaufwand aber zu groß würde, wenn diese je Leistungseinheit erfasst würden. Beispiele sind hier Leim, Nägel oder andere Hilfsstoffe, die zwar für einen Kostenträger zählbar, messbar und bewertbar wären, der Aufwand für diese Zurechnung allerdings zu hoch erscheint. Aus Vereinfachungsgründen werden diese Kosten ebenfalls im Wege der Kostenstellenrechnung wie echte Gemeinkosten behandelt.

▶ Gemeinkostenwertanalyse

→ *Wertanalyse*

▶ Gemeinschaftskontenrahmen der Industrie (GKR)

Bereits 1948 vom Bundesverband der Deutschen Industrie entwickelte Gliederung der Konten der Finanz- und Betriebsbuchhaltung. Der Gemeinschaftskontenrahmen der Industrie basiert – im Gegensatz zum → *Industriekontenrahmen (IKR)* – auf einem sog. Einkreissystem, da die Konten der Betriebsbuchhaltung in die der Finanzbuchhaltung integriert sind. Er enthält die in Abbildung G-2

Klasse	
0	Anlagevermögen und langfristiges Kapital
1	Finanz-Umlaufvermögen und kurzfristige Verbindlichkeiten
2	Neutrale Aufwendungen und Erträge (Abgrenzungskonten)
3	Stoffe und Bestände
4	Kostenarten
5/6	Kostenstellen
7	Kostenträger, Bestände an halbfertigen und fertigen Erzeugnissen
8	Kostenträger, Erträge
9	Abschluss

Abb. G-2: Kontenklassen des Gemeinschaftskontenrahmens der Industrie (GKR)

aufgeführten zehn Kontenklassen, die an den betrieblichen Produktionsprozess angelehnt sind. Die Kontenklassen werden in weitere Unterkonten unterteilt. Von entscheidender Bedeutung ist die Kontenklasse 2, in ihr erfolgt die Abgrenzung zwischen der Finanz- und Betriebsbuchhaltung.

▶ Gemeinschaftsunternehmen

Eine Form von Unternehmenszusammenschlüssen (Joint Venture). Zur → *Kooperation* mehrerer Unternehmen wird eigens eine dritte Gesellschaft gegründet, an der sich die kooperierenden Unternehmen gemeinsam beteiligen. Joint Ventures werden zunehmend für die Zusammenarbeit mit osteuropäischen Unternehmen gegründet, wobei die deutschen Betriebe häufig Know-how und Finanzen und die osteuropäischen Unternehmen den Standort und das Personal stellen. Oft werden Joint Ventures auch zur gemeinsamen Forschung oder einem gemeinsamen Einkauf gegründet, so z. B. die *Deutsche Automobilgesellschaft mbH*, Hannover, an der die *Daimler AG* und die *Volkswagen AG* je zur Hälfte beteiligt sind. Diese Gesellschaft übernimmt die Grundlagenforschung und Entwicklung für beide Unternehmen. Gemeinschaftsunternehmen sind also nach diesem Beispiel auch unter Konkurrenten möglich und unterscheiden sich von den Strategischen Allianzen dadurch, dass eine eigene Joint Venture-Gesellschaft gegründet wird (→ *Konzernabschluss, Quotenkonsolidierung*).

▶ Gemeinwirtschaftliche Betriebe

→ *Öffentlicher Betrieb*

▶ Gemeinwirtschaftlichkeit

Erfüllung eines öffentlichen Auftrages durch nicht-erwerbswirtschaftliche, öffentliche Betriebe, meist zur Erstellung von Kollektivgütern (→ *Gut*).

▶ Gemischte Konten

→ *Kontenarten*

▶ Genehmigtes Kapital

Kapitalerhöhung (→ *Kapitalerhöhung*), durch die der Vorstand einer AG gem. §§ 202 ff. AktG von der → *Hauptversammlung* die Genehmigung erhält, mit Zustimmung des Aufsichtsrats das Grundkapital bis zu einem bestimmten Nennbetrag durch Ausgabe neuer Aktien innerhalb einer Frist von längstens fünf Jahren zu erhöhen. Der Nennbetrag des genehmigten Kapitals darf die Hälfte des zur Zeit der Ermächtigung vorhandenen Grundkapitals nicht übersteigen.

▶ Genehmigung

→ *Zustimmung*

▶ Generally Accepted Accounting Principles

→ *United States Generally Accepted Accounting Principles (US-GAAP)*

▶ Generalversammlung

→ *Genossenschaft, eingetragene (eG)*

▶ Generalvollmacht

→ *Vollmacht*

▶ Generic Placement

→ *Product Placement*

▶ Generics

→ *No Name-Produkt*

▶ Generika

→ *Me-too-Produkt*

▶ Genfer Schema

→ *Arbeitsbewertung*

▶ Genossenschaft, eingetragene (eG)

Rechtsform (→ *Rechtsform*), die im Genossenschaftsgesetz (GenG) gesondert geregelt ist. Es handelt sich um eine eigenständige Rechtsform des privaten Rechts, die Züge einer → *Personengesellschaft* als auch einer → *Kapitalgesellschaft* trägt. Genossenschaften sind Gesellschaften mit nicht geschlossener Mitgliederzahl, welche die Förderung des Erwerbes oder der Wirtschaft ihrer Mitglieder mittels gemeinschaftlichen Geschäftsbetriebes bezwecken (§ 1 GenG). Mindestens 7 Genossen sind zu deren Gründung nötig. Es lassen sich Produktionsgenossenschaften z. B. in der Landwirtschaft, Fördergenossenschaften, Kreditgenossenschaften im Bankbereich oder Baugenossenschaften unterscheiden. Die Mitglieder zeichnen einen Geschäftsanteil und leisten eine Pflichteinlage, wodurch das → *Eigenkapital* aufgebracht wird. Jeder Genosse kann mehrere Geschäftsanteile zeichnen, deren Summe als Geschäftsguthaben bezeichnet wird. Für → *Verbindlichkeiten* haften dem

→ *Gläubiger* neben dem → *Vermögen* der Genossenschaft je nach Statut, d. h. dem → *Vertrag* unter den Genossen, die Mitglieder beschränkt, unbeschränkt oder evtl. gar nicht (→ *Haftung*). Die Genossenschaft wird geleitet vom Vorstand, der wie bei der → *Aktiengesellschaft (AG)* von einem Aufsichtsrat kontrolliert wird. Statt einer Hauptversammlung analog der AG kommen die Genossen in einer Generalversammlung zusammen, um den Aufsichtsrat und den Vorstand zu wählen. Die Generalversammlung beschließt auch über die Verteilung des Gewinns, so dass diese mehr Kompetenzen als die Hauptversammlung bei der AG hat. Die Gewinn- und Verlustbeteiligung erfolgt grundsätzlich im Verhältnis der Geschäftsguthaben. Durch den Beitritt neuer Genossen werden der Genossenschaft Finanzierungsmöglichkeiten eröffnet. Die Rechnungslegungsvorschriften sind nach GenG und Handelsgesetzbuch (HGB) relativ streng und die Besteuerung ist mit der von Kapitalgesellschaften vergleichbar.

▶ Genussschein

Genussrechte verbriefendes → *Wertpapier,* das ein Vermögens-, nicht aber Mitgliedschaftsrecht (Participation Certificate) ausdrückt. Durch die Vermögensanteilsrechte werden in der Regel Gewinnansprüche begründet, ohne dass der Inhaber bei Mitgliederversammlungen, z. B. der → *Hauptversammlung,* ein Stimmrecht hat. Aufgrund dieser widersprüchlichen Ausgestaltungsform ist die Zuordnung des Genussscheinkapitals in der Bilanz zum Eigen- oder Fremdkapital nicht eindeutig vornehmbar. Ein Genussschein kann als → *Inhaberpapier* oder Namenspapier emittiert werden und bedarf gemäß § 221 AktG der Zustimmung von mindestens drei Vierteln der Hauptversammlung. Bei der Emission von Genussrechten haben gemäß § 221 AktG die Altaktionäre ein → *Bezugsrecht* wie bei der Emission neuer Aktien im Rahmen einer → *Kapitalerhöhung.* Häufig eingesetzt wird das Finanzierungsinstrument des Genussscheins zur → *Sanierung* von Unternehmen, bei denen bewusst die Ausnutzung von Mitgliedschafts- bzw. Stimmrechten zugunsten eines höheren Gewinnanteils ausgeschlossen werden soll, um schnelle Entscheidungen treffen zu können. Im Wege der Sanierung können

Genussscheine auch als Gegenleistung für einen Forderungserlass an anderweitig nicht befriedigbare Gläubiger ausgegeben werden.

▶ Geregelter Markt

Ein 1987 an den deutschen Börsen eingerichtetes Börsensegment, das mit Einführung des derzeit geltenden Börsengesetzes im November 2007 – zusammen mit dem amtlichen Markt – durch den regulierten Markt ersetzt wurde. Die mit der Zulassung zum geregelten Markt verbundenen Pflichten waren geringer als im amtlichen Markt. Der Handel am geregelten Markt wurde von freien Maklern durchgeführt. Die Kursermittlung erfolgte ähnlich wie im amtlichen Markt.

▶ Gerichtsbarkeit

→ *Rechtsweg*

▶ Geringwertige Wirtschaftsgüter

Im Rahmen der → *Bewertung* des → *Betriebsvermögens* können abnutzbare bewegliche Wirtschaftsgüter des → *Anlagevermögens,* die einer selbständigen Nutzung fähig sind, im → *Wirtschaftsjahr* der Anschaffung, Herstellung oder Einlage oder bei Eröffnung des Betriebs in voller Höhe als → *Betriebsausgaben* abgesetzt werden, wenn die Anschaffungs- oder Herstellungskosten für das einzelne → *Wirtschaftsgut* 800 € (ab 1.1.2018) nicht übersteigen. Die Anschaffungs- oder Herstellungskosten bei vorsteuerabzugsberechtigten Unternehmern sind bei der Prüfung der Überschreitung der 800 €-Grenze um die enthaltenen Vorsteuerbeträge zu mindern.

▶ Gesamtergebnis

→ *Comprehensive Income*

▶ Gesamtkapital

→ *Kapital*

▶ Gesamtkapitalrentabilität

→ *Rentabilität*

▶ Gesamtkostenverfahren (GKV)

Verfahren der → *Gewinn- und Verlustrechnung (GuV)* zur Ermittlung des Periodenerfolges. Im Unterschied zum → *Umsatzkostenverfahren (UKV)* werden dabei die gesamten in einer Periode angefallenen Aufwendungen, unterteilt nach Aufwandsarten (insb. Material, Personal, Abschreibungen), den Erlösen gegenübergestellt. Soweit Lagerbestände aufgebaut/abgebaut wurden (→ *Vorratsvermögen*) oder → *Aktivierte Eigenleistungen* vorliegen, wird in Höhe der angefallenen Herstellungskosten eine Bestandserhöhung/-minderung bzw. eine Eigenleistung erfolgswirksam in der GuV erfasst, um die hierfür ausgewiesenen Periodenaufwendungen wieder zu stornieren. Die GuV nach dem Gesamtkostenverfahren ist in Deutschland sowie nach IFRS (IAS 1) – nicht jedoch nach US-GAAP – alternativ zum Umsatzkostenverfahren zulässig. Sie bietet sich insbesondere bei Unternehmen mit größeren Lagerbestandsschwankungen und bei langfristiger Fertigung an, da durch die periodenbezogene Betrachtung die gesamten Aufwendungen gezeigt werden, und nicht wie beim Umsatzkostenverfahren nur die umsatzbezogenen. Das Gliederungsschema der GuV nach dem Gesamtkostenverfahren für HGB-Abschlüsse ist in § 275 II HGB vorgegeben. In begründeten Ausnahmefällen kann hiervon abgewichen werden.

▶ Gesamtschuldner (gesamtschuldnerische Haftung)

→ *Haftung*

▶ Gesamtwert

→ *Teilwert*

▶ Geschäftsanteil

(1) Bei Genossenschaften: Betrag, bis zu dem sich die einzelnen Genossen mit Einlagen beteiligen können. Der darauf eingezahlte Betrag stellt das Geschäftsguthaben dar.

(2) Bei der GmbH: Betrag, der von einem Gesellschafter auf das übernommene → *Stammkapital* eingezahlt wurde.

▶ Geschäftsbanken (Universalbanken)

→ *Bank*

▶ Geschäftsbedingungen, allgemeine

→ *Allgemeine Geschäftsbedingungen (AGB)*

▶ Geschäftsbereich

→ *Divisionale Organisation*

▶ Geschäftsbericht

Instrumentarium zur → *Publizität.* Während bis zum Inkrafttreten des Bilanzrichtliniengesetzes 1985 die Veröffentlichung eines Geschäftsberichts in Deutschland vorgeschrieben war, besteht diese Verpflichtung seit 1985 nicht mehr. Die gesetzlichen Offenlegungspflichten des HGB verlangen, je nach Rechtsform und Größe des Unternehmens (→ *Publizität*) eine Offenlegung von → *Bilanz,* → *Gewinn- und Verlustrechnung (GuV),* → *Anhang,* → *Kapitalflussrechnung* und → *Eigenkapitalspiegel* sowie des Lageberichts im elektronischen Bundesanzeiger. Gleichwohl wird von den Unternehmen freiwillig häufig ein Geschäftsbericht veröffentlicht, der umfangreiche zusätzliche Informationen, die über die gesetzlichen Pflichtumfänge hinausgehen, enthält, z. B. → *Umweltberichte* und → *Sozialberichte.* Die Unternehmen nutzen den Geschäftsbericht zunehmend als Medium einer aktionärsfreundlichen Finanzkommunikation, um auf diese Weise günstigere Bedingungen bei der Eigen-, aber auch Fremdkapitalaufnahme zu erhalten. Die inhaltliche, optische und sprachliche Ausgestaltung der Geschäftsberichte hat sich in den letzten Jahren deutlich verbessert. Hierfür ist sicherlich auch die zunehmende Globalisierung der Kapitalmärkte ursächlich, da die internationale Financial Community aussagefähige Geschäftsberichte erwartet.

▶ Geschäftsbuchhaltung

→ *Finanzbuchhaltung*

▶ Geschäftsfähigkeit

Fähigkeit Rechtsgeschäfte selbst voll wirksam abzuschließen. Sie ist von der → *Rechtsfähigkeit,* der Deliktfähigkeit gem. §§ 827 f. BGB (Verantwortlichkeit für Schäden) und der Verfügungsfähigkeit, d. h. der Befugnis, über einen Gegenstand zu verfügen, zu unterscheiden. Voll geschäftsfähig sind → *Natürliche Personen* ab Vollendung des 18. Lebensjahres. → *Juristische Personen* sind stets voll geschäftsfähig. Beschränkt geschäftsfähig sind Minderjährige (vollendetes 6. bis vollendetes 18. Lebensjahr) oder wegen Geistesschwäche, Verschwendung, Trunksucht oder Rauschgiftkonsum Entmündigte. Geschäftsunfähig sind Kinder bis zur Vollendung des 7. Lebensjahres oder wegen Geisteskrankheit Entmündigte sowie Personen, deren freie Willensbestimmung durch krankhafte Störungen der Geistesfähigkeit ausgeschlossen ist (unerkannte Geisteskrankheit). Eine → *Willenserklärung* von Geschäftsunfähigen ist gem. § 105 BGB nichtig (→ *Nichtigkeit*), also nachträglich unwirksam. Willenserklärungen beschränkt Geschäftsfähiger bei einseitigen Rechtsgeschäften, die der Minderjährige oder Entmündigte ohne Einwilligung (→ *Zustimmung*) des gesetzlichen Vertreters, z. B. der Eltern beim Minderjährigen vornimmt, sind unwirksam (§ 111 BGB). Zweiseitige Rechtsgeschäfte können wirksam sein, sofern der beschränkt Geschäftsfähige keinen rechtlichen Nachteil hierdurch erlangt (§ 107 BGB) und sind im Übrigen „schwebend unwirksam", d. h. können durch Genehmigung des gesetzlichen Vertreters wirksam werden (Abbildung G-3).

	Geschäfts-unfähigkeit	beschränkte Geschäftsfähigkeit	volle Geschäfts-fähigkeit
„Krankheit" (§ 104 II BGB)	unerkannte Geistes-krankheit		
„von Amts wegen" (§§ 104 III, 114, VI BGB)	Entmündigung wegen Geistes-krankheit	Entmündigung wegen Geistesschwäche, Verschwendung, Trunksucht, Rauschgiftsucht	
„Alter" (§§ 104 II, 106, 2 BGB)	bis 7 Jahre	7 bis 18 Jahre	ab 18 Jahre

Abb. G-3: Arten der Geschäftsfähigkeit

Als bedeutsam für das Wirtschaftsleben ist hier der „Taschengeldparagraph" § 110 BGB zu nennen, der Folgendes besagt: Hat ein Minderjähriger auch ohne Zustimmung des gesetzlichen Vertreters einen → *Vertrag* geschlossen (z. B. Kauf), den er mit seinem Taschengeld leisten (bezahlen) kann, so ist dieser Vertrag von Anfang an wirksam. Voraussetzung ist i. d. R. Barzahlung, ausgenommen bei Ratengeschäften.

▶ Geschäftsführer

→ *Gesellschaft mit beschränkter Haftung (GmbH)*

▶ Geschäftsführung

Von den Eigentümern eines Betriebes bestelltes Führungsorgan (Manager). Das Recht bzw. die Pflicht zur Geschäftsführung ist abhängig von der → *Rechtsform* des Betriebes. Die Mehrzahl der deutschen Betriebe sind derzeit noch Eigentümer-Unternehmen, d. h. sie werden von den Eigentümern selbst geführt (→ *Betriebsgröße, optimale*). Typische Beispiele von Geschäftsführungsunternehmen sind die Kapitalgesellschaften (z. B. AG, GmbH), bei denen der Vorstand die Geschäftsführung übernimmt. Zu unterscheiden von der Geschäftsführung (Leitungsbefugnis) ist die Befugnis der → *Vertretung*.

▶ Geschäftsjahr

Zeitraum, auf den sich der handelsrechtliche Abschluss erstreckt. Gem. § 240 II HGB darf ein Geschäftsjahr, das im Steuerrecht als → *Wirtschaftsjahr* bezeichnet wird, 12 Monate nicht überschreiten, kürzere Zeiträume (Rumpfgeschäftsjahre) sind möglich, z. B. bei Gründung, Erwerb oder Veräußerung eines Betriebes. Das Geschäftsjahr muss für einen eingetragenen → *Kaufmann* nicht zwingend mit dem Kalenderjahr übereinstimmen, Gründe hierfür können organisatorische, saisonale oder auch bilanzpolitische Gegebenheiten sein. Allerdings ist zu beachten, dass in der → *Steuerbilanz* ein vom Kalenderjahr abweichendes Wirtschaftsjahr gem. § 4a I Nr. 2 EStG nur mit Zustimmung des Finanzamtes bestimmt werden kann.

▶ Geschäftsprozesse

→ *Prozess*

▶ Geschäftswert

→ *Firmenwert*

▶ Geschmacksmuster

Gewerbliches Schutzrecht, das seinem Inhaber die Befugnis zur ausschließlichen Benutzung einer ästhetischen Gestaltungsform (Design, Farbe, Form) erteilt. Ästhetische Gestaltungen sind zwar vom Patent- und Gebrauchsmusterschutz ausgenommen, können aber nach dem Geschmacksmustergesetz durch die Eintragung in das Geschmacksmusterregister ebenfalls gegen Nachahmung geschützt werden. Geschützt ist die eingetragene zwei- oder dreidimensionale Erscheinungsform eines ganzen Erzeugnisses oder eines Teils davon.

Ein Geschmacksmuster ist ein sogenanntes ungeprüftes Recht, das bedeutet, dass die Voraussetzungen der Neuheit und Eigenart im Eintragungsverfahren vom Deutschen Patent- und Markenamt nicht überprüft werden. Das DPMA prüft nur die formalen Voraussetzungen der Eintragung.

Der Schutz entsteht mit der Eintragung in das Register. Die Schutzdauer des Geschmacksmusters beträgt 25 Jahre, gerechnet ab dem Anmeldetag. Werden allerdings die ab dem 6. Schutzjahr zu zahlenden Aufrechterhaltungsgebühren nicht entrichtet, erlischt der Schutz bereits früher.

▶ Geschlossenes Warenwirtschaftssystem

Vollständige Datenerfassung beim Wareneingang, bei der Warenlagerung und beim Warenausgang durch EAN-Code und Scannereinsatz.

Beim Wareneingang werden z. B. Daten über Art der angelieferten Ware, den Lieferanten, die Menge und Sortierung, den Wareneingangstermin, die Übereinstimmung der Lieferung mit dem Auftrag etc. erfasst. Bei der Lagerung werden die Art der gelagerten Ware, Menge und Sortierung, Dauer der Lagerung, die beanspruchte Lagerfläche und die Platzierung der Ware festgehalten. Beim Warenausgang werden schließlich Art der verkauften Ware, Menge und Sortierung, parallel dazu gekaufte Artikel, Termin und Verkaufspreis erfasst.

Dies bildet die Basis für eine optimierte, artikelgenaue Platzierung mit Hilfe von Computerprogrammen abhängig von Einstandspreis, Verkaufspreis, Umschlagshäufigkeit, Regalplatzbeanspruchung, indirekten Vergütungen wie Werbekostenzuschüsse u. Ä. und Handlungskosten und ermöglicht eine exakte Erfolgsrechnung im Handel.

▶ Gesellschaft des bürgerlichen Rechts (GbR)

→ *BGB-Gesellschaft (GbR)*

▶ Gesellschafter

→ *Personengesellschaft*, → *Gesellschaft mit beschränkter Haftung (GmbH)*

▶ Gesellschaft mit beschränkter Haftung (GmbH)

Rechtsform (→ *Rechtsform*) des privaten Rechts (→ *Kapitalgesellschaft*), die rechtlich gesondert im GmbH-Gesetz geregelt ist. Ergänzend gelten die Vorschriften des → *Handelsgesetzbuches (HGB)*. Die GmbH hat in Deutschland eine große quantitative Bedeutung, da sie für kleinere und mittlere Gesellschaften eine ideale Rechtsform darstellen kann. Die → *Firma* der GmbH muss gem. HGB mindestens einen Gesellschafternamen und den Zusatz GmbH enthalten. Die Gesellschaft wird durch einen oder mehrere Personen errichtet, indem eine Stammeinlage übernommen wird und in der Summe das Stammkapital (→ *Eigenkapital*) mindestens 25 000 € betragen muss. Da auch nur eine Person eine GmbH gründen kann, spricht man hier von einer Einmann-GmbH. Die Gesellschafter sind in einer Gesellschafterversammlung zusammengefasst, die einen oder mehrere Geschäftsführer wählt. Für eine GmbH mit mehr als 500 Beschäftigten muss nach dem → *Betriebsverfassungsgesetz (BetrVG)* ein Aufsichtsrat mit Belegschaftsvertretern gebildet werden. An die Gründung der GmbH werden nach §§ 1 ff. GmbHG strenge Auflagen geknüpft. Die GmbH ist eine sehr verbreitete Rechtsform, da die Haftung auf das Stammkapital beschränkt ist (mbH) und die Gesellschafter nur mit ihrem Geschäftsanteil haften, wobei eine → *Nachschusspflicht* vertraglich, d. h. in der GmbH-Satzung, regelbar ist. Diese Nachschusszahlungen oder die Aufnahme neuer Gesellschafter können eine wesentliche Quelle der → *Finanzierung* darstellen. Die Gewinn- und Verlustbeteiligung erfolgt nach dem Verhältnis der Geschäftsanteile, sofern der Gesellschaftervertrag keine anderen Regelungen vorsieht. Die Rechnungslegungspflicht ist seit dem Bilanzrichtliniengesetz (BiRiLiG) an die Vorschriften für die → *Aktiengesellschaften (AG)* angepasst und verschärft worden (§§ 267 ff. HGB).

▶ Gesellschaft mit beschränkter Haftung u. Co. KG

Mischform verschiedener Rechtsformen, der → *Kommanditgesellschaft (KG)* als → *Personengesellschaft* und der → *Gesellschaft mit beschränkter Haftung (GmbH)* als → *Kapitalgesellschaft*. Rechtsgrundlagen sind die Bestimmungen über die KG im Handelsgesetzbuch

(HGB) und das GmbH-Gesetz. Bei der GmbH u. Co. KG handelt es sich um eine KG, bei der der Komplementär eine GmbH ist, da ja an einer Personengesellschaft auch juristische Personen als Gesellschafter beteiligt sein können. Die Komplementäre sind i. d. R. die Gesellschafter der GmbH. Da die GmbH nur in Höhe ihres Stammkapitals (mind. 25 000 €) haftet, wird die Zielsetzung einer Personengesellschaft, d. h. der persönlichen unbeschränkten Haftung hier außer Kraft gesetzt. Im Extremfall ist wie bei der GmbH eine Einmann-Gesellschaft denkbar, bei der der Kommanditist zugleich der einzige Gesellschafter der GmbH (= Komplementär) ist. Die Leitung obliegt dem Komplementär, d. h. der GmbH, also dem Geschäftsführer der GmbH. Da die KG nicht prüfungs- und publizitätspflichtig ist und die wenig strengen Rechnungslegungsvorschriften von Personengesellschaften Anwendung finden, kann diese Rechtsform eine einfache Form einer Haftungsbeschränkung mit nach außen auftretenden Merkmalen einer Personengesellschaft sein. Hauptargument für die Entscheidung für eine GmbH u. Co. KG dürfte allerdings die günstigere Besteuerung gegenüber der GmbH sein.

▶ Gesellschaftsvermögen

→ *Betriebsvermögen*, → *Haftungskapital*

▶ Gesellschaftsvertrag

Die eine Gesellschaft schaffende vertragliche Rechtsgrundlage. Für Offene Handelsgesellschaften (OHG) sowie Stille Gesellschaften (StG) ist ein Gesellschaftsvertrag eine Gründungsvoraussetzung, jedoch nicht an eine bestimmte Form gebunden. Für eine → *Gesellschaft mit beschränkter Haftung (GmbH)* muss er dagegen Firma, Sitz, Gegenstand der Gesellschaft, Höhe des Stammkapitals und der einzelnen Einlagen enthalten sowie notariell beurkundet und zur Eintragung ins → *Handelsregister* vorgelegt werden.

▶ Gesetz der großen Zahl

Aus der Mathematik (Wahrscheinlichkeitstheorie) bekannte Theorie, wonach sich die Realität an die Verteilung von Eintrittswahrscheinlichkeiten annähert, je häufiger eine Handlung (Entscheidung) wiederholt werden kann. Insbesondere in der Versicherungswirtschaft ist dieses Gesetz bei der Verteilung von Risiken und deren Eintrittswahrscheinlichkeiten relevant. Je größer die Zahl der versicherten Personen, Güter und Sachwerte, die von der gleichen Gefahr bedroht sind, desto verlässlicher ist die Vorhersage über den künftigen Schadensverlauf. Der mathematische Erwartungswert sagt jedoch nichts über die reale Risiko- bzw. Schadensverteilung einzelner Fälle aus.

▶ Gesetz der Massenproduktion

Auch als Fixkostendegression bezeichneter Effekt, der dadurch eintritt, dass die → *Fixen Kosten* pro Stück mit steigender → *Beschäftigung* abnehmen. Bei der → *Kostenvergleichsrechnung* im Rahmen der → *Investitionsrechenverfahren* ist dieser Effekt besonders wichtig.

▶ Gesetz gegen den unlauteren Wettbewerb (UWG)

Erstmals 1896 erlassene und seither regelmäßig novellierte gesetzliche Grundlage für Unterlassungs-, Schadenersatz- und Auskunftsansprüche bei so genanntem unlauterem Verhalten im Wettbewerb zwischen Unternehmen. Die Intention ist dabei der Schutz des Mitbewerbers und nicht der Verbraucher. Mangels eindeutiger Definition, was als unlauter zu bezeichnen ist, wurde und werden durch gerichtliche Einzelfallentscheidungen regelmäßig neue Tatbestände (z. B. Kundenfang, irreführende Werbung, Rabattmissbrauch, Ausbeutung, Rechtsbruch, Marktstörung) erarbeitet und als so genannte Schwarze Liste bezeichnet. Auch hier sind inzwischen europäische Regelungen vorherrschend (z. B. Richtlinie 2005/29/EG für unlautere Geschäftspraktiken oder 2006/114 EG für irreführende Werbung) und werden regelmäßig in das UWG aufgenommen. Klagen kann vor den zuständigen Landgerichten, wer „spürbar beeinträchtigt" ist. Unterlassungserklärungen von Verursachern sind meist die gerichtliche Lösung. Während das → *Gesetz gegen Wettbewerbsbeschränkungen* vor allem Kartelle verbietet, soll das UWG für Fairness beim Wettbewerb sorgen.

▶ Gesetz gegen Wettbewerbsbeschränkungen (GWB)

Erstmals 1958 erlassenes und seither regelmäßig novelliertes Gesetz zur Erhaltung eines funktionierenden und ungehinderten Wettbewerbs bzw. zur Bekämpfung von Wettbewerbsverzerrungen durch Marktmacht, wie z. B. der Bildung von Kartellen. Häufig auch als Kartellgesetz bezeichnet. Während das → *Gesetz gegen den unlauteren Wettbewerb* vor allem für Fairness im Wettbewerb sorgen soll, will das GWB durch das Verbot von Kartellen und der Ausnutzung von Marktmacht den Wettbewerb erst ermöglichen. Das Kartellverbot gilt auch auf EU-Ebene gem. Art. 81 des EG-Vertrages. Zuständig für die Prüfung, ob ein Kartell vorliegt, ist das Bundesministerium für Wirtschaft. Die Prüfung wird als Missbrauchsaufsicht bezeichnet, für die Prüfung von Monopolen ist eine eigenständige Monopolkommission eingerichtet. Durch Zusammenschlüsse von Unternehmen sollen keine marktbeherrschenden Stellungen entstehen, was bei einer globalisierten Wirtschaft immer schwer zu prüfen ist. Im GWB werden auch die Arten von → *Kartellen* geregelt.

▶ Gesetzliche Kündigungsfrist

→ *Kündigung*

▶ Gesetzliche Rücklage

→ *Rücklagen*

▶ Gesetz über Kapitalanlagegesellschaften (KAGG)

Spezialgesetz neben dem allgemeinen Gesetzesrahmen durch das → *Kreditwesengesetz (KWG)*, das die Rechtsgrundlage für die Errichtung und das Betreiben einer gewerbsmäßigen → *Kapitalanlagegesellschaft (KAG)* (Investmentgesellschaft) bildet. Neben Vorschriften, die dem Anlegerschutz dienen, enthält das Gesetz auch besondere steuerliche Regelungen, die im Kern darauf abzielen, den Anteilsinhaber trotz der Zwischenschaltung einer Kapitalanlagegesellschaft (auch Investmentfonds) einem Direktanleger gleichzustellen. Kapitalanlagegesellschaften bzw. Investmentfonds sind deshalb von der

→ *Körperschaftsteuer,* → *Gewerbesteuer* und → *Vermögensteuer* befreit (§ 38 KAGG).

▶ Gewährleistung

Verpflichtung gem. § 433 BGB des Verkäufers im Kaufvertrag, „die Sache frei von Sach- und Rechtsmängeln zu verschaffen". Wird die Leistung nicht oder nicht vertragsgemäß erbracht (§ 280 BGB), so gelten die Vorschriften der → *Leistungsstörungen.* Dies sind Pflichtverletzung (§ 311 BGB), tatsächliche, praktische oder persönliche → *Unmöglichkeit* (§ 241 und § 275 BGB), → *Verzug* (§ 286 BGB) und Schlechterfüllung (§ 280 BGB). Der Käufer hat damit die Gewährleistung bei Mangel des Vertragsschlusses durch einfache Verweisung auf das allgemeine Leistungsstörungsrecht auf Rücktritt vom Vertrag oder auf Schadensersatz (→ *Schaden*) sowie seine → *Aufwendungen, vergebliche.* Schadensersatz und Rücktritt schließen sich nicht gegenseitig aus und können sogar gleichzeitig geltend gemacht werden (§ 325 BGB). Daneben besteht beim Kaufvertrag die Möglichkeit der Nacherfüllung oder der → *Minderung.* Beim Werkvertrag ist darüber hinaus noch die Selbstvornahme der Leistung unter Ersatz der erforderlichen Aufwendungen möglich (§ 637 BGB). Bei allen Gewährleistungsansprüchen hat die Erfüllung und damit auch die Nacherfüllung Vorrang. Danach ist in der Reihenfolge der Rücktritt, Schadensersatz, die Minderung und Selbstvornahme möglich, d. h. diese Rechte setzen eine erfolglose Nacherfüllung nach Fristsetzung voraus.

▶ Gewerbe

Teil der Wirtschaft, der gem. → *Gewerbeordnung* selbständig, nachhaltig zur Gewinnerzielung handelt, aber nicht als Land- und Forstwirtschaft oder als → *Freie Berufe* gilt (§ 15 II EStG). Gewerbebetriebe erzeugen Sachleistungen, indem sie Produkte herstellen, umwandeln oder veredeln bzw. ausbessern. Es handelt sich um einen → *Betrieb,* der Land- und Forstwirtschaft und den sonstigen Betrieben des primären Sektors nachgelagert und vor dem tertiären Sektor (Dienstleistungssektor) anzusiedeln ist. Zum Gewerbe kann daher sowohl die → *Industrie* als auch das → *Handwerk* zählen. Die

Gewerbefreiheit ist zwar gem. Abs. 12 GG garantiert, unterliegt jedoch der Gewerbeaufsicht durch Gewerbeaufsichtsämter, die die persönliche Zuverlässigkeit, Arbeitszeiten, Betriebssicherheit, Gefahren oder Nachteile für das Allgemeinwohl sowie bereits ökologische Erfordernisse aufgrund der Gewerbeordnung (GewO) prüfen. Die Gewerbeuntersagung sowie die Rücknahme der Gewerbezulassung sind anfechtbar (→ *Anfechtung*). Gewerbefremde Unternehmen haben → *Gewerbesteuer* zu bezahlen.

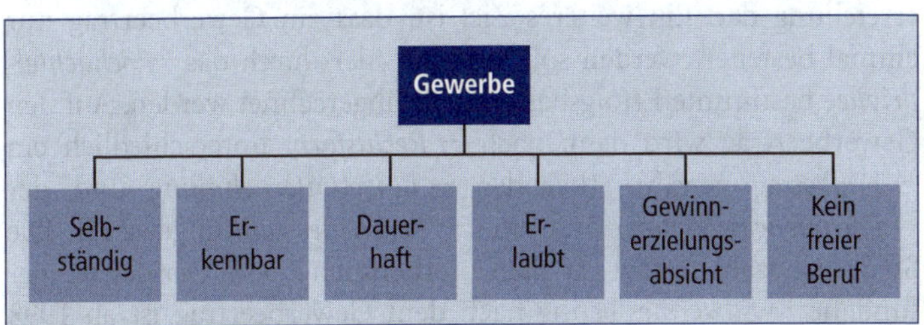

Abb. G-4: Definition des Gewerbes

▶ Gewerbebetrieb

Bezeichnung für kaufmännisches Handeln in institutionellem Rahmen nach der → *Gewerbeordnung.* Im Steuerrecht sind Gewerbebetriebe eigenständige Steuersubjekte im Rahmen der → *Gewerbesteuer.* Die steuerrechtliche Definition des Gewerbebetriebes ist in § 15 II EStG festgelegt. Danach ist eine selbständige, nachhaltige Betätigung, die mit der Absicht, Gewinn zu erzielen, unternommen wird und sich als Beteiligung am allgemeinen wirtschaftlichen Verkehr darstellt, Gewerbebetrieb, wenn die Betätigung weder als Ausübung von Land- und Forstwirtschaft, noch als Ausübung eines freien Berufs, noch als eine andere selbständige Arbeit anzusehen ist. Gewerbebetriebe im steuerrechtlichen Sinn sind immer die → *Offene Handelsgesellschaft* (OHG), → *Kommanditgesellschaft* (KG), die meisten → *GmbH u. Co. KG* sowie die → *Kapitalgesellschaft.*

▶ Gewerbeertragsteuer

Ertragsteuerliche Komponente der → *Gewerbesteuer.* Knüpft als Ausgangspunkt an die einkommensteuerlich ermittelten → *Ein-*

künfte aus Gewerbebetrieb an. Von dieser Ausgangsbasis werden dann Hinzurechnungen und Kürzungen vorgenommen, ehe die Zwischengröße **Gewerbeertrag** errechnet wird. Ziel der Hinzurechnungen und Kürzungen ist es, die Besteuerung ohne Rücksicht auf unterschiedliche Finanzierungs- und Investitionsstruktur der einzelnen Unternehmungen durchzuführen. So stellen die Hinzurechnung der Entgelte für → *Fremdkapital* oder die Hinzurechnung bestimmter Miet- und Pachtzinsen wesentliche Mittel für die Zielerreichung dar. Ein weiteres Ziel ist, dass ein Gewerbeertrag nur einmal besteuert werden soll, weshalb hier durch das → *Schachtelprivileg* bestimmte Erfolgsbestandteile abgerechnet werden. Auf den Gewerbeertrag wird dann nach → *Rechtsform* unterschiedlich ein → *Freibetrag* gewährt (bei der → *Einzelunternehmung* und der → *Personengesellschaft*) und eine → *Steuermesszahl* angewandt. Die Steuermesszahl beträgt für alle Unternehmen 3,5 %. Der danach gefundene → *Steuermessbetrag* nach dem Gewerbeertrag ist ab 1998 → *Steuerbemessungsgrundlage* für die Anwendung des gemeindeindividuellen Hebesatzes.

▶ Gewerbeordnung

Gesetz zur Regelung der grundsätzlichen Gewerbefreiheit. Anzeigenpflicht von → *Gewerbe* und Differenzierung in Stehendes Gewerbe (Teil II), Reisegewerbe (Teil III) und Gewerbliche Arbeitnehmer (Teil IV). Hier ist außerdem die Gewerbeaufsicht bei Verstößen gegen das Gesetz zur Bekämpfung der Schwarzarbeit, bei Arbeitnehmerüberlassung sowie bei Verstößen gegen Sozialgesetze und Umwelt- bzw. Hygieneauflagen geregelt.

▶ Gewerbesteuer

Steuer, die am Ertrag (→ *Gewerbeertragsteuer*) anknüpft. Seit 1.1. 1998 stellt die Gewerbesteuer eine reine Ertragsteuer dar, da die Gewerbekapitalsteuer abgeschafft wurde. Die Gewerbesteuer ist eine Gemeindesteuer, weshalb Veränderungen in diesem Bereich auch politisch sehr schwer umsetzbar sind, da hier die grundgesetzlich garantierte Finanzhoheit der Gemeindeebene tangiert wird. Gewerbesteuerpflichtig, d. h. Steuersubjekt, sind alle stehenden → *Gewerbebetriebe*, soweit sie im Inland betrieben werden. Für Reisegewerbebetriebe gelten Sonderregelungen. → *Steuerbemessungsgrundlage* ist der → *Steuermessbetrag*, der von der → *Finanzbehörde* festgestellt wird. Danach hat die Gemeinde als Tarif den gemeindeindividuellen Hebesatz auf den Steuermessbetrag anzuwenden und einen Steuerbescheid zu erlassen. Die Hebesätze variieren in Deutschland. Der Mindesthebesatz nach § 16 Abs. 4 Satz 2 GewStG beträgt 200 %, in Städten über 50 000 Einwohnern zwischen 360 % (Ulm) und 550 % (Oberhausen). Wenn ein Gewerbebetrieb in das Gebiet mehrerer Gemeinden fällt, muss eine Zerlegung des Steuermessbetrages vorgenommen werden. Für die Gemeinden stellt die Gewerbesteuer eine wichtige Einnahmequelle dar, was dazu anreizt, Gewerbegebiete in entsprechender Anzahl und Größe auszuweisen. Die Gewerbesteuer ist nach § 4 Abs. 5b EStG nicht mehr als Betriebsausgabe bei der Gewinnermittlung abziehbar, obwohl es sich um eine Betriebssteuer handelt.

▶ Gewerbesteuerdurchführungsverordnung

→ *Steuerdurchführungsverordnung*

▶ Gewerkschaft

→ *Arbeitnehmerverbände*, → *Streik*

▶ Gewinn

Positiver Unterschiedsbetrag zwischen positiven und negativen Erfolgskomponenten. Dabei können die Erfolgskomponenten als Bestandsgrößen (→ *Betriebsvermögen*) oder als Stromgrößen (→ *Ertrag*, → *Aufwand*) gemessen werden. Bei der Messung der Bestandsgrößen kommt es wesentlich auf die der Messung zugrunde liegenden Bilanz- bzw. → *Kapitalerhaltungstheorien* an, wie die Gewinngröße ausfällt. Bei den Stromgrößen kommt es wesentlich darauf an, ob durch Saldierung von Zahlungsströmen (→ *Einzahlung* / Einnahme, → *Auszahlung* / Ausgabe) oder Aufwands- und Ertragsgrößen (Aufwand/ Aufwendungen, Ertrag) oder Kosten- und Leistungskategorien der

Gewinn ermittelt wird. Während der handelsrechtlich korrekte Gewinnbegriff (→ *Bilanzgewinn*) vor Ausschüttung als Jahresüberschuss bezeichnet wird, hängt sich das Steuerrecht einerseits durch das → *Maßgeblichkeitsprinzip* an den Jahresüberschuss an, andererseits hat es eine eigene bilanzielle Gewinndefinition in § 4 I EStG. Demnach ist der Gewinnbegriff der Unterschiedsbetrag zwischen dem Betriebsvermögen am Schluss eines Wirtschaftsjahres und dem Betriebsvermögen am Schluss des vorangegangenen Wirtschaftsjahres, vermehrt um den Wert der Entnahmen und vermindert um den Wert der Einlagen. Weiterhin kennt das → *Einkommensteuergesetz (EStG)* in § 4 III eine Gewinndefinition, die sich an den Zahlungsströmen orientiert. Für bestimmte Steuerpflichtige (in der Regel Selbständige) gilt als Gewinn der Überschuss der → *Betriebseinnahmen* über die → *Betriebsausgaben.*

▶ Gewinn, ökonomischer

Entscheidungsneutraler Gewinnbegriff, ermittelt als Einnahmeüberschuss abzüglich der Ertragswertabschreibung auf den Unternehmensertragswert. Hierfür müssen aber bestimmte kapitalmarkttheoretische Voraussetzungen zutreffen, die eher Modellcharakter aufweisen (ökonomische Bilanztheorie). So insbesondere die Prämisse des vollkommenen → *Kapitalmarktes* oder die Frage nach der Höhe des Kapitalisierungszinsfußes (→ *Interne Zinsfuß-Methode*).

▶ Gewinnabführungsvertrag

Unter den Unternehmensverträgen im gesellschaftsrechtlichen Sinn stellt der Gewinnabführungsvertrag einen Vertrag dar, dem auch steuerrechtlich im Rahmen der → *Organschaft* große Bedeutung zukommt. Im Rahmen eines Gewinnabführungsvertrages verpflichtet sich gemäß § 291 AktG eine → *Aktiengesellschaft (AG)*, ihren ganzen → *Gewinn* an ein anderes Unternehmen abzuführen. Solche Verträge können aber auch von einer anderen → *Kapitalgesellschaft* abgeschlossen werden. Zur Anerkennung der körperschaftsteuerlichen Organschaft sind an den Gewinnabführungsvertrag weitere formale Bedingungen geknüpft. So muss der Vertrag auf mindestens fünf

Jahre abgeschlossen sein und durchgeführt werden. Danach ist keine weitere zeitliche Bindung mehr erforderlich.

▶ Gewinnausschüttung

→ *Dividende*

▶ Gewinneinkünfte

Die unter den → *Einkunftsarten* 1. bis 3. aufgeführten Einkunftsarten werden als Gewinneinkünfte bezeichnet, da die maßgebliche Größe für die → *Einkünfte* der → *Gewinn* der entsprechenden Tätigkeit darstellt.

▶ Gewinnermittlungsverfahren, steuerliche

Formales Verfahren, mit dem der → *Gewinn* im Rahmen der → *Gewinneinkünfte* ermittelt wird. Der Gewinn kann wie folgt ermittelt werden: (1) → *Betriebsvermögensvergleich,* (2) → *Einnahmen-Ausgaben-Überschussrechnung,* (3) Durchschnittsatzrechnung im Rahmen der Land- und Forstwirtschaft und (4) durch → *Schätzung.*

▶ Gewinn je Aktie nach DVFA/SG

→ *DVFA/SG-Ergebnis,* → *Wertpapieranalyse*

▶ Gewinnmaximierung

Maxime, die, wie man in der traditionellen → *Betriebswirtschaftslehre* glaubte, jedes Unternehmen zu verfolgen habe. Da die Betriebswirtschaftslehre sich zunehmend auch Öffentlichen Unternehmen zuwendet, Unternehmen sich verstärkt zu einer → *Sozialen Verantwortung* bekennen und ökologische Aspekte die Gütererstellung zunehmend bestimmen, kann eine uneingeschränkte Gewinnmaximierung (→ *Optimal*) nicht mehr als alleiniges Oberziel bestehen bleiben. Das → *Ökonomische Prinzip* und damit der Erkenntnisgegenstand der Betriebswirtschaftslehre ist dementsprechend zu verändern.

▶ Gewinnrücklage

→ *Rücklagen*

▶ Gewinnschwelle

→ *Break-even-Analyse*

▶ Gewinnsteuern

→ *Einkommensteuer*, → *Gewerbesteuer*, → *Körperschaftsteuer*

▶ Gewinnthesaurierung

→ *Gewinnverwendung*

▶ Gewinn- und Verlustrechnung (GuV)

Periodische Erfolgsrechnung durch Gegenüberstellung von → *Ertrag* und → *Aufwand* eines bestimmten Abrechnungszeitraums. Sie ist Bestandteil des handelsrechtlichen → *Jahresabschlusses* und muss grundsätzlich von jedem → *Kaufmann* zum Jahresende erstellt werden. Der ausgewiesene Periodenerfolg, der → *Jahresüberschuss/-fehlbetrag*, ist Ausgangsgröße der → *Gewinnverwendungsrechnung*. Bei Anwendung der doppelten → *Buchführung* muss er sich in gleicher Höhe aus der Bilanz ergeben. Für interne Zwecke oder entsprechend den Regelungen im WpHG (→ *Zwischenberichterstattung*) wird die GuV auch bezogen auf innerjährige Zeitabschnitte (Monat, Quartal, Halbjahr) erstellt und ggf. veröffentlicht.

Formal kann die GuV grundsätzlich in Konto- oder Staffelform aufgestellt werden; Kapitalgesellschaften sind gem. § 275 I HGB zur Staffelform verpflichtet. Dabei sind die formellen → *Grundsätze ordnungsmäßiger Bilanzierung (GoBil)* zu beachten, d. h. insbesondere ein klarer und stetiger Ausweis, wobei Aufwendungen und Erträge gem. § 246 II HGB grundsätzlich nicht saldiert werden dürfen. Im Hinblick auf die **Unterteilung** und den **Umfang** der ausgewiesenen Aufwendungen kann in das → *Gesamtkostenverfahren (GKV)* und → *Umsatzkostenverfahren (UKV)* unterschieden werden. Beim Umsatzkostenverfahren werden die Aufwendungen vor allem nach den

Bereichen (Funktionen) Herstellung, Verwaltung und Vertrieb unterteilt, während beim Gesamtkostenverfahren primär eine Unterteilung nach den Aufwandsarten Materialaufwand, Personalaufwand und Abschreibungen vorgenommen wird. Der ausgewiesene Umfang der gesamten Aufwendungen unterscheidet sich insofern, als beim Umsatzkostenverfahren als Herstellungskosten nur die Aufwendungen erfasst werden, die zur Erzielung der Umsatzerlöse angefallen sind, während beim Gesamtkostenverfahren alle in der Periode entstandenen Aufwendungen ausgewiesen werden, allerdings erfolgt in Höhe der Herstellungskosten des Bestandsaufbaus bzw. -abbaus eine Stornierung durch Ausweis einer Bestandserhöhung oder Bestandsminderung. Umsatz- und Gesamtkostenverfahren führen damit – bei gleicher Definition der Herstellungskosten – zu einem gleich hohen Jahresüberschuss/-fehlbetrag.

Gem. § 275 HGB ist für Kapitalgesellschaften sowohl das Gesamt- als auch Umsatzkostenverfahren zulässig, wobei für beide Verfahren eine bestimmte Gliederung der Posten vorgegeben wird, allerdings können kleine und mittelgroße Kapitalgesellschaften gem. § 276 HGB bestimmte Posten zusammenfassen. Ferner kann von den Gliederungsschemata abgewichen werden, wenn dadurch die Klarheit der Darstellung verbessert wird. Abweichungen ergeben sich z. B. für Holding-Abschlüsse, da die gesetzlich vorgegebenen Schemata von Produktionsunternehmen ausgehen. Das HGB verlangt nicht zwingend den separaten Ausweis eines betrieblichen und finanzwirtschaftlichen Ergebnisses. Mit Hilfe der → *Erfolgsspaltung* wird in der externen → *Bilanzanalyse* versucht, die Aufwendungen und Erträge weiter zu untergliedern.

Nach IFRS (IAS 1) ist sowohl das Umsatz- als auch das Gesamtkostenverfahren zulässig, während nach US-GAAP grundsätzlich nur das Umsatzkostenverfahren erlaubt ist. Die Mindestgliederung nach IAS 1 ist weniger detailliert als die nach § 275 II u. III HGB. Allerdings wird nach IFRS 5 der separate Ausweis der Gewinne/Verluste aus sog. Discontinued Operations (= aufgegebenen Bereichen) verlangt.

Mit dem Inkrafttreten des Bilanzrichtlinie-Umsetzungsgesetzes (BilRUG) ist in HGB-Abschlüssen – entsprechend IFRS – der separate

Ausweis von außerordentlichen Erträgen und Aufwendungen nicht mehr zulässig. Damit entfällt auch in der GuV-Rechnung die Trennung in ein „Ergebnis der gewöhnlichen Geschäftstätigkeit" und ein „Außerordentliches Ergebnis". Die außerordentlichen Aufwendungen und Erträge sind nunmehr innerhalb der übrigen GuV-Posten, i. d. R. der sonstigen betrieblichen Erträge und Aufwendungen, auszuweisen. Im Anhang sind aber die einzelnen Erträge und Aufwendungen von außergewöhnlicher Größenordnung oder außergewöhnlicher Bedeutung anzugeben.

▶ Gewinnvergleichsrechnung

Statisches → *Investitionsrechenverfahren* zur Ermittlung derjenigen Investitionsalternative, die im Rahmen einer Investitionsentscheidung den durchschnittlich höchsten Jahresgewinn bezogen auf die nächste betrachtete Rechnungsperiode verspricht. Im Gegensatz zur → *Kostenvergleichsrechnung* werden hier den Investitionsalternativen nicht nur variable und fixe Kosten, sondern auch die zu erwartenden bzw. prognostizierten Umsätze zugeordnet. Aus der Abbildung G-5 und dem darin zusammengestellten Beispiel wird die Vorgehensweise der Gewinnermittlung pro Stück sowie der Ermittlung des Gesamtgewinns deutlich. Sowohl hinsichtlich des Gesamtgewinns bei der genannten Auslastung als auch des Gewinns pro Stück ist im Beispiel Maschine B vorteilhafter gegenüber A, auch wenn der Unterschied bei der Stückbetrachtung nur marginal ausfällt. Zur Ermittlung der Auslastung bzw. Produktionsmenge, bei der jede Investition die so genannte Gewinnschwelle überschreitet (→ *Break-even-Analyse*), ist eine Gegenüberstellung der Gewinn- und Kostenfunktionen je Investitionsalternative angezeigt. Kritisch anzumerken ist bei dieser Rechenmethode die Zuverlässigkeit der prognostizierten Erlöse sowie die geringe Aussagekraft eines absoluten Gewinnes ohne Gegenüberstellung mit der Investition. Dies kann nur durch eine → *Rentabilitätsvergleichsrechnung* erreicht werden.

	Maschine A	Maschine B
Anschaffungs- und Herstellungskosten	90.000	100.000
Nutzungsdauer	10 Jahre	10 Jahre
Auslastung pro Jahr (x)	10.000 Stück	15.000 Stück
Erlöse pro Stück	**4,– €**	**3,50 €**
Erlös bei Vollauslastung (E)	40.000	52.000
– variable Betriebskosten (kv)	15 (1,50/Stück)	20.000 (1,33/Stück)
– kalkulatorische Fixkosten	13.500	15.000
K^F 10 % des halben AHK	4.500	5.000
kalk. lineare Abschreibung	9.000	10.000
Gesamtkosten	**28.500**	**35.000**
Gewinn (K–E)	**11.500**	**17.500**
Gewinn pro Stück	**1,15**	**1,16**
Kostenfunktionen $k = k_y \cdot x + K_F$	$K_1 = 1{,}5 \times + 13.500$	$K_2 = 1{,}33 \times + 15.000$
Gewinnfunktionen	$G_1 = 4 \times - K\ 1$	$G_2 = 3{,}5 \times - K\ 2$

Abb. G-5: Beispiel einer Gewinnvergleichsrechnung

▶ Gewinnverwendung

Aufteilung des Unternehmensgewinns auf die Anteilseigner und ggf. die Arbeitnehmer/Führungskräfte bei entsprechenden Gewinnbeteiligungsmodellen. Die Höhe des Gewinnanteils der einzelnen Anteilseigner ist bei Kapitalgesellschaften von deren Anteil am Nominalkapital (= sog. → *Gezeichnetes Kapital*) abhängig. Das AktG verlangt, dass vor der Gewinnverteilung bestimmte Beträge im Rahmen der → *Gewinnverwendungsrechnung* (s. Abbildung G-8) in die Rücklagen eingestellt werden, also im Unternehmen verbleiben. Die Gewinnverteilung bei einer → *Personengesellschaft* richtet sich i. d. R. nach dem Gesellschaftsvertrag, da die gesetzlich vorgesehene Gewinnverwendung, welche zum einen Teil nach Kapitalanteilen und zum anderen nach „Köpfen“ erfolgt, nicht zwingend ist.

▶ Gewinnverwendungsrechnung

Berechnung der Beträge, die ausgehend vom Jahresüberschuss im Unternehmen verbleiben (Thesaurierung) und die ausgeschüttet werden (Dividende). Das AktG enthält für Kapitalgesellschaften Regelungen, die sowohl die Höhe als auch die Form dieser Aufteilungsrechnung vorgeben. Danach müssen u. a. gem. § 150 II AktG zwingend 5 % des um einen Verlustvortrag aus dem Vorjahr geminderten Jahresüberschusses in die gesetzliche Rücklage eingestellt werden, bis diese zusammen mit der Kapitalrücklage insgesamt 10 % oder einen in der Satzung bestimmten höheren Teil des → *Grundkapitals* (= gezeichnetes Kapital, Nominalkapital) erreicht. Ferner sind gem. § 58 I AktG Vorstand und Aufsichtsrat, sofern sie den → *Jahresabschluss* feststellen, grundsätzlich berechtigt, bis zu 50 % des Jahresüberschusses in andere Gewinnrücklagen einzustellen. Dabei sind Beträge, die in die gesetzliche Rücklage einzustellen sind, sowie ein Verlustvortrag vorab zu berücksichtigen. Abbildung G-6 zeigt, in welcher Form gem. § 158 I AktG die Gewinn- und Verlustrechnung nach dem Posten „Jahresüberschuss/Jahresfehlbetrag" zu ergänzen ist.

Über die Verwendung des verbleibenden Bilanzgewinns beschließt die Hauptversammlung (§§ 119 I und 174 I AktG) auf Basis eines Gewinnverwendungsvorschlags der Unternehmensleitung. Dabei kann eine vollständige Ausschüttung oder eine teilweise Ausschüttung – verbunden mit der Einstellung weiterer Beträge in Gewinnrücklagen (sog. HV-Rücklage) oder einem Gewinnvortrag – beschlossen werden.

▶ Gewinnvortrag

→ *Bilanzgewinn*

	Jahresüberschuss
±	Gewinnvortrag/Verlustvortrag aus dem Vorjahr
+	Entnahmen aus der Kapitalrücklage
+	Entnahme aus Gewinnrücklagen
	aus der gesetzlichen Rücklage
	aus der Rücklage für Anteile an einem herrschenden oder mehrheitlich beteiligten Unternehmen

Jahresüberschuss
aus satzungsmäßigen Rücklagen
aus anderen Gewinnrücklagen
– Einstellungen in Gewinnrücklagen
in die gesetzliche Rücklage
in die Rücklage für Anteile an einem herrschenden oder mehrheitlich beteiligten Unternehmen
in satzungsmäßige Rücklagen
in andere Gewinnrücklagen
= Bilanzgewinn/Bilanzverlust

Abb. G-6: Gewinnverwendungsrechnung nach § 158 I AktG

▶ Gewinnwarnung

Im Rahmen der → *Ad-hoc-Publizität* verwandter Begriff für voraussichtlich negative kursbeeinflussende Informationen von Unternehmen.

▶ GewStDV

→ *Steuerdurchführungsverordnung*

▶ Gezeichnetes Kapital

Erste Position innerhalb des Eigenkapitals einer Kapitalgesellschaft gemäß dem Gliederungsschema in § 266 III HGB. Es entspricht dem Kapital, auf das die Haftung der Gesellschafter für die Verbindlichkeiten gegenüber den Gläubigern beschränkt ist (§ 272 HGB). Synonyme Bezeichnungen sind Nominalkapital oder Nenn-(wert-) kapital. Das gezeichnete Kapital einer AG/KGaA wird als Grundkapital und das einer GmbH als Stammkapital bezeichnet.

▶ Giralgeld

→ *Geld*

▶ Girant

→ *Indossament*

▶ Giratar

→ *Indossament*

▶ Girogeschäft

Bankgeschäft, das in der Durchführung von Überweisungen, Daueraufträgen bzw. der kurzfristigen Hereinnahme von Geld (→ *Termineinlagen*) und der Führung von Kontokorrentkrediten für Unternehmen besteht. Das Girogeschäft kann zusammenfassend als Abwicklung des Zahlungsverkehrs durch eine → *Bank* für Unternehmen bezeichnet werden. Zur reibungslosen Abwicklung des Zahlungsverkehrs im In- und Ausland haben sich Bankengruppen (→ *Bankensysteme*) zusammengeschlossen und Girozentralen bzw. Clearingstellen gebildet und bedienen sich im internationalen Geschäft der → *Society for Worldwide Interbank Financial Telecommunication (SWIFT)*.

▶ Gironetz

→ *Girogeschäft*

▶ Girosammelverwahrung

→ *Depotgeschäft*

▶ Girozentrale

Regional in einem Bundesland tätige Zentralinstitute der Sparkassen in der → *Rechtsform* der öffentlich-rechtlichen → *Anstalt* mit der Aufgabe des → *Clearing* unter den Sparkassen und mit Hausbankfunktionen (→ *Hausbank*) für die angeschlossenen Sparkassen (Kreditvermittlung, Liquiditätsausgleich, Auslandsgeschäfte für Kunden) und die betreffenden Länder (Landeskredite).

▶ GIZ

→ *Deutsche Gesellschaft für Internationale Zusammenarbeit*

▶ GKV

→ *Gesamtkostenverfahren (GKV)*

▶ Gläubiger

Im Sinne von § 241 BGB Berechtigter aus einem Schuldverhältnis, der vom Schuldner (Debitor bei einem → *Kredit*) kraft eines Schuldverhältnisses eine Leistung fordern kann. Die Leistung kann auch in einem Unterlassen bestehen und muss gemäß § 242 BGB vom Schuldner nach Treu und Glauben bewirkt werden. Neben einer Geldleistung kann dies auch eine Arbeitsleistung oder die Einräumung von Rechten und → *Kreditsicherheiten* darstellen.

▶ Gläubigerschutz

Sicherung der Rückzahlung und Verzinsung der vom → *Gläubiger* gewährten Kredite. Zu diesem Zweck enthält das deutsche Recht eine Reihe von sog. Gläubigerschutzvorschriften innerhalb und außerhalb des Bilanzrechts. Das deutsche Bilanzrecht ist geprägt vom → *Grundsatz der Vorsicht* und daraus abgeleiteten Prinzipien, wie z. B. dem → *Realisationsprinzip* und dem → *Imparitätsprinzip,* die den Ausweis und die Ausschüttung unrealisierter Gewinne an die Anteilseigner verhindern sollen, um die Schuldentilgung und -verzinsung sicherzustellen. Ferner bestehen spezifische → *Ausschüttungssperren* und Regelungen zur → *Gewinnverwendung.* Im Falle der → *Liquidation* und im Falle der → *Insolvenz* sowie Vergleich stehen den Gläubigern vorrangig bestimmte Rechte zu. Die Gläubigerschutzvorschriften umfassen auch Strafvorschriften, die zum Teil innerhalb des Handelsrechts (z. B. §§ 331 ff. HGB) als auch im Strafgesetzbuch (§§ 283 und 289 StGB) geregelt sind. Einen weiteren Gläubigerschutz ermöglicht die schuldrechtliche Vereinbarung von Kreditsicherheiten (Bürgschaft, Grundschuld, Hypothek usw.). Nach IFRS und US-GAAP steht die Informationsfunktion der Rechnungslegung stärker im Vordergrund als die Gläubigerschutzfunktion.

▶ Glattstellung

Erfüllung bzw. Ausgleich einer Marktposition am → *Finanzmarkt.* Glattstellung kann bei der → *Option* die Erfüllung der vereinbarten Leistung durch einen Stillhalter oder das Angebot eines Gegengeschäftes bedeuten. Sie findet bei Wertpapieren und Devisen gleichermaßen statt.

▶ Gleichheitstheorie von Adams

Jean Stacy Adams, der 1963 und 1965 seine Studien zur → *Motivation* von Mitarbeitern veröffentlichte, stellt folgende Thesen auf: Ein → *Arbeitnehmer* stellt permanent Vergleiche zwischen seinen Leistungen (→ *Arbeitsleistung*) für das Unternehmen (Inputs) und den dafür vom Unternehmen erhaltenen Outputs (z. B. Lohn, Sicherheit, Status, Sozialleistungen) und den Inputs seiner Kollegen und deren Outputs an. Das Verhalten und die Motivation des Arbeitnehmers hängen davon ab, ob er sich „gerecht" oder „ungerecht" gegenüber seinen Kollegen behandelt fühlt. Es können nur drei verschiedene Situationen zwischen dem Arbeitnehmer A und der Vergleichsperson V auftreten (Abbildung G-7).

$$(1) \quad \frac{O_A}{I_A} = \frac{O_V}{I_V} \Rightarrow \text{„gerecht" für A und V}$$

$$(2) \quad \frac{O_A}{I_A} < \frac{O_V}{I_V} \Rightarrow \text{„ungerecht", weil A benachteiligt}$$

$$(3) \quad \frac{O_A}{I_A} > \frac{O_V}{I_V} \Rightarrow \text{„ungerecht", weil V benachteiligt}$$

Abb. G-7: Gleichheitstheorie von Adams

Ist das Gefühl der Ungerechtigkeit aufgekommen, so versucht der Arbeitnehmer A einen als gerecht empfundenen Zustand durch Veränderungen seines Inputs, durch Einwirkungen auf die Vergleichsperson oder auf den Arbeitgeber bezüglich des Outputs herbeizuführen. Er kann auch eine andere Vergleichsperson wählen oder auf weitere Vergleiche verzichten, was einer Resignation gleichkommt.

Aus dieser einfachen Motivationstheorie lässt sich der Schluss ziehen, dass der Arbeitgeber stets bemüht sein sollte, eine „Gleichheitssituation“ bzw. „Gerechtigkeit“ (→ *Lohngerechtigkeit*) zwischen den Mitarbeitern herzustellen (→ *Cafeteria-System*).

▶ Gleichordnungskonzern

→ *Konzern*

▶ Gleitzeit

I. R. der persönlichen Gestaltung der → *Arbeitszeit* mögliches Modell der Arbeitszeitflexibilisierung. Der → *Arbeitnehmer* kann seine Tages- oder Wochenarbeitszeit abgesehen von so genannten **Kernzeiten** frei gestalten und auf den Tag bzw. die Woche verteilen. Die Abrechnung erfolgt auf einem Gleitzeitkonto.

▶ Gleitzinsanleihe

Anleihe (→ *Anleihe*), bei der die regelmäßig anfallenden Zinszahlungen entsprechend einem Kuponplan jährlich steigen oder fallen. Für den Investor ist eine derartige Schuldverschreibung insbesondere beim Wunsch der Verlagerung von Erträgen in steuergünstigere Perioden interessant. Werden derartige Anleihen mit einerseits steigenden und andererseits fallenden Zinsen emittiert, so kann sich ein Investor bei Kauf beider Varianten eine so genannte Kombizinsanleihe zusammenstellen.

▶ Globalisierung

(**1**) Volkswirtschaftliche Bezeichnung für das weltweite Zusammenwachsen von Finanz-, Waren- und Dienstleistungsmärkten, die insbesondere durch die technische Revolution ermöglicht wird.

(**2**) Da Güter und Produktion mobil sind (z. B. Produktion in China, Vertrieb im Internet, Verwaltung in Deutschland), kann Globalisierung betriebswirtschaftlich auch als → *Strategie* bezeichnet werden, die insbesondere im Bereich des → *Marketing* Anwendung findet (→ *Strategische Planung*) und zum Ziel hat, international, d. h. global tätig bzw. präsent und bekannt zu sein. Global tätige Unternehmen versuchen, z. B. Produktnamen zu kreieren, die weltweit absetzbar sind, oder Werbespots zu entwickeln, die weltweit verstanden werden. Grundüberlegung dieser Internationalisierungsstrategie ist die Annahme, Kundenwünsche und -bedürfnisse würden sich langfristig weltweit annähern, so dass Strategien standardisierbar werden. Diese Strategie stößt jedoch an Grenzen bei kulturabhängigen Produkten (z. B. der Export von Fleischprodukten in islamische Länder, von langbeinigen Barbiepuppen nach Japan oder von bayerischen Spezialitäten nach Hongkong, wo die Farben blau und weiß den Tod symbolisieren).

▶ Global Sourcing

Internationale Beschaffung der Produktionsfaktoren aus Kosten- sowie Qualitätsaspekten. Basierend auf der Theorie der → *Transaktionskosten.* Zunehmend im Handel verbreitete Beschaffungsstrategie, wobei aktuell die gleichen Probleme wie beim → *Just in Time* (z. B. ökologische Belastung durch zunehmenden Warenverkehr) zu beachten sind sowie die übrigen Kriterien zur Auswahl von Lieferanten (z. B. Zuverlässigkeit, Lieferbereitschaft, Warenqualität) lediglich aus Kostenerwägungen vernachlässigt werden dürfen. Insbesondere die Währungsrisiken, höhere Transportkostenzölle und die Verlängerung von Beschaffungszeiten lassen das Global Sourcing als fraglich erscheinen (→ *Outsourcing,* → *Modular Sourcing*).

▶ GmbH

→ *Gesellschaft mit beschränkter Haftung (GmbH)*

▶ GmbH u. Co. KG

Durch das Kapitalgesellschaften- und Co-Richtlinie-Gesetz (KapCoRiLiG) von 2000 wurde die Rechtsform der GmbH u. Co. KG den Kapitalgesellschaften gleichgestellt, was Rechnungslegung, Prüfung und Offenlegung anbelangt. Die entsprechenden Vorschriften im

HGB sind demnach auch hier zu beachten (→ *Gesellschaft mit beschränkter Haftung u. Co. KG)*.

▶ GoB

→ *Grundsätze ordnungsmäßiger Buchführung (GoB)*

▶ Going-Concern-Prinzip

Grundsatz (→ *Grundsatz ordnungsmäßiger Bilanzierung (GoBil)*), der gem. § 252 I Nr. 2 HGB besagt, dass bei der Bewertung der Vermögensgegenstände und Schulden davon auszugehen ist, dass das Unternehmen auf unbestimmte Zeit fortgeführt wird. Nur in Ausnahmefällen, wenn die Liquidation eingeleitet ist oder nicht mehr ausgeschlossen werden kann, sind in der Bilanz die Liquidationswerte anzusetzen. Dieser Grundsatz gilt auch nach IFRS und US-GAAP als Basisprinzip.

▶ Going Private

Im Gegensatz zum → *Going Public* bzw. IPO (Initial Public Offering) der Rückzug einer börsennotierten Gesellschaft von der Börse. An Bedeutung gewinnend, da immer mehr aufsichtsrechtliche Bestimmungen (→ *Wertpapierhandelsgesetz (WpHG)*, → *Publizität*, → *Corporate Governance*) zu beachten sind und dies zu erheblichen Transaktionskosten einer Börsennotierung führt. Weitere Gründe können der Schutz vor feindlicher Übernahme (→ *Take over*) oder eine Eindämmung der → *Fungibilität* der Anteile sein. Den Vorteilen stehen die Nachteile eines evtl. Imageverlustes und des fehlenden Zuganges zum Kapitalmarkt gegenüber.

▶ Going Public

Ausdruck für einen erstmaligen „Gang an die → *Börse*“ zur Ausgabe von Anteilsscheinen (z. B. → *Aktie*) auch als IPO (Initial Public Offering) bezeichnet. Um Überzeichnungen und damit Kurssprünge zu vermeiden, kann ein → *Greenshoe* vereinbart werden. Häufig wird der Begriff auch für das bloße Vorhaben → *Aktiengesellschaft*

(AG) und damit emissionsfähig zu werden verwendet. Die Finanzierung eines Unternehmens durch die Ausgabe von Anteilsscheinen beim Publikum (Public) kann in verschiedenen → *Börsenhandelsformen* mit unterschiedlichen Vorschriften zur → *Börsenzulassung* erfolgen.

▶ Goldene Bankregel

→ *Anlagendeckungsgrade*

▶ Goldene Bilanzierungsregel

→ *Anlagendeckungsgrade*

▶ Goodwill

(1) Marketingpolitischer Ausdruck für das „Vertrauenskapital", über das eine Unternehmung bei ihren aktuellen und potentiellen Kunden verfügt. Der Goodwill einer Unternehmung kann dabei sowohl auf zukünftige Perioden als auch auf unterschiedliche Produkte des Unternehmens übertragen werden.

(2) Im Jahresabschluss ausgedrückt im bilanziellen → *Firmenwert.*

▶ Gozinto-Graph

Auch als Erzeugnisbaum bezeichneter, der → *Netzplantechnik* ähnlicher Graph, der die Erzeugnisstruktur eines Produktes bezüglich der Einsatzmengen darstellt. Aus der Abbildung G-8 und dem dort genannten Beispiel mit drei Fertigungsstufen wird mit den Zahlenangaben auf den Kanten die Menge der jeweils notwendigen vorgelagerten Produktionsfaktoren deutlich (z. B. 6 Teile E^3 für die Herstellung des Halbfabrikats B^1, welches wiederum in 2 Teilen im Produkt P^1 enthalten ist). Der Gozinto-Graph kann als gerichteter bewerteter Graph bezeichnet werden, aus dem in tabellarischer Form eine → *Stückliste* bzw. ein so genannter Teileverwendungsnachweis ableitbar ist.

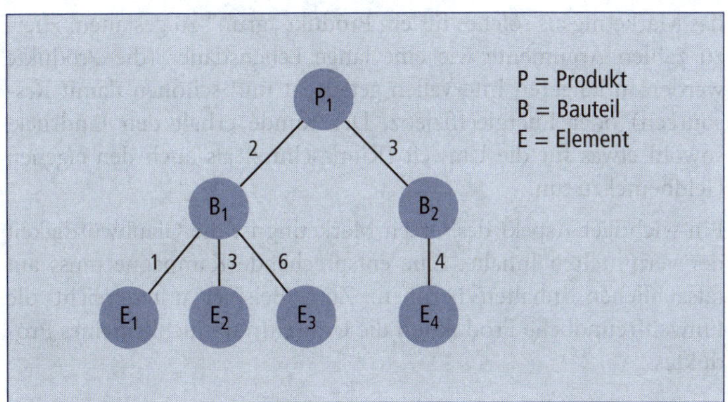

Abb. G-8: Gozinto-Graph

▶ Graphentheorie

Sparte der Mathematik, welche sich mit der formalen Darstellung von Abläufen beschäftigt. Techniken, die auch in der → *Betriebswirtschaftslehre* Anwendung finden, sind die → *Netzplantechnik*, Ablaufdiagramme oder der so genannte → *Gozinto-Graph*.

▶ Gratifikation

Sonderform der → *Lohnformen* bei besonderen Anlässen, die abhängig oder unabhängig von einer besonderen Leistung (z. B. Vorschlag, Firmentreue, Schadensverhinderung) in Form von Geld, Gutscheinen oder Geschenken erfolgen kann.

▶ Gratisaktie

→ *Aktienarten*, → *Kapitalerhöhung*

▶ Green Marketing

Marketing-Konzepte, die auf das neue Umweltbewusstsein der Kunden eingehen. Neben den technischen Eigenschaften eines Produktes werden auch die Aspekte besonders hervorgehoben, die im ökologischen Sinne vorteilhaft sind. Hinzu kommt die Möglichkeit, das Marketing als solches für ein Produkt „grün“ zu gestalten. Hierzu zählen Argumente wie eine lange Lebensdauer (die Produkte werden in längeren Intervallen getauscht und schonen damit Ressourcen) oder Energieeffizienz. Der Kunde erhält den Eindruck, sowohl etwas für die Umwelt (Klimaschutz) als auch den eigenen Geldbeutel zu tun.

Ein wichtiger Aspekt des Green Marketing ist die Glaubwürdigkeit der vermittelten Inhalte. Eine entsprechende Kampagne muss auf tatsächlichen Inhalten beruhen. Zum Beispiel unterstreicht die umweltfreundliche Produktion die Umweltfreundlichkeit eines Produktes.

▶ Greenshoe

Im Wege eines Börsenganges (IPO, → *Going Public*) an einer → *Börse* werden häufig Anteile überzeichnet, d. h. mehr nachgefragt als Anteilsscheine angeboten werden. Um diese Überzeichnungen und damit ausgelöste Kurssprünge zu vermeiden, können Mehrzuteilungsoptionen vereinbart werden, um eine Nachfrage, die über den Erwartungen liegt, zu befriedigen. Der Begriff für diese kursstabilisierende Optionsmöglichkeit geht auf das Unternehmen *Greenshoe Manufacturing Co.* aus Boston (USA) zurück, das erstmals diese Möglichkeit bei ihrem Börsengang nutzte.

▶ Gremium

→ *Kollegium*

▶ Grenzerlös

Erlös, der durch eine zusätzlich verkaufte Leistungseinheit entsteht und den → *Grenzkosten* gegenübergestellt werden kann. Wird statt dem zahlungsorientierten Erlös die Güterentstehung bzw. Leistung unabhängig von deren Verkauf und Einnahmewirkung betrachtet, so wird von Grenzertrag bzw. Grenzleistung gesprochen.

▶ Grenzkosten

Kosten (→ *Kosten*) der letzten (marginalen) Ausbringungsmengeneinheit, z. B. die zusätzlichen Kosten, die durch eine letzte Produktionsschicht bzw. eine zusätzliche Arbeitsstunde anfallen. Von Interesse ist hier insbesondere der Vergleich derartiger Grenzkosten mit den durchschnittlichen Kosten bzw. Normal- oder Standardkosten, die in der durchschnittlichen bzw. normalen Produktion anfallen. Dies ist insbesondere bei einer Produktionsausweitung bzw. der Frage einer teilweisen Stilllegung von Unternehmensbereichen sinnvoll.

▶ Grenzplankostenrechnung

Kostenrechnungssystem im Rahmen der Flexiblen Plankostenrechnung, bei dem lediglich die variablen Plankosten ermittelt und in die Kostenträgerrechnung einbezogen werden.

▶ Grenzpreis (einer Investition)

→ *Kapitalwertmethode*

▶ Grenzsteuersatz

Multiplikator, mit dem die letzte Einheit der → *Steuerbemessungsgrundlage* besteuert wird. Liegt bei Steuertariffunktionen mit → *Freibetrag* immer oberhalb des → *Durchschnittsteuersatzes.* Über den Grenzsteuersatz lassen sich Aussagen über die Anreizwirkung einer Steuertariffunktion treffen. Beispielsweise ist im Rahmen der → *Einkommensteuer* der Grenzsteuersatz bei einem Alleinstehenden, der nach der Grundtabelle versteuert wird, ab einem zu versteuernden → *Einkommen* von 54058 € und ohne Berücksichtigung von Kirchensteuer und Solidaritätszuschlag 42 %. Wenn ein solcher Steuerpflichtiger die Chance hätte, zusätzliches Einkommen zu verdienen, müsste er von jedem hinzuverdienten Euro 0,42 € Steuern abführen, ihm verblieben 0,58 €. Es ist fraglich, ob bei diesem zusätzlich verbleibenden Einkommen der Anreiz groß genug ist, Freizeit zugunsten von Arbeitszeit zu opfern. Verschärft wird die Problematik durch die Einführung einer weiteren Tarifzone von 45 % ab einem Einkommen von 256 304 €. Weitere Untersuchungen über die individuelle Nutzenfunktion können diese Frage beantworten. Der Funktionsverlauf der Grenzsteuer ist in Abbildung G-9 dargestellt.

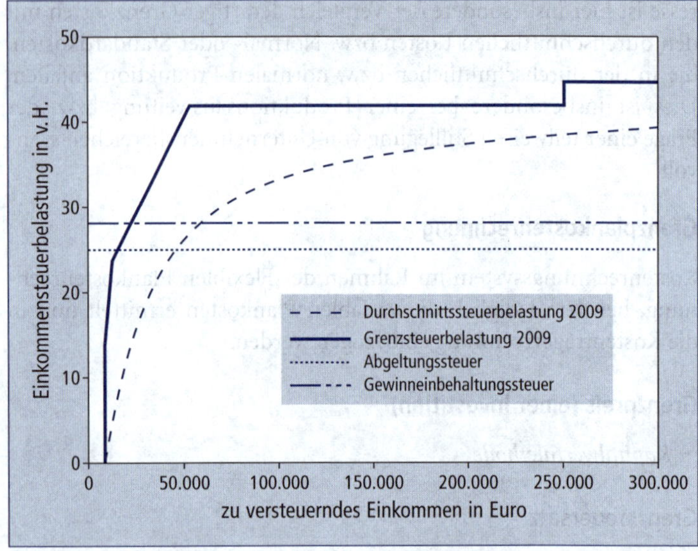

Abb. G-9: Steuerbelastung in der Bundesrepublik Deutschland (für Alleinstehende), 2009 (Quelle: Zimmermann, H.; Henke, K.-D.; Broer, M.: Finanzwissenschaft, 11. Aufl., München 2012, S. 138)

▶ Grid-Methode

→ *Managerial Grid*

▶ Großaktionär

Anteilseigner einer → *Aktiengesellschaft (AG)*, der über einen beträchtlichen Anteil des Aktienkapitals einer Unternehmung verfügt und durch Besitz normaler Aktien in der Regel einen erheblichen Einfluss im Aufsichtsrat ausüben kann. Besondere Beachtung gilt hier der so genannten → *Sperrminorität*, d. h. dem Besitz von mindestens 25 % des Aktienkapitals, da dadurch die häufig notwendige Dreiviertelmehrheit bei Hauptversammlungsbeschlüssen für wichtige Entscheidungen durch den Großaktionär behindert werden kann.

▶ Großbank

→ *Bank*

▶ Großhandel

→ *Handel*

▶ Großkredit

Kredit (→ *Kredit*) gemäß § 19 Kreditwesengesetz (KWG) einer → *Bank* an einen einzelnen Kreditnehmer, der insgesamt 15 % des so genannten haftenden Eigenkapitals des Kreditinstituts überschreitet. Derartige Kredite sind der → *Europäischen Zentralbank (EZB)* anzuzeigen, die wiederum in Zusammenarbeit mit der Bundesanstalt für Finanzdienstleistungsaufsicht (→ *Banken- und Finanzaufsicht*) die Kreditvergabepraxis der Banken prüft. Alle Großkredite einer Bank zusammen dürfen maximal das Achtfache des haftenden Eigenkapitals betragen.

▶ Gross Profit

→ *Umsatzkostenverfahren (UKV)*

▶ Gründung

Formal-juristische Errichtung eines Betriebes, indem die → *Firma* je nach → *Rechtsform* in das → *Handelsregister* eingetragen wird und die Gründungsvoraussetzungen in Abhängigkeit von der Rechtsform und der → *Branche* erfüllt sind. Es lassen sich die → *Bargründung* und die Sachgründung unterscheiden. Bei einer weiteren Begriffsauffassung werden sämtliche Vorbereitungsmaßnahmen zur formalrechtlichen Errichtung der Gesellschaft zur Gründung dazugezählt, so dass die Entscheidung über den → *Standort*, die Rechtsform oder ggf. einen → *Unternehmenszusammenschluss* in die Gründungsphase gehören. Bei der Gründung einer → *Aktiengesellschaft (AG)* und bei der Sachgründung einer → *Gesellschaft mit beschränkter Haftung (GmbH)* ist ein Gründungsbericht vorgeschrieben, der den Hergang der Gründung dokumentieren soll. Nach der Gründung ist grundsätzlich eine Gründungsbilanz (→ *Eröffnungsbilanz*) zu erstellen. Die Gründungskosten können ein entscheidendes Kriterium bei der Wahl der Rechtsform darstellen.

▶ Grundbegriffe des Rechnungswesens

→ *Rechnungswesen*

▶ Grundbuch

Bei einem Grundbuchamt, in der Regel eine Abteilung des Amtsgerichts, geführtes öffentliches Register, in dem alle Grundstücke des betreffenden Bezirks eingetragen sind. Dabei gibt es nicht nur Auskunft über Lage, Fläche, Größe der Grundstücke, sondern vor allem über die Eigentumsverhältnisse und die Rechte und Lasten auf dem Grundstück (z. B. → *Grundschuld* oder → *Hypothek*). Das Grundbuch genießt öffentlichen Glauben, so dass auch bei einer fehlerhaften Eintragung jemand sich auf die Eintragung berufen kann (guter Glaube). Das Grundbuch wird nach vier Grundsätzen geführt. (1) Antragsgrundsatz, d. h. ein Eintrag erfolgt nur auf Antrag und nur in Ausnahmefällen von Amts wegen. (2) Bewilligungsgrundsatz, d. h. der von einer Eintragung Betroffene muss die Rechtsänderung bewilligen. (3) Eintragungsgrundsatz, d. h. die Gültigkeit von Rechtsgeschäften mit Grundstücken ist von der Eintragung im Grundbuch abhängig. (4) Bestimmtheitsgrundsatz, d. h. das Grundbuch genießt öffentlichen Glauben, auch wenn Nichtberechtigte eingetragen sind. Während in der ersten Abteilung die Eigentumsverhältnisse geregelt sind, werden in der zweiten Abteilung Lasten wie z. B. Erbbaurecht gemäß §§ 1012 f. BGB, Grunddienstbarkeiten gemäß §§ 1018 f. BGB, Nießbrauch gemäß § 1030 BGB, Vorkaufsrecht gemäß § 1094 BGB oder Reallasten gemäß § 1105 BGB eingetragen. Für die Verwertungsrechte aus einem Grundstück ist die Reihenfolge der Eintragungen gemäß §§ 879 f. BGB ausschlaggebend. Dementsprechend spricht man bei den Kreditsicherheiten von erst- oder zweitrangigen Sicherheiten.

▶ Grunderwerbsteuer

Im Rahmen der → *Verkehrsteuern* bedeutendste Steuer, die an den Erwerb eines Grundstücks oder dessen Verwertung anknüpft. Steuerobjekt sind insbesondere Kaufverträge und sonstige Rechtsgeschäfte, die einen Anspruch auf Übereignung eines inländischen Grundstücks (einschließlich Gebäude) begründen, sowie Rechtsvorgänge im Rahmen von Enteignungs- oder Zwangsversteigerungsmaßnahmen und der Übergang der wirtschaftlichen Verfügungsmacht bzw. die Vereinigung aller Anteile an einer grundstücksbesitzenden Gesellschaft in einer Hand. So kann auch ein Rechtsformwechsel bzw. Kauf von Anteilen in bestimmten Fällen Grunderwerbsteuer auslösen. Dagegen sind Erwerbsvorgänge durch Erbgang oder Übereignung zwischen Ehegatten und Personen, die mit dem Übergebenden in gerader Linie verwandt sind, von der Grunderwerbsteuer ausgenommen. Die → *Steuerbemessungsgrundlage* bildet der Wert der Gegenleistung (in der Regel der Kaufpreis) oder ein entsprechender Ersatzwert. Der Steuersatz beträgt länderspezifisch zwischen 3,5 % und 6,5 %. Das Aufkommen der Grunderwerbsteuer steht den Ländern zu.

▶ Grundfreibetrag

→ *Einkommensteuertarif*

▶ Grundkapital

Nominalkapital bzw. → *Gezeichnetes Kapital* einer → *Aktiengesellschaft (AG)*. Zusammen mit den → *Rücklagen* stellt das Grundkapital das → *Eigenkapital* der Unternehmung dar. Das Grundkapital muss gemäß § 6 AktG auf Euro lauten und gemäß § 7 AktG mindestens 50 000 € betragen. Bei Nennbetragsaktien ist aus der Division des Grundkapitals mit dem Aktiennennbetrag, der mindestens 1 € oder ein Vielfaches betragen muss, die Anzahl der ausgegebenen Aktien errechenbar. Nach dem Stückaktiengesetz vom 25.3.1998 sind auch sog. Stückaktien zulässig, die auf keinen Nennbetrag lauten, sondern auf einen Anteil am Grundkapital. Das Grundkapital wird in der → *Bilanz* auf der Passivseite als erste Position angegeben.

▶ Grundkosten

Kosten (→ *Kosten*), die dem Zweckaufwand, d. h. der Differenz aus Gesamtaufwand abzüglich → *Neutraler Aufwand* entspricht.

▶ Grundkreditanstalten

→ *Realkredit*

▶ Grundmietzeit

→ *Leasing*

▶ Grundpfandrechte

Überbegriff über alle Rechte an oder aus einem Grundstück, die unabhängig vom jeweiligen Eigentum bestehen können. Dies sind insbesondere die → *Hypothek*, → *Grundschuld* und → *Rentenschuld*. Die Grundpfandrechte sind im → *Grundbuch* eingetragen und dienen als → *Kreditsicherheiten*.

▶ Grundrechnung

→ *Relative Einzelkostenrechnung*

▶ Grundsätze ordnungsmäßiger Bilanzierung (GoBil)

Sie gehören zu den → *Grundsätzen ordnungsmäßiger Buchführung (GoB)* und knüpfen an dem eigentlichen → *Jahresabschluss*, also der → *Bilanz* und GuV sowie dem → *Anhang* an, während die → *Grundsätze ordnungsmäßiger Dokumentation (GoD)* sowie der → *Inventur* vorgelagert sind. Die Grundsätze ordnungsmäßiger Bilanzierung (GoBil) können in die **formellen** und **materiellen** GoBil unterteilt werden. Zu den formellen GoBil zählen zum einen der → *Grundsatz der Klarheit und Übersichtlichkeit*, der → *Grundsatz der formellen*

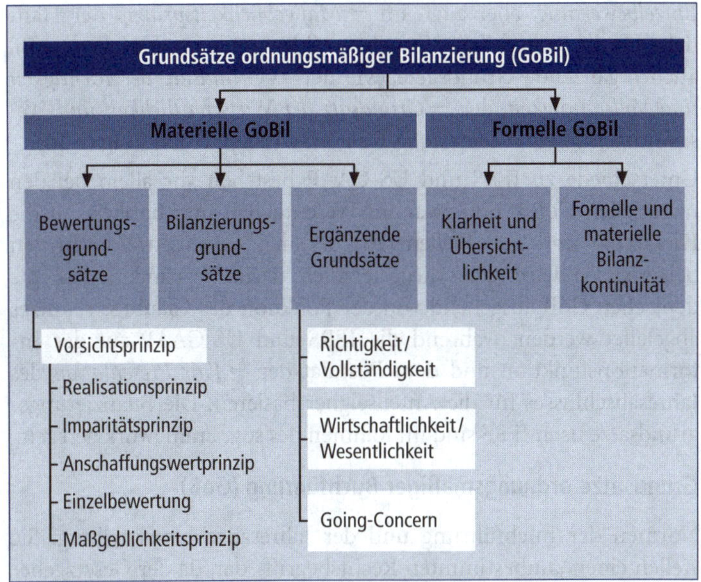

Abb. G-10: Systematisierung der Grundsätze ordnungsmäßiger Bilanzierung (Quelle: in Anlehnung an Buchner, R.: Buchführung und Jahresabschluss, 7. Aufl., München 2005, S. 61–85)

Bilanzkontinuität und der → *Grundsatz der materiellen Bilanzkontinuität (Stetigkeit)*.

Die materiellen GoBil umfassen die Bilanzierungs-, die Bewertungs- und die ergänzenden Grundsätze. Die Bilanzierungsgrundsätze (= Ansatzgrundsätze) bestimmen, welche Aktiva und welche Passiva als solche – unabhängig von deren Höhe – in der Bilanz auszuweisen sind. Dies hängt wesentlich von dem Begriffsinhalt des → *Vermögensgegenstandes* und der → *Schulden* ab sowie von eventuell bestehenden gesetzlichen Einzelregelungen. Die Bewertungsgrundsätze regeln die Frage der Höhe der Wertansätze. Der → *Grundsatz der Vorsicht* (= Vorsichtsprinzip) hat dabei im deutschen Bilanzrecht die mit Abstand größte Bedeutung. Seine konkrete Ausprägung erfährt das Vorsichtsprinzip insbesondere im: → *Realisationsprinzip*, → *Imparitätsprinzip*, Anschaffungswertprinzip sowie im → *Grundsatz der*

Einzelbewertung, aber auch im → *Maßgeblichkeitsprinzip* der Handels- für die Steuerbilanz. Daneben zählen zu den materiellen GoBil auch ergänzende Grundsätze, wie der → *Grundsatz der Richtigkeit und Vollständigkeit,* der → *Grundsatz der Wirtschaftlichkeit und Wesentlichkeit* sowie das → *Going-Concern-Prinzip* (Abbildung G-10).

Unterschiede zu IFRS und US-GAAP bestehen vor allem bei den materiellen GoBil, und zwar im Wesentlichen im Hinblick auf die Hierarchie und den Stellenwert, der den einzelnen Vorschriften beigemessen wird. Dies liegt letztlich darin begründet, dass die deutschen GoB ausgehend von der Funktion des Gläubigerschutzes abgeleitet werden, während die IFRS und US-GAAP auf der Informationsfunktion und dem Postulat der → *Fair Presentation* des Jahresabschlusses für die Anteilseigner basieren. Die Bilanzierungsgrundsätze nach IFRS sind im Rahmen des sog. Framework geregelt.

▶ Grundsätze ordnungsmäßiger Buchführung (GoB)

Normen der Buchführung und der Jahresabschlusserstellung. Sie stellen einen „unbestimmten Rechtsbegriff" dar, da der Gesetzgeber weder den Begriff noch den Inhalt im Einzelnen festgelegt hat. Im Hinblick auf die **Rechtsnatur** der GoB kann in **kodifizierte** GoB, die im Gesetz festgeschrieben sind, z. B. das Vorsichtsprinzip gem. § 252 I 4 HGB, und nicht kodifizierte GoB unterschieden werden. Soweit diese nicht kodifizierten GoB den Charakter von **Gewohnheitsrecht** haben, weisen sie die gleiche Rechtsnormqualität wie die kodifizierten GoB auf. Voraussetzung für die Entstehung von Gewohnheitsrecht ist, dass in der betrieblichen Praxis dauerhaft und stetig entsprechend verfahren wird **und** ein manifestierter Rechtsgeltungswille, i. d. R. durch Gerichtsentscheidungen, vorliegt. GoB ohne Rechtsnormqualität stellen hingegen der **Handelsbrauch** und die **Verkehrsanschauung** der Sachverständigen dar. Ihnen fehlt vor allem der manifestierte Rechtsgeltungswille.

Die Grundsätze ordnungsmäßiger Buchführung können unterteilt werden in:

(1) → *Grundsätze ordnungsmäßiger Dokumentation (GoD)*

(2) → *Grundsätze ordnungsmäßiger Inventur (GoI)*

(3) → *Grundsätze ordnungsmäßiger Bilanzierung (GoBil)*

Inhaltliche Unterschiede zwischen dem deutschen Recht und den IFRS US-GAAP ergeben sich weniger bei den Grundsätzen ordnungsmäßiger Dokumentation und Inventur als vielmehr bei den **Grundsätzen ordnungsmäßiger Bilanzierung**, die maßgeblich dafür sind, welche Vermögensgegenstände und Schulden mit welchen Wertansätzen bilanziert werden.

Im Hinblick auf die Rechtsnatur der GoB bestehen insoweit Unterschiede, als nach IFRS und US-GAAP sog. „Private Standard Setter", d. h. private Institutionen, wie das → *Financial Accounting Standards Board (FASB)* in den USA oder das → *International Accounting Standards Board (IASB)*, wesentlich für die Inhalte der Rechnungslegungsvorschriften zuständig sind. Dagegen stellen die deutschen GoB grundsätzlich kodifiziertes Recht dar, wenngleich zu ihrer Interpretation auch Verlautbarungen privater Vereinigungen (wie z. B. dem → *Deutschen Rechnungslegungs Standards Committee (DRSC) oder* dem → *Institut der Wirtschaftsprüfer (IDW)*) herangezogen werden.

► Grundsätze zur ordnungsmäßigen Führung und Aufbewahrung von Büchern, Aufzeichnungen und Unterlagen in elektronischer Form sowie zum Datenzugriff (GoBD)

Mit Schreiben des Bundesfinanzministeriums vom 14.11.2014 eingeführt und veröffentlicht und ab 1.1.2015 anwendbar. Sie regeln die formalen Anforderungen an die Buchführung und die Aufbewahrung von steuerrechtlich relevanten elektronischen Daten und Papierdokumenten unter Bezug auf die Grundsätze ordnungsmäßiger Buchführung. Zudem enthalten die GoBD Regeln zum elektronischen Datenzugriff der Finanzverwaltung im Rahmen von Außenprüfungen. Die GoBD lösen die Grundsätze zum Datenzugriff und zur Prüfbarkeit digitaler Unterlagen (GDPdU) und die Grundsätze ordnungsmäßiger DV-gestützter Buchführungssysteme (GoBS) ab. Besonders wichtig sind die GoBD für die elektronische Aufzeichnung der Barerlöse, die oftmals nicht vollständig aufgezeichnet oder nachträglich mit Manipulationssoftware verändert werden. Umfassende Regelungen zum Internen Kontrollsystem und der Verfahrensdokumentation sind zu beachten. Der Unternehmer bleibt nach den GoBD verantwortlich, auch wenn er die Datenverarbeitung auslagert oder einen Dienstleister wie den Steuerberater einschaltet. Die GoBD gelten auch im Bereich der Bareinnahmen nur für digitale Aufzeichnungen mit Kassensystemen, Registrierkassen, PC-Kassen, Wiegekassen und Taxametern. Sie gelten nicht für manuelle Kassenführung wie z. B. die offene Ladenkasse.

▶ Grundsätze ordnungsmäßiger Dokumentation (GoD)

Regelungen, die die zugriffsichere Aufzeichnung buchungspflichtiger Geschäftsvorfälle gewährleisten sollen. Dabei wird in **materielle** und **formelle** GoD unterschieden. Zu den formellen GoD gehört insbesondere der Grundsatz der **Klarheit**, d. h. die Buchführung ist klar und übersichtlich zu erstellen, sowie der Grundsatz der **Sicherheit**, d. h. die buchungspflichtigen Geschäftsvorfälle müssen eindeutig erfasst und in verständlicher Art und Weise (u. a. lebende Sprache) und unveränderlicher Form (u. a. keine Bleistiftaufzeichnungen) gebucht werden. Zu den materiellen GoD zählt insbesondere, dass die Geschäftsvorfälle vollständig, lückenlos und richtig erfasst werden und zu jeder Buchung ein Buchungsbeleg in Form eines sog. Eigen- oder Fremdbelegs vorhanden ist. Die GoD gelten auch für EDV-gestützte Buchführungssysteme, sie werden in diesem Zusammenhang als Grundsätze ordnungsmäßiger Systeme (GoS) bezeichnet. Gem. § 239 IV HGB muss insbesondere sichergestellt sein, dass die Daten während der Dauer der gesetzlichen Aufbewahrungsfristen gespeichert sind und jederzeit innerhalb angemessener Frist lesbar gemacht werden können.

▶ Grundsätze ordnungsmäßiger Inventur (GoI)

→ *Inventur*

▶ Grundsätze ordnungsmäßiger Konsolidierung (GoK)

→ *Konzernabschluss, Grundsätze (GoK)*

▶ Grundsätze ordnungsmäßiger Systeme (GoS)

→ *Grundsätze ordnungsmäßiger Dokumentation (GoD)*

▶ Grundsatz der Einzelbewertung

Grundsatz (→ *Grundsatz ordnungsmäßiger Bilanzierung (GoBil)*), der besagt, dass im Rahmen der Erstellung des Jahresabschlusses jeder Vermögensgegenstand und jede Schuld einzeln zu bewerten ist (§ 252 I 3 HGB und § 240 I HGB). Er gilt auch in der → *Steuerbilanz* gemäß dem → *Maßgeblichkeitsprinzip* sowie der expliziten Vorgabe in § 6 I EStG.

Durch diesen Grundsatz soll ein Identitätsnachweis ermöglicht und sichergestellt werden, dass notwendige Abschreibungen oder Wertabschläge nicht deshalb unterbleiben, weil anderen Vermögensgegenständen ein höherer Wert beizulegen ist. Die Einzelbewertung ist methodisch nicht immer durchführbar, z. B. ist eine Zurechnung des allgemeinen Kreditrisikos auf einzelne Forderungen im Voraus nicht möglich. Der Gesetzgeber lässt daher eine pauschale Forderungsbewertung zur Berücksichtigung des allgemeinen Kreditrisikos zu. Darüber hinaus ist in der Praxis die Einzelbewertung zum Teil nur unter Inkaufnahme unverhältnismäßig hoher Kosten realisierbar. Deshalb sind unter bestimmten Voraussetzungen aus Wirtschaftlichkeitsgründen Abweichungen gesetzlich zulässig, hierzu zählen die → *Sammelbewertungsverfahren,* die → *Gruppenbewertung* und die → *Festwertbewertung* sowie die Stichprobeninventur (→ *Stichprobenverfahren,* → *Inventur*).

▶ Grundsatz der formellen Bilanzkontinuität

Grundsatz (→ *Grundsatz ordnungsmäßiger Bilanzierung (GoBil)*), zur Sicherstellung der formalen Vergleichbarkeit einzelner Jahresabschlüsse im Zeitablauf. Er umfasst:

- die sog. Bilanzidentität, wonach die Wertansätze der Schlussbilanz mit denen der Eröffnungsbilanz des Folgejahres übereinstimmen müssen (§ 252 I Nr. 1 HGB)
- die Beibehaltung der Gliederung der Bilanz- und GuV im Zeitablauf (§ 265 I 1 HGB)
- die Beibehaltung eines einmal gewählten Abschlussstichtags.

▶ Grundsatz der Klarheit und Übersichtlichkeit

Formeller → *Grundsatz ordnungsmäßiger Bilanzierung (GoBil)*. Gem. § 243 II HGB ist der → *Jahresabschluss* klar und übersichtlich zu erstellen. Hierzu gehört auch das in § 246 II HGB kodifizierte **Saldierungsverbot,** wonach Posten der Aktivseite nicht mit Posten der Passivseite, Aufwendungen nicht mit Erträgen sowie Grundstücksrechte nicht mit Grundstückslasten verrechnet werden dürfen. Weiter verlangt § 247 I HGB, dass in der → *Bilanz* das → *Anlagevermögen* und das → *Umlaufvermögen,* das → *Eigenkapital,* die → *Schulden* sowie die → *Rechnungsabgrenzungsposten (RAP)* gesondert auszuweisen und hinreichend aufzugliedern sind. Neben diesen für alle Kaufleute geltenden Vorschriften enthält das HGB für Kapitalgesellschaften eine Reihe von weiteren Regelungen, die eine klare und übersichtliche Darstellung gewährleisten sollen. Hierzu gehören vor allem die gesetzlich vorgegebenen Gliederungsschemata für Bilanz (§ 266 HGB) und GuV (§ 275 HGB).

▶ Grundsatz der materiellen Bilanzkontinuität (Stetigkeit)

Grundsatz (→ *Grundsatz ordnungsmäßiger Bilanzierung (GoBil)*), der sich auf die Ansatz- und Bewertungsstetigkeit bezieht. Der Grundsatz der Ansatzstetigkeit ist in § 246 III HGB verankert, er regelt die Stetigkeit dem Grunde nach. Danach sind die auf den vorhergehenden Abschluss angewandten Ansatzmethoden beizubehalten. Der Grundsatz der Methodenstetigkeit ist in § 252 I 6 HGB kodifiziert. Er verlangt die Beibehaltung der im vorhergehenden Abschluss angewandten Bewertungsmethoden. In begründeten Ausnahmefällen darf nach § 252 II HGB von den Grundsätzen abgewichen werden, dies ist im → *Anhang* anzugeben und zu begründen.

Das Stetigkeitsgebot (Consistency Principle) hat nach IFRS (insb. IAS 8) und US-GAAP einen größeren Stellenwert. Es wird dort stärker unter dem Blickwinkel der → *„Fair Presentation"* gesehen, d. h. Methodenänderungen sind explizit nur dann zulässig, wenn dadurch der Einblick in die Vermögens-, Finanz- und Ertragslage der Gesellschaft verbessert wird.

▶ Grundsatz der Periodenabgrenzung

→ *Rechnungsabgrenzungsposten (RAP)*

▶ Grundsatz der Richtigkeit und Vollständigkeit

Grundsatz (→ *Grundsatz ordnungsmäßiger Bilanzierung (GoBil)*), der verlangt, dass der → *Jahresabschluss* in dem Sinne wahr (richtig) sein muss, dass die bestehenden Bilanzierungs- und Bewertungsvorschriften beachtet werden. Der Grundsatz der Richtigkeit impliziert den Grundsatz der Willkürfreiheit, d. h. soweit keine intersubjektiv nachprüfbare Bilanzierung und Bewertung möglich ist, muss diese so vorgenommen werden, dass der Ersteller von seiner Richtigkeit überzeugt ist. Der Grundsatz der Richtigkeit verlangt auch die Beachtung des Postulats der Vollständigkeit, d. h. sämtliche Vermögensgegenstände und Schulden sowie alle bis zum Bilanzstichtag eingetretenen Werterhöhungen und Wertminderungen sind entsprechend den Bilanzierungs- und Bewertungsgrundsätzen zu erfassen. Ferner müssen alle sog. werterhellenden und wertbegründenden Informationen zwischen dem Bilanzstichtag und dem Tag der Bilanzaufstellung berücksichtigt werden.

▶ Grundsatz der Vorsicht

Zentraler und wichtigster Bilanzierungsgrundsatz (→ *Grundsätze ordnungsmäßiger Bilanzierung (GoBil)*) im deutschen Bilanzrecht, der aus dem Gläubigerschutzprinzip abgeleitet wird und eine vorsichtige Bewertung der Vermögensgegenstände und Schulden verlangt (§ 252 I 4 HGB). Das Vorsichtsprinzip findet seinen konkreten Niederschlag im Wesentlichen in folgenden hieraus ableitbaren GoB:

(1) → *Realisationsprinzip*

(2) → *Imparitätsprinzip*

(3) → *Anschaffungswertprinzip*

(4) → *Grundsatz der Einzelbewertung*

(5) → *Maßgeblichkeitsprinzip*

Der Grundsatz der Vorsicht gilt infolge des Maßgeblichkeitsprinzips gem. § 5 I 1 EStG grundsätzlich auch für die → *Steuerbilanz.*

IFRS und US-GAAP kennen zwar punktuell auch das Vorsichtsprinzip, doch hat das Vorsichtsprinzip dort nicht einen übergeordneten Stellenwert.

▶ Grundsatz der Wirtschaftlichkeit und Wesentlichkeit

Grundsatz (→ *Grundsätze ordnungsmäßiger Bilanzierung (GoBil)*), der besagt, dass bei der Rechnungslegung zwar grundsätzlich alle Bilanzierungssachverhalte (einzeln) erfasst werden müssen, dass aber unter dem Aspekt der Wirtschaftlichkeit zwischen den Kosten der Rechnungslegung und dem Informationszuwachs ein angemessenes Verhältnis bestehen muss. Der Grundsatz der Wesentlichkeit konkretisiert den Grundsatz der Wirtschaftlichkeit insoweit, als er bestimmt, dass mit dem Postulat der Wirtschaftlichkeit nur dann Vereinfachungen der Rechnungslegung begründet werden können, wenn sich hieraus keine Informationsnachteile für die Adressaten der Rechnungslegung ergeben.

Der Grundsatz der Wirtschaftlichkeit und Wesentlichkeit kann nach IFRS und US-GAAP häufig entsprechend den Anforderungen im HGB interpretiert werden.

▶ Grundschuld

Grundpfandrecht, das im Gegensatz zur → *Hypothek* gemäß §§ 1191 f. BGB nicht akzessorisch, sondern fiduziarisch ist. Dies bedeutet, dass die Grundschuld vom Bestand, Umfang und der Dauer der Hauptschuld unabhängig ist, und damit auch nach Begleichung der Verpflichtungen durch den Schuldner weiterbestehen kann. Eine → *Bank* präferiert diese Form des Grundpfandrechts, da sie die Sicherheit auch bei vorübergehender, teilweiser oder ganzer Zurückbezahlung des Kredits erhält und für spätere Ausleihungen wieder verwenden kann. Ähnlich der Verkehrshypothek kann auch bei der Grundschuld ein Grundschuldbrief ausgestellt werden, welcher durch Abtretung übertragbar ist. Im anderen Falle spricht man von Buchgrundschuld.

▶ Grundsteuer

Steuer, die das Eigentum an inländischen Grundstücken (Grundsteuer B) und Betrieben der Land- und Forstwirtschaft (Grundsteuer A) erfasst. Somit zählt die Grundsteuer zu den klassischen Realsteuern, da sie objektbezogen ausgestaltet ist. Entscheidend ist der Wert des Steuerobjektes und dessen Lage, nicht die persönlichen Verhältnisse des Eigentümers. → *Steuerbemessungsgrundlage* ist der → *Einheitswert* auf der Basis von 1964 bzw. bei Objekten in den neuen Bundesländern auf der Basis von 1935. Ähnlich wie bei der → *Gewerbesteuer* ist ein zweistufiges Verfahren zur Festsetzung der Grundsteuer notwendig. In einem ersten Rechengang ermittelt die Finanzverwaltung den → *Steuermessbetrag* durch Anwendung einer → *Steuermesszahl* (2,6 vom Tausend bis 6 vom Tausend) auf die Bemessungsgrundlage. Der so ermittelte Steuermessbetrag wird den Gemeinden mitgeteilt, die durch Anwendung eines Hebesatzes die → *Steuerschuld* festsetzen. Die Hebesätze variieren in Deutschland in Städten über 50 000 Einwohnern bei Betrieben der Land- und Forstwirtschaft zwischen 150 % (Berlin) und 535 % (München) und bei sonstigen Grundstücken zwischen 395 % (Regensburg) und 910 % (Witten). Das Aufkommen der Grundsteuer steht den Gemeinden zu. Erstreckt sich ein Steuerobjekt über mehrere Gemeinden, wird eine Zerlegung des Steuermessbetrages im Verhältnis der Flächenanteile vorgenommen. Am 10.4.2018 hat das BVerfG die Grundsteuer in der bisherigen Berechnung für verfassungswidrig erklärt. Der Gesetzgeber ist nun aufgefordert bis zum 31.12.2019 einen neuen Maßstab als den → Einheitswert zu finden und gesetzlich zu normieren.

▶ Grundvermögen

Eine der drei Vermögensarten des Bewertungsrechts (§ 18 BewG). Teil des Grundbesitzes, der nicht land- und forstwirtschaftliches Vermögen und auch kein → *Betriebsvermögen* ist. Zum Grundvermögen gehört in erster Linie der Grund und Boden, und zwar der Grund und Boden allein (unbebaute Grundstücke), sowie der Grund und Boden einschließlich der Gebäude mit Bestandteilen und Zubehör, wenn der Grundbesitz bebaut ist (= bebaute Grundstücke). Unbebaute Grundstücke im Sinne des Bewertungsrechts sind Grundstücke, auf denen sich keine benutzbaren Gebäude befinden oder wenn die Gebäude noch nicht bezugsfertig sind. Die Benutzbarkeit beginnt bewertungsrechtlich mit der bezugsfertigen Errichtung eines Gebäudes. Für Grundstücke im Zustand der Bebauung ist eine Sonderbewertung durchzuführen.

Zu unterscheiden sind die Begriffe Grundbesitz, Grundstück und Betriebsgrundstück. Der Begriff Grundbesitz ist der (umfassende) Oberbegriff (§ 2 GrStG) für alle geldwerten Rechte am Grund und Boden sowie an dessen Bestandteilen und Zubehör. Zum Grundbesitz gehören die wirtschaftlichen Einheiten des land- und forstwirtschaftlichen Vermögens (§ 33 BewG), des Grundvermögens (§ 68 BewG) sowie die Betriebsgrundstücke (§ 99 BewG).

Grundstück ist der eigentlich korrekte zivilrechtliche Ausdruck nach § 94 BGB. Hierzu zählen auch die mit dem Grund und Boden fest verbundenen Sachen, insbesondere die Gebäude losgelöst von ihrem Funktionszusammenhang. Im Bewertungsrecht wird die wirtschaftliche Einheit des Grundvermögens als Grundstück bezeichnet (§ 70 BewG). Grundstück im Sinne des Bewertungsrechts sind die bebauten und unbebauten wirtschaftlichen Einheiten des Grundbesitzes, die weder zum land- und forstwirtschaftlichen Vermögen noch zum Betriebsvermögen gehören.

Der Begriff Betriebsgrundstück (§ 99 BewG) kennzeichnet die Zugehörigkeit von Grundbesitz zu einem gewerblichen Betrieb und damit zur Vermögensart Betriebsvermögen. Für steuerbilanzielle Zwecke ist Grundvermögen aufzuteilen in zwei Wirtschaftsgüter: **(1)** Grund und Boden als nichtabzugsfähiges Wirtschaftsgut, **(2)** Gebäude als abnutzbares Wirtschaftsgut. Die Unterscheidung ist bedeutsam für die Möglichkeit → *Absetzungen für Abnutzung (AfA)* vornehmen zu können.

▶ Gruppe

Menschen (Mitarbeiter) denken, handeln und fühlen in Betrieben nicht nur als isolierte Individuen, sondern als Mitglieder von Gruppen. Neben der Existenz formaler Gruppen (→ *Aktionseinheiten, or-*

ganisatorische) sind daher im Zusammenhang mit der → *Personalführung* (→ *Motivation*) informale Gruppen i. S. von Freundschafts- oder Interessengruppen zu beachten. In den Sozialwissenschaften wird unter einer Gruppe eine Reihe von Personen verstanden, die in einer bestimmten Zeitspanne häufig miteinander Umgang hat und deren Anzahl so gering ist, dass jede Person mit allen anderen Personen in Verbindung treten kann. Bei einem zufälligen Zusammentreffen von Personen wird nicht von einer Gruppe gesprochen. Insbesondere die optimale Gruppengröße ist ausschlaggebend für die Kohäsion (Zusammengehörigkeitsgefühl) und damit die → *Arbeitsleistung* einer Gruppe (→ *Teilautonome Gruppe*). Ein Modell sich überlappender Gruppen erstellte *Likert* (→ *Linking Pin*).

▶ Gruppenbewertung

Verfahren gem. § 240 IV HGB zur vereinfachten Bewertung von **gleichartigen** Vermögensgegenständen des Vorratsvermögens sowie **anderer gleichartiger oder annähernd gleichwertiger** beweglicher Gegenstände des Anlage- und Umlaufvermögens (Forderungen, Wechsel, Wertpapiere) sowie von Schulden. Diese dürfen zu einer Gruppe zusammengefasst und mit einem gewogenen Durchschnittswert bewertet werden. Die Gruppenbewertung stellt eine Ausnahme vom → *Grundsatz der Einzelbewertung* dar. Im Unterschied zur → *Festwertbewertung* sind aber die Mengen und die Wertansätze zu jedem Bilanzstichtag neu zu ermitteln, wenngleich vereinfachend für die Bewertung die Durchschnittsmethode zum Zuge kommt. Eine Gruppenbewertung ist auch nach IFRS (IAS 2) und US-GAAP möglich.

▶ Gruppenkonzept von Likert

Führungsmodell, das davon ausgeht, dass Mitarbeiter organisatorisch betrachtet gleichzeitig Teilnehmer zweier sich überlappender Gruppen (→ *Abteilungen*) sein sollen. Abgesehen von den obersten und untersten Hierarchieebenen soll nach *Rensis Likert* jeder Mitarbeiter gleichzeitig in zwei verschiedenen Gruppen (z. B. Abteilungen) an Entscheidungen beteiligt werden und ist damit in der einen

Gruppe teilnehmendes, in der anderen Gruppe führendes oder moderierendes Mitglied. Entscheidungen sollen so weit nach unten verlagert werden, dass diese bezüglich des Sachverstandes der Gruppenmitglieder gerade noch bewältigt werden können. Durch das Netzwerk sich überlappender Gruppen soll die → *Kommunikation* und Integration im Unternehmen verbessert werden. Gruppenarbeit muss jedoch nicht immer motivierend auf Mitarbeiter wirken (→ *Gruppenproduktion*). Gruppenentscheidungen benötigen i. d. R. viel Zeit und der Erfolg einer Maßnahme hängt entscheidend vom Klima (→ *Betriebsklima*) in der Gruppe (Kohäsion) sowie dem Willen ab, gemeinsam die Entscheidungen zu realisieren. Praktische Anwendungen dieses Modells sind selten.

▶ Gruppenproduktion

Produktionsprogramm (→ *Produktionsprogramm*), bei dem die für einen Teilprozess einer → *Produktion* notwendigen Produktionsfaktoren (z. B. Mensch und Maschine) derart kombiniert werden, dass die Erstellung des Teilprozesses garantiert, aber die Aufgabenverteilung innerhalb der Gruppe frei organisiert werden kann. Häufig wird die Gruppenproduktion mit der an sich unflexiblen → *Fließproduktion* kombiniert (Straßenfertigung). Durch die Schaffung zum Teil sich selbst steuernder Gruppen (→ *Teilautonome Gruppe*) mit evtl. weit reichenden Kompetenzen bei Auftritt unvorhergesehener Ereignisse (z. B. Engpässe an Material) soll nicht nur der Produktionsprozess flexibilisiert und garantiert werden, sondern das Interesse der Mitarbeiter am Unternehmen und damit deren Motivation, gesteigert werden.

▶ Guerilla-Marketing

Guerilla-Marketing gehört zur Familie der alternativen Werbeformen. Neben Guerilla-Marketing werden auch noch → *Ambush Marketing*, → *Ambient Marketing* und → *Virales Marketing* den alternativen Werbeformen zugeordnet.

Beim Guerilla-Marketing geht es darum, beim von Werbung übersättigten Konsumenten durch unkonventionelles bzw. originelles

Marketing größtmögliche Aufmerksamkeit zu erreichen. Hierzu wird bevorzugt außerhalb der klassischen Werbekanäle und Marketing-Traditionen vorgegangen.

Grundsätzlich handelt es sich dabei um die Auswahl untypischer und undogmatischer Marketingaktivitäten, die mit einem geringen Mitteleinsatz eine möglichst große Wirkung erzielen sollen. Kennzeichnend sind folgende Merkmale: Unkonventionell, originell/kreativ, ungewöhnlich/untypisch, spektakulär, frech/provokant, überraschend, witzig, ansteckend.

Guerilla-Marketing-Aktionen sind einmalig und finden meistens nur punktuell an einem oder wenigen strategisch interessanten, real existierenden Orten statt und werden regelrecht inszeniert. Diese Orte können entweder von vielen Menschen frequentiert werden (Meetingpoints) und/oder für die zu erreichende Zielgruppe von herausragender Bedeutung sein, und/oder für die Medien interessant und spektakulär sein. Ein wichtiges Element für den Erfolg von Guerilla-Marketing-Aktionen sind die Presse und die Medien.

Ziel ist es letztendlich, Werbung nicht mehr als störend, sondern als echtes Erlebnis wahrzunehmen, über das man auch mit anderen spricht sowie sich von den Marketingaktivitäten der Wettbewerber abzugrenzen.

▶ Gut

Mittel, das der Befriedigung von Bedürfnissen dient. Güter lassen sich in Anlehnung an den Unternehmungsprozess in **Realgüter** und **Nominalgüter** (z. B. → *Geld,* → *Darlehen*) einteilen. Zu den Realgütern zählen **materielle** (z. B. Sachmittel und Stoffe) und **immaterielle** Realgüter (z. B. Arbeitsleistungen, Informationen u. Ä.) sowie Ansprüche auf diese Realgüter. Nominalgüter sind Geld und Ansprüche auf Geld.

Güter lassen sich abhängig davon, ob die Güter ihre Funktion nur einmal oder über einen längeren Zeitraum erfüllen, als **Verbrauchs-** oder **Gebrauchsgüter** unterscheiden. Nach ihrem Verwendungszweck werden **Konsumgüter** (z. B. Nahrungsmittel, Kleidung, Wohnungsnutzung) und **Produktionsgüter** (z. B. Rohstoffe, Hilfsstoffe,

Maschinen, → *Produktionsfaktoren (nach Gutenberg)*) differenziert. Nach der Verfügbarkeit von Gütern wird in freie und knappe Güter unterteilt. **Freie** Güter sind Güter, für deren Verbrauch oder Nutzung keine Preise zu bezahlen sind, da sie in (nahezu) unbegrenztem Umfange zur Verfügung stehen (z. B. der Weltraum). **Knappe** Güter sind dadurch gekennzeichnet, dass sie in Bezug auf einen Ort, einen Zeitpunkt oder eine bestimmte Menge nicht in unbegrenztem Umfang zur Verfügung stehen.

Weitere Güterarten lassen sich unterscheiden nach der Mobilität: **Mobilien** (z. B. Schreibtisch) und **Immobilien** (z. B. Grundstück); nach der Lebensnotwendigkeit: **lebensnotwendige Güter**, **Kulturgüter** und **Luxusgüter**, wobei diese Unterscheidung vom Lebensumstand und dem Anspruchsniveau des Einzelnen abhängt; austauschbare Güter werden als **Substitutionsgüter** bezeichnet (z. B. evtl. Butter durch Margarine), ergänzbare Güter werden als **Komplementärgüter** bezeichnet (z. B. Kamera und Speicherkarte). Je nachdem, ob es sich um Güter für einzelne oder viele Menschen handelt, können **Individual-** von **Kollektivgütern** unterschieden werden. Güter, bei denen die Nachfrage privater Wirtschaftssubjekte hinter dem „gesellschaftlich erwünschten Umfang" zurückbleibt oder das gesellschaftlich erwünschte Ausmaß übersteigt. Beispielsweise werden Leistungen im Ausbildungs- und Wohnungswesen nach *Richard A. Musgrave* als meritorische Güter bezeichnet.

▶ Gutenberg

→ *Produktionsfaktoren (nach Gutenberg)*

▶ Gutgläubiger Erwerb

Ausnahme von dem Grundsatz, dass → *Eigentum* an einer Sache nur von dessen Eigentümer erworben werden kann (§ 932 BGB). Geschätzt wird hier der gute Glaube eines redlichen Geschäftspartners an das Eigentum des Veräußerers, nicht an dessen → *Geschäftsfähigkeit* oder Vertretungsmacht. Kein gutgläubiger Erwerb ist möglich, wenn die Sache dem wahren Eigentümer gestohlen wurde, verloren gegangen ist oder sonstwie abhanden kam.

▶ Gutschrift

Zugang auf einem → *Konto* bei einer → *Bank* im Gegensatz zu einer → *Lastschrift*.

▶ GuV

→ *Gewinn- und Verlustrechnung (GuV)*, → *Gesamtkostenverfahren (GKV)*, → *Umsatzkostenverfahren (UKV)*

▶ GuV-Kennzahlen

→ *Aufwandsstrukturkennzahlen*, → *Erfolgsspaltung*

▶ GWB

→ *Gesetz gegen Wettbewerbsbeschränkungen (GWB)*

▶ GWG

→ Geringwertige Wirtschaftsgüter

H

▶ Haben

(**1**) Positiver Saldo auf einem → *Konto,* z. B. bei einer → *Bank* (→ *Gutschrift,* → *Lastschrift*).

(**2**) Rechte Seite bzw. Passivseite eines Kontos in der Buchführung im Gegensatz zur Sollseite (Aktiva, linke Seite).

▶ Habenzins

→ *Zins*

▶ Haftendes Eigenkapital

Jede Bank muss eine angemessene Eigenkapitalausstattung (Solvabilität) aufweisen, um ihren Verpflichtungen gegenüber den Glaubigern nachkommen zu können. Die Bestandteile dieses sog. haftenden → *Eigenkapitals* waren bis 2013 im → *Kreditwesengesetz (KWG)* in § 10 II geregelt. Seit Januar 2014 gelten die Regelungen auf europäischer Ebene, d. h. die sog. Capital Requirements Regulation (Kapitaladäquanzverordnung) der EU, wonach die Eigenmittel als die Summe aus dem Kernkapital und dem Ergänzungskapital definiert werden (→ *Eigenkapital von Banken*). Die Höhe des haftenden Eigenkapitals stellt keine absolute, sondern eine relative Größe dar, die von bestimmten Faktoren, insbesondere den Geschäften der Bank und deren Risiken abhängig ist. Die Bundesanstalt für Finanzdienstleistungsaufsicht (BaFin) prüft vor Erteilung einer Banklizenz die Angemessenheit des Eigenkapitals. Insofern gelten für Banken spezifische → *Finanzierungsregeln.* Durch die Eigenkapitalvorschriften für Banken im Rahmen von → *Basel I, II, III* hat die Bedeutung des haftenden Eigenkapitals zugenommen.

▶ Haftpflicht

→ *Haftung*

▶ Haftsumme

Teil des Kapitals, das in einer Genossenschaft zur → *Haftung* laut Statut bestimmt ist. Die Haftsumme darf für den einzelnen Genossen nicht niedriger sein als sein Geschäftsanteil. Gem. § 10 KWG sind bei Genossenschaften die Geschäftsguthaben und Rücklagen zuzüglich eines vom Bundesfinanzminister zu bestimmenden Haftsummenzuschlages als haftendes Eigenkapital zu bezeichnen. Der Haftsummenzuschlag gilt nur bei Kreditgenossenschaften. Der Haftsummenzuschlag gem. § 10 KWG ist für Sparkassen verfassungsrechtlich umstritten.

▶ Haftung

Einstehen müssen für Verbindlichkeiten und Schäden. Haftung findet in Deutschland nach BGB und Strafrecht grundsätzlich **unbeschränkt, unmittelbar und gesamtschuldnerisch bzw. solidarisch** statt. Unbeschränkt bedeutet, dass Personen grundsätzlich mit ihrem gesamten Vermögen, also auch Privatvermögen, haften. Unmittelbar bedeutet, dass Gläubiger sich direkt, ohne Umwege an jeden Beteiligten, z. B. jeden Gesellschafter einer → *Personengesellschaft,* halten können, unabhängig davon, ob er direkt für die Schuld bzw. den Schaden verantwortlich ist. Es gilt somit grundsätzlich keine → *Einrede der Vorausklage.* Solidarisch bzw. gesamtschuldnerisch bedeutet, dass alle Haftenden unabhängig von ihrer Schuld für die Verbindlichkeiten und Schäden gleichmäßig einstehen müssen. Diese drei Grundsätze lassen sich durch → *Vertrag,* die Wahl einer speziellen → *Rechtsform* (z. B. → *Gesellschaft mit beschränkter Haftung (GmbH)*) oder die Begrenzung auf ein → *Haftungskapital* sowie spezielle → *Kreditsicherheiten* begrenzen. Die Haftung kann sich auf einen → *Schaden* (Schadensersatz) oder eine Gefährdung (Gefährdungshaftung) beziehen. Begründbar sind die strengen Haftungsbestimmungen in Deutschland durch das Ziel der Rechtssicherheit im Geschäftsverkehr, dem Verbraucher- und insbesondere dem → *Gläubigerschutz.* Trotz Begrenzung der Haftung, z. B. auf eine Kapitalsumme bei Kapitalgesellschaften, ist die so genannte → *Durchgriffshaftung* zu beachten. Haftung erfolgt für Verschulden, wobei hier auch Vorsatz und Fahrlässigkeit (§ 276 BGB) gelten. Fahrlässig handelt, wer die im Verkehr erforderliche Sorgfalt außer Acht lässt.

▶ Haftungskapital

Auch als Garantiekapital bezeichnetes → *Kapital* einer Unternehmung, das den Gläubigern als Sicherheit dienen soll. Dies ist zunächst das → *Eigenkapital,* d. h. bei → *Kapitalgesellschaften* das → *Gezeichnete Kapital* sowie die → *Rücklagen* und bei → *Personengesellschaften* die von den persönlich haftenden Gesellschaftern geleistete Einlage sowie deren für die Haftung zur Verfügung stehendes Privatkapital. Als Haftungskapital im weiteren Sinne können auch reale → *Kreditsicherheiten* wie z. B. Grundstücke, Gebäude oder Vorräte gezählt werden, die im Wege einer verbrieften Kreditsicherheit, wie z. B. → *Grundschuld,* → *Hypothek,* → *Eigentumsvorbehalt* oder → *Sicherungsübereignung* von Vermögensgegenständen, dem Gläubiger gegenüber haften.

▶ Haftungsverhältnisse

Eventualverbindlichkeiten, die nicht innerhalb der → *Bilanz,* sondern im → Anhang (bei Kapitalgesellschaften) oder unterhalb der Bilanz (bei Nicht-Kapitalgesellschaften) gezeigt werden. Hierbei handelt es sich um Risiken, mit deren Eintritt nicht gerechnet wird und die deshalb nicht in Form von → *Rückstellungen* oder → *Verbindlichkeiten* ihren Niederschlag innerhalb der Bilanz gefunden haben. Hierzu gehören gem. § 251 HGB insb. Verbindlichkeiten aus einer → *Bürgschaft* und Gewährleistungen sowie der Begebung und Übertragung von Wechseln. Sie können bei Nicht-Kapitalgesellschaften in einem Betrag angegeben werden, während Kapitalgesellschaften nach § 268 VII HGB eine Unterteilung im *Anhang* vornehmen müssen. Ferner ist im Anhang anzugeben, aus welchen Gründen Eventualverbindlichkeiten nicht als Passivposten in der Bilanz erfasst wurden.

▶ Halbfabrikate

Im Gegensatz zu Fertigerzeugnissen die Bezeichnung von Vorprodukten bzw. im Wege der Make-or-buy-Entscheidung (→ *Eigenfertigung versus Fremdbezug*) zugekaufter Teile für die → *Produktion*. Sowohl aus einer Stückliste als auch der grafischen Darstellung der Art und Mengen von Halbfabrikaten für ein Endprodukt im Rahmen eines → *Gozinto-Graph* kann die Produktionsplanung und -steuerung vorgenommen werden. Bilanziell spricht man von fertigen und unfertigen Erzeugnissen.

▶ Halbjahresfinanzbericht

Ein Unternehmen, das als → *Inlandsemittent* Aktien oder Schuldtitel emittiert, muss gemäß § 115 I WpHG für die ersten sechs Monate seines Geschäftsjahres einen Halbjahresfinanzbericht erstellen und innerhalb von zwei Monaten offen legen. Der Halbjahresfinanzbericht umfasst nach § 115 II WpHG mindestens folgende drei Bestandteile: (1) verkürzter Abschluss, (2) Zwischenlagebericht (→ *Lagebericht*) und (3) → *Bilanzeid*. Ist der Inlandsemittent ein Mutterunternehmen, welches verpflichtet ist, einen Konzernabschluss und einen Konzernlagebericht zu erstellen, muss gem. § 117 WpHG der Halbjahresbericht auch für den Konzern erstellt und offen gelegt werden.

Der verkürzte Abschluss hat nach § 115 III WpHG mindestens eine verkürzte Bilanz, eine verkürzte Gewinn- und Verlustrechnung und einen Anhang zu enthalten. Im Zwischenlagebericht sind gem. § 115 IV WpHG die wichtigsten Ereignisse des Berichtszeitraums und ihre Auswirkungen auf den verkürzten Abschluss anzugeben sowie die wesentlichen Risiken und Ungewissheiten für die dem Berichtszeitraum folgenden sechs Monate des Geschäftsjahres zu beschreiben. Der Halbjahresabschluss unterliegt nicht der Abschlussprüfung durch den → *Wirtschaftsprüfer.* Er kann aber gem. § 115 V WpHG einer sog. prüferischen Durchsicht (review) durch einen Abschlussprüfer unterzogen werden. Diese stellt eine kritische Würdigung des Zwischenabschlusses auf der Grundlage von Plausibilitätsbeurteilungen dar. Eine Prüfung des Halbjahresfinanzberichts durch die → *Deutsche Prüfstelle für Rechnungslegung (DPR)* wird nach § 342b II HGB, 107 I WpHG nur anlassbezogen oder auf Verlangen der → *Bundesanstalt für Finanzdienstleistungsaufsicht (BaFin)*, nicht jedoch stichprobenartig, durchgeführt.

▶ Halo-Effekt

Der Halo-Effekt beschreibt eine verbreitete Wahrnehmungsverzerrung bei der Einschätzung von Menschen (z. B. ihrer Kompetenz, Qualifikation, …) oder Produkten in Folge einer Überstrahlung eines herausragenden Merkmals über andere beobachtbare, aber normal ausgeprägte Merkmale. Diese Überstrahlung wird durch ein besonders positiv oder negativ ausgeprägtes Merkmal bewirkt, so dass andere Merkmale tendenziell positiver oder negativer beurteilt werden. Der Terminus wurde im 19. Jahrhundert von *Edward Lee Thorndike* eingeführt.

Einzelne Eigenschaften einer Person (z. B. Attraktivität, Behinderung, sozialer Status) erzeugen einen Gesamteindruck, der die weitere Wahrnehmung der Person „überstrahlt". Ein typisches Beispiel für einen Halo-Effekt wäre, wenn ein Lehrer annimmt, dass ein gut aussehender und freundlicher Schüler auch gute Leistungen erbringt.

Im Rahmen der → *Marktforschung* kann der Halo-Effekt auch in einem Fragebogen auftreten. Einzelne Fragen können andere Fragen derart beeinflussen, dass diese nicht mehr für sich selbst, sondern im Sinne der (vorangegangenen) Fragen beantwortet werden. Wenn eine gestellte Frage bestimmte positive oder negative Gedanken, Gefühle bewirkt oder Erinnerungen auslöst, kann dies die Antwort der nächsten Fragen beeinflussen. Somit ist nicht nur die Formulierung einzelner Fragen ist von Bedeutung, sondern auch die Reihenfolge, in der die Fragen gestellt werden.

Der Halo-Effekt ist häufig auch bei der Beurteilung von → *Markenartikeln* zu beobachten. So zeigt sich bei Blindtests immer wieder, dass die Beurteilung eines Produkts signifikant vom Markenimage geprägt sein kann. Testpersonen, die in einem offenen Test angeben, dass ihnen Coca-Cola besser schmeckt als Pepsi, konnten im Blindtest die Getränke am Geschmack entweder nicht mehr unterscheiden oder gaben eine andere Beurteilung ab. Produkte, die bei Konsumenten aufgrund bestimmter dominierender Eigenschaften wie z. B. des Designs einen positiven Eindruck hinterlassen, werden auch trotz geringer Qualität oder technischer Schwächen bevorzugt gekauft.

▶ Handel

Betriebsart bzw. → *Branche*, die sich mit dem Vertrieb von Gütern (→ *Gut*), insbesondere von Waren (Sachleistungen) beschäftigt, ohne diese wesentlich zu be- oder zu verarbeiten. Es lassen sich Einzel-, Großhandels- und Fachhandelsunternehmen unterscheiden. Zur Betriebsform des Einzelhandels lassen sich das Warenhaus, Fachgeschäft, Spezialgeschäft, Filialunternehmen, der Versandhandel, Supermarkt und das SB-Warenhaus zählen. Der Großhandel beliefert den Einzelhandel in verschiedenster Form je nach Sortimentsplanung (→ *Marketing*). Spezielle Handelsformen sind → *Cash and Carry*-Märkte sowie Rack-Jobber. In regionaler Hinsicht werden Binnenhandel und Außenhandel (→ *Export*, → *Import*) unterschieden.

▶ Handelsbilanz

(1) Betriebswirtschaftlich: Bezeichnung für den handelsrechtlichen → *Jahresabschluss* im Unterschied zur → *Steuerbilanz*. Im Rahmen der Konzernrechnungslegung werden als sog. Handelsbilanz II (HB II) die nach konzerneinheitlichen Gliederungs-, Bilanzierungs- und Bewertungsvorschriften in einheitlicher Währung erstellten Einzelabschlüsse der zu konsolidierenden Gesellschaften bezeichnet.

(2) Volkswirtschaftlich: Bezeichnung für die Gegenüberstellung der Warenexporte (Aktiva) und Warenimporte (Passiva), wobei ein Exportüberschuss zu einer sog. aktiven und ein Importüberschuss zu einer sog. passiven Handelsbilanz führt. Die Handelsbilanz ist Teil der Zahlungsbilanz, die zusätzlich noch die Dienstleistungs-, Übertragungs- und Kapital- sowie Devisenbilanz umfasst.

▶ Handelsbörse

→ *Börsenhandelsformen*

▶ Handelsbrauch

→ *Usancen*

▶ Handelsgesetzbuch (HGB)

Am 1. 1. 1900 in Kraft getretenes Sonderrecht für die wirtschaftliche Betätigung bestimmter gewerblicher Unternehmer (→ *Kaufmann*), das die Privatrechtsordnung, insbesondere das Bürgerliche Gesetzbuch (BGB), konkretisiert. Im Gegensatz zu anderen Ländern, wie der Schweiz oder Italien, wird somit ein eigenständiges Handelsrecht für die im ersten Abschnitt des ersten Buches (§§ 1–7 HGB) genannten Kaufleute definiert. Es stellt ein subjektives Rechtssystem dar, da es nicht bei Vorliegen einer bestimmten Tätigkeit, sondern lediglich auf die Personeneigenschaft des Kaufmanns zugeschnitten ist. Im ersten Buch werden neben dem Handelsstand des Kaufmanns, die Inhalte des Handelsregisters, der → *Firma* sowie die kaufmännischen Vertretungsverhältnisse wie → *Prokura*, → *Vollmacht* sowie → *Handelsvertreter* und -gehilfe oder -makler geregelt. Das zweite Buch enthält die für alle Gesellschaften gültigen Regelungen zur Errichtung, Auflösung oder → *Liquidation*, exemplarisch geregelt für die → *Offene Handelsgesellschaft (OHG)*, → *Kommanditgesellschaft (KG)* und → *Stille Gesellschaft (StG)*. Im dritten Buch sind die Vorschriften über die Aufstellung von Handelsbüchern, d. h. zur Buchführung und zur Bilanzierung sowie zur Abschlussprüfung, enthalten. Im vierten und fünften Buch sind spezielle Handelsgeschäfte (Speditionsgeschäft, Lagergeschäft, Frachtgeschäft und Seehandel) geregelt.

▶ Handelsklauseln

Abkürzungen für Vertragsvereinbarungen im → *Handel.* Diese international gültigen Handelsklauseln, die auch als Incoterms (International Commercial Terms) bzw. Trade Terms bekannt sind, werden in der Übersicht zusammengefasst. Die Internationale Chamber of Commerce (ICC) in Paris hat 2010 die Incoterms überarbeitet. Die einheitlichen Abkürzungen sollen die Geschäftsbeziehungen und die → *Kommunikation* unter den z. T. internationalen Partnern vereinfachen, erleichtern und verkürzen. Die Einheitlichkeit wird durch die Internationalen Handelskammern vorgeschrieben. So kann auf diese Incoterms auch in den → *Allgemeinen Geschäftsbedingungen (AGB)* hingewiesen sein. Die Handelsklauseln werden meist in Verbindung mit den → *Versandklauseln* genannt, sind von diesen aber zu unterscheiden. Die E-Klausel ist für den Verkäufer die günstigste Klausel, da er die Ware lediglich auf seinem Gelände zur Verfügung stellen muss. Bei den drei F-Klauseln ist der Haupttransport vom Käufer zu übernehmen. Bei den C-Klauseln hat der Verkäufer auf eigenes Risiko einen Beförderungsvertrag abzuschließen. Bei den fünf D-Klauseln muss der Verkäufer sämtliche Kosten und Risiken bis zum Bestimmungsort tragen (Abbildung H-1).

C-Klauseln Gefahrenübergang am Lieferort Kostenübergang am Bestimmungsort	**CFR**	Cost and Freight … (named port of destination) Kosten und Fracht … (benannter Bestimmungshafen)
	CIF	Cost, Insurance and Freight … (named port of destination) Kosten, Versicherung und Fracht … (benannter Bestimmungshafen)
	CPT	Carriage Paid To… (named point of destination) Frachtfrei … (benannter Bestimmungsort)
	CIP	Carriage and Insurance Paid To… (named point of destination) Frachtfrei versichert … (benannter Bestimmungsort)
D-Klauseln Kosten- und Gefahrenübergang am Bestimmungsort, der gleichzeitig Lieferort ist	**DAT**	Delivered At Terminal … (named point) geliefert Terminal … (benannter Ort)
	DAP	Delivered At Place … (geliefert benannter Ort …)
	DDP	Delivered Duty Paid … named place of destination (geliefert verzollt … benannter Bestimmungsort)

E-Klausel Kosten- und Gefahrenübergang beim Werk	**EXW**	Ex Works ... (named place) Ab Werk (benannter Ort)
F-Klauseln Kosten- und Gefahrenübergang am Lieferort	**FCA**	Free Carrier (named place) Frei Frachtführer (benannter Ort)
	FAS	Free Alongside Ship ... (named port of shipment) Frei Längsseite Seeschiff ... (benannter Verschiffungshafen)
	FOB	Free On Board ... (named port of shipment) Frei an Bord ... (benannter Verschiffungshafen)

Abb. H-1: Handelsklauseln (Incoterms 2010)

▶ Handelsmakler

→ *Handelsvertreter*

▶ Handelsmarke

→ *Markenartikel*

▶ Handelspanel

→ *Panel*

▶ Handelsrecht

I. e. S. das im → *Handelsgesetzbuch (HGB)* geregelte Sonderprivatrecht für Kaufleute (→ *Kaufmann*). I. w. S. die Summe aus Kaufmannsrecht des HGB, Gesellschaftsrecht als Recht der Rechtsformen im HGB, Aktiengesetz, GmbH-Gesetz und Genossenschaftsgesetz sowie dem Wettbewerbsrecht (→ *Gesetz gegen den unlauteren Wettbewerb (UWG)*, → *Gesetz gegen Wettbewerbsbeschränkungen (GWB)*) sowie dem → *Arbeitsrecht.*

▶ Handelsregister

Beim zuständigen Amtsgericht gem. § 8 HGB elektronisch geführtes Verzeichnis von Tatsachen, die für den Handelsverkehr rechtlich bedeutsam sind. Das Gesetz unterscheidet dabei eintragungspflichtige (z. B. → *Firma*) und eintragungsfähige Tatsachen. Hinsichtlich der

Wirkung von Eintragungen lassen sich rechtsbekundende (**deklaratorische**) wie z. B. die Prokura und rechtsbegründende (**konstitutive**) Eintragungen wie z. B. die Kaufmannseigenschaft unterscheiden.

Bei der erstgenannten ist die Rechtswirksamkeit von der Eintragung unabhängig, bei der zweiten Art wird die Tatsache erst durch die Eintragung rechtswirksam. Für die Eintragungen besteht grundsätzlich **öffentlicher Glaube**, d. h. derjenige, der gutgläubig auf die Eintragungen vertraut, wird geschützt. Das Handelsregister dient in erster Linie dazu, die interessierte Öffentlichkeit über Rechtsverhältnisse von Unternehmen (z. B. die Namen der Geschäftsführer einer GmbH) zu informieren. Die Einsicht in das Handelsregister ist daher jedem gestattet (§ 9 HGB). Über das → *Unternehmensregister* können die Daten eingesehen werden.

▶ Handelsspanne

Differenz zwischen Verkaufspreis und dem Einkaufs- bzw. Einstandspreis eines Handelsbetriebs, die das Entgelt für die vom → *Handel* erbrachte Leistung darstellt. Kalkulatorisch setzt sich die Handelsspanne zum einen aus den Handelskosten und zum anderen aus dem angestrebten → *Gewinn* zusammen. Die Handelsspanne kann absolut (absolute Spanne, Betragspanne) oder relativ (relative Spanne, Prozentspanne) ausgedrückt werden. Wird der Verkaufspreis auf der Basis des Einstandspreises ermittelt, handelt es sich um eine progressive → *Zuschlagskalkulation.* Möglich ist dabei auch eine nach Warengruppen differenzierte Vorgehensweise. Entwickelt sich der Verkaufspreis am Markt, ist eine retrograde Betrachtung durchzuführen. In diesem Fall ist zu beurteilen, ob die Handelsspanne eine Deckung der Handelskosten und des angestrebten Gewinns ermöglicht. Hieraus ergeben sich dementsprechend Konsequenzen für die → *Beschaffung* und → *Sortimentspolitik* des Handelsbetriebs.

▶ Handelsvertreter

Person, die gem. § 84 HGB als selbständiger Gewerbetreibender (→ *Gewerbe*) ständig damit betraut ist, für einen anderen Unternehmer Geschäfte zu vermitteln (Vermittlungsvertreter) oder in dessen

Namen abzuschließen (Abschlussvertreter). Als Beispiel ist der selbständige Versicherungsvermittler (-vertreter) zu nennen. Dieser arbeitet im Gegensatz zu dem angestellten Handlungsgehilfen (§§ 59 ff. HGB) auf Provisionsbasis, also erfolgsorientiert (→ *Reisender*). Den Unterschied zwischen einem Handelsvertreter und einem Reisenden fasst Abbildung H-2 zusammen.

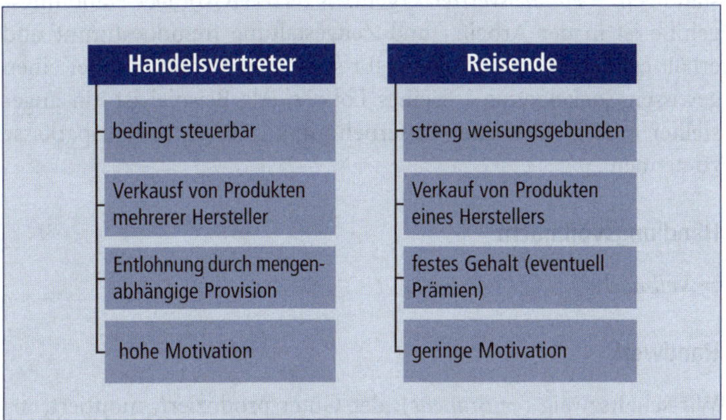

Abb. H-2: Merkmale von Handelsvertretern und Reisenden

▶ Handelsvertriebsweg

Die typischen Vertriebswege im stationären Handel lassen sich wie folgt kennzeichnen: Discounter: Beschränktes Sortiment (600 bis 1200 Artikel) auf kleiner Fläche (maximal 800 Quadratmeter). Zum Teil nur Eigenmarken *(Aldi)*, zum Teil aber auch Markenartikel. Sehr preisaggressiv. Hoher Non-Food-Anteil. Supermärkte: Größe zwischen 800 und 1500 Quadratmetern, rund 10 000 Artikel. Frischebereich (Fleisch, Gemüse, Obst, Käse) spielt eine zentrale Rolle. Meistens Innenstadt-Lagen. Sind in einer Sandwich-Position zwischen der Großfläche und den Discountern. SB-Warenhäuser/Verbrauchermärkte: Verbrauchermärkte über 1500, SB-Warenhäuser über 5000 Quadratmeter. Häufig Grüne-Wiese-Standorte. Hoher Non-Food- Anteil. Preislich günstiger als Supermärkte, aber nicht auf Discounter-Niveau.

▶ Handelswechsel

→ *Wechsel*

▶ Handlungsgehilfe

Angestellter Vertreter für ein Unternehmen im Gegensatz zum selbständigen → *Handelsvertreter* (gem. §§ 59 ff. HGB). Der Handlungsgehilfe ist in der Arbeits- und Zeitgestaltung fremdbestimmt und erhält evtl. auch eine Provision für seine Geschäfte, stets aber einen gewissen Sockelbetrag i. S. eines Lohnes. Als Beispiel ist ein angestellter → *Reisender* einer Unternehmung, z. B. einer Bausparkasse zu nennen.

▶ Handlungsvollmacht

→ *Vollmacht*

▶ Handwerk

Wirtschaftszweig (→ *Branche*), der Güter produziert, montiert, installiert oder repariert. Im Unterschied zur → *Industrie* sind als Kriterien des Handwerksbetriebes der starke Personenbezug, die Dezentralisation von Entscheidungen und das differenzierte Angebot sowie die vorherrschende kleine bis mittlere Betriebsgröße zu nennen. Handwerksbetriebe sind in → *Handwerkskammern* zusammengeschlossen und unterliegen der → *Handwerksordnung.* Je nach Handwerk können eine Zunft, → *Innung* u. a. Handwerksorganisationen als Interessengemeinschaften hinzukommen. Handwerksbetriebe sind in einer Handwerkerrolle eingetragen. Diese Eintragung setzt i. d. R. den Meisterbrief (→ *Meister*) voraus.

▶ Handwerkskammer

Kammer (→ *Kammer*), d. h. ein Unternehmensverband mit Zwangsmitgliedschaft, der gem. § 91 Handwerksordnung die Interessen des → *Handwerks* zu fördern, die Behörden durch Anregungen, Vorschläge und Gutachten zu unterstützen und regelmäßig Berichte über die Verhältnisse des Handwerks zu erstatten hat. Außerdem obliegt es der Handwerkskammer, die Gesellen- und Meisterprüfungsordnungen (→ *Meister*) zu erlassen. Im Gegensatz dazu ist eine → *Innung* ein freiwilliger Zusammenschluss von Handwerkern.

▶ Handwerksordnung

Gesetz zur Regelung der Berechtigung zum selbständigen Betrieb eines → *Handwerks*. Dies ist nur denjenigen gestattet, die in einer Handwerksrolle eingetragen sind und als Stehendes → *Gewerbe* gelten. Wer entgegen diesen Bestimmungen selbständig ein Handwerk betreibt, kann mit Geldbußen wegen einer Ordnungswidrigkeit belegt werden. Für die zulassungspflichtigen Handwerke besteht Meisterpflicht. Jedoch können EU-Inländer nach nachgewiesener, sechsjähriger und selbständiger Handwerkstätigkeit in einem EU-Land ohne Sachkundeprüfung eingetragen werden.

▶ Hartz-Gesetze

Nach dem Vorsitzenden der von der Regierung im Februar 2002 eingesetzten Kommission „Moderne Dienstleistungen am Arbeitsmarkt" *Dr. Peter Hartz*, ehemaliges Vorstandsmitglied der Volkswagen AG, benannte Gesetze, inzwischen mehrfach reformiert. Erlassen wurden von der Regierung die Gesetze Hartz I bis IV. Diese regeln im Einzelnen:

- **Hartz I:** Einrichtung von Personal Service Agenturen zur effizienteren Vermittlung auf dem Arbeitsmarkt. Weiter wurden die Zumutbarkeitsregeln für Arbeitslose überarbeitet und die Arbeitnehmerüberlassung neu geregelt.
- **Hartz II:** Die Regelungen für Minijobs wurden wieder ausgeweitet und mit einer pauschalen Abgabe (30 %) durch den Arbeitgeber sozialversichert und lohnversteuert. Der Existenzgründerzuschuss (→ *Ich-AG*) wurde eingeführt.
- **Hartz III:** Regelt im Wesentlichen den Umbau der Bundesanstalt für Arbeit zur → *Bundesagentur für Arbeit (BA)*.
- **Hartz IV:** Regelt die Zusammenführung von Arbeitslosenhilfe und Sozialhilfe zum so genannten Arbeitslosengeld II (ALG II)

auf dem Leistungsniveau der leicht veränderten bisherigen Sozialhilfe. Beide Leistungen von erwerbsfähigen Arbeitslosen werden von der Agentur für Arbeit verwaltet. Ferner sieht Hartz IV eine intensivere Betreuung von Langzeitarbeitslosen vor, um diese künftig besser in neue Arbeitsverhältnisse vermitteln zu können und somit die Arbeitslosenzahl von damals vier Millionen zu halbieren.

Alle Gesetze straffen den Leistungskatalog im Rahmen der Arbeitslosenunterstützung. Insbesondere die Eigeninitiative und die Mobilität sollen verstärkt unterstützt werden.

▶ Harzburger Führungsmodell

Von *Reinhard Höhn*, dem Gründer der Führungsakademie in Bad Harzburg, entwickeltes Führungsmodell, das auch als „Führung im Mitarbeiterverhältnis“ bezeichnet wird. Dieses Konzept lässt sich von dem Grundgedanken leiten, dass die → *Motivation* von Mitarbeitern durch → *Delegation* (→ *Management by Delegation*) von Verantwortung und die Übertragung selbständiger Aufgabenbereiche gefördert werden kann. Jeder Mitarbeiter erhält daher ein fest umgrenztes (autonomes) Aufgabengebiet mit → *Kompetenz* und eigenverantwortlicher Entscheidungs- und Handlungsbefugnis. Für diesen Aufgabenbereich trägt er aber auch die volle Verantwortung. Der Vorgesetzte darf in den jeweiligen Bereich – abgesehen von extremen Ausnahmefällen (→ *Management by Exception*) – nicht eingreifen. Hauptbestandteil des Modells sind umfangreiche Führungsanweisungen bzw. → *Führungsgrundsätze* und Stellenbeschreibungen. Die Führungsanweisungen enthalten detaillierte Rechte und Pflichten eines Vorgesetzten bezüglich der → *Information*, → *Kontrolle* und → *Bewertung* von Mitarbeitern. Diese Detailliertheit drückt sich beispielsweise in mehrseitigen Anweisungen zur Gestaltung von Mitspracherechten (→ *Mitbestimmung*) aus. Die Stellenbeschreibungen beinhalten umfangreiche Aussagen zu den jeweiligen Kompetenzen und Verantwortlichkeiten des Stelleninhabers. Kritiker werfen dem Modell eine zu starke Bürokratisierung vor. Bezeichnenderweise wurde dieses Modell vielfältig in Kommunalverwaltungen und anderen öffentlichen Institutionen eingeführt.

▶ Hauptfeststellung

Im Rahmen der → *Bewertung* stattfindendes Verfahren zur Ermittlung der Einheitswerte. Entsteht eine Bewertungseinheit erstmals innerhalb des Hauptfeststellungszeitraums, dann wird eine Nachfeststellung durchgeführt. Sonstige Veränderungen, die innerhalb der sechs Jahre eintreten, werden gegebenenfalls im Rahmen der → *Fortschreibung* berücksichtigt.

▶ Hauptversammlung

Neben dem → *Vorstand* und → *Aufsichtsrat* drittes und zugleich wichtigstes Organ der → *Aktiengesellschaft (AG).* Sie stellt die Mitgliederversammlung der Eigentümer (Aktionäre) dar. Ein Äquivalent ist die Generalversammlung bei der Genossenschaft oder die Gesellschafterversammlung bei → *Personengesellschaften.* Hauptaufgabe sind Beschlüsse über Satzungsänderungen, wesentliche strategische Grundfragen (z. B. → *Kapitalerhöhung,* → *Fusion*), die Entlastung von Vorstand und Aufsichtsrat sowie die Wahl des Aufsichtsrates, der wiederum den Vorstand bestellt. Hauptaugenmerk jeder Hauptversammlung stellt der Beschluss über die Verwendung des festgestellten Gewinnes dar (→ *Ausschüttungssperre*). Des Weiteren hat die Hauptversammlung den Abschlussprüfer zu wählen. Außer den Beschlüssen mit einer besonderen Tragweite (Kapitalerhöhung, → *Kapitalherabsetzung*) genügt für die meisten Beschlüsse eine einfache Stimmenmehrheit. In der Regel besitzt jede Aktie eine Stimme, es sei denn, sie sei explizit ausgeschlossen (→ *Aktienarten*).

▶ Hausbank

Bank (→ *Bank*), mit der ein Unternehmen bzw. → *Kaufmann* hauptsächlich oder ausschließlich zusammenarbeitet. Durch die Tendenz zum → *In-house-Banking* (→ *Disintermediation*) sowie die sinkende Bindungsbereitschaft an eine einzelne Bank nimmt das Hausbankprinzip an Bedeutung ab.

▶ Haushalt

→ *Betrieb*

▶ Haushaltspanel

→ *Panel*

▶ Haussammelverwahrung

→ *Depotgeschäft*

▶ Hausse

Bezeichnung für länger anhaltend steigende Kurse an der → *Börse.* Die Hausse wird insbesondere an Aktienmärkten mit dem Symbol des Bullen, im Gegensatz zum Bären einer → *Baisse,* dargestellt. In Presseberichten wird diese Tendenz auch als „freundliche Kursentwicklung" bezeichnet.

▶ Haustürgeschäfte

Gem. § 312 BGB → *Vertrag* zwischen einem Unternehmer und einem Verbraucher, der eine entgeltliche Leistung zum Gegenstand und zu dessen Abschluss der Verbraucher durch mündliche Verhandlungen an seinem Arbeitsplatz oder im Bereich einer Privatwohnung anlässlich einer vom Unternehmer oder von einem Dritten zumindest auch im Interesse des Unternehmers durchgeführten Freizeitveranstaltung oder im Anschluss an ein überraschendes Ansprechen in Verkehrsmitteln oder im Bereich öffentlich zugänglicher Verkehrsflächen bestimmt worden ist. Der Verbraucher hat im Falle eines solchen Vertragsschlusses ein Widerrufs- oder Rücktrittsrecht (§§ 312, 355 BGB). Auf diesen Widerruf bzw. die Möglichkeit des Rücktrittes muss der Verbraucher hingewiesen werden. Der Widerruf oder Rücktritt muss gegenüber dem Unternehmer in einer Frist von 2 Wochen erklärt werden. Zur Fristwahrung genügt die rechtzeitige Absendung. Wurde der Verbraucher auf die Rechte nicht hingewiesen, erlöschen diese dennoch nach 6 Monaten.

▶ Headhunting

Form der → *Personalbeschaffung,* bei der ein erwerbswirtschaftliches Unternehmen bei der Suche und Auswahl von Führungskräften unterstützt wird. Dabei gehen die Personalberater heute über Arbeitsanalyse, Werbung, Bewerberauswahl, Auskunftseinholung und Beratung des Auftraggebers hinaus und sprechen potentielle Übernahmekandidaten in bestehenden Arbeitsverträgen an. Insbesondere dieses direkte Ansprechen ungekündigter Arbeitnehmer und Abwerben für potentielle andere Arbeitgeber wird als Headhunting i. e. S. bezeichnet.

▶ Hebelwirkung

→ *Leverage-Effekt*

▶ Hebesatz, steuerlicher

Steuersatz (→ *Steuersatz*) im Rahmen der → *Gewerbesteuer* und → *Grundsteuer,* der von den Gemeinden mit der von der → *Finanzbehörde* festgestellten → *Steuerbemessungsgrundlage* multipliziert wird, um die → *Steuerschuld* zu errechnen.

▶ Hedging

Vom englischen hedge (ausweichen) abgeleitete Verhaltensweise an einer → *Börse,* insbesondere dem → *Terminmarkt.* Beim Abschluss eines → *Devisentermingeschäftes* oder → *Währungsterminkontrakts* sowie einer → *Option* und Zinssicherungsgeschäften versucht ein Hedger das → *Währungsrisiko* und → *Zinsänderungsrisiko* durch den Abschluss von Gegengeschäften möglichst auszuschalten. Durch das Eingehen von zwei sich gegenseitig kompensierenden offenen Positionen bleibt dem Hedger bei Erfüllung der Vertragspflichten letztlich offen, ob er seine Position erfüllt (z. B. Fremdwährung liefert) oder die Gegenposition ausnutzt. Der Austausch kann auch zwischen dem Eingehen von Positionen auf dem → *Kassamarkt* und Terminmarkt erfolgen (z. B. Aufnahme von → *Devisen* am Kassamarkt und gleichzeitiger Verkauf per Termin).

▶ Heinen

→ *Entscheidungsorientierter Ansatz*

▶ Hersteller

Dies ist gem. § 4 ProdHG (Produkthaftungsgesetz → *Produkthaftung*) nicht nur, wer das Endprodukt, einen Grundstoff oder ein

Teilprodukt hergestellt hat (Endprodukthersteller), sondern wer sich durch Anbringen seines Namens, seiner Marke oder eines anderen unterscheidungskräftigen Kennzeichens als Hersteller ausgibt (Quasiprodukthersteller), wer das Produkt zum weiteren Verbrauch in den Geltungsbereich des Abkommens über den europäischen Wirtschaftsraum einführt oder verbringt (Importeur) und jeder Lieferant, wenn sich der Hersteller nicht ermitteln lässt und der Lieferant auf Aufforderung nicht innerhalb eines Monats den Hersteller oder seinen Lieferanten nennt. Auf diese weite Definition des Herstellers ist die → *Gewährleistung* bei Sach- oder Rechtsmangel (→ *Mängelgewährleistung*) anzuwenden.

▶ Herstellkosten

Bei der → *Kostenrechnung* im Rahmen der → *Kostenträgerrechnung* ermittelte Größe, die sowohl die Materialkosten als auch die Fertigungskosten umfasst (Beispielrechnung bei → *Zuschlagskalkulation*). Die in der Kostenrechnung (internes Rechnungswesen) ermittelten Herstellkosten sind von den Herstellungskosten der → *Bilanz* (Jahresabschluss) zu unterscheiden.

Im Gegensatz zum → *Direct Costing* mehrstufige Rechnung im Rahmen der Kostenträgerrechnung auf Basis von variablen Kosten, um den → *Deckungsbeitrag* auf verschiedenen Ebenen des Produktionsprozesses zu ermitteln. Hierzu wird, wie im Beispiel dargestellt, nach Subtraktion der variablen Kosten von den Erlösen ein erster Deckungsbeitrag ermittelt, von dem nicht die gesamten Fixkosten, sondern stufenweise → *Fixe Kosten* je Produkt, Produktgruppe, Bereich und letztlich des gesamten Unternehmens abgezogen werden. Auf den einzelnen Stufen erhält ein Entscheidungsträger wesentliche Informationen über den Erfolgsbeitrag einzelner Produkte bzw. Produktgruppen.

▶ Herstellungskosten

Bewertungsmaßstab in der → *Handelsbilanz* und → *Steuerbilanz* für selbst erstellte Vermögensgegenstände. Gem. § 255 II HGB gehen in die Herstellungskosten die **Aufwendungen** ein, die durch den Verbrauch von Gütern und die Inanspruchnahme von Diensten für die Herstellung eines Vermögensgegenstandes, seine Erweiterung oder für eine über seinen ursprünglichen Zustand hinausgehende wesentliche Verbesserung entstehen. → *Kalkulatorische Kosten,* die nicht deckungsgleich mit → *Aufwand* sind, dürfen **nicht** berücksichtigt werden, im Unterschied zu den → *Herstellkosten* in der Kostenrechnung. In der Handelsbilanz besteht (§ 255 II HGB) **Aktivierungspflicht** für Material- und Fertigungseinzelkosten, Sondereinzelkosten der Fertigung sowie für Material- und Fertigungsgemeinkosten (einschließlich Abschreibungen). Für allgemeine Verwaltungskosten sowie Aufwendungen für soziale Einrichtungen und Leistungen (einschließlich Altersversorgung) besteht ein **Aktivierungswahlrecht**. Ein Aktivierungsverbot besteht für Vertriebskosten sowie Forschungskosten. Der Begriffsumfang der Herstellungskosten im HGB stimmt mit dem im Steuerrecht überein. Die einzubeziehenden Kostenbestandteile zeigt Abbildung H-4. Fremdkapitalzinsen sind sowohl in der Handels- als auch in der Steuerbilanz nur in bestimmten Ausnahmefällen (herstellungsbezogene Fremdkapitalaufnahme) aktivierungsfähig. Nach IFRS (insb. IAS 2) und US-GAAP ist der Umfang der in die Herstellungskosten einzubeziehenden Aufwendungen eindeutiger definiert, d. h. es bestehen **keine Wahlrechte** (Abbildung H-3).

Kostenbestandteile	HGB	EStG	IFRS	US-GAAP
Materialeinzelkosten	Pflicht	Pflicht	Pflicht	Pflicht
Fertigungseinzelkosten	Pflicht	Pflicht	Pflicht	Pflicht
Sondereinzelkosten der Fertigung	Pflicht	Pflicht	Pflicht	Pflicht
Materialgemeinkosten	Pflicht	Pflicht	Pflicht	Pflicht
Fertigungsgemeinkosten	Pflicht	Pflicht	Pflicht	Pflicht
Allgemeine Verwaltungskosten sowie Aufwendungen für soziale Einrichtungen/Leistungen	Wahl	Wahl	Verbot	Verbot
Vertriebskosten	Verbot	Verbot	Verbot	Verbot

Abb. H-3: Einzubeziehende Kostenbestandteile in die Herstellungskosten nach HGB, EStG, IFRS und US-GAAP

▶ Heuristik

Planungstechnik (→ *Planungstechnik*) zur → *Bewertung* und → *Entscheidung* von Alternativen. Heuristiken unterscheiden sich von analytischen Verfahren dadurch, dass sie keine optimalen Lösungen, sondern Näherungslösungen anbieten. Sie werden auch als Faustregeln bezeichnet. Zahlreiche → *Finanzierungsregeln* (z. B. Goldene Bilanzierungsregel) stellen solche Heuristiken dar, die lediglich auf Erfahrungswerten beruhen und zu annähernd optimalen Entscheidungen führen sollen.

▶ HGB

→ *Handelsgesetzbuch (HGB)*

▶ Hierarchie

Über-/Unterordnung von organisatorischen Aktionseinheiten sowie die Zahl der Ebenen einer → *Aufbauorganisation.* Die Ebenenzahl verhält sich umgekehrt proportional zur → *Leitungsspanne.* Eine hierarchisch übergeordnete Ebene hat i. d. R. → *Weisungsbefugnisse* gegenüber einer untergeordneten → *Stelle.*

▶ HIFO

→ *Verbrauchsfolgeverfahren*

▶ High Yield-Anleihen

Anleihen von Emittenten mit schlechter Bonität, d. h. ab Bonitätsratings von BBB- (Standard & Poor's) bzw. Baa3 (Moody's). Solche „Junk Bonds" sind wegen des hohen Ausfallrisikos durch Risikoprämien hochverzinslich, bergen jedoch ein höheres Risiko für Investoren. Neben Unternehmen treten vermehrt Länder als Emittenten von Hochzinsanleihen auf.

▶ Hilfsstoffe

→ *Produktionsfaktoren (nach Gutenberg)*

▶ Hinterlegung

Übergabe (an Erfüllungs statt) einer geschuldeten Sache an eine öffentliche Stelle wie z. B. einem Notariat oder Amtsgericht zur Aufbewahrung für den Gläubiger. Voraussetzung ist ein Annahmeverzug (→ *Verzug*) des Gläubigers.

▶ Hochzinsanleihen

→ *High Yield-Anleihen*

▶ Holding

Dachgesellschaft eines → *Konzerns*, die entweder in Form einer Finanzholding Beteiligungen an den Tochtergesellschaften hält und deren Finanzplanung übernimmt oder in Form einer Managementholding für die → *Strategische Planung* des Gesamtunternehmens zuständig ist. Jede Holding ist ein Konzern im Sinne des § 18 AktG, aber nicht jeder Konzern ist auch eine Holding, d. h. mit rechtlich selbständiger Muttergesellschaft. Die einheitliche Leitung, die ein Konzern voraussetzt, kann auch durch ein Unternehmen gleichrangiger Partner im Unternehmensverbund (Gleichordnungskonzern) übernommen werden. Hingegen ist die Muttergesellschaft bei einer Holding hierarchisch den anderen Unternehmen übergeordnet.

▶ Holschulden

→ *Erfüllung*

▶ Homo oeconomicus

→ *Ökonomisches Prinzip*

▶ Hostile Take over

→ *Take over*

▶ Humanisierung der Arbeit

Menschengerechte Gestaltung der Arbeitsweise im weitesten Sinn (Quality of Working Life, Work, Democracy). Human ist eine Arbeit z. B. dann, wenn sie ausführbar, erträglich, schädigungslos, fähigkeitserweiternd oder persönlichkeitsfördernd ist. Die Ziele der Humanisierung können demnach sein: Würde, Ästhetik, Aufgabensinn, Gerechtigkeit, Sicherheit, Gesundheit, Autonomie, Kontaktmöglichkeit, Entfaltung etc. Diese Ziele sind bei der → *Personalführung* allgemein und der → *Personalentwicklung* im Besonderen zu beachten. Die Einführung von → *Job Rotation,* → *Job Enlargement,* → *Job Enrichment,* → *Job Sharing* oder von Teilautonomen Gruppen wird als Möglichkeit zur Humanisierung der Arbeit angesehen.

▶ Human Resource Accounting

→ *Humanvermögensrechnung*

▶ Humanvermögensrechnung

Bilanzierung (→ *Bilanzierung*) des in der traditionellen Finanzbuchhaltung und Bilanzierung nicht erfassten Produktionsfaktors Mensch. Ausgehend vom Human Resource Accounting in Unternehmen der USA, gibt es zahlreiche Konzepte, das Humanvermögen bzw. -kapital in Form einer monetären Bilanz durch Gegenüberstellung des entgeltbewerteten Leistungsvermögens und der Leistungsbereitschaft der zur Verfügung stehenden Mitarbeiter oder als qualitative Gegenüberstellung der physischen, psychischen und gesellschaftlichen Umweltbeziehungen darzustellen. Eine analoge Vorgehensweise wird bei der so genannten → *Ökobilanz* diskutiert.

▶ Hurwicz-Regel

→ *Entscheidungsregeln*

▶ Hybride Finanzierungsinstrumente

→ *Derivate*

▶ Hybride Organisation

Form der Aufbauorganisation, bei der verschiedene Aufbauprinzipien (→ *Aufgabenanalyse*) und Kommunikationsprinzipien kombiniert werden. Hybride Strukturen werden in der Organisationstheorie vorwiegen für international tätige Großunternehmen vorgeschlagen, die zumeist als → *Konzern* oder → *Holding* organisiert sind. So kann bei der Aufbauorganisation situativ (→ *Situativer Ansatz*) auf regionale, nationale, kulturelle und produktspezifische Besonderheiten eingegangen werden. Häufig werden hybride Strukturen als Netzwerke dargestellt.

▶ Hygienefaktoren

→ *Zwei-Faktoren-Theorie v. Herzberg*

▶ Hypothek

Streng akzessorische → *Kreditsicherheit* bzw. Realsicherheit von Krediten, die bei nicht vertragsgemäßer Erfüllung der Pflichten eines Schuldners zur Befriedigung aus dem im → *Grundbuch* genannten belasteten Grundstück führt. Akzessorietät bedeutet, dass die Sicherheit, d. h. Hypothek, vom Bestand, Umfang und der Dauer der Hauptschuld abhängig ist. Zahlt also ein Schuldner seine Verpflichtung zurück, so erlischt die Hypothek im Gegensatz zur → *Grundschuld.* Es lassen sich die Verkehrs-, Sicherungs- und Höchstbetragshypothek unterscheiden. Die am häufigsten vorkommende Form ist die Verkehrshypothek, bei der ein Hypothekenbrief ausgestellt wird, der im Wege der Abtretung weitergegeben werden kann. Erfolgt keine Ausstellung eines Hypothekenbriefs, so wird von Buchhypothek gesprochen. Bei der Sicherungshypothek handelt es sich gemäß § 1184 BGB um die Bestellung einer Buchhypothek, bei der die Ausstellung eines Briefs ausgeschlossen ist und der Sicherungsnehmer, d. h. Gläubiger, zum Nachweis des Forderungsbestands sich nicht auf die Eintragung im Grundbuch berufen kann. Er muss im Falle der Verwertung des Grundstücks Bestand und Höhe seiner Forderung nachweisen. Eine Besonderheit der Sicherungshypothek stellt die Höchstbetragshypothek gemäß § 1190 BGB dar, bei der im Grundbuch ein maximaler Haftungsbetrag eingetragen wird.

▶ Hypothekarkredit

Durch eine → *Hypothek* oder → *Grundschuld* gesicherter langfristiger → *Kredit.*

▶ Hypothekenbank

→ *Bank*

▶ Hypothese

→ *Theorie*

I

▶ IAB

→ *Institut für Arbeitsmarkt- und Berufsforschung der Bundesagentur für Arbeit (IAB)*

▶ IAS (International Accounting Standards),

→ *International Financial Reporting Standards (IFRS)*

▶ IASB

→ *International Accounting Standards Board (IASB)*

▶ IASC

→ *International Accounting Standards Board (IASB)*

▶ IBAN

→ *Bankleitzahl*

▶ IBIS

→ *Xetra*, → *Börsenhandelsformen*

▶ Ich-AG

Umgangssprachliche Bezeichnung für den Existenzgründungszuschuss im Rahmen der → *Hartz-Gesetze*, auf den ein Existenzgründer einen Rechtsanspruch hat. Der Zuschuss kann sich aufteilen in Gründungszuschuss und Versicherungszuschuss oder Zuschüsse für Beiträge (z. B. IHK). Weiterhin können Überbrückungsgelder beantragt werden.

▶ IdW

→ *Institut der Wirtschaftsprüfer (IdW)*

▶ IFRIC

→ *International Accounting Standards Board (IASB)*

▶ IFRS

→ *International Financial Reporting Standards (IFRS)*

▶ IHK

→ *Industrie- und Handelskammer (IHK)*

▶ IKR

→ *Industriekontenrahmen (IKR)*

▶ Illiquidität

Gegenteil von → *Liquidität,* als Bezeichnung für den Zustand eines Unternehmens, fällige Forderungen dauerhaft nicht mehr erfüllen zu können. Zahlungsunfähigkeit bzw. Zahlungseinstellungen sind gemäß Insolvenzrecht ein Insolvenzgrund und können zur → *Insolvenz* führen, sofern die Gläubiger nicht eine → *Stundung,* → *Abschreibung* ihrer Forderungen oder einen Vergleich in Erwägung ziehen. Illiquidität ist nicht zu verwechseln mit dem Tatbestand der Überschuldung (→ *Bankrott*), der sich dadurch äußert, dass die Vermögensgegenstände des Unternehmens in der Summe nicht mehr ausreichen, um die Schulden zu decken.

▶ Image

Gesamtheit der Einstellungen, die ein Individuum oder eine Gruppe von Individuen mit einem bestimmten Meinungsgegenstand (z. B. einem → *Markenartikel* oder einem Unternehmen) verbindet. Ein Image dient der Orientierung einer Person in ihrer komplexen → *Umwelt.* Die Messung eines Images ist äußerst schwierig. Es wurden hierzu ein- und mehrdimensionale Verfahren der Einstellungsmessung entwickelt (→ *Corporate Identity (CI)*).

▶ Immaterielle Güter

→ *Gut,* → *Immaterielle Vermögensgegenstände*

▶ Immaterielle Vermögensgegenstände

Ein → *Patent,* eine → *Lizenz,* Rezepturen, Produktionsverfahren, Software, Verwertungsrechte für Filme und Tonträger, Werbemaßnahmen, der → *Firmenwert* oder andere ähnliche Werte, soweit diese die Kriterien eines Vermögensgegenstandes erfüllen. Für entgeltlich erworbene immaterielle Vermögensgegenstände besteht eine Aktivierungspflicht, während für selbst geschaffene grundsätzlich ein Aktivierungswahlrecht nach § 248 II HGB besteht. Ausgenommen hiervon sind aber selbst geschaffene Marken, Drucktitel, Verlagsrechte, Kundenlisten oder vergleichbare immaterielle Vermögensgegenstände sowie Aufwendungen für Forschung. Lediglich eigene Entwicklungskosten dürfen innerhalb des Anlagevermögens aktiviert werden, wenn – unter Beachtung des Vorsichtsprinzips – davon ausgegangen werden kann, dass die Entwicklung erfolgreich abgeschlossen wird. Soweit es sich um auftragsgebundene Entwicklung für Dritte handelt, sind die Herstellungskosten innerhalb des Umlaufvermögens auszuweisen. Wichtige Themenbereiche, wie z. B. die Bilanzierung und Bewertung von Software, sind aber explizit im HGB nicht geregelt. Hier wird häufig auf die steuerlichen Bestimmungen (BFH-Urteile) zurückgegriffen.

Die US-GAAP enthalten detaillierte Bilanzierungs- und Bewertungsregeln für eine Reihe von spezifischen immateriellen Vermögensgegenwerten (Assets), wie z. B. für Software. Die IFRS (IAS 38) schreiben die Aktivierung von eigenen **Entwicklungskosten zwingend** vor, wenn bestimmte Voraussetzungen (u. a. technische Realisierbarkeit, Marktreife, ausreichende finanzielle Ressourcen) gegeben sind.

▶ Immobiliarkredit

→ *Realkredit*

▶ Immobilien

→ *Gut*

▶ Immobilienfonds

Fonds (→ *Fonds*), der die Geldeinlagen der Anleger in unbeweglichen Vermögensgegenständen anlegt. Bei den Fondsgesellschaften handelt es sich um eine → *Kapitalanlagegesellschaft (KAG),* die in eigenem Namen für fremde Rechnung Geldanlage betreiben. Wie bei allen Fonds kann zwischen offenen und geschlossenen Fonds unterschieden werden. Bei den offenen Immobilienfonds werden in der Regel Zertifikate ausgegeben bzw. angeboten, während bei geschlossenen Immobilienfonds in Prospekten definierte Immobilien bzw. Immobilienteile erworben werden und darüber hinausgehende Anteilscheine nicht mehr emittiert werden.

▶ Impairment-Test

Verfahren nach IFRS (insb. IAS 36) und US-GAAP zur Ermittlung der Wertminderung von Vermögensgegenständen, welches grundsätzlich für alle Aktiva, sofern keine Sonderregelungen, wie z. B. für börsennotierte Wertpapiere, bestehen, anzuwenden ist. Der Impairment-Test ist nach IAS 36 und US-GAAP im Detail unterschiedlich ausgestaltet. Nach IAS 36 ist zunächst der Recoverable Amount (erzielbarer Betrag) eines Vermögensgegenstands zu ermitteln, der definiert wird als der höhere Wert von: Net Market Value (Nettoverkaufserlös) und Value in Use (Barwert der erwarteten Cashflows, die sich aus der fortgeführten Nutzung ergeben). Sofern der Recoverable Amount kleiner als der Buchwert ist, muss eine außerplanmäßige Abschreibung erfolgen. Sonderregelungen/Spezifizierungen gelten für den Impairment-Test beim → *Firmenwert* nach IFRS 3.

▶ Imparitätsprinzip

Grundsatz (→ *Grundsätze ordnungsmäßiger Bilanzierung (GoBil)*), der aus dem übergeordneten → *Grundsatz der Vorsicht* abgeleitet wird und das Realisationsprinzip einschränkt. Nach dem Imparitätsprinzip sind Verluste auch dann zu berücksichtigen, wenn sie noch nicht realisiert sind, sich jedoch bereits am Bilanzstichtag abzeichnen. Damit werden also Verluste und Gewinne in zeitlicher Hinsicht unterschiedlich (imparitätisch) behandelt, da Gewinne nach dem → *Realisationsprinzip* erst dann auszuweisen sind, wenn sie realisiert sind. Das Imparitätsprinzip wird in zwei Unterprinzipien gegliedert:

- das Prinzip der **verlustfreien Bewertung**, nach dem Wertminderungen der Aktiva durch Abschreibungen zu antizipieren sind, und
- das Prinzip der **finanziellen Vorsorge**, wonach → *Rückstellungen* für drohende Verluste und für ungewisse Verbindlichkeiten gebildet werden müssen.

Im Rahmen des → *Bilanzrechtsmodernisierungsgesetzes (BilMoG)* wurden Ausnahmeregelungen des Imparitätsprinzips aufgenommen. Beispielsweise sind gem. § 256a HGB noch nicht realisierte Währungsgewinne aus Fremdwährungsposten, die innerhalb eines Jahres nach dem Bilanzstichtag fällig werden, erfolgswirksam in der GuV zu erfassen.

▶ Import

Im Gegensatz zum → *Export* die in der → *Handelsbilanz* gebuchte Einfuhr von Gütern aus dem Ausland. Gegenstände des Imports sind vor allem Rohstoffe und Halbfertigwaren. Die Finanzierung der Warenströme, meist in Fremdwährung (→ *Devisen*), ist Gegenstand der → *Außenhandelsfinanzierung*.

▶ Improvisation

Im Gegensatz zur → *Organisation* die fallweise, kurzfristig geltende, d. h. vorübergehende Strukturierung bzw. Regelung.

▶ Impulskauf

→ *Kauf*

▶ Inbound Marketing

Dahinter steckt die Idee, dass im Unterschied zum klassischen → *Outbound Marketing* das Unternehmen oder die Produkte durch den Kunden gefunden werden. Dies beruht auf der Entwicklung, dass sich Nutzer überwiegend erst einmal online informieren, um Probleme zu lösen und Kaufentscheidungen zu treffen.

Eng damit verknüpft ist der Ansatz des → *Content Marketing*, das darauf abzielt, dass durch ein entsprechendes passendes Angebot bei Online Suchanfragen das Unternehmen in das Blickfeld des Nutzers gerät. Damit verknüpft sind unterschiedliche Ziele:

- Effizientere und kostenoptimierte Zielkundenansprache
- Höheres qualifiziertes Käuferpotential (→ *Lead*)
- Bessere Vorkenntnis des Kundenbedarfs und damit zielgerichtete Ansprache
- Besseres Image durch reduzierte Abwehrhaltung gegenüber Werbung

Unternehmen versuchen hiermit, die potentiellen Kunden anzusprechen, die bereits ein konkretes Kaufinteresse oder zumindest ein greifbares Problem haben und Werbeausgaben zu vermeiden, die viele Empfänger erreichen, von denen aber nur wenige ein konkretes Interesse haben.

▶ Incentive

→ *Anreize*, → *Motivation*

▶ Incoterms

→ *Handelsklauseln*

▶ Index

→ *Aktienindex*

▶ Indexanleihe

Anleihe (→ *Anleihe*), bei der die Konditionen, z. B. Zinszahlung, Tilgung und weitere vertragliche Rechte, an einen Index, z. B. → *Aktienindex*, gekoppelt sind. Neben einem Aktienindex (Stock Index) können auch Rentenindizes, Inflationsraten, Goldpreise oder Devisenkurse als Richtwerte für Zins- und Tilgungszahlungen bzw. den Emissionsbetrag herangezogen werden.

▶ Index Warrant

→ *Capped Warrant*

▶ Indexzahlen

→ *Kennzahl*

▶ Index-Zertifikat

→ *Zertifikat*

▶ Indirekte Steuer

Einteilungstyp der Steuerarten im Gegensatz zu den direkten Steuern. Hierbei erfassen die indirekten Steuern wirtschaftliche Leistungsfähigkeit dadurch, dass sie eine Einkommensverwendung oder einen Vermögensverkehr belasten. Insbesondere fallen Steuerschuldner und derjenige, der wirtschaftlich die Steuer trägt, auseinander (→ *Steuerüberwälzung*). So schuldet im Rahmen der → *Um-*

satzsteuer der → *Unternehmer* die Steuer und führt sie an das → *Finanzamt* ab. Wirtschaftlich tragen, d. h. belastet durch Abnahme des verfügbaren Einkommens, wird sie aber der Endverbraucher, der die Umsatzsteuer über den Preis der Ware an den Unternehmer bezahlt.

▶ Individualgut

→ *Gut*

▶ Indossament

Schriftliche Übertragungserklärung bei einem → *Orderpapier,* die meist auf der Rückseite der Urkunde bzw. des Wertpapieres angebracht wird. Hiermit wird das → *Eigentum* und damit die Rechte aus dem Wertpapier vom bisherigen Inhaber (Indossant bzw. Girant) auf den neuen Inhaber (Indossatar bzw. Giratar) übertragen. Gemäß § 14 WG kann nur durch ein Indossament ein Wechselrecht übertragen werden. Da jeder auf einem Wechsel Genannte, somit auch ein Alteigentümer (Indossant), für die Wechselzahlung haftet (→ *Wechselregress*), ist ein Haftungsausschluss, z. B. durch die Formulierung **ohne Obligo** oder **ohne Gewähr,** im → *Wechselprozess* bzw. im Wechselregress wirkungslos. Sofern ein Indossament nur aus der Unterschrift des Indossanten besteht, wird es als Blankoindossament bezeichnet. Da bei Wechseln die Eigentümer mit Hilfe von Indossamenten häufig wechseln und somit die Rückseite der Wechselurkunde für alle Namenszüge nicht ausreicht, kann eine so genannte → *Allonge,* d. h. ein Verlängerungsstück, an die Haupturkunde angefügt werden.

▶ Indossant

→ *Indossament*

▶ Indossatar

→ *Indossament*

▶ Induktion

→ *Deduktion*

▶ Industrie

Betriebe, bei denen eine technologische Transformation von Einsatzfaktoren in marktfähige Sachgüter (Sachleistungen) erfolgt und hierzu vorwiegend Betriebsmittel (z. B. Maschinen; → *Produktionsfaktoren (nach Gutenberg)*) im Gegensatz zu menschlicher Arbeit notwendig sind. Im Gegensatz zum → *Handel* oder den Dienstleistungsunternehmen handelt es sich um anlagen- oder kapitalintensive Betriebe. Nach der amtlichen Statistik wird die Industrie in die Bereiche Bergbau, Grundstoff-, Investitions-, Verbrauchsgüter- und Nahrungs- und Genussmittelindustrie eingeteilt. Im Gegensatz zum → *Handwerk* kennzeichnet den Industriebetrieb die räumliche Konzentration der → *Produktion* (Werke) mit überwiegender Anwendung maschineller Betriebsmittel und der weitgehenden → *Arbeitsteilung,* so dass Sachgüter für den anonymen → *Markt* und in geringerem Umfang individuell erstellt werden. Zur → *Rechnungslegung* in Industrieunternehmen wurde der → *Industriekontenrahmen (IKR)* entwickelt.

▶ Industrie 4.0

Sammelbegriff für die Zusammenführung klassischer Industrie- und Produktionsabläufe mit den neuen Technologien der Informatik zu neuen Produktions- und Steuerungstechnologien. Ergonomie, globaler Zugriff auf Produktionsdaten, Ressourceneffizienz, Kundenorientierung und einzel- bzw. maßgeschneiderte Produkte oder kognitive Selbststeuerung von Produktionsabläufen sind hier Ziele. Der Begriff 4.0 ist abgeleitet aus der einstigen Bezeichnung Web 2.0, der zweiten Generation des Internets. Bei 4.0 wird nach den ersten drei industriellen Revolutionen (Mechanisierung mit Wasser- und Dampfkraft; Massenfertigung an Fließbändern und Elektrifizierung) die vierte industrielle Revolution durch Einbezug der Digitalisierung von Daten bei der Automatisierung der Produktion verstanden.

▶ Industriekontenrahmen (IKR)

1971 vom Bundesverband der Deutschen Industrie veröffentlichter Kontenplan, der den → *Gemeinschaftskontenrahmen der Industrie (GKR)* ablösen sollte, was in der Praxis aber nicht in vollem Umfang erfolgte. Im Gegensatz zum Gemeinschaftskontenrahmen basiert der Industriekontenrahmen (IKR) auf einem sog. *Zweikreissystem*, da für die Betriebsbuchhaltung und Finanzbuchhaltung jeweils eigene Rechnungskreise gebildet werden. Zwischen beiden Rechnungskreisen werden keine Buchungen vorgenommen, sie sind nur durch eine statistische Abstimmung verbunden. Abbildung I-1 zeigt die Kontenklassen der beiden Rechnungskreise.

► Industrieobligation

Anleihe (→ *Anleihe*) eines emissionsfähigen Industrieunternehmens, mit dem sich das Unternehmen langfristiges Fremdkapital beschafft. Sie ist meist festverzinslich ausgestattet und durch eine → *Grundschuld* oder → *Hypothek* abgesichert. In der Regel sind institutionelle Anleger (z. B. Versicherungen, → *Fonds*) Käufer derartiger Schuldverschreibungen. Als Anbieter kommen nur Unternehmen mit bestem → *Standing* und → *Rating* in Frage, um die Obligation am → *Kapitalmarkt* platzieren zu können. Während traditionell die festverzinsliche Anleihe (Straight Bond) gebräuchlich war, sind im Zuge der Entwicklung von Finanzinnovationen auch andere Variationen der Zinszahlung, Tilgung und Besicherung im Umlauf (z. B. → *Floating Rate Note*, → *Zero Bond*, → *Wandelschuldverschreibung*, → *Optionsschuldverschreibung*). Außerdem sind Kombinationen mit einer → *Option* oder einem → *Swap* denkbar.

	Klasse	Rechnungskreis 1: Finanzbuchhaltung
Aktive Bestandskonten	0 1 2	Immaterielle Vermögensgegenstände und Sachanlagen Finanzanlagen Umlaufvermögen und Aktive Rechnungsabgrenzungsposten
Passive Bestandskonten	3 4	Eigenkapital und Rückstellungen Verbindlichkeiten und Passive Rechnungsabgrenzungsposten
Erfolgskonten	5 6 7	Erträge Betriebliche Aufwendungen Weitere Aufwendungen
	8	Ergebnisrechnung, Eröffnungs- und Abschlusskonten

	Klasse	Rechnungskreis 1: Finanzbuchhaltung
	Klasse	**Rechnungskreis 2: Betriebsbuchhaltung**
	9	Kosten- und Leistungsrechnung

Abb. I-1: Kontenklassen des Industriekontenrahmens (IKR)

▶ Industrie- und Handelskammer (IHK)

Kammer (→ *Kammer*), d. h. Unternehmenszusammenschluss mit Zwangsmitgliedschaft, welche nach dem § 1 des Gesetzes zur vorläufigen Regelung des Rechtes der Industrie- und Handelskammern das Gesamtinteresse ihrer Mitglieder und die gewerbliche Wirtschaft zu fördern, insbesondere zu beraten hat, durch Vorschläge, Gutachten und Berichte die Behörden unterstützt sowie die kaufmännische und gewerbliche Berufsausbildung regelt, Bescheinigungen ausstellt und insbesondere Mittelständler in Exportfragen unterstützt. Nicht zu den Aufgaben der IHK gehören sozialpolitische oder arbeitsgerichtliche Hilfestellungen. Spitzenorganisation der etwa 70 regional organisierten IHK ist der → *Deutsche Industrie- und Handelskammertag (DIKT)*.

▶ Inflation

Kaufkraftverlust von → *Geld*, der durch die Zentralbank als Hüterin der Geldwertstabilität mit deren Instrumentarium bekämpft werden soll.

▶ Information

Angaben über Sachverhalte und Vorgänge, die schriftlich, bildlich und akustisch übermittelt werden können. Diese Angaben können auch verstanden werden als Aussagen, die den Erkenntnis- bzw. Wissensstand eines Subjekts über ein Objekt in einer gegebenen Situation und → *Umwelt* zur Erfüllung einer Aufgabe verbessern. Informationen sind damit auf Subjekte bezogen und zweckorientiert definiert (zweckgerichtetes Wissen). Sie können sich erstens auf ein Wissen über die Welt beziehen, so dass die Frage, was gewusst werden kann, beantwortbar ist. Informationen sind zweitens aber auch auf ein Wissen über die Instrumente zur Informationsbehandlung bezogen, d. h. darauf, wie man Wissen verfügbar halten, aufbereiten und nutzen kann. Daneben sind Informationen drittens auf ein Wissen über die Quellen der Informationen ausgerichtet. Der Informationsbedarf ist dabei die Art, Menge und Qualität der Informationsgüter, die ein Informationssubjekt im gegebenen Informationskontext zur Erfüllung einer Aufgabe in einer bestimmten Zeit und innerhalb eines bestimmten Raums benötigt.

▶ Informationssystem

Eine Menge von Menschen und Maschinen, die → *Information* erzeugen und/oder sie benützen und die durch Kommunikationsbeziehungen miteinander verbunden sind. Ein betriebliches Informationssystem dient zur Abbildung der Leistungsprozesse und Austauschbeziehungen im → *Betrieb* und zwischen dem Betrieb und seiner → *Umwelt.* Hierzu zählt beispielsweise ein → *Management-Informationssystem (MIS).* Ein rechnergestütztes Informationssystem ist ein System, bei dem die Erfassung, Speicherung, Übertragung und/oder Transformation von Informationen durch den Einsatz von EDV (→ *Elektronische Datenverarbeitung (EDV)*) teilweise automatisiert ist. Der grundlegende Zweck von Informationssystemen ist die Bereitstellung von Informationen für die Systembenutzer (User). Die Inhalte, Form, Orte und Zeitpunkte der Informationsbereitstellung sind dementsprechend von den Aufgaben der Benutzer abhängig.

▶ Informelle Gruppen

→ *Informelle Organisation*, → *Teilautonome Gruppe*

▶ Informelle Organisation

Im Gegensatz zur formalen → *Aufbauorganisation* durch informelle Kommunikationsbeziehungen zustande kommendes Beziehungsgeflecht unter den Mitarbeitern. Diese Beziehungen sind bei einer Reorganisation des Betriebes bezüglich der → *Motivation* der Mitarbeiter zu beachten. Die informale Organisation wird häufig auch als

„kleiner Dienstweg" bezeichnet, da sie ohne formale Regelung abseits oder parallel zum formalen Dienstweg (→ *Liniensysteme*) verläuft und evtl. schneller, direkter oder einfacher ist. Wesentlicher Grund des Entstehens von informalen Strukturen sind Diskrepanzen zwischen den Zielen der Mitarbeiter und den Zielen der → *Organisation* sowie Probleme der → *Personalführung*.

▶ Inhaberpapier

Wertpapier (→ *Wertpapier*), dessen Inhaber ohne weiteren Berechtigungsnachweis lediglich mit dem Besitz des Papiers das darin verbriefte Recht geltend machen kann. Das Recht aus dem Papier folgt dem Recht an dem Papier. Es wird durch eine einfache Einigung und Übergabe an einen neuen Eigentümer übertragen, d. h. es bedarf nicht wie beim → *Orderpapier* oder → *Rektapapier* eines schriftlichen Übertragungsvermerks (→ *Indossament*) oder einer Abtretungserklärung. Als hinkendes Inhaberpapier werden Urkunden wie z. B. das Sparbuch bezeichnet, in dem ein Gläubiger zwar namentlich genannt ist, der Schuldner aber an jeden Inhaber der Urkunde seine Leistung bewirken kann. Derartige hinkende Inhaberpapiere werden nicht durch bloße Übertragung, sondern durch → *Abtretung* der in der Urkunde verbrieften Rechte übertragen. Typische Beispiele für normale Inhaberpapiere sind die meisten → *Aktien* und → *Anleihen*.

▶ Inhaberschuldverschreibung

Anleihe (→ *Anleihe*), die eine Verbindlichkeit eines Ausstellers gegenüber dem nicht namentlich genannten Inhaber gemäß §§ 793 f. BGB verbrieft. Der Aussteller der Schuldverschreibung ist somit verpflichtet, gegen Vorlage der Urkunde an jeden Inhaber seine Verpflichtung zu leisten. Er hat keine Einrede, einen bestimmten Inhaber zu befriedigen, so dass selbst der Erwerber einer gestohlenen Urkunde gemäß § 935 BGB Eigentümer des → *Wertpapiers* wird und damit die Rechte aus dem Papier erlangen kann.

▶ In-house-Banking

Zusätzliche Übernahme von Finanzintermediärfunktionen durch das Finanzmanagement von Unternehmen unter vollständiger oder teilweiser Umgehung der traditionellen → *Bank.* Ziel ist meist die Unternehmenswertsteigerung bzw. die Nutzung der Wertschöpfung bei Finanzgeschäften, die bisher bei Banken entstanden ist.

Hauptleistungen einer In-house-Bank sind, neben dem → *Cash Management* und → *Clearing* von Zahlungen im Konzern (→ *Matching*), die direkte Geldanlage am → *Geldmarkt,* der direkte Handel am Devisenmarkt im Rahmen eines unternehmenseigenen Währungsmanagements sowie das so genannte Credit Management (Kreditlinien für Tochtergesellschaften, Übernahme des Risiko-Managements und Portfolio-Managements). In-house-Banken können darüber hinaus selbst Emissionen von Aktien und Anteilsscheinen betreiben und das Going Public, d.h. den Börsengang, von Töchtern begleiten und somit hohe Emissionskosten von Banken umgehen. Neben den Vorzügen basierend auf einer Integration wertschöpfender Leistungen in das Unternehmen (Insourcing) sind auch die erheblichen Risiken des Bankgeschäfts, die in das Unternehmen geholt werden, zu beachten. Die Krisen der Unternehmen *Metallgesellschaft, IAG, Balsam-Procedo* und andere sind hier nur wenige Beispiele für gescheiterte In-house-Geschäfte der letzten Jahre (→ *Disintermediation*).

▶ Inkasso

Einzug fälliger → *Forderungen.* Das reine Inkasso ist durch Gesetz- und Rechtsverordnung den Banken und Rechtsanwälten vorbehalten, wobei dennoch zahlreiche private Inkassounternehmen auf mehr oder weniger legale Weise versuchen, gegenüber säumigen Schuldnern Druck auszuüben, um die Begleichung von Forderungen zu erreichen. Die überwiegende Mehrzahl ordentlicher Inkassoverfahren wird in Kombination mit dem Mahnwesen so genanntes → *Factoring* betrieben. Im Rahmen der → *Außenhandelsfinanzierung* spielt insbesondere das → *Dokumenteninkasso* eine besondere Rolle. Sofern Forderungen durch einen → *Wechsel* verbrieft sind, folgt ebenfalls nach durchgeführtem → *Wechselprotest* und evtl. erfolglosem → *Wechselprozess* das Inkasso der Forderungen von den übrigen Wechselbeteiligten (→ *Indossament*). Sofern eine Forderung nicht abgetreten bzw. verkauft wurde, und so von einem neuen Eigentümer eingezogen wird, handelt es sich bei einem Inkasso für fremde Rechnung um einen Geschäftsbesorgungsvertrag gemäß § 675 BGB.

▶ Inkubator

Unternehmensberater speziell für Unternehmensgründer (Entrepreneure), der Fachwissen, Service oder auch Finanzen in ein neu zu gründendes Unternehmen einbringt und dafür Anteile am Unternehmen erhält. Häufig handelt es sich um Allround-Dienstleister, die einem Start up bzw. Unternehmensgründer vom Schreibtisch bis zur Steuerberatung so ziemlich alles anbieten, was z. B. einem Ingenieur für Biotechnologie oder einem Fachmann für Internetanwendungen fehlt. Der klassische Weg zur Existenzgründungsberatung z. B. einer Industrie- und Handelskammer wird dadurch zunehmend ersetzt. Inzwischen bilden Inkubatoren und Anbieter von Wagniskapital (→ *Venture Capital (VC)*) Konglomerate und bieten damit einen Full Service von der Betriebsführung bis zur Finanzierung.

▶ Inlandsemittenten

Begriff, der im Rahmen des am 20. 1. 2007 in Kraft getretenen Transparenzrichtlinie-Umsetzungsgesetzes (TUG) neu in das deutsche Börsen- und Bilanzrecht eingeführt wurde. Als Inlandsemittenten gelten gem. § 2 XIV WpHG im Wesentlichen Unternehmen, die an einem organisierten Markt in Deutschland Finanzinstrumente ausgeben und deren Herkunftsstaat Deutschland oder ein anderer Mitgliedstaat der EU ist. Für Inlandsemittenten gelten besondere Berichts- und Offenlegungspflichten, wie z. B. der → *Halbjahresfinanzbericht* und der → *Bilanzeid*.

▶ Innendienst

→ *Außendienst*

▶ Innenfinanzierung

Art der → *Finanzierung* im Gegensatz zur → *Außenfinanzierung*, bei der ein Kapitalbedarf aus dem Unternehmen selbst bzw. dem Umsatzprozess heraus erbracht wird. Es lassen sich vier Möglichkeiten der Innenfinanzierung unterscheiden (Abbildung I-2). Diese sind

(1) die → *Selbstfinanzierung*, d. h. die Finanzierung aus dem Einbehalt von Gewinnen, d. h. der → *Thesaurierung* von Gewinnen in Rücklagen,

(2) der Finanzierung aus langfristigen → *Rückstellungen*, wie beispielsweise der Bildung von Pensionsrückstellungen, die erst später zu Auszahlungen führen,

(3) der Finanzierung aus einer → *Wertberichtigung* und → *Abschreibung* (→ *Lohmann-Ruchti-Effekt*) sowie

(4) der Finanzierung durch Vermögensumschichtung, d. h. z. B. dem Verkauf von nicht betriebsnotwendigen Vermögensteilen (Liquidierung).

Zur Bestimmung des Innenfinanzierungspotentials wird häufig der → *Cashflow* herangezogen.

▶ Innere Kündigung

Form des Rückzugs eines demotivierten Mitarbeiters aus dem Arbeitsgeschehen, ohne formal zu kündigen. Die Innere Kündigung ist eine Form des Rückzugs (Implosion) (Signale der De-Motivation unter → *Motivation*). Der Erhalt des speziellen Arbeitsplatzes, die Sicherheit der Einkommenserzielung, familiäre und regionale Standortüberlegungen können Gründe für die nicht formal ausgesprochene Kündigung seitens des Mitarbeiters sein (→ *Arbeitsleistung*, → *Arbeitsbewertung*).

▶ Innerer Wert

Im Rahmen der → *Wertpapieranalyse* bzw. der → *Unternehmensbewertung* gesuchter Ertrags- oder Substanzwert eines Unternehmens, der im Vergleich zum Börsenkurs bzw. gebotenen Kauf- oder Verkaufspreis eines gesamten Unternehmens oder von Unternehmensanteilen die Vorteilhaftigkeit einer Investition für den Investor anzeigen soll.

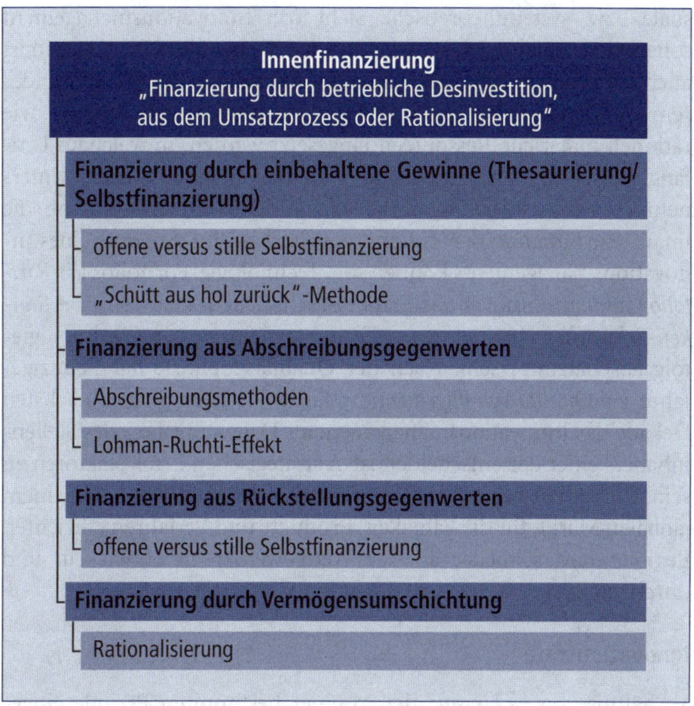

Abb. I-2: Innenfinanzierung

▶ Innovationsmanagement

Bewusste → *Planung*, → *Organisation* und Steuerung des Prozesses der Entwicklung neuer Produkte oder Verfahren (Innovationen). Wesentlich ist nach *Jürgen Hauschildt* die Unstetigkeit dieses Prozesses, so dass eher von Fortsprung als von Fortschritt gesprochen werden kann. Durch die Herstellung eines Innovationsbewusstseins im Unternehmen soll die Fähigkeit vermittelt werden, traditionelle Verfahren, Produkte oder Sachmittel bewusst aufzugeben, um diese durch neue, technisch erstmalige Ideen zu ersetzen. Innovationsbewusstsein darf nicht in Innovationsenthusiasmus und damit dem Verlust von Risikobewusstsein, der Überflutung mit neuen Ideen sowie der Sprunghaftigkeit verwechselt werden. Durch eine prozessuale bzw. systemtheoretische Sicht von Innovationsmanagement sollen diese Gefahren vermieden werden. Neben dem Bewusstsein ist auch ein gewisses Innovationsklima notwendig, welches unter anderem von den sozialen Leistungen eines Unternehmens abhängt, wie rationell materielle Ressourcen eingesetzt werden, in welchem Umfang Forschung und Entwicklung betrieben wird, ob das Unternehmen extravertiert im Sinne von auslandsaktiv ist und ob die finanzielle Situation der Zukunft gesichert ist. Instrumente eines Innovationsmanagements können sog. Technologie-Portfolios (→ *Portfolioanalyse*), Innovations-Stärken-/Schwächen-Analysen (→ *Stärken-Schwächen-Analyse*) sowie Technologieprognosen (Technologiefolgeabschätzung) sein. Nach der Qualitätseuphorie der neunziger Jahre (→ *Qualitätsmanagement*, → *Kaizen*) scheint in der nächsten Dekade das Innovationsmanagement als Daueraufgabe jedes Stelleninhabers einer der entscheidendsten strategischen Erfolgsfaktoren zu sein. Dies gilt insbesondere für internationale Unternehmen in einem globalen Markt, für die Fähigkeit, Produkte und Verfahren effizienter, flexibler und schneller als der Wettbewerber zu entwickeln und durchzusetzen.

► Innovationsrate

Verhältnis von → *Umsatz* der in einer bestimmten Periode eingeführten neuen Produkte zum Gesamtumsatz der Periode. Die Innovationsrate soll ein Maß zur Messung der Innovationskraft einer Unternehmung sein (→ *Innovationsmanagement*).

► Innung

Im Gegensatz zum Unternehmensverband mit Zwangsmitgliedschaft der Handwerker in der → *Handwerkskammer* ist die Innung ein freiwilliger Zusammenschluss von Handwerkern, die sich fachlich oder wirtschaftlich nahe stehen, um gemeinsame Interessen zu fördern. Eine Innung kann je Regionalverband einer Handwerkskammer nur einmal existieren und besteht aus der Innungsversammlung, Ausschüssen und dem Vorstand. Sie ist eine → *Körperschaft* des öffentlichen Rechts.

▶ Input

→ *Einsatzmenge*, → *Produktionsfunktion*

▶ Insidergeschäfte

Nach → *Wertpapierhandelsgesetz (WpHG)* verbotene Geschäfte von Insidern, unter Ausnutzung ihres Wissens für eigene oder fremde Rechnung. Verboten sind außerdem Geschäfte, die durch die Weiterleitung von Insiderwissen zustande kommen, auch wenn der Dritte fahrlässig nicht Kenntnis davon besitzt, dass sein Geschäft aufgrund von Insiderwissen zustande kam. Insider ist nach WpHG, wer aufgrund seiner Tätigkeit Kenntnis von einer so genannten Insidertatsache hat, d. h. einem nicht öffentlich bekannten Wissen. Weiterhin gilt als Insider, wer als Mitglied einer Geschäftsführung oder eines Aufsichtsrates sowie als persönlich haftender Gesellschafter desjenigen Unternehmens, mit dessen Anteilen Geschäfte betrieben werden, gilt oder aufgrund einer Beteiligung am Kapital eines Unternehmens sowie eines ihm verbundenen Unternehmens Insiderwissen erhält. Geahndet werden Insidervergehen durch das Bundesamt für das Wertpapierwesen. Dies kann Geldbußen als auch Freiheitsstrafen bis zu fünf Jahren fordern.

▶ Insolvenz

Bei Vorliegen von → *Illiquidität* bzw. Zahlungsunfähigkeit sowie → *Überschuldung* einer Unternehmung einsetzende Folge gem. dem → *Insolvenzrecht.* Insolvenzgründe sind häufig Managementfehler, d. h. fehlende oder falsche → *Finanzplanung,* aber auch mangelnde Zahlungseingänge aufgrund sich verschlechternder Zahlungsmoral und risikoaverser Gläubiger, die ihr Fremdkapital vorzeitig zurückfordern. Bei Vorliegen einer Insolvenz ist ein Insolvenzantrag beim zuständigen Amtsgericht zu beantragen, sofern ein außergerichtlicher Vergleich nicht möglich ist.

▶ Insolvenzordnung

→ *Insolvenzrecht*

▶ Insolvenzrecht

Teil des Zivilrechts, das die Feststellung des Insolvenztatbestands und dessen Folgen regelt. Das Insolvenzverfahren kann bei Feststellung der → *Insolvenz* über das Vermögen jeder natürlichen Person, jeder juristischen Person, jedes nicht rechtsfähigen Vereins und Gesellschaften ohne Rechtspersönlichkeit eröffnet werden. Das **Verbraucherinsolvenzverfahren** ist als dreistufiges Verfahren gegliedert. Die erste Stufe regelt das außergerichtliche Einigungsverfahren zwischen → *Gläubiger* und Verbraucher mit Unterstützung einer geeigneten Person oder Stelle. Scheitert dieses Einigungsverfahren, kann der Verbraucher beim Insolvenzgericht die Eröffnung eines Insolvenzverfahrens beantragen. Hierbei wird ein von ihm aufgestellter Schuldbereinigungsplan durch das Gericht den Gläubigern zur Stellungnahme übersandt. Kommt kein Widerspruch der Gläubiger und erscheint der Plan inhaltlich angemessen, wird dieser durchgeführt. Im Rahmen dieses Schuldenbereinigungsverfahrens kann auch ein Antrag auf gesetzliche Restschuldbefreiung gestellt werden. Führt hingegen das Verfahren der zweiten Stufe nicht zum Erfolg, wird ein abgekürztes gerichtliches Verbraucherinsolvenzverfahren durchgeführt. Hierbei wird vom Gericht im schriftlichen Verfahren oder durch Anhörung in einem Prüfungstermin die Quote für die Gläubigerbefriedigung festgestellt. Die Abwicklung des Insolvenzverfahrens, die Verwertung der Gegenstände und Verteilung gemäß festgesetzter Quote erfolgt durch einen Treuhänder. Neben der einvernehmlichen Schuldenregulierung kennt das Insolvenzrecht noch die gesetzliche Restschuldbefreiung, die ohne Zustimmung der Gläubiger erteilt werden kann.

Bei der so genannten **Regelinsolvenz** wird bei Schuldnern eine akute oder drohende drohende Zahlungsunfähigkeit festgestellt oder die Tatsache der Überschuldung. Um in dem Insolvenzverfahren die Insolvenz noch abzuwenden prüft der Insolvenzverwalter, ob der Gläubiger zu einem Schuldenerlass, Ratenzahlung oder Stundung bereit ist. Findet kein Vergleich statt, wird das Vermögen im Wege einer Zwangsvollstreckung verkauft, um die Schulden oder Teile davon zu begleichen. Zum Teil wird das Verfahren aber mangels Insolvenzmasse gar nicht eröffnet.

▶ Insolvenzverfahren

→ *Insolvenzrecht*

▶ Instanz

Stelle (→ *Stelle*) mit Weisungsbefugnis (Linienstelle). Instanzen sollen nach *Erich Kosiol* die Funktionen der Initiative, der Entscheidung und Anordnung erfüllen können. Instanzen sollen also selbständig Probleme erkennen, eigenverantwortlich Lösungen konzipieren und diese anordnen sowie durchsetzen können. Die Verantwortung von Instanzen soll der → *Kompetenz* entsprechen. Als Arten von Instanzen lassen sich nach der Managementebene obere, mittlere und untere Instanzen, nach der besetzen Personenzahl plurale und singulare Instanzen und nach der Art der Zusammenarbeit kollegiale und direktoriale Instanzen unterscheiden (→ *Aufgabenanalyse*, → *Aufgabensynthese*, → *Direktorialprinzip*).

▶ Institut der Wirtschaftsprüfer (IdW)

Fachorganisation der Wirtschaftsprüfer (Düsseldorf) zur fachlichen Förderung der Mitglieder, Erstellung von Verhaltenskodizes für den Berufsstand und zur Förderung des beruflichen Nachwuchses. Inzwischen erstellt das IdW Fachgutachten und Stellungnahmen zu einzelnen Bereichen der Wirtschaft und publiziert sie.

▶ Institut für Arbeitsmarkt- und Berufsforschung der Bundesagentur für Arbeit (IAB)

Forschungseinrichtung der → *Bundesagentur für Arbeit (BA)* mit dem Ziel, Umfang und Art der Beschäftigung sowie Lage und Entwicklung des Arbeitsmarktes zu beobachten. Neben gesamtwirtschaftlichen Arbeitsmarktanalysen erstellt das IAB auch regionale oder branchenspezifische Studien.

▶ Institutionenökonomik

Theorie (→ *Theorie*) der Entstehung, der Funktion und des zeitlichen Wandels von Institutionen sowie deren Beziehungen zu Akteuren im ökonomischen Umfeld. Unter Institutionen werden hierbei Systeme von Regeln oder Normen, einschließlich der Mechanismen zur Durchsetzung dieser verstanden, die die Basis für Produktion, Gütertausch und Distribution bilden. Als entscheidender Schritt zur so genannten neuen Institutionenökonomik wird die explizite Berücksichtigung von → *Transaktionskosten* für wirtschaftliches Handeln neben den Produktionskosten durch den Nobelpreisträger *Ronald Coase* gesehen, wodurch die Annahme vollständig informierter Akteure aufgehoben wurde. Als Folge dessen kommt Institutionen zusätzlich die Bedeutung bei, das vertragswidrige Ausnutzen von Informationsasymmetrien (Opportunismus) einzuschränken und dadurch zu ermöglichen, langfristige Beziehungen aufzubauen. Neben dem Transaktionskostenansatz bilden die → *Property Rights-Theorie* sowie die → *Principal Agent-Theorie* die bekanntesten Forschungsgebiete der neuen Institutionenökonomik.

▶ Integration

→ *Unternehmenszusammenschluss*, → *Koordination*

▶ Interessengemeinschaft (IG)

→ *Arbeitsgemeinschaft (ARGE)*

▶ Interest Public Offering

→ *Going Public*

▶ International Accounting Standards (IAS)

→ *International Financial Reporting Standards (IFRS)*

▶ International Accounting Standards Board (IASB)

Gremium internationaler Rechnungslegungsexperten mit Sitz in London, welches aus dem International Accounting Standards Committee (IASC) hervorgegangen ist. Die hauptamtlich tätigen Mitglieder des Boards werden von den sog. Trustees der International Accounting Standard Committee Foundation (IASC-Foundation) bestellt. Die IASC-Foundation ist eine internationale Dachorganisation mit Sitz in Delaware, USA. Die IASC-Foundation besteht wiederum aus zwei Organen, dem IASB und den Trustees, sowie den beiden Gremien International Financial Reporting Interpretations Committee (IFRIC) und Standards Advisory Council (SAC). Die Hauptaufgabe des IASB ist die Erarbeitung und Verabschiedung von Rechnungslegungsstandards (IFRS und IAS). Das IFRIC setzt sich aus nebenberuflich tätigen Mitgliedern zusammen. Es soll die Arbeit des IASB flankieren, indem es vor allem offene Fragen der Standards zeitnah interpretiert und aktuelle Fragen aufgreift. Das SAC stellt ein beratendes Gremium dar.

▶ International Accounting Standards Committee (IASC)

→ *International Accounting Standards Board (IASB)*

▶ Internationales Management

→ *Internationalisierung*

▶ International Financial Reporting Interpretations Committee (IFRIC)

→ *International Accounting Standards Board (IASB)*

▶ International Financial Reporting Standards (IFRS)

Rechnungslegungsvorschriften, die vom → *International Accounting Standards Board (IASB)* vor allem mit dem Ziel einer weltweiten Harmonisierung der Rechnungslegung erlassen werden. Das Anfang 2001 neu eingesetzte IASB hat eine neue Begriffsterminologie eingeführt. Danach wird mit IFRS (International Financial Reporting Standards) der Oberbegriff sowohl für die **Standards** als auch für die **Interpretationen** bezeichnet. Die Standards selbst werden wie bisher entweder mit IAS (International Accounting Standards) oder aber, sofern es sich um neue nach 2001 verabschiedete Standards handelt, ebenfalls mit IFRS bezeichnet. Insofern ist der Begriff IFRS – etwas irreführend – doppelt belegt. Er dient einerseits als Oberbegriff sowie andererseits als Bezeichnung für die neuen Standards. Die bisherigen IAS, welche nur überarbeitet wurden/werden, tragen also weiterhin die Bezeichnung IAS und behalten auch ihre bisherige Nummerierung. Die neuen Interpretationen werden entsprechend dem Gremium, welches sie erarbeitet, mit IFRIC (International Financial Reporting Interpretations Committee) bezeichnet. Die bisherige Bezeichnung lautete SIC (Standing Interpretations Committee).

Gemäß der EU-Verordnung zur IFRS-Rechnungslegung bzw. § 315e I sind die kapitalmarktorientierten Unternehmen verpflichtet, den Konzernabschluss nach IFRS zu erstellen. Die Konzernabschlüsse der nicht kapitalmarktorientierten Mutterunternehmen können gemäß § 315e III HGB freiwillig statt nach HGB nach IFRS aufgestellt werden. Die Einzelabschlüsse (Jahresabschlüsse) müssen dagegen nach HGB erstellt werden.

Aufgabe und Zweck der IFRS-Rechnungslegung ist es, wie im sog. Framework postuliert, die Informationsbedürfnisse der Adressaten, insbesondere die der Anteilseigner, zu erfüllen. Oberster Grundsatz ist hierbei das Gebot der → *Fair Presentation.*

Das IASB hat am 9. 7.2009 einen Standard für kleine und mittelständische Unternehmen, die IFRS for Small and Medium-sized Entities (SME) veröffentlicht. Dieser Standard soll eine weniger komplexe und für die Unternehmen weniger aufwendige Alternative zu den sog. Full IFRS sein. Da der SME-IFRS bislang weder von der EU noch vom deutschen Gesetzgeber freigegeben wurde, hat er derzeit keine rechtliche Bedeutung in Deutschland.

▶ Internationalisierung

Das verstärkte Aufkommen neuer Wettbewerbsunternehmen aus Schwellenländern (z. B. Südkorea, Taiwan, Singapur), die verstärkte Betrachtung von Prozessen hinsichtlich der → *Transaktionskosten* sowie die Angleichung von → *Konsumentenverhalten* führt zu einer zunehmenden länderübergreifenden Denkweise in Betrieben. Internationalisierung kann als letzte Stufe einer regionalen → *Diversifikation* betrieblicher Funktionen verstanden werden. Aus Unternehmen mit Auslandsgesellschaften mit klar definiertem nationalen

Standortschwerpunkt werden multinationale bzw. internationale Unternehmen, deren Länderschwerpunkt nicht mehr klar zu erkennen ist. Internationalisierung kann als bewusste → *Strategie* marketingpolitische Ziele (→ *Globalisierung*), beschaffungspolitische Ziele (Ressourcenzugang, Know-how-Sicherung), der Erzielung von → *Economies of Scale* oder → *Economies of Scope* oder der Risikostreuung dienen. Weiterhin lassen sich zahlreiche Kostenvorteile (z. B. Personal, Steuern) durch eine differenzierte Standortwahl verfolgen. Häufig kommen internationale Unternehmen als → *Matrixorganisation,* → *Tensor-Organisation* oder → *Hybride Organisation* vor. Bei der Koordination der ausländischen Tochterunternehmen sind kulturelle Besonderheiten bei der Personal- und Unternehmensführung zu beachten (Japanische Organisationen).

▶ International Organization of Securities Commissions (IOSCO)

Die IOSCO (Internationale Organisation der Wertpapieraufsichtsbehörden) wurde 1974 als internationale Vereinigung von Börsenaufsichtsbehörden gegründet. Sie hat ihren Sitz in Madrid und zählt etwa 200 Mitglieder. Die Bundesrepublik Deutschland wird von der Bundesanstalt für Finanzdienstleistungsaufsicht (BaFin) vertreten. Die Organisation fördert weltweit einheitliche Börsenzulassungs- und Wertpapierzulassungsstandards.

▶ Internt of Things

Die Entwicklung der → *Digitalisierung* bezeichnet, die alle denkbaren Lebensbereiche von Menschen und deren Nutzung täglicher „Dinge“ betrifft. So kann der intelligente Kühlschrank Lebensmittel selbst bei einer Online-Plattform nachbestellen, der Backautomat mit online-Rezepten sehr einfach Kuchen backen oder das selbstfahrende Auto das Regenrisiko mittels vieler Sensoren abschätzen und entsprechende Sicherheitsabstände definieren. Die Vernetzung von Sensoren, Daten und IT-Systemen mit Produkten und Dienstleistungen führt zu einer Vielzahl neuer Anwendungen, die häufig mit dem Begriff smart beginnen (Beispiel: smart home, smart city, smart production).

▶ Interne Revision

In der → *Organisation* eines Unternehmens möglichst verselbständigte Aktionseinheit zur → *Überwachung* interner Betriebsabläufe bzw. Prozesse. Im Gegensatz zur externen → *Prüfung* soll die interne Revision die Ordnungsmäßigkeit und Einhaltung betrieblicher Vorgaben sicherstellen. Im Gegensatz zum → *Controlling* ist sie stets vergangenheitsorientiert und lediglich den internen Vorgaben unterworfen. Nur durch ihre organisatorische Unabhängigkeit ist sie allerdings in der Lage, der Unternehmensleitung Soll-Ist-Abweichungen, Fehler oder Probleme sowie deren Ursachen und Verantwortlichkeiten entgegenzuhalten. Zu den Aufgaben der Internen Revision gehören:

(1) **Financial Auditing,** d. h. die Überwachung und Feststellung der formellen und materiellen Ordnungsmäßigkeit des Finanz- und Rechnungswesens. Diese Aufgabenstellung erfordert eine enge Abstimmung mit der externen Prüfung (→ *Wirtschaftsprüfer*).

(2) **Operational Auditing,** d. h. die Prüfung der Organisationsstruktur, der Kommunikations- und Informationssysteme sowie der Ablauforganisation im Hinblick auf deren Zweckmäßigkeit.

(3) **Management Auditing,** d. h. vor allem die Beurteilung der Leistung des Managements im Hinblick auf die Zielvorgaben.

Neben der eigentlichen Prüfungsaufgabe übernimmt die Interne Revision in zunehmendem Umfang auch eine Beratungs- und Unterstützungsfunktion. Dies gilt besonders für die sog. **Konzernrevision,** die neben dem eigentlichen → *Beteiligungscontrolling* häufig auch die Funktion einer konzerninternen Unternehmensberatung wahrnimmt.

▶ Internet-Marketing

Sammelbegriff für das → *Marketing* im Internet. Hierzu zählen die verschiedenen Marketingmaßnahmen wie z. B. Produktinformationen, Kataloge, Gewinnspiele, Werbung in Form von sog. Bannern, aber auch interaktive Angebote wie → *Online-Vertrieb* oder die Möglichkeit, Informationen über das Unternehmen oder über die Leistungen anzufordern bzw. direkt herunterzuladen. Einen wesentlichen Vorteil stellt die Möglichkeit dar, jederzeit gezielt Informationen abzurufen, und zwar in Form von Texten, Bild und Ton. So kann der Kunde z. B. durch Kombination einzelner Produktmerkmale individuelle Gesamtpakete zusammenstellen und ggf. sogar online ordern. Ein Bespiel dafür ist das Angebot von Automobilherstellern, über Car-Konfiguratoren das Wunschmodell und den zugehörigen Preis zu bestimmen.

Darüber hinaus können – bei Bereitschaft des Interessenten – individualisierte Direktansprachen z. B. über neue Produkte oder aktuelle Angebote erfolgen.

▶ Internet Message Access Protocol (IMAP)

Protokoll, das dem Nutzer (IMAP-Client) erlaubt, E-Mails in den Mailboxen auf einem E-Mail-Server zu lesen und zu bearbeiten, ohne diese auf seinen lokalen Rechner laden zu müssen.

▶ Internet Service Provider (ISP)

Unternehmen, das Endkunden den Zugang zum Internet anbietet. Auch als Internet-Access-Provider (Internet-Zugangs-Anbieter) bezeichnet. Ein ISP bietet häufig über den Internet-Zugang hinaus verschiedene Internet-Dienste an. Es kommen unterschiedliche Formen vor:

▶ Interne Zinsfuß-Methode

Dynamisches → *Investitionsrechenverfahren,* bei dem ähnlich der → *Rentabilitätsvergleichsrechnung* die Verzinsung des gebundenen Kapitals ermittelt werden soll. Anstelle des bei der → *Kapitalwertmethode* eingesetzten kalkulatorischen Zinssatzes i soll der real mit der Investition erzielbare Zins durch Nullsetzen der Kapitalwertfunktion ermittelt werden. Als Formel lässt sich dies wie folgt ausdrücken:

$$0 = \sum \frac{E^t - A^t}{(1 + i)^t}$$

Da es sich bei einer analytischen Auflösung dieser Kapitalwertgleichung bei mehreren betrachteten Folgeperioden um eine Gleichung n-ten Grades handelt, ist eine Lösung nur mit einer linearen Interpolation möglich. Ein einfaches Verfahren, wie dies schematisch in Abbildung I-3 vorgestellt ist, stellt die graphische Näherungslösung dar. Hier werden zwei oder mehrere fiktive Kalkulationszinssätze in die Kapitalwertmethode eingesetzt und der Schnittpunkt mit der Zinsachse ermittelt. Der so ermittelte interne Zins spiegelt damit die Rendite des gebundenen Kapitals wider und ist in Relation zu Alternativanlagen auf dem Geld- oder Kapitalmarkt zu beurteilen.

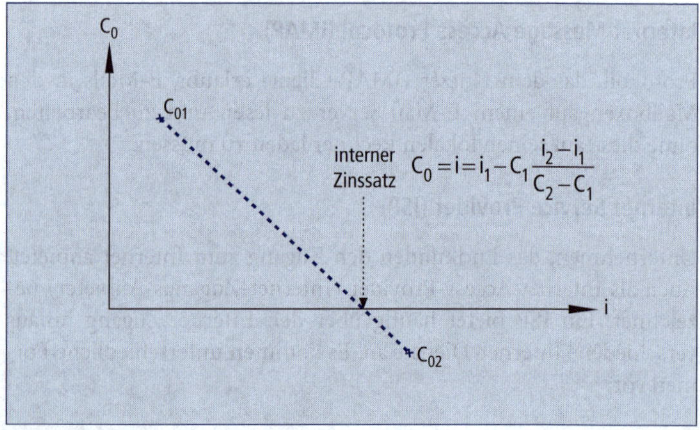

Abb. I-3: Interne Zinsfuß-Methode

▶ Intervallskala

→ *Skalierung*

▶ Interview

Erhebungsmethode (→ *Erhebungsmethode*) durch mündliche oder schriftliche Befragungen. Dem Interview kommt in der → *Betriebswirtschaftslehre* eine große Bedeutung i. R. der empirischen Untersuchung zu. Je nach dem Grad der → *Standardisierung* des Interviews z. B. mit einem Fragebogen wird von freier oder standardisierter Vorgehensweise gesprochen. Gegenüber einer schriftlichen Befragung hat die mündliche Variante den Vorteil, dass Nachfragen durch Erläuterungen von Fragen möglich sind. Problematisch sind suggestive Fragestellungen, die bei einer anonymen schriftlichen Befragung evtl. auszuschließen sind.

▶ Inventar

Verzeichnis, das die im Rahmen der → *Inventur* ermittelten Vermögensgegenstände und Schulden detailliert nach Art, Menge und Wert enthält. § 240 I HGB verlangt, dass jeder Kaufmann zu Beginn seines Handelsgewerbes und danach jährlich ein solches Inventar, unabhängig von der Buchführung, erstellt. Eine entsprechende Vorschrift findet sich auch im Steuerrecht in § 140 AO. Das Inventar dient insbesondere zum Abgleich mit den in den Büchern ausgewiesenen Beständen (Vergleich von Soll- und Istbestand).

▶ Inventur

Tätigkeiten zur Bestandsaufnahme aller Vermögensgegenstände und Schulden zum Bilanzstichtag. Die Ergebnisse der Inventur sind in einem Bestandsverzeichnis, dem → *Inventar*, festzuhalten. Zur Inventur bzw. dem Erstellen eines Inventars ist grundsätzlich jeder Kaufmann gemäß § 240 HGB zu Beginn seines Handelsgewerbes und zu den folgenden Bilanzstichtagen verpflichtet. Ausgenommen sind gem. § 241a HGB Einzelkaufleute, deren Umsatzerlöse nicht 600 000 € und Jahresüberschuss nicht 60 000 € übersteigen. Diese Verpflichtung gilt nach § 140 AO auch für die Ermittlung der Besteuerungsgrundlagen.

Mit Hilfe der Inventur und des Inventars soll geprüft werden, ob die tatsächlich vorhandenen Vermögensgegenstände und Schulden (= Istbestände) mit den sich aus den Büchern ergebenden Beständen (Sollbeständen) nach Art, Menge und Wert übereinstimmen. Soweit sich sog. Inventurdifferenzen ergeben, sind diese zu klären und die Bücher ggf. zu korrigieren.

Nach der **Art** der Bestandsaufnahme kann unterschieden werden in eine körperliche Bestandsaufnahme, bei der der Bestand durch die tatsächliche Inaugenscheinnahme festgestellt wird, und in eine buchmäßige Bestandsaufnahme, bei der anhand von Belegen die Bestände erfasst werden, z. B. die Forderungen und Schulden.

Im Hinblick auf den **Stichtag** lassen sich drei Inventursysteme unterscheiden:

(1) Stichtagsinventur nach § 240 II HGB, die zum Bilanzstichtag durchgeführt wird.

(2) Vor- oder nachgelagerte Stichtagsinventur nach § 241 III HGB, die innerhalb der letzten drei Monate vor oder der ersten beiden Monate nach dem Bilanzstichtag durchzuführen ist. Durch ein geeignetes Fortschreibungs- oder Rückrechnungsverfahren müssen sich die Werte zum Bilanzstichtag ermitteln lassen.

(3) Permanente Inventur nach § 241 II HGB, bei der ein innerhalb des Geschäftsjahres durch körperliche Bestandsaufnahme erfasster Bestand nach Art, Menge und Wert bis zum Bilanzstichtag fortgeschrieben wird.

Weitere Verfahren der **Inventurvereinfachung** stellen die **Stichprobeninventur** nach § 241 I HGB, bei der mit Hilfe anerkannter mathematisch-statistischer Verfahren die Bestände ermittelt werden, die → *Festwertbewertung* und die → *Gruppenbewertung* dar.

▶ Investition

Unter finanzwirtschaftlichen Aspekten die zielorientierte Kapitalverwendung im Sinne der Tätigkeit einer → *Ausgabe,* um später eine → *Einnahme* zu realisieren. Von *Eugen Schmalenbach* wurde Investition in den siebziger Jahren als leistungswirtschaftliche Kombination von Gütern zu neuen Wirtschaftseinheiten definiert. Investition war damit eine innovative Tätigkeit und wurde noch nicht unter vermögens- und zahlungsorientierten Gesichtspunkten betrachtet.

▶ Investitionsarten

Ausgehend von einer finanzwirtschaftlichen bzw. vermögensbestimmten Sichtweise des Begriffes → *Investition* lassen sich anhand der Aktivseite der Bilanz Sach- und Finanzinvestitionen unterscheiden. Innerhalb der Sachinvestitionen kann wiederum eingeteilt werden in Erstinvestition, Ersatz- und Erweiterungsinvestitionen.

▶ Investitionsgütermarketing

Im Gegensatz zum Konsumgütermarketing die marktorientierte Unternehmensführung zur Optimierung der zwischen verschiedenen Unternehmen bestehenden Beschaffungs- und Absatzprobleme im Bereich der Investitionsgüter. Dieses → *Business to Business* Marketing B2B unterscheidet sich grundsätzlich vom auf Konsummärkte und individuelles Verbraucherverhalten gerichteten „klassischen" Marketing. Investitionsgüter sind Leistungen, die von Nicht-Konsumenten beschafft werden, um mit ihrem Einsatz weitere Güter (→ *Gut*) für die Fremdbedarfsdeckung zu erstellen oder sie an andere Organisationen weiterzuveräußern, die diese Leistungserstellung vornehmen. Wesentliche Abgrenzungsmerkmale zu Konsumgütern sind damit der Nachfrager (Konsument/Nicht-Konsument) sowie der Verwendungszweck (Konsum/Leistungserstellung). Unterschiede bestehen insbesondere im Kaufprozess (mehrere Entscheider, → *Buying Center,* strukturierte Phasen), in den Marktbeziehungen zwischen Anbieter und Nachfragern (häufig enge Zusammenarbeit) sowie der vergleichsweise hohen Markttransparenz, bedingt durch die Professionalität der Marktteilnehmer. Investitionsgütermarketing lässt sich damit als eine Managementkonzeption von Anbietern auf Investitionsgütermärkten definieren.

▶ Investitionsmodell

→ *Investitionsrechenverfahren*

▶ Investitionsprogrammentscheidung

Im Gegensatz zu den klassischen Vergleichsrechnungen der statischen und dynamischen Investitionsrechenverfahren, soll mit Hilfe eines Investitionsprogramms ein → *Portefeuille* verschiedener Einzelinvestitionen bei unterschiedlichen Kapitalangeboten geprüft werden. Die Grundfrage lautet, welche Kombination von Investitionen unter Berücksichtigung verschiedener Finanzierungszinssätze und -angebote verwirklicht werden soll. In der amerikanischen Literatur ist diese Vorgehensweise unter dem Begriff *Dean-Modell* bekannt und schematisch in Abbildung I-4 dargestellt. Wie hier gezeigt wird, ist ein Kapitalanbieter bereit, zunächst zu einem Zinssatz von 5 % bis zu 120 000 € zur Verfügung zu stellen. Für weitere Finanzmittel verlangt er höhere Zinsen (7 %), und ab einem → *Kredit* von 210 000 € 10 % Zins. Dies kann mit der sich eventuell nicht verbessernden Haftungssumme zusammenhängen. Demgegenüber hat ein Investor die Möglichkeit, 100 000 € zu 9 % anzulegen, weitere Kapitalien zu geringeren Renditen. Durch die Gegenüberstellung von Kapitalangebot und den kumulierten Einzelinvestitionen wird deutlich, bis zu welchem Kapitalvolumen und Zinssatz eine rentable Investition vorteilhaft ist, bzw. ab welchem Investitionsvolumen (180 000 €) ein weiteres Engagement sich als nicht vorteilhaft erweist. Grundsätzlich ist bei derartigen Modellen problematisch, ob beliebig teilbare Investitionsobjekte innerhalb des Investitionsprogramms vorliegen und ob die Investitionsprogramme voneinander unabhängig sind. Eine neuere → *Kennzahl* bei der Beurteilung von Investitionsprogrammen stellt die → *Kapitalwertrate* dar.

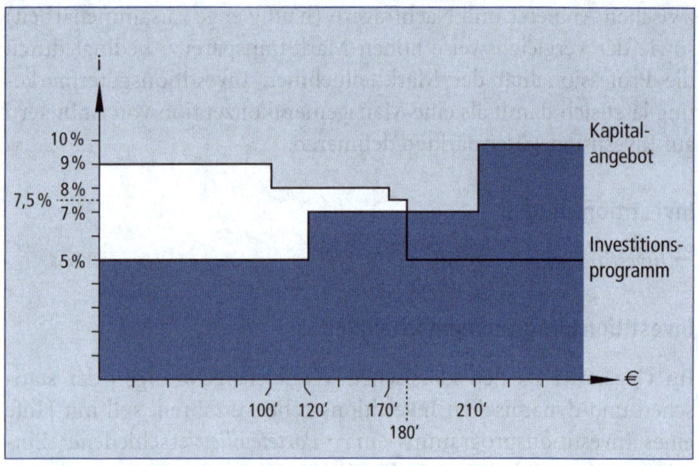

Abb. I-4: Investitionsprogrammentscheidung nach dem DEAN-Modell

▶ Investitionsrechenverfahren

Modelle zur Beurteilung von Investitionsentscheidungen (→ *Investition*). Abhängig von der Fragestellung, wie viele Investitionsalternativen hinsichtlich welcher Investitionsziele zu beurteilen sind und insbesondere, ob lediglich aktuelle oder auch künftig zu erwartende Daten in das Rechenverfahren einbezogen werden sollen, werden statische und dynamische Methoden unterschieden (Abbildung I-5). Abhängig von der Zielsetzung der Investitionsentscheidung können → *Kosten*, → *Gewinn*, → *Rentabilität* oder die voraussichtliche Zeit, nach der die aus der Investition zurückfließenden Einnahmen die Ausgaben gedeckt haben (→ *Amortisation*), verglichen werden. Sollen auch künftige aufgrund der Investition verursachte Zahlungsströme in die Investitionsentscheidung einbezogen werden, so ist die Berechnung des Kapitalwerts, Internen Zinsfußes, Sollzinssatzes oder der Vergleich einer → *Annuität* und eines Vermögensendwerts möglich.

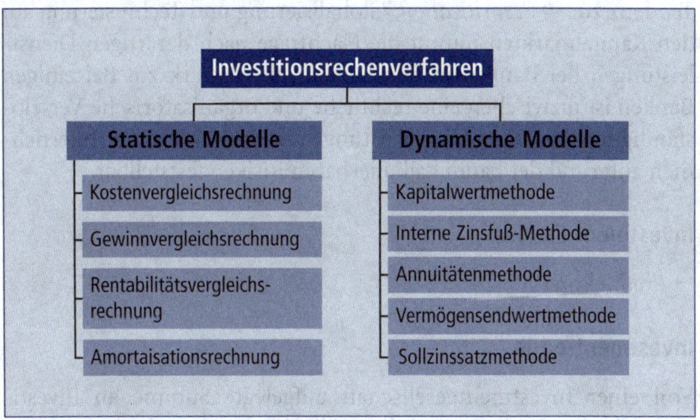

Abb. I-5: Investitionsrechenverfahren

▶ Investitionsvergleichsrechnung

→ *Investitionsrechenverfahren*

▶ Investivlohn

Anlage eines Teiles einer Lohnerhöhung für Arbeitnehmer im Unternehmen (investiv), über den erst nach Ablauf einer Sperrfrist verfügt werden darf. Erstmals 1965 im Baugewerbe eingeführt und inzwischen politisch sehr umstritten. Auch als Instrument der Vermögensbildung in Arbeitnehmerhand bezeichnet (→ *Lohnformen*).

▶ Investment Banking

Bankgeschäft, das die Vermittlung von Kapitalmarktfinanzierungen für Unternehmen zum Gegenstand hat. Derartige Dienstleistungen einer → *Bank* gegen → *Provision* können z. B. die Vorbereitung und Durchführung einer Wertpapieremission (→ *Going Public,* → *Emission*) oder die Beratung bei der Gestaltung einer unternehmensindividuellen → *Anleihe* (→ *Industrieobligation*) sowie die Betreuung von Kunden hinsichtlich deren Risikomanagement sein. Angesichts der beinahe unübersichtlichen Zahl von Finanzinnovationen, der Tendenz zur → *Securitization,* Globalisierung und Technisierung auf den Kapitalmärkten nimmt die Nachfrage nach derartigen Dienstleistungen bei Banken in den letzten Jahren stark zu. Bei einigen Banken ist inzwischen eine rechtliche und organisatorische Verselbständigung derartiger Dienstleistungen in eigenen Tochterunternehmen aufgrund der kaum kalkulierbaren Risiken feststellbar.

▶ Investment Center

→ *Profit Center*

▶ Investmentfonds

Von einer Investmentgesellschaft aufgelegte Summe an Investitionsmitteln, die in Immobilien oder Wertpapiere investiert werden und durch Ausgabe von Anteilen durch Anleger finanziert werden sollen. Bei geschlossenen Investmentfonds wird die Ausgabe von Anteilen eingestellt, wenn eine bestimmte Anlagensumme erreicht ist.

▶ Investmentgesellschaft

→ *Kapitalanlagegesellschaft (KAG)*

▶ Investmentzertifikate

→ *Kapitalanlagegesellschaft (KAG)*

▶ Investor Relations

Maßnahmen zur Schaffung und Erhaltung eines positiven Images gegenüber bestehenden und potentiellen Aktionären bzw. Investoren. Während das → *Standing* eines Unternehmens dessen Image gegenüber den Gläubigern, die auf Bonität und Liquidität achten, ausdrückt, soll durch eine bewusste Aktionärspflege eine dauerhafte Bindung der Investoren an das Unternehmen erreicht werden. Ein weiteres Ziel ist eine positive Darstellung des Unternehmens gegenüber potentiellen Investoren. Instrumente des Investor Relations sind eine bewusste Dividendenpolitik, eine geplante Emissionspolitik (→ *Kapitalerhöhung* zur richtigen Zeit), umfangreiche Informationen durch Geschäftsberichte, Zwischenberichte und Aktionärsbriefe sowie zunehmend der Versand von regelmäßigen Beratungs- und Informationsbriefen an die Investoren.

▶ Involvement

Engagement bzw. innere Beteiligung, mit dem sich jemand einem Gegenstand, einer Aktivität oder einer Kommunikationsbotschaft i. R. des → *Marketing* zuwendet.

▶ IOSCO

→ *International Organization of Securities Commissions (IOSCO)*

▶ IPO (Initial Public Offering)

→ *Going Public*

▶ Irrtum

→ *Anfechtung*

▶ ISO 9000

→ *ISO-Normen*

▶ ISO-Normen

Von der International Organization for Standardization als Dachgesellschaft über 60 nationaler Normenausschüsse, unter anderem der → *Deutschen Industrienorm (DIN)* festgelegte Anspruchssysteme bezüglich der Qualität (z. B. ISO 9000), des Umweltmanagements (z. B. ISO 14000) und vieler anderer Unternehmensbereiche. Insbesondere die ISO 9000 wurde in den letzten Jahren im Zusammenhang mit der Zertifizierung von Zulieferern heftig diskutiert. Durch ein neutrales Zertifizierungsunternehmen (z. B. TÜV Rheinland) soll die Qualität eines Unternehmens aufgrund eines so genannten Audits nachgewiesen und bestätigt werden. Hierzu müssen die in der ISO-Norm genannten Voraussetzungen erfüllt werden. Dies sind z. B. die Schaffung einer Aufbau- und Ablauforganisation zur Gewährleistung einer effizienten Qualitätszielerreichung, die Einbeziehung und Qualifikation aller Mitarbeiter, die Regelung von Zuständigkeiten, Verantwortungen und Befugnissen, die Dokumentationspflicht eines Qualitätsmanagementsystems, ein Berichtsheft über den Qualitätsstandard sowie die Anforderung regelmäßiger Audits bzw. Reviews. In ISO 9001 ff. werden weitere sehr detaillierte Anforderungen an das Qualitätsmanagement eines Unternehmens gestellt. Während Anfang der neunziger Jahre die Zertifizierung als beinahe unabdingbare Voraussetzung für eine weitere Wettbewerbsfähigkeit im Markt angesehen wurde, kann aktuell von einem Abflachen der ISO-Euphorie gesprochen werden. Dies gilt auch für die Norm ISO 14000, die erstmals 1996 Vorschriften für eine umweltgerechte Unternehmensführung festlegte.

▶ Istkosten

→ *Kostenrechnungssysteme*

J

▶ Jahresabschluss

Instrument der handelsrechtlichen → *Rechnungslegung*, das gem. § 242 HGB für alle Kaufleute aus einer → *Bilanz* und → *Gewinn und Verlustrechnung (GuV)* besteht. Bei einer → *Kapitalgesellschaft* (einschließlich der → *GmbH u. Co. KG*) und Unternehmen, die dem → *Publizitätsgesetz (PublG)* unterliegen, kommt zusätzlich als dritter Bestandteil der → *Anhang* hinzu. Kapitalmarktorientierte Kapitalgesellschaften, die nicht zur Aufstellung eines Konzernabschlusses verpflichtet sind, müssen den Jahresabschluss überdies um eine Kapitalflussrechnung und einen Eigenkapitalspiegel erweitern und können ihn um eine Segmentberichterstattung ergänzen. Der → *Lagebericht* ist gem. § 264 I HGB nicht Bestandteil des Jahresabschlusses. Soweit im Rahmen des HGB der Terminus Jahresabschluss verwendet wird, ist damit immer der sog. Einzelabschluss, d. h. der Abschluss einer einzelnen Unternehmung als juristische Einheit gemeint, wenngleich der Gesetzgeber die Bezeichnung Einzelabschluss hierfür nicht verwendet. Im Gegensatz zum Abschluss eines Konzerns, der explizit mit Konzernabschluss bezeichnet wird. Der Konzernabschluss umfasst nach § 297 I HGB neben der Konzernbilanz und Konzern-GuV sowie einem Konzernanhang zusätzlich eine → *Kapitalflussrechnung* und einen → *Eigenkapitalspiegel* (→ *Konzernabschluss, Bestandteile*). Er kann um eine → *Segmentberichterstattung* erweitert werden.

Einzel- und Konzernabschluss haben im deutschen Bilanzrecht unterschiedliche Funktionen. Der Einzelabschluss hat neben der Gläubigerschutzfunktion insbesondere noch eine sog. Ausschüttungsbemessungs- und Besteuerungsfunktion (Maßgeblichkeit der Handels- für die Steuerbilanz) sowie eine Feststellungsfunktion, da nur der Einzelabschluss festgestellt wird, nicht jedoch der Konzernabschluss. Der Konzernabschluss hat – unter Beachtung der GoB – insbesondere eine Informationsfunktion. Der Einzelabschluss ist nach HGB zu erstellen. Dagegen ist nach § 315e HGB der Konzernabschluss eines kapitalmarktorientierten Mutterunternehmens zwingend nach IFRS aufzustellen, während für nicht kapitalmarktorientierte Mutterunternehmen ein Wahlrecht zwischen HGB und IFRS besteht.

▶ Jahresabschlussanalyse

→ *Bilanzanalyse*

▶ Jahresergebnis

→ *Jahresüberschuss/-fehlbetrag*, → *Betriebsergebnis*

▶ Jahresüberschuss/-fehlbetrag

Ergebnisgröße in der handelsbilanziellen → *Gewinn- und Verlustrechnung (GuV)*, die nach Berücksichtigung aller Erträge und aller Aufwendungen verbleibt. Ein **Jahresüberschuss**, d. h. ein Mehrbetrag der Erträge gegenüber den Aufwendungen, kann grundsätzlich entweder in die → *Rücklagen* eingestellt – und damit im Unternehmen als Eigenkapital gebunden –, oder aber an die Anteilseigner ausgeschüttet werden. Ein **Jahresfehlbetrag**, d. h. ein Mehrbetrag der Aufwendungen über die Erträge, führt zu einer Eigenkapitalminderung.

▶ Job Enlargement

Prinzip zur → *Humanisierung der Arbeit* durch eine Arbeitsplatzerweiterung. Die Arbeitsinhalte werden hier horizontal erweitert, d. h.

auf derselben Ausführungsebene kommen zusätzliche Aufgaben hinzu, um eine höhere Flexibilität der Mitarbeiter hinsichtlich verschiedener Tätigkeiten zu erreichen (Verrichtungsprinzip).

▶ Job Enrichment

Prinzip zur → *Humanisierung der Arbeit* durch Arbeitsplatzanreicherung. Die ausführenden (exekutiven) Arbeitsinhalte werden für die Mitarbeiter durch dispositive Tätigkeiten wie z. B. einen Entscheidungs- oder Kontrollspielraum erweitert (horizontale Zweckbeziehung, Rangprinzip).

▶ Job Evaluation

→ *Arbeitsbewertung*

▶ Job Pairing

→ *Job Sharing*

▶ Job Rotation

Prinzip zur → *Humanisierung der Arbeit* und → *Motivation* der Mitarbeiter durch regelmäßige oder laufende Arbeitsplatzwechsel. Mitarbeiter wechseln planmäßig den Arbeitsplatz, wobei sie jeweils unterschiedliche Arbeitsinhalte erledigen. Dies soll zur Flexibilität hinsichtlich verschiedener Produkte oder Kunden (Objektprinzip) beitragen.

▶ Job Sharing

Möglichkeit der Flexibilisierung der → *Arbeitszeit* durch eine Arbeitsplatzteilung. Einzelne Mitarbeiter arbeiten weniger als die gesetzlich vorgeschriebene Regelarbeitszeit und teilen sich einen Arbeitsplatz mit anderen Kollegen hinsichtlich der Arbeitsinhalte oder der Arbeitszeit. Im Gegensatz zur Teilzeitarbeit kann der Tagesablauf von den einzelnen Mitarbeitern weitgehend selbst bestimmt werden. Wechselseitige Vertretungen im Sharing-Team erlauben den Arbeitnehmern individuelle Arbeitszeitgestaltungen und garantieren dem Arbeitgeber eine kontinuierliche → *Arbeitsleistung.* Unterarten des Job Sharing sind das *Job Pairing* (eine Stelle und ein Arbeitsvertrag für mehrere Mitarbeiter) und das *Job Splitting* (eine Aufgabe für mehrere Stellen mit jeweils einem Arbeitsvertrag).

▶ Job Splitting

→ *Job Sharing*

▶ Joint Venture

→ *Gemeinschaftsunternehmen*

▶ Journal

→ *Buchhaltung*

▶ Junge Aktien

→ *Bezugsrecht*

▶ Junk Bonds

→ *High Yield-Anleihen*

▶ Junktim

Im Rahmen der → *Außenhandelsfinanzierung,* vor allem mit osteuropäischen Staaten, vereinbarte Anrechnung von Lieferungen und Leistungen für spätere Gegengeschäfte.

▶ Juristische Person

Im Gegensatz zur → *Natürlichen Person* eine → *Organisation* bzw. Institution mit eigener → *Rechtsfähigkeit* und mit einer → *Rechtsform* des privaten und öffentlichen Rechts. Die juristische Person ist ein von ihren Mitgliedern verschiedenes Rechtssubjekt. So kann beispielsweise der Studentenverein „Börsengeschäfte e. V." eigene Rechte und Pflichten haben, welche die in der Gemeinschaft zusammengeschlossenen natürlichen Personen nicht berühren. Mangels natürlicher Handlungsfähigkeit muss eine juristische Person durch ihre Organe (z. B. Mitgliederversammlung, Vorstand oder Aufsichtsrat) handeln. Zur Entstehung von juristischen Personen bedarf es eines Privataktes (z. B. Gründungsvereinbarung unter den Vereinsmitgliedern, → *Vertrag*) und eines Behördenaktes (z. B. Eintragung des Vereins in das Vereinsregister), der an bestimmte Voraussetzungen geknüpft ist.

▶ Just in Time (JiT)

Zeitgenaues Erbringen von Leistungen für den Kunden. Besondere Bedeutung als Form der → *Logistik,* bei der die Anlieferung von Material fertigungssynchron erfolgt, d. h. Produktionsfaktoren, meist nur Werkstoffe, sollen erst zum Zeitpunkt des Produktionseinsatzes angeliefert werden. Bei der Anlieferung aus eigener Fertigung spricht man von JiT-Produktion, bei Anlieferung aus betriebsfremder Fertigung von JiT-Beschaffung. Element der → *Lean Production* und häufig verbunden mit dem → *Kanban*-Konzept. Abweichend von der Vorratspolitik durch → *Lagerhaltung* sollen durch eine wechselseitige Anpassung der Lieferanten Lagerkosten eingespart werden. Eine geringere Kapitalbindung ist die Folge. Voraussetzung ist eine entsprechend große Verhandlungsmacht gegenüber den Lieferanten, um Kapazitätsschwankungen, Qualitätsunterschiede sowie Lieferverzögerungen auszuschalten. Lieferverzögerungen durch Verkehrsprobleme erfordern einen hohen Dispositions- und Planungsaufwand.

K

▶ Kaduzierung

Aktionären einer → *Aktiengesellschaft (AG)* sowie Gesellschaftern einer → *Gesellschaft mit beschränkter Haftung (GmbH),* die den eingeforderten Anteil nicht rechtzeitig einzahlen, kann gemäß § 64 AktG und § 21 GmbHG eine Nachfrist mit der Androhung gesetzt werden, dass nach Fristablauf ihre bereits geleistete Einzahlung als verlustig erklärt wird. Diese Erklärung wird als Kaduzierung bezeichnet. Die bereits geleisteten Einlagen gehen auf die Gesellschaft über. Aufgrund dieses drastischen Eingriffes in die Rechte der Anteilseigner muss die Nachfrist dreimal in den Gesellschaftsblättern bekannt gemacht werden und sind exakte Fristen der wiederholten Aufforderungen zu beachten.

▶ Käufermarkt

→ *Marketing*

▶ Käuferverhalten

→ *Konsumentenverhalten*

▶ Kaffeesteuer

→ *Verbrauchsteuern*

▶ KAGG

→ *Gesetz über Kapitalanlagegesellschaften (KAGG)*

▶ Kaizen

Managementkonzeption japanischer Organisationen, um auf dem Weg (Kai) zum Guten (Zen) durch laufende Produkt- und Prozessverbesserungen ständige Kostensenkungen zu realisieren. Im deutschen Sprachgebrauch ist mittlerweile die Abkürzung KVP (Kontinuierlicher Verbesserungsprozess) eingeführt. Eng verbunden ist diese Managementphilosophie mit den Konzepten → *Kanban*, → *Lean Production* und → *Just in Time (JiT)*. Durch relativ einfache Visualisierungstechniken sollen Mitarbeiter zu mehr Qualitätsbewusstsein und sofortiger und direkter Fehlerbeseitigung angeregt werden. → *Qualitätszirkel* können organisatorisch als Hilfestellung dienen. Als Visualisierungstechnik hat sich in zahlreichen japanischen Unternehmen (z. B. *Toyota*) das Bild einer Schildkröte auf einer Pinnwand neben jedem Arbeitsplatz als Sinnbild für langsame aber kontinuierliche Fortbewegung und Verbesserung eingebürgert. Für jeden Null-Fehler-Tag kann auf diesem Bild ein grüner, für jeden Fehlertag ein roter Pin markiert werden, so dass auch für alle Mitarbeiter sichtbar Null-Fehler-Mitarbeiter von Fehler-Mitarbeitern zu unterscheiden sind.

▶ Kalkulation

Übliche Bezeichnung für die Kostenträgerstückrechnung im Rahmen der → *Kostenträgerrechnung*, bei der → *Kosten* je erzeugter Leistungseinheit ermittelt werden sollen. Die Kalkulation kann als Vor-, Zwischen- oder Nachkalkulation auftreten. Als Vorkalkulation dient sie der Vorbereitung von Entscheidungen bzw. Annahme oder Ablehnung von Projekten und Aufträgen. Die Zwischenkalkulation wird während der Erstellung von Erzeugnissen durchgeführt, um parallel die Einhaltung von Kostenbudgets zu kontrollieren. In einer Nachkalkulation können die real angefallenen Istkosten (→ *Kostenartenrechnung*) den Kostenvorgaben gegenübergestellt werden. Als → *Kalkulationsverfahren* ist insbesondere die → *Divisionskalkulation* von der → *Zuschlagskalkulation* zu unterscheiden.

▶ Kalkulationsverfahren

Die bei der → *Kalkulation* im Rahmen der → *Kostenträgerrechnung* eingesetzten Instrumente zur Ermittlung der → *Kosten* je erzeugter Leistungseinheit. Hier lassen sich zwei Gruppen, die → *Divisionskalkulation* und → *Zuschlagskalkulation,* unterscheiden. Bei der Divisionskalkulation unterscheidet man weiterhin die einstufige und mehrstufige Divisionskalkulation sowie die so genannte → *Äquivalenzziffernrechnung.* Bei der Zuschlagskalkulation lassen sich summarische und differenzierte Verfahren sowie Verrechnungssatzverfahren unterscheiden.

▶ Kalkulationszinsfuß

Für → *Investitionsrechenverfahren* eingesetzter fiktiver Zins, um im Rahmen der dynamischen Vergleichsverfahren spätere Zahlungen auf einen heutigen → *Barwert* abzinsen zu können. Der Kalkulationszinsfuß kann sich am Zinssatz auf dem → *Finanzmarkt* orientieren und ist von den kalkulatorischen Zinsen im Rahmen der → *Kostenträgerrechnung* zu unterscheiden.

▶ Kalkulatorische Abschreibung

→ *Abschreibungen, kalkulatorische*

▶ Kalkulatorische Kosten

Kosten (→ *Kosten*), denen kein → *Aufwand* (Zusatzkosten) oder Aufwand in einer anderen Höhe (Anderskosten) gegenübersteht. Als Zusatzkosten gelten der → *Kalkulatorische Unternehmerlohn,* → *Kalkulatorische Zinsen* und → *Kalkulatorische Miete.* Als Anderskosten gelten kalkulatorische Abschreibungen, → *Kalkulatorische Wagnisse* und kalkulatorische Fremdkapitalzinsen. Sie werden im Rahmen der → *Kostenrechnung* verrechnet, um den Werteverzehr an Gütern bzw. Produktionsfaktoren vollständig zu erfassen. Dem liegt das Prinzip der → *Opportunitätskosten* zugrunde, nach dem in der Kalkulation auch Kosten berücksichtigt werden sollen, die dem Unternehmen dadurch entstehen, dass knappe Produktionsfaktoren durch ihren Einsatz von anderen Verwendungsmöglichkeiten ausgeschlossen werden.

▶ Kalkulatorische Miete

In der Regel bei der → *Einzelunternehmung* und → *Personengesellschaft* vorkommender Verrechnungssatz im Rahmen der → *Kostenstellenrechnung,* der die Zurverfügungstellung von Räumen durch den Unternehmer an die Gesellschaft im Sinne eines entgangenen Ertrags bzw. für das Unternehmen nicht vorliegende Auszahlung im Sinne der → *Kalkulatorischen Kosten* kompensieren soll. Sie entspricht damit den → *Opportunitätskosten* analog den anderen Kosten, wie → *Kalkulatorischer Unternehmerlohn* oder → *Kalkulatorische Wagnisse.*

▶ Kalkulatorischer Unternehmerlohn

Für Einzelunternehmer und Gesellschafter einer → *Personengesellschaft* in der → *Kostenrechnung* angesetzter Betrag, der, vergleichbar einem Managergehalt bei einer Kapitalgesellschaft, nicht erfolgte Auszahlungen für die Unternehmertätigkeit darstellt. Wie → *Kalkulatorische Zinsen* für eingesetztes Eigenkapital lassen sich auch kalkulatorische Unternehmerlöhne als → *Opportunitätskosten* auffassen. Zur Bestimmung des kalkulatorischen Betrags können Erfahrungs- und Durchschnittswerte vergleichbarer Führungskräfte bei Kapitalgesellschaften herangezogen werden.

▶ Kalkulatorische Wagnisse

Für nicht versicherbare Einzel- und Gesamtrisiken des Unternehmens ansetzbare → *Kalkulatorische Kosten,* die im Sinne von Anderskosten und nicht Zusatzkosten (→ *Aufwand*) über die Erhöhung der kalkulierten Preise zu verdienten Reserven für die Fälle bei Risikoeintritt dienen sollen. Allgemeine Unternehmerwagnisse resultieren beispielsweise aus Konjunkturzyklen, Nachfrageverschiebungen oder dem technischen Fortschritt, während spezielle Einzelwagnisse als Bestandswagnis (z. B. Schwund), Anlagenwagnis (z. B. Verkürzung der Nutzungsdauer), Gewährleistungswagnis (z. B. Reklamationen und dadurch Nachbesserungen und Reparaturen) oder insbesondere das Debitorenwagnis (Forderungsausfälle) vorkommen. Insbesondere im Rahmen der allgemein abnehmenden Zahlungsmoral ist der Ansatz eines kalkulatorischen Wagnisbetrags für den Fall uneinbringlicher Forderungen zunehmend notwendig. In der Regel ergibt sich ein so genannter Wagnissatz aufgrund der Erfahrungswerte vergangener Wagnisverluste.

▶ Kalkulatorische Zinsen

Für das von einem Unternehmer zur Finanzierung des im Betrieb gebundenen Kapitals zur Verfügung gestellte → *Eigenkapital* angesetzte → *Kalkulatorische Kosten,* die im Sinne des Prinzips der → *Opportunitätskosten* einen nicht ausgezahlten Zins vergleichbar dem als Betriebsausgaben ansetzbaren Fremdkapitalzins erfassen sollen. Der Unternehmer einer → *Personengesellschaft* soll damit über den kalkulierten und letztlich verdienten Preis der Produkte einen Gegenwert für das zur Verfügung gestellte Eigenkapital erhalten. Zur Berechnung der kalkulatorischen Zinsen wird das Eigenkapital mit einem eventuell an vergleichbaren Fremdkapitalsätzen orientierten kalkulatorischen Zinssatz multipliziert. Der kalkulatorische Zinssatz kann auch das Anspruchsniveau der Eigenmittelverzinsung durch den Unternehmer ausdrücken.

▶ Kameralistik

→ *Rechnungswesen, kameralistisches*

▶ Kammer

Unternehmenszusammenschluss (→ *Unternehmenszusammenschluss*) i. S. eines Unternehmensverbandes, der im Gegensatz zu Wirtschaftsverbänden oder Arbeitgeberverbänden nicht freiwillig zustande kommt, sondern mit Zwangsmitgliedschaft die Mitglieder in einer körperschaftlichen Selbstverwaltungseinrichtung mit staatlich festgelegten Aufgaben vertritt. Beispiele sind die → *Industrie- und Handelskammer (IHK),* die → *Handwerkskammer* sowie berufsständische

Kammern (z. B. für → *Freie Berufe* die Berufskammer der Steuerberater oder die Rechtsanwaltskammer).

▶ Kanban

Form der Fertigungssteuerung, bei der die Werkstücke nicht entsprechend dem Produktionsfluss vor der nächsten Maschine bzw. dem nächsten Betriebsmittel auf die Weiterbearbeitung warten (Bringschuld), sondern eine nachgelagerte Produktionsstufe bei Bedarf Vorprodukte anfordert (Holprinzip). Der Begriff Kanban kann übersetzt werden mit Laufkarte (wörtlich: Kette, Schild), welche an den genormten und standardisierten Logistikboxen mit den Werkstücken und Werkstoffen befestigt ist. Kanban dient somit als Fertigungsauftrag für nachgelagerte Fertigungsstellen. Häufig ist es verbunden mit führerlosen Transportsystemen. Es wurde in Japan aufgrund des knappen und teuren Baulandes und damit dem Ziel, kleine Lager zu bilden, bei der Firma *Toyota* von *Taiichi Ohno* entwickelt.

▶ Kannkaufmann

→ *Kaufmann*

▶ Kapazität

Leistungsvermögen einer technischen oder wirtschaftlichen Einheit in einem definierten Zeitabschnitt. Neben der rein quantitativen in Mengen- oder Zeiteinheiten (z. B. Ergiebigkeit, Nutzungsdauer) ausgedrückten Kapazität kann auch eine qualitative Aussage (z. B. Tragfähigkeit, Genauigkeit) Art und Güte eines Leistungsvermögens ausdrücken. In funktionaler Hinsicht lassen sich Anlagenkapazität, Personalkapazität und zum Teil finanzielle Kapazität unterscheiden. Im Gegensatz zur maximalen Kapazität wird als → *Beschäftigung* der aktuelle Kapazitätsausnutzungsgrad definiert.

▶ Kapazitätserweiterungseffekt

→ *Lohmann-Ruchti-Effekt*

▶ Kapazitätsorientierte, variable Arbeitszeit (KAPOVAZ)

Vertragliche Vereinbarung (→ *Arbeitsvertrag*) zwischen Arbeitnehmer und -geber, dass der Arbeitnehmer seine Arbeitsleistung entsprechend dem Arbeitsanfall erbringt. Gesetzlich gem. § 1 IV BeschFG geregelt. Die wöchentliche Arbeitszeit ist zu vereinbaren und die tägliche Arbeitszeit vier Tage vorher anzukündigen (→ *Personalleasing*).

▶ Kapital

(**1**) Volkswirtschaftlich einer der drei elementaren Produktionsfaktoren neben Arbeit und Boden.

(**2**) Betriebswirtschaftlich sowohl im Sinne von Finanzierungsmitteln (→ *Eigenkapital* und → *Fremdkapital* bilden dabei das so genannte Gesamtkapital) als auch im Sinne von investierten Mitteln (Real- und Geldkapital) definiert, wobei der im leistungswirtschaftlichen Bereich gebundene Betrag als sog. → *Betriebsnotwendiges Kapital* bezeichnet wird.
Darüber hinaus in weiteren Zusammenhängen verwendeter Begriff, wie z. B. Humankapital oder Sozialkapital.

▶ Kapital, ausstehendes

Noch nicht eingezahlter Betrag des → *Gezeichneten Kapitals* einer → *Aktiengesellschaft (AG)* bzw. → *Kommanditgesellschaft auf Aktien (KGaA)* oder einer → *Gesellschaft mit beschränkter Haftung (GmbH)*. Zum bilanziellen Ausgleich s. → *Eigene Aktien*.

▶ Kapitaladäquanzrichtlinie

Am 1. 1.1998 in Kraft getretenes Gesetz zur Umsetzung der europäischen Wertpapierdienstleistungs- und Kapitaladäquanzrichtlinie in deutsches Recht. Hierin werden Mindestbedingungen für die Zulassung und Beaufsichtigung von Unternehmen, die Wertpapierdienstleistungen erbringen (Anlagevermittlung, Kommissionsgeschäfte, Portfolioverwaltung und Eigenhandel mit Kunden), geregelt. Außerdem werden die Befugnisse der Aufsichtsbehörden bei bestimmten

Dienstleistungen wie Warentermingeschäften, Geldkartengeschäften oder Sortengeschäften festgehalten.

▶ Kapitalallokation

Aus der ursprünglichen volkswirtschaftlichen Bedeutung als optimale Kapitalverwendung bzw. Verteilung von Finanzmitteln nach ihrer bestmöglichen Verwendung in der Betriebswirtschaftslehre eingesetzt zur Beschreibung von Kapitalumschichtungsprozessen im Rahmen der → *Innenfinanzierung.* Bei der Allokation findet im Gegensatz zur → *Thesaurierung* kein Mittelzufluss, sondern lediglich eine Mittelumschichtung statt.

▶ Kapitalanlagegesellschaft (KAG)

Auch als Investmentgesellschaft bezeichnetes Unternehmen, das Geldeinlagen gegen die Ausgabe eines Zertifikates hereinnimmt und in eigenem Namen für gemeinschaftliche Rechnung der Einleger verwaltet. Die Gesamtheit des bei ihr eingelegten Vermögens wird auch als Fonds bezeichnet. Es lassen sich offene und geschlossene Fonds in Abhängigkeit von der Möglichkeit der Kapitalaufstockung sowie gemischte und spezielle Fonds in Abhängigkeit von den Anlageobjekten (z. B. Wertpapiere oder Sachwerte) unterscheiden. Rechtsgrundlage ist das Kapitalanlagegesellschaftsgesetz (KAGG), das bereits im § 1 regelt, dass die KAG verpflichtet ist, für die hereingenommenen Einlagen Anteilscheine in Urkundenform auszustellen. Eine KAG darf gemäß KAGG nur in der Rechtsform der → *Aktiengesellschaft (AG)* oder → *Gesellschaft mit beschränkter Haftung (GmbH)* betrieben werden. Rechtsformbedingt hat ein Aufsichtsrat über die ordnungsgemäße Verwaltung des Sondervermögens (Fonds) zu wachen und darauf zu achten, dass eigenes Vermögen der Unternehmung von dem Einlegervermögen getrennt angelegt wird. Eine KAG ist gleichzeitig Kreditinstitut (→ *Bank*) nach dem → *Kreditwesengesetz (KWG)* und unterliegt damit der strengen → *Banken- und Finanzaufsicht.* Bei der Fondsanlage handelt die KAG in eigenem Namen für fremde Rechnung. Bei Vorlage der Anteilsscheine bzw. Investmentzertifikate haben die Anteilseigner ein

Recht auf Rückzahlung ihres Anteils am Sondervermögen. Hierbei sind allerdings die → *Allgemeinen Geschäftsbedingungen (AGB)* der jeweiligen KAG zu beachten (z. B. der Anfall von Vorschusszinsen).

▶ Kapitalbedarf

Bedarf an finanziellen Mitteln für eine → *Investition* (Finanzbedarf). Der in der → *Finanzplanung* ermittelte Bedarf hängt von den situativen Merkmalen des Unternehmens, wie z. B. der Unternehmensgröße, dem Produktionsprogramm und -prozess, der Prozessgeschwindigkeit, mit der Produkte erstellt werden und damit verkäuflich sind, sowie von der Beschäftigung, d. h. der tatsächlichen Kapazitätsauslastung, ab. Aus diesen Gründen ist eine möglichst simultane Finanzplanung mit den Beschaffungs- und Produktions- sowie den Absatzplänen anzustreben. Unabhängig von diesen sachlichen Einflussfaktoren auf den Kapitalbedarf sind subjektive Risikoeinstellungen der Finanzverantwortlichen ausschlaggebend für den Einbezug so genannter Sicherheitsspannen und damit der Beschaffung von Reservekapital. Je größer die Unregelmäßigkeiten bei den Zahlungsströmungen und damit die Wahrscheinlichkeit finanzieller Engpässe ist, umso eher sind derartige Liquiditätsreserven in den Kapitalbedarf einzubeziehen.

▶ Kapitalbeschaffung

→ *Finanzierung*

▶ Kapitalbeteiligungsgesellschaft (KBG)

Überbegriff über Unternehmen, deren Geschäftszweck darin besteht, sich an kleinen und mittleren Unternehmen zu beteiligen (→ *Beteiligung*), um dadurch deren Eigenkapitalbasis zu stärken. Sie sind nicht zu verwechseln mit → *Kapitalanlagegesellschaften (KAG)*, bei denen Anleger Fondsanteile erwerben, die für sie am Kapitalmarkt angelegt werden. Bei KBG, insbesondere in der Sonderform der → *Unternehmensbeteiligungsgesellschaft (UBG)*, sollen durch befristete Einlagen (in der Regel 10 bis 15 Jahre) Unternehmen, die noch keinen Zugang zum organisierten Kapitalmarkt haben (fehlende Emissionsfähigkeit), ein zusätzliches Haftungskapital für deren Unternehmenswachstum angeboten werden. Sofern es sich bei den beteiligten Unternehmen um innovative Unternehmen mit allerdings ungewissen Zukunftschancen handelt, spricht man bei der Zurverfügungstellung von Kapital in Form von Beteiligungen von → *Venture Capital (VC).*

▶ Kapitalbindung

Kennzahl (→ *Kennzahl*) als Ausdruck für die in einem Unternehmen langfristig nicht freisetzbaren Vermögensgegenstände. Die Kapitalbindungsdauer drückt die aus einer getätigten → *Investition* verursachten Ausgaben aus, die noch nicht durch erwartete Einnahmen gedeckt (→ *Amortisation*) sind. Eine hohe Kapitalbindung ist zum Teil branchenbedingt bei sehr anlagen- bzw. maschinenintensiven Produktionen zu beobachten.

▶ Kapitaldienst

Summe aus Zins und Tilgung, die ein Schuldner an den → *Gläubiger* zu entrichten hat. Ein stets gleich hoher Kapitaldienst, bei dem die sinkenden Zinszahlungen aufgrund der abnehmenden Schulden durch eine stetig höhere Tilgung ausgeglichen werden, bezeichnet man als → *Annuität.*

▶ Kapitalerhaltungstheorien

Konzeptionen, die festlegen, unter welchen Bedingungen das ursprünglich investierte → *Eigenkapital* als erhalten zu betrachten ist. Dies hängt entscheidend von der Gewinndefinition ab. Gemäß der **nominellen** Kapitalerhaltungstheorie soll das ursprünglich investierte Eigenkapital in **Geldeinheiten** erhalten bleiben. Die Aufwandsverrechnung erfolgt demzufolge auf Basis von Anschaffungskosten und → *Herstellungskosten.* Die statische Bilanztheorie geht von dieser nominellen Kapitalerhaltung aus. Gemäß der **realen** Kapitalerhaltungstheorie (= Substanzerhaltungstheorie oder Sachkapitalerhaltungstheorie) soll das ursprünglich investierte Kapital **kaufkraftmäßig** erhalten bleiben, demzufolge werden die Aufwendungen nicht mit historischen Kosten, sondern mit Tageswerten (Tageswertprinzip) bewertet. Die dynamische Bilanztheorie (→ *Bilanztheorie, dynamische*) unterstellt prinzipiell die **reale** Kapitalerhaltung. Für die → *Handelsbilanz* und → *Steuerbilanz* gilt zwar grundsätzlich das Prinzip der nominellen Kapitalerhaltung, wodurch es bei steigenden Beschaffungspreisen zum Ausweis und auch zur Ausschüttung und Besteuerung von sog. Scheingewinnen kommen kann. Doch vermag das Vorsichtsprinzip (→ *Grundsatz der Vorsicht*), welches tendenziell zu eher höherem → *Aufwand* und niedrigerem → *Ertrag* führt, hier zumindest teilweise entgegenzuwirken. Neben der nominellen und realen wird noch die **ertragswertorientierte** Kapitalerhaltungstheorie diskutiert, die davon ausgeht, dass das Eigenkapital erhalten ist, wenn der Ertragswert (→ *Unternehmensbewertung*) des Unternehmens unverändert bleibt, d. h. nur ein Ertragswert**zuwachs** gilt als ausschüttungsfähig.

▶ Kapitalerhöhung

Finanzierung (→ *Finanzierung*) eines Unternehmens durch Erhöhung des → *Eigenkapitals.* In Abhängigkeit von der → *Rechtsform* unterschiedlich. Bei den öffentlichen Rechtsformen der Anstalt, Stiftung und Körperschaft ist eine Erhöhung des Eigenkapitals lediglich durch einen Nachschuss des Trägers, Stifters oder der Mitglieder möglich. Der Einzelunternehmer kann sein Eigenkapital durch eine private Einlage oder einen stillen Teilhaber (→ *Stille Gesellschaft*) erhöhen. Die Personengesellschaften OHG und KG erhöhen ihr Eigenkapital, indem sie neue Gesellschafter bzw. Komplementäre oder Kommanditisten aufnehmen. Bei Genossenschaften kann ebenfalls ein Nachschuss durch die Genossen erfolgen, Ähnliches beim Versicherungsverein auf Gegenseitigkeit (VVaG) durch einen Mitgliedernachschlag. Bei der GmbH kann das Stammkapital durch Erhöhung der Stammeinlagen der Gesellschafter, die Aufforderung zu Nachschüssen der bestehenden Gesellschafter oder eine Kapitalerhöhung aus Gesellschaftsmitteln erreicht werden. Für eine AG bestehen nach Aktiengesetz vier Möglichkeiten der Kapitalerhöhung (→ *Kapitalerhöhung, ordentliche,* → *Kapitalerhöhung, genehmigte,* → *Kapitalerhöhung, bedingte,* → *Kapitalerhöhung aus Gesell-*

schaftsmitteln). Gegenstück zur Kapitalerhöhung ist die → *Kapitalherabsetzung* (Abbildung K-1).

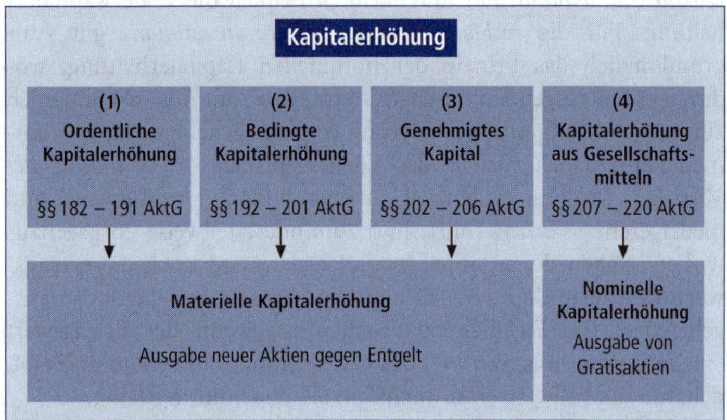

Abb. K-1: Kapitalerhöhung (Quelle: Wöhe: Einführung in die Allgemeine Betriebswirtschaftslehre, 26. Aufl., München 2016, S. 573)

▶ Kapitalerhöhung, bedingte

Kapitalerhöhung (→ *Kapitalerhöhung*) gemäß §§ 192–201 AktG für bestimmte Zwecke. Im Gegensatz zur ordentlichen oder genehmigten Kapitalerhöhung (→ *Kapitalerhöhung, ordentliche*, → *Kapitalerhöhung, genehmigte*) darf hier das Grundkapital einer → *Aktiengesellschaft (AG)* nach dem AktG nur erhöht werden (1) zur Gewährung eines Umtauschrechtes bei Wandelobligationen oder eines Bezugsrechts bei Optionsanleihen, (2) zur Vorbereitung von Fusionen, (3) zur Gewährung von Bezugsrechten an Arbeitnehmer (Belegschaftsaktien), die ihnen aus einer Gewinnbeteiligung zustehen. Die bedingte Kapitalerhöhung bedarf einer Dreiviertelmehrheit der Hauptversammlung und sieht für die Altaktionäre kein Bezugsrecht auf die neuen Aktien vor. Der Nennwert der neu ausgegebenen Aktien darf, wie bei der genehmigten Kapitalerhöhung, maximal 50 % des bisherigen Grundkapitals betragen. Der Hauptversammlungsbeschluss wird in das → *Handelsregister* eingetragen und die Höhe des bedingten Kapitals in der → *Bilanz* beim Grundkapital vermerkt.

▶ Kapitalerhöhung, genehmigte

Kapitalerhöhung nach §§ 202 ff. AktG, die den Vorstand einer → *Aktiengesellschaft (AG)* für maximal fünf Jahre ermächtigt, neue bzw. junge Aktien auszugeben. Die Ermächtigung bedarf einer Dreiviertelmehrheit der Hauptversammlung. Der Beschluss muss jeweils im Anhang eines Geschäftsberichts ausgewiesen sein und bedarf bei Ausübung der Ermächtigung der Zustimmung des Aufsichtsrats. Die genehmigte Kapitalerhöhung darf nicht ausgeübt werden, solange noch Einlagen von Altaktionären ausstehen. Der Nennbetrag der neu auszugebenden Aktien darf 50 % des bisherigen Grundkapitals nicht übersteigen. Bei Ausübung der Ermächtigung gelten die Vorschriften einer ordentlichen Kapitalerhöhung (→ *Kapitalerhöhung, ordentliche*) und damit die Notwendigkeit zur Berechnung eines → *Bezugsrechts* für Altaktionäre.

▶ Kapitalerhöhung, ordentliche

Gemäß §§ 182–191 AktG die Erhöhung des Grundkapitals einer Aktiengesellschaft durch Ausgabe neuer bzw. junger Aktien. Diese Form der → *Kapitalerhöhung* bedarf einer Dreiviertelmehrheit der beschließenden Hauptversammlung, die notariell beglaubigt und im Handelsregister eingetragen werden muss. Die bisherigen Aktionäre haben bei der ordentlichen Kapitalerhöhung, d. h. der Ausgabe neuer Aktien, ein → *Bezugsrecht,* sofern dies nicht vorab ausgeschlossen wurde. Es lassen sich weitere Formen der Kapitalerhöhung unterscheiden (→ *Kapitalerhöhung, genehmigte,* → *Kapitalerhöhung, bedingte,* → *Kapitalerhöhung aus Gesellschaftsmitteln*).

▶ Kapitalerhöhung aus Gesellschaftsmitteln

Kapitalerhöhung (→ *Kapitalerhöhung*) gemäß §§ 207–220 AktG, bei der, im Gegensatz zu den übrigen Formen der Kapitalerhöhung (→ *Kapitalerhöhung, ordentliche,* → *Kapitalerhöhung, genehmigte,* → *Kapitalerhöhung, bedingte*), keine neuen Aktien ausgegeben werden, sondern lediglich → *Rücklagen* in Grundkapital umgeschichtet werden. Es erfolgt somit kein Zufluss von neuem Eigenkapital. Durch die Erhöhung des Grundkapitals bei gleich bleibendem

Nennwert der Einzelaktien müssen allerdings so genannte Gratis- oder Zusatzaktien an die Altaktionäre verteilt werden. Die Altaktionäre haben damit zwar mehr Aktien, aber keinen höheren Anteilswert im Eigentum. Nicht umgewandelt werden darf bei Vorliegen von Verlusten oder Verlustvorträgen. Ebenfalls nicht umgewandelt werden dürfen zweckgebundene Rücklagen oder Sonderposten mit Rücklagenanteil. Die Kapitalerhöhung setzt einen Beschluss durch eine Dreiviertelmehrheit der Hauptversammlung voraus, der in das → *Handelsregister* eingetragen wird. Eine Kapitalerhöhung aus Gesellschaftsmitteln wird häufig bei Unternehmen, die länger keine Gewinne ausgeschüttet, sondern Rücklagen gebildet haben (→ *Ausschüttungssperre*), durchgeführt, um den sehr hohen Kurs der Einzelaktie zu korrigieren bzw. zu mindern. Es wird dadurch eine bessere Handelbarkeit der Anteile erzielt.

► Kapitalertragsteuer (KESt)

Steuer auf den Ertrag aus Kapitalanlagen (→ *Abgeltungsteuer*).

► Kapitalflussrechnung

Instrumentarium zur Abbildung der Zahlungsströme im Unternehmen. Nach der weiteren terminologischen Definition zählen hierzu die Bestandsdifferenzenbilanz, die → *Bewegungsbilanz* und die → *Cashflow* Berechnungen. Nach der engeren Begriffsauslegung stellt die Kapitalflussrechnung eine Weiterentwicklung der Bewegungsbilanz dar, indem verwandte Aktiva und zugehörige Passiva zu einer Mittelgesamtheit – einem Fonds – vereinigt werden, dessen Veränderungen, d. h. dessen Zu- und Abgänge, dargestellt werden. In der Regel wird die Veränderung des Fonds der Geldmittel bzw. liquiden Mittel dargestellt, und zwar getrennt für die drei Bereiche:

(1) Laufende Geschäftstätigkeit,

(2) Investitionstätigkeit und

(3) Finanzierungstätigkeit.

Der Aufbau der Kapitalflussrechnung in dieser Form ermöglicht nicht nur eine separate Darstellung der in der laufenden Periode erfolgten Bindung und Freisetzung an liquiden Mitteln in den Bereichen laufende Geschäftstätigkeit, Investitionstätigkeit und Finanzierungstätigkeit, sondern auch eine zahlenmäßige Überleitung zu den in der → *Bilanz* auszuweisenden liquiden Mitteln am Jahresende. Ferner kann durch eine weitere Unterteilung eine detaillierte Analyse der Quellen erfolgen, die zu einer entsprechenden Mittelveränderung in den einzelnen Bereichen geführt haben. In der Regel wird die Mittelveränderung aus der laufenden Geschäftstätigkeit ausgehend vom Jahresüberschuss dargestellt. Ferner erfolgt häufig eine separate Darstellung der Mittelbindung und -freisetzung im → *Working Capital*-Bereich. Subtrahiert man den → *Cashflow* aus der Investitionstätigkeit von dem Cashflow aus der laufenden Geschäftstätigkeit, erhält man einen sog. Free Cashflow, der anzeigt, inwieweit Investitionen einer Periode durch Einzahlungsüberschüsse im operativen Bereich erwirtschaftet wurden. Die Free Cashflow-Betrachtung stellt auch den Ausgangspunkt des Shareholder-Value-Konzepts dar (→ *Unternehmensbewertung*).

Die Kapitalflussrechnung in Form des Cashflow-Statements ist Bestandteil des Konzernabschlusses nach IFRS und US-GAAP sowie nach § 297 I auch nach HGB. Ferner ist sie nach § 264 I 2 HGB Bestandteil des Einzelabschlusses kapitalmarktorientierter Kapitalgesellschaften, die nicht zur Aufstellung eines Konzernabschlusses verpflichtet sind. Ein konkretisiertes Schema einer solchen zahlungsstromorientierten Kapitalflussrechnung wird in Deutschland insbesondere vom DRSC (DRS 21) vorgegeben.

▶ Kapitalfreisetzungseffekt

→ *Lohmann-Ruchti-Effekt*

▶ Kapitalgeber

Personen oder Institutionen (z. B. → *Bank*), die einer Unternehmung → *Eigenkapital* oder → *Fremdkapital* als → *Finanzierung* zur Verfügung stellen.

▶ Kapitalgesellschaft

Rechtsform (→ *Rechtsform*) des privaten Rechts, die im Gegensatz zu der → *Personengesellschaft* eine eigene Rechtspersönlichkeit (→ *Juristische Person*) besitzt, bei der Zweck und Errichtung sowie die Existenz der Gesellschaft unabhängig vom Mitgliederbestand bzw. den Anteilseignern ist, so dass ein jederzeitiger Mitgliedschaftswechsel möglich ist. Die → *Haftung* ist grundsätzlich beschränkt und beruht auf dem → *Kapital* der Gesellschaft, während die Mitglieder nicht grundsätzlich an der Gesellschaft mitarbeiten (Manager-Unternehmen), sondern durch eine Organschaft vertreten werden (z. B. Aufsichtsrat, Vorstand). Die Kapitalbeteiligten haben ein Stimmrecht entsprechend ihrer Beteiligung und die Besteuerung unterscheidet sich wesentlich von derjenigen der Personengesellschaften. Zu den Kapitalgesellschaften zählen die → *Aktiengesellschaft (AG)*, die → *Kommanditgesellschaft auf Aktien (KGaA)*, die → *Gesellschaft mit beschränkter Haftung (GmbH)* sowie die Bergrechtliche Gewerkschaft. Mischformen wie z. B. die GmbH u. Co. KG tragen Züge von Personen- und Kapitalgesellschaften. Kapitalgesellschaften werden seit dem Bilanzrichtliniengesetz (BiRiLiG) im HGB in kleine, mittelgroße und große Gesellschaften eingeteilt (→ *Betriebsgröße, optimale*).

▶ Kapitalherabsetzung

Im Gegensatz zur → *Kapitalerhöhung* die Verminderung des Eigenkapitals eines Unternehmens. Kapitalherabsetzungen können zur Deckung von Entnahmen der Gesellschafter, zur Finanzierung von Abfindungen bei Ausscheiden von Gesellschaftern oder bei der Sanierung von Unternehmen notwendig sein. Die Kapitalherabsetzung erfolgt bei Einzelunternehmen und Personengesellschaften durch Entnahmen und damit der bilanziellen Verminderung des ausgewiesenen Eigenkapitals. Bei der GmbH bedarf die Kapitalherabsetzung gemäß § 58 GmbHG einer einfachen Mehrheit der Gesellschafterversammlung und dreimaligen Bekanntmachung der Herabsetzungsabsicht durch die Gesellschaft an die Gläubiger. Die Eintragung in das Handelsregister darf erst nach einem Jahr seit der dritten Bekanntmachung der Kapitalherabsetzung erfolgen und bietet damit den Gläubigern ausreichend Zeit zur Befriedigung oder Sicherstellung ihrer Forderungen. Bei der Aktiengesellschaft lassen sich die ordentliche (→ *Kapitalherabsetzung, ordentliche*), die vereinfachte (→ *Kapitalherabsetzung, vereinfachte*) und die → *Kapitalherabsetzung durch Einzug von Aktien* unterscheiden (Abbildung K-2).

▶ Kapitalherabsetzung, ordentliche

Kapitalherabsetzung (→ *Kapitalherabsetzung*) gem. §§ 222–228 AktG bei einer Aktiengesellschaft (AG) durch Verminderung des Nennwertes einer Aktie mittels Herunterstempeln auf den Anteilsscheinen oder durch Zusammenlegung mehrerer Aktien zu einem Anteilschein. Insbesondere bei Unternehmenszusammenschlüssen (→ *Fusion*) wird den Altaktionären ein Umtauschverhältnis bei Rückgabe ihrer Altaktien in neue Aktien angeboten. Die ordentliche Kapitalherabsetzung bedarf eines Beschlusses von drei Vierteln der Hauptversammlung, der in das Handelsregister eingetragen wird.

Kapital-herabsetzung	Ordentliche §§ 222-228 AktG	Vereinfachte §§229-236 AktG	Einziehung von Aktien §§ 237-239 AktG
Zweck	▪ Verlustabdeckung ▪ **Kapitalrückzahlung**	▪ Verlustabdeckung	▪ Verlustabdeckung ▪ **Kapitalrückzahlung**
Gläubiger-schutz	**streng**	gemildert	**streng**
Verfahren	▪ Nennbetragsherabsetzung oder ▪ Zusammenlegung von Aktien	Verlustabdeckung durch Auflösung freier Rücklagen hat Vorrang	Aktieneinziehung ▪ zwangsweise oder ▪ durch Rückkauf Herabsetzung des Grundkapitals um den Nennwert eingezogener Aktien
Voraussetzungen	▪ ¾-Mehrheit HV ▪ Zweckangabe ▪ Eintragung ins HR	▪ ¾-Mehrheit HV ▪ Vorrangige Auflösung von Rücklagen ▪ Eintragung ins HR	Spezifische Regelungen in § 237 AktG

Abb. K-2: Formen der Kapitalherabsetzung (Quelle: Wöhe: Einführung in die Allgemeine Betriebswirtschaftslehre, 26. Aufl., München 2016, S. 579)

Mit Eintragung in das Grundbuch gilt das Grundkapital als herabgesetzt. Die Auszahlung an die Aktionäre aufgrund der Herabsetzung darf frühestens nach sechs Monaten nach Eintragung in das Handelsregister erfolgen, um den Altgläubigern eine rechtzeitige Befriedigung oder Sicherstellung ihrer Forderungen zu ermöglichen.

▶ Kapitalherabsetzung, vereinfachte

Kapitalherabsetzung (→ *Kapitalherabsetzung*) gem. §§ 229–236 AktG bei einer AG für im Gesetz klar definierte Zwecke. Zwecke können gem. AktG sein der Ausgleich von Wertminderungen im Vermögen, die Begleichung sonstiger Verluste oder die Einstellung des herabgesetzten Kapitals in die gesetzliche Rücklage. Voraussetzung für die vereinfachte Kapitalherabsetzung ist die Einhaltung der Mindesthöhe an gesetzlichen Gewinnrücklagen (10 % des Grundkapitals). Weiterhin darf ein Gewinnvortrag oder Kapitalrücklagen nicht vorhanden sein. Als vereinfacht wird die Herabsetzung bezeichnet, da keine besonderen Vorschriften zum Gläubigerschutz (z. B. Auszahlungsfristen) zu beachten sind. Sie wird häufig als Sanierungsmaßnahme zur Bereinigung einer → *Bilanz* (Bilanzverkürzung) durchgeführt.

▶ Kapitalherabsetzung durch Einzug von Aktien

Kapitalherabsetzung (→ *Kapitalherabsetzung*) gem. §§ 237–239 AktG bei einer AG durch den Erwerb eigener Aktien oder die Zwangseinziehung von Aktien durch die Unternehmung. Eine Zwangseinziehung ist nach § 237 AktG nur zulässig, wenn sie in der Satzung der AG oder durch eine Satzungsänderung gestattet bzw. angeordnet wird. Diese Bedingung muss nicht beachtet werden, wenn die Aktien unentgeltlich von den Aktionären an die Gesellschaft angeboten werden oder zu Lasten des Bilanzgewinnes bzw. einer Gewinnrücklage eingezogen werden. Der Erwerb eigener Aktien ist gemäß § 71 AktG (analog § 33 GmbHG für GmbH) nur möglich, wenn

(1) der Erwerb notwendig ist, um einen schweren unmittelbar bevorstehenden Schaden von der Gesellschaft abzuwenden,

(2) wenn die Aktien den Arbeitnehmern zum Erwerb angeboten werden,

(3) wenn im Zusammenhang mit einer → *Umwandlung* dadurch Abfindungen finanziert werden,

(4) wenn der Erwerb unentgeltlich geschieht,

(5) wenn er z. B. bei einer → *Fusion* in Folge einer Gesamtrechtsnachfolge unvermeidlich ist,

(6) wenn die Hauptversammlung mit einfacher Mehrheit darüber beschließt und dieser Beschluss in das Handelsregister eingetragen wurde und

(7) für eine → *Bank* zum Zweck des Wertpapierhandels (Eigengeschäfte).

Eigene Anteile müssen nach § 265 HGB auf der Aktivseite beim Umlaufvermögen gesondert ausgewiesen werden. Außerdem sind auf der Passivseite → *Rücklagen* für eigene Anteile in gleicher Höhe zu bilden (→ *Eigene Aktien*).

▶ Kapitalkonsolidierung

→ *Konzernabschluss, Konsolidierung/Eliminierung*

▶ Kapitalkosten

→ *Finanzierungskosten*

▶ Kapitalmarkt

Teil des → *Finanzmarktes*, auf dem im Gegensatz zum → *Geldmarkt* eine langfristige Kapitalaufnahme bzw. Kapitalanlage vorgenommen werden kann. Eine eindeutige Trennung der Fristen zwischen Geld- und Kapitalmarkt existiert nicht. Zu den einzelnen Plätzen, Handelsformen und Marktsegmenten s. → *Börse*, → *Börsenhandelsformen*, → *Börsenmarktsegmente* und → *Börsenplatz*.

▶ Kapitalrücklage

→ *Rücklagen*

▶ Kapitalstruktur

→ *Kapitalstrukturkennzahlen*, → *Kennzahl*

▶ Kapitalstrukturkennzahlen

Kennzahlen zur Analyse der Kapitalstruktur. Hierzu werden einzelne Passivposten der → *Bilanz* zum Gesamtkapital oder zu anderen Passivposten ins Verhältnis gesetzt, um daraus Aussagen über die Finanzierungsformen und deren Sicherheit und Fristigkeit ableiten zu können. Hierzu gehören:

$$\text{Eigenkapitalquote} = \frac{\text{Eigenkapital}}{\text{Gesamtkapital}}$$

$$\text{Verschuldungsgrad (statisch)} = \frac{\text{Fremdkapital}}{\text{Gesamtkapital}}$$

Ein hoher Eigenkapitalanteil bzw. ein geringer Verschuldungsgrad ist grundsätzlich Ausdruck für eine hohe Stabilität und Sicherheit eines Unternehmens. Unter Rentabilitätsgesichtspunkten kann jedoch die Aufnahme von Fremdkapital in bestimmtem Umfang günstig sein (→ *Leverage-Effekt*).

▶ Kapitalumschlagshäufigkeit

Kennzahl (→ *Kennzahl*)zur Beurteilung des Warenumschlags bzw. der Lagerhaltungspolitik eines Unternehmens. Durch die Division des erzielten Umsatzes durch das gesamte eingesetzte Kapital wird der Kapitalumschlag eines Jahres ermittelt. Aussagekraft erhält diese Kennziffer allerdings lediglich im Zeit- oder Betriebsvergleich, da in Abhängigkeit von der → *Kapitalbindung*, die Kapitalumschlagshäufigkeit von Sach- und Dienstleistungsunternehmen erheblich abweicht. Der Kapitalumschlag ist ein Teil zur Berechnung des → *Return on Investment (RoI)*.

▶ Kapitalverwässerung

Wenn sich nach einer → *Kapitalerhöhung* die offenen und stillen → *Rücklagen* auf mehr Anteilseigner verteilen und somit eine Verminderung des Anteilswertes eintritt.

▶ Kapitalverwendung

→ *Investition*

▶ Kapitalwert

→ *Kapitalwertmethode*, → *Barwert*, → *Finanzmathematik*

▶ Kapitalwertmethode

Dynamisches → *Investitionsrechenverfahren* zur Beurteilung der Vorteilhaftigkeit einer → *Investition* bzw. im Rahmen einer Investitionsentscheidung zur Beurteilung von Investitionsalternativen. Wie alle dynamischen Verfahren werden hier künftige Zahlungen im Wege der Finanzmathematik, hier der Abzinsung, auf einen heutigen Investitionszeitpunkt bezogen bzw. verrechnet. Die Abzinsungsformel samt Beispiel findet sich in der Abbildung zu den finanzmathematischen Formeln (→ *Finanzmathematik*). Aus dem hier genannten Beispiel einer Anfangsinvestition von 4000 € und Ein- und Auszahlungen der folgenden drei Jahre wurde der Kapitalwert durch Abzinsung der künftigen Zahlungen mit dem Kalkulationszinsfuß von 10 % errechnet. Der Kapitalwert wird mit C^0 abgekürzt und errechnet sich wie folgt:

$$C_0 = \sum_{t=0}^{T} \frac{E^t - A^t}{(1+i)^t}$$

Jahre	0	1	2	3
Anschaffung Einzahlungen Auszahlungen	– 4.000	 + 2.000 – 5.000	 + 10.000 – 5.000	 + 20.000 – 5.000
Barwerte (10 %)	– 4.000	– 2.727	+ 4.132	+ 11.270
	– 4.000	$\left(-3.000\,\frac{1}{1{,}1}\right)$	$\left(+5.000\,\frac{1}{1{,}1^2}\right)$	$\left(+15.000\,\frac{1}{1{,}1^3}\right)$
Kapitalwert =	+ 8.675			

Abb. K-3: Kapitalwertmethode-Berechnung

Durch die Abzinsung der Zahlung wird die so genannte Zeitpräferenz des Geldes, d. h. die Tatsache berücksichtigt, dass spätere Einzahlungen bzw. Auszahlungen gegenüber heutigen Ein- und Auszahlungen angesichts des Geldwertverlusts (→ *Inflation*) anders zu behandeln sind. Vor der Anwendung der Rechenmethode ist zu klären, ob die Zahlungen am Anfang oder Ende der Periode anfallen, bzw. zum gleichen oder anderen Zinssatz als dem Kalkulationszinsfuß angelegt bzw. aufgenommen werden. Auch eine unterjährige Verzinsung kann durch die entsprechende Modifikation der Abzinsungsformel (→ *Finanzmathematik*) berücksichtigt werden. Eine Investition gilt grundsätzlich dann als vorteilhaft, wenn sie als einzelne Investition einen Kapitalwert größer Null aufweist bzw. bei Investitionsalternativen den höchsten Kapitalwert unter den Bedingung größer Null aufweist (s. Beispielrechnung in Abbildung K-3). Der Kapitalwert kann auch als so genannter Grenzpreis einer Investitionsmöglichkeit aufgefasst werden: Er ist der Betrag, den man maximal für eine Investition ausgeben kann, ohne finanziell schlechter als bei Verzicht auf die Investition zu stehen.

▶ Kapitalwertrate

Im angloamerikanischen Raum verbreitete → *Kennzahl* zur Beurteilung der Vorteilhaftigkeit einer → *Investition* im Rahmen einer Investitionsrechnung. Durch die Division des errechneten Kapitalwertes einer Zahlungsreihe aufgrund der Investition durch das eingesetzte Kapital bzw. Investment wird eine Art dynamischer → *Rentabilität* errechnet, die als Vergleichsmaß für alternative Kapitalanlagen dienen kann.

▶ Kardinalskala

→ *Skalierung*

▶ Karenztage

→ *Karenzzeit*

▶ Karenzzeit

(1) Zeitraum, in dem sich ein ausscheidender Mitarbeiter oder Teilhaber eines Unternehmens zu einer → *Wettbewerbsabrede* verpflichtet bzw. vom Gesetz dazu verpflichtet ist.

(2) Zeitraum der → *Lohnfortzahlung* im Krankheitsfall.

▶ Kartell

Unternehmenszusammenschluss (→ *Unternehmenszusammenschluss*), dessen Zweck die Beeinflussung des Marktes durch Beschränkungen des Wettbewerbs ist. Aus diesem Grund sind Kartelle nach dem → *Gesetz gegen Wettbewerbsbeschränkungen (GWB)* grundsätzlich verboten. Es lassen sich nach dem Gegenstand des Zusammenschlusses Preiskartelle (Preisabsprachen z. B. Höchst- oder Mindestpreisvereinbarungen), Rabattkartelle (z. B. einheitliche Rabattvereinbarungen), Konditionenkartelle (z. B. Vereinbarung von Geschäfts-, Lieferungs- und Zahlungsbedingungen), Normen- und Typenkartelle (z. B. Vereinbarung einer einheitlichen → *Normung* von Produktteilen oder Typung von Endprodukten, → *Deutsche Industrienorm (DIN)*), Spezialisierungskartelle (z. B. zur Aufteilung von Produkten auf einzelne Produzenten), Quotenkartelle (z. B. Aufteilung von Produktionsmengen), Gebietskartelle (z. B. regionale Aufteilung von Absatzmärkten) und Syndikate (z. B. Vereinbarung gemeinsamer Beschaffungs- oder Absatzwege) unterscheiden. Nach dem Umfang der Vereinbarungen lassen sich Kartelle niedriger Ordnung (geringe Bindung) und Kartelle höherer Ordnung (intensive Bindung der Partner) unterscheiden. Vor einem Unternehmenszusammenschluss wird die Kartellbehörde gemäß GWB den Zusammenschluss hinsichtlich der Wettbewerbsverträglichkeit prüfen. Dabei unterscheidet man anmeldepflichtige Kartelle (§ 9 GWB) sowie erlaubnispflichtige Kartelle gem. § 11 GWB. Während nach der Anmeldung bereits der Betrieb aufgenommen werden kann, sofern kein Widerspruch von der Missbrauchsaufsicht gem. § 12 GWB (Bundeskartellamt) erfolgt, muss bei erlaubnispflichtigen Kartellen die Zustimmung abgewartet werden. In § 98 GWB sind zahlreiche Bereichs- und Branchenausnahmen (z. B. Landwirtschaft, Versicherungsunternehmen, Kreditinstitute) geregelt. Die Missbrauchsaufsicht der Kartellbehörden bezieht sich auf die Prüfung der so genannten „marktbeherrschenden Stellung eines oder mehrerer zusammengeschlossener Unternehmen".

▶ Kassageschäft

→ *Devisentermingeschäft*

▶ Kassakurs

→ *Börse*

▶ Kassamarkt

Ein → *Finanzmarkt* bzw. → *Börse* wird in Abhängigkeit vom Erfüllungszeitpunkt der abgeschlossenen Verträge in einen Kassa- und → *Terminmarkt* unterschieden. Während beim Terminmarkt die Erfüllung der vereinbarten Leistung zu einem späteren Zeitpunkt erfolgt, muss beim Kassamarkt spätestens nach zwei Börsentagen die vereinbarte Leistung bzw. Lieferung von Wertpapieren bzw. Devisen erfolgen (→ *Börsenhandelsformen*).

▶ Kassenabfluss, -zufluss

→ *Cashflow*

▶ Kauf

Dem Kaufvertrag zugrunde liegendes Geschäft zwischen Käufer und Verkäufer (§§ 433 ff. BGB). Ein solcher → *Vertrag* kommt durch zwei sich deckende (übereinstimmende) Willenserklärungen, → *Angebot* und Annahme, zustande. Darin verpflichtet sich der Verkäufer einer Sache, diese dem Käufer zu übergeben und ihm das → *Eigentum* an der Sache frei von Sach- und Rechtsmängeln zu verschaffen (→ *Gewährleistung*, → *Mangelgewährleistung*). Im Gegenzug verpflichtet sich der Käufer, den vereinbarten Kaufpreis zu zahlen und die gekaufte Sache anzunehmen. Kaufgegenstand können bewegliche Sachen (Waren) ebenso wie unbewegliche Sachen (Grundstücke) oder unkörperliche Gegenstände wie z. B. Werbeideen, Kundenstämme und Firmennamen (→ *Firmenwert*) sein. Beim Kaufvertrag ist das Verpflichtungs- und Erfüllungsgeschäft zu unterscheiden (Abbildung K-4). Ein Kauf, bei dem sich der Käufer zu einem späteren Zeitpunkt für die genaue Ausführung der Ware entscheidet, wird als Spezifikationskauf bezeichnet. Beim Kauf sind neben der Gewährleistung bei Mängeln die Haftung für Schäden bei Vertragsschluss (→ *Culpa in contrahendo (cic)*) und die → *Positive Vertragsverletzung* zu beachten.

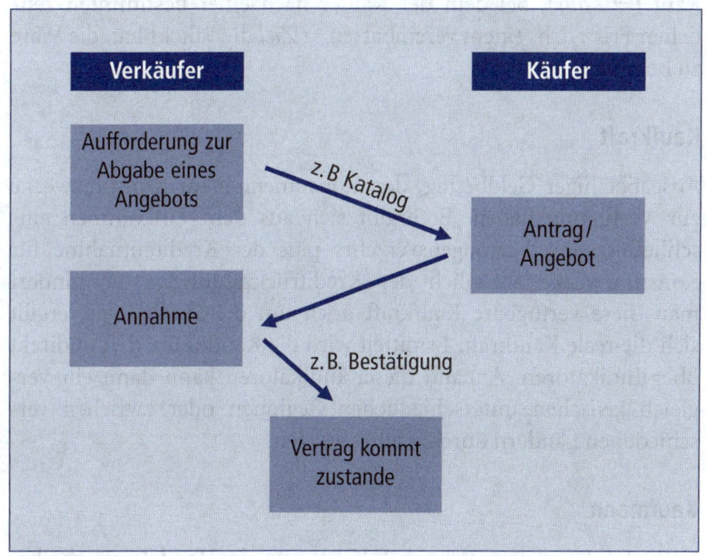

Abb. K-4: Schritte des Kaufvertrags

▶ Kauf auf Abruf

Kauf (→ *Kauf*), bei dem der Käufer eine größere Menge Waren gekauft hat, diese aber nur in Teilmengen (auf Abruf) beim Verkäufer abholt.

▶ Kauf auf Probe

Kauf (→ *Kauf*), bei dem der Käufer gem. §§ 454 f. BGB das Recht hat, innerhalb einer gesetzlich bestimmten Frist (→ *Fristigkeit*) zu entscheiden, ob er den gekauften Gegenstand behalten oder zurückgeben will. Beim Kauf zur Probe kann der Käufer die Ware oder Teilmengen davon unverbindlich zur Probe entgegennehmen.

▶ Kauf auf Ziel

Kauf (→ *Kauf*), bei dem der Käufer nach einer bestimmten zeitlichen Frist, d. h. einem vereinbarten → *Ziel* die Pflicht hat, die Ware zu bezahlen.

▶ Kaufkraft

Ausgabefähiger Geldbetrag, den Konsumenten für Konsumzwecke zur Verfügung haben. Er ergibt sich aus dem Einkommen einschließlich des Vermögensverzehrs plus der Kreditaufnahme für Konsumzwecke abzüglich der Kreditrückzahlungen. Vermindert man diese verfügbare Kaufkraft noch um die Sparbeträge, ergibt sich die reale Kaufkraft. Ermittelt wird die Kaufkraft i. d. R. indirekt über Indikatoren. Anhand dieser Indikatoren kann dann ein Vergleich zwischen unterschiedlichen Regionen oder zwischen verschiedenen Ländern durchgeführt werden.

▶ Kaufmann

Gem. § 1 Handelsgesetzbuch (HGB), wer ein Handelsgewerbe betreibt (Istkaufmann).

Handelsgewerbe ist jeder Gewerbebetrieb (→ *Gewerbe*), es sei denn, dass das Unternehmen nach Art oder Umfang einen in kaufmännischer Weise eingerichteten Geschäftsbetrieb nicht erfordert. Nach § 2 HGB kann ein gewerbliches Unternehmen, das nicht schon unter § 1 fällt, als Handelsgewerbe gelten (Kannkaufmann), wenn es mit seiner → *Firma* in das → *Handelsregister* eingetragen ist. Darüber hinaus regelt das HGB Besonderheiten für land- und forstwirtschaftliche Unternehmen sowie für Formkaufleute und Kaufmannsgemeinschaften. Die Kaufmannseigenschaft ist maßgeblich für die Anwendbarkeit des HGB. Die frühere Einteilung in Muss-, Soll-, Voll- und Minderkaufmann wurde 1998 durch das Handelsrechtsreformgesetz abgeschafft.

▶ Kaufoption (Call)

→ *Option*

▶ Kaufvertrag

→ *Kauf*, → *Vertrag*

▶ Kaution

Vertraglich vereinbarte Sicherheitsleistung in beliebiger Höhe zu verschiedenen Zwecken (z. B. Mietkaution, Anzahlung), um drohende Gefahren oder Vertragsverletzungen abzuwenden.

▶ KBV (Kurs-Betriebsergebnis-Verhältnis)

→ *Kurs-Gewinn-Verhältnis (KGV)*

▶ KCV (Kurs-Cashflow-Verhältnis)

→ *Kurs-Gewinn-Verhältnis (KGV)*

▶ Kellerwechsel

→ *Wechsel*

▶ Kennzahl

Im Rahmen einer Finanz- bzw. Bilanzanalyse ermittelte quantitative Größe zur Beurteilung der Vermögens-, Finanz- und Ertragslage sowie branchen- und unternehmensindividueller Erfolgsgrößen. Es lassen sich absolute und relative Kennzahlen unterscheiden. Eine absolute Kennziffer ist z. B. der Gewinn oder → *Cashflow* eines Unternehmens, während als Verhältniszahl z. B. die → *Rentabilität* oder → *Produktivität* zu zählen ist. Bezüglich ihrer Basis lassen sich Gliederungs-, Beziehungs- und Indexzahlen unterscheiden. Bei der Eigenkapitalquote handelt es sich beispielsweise um eine Gliederungszahl, die das Eigenkapital in Relation zum Gesamtkapital, d. h. einer Gesamtgröße, ausdrückt. Beziehungszahlen ermitteln hingegen ebenfalls Relationen, stellen allerdings zwei nicht über- bzw. untergeordnete Größen gegenüber (z. B. Anlagevermögen zu Umlaufvermögen). Bei Indexzahlen handelt es sich um die Darstellung der zeitlichen Entwicklung einer Größe, z. B. zu einem Basisjahr. Kennzahlen lassen sich in einem Zeit-, Betriebs- oder Soll-Ist-Vergleich darstellen. Ohne den Vergleich sagt eine ermittelte Kennziffer wenig aus. So kann eine Rentabilität von 2 % bereits sehr gut sein, wenn keine annähernd gute Vergleichsanlage von Kapital möglich ist. In Abbildung K-5 sind die wesentlichen Kennzahlen zur Beurteilung der Vermögens-, Finanz- und Ertragslage eines Unternehmens zusammengefasst.

▶ Kennzahlenanalyse

Aufbereitung von Datenmaterial durch die Bildung von Kennzahlen und Kennzahlensystemen sowie deren **Auswertung** durch Aufzeigen von Ursache-Wirkungs-Zusammenhängen. Im Rahmen der Aufbereitung kommt der vergleichenden Kennzahlenanalyse besondere Bedeutung zu. Diese kann in verschiedenen Formen erfolgen:

(1) Zeitvergleich (Zeitreihenanalyse),

(2) zwischenbetrieblicher bzw. Branchen-Vergleich (Querschnittsanalyse),

(3) geographischer bzw. regionaler Vergleich,

(4) Soll/Ist-Vergleich (Vergleich der tatsächlich eingetretenen Werte mit Vorgabe- bzw. Zielwerten) und

(5) Plan/Plan-Vergleich (Messung der Veränderung zwischen verschiedenen Planungsständen).

In der externen Berichterstattung (→ *Jahresabschluss*, → *Geschäftsbericht*) spielt insbesondere der zwischenbetriebliche Vergleich, der → *Betriebsvergleich*, und der Zeitvergleich in Form sog. Mehr-Jahresübersichten, wie sie in vielen Geschäftsberichten veröffentlicht werden, eine Rolle.

▶ Kennzahlensysteme

Integrierte Betrachtung mehrerer Kennzahlen. Dadurch sollen multikausale Ursache-Wirkungs-Zusammenhänge berücksichtigt werden. Kennzahlensysteme können unterschieden werden in (1) **Analytische** Kennzahlensysteme und (2) **Synthetische** Kennzahlensysteme.

Kennzahlen zur Beurteilung der Vermögens-, Finanz- und Ertragslage eines Unternehmens und deren Aussagegehalt		
Vermögenslage		
I.	Verhältnis von Anlage- und Umlaufvermögen	(Liquidationspotential, Entscheidungsfreiheit, Flexibilität)
II.	Umsatzrelationen – Sachanlage zu AHK / Umsatz – Vorräte / Umsatz – Fertigerzeugnisse und Waren / Umsatz	 (Auslastung) (Lagerhaltungspolitik) (Lieferbarkeit, Lagerhaltung)
III.	Umschlagskoeffizient – Umschlagshäufigkeit: Abgang an Waren / Durchschnittsbestand – Umschlagdauer: Durchschnittsbestand an Waren x 365 Tagen / Abgang pro Jahr – Kundenziel: Durchschnittsbestand an Forderungen / Umsatz	(Kapitalbindung)
IV.	Investitions- und Abschreibungspolitik – Anlagenabnutzungsgrad: kumulierte Abschreibung / AHK – Investitionsquote: Nettoinvestition / Sachanlagen AHK – Investitionsdeckung: Abschreibungen / Nettoinvestition – Abschreibungsquote: Abschreibungen / Sachanlagevermögen	 (Alter von Sachanlagen) (Innovationskraft) (Reinvestitionsbereitschaft) (Stille Reserven)
V.	Verschuldungsanalyse – Eigenkapitalquote: Eigenkapital / Gesamtkapital – Verschuldungsgrad: Fremdkapital / Gesamtkapital	(Verschuldung, Eigentum, Haftung)

Kennzahlen zur Beurteilung der Vermögens-, Finanz- und Ertragslage eines Unternehmens und deren Aussagegehalt	
VI. Kapitalstruktur – Selbstfinanzierungsgrad: Gesetzliche Rücklagen / bilanzielles Eigenkapital – Bilanzkurs: bilanzielles Eigenkapital / Gezeichnetes Kapital – Kreditanspannung: Wechselverbindlichkeiten / Warenschulden – Obligobelastung: Haftungsverhältnisse / Gesamtkapital – Lieferantenziel: Durchschnittsbestand Warenschulden x 365 Tage / Wareneingang – Working capital: Umlaufvermögen – Kurzfristige Schulden	 (Vergleich zum Börsenkurs) (Eventualverbindlichkeiten) (Gläubigerrisiko) (Überliquidität)
Finanzlage	
I. Grundsatz der Fristenkongruenz	(Aktiv- und Passivpostenausgleich)
II. Deckungsgrade A: Eigenkapital / Anlagevermögen B: Eigenkapital + Langfr. Fremdkapital / Anlagevermögen C: Eigenkapital + Langfr. Fremdkapital / Anlagev. + Langfr. Forderungen	 (Goldene Bilanzregel)
III. Liquiditätsgrade 1. Liquide Mittel / Kurzfristiges Fremdkapital 2. Monetäres Umlaufvermögen / Kurzfristiges Fremdkapital 3. Monetäres Umlaufvermögen + Vorräte / Kurzfristiges FK	(Zahlungsunfähigkeit) (Liquidierbarkeit von Vermögen) (Konkursschutz)
IV. Forderungen-Schuldenvergleich	
Ertragsanalyse	
I. Vergleich von Börsen- und Bilanzkurs	(Stille Reserven, Image)
II. Vergleich betrieblicher, außerbetrieblicher Erfolge	(Kerngeschäft – Nebengeschäft)
III. Vergleich ordentlicher, außerordentlicher Erfolge	(besondere Erfolgseinflüsse)
IV. Intensitäten z. B. Personal-Materialintensität	(Schwerpunkte)

Kennzahlen zur Beurteilung der Vermögens-, Finanz- und Ertragslage eines Unternehmens und deren Aussagegehalt	
V. Rentabilität	
– Eigenkapitalrendite: Gewinn x 100 / Eigenkapital	(EK-Verzinsung)
– Gesamtkapitalrendite: (Gewinn + Steuern + Zinsen) x 100 / Gesamtkapital	(GK-Verzinsung)
– Umsatzrendite: Gewinn x 100 / Umsatz	(Kostenmanagement)
– RoI: (Gewinn / Umsatz) x (Umsatz / Gesamtkapital)	(Erfolgsherkunft)

Abb. K-5: Bilanzkennzahlen

Analytische Kennzahlensysteme entstehen durch Zerlegung einer Spitzenkennzahl in mehrere Unterkennzahlen. Dabei ist entsprechend der Darstellung der Zusammenhänge zwischen den Kennzahlen weiter zu differenzieren in **Rechensysteme** (zahlenlogische Systeme) und **Ordnungssysteme** (sachlogische Systeme). Bei Rechensystemen sind die einzelnen Kennzahlen durch mathematische Beziehungen formal verknüpft. Beispiele hierfür sind das → *DuPont-Kennzahlensystem*, das RoI-System und das ZVEI-System. Bei Ordnungssystemen besteht lediglich ein sachlicher Zusammenhang zwischen den in bestimmter Form gruppierten Kennzahlen, ohne dass diese in ihrer funktionalen Abhängigkeit dargestellt sind. Ein Beispiel hierfür ist das von *Reichmann/Lachnit* entwickelte → *Rentabilitäts-Liquiditäts-Kennzahlensystem (RL-System)* oder die → *Balanced Scorecard*.

Synthetische Kennzahlensysteme entstehen durch Verdichtung (Kombination) mehrerer Einzelkennzahlen zu einem „Index". Je nach der Höhe dieses Wertes sollen die Unternehmen beurteilt bzw. klassifiziert werden. Dabei kann in **subjektive** und **mathematisch-statistische** Kennzahlenkombination unterschieden werden, je nachdem, ob die Auswahl und Gewichtung der in diese aggregierte Kennzahlen eingehenden Einzelkennzahlen nach dem subjektiven Ermessen der beteiligten Personen (Experten) erfolgt oder ob unter Verwendung mathematisch- statistischer Verfahren (insb. Hypothesentest sowie Diskriminanzanalyse) empirische Daten ausgewertet werden. In neuerer Zeit wird überdies versucht, mit Hilfe Neuronaler Netze, einem Zweig der künstlichen Intelligenz, optimale Kennzahlenkombinationen abzuleiten.

▶ Kernkapital

→ *Eigenkapital von Banken*

▶ KESt

→ *Kapitalertragsteuer (KESt)*

▶ Key-Account-Management

i. R. eines kundengruppenspezifischen → *Marketing* entwickelte Form der → *Aufbauorganisation,* bei der die einzelnen Unternehmenssparten (→ *Divisionale Organisation*) nicht nach Produkten oder Regionen, sondern nach Einzelkunden oder Kundengruppen gegliedert sind (z. B. bei *Henkel* KGaA, *Procter & Gamble*). Analog einem → *Produktmanager* betreut ein Key-Account-Manager einzelne Kunden bzw. Schlüsselkunden und hat die Aufgabe, in einer → *Matrixorganisation* die einzelnen Funktionen (z. B. Abrechnung, Transport) für seinen Kunden zu koordinieren.

▶ KfW

→ *Kreditanstalt für Wiederaufbau*

▶ KG

→ *Kommanditgesellschaft (KG)*

▶ KGaA

→ *Kommanditgesellschaft auf Aktien (KGaA)*

▶ KGV

→ *Kurs-Gewinn-Verhältnis (KGV)*, → *Wertpapieranalyse*

▶ KIFO

→ *Verbrauchsfolgeverfahren*

▶ Kirchensteuer

Steuer, die durch Artikel 137 VI der Weimarer Verfassung von 1919 fundiert ist und den Religionsgemeinschaften, die Körperschaften des öffentlichen Rechts sind, zusteht. Dieser Artikel wurde Bestandteil des Grundgesetzes und gilt somit noch heute. Formal erlassen die Bundesländer Kirchensteuergesetze; ihnen obliegt auch die Staatsaufsicht über die kirchlichen Rechtsetzungsakte. Steuersubjekte sind alle Mitglieder einer Kirchensteuer erhebenden kirchlichen → *Körperschaft.* Im Falle des Austritts aus der Kirche endet die Kirchensteuerpflicht. Steuerobjekt ist grundsätzlich die Jahreseinkommensteuer. Bei der Berechnung der → *Bemessungsgrundlage* wird für jedes Kind ein Kinderfreibetrag zum Abzug gebracht. Der → *Steuersatz* schwankt je nach Bundesland zwischen 8 % und 9 % der Bemessungsgrundlage. In einigen Kirchensteuergesetzen ist eine Mindestkirchensteuer vorgesehen (z. B. Schleswig-Holstein sieht eine Mindestkirchensteuer von 3,60 € ab einem zu versteuernden Einkommen von 600 € vor). Die Erhebung der Kirchensteuer folgt den Erhebungsformen der → *Einkommensteuer,* → *Lohnsteuer* und → *Abgeltungsteuer.*

▶ Kleinkredit

→ *Kredit*

▶ KNA

→ *Kosten-Nutzen-Analyse (KNA)*

▶ KO (Konkursordnung)

→ *Insolvenzrecht*

▶ Körperschaft

(1) Sammelbegriff für Steuersubjekte der → *Körperschaftsteuer.*

(2) → *Rechtsform* für öffentliche Betriebe. Körperschaften des öffentlichen Rechts können Kirchen, Kammern, Universitäten, Eigenbetriebe usw. sein.

▶ Körperschaftsteuer

Steuer auf das → *Einkommen* bzw. den Gewinn einer juristischen Person. Steuersubjekt ist insbesondere die → *Kapitalgesellschaft*, Erwerbs- und Wirtschaftsgenossenschaften, Versicherungsvereine auf Gegenseitigkeit, Vereine, Anstalten und Stiftungen, soweit sie nicht gemeinnützig tätig sind, und auch Betriebe gewerblicher Art von juristischen Personen des öffentlichen Rechts, die im Inland ihren Sitz oder → *Geschäftsführung* haben. Das Einkommen der → *Körperschaft* stellt regelmäßig bei Steuerpflichtigen, die nach Handelsrecht zur Führung von Büchern verpflichtet sind, Einkünfte aus Gewerbebetrieb dar. Bei der Ermittlung der → *Steuerbemessungsgrundlage* sind einige Besonderheiten zu beachten. Einerseits ist bei der Einkommensermittlung das → *Einkommensteuergesetz (EStG)* zu beachten, andererseits kennt das → *Körperschaftsteuergesetz (KStG)* zusätzlich eigene Qualifizierungsnormen und Regelungen über abziehbare und nichtabziehbare Aufwendungen. Wichtige Korrektur bei der Einkommensermittlung ist die Hinzurechnung von verdeckten Gewinnausschüttungen. Auf die Bemessungsgrundlage, das zu versteuernde Einkommen, ist der tarifliche Körperschaftsteuersatz von zurzeit 15 % anzuwenden. Für die Ausschüttung und Besteuerung auf der Ebene des Gesellschafters gilt das → *Teileinkünfteverfahren.* Ausschüttungen an andere inländische Kapitalgesellschaften sind dort zu 95 % von der Körperschaftsteuer befreit.

Das Aufkommen der Körperschaftsteuer steht dem Bund und den Ländern je zur Hälfte zu.

▶ Körperschaftsteuerdurchführungsverordnung

→ *Steuerdurchführungsverordnung*

▶ Körperschaftsteuergesetz (KStG)

Seit 1.10.1977 gültiges Gesetz mit Regelungen zur → *Körperschaftsteuer.* Das Gesetz umfasst 40 Paragraphen, die 44 Tatbestände regeln. 2002 grundlegend überarbeitet.

▶ Kognitive Dissonanz

Psychischer Spannungszustand eines Individuums aufgrund eines Widerspruchs zwischen seiner Meinung oder Einstellung und seinen Handlungen. Form der De-Motivation (→ *Motivation*) von Personen (Mitarbeitern), die nach außen hin motiviert wirken, innerlich aber demotiviert sind. Die kognitive Dissonanz ist im Alltagsleben häufig anzutreffen, wenn z. B. ein Raucher um seine Gesundheitsgefährdung weiß und diese nicht will, aber dennoch raucht. Insbesondere bei der Auswahl von Motivationsinstrumenten und bei der → *Personalführung* ist dieses Phänomen zu beachten. Auch im → *Marketing* stellt diese Verhaltenstheorie eine bedeutende Einflussgröße auf das Kaufverhalten von Konsumenten dar und ist daher bei der → *Werbung* und im Kundengespräch zu berücksichtigen.

▶ Kollegialprinzip

→ *Direktorialprinzip*

▶ Kollegium

Organisatorische Zusammenfassung mehrerer Stellen aus evtl. unterschiedlichen Unternehmensbereichen, Abteilungen und Management-Ebenen zur Erfüllung von Sonderaufgaben in einer → *Gruppe.* Im Gegensatz zu den Projektgruppen, die zeitlich befristet sind, sollen Kollegien z. B. in der Form von Ausschüssen, Kommissionen oder Gremien auf Dauer angelegt sein, um Sachverstand und Kreativität außerhalb des formalen Organigramms zu nutzen. Sie können z. B. zur Verbesserung der → *Kommunikation* im Unternehmen als Informationskollegium oder zur Erfüllung neuer Aufgaben und zur Vorbereitung von neuen dauerhaften Stellen und Abteilungen (z. B. Umweltausschuss) eingesetzt werden. In internationalen Unternehmen vorkommende Kollegien, die länderübergreifende Probleme bearbeiten bzw. länderübergreifend zusammengesetzt sind, werden häufig auch als task forces bezeichnet.

▶ Kollektivgut

→ *Gut*

▶ Kombinationsprozess der Produktionsfaktoren

Ansatz der Betriebswirtschaftslehre, der auf *Erich Gutenberg* und seinen 1951 erstmals erschienenen Band „Produktion" seines dreibändigen Werkes zu den „Grundlagen der Betriebswirtschaftslehre" zurückgeht. 1955 folgte der 2. Band „Absatz" und 1968 der 3. Band „Finanzen". Aus dieser Reihenfolge lässt sich bereits der Forschungsschwerpunkt seines Ansatzes herauslesen. Betriebe seien dazu da, Güter in einem Prozess der Kombination von Produktionsfaktoren zu erstellen. Diesen Kombinationsprozess gilt es zu untersuchen und zu optimieren. Grundlage dafür sind Produktionsfunktionen, d. h. mathematische Funktionen zwischen der → *Ausbringungsmenge* und den Faktoreinsätzen. Dieser lange Zeit alleinige Ansatz in der Betriebswirtschaftslehre wurde in den sechziger Jahren durch den → *Entscheidungsorientierten Ansatz* (*Edmund Heinen*) und andere Strömungen „abgelöst" bzw. ergänzt. → *Produktionsfaktoren (nach Gutenberg)*.

▶ Kombizinsanleihe

→ *Gleitzinsanleihe*

▶ Kommanditaktionär

→ *Kommanditgesellschaft auf Aktien (KGaA)*

▶ Kommanditgesellschaft (KG)

Rechtsform (→ *Rechtsform*) des privaten Rechts (→ *Personengesellschaft*), die im HGB §§ 161–177 gesetzlich geregelt ist und auf die auch die Vorschriften zur → *Offenen Handelsgesellschaft (OHG)* und → *BGB-Gesellschaft (GbR)* Anwendung finden. Die KG hat gem. § 19 HGB eine → *Firma* zu führen, bei der der Name mindestens eines voll haftenden Gesellschafters mit einem Gesellschaftszusatz (KG) enthalten ist. Die KG besteht personell aus dem persönlich haftenden Komplementär, der die KG i. d. R. leitet und dem nur mit seiner Einlage haftenden Kommanditisten (Teilhaber), der lt. Gesetz von der Geschäftsführung und Vertretung ausgeschlossen ist. Vertraglich lässt sich jedoch eine andere Regelung treffen. Eine KG kann gegründet werden, wenn mindestens ein Komplementär und mindestens ein Kommanditist in die Gesellschaft eintreten. Durch die Aufnahme neuer Kommanditisten werden der KG zusätzliche Finanzierungsmöglichkeiten eröffnet. Für die Gewinnverteilung und die Regelung der → *Entnahme* gelten die gleichen Regelungen wie bei der OHG, sofern im Gesellschaftsvertrag keine andere Regelung getroffen wurde. Bezüglich der → *Rechnungslegung,* → *Publizität* und Prüfungsvorschriften gilt das Gleiche wie bei der OHG. Die KG ist damit gegenüber der OHG durch die Aufnahme zusätzlicher Kommanditisten bezüglich der Finanzierungsmöglichkeit evtl. im Vorteil, ohne dass die Leitungsbefugnis des Komplementärs eingeschränkt werden muss. Zu beachten ist allerdings, dass es keinen „Markt" für KG-Anteile gibt, diese also evtl. schwer wieder zu veräußern sind.

▶ Kommanditgesellschaft auf Aktien (KGaA)

Mischform aus → *Personengesellschaft* und → *Kapitalgesellschaft* in der privatrechtlichen → *Rechtsform* der Aktiengesellschaft (AG), bei der mindestens ein Gesellschafter den Gläubigern unbeschränkt haftet (Komplementär) und die übrigen an dem in Aktien zerlegten → *Grundkapital* beteiligt sind, ohne persönlich für die → *Verbindlichkeiten* zu haften (Kommanditaktionäre). Es gelten mit einigen Ausnahmen die Vorschriften für die AG (§§ 278 ff. AktG) und die HGB-Bestimmungen für die AG. Die Hauptversammlung dieser AG besteht aus den Kommanditisten, der Komplementär wird i.d. R. als Vorstand berufen und als Aufsichtsrat können ebenfalls Kommanditisten und Komplementäre fungieren (→ *Aktiengesellschaft (AG),* → *Kommanditgesellschaft (KG)*).

▶ Kommanditist

→ *Kommanditgesellschaft (KG)*

▶ Kommissionär

→ *Kommissionsgeschäft*

▶ Kommissionsgeschäft

Handelsgeschäft gem. §§ 383 ff. HGB, bei dem eine Person, der Kommissionär, es gewerbsmäßig gegen Entgelt übernimmt, Waren oder Wertpapiere für Rechnung eines anderen, des Kommittenten, im eigenen Namen zu kaufen oder zu verkaufen (Einkaufs-, Verkaufskommission). Der Kommissionsvertrag ist ein Geschäftsbesorgungsvertrag (→ *Vertrag*). Die Kommission hat in heutiger Zeit im → *Handel* von Waren an Bedeutung verloren. Eine gewisse Rolle spielt sie noch im Handel mit Kunstgegenständen oder bei Effektenkommissionen, bei denen eine → *Bank* als Kommissionär den Verkauf von Wertpapieren übernimmt.

▶ Kommunaldarlehen

→ *Kommunalobligation*

▶ Kommunalobligation

Anleihe (→ *Anleihe*), die als festverzinsliche Schuldverschreibung ähnlich dem → *Pfandbrief* von Hypothekenbanken und öffentlich-rechtlichen Kreditinstituten (→ *Bank*) emittiert wird. Aus der Emission finanzieren sich öffentliche Körperschaften, die von den Hypothekenbanken bzw. öffentlichen Kreditinstituten Darlehen aus dem Emissionserlös erhalten. Aus dem Begriff wird bereits deutlich, dass als Sicherheit für die Anleihe die Kommune und damit die Leistungs- bzw. Steuerkraft der darlehensnehmenden öffentlichen Körperschaft dient. Zum Teil wird der Begriff Kommunalobligation vom Begriff Kommunalanleihe getrennt, sofern zwischen einer Direktemission der öffentlichen Kommunen am Kapitalmarkt (Kapitalanleihe) und einer indirekten Darlehensbeschaffung am Kapitalmarkt über die Banken (Kommunalobligation) gesprochen wird. Aus Sicht des Investors ist diese Differenzierung allerdings irrelevant.

▶ Kommunalsteuer

Örtliche Steuern, die von den Gemeinden aufgrund der grundgesetzlich verankerten Finanzhoheit durch entsprechende Steuererlasse oder -satzungen erhoben werden können. Beispiele: Getränkesteuer, Hundesteuer, Schankerlaubnissteuer, Vergnügungssteuer, Verpackungsteuer, → *Zweitwohnungsteuer,* Jagd- und Fischereisteuer.

▶ Kommunikation

Prozess, durch den eine → *Information* oder Nachricht von einem Sender zu einem Empfänger übermittelt wird. Die Mindestvoraussetzungen für eine Kommunikation sind also ein Informationssender, -empfänger und ein Instrument für den Transport des Kommunikationsinhaltes zwischen Sender und Empfänger, d. h. ein Kanal. Der allgemeine Kommunikationsbegriff beinhaltet auch den Informationsaustausch zwischen Mensch und Maschine und zwischen Maschine und Maschine (Informatik). Hier soll die soziale Kommunikation zwischen Personen oder Personengruppen (Mensch-Mensch) betrachtet werden. Für den Transport der Kommunikationsinhalte stehen verschiedene Kanalarten zur Verfügung. Formale Kommunikation findet z. B. auf dem Dienstweg, dem organisatorisch dafür vorgesehenen Linienweg (→ *Liniensysteme,* → *Stellenbeschreibung*) statt. Informale Kommunikation findet ohne Regelungen statt (→ *Informelle Organisation*). Zur Gestaltung der formalen Kommunikation lassen sich verschiedene Modelle vorstellen (Abbildung K-6). Die Wahl eines dieser Modelle ist abhängig davon, ob der Informationsfluss nur in einer Richtung erfolgen soll oder wechselseitig zu erfolgen hat, ob Kontaktbedürfnisse, Wertschätzung und Selbstverwirklichungsbedürfnisse von Mitarbeitern durch die Kommunikation befriedigt werden sollen und wie hoch die → *Kosten* und die Geschwindigkeit der Kommunikation sein sollen.

Die Erkenntnisse der Kommunikationsforschung sind für die → *Kommunikationspolitik* als Instrument des → *Marketing* relevant.

▶ Kommunikationspolitik

Teilbereich der → *Absatzpolitik,* der sich mit den Entscheidungen, die im Zusammenhang mit der Gestaltung von Informationen und der Art der Übermittlung von Informationen anfallen sowie den vom Unternehmen angestrebten kommunikationspolitischen Zielen

	Stern	Y	Kette	Kreis	Vollstruktur
Beurteilungskriterium					
Kommunikationskanäle	sehr wenige	sehr wenige	mittel	viele	sehr viele
Gruppenzufriedenheit	niedrig	niedrig	mittel	mittel	hoch
Individuelle Zufriedenheit	hoch	hoch	mittel	niedrig	sehr niedrig

Abb. K-6: Kommunikationsarten

auf dem Absatzmarkt oder dem Beschaffungsmarkt beschäftigt. → *Kommunikation* lässt sich dabei in eine einseitige und wechselseitige Kommunikation unterteilen. Bei einer einseitigen Kommunikation wird die angesprochene Person nicht unmittelbar zu einer Reaktion veranlasst (z. B. bei der Schaltung einer Anzeige in einer Zeitschrift), was bei einer wechselseitigen Kommunikation (z. B. einem Verkaufsgespräch) der Fall ist. Sechs **Instrumente** der Kommunikationspolitik lassen sich unterscheiden:

(1) → *Werbung*,

(2) → *Product Placement*,

(3) → *Sponsoring*,

(4) → *Direktmarketing*,

(5) → *Corporate-Identity (CI)*-Policy einschließlich der → *Public Relations (PR)* und

(6) → *Verkaufsförderung*.

(→ *Absatzpolitisches Instrumentarium*, → *Marketing-Mix*, → *Mobile Marketing*, → *Split-Screen-Werbung*, → *Virales Marketing (VM)*, → *Virtuelle Werbung*).

▶ Kompensationsgeschäft

Gegenleistungsgeschäft, das insbesondere im Außenhandel vorkommt, bei dem ein Warenexport unmittelbar mit dem Warenimport verbunden ist (→ *Bartering*, → *Tausch*, → *Import*, → *Export*, → *Außenhandelsfinanzierung*). Kompensationsgeschäfte finden aktuell vor allem im Handel mit osteuropäischen Ländern Anwendung, bei denen die Ost-Unternehmen mangels Devisen ihre Schulden mit Waren bezahlen.

▶ Kompetenz

(1) Fähigkeit bzw. Eignung eines Mitarbeiters entsprechend den Qualifikationsanforderungen in der → *Stellenbeschreibung*.

(2) Rechte eines Mitarbeiters, die in der Stellenbeschreibung dokumentiert sein sollen und das Äquivalent zur Verantwortung des Stelleninhabers darstellen. So kann z. B. ein Bankangestellter die Kompetenz zur → *Zustimmung* eines Kredites bis zu einer bestimmten Kreditsumme erhalten (→ *Delegation*) und die Kompetenz (Fähigkeit) zur Mitarbeiterführung haben.

▶ Komplementär

→ *Kommanditgesellschaft (KG)*

▶ Komplementärgut (im Gegensatz zum Substitutionsgut)

→ *Gut*

▶ Komplementärinvestition

→ *Differenzinvestition*

▶ Kondition

→ *Preispolitik*

▶ Konditionenpolitik

Entscheidungen über die Gewährung, Art und Höhe von → *Rabatten* sowie die Gestaltung der → *Lieferungs- und Zahlungsbedingungen* und einer möglichen Kreditgewährung. Die Konditionenpolitik ist damit ein Teilbereich der → *Kontrahierungspolitik* des Absatzpolitischen Instrumentariums i. R. des → *Marketing-Mix*.

▶ Konfiguration

Äußere Struktur einer → *Organisation* (→ *Organigramm*). Insbesondere durch die Darstellung der → *Mintzberg-Konfiguration* fand der Begriff in der Organisationstheorie in den letzten Jahren Beachtung. Die Konfiguration bezieht sich dabei auf die globale Form und weniger auf die Zahl der Hierarchieebenen.

▶ Konfliktmanagement

Steuerung der Zusammenstöße zwischen und in Gruppen von Personen. Gruppen oder Personen können voneinander abhängig sein, konkurrierende Ziele und Arbeitsweisen verfolgen, es können untereinander unklare → *Kompetenz* und Verantwortlichkeiten sowie hierarchische Über-/Unterstellungen bestehen.

Um Störungen des Betriebsablaufes und De-Motivation (→ *Motivation*) bei Mitarbeitern sowie die Eigendynamik von latenten oder ausgebrochenen Konflikten zu vermeiden, versucht die Lehre des Konfliktmanagements durch Methoden der Verhandlungen, Vermittlungen, Schlichtungen oder der Konfliktaustragung Problemlösungen für diese Konflikte anzubieten. Die Austragung oder gar bewusste Herbeiführung von Konflikten bzw. Krisen kann evtl. stimulierend auf die → *Arbeitsleistung* von Mitarbeitern sein (→ *Management by Crisis*). Diese These ist jedoch umstritten. Präventiv lassen sich Konflikte vor allem durch → *Kommunikation* lösen.

▶ Konglomerat

Stark lateral bzw. diagonal diversifiziertes Unternehmen (→ *Diversifikation*), vergleichbar mit den Kolonialwarengesellschaften Ende des 19. Jh. („the sell everything system"). Bedeutsam ist die konglomerate Struktur vor allem bei → *Japanischen Organisationen* (Zaibatsu), die traditionell Industrie-, Handels- und Bankunternehmen vereinen. Seit der Publikation des Bestsellers „In search of excellence" von *Thomas Peters* und *Robert Waterman*, welche die Konzentration auf Schwerpunkte als Erfolgspotential hervorhoben („Schuster, bleib bei deinen Leisten"), sind insbesondere bei amerikanischen und europäischen Unternehmen Konglomerate selten anzutreffen. Gleichzeitig nahm in den letzten Jahren die Zahl der horizontalen Diversifikationen zu. Auch in Japan scheint aktuell eine Abkehr von der lateralen hin zur horizontalen Kooperation einzusetzen.

▶ Kongruenzprinzip

Grundsatz der Rechnungslegung, wonach die Summe der Periodenerfolge dem Totalerfolg eines Unternehmens zu entsprechen hat. Der Totalerfolg entspricht der Summe aller Ein- und Auszahlungen eines Unternehmens während seiner gesamten Lebensdauer. Die Beachtung dieses Prinzips soll sicherstellen, dass alle Erträge und Aufwendungen in den Periodenerfolgen der → *Gewinn- und Verlustrechnung (GuV)* ihren Niederschlag finden. Der Vorteil des Prinzips liegt vor allem darin, dass bilanzpolitische Gestaltungen des Periodenerfolgs sich in den Folgeperioden wieder umkehren müssen. Die IFRS beinhalten mehrere Ausnahmen vom Kongruenzprinzip. Nach IAS 8, 16, 19 und 38 gehen bestimmte erfolgsneutral erfasste Aufwendungen und Erträge in keiner Periode in die GuV ein, z. B. wird bei Anwendung der Neubewertungsmethode die → *Wertaufholung* einer Immobilie über die Anschaffungskosten hinaus auf den Fair Value (Marktpreis) direkt als Erhöhung des Eigenkapitals erfasst. Bei einer späteren Ertragsrealisation durch Verkauf erfolgt keine Berücksichtigung mehr in der GuV, sondern nur noch eine Umgliederung auf der Passivseite der Bilanz von der Neubewertungsrücklage in die Gewinnrücklage.

▶ Konkurrent

Teilnehmer in einem → *Wettbewerb* auf einem → *Markt.* Sofern mehrere Konkurrenten (Anbieter) um einen Kunden (Nachfrager) auf einem Markt auftreten, spricht man von Wettbewerb. Ein funktionierender Wettbewerb ist Grundvoraussetzung einer Marktwirtschaft (→ *Wirtschaftssystem*). Zur Ermittlung des relativen Marktanteiles bei der Portfoliotechnik oder des Marktanteiles bei der → *Marktforschung* ist die Kenntnis der Konkurrenten Voraussetzung.

▶ Konkurrentenanalyse

Instrument der Umweltanalyse i. R. der strategischen Planung. Voraussetzung ist die Identifikation relevanter Konkurrenten. Weitere Voraussetzung nach deren Identifikation ist die Beschaffbarkeit von Informationen. Aufgrund der Publizitätspflicht sind zumindest große Kapitalgesellschaften verpflichtet, Informationen nach außen zu geben. Ergänzend können Datenbanken, Informationsdienste oder der eigene → *Außendienst* durch Befragung von Kunden Informationen über die Konkurrenz liefern. Eventuell lassen sich auch Absprachen über einen gewissen Datenaustausch i. R. einer → *Strategischen Allianz* treffen. I. S. des → *Benchmarking* sollen nur Daten erhoben werden, die für die Verfolgung der eigenen Strategien von Bedeutung sind. Hilfsmittel können Planungstechniken wie z. B. Checklisten darstellen. Um Daten über die eigene Unternehmung zu erforschen, wird eine → *Stärken-Schwächen-Analyse* vorgenommen.

▶ Konkurs

→ *Insolvenzrecht*

▶ Konnossement

Exportdokument, welches im Seehandel als das wichtigste und gebräuchlichste Transportpapier zu bezeichnen ist. Rechtlich geregelt in § 642 HGB stellt es ein Ablieferungsversprechen eines Schiffers bzw. Seetransporteurs über die verzeichneten Waren dar. Die Übergabe des Konnossements hat die gleiche Rechtswirkung wie die Übergabe der Waren. Der Inhaber des Papiers ist damit Eigentümer der Ware und kann diese typischerweise gegen Vorlage und Abgabe des Konnossements z. B. an einem Hafen in Empfang nehmen. Das

Konnossement kann als Namenspapier (Rektapapier) oder Orderpapier ausgestellt werden. Beim Namenspapier ist eine Weitergabe des Konnossements nur durch Abtretung (→ *Zession*), beim Orderpapier durch → *Indossament* möglich. Während im Überseehandel das Konnossement gebräuchlich ist, verwendet die Binnenschifffahrt den so genannten → *Ladeschein* als Transportpapier.

▶ Konsignationslager

→ *Lager*

▶ Konsolidierung

→ *Konzernabschluss, Konsolidierung/Eliminierung*

▶ Konsolidierungskreis

→ *Konzernabschluss, Konsolidierungskreis*

▶ Konsortialdarlehen

→ *Darlehen* eines → *Bankenkonsortiums*

▶ Konsortium

→ *Bankenkonsortium*

▶ Konstitutive Entscheidungen

→ *Entscheidung, konstitutive*

▶ Konsulatsfaktura

→ *Exportdokumente*

▶ Konsum

Ge- und Verbrauch von Gütern und Leistungen zur unmittelbaren Bedürfnisbefriedigung im Gegensatz zur → *Investition.* Konsumgüter dienen im Gegensatz zu Investitionsgütern als Ge- und Verbrauchsgüter direkt der Befriedigung von Bedürfnissen des Menschen (→ *Konsument*) und können nicht mehr zur Erstellung neuer Güter eingesetzt werden (→ *Gut*).

▶ Konsument

Wirtschaftssubjekte, deren Verhalten als Letztverbraucher (und damit nicht in ihrer Funktion als Erwerbstätige) auf Dispositionen zur Befriedigung konsumtiver Bedürfnisse der eigenen Person oder der Haushaltsmitglieder gerichtet ist. Hierbei ist auch der Verbrauch von immateriellen Gütern mit einbezogen.

▶ Konsumentenverhalten

Ziel der Erforschung des Konsumentenverhaltens ist es, Regelmäßigkeiten und Gesetzmäßigkeiten im Verhalten von Konsumenten zu erkennen, um somit eine Grundlage für die Entscheidungen des → *Marketing* zu erhalten. Ausgehend von der volkswirtschaftlichen Haushaltstheorie werden heute vor allem verhaltenswissenschaftliche Ansätze, die außer ökonomischen auch psychologische und soziale Faktoren berücksichtigen, zur Prognose des Konsumentenverhaltens herangezogen. Durch diesen interdisziplinären Ansatz werden außer ökonomischen Forschungsbereichen auch die der Soziologie, der Psychologie und der Kommunikationswissenschaften berücksichtigt. Einteilungen verschiedener Konsumtypen finden sich beim → *Lifestyle-Konzept.*

▶ Kontenarten

Bezeichnung für bestimmte Kontengruppen im Rahmen der → *Buchführung.* Zur Erfassung der Veränderung der Bilanzpositionen dienen sog. **Bilanz- oder Bestandskonten,** wobei entsprechend der jeweiligen Bilanzseite in **Aktiv- und Passivkonten** unterschieden wird. Aktivkonten erfassen die Veränderungen der einzelnen Aktivpositionen und Passivkonten die der Passivpositionen.

Bei einem Aktivkonto werden der Anfangsbestand und die Zugänge auf der Soll-Seite und die Abgänge auf der Haben-Seite erfasst. Beispiele für Aktivkonten sind „Maschinen und maschinelle Anlagen",

„Finanzanlagen", „Forderungen" usw. Bei Passivkonten stehen der Anfangsbestand und die Zugänge auf der Haben-Seite und die Abgänge auf der Soll-Seite. Beispiele für Passivkonten sind „Eigenkapital", „Pensionsrückstellungen", „Verbindlichkeiten aus Lieferungen und Leistungen" usw.

Erfolgskonten erfassen die Aufwendungen und Erträge der in die GuV einbezogenen Konten. **Gemischte Konten**, die auch als Erfolgskonten mit Bestandsanteil bezeichnet werden, erfassen Anfangsbestand sowie Zu- und Abgänge wie bei einem Bestandskonto, verrechnen aber Anfangsbestand und Zugänge mit anderen Preisen als die Abgänge. Ein typisches Beispiel hierfür ist das gemischte Warenkonto, auf dem die Wareneingänge zu Anschaffungskosten und die Abgänge zu Verkaufspreisen verbucht werden.

Als **Sachkonten** werden die Konten des Hauptbuchs bezeichnet, deren Abschluss die → *Bilanz* und GuV ergibt. Dagegen erfassen die sog. Personenkonten innerhalb der Debitoren- und Kreditorenbuchhaltung für einen einzelnen Kunden bzw. Lieferanten die Kontenbewegungen. Die Personen- und Sachkonten sind zu Kontrollzwecken regelmäßig abzustimmen.

▶ Kontenausgleichsgebot

→ *Vermögensendwertmethode*

▶ Kontengruppe

→ *Kontenplan/Kontenrahmen*

▶ Kontenklasse

→ *Kontenplan/Kontenrahmen*

▶ Kontenplan/Kontenrahmen

Verzeichnisse, in denen die Konten der Buchhaltung nach einer sachlichen und zeitlichen Ordnung gegliedert werden, um die Geschäftsvorfälle entsprechend den → *Grundsätzen ordnungsmäßiger Buchführung (GoB)* bzw. Dokumentation (GoD) klar und übersichtlich erfassen zu können. **Kontenpläne** sind die unternehmensspezifischen Verzeichnisse, die i. d. R. aus **Kontenrahmen** abgeleitet werden, wie sie von Wirtschaftsverbänden empfohlen werden. Verbreitet sind insbesondere der → *Gemeinschaftskontenrahmen der Industrie (GKR)*, der → *Industriekontenrahmen (IKR)* des Bundesverbandes der Industrie, branchenspezifische Kontenrahmen für den Großhandel und den Einzelhandel sowie der von der DATEV herausgegebene Kontenplan.

Ein konzerneinheitlicher Kontenplan für alle Gesellschaften innerhalb eines Konzerns erleichtert die Konsolidierung der Einzelabschlüsse zum Konzernabschluss. Er stellt darüber hinaus ein Instrument zur Führung und Steuerung von Tochtergesellschaften dar.

Im Hinblick auf den Sachumfang der Konten kann sich der Kontenrahmen bzw. -plan auf die Konten der → *Finanzbuchhaltung* beschränken oder auch zusätzlich die Konten der → *Betriebsbuchhaltung* umfassen. Wird die Betriebsbuchhaltung in die Kontensystematik der Finanzbuchhaltung integriert, liegt ein sog. **Einkreissystem** vor. Beim **Zweikreissystem** hingegen wird die Betriebsbuchhaltung, in der das Betriebsergebnis auf Basis der Kosten- und Leistungsrechnung abgeleitet wird, und die Finanzbuchhaltung, in der das handelsbilanzielle Ergebnis ermittelt wird, in einem getrennten Kontensystem durchgeführt. Die Verbindung zwischen beiden Buchungskreisen stellen sog. Übergangskonten oder Spiegelbildkonten dar. Ein Beispiel hierfür ist der IKR.

▶ Kontingenzansatz

→ *Situativer Ansatz*

▶ Konto

Zweiseitige Darstellung, die auf jeder Seite sachlich zusammengehörige Posten erfasst. Die linke Seite wird als Soll-Seite bzw. kurz **„Soll“**, die rechte Seite als Haben-Seite bzw. kurz **„Haben“** bezeichnet. Die Ausdrücke sind historisch entstanden, als das Konto dazu diente, die Forderungen an einen Schuldner und deren Rückzahlung zu erfassen. „Soll“ bedeutete die Zahlungsverpflichtung (soll zahlen) und „Haben" die Tatsache, dass bezahlt wurde. Ist die linke Seite (Soll) größer als die rechte Seite (Haben), liegt ein sog. **Soll-Saldo** vor, im umgekehrten Fall spricht man von einem **Haben-Saldo**.

Die Konten sind ein wichtiges Hilfsmittel der → *Buchführung* zur vollständigen und ordnungsgemäßen Erfassung der Geschäftsvorfälle eines Unternehmens. Dabei wird in mehrere unterschiedliche → *Kontenarten* unterschieden, die in einem → *Kontenplan/Kontenrahmen* nach verschiedenen Kriterien weiter systematisiert werden können. Mit Hilfe von Konten werden insb. auch die Ein- und Auszahlungen der Bankkunden dokumentiert.

► Kontokorrent

Ein bei einer → *Bank* geführtes Girokonto eines Unternehmens. Rechtsgrundlage ist §§ 355 f. HGB, in dem die Ausgleichsfunktion beiderseitiger Ansprüche und Schulden nebst Zinsen durch eine regelmäßige Verrechnung (laufende Rechnung) zugrunde gelegt ist. In § 355 II wird ein mindestens einmal jährlicher Rechnungsabschluss verlangt, und in Absatz 3 eine jederzeitige Kündigungsmöglichkeit von beiden Seiten vorgeschrieben. In der Regel werden für positive Zahlungssalden Habenzinsen und für negative Salden Sollzinsen vereinbart. In der Praxis werden Kontokorrentkonten meist monatlich abgerechnet, d. h. Zinsen und Gebühren belastet bzw. gutgeschrieben.

► Kontokorrentkredit

Auf Basis eines → *Kontokorrents* vertraglich fixierter → *Kredit* in laufender Rechnung, dem in der Regel eine Kreditlinie, d. h. Höchstgrenze für Kreditinanspruchnahmen, zugrunde liegt. Räumt eine → *Bank* Privatpersonen derartige Kredite ein, spricht man von Dispositionskredit. Eine entsprechende Kreditzusage gegenüber Unternehmen ist gemäß § 355 HGB von den Vertragsparteien jederzeit kündbar und mindestens einmal jährlich bezüglich der Zinsen abzurechnen. Kontokorrentkredite werden insbesondere für saisonale Schwankungen, z. B. zur Lohnzahlung am Ultimo oder für kurzfristige Anschaffungen verwandt. Als → *Kreditsicherheiten* dienen meist das → *Standing* oder die einfache → *Bonität* des Unternehmens. Die Vereinbarung einer weiter gehenden Sicherheit, wie beispielsweise einem Grundpfandrecht oder einer Personalsicherheit (z. B. Bürgschaft) würde dem kurzfristigen Charakter kaum gerecht werden.

▶ Kontrahierungspolitik

Überbegriff für die Teilinstrumente → *Preispolitik* und → *Konditionenpolitik* des → *Marketing.* Sie umfasst damit sowohl Entscheidungen über die Höhe des geforderten Preises oder über mögliche Preisdifferenzierungen als auch Entscheidungen über die Gewährung von Rabatten, die Kreditgewährung oder die → *Lieferungs- und Zahlungsbedingungen* (→ *Absatzpolitisches Instrumentarium,* → *Marketing-Mix*).

▶ Kontrahierungszwang

Ausnahme von der grundsätzlichen → *Vertragsfreiheit,* insbesondere für öffentliche Betriebe, mit jedem Antragstellenden einen Vertrag über einen bestimmten Inhalt abzuschließen. Z. B. im öffentlichen Nah- und Fernverkehr und bei Energieversorgungsunternehmen (Beförderungsvertrag, Energielieferungsvertrag). Nach dem → *Gesetz gegen Wettbewerbsbeschränkungen (GWB)* kann auch einem marktbeherrschenden Unternehmen ein Kontrahierungszwang auferlegt werden.

▶ Kontrakt

→ *Vertrag,* → *Terminbörse*

▶ Kontrolle

Phase im → *Führungsprozess,* die sich an die Realisation der Pläne (→ *Planung*) anschließt und die Abweichungen zwischen den angestrebten Werten (Soll oder Wird) und den tatsächlichen Resultaten (Ist) ermitteln soll. Kontrolle wird daher als geordneter laufender und informationsverarbeitender Prozess zur Ermittlung von Abweichungen durch Gegenüberstellung von Plan- und Vergleichsgrößen definiert. Im Gegensatz zum → *Controlling* hat Kontrolle keine Steuerungsfunktionen, sondern nur Informationsermittlungsfunktion. In diesem Sinne ist die → *Interne Revision* auch eine Kontrollinstanz, welche aber nur fallweise und nicht laufend eingesetzt wird.

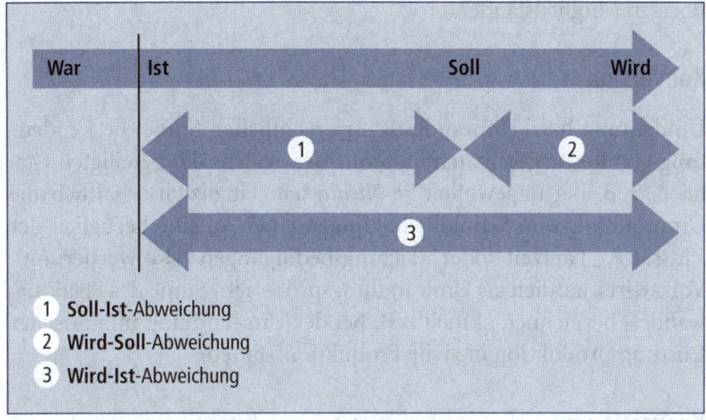

Abb. K-7: Kontrollmöglichkeiten

Kontrollarten lassen sich hinsichtlich der Intensität und Zielwirkung (Prävention, Sicherung, Sanktion) unterscheiden und sind hinsichtlich dieser Wirkungen (Nutzen) den Kosten gegenüberzustellen. Abbildung K-7 stellt die Kontrollmöglichkeiten in Abhängigkeit von den zu vergleichenden Größen dar.

▶ Konventionalstrafe

→ *Vertragsstrafe (Konventionalstrafe)*

▶ Konvergenzkriterien

Im Rahmen der Europäischen Währungsunion für die Stabilität des → *Euro* im Maastrichter Vertrag von 1993 vorgesehene vier Stabilitätskriterien. Dies sind

(1) eine um maximal 1,5 Prozentpunkte abweichende Preisstabilität zum Durchschnitt der Inflationsrate der Mitgliedstaaten,

(2) ein maximaler öffentlicher Schuldenstand von 60 % zum Bruttoinlandsprodukt,

(3) eine maximale Neuverschuldung des Staates von 3 % sowie

(4) ein nicht über 2 Prozentpunkte höherer Zinssatz über dem Durchschnittszinssatz langfristiger Staatsschuldverschreibungen der übrigen Mitgliedsländer.

▶ Konversion

Umdeutung bzw. Umwandlung. Im rechtlichen Sinne die Umdeutung von Rechtsgeschäften im Sinne des Willens der beteiligten Parteien, z. B. bei ungewollter → *Nichtigkeit.* Finanzwirtschaftlich die Umwandlung von Schuldbedingungen einer Anleihe bezüglich der Zinssätze, Laufzeit oder Tilgungsbedingungen (Konvertierung). Volkswirtschaftlich als Umwandlungsprozess im Sinne des Strukturwandels bezeichnet, aktuell z. B. bei der Umwandlung militärischer Rüstungsproduktion in zivile Produktionsstätten.

▶ Konvertierung

→ *Konversion*

▶ Konzentration

(1) Volkswirtschaftlich der Prozess einer Monopolisierung von Wirtschaftsobjekten (im Sinne von *Karl Marx*). Dies kann durch einen Konzentrationsgrad, der durch das Statistische Bundesamt ermittelt wird, angegeben werden. Hier wird ausgedrückt, welcher Teil des Angebotes einer Volkswirtschaft von den ein, zwei, drei usw. größten Produzenten hergestellt bzw. abgesetzt wird.

(2) Betriebswirtschaftlich der Prozess beim → *Unternehmenszusammenschluss* (horizontal, vertikal oder lateral) durch Kooperation bzw. Integration oder auch als Strategie i. S. der Konzentration auf Schwerpunkte oder Marktnischen nach *Porter* (→ *Wettbewerbsstrategien nach Porter*). Die Messung der absoluten bzw. relativen Konzentration ist problematisch. Die → *Monopolkommission* erfasst sog. Konzentrationsraten im Sinne von Umsatzanteilen der größten 3, 6,

10, 25 und 50 Unternehmen in einer Branche. Nimmt der Umsatzanteil bei relativ wenigen Unternehmen zu, so steigt der Konzentrationsgrad.

▶ Konzern

Zusammenfassung **rechtlich selbständiger** Unternehmen zu einer **wirtschaftlichen Einheit**, die unter einheitlicher Leitung steht.

Der Gesetzgeber unterscheidet im AktG zum einen den **Unterordnungskonzern** (§ 18 I AktG) und zum anderen den **Gleichordnungskonzern** (§ 18 II AktG). In der Praxis vorherrschend ist der Unterordnungskonzern, der gegeben ist, wenn ein herrschendes Unternehmen (sog. Mutterunternehmen) über ein oder mehrere abhängige Unternehmen (sog. Tochterunternehmen) einen beherrschenden Einfluss ausübt. Das Mutterunternehmen kann eine → *Holding* oder ein sog. Stammhaus sein. Beim **Gleichordnungskonzern**, z. B. einer Interessengemeinschaft, stehen die Unternehmen zwar unter einer einheitlichen Leitung, es besteht aber keine „Mutter-Tochter-Beziehung", vielmehr sind die einzelnen Konzernunternehmen gleichgeordnet.

An den Konzerntatbestand knüpfen bestimmte Rechtsfolgen, vor allem bezüglich der → *Rechnungslegung* (Konzernabschluss) und der → *Mitbestimmung* der Arbeitnehmer an.

▶ Konzernabschluss, Aufgabe und Zweck

Der Konzernabschluss hat im Gegensatz zum Einzelabschluss (→ *Jahresabschluss*) im deutschen Bilanzrecht weder eine sog. **Ausschüttungsbemessungsfunktion** (§§ 174 AktG u. 58 AktG) noch eine **Besteuerungsfunktion** (§ 5 I EStG) und auch keine sog. **Feststellungs- und Haftungsfunktion** (§§ 172 f. AktG). Er stellt vielmehr primär ein **Informationsinstrument** dar, d. h. unter Beachtung der GoB soll er ein den tatsächlichen Verhältnissen (→ *Fair Presentation*) entsprechendes Bild der Vermögens-, Finanz- und Ertragslage des → *Konzerns* vermitteln (§ 297 HGB).

Der Konzernabschluss hat in den letzten Jahren in Deutschland im Vergleich zum Einzelabschluss zunehmend an Bedeutung gewonnen. Der Konzernabschluss und insbesondere das damit einhergehende Segmentreporting auf Basis einheitlicher und normierter Bilanzierungs- und Bewertungsmethoden gewinnt zunehmend auch für die interne Unternehmensführung und das → *Controlling* an Bedeutung. Diese Entwicklung wird durch den Übergang auf internationale Rechnungslegungsnormen noch verstärkt.

▶ Konzernabschluss, Aufstellungspflicht

Verpflichtung zur Erstellung eines Konzernabschlusses, welche nach → *Handelsgesetzbuch (HGB)* für Muttergesellschaften in der **Rechtsform einer Kapitalgesellschaft** und nach dem → *Publizitätsgesetz (PublG)* für Unternehmen – **unabhängig** von der Rechtsform der Muttergesellschaft – bei einer bestimmten **Größenordnung** des Konzerns besteht. In § 264a HGB wird insbesondere die GmbH u. Co. KG der Kapitalgesellschaft gleichgestellt und damit grundsätzlich zur Konzernrechnungslegung verpflichtet. Die Aufstellungspflicht besteht nur, wenn ein **beherrschender** Einfluss vorliegt. Zur Objektivierung dieses Tatbestandsmerkmals legt § 290 II HGB fest, dass hiervon stets auszugehen ist, wenn eines der folgenden vier Kriterien erfüllt wird:

(**1**) Stimmrechtsmehrheit

(**2**) Recht zur Bestellung oder Abberufung der Verwaltungs-, Leitungs- oder Aufsichtsorgane i. V. m. Gesellschafterstellung

(**3**) Beherrschungsrecht gemäß Vertrag oder Satzung

(**4**) Übernahme der Mehrheit der Risiken und Chancen einer Zweckgesellschaft

Für so genannte Kleinkonzerne und Teilkonzerne bestehen nach § 290 ff. HGB Befreiungen von der Konzernrechnungslegung.

Das **PublG** schreibt bei einem beherrschenden Einfluss unabhängig von der Rechtsform der Muttergesellschaft einen Konzernabschluss vor, wenn bestimmte Größenmerkmale gem. §11I PublG gegeben sind.

Die Kriterien des Konzerntatbestands nach → *HGB*, → *IFRS* und → *US-GAAP* stimmen weitgehend überein.

▶ Konzernabschluss, Aufwands- und Ertragskonsolidierung

Aufrechnung konzerninterner Aufwendungen und Erträge gem. § 305 HGB, damit in der Konzern-GuV nur noch solche Aufwendungen und Erträge ausgewiesen werden, die aus geschäftlichen Beziehungen zu außerhalb des Konsolidierungskreises stehenden Dritten resultieren. Sie erstreckt sich nicht nur auf konzerninterne Umsätze aus Lieferungen und Leistungen und damit im Zusammenhang stehende Aufwandspositionen, sondern auf eine Reihe weiterer Positionen, wie z. B. Zinserträge, Ausschüttungen, Ergebnisabführungen und Steuerumlagen innerhalb des Konzerns. Bei untergeordneter Bedeutung kann auf die Aufwands- und Ertragskonsolidierung verzichtet werden.

▶ Konzernabschluss, Bestandteile

Gegenstand des Konzernabschlusses sind nach § 297 HGB die **Konzernbilanz,** die **Konzern-GuV**, der **Konzernanhang**, die **Kapitalflussrechnung** und der **Eigenkapitalspiegel**. Der Konzernabschluss **kann** um eine → *Segmentberichterstattung* erweitert werden. Für die Konzernbilanz und die Konzern-GuV sind die Gliederungsvorschriften, die für den → *Jahresabschluss* der großen Kapitalgesellschaft gelten, grundsätzlich entsprechend anzuwenden (§ 298 HGB). Für die Bilanzierung und Bewertung im Konzernabschluss gilt der Grundsatz der Einheitlichkeit.

Nach IFRS (IAS 1) und US-GAAP umfasst der Konzernabschluss ebenfalls die Bilanz, die GuV (Gesamtergebnisrechnung), den Anhang sowie die Kapitalflussrechnung und den Eigenkapitalspiegel. Allerdings ist der → *Anhang* wesentlich umfassender als nach HGB.

▶ Konzernabschluss, Equity-Bewertung

Fortschreibung des **Beteiligungsbuchwerts** im Konzernabschluss der Muttergesellschaft entsprechend der Entwicklung des anteiligen Eigenkapitals des Unternehmens, an dem die Beteiligung gehalten wird. Die Equity-Bewertung wird auch als „Konsolidierung in einer Zeile“, als „partielle Konsolidierung“ oder als „Einzeilenkonsolidierung“ bezeichnet, da sie sich lediglich in einer Bilanzposition „Anteile an assoziierten Unternehmen" niederschlägt. Die Vermögensgegenstände und Schulden der einzubeziehenden Unternehmen werden also nicht in den Konzernabschluss übernommen. Entsprechend gehen in die Konzern-GuV nicht die einzelnen Aufwands- und Ertragspositionen der einzubeziehenden Gesellschaft ein, sondern das anteilige Jahresergebnis in einer separaten Position „Beteiligungserträge von assoziierten Unternehmen". Der Beteiligungsbuchwert ist demzufolge nach der Equity-Bewertung grundsätzlich wie folgt fortzuschreiben:

	Bilanzieller Wert der Beteiligung am Jahresanfang
+	anteiliger Jahresüberschuss des assoziierten Unternehmens
./.	anteiliger Jahresfehlbetrag des assoziierten Unternehmens
./.	anteilige Gewinnausschüttung des assoziierten Unternehmens
=	Bilanzieller Wert der Beteiligung am Jahresende

Der Anwendungsbereich der Equity-Methode erstreckt sich nach deutschem Recht vor allem auf sog. **assoziierte Unternehmen.** Dies sind Unternehmen, an denen eine → *Beteiligung* besteht und auf die ein **maßgeblicher Einfluss** auf die Finanz- und Geschäftspolitik ausgeübt wird. Um die praktische Abgrenzung des „maßgeblichen Einflusses" zu erleichtern, wird gem. § 311 I 2 HGB ein maßgeblicher Einfluss vermutet, wenn ein Unternehmen an einem anderen Unternehmen mindestens 20 % der Stimmrechte hält. Das HGB sieht ferner vor, dass → *Gemeinschaftsunternehmen*, die nicht quotal, sowie Tochterunternehmen, die nicht voll konsolidiert werden, z. B. wegen fehlender Informationen, nach der Equity-Methode einbezogen werden.

Der Anwendungsbereich der Equity-Methode erstreckt sich nach IFRS (IAS 28) und US-GAAP auf assoziierte Unternehmen und grundsätzlich auch auf Gemeinschaftsunternehmen.

▶ Konzernabschluss, Grundsätze (GoK)

Übergeordnete Rahmenbedingungen, die für die Konzernabschlusserstellung gelten. **Oberster Grundsatz** der Konzernrechnungslegung ist die → *Fair Presentation* (Einblick in die tatsächlichen Verhältnisse der Vermögens-, Finanz- und Ertragslage) **unter Be-**

achtung der GoB und **auf Basis der Einheitstheorie**. Die Einheitstheorie besagt, dass im Konzern so Rechnung zu legen ist, als wären die Unternehmen wirtschaftlich und rechtlich insgesamt ein selbständiges Unternehmen, die einzelnen Konzernunternehmen also den Charakter von Betriebsstätten hätten. Dies führt dazu, dass in den Konzernabschluss die Vermögensgegenstände und Schulden und die Aufwendungen und Erträge auch der Tochtergesellschaften in voller Höhe übernommen werden, an denen die Mutterunternehmung **nicht** mit 100 % beteiligt ist. **Weitere nachgelagerte Grundsätze der Konzernrechnungslegung** stellen die Grundsätze der **Vollständigkeit** (Einbeziehung aller Gesellschaften und aller Positionen), der **Einheitlichkeit bez. Bilanzierung, Bewertung, Abschlussstichtag und Währung** sowie der Grundsatz der **Wirtschaftlichkeit** dar.

► Konzernabschluss, Kapitalkonsolidierung

Verrechnung der im Einzelabschluss der Muttergesellschaft ausgewiesenen Anteile mit dem hierauf entfallenden anteiligen Eigenkapitalbetrag des einzubeziehenden Unternehmens. Diese Verrechnung ist notwendig, da in den Konzernabschluss die Vermögensgegenstände und Schulden der Tochterunternehmen übernommen werden und insofern, um Doppelerfassungen zu vermeiden, nicht noch zusätzlich die Beteiligung der Muttergesellschaft und das hierauf entfallende Eigenkapital der Tochtergesellschaft ausgewiesen werden dürfen. Da die Vermögens- und Schuldpositionen der Tochtergesellschaften in voller Höhe in die Konzernbilanz übernommen werden, muss bei einem Anteilsbesitz < 100 % der Anteil der sog. Minderheiten separat gezeigt werden.

Die Kapitalkonsolidierung muss gem. § 301 HGB – aber auch nach IFRS und US-GAAP – nach der sog. Erwerbsmethode in Form der Neubewertungsmethode erfolgen. D. h. in den Konzernabschluss gehen im Erwerbszeitpunkt die Vermögensgegenstände und Schulden des Unternehmens, an dem ein Kapitalanteil erworben wurde, zu deren Zeitwerten ein. Ein **sog. aktiver Unterschiedsbetrag** ergibt sich, wenn der Beteiligungsbuchwert größer als das anteilige Eigenkapital zu Buchwerten, und ein **passiver Unterschiedsbetrag**, wenn der Beteiligungsbuchwert kleiner als das anteilige Eigenkapital zu Zeitwerten ist. Die Ursachen hierfür zeigt Abbildung K-8.

Aktiver Unterschiedsbetrag	Passiver Unterschiedsbetrag
1. Die Muttergesellschaft hat, namentlich wegen hoher Ertragserwartungen, einen Anschaffungspreis bezahlt, der größer ist als das Vermögen zu Zeitwerten (= derivater Geschäftswert, Goodwill)	1. Die Muttergesellschaft hat, namentlich wegen niedriger Ertragsaussichten, einen Anschaffungspreis bezahlt, der geringer ist als das Vermögen zu Zeitwerten (= derivater Geschäftsminderwert, Badwill)
2. Die Vermögensgegenstände des Tochterunternehmens sind unterbewertet. In diesem Fall deckt der Unterschiedsbetrag stille Reserven auf, die in der Bilanz (HB II) des Tochterunternehmens enthalten sind.	2. Die Vermögensgegenstände des Tochterunternehmens sind überbewertet.
3. Die Beteiligung ist überbewertet. Dann trägt der Unterschiedsbetrag Verlustcharakter.	3. Die Beteiligung ist unterbewertet, z. B. wegen günstigem Kauf. Dann deckt der Unterschiedsbetrag die im Buchwert der Beteiligung enthaltenen stillen Reserven auf (lucky buy).

Abb. K-8: Ursachen für einen aktiven und passiven Unterschiedsbetrag

Ergibt sich ein aktiver Unterschiedsbetrag, dann sind in einem ersten Schritt die stillen Reserven (und auch Lasten) den einzelnen Vermögensgegenständen und Schulden zuzurechnen, d. h. sie sind auf Basis ihrer Zeitwerte auszuweisen. Der danach verbleibende erworbene → *Goodwill* ist in einem zweiten Schritt gemäß § 309 I i. V. m. § 246 I HGB zu aktivieren und planmäßig über die voraussichtliche Nutzungsdauer abzuschreiben. Nach IFRS 3 und US-GAAP ist der erworbene Goodwill nicht planmäßig abzuschreiben, sondern nur noch außerplanmäßig im Rahmen eines → *Impairment-Tests*. Ein sich bei der Erstkonsolidierung ergebender passiver Unterschiedsbetrag ist in die Konzernbilanz zu übernehmen. Er kann unter Beachtung der in § 309 II HGB genannten Grundsätze aufgelöst werden. Nach IFRS 3 ist er hingegen sofort ergebniswirksam zu erfassen.

▶ Konzernabschluss, Konsolidierung/Eliminierung

Schritte zur Erstellung des Konzernabschlusses. Zunächst sind die Einzelabschlüsse der Konzernunternehmen, die sog. **HB I-Einzelabschlüsse**, die unter Berücksichtigung des jeweils geltenden nationalen Bilanzrechts unternehmensindividuell erstellt wurden, in die sog. **HB II-Einzelabschlüsse** überzuleiten. Diese Überleitungsschritte umfassen eine Vereinheitlichung

- der Gliederung,
- der Währung (→ Konzernabschluss, Währungsumrechnung) und
- der Bilanzierung und Bewertung.

Die sich danach ergebenden HB II-Einzelabschlüsse sind sodann zum sog. **Summenabschluss** aufzuaddieren. Dieser Summenabschluss entspricht noch nicht dem Konzernabschluss, da er konzerninterne Vorgänge enthält, z. B. konzerninterne Forderungen und Verbindlichkeiten, die aus Sicht des Konzerns als wirtschaftliche Einheit (→ *Konzernabschluss, Grundsätze (GoK)*) nicht erfasst werden dürfen.

Im Rahmen der sog. Eliminierung (= Konsolidierung i. e. S.) sind die konzerninternen Vorgänge aus dem Summenabschluss herauszurechnen, wobei vier Bereiche zu unterscheiden sind, (1) die Kapitalkonsolidierung, (2) die Schuldenkonsolidierung, (3) die Aufwands- und Ertragskonsolidierung und (4) die Zwischenergebniskonsolidierung. Dabei sind auch latente Steuern zu berücksichtigen.

▶ Konzernabschluss, Konsolidierungskreis

Anzahl der in den Konzernabschluss einbezogenen Unternehmen. Gem. § 294 HGB besteht grundsätzlich **Konsolidierungspflicht** für alle in- und ausländischen Konzernunternehmen. Ein **Konsolidierungswahlrecht** besteht gem. § 296 HGB in folgenden vier Fällen:

- Einer erheblichen und dauernden Beschränkung der Rechte des Mutterunternehmens
- Unverhältnismäßig hohem Kosten- und Zeitaufwand der Datenbeschaffung
- Weiterveräußerungsabsicht eines Konzernunternehmens

- Untergeordnete Bedeutung eines Konzernunternehmens. Sind mehrere Unternehmen von untergeordneter Bedeutung, dann ist von einer Gesamtbetrachtung auszugehen.

▶ Konzernabschluss, Prüfung, Billigung und Offenlegung

Gem. § 316 HGB sind der Konzernabschluss und -lagebericht durch einen Abschlussprüfer, der Wirtschaftsprüfer sein muss, nach Maßgabe der §§ 317 ff. HGB zu prüfen. Der Prüfer muss ein Testat erteilen und einen Prüfungsbericht erstellen (→ *Wirtschaftsprüfer*). Der Konzernabschluss ist darüber hinaus vom Aufsichtsrat zu prüfen und grundsätzlich auch zu billigen.

Der Konzernabschluss ist zusammen mit dem Konzernlagebericht und dem Testat gem. § 325 HGB beim elektronischen Bundesanzeiger einzureichen und dort zu veröffentlichen.

▶ Konzernabschluss, Quotenkonsolidierung

Einbeziehung der Vermögensgegenstände und Schulden sowie Aufwendungen und Erträge von Konzernunternehmen in den Konzernabschluss nur in **Höhe des prozentualen Anteils** am Kapital, den das Mutterunternehmen hält. Diese sog. **quotale Konsolidierung** ist gem. § 310 I HGB nur für **Gemeinschaftsunternehmen**, die auch als Joint Ventures oder Partnerunternehmen bezeichnet werden, zulässig. Sie sind dadurch gekennzeichnet, dass sie von mindestens zwei Gesellschaftern gemeinschaftlich geleitet werden und auf Dauer angelegt sind. Nach IFRS (IAS 28 und IFRS 11) sowie US-GAAP sind Gemeinschaftsunternehmen grundsätzlich nach der Equity-Methode (→ *Konzernabschluss, Equity-Bewertung*) zu konsolidieren.

▶ Konzernabschluss, Schuldenkonsolidierung

Verrechnung konzerninterner Schuldpositionen gem. § 303 HGB, d. h. von Forderungen, Verbindlichkeiten, Ausleihungen, Rückstellungen, Schecks, geleisteten und erhaltenen Anzahlungen, Rechnungsabgrenzungsposten u. Ä., da der Konzern so darzustellen ist, als würde es sich um ein Unternehmen handeln. Bei untergeordneter Bedeutung kann die Schuldenkonsolidierung unterbleiben.

In der Praxis entstehen häufig bei konzerninternen Forderungen und Schulden sog. **Aufrechnungsdifferenzen.** Dabei wird unterschieden in:

(1) **Unechte Aufrechnungsdifferenzen,** aufgrund von Buchungsfehlern oder zeitlichen Buchungsdifferenzen, die sich z. B. dann ergeben, wenn ein lieferndes Konzernunternehmen eine Forderung einbuchte, während das empfangende Konzernunternehmen die Verbindlichkeit noch nicht gebucht hat, da die Ware noch nicht eingegangen ist. Solche Aufrechnungsdifferenzen sind „erfolgsneutral" im Rahmen der Konsolidierung auszubuchen.

(2) **Echte Aufrechnungsdifferenzen,** infolge von gesetzlichen Bilanzierungs- und Bewertungsvorschriften. Die Differenzen sind nicht – wie bei den unechten Differenzen – erfolgsneutral zu korrigieren, vielmehr muss eine erfolgswirksame Behandlung erfolgen. Beispielsweise muss eine nach dem Niederstwertprinzip im Einzelabschluss vorgenommene Abwertung einer Forderung gegen ein anderes Konzernunternehmen im Konzernabschluss wieder ergebniswirksam rückgängig gemacht werden, da der Aufwand aus Konzernsicht (noch) nicht entstanden ist.

▶ Konzernabschluss, Stichtag

Als Abschlussstichtag des Konzernabschlusses gilt nach § 299 I HGB der Stichtag des Jahresabschlusses des Mutterunternehmens.

Die Abschlüsse aller einbezogenen Unternehmen sollen auf den Stichtag des Konzernabschlusses aufgestellt sein. Falls dies nicht der Fall ist, sind grundsätzlich entsprechende Zwischenabschlüsse zu erstellen. Hierauf kann verzichtet werden, wenn der Abschlussstichtag eines einbezogenen Unternehmens nicht mehr als 3 Monate vor dem Stichtag des Konzernabschlusses liegt. Wird von dieser Ausnahmeregelung Gebrauch gemacht, dann sind Vorgänge von besonderer Bedeutung für die Vermögens-, Finanz- und Ertragslage des jeweiligen Unternehmens, die zwischen dem Abschlussstichtag des Unternehmens und dem des Konzerns liegen, gesondert in der Konzernbilanz und Konzern-GuV zu berücksichtigen oder im → *Anhang* anzugeben.

▶ Konzernabschluss, Währungsumrechnung

§ 298 HGB i.V. m. § 244 HGB schreibt die Aufstellung des Konzernabschlusses in Euro vor. Die Währungsumrechnung hat gem. § 308a HGB nach der sog. **modifizierten Stichtagskursmethode** zu erfolgen. Dies bedeutet, dass die Bewertung aller Aktiv- und Passivposten (ohne Eigenkapital) mit dem Devisenkassamittelkurs am Abschlussstichtag zu erfolgen hat. Das Eigenkapital wird mit dem historischen Kurs bewertet. Die Bewertung der Posten der Gewinn- und Verlustrechnung erfolgt mit dem Durchschnittskurs. Die Umrechnungsdifferenzen werden erfolgsneutral, innerhalb des Konzerneigenkapitals nach den Rücklagen in einer separaten Position erfasst. Nach IFRS (IAS 21) und US-GAAP erfolgt die Währungsumrechnung nach dem Konzept der funktionalen Währung, welches im Regelfall auch zur Anwendung der modifizierten Stichtagskursmethode führt.

▶ Konzernabschluss, Zwischenergebniskonsolidierung

Herausrechnung aller Gewinne und Verluste aus Geschäften zwischen den in den Konzernabschluss einbezogenen Unternehmen gem. § 304 I HGB, da diese Beträge aus Sicht des Konzerns als wirtschaftliche Einheit noch nicht realisiert sind.

Ein Zwischenergebnis ist definiert als die Differenz zwischen dem Wertansatz eines konzernintern gelieferten Vermögensgegenstandes in der Einzelbilanz des empfangenden Unternehmens und dem Wert, der diesem Vermögensgegenstand aus Konzernsicht (Konzernherstellungs- oder -anschaffungskosten) zugrunde zu legen ist.

Die Zwischenergebniseliminierung ist durchzuführen für Zwischengewinne und Zwischenverluste. Sie erstreckt sich auf Lieferungen sowohl im Umlauf- als auch Anlagevermögen. In Sonderfällen, insbesondere bei Geringfügigkeit, kann auf die Zwischenergebniskonsolidierung verzichtet werden (§ 304 II HGB).

▶ Konzernanhang

→ *Konzernabschluss, Bestandteile*, → *Lagebericht*

▶ Konzernbilanz

→ *Konzernabschluss, Bestandteile*

▶ Konzern-Cashflow

→ *Konzernabschluss, Bestandteile*

▶ Konzern-GuV

→ *Konzernabschluss, Bestandteile*

▶ Konzernlagebericht

→ *Lagebericht*

▶ Konzernobergesellschaft

→ *Holding*

▶ Konzernrevision

→ *Interne Revision*

▶ Konzession

Im Verwaltungsbereich die behördliche Genehmigung (Bewilligung oder Erlaubnis) zum Betrieb eines Gewerbes (z. B. Konzession zum Betreiben eines Taxiunternehmens, Ausschankkonzession für ein Lokal, Konzession für einen Güterfernverkehrs- Betrieb). In so genannten Konzessionsverträgen (§ 103 I 2 GWB) vereinbaren Gebietskörperschaften (z. B. Gemeinden), dass nur einem bestimmten Unternehmen die Ausübung einer Leistung gestattet ist.

▶ Kooperation

→ *Unternehmenszusammenschluss*, → *Strategische Allianz*

▶ Koordination

Abstimmung bzw. Ineinandereinfügung von Elementen in einem → *System.* Volkswirtschaftlich betrachtet handelt es sich um den Mechanismus, durch den die von einem → *Betrieb* produzierten Güter verteilt bzw. erst produziert werden. Je nach → *Wirtschaftssystem* kann hier der Markt via Preismechanismus die Ressourcenverteilung zur Gütererstellung und die Güterverteilung selbst koordinieren oder die Koordination wird durch einen Plan (Planwirtschaft) geregelt. Diese zwei verschiedenen Koordinationsmöglichkeiten werden z. T. unter dem Schlagwort „Markt versus Hierarchie" diskutiert. Betriebswirtschaftlich lassen sich die → *Koordination innerhalb der Planung* und Organisation unterscheiden (→ *Koordination, organisatorische*).

▶ Koordination, organisatorische

Innerhalb einer → *Organisation,* insbesondere der → *Aufbauorganisation* lassen sich verschiedene Instrumente der Abstimmung zur Vermeidung von Konflikten unterscheiden. Es handelt sich um Instrumente, die von Personen abhängig sind, Instrumente, welche durch die Aufbauorganisation vorgegeben sind oder durch technische Regelungen erreicht werden. Zum einen können Konflikte personenorientiert durch zentrale, einzelfallbezogene bzw. generelle Anweisungen oder durch dezentrale Abstimmungen unter den Betroffenen selbst vermieden oder bewältigt werden (→ *Teilautonome Gruppe*). Zum Zweiten lassen sich in der Aufbauorganisation bereits organisatorische Aktionseinheiten einbauen, die speziell für die Aufgabe Koordination zuständig sind, und zum Dritten können Programme i. S. von Regelmechanismen personen- und strukturunabhängig, sozusagen technokratisch Abläufe koordinieren.

▶ Koordination innerhalb der Planung

Abstimmungen innerhalb der → *Planung* in zeitlicher, sachlicher und hierarchischer Hinsicht. Sollen unterschiedlich weit reichende Pläne (Planungshorizonte) aufeinander abgestimmt werden oder sind unterschiedliche Planungssachgebiete aufeinander abzustimmen, so kann dies zeitlich bzw. sachlich **sukzessive** oder **simultan** erfolgen. Bei der sukzessiven Koordination erfolgt die Abstimmung Schritt für Schritt, d. h. beispielsweise der kurzfristige Plan auf den mittelfristigen, welcher auf den langfristigen abgestimmt wurde, oder in sachlicher Hinsicht die Beschaffungsplanung auf die Produktionsplanung, welche auf die Absatzplanung abgestimmt wurde. Bei der simultanen Planung sollen unterschiedliche Planungszeiten und -sachgebiete auf einmal aufeinander abgestimmt werden. Dies kann z. B. mit Hilfe des → *Operations Research (OR)* erfolgen. Bei der sachlich sukzessiven Planung ist das Ausgleichsgesetz der Planung zu beachten. In hierarchischer Hinsicht lassen sich drei grundlegende Abstimmungsmöglichkeiten, die **retrograde**, die **progressive** Methode und das **Gegenstromverfahren** unterscheiden. Bei der retrograden Planung werden Pläne von oberen Hierarchieebenen nach unten vorgegeben, d. h. operationalisiert. Man bezeichnet dieses Vorgehen auch als „Herunterbrechen" oder „top-down-Planung". Bei dem progressiven Verfahren sollen von unten nach oben Pläne gebildet, d. h. aus Stellenplänen Abteilungspläne und aus diesen der Gesamtplan aggregiert werden. Diese Planung wird als „bottom-up-Planung" bezeichnet. Die Mischform aus beiden Vorgehensrichtungen, bei der ein top-down-Vorlauf durch einen bottom-up-Rücklauf ergänzt wird, nennt man zirkuläres Verfahren bzw. Gegenstromverfahren. Alle drei Arten können u. a. hinsichtlich der Motivationsfähigkeit, Klarheit der Vorgaben oder dem Kommunikationsbedarf beurteilt werden und sind situativ auszuwählen (→ *Situativer Ansatz*).

▶ Korrelationsanalyse

Verfahren der Datenanalyse, bei dem die Stärke des Zusammenhangs zwischen zwei Variablen (bivariate) bzw. zwischen einer abhängigen und mehreren unabhängigen (multivariate) ermittelt wird (→ *Regressionsanalyse*). Aus einer Vielzahl möglicher Korrelationskoeffizienten sei hier nur der Produkt-Moment-Korrelationskoeffizient betrachtet. Dieser ist im bivariaten Fall definiert als:

$$r=\frac{\sum_{i=1}^{n}(x_i-x)\times(y_i-y)}{\sqrt{\sum_{i=1}^{n}(x_i-x)^2\times\sum_{i=1}^{n}(y_i-y)^2}}$$

Für den Definitionsbereich des Koeffizienten gilt: $-1 \leq r \leq +1$

Die Größe des Korrelationskoeffizienten zeigt hierbei die Stärke des Zusammenhanges, das Vorzeichen die Richtung des Zusammenhanges an. Je stärker sich die im zweidimensionalen Raum abgebildeten Daten einer Geraden annähern, desto größer ist der Wert des Korrelationskoeffizienten.

▶ Kosiol

→ *Aufgabenanalyse*, → *Aufgabensynthese*

▶ Kosten

Sachzielbezogener bewerteter Verbrauch von Gütern und Dienstleistungen. Es lassen sich zwei Konzepte, der wertmäßige und der pagatorische Kostenbegriff unterscheiden. Zentrale Bestandteile des auf *Eugen Schmalenbach* zurückgehenden wertmäßigen Kostenbegriffs ist der in Mengen bewertbare leistungs- bzw. sachzielbezogene und bewertbare Verbrauch an Gütern. Demnach entstehen Kosten nicht durch die Anschaffung von Produktionsfaktoren, d. h. wenn Ausgaben zu tätigen sind, sondern erst durch deren Verbrauch bzw. Verzehr. Eine Erhöhung des Lagerbestands an Rohstoffen führt somit nicht zu Kosten, sondern erst der Verbrauch dieser Stoffe in der Produktion. Die Leistungs- bzw. Sachzielbezogenheit dieses Güterverzehrs bedeutet, dass ein Güterverbrauch wie beispielsweise die Spende an eine gemeinnützige Organisation oder eine materielle Schenkung ohne Bezug zum Unternehmenszweck keine Kosten im wertmäßigen Sinne darstellt. Die Bewertbarkeit des Güterverbrauchs setzt einen Preis für die in verschiedenen Maßeinheiten (z. B. Stück, Stunden, Liter) gemessenen Mengenverbräuche voraus. Erst durch die Multiplikation von Preis und Menge entstehen Kosten. Während dieses Bewertungskriterium beim wertmäßigen und pagatorischen Kostenbegriff identisch ist, unterscheidet sich die auf *Helmut Koch* zurückgehende pagatorische Sichtweise dadurch, dass für das Vorliegen von Kosten auch tatsächlich Ausgaben entstanden sein müssen. Die Ausgaben dürfen einschränkend allerdings nicht kompensatorischer Natur sein, d. h. z. B. Ausgaben, die mit der Gewährung oder Tilgung eines Kredits verbunden sind, stellen damit keine Kosten dar. In der vergleichenden Betrachtung der beiden Kostenbegriffe zeigt sich insbesondere die unterschiedliche Behandlung der → *Zusatzkosten* (kalkulatorische Kosten, denen kein → *Aufwand* gegenübersteht). Während beim wertmäßigen Kostenbegriff diese als Kostenbestandteil anzusehen sind, zählen die Zusatzkosten aus Sicht des pagatorischen Kostenbegriffs zu den Gewinnbestandteilen, weil ihnen keine Ausgaben gegenüberstehen. Problematisch beim pagatorischen Kostenbegriff ist die Nichtbewertung von unentgeltlich erworbenen Vermögensgegenständen, die an sich keine Kosten darstellen sollten. Dieses Problem hat *Koch*, als bekanntester Vertreter des pagatorischen Kostenbegriffs, so gelöst, dass er geltende Marktpreise für geschenkte bzw. unentgeltlich erworbenen Güter fiktiv ansetzt und damit ebenfalls von Kosten ausgeht. Beim wertmäßigen Kostenbegriff ist zudem der Einbezug so genannter → *Opportunitätskosten* bei Ressourcenknappheit zu beachten. Zusammenfassend kann festgehalten werden, dass Kosten immer eine Mengen- und Preiskomponente umfassen, wobei bei der Preiskomponente, d. h. der Bewertung des Güterverbrauchs, einmal pagatorische oder wertmäßige Kosten ansetzbar sind. Als dritter Kostenbegriff können die von *Paul Riebel* definierten entscheidungsorientierten Kosten im Sinne der durch eine Entscheidung ausgelösten Ausgaben betrachtet werden (→ *Relative Einzelkostenrechnung*). Zur Abgrenzung der Kosten vom Aufwand s. Abbildung K-9. Aus der Abbildung wird deutlich, dass die gesamten Kosten sich in so genannte → *Grundkosten* und kalkulatorische *Kosten* (→ *Anderskosten*, Zusatzkosten) einteilen und vom Aufwand abgrenzen lassen. In Abhängigkeit von der Zurechenbarkeit der Kosten auf Kostenträger werden → *Einzelkosten* und → *Gemeinkosten* unterschieden. Sind Kosten abhängig von der → *Beschäftigung*, so heißen sie → *Variable Kosten* und → *Fixe Kosten*. Hinsichtlich der Herkunft der Kosten lassen sich primäre Kosten (aufgrund von Faktormengen, die dem Produktionsprozess von außen, d. h. vom Beschaffungsmarkt, zugeführt werden) und sekundäre Kosten (Güterverbrauch durch innerbetrieblichen Leistungsaustausch) unterscheiden. Bezüglich des Bezugs zur Finanzbuchhaltung lassen sich aufwandsgleiche Kosten (Grundkosten) von kalkulatorischen *Kosten* unterscheiden.

Abb. K-9: Beziehungen zwischen Aufwand und Kosten

▶ Kostenabweichungsanalyse

Untersuchung von Kostenabweichungen zwischen Soll-, Ist- und Plankosten im Rahmen der → *Plankostenrechnung*.

▶ Kostenarten

→ *Kostenartenrechnung*

▶ Kostenartenrechnung

Teil bzw. erster Schritt der → *Kostenrechnung*, bei der die angefallenen Kosten im Sinne eines Güterverzehrs nach verschiedenen Kostenarten gegliedert werden. Im Gegensatz zur → *Kostenstellenrechnung* (Wo sind Kosten angefallen?) *und* der → *Kostenträgerrechnung* (Wofür sind Kosten angefallen?) wird hier die Frage gestellt, welche Kosten in welcher Höhe angefallen sind. Es lassen sich verschiedene Einteilungsmöglichkeiten der Kostenarten nennen:

(1) Nach der Art der **Verrechnung** → *Einzelkosten* und → *Gemeinkosten.*

(2) Nach der **Abhängigkeit von Beschäftigungsschwankungen** → *Fixe Kosten* und → *Variable Kosten.*

(3) Nach der **Herkunft** der Kosten in primäre und sekundäre Kosten (→ *Kosten*).

(4) Nach der **Deckungsgleichheit** mit dem → *Aufwand* in aufwandsgleiche Kosten und → *Kalkulatorische Kosten* (→ *Grundkosten,* → *Anderskosten,* → *Zusatzkosten*).

(5) Nach der **Art der** verbrauchten **Produktionsfaktoren** in Personalkosten, Materialkosten, Kapitalkosten, Betriebsmittelkosten und andere.

(6) Nach der Einteilung in **betriebliche Funktionen** in Beschaffungs-, Lagerhaltungs-, Fertigungs-, Vertriebs- und Verwaltungskosten.

Bei der Ermittlung und Erfassung der Verbrauchsmengen der einzelnen Kostenarten sind die → *Inventur,* verschiedene Möglichkeiten der Fortschreibung sowie retrograde Methoden (Rückrechnungen aus dem Verkaufspreis) zu nennen. Nach *Eugen Schmalenbach* hat die Kostenartenrechnung der Vollständigkeit, Eindeutigkeit und Wirtschaftlichkeit zu entsprechen. Dies bedeutet, dass die Kosten vollständig, d. h. genau und aktuell, erfasst werden müssen, anhand von Belegen eindeutig nachprüfbar sein sollen, und die Kostenerfassung in einem vernünftigen Wirtschaftlichkeitsverhältnis stehen soll. Insbesondere bei der Erfassung von Gemeinkosten, die z. B. beim Einsatz von Hilfsstoffen wie Schrauben, Nägeln oder Betriebsstoffen wie Schmiermittel entstehen, ist die Frage der Zuordnung zu den Einzel- oder Gemeinkosten unter Wirtschaftlichkeitsaspekten zu beantworten. Eine Einteilung der Kostenarten erfolgt in der Praxis häufig auch nach den Einteilungen im Gemeinschaftskontenrahmen der Industrie (→ *Industriekontenrahmen (IKR)*).

▶ Kostenführerschaft

→ *Wettbewerbsstrategien nach Porter*

▶ Kostenfunktion

Mathematische bzw. funktionale Beziehung zwischen der betrachteten Kostenart (Gesamtkosten oder Stückkosten) in Bezug auf die Kosteneinflussgrößen, in der Regel die Ausbringungsmenge bzw. → *Beschäftigung.* Die klassische Kostenfunktion wird dargestellt als $K = f(K^f, k^v \times x)$. Neben der Gesamtkostenkurve lassen sich Funktionen zu den Durchschnittskosten und → *Grenzkosten* darstellen. Zum Teil lässt sich die Kostenfunktion aus der → *Produktionsfunktion* ableiten, indem die dort abgebildeten Mengenrelationen mit Ist-, Plan- oder Normalpreisen gewichtet werden.

▶ Kosten-Nutzen-Analyse (KNA)

Planungstechnik (→ *Planungstechnik*) ähnlich der → *Nutzwertanalyse (NWA).* Die KNA wurde vor allem in der Volkswirtschaftslehre entwickelt, um künftige Wirkungen (→ *Nutzen*) von Investitionen bzw. Haushaltsausgaben zu prognostizieren. Bei der KNA sollen die Folgewirkungen von Entscheidungen den entstehenden → *Kosten* gegenübergestellt werden. Folgen können externe Effekte (z.B. Umweltbelastungen oder Gesundheitsbeeinträchtigungen) sein. Die Nutzen sollen quantifiziert (diskontiert) werden können, um sie den Kosten gegenüberzustellen. Dies ist ein entscheidendes Hemmnis und Problem bei der Anwendung dieser Technik. In Form der Technikfolgenabschätzung nimmt die KNA aktuell wieder an Bedeutung zu.

▶ Kostenrechnung

Teil des internen → *Rechnungswesens,* der sich mit der systematischen Erfassung und Auswertung der innerhalb einer Abrechnungsperiode entstandenen → *Kosten* beschäftigt. Häufig auch als Überbegriff bzw. Abkürzung für die Kosten- und Leistungsrechnung (KLR) bzw. Kosten- und Erlösrechnung verwendet, wodurch die Betrachtung auf Erlös bzw. → *Leistung* ausgeweitet wird. Sie soll der Unternehmensleitung aussagekräftige Daten für die Planung, Steuerung und Kontrolle der Unternehmung zur Verfügung stellen (→ *Controlling*). Da es für die KLR keine gesetzlichen Vorschriften gibt, ist das Rechnungsziel unternehmensindividuell festzulegen. Grundsätzlich können hier als Ziele genannt werden:

(1) Ermittlung von Verkaufspreisen bzw. Preisuntergrenzen durch Feststellung sämtlicher für die Herstellung und den Absatz entstandener Kosten.

(2) Ermittlung von Einkaufspreisen bzw. Preisobergrenzen, die höchstens aus einem kalkulierten Verkaufspreis bezahlt werden können.

(3) Ermittlung von Wertansätzen für die Lager- und Vorratsbewertung sowie die Bewertung fertiger Erzeugnisse im Jahresabschluss (→ *Herstellungskosten* in der → *Bilanz*).

Weitere Ziele bzw. Anwendungsbereiche kann die Kalkulation bezüglich der Entscheidung über → *Eigenfertigung versus Fremdbezug*, die Feststellung der optimalen Losgröße sowie optimalen Bestellmenge, sowie die Bestimmung innerbetrieblicher Verrechnungspreise sein. Die überwiegende Zahl von Unternehmen setzt die Kostenrechnung vornehmlich als Kontrollinstrument im Sinne einer Nachkalkulation entstandener Kosten ein. Neben dieser Ist- bzw. Vergangenheitsrechnung können weitere → *Kostenrechnungssysteme* unterschieden werden. Eine umfassende KLR basiert auf einer → *Kostenartenrechnung*, die systematisch die → *Einzelkosten* und → *Gemeinkosten* des Unternehmens dem Verursacherprinzip folgend (Kosten werden dort verrechnet, wo sie anfallen) erfasst. Während die Einzelkosten direkt auf die Kostenträger (z. B. Produkte) zugerechnet werden können, müssen die Gemeinkosten zunächst in einer → *Kostenstellenrechnung* zu Kalkulationssätzen umgerechnet werden, um zusammen mit den Einzelkosten auf die Kostenträger verteilt werden zu können. Die Kostenträgerrechnung (→ *Kalkulation*) ermittelt letztlich die → *Selbstkosten* für eine Betriebsergebnisrechnung, die den Erlösen die ermittelten Selbstkosten gegenüberstellt. Der Prozess der Analyse und Planung von Lebenszykluskosten wird als Werkzeug der Kostenrechnung auch als Life-Cycle-Costing bezeichnet. Hier ist sowohl eine Betrachtung von Kunden- als auch von Herstellerseite möglich. Für den Kunden können so z. B. Kosten für Montage, Nutzung und Entsorgung entstehen, für den Hersteller insbesondere für Entwicklung und Fertigung, aber auch z. B. durch

Servicegarantien oder die gesetzliche Verpflichtung zur Beteiligung an entstehenden Entsorgungskosten. Die Kosten- und Leistungsrechnung ist organisatorisch meist in einem so genannten Finanzwesen oder zunehmend im Bereich Controlling angesiedelt (Abbildung K-10).

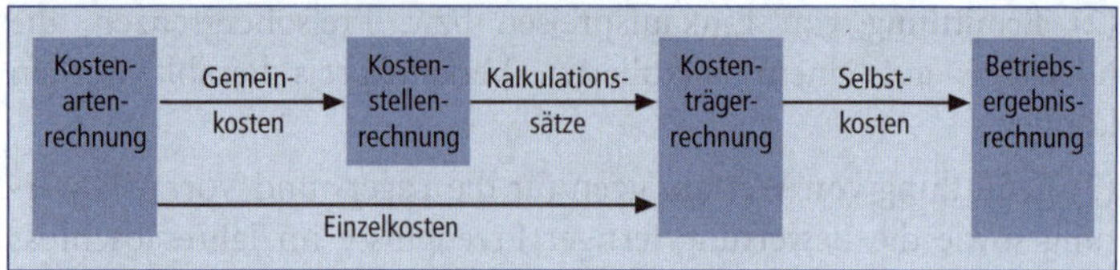

Abb. K-10: Ablauf der traditionellen Kostenrechnung

▶ Kostenrechnungssysteme

In Abhängigkeit vom Umfang und Zeitbezug der → *Kostenrechnung* werden grundsätzlich sechs verschiedene Kostenrechnungssysteme unterschieden (Abbildung K-11). Die Ist-, Normal- und Plankostenrechnung unterscheiden sich hinsichtlich des Zeitbezugs der Kosten. Bei der **Istkostenrechnung** werden die aus einer vergangenen Abrechnungsperiode tatsächlich entstandenen Kosten erfasst. Bei den **Normalkosten** handelt es sich um Durchschnittswerte der Istkosten aus vergangenen Abrechnungsperioden, die insbesondere dann sinnvoll zu ermitteln sind, wenn bei einem Unternehmen durch zufällige oder saisonale Einflüsse starke Schwankungen der Istkosten auftreten, die in der Preiskalkulation nicht zu einer ständigen Veränderung der Kalkulationsbasis führen sollen. **Plankostenrechnungssysteme** versuchen die Kosten künftiger Perioden zu prognostizieren und damit eine Kalkulationsbasis für unternehmerische Entscheidungen zu liefern. Als problematisch ist hier bereits die Vorhersage des künftigen Mengengerüsts (geplante Verbrauchsmengen, Arbeitszeiten) zu nennen. Hinsichtlich des Umfangs der Kostenverrechnung wird in Voll- und Teilkostenrechnungssysteme unterschieden. Wie der Name schon sagt, werden bei der **Vollkostenrechnung** alle angefallenen Kosten, bei der Teilkostenrechnung nur einzelne Bestandteile auf Kostenträger verrechnet. Bei der **Teilkostenrechnung** wird insbesondere eine Trennung in → *Einzelkosten* und → *Gemeinkosten* vorgenommen, die in Verbindung mit der so genannten → *Deckungsbeitragsrechnung* und → *Relativen Einzelkostenrechnung* zu sehen ist. Aus der Kombination dieser beiden Einteilungssysteme lassen sich sechs Kostenrechnungssysteme ableiten.

	Umfang	
Zeitbezug	Vollkosten	Teilkosten
Istkosten	Istkostenrechnung auf Vollkostenbasis	Istkostenrechnung auf Teilkostenbasis
Normalkosten	Normalkostenrechnung auf Vollkostenbasis	Normalkostenrechnung auf Teilkostenbasis
Plankosten	Plankostenrechnung auf Vollkostenbasis	Plankostenrechnung auf Teilkostenbasis

Abb. K-11: Kostenrechnungssysteme

▶ Kostenremanenz

Beschreibung des Verhaltens einer → *Kostenfunktion* bzw. der → *Kosten* bei Rückgang der → *Beschäftigung,* wenn die Gesamtkosten nicht gleichzeitig zurückgehen, sondern trotz verminderter Kapazitätsauslastung bzw. Kapazitätseinstellung gleich bleiben oder nur unterproportional sinken. Dies liegt beispielsweise daran, dass → *Fixe Kosten* unabhängig von der Beschäftigung sind. Typische Beispiele hierfür sind trotz zurückgefahrener Produktion weiter zu bezahlende Löhne oder langfristig vereinbarte Mieten.

▶ Kostenstelle

Im Rahmen der → *Kostenstellenrechnung* vorgenommene Verteilung von → *Kosten* auf Haupt-, Neben- und Hilfskostenstellen. Hauptkostenstellen sind Unternehmensteile, die für die Erstellung von Hauptprodukten des Unternehmens zuständig sind. In der Regel handelt es sich um Fertigungshauptstellen. Nebenkostenstellen bearbeiten die mit dem Hauptprogramm zusammenhängenden Produkte, z. B. Kuppelprodukte oder das Recycling von Abfallgütern. Hilfskostenstellen tragen nur mittelbar zur Gütererstellung bei und lassen sich in allgemeine Kostenstellen (z. B. Kantine), Fertigungshilfsstellen (z. B. Arbeitsvorbereitung), Materialstellen (z. B. Einkaufsabteilung),

Verwaltungsstellen (z. B. Buchhaltung) und Vertriebsstellen (z. B. Verkauf und Versand) einteilen. Im Gegensatz zu den Kosten der Hauptkostenstellen werden die Kosten von Hilfs- und Nebenkostenstellen nicht direkt auf die → *Kostenträger* verteilt, sondern im Rahmen einer innerbetrieblichen Leistungsverrechnung zunächst auf die Hauptkostenstellen umgelegt (→ *Betriebsabrechnungsbogen (BAB)*). Nach abrechnungstechnischen Gesichtspunkten werden Vor- und Endkostenstellen unterschieden. Vorkostenstellen werden auf andere Vor- oder Endkostenstellen umgelegt, während Endkostenstellen auf die Kostenträger letztlich verteilt werden können. Für eine zweckmäßige Kostenstellengliederung ist darauf zu achten, dass die bei einer Kostenstelle verursachten Kosten genau messbar und möglichst auch personell eindeutig verantwortet werden können.

▶ Kostenstellenrechnung

Teil der → *Kostenrechnung,* die nach der Ermittlung der angefallenen → *Kosten* im Rahmen der → *Kostenartenrechnung* die Kosten auf die Betriebsbereiche bzw. Unternehmenseinheiten verteilt, in denen sie angefallen sind. Bei der Bildung der → *Kostenstelle* sind einige Grundsätze zu beachten und drei Arten von Kostenstellen (Haupt-, Neben- und Hilfskostenstellen) zu unterscheiden. Die Kostenstellenrechnung soll zur Wirtschaftlichkeitsbeurteilung einzelner Unternehmensteile im Sinne einer Kostenkontrolle beitragen, die für die → *Kostenträgerrechnung,* d. h. Kalkulation, benötigten Zuschlags- und Verrechnungssätze liefern sowie eine Überwachung von Kostenbudgets (→ *Budget*) ermöglichen. In einem ersten Rechenschritt wird bei der Kostenstellenrechnung die Verteilung der primären → *Gemeinkosten* im Sinne einer verursachungsgerechten Umlage auf Kostenstellen vorgenommen. Danach werden die dann entstandenen so genannten sekundären innerbetrieblichen Gemeinkosten auf Endkostenstellen verteilt (Innerbetriebliche Leistungsverrechnung) und letztlich für die Endkostenstellen so genannte Kalkulationssätze für die Preiskalkulation und die kurzfristige Erfolgsrechnung abgeleitet. Dies erfolgt im → *Betriebsabrechnungsbogen (BAB).* Es lassen sich verschiedene Typen der innerbetrieblichen Leistungsverrechnung unterscheiden.

▶ Kostenträger

Betriebliche Erzeugnisse und Leistungen, auf die im Rahmen der → *Kostenträgerrechnung* verteilten → *Kosten* aus der → *Kostenstellenrechnung* und → *Kostenartenrechnung.* Kostenträger können nicht nur Produkte und Dienstleistungen für den Absatzmarkt, sondern auch innerbetriebliche Leistungen darstellen.

▶ Kostenträgerrechnung

Letzte Stufe der klassischen → *Kostenrechnung,* nachdem im Rahmen einer → *Kostenartenrechnung* ermittelt wurde, welche Kosten in welcher Höhe angefallen sind und in einer → *Kostenstellenrechnung* geklärt wurde, wo diese Kosten angefallen sind bzw. worauf sie zugerechnet werden. Die Kostenträgerrechnung wird stückbezogen und periodenbezogen als kalkulatorische Erfolgsrechnung bezeichnet. Hauptzweck ist insbesondere, Informationen für die Preispolitik (z. B. Ermittlung der Selbstkosten, Preisuntergrenzen) zur Verfügung zu stellen. Aber auch für die Programmpolitik und Beschaffungspolitik können die Kosten pro → *Kostenträger* (in der Regel Produkte) hilfreich sein, um deren Erfolg bzw. die Notwendigkeit zu günstigeren Einkäufen zu ermitteln. Es lassen sich die Kostenträgerzeitrechnung und die Kostenträgerstückrechnung unterscheiden. Die Kostenträgerzeitrechnung erfasst die gesamten Kosten der Abrechnungsperiode nach Leistungsarten. Hierbei kommen zahlreiche Verfahren der → *Kalkulation* in Betracht. Im Rahmen der Kostenträgerstückrechnung werden die Selbst- bzw. Herstellkosten der erbrachten Leistungen ermittelt und je nach Zeitbezug als Vor-, Zwischen- oder Nachkalkulation durchgeführt. Je nach Einbezug von Kosten wird die Kostenträgerzeitrechnung nach dem → *Gesamtkostenverfahren (GKV)* (kostenartenorientierte Kostengliederung) oder dem → *Umsatzkostenverfahren (UKV)* (kostenträgerorientierte Kostengliederung) vorgenommen.

▶ Kostenträgerstückrechnung

→ *Kalkulation*

► Kostenträgerzeitrechnung

→ *Kostenträgerrechnung*

► Kostentreiber (Cost Driver)

→ *Prozesskostenrechnung*

► Kostenvergleichsrechnung

Statisches → *Investitionsrechenverfahren,* bei dem mehrere Investitionsalternativen hinsichtlich des Zieles der Minimierung von → *Kosten* verglichen werden. Unberücksichtigt bleiben hier die aus den Investitionen zu erzielenden Umsätze bzw. Erlöse. Während variable Betriebskosten wie z. B. Personal-, Material- oder Instandhaltungskosten relativ einfach bestimmbar sind, ist die Feststellung der fixen Kapitalkosten problematisch. Da häufig bei Investitionsüberlegungen die Art der → *Finanzierung* (Eigen- oder Fremdfinanzierung) noch unklar ist, müssen die fixen Kapitalkosten kalkuliert werden. Hierzu zählt ein mit einem Kalkulationszinssatz ermittelter kalkulatorischer Zins. Er wird meist auf die durchschnittliche → *Kapitalbindung,* z. B. die halben Anschaffungs- und Herstellungskosten (AHK) bezogen. Ein weiterer kalkulatorischer Fixkostenblock stellt die kalkulatorische → *Abschreibung* dar (→ *Abschreibungsarten,* → *Abschreibung, kalkulatorische*). Sind die variablen Betriebskosten sowie die kalkulatorischen Fixkosten ermittelbar, so kann sowohl ein Gesamtkostenvergleich als auch ein Stückkostenvergleich der alternativen Investitionen vorgenommen werden (→ *Kritische Menge*). Ein Beispiel einer derartigen Vergleichsrechnung ist in Abbildung K-12 zusammengestellt. Bezüglich der Gesamtkosten scheint eine Investition in Maschine A, bezüglich der Stückkosten allerdings Maschine B vorteilhafter zu sein. Dies liegt im vorliegenden Beispiel an der höheren Auslastungsmöglichkeit von Maschine B. Um bei ungewisser Auslastung zu ermitteln, ab welcher Produktionsstückzahl eine Investition vorteilhafter ist, bietet sich an, die beiden Kostenfunktionen gegenüberzustellen und daraus die kritische Menge zu berechnen. Kritisch anzumerken ist bei der Kostenvergleichsrechnung, dass mit der Wahl der einzubeziehenden Kosten die Entscheidung beeinflusst werden kann. Sobald Auslastungsdifferenzen alternativer Investitionen vorliegen, ist eine Gesamtkostenbetrachtung sinnlos. Selbst bei einer momentan kostengünstigen Investition kann sich durch Verschiebung der Auslastung z. B. aufgrund von Absatzveränderungen eine einmal als kostengünstig ermittelte Investition später als unvorteilhaft herausstellen. Ein weiterer wesentlicher Kritikpunkt ist die programmierte Fehlinformation bei unterschiedlich schneller Abschreibung der Investitionsobjekte. Dies liegt daran, dass eine Ersatzinvestition dann nicht als vorteilhaft erscheint, wenn die Altanlage bereits abgeschrieben ist und somit keine kalkulatorischen Kosten mehr angesetzt werden.

	Maschine A	Maschine B
Anschaffungs- oder Herstellungskosten	90.000	100.000
Nutzungsdauer	10 Jahre	10 Jahre
Auslastung pro Jahr (x)	10.000 Stück	15.000 Stück
Kostenvergleich:		
– variable Betriebskosten (k^V)	15.000 (1,50/Stück)	20.000 (1,33/Stück)
– kalkulatorische Fixkosten K^F	13.500	15.000
10 % des halben AHK	4.500	5.000
kalk. lineare Abschreibung	9.000	10.000
Gesamtkosten K	28.500	35.000
Stückkosten K/x	2,85	2,33
Kostenfunktionen $K = (k_V) \cdot x + K_F$	$K_1 = 1{,}5\ x + 13.500$	$K_2 = 1{,}33\ x + 15.000$

Abb. K-12: Beispiel einer Kostenvergleichsrechnung

▶ Kostenvoranschlag

Aufstellung der voraussichtlichen → *Kosten* einer im → *Werkvertrag* versprochenen Arbeitsleistung. Gem. § 632 BGB kann der Besteller den Vertrag kündigen, wenn der Beauftragte anzeigt, dass das Werk nicht ohne erhebliche Überschreitung der Kosten ausführbar ist. Eine Mehrforderung ist ohne Anzeige des Erstellers bzw. nicht erfolgte Kündigung des Bestellers nicht möglich.

▶ Koupon

→ *Kupon*

▶ Kraftfahrzeugsteuer (Kfz-Steuer)

Steuer als Gegenleistung nach dem Äquivalenzprinzip (→ *Besteuerungsprinzipien*) für die durch den motorisierten Straßenverkehr verursachten → *Kosten.* Steuerobjekt sind Fahrzeuge, die für den Betrieb auf öffentlichen Straßen gehalten werden. Die → *Steuerpflicht* beginnt mit der Zulassung und endet mit der Abmeldung bei der Zulassungsbehörde. → *Steuerbemessungsgrundlage* ist bei Motorrädern und Personenkraftwagen der Hubraum, bei Lastkraftwagen das zulässige Gesamtgewicht. Der → *Tarif* für Pkw ist an die Schadstoffstufe gekoppelt. Er ist progressiv ausgerichtet. Je schadstoffärmer ein Pkw ist, desto geringer ist der → *Steuersatz* pro 100 Kubikzentimeter Hubraum. Bei Lkw gibt es eine Koppelung mit Schadstoff- und Geräuschemissionen. Die Kraftfahrzeugsteuer wird vom → *Finanzamt* durch schriftlichen Steuerbescheid festgesetzt. Sie ist grundsätzlich für ein Jahr im Voraus zu entrichten. Das Aufkommen der Kraftfahrzeugsteuer steht den Ländern zu.

▶ Kreativitätstechniken

Techniken, die im Führungsprozess, insbesondere der Planung eingesetzt werden, um möglichst viele Ziele und Alternativen zur Lösung von Problemen zu finden. Beispiele von Techniken, die die Kreativität ausnutzen sollen, sind → *Brainstorming,* -writing, die Methode 635, der → *Morphologische Kasten* oder die → *Synektik.*

▶ Kredit

Leihweise Überlassung von Geld oder Waren an einen Schuldner (Debitor) durch einen Gläubiger (Kreditor). Dabei wird zwischen den Vertragspartnern regelmäßig der Zeitpunkt der Rückzahlung sowie die Modalitäten der Zinszahlung im Sinne eines Nutzungsentgeltes für die Kreditgewährung vereinbart. Etymologisch lässt sich der Begriff von dem lateinischen Wort credere, d. h. Vertrauen schenken, ableiten. Dieses Vertrauen, bezogen auf die Zahlungswilligkeit und -fähigkeit des Debitors ist sicherlich Grundvoraussetzung für eine Kreditgewährung. Darüber hinaus wird ein Kreditgeber meist eine Kreditprüfung, unter anderem eine Überprüfung der → *Kreditwürdigkeit* des Schuldners vornehmen, sowie → *Kreditsicherheiten* verlangen. Hinsichtlich der Laufzeit lassen sich kurz-, mittel- und langfristige Kredite unterscheiden, die angelehnt an den Ausweis in der → *Bilanz* klassischerweise mit bis zu einem Jahr, ein bis fünf Jahre und ab fünf Jahre eingeteilt werden. Bezüglich der Kreditsicherheiten wird häufig von Realkredit (abgesichert durch Realsicherheiten wie z. B. → *Pfand*, → *Grundschuld*, → *Hypothek* und anderen) und andererseits von Personalkredit (abgesichert durch Personalsicherheiten wie z. B. → *Bürgschaft*, → *Garantie* und andere) gesprochen. Bezüglich der Art des Kreditgebers wird zwischen → *Lieferantenkredit*, Kundenkredit und dem klassischen → *Bankkredit* unterschieden.

▶ Kreditanalyse

→ *Kreditrisiko*

▶ Kreditanstalt für Wiederaufbau (KfW)

Körperschaft (→ *Körperschaft*) des öffentlichen Rechts mit Sitz in Frankfurt a.M., mit der Aufgabe der Gewährung von mittel- und langfristigen Darlehen oder Bürgschaften für Vorhaben, die der Förderung der Deutschen Wirtschaft dienen. Die KfW wurde 1948 als Bank zur Finanzierung des Wiederaufbaus der Deutschen Wirtschaft gegründet. Daneben werden → *Garantien* für inländische Unternehmen, z. B. für Entwicklungsvorhaben oder zur Umschuldung ausländischer Schuldner gegenüber inländischen Gläubigern angeboten. Wie jede → *Bank* ist auch das KfW dazu berechtigt, Wertpapiere zu emittieren, um die gewährten Darlehen zu refinanzieren. Inzwischen bietet die KfW neben langfristigen Krediten auch in Kooperation mit Beteiligungsgesellschaften Private Equity (Eigenkapital) für mittelständische Unternehmen an. 2002 wurde die KfW mit der Deutschen Ausgleichsbank DfA fusioniert.

▶ Kreditauftrag

Spezielle Form der → *Kreditleihe*, bei der eine → *Bank* ein anderes Kreditinstitut beauftragt, gemäß § 778 BGB einem Begünstigten (Debitor) im eigenen Namen und auf eigene Rechnung einen → *Kredit* zu gewähren. Erfüllt der Schuldner seine Verpflichtungen, z. B. Rückzahlung und Zinszahlung, nicht, so haftet die auftraggebende Bank der kreditauszahlenden Bank analog einer → *Bürgschaft.* Insbesondere im Rahmen der → *Außenhandelsfinanzierung,* und hier insbesondere beim → *Dokumentenakkreditiv* und → *Dokumenteninkasso,* ist diese Art der → *Finanzierung* gebräuchlich.

▶ Kreditauskunft

Anfrage eines Kreditors, d. h. Gläubigers, der einen → *Kredit* an einen Debitor, d. h. Schuldner, vergibt, beim Schuldner selbst (Selbstauskunft) oder einer gewerblichen Auskunftei (z. B. → *Schutzgemeinschaft für allgemeine Kreditsicherung SCHUFA*). Die Auskunft über den Schuldner soll Klarheit über dessen → *Kreditfähigkeit* sowie → *Kreditwürdigkeit* geben. Zwischen Banken existieren so genannte Grundsätze für die Durchführung des Bankauskunftsverfahrens, in denen insbesondere die strenge Vertraulichkeit der Daten geregelt ist.

▶ Kreditfähigkeit

Rechtliche Fähigkeit, gültige Kreditgeschäfte (→ *Kredit*) abzuschließen. Hierzu gehören insbesondere die Rechts- und → *Geschäftsfähigkeit* sowie die Vertretungsmacht (→ *Vertretung*) von natürlichen Personen im Auftrag bzw. die Vertretung von juristischen Personen. Im Gegensatz hierzu werden bei der Prüfung der → *Kreditwürdigkeit* nicht rechtliche, sondern persönliche und sachliche Aspekte des Kreditnehmers beleuchtet.

▶ Kreditfinanzierung

→ *Fremdfinanzierung*

▶ Kreditgenossenschaft

Bank (→ *Bank*) in der Rechtsform der Genossenschaft (→ *Genossenschaft, eingetragene (eG)*)

▶ Kreditinstitut

→ *Bank*, → *Kreditwesengesetz (KWG)*

▶ Kreditkarten

Bereits in den zwanziger Jahren in den USA gebräuchliches und seit den fünfziger Jahren auch in Europa eingeführtes Zahlungsmittel, welches auch im Rahmen der → *Außenhandelsfinanzierung* zunehmend an Bedeutung gewinnt. Die bekanntesten Kreditkarten sind die *American Express Card, Diners Club, VISA* und *Eurocard.* Karteninhaber können bei allen assoziierten Unternehmen, die die Kartenzahlung akzeptieren, bargeldlos bezahlen.

▶ Kreditkontrolle

→ *Kreditrisiko*

▶ Kreditkosten

Gesamtheit der → *Kosten* für einen → *Kredit,* die hauptsächlich aus den Zins- und Tilgungszahlungen bestehen. Darüber hinaus sind bei der Beschaffung von Fremdkapital Provisionen und Gebühren zu kalkulieren, die eine → *Bank* ihren Kreditnehmern aufgrund ihrer Kosten der Kreditprüfung und -überwachung bzw. Einholung von Kreditauskünften (→ *Kreditauskunft*) in Rechnung stellt.

▶ Kreditleihe

Im Gegensatz zum klassischen → *Kredit* im Sinne einer Geldleihe überträgt hier eine → *Bank* dem Kreditleiher lediglich ihre → *Kreditwürdigkeit* bzw. → *Bonität* und stellt ihm somit ihren guten Namen (→ *Standing*) für deren Geschäfte zur Verfügung. Kommt das Unternehmen, welches die Kreditleihe in Anspruch genommen hat, seinen Vertragspflichten nicht nach, so lebt die Zusicherung des Kreditleihers auf, stattdessen Zahlungen zu leisten. Die Kreditleihe ist damit eng verwandt mit dem → *Avalkredit* bzw. der Haftung aus einem → *Wechsel.*

▶ Kreditlinie

Rahmen bzw. Höchstgrenze für einen → *Kredit,* den ein Kreditor, in der Regel eine → *Bank,* seinem Kunden (Debitor bzw. Schuldner) einräumt. Dies ist im → *Girogeschäft* mit Privatpersonen in der Regel der Betrag, bis zu dem ein Girokonto überzogen werden kann (Dispositionskredit) und im Geschäftsverkehr der Kreditrahmen (Kontokorrent) des Kontokorrentkredits eines Unternehmens.

▶ Kreditor

Im Gegensatz zum → *Debitor,* d. h. dem Schuldner eines Kredites die Bezeichnung für den Gläubiger.

▶ Kreditrationierung

→ *Kreditrisiko*

▶ Kreditrisiko

Risiko (→ *Risiko*), d. h. Gefahr eines Kreditgebers (Kreditor), vom Schuldner (Debitor) nicht rechtzeitig Zins- und Tilgungszahlungen zu erhalten. Dabei kommt es nicht nur auf die Zahlungswilligkeit und -fähigkeit (Liquidität) des Kreditnehmers an, sondern auch auf die objektive Möglichkeit des Kreditnehmers, Zahlungen zu leisten (z. B. Devisenauszahlungsstopp eines Landes, Währungsverfall). Derartige Länderrisiken, Währungs-, Zinsänderungs- und Inflationsrisiken, die der Kreditnehmer nicht immer selbst zu vertreten hat, sind ebenfalls bei einer Kreditprüfung sowie der Bemessung der → *Kreditsicherheiten* zu beachten. So ist z. B. zur Bestimmung von Länderrisiken das → *Rating* gewerblicher Analysten (z. B. *Standard & Poor's, Moody's*) oder zur Beurteilung des Kreditrisikos von Personen eine Anfrage bei Auskunfteien (→ *Kreditauskunft*) sinnvoll. Eine → *Bank* hat häufig standardisierte Checklisten zur Beurteilung der → *Kreditfähigkeit* und Kreditwürdigkeit anhand von Jahresbilanzen, Registerauszügen oder Daten aus Branchenanalysen von Verbänden. Dabei sind die Kosten einer umfangreichen Kreditprüfung der dadurch erhaltenen zusätzlichen Sicherheit gegenüberzustellen.

▶ Kreditsicherheiten

Von einem Kreditnehmer auf Wunsch oder Antrag eines Kreditgebers zur Erlangung eines Kredits bereitgestellte Instrumente zur Begrenzung des Kreditrisikos. Derartige Sicherheiten werden in Personalsicherheiten einerseits und Realsicherheiten andererseits unterteilt (Abbildung K-13). **Personalsicherheiten**, wie z. B. die → *Bürgschaft,* → *Garantie,* das Wechselakzept oder die → *Patronatserklärung,* stellen schuldrechtliche Ansprüche gegen eine natürliche Person dar. **Realsicherheiten**, wie z. B. ein → *Pfand,* eine → *Grundschuld,* → *Hypothek,* → *Rentenschuld* oder die Vereinbarung eines → *Eigentumsvorbehalts* oder einer → *Sicherungsübereignung,* stellen hingegen sachenrechtliche Ansprüche des Kreditgebers gegenüber dem Kreditnehmer dar. In Abhängigkeit von der → *Kreditwürdigkeit* im Rahmen einer Kreditprüfung wird ein Kreditgeber (Kreditor) vom Kreditnehmer (Debitor) mehr oder weniger Sicherheiten verlangen. Bei guter → *Bonität,* z. B. aufgrund einer günstigen Auskunft (z. B. → *Schutzgemeinschaft für allgemeine Kreditsicherung SCHUFA*) über die Bonität des Kreditnehmers, können dingliche Sicherheiten entbehrlich sein. In der Regel legt allerdings eine → *Bank* großen Wert auf die Einholung von Realsicherheiten. Dies liegt unter anderem daran, dass derartige Realsicherheiten, z. B. im Fall einer → *Insolvenz,* mit einem Recht zur → *Aussonderung* oder → *Absonderung* versehen sein können. Entsprechend der Abhängigkeit einer Kreditsicherheit von dem Bestand, dem Umfang und der Dauer der Hauptschuld wird zwischen akzessorischen und fiduziarischen Sicherheiten unterschieden. Bei einer akzessorischen Sicherheit, wie beispielsweise der → *Bürgschaft,* erlischt die Kreditsicherheit, sobald die Hauptschuld beglichen wurde. Im Gegensatz hierzu besteht bei fiduziarischen Sicherheiten (z. B. → *Grundschuld*) die Sicherheit fort, auch wenn der Schuldner seine Verpflichtung erfüllt hat.

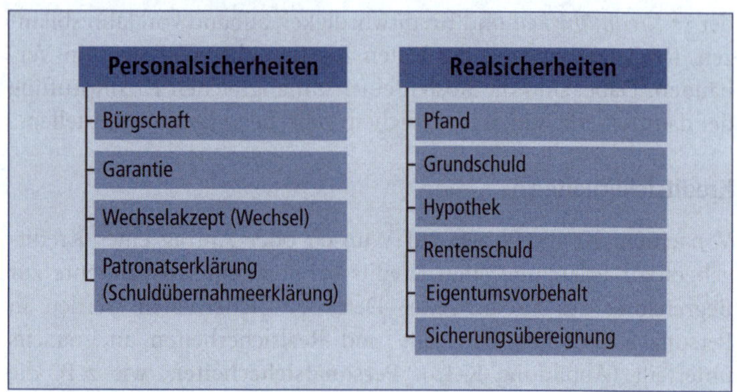

Abb. K-13: Kreditsicherheiten

▶ Kreditwesengesetz (KWG)

Erstmals 1934 nach den Erfahrungen der deutschen Bankenkrise während der Weltwirtschaftskrise in den zwanziger und dreißiger Jahren eingeführter rechtlicher Rahmen für den besonders vertrauensanfälligen Wirtschaftssektor der Kreditinstitute (→ *Bank*). In einem ersten Abschnitt werden allgemeine Vorschriften über die Geschäfte der Banken und → *Finanzinstitute* sowie Rechtsformerfordernisse und eindeutig verbotene Geschäfte geregelt. Außerdem werden ab § 5 die Organisation und die Aufgaben der deutschen Bankenaufsicht zugrunde gelegt. In einem zweiten Abschnitt werden im Sinne eines Einleger- bzw. Gläubigerschutzes detaillierte Vorschriften zur Eigenkapitalausstattung und → *Liquidität* sowie einschränkende Bedingungen im Kreditgeschäft (→ *Kredit*) vorgenommen. Außerdem sind in diesem Abschnitt Rechnungslegungs-, Prüfungs- und Offenlegungsvorschriften bezüglich der Bankbilanz enthalten. Ein dritter Abschnitt regelt die Zulassung zum Geschäftsbetrieb, insbesondere persönliche Voraussetzungen von Geschäftsführern, sowie Auskunfts- prüfungs- und Eingreifrechte der Bundesanstalt für Finanzdienstleistungsaufsicht (→ *Banken- und Finanzaufsicht*) in besonderen Fällen. In einem vierten und fünften Abschnitt werden Sondervorschriften, Straf- und Bußgeldregelungen bei Verletzung der oben genannten Pflichten dargelegt (→ *Basel I, II, III*).

▶ Kreditwürdigkeit

Im Gegensatz zur rechtlichen → *Kreditfähigkeit* die Möglichkeit, unter persönlichen und sachlichen Gesichtspunkten einen → *Kredit* zu erhalten. Im Rahmen einer Kreditprüfung wird meist zwischen persönlicher und wirtschaftlicher bzw. sachlicher Kreditwürdigkeit unterschieden. Die Prüfung der Zahlungs- und Geschäftsmoral, persönlichen Qualifikation und bisheriger Zuverlässigkeit ist Teil der **persönlichen Kreditwürdigkeit**. Zur Prüfung der **wirtschaftlichen Kreditwürdigkeit** ist auf die Vermögens-, Finanz- und Ertragslage des Kreditnehmers einzugehen. Dies kann durch eine Analyse vorgelegter Jahresabschlüsse (→ *Bilanz*) sowie einer Beurteilung der Unternehmensentwicklung aufgrund vorgelegter Finanzpläne, strategischer Pläne oder eingereichter Patente und Lizenzen erfolgen. Strittig bei der Kreditwürdigkeitsprüfung allgemein ist stets die Frage nach der mangelnden Beurteilungsmöglichkeit künftiger Zahlungswilligkeit und -fähigkeit des Kreditnehmers. In der Regel kann aus den vergangenen Erfahrungen nur unzureichend eine Vorhersage über künftige Vermögens-, Finanz- und Ertragslagen hergeleitet werden.

▶ Kreuzpreiselastizität

→ *Elastizität*

▶ Krisenmanagement

Handhabung von bewusst herbeigeführten oder unbeeinflusst entstandenen Unternehmenskrisen. Bewusst herbeigeführte Krisen zur Stimulierung der Arbeitsleistung werden im Rahmen der → *Führungsmodelle* als → *Management by Crisis* diskutiert. Krisen, die vom Unternehmen nicht bewusst herbeigeführt werden, sollen nach den Aussagen der Krisentheorie als Chance für die Neuorganisation und -planung des Betriebes genutzt werden. Nach *Larry E. Greiner* lassen sich im Leben einer Unternehmung fünf typische Krisen unterscheiden (Abbildung K-14). Jede Krise bedarf seiner Meinung nach einer speziellen Lösung.

▶ Kritische Auslastung

Sehr kontrovers benutzter Ausdruck für die im Rahmen einer → *Kostenvergleichsrechnung* ermittelte → *Kritische Menge*, oder im Rahmen einer → *Gewinnvergleichsrechnung* im Zusammenhang mit der Kostenfunktion zu ermittelnder Break-Even-Point (→ *Break-Even-Analyse*). Teilweise verwendet für die Gegenüberstellung mehrerer Gewinnfunktionen im Sinne der Produktionsmenge, ab der eine Investition relativ mehr Gewinn pro Stück erwirtschaftet als eine andere Investition.

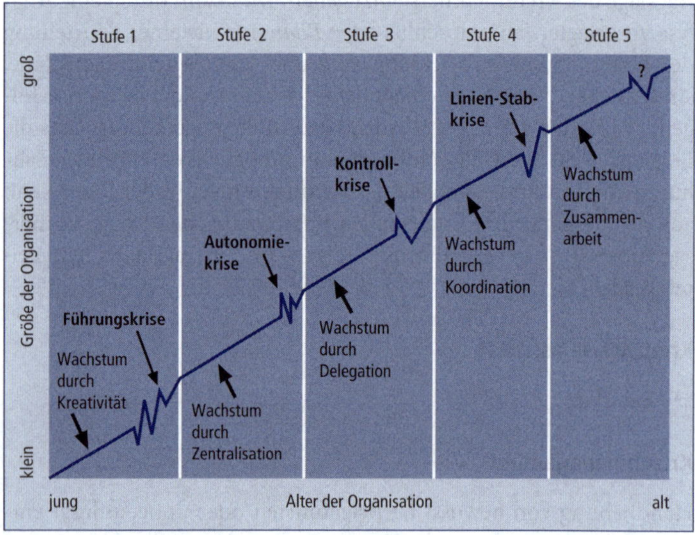

Abb. K-14: Stationen des Krisenmanagements nach Greiner

▶ Kritische Menge

Ausdruck für die Produktionsmenge, bei der im Vergleich zweier oder mehrerer Kostenfunktionen alternativer Investitionen im Rahmen von → *Investitionsrechenverfahren* eine Investition vorteilhafter als eine andere erscheint. Als Beispiel sei auf die → *Kostenvergleichsrechnung* und das dort genannte Beispiel verwiesen, das in Abbildung K-15 graphisch veranschaulicht wird. Aus dem Beispiel wird deutlich, dass ab 8 823 produzierten Stücken die Investition 2 vorteilhafter ist. Bei einer Auslastung darunter ist die Investition 1 kostengünstiger.

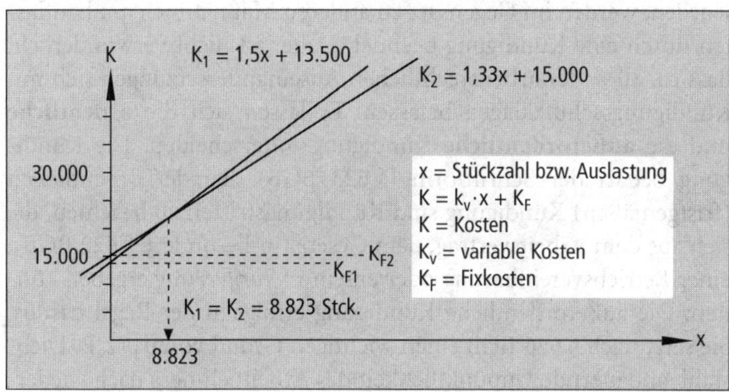

Abb. K-15: Ermittlung der kritischen Menge durch Gegenüberstellung der Kostenfunktionen

▶ Kritischer Weg (Kritischer Pfad)

→ *Netzplantechnik*

▶ KStDV

→ *Steuerdurchführungsverordnung*

▶ KStG

→ *Körperschaftsteuergesetz (KStG)*

▶ Kuckuck

Umgangssprachlich Bezeichnung für eine Pfandsiegelmarke im Rahmen einer Pfändung.

▶ Kündigung

Einseitige empfangsbedürftige → *Willenserklärung* gegenüber dem Vertragspartner. Die Kündigung bedarf je nach Kündigungsgegenstand (Mietobjekt, Arbeitsverhältnis) unterschiedlicher Anforderungen zu deren Wirksamkeit.

Arbeitsverhältnisse, die durch einen → *Arbeitsvertrag* begründet wurden, werden im Gegensatz zu anderen Maßnahmen am häufigsten durch eine Kündigung beendet. Daher ist nicht verwunderlich, dass ca. 80 % der arbeitsrechtlichen Auseinandersetzungen sich mit Kündigungsschutzklagen befassen. Es lassen sich die **ordentliche** und die **außerordentliche** Kündigung unterscheiden. Die Kündigung bedarf der Schriftform (§ 623 BGB). Bei der ordentlichen (fristgemäßen) Kündigung sind Kündigungsfristen zu beachten, die sich aus dem Arbeitsvertrag, dem Gesetz (insbesondere § 622 BGB), einer Betriebsvereinbarung oder einem → *Tarifvertrag* ergeben können. Die außerordentliche Kündigung erfolgt in der Regel fristlos. Sie setzt nach § 626 BGB einen wichtigen Grund voraus (z. B. Diebstahl, andauernde Unpünktlichkeit des Arbeitnehmers nach wiederholter → *Abmahnung*). Die außerordentliche Kündigung muss innerhalb von zwei Wochen ab Kenntnis des wichtigen Grundes erklärt werden (§ 314 BGB, § 626 II BGB).

Kündigungsverbote und -beschränkungen ergeben sich aus zahlreichen Gesetzen. Hier ist insbesondere das Kündigungsschutzgesetz (KSchG) zu erwähnen. Nach diesem Gesetz ist eine Kündigung eines länger als sechs Monate in dem Betrieb beschäftigten Arbeitnehmers unwirksam, wenn sie sozial ungerechtfertigt ist.

Eine sozial ungerechtfertigte Kündigung liegt vor, wenn sie nicht durch Gründe, die in der Person oder deren Verhalten liegen, oder durch dringende betriebliche Bedürfnisse gerechtfertigt sind. Sozial ungerechtfertigt wäre z. B. eine Kündigung aufgrund von Alter, Geschlecht, Schwangerschaft, Behinderung, Betriebszugehörigkeit oder gesetzlichen Unterhaltsansprüchen. Der Arbeitgeber trägt hier die Beweislast.

Bei Kündigungen sind die Anhörungs- und Mitwirkungsrechte der Arbeitnehmervertretungen zu beachten (insbesondere § 102 BetrVG). Für Schwerbehinderte, Schwangere, Auszubildende und Funktionsträger (z. B. Betriebsräte) gelten zusätzliche Kündigungsschutzbestimmungen. Sind die gesetzlichen Voraussetzungen des Kündigungsschutzes nicht erfüllt, so kann der Arbeitnehmer gegen die

Kündigung vor einem Arbeitsgericht (→ *Rechtsweg*) klagen. Eine ordentliche Kündigung eines Arbeitsvertrages, verbunden mit dem Angebot auf Abschluss eines neuen Vertrages wird als Änderungskündigung bezeichnet. Wird das Angebot angenommen, gelten nach Ablauf der Kündigungsfrist die neuen Vertragsbedingungen. Bei Nichtannahme gilt der Kündigungsschutz bzw. besteht die Möglichkeit auf arbeitsgerichtliche Klage gem. § 2 und § 8 KSchG. Kündigungen von Arbeitsverhältnissen sind nur schriftlich möglich.

▶ Kündigungsfrist

→ *Kündigung*

▶ Kündigungsschutz

→ *Kündigung*

▶ Kulanz

Erbrachte → *Gewährleistung* bei einem mangelhaften Produkt, ohne dass hierzu eine rechtliche Verpflichtung bestanden hätte. So kann z. B. auch nach Ablauf einer Garantiezeit auf dem Kulanzwege noch ein Schaden an einem Produkt vom Hersteller behoben oder ersetzt werden.

▶ Kulisse

Bezeichnung für das am Rande des Parketts, d. h. des eigentlichen Handels an einer → *Börse* stattfindenden Marktes, bei dem meist nicht amtlich zugelassene Kursmakler, sondern andere Börsenteilnehmer Geschäfte zum Teil für eigene Rechnung abschließen.

▶ Kultur

→ *Unternehmenskultur*

▶ Kundenbindung

Absicherung des vorhandenen Marktanteils, bei der versucht wird, bestehende Kunden gegenüber den aktiven Kundenakquisitionsmaßnahmen (→ *Akquise*) der Wettbewerber zu sichern. Hierzu gehören auch die Maßnahmen des → *Nachkaufmarketing* wie z. B. ein → *Kundenclub*. Neben der kontinuierlichen Kundenpflege trägt jedoch auch ein im Rahmen der → *Produktpolitik* stetig aktualisiertes Angebot zur Kundenloyalität und damit Kundenbindung bei.

▶ Kundenclub

Von einem Unternehmen initiierte, organisierte oder zumindest geförderte Vereinigung von tatsächlichen oder potentiellen Kunden mit einem bestimmten Organisationsgrad. Kundenclubs sind dadurch gekennzeichnet, dass der Zielgruppe exklusive Leistungen angeboten werden, die Nichtmitgliedern nicht offen stehen, eine gewisse Aktivität seitens der Kunden vorausgesetzt wird (sie müssen von selbst beitreten) und ein regelmäßiger, direkter Kontakt entstehen muss, um eine intensive dialogorientierte Kommunikation mit der Zielgruppe aufzubauen.

Beispiele für Kundenclubs sind der *IKEA*-Club oder der *Pro7*-Club. Diese sind zu unterscheiden von anderen Programmen zur → *Kundenbindung* wie Bonusprogrammen (z. B. *Lufthansa* Miles & More) oder Rabattsystemen (z. B. Payback).

▶ Kundenerfolgsrechnung

Erfolgsrechnung in Bezug auf das Kalkulationsobjekt Kunde bzw. Kundengruppe, so dass kundenspezifische Kosten und Erlöse möglichst verursachungsgerecht ermittelt werden. Es sollen also kundenspezifische Prozess-Einzelkosten ermittelt werden. Bei den deckungsbeitragsbasierten Kundenerfolgsrechnungen zeigt sich ein Wandel im Controlling. Standen zunächst herkömmliche Rechnungen im Vordergrund, so wird immer mehr zusätzlich der Wertkettengedanke dadurch eingebracht, dass Prozesskosten die Erfolgsrechnung ergänzen (→ *Prozesskostenrechnung*). Schließlich gewinnt das Kundencontrolling in der Praxis auch dadurch an Bedeutung, dass durch die Betrachtung des Erlös/Prozess-Zusammenhangs eine Verbindung von produkt- und kundenorientierter Sicht erfolgt.

► Kundenintegration

Ansatz, Kundenprobleme zusammen mit dem Kunden zu lösen. Für den Einbezug des Kunden kommt es entscheidend auf die Modularisierung des Angebotes an. Gerade auf → *Business to Business*-Märkten werden heute kaum noch fertige Produkte verkauft. Die Kunden verlangen vielmehr auf ihre individuellen Belange zugeschnittene Lösungen (→ *Mass Customization*). Grundsätzlich lassen sich verschiedene Stufen darstellen, die sich in der Integration in der Wertschöpfungskette unterscheiden:

- Match-to-order/locate-to-order: Die Zusammenstellung bestehender (Standard-)Produkte entsprechend den Wünschen des Kunden
- Bundle-to-order: Bündelung bestehender Produkte zu einem vom Kunden erwünschten „neuen" Produkt
- Assemble-to-order: Montage kundenspezifischer Produkte aus standardisierten, vorgefertigten Teilen
- Made-to-order: Fertigung kundenspezifischer Produkte einschließlich der Komponentenfertigung
- Development-to-order: Entwicklung unter Kundenbeteiligung mit anschließender Fertigung „Made-to-order".

► Kundenkapitalwert

→ *Customer Lifetime Value (CLV)*

► Kundenorientierung

Grundsätzlich positive Einstellung der Mitarbeiter zu den Kunden und deren Bedürfnissen, die in kundennahem Verhalten mündet. Sie bildet also eine Grundeinstellung der Mitarbeiter, die Teil der → *Unternehmenskultur* ist. Sie wird als Gegenpol zur Produkt- oder Technologieorientierung gesehen. Ziel ist damit, die → *Kundenzufriedenheit* zu erhöhen und somit die → *Kundenbindung* zu verbessern. Hintergrund ist auch hier die Tatsache, dass der Aufwand zur Gewinnung neuer Kunden weit höher als der zur Bindung bestehender Kunden an das Unternehmen ist.

▶ Kundenportfolio

Marketingnahes Portfolio, das strategische Kunden bzw. Kundengruppen positioniert. Die beiden häufig vorgeschlagenen Dimensionen Relativer Lieferanteil/Künftiger Erfolgsbeitrag und Aktueller Gewinnbeitrag/Zukünftiger Gewinnbeitrag sind inzwischen weiterentwickelt worden zu Achsendimensionen wie z. B. Wachstum und Stabilität der Geschäftsbeziehung, Kundenattraktivität oder Auftrags- und In-supplier-Position.

▶ Kundenwert

→ *Customer Lifetime Value (CLV)*

▶ Kundenzufriedenheit

Zum einen Phänomen der Nachkaufphase, in welchem sich die Beurteilungen des Kunden widerspiegeln. Somit ist die Zufriedenheit das Ergebnis einer Ex-post-Bewertung und setzt ein konkretes, selbst erfahrenes Konsumerlebnis voraus. Zum anderen das Ergebnis eines psychischen Soll-Ist-Vergleiches, d. h. Zufriedenheit herrscht bei Deckungsgleichheit subjektiver Erwartungen mit den tatsächlichen Konsumerlebnissen. Zwar kann die Maximierung der Kundenzufriedenheit aufgrund von Kostenüberlegungen kein eigenständiges (Marketing-)Ziel sein; sie ist jedoch in jüngster Zeit zu einem wesentlichen Indikator der Zukunftschancen von Unternehmen geworden, da zufriedene Kunden dem Unternehmen gegenüber loyal sind, häufiger und in größeren Mengen kaufen, eine geringere Sensibilität gegenüber Preiserhöhungen aufweisen und ein positives Image des Unternehmens vermitteln. Es lassen sich somit Akquisitionskosten für neue Kunden und durch die Markentreue die → *Transaktionskosten* bei bestehenden Kunden senken. Kundenzufriedenheit ist wesentliche Voraussetzung für Kundenbindung und -loyalität, die sich wiederum in höheren Absatzmengen und Erlösen niederschlägt. Stabile Kundenbeziehungen erschweren zudem den Markteintritt der Konkurrenz und bergen längerfristig hohe Gewinnpotentiale.

▶ Kupon

Zins- bzw. Dividendenschein, der einer → *Anleihe* bzw. → *Aktie* beigefügt ist und für dessen Einlösung die → *Bank* ihrem Wertpapierkunden (bei Anleihen am Zinstag, bei Aktien am Tag der Dividendenausschüttung) den jeweiligen Betrag gutschreibt. Außer beim → *Tafelgeschäft* bekommt der Bankkunde den Kupon nicht mehr in die Hand, weil diese Vorgänge elektronisch abgewickelt werden.

▶ Kuppelproduktion

Bewusste oder unbewusste Erzeugung von Nebenprodukten während einer → *Produktion.* Ein typisches Kuppelprodukt ist beispielsweise Gas, Benzol und Teer bei der Verkokung von Kohle oder die Entstehung von Foliengeschenkpapier beim Abdruck von Farbvorlagen auf Textilien. Unabhängig vom jeweiligen → *Produktionsprogramm* lassen sich die starre und variable Kuppelproduktion unterscheiden. Sind die Mengenanteile zwischen Haupt- und Kuppelprodukt konstant, so wird dies als starr, bei zufällig entstehenden bzw. sich verändernden Mengen der Kuppelprodukte als variabel bezeichnet. Fallen Kuppelprodukte an, so ist nicht nur deren Verwertung, sondern auch die Zuordnung der Produktionskosten auf Haupt- und Nebenprodukte problematisch.

▶ Kurs

Preis eines an einer → *Börse* zum Handel zugelassenen Objektes. Dies können Waren, Wertpapiere oder Währungen sein. Die Notierung des Kurses kann in Stück oder Prozent erfolgen. Bei der Stücknotierung wird ein Geldbetrag pro Stück (z. B. 670 € für die Aktie X), bei der Prozentnotierung, die bei festverzinslichen Wertpapieren Anwendung findet, der Kurs in Prozent vom → *Nennwert* angegeben.

▶ Kursfeststellung

In Abhängigkeit vom Börsenmarktsegment bzw. den Börsenhandelsformen Zustandekommen der Kurse für Waren, Wertpapiere oder Devisen. Die Kursfeststellung erfolgt beim → *Amtlichen Markt* durch amtliche Kursmakler durch Festsetzen eines Einheitskurses oder bei Aktien mit höheren Umsätzen durch fortlaufende Kursnotierung. Am Devisenmarkt erfolgt um 13.00 Uhr eine einmalige börsentägliche Kursfeststellung des Geld-, Brief- und Mittelkurses.

▶ Kurs-Gewinn-Verhältnis (KGV)

Relation von aktuellem Aktienkurs zum Konzerngewinn je Aktie (Price-Earnings-Ratio). Das KGV ist einer der beliebtesten Kennzahlen in der Fundamentalanalyse. Es ist sozusagen das Preis-Leistungs-Verhältnis einer Anlage. Ein hohes KGV bedeutet, dass ein Papier relativ teuer ist und umgekehrt. Das KGV kann aus Sicht des Investors auch als Amortisationsdauer angesehen werden, d. h. wie viele Jahre das Papier gehalten werden muss, damit es über die Gewinne das Investment verdient. Neben dem KGV kann das KUV (Kurs-Umsatz-Verhältnis), KBV (Kurs-Betriebsergebnis-Verhältnis) und das KCV (Kurs-Cashflow-Verhältnis) ermittelt werden (→ *Wertpapieranalyse*).

▶ Kursindex

→ *Aktienindex*

▶ Kurslimit

Bezeichnung für die betragsmäßige Begrenzung von Kauf- oder Verkaufsaufträgen an der → *Börse.* Erfolgt keine Limitierung des Börsenauftrages, so wird der Auftrag bei Verkäufen → *Bestens* und Käufen → *Billigst* ausgeführt.

▶ Kursmakler

Börsenteilnehmer (→ *Börsenteilnehmer*), der an einer Börse gemäß § 30 Börsengesetz von der jeweiligen Landesregierung amtlich zur → *Kursfeststellung* ernannt wird. Als Vergütung für seine Tätigkeit erhält der Kursmakler, wie alle → *Makler,* eine → *Courtage* als Vermittlungsgebühr.

▶ Kursmaklerkammer

→ *Börsenorgane*

▶ Kursnotierung

→ *Kurs*

▶ Kursverlauf

→ *Wertpapieranalyse*

▶ Kurszusätze

Bei der Notierung eines Kurses werden in veröffentlichten Kursblättern oder bei übrigen Börseninformationssystemen häufig Abkürzungen angegeben, welche über das Zustandekommen des Kurses nähere Angaben machen. Die Vielfalt an Kurszusätzen fasst Abbildung K-16 zusammen.

▶ Kurzarbeit

Reduzierung der betrieblichen → *Arbeitszeit* zur vorübergehenden Streckung der Arbeit bei Auftragsmangel. Kann tarifvertraglich geregelt sein und darf nur mit Zustimmung des Betriebsrates gem. § 87 I Nr. 3 BetrVG eingeführt werden. Häufig verbunden mit entsprechender Kürzung des Arbeitsentgelts (→ *Lohnformen*) und unter bestimmten Voraussetzungen gem. §§ 63 ff. AFG Anspruch auf Kurzarbeitergeld.

Kurszusätze, die auf die Angebots- bzw. Nachfragesituation hindeuten		
	bezahlt (kein Zusatz)	Alle Aufträge wurden ausgeführt.
b	bezahlt Brief:	Es bestand beim festgestellten Kurs noch Angebot.
bG	bezahlt Geld:	Es bestand beim festgestellten Kurs noch Nachfrage.
B	Brief:	Es bestand beim festgestellten Kurs nur Angebot.
G	Geld:	Es bestand beim festgestellten Kurs nur Nachfrage.
ebB	etwas bezahlt Brief:	Die zum festgestellten Kurs limitierten Verkaufsaufträge konnten nur zu einem geringen Teil ausgeführt werden.
ebG	etwas bezahlt Geld:	Die zum festgestellten Kurs limitierten Kaufaufträge konnten nur zu einem geringen Teil ausgeführt werden.

Kurszusätze, die auf die Angebots- bzw. Nachfragesituation hindeuten		
ratB	rationiert Brief:	Die bis zum festgestellten Kurs und niedriger limitierten sowie die unlimitierten Verkaufsaufträge konnten nicht vollständig ausgeführt werden.
ratG	rationiert Geld:	Die zum festgestellten Kurs limitierten und darüber limitierten sowie die unlimitierten Kaufaufträge konnten nicht vollständig ausgeführt werden.
rep.	repariert	Es konnten nicht alle Aufträge ausgeführt werden.
Kurszusätze, die auf Probleme der Kursfeststellung hindeuten		
– B	gestrichen Brief:	Es bestand ein Angebotsüberhang, ein Kurs konnte nicht festgestellt werden.
– G	gestrichen Geld:	Es bestand ein Nachfrageüberhang, ein Kurs konnte nicht festgestellt werden.
–	gestrichen:	Es wurde kein Kurs festgestellt.
– T	gestrichene Taxe:	Der Kurs wurde geschätzt.
– Z	gestrichen Ziehung:	Die Kursfeststellung wurde an den beiden dem Auslosungstag vorangehenden Börsentagen ausgesetzt.
Kurszusätze, die auf die Ausstattung der gehandelten Papiere hindeuten		
exBA	ohne Berichtigungsaktien:	Erster Kurs nach einer → Kapitalerhöhung aus Gesellschaftsmitteln.
exBr	ohne Bezugsrecht:	Erster Kurs nach einer → Kapitalerhöhung und Nutzung von Bezugsrechten.
exD	ohne Dividende:	Erster Kurs nach Dividendenausschüttung.
o.D.	ohne Dividendenschein:	Das gehandelte Papier besitzt keinen Dividendenschein.
o.Db.	ohne Dividendenbogen:	Das gehandelte Papier besitzt keinen Dividendenbogen.
m.T.	mit Talon:	Das gehandelte Papier besitzt einen Talon (Dividendenschein).

Abb. K-16: Kurszusätze

► Kurzfristige Erfolgsrechnung

Im Gegensatz zur bilanziellen Erfolgsrechnung, d. h. der → *Gewinn- und Verlustrechnung (GuV)*, die Gegenüberstellung von bewerteter Leistung zu den in der → *Kostenträgerrechnung* ermittelten → *Kosten*. Dies wird zur Planung, Steuerung und Überwachung (→ *Controlling*) betrieblicher Prozesse für sehr kurze Zeiträume durchgeführt bzw. bietet sich für die Abrechnung und Begleitung von Projekten an.

▶ KUV (Kurs-Umsatz-Verhältnis)

→ *Kurs-Gewinn-Verhältnis (KGV)*

▶ Kux

→ *Bergrechtliche Gewerkschaft (bG)*

▶ KVP

→ *Kaizen*

▶ KWG

→ *Kreditwesengesetz (KWG)*

▶ Kybernetik

→ *System*

L

▶ Ladeschein

Im Frachtverkehr vom Frachtführer ausgestelltes Transportpapier. Es zählt zu den kaufmännischen Orderpapieren. Seine Übergabe ersetzt im Allgemeinen die Übergabe des Gutes (§ 450 HGB). Hierin wird der Empfang der zur Beförderung übergebenen Güter bestätigt und die Aushändigung an den im Ladeschein aufgeführten Empfänger zugesagt. Besondere Bedeutung hat der Ladeschein im Flussfrachtgeschäft. Hier kann der Absender die Ausstellung eines Ladescheins verlangen. Rechtliche Konsequenz ist u. a., dass der nach dem Ladeschein als Empfänger Berechtigte schon vor Ankunft des Gutes am Ablieferungsort die Verfügungsrechte des Absenders über das Gut hat (§ 447 HGB). Der Frachtführer darf nur gegen Rückgabe des Ladescheins Anweisungen des Absenders folgen (§ 447 HGB) bzw. das Gut an den Empfänger ausliefern (§ 448 HGB).

▶ Länderrisiko

Bei Exportgeschäften zu beachtende Risiken, wie beispielsweise Zahlungsunfähigkeit oder Zahlungsunwilligkeit des Empfängers, Wechselkursrisiko, Handelshemmnisse durch eine Regierung (→ *Zoll*) oder politische Risiken (Enteignung, Konfiszierung). Häufig wird zwischen Staatsrisiko (Zahlungsverweigerung mit Devisen durch Regierung) und Transferrisiko (Zahlungsfähigkeit und -willigkeit des Schuldners) unterschieden. Zur Beurteilung von Länderrisiken bieten zahlreiche Institutionen Informationssysteme, z. B. in Form von Indexdarstellungen (→ *BERI-Index*) an (→ *Ausfuhrkredit-Gesellschaft mbH (AKA)*).

▶ Lagebericht

Separater Bericht, der nicht Bestandteil des Jahresabschlusses ist. In ihm sind der Geschäftsverlauf und die wirtschaftliche Situation eines Unternehmens darzustellen. Er ist für bestimmte Einzelunternehmen (mittelgroße und große Kapitalgesellschaften, Genossenschaften sowie Unternehmen, die dem PublG unterliegen, mit Ausnahme von Personenhandelsgesellschaften und Einzelkaufleuten) sowie für den → *Konzern* gesetzlich vorgeschrieben.

Nach § 289 HGB umfasst der Lagebericht zum einen **allgemeine Erläuterungen** zum Geschäftsverlauf und zur Lage der Gesellschaft und zum anderen **Einzelangaben**. Der allgemeine Teil muss neben der Angabe des **Geschäftsergebnisses** eine umfassende und ausgewogene Analyse des Geschäftsverlaufs und der Lage der Gesellschaft beinhalten, wobei auch finanzielle Leistungsindikatoren (z. B. Ergebniskomponenten, Liquidität, Kapitalausstattung) zu nennen sind. Ferner sind die Ziele und die Strategien des Unternehmens sowie die wesentlichen Chancen und Risiken zu beschreiben. Die Einzelangaben sollen insbesondere eingehen auf:

- Vorgänge von besonderer Bedeutung, die nach dem Bilanzstichtag eingetreten sind (Nachtragsbericht)
- das Risikomanagement und Risiken der Finanzinstrumente (Bericht über die Finanzrisiken)
- Forschung und Entwicklung (Forschungsbericht)
- Zweigniederlassungen/Tochtergesellschaften (Niederlassungsbericht)

Für bestimmte kapitalmarktorientierte Unternehmen ist überdies über die Vergütungssysteme, die Übernahmesituation und das rechnungslegungsbezogene interne Kontroll- und Risikomanagementsystem sowie die Unternehmensführungspraktiken zu berichten. Große kapitalmarktorientierte Kapitalgesellschaften müssen zudem eine sog. → *nichtfinanzielle Erklärung* abgeben. Der Lagebericht der Einzelgesellschaft (mit Ausnahme der „kleinen" Gesellschaften) sowie der Konzernlagebericht unterliegen der Prüfung durch den Abschlussprüfer. In § 115 II WpHG wird bestimmt, dass der → *Halbjahresfinanzbericht* auch einen Lagebericht umfasst.

▶ Lager

Gesamtheit und Ort der Vorratshaltung einer Unternehmung. Vorräte sind Roh-, Hilfs- und Betriebsstoffe, halbfertige und fertige Erzeugnisse (→ *Produktionsfaktoren (nach Gutenberg)*). Als Nebenaufgaben eines Lagers lassen sich Entgegennahme und Abgabe der Lagergüter, die Erfassung und Verbuchung der jeweiligen Bestände sowie die Kontrolle der gelagerten Gegenstände nennen. Die wesentliche Bedeutung eines Lagers liegt in der Pufferfunktion. Es dient als Puffer zwischen Beschaffung und Produktion (Eingangslager), zwischen einzelnen Fertigungsstufen der Produktion (Zwischenlager) und zwischen Produktion und Absatz (Ausgangslager). Unterschiede zwischen Beschaffung und Bedarf können ausgeglichen werden (Ausgleichsfunktion). Da gelagerte Güter Kapital binden, wird ein möglichst geringer Lagerbestand angestrebt (→ *Bestellmenge, optimale*). Das so genannte Konsignationslager ist eine weitere Möglichkeit, weniger Kapital zu binden. Darunter sind Lager zu verstehen, die vom Lieferanten beim Kunden eingerichtet werden. Das Lagergut stellt Kommissionsgut dar, d. h. es befindet sich im Eigentum des Lieferanten (Konsignant). Der Kunde (Konsignator) entnimmt je nach Bedarf aus dem Konsignationslager Güter und erst zu diesem Zeitpunkt geht das Eigentum zum Kunden über und bindet damit Kapital. Eine Sicherheitsfunktion übernimmt das Lager dergestalt, dass bei Lieferverzögerungen ein Produktionsstillstand vermieden wird. Werden steigende Preise erwartet und das Lager zu noch niedrigen Preisen aufgefüllt, so entsteht ein Pufferbestand aufgrund der Preisänderungserwartungen.

▶ Lagerbuchhaltung

→ *Buchhaltung*, → *Skontro*

▶ Lagerdauer

→ *Lagerumschlag*

▶ Lagerhaltung

Tätigkeit des Lagerns (→ *Lager*) einschließlich der in diesem Zusammenhang zu lösenden Entscheidungsprobleme. Hierzu gehören das Ableiten der Lagerhaltungsziele aus den Unternehmenszielen, insbesondere unter Beachtung der Interdependenzen zu den Beschaffungs-, Produktions- und Absatzzielen (→ *Ziel*) und ihre Umsetzung in Lagerhaltungsstrategien. Ziele der Lagerhaltung können die Sicherung der Lieferbereitschaft und die Kostenminimierung sein (Abbildung L-1).

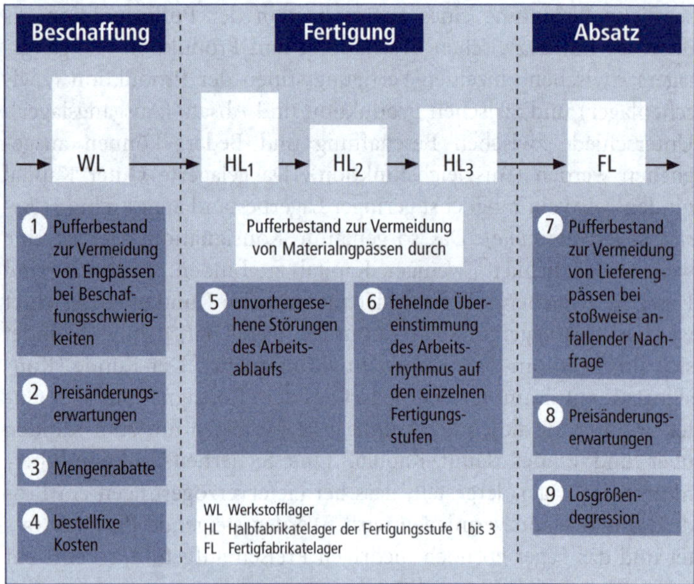

Abb. L-1: Bestimmungsgründe der Lagerhaltung (Quelle: Wöhe, G.; Döring, U.; Brösel, G.: Übungsbuch zur Einführung in die Allgemeine Betriebswirtschaftslehre, 15. Aufl., München 2016, S. 154)

▶ Lagerschein

→ *Orderpapier*

▶ Lagerumschlag

Betriebswirtschaftliche → *Kennzahl,* die das Verhältnis von → *Umsatz* bzw. Lagerabgang und durchschnittlichem Lagerbestand ausdrückt. Es lassen sich Lagerdauer (bzw. Umschlagsdauer) und Umschlagshäufigkeit unterscheiden. Liegt der durchschnittliche Lagerbestand z. B. bei 60 000 € und der Lagerabgang bei 180 000 €, wird das Lager dreimal umgeschlagen. Auswirkungen hat der Lagerumschlag vor allem auf die mit der Lagerung verbundene → *Kapitalbindung* und die mit dem Lager verbundenen → *Kosten* (Raum-, Lager-, Bewachungs-, Zinskosten usw.).

▶ Lagging

Verzögerung von Zahlungen im Gegensatz zum → *Leading.* Neben der Gestaltung konzerninterner Finanzströme wird Lagging insbesondere im Rahmen des Währungsmanagements eingesetzt, um Zahlungen zu einem später günstigeren Wechselkurs verzögert auszuführen.

▶ Land- und forstwirtschaftliches Vermögen

→ *Betriebsvermögen*

▶ Laplace-Regel

→ *Entscheidungsregeln*

▶ Lastenheft

→ *Pflichtenheft*

▶ Lastschrift

Lastschrift (→ *Inkasso*), d. h. Einzug einer Zahlung eines Schuldners durch die Ausstellung einer Lastschrift von Seiten des Gläubigers und dessen Einreichung bei seiner → *Bank.* Im Gegensatz zur Überweisung agiert also hier der Gläubiger, was voraussetzt, dass der Zahlungspflichtige (Schuldner) mit dem Lastschrifteinzugsverfahren einverstanden ist bzw. seine Bank zum Einzug ermächtigt (→ *Einzugsermächtigung*).

▶ Latente Steuern

→ *Steuerlatenz*

▶ Laufzeit

→ *Fristigkeit*

▶ Lead

Lead-Marketing bezeichnet den Prozess, einen potentiellen Kunden zu identifizieren und ihn in einen Käufer umzuwandeln. Ein Lead bezeichnet grundsätzlich einen qualifizierten Kontakt, der Interesse an einem Unternehmen oder Produkt hat.

Die durch zunehmende Internetnutzung online betriebene Informationsphase im Vorfeld eines Kaufes soll dazu genutzt werden, Kunden zu generieren. Hierzu werden z. B. vor dem Download von Informationsmaterial oder der Bestellung eines Newsletters die Kundendaten abgefragt. Durch Aggregation dieser Daten lassen sich deutlich spezifischere Kundenansprachen generieren. Auch ermöglicht es dem Unternehmen, Kunden mit offensichtlichem Interesse an einem Produkt oder einer Produktgruppe ggf. direkt anzusprechen.

Um die Voraussetzung für das Interesse eines potentiellen Kunden zu schaffen eignen sich auch die Elemente des → *Content Marketing.* Ein wesentliches Mittel, um möglichst viele Leads im Rahmen des Online Marketing zu generieren ist die richtige Platzierung der Webseite bei entsprechenden Suchanbietern.

Im B2B Bereich (→ *Business to Business*) ist die Identifizierung von qualifizierten Leads ein wesentlicher Faktor der Neukundengewinnung. In CRM (Customer Relationship Management)-Systemen sind Leads daher ein zentraler Punkt.

▶ Leading

Im Gegensatz zur Verzögerung (→ *Lagging*) die Beschleunigung von konzerninternen Zahlungen zur Gestaltung konzerninterner Finanzströme. Eine derartige Zahlungsbeschleunigung kann auch im Rahmen eines Währungsmanagements zur Begegnung von Währungsrisiken eingesetzt werden, wenn eine spätere Zahlung bei einem sich ändernden Wechselkurs günstig erscheint.

▶ Lean Management

Ausgehend von der MIT-Untersuchung von 1992 (→ *Lean Production*), wird eine Verschlankung von Strukturen und Beschleunigung von Prozessen zunehmend für alle Bereiche und Funktionen eines Betriebes unabhängig von Branchen gefordert. Lean Management ist dabei die Summe von Einzelkonzepten, auf die hier verwiesen wird:

(1) Gruppenfertigung.

(2) Dezentralisation durch → *Delegation* und Verflachung von Hierarchien.

(3) Vereinfachung von Abläufen und Abbau von Komplexität.

(4) Streben nach permanenter bzw. kontinuierlicher Verbesserung (→ *Kaizen*).

(5) Enge → *Strategische Allianz* mit Lieferanten (→ *Just in Time (JiT)*) und integrierte Produktverbesserung in Zusammenarbeit mit den Lieferanten.

(6) Ausnutzung des schöpferischen Potentials von Mitarbeitern durch ein ausgebautes Vorschlagswesen.

(7) Direkte und kurze Informations- und Kommunikationswege.

Inwieweit diese Einzelkomponenten bei jedem „Lean-Ansatz“ (z. B. Lean Assurance, Lean Banking, Lean Administration) angewandt werden können, ist fraglich. Dies behauptet allerdings der neuere Ansatz des → *Business Reengineering*.

▶ Lean Production

(Schlanke Produktion). Ein Begriff, der durch die Untersuchung von *James P. Womack, Daniel T. Jones* und *Daniel Roos*: Die zweite Revolution in der Automobilindustrie, 1992, in der Betriebswirtschaftslehre kontrovers diskutiert wird. Aufgrund empirischer Studien japanischer Automobilunternehmen (Japanische Organisationen) stellten die o. g. Verfasser in ihrem Buch die These auf, dass die „Welt der Industrie" derzeit einen revolutionären Wandel erlebt, der ähnlich bahnbrechend sei wie die Ablösung der manuellen Arbeit durch die → *Fließproduktion* bzw. → *Massenproduktion.* Die Schlanke Produktion soll ohne vielzahlige Hierarchien im Unternehmen und durch eine schlankere Verwaltung (→ *Lean Management*) eine Verdoppelung der → *Produktivität* und Halbierung der → *Kosten* bewirken. Schlanke Produktion bedeutet weiterhin eine straffe → *Koordination* (i. S. einer Anbindung) der Zulieferindustrie (→ *Just in Time (JiT)*), schnelle Anpassung an neue Kundenbedürfnisse in der Produktion (→ *Innovationsmanagement*) und Reorganisation des Fertigungsablaufes hin zu einer → *Gruppenproduktion* bzw. flexiblen → *Werkstattproduktion* (→ *Job Enrichment*). Neue Fertigungsprinzipien wie das → *Kanban* (Holprinzip) sollen durch das Institutionalisieren kontinuierlicher Verbesserungsprozesse (KVP, → *Kaizen*) mit → *Qualitätszirkeln* ergänzt werden. Ob sich diese Produktionsart als die „Geheimwaffe" der nächsten Jahrzehnte bewähren wird bzw. gleich von Toyatismus im Gegensatz zum Taylorismus gesprochen werden soll, sei dahingestellt. In jedem Fall ist bei allen großen Automobilunternehmen bereits seit Jahren das Bemühen zur „Verschlankung" feststellbar.

▶ Leasing

Nutzungsüberlassungsvertrag oder ein atypischer Mietvertrag im zivilrechtlichen Sinn. Bei dieser Finanzierungsform wird dem Leasing-Nehmer (Kunde) ein Leasing-Gegenstand (Ware, z. B. ein Drucker) von dem Leasing-Geber (Hersteller, Verkäufer), nach dem Abschließen eines Leasingvertrags, zur Verfügung gestellt. Leasingverträge haben ähnliche Eigenschaften und Funktionsweisen wie ein Mietvertrag. In einem Leasingvertrag werden Raten festgelegt, die der Leasing-Nehmer zahlen muss. In der Regel bleibt der Leasing-Geber rechtlicher und wirtschaftlicher Eigentümer dieses Leasing-Gutes und nimmt den Gegenstand in seine Bilanz auf. Nach Ablauf des Leasing-Vertrages geht der Gegenstand wieder an den Leasing-Geber zurück oder kann vom Leasing-Nehmer oder einem Dritten käuflich erworben werden.

▶ Lebensversicherung

→ *Versicherung*

▶ Lebenszyklus

→ *Produktlebenszyklus*

▶ Leerkosten

Teil der → *Fixen Kosten,* deren Ursache im Rahmen der → *Produktion* nicht genutzt wird (z. B. kranker Hausmeister). Im Gegensatz hierzu stellen Nutzkosten den Teil der fixen Kosten dar, die in der Produktion zu einem Nutzwert geführt haben.

▶ Leiharbeit

→ *Personalleasing*

▶ Leihe

Im Gegensatz zur → *Miete* die **unentgeltliche** Überlassung einer Sache zum Gebrauch. Im Gegensatz zum → *Darlehen* muss nach Gebrauch der entliehenen Sachen dieselbe Sache zurückgegeben werden, nicht nur Sachen gleicher Art, Güte und Menge (§§ 607 ff. BGB). Die Leihe spielt für die Wirtschaftspraxis aufgrund ihrer Unentgeltlichkeit im Gegensatz zur Miete kaum eine Rolle.

▶ Leistung

(1) Durch Kombination von → *Produktionsfaktoren (nach Gutenberg)* erzeugter Output, gemessen in Leistungs- bzw. Produktionseinheiten.

(**2**) Ergebnis menschlichen Arbeitens, das situationsbedingt durch betriebliche und außerbetriebliche Einflüsse und individuell durch die Leistungsbereitschaft (→ *Motivation*) und Leistungsfähigkeit des Arbeitnehmers beeinflusst wird (Abbildung L-3).

(**3**) Im Rahmen der → *Kostenrechnung* und → *Leistungsrechnung* das Gegenstück zu den → *Kosten*. Im Gegensatz zur Kostenrechnung setzt die Leistungsermittlung eine Erfolgsrechnung voraus, die nicht den sachzielorientierten Güterverbrauch (Kosten), sondern die sachzielorientierte Güterentstehung misst. Die Abgrenzung derartiger im → *Rechnungswesen* zu messender Leistungen zum Ertrag stellt Abbildung L-2 dar. Keine Leistung stellt demnach sachzielfremder Ertrag (z. B. Einnahmen aus der Kantine), periodenfremder Ertrag (z. B. Einnahmen aufgrund von Leistungen vergangener oder künftiger Perioden), außerordentlicher Ertrag (z. B. außerordentliche Subvention) sowie bewertungsbedingter neutraler Ertrag dar. Nicht Ertrag, allerdings Leistung stellt die so genannte Zusatzleistung oder auch kalkulatorische Leistung dar. Hier werden z. B. Leistungen Kunden gegenüber erbracht, die nicht zu Erfolgen führen, da sie nicht in Rechnung gestellt werden.

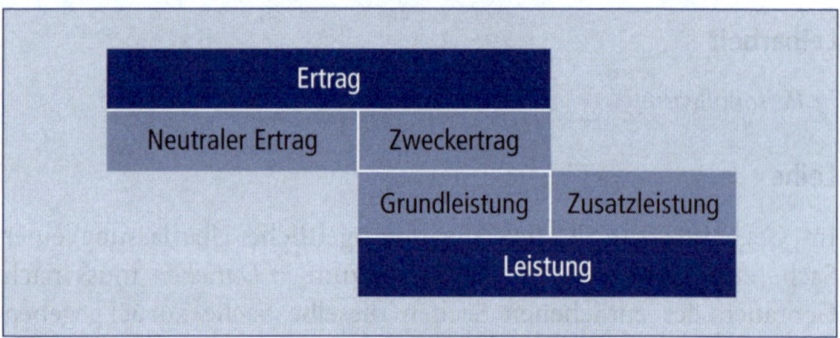

Abb. L-2: Beziehungen zwischen Ertrag und Leistung

▶ Leistungsbreite

→ *Produktionsprogramm*

► Leistungsfähigkeitsprinzip

Eines der → *Besteuerungsprinzipien.* Die grundlegenden Gedanken einer Theorie der Besteuerung nach der Leistungsfähigkeit wurden wohl erstmals von *John Stuart Mill* (1848) formuliert. Danach bedeutet Leistungsfähigkeit, dass jeder einen „angemessenen" Anteil zu den Lasten des Staates beitragen soll. Obwohl im Grundgesetz keine Aussagen über die Besteuerungsprinzipien zu finden sind, hat sich das Bundesverfassungsgericht in seinem Beschluss vom 22.2. 1984 eindeutig für das Leistungsfähigkeitsprinzip als grundsätzliches Gebot der Steuergerechtigkeit ausgesprochen. Im Allgemeinen gilt das Leistungsfähigkeitsprinzip als dann verwirklicht, wenn die Kriterien der horizontalen und vertikalen Gerechtigkeit verwirklicht sind. Danach sollen Individuen mit gleicher Leistungsfähigkeit gleich, die mit höherer Leistungsfähigkeit stärker und die mit niedrigerer Leistungsfähigkeit schwächer besteuert werden. Dieser Grundsatz ist unbestritten. Weniger eindeutig ist die Frage nach dem richtigen Maßstab für die Messung der Leistungsfähigkeit. → *Einkommen,* → *Konsum* und → *Vermögen* werden als mögliche Maßstäbe diskutiert. Beim Einkommen ist es das Nettoeinkommen, d. h. die am Markt erzielten Einnahmen abzüglich unmittelbar damit zusammenhängenden → *Betriebsausgaben* bzw. → *Werbungskosten.* Schwierig ist auch die vertikale Differenzierung festzulegen, also die Frage nach dem → *Steuertarif.* Wird von allen das „gleiche" Opfer verlangt, dann kann es sich nur um ein relativ gleiches Opfer handeln. Um dieses Opfer festlegen zu können, müssten die Nutzenfunktionen der Individuen bekannt sein. Aus der allgemeinen Opfertheorie unter Zugrundelegung eines abnehmenden Grenznutzens wird ein progressiver → *Tarif* abgeleitet. Somit kommt es bei einer nichtproportionalen Steuer immer zu einer Einkommensumverteilung.

► Leistungskosten

Im Gegensatz zu den → *Bereitschaftskosten* die für die tatsächlich realisierte Leistungserstellung entstandenen → *Kosten,* die in der Regel → *Variable Kosten* darstellen.

▶ Leistungskurve

Darstellung der Arbeitsleistung eines Arbeitnehmers in Abhängigkeit von der Tageszeit, in Relation zu seiner Durchschnittsleistung (s. Abbildung L-3).

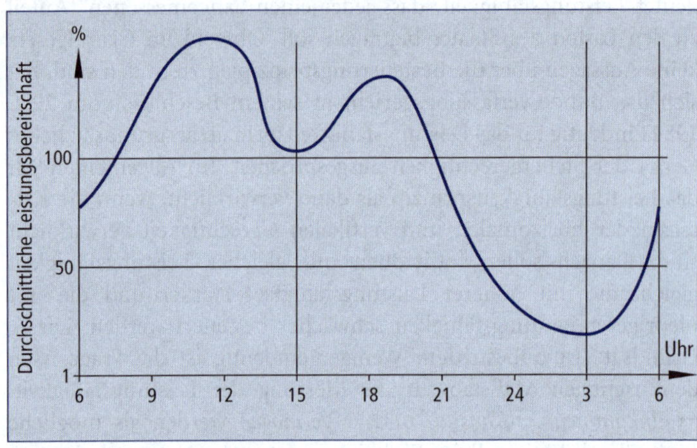

Abb. L-3: Leistungskurve

▶ Leistungsprogramm

→ *Produktionsprogramm*

▶ Leistungsprozess

→ *Produktion*

▶ Leistungsrechnung

Gegenstück zur → *Kostenrechnung*, die systematisch erzeugte Produkte und Dienstleistungen hinsichtlich ihres Bestands, der innerbetrieblichen Nutzung bzw. deren Verkauf und damit Erlös erfasst.

▶ Leistungsstörungen

Überbegriff im Schuldrecht des BGB für Pflichtverletzungen bei einem Kauf- oder Werkvertrag, wozu auch die → *Unmöglichkeit,*

→ *Positive Vertragsverletzung* (pVV) und → *Culpa in contrahendo (cic)* zählen. Weiterhin zählen zu den Leistungsstörungen der Wegfall der Geschäftsrundlage und der außerordentlichen Kündigung bei Dauerschuldverhältnissen. Der oberste Begriff nach §§ 241, 311 BGB der Leistungsstörung ist die Pflichtverletzung. Dies ist der objektive Verstoß gegen das vertragliche „Pflichtenprogramm". Unerheblich hierbei sind die Schwere oder Erheblichkeit der Folgen aus der Pflichtverletzung. Bei Vorliegen von Leistungsstörungen gelten die Folgen der → *Gewährleistung* und Mängelgewährleistung, d. h. nach dem Vorrang des Erfüllungsanspruches kann abhängig von der Vertragsart (z. B. Kaufvertrag, Werkvertrag) Minderung, Rücktritt und/oder Schadensersatz sowie Ersatz vergeblicher Aufwendungen verlangt werden. Vgl. hierzu die Übersichtsabbildungen zum System des Schadensersatzes (→ *Schaden*) und der Arten der → *Mängelgewährleistung.*

► Leistungstiefe

→ *Produktionsprogramm*

► Leitbild

Teil der → *Corporate Identity (CI)* sowie der → *Unternehmensphilosophie.* Insbesondere im Rahmen der Unternehmensphilosophie abgrenzbares Bild gegenüber dem Gesellschafts- und Menschenbild, das den Bezug des Unternehmens zum Wettbewerber, d. h. in anderen Wirtschaftsobjekten ausdrückt. Leitbilder sollen Orientierung für Mitarbeiter, Kunden, Lieferanten, Kapitalgeber und die gesamte interessierte Öffentlichkeit bezüglich der Handlungs- und Entscheidungsprinzipien des Unternehmens sein. Sie sollen allgemein gültig, wesentlich, langfristig, vollständig, wahr, realisierbar und konsistent sein. Die definierten Sinninhalte werden häufig in einem Vorwort, einer Präambel oder einem Fazit von Geschäftsberichten, Firmenprospekten oder Videos dargestellt; um eine Identifikation mit dem Unternehmen zu erzielen. Fraglich wird der Sinn von Leitbildern, wenn wie bei einem anderen großen deutschen Automobilbauer im Leitbild Tautologien und Selbstverständlichkeiten aufgeführt sind, so z. B. „... geltende Gesetze werden von uns respektiert". Wichtiger als die bloße Dokumentation von ethischen Grundsätzen ist deren Vorleben im täglichen Führungsprozess.

▶ Leitende Angestellte

→ *Angestellter, leitender*

▶ Leitsätze für die Preisermittlung aufgrund von Selbstkosten (LSP)

Verordnung zur Preisbestimmung bei öffentlichen Aufträgen, sofern sich keine Marktpreise, z. B. mangels Vergleichbarkeit eines einmaligen Projekts, abzeichnen. Demnach müssen die → *Selbstkosten* als Behelfspreise für die Abrechnung herangezogen werden.

▶ Leitung

Im Gegensatz zur → *Führung,* institutional betrachtet, die zweite und dritte hierarchische Ebene, d. h. das so genannte Middle- oder Lower-Management (→ *Management,* → *Hierarchie*) der → *Organisation.* Funktional betrachtet hat die Leitung „abgeleitete" (derivative) Aufgabenstellungen zu erfüllen. So können z. B. die Hauptabteilungs**leiter** vom Vorstand (Führungsebene) die Anweisung erhalten, eine bestimmte Marktstrategie zu operationalisieren, d. h. für die **ausführenden** Einheiten in detaillierten Plänen zu erläutern.

▶ Leitungsbefugnis

Formales Recht eines Mitarbeiters, andere Mitarbeiter zur Arbeit anzuleiten bzw. Weisungen zu erteilen (→ *Leitung*). Dies stellt eine → *Kompetenz* dar, die in der → *Stellenbeschreibung* geregelt werden sollte.

▶ Leitungshierarchie

→ *Management,* → *Hierarchie*

▶ Leitungsspanne

Anzahl der Stellen, die einer Leitungsebene (→ *Instanz*) unmittelbar unterstellt sind (Leitungsbreite, Span of Control). Die ältere Organisationsforschung beschäftigte sich sehr intensiv mit dem Problem der optimalen Leitungsspanne. Aufgrund der mangelnden empirischen Fundierung und der nicht pauschal anwendbaren Empfehlung für z. B. eine angeblich optimale Leitungsspanne von 8–10 Personen wurden derartige Überlegungen in jüngster Zeit nicht weiter verfolgt. Einzig die Erkenntnis, dass mit steigender Leitungsspanne i. d. R. der Koordinationsaufwand steigt und die Leitungsspanne sich umgekehrt proportional zur Zahl der Hierarchieebenen verhält, kann als allgemein gültig bezeichnet werden. Die Leitungsspanne ist u. a. abhängig von der Belastbarkeit und Qualifikation der Vorgesetzten und Untergebenen sowie der Neuartigkeit, Veränderlichkeit und Komplexität der Aufgabe selbst.

▶ Lernstatt

Konzept der → *Mitbestimmung* bei der → *Personalführung*, das Anfang der siebziger Jahre i. R. der Ausländerarbeit bei *BMW* entwickelt wurde. Ziel war es zunächst, ausländischen Mitarbeitern eine verbesserte Verständigung in deutscher Sprache zu ermöglichen. Hierzu brachten ihnen die deutschen Kollegen in Kleingruppen die deutsche Fach- und Umgangssprache bei. Der dadurch erfolgte Erfahrungsaustausch führte zur Erkenntnis, dass hier nicht nur persönliche, sondern auch betriebliche Probleme diskutiert wurden, so dass dieses Konzept auch für deutsche Mitarbeiter eingeführt wurde. Im Gegensatz zum → *Qualitätszirkel* oder dem → *Werkstattzirkel* können in der Lernstattgruppe (8–12 freiwillige Teilnehmer mit einem Moderator, die sich wöchentlich treffen) auch persönliche Probleme diskutiert werden. Die betrieblich relevanten Ergebnisse haben Vorschlagscharakter für die Unternehmensleitung.

▶ Letter of Credit

→ *Dokumentenakkreditiv*

▶ Leveraged Buy-Out

→ *Leverage-Effekt*

▶ Leverage-Effekt

Vordergründig paradoxes Phänomen, nach dem die Eigenkapitalrentabilität (→ *Rentabilität*) bei zunehmender Substitution des Eigenkapitals durch Fremdkapital, also zunehmende Verschuldung gesteigert werden kann. Dieser Effekt, der sowohl als Chance als auch als Risiko bestehen kann, wird aus dem Beispiel in Abbildung L-4 deutlich. Bei zunehmender Substitution von Eigenkapital durch Fremdkapital und einem steigenden Verschuldungsgrad bei konstantem Fremdkapitalzins von 6 % steigt zunächst die Eigenkapitalrendite drastisch an, sofern die Gesamtkapitalrendite mit 10 % darüber liegt. Auch bei einer Gesamtkapitalrendite von 8 % ist eine Steigerung der Eigenkapitalrendite möglich. Entsprechen sich Gesamtkapitalrendite und Zinssatz, so ist auch die Eigenkapitalrendite konstant, und erst bei einer Gesamtkapitalrendite unter dem Fremdkapitalzins wird ein Sinken der Eigenkapitalrendite bis hin zu negativen Werten sichtbar. Aus diesem Beispiel kann abgeleitet werden, dass stets eine Leverage-Chance besteht, sofern die Gesamtkapitalrendite über dem Fremdkapitalzinssatz liegt, und ein Risiko, sofern der Zinssatz die Gesamtrendite übersteigt. Es ist allerdings zu beachten, dass trotz eines hohen Fremdkapitalzinses und relativ niedriger Gesamtrendite die Eigenkapitalrendite noch positiv sein kann und im Vergleich zu einer alternativen Finanzanlage noch vorteilhaft erscheinen mag.

Eigenkapitalrentabilität in Abhängigkeit vom Verschuldungsgrad v

$\frac{FK}{EK} = v$	Positiver Leverage Effekt $r_{GK} > i_F$	Negativer Leverage Effekt $r_{GK} < i_F$
v	$r_{GK} + (r_{GK} - i_F) \cdot v = r_{EK}$	$r_{GK} + (r_{GK} - i_F) \cdot v = r_{EK}$
0	0,10 + (0,10 – 0,06) · 0 = **0,10**	0,06 + (0,06 – 0,10) · 0 = **0,06**
1	0,10 + (0,10 – 0,06) · 1 = **0,14**	0,06 + (0,06 – 0,10) · 1 = **0,02**
2	0,10 + (0,10 – 0,06) · 2 = **0,18**	0,06 + (0,06 – 0,10) · 2 = **– 0,02**
3	0,10 + (0,10 – 0,06) · 3 = **0,22**	0,06 + (0,06 – 0,10) · 3 = **– 0,06**

EK = 1.000
I = Investitionsvolumen unbegrenzt
r_{GK} = Gesamtkapitalrentabilität 10 Prozent
FK = Aufnahmemöglichkeit unbegrenzt
GK = EK + FK
i_F = Fremdkapitalzins 6 Prozent
v = Verschuldungsgrad $\frac{FK}{EK}$
r_{EK} = vom Verschuldungsgrad abhängige Eigenkapitalrentabilität
Aus der Grundgleichung $r_{GK} \cdot GK = r_{EK} \cdot EK + i_F \cdot FK$ lässt sich folgende **Leverage-Formel** ableiten:
$r_{EK} = r_{GK} + (r_{GK} - i_F) \cdot v$

Abb. L-4: Positiver und negativer Leverage-Effekt (Zahlenbeispiel) (Quelle: Wöhe: Einführung in die Allgemeine Betriebswirtschaftslehre, 26. Aufl., München 2016, S. 602)

▶ Lexikographische Ordnung

Planungstechnik (→ *Planungstechnik*, Entscheidungstechnik), die schnell und kostengünstig zur Lösung von Entscheidungsmodellen beiträgt, indem die Ziele ordinal, d. h. nach deren Rangordnung in Haupt- und Nebenziele gewichtet werden und nach deren Rang die Entscheidung erfolgt. Ist eine Alternative bereits beim ersten Ziel optimal, so wird sie ausgewählt, unabhängig davon, welche Zielbeiträge bei den übrigen Zielen vorliegen. Insofern kommen keine optimalen, sondern höchstens Näherungslösungen zustande.

▶ Liabilities

→ *Verbindlichkeiten*

▶ LIBOR

→ *London Interbank Offered Rate (LIBOR)*

▶ Liebhaberei

Nicht jede wirtschaftliche Betätigung führt notwendig zu einkommensteuerlich relevanten Einkünften. Erst wenn eine Betätigung mit der Absicht unternommen wird, ernsthaft einen Überschuss der

Einnahmen über die Ausgaben zu erzielen, spricht man von Einkunftserzielungsabsicht bzw. Gewinnerzielungsabsicht. Liegt diese vor, dann fließen sowohl die positiven als auch negativen Erfolgskomponenten in die steuerliche Einkunftsermittlung ein. Problematisch kann der Nachweis dann werden, wenn längere Zeit, gerade bei Betätigungen, die auch privat mit veranlasst sein können, Verluste entstehen. So ist die → *Finanzbehörde* sehr kritisch bei Verlusten, die aus typisch freizeitnahen Betätigungen resultieren. Von der einkommensteuerlichen Beurteilung weicht die umsatzsteuerliche Beurteilung ab. Hier ist nur Einnahmeerzielungsabsicht eine Voraussetzung für das Unternehmerkriterium. So kann es passieren, dass eine Betätigung zwar umsatzsteuerlich relevant sein kann, aber nicht im einkommensteuerlichen Sinne anerkannt wird.

▶ Lieferantenkredit

Kurzfristiger → *Kredit,* den ein Lieferant seinem Kunden in Form eines Zahlungsziels bzw. einer → *Stundung* der Zahlung einräumt. Häufig handelt es sich hierbei um einen so genannten Buchkredit, d. h. eine in unverbriefter Form gewährte Zusage des Lieferanten, mit einer späteren Zahlung einverstanden zu sein. Es handelt sich deshalb um einen Buchkredit, da der Kreditgeber keine Geldmittel auszahlt, insofern der Kredit nur in den Büchern (→ *Bilanz*) vorkommt.

▶ Lieferbedingungen

Vereinbarungen über die Lieferzeit, die Umtausch- und Rückgabemöglichkeiten innerhalb eines bestimmten Zeitraums und die Berechnung von → *Verpackung,* Fracht und → *Versicherung* zwischen Lieferant und Unternehmung. Lieferbedingungen haben einerseits Einwirkungen auf die Kosten der Lagerung und des Transports, andererseits kann hierdurch eine akquisitorische Wirkung gegeben sein.

▶ Lieferbereitschaft

Kennziffer, die Auskunft über die durchschnittliche Liefermöglichkeit eines Lieferanten gibt. Die Lieferbereitschaft kann über den Lie-

ferbereitschaftsgrad (Servicegrad) gemessen werden. Ist trotz vorhandener Nachfrage das Lager nicht sofort lieferbereit, liegt der Lieferbereitschaftsgrad unter 100 %. Üblich sind in diesem Zusammenhang drei Definitionen des Lieferbereitschaftsgrades:
Zu beachten sind zwei gegenläufige Kostenarten: Lagerhaltungskosten, die mit wachsendem Lagerbestand steigen, sowie Fehlmengenkosten, die mit wachsendem Lagerbestand sinken (Abbildung L-5).

$$L_1 = \frac{\text{Anzahl befriedigter Nachfragen}}{\text{Gesamtzahl der Nachfragen}} \times 100$$

$$L_2 = \frac{\text{Befriedigte Nachfragemengen}}{\text{Insgesamt nachgefragte Mengen}} \times 100$$

$$L_3 = \frac{\text{Zahl der Teilperioden mit befriedigter Nachfrage}}{\text{Gesamtzahl der Teilperioden}} \times 100$$

Abb. L-5: Lieferbereitschaft

▶ Lieferungen und sonstige Leistungen

→ *Umsatzsteuer*

▶ Lieferungs- und Zahlungsbedingungen

Teilbereich der → *Konditionenpolitik* i. R. des → *Marketing.* Zu den Lieferungsbedingungen zählen Vereinbarungen über die Lieferzeit, dic Umtausch und Rückgabemöglichkeiten der Ware innerhalb eines bestimmten Zeitraums und die Berechnung von → *Verpackung,* Fracht und → *Versicherung.* Im Rahmen der Zahlungsbedingungen werden die Zahlungsweise, die Zahlungsfrist und die Gewährung von Preisvorteilen (z. B. → *Skonto;* → *Rabatt*) festgelegt. Lieferbedingungen haben einerseits Einwirkungen auf die Kosten der Lagerung und des Transports, andererseits kann hierdurch eine akquisitorische Wirkung gegeben sein (→ *Handelsklauseln,* → *Versandklauseln*).

▶ Life Cycle-Costing

→ *Kostenrechnung*

▶ Lifestyle-Konzept

Partialmodell für das → *Konsumentenverhalten* sowie Ansatz der → *Marktsegmentierung.* Mit Hilfe des Lifestyle-Konzeptes soll erklärt werden, wie Menschen leben, ihre Zeit verbringen und ihr Geld ausgeben. Damit lässt sich das Konzept den psychologischen Konsumentenverhaltensmodellen zuordnen. Im Rahmen der Marktsegmentierung erfolgt die Ermittlung der einzelnen Segmente entsprechend nicht anhand der klassischen Segmentierungskriterien wie Alter, Beruf, Geschlecht, Einkommen etc., sondern anhand psychologischer Konsumentenmerkmale wie den sog. AIO-Variablen: Beobachtbare Handlungen (Activities), Emotional bedingtes Verhalten (Interests), Meinungen und Einstellungen (Opinions). Als Ergebnis erhält man Cluster (→ *Cluster-Analyse*), also homogene Gruppen, die nun aber durch den sog. Lebensstil beschrieben werden. Zur Verdeutlichung werden die einzelnen Segmente meist durch Namen und Bilder personifiziert (Johanna, die altmodische Pflichtbewusste; Herta, die negative Passive; Erika, die unscheinbare Großstadtfrau; Anneliese, die überzeugte Hausfrau und Mutter etc.).

▶ LIFO

→ *Verbrauchsfolgeverfahren*

▶ Likert

→ *Linking Pin*

▶ Limitationalität

→ *Produktionsfunktion vom Typ B*

▶ Lineare Optimierung, -Programmierung

→ *LP-Modelle*

▶ Linie, Linienfunktionen

→ *Liniensysteme*, → *Instanz*

▶ Liniensysteme

Ordnungs- und Verbindungsmöglichkeiten der aus der → *Aufgabensynthese* gewonnenen organisatorischen Aktionseinheiten (Abbildung L-6). Es lassen sich drei verschiedene Grundformen darstellen: Das Einliniensystem verbindet über- und untergeordnete Stellen nur eindimensional, d. h. eine untergeordnete Stelle erhält nur von einer übergeordneten Stelle Anweisungen und umgekehrt kann bei Nachfragen oder dem Austausch von Informationen nur dieser Weg zurück (Dienstweg) eingehalten werden. Dies hat den Vorteil einer klaren Kompetenzabgrenzung und der leichten Überwachung mit den Nachteilen der Überlastung des Vorgesetzten und der evtl. starren und langwierigen, wenig kreativen Entscheidungsfindung. Beim Mehrliniensystem sind untergeordnete Stellen mehrfach unterstellt, so dass kurze Kommunikationswege zwischen den Stellen ermöglicht und Kreativität und Erfahrungsaustausch gefördert werden. Die Nachteile und Kompetenzrangeleien und daraus folgende Unsicherheiten der untergeordneten Stellen, wer nun von den übergeordneten Stellen Priorität bei den Anweisungen haben soll. Das Stab-Liniensystem versucht, die Klarheit des Einliniensystems zu erhalten und mehr Kommunikation durch die Stäbe zuzulassen sowie die Instanzen durch die Stäbe zu entlasten. Der Trend zu einem großen Verwaltungskopf und die Probleme bei der Einführung eines → *Stabes* sind hier zu beachten.

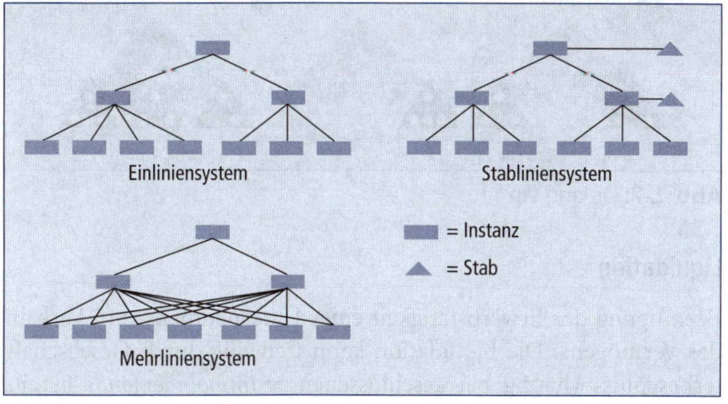

Abb. L-6: Grundlegende Liniensysteme einer Organisation

▶ Linking Pin

Von *Rensis Likert* entwickeltes → *Modell* der → *Aufbauorganisation,* das eine optimale Partizipation aller Mitarbeiter an Entscheidungen mit Hilfe von sich überlappenden Gruppen (Abbildung L-7) ermöglichen soll. Man spricht auch von vermaschten Teams. Jeder Mitarbeiter ist gleichzeitig Mitglied in mehreren Gruppen und erlebt dadurch sowohl Vorgesetztenfunktionen als Gruppenkoordinator als auch Mitarbeiterrollen als Gruppenmitglied. Entscheidungen sollen so weit als möglich nach unten verlagert werden und Konflikte innerhalb der Gruppen gelöst werden (→ *Delegation,* → *Management by Exception,* → *Harzburger Führungsmodell*). Die Gruppenkohäsion, Sicherheit, Selbstachtung und Selbstverwirklichung sollen durch dieses partizipative Interaktionsmodell gefördert bzw. ermöglicht werden. Gegenseitiges Vertrauen und wechselseitige Unterstützung entsprechen nach *Likert* dem Prinzip der „Supportive Relationship".

Abb. L-7: Linking Pin

▶ Liquidation

Beendigung der Erwerbstätigkeit eines Unternehmens und Verkauf des Vermögens. Die Liquidation kann freiwillig durch Gesellschafterbeschluss (häufig bei geschlossenen → *Immobilienfonds* bereits im Gesellschaftsvertrag vorgesehen) oder zwangsweise im Rahmen der → *Insolvenz* erfolgen. Während bei → *Personengesellschaften* die Liquidation nur durch wenige abdingbare Vorschriften geregelt ist, muss bei einer → *Kapitalgesellschaft* die einschlägigen gesellschaftsrechtlichen Vorschriften wegen des → *Gläubigerschutzes* beachtet werden. Hier kann auch eine formelle Liquidation durch Löschung von Amts wegen erfolgen, wenn Kapitalgesellschaften ihren Offenlegungspflichten nicht nachkommen. Kapitalgesellschaften, die in der Phase der Abwicklung sind, bekommen im Firmennamen den Zusatz i. L. Im Rahmen der → *Rechnungslegung* und der steuerlichen Gewinnermittlung ist eine Liquidationseröffnungsbilanz zu erstellen. Zum Schluss der Liquidationsperiode muss eine Schlussbilanz erstellt werden, die i. d. R. nur noch liquide Mittel ausweist, auf die die Anteilseigner Anspruch auf Auskehrung haben.

▶ Liquide Mittel

→ *Liquidität*, → *Zahlungsmittelbestand*, → *Geldvermögensbestand*

▶ Liquidität

(1) **Schuldrechtlich:** Fähigkeit, alle Zahlungsverpflichtungen rechtzeitig erfüllen zu können

(2) **Bilanziell:** Bestand an **liquiden Mitteln**, der in der Bilanz ausgewiesen wird. Dabei werden je nach Geldnähe der liquiden Mittel unterschiedliche Begriffsumfänge definiert und entsprechend sog. → *Liquiditätsgrade* berechnet. In den Abschlüssen deutscher Unternehmen werden häufig als liquide Mittel neben den in der Bilanz gem. § 266 II B IV HGB separat zu zeigenden Zahlungsmitteln die in verschiedenen weiteren Positionen ausgewiesenen finanziellen Mittel mit einer Restlaufzeit von weniger als drei Monaten subsumiert und deren Veränderung in der → *Kapitalflussrechnung* (Cashflow-Statement) dargestellt.

▶ Liquiditätsgrade

Bilanzkennzahlen zur Analyse des kurzfristigen finanziellen Gleichgewichts durch Gegenüberstellung der kurzfristigen Verbindlichkeiten und bestimmter relativ leicht liquidierbarer Vermögensgegenstände. Dabei wird je nach Umfang der einbezogenen Vermögenswerte unterschieden in die Liquidität 1., 2. und 3. Grades, wie dies Abbildung L-8 zeigt.

Zu den flüssigen Mitteln zählen dabei der Kassenbestand, Guthaben bei Banken und Schecks. Zum monetären Umlaufvermögen gehören neben den flüssigen Mitteln zusätzlich die Forderungen aus Lieferungen und Leistungen, die Wertpapiere des Umlaufvermögens und die eigenen Aktien. Wegen der Stichtagsbezogenheit der Bilanz, auf der diese Kennzahlen basieren, und der damit verbundenen unvollständigen Erfassung der Ein- und Auszahlungen sowie der möglichen bilanzpolitischen Gestaltung sind mit Hilfe dieser Kennzahlen keine abschließenden Aussagen zur Liquiditätssituation möglich. Hierzu ist vor allem die → *Finanzplanung* als Instrumentarium heranzuziehen.

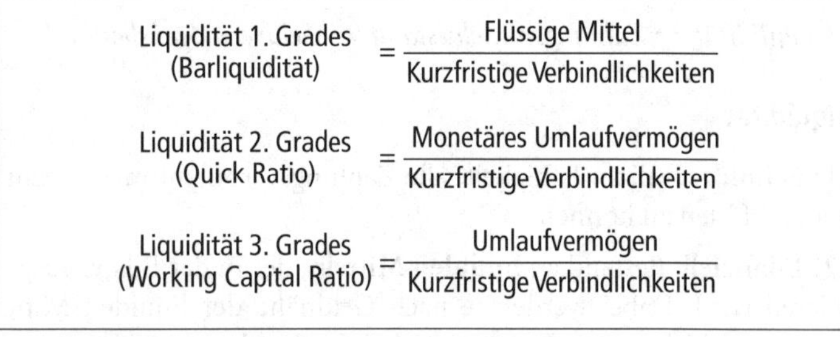

$$\text{Liquidität 1. Grades (Barliquidität)} = \frac{\text{Flüssige Mittel}}{\text{Kurzfristige Verbindlichkeiten}}$$

$$\text{Liquidität 2. Grades (Quick Ratio)} = \frac{\text{Monetäres Umlaufvermögen}}{\text{Kurzfristige Verbindlichkeiten}}$$

$$\text{Liquidität 3. Grades (Working Capital Ratio)} = \frac{\text{Umlaufvermögen}}{\text{Kurzfristige Verbindlichkeiten}}$$

Abb. L-8: Liquiditätsgrade

▶ Liquiditätskennzahl

→ *Liquiditätsgrade*

▶ Liquiditätsplan

→ *Finanzplanung*

▶ Lizenz

Die Überlassung von (Schutz-)Rechten eines Dritten (Lizenzgeber) an den Lizenznehmer, der das Recht dadurch nutzen kann (z. B. ein überlassenes → *Patent*). Für die Nutzung wird der Lizenznehmer i. d. R. eine pauschale oder preis- und/oder mengenabhängige Lizenzgebühr an den Lizenzgeber entrichten. Lizenzverträge lassen sich sachlich, zeitlich oder räumlich begrenzen.

▶ Lockvogelangebot

Unlauterer Wettbewerb gem. § 6 I 1 UWG (→ *Gesetz gegen den unlauteren Wettbewerb (UWG)*), der durch besonders günstige Angebote, für die keine oder unzureichend Waren vorhanden sind, Kunden über die Preiswürdigkeit des gesamten Angebots täuschen soll.

▶ LOFO

→ *Verbrauchsfolgeverfahren*

▶ Logistik

Teil der → *Materialwirtschaft*, der die Lagerung und den Transport bezüglich der → *Distribution* und Qualitätsprüfung, d. h. der Überprüfung von Lieferterminen, -qualität und -mengen beinhaltet. Logistik hat damit die Aufgabe der Sicherstellung der **Verfügbarkeit** von Objekten des betrieblichen Material- und Warenflusses. Zu den Arten der Logistik s. Abbildung L-9.

Zu den Funktionen der Logistik können weiterhin Durchführungs- und Abwicklungsaufgaben wie Bestellungsabwicklung, Bezugsquellenauswahl, Bestellablaufüberwachung und Eingangskontrolle, jedoch vor allem Steuerungs- und Planungsaufgaben im Beschaffungs-, Fertigungs- und Distributionsbereich zählen. Im Bereich der Beschaffungslogistik interessieren Fragestellungen wie die der optimalen Bestellmenge oder der optimalen Lagerhaltungssysteme. Zur Fertigungslogistik zählen Entscheidungen über die räumliche Anordnung der Produktionsanlagen oder des innerbetrieblichen Transports. Die Distributionslogistik schließlich hat die Entscheidungen über den Transport zu den Abnehmern zum Inhalt. Deutlich wird hierbei der funktionsübergreifende Aspekt der Logistik, der eine gesamtheitliche Betrachtung notwendig macht. Änderungen im Bereich der Beschaffungslogistik können durch aus Auswirkungen bis in die Distributionslogistik haben. So kann z. B. eine Reduzierung der Lagerbestände in bestimmten Situationen Verzögerungen im Fertigungsprozess nach sich ziehen, die wiederum zu Störungen im Transport zu den Abnehmern führen und zugesagte Liefertermine platzen lassen. Schwankungen in der Transportzeit innerhalb der Fertigung haben sowohl Auswirkungen auf vorgelagerte wie auf nachgelagerte Stufen.

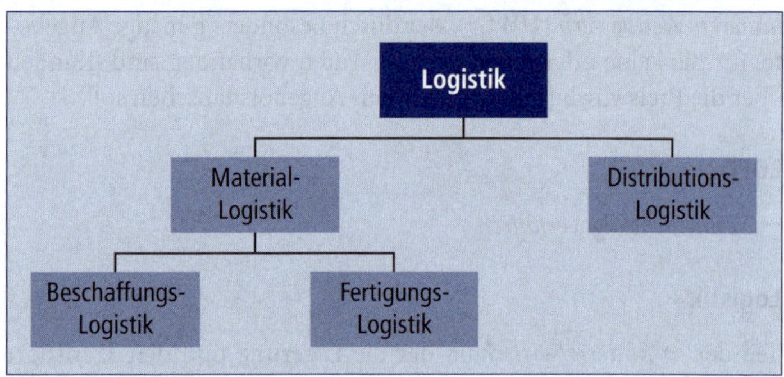

Abb. L-9: Logistikarten

▶ Lohmann-Ruchti-Effekt

Im Rahmen der → *Innenfinanzierung* vorstellbarer Effekt, durch verdiente planmäßige → *Abschreibung* eine Erweiterung der → *Kapazität* oder alternativ eine Kapitalfreisetzung (→ *Entnahme*) zu erzielen. Werden die aus den Abschreibungsgegenwerten zurückfließenden Mittel nicht für die Ersatzinvestition verwendet, so führt die fehlende Kapitalbindung bzw. Kapitalfreisetzung unter bestimmten Prämissen zu einer Kapazitätsausweitung, wie aus dem Beispiel der Abbildung L-10 zu entnehmen ist. Hier werden vier Anlagen (A, B, C, D), die in der Anschaffung jeweils 4000 € kosten, linear jährlich mit 1000 € abgeschrieben. Wird im ersten Jahr eine Maschine, im zweiten Jahr die zweite Maschine usw. gekauft, so ist aus der Tabelle die Summe der jährlichen Abschreibungen in der GuV sowie die daraus kumulierten liquiden Mittel zu ersehen. Bereits im Jahr 3 wäre ein zusätzlicher Kauf einer Maschine für 4000 € möglich und somit eine Kapazitätserweiterung vornehmbar. Im Fallbeispiel wird fiktiv angenommen, dass erst im vierten Jahr zur Reinvestition der inzwischen abgeschriebenen Maschine A eine zusätzliche Erweiterungsinvestition der Maschine E aus den kumulierten liquiden Mitteln vorgenommen wird, wobei noch ein Rest liquider Mittel von 2000 € verbleibt. Hier wird deutlich, dass unter den genannten Prämissen letztlich eine Erhöhung der Kapazitäten um 50 % (präzise: $2/(1 + (1 : n))$ vorstellbar ist, und dies auch nur, wenn die Wiederbeschaffung zu gleichen Preisen wie die Erstinvestition stattfinden kann. Der Kapazitätserweiterungseffekt fällt umso geringer aus, je höher die Wiederbeschaffungskosten bei Reinvestitionen ausfallen, technische oder andere Gründe zu einem vorzeitigen Ersatzzeitpunkt bzw. geringeren Nutzungsdauer einer Anlage als im Finanzplan führen sowie die Abschreibungen mangels Umsätzen nicht verdient werden können. Zu bedenken ist außerdem, dass neben der Möglichkeit der Kapazitätsausweitung auch eine Kapitalfreisetzung vorzunehmen ist. So kann die Summe der liquiden Mittel abzüglich der Rücklagen für die Reinvestition auch für andere Zwecke entnommen werden (Abbildung L-10).

Jahr	1	2	3	4	5	6	7	8
A	1	1	1	1	1	1	1	1
B		1	1	1	1	1	1	1
C			1	1	1	1	1	1
D				1	1	1	1	1
					E	E	E	E
							F	F
Abschreibung pro Jahr (GuV)	1	2	3	4	5	5	6	6
kumulierte Liquide Mittel	1	3	6	10	7	8	6	8
Reinvestition				– 4 A′	– 4 B′	– 4 C′	– 4 D′	– 4 A″
Erweiterungsinvestition				– 4 E′		– 4 F′		– 4 E′
REST Liquide Mittel				2	3	0	2	0

Abb. L-10: Lohmann-Ruchti-Effekt

▶ Lohn

Arbeitsentgelt eines Arbeiters im Gegensatz zum **Gehalt** eines Angestellten. Die Unterscheidung ist inzwischen rechtlich und in der Praxis nicht mehr bedeutend. Der Lohn setzt sich aus dem Grundlohn und evtl. aus Zulagen und Zuschlägen zusammen (→ *Lohnformen*). Die Ermittlung des Lohnes erfolgt in der Lohnbuchhaltung. Hier werden vom Bruttolohn die Abzüge, d. h. → *Steuer* und → *Versicherung* berechnet (→ *Personalkosten*). Arbeiter haben bei Krankheit gem. Lohnfortzahlungsgesetz, Angestellte gem. § 616 BGB ein Recht auf Lohnfortzahlung für bis zu sechs Wochen.

▶ Lohnformen

Arten von Löhnen (→ *Lohn*), die sich in reine und zusammengesetzte Lohnformen unterscheiden lassen (Abbildung L-11). Die volkswirtschaftlich relevanten Begriffe des Reallohnes (Lohn in Relation zur Kaufkraft) im Gegensatz zum Nominallohn werden hier nicht betrachtet. Der Bruttolohn unterscheidet sich vom Nettolohn durch die Abzüge für → *Steuer* und → *Versicherung*.

Der *Zeitlohn* entlohnt einen Arbeitnehmer nach der Dauer der Arbeitszeit (Stunden-, Monatslohn). Der Zeitlohn ist einfach abzurechnen und eignet sich für Tätigkeiten, bei denen die Leistung nicht messbar ist oder die Qualität der Leistung wichtiger ist als die Quantität je Zeiteinheit. Der → *Akkordlohn* misst das mengenmäßige Ergebnis einer Leistung unabhängig von der Zeit. Der Arbeitnehmer kann durch die Intensität seiner Leistung den Lohn beeinflussen, wobei beim Geldakkord für eine bestimmte Menge ein Geldsatz festgelegt wird und beim Zeitakkord für die Leistung innerhalb einer vorgegebenen Zeiteinheit die Entlohnung erfolgt. I. d. R. wird beim Akkord- oder Stücklohn ein Mindestlohn vereinbart, wobei sich der Akkordrichtsatz auf Einzelpersonen oder Gruppen beziehen kann. Der *Prämienlohn* entspricht einem Grundlohn plus einem planmäßigen zusätzlichen Entgelt (Prämie) für Mehrleistungen. Die Höhe der Prämie kann an verschiedene Merkmale (Mengen, Zeiten, Auslastungen, Qualitäten etc.) gebunden sein (→ *Erfolgsbeteiligung*).

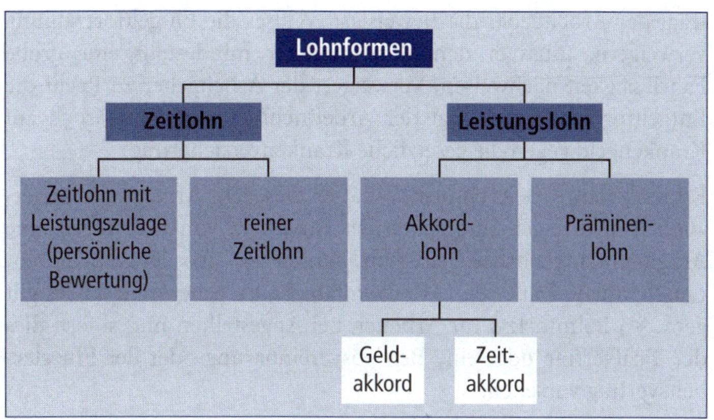

Abb. L-11: Lohnformen (Quelle: Wöhe: Einführung in die Allgemeine Betriebswirtschaftslehre, 25. Aufl., München 2013, S. 143)

► Lohnfortzahlung

Die Lohnfortzahlung (Entgeltfortzahlung im Krankheitsfall) für alle Arbeitnehmer (Angestellte, Arbeiter sowie die zur Berufsausbildung Beschäftigten) regelt das Entgeltfortzahlungsgesetz vom 26.5.1994. Wird ein Arbeitnehmer durch Arbeitsunfähigkeit infolge Erkrankung an seiner Arbeitsleistung verhindert, ohne dass ihn hieran ein Verschulden trifft, so verliert er dadurch nicht den Anspruch auf Arbeitsentgelt bis zur Dauer von 6 Wochen. Als unverschuldete Arbeitsunfähigkeit gelten auch nicht rechtswidrige Sterilisation, Schwangerschaftsabbruch sowie eine Kur. Für diesen Zeitraum ist grundsätzlich das Arbeitsentgelt in bisheriger Höhe fortzuzahlen (ausgenommen Aufwendungsersatz für tatsächlich erbrachte Leistungen; bei Kurzarbeit entsprechende Verkürzung).

Ein eigenes Verschulden liegt vor, wenn der Arbeitnehmer die eigene Arbeitsunfähigkeit zumindest fahrlässig herbeigeführt hat. Hierbei unterscheidet man zwischen leichter und grober Fahrlässigkeit. Nach der Rechtsprechung des Bundesarbeitsgerichtes berechtigt aber nur die grobe Fahrlässigkeit des Arbeitnehmers beim Eintritt einer Arbeitsunfähigkeit den Arbeitgeber zur Verweigerung der Lohnfortzahlung. Für die Fälle der verschuldeten Arbeitsunfähigkeit trägt der Arbeitgeber die Beweislast. Will er die Entgeltfortzahlung verweigern, muss er dem Arbeitnehmer mindestens eine grobe Fahrlässigkeit nachweisen. Verweigert der Arbeitgeber zu Recht die Entgeltfortzahlung, so hat der Arbeitnehmer einen Anspruch auf Krankengeld gegen die gesetzliche Krankenversicherung.

Erkrankt ein Arbeitnehmer, so hat er dies dem Arbeitgeber unverzüglich anzuzeigen und spätestens innerhalb von drei Tagen eine Arbeitsunfähigkeitsbescheinigung vorzulegen, aus der sich die voraussichtliche Dauer der Arbeitsunfähigkeit ergeben muss. Dies gilt gem. § 3 LohnfortzG für Arbeiter, bei Angestellten nur, sofern dies der Tarifvertrag oder eine Betriebsvereinbarung oder der Einzelarbeitsvertrag vorsehen.

▶ Lohngerechtigkeit

Versuch einer annähernden Gleichstellung der → *Arbeitnehmer* bezüglich der Entlohnung bei gleicher → *Arbeitsleistung* (→ *Arbeitsbewertung*). Eine absolute Gerechtigkeit der Entlohnung wird es kaum geben (→ *Gleichheitstheorie von Adams*). Um eine annähernde Lohngerechtigkeit herzustellen, schlagen *Peter Kupsch* und *Rainer Marr* folgende Instrumente vor (Abbildung L-12).

▶ Lohnpfändung

Recht zur Pfändung eines Teiles des → *Lohnes.* Aus einem gerichtlichen Mahnverfahren kann ein Vollstreckungsbescheid vorliegen, der dem → *Gläubiger* das Recht gibt, dem Arbeitgeber des Schuldners einen Pfändungsbeschluss über den pfändbaren Teil des Arbeitseinkommens zuzustellen. Der pfändbare Teil des Lohnes wird so lange für den Gläubiger einbehalten, bis die Schuld beglichen ist.

▶ Lohnsteuer

Steuer auf das Einkommen aus nichtselbständiger Arbeit (→ *Einkunftsarten*). Steuerpflichtige sind Angestellte, Arbeiter, Beamte und Pensionäre. Der jeweilige Arbeitgeber hat die Lohnsteuer in einem Steueranmeldeverfahren bei der → *Finanzbehörde* anzumel-

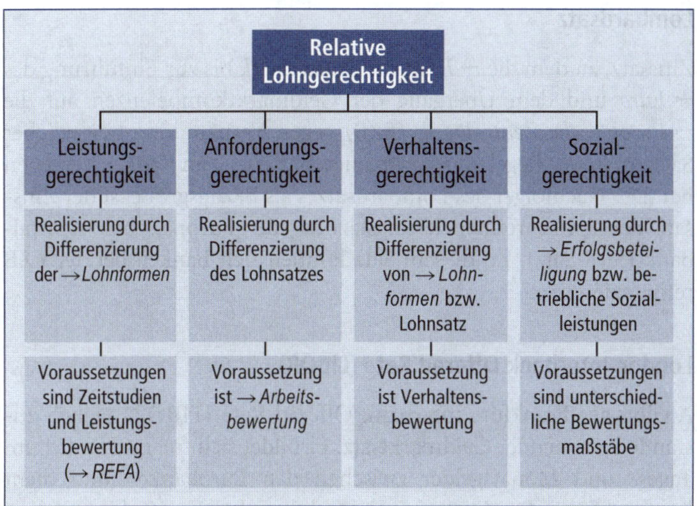

Abb. L-12: Komponenten einer relativen Lohngerechtigkeit

den (= selbst zu berechnen) und für den Arbeitnehmer die → *Steuerschuld* abzuführen.

Der Arbeitgeber haftet hierbei für die Ordnungsmäßigkeit der Besteuerung.

► Lohnveredelung

Durch → *Werkvertrag* an ausländische Partner- oder Tochterunternehmen vergebene Lohn- oder Auftragsarbeit zur Ausnutzung international unterschiedlicher Lohnsätze. In der Textil-, Möbel-, Autoteile- und Metallindustrie werden aktuell Polen und die Länder des Baltikums zur Lohnveredelung genutzt. Problematisch ist bei dieser Fremdfertigung die meist mangelhafte Infrastruktur (z.B. Kommunikationsschwierigkeiten mangels Telefonanschlüssen), fremde Sprache und ungewisse Mitarbeiterqualifikation (→ *Verlängerte Werkbank*).

► Lombardkredit

Kredit (→ *Kredit*), der durch ein → *Pfand*, z.B. Wertpapiere oder → *Wechsel*, abgesichert ist.

▶ Lombardsatz

Zinssatz, zu dem die → *Deutsche Bundesbank* bis zur Einführung des → *Euro* und dem Übergang der Geldmarktkompetenzen auf die → *Europäische Zentralbank (EZB)* gegen Verpfändung beweglicher Sachen, in der Regel von Wertpapieren, Kredite an Banken vergeben hat. Der Nachfolger des Lombardsatzes als Bezugsgröße ist der Zinssatz der Spitzenrefinanzierungsfazilität der Europäischen Zentralbank (SRF-Satz). Zu diesem Satz können sich Banken bei der EZB refinanzieren.

▶ London Interbank Offered Rate (LIBOR)

Analog der Frankfurt Interbank Offered Rate (FIBOR) täglich zustande kommender Geldmarktsatz. Er bildet sich frei im Handel um Tages- und Monatsgelder zwischen den Eurobanken und dient häufig als Basis für Zinsterminkontrakte und → *Forward Rate Agreements.* Auch bei der vertraglichen Vereinbarung von Zinsober- und -untergrenzen (→ *Cap,* → *Floor,* → *Collar*) dient der Referenzzinssatz LIBOR als Basisgröße.

▶ Long

Spekulation auf steigende Kurse (→ *Short*).

▶ Long-Position

Situation, die durch den Kauf eines Kontraktes oder Basiswertes entstanden ist. Gegenteil zur Short-Position.

▶ Loro

Im Gegensatz zu Nostro die Bezeichnung für ein Guthaben einer → *Bank* bei einer ausländischen Bank (z. B. Dollarkonto der *Deutschen Bank* bei einer amerikanischen Korrespondenzbank). Derartige Fremdwährungskonten werden insbesondere in der → *Außenhandelsfinanzierung,* z. B. im Rahmen des → *Dokumentenakkreditivs* oder → *Dokumenteninkasso,* eingesetzt.

▶ Loseblatt-Buchführung

→ *Buchführungsverfahren*

▶ Losgröße, optimale

Im Rahmen der Produktion unter Kosten-, Zeit- oder Qualitätsaspekten gesuchte ideale Herstellungsmenge, bei der die → *Kapazität* ausgelastet, die → *Durchlaufzeit* optimiert und Produktionskosten minimiert sind. In der Literatur finden sich zahlreiche Formelvorschläge für eine zu optimierende Losgrößenfunktion, insbesondere in Abhängigkeit von der Variablen „Lagerkosten". Abbildung L-13 stellt eine derartige Heuristik, d. h. Erfahrungsregel für Industrieunternehmen formal dar.

$$x_{opt} = \sqrt{\frac{200 \cdot k_m \cdot B}{k_u \cdot (1 - l/v) \cdot j}}$$

x_{opt} = optimale Losgröße
k_m = mittelbare Herstellkosten eines Loses
k_u = unmittelbare Herstellkosten pro Materialeinheit
B = Gesamtbedarf Material (Bestellmenge)
l = Absatzgeschwindigkeit
v = Produktionsgeschwindigkeit
j = Lagerhaltungs- und Kapitalbindungskosten

Abb. L-13: Formelvorschlag für die Berechnung der optimalen Losgröße

▶ Lower Management

→ *Führung*, → *Leitung*, → *Management*

▶ Loyalitätsmarketing

Ausrichtung des gesamten Unternehmens, jedes Marketing-Instruments (→ *Marketing-Mix*) und jedes einzelnen Mitarbeiters auf den Kunden. Die Erzielung einer hohen Kundenloyalität wird sowohl in der Unternehmensstrategie als auch in der Unternehmenskultur fest verankert. Angestrebt wird ein Maximum von Immer-wieder-Kunden und aktive positive Empfehler und der damit verbundenen Loyalitätsführerschaft. Hintergrund ist der Wandel hin zu Käufermärkten, bei denen der Kunde entscheidet, was er kauft. Das Konzept ist eng verknüpft mit den Ansätzen zur → *Kundenbindung*. Kundenloyalität wird als „freiwillige Treue" angesehen, die sich der Verkäufer verdienen muss, d. h. die eigenen Mitarbeiter im Verkauf müssen sich der entsprechenden Zusammenhänge ebenfalls bewusst sein. Kundenloyalität ergibt sich zum einen über eine längerfristige Kundenbeziehung und zum anderen, wenn die Kundenerwartungen regelmäßig übererfüllt werden (→ *Customer Relationship Management (CRM)*).

▶ LP-Modelle

Modell i. R. des → *Operations Research (OR)*, die mathematisch oder graphisch zu Optimallösungen beitragen sollen, indem eine lineare Zielfunktion unter einer Vielzahl von Nebenbedingungen extremiert (→ *Optimal*) wird. Anwendung finden solche Modelle bei der Fertigungsplanung (Minimierung des Verschnittes von Textilien, optimale Mischungen von Rohstoffen, Optimierung eines Finanzportefeuilles). Mathematisch lassen sich derartige Probleme mit der Simplex-Methode lösen. Graphisch können die Nebenbedingungen in einem Koordinatensystem dargestellt werden (Polyeder) und die Zielfunktion entsprechend der Extremierungsvorschrift an die optimale Stelle im Rahmen des → *Zulässigen Bereiches* (Lösungsbereiches) verschoben werden.

▶ LSP

→ *Leitsätze für die Preisermittlung aufgrund von Selbstkosten (LSP)*

▶ LStDV

→ *Steuerdurchführungsverordnung*

M

▶ M & A (Mergers and Acquisitions)

→ *Akquisition*, → *Take over*, → *Unternehmenszusammenschluss*

▶ Macht

Chance, innerhalb einer sozialen Beziehung den eigenen Willen auch gegen den Widerstand anderer durchsetzen zu können (*Max Weber*). Macht stellt damit eine gewollte soziale Einflussnahme dar, die eine Verhaltensänderung auch gegen den Willen des Beeinflussten erreichen soll. Macht kann im Gegensatz zur → *Motivation* eine Legitimationsgrundlage der → *Führung* sein. Fraglich ist dabei allerdings, ob derart geführte Mitarbeiter (→ *Führungsstil*) ihr Leistungsvermögen voll einsetzen, d. h. leistungswillig sind. Es lassen sich fünf für die → *Personalführung* relevante Machtarten unterscheiden:

(1) **Belohnungs- und Bestrafungsmacht**: Die Macht beruht hier auf der Möglichkeit, Belohnungen oder Bestrafungen anzudrohen und auszuüben. Wird eine angekündigte Belohnung/Bestrafung bei entsprechender Leistung nicht ausgeübt, kann dies zu Machtverlust (bei der Erziehung Verlust an Autorität) führen.

(2) **Legitimationsmacht**: Die Macht basiert hier ausschließlich aufgrund einer Weisungskompetenz in einer Hierarchie (formaler Vorgesetzter).

(3) **Expertenmacht**: Die Macht basiert auf einem zeitlichen Informationsvorsprung (Sachverständiger).

(4) **Informationsmacht**: Die Macht basiert auf der Möglichkeit, den Informationsfluss zu steuern, d. h. evtl. wichtige Informationen nicht an Mitarbeiter weiterzugeben.

(5) **Identifikationsmacht**: Der Führende hat Macht, da ihn der Geführte als Vorbild ansieht, dem es nachzueifern gilt. Der Übergang zur Motivation (charismatischer Führungsstil) wird hier deutlich. Weitere Arten werden in der Soziologie unterschieden. A hat aber nur dann Macht gegenüber B, wenn A Strafe, Lob oder Information anbieten kann *und* B diese Ressourcen braucht, schätzt oder will *und* B wenig oder keine Gegenmacht besitzt. Empirische Untersuchungen ergaben bei den o. g. Machtarten höchst unterschiedliche Ergebnisse. Je nach Bildungsstand des Geführten und Distanz zum Führer ist die Machtausübung mehr oder weniger erfolgreich.

► Mängelgewährleistung

Gewährleistung bei mangelhaft gelieferten Sachen (Sachmängel) oder Verträgen, in denen Dritte Rechte geltend machen können, die nicht im Vertrag bestimmt sind (Rechtsmangel). Kennt der Käufer den Mangel bei Vertragsschluss, so sind seine Rechte wegen dieses Mangels ausgeschlossen (§ 442 BGB). Im Falle grob fahrlässiger Unkenntnis kann der Käufer Rechte wegen eines Mangels nur geltend machen, wenn der Verkäufer den Mangel arglistig verschwiegen oder eine Garantie für die Beschaffenheit übernommen hat. Liegt ein Mangel vor, so kann der Käufer die Rechte der → *Gewährleistung* (Nacherfüllung, Minderung, Rücktritt und/oder Schadensersatz) geltend machen. Im Falle des Bestellers (→ *Werklieferungsvertrag*) ist zudem das Recht auf Selbstvornahme unter Ersatz der dafür erforderlichen Aufwendungen möglich. Beim Sachmangel ist der subjektive Fehlerbegriff gem. § 434 BGB, d. h. die vertraglich vereinbarte Beschaffenheit oder bei Massengütern der übliche Verwendungszweck maßgeblich. Dabei kann auch eine Beschaffenheit gemeint sein, die der Käufer nach Art der Sache erwarten kann. Zudem sind die in der Werbung oder bei der Etikettierung gemachten öffentlichen Äußerungen des Verkäufers, des Herstellers oder dessen Vertreters über die konkrete Eigenschaft des Gutes in Betracht zu ziehen (zugesicherte Eigenschaften vgl. § 434 BGB).

▶ Mängelrüge

→ *Mängelgewährleistung*

▶ Mahnbescheid

→ *Mahnung*

▶ Mahnung

An keine bestimmte Form (→ *Beglaubigung*, → *Notarielle Beurkundung*) gebundenes Verlangen eines Gläubigers gegenüber einem Schuldner, dass dieser die geschuldete Leistung erbringen möge. Es lassen sich das außergerichtliche und das gerichtliche Mahnverfahren unterscheiden. Wenn die außergerichtliche Mahnung z. B. in Form eines Erinnerungsschreibens nicht zum Erfolg führt, kann durch das gerichtliche Mahnverfahren relativ einfach und schnell der Zahlungsanspruch gegen den säumigen Schuldner geltend gemacht werden. Der Schuldner kommt, wenn er auf eine Mahnung des Gläubigers, die nach dem Eintritt der Fälligkeit erfolgt, nicht leistet, durch die Mahnung in → *Verzug* (§ 286 BGB). Klageerhebung und Zustellung eines Mahnbescheides stehen der Mahnung gleich. Die Mahnung ist allerdings entbehrlich, wenn im Vertrag oder durch Gesetze oder Urteile eine Bestimmtheit der Fälligkeit vorliegt, da der Verzug dann automatisch 30 Tage nach Fälligkeit eintritt.

▶ Make or Buy

→ *Eigenfertigung versus Fremdbezug*

▶ Makler

Personen, die gewerbsmäßig die Vermittlung von Käufen oder Verkäufen von Waren, Wertpapieren, Devisen, Immobilien oder Versicherungen für andere Personen übernehmen. Im Gegensatz zum ebenfalls selbständig gewerbetreibenden → *Handelsvertreter* ist der Makler meist nur einmalig bzw. fallweise für Dritte tätig. Der Makler hat Anspruch auf eine Vermittlungsgebühr (→ *Courtage*). Das Maklergeschäft ist in § 93 I HGB gesetzlich geregelt.

▶ Management

Der Begriff Management gehört zu den schillerndsten Erscheinungen in der wissenschaftlichen Literatur. Etymologisch von „manum agere", an der Hand führen, abzuleiten als hierarchischer Aufbau der → *Führung*. Man unterscheidet daher Top-, Middle- und Lower-Management und grenzt diese Begriffe im deutschsprachigen Raum ab als Führungs- und Leitungsebenen. Zur Begründung der Notwendigkeit von Management, deren Bezugsobjekte und Funktionen soll auf den hier synonym verwendeten Begriff Führung verwiesen werden.

▶ Management Auditing

→ *Interne Revision*

▶ Management Approach

→ *Segmentberichterstattung*

▶ Management Buy Out

Kauf des Unternehmens durch die bisherigen Manager des Unternehmens oder durch die gesamte bzw. Teile der Belegschaft (Belegschafts-Buy Out). Wurde auch bei der Privatisierung von ehemaligen DDR-Betrieben angewandt, um Betriebe und deren Arbeitsplätze zu erhalten. Kaufen sich Manager fremder Unternehmen in das Unternehmen ein, so spricht man von Management Buy In bzw. Walk-Out (Beispiel *Loewe-Opta*, *Levi Strauss*). Diese Form der Unternehmensübernahme (→ *Take over*) ist von einem → *Spin off* zu unterscheiden. Seit der Reprivatisierung in den neuen Bundesländern werden verstärkt auch Belegschafts-Buy Outs (engl.: Employee Stock Ownership Plan, ESOP) gefördert (→ *Kauf*).

▶ Management by Crisis

Führung durch bewusste Herbeiführung bzw. Provokation von Krisen im Unternehmen. Durch derartige Situationen soll die Leistung, Flexibilität und Entscheidungsfreude von Mitarbeitern gefördert werden. Die Grundlage dieser Überlegungen stammt aus der „Chaostheorie" und aus den Erkenntnissen des → *Krisenmanagement.* Bei empirischen Studien wurde festgestellt, dass Anstrengung und Leistung von Mitarbeitern bei Unternehmenskrisen höher sind als in Normalsituationen, in denen es dem Unternehmen „gut geht". An diesem Führungsmodell lässt sich kritisieren, dass die Emotionslage von Mitarbeitern (z. B. Angst vor Arbeitsplatzverlust) bewusst ausgenutzt wird und zu langfristig negativen psychisch-physischen Wirkungen führen kann. Zu beachten ist, dass eine bewusst herbeigeführte Krise sich evtl. zu einer echten Krise auswachsen kann, insbesondere wenn die Mitarbeiter von der bewussten Anwendung dieses Modells erfahren (→ *Führung*).

▶ Management by Decision Rules

Führung durch Vorgabe detaillierter Verhaltensanweisungen und -regeln. Hier soll der Mitarbeiter i. R. einer detaillierten Regelvorgabe die vorgegebenen Ziele erfüllen. Eine exakte Ausrichtung aller Aktivitäten auf das gemeinsame Unternehmensziel soll dadurch erreicht werden. Der Trend zur Bürokratie mit Dienstwegen und Regelbüchern ist unübersehbar und wird als Hauptkritikpunkt neben der wenig motivierenden Wirkung dieses Führungsmodells genannt (→ *Führung*).

▶ Management by Delegation

Führung durch Aufgabenübertragung, d. h. eine weit gehende → *Delegation* von Aufgaben an untergeordnete Hierarchieebenen. Durch die zunehmende Arbeitsteilung und Spezialisierung ist die Delegation von Verantwortlichkeiten und Kompetenzen zur Entlastung der Führungsebene beinahe zwangsläufig. Ob hier bereits von einem der → *Führungsmodelle* gesprochen werden kann, ist fraglich.

Eine Präzisierung dieses Prinzipes erfolgt im → *Harzburger Führungsmodell* von *Reinhard Höhn* (→ *Führung*).

▶ Management by Exception

Führung durch Abweichungskontrolle und Eingriffe in Ausnahmefällen (→ *Führungsmodelle*). Grundüberlegung dieses Modells ist, die → *Führungskraft* dadurch zu entlasten, dass Mitarbeiter so lange selbständig entscheiden können, bis vorgeschriebene Toleranzgrenzen überschritten werden oder unvorhergesehene Ereignisse, d. h. Ausnahmefälle, eintreten. Die Führungsebene legt Ziele und Richtlinien für die ausführenden Einheiten zur Einschätzung von Normal- bzw. Ausnahmefällen fest. Die Vorteile liegen in der Entlastung der Spitze und möglicher → *Motivation* der Ausführenden durch selbständiges Arbeiten bei Normalfällen. Die → *Kommunikation* unter den Ebenen wird auf das „Nötigste" beschränkt. Fraglich bleibt, ob ein Mitarbeiter Ausnahmefälle richtig einschätzen kann und dadurch motiviert wird, dass ihm die Bewältigung dieser Ausnahmesituationen nicht zugetraut wird bzw. er in diesen Fällen mit „Eingriffen von oben" rechnen muss (→ *Führung*).

▶ Management by Objectives

Führung durch Zielvereinbarung. Eines der bekanntesten → *Führungsmodelle* in der betrieblichen Praxis. Es wurde in der angloamerikanischen Führungspraxis entwickelt und geht auf die theoretischen Arbeiten von *Peter F. Drucker*, *Douglas M. McGregor* und *George S. Odiorne* zurück. Durch eine gemeinsame Vereinbarung von zu erreichendem → *Ziel* zwischen Mitarbeiter und Führungsebene wird im Gegensatz zu den detaillierten Verhaltensanweisungen beim → *Management by Decision Rules* und den Zielvorgaben „von oben" beim → *Management by Results* dem Mitarbeiter die Möglichkeit zur → *Mitbestimmung* bzw. Partizipation an den zu erreichenden Ergebnissen eingeräumt.

▶ Management by Prinzipien

→ *Führungsmodelle*

▶ Management by Results

Führung durch Ergebnisüberwachung, d. h. der laufenden → *Kontrolle* vorgegebener Ergebnisgrößen (Umsätze, Stückzahlen, Gewinngrößen). Im Gegensatz zum → *Management by Objectives* werden die zu erreichenden Resultate von der Führungsebene festgelegt. Organisatorischer Ausdruck dieses → *Führungsmodells* ist die → *Profit Center*-Organisation. Die möglichen Nachteile können Bereichsegoismus und Zahlenfetischismus (Stückzahlen) unabhängig von der Qualität einer Leistung sein sowie die De-Motivation (→ *Motivation*) der Mitarbeiter durch unrealistische Resultatvorgaben und ständige Kontrollen.

▶ Management by Systems

Führung durch Systemsteuerung. Diese basiert auf den Theorien der Kybernetik, d. h. der Lehre von Regelkreisen und stellt eine Mischung verschiedener anderer → *Führungsmodelle* dar. Kennzeichnend für einen Regelkreis ist die Eigensteuerung und Rückmeldung von Ergebnissen. Der Regler (Führung) soll nur in Ausnahmefällen (→ *Management by Exception*) in den Regelkreis der selbst steuernden Einheiten (→ *Management by Delegation*) eingreifen. Die Ergebnisse sind laufend zu kontrollieren und rückzumelden (→ *Management by Results*). Das → *St. Galler Führungsmodell* basiert auf diesen Überlegungen.

▶ Management-Holding

Eine neue Form der Geschäftsbereichsorganisation (→ *Divisionale Organisation*) mit zahlreichen wirtschaftlich und rechtlich selbständigen Geschäftsbereichen (Sparten, Divisionen), mit wenigen Zentralbereichen und einer zentralen Unternehmensleitung (rechtlich vgl. → *Konzern*). Diese Anfang der neunziger Jahre entwickelte Organisationsform resultierte aus den Schwächen der traditionellen, in den siebziger und achtziger Jahren bei der überwiegenden Zahl von Unternehmen eingeführten divisionalen Organisationsform. Große, sich verselbständigende Verwaltungsköpfe mit dem Trend zur Bürokratie, wenige und große Produktsparten und das unkritische

Streben nach Größenvorteilen (Synergien) führten zu weitgehend unflexiblen Großunternehmen, deren Reaktionszeit in einer sich immer turbulenter gestaltenden Unternehmensumwelt stark zugenommen hat. Nachdem → *Take over*, → *Gemeinschaftsunternehmen* und → *Strategische Allianzen* zur Verminderung der Umweltturbulenz und Erhöhung der Flexibilität der Unternehmen nicht mehr ausreichen, ist ein neues Organisationskonzept gefragt. Kerngedanke ist die rechtliche Verselbständigung der Tochtergesellschaften mit → *Profit Center* – oder gar Investment Center-Verantwortung, einer weitgehenden Dezentralisation von Aufgaben (im Gegensatz zur Zentralisierungswelle der achtziger Jahre) sowie einer kleinen Holding-Obergesellschaft, die sich nur noch um strategische Fragen kümmert und sich in die operativen Aufgaben nicht einmischt. Eine flache → *Hierarchie* mit überschaubaren Mitarbeiterzahlen (Unternehmensgrößen) sind die Folge, so dass Flexibilität, Innovation und → *Motivation* gefördert werden. Nach der unkritischen Übernahme von Unternehmen waren die neunziger Jahre durch eine selektive Auswahlstrategie und die Konzentration auf die eigenen Stärken bei flachen Hierarchien geprägt.

▶ Management-Informationssystem (MIS)

Computergestütztes → *Informationssystem* zur Unterstützung des Managements bzw. der → *Führungskraft* bei Führungsentscheidungen (→ *Führung*). Durch eine gezielte Verdichtung und Aggregation von internen Unternehmensdaten und Daten zur externen → *Umwelt* sollen Entscheidungen → *Optimal* vorbereitet und schnell getroffen werden können. Die Daten hierzu müssen aktuell, sicher und konsistent sein. Das → *System* soll wirtschaftlich, schnell und benutzerfreundlich sein. Die Dreiteilung des MIS in Datenbank (Informationssammlung), Methodenbank (Informationsverarbeitung) und Modellbank (Informationsanalyse, -interpretation) hat sich durchgesetzt. Es sollte jedoch kein Zweifel darüber bestehen, dass ein MIS die persönliche Entscheidung eines Planungsträgers nicht ersetzen kann und soll.

▶ Managerial Grid

Zweidimensionales Verhaltensgitter zur Darstellung von Führungsstil-Typen in Abhängigkeit von der Betonung der Produktion oder der Betonung des Menschen in der → *Führungsphilosophie* des Führenden (Abbildung M-1). Nach diesem Verhaltensgitter sollte möglichst der Führungsstil Nr. 9/9 angestrebt werden.

▶ Mangelhafte Lieferung

→ *Mängelgewährleistung*

▶ Mantel

→ *Aktienmantel*

▶ Mantelzession

→ *Zession*

▶ Manufacturing Resources Planning (MRP)

Das MRP-Konzept kann als Vorläufer der Diskussion um → *Industrie 4.0* betrachtet werden.

(1) **MRP: Material Requirement Planning:** In den 50er Jahren des letzten Jahrhunderts entwickeltes Konzept der Materialbedarfsplanung, gekennzeichnet durch den Wandel von der verbrauchs- zur bedarfsorientierten Materialdisposition bei der eine Sukzessivplanung nach hierarchischen Planungsstufen erfolgt. Von übergeordneten Planungsstufen wie z. B. der Produktionsprogrammplanung zu untergeordneten Planungsstufen wie z. B. der Produktionsbedarfsplanung werden die Ressourcen mit zunehmendem Detaillierungsgrad und abnehmendem Planungshorizont geplant.

(2) **MRP I: Manufacturing Resource Planning I:** In den 60er Jahren entstandene Weiterentwicklung, die erstmals auch die Produktionskapazitäten mit in die Planung einbezog.

(3) **MRP II: Manufacturing Resource Planning II:** Das von *Oliver Wight* in den achtziger Jahren entwickelte Konzept bildet eine

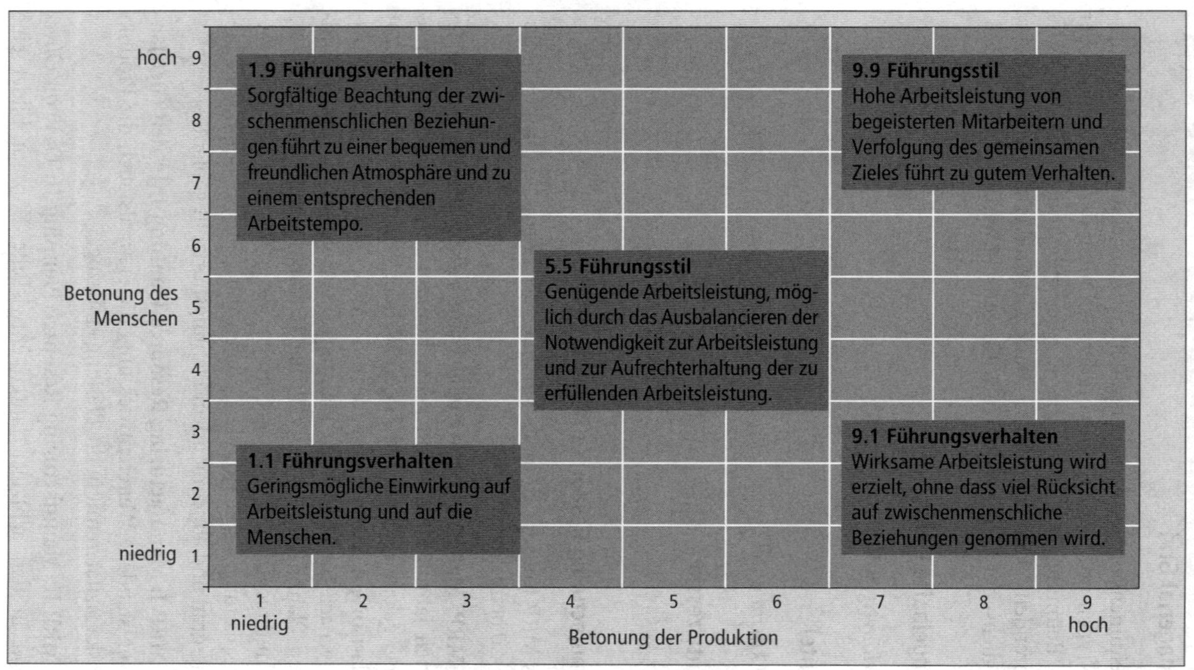

Abb. M-1: Managerial Grid

wesentliche Weiterentwicklung von MRP. Dabei werden zusätzlich wirtschaftliche und strategische Gesichtspunkte der Produktionsplanung berücksichtigt, insbesondere indem der Produktionsprogrammplanung eine strategische Planungsebene mit Absatzplanung und Entwicklungsplanung vorangestellt wird.
Vor dem Hintergrund der Integration der IT in die Planung und Steuerung der Produktionsprozesse wurden diese Konzepte zu ERP-Systemen (→ *Enterprise Resource Planning*) erweitert.

▶ MAPI-Methode

In den vierziger Jahren von *George Terborgh* am Machinery and Allied Products Institute (MAPI) entwickelte Heuristik bzw. Erfahrungsformel zur Beurteilung einer → *Investition.* Im Gegensatz zu den klassischen → *Investitionsrechenverfahren* wird hier unter Betrachtung des der Investition folgenden Jahres ein so genannter Dringlichkeitsmaßstab D ermittelt, der die Vorteilhaftigkeit einer Investition anzeigen soll. Aus der folgenden Formel wird deutlich, dass einem Investitionserfolg (Betriebsgewinn + verminderter Kapitalverzehr – entstehender Kapitalverzehr – Steuererhöhung) die Nettoinvestitionsauszahlung, d. h. der Kapitaleinsatz, gegenübergestellt wird.

$$D = \frac{G + VK - EK - St}{NJ}$$

D = Dringlichkeitsmaßstab; G = betrieblicher Gewinn des Folgejahres; VK = Verminderter Kapitalverzehr durch die Investition; EK = Entstehender Kapitalverzehr durch die Investition; St = Zusätzliche Steuern; NJ = Nettoinvestitionsauszahlung

▶ Marge

→ *Floating Rate Note (FRN)*

▶ Margin

Die Mindesteinlage bei einem Termingeschäft im Sinne einer Sicherheitsleistung, die täglich neu bewertet und von der Kursveränderung laufend ab- bzw. zugebucht werden. Auch als Einschuss, Initial Margin oder Maintenance Margin bezeichnet.

▶ Marke

I. e. S. eine sichtbare Kennzeichnung (Markierung) eines Produktes mit einem Namen, Aufdruck, Symbol, Design oder einer Kombination von diesen. Die Marke im weiteren Sinn ist hingegen eine markierte Ware, die zu einer, evtl. nur örtlich begrenzten Verkehrsgeltung gelangt ist. Entsprechende Produkte werden als → *Markenartikel* mit einem → *Markenzeichen* bezeichnet. Im Rahmen der Europäischen Union kann inzwischen die Anmeldung einer Gemeinschaftsmarke erfolgen, bei der in einem einzigen Verfahren ein Schutzrecht erteilt wird, das in allen Ländern der EU wirksam ist. Dies gilt auch für Dienstleistungen. Nationale Marken bleiben erhalten und bieten weiterhin landesweiten Schutz.

▶ Markenartikel

Güter mit einer → *Marke.* Es muss sich dabei um eine Fertigware handeln, die von langfristig gleich bleibender oder verbesserter Qualität ist, in gleich bleibender Menge und Aufmachung erhältlich ist, einer direkten oder indirekten Werbung für den Verbraucher unterliegt sowie die Anerkennung (Verkehrsgeltung) im Markt besitzt, was bedeutet, dass Herstellern, Händlern und Verbrauchern die Marke bekannt ist. In einer engen Auslegung werden unter Markenartikeln nur Herstellermarken verstanden. Sie sind dadurch gekennzeichnet, dass sie unter der Regie eines Produktionsunternehmens auf den → *Markt* kommen. Das Markeneigentum und die Gestaltung der absatzpolitischen Ziele liegen beim Hersteller. Die Stärke dieser Marken liegt darin, dass sie als kaum substituierbar gelten und somit eine hohe Wertschätzung beim Verbraucher genießen. Bei weiter gehender Definition fallen unter den Begriff Markenartikel auch die so genannten Handelsmarken. Hierbei handelt es sich um Produkte, die von Handelsbetrieben oder Organisationen markiert werden. Das → *Eigentum* an der Marke erlaubt dem Handelsbetrieb ein weitgehend selbständiges Marketing. Handelsmarken grenzen sich hauptsächlich durch geringere → *Ubiquität* und Qualitätsansprüche ihrer Produkte von den Herstellermarken ab. Von den klassischen Handelsmarken zu unterscheiden sind die Gattungsmarken, das so genannte → *No Name-Produkt.*

▶ Markenführung

Alle Maßnahmen, die im Zusammenhang mit einer → *Marke* getroffen werden, um die Ertragspotentiale langfristig zu sichern. Markenführung umfasst damit aus → *Marketing* Sicht die Anwendung des gesamten → *Absatzpolitischen Instrumentariums* auf → *Markenartikel.*

Ziele sind hierbei zum einen die Steigerung des → *Markenwerts,* die Nutzung der Marke für weitere Produkte im Sinne einer Markenfamilie ebenso wie die Ausweitung der Marke auf andere Produktfelder (Brand Extension). Ebenso ist der Erhalt des Markenimages von relevanter Bedeutung. Wird z. B. durch fehlerhafte → *Preispolitik* oder mangelhafte → *Kommunikationspolitik* die Bedeutung der Marke aus Sicht des Konsumenten beschädigt oder verwässert, so sinkt die Bereitschaft der Konsumenten, den Markenartikel bevorzugt zu kaufen oder einen vergleichsweise hohen Preis dafür zu bezahlen. Für das Unternehmen resultieren daraus geringere Umsätze und verringerte Gewinnspannen.

▶ Markenwert

Monetäre Größe, die den Wert einer → *Marke* darstellt. Grob zu definieren als der Gewinn, der eindeutig auf die Marke als → *Markenzeichen* zurückzuführen ist und den ein Unternehmen, ohne die Marke zu besitzen, nicht erzielen könnte. Dieser Gewinn resultiert aus den Erlösen, die durch ein Markenzeichen erwirtschaftet werden abzüglich der Kosten, die dem Markenzeichen zuzuordnen sind. Hierzu zählen alle Kosten, die nicht anfallen würden, wenn keine Marke vorhanden wäre, insbesondere die Kosten für den Markenschutz sowie Kosten der Produktion des Markenzeichens und z. B. begleitender → *Werbung.*

Die Definition des Markenwertes als auf die Marke zurückzuführende Gewinne lässt ferner Rückschlüsse auf die den Markenwert bestimmenden Einflussgrößen zu. Hierzu gehören der Preis des Produktes, die durch die Markierung induzierten Kosten, die Produkteigenschaften sowie die Absatzmenge des jeweiligen mit der Marke gekennzeichneten Produktes. Erzielt beispielsweise ein gegenüber Konkurrenzprodukten vergleichbares oder identisches Produkt mit gleichen markeninduzierten Kosten bei höherem Preis eine gleich hohe oder sogar höhere Absatzmenge, so ist dies ein eindeutiger Hinweis auf einen existierenden, gegenüber den Konkurrenzprodukten höheren Markenwert. Insbesondere diese monetäre Komponente des Markenwerts in Form der auf das Markenzeichen zurückzuführenden Gewinne ist als Differenzierungsmerkmal gegenüber ähnlichen Begriffen heranzuziehen, bei denen diese direkte monetäre Bedeutung nicht vorhanden ist.

▶ Markenzeichen

Eine → *Marke* lässt sich zum einen als physisches Objekt und zum anderen als formales Zeichen kennzeichnen. Die letztere Sichtweise liegt der EG-Markenrichtlinie zugrunde, nach der Marken alle Zeichen sein können, die sich graphisch darstellen lassen, insbesondere Wörter einschließlich Personennamen, Abbildungen, Buchstaben, Zahlen und die Form oder Aufmachung der Ware, soweit solche Zeichen geeignet sind, Waren oder Dienstleistungen eines Unternehmens von denjenigen anderer Unternehmen zu unterscheiden.

▶ Marketing

Ursprünglich die Vermarktung der produzierten Güter. Nach dem Zweiten Weltkrieg bestand eine allgemeine Güterknappheit, die → *Nachfrage* lag weit über dem → *Angebot.* Die absatzwirtschaftlichen Anstrengungen beschränkten sich daher auf die Distribution der hergestellten Güter. Mit der Verbesserung des Angebotes vollzog sich ein Wandel vom Verkäufer- zum Käufermarkt. Das Angebot stieg schneller als die Nachfrage, der Konkurrenzdruck verstärkte sich. Die Unternehmen waren immer mehr gezwungen, neue Märkte zu erschließen und alte zu pflegen. Marketing wurde zu einer **unternehmerischen Grundhaltung** mit dem Merkmal der **systematischen Ausrichtung aller unternehmerischen Aktivitäten auf die Abnehmer**.

In vielen Bereichen ist der Absatzbereich heute zum Engpassfaktor geworden. Marketing wird daher als Ausdruck eines marktorientierten unternehmerischen Denkens verstanden.

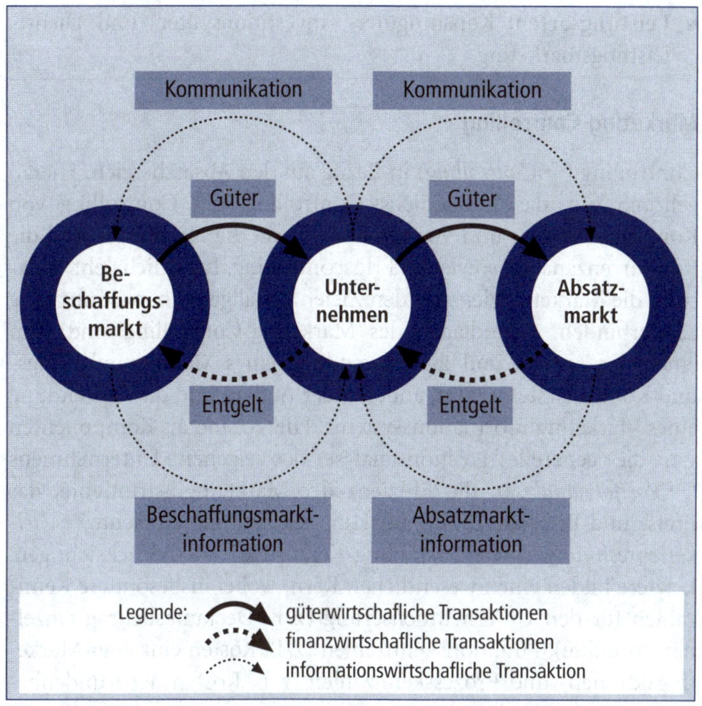

Abb. M-2: Typische Transaktionen zwischen einem Unternehmen und seinen Märkten (Quelle: Berndt, R.: Marketingstrategie und Marketingpolitik, 4. Aufl. 2005, S. 3)

In einer weiten Definition umfasst daher Marketing die Planung und Gestaltung von Maßnahmen, durch die gewünschte Austauschprozesse zwischen dem Unternehmen und seinen Märkten erreicht werden sollen (Transaktionsansatz von *Philip Kotler*, Abbildung M-2). Im Einzelnen umfassen solche Transaktionen Güter-, Geld-, Informations- und Kommunikationsströme.

Der Begriff Marketing lässt sich zudem nach verschiedenen Merkmalen charakterisieren:

- **funktional:** Absatzmarketing und Beschaffungsmarketing
- **institutionell:** Marketing für private und öffentliche Betriebe

- **Leistungsarten:** Konsumgüter-, Investitionsgüter- und Dienstleistungsmarketing.

▶ Marketing-Controlling

Controlling (→ *Controlling*) in Bezug auf den Absatzbereich. Hierzu gehören u. a. das Außendienst-Controlling, das Controlling von Kommunikations- und Werbemaßnahmen, die Nachfrage- und die Konkurrenzanalyse sowie das Erlöscontrolling. Inhaltlich geht es darum, die Marketingziele mit den Zielen des allgemeinen Controlling zu verbinden. Grundlagen des Marketing-Controlling sind zum einen der Aufbau und die Anwendung eines Marketingplanungs- und Kontrollsystems, zum anderen der Aufbau und die Anwendung eines Marketinginformationssystems. Hierzu sind als Komponenten v.a. die generelle Positionsanalyse des eigenen Unternehmens (→ *Portfolioanalyse*), die Effizienz der Marketinginstrumente, das Preis- und Erlöscontrolling im Hinblick auf eine effiziente → *Zielkostenrechnung* sowie Marketing-Kennzahlen zu berücksichtigen. Letztere bilden einen wesentlichen Kern, wobei insbesondere Kennzahlen für den Unternehmenserfolg (z. B. Deckungsbeitrag einzelner Produkte), Funktionskennzahlen (z. B. Kosten einzelner Marketingaktionen) und Prozesskennzahlen (z. B. Kosten der Kundenbetreuung) relevant sind.

▶ Marketing-Instrumente

→ *Marketing-Mix*, → *Absatzpolitisches Instrumentarium*

▶ Marketing-Konzeption

Marketing als markt- bzw. kundenorientierte Unternehmensführung lässt sich nur konsequent umsetzen, wenn dem unternehmerischen Handeln eine schlüssig abgeleitete, unternehmensindividuelle Marketing-Konzeption zugrunde gelegt wird. Neue komplexe und dynamische Umweltbedingungen stellen jedenfalls deutlich höhere Anforderungen an die Steuerung der Unternehmen. Unternehmen brauchen deshalb umfassende, vollständige Handlungsanweisungen für das markt- bzw. kundengerechte unternehmerische

Abb. M-3: Die Konzeptionspyramide als Bezugsrahmen eines modernen Marketing-Managements (Quelle: Becker, J.: Marketing-Konzeption, 11. Aufl. 2019, S. 4)

Handeln. Dafür geeignete Marketing-Konzeptionen setzen abgestimmte Entscheidungen auf drei Entscheidungsebenen voraus (Abbildung M-3), nämlich auf der Ziel-, der Strategie- und der Mixebene (= konzeptionelle Kette). Konzeptionelles Vorgehen ist also dadurch gekennzeichnet, dass auf drei Ebenen jeweils spezifische Festlegungen getroffen werden.

Die drei genannten Konzeptionsebenen können in dieser Hinsicht auch als drei logisch aufeinander folgende, aber zugleich interdependente Teilstufen eines konzeptionellen Gesamtprozesses aufgefasst werden. Dabei erfolgt von oben nach unten eine zunehmende Konkretisierung bzw. Detaillierung der zu treffenden Entscheidungen. Eine Marketing-Konzeption kann aufgefasst werden als ein schlüssiger, ganzheitlicher Handlungsplan („Fahrplan"), der sich an angestrebten Zielen („Wunschorten") orientiert, für ihre Realisierung geeignete Strategien („Route") wählt und auf ihrer Grundlage die adäquaten Marketinginstrumente („Beförderungsmittel") festlegt.

▶ Marketing-Mix

Instrumentarium (→ *Absatzpolitisches Instrumentarium*), das von einem Unternehmen zur Erreichung seiner marktorientierten Ziele in unterschiedlichen Kombinationen (Mix) verwendet wird. Marketing-Mix bezeichnet die Abstimmung der einzelnen Marketinginstrumente derart, dass sich eine optimale Kombination im Hinblick auf die verfolgten Marketingziele ergibt. Ein optimales Marketing-Mix ist dann erreicht, wenn das Gesamtergebnis weder durch die Umgestaltung eines Marketinginstrumentes noch durch Hinzunahme eines bisher noch nicht eingesetzten Instrumentes verbessert werden kann.

▶ Market Maker

Banken oder Wertpapierhäuser, die vor allem für institutionelle Anleger eine jederzeitige Handelsbereitschaft zum Kauf oder Verkauf von Devisen, Wertpapieren oder Optionen bzw. Terminkontrakte (→ *Währungsterminkontrakt*, → *Zinsterminkontrakt*) garantieren. An den meisten Terminmärkten (z. B. → *Eurex*) gibt es Market Maker.

▶ Market-to-Market-Bewertung

→ *Währungsterminkontrakt*

▶ Market Value Added (MVA)

Neben der → *Discounted-Cashflow-Methode* und der Berechnung des → *Economic Value Added (EVA)* hat sich bei der wertorientierten Betrachtung von Unternehmen in den letzten Jahren der MVA als Maß für Aktionäre bzw. Anteilseigner durchgesetzt, um zu bestimmen, ob der Vorstand aktionärsorientiert gehandelt hat, d. h. der Marktwert über dem Geschäfts- bzw. Bilanzwert eines Unternehmens liegt. Dementsprechend wird der MVA wie folgt definiert:

MVA = Marktwert – Geschäftsvermögen

Der Marktwert kann als die Marktkapitalisierung, d. h. die Multiplikation der Anteilszahl mit dem aktuellen Markt- bzw. Börsenpreis definiert werden. Hier kommt die Erwartungshaltung der Marktteilnehmer zum Ausdruck, wobei die → *Volatilität* eines Kurses zu beachten ist. Als Geschäftsvermögen kann die Summe der nach HGB oder IFRS bilanzierten Vermögensgegenstände definiert werden. Als Geschäftswert kann auch der mit dem WACC abgezinste → *Barwert* der erwarteten künftigen Gewinne (EBITDA oder NOPAT) verwendet werden. Auch hier wird aufgrund des Bewertungsproblems deutlich, dass eine eindeutige Definition des MVA schwer möglich ist.

▶ Markt

Gesamtheit der ökonomischen Beziehungen zwischen Anbietern und Nachfragern hinsichtlich eines Gutes bzw. einer Gütergruppe innerhalb eines bestimmten Gebietes und eines bestimmten Zeitraumes. Gekennzeichnet wird ein Markt also durch seine Elemente → *Gut* /Gütergruppe (Real- oder Nominalgüter), Anbieter (Privater oder → *Öffentlicher Betrieb*), Nachfrager (Konsumenten, Industriebetriebe, Handelsbetriebe) oder öffentliche Institutionen, ökonomische Beziehungen (Kommunikationsbeziehungen, Kooperationsbeziehungen, Wettbewerbsbeziehungen, Machtbeziehungen oder Rollenbeziehungen), Gebiet und Zeitraum. Kombinationen aus der Anzahl der Anbieter und der Nachfrager führen zu verschiedenen → *Marktformen.*

▶ Marktanteil

→ *Marktvolumen*, → *Portfolioanalyse*

▶ Marktanteils-Marktwachstums-Portfolio

→ *Portfolioanalyse*

▶ Marktattraktivitäts-Wettbewerbsvorteils-Portfolio

→ *Portfolioanalyse*

▶ Marktaustrittsbarrieren

Beim Marktaustritt entstehende Kostennachteile, die vor allem auf Verlusten aus dem Verkauf von Produktionsanlagen, Kosten einer Liquidation, Abfindungszahlungen an die Mitarbeiter und Vertragsstrafen bei Auflösung von Lieferanten- und Absatzmittlerbindungen basieren. Nicht zu unterschätzen sind darüber hinaus negative Imagewirkungen bei Kunden, Lieferanten und Kapitalgebern, die aus der Aufgabe der Produktion und der Belieferung eines Marktes resultieren können.

▶ Marktbeherrschung

Gem. § 22 GWB → *Gesetz gegen Wettbewerbsbeschränkungen (GWB)*, wenn ein Anbieter oder Nachfrager einer bestimmten Art von Waren oder gewerblicher Leistungen ohne Wettbewerber ist, keinem wesentlichen Wettbewerb ausgesetzt ist oder eine im Verhältnis zu seinen Wettbewerbern überragende Marktstellung hat. Zur Feststellung der Marktbeherrschung muss eine Abgrenzung des relevanten Marktes von anderen Märkten erfolgen, was sachlich, räumlich und zeitlich erfolgen kann. Kartellrechtlich wird eine Marktbeherrschung grundsätzlich hingenommen. Zugelassen wird aber eine Fusionskontrolle, falls durch einen → *Unternehmenszusammenschluss* das Entstehen oder die Verstärkung einer marktbeherrschenden Stellung zu erwarten ist. Marktbeherrschende Unternehmen unterliegen darüber hinaus dem Diskriminierungsverbot, d. h. dem Verbot einer sachlich nicht gerechtfertigten unterschiedlichen Behandlung im Geschäftsverkehr.

Die häufigste Form der Marktbeherrschung kann in der „überragenden Marktstellung“ gesehen werden. Zur Ermittlung werden als Kriterien der Marktanteil, die Finanzkraft, der Zugang zu den Beschaffungs- und Absatzmärkten, die Verflechtungen mit anderen Unternehmen, rechtliche oder tatsächliche Marktzutrittsschranken sowie die Umstellungsflexibilität der Marktgegenseite herangezogen.

▶ Markteintrittsbarrieren

Nachteile, die ein Unternehmen beim Markteintritt gegenüber etablierten Unternehmen hat. Diese können sowohl auf Rahmenbedingungen wie z. B. rechtlichen Restriktionen als auch auf marktlichen oder betrieblichen Gegebenheiten beruhen. So haben eingesessene Unternehmen häufig einen besseren Zugang zu benötigten Ressourcen (Rohstoffe, Arbeitskräfte, Kapital) oder verfügen über einen Know-how-Vorsprung in der Produktion, in der Forschung & Entwicklung oder im Marketing. Newcomer müssen qualifiziertes Personal häufig über besondere finanzielle Anreize beschaffen. Besitzen etablierte Anbieter neue Produktionsverfahren, die durch Patente geschützt sind, müssen in den Markt eintretende Unternehmen veraltete Verfahren einsetzen, die meist mit höheren Kosten verbunden sind. Ein wesentliches Hindernis ist für Newcomer auch in der möglichen Realisierung von Skaleneffekten (→ *Economies of Scale*) bei etablierten Anbietern zu sehen, die aufgrund des höheren Marktanteils sowohl Kostenvorteile bei der Beschaffung von Inputfaktoren als auch bei der Produktion und im Vertrieb erzielen können. Um auf vergleichbare Marktanteile zu kommen, bedarf es für Marktneueinsteiger zunächst eines hohen Aufwandes für Marketinganstrengungen.

▶ Marktformen

Einteilung von Märkten (→ *Markt*) nach der Zahl der Marktteilnehmer auf Angebots- und Nachfragerseite (Abbildung M-4).

Nachfrager	Anbieter		
	einer	wenige	viele
einer	Bilaterales Monopol	Beschränktes Nachfragemonopol	Nachfragemonopol (Monopson)
wenige	Beschränktes Angebotsmonopol	Bilaterales Oligopol	Nachfrageoligopol (Oligopson)
viele	Angebots-monopol	Angebots-oligopol	Polypol

Abb. M-4: Marktformen

▶ Marktforschung

Beschaffung und Verarbeitung von → *Information* bezüglich der Unternehmensmärkte. Dabei kann sowohl von den Beschaffungsmärkten (Beschaffungsmarktforschung) als auch von den Absatzmärkten (Absatzmarktforschung) ausgegangen werden. Bei einer Marktbeobachtung wird die Entwicklung einer ökonomischen Größe im Zeitablauf betrachtet. Der Marktanalyse liegt eine zeitpunktbezogene Analyse zugrunde. Des Weiteren sind die **demoskopische** Marktforschung, bei der personenbezogene Sachverhalte wie Alter, Familienstand oder Einkommen erhoben werden, und die **ökoskopische** Marktforschung, die produktbezogene Sachverhalte wie Preise oder Qualitäten zum Inhalt hat, zu unterscheiden. Die für eine Unternehmung relevanten Daten können ebenso gesamtwirtschaftliche wie branchenbezogene Daten über die Marktlage oder die Marktentwicklung, die Zahl der potentiellen Nachfrager, deren Kaufkraft und deren Kaufverhalten, die Zahl und die Intensität der Konkurrenten, aber auch nichtwirtschaftliche (rechtliche, technische und gesellschaftliche) Informationen sein. Zu ihrer Erhebung stehen unterschiedliche Erhebungsmethoden zur Verfügung.

Markttests lassen sich dadurch charakterisieren, dass eine Marketingmaßnahme in einem regional abgegrenzten Raum unter kontrollierten Bedingungen erprobt wird. Testmärkte, so genannte Store-Tests, werden lokal begrenzt durchgeführt.

▶ Marktordnung

Ein Instrument der nationalen und internationalen Wettbewerbs- und Wirtschaftspolitik, mit dem Märkte für bestimmte Waren geregelt werden sollen. Zu nennen sind vor allem die Beeinflussung des Handelsverkehrs und Interventionen auf dem Binnenmarkt. Als Beispiel können die Marktordnungen für Agrarprodukte in der Europäischen Union genannt werden. Hierdurch soll ein Ausgleich von Angebot und Nachfrage bei angemessenen Preisen sowohl für die Erzeuger als auch die Verbraucher erreicht werden. Durch garantierte Mindestpreise soll das Einkommen der Erzeuger gesichert werden. Liegt die bei diesem Preis nachgefragte Menge unter der angebotenen Menge ist die öffentliche Hand verpflichtet, die Differenzmenge aufzukaufen.

▶ Marktpotential

→ *Marktvolumen*

▶ Marktsegmentierung

Aufspaltung eines heterogenen Gesamtmarktes in Teilmärkte, die in sich möglichst homogen, d. h. ähnlich sind. Der Marktsegmentierung oder Zielgruppenbildung liegt die Überlegung zugrunde, dass die potentielle Käuferschaft eines Produktes in der Regel heterogen ist, sich also in bestimmten Merkmalen wie Alter, Einkommen, Kaufverhalten, Bildung etc. unterscheidet. Durch die Bildung einer → *Zielgruppe* wird ein gezielter Einsatz von Marketinginstrumenten ermöglicht. Außerdem erlaubt die Bildung von Zielgruppen die Konzentration von Marketingmaßnahmen auf besonders wichtige Gruppen (z. B. Intensivverwender) und damit eine Senkung der Marketingkosten. Ein Verfahren zur Marktsegmentierung stellt die → *Cluster-Analyse* dar (→ *Lifestyle-Konzept*).

▶ Markttest

→ *Marktforschung*

▶ Marktvolumen

Die tatsächliche Absatzmenge bzw. der Umsatz einer Branche in einem Markt in einer Periode. Zusammen mit der Betrachtung des Marktpotentials lässt sich der Marktsättigungsgrad errechnen und daraus evtl. gegebene Wachstumschancen ableiten. Das Marktpotential gibt dabei an, wie viele Einheiten eines Produktes abgesetzt werden könnten, wenn alle potentiellen Kunden über das Bedürfnis und die Mittel zum Erwerb verfügen würden. Der Marktsättigungsgrad ergibt sich damit als:

$$\text{Marktsättigungsgrad} = \frac{\text{Marktvolumen}}{\text{Marktpotential}} = \text{x } 100$$

Für das einzelne Unternehmen lässt sich darüber hinaus der Marktanteil aus dem Marktvolumen errechnen:

$$\text{Marktanteil} = \frac{\text{Eigener Absatz}}{\text{Marktvolumen}} = \times 100$$

▶ Maschinenbelegungsplan

Im Rahmen der Produktionsplanung und -steuerung erstellte Reihenfolge, in der die Aufträge auf verschiedenen Werkzeugen bzw. Aggregaten erstellt werden. Aus der zeitlichen Darstellung werden insbesondere Bearbeitungs- und Leerzeiten deutlich (Abbildung M-5).

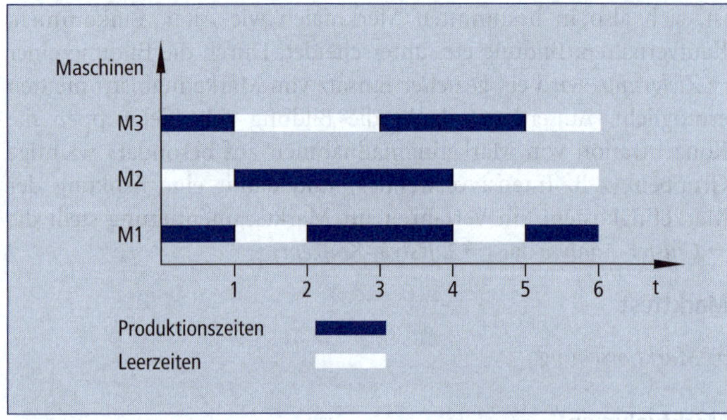

Abb. M-5: Beispiel für einen Maschinenbelegungsplan

▶ Maschinenstundensatzrechnung

→ *Kalkulation*

▶ Mass Customization

Maßgeschneiderte Massenfertigung bedeutet in erster Linie Produktdifferenzierung durch Variation, das heißt die Erstellung von Produkten in so vielen Varianten, dass die Wünsche jedes relevanten Kunden erfüllt werden. Sie unterscheidet sich damit von der handwerklichen Maßanfertigung, die insbesondere bei Kleidung und

Schuhen, aber z. B. auch bei Fahrzeugen bekannt ist und nur zu vergleichsweise hohen Preisen erfolgen kann. Weite Teile der Wertschöpfungskette werden erst angestoßen, wenn ein Kundenauftrag vorliegt.

▶ Massenproduktion

Produktionsprogramm (→ *Produktionsprogramm*), bei dem über eine längere Zeit nur ein Produkt in einer einzigen Ausprägung und in großer Stückzahl hergestellt wird (z. B. Zement). Aufgrund der sich verändernden Konsumentenwünsche hinsichtlich des Wunsches nach individuellen Produkten, nimmt die Bedeutung der Massenfertigung auch bei Produkten in hoher Produktionsstückzahl (z. B. Schokolade, Bier) zugunsten der → *Sortenproduktion* ab.

▶ Maßgeblichkeitsprinzip

Für Vollkaufleute und andere Gewerbetreibende, die nach handelsrechtlichen Vorschriften verpflichtet sind, Bücher zu führen und regelmäßig Abschlüsse zu erstellen, ist das in diesen Abschlüssen ausgewiesene → *Betriebsvermögen* auch für steuerliche Zwecke maßgeblich, soweit bei der Aufstellung der Abschlüsse die → *Grundsätze ordnungsmäßiger Buchführung (GoB)* beachtet wurden und keine zwingenden steuerlichen Vorschriften einen abweichenden Ansatz oder eine abweichende → *Bewertung* verlangen. Somit kann ein → *Kaufmann* eine → *Einheitsbilanz* erstellen, die er sowohl für handelsrechtliche als auch für steuerrechtliche Zwecke verwenden kann. Oftmals werden aber dennoch getrennte Bilanzen aufgestellt, da die → *Bilanzarten* unterschiedliche Zwecke verfolgen. Durch das BilMoG ist das Maßgeblichkeitsprinzip weiter durchbrochen worden.

Da die handelsrechtlichen Vorschriften eine Vielzahl von Wahlrechten bei der Frage nach dem Bilanzansatz kennen, folgt für das steuerliche Betriebsvermögen, dass Aktivierungswahlrechte in der → *Handelsbilanz* zur Aktivierungspflicht in der → *Steuerbilanz* führen und dass Passivierungswahlrechte in der Handelsbilanz zum → *Passivierungsverbot* in der Steuerbilanz führen. Für die Bewertung sind insbesondere die steuerlichen Vorschriften über die → *Abset-*

zung für Abnutzung (AfA) zu beachten. Keine Maßgeblichkeit gilt zwischen dem Konzernabschluss und der Steuerbilanz. In ausländischen Rechtskreisen ist diese Form der Maßgeblichkeit weitgehend unbekannt. Insbesondere dort, wo nach IFRS bzw. US-GAAP aufgestellte Jahresabschlüsse zulässig sind, gibt es keine Maßgeblichkeit dieser Abschlüsse für steuerliche Zwecke.

▶ Matching

Aufrechnung von → *Forderungen* gegenüber Verbindlichkeiten meist innerhalb eines Konzernes und häufig innerhalb von Fremdwährungen. Um dem → *Währungsrisiko* zu begegnen, werden in Strategischen Allianzen oder Konzernen Fremdwährungsguthaben und Forderungen gegenseitig aufgerechnet. Erfolgt die Aufrechnung zu einem bestimmten Stichtag mit einem vorab vereinbarten Devisenkurs (→ *Devisentermingeschäft*), so wird die Vorgehensweise als Netting bezeichnet. Ergeben sich trotz Aufrechnung noch Saldenstände, so müssen lediglich diese bereinigt bzw. kursgesichert werden (Clearing).

▶ Matching Principle

Zentraler Bilanzierungsgrundsatz der IFRS und US-GAAP zur Aufwands- und Ertragsabgrenzung. Danach werden Ausgaben dann zu Aufwendungen, wenn die sachlich zuzuordnenden Einnahmen in Form von Erträgen realisiert sind. Ausfluss hiervon ist z. B. das **Umsatzkostenverfahren**, gemäß dem nur die Aufwendungen (Umsatzkosten) gezeigt werden, die im Zusammenhang mit den Umsätzen angefallen sind. Umgekehrt werden nach dem Matching Principle Einnahmen dann zu Erträgen, wenn sie wahrscheinlich sind **und** die sie verursachenden zugehörigen Aufwendungen angefallen sind. Beispielsweise erfolgt bei **langfristiger Fertigung** grundsätzlich eine Gewinnrealisierung entsprechend dem Projektfortschritt bzw. dem Aufwandsanfall, → *Percentage of Completion-(PoC-)Method.* Nach deutschem Bilanzrecht sind hingegen die Aufwendungen und Erträge grundsätzlich losgelöst voneinander in dem Zeitpunkt, in dem sie verursacht sind, zu erfassen.

▶ Materialbedarf

Die in einer bestimmten Periode in der Produktion nach Art, → *Qualität,* Menge und zeitlichem Einsatz spezifizierten benötigten Materialien. Materialbedarfsplanung ist nötig, um die laufende Versorgung kostenoptimal zu gewährleisten, also weder einen Mangel an Einsatzmaterial und daraus resultierende Stillstands- und Leerlaufkosten, noch einen zu hohen Bestand mit den sich daraus ergebenden Kapitalbindungs- und Lagerhaltungskosten zu erhalten. **Qualitativ** ist dafür Sorge zu tragen, dass exakte Spezifikationen der benötigten Materialqualitäten vorliegen, eine Begrenzung der Materialarten und -qualitäten durch geeignete Normung und Standardisierung und die sich daraus ergebende Straffung des Materialsortiments erreicht wird, Substitutionsmöglichkeiten erforscht werden sowie Entscheidungen über → *Eigenfertigung versus Fremdbezug* getroffen werden. Der **quantitative** Materialbedarf ergibt sich aus dem geplanten → *Produktionsprogramm,* den vorliegenden Kundenaufträgen, den Ergebnissen der Arbeitsvorbereitung und dem Materialverbrauch der Vorperiode. Ist das Produktionsprogramm festgelegt, bestimmt der Primärbedarf den Materialbedarf der Periode (**deterministische Bedarfsermittlung**). Sind keine Aussagen über die Entwicklung des Primärbedarfs möglich, muss der Materialbedarf auf der Grundlage von Vergangenheitsdaten geschätzt werden. Werden hierbei mathematisch-statistische Verfahren angewandt, spricht man von **stochastischer Bedarfsermittlung**, bei Anwendung intuitiver Verfahren aufgrund fehlender Daten hingegen von **heuristischer Bedarfsermittlung**.

▶ Materialfluss

→ *Materialwirtschaft,* → *Netzplantechnik,* → *Graphentheorie*

▶ Materiality Principle

Zentraler Bilanzierungsgrundsatz der IFRS und der US-GAAP. Danach muss der → *Einzel- bzw. Konzernabschluss* nur solche Informationen wiedergeben, die für die Kauf- bzw. Verkaufsentscheidungen eines Kapitalanlegers relevant sind. Nach deutschem Recht ist der

Grundsatz der „Materiality" (→ *Grundsatz der Wirtschaftlichkeit und Wesentlichkeit*) zwar ebenfalls heranzuziehen, jedoch stärker unter dem Blickwinkel der Vereinfachung der Rechnungslegung als im Hinblick auf die Informationsfunktion.

▶ Material Requirement Planning (MRP)

→ *Manufacturing Resources Planning (MRP)*

▶ Materialwirtschaft

Jede → *Entscheidung*, die die Bereitstellung beweglicher Realgüter (→ *Gut*) sowie die Qualitätsprüfung, die Lagerung, den Transport (→ *Logistik*) und die Abfallwirtschaft betrifft. Insbesondere Bestrebungen, den Abbau der Vorratshaltung und die Verkürzung der innerbetrieblichen Transportzeiten zu beschleunigen, sind Problemstellungen in der Praxis. Darüber hinaus gewinnen insbesondere Aspekte der Abfallvermeidung bzw. Abfallverwertung und -entsorgung eine zunehmende Bedeutung in Industrieunternehmen. Ziel ist die bedarfsgerechte Materialversorgung des Industriebetriebes in mengen- und qualitätsmäßiger sowie in zeitlicher und örtlicher Hinsicht.

▶ MATIF

Abkürzung für Marché de Tenne International de France, die französische → *Terminbörse* (→ *Eurex*).

▶ Matrixorganisation

Aufbauorganisation, die jeweilige Vor- und Nachteile der → *Funktionalen Organisation* und → *Divisonalen Organisation* auszugleichen versucht. Anstatt nur eines der Hauptgliederungsprinzipien bei der → *Aufgabenanalyse* und → *Aufgabensynthese*, d. h. entweder das Verrichtungs- oder Objektprinzip anzuwenden, werden beide Prinzipien in einer zweidimensionalen Matrixdarstellung (z. B. Funktion/Region, Funktion/Produkt, Funktion/Kunde) gemischt (Abbildung M-6). Dadurch entsteht automatisch ein Mehrliniensystem (→ *Liniensysteme*), das koordinationsaufwendig (Zeit, Kosten) und evtl. komplex und de-motivierend für die sich ständig aufeinander abzustimmenden Manager sein kann.

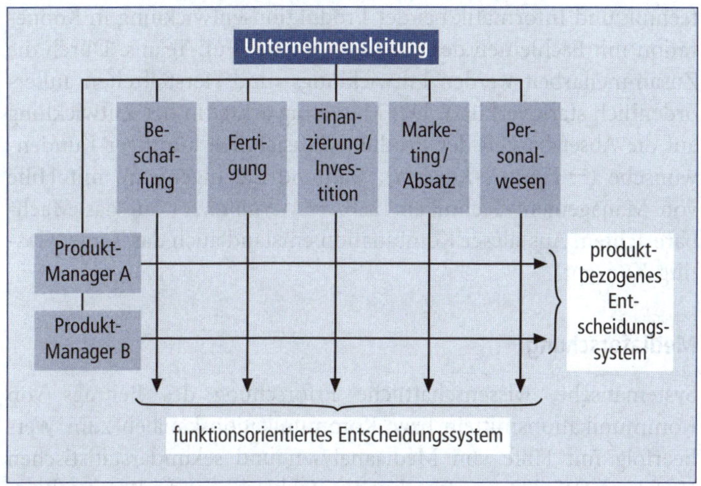

Abb. M-6: Grundstruktur der Matrixorganisation

▶ Maximax-Regel

→ *Entscheidungsregeln*

▶ Maximierung

→ *Optimal*

▶ Maximin-Regel

→ *Entscheidungsregeln*

▶ M-DAX

→ *Aktienindex*

▶ Mechatronik-Management

In Japan Anfang der neunziger Jahre geschaffener Begriff für die Zusammenarbeit der klassischen Disziplinen Maschinenbau, Elektrotechnik und Informatik bei der Produktionsentwicklung in Kooperation mit Fachleuten des → *Marketing* und FuE-Teams. Durch die Zusammenarbeit werden Entwicklungs- und Herstellzeiten außerordentlich stark verkürzt. Das Marketing achtet in der Entwicklung auf die Absetzbarkeit der Produkte hinsichtlich künftiger Kundenwünsche (→ *Lifestyle-Konzept*), während die Ingenieure mit Hilfe von Management-Techniken (z. B. → *Wertanalyse*) auf das Machbare achten. Aus dieser Kombination entstand auch das Target Costing-Konzept.

▶ Mediaforschung

Systematische, wissenschaftliche Erforschung des Beitrags von Kommunikationsmitteln bzw. Kommunikationskanälen zum Werbeerfolg mit Hilfe von Mediaanalysen und sekundärstatistischen Verfahren (Werbeträgerforschung). Ziel hierbei ist die Bereitstellung von Informationen für die Mediaplanung und → *Mediaselektion.* Inhalte der Mediaforschung sind z. B. die demographische und psychographische Zusammensetzung der Nutzerschaften einzelner → *Werbeträger,* die Hörer-, Leser- und Zuschauerforschung, aber auch die Erforschung der → *Reichweite* einzelner Medien, interne und externe Überschneidungen sowie der Zusammenhang von Mediennutzungsverhalten und → *Konsumentenverhalten.*

▶ Median

→ *Statistik*

▶ Mediaselektion

Die Entscheidung darüber, welche Medien zu welchen Zeitpunkten zu belegen sind, um geplante Werbeziele zu erreichen. Zu unterscheiden sind hierbei die Intermediaselektion sowie die Intramediaselektion.

Bei der Intermediaselektion erfolgt die Auswahl unter den verschiedenen Werbeträgergruppen (→ *Werbeträger*) wie z. B. Zeitungen, Zeitschriften, Hörfunk, Fernsehen, Internet usw. Bei der Intramediaselektion erfolgt die Wahl unter den einzelnen Werbeträgern innerhalb einer Werbeträgergruppe, z. B. ZDF, ARD, RTL, Sat 1, usw.

Zur Anwendung kommen hierbei computergestützte Mediaselektionsprogramme, die eine optimale Kosten-Nutzen-Relation anstreben. Hierzu werden im Rahmen der → *Mediaforschung* ermittelte Daten wie → *Reichweiten*, Kontaktzahlen, Kontaktqualitäten, interne und externe Überschneidungen mit den Kosten der Belegung einzelner Medien verrechnet.

▶ Medien

→ *Werbeträger*

▶ Mehrheitsbeteiligung

Beteiligung gem. § 71 HGB mit einem Anteil über 50 % am Nominalkapital einer Gesellschaft. Eine dauerhafte Verbindung (vgl. Abgrenzung zu → *Verbundene Unternehmen*) wird bereits ab einem Anteil von 20 % am Nennkapital der Gesellschaft vermutet (Beteiligungsvermutung). Die Vermutung einer Beteiligungsabsicht kann von der sich beteiligenden Unternehmung widerlegt werden, wovon deren Ausweis in der → *Bilanz* abhängt (→ *Beteiligung*).

▶ Mehrliniensystem

→ *Liniensysteme*

▶ Mehrproduktunternehmen

→ *Produktionsprogramm*

▶ Mehrwertsteuer

→ *Umsatzsteuer*

▶ Meinungsführer (Opinion Leader)

In empirischen Untersuchungen zur → *Personalführung* und zum → *Marketing* wird immer deutlicher, dass einzelne Personen, so genannte Multiplikatoren, die Meinung von Gruppen maßgeblich beeinflussen. Bezüglich der Personalführung bedeutet dies, dass Mitarbeiter mit Personalverantwortung gezielt einzelne Meinungsführer in einer Gruppe von Ausführenden beeinflussen müssen, um die Gruppe insgesamt zu zielorientiertem Handeln zu veranlassen. Für die Kommunikationspolitik des Marketing hat dies analoge Konsequenzen.

▶ Meister

Titel in Verbindung mit einem → *Handwerk,* den nur führen darf, wer für dieses Handwerk eine Meisterprüfung bestanden hat. Diese Meisterprüfung ist in der deutschen dreistufigen Berufsausbildung im Handwerk (Lehrling, Geselle, Meister) in der Handwerksordnung geregelt. Als Beurkundung wird ein Meisterbrief ausgestellt.

▶ Menschliche Arbeitsleistung

→ *Arbeitsleistung,* → *Produktionsfaktoren (nach Gutenberg)*

▶ Mentoring

Form der Nachwuchsförderung im Rahmen der → *Personalentwicklung,* bei der eine (betriebs-)erfahrene Führungskraft im Sinne eines Paten oder Mentors eine Beratungs- und Unterstützungsfunktion für neue Mitarbeiter oder Nachwuchsführungskräfte übernimmt.

▶ Merchandising

Abgeleitet von „merchant" – Kaufmann – i. S. des → *Marketing* die Gesamtheit aller Maßnahmen der Absatzförderung. Als verkaufsfördernde Maßnahme wird unter anderem der Markenname auf markenneue Produktbereiche übertragen. Beim Allgemeinen Merchandising sind Produkte, die das Markenzeichen des Hauptproduktes tragen, billige, weit verbreitete Gebrauchsgegenstände wie Kugelschreiber, Feuerzeuge, Schlüsselanhänger oder Kalender. Diese werden ohne Gewinnerzielungsabsicht verschenkt oder zum Selbstkostenpreis in Umlauf gebracht, um das Markenzeichen möglichst häufig zu präsentieren. Beim Speziellen Merchandising werden höherwertige Produkte zur Unterstützung der Imageposition oder um Aufmerksamkeit für das Hauptprodukt zu erwecken vom Markenrechtsinhaber erworben und mit dem Markenzeichen versehen. Diese Produkte werden dann speziell für verkaufsfördernde Aktionen, zum Beispiel als Preise bei Preisausschreiben, als Werbegeschenk, Verkauf zum Selbstkostenpreis oder als Anreizprämien für Abonnentenwerbung hergestellt und angeboten.

▶ Mergers and Acquisitions

→ *Akquisition*, → *Take over*, → *Unternehmenszusammenschluss*

▶ Meritorisches Gut

→ *Gut*

▶ Messe

Überbetriebliche, periodisch innerhalb eines oder im Laufe mehrerer Jahre in der Regel am selben Ort wiederkehrende Marktveranstaltung (Legaldefinition in § 64 Abs. 1 GeWO). Zu unterscheiden sind Messen nur eines Wirtschaftszweiges (Fachmessen) und Messen mehrerer Wirtschaftszweige (Universalmessen). Aussteller können Hersteller, Großhändler oder Handelsvertreter sein. Deren Ziele liegen in der Kundeninformation über ihr Leistungsangebot, in Verkaufsgesprächen und der Auftragseinholung sowie einem allgemeinen Erfahrungsaustausch, aber auch in einer Konkurrenzbeobachtung und einer Repräsentation und Profilierung des Unternehmens im Markt.

▶ Metaplantechnik

→ *Metaplanung*

▶ Metaplanung

Planung der (→ *Planung*), d. h. die Planungstheorie. Die Metaplanung formuliert Metaziele, d. h. wie die Planung der Realität sein soll und macht Aussagen zu Meta-Alternativen, d. h. wie Planungsmethoden gestaltet werden können. Diese Metaplanung ist von der so genannten Metaplan-Technik, einer speziellen Konferenztechnik zu unterscheiden, die eine Variante des Brainwriting (→ *Brainstorming*) darstellt (Abbildung M-7).

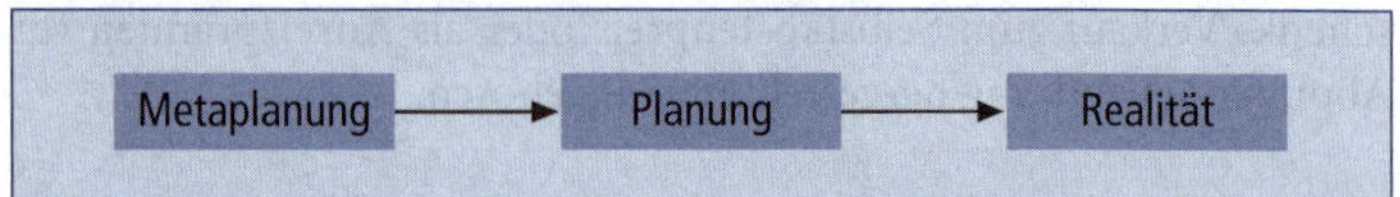

Abb. M-7: Metaplanung

▶ Methode 635

→ *Brainstorming*

▶ Methodenkommission der Deutschen Vereinigung für Finanzanalyse und Anlageberatung e. V.

→ *DVFA/SG-Ergebnis*

▶ Methodenstreit

In der → *Betriebswirtschaftslehre* der Streit zwischen verschiedenen Wissenschaftlern um den Erkenntnis- und Erfahrungsgegenstand (→ *Wissenschaftstheorie*). Erster Streit i. R. der BWL zwischen *Moritz Weyermann*, *Hans Schönitz* und *Eugen Schmalenbach*. *Weyermann* und *Schönitz* wollten eine Lehre von kapitalistischen Privatunternehmen als Bestandteil der Nationalökonomie konzipieren, während *Schmalenbach* die BWL als rein technologisch orientierte Kunstlehre ansah, die lediglich Handwerkszeug bzw. Führungsinstrumente für Kaufleute vermitteln solle. Zweiter Methodenstreit zwischen *Wilhelm Rieger* und *Eugen Schmalenbach*. Während *Rieger* die Orientierung an der → *Rentabilität* propagierte, ging es *Schmalenbach* vor allem um den optimalen technischen Ablauf im Produktionsprozess, der in den dritten Methodenstreit mündete. Hier wurde das Werk *Gutenbergs* (Kombinationsprozess der → *Produktionsfaktoren (nach Gutenberg)*) angegriffen, insbesondere die Geltung des Ertragsgesetzes und der aufgestellten Produktionsfunktionen wurde kritisiert. *Gutenbergs* Schwerpunktsetzung bei der Produktivität stand im Gegensatz zu *Riegers* Rentabilität oder *Schmalenbachs* Wirtschaftlichkeitsüberlegungen. Seit den siebziger Jahren insbesondere Streitigkeiten um die Erweiterung des Erfahrungsgegenstandes (z. B. um öffentliche Unternehmen) sowie die Erweiterung des Erkenntnisgegenstandes (z. B. Erweiterung um ökologische und soziale Aspekte). Die Verbindung der Methodenstreite mit den jeweiligen → *Ansätzen der Betriebswirtschaftslehre* ist zu beachten.

► Methodologie

Untersuchungen betriebswirtschaftlicher Probleme und Phänomene setzen die Kenntnis der Untersuchungsmethoden, d. h. die Kenntnis von methodologischen Grundlagen voraus. Die Lehre von den Techniken wissenschaftlichen Arbeitens (→ *Reliabilität*, → *Validität*, Objektivität) gehören dabei ebenso zu den methodischen Grundlagen wie die möglichen Forschungsmethoden (empirisch-induktive Methode Induktion, theoretisch-deduktive Methode → *Deduktion*) sowie die verschiedenen Forschungsziele (theoretisches, pragmatisches und deskriptives Wissenschaftsziel). Bevor einzelne Methoden bewusst ausgewählt werden, sollte für jede → *Wissenschaft* geklärt werden, welches Erkenntnis- und Erfahrungsobjekt zu untersuchen ist. Für die Betriebswirtschaftslehre handelt es sich hier um „wirtschaftende Betriebe“ (→ *Betrieb*, → *Ökonomisches Prinzip*). Die Beschäftigung mit derartigen wissenschaftstheoretischen Grundfragen nimmt in der Betriebswirtschaftslehre aktuell an Bedeutung zu, da der Erfahrungsgegenstand Betrieb derzeit neu überdacht wird (Rundfunkökonomie, Sportökonomie etc.) und das Erkenntnisobjekt „Ökonomisches *Prinzip*“ derzeit Ergänzungen hinsichtlich des → *Ökologisch-sozialen Ansatzes* sowie des → *Evolutionstheoretischen Ansatzes* erfährt.

▶ Me-too-Produkt

Nachahmerprodukt (engl. me too = *ich auch*), das dem häufig innovativen Original-Produkt in vielen Eigenschaften und Fähigkeiten gleicht.

Während das Originalprodukt oft Marktführer ist oder diesen Markt erst geschaffen hat wird mit Nachahmerprodukten versucht, denselben oder einen ähnlichen Kundenkreis anzusprechen, ohne dabei bestehende Schutzrechte zu verletzen.

Bei der Produktgestaltung finden sich häufig ähnlich aussehende Verpackungen bzw. Logos sowie leicht veränderte Schreibweisen, so dass diese Produkte bei mangelnder Aufmerksamkeit beim Kauf durchaus mit dem Originalprodukt verwechselt werden können.

Beispiele finden sich im Arzneimittelmarkt bei Generika, die identische, nicht mehr patentgeschützte Wirkstoffe enthalten oder bei Analogpräparaten, die sich im Vergleich zum Originalpräparat zwar in der Wirkstoffstruktur, aber nicht in der Anwendung und Wirkung unterscheiden.

▶ Mezzanine-Finanzierung

Finanzierung durch nachrangige Darlehen, die in der Regel nicht dinglich besichert sind. Es handelt sich somit um eine Finanzierungsform, die zwischen voll haftendem Eigenkapital und einem erstrangigen Darlehen liegt, weshalb das Mezzanine-Kapital in der → *Bilanz* auch weder dem Eigen- noch dem Fremdkapital eindeutig zugeordnet werden kann. Aufgrund des erhöhten → *Risikos* erhalten mezzanine Kapitalgeber häufig neben der festen Verzinsung auch Anteil am Wertzuwachs. Als mezzanine Kapitalformen werden Wandelanleihen, Genussscheine, → *Asset Backed Securities (ABS)*, stille Beteiligungen und alle weiteren Mischformen zwischen Eigen- und Fremdkapital behandelt (→ *Finanzierung*).

▶ Middle Management

→ *Management*

▶ Miete

Durch einen gegenseitigen → *Vertrag* zustande kommendes Doppelschuldverhältnis (gegenseitiges Schulden von Leistungen), bei dem sich gem. § 535 BGB der Vermieter verpflichtet, dem Mieter den Gebrauch der Sache während der Mietzeit zu gewähren, und der Mieter sich verpflichtet, den Mietzins (Miete) zu zahlen. Im Gegensatz zur → *Pacht* kann sich die Miete nur auf Sachen (gem. § 90 BGB körperliche Gegenstände und gem. §§ 535 ff. Grundstücke und Räume) beziehen und erlaubt dem Mieter nur den Gebrauch dieser Sache. Die Miete ist ebenfalls von der → *Leihe,* dem → *Darlehen* und dem → *Leasing* zu unterscheiden.

▶ Mietkauf

Vertrag, bei dem ein Mieter (→ *Miete*) das Recht hat, innerhalb einer bestimmten Frist die Mietsache zu einem vereinbarten Preis zu kaufen (→ *Leasing,* → *Vertrag*).

▶ Mikrozensus

Insbesondere bei der ca. alle 10 Jahre durchgeführten Volkszählung angewandte statistische Methode einer Repräsentativbefragung aufgrund der Stichprobentheorie. Seit 1985 existierendes Mikrozensusgesetz nebst Mikrozensusverordnungen, die ein- bis dreimal jährlich eine Befragung von 0,1 bis 1 % der Bevölkerung zulässt.

▶ Millionenkredit

Gem. § 14 KWG bei der → *Europäischen Zentralbank (EZB)* anzumeldender Kredit eines Kreditnehmers bei einem Kreditinstitut über einer Million €. Die Anmeldepflicht dient der → *Banken- und Finanzaufsicht,* so dass Kreditbetrug durch vielfache Kreditnahme bei unterschiedlichen Banken ausgeschlossen werden soll.

▶ Minderheitsbeteiligung

→ *Mehrheitsbeteiligung*

▶ Minderkaufmann

→ *Kaufmann*

▶ Minderung

Im Falle einer → *Gewährleistung* das Recht des Käufers oder Bestellers, bei Lieferung einer mangelhaften Sache oder Erstellung eines mangelhaften Werkes den Kaufpreis proportional herabzusetzen (§§ 441, 638 BGB). Das Recht ist für Sach- wie Rechtsmängel gleichermaßen anwendbar. Die Minderung ist eine Alternative zum Rücktritt bzw. Schadensersatzanspruch (→ *Schaden*). Die Minderung ist unabhängig von der Größe oder Schwere des Mangels möglich. Damit sind auch kleinste Mängel durch Minderung des Kaufpreises auszugleichen.

▶ Mindestkapital

Mindestens aufzubringendes → *Eigenkapital* bei der Gründung einer Gesellschaft bzw. einer speziellen → *Rechtsform.* Bei der → *Aktiengesellschaft (AG)* sind dies 50 000 €, bei der → *Gesellschaft mit beschränkter Haftung (GmbH)* 25 000 €. Zur Gründung einer Bank sind lt. → *Kreditwesengesetz (KWG)* mindestens 5 Mio. € nötig. Die Vorschriften über die Mindesteinlagen sind je nach Rechtsform im → *Handelsgesetzbuch (HGB)* und den Sozialgesetzen geregelt.

▶ Mindestreserve

Ehemalige Zwangseinlage von Banken bei der → *Deutschen Bundesbank,* bevor die Geldmarktkompetenzen bei der Einführung des → *Euro* auf die → *Europäische Zentralbank* übergegangen sind. Demnach konnte die nationale Zentralbank zur Beeinflussung des Geldumlaufs und der Kreditgewährungsmöglichkeiten durch Banken einen vom Hundertsatz der Bankverbindlichkeiten aus Sichteinlagen, Spareinlagen und anderer aufgenommener Gelder als Zwangseinlage bei ihr verlangen. Dieses Instrument steht nun der EZB zur Verfügung, wobei es zur Regelung der Geldmenge kaum eingesetzt wird.

▶ Minimax-Regel

→ *Entscheidungsregeln*

▶ Minimierung

→ *Optimal*

▶ Mintzberg-Konfiguration

Modell von *Henry Mintzberg*, amerikanischer Management-Theoretiker, der vor allem neue Organisationskonzepte entworfen hat (→ *Aufbauorganisation*). Das sog. Konfigurations-Logo, das auf dem → *Situativen Ansatz* aufbauend eine Organisationsform für Unternehmen fordert, die der jeweiligen Situation (→ *Umwelt*) des Unternehmens angepasst ist (structure follows situation). Zu diesen Grundlagen entwickelt er vier mögliche Umwelttypen, denen er jeweils eigene Strukturtypen, d. h. vom Grundmodell abgeleitete situative Organisationsformen zuordnet (Abbildung M-8). Die Umwelt wird hinsichtlich der Komplexität (Vielartigkeit von Umweltmerkmalen) und der Dynamik (Veränderlichkeit der Umweltmerkmale) in die vier Typen (1) einfach-statisch (2) einfach-dynamisch (3) komplex-statisch und (4) komplex-dynamisch eingeteilt. Das Grundmodell der → *Organisation* von *Mintzberg* besteht im Gegensatz zur traditionellen Organisationslehre nicht aus Kästchen und Linien (→ *Organigramm*), sondern aus fünf Grundbestandteilen (basic parts). Dies sind die Strategische Spitze (Strategiebildung), die Mittlere Linie (Operationalisierung von Zielen), der Operative Kern (Ausführung der operationalisierten Ziele), die Technostruktur (Standardisierung von Abläufen) und die Unterstützenden Einheiten (Dienstleistung für alle). Je nach Situationstyp kann nur ein spezielles Logo modelliert werden. Das Verdienst von *Mintzberg* liegt sicherlich darin, von der traditionell hierarchischen und formalen Darstellung der Organigramme wegzukommen, hin zu weichen Formen und globaleren Darstellungen.

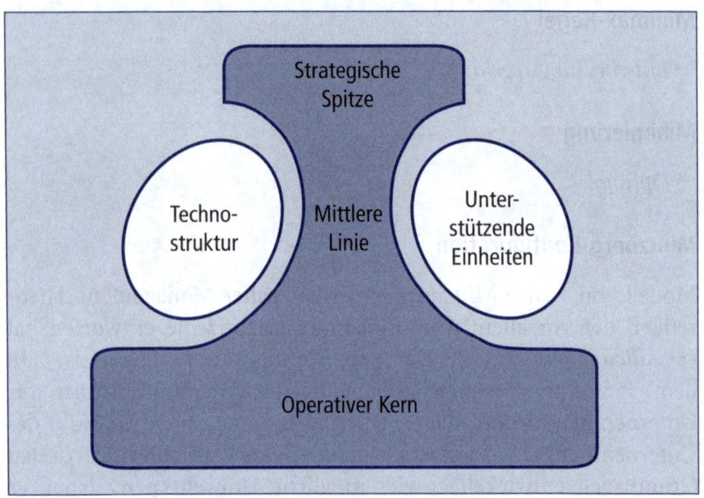

Abb. M-8: Grundmodell der Mintzberg-Konfiguration

▶ Mischkonzern

→ *Konzern*, → *Diversifikation*

▶ Misfit-Analyse

→ *Situativer Ansatz*

▶ Mitarbeiterbeteiligung

Beteiligung der Mitarbeiter am Erfolg (Erfolgsbeteiligung) und/oder Kapital des Unternehmens (Abbildung M-9).

▶ Mitarbeiterbeurteilung

→ *Arbeitsbewertung*

▶ Mitarbeiterentwicklung

→ *Personalentwicklung*

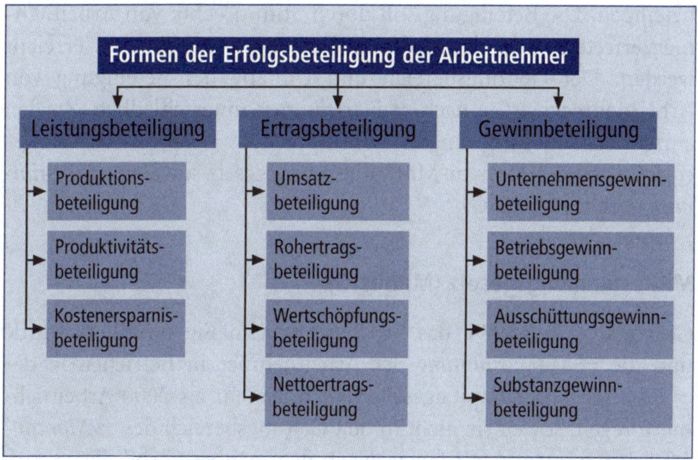

Abb. M-9: Möglichkeiten der Erfolgsbeteiligung (Quelle: Wöhe: Einführung in die Allgemeine Betriebswirtschaftslehre, 25. Aufl., München 2013, S. 148)

▶ Mitarbeiterführung

→ *Führung*, → *Personalführung*

▶ Mitbestimmung

Grad der Beteiligung von Arbeitnehmern an der Willensbildung des → *Betriebes.* Die Mitwirkungsrechte sind im Wesentlichen im Betriebsverfassungsgesetz (BetrVG) von 1972, dem Mitbestimmungsgesetz (MitbestG) von 1976 und dem einzelnen → *Tarifvertrag* geregelt.

Es lassen sich grundsätzlich die arbeitsrechtliche Mitbestimmung von der betrieblichen Mitbestimmung unterscheiden.

(1) Die arbeitsrechtliche Mitbestimmung wird ausgeübt durch den → *Betriebsrat* und betrifft die **Personalangelegenheiten**, wie z. B. → *Arbeitszeit,* Urlaubsregelungen, Einstellungen und Entlassungen (vgl. die Zuständigkeiten und Rechte des Betriebsrates).

(2) Die betriebliche bzw. unternehmerische Mitbestimmung soll die Arbeitnehmer an **grundlegenden Entscheidungen des Betriebes**

beteiligen. Die Beteiligung soll durch Stimmrechte von Arbeitnehmervertretern und damit durch Sitze im → *Aufsichtsrat* erreicht werden. Der Geltungsbereich und Umfang der Beteiligung von Arbeitnehmern ist je nach → *Betriebsarten* unterschiedlich. Zu den einzelnen Mitbestimmungsarten und -rechten → *Betriebsverfassungsgesetz (BetrVG)*, Montan-Mitbestimmungsgesetz sowie → *Mitbestimmungsgesetz (MitbestG)*.

▶ Mitbestimmungsgesetz (MitbestG)

Gesetz vom 4. 5.1976, das bis heute regelmäßig novelliert wurde und die → *Mitbestimmung* der Arbeitnehmer in Betrieben in der → *Rechtsform* der Kapitalgesellschaft mit mehr als 2000 Arbeitnehmern regelt, soweit sie nicht in den Geltungsbereich des → *Montan-Mitbestimmungsgesetzes* fallen. Nach dem MitbestG soll der → *Aufsichtsrat* paritätisch, d. h. gleichzahlig aus Arbeitnehmer- und Anteilseignervertretern besetzt sein. Ein Arbeitnehmervertreter muss Leitender Angestellter sein. Um Pattsituationen bei Abstimmungen zu vermeiden, erhält der Aufsichtsratsvorsitzende, der von Seiten der Anteilseigner gewählt wird, eine zweite Stimme, die er in Pattsituationen abgeben kann.

▶ Mitgliedschaftsrecht

→ *Aktie*

▶ Mittelallokation

→ *Kapitalallokation*

▶ Mittelherkunfts- und Mittelverwendungsrechnung

→ *Bewegungsbilanz*

▶ Mittelwert

→ *Statistik*

▶ Mobbing

Neuer Begriff in der Personalführung für den „Psychoterror" von Vorgesetzten gegenüber ihren Mitarbeitern am Arbeitsplatz, der das → *Betriebsklima* verschlechtert. Mobbing, aus dem englischen „pöbeln", kann von bloßer Nachlässigkeit des Arbeitgebers gegenüber seinen Mitarbeitern bis zu bewussten Beleidigungen und Schikanen oder der Verbreitung von Gerüchten und der sexuellen „Anmache" reichen.

▶ Mobile Marketing

Darunter versteht man die Nutzung des Handys als Werbe- und Marketingkanal und als Teil des Dialog-Marketings. Dabei werden kontextbezogene Informationen unter Berücksichtigung von Datenschutz, Sicherheit und Nutzerfreundlichkeit mobil bereitgestellt. Beispiele sind die Werbung der Mobilfunkanbieter über Mobiltelefone, aber auch die Bereitstellung von Börsendaten durch Banken oder Wetterdaten durch Reiseveranstalter. Häufig besteht für den Kunden eine Antwortmöglichkeit, sodass er weitere Informationen anfordern oder auch direkt Käufe tätigen kann. Durch schnelle Übertragungsformen wie UMTS sind heute auch aufwendiger gestaltete und komplexere Botschaften übertragbar (→ *Kommunikationspolitik*).

▶ Mobiles Internet

Mobiles Internet bezeichnet die Internetnutzung auf mobilen Endgeräten wie Laptops, Smartphones oder Tablets, unabhängig davon, ob sich der Nutzer über eine WLAN-Verbindung oder eines der mobilen Telefonnetze einloggt und die damit nicht am Arbeitsplatz oder zuhause erfolgt.

Während in den ersten Jahren mit den Mobilfunkstandards GRPS und UMTS die Übertragungsraten noch begrenzt und relativ teuer waren, hat sich dies durch die Einführung des LTE-Standards zunächst von der Übertragungsgeschwindigkeit her deutlich verbessert. Durch weiter steigende Datenvolumina in den üblichen Mobilfunkverträgen hat sich auch die Einsatzmöglichkeit des mobilen Internets bei der Übertragung großer Datenpakete wesentlich erhöht. Mit der anstehenden nächsten Generation wird der Anteil der mobilen Internetnutzung weiter ansteigen.

▶ Modalwert

→ *Statistik*

▶ Modell

Strukturgleiche (isomorphe) oder strukturähnliche (homomorphe) Abbildung von Teilzusammenhängen aus einem realen Betrachtungsgegenstand. Modelle werden in der betriebswirtschaftlichen Forschung häufig eingesetzt, da sie aus zeitlichen und finanziellen Gründen ideale Ergänzungen oder gar Ersatz von Realexperimenten darstellen können. Nach der Einteilung von Wissenschaftszielen lassen sich Beschreibungsmodelle (deskriptives Ziel), Erklärungs- oder Prognosemodelle (kognitives Ziel) von Entscheidungsmodellen (pragmatisches Ziel) unterscheiden. Insbesondere Entscheidungsmodelle (→ *Entscheidungsmatrix*) werden in der entscheidungsorientierten Betriebswirtschaftslehre weiterentwickelt.

▶ Modular Sourcing

Beschaffung ganzer Module bzw. Baugruppen zur fertigen Montage in ein Produkt. So setzen beispielsweise Automobilproduzenten zunehmend fertige Armaturenbretter in ein Fahrzeug ein. Dadurch sollen Kosten durch eine Reduzierung der Lieferantenanzahl und der Lagerteilanzahl erreicht werden (→ *Outsourcing*, → *Global Sourcing*).

▶ Modus

→ *Statistik*

▶ Monopol

→ *Marktformen*

▶ Monopolkommission

Sachverständigengremium gem. § 24 GWB bestehend aus 5 Mitgliedern, die auf Vorschlag der Bundesregierung durch den Bundespräsidenten auf die Dauer von 4 Jahren berufen werden. Auftrag ist die Beurteilung der jeweiligen Unternehmenskonzentration in der Bundesrepublik Deutschland und die Prüfung der Entscheidung der Kartellbehörden und Gerichte zur Missbrauchsaufsicht und Fusionskontrolle. Sie erstellt alle 2 Jahre zum 30. Juni ein Gutachten für die Bundesregierung.

► Montan-Mitbestimmungsgesetz (Montan-MitbestG)

Gesetz vom 21. 5. 1951, erweitert und verändert 1956 und 1967, das die → *Mitbestimmung* der → *Arbeitnehmer* in Betrieben des Bergbaus sowie der Eisen- und Stahlindustrie in der → *Rechtsform* der → *Kapitalgesellschaft* mit mehr als 1 000 Beschäftigten regelt.

► Monte-Carlo-Methode

→ *Simulation*

► Moral Hazard

Wie bei der Consumption on the Job, die Benachteiligung der Anteilseigner durch Handlungen des Managements bzw. deren Aufsichtspersonen, in diesem Fall insbesondere durch das Risiko verborgener Handlungen (Hidden Action), die dem Anteilseigner schaden. Konkret kann dies durch unrealisierbare Versprechungen auf einer Hauptversammlung entstehen, die vom Management nachträglich nicht eingehalten werden.

► Moratorium

→ *Stundung*

► Morphologischer Kasten

Eine der → *Kreativitätstechniken*, die in der → *Planung* eingesetzt werden kann, bei der **(1)** ein Hauptgedanke in seine Parameter zerlegt wird, **(2)** die Ausprägungen des Parameters jeweils in einer Tabelle dargestellt werden und **(3)** Kombinationen dieser Parameter zu evtl. neuen, kreativen Lösungen führen sollen (Abbildung M-10).

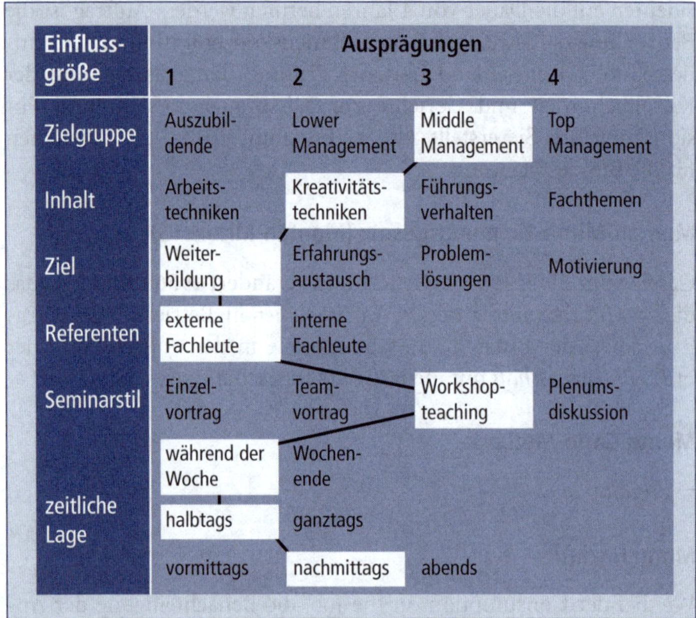

Einflussgröße	Ausprägungen 1	2	3	4
Zielgruppe	Auszubildende	Lower Management	Middle Management	Top Management
Inhalt	Arbeitstechniken	Kreativitätstechniken	Führungsverhalten	Fachthemen
Ziel	Weiterbildung	Erfahrungsaustausch	Problemlösungen	Motivierung
Referenten	externe Fachleute	interne Fachleute		
Seminarstil	Einzelvortrag	Teamvortrag	Workshop-teaching	Plenumsdiskussion
zeitliche Lage	während der Woche	Wochenende		
	halbtags	ganztags		
	vormittags	nachmittags	abends	

Abb. M-10: Beispiel eines Morphologischen Kastens

▶ Motivation

Gesamtheit der in einer Handlung wirksamen Motive (Antriebe). Motive von Menschen sind Beweggründe für das Verhalten, die auf subjektiven Mangelerscheinungen basieren. Die Mangelerscheinung muss objektiv nicht vorhanden sein oder von anderen nicht als solche empfunden werden.

I. S. der → *Personalführung* ist die Motivation ein wesentliches Instrument, um bei Mitarbeitern eine emotionale Bindung an das Unternehmen und dessen Ziele (Identifikation) zu erreichen und dadurch ihr Verhalten zielorientiert zu beeinflussen. Identifikation durch Motivation ist daher ein Schlagwort der neueren Personalführungslehre.

Da Mitarbeiter in demokratischen Verfassungen und in einer sich zunehmend liberalisierenden Welt → *Führung* aufgrund von

Abb. M-11: De-Motivations-Arten

→ *Macht* immer weniger akzeptieren, muss sich eine → *Führungskraft* verstärkt durch Motivationsfähigkeit auszeichnen (→ *Führungseigenschaften*). Modelle, wie Mitarbeiter zu motivieren sind, wur den daher zahlreich entwickelt. Die bekanntesten und zugleich ältesten Modelle stellen die → *Bedürfnispyramide von Maslow* und das → *Zwei-Faktoren-Theorie v. Herzberg* dar. Als weitere und neuere Modelle sind die → *ERG-Theorie von Alderfer*, die Gleichheitstheorie von *Jean S. Adams*, die → *VIE-Theorie von Vroom* u. a. zu nennen.

Ein wesentliches Problem der Motivationsforschung stellt die Messbarkeit von Motivation dar. In jüngster Zeit wird verstärkt die Entwicklung einer so genannten → *Motivationsbilanz* diskutiert (Abbildung M-12).

Die Gefahren der **De-Motivation** lassen sich nach der neuesten Motivationsforschung wie folgt zusammenfassen: De-Motivation führt zu Frustration, die zu fixem, explosivem oder implosivem Verhalten führen kann. De-motivierte Mitarbeiter können scheinbar motiviert sein (→ *Kognitive Dissonanz*) oder Symptome von Stress (z. B. Magen-/Herzkrankheiten, Angstzustände, Abgeschlagenheit oder Drogenkonsum) zeigen (Abbildung M-11).

▶ Motivationsbilanz

Bei der Darstellung des Begriffs und Wesens der → *Motivation* wurde auf das Problem der Messbarkeit von Motivation von Mitarbeitern hingewiesen. Eine Möglichkeit der Messung stellt eine Motivationsbilanz dar (Abbildung M-12).

Motivations-Bilanz	00	01	02	03
1. Anzahl der Krankentage pro Mitarbeiter				
2. Anzahl der Fehltage pro Mitarbeiter				
3. Anzahl der Kündigungen				
4. Anzahl der Kundenreklamationen				
5. Anzahl der Verbesserungsvorschläge				
6. Anzahl der arbeitsgerichtlichen Auseinandersetzungen				
7. Anzahl der Wortmeldungen bei Betriebsversammlungen				
8. Anzahl der (freiwillig besuchten) Schulungstage				
9. Anzahl der geförderten Mitarbeiter				
...				
Im Vergleich dazu:				
A. Umsatzentwicklung (in Prozent, gegenüber dem Vorjahr)				
B. Kosten (in Prozent, gemessen am Umsatz				
C. Gewinnentwicklung (in Prozent, gemessen am Umsatz)				
D. Produktivität pro Mitarbeiter (in €)				

Abb. M-12: Motivationsbilanz

▶ Mündel

Gemäß § 1773 BGB unter Vormundschaft stehende schutzbedürftige natürliche Person. Das vom Vormund evtl. anzulegende Vermögen des meist minderjährigen Mündels unterliegt der im BGB explizit geregelten → *Mündelsicherheit.* Neben diesen Anforderungen zur Vermögensverwaltung werden im BGB sehr ausführlich die Anforderungen und die Art der Bestellung der Vormundschaft bis hin zur Sorge für eine religiöse Erziehung des Mündels geregelt.

▶ Mündelsicherheit

Der Vormund eines → *Mündels* darf Vermögen des Mündels weder für sich noch für andere verwenden (§ 1805 BGB). Sofern er Mündelgeld anlegt, ist dies nicht nur verzinslich, sondern gemäß § 1807 sicher anzulegen. Die Sicherheit wird nach BGB erfüllt bei Anlagen, für die eine sichere Hypothek, Grund- oder Rentenschuld besteht, bei verbrieften Forderungen gegen den Bund, in Wertpapieren wie Pfandbriefen oder einer öffentlichen → *Anleihe* sowie bei öffentlichen Sparkassen. Mündelsicherheit wird z. B. in den Vorschriften des Versicherungsaufsichtsgesetzes (VAG) für die → *Deckungsrückstellung* von Lebensversicherungsgesellschaften verlangt.

▶ μ-σ-Prinzip

→ *Entscheidungsregeln*

▶ Multi Channel-Marketing

Gleichzeitige parallele Nutzung verschiedener Absatzkanäle. Ziel ist es, unterschiedliche Kundengruppen mit unterschiedlichen Distributionskanälen zu erreichen. Die Kanäle sind dabei miteinander verknüpft mit dem Ziel, positive Wechselwirkungen zu erzeugen.

Ein klassisches Beispiel für ein solches Vorgehen sind Brauereien, die u. a. über vertraglich gebundene oder freie Gaststätten, über den Lebensmitteleinzelhandel, über Kantinen und/oder Kioske/Tankstellen vertreiben.

Positive Effekte können allerdings nur entstehen, wenn in den verschiedenen Kanälen möglichst einheitlich aufgetreten wird, gleichzeitig aber die spezifischen → *Zielgruppen* ausreichend differenziert angesprochen werden.

▸ Multidimensionale Skalierung (MDS)

Umfasst eine Reihe von Verfahren der Datenanalyse, die dazu dienen, die wahrgenommenen Relationen zwischen Objekten (z. B. verschiedenen Marken einer Produktart) in einem Raum so zu positionieren, dass die Positionen der Objekte und ihre gegenseitigen räumlichen Entfernungen weitestgehend mit den tatsächlichen Entfernungen bzw. Unterschieden der Objekte übereinstimmen.

Der Ablauf vollzieht sich durch Erfassen der Ähnlichkeiten (Datenerhebung), Wahl des Distanzmaßes, Festlegung der Zahl der Dimensionen des Wahrnehmungsraumes, Ableitung der Konfiguration und Aggregation der Ergebnisse.

▸ Musskaufmann

→ *Kaufmann*

▸ Muttergesellschaft

→ *Konzernabschluss, Aufstellungspflicht*

▸ Mutter-Tochter-Richtlinie

→ *Steuerharmonisierung*

▸ Mystery Shopping

Instrument der Marktforschung, das ursprünglich aus den USA stammt und dort bereits seit vielen Jahrzehnten als erfolgreiches Marketing-Controlling-Instrument zur Verbesserung der → *Kundenbindung* genutzt wird. Die sich dahinter verbergende Idee ist einfach und effektiv: Unternehmen wollen wissen, wie zufrieden Kunden (→ *Kundenzufriedenheit*) mit dem von ihnen angebotenen Service sind und ob aus Kundensicht Anlass zu Verbesserungen besteht. Mystery Shopping ist ein Messinstrument um festzustellen, wie bestimmte Qualitätsstandards im täglichen Arbeitsablauf umgesetzt werden.

Um dies festzustellen, simuliert ein Testkäufer (Mystery Shopper) einen Einkauf. Dazu wird im Vorfeld eine typische Einkaufssituation konstruiert, um so ein möglichst breites Spektrum zur Beurteilung von Service- und Verkaufsleistung abzudecken. Bei dem Testkäufer handelt es sich um einen ausgewählten und besonders geschulten Interviewer mit einer glaubwürdigen „Geschichte".

N

Nachbörse

→ *Freiverkehr*

Nachfeststellung

→ *Hauptfeststellung*

Nachfrage

Zu einem bestimmten Zeitpunkt an einem bestimmten Ort marktwirksam gewordener Bedarf an Gütern. Wenn beispielsweise das **Bedürfnis** Durst durch den **Bedarf** nach Bier gestillt werden kann und dieses Bier im Bierzelt gekauft wird, so ist eine **Nachfrage** entstanden. Fraglich ist noch, ob das Bier nicht ausgegangen ist, d. h. ob überhaupt ein Angebot der Nachfrage gegenübersteht.

Nachfragefunktion

→ *Preis-Absatz-Funktion*

Nachgründung

Vertrag, durch den eine → *Aktiengesellschaft (AG)* in den ersten zwei Jahren nach ihrer Eintragung im → *Handelsregister* Vermögensgegenstände für eine den zehnten Teil vom → *Grundkapital* übersteigende Vergütung erwerben darf. Die Wirksamkeit des Vertrages ist abhängig von der Zustimmung der Hauptversammlung und der Eintragung in das Handelsregister gem. § 52 AktG (→ *Bargründung*, → *Sachgründung*).

▶ Nachkalkulation

→ *Kalkulation*

▶ Nachhaltigkeitsbericht

Berichtsinstrument der Unternehmen über ökologische und soziale Aspekte. Dabei kann in einen Nachhaltigkeitsbericht im engeren Sinne, welcher sich aus der gesetzlichen Verpflichtung bestimmter Unternehmen zur Abgabe der sog. → *Nichtfinanziellen Erklärung* ergibt, und einen Nachhaltigkeitsbericht im weiteren Sinne, der über die gesetzlichen Vorgaben hinausgeht, unterschieden werden. Vor dem Hintergrund, dass die → *Stakeholder* der gesellschaftlichen Verantwortung der Unternehmen einen zunehmend hohen Stellenwert beimessen, erstellen große Konzerne häufig einen solchen – oft mehr als 100 Seiten umfassenden – freiwilligen Bericht.

Im Hinblick auf den Gegenstand und Inhalt dieser Nachhaltigkeitsberichte orientieren sich viele Unternehmen an den Leitlinien der sog. Global Reporting Initiative, einem weltweit anerkannten Expertengremium. In den Berichten werden insb. die Themengebiete: (1) Strategie in Bezug auf die Nachhaltigkeit, (2) Ethische Verantwortung, (3) Produktverantwortung, (4) Umweltschutz, (5) Beschäftigte, (6) Lieferanten und (7) Gesellschaftliche Verantwortung behandelt. Der Bericht soll bei den Adressaten Vertrauen in Bezug auf eine nachhaltige Unternehmensführung aufbauen. Er ist insoweit auch ein Instrument des Marketing.

▶ Nachkaufmarketing

Alle absatzpolitischen Aktivitäten, die erst nach dem Kauf Effekte erzielen und auf dauerhafte Kundenbindung gerichtet sind.

Insbesondere Unternehmen im Konsumgüterbereich agieren in immer enger werdenden Märkten mit steigendem Wettbewerbsdruck bei begrenzter Ressourcenverfügbarkeit, die mit Sättigungstendenzen und Überkapazitäten einhergeht. Dabei bietet die Nachkaufphase noch ungleich mehr Differenzierungspotentiale, da die übrigen Absatzpolitischen Instrumente häufig ausgeschöpft sind. Es sollen Problemlösungen angeboten werden, die die nach dem Kauf angesiedelten Bedürfnisse aus Kundensicht besser als die Konkurrenz befriedigen. Das Nachkaufmarketing ist damit zu einem strategischen Erfolgsfaktor avanciert. Als Instrumente des Nachkaufmarketing steht ein breites Spektrum zur Verfügung. Hierzu zählen u. a. Garantien, individueller Nachkaufservice, Geschenke, Produktproben, Treuerabatte, Hotline, Telefonmarketing, personalisierte Direkt-Werbung, Kundenzeitschriften, Beschwerdeabwicklung, Kundenclubs, Kundenkarten etc.

▶ Nachlass

Vermögensmasse im Rahmen der Gesamtrechtsnachfolge gemäß § 1922 BGB. Nach dem Tod einer Person (Erbfall) geht der Nachlass (Erbschaft) als Ganzes auf eine oder mehrere andere Personen (Erben gemäß fünftem Buch BGB) über. Verjährung, Entziehung sowie Verwaltung und zuständige Gerichte beim Nachlass sind im BGB geregelt.

▶ Nachmann

→ *Indossament*

▶ Nachschusspflicht

Gemäß § 707 BGB grundsätzlich ausgeschlossene nachträgliche Erhöhung einer vereinbarten Einlage in eine Gesellschaft. Der Grundsatz kann durch Vertrag oder durch Spezialgesetze, wie z. B. bei der Genossenschaft oder → *Gesellschaft mit beschränkter Haftung (GmbH),* aufgehoben sein. So sieht § 26 GmbHG explizit eine Nachschusspflicht vor, verlangt allerdings deren Regelung im Gesellschaftsvertrag. Analoges ist im Genossenschaftsgesetz geregelt, d. h.

gemäß Status ist eine Nachschusspflicht, die mindestens die Höhe des jeweiligen Geschäftsanteiles auszumachen hat, vereinbart. Im Zusammenhang mit der Nachschusspflicht ist die → *Kaduzierung* zu beachten. Auch als Negoziierungskredit bezeichnete kurzfristige Kreditform, bei der eine → *Bank* einem Zahlungsbegünstigten (meist Exporteur) im Rahmen einer Ermächtigung zur Ziehung eines Wechsels auf sie (Drawing Authorization) im Rahmen eines Dokumentenakkreditivs einräumt. Der Exporteur kann sich so durch die Diskontierung der auf die der Wechselziehung zustimmenden Bank vorliegenden Tratten vorfinanzieren. Die Ermächtigung, auf sich Wechsel zu ziehen, kann von der Bank widerrufen werden, was bei dem im angelsächsischen Raum üblichen Commercial Letter of Credit als unwiderrufliche Ermächtigung an den Exporteur nicht möglich ist.

▶ Namensaktie

→ *Aktienarten*

▶ NASDAQ

→ *National Association of Securities Dealers for Automated Quotation*

▶ National Association of Securities Dealers for Automated Quotation (NASDAQ)

Computerhandelssystem der USA (→ *MATIF*, → *Eurex*), das seit 2003 auch in Deutschland angeboten wird. Vielfach wird der Begriff Nasdaq auch als Synonym für den Handel mit Wachstumswerten verwandt.

▶ Natürliche Person

Im Gegensatz zu → *Juristischen Personen* Menschen, die Träger von Rechten und Pflichten sein können, also eine → *Rechtsfähigkeit* besitzen. Nach § 1 BGB ist ein Mensch mit Vollendung der Geburt rechtsfähig. Geschlecht, Nationalität, Religion und auch Missbildungen sind demnach für die Rechtsfähigkeit unerheblich. Bei der

Prüfung von z. B. Eigentums-, Vermögens-, Familien- oder Erbrechten ist daher zuerst die Rechtsfähigkeit der natürlichen Person zu prüfen.

▶ NC-Anlage

Numerisch gesteuerte (Numerical Control) Werkzeugmaschine, welche die einzelnen Bearbeitungsschritte zur Erstellung eines Werkstückes automatisch durch ein NC-Programm durchführt (→ *CNC-Fertigung*).

▶ Nebenplatz

→ *Bankplatz*

▶ Nebenwert

Auch als Spezialwerte bezeichnete, im Vergleich zu Standardwerten (→ *Blue Chip*) bezüglich des Handelsumsatzes weniger gehandelte Papiere mit entsprechend engem Markt.

▶ Negativerklärung

Verpflichtung eines Schuldners (Anleiheemittent oder Kreditnehmer) an den Gläubiger, ohne dessen Einwilligung bestimmte Vermögensteile weder zu veräußern noch zugunsten Dritter zu beleihen. Die Negativerklärung dient somit als Ersatz für eine dingliche Besicherung. Insbesondere bei der → *Industrieobligation*, die von institutionellen Anlegern gezeichnet werden, sollen dadurch Kosten der Sicherheitenbestellung vermieden werden und die Gläubiger dennoch eine gewisse Sicherheit ihrer Anlage erfahren.

▶ Negativklausel

→ *Negativerklärung*

▶ Nennbetrag

→ *Nennwert*

▶ Nennwert

Auch als Nominalwert bezeichneter Betrag, auf den ein → *Wertpapier* ausgestellt ist bzw. der auf dem Wertpapier aufgedruckt ist. So lassen sich z. B. bei der → *Aktie* verschiedene Nennwerte ab 1 € unterscheiden. Die Summe der Nennwerte aller Aktien bzw. GmbH-Anteile einer → *Aktiengesellschaft (AG)* bzw. → *Gesellschaft mit beschränkter Haftung (GmbH)* stellt deren Grund- bzw. Stammkapital dar. Werden derartige Anteilsscheine über dem Nennwert ausgegeben (→ *Emission*), so wird der Differenzbetrag im Sinne eines Aufgeldes (→ *Agio*) in die Kapitalrücklage eingestellt. Eine Ausgabe von Aktien unter pari, d. h. unter dem Nennwert, ist gemäß § 9 AktG nicht zulässig. Der Mindestnennbetrag des Grundkapitals einer Aktiengesellschaft beträgt 50 000 € (§ 7 AktG), der einer Gesellschaft mit beschränkter Haftung 25 000 € (§ 5 GmbHG). Der Mindestnennbetrag einer Stammeinlage bei der GmbH beträgt 1 € (§ 5 GmbHG) und muss generell auf volle Euro lauten.

▶ Nennwertaktie

→ *Aktie*, → *Nennwert*

▶ Nenn(wert)kapital

→ *Gezeichnetes Kapital*

▶ Net Operating Profit after Tax (NOPAT)

Eine Gewinngröße, die vornehmlich beim Konzept des → *Economic Value Added (EVA)* eingesetzt wird.

▶ Netto

Im Gegensatz zu Brutto die Bezeichnung für eine Residualgröße. Z. B. Nettolohn (Bruttolohn abzüglich Steuern u. Sozialabgaben), Nettogewicht (Bruttogewicht abzüglich Verpackung), Nettopreis (Bruttopreis – Preisnachlässe) (→ *Tara*).

▶ Netzplantechnik

Planungstechnik, eingesetzt insbesondere zur Erkennung von zeitlichen Problemen bei der → *Planung* von Abläufen (Abbildung N-1). Diese logisch-systematische Technik stammt aus der mathematischen Graphentheorie und wurde in DIN 69900 formalisiert. Es handelt sich demnach um einen geschlossenen, gerichteten und bewerteten Graph, d. h. Anfang und Ende sind fest definiert, Vorgänge sind in eine Richtung festgelegt und mit Zeiten und evtl. → *Kosten* bewertbar (→ *Planungstechnik*).

Es lassen sich vier Phasen unterscheiden:

(1) Die Strukturanalyse, bei der die einzelnen Vorgehensschritte (→ *Checkliste*) nummeriert und mit ihren Vorgangsdauern bewertet werden, so dass ein Strukturplan (Netzplan ohne Zeitangaben) entstehen kann.

(2) In einer Zeitanalyse sollen die frühest- und spätestmöglichen Anfangs- und Endzeitpunkte der einzelnen Vorgänge analysiert werden, so dass zeitliche Puffer evtl. erkannt werden können. Sind bei einzelnen Vorgängen keine Zeitpuffer vorhanden, so spricht man vom Kritischen Pfad (CPM-Methode, Critical Path Method). Neben der CPM-Methode lassen sich PERT (Program Evaluation and Review Technique), MPM (Metra-Potenzial-Methode), GERT (Graphic Evaluation and Review Technique) u. a. Netzplantechniken unterscheiden. Als Schritte

(3) und (4) können sich der Zeitanalyse die Kapazitäts- und Kostenanalyse anschließen.

▶ Neubewertung

→ *Wertaufholung*

▶ Neuronale Netze

→ *Kennzahlensysteme*

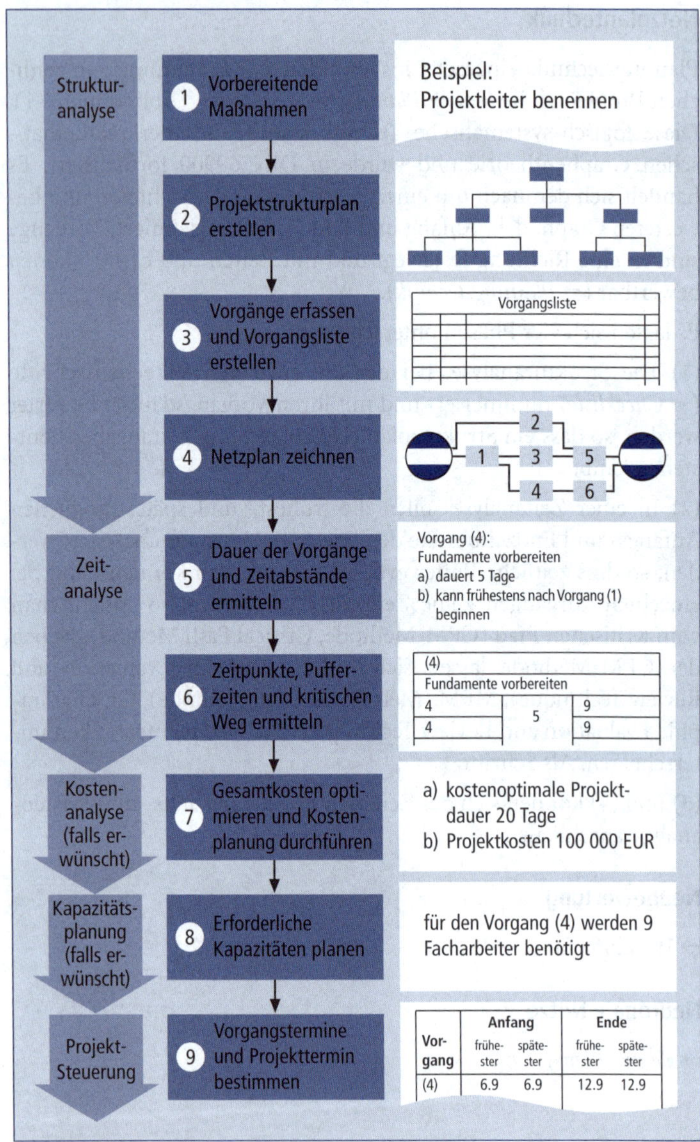

Vorgang	Anfang frühester	Anfang spätester	Ende frühester	Ende spätester
(4)	6.9	6.9	12.9	12.9

Abb. N-1: Der Ablauf der Netzplantechnik

▶ Neutraler Aufwand

Der Teil des → *Aufwands*, der als betriebsfremd, periodenfremd oder außerordentlich zu bezeichnen ist. Betriebsfremder Aufwand dient nicht dem Erreichen des betrieblichen Sachziels (z. B. Spenden an caritative Einrichtungen, Aufwand für die betriebliche Sportanlage und Kantine). Periodenfremder Aufwand wird in einer anderen Periode als der Güterverzehr erfolgswirksam erfasst (z. B. Steuernachzahlung). Außerordentlicher Aufwand entsteht bei einem unvorhergesehenen Ereignis (z. B. Feuer, Diebstahl). Gegenstück zum neutralen Aufwand ist der Zweckaufwand.

▶ New York Futures Exchange (NYFE)

Neben der London Financial Futures and Options Exchange (LIFFE) und vor der Deutschen Terminbörse (DTB) zweitwichtigste → *Börse* für Termingeschäfte (→ *Terminmarkt*). Die NYFE ist insbesondere spezialisiert auf den Handel mit Optionen auf Aktienindizes (→ *Aktienindex*).

▶ New York Stock Exchange (NYSE)

Mit Abstand größte und wichtigste Börse der Welt, die auch kurz nur „Wall Street“ genannt wird, wegen ihrer Lage an der Wall Street in New York. Die Voraussetzungen für die Zulassung und die Notierung von Wertpapieren richten sich – wie an allen amerikanischen Börsen – hauptsächlich nach den Vorschriften der → *Securities and Exchange Commission (SEC)*. Ausländische Unternehmen können mit IFRS-Abschlüssen an amerikanischen Börsen unter bestimmten Bedingungen notiert werden.

▶ Nichtabzugsfähige Steuern

Im Rahmen der nichtabzugsfähigen → *Betriebsausgaben* oder Kosten der privaten Lebensführung sind die → *Einkommensteuer*, → *Körperschaftsteuer* und die → *Umsatzsteuer* auf den Eigenverbrauch nicht von den Einnahmen abzugsfähig.

▶ Nicht an Order

→ *Orderpapier*

▶ Nichtfinanzielle Erklärung

Bericht, der nach dem CSR (Corporate Social Responsibility)-Richtlinie-Umsetzungsgesetz erstmals für Geschäftsjahre, die am oder nach dem 1.1.2017 beginnen, abzugeben ist. Der Bericht trägt der Tatsache Rechnung, dass die → *Stakeholder* zunehmend den Fokus auf nichtfinanzielle Indikatoren der Unternehmen legen. In dem Bericht ist gem. §§ 289c bzw. 315c HGB zunächst das Geschäftsmodell des Unternehmens allgemein zu beschreiben, bevor in separaten Abschnitten auf die Themenbereiche Umwelt, Arbeitnehmer, Sozialbelange, Menschenrechte und Korruption eingegangen wird. Zur Abgabe des Berichts sind nach §§ 289b I und 315b I HGB große kapitalmarktorientierte Kapitalgesellschaften verpflichtet. Ferner fallen große Banken und Versicherungen, auch wenn sie nicht kapitalmarktorientiert sind, unter die Verpflichtung. Der nichtfinanzielle Bericht kann entweder als Teil des Lageberichts bzw. Konzernlagebericht oder außerhalb in einem separaten → *Nachhaltigkeitsbericht* im engeren Sinne veröffentlicht werden. Er unterliegt der Abschlussprüfung.

▶ Nichtigkeit

Ein Rechtsgeschäft, z. B. ein → *Vertrag*, der nachträglich für nichtig erklärt wird, entfaltet keinerlei Rechtsfolgen. Beispiele sind Willenserklärungen von Geschäftsunfähigen (→ *Geschäftsfähigkeit*), so genannte Scherzerklärungen (§ 118 BGB) oder Willenserklärungen, die einer bestimmten Form nicht genügen (§ 125 BGB), sittenwidrig sind (z. B. Wucher) oder gegen Gesetze verstoßen. Darunter fallen auch so genannte Knebelungsverträge gem. § 138 BGB. Nichtig können auch Verträge sein, wenn sich bei der Leistung nachträglich Mängel herausstellen oder die aufgrund von Irrtümern zustande kamen und dadurch anfechtbar sind (→ *Mängelgewährleistung*). Zu unterscheiden sind Fehler i. S. von Sachmängeln von den Irrtümern beim Zustandekommen eines Rechtsgeschäftes, die zur → *Anfechtung* und Nichtigkeitserklärung des Vertrages führen können.

▶ Nichtveranlagungs-Bescheinigung

Bescheinigung des für den Gläubiger zuständigen Finanzamtes, dass für ihn wegen zu geringer Einnahmen keine → *Veranlagung* zur Einkommensteuer durchgeführt wird. Bei Vorlage dieser Bescheinigung beim Schuldner der Kapitalerträge ist der Abzug der → *Kapitalertragsteuer (KESt)* (→ *Abgeltungsteuer*) nicht vorzunehmen. Die Nichtveranlagungs-Bescheinigung ist unter dem Vorbehalt des Widerrufs auszustellen. Die Geltungsdauer darf höchstens drei Jahre betragen und muss auf den Schluss eines Kalenderjahres enden. Bei Änderung der Verhältnisse muss der Anteilseigner bzw. Gläubiger die Bescheinigung zurückgeben.

▶ Niederstwertprinzip

Grundsatz ordnungsmäßiger Bilanzierung, der sich aus dem Imparitätsprinzip bzw. dem vorgelagerten Vorsichtsprinzip ableitet und in § 253 HGB kodifiziert ist. Danach sind Vermögensgegenstände, für die mehrere Wertansätze in Frage kommen, grundsätzlich mit dem niedrigsten Wert zu bilanzieren, um eine verlustfreie Bewertung zu gewährleisten. Der Gesetzgeber unterscheidet in:

Strenges Niederstwertprinzip gem. § 253 IV HGB für Vermögensgegenstände, die im → *Umlaufvermögen* ausgewiesen werden. Für diese besteht Abwertungspflicht auf den niedrigeren Wert.

Gemildertes Niederstwertprinzip gem. § 253 III HGB für Vermögensgegenstände im → *Anlagevermögen,* für die eine Abwertungs**pflicht** auf den niedrigeren Wert nur bei einer **dauerhaften** Wertminderung besteht, während bei einer vorübergehenden Wertminderung ein Abschreibungsverbot gilt. Dies gilt aber nicht für Finanzanlagen, die auch bei vorübergehenden Wertminderungen abgeschrieben werden können.

▶ Nielsen-Gebiete

7 Regionen, in die das Marktforschungsunternehmen *ACNielsen* die 17 Bundesländer aufgeteilt hat.

▶ Nießbrauch

Gem. § 1030 BGB das Nutzungsrecht an einer Sache. Eine Sache kann in der Weise belastet werden, dass derjenige, zu dessen Gunsten die Belastung erfolgt, berechtigt ist, die Nutzungen der Sache (daraus) zu ziehen. Das Nießbrauchsrecht kann durch den Ausschluss einzelner Nutzungen beschränkt werden. So kann beispielsweise das → *Eigentum* an einer Sache oder einem Grundstück an jemand anderen übertragen werden als an denjenigen, dem das Nießbrauchsrecht eingeräumt wird.

▶ Nischenstrategie

→ *Wettbewerbsstrategien nach Porter*

▶ NMAX

→ *Aktienindex*

▶ Nominalgüterstrom

→ *Gut*

▶ Nominalgut

→ *Gut*

▶ Nominalkapital

→ *Gezeichnetes Kapital*, → *Nennwert*

▶ Nominallohn

→ *Lohnformen*

▶ Nominalskala

→ *Skalierung*

▶ Nominalwert

→ *Nennwert*

▶ Nominalzins

Im Gegensatz zum → *Effektivzins* der in einem Kreditvertrag zwischen Kreditgeber (Kreditor) und Kreditnehmer (Debitor) vereinbarter Zinssatz (→ *Zins*).

▶ No Name-Produkt

„No Names“, auch Gattungsmarken, „Generics“ oder „Weiße Produkte“ genannt, sind eine spezielle Erscheinungsform der → *Markenartikel*, die nur in Einkaufsstätten, die zu einer klar definierten Kette, Filiale oder Einkaufsgenossenschaft gehören, erhältlich sind. Sie sind durch eine einfache, einheitliche Verpackung gekennzeichnet, bei der die Gattungsbezeichnung der Ware als Markenname im Vordergrund steht. No Names besitzen eine Mindeststandardqualität. Ihr Preisniveau liegt bis zu 30 % unter dem der Markenartikel und bis zu 15 % unter dem der Handelsmarken. Die Grundfarbe der No Names ist meist weiß mit schwarzem Schriftzug und zumeist mit kleinen farbigen Symbolen als Hinweis auf die Handelsorganisation versehen.

▶ Non Profit Marketing

→ *Social Marketing*

▶ Non Profit-Organisation

Nichterwerbswirtschaftlicher Betrieb, der nicht individuell nutzbare Güter oder Dienstleistungen anbietet und in der Regel keine Gewinne erzielt bzw. nicht rentabel ist. Beispiele sind Vereine, Verbände, Stiftungen, Wohlfahrtsorganisationen, Kirchen, Parteien und Kammern. Sie dienen häufig gemeinwirtschaftlichen Aufgaben (→ *Öffentlicher Betrieb*).

▶ Non-Response BIAS

Der Begriff Antwortausfallverzerrung bzw. Schweigeverzerrung (engl. *non-response bias*) bezeichnet in der → *Marktforschung* eine Verzerrung des Ergebnisses, die dadurch entsteht, dass Antwortende andere Antworten geben als diejenigen geben würden, die nicht geantwortet haben. Beispielsweise könnte in einer Befragung nach der Arbeitsbelastung besonders jene den Fragebogen unbeantwortet lassen, die eine besonders hohe Arbeitsbelastung haben. Dadurch ergäbe sich in den Antworten eine zu geringe Arbeitsbelastung.

▶ NOPAT

→ *Net Operating Profit after Tax (NOPAT)*

▶ Normalkosten

→ *Kostenrechnungssysteme*

▶ Normalverteilung

Eine der wichtigsten theoretischen Verteilungen der analytischen → *Statistik*. Es handelt sich um eine stetige, symmetrische, eingipfelige Verteilung, die sich asymptotisch der x-Achse nähert. Die Normalverteilung ist durch ihre Parameter μ (Mittelwert) und σ (Standardabweichung) genau bestimmt. Arithmetisches Mittel, Median und Modus (häufigster Wert) fallen zusammen, die Wendepunkte sind durch $\mu \pm \sigma$ gegeben (Abbildung N-2).

Die Wahrscheinlichkeit, dass ein konkreter Wert aus einer konkreten Stichprobe einen um maximal $\pm\ 1\,\sigma$ vom wahren Wert abweichenden Wert liefert ist 0,6826 bzw. 68,26 %. Wird der Vertrauensbereich auf $2\,\sigma$ bzw. $3\,\sigma$ ausgedehnt, so erhöht sich diese Wahrscheinlichkeit sogar auf 95,44 % bzw. 99,74 %.

▶ Normung

Nationale und/oder internationale Festlegung von Abmessungen, Formen, Qualitäten von Einzelteilen für die Produktion (→ *Deutsche Industrienorm (DIN)*) im Gegensatz zur Typisierung, bei der Ausführungsnormen von Endprodukten vereinheitlicht werden sollen. Während die Normung zur → *Rationalisierung* in der Produktion beitragen soll, kann durch die Typung von Endprodukten das → *Gesetz der Massenproduktion* (Größenvorteile) genutzt werden.

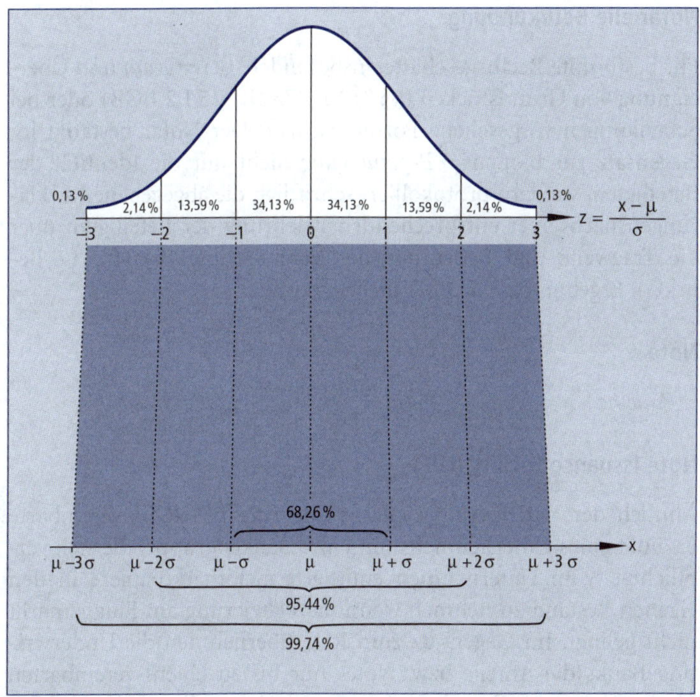

Abb. N-2: Normalverteilung

Aus diesem Grund sind Normen- und Typenkartelle (→ *Kartelle*) grundsätzlich erlaubt, da sie i. d. R. nicht zur Ausschaltung des Wettbewerbes dienen sollen.

▶ Nostro

Im Gegensatz zu Loro die Bezeichnung für ein Fremdwährungskonto in Inlandswährung einer ausländischen Bank bei einer einheimischen → *Bank* (z. B. €-Konto einer amerikanischen Bank bei einer deutschen Korrespondenzbank). Derartige Fremdwährungskonten werden insbesondere in der → *Außenhandelsfinanzierung*, z. B. im Rahmen des → *Dokumentenakkreditiv* oder → *Dokumenteninkasso*, eingesetzt.

▶ Notarielle Beurkundung

Für bestimmte Rechtsgeschäfte, insbesondere bei → *Kauf* und Übereignung von Grundstücken (§§ 313 I, 873 II, 925 I 2 BGB) oder bei Schenkungen vorgesehene Formvorschrift. Der Notar bestätigt im Gegensatz zur bloßen → *Beglaubigung* nicht nur die Identität der Beteiligten, sondern protokolliert schriftlich die abgegebenen Erklärungen nach einer entsprechenden Belehrung der Beteiligten über die Tragweite und Bedeutung der Vereinbarung (§§ 8 ff., 17 BeurkG). Ergebnis ist eine öffentliche Urkunde.

▶ Note

→ *Anleihe*

▶ Note Issuance Facility (NIF)

Ähnlich der → *Revolving Underwriting Facility (RUF)* vereinbarte Fazilität eines Unternehmens mit einer Bankengruppe, die sich verpflichtet, vom Unternehmen emittierte Geldmarktpapiere in den eigenen Bestand zu nehmen wenn die Platzierung am Finanzmarkt nicht gelingt. Im Gegensatz zum RUF übernehmen die Underwriting Banks die Anteile bzw. Notes nur bis zu einem vereinbarten Limit (Backup Line) und vereinbaren im Voraus einen Zinssatz. Ein weiterer Unterschied zum RUF stellt die Platzierung nicht über eine einzelne Emissionsbank, sondern über die Summe aller an dem NIF beteiligten Banken dar.

▶ Notes

→ *Anhang*

▶ Notierung

→ *Kursfeststellung*

▶ Notifikation

Benachrichtigungspflicht im Wechselverkehr (→ *Wechsel*) gemäß Art. 45 Wechselgesetz (WG). Erfolgt ein → *Wechselprotest,* so muss der Inhaber seinen Vormann (→ *Indossament*) und den Aussteller von dem Unterbleiben der Annahme bzw. Zahlung des Wechsels innerhalb von vier Werktagen, die auf den Tag der Protesterhebung folgen, benachrichtigen. Die Notifikation erfolgt mit dem Zusatz „ohne Kosten". Innerhalb der Indossamentenkette muss wiederum jeder Indossant innerhalb von zwei Werktagen nach Empfang einer Notifikation seinen unmittelbaren Vormann benachrichtigen. Zur Notifikation genügt die bloße Rücksendung des Wechsels, wobei der zu Benachrichtigende verpflichtet ist, die Notifikation bzw. Benachrichtigung zu beweisen. Neben dem Wechselrecht wird der Begriff auch im Pfandverkauf gemäß § 440 HGB (Benachrichtigung über die Androhung des Pfandverkaufes) sowie im Scheckverkehr gemäß Art. 42 und 48 Scheckgesetz bei Protesterhebung verwandt.

▶ Nullkuponanleihe

→ *Zero Bond*

▶ Nutzen

Überwiegend volkswirtschaftlich gebräuchlicher Begriff, der den Grad der Bedürfnisbefriedigung eines Wirtschaftssubjektes angibt, das dieses aus dem Konsum eines Gutes zieht (Nützlichkeit). In der Volkswirtschaftslehre werden hierzu zahlreiche Berechnungen des Grenznutzens angestellt, der angibt, wie viel Nutzen ein zusätzliches → *Gut* noch stiftet. In der → *Betriebswirtschaftslehre* findet sich der Begriff in der → *Entscheidungstheorie* wieder, wo er als Gesamtergebnis bei der Bewertung einer Handlungsalternative verwendet wird (→ *Nutzwertanalyse (NWA)*).

▶ Nutzenschwelle

→ *Break-even-Analyse*

▶ Nutzkosten

→ *Leerkosten*

▶ Nutzungsdauer

Zeit, während der eine → *Kapazität* ausgelastet wird. Neben technischen und gesetzlichen Bedingungen, die die Nutzungsdauer beeinflussen, sind auch wirtschaftliche Aspekte im Sinne einer rechtzeitigen Ersatzinvestition zu beachten. Zur Bestimmung einer optimalen Nutzungsdauer wird häufig die → *Kapitalwertmethode* herangezogen und unter Simulation verschiedener Laufzeiten alternative Kapitalwerte errechnet. Die dadurch entstehende Kapitalwertfunktion wird maximiert bzw. bei einer grafischen Darstellung der Sattelpunkt ermittelt, der auf die optimale Nutzungsdauer und damit den optimalen Ersatzzeitpunkt einer Anlage hinweist. In diesem Zusammenhang ist auch die → *MAPI-Methode* zu nennen, welche einen Dringlichkeitsmaßstab für den Ersatz von Anlagen errechnet.

▶ Nutzwertanalyse (NWA)

Planungstechnik (→ *Planungstechnik*, → *Scoring-Modell*), die für die Bewertung und Entscheidung i. R. der → *Planung* einsetzbar ist, wobei sie idealerweise den gesamten Planungsprozess visualisiert. Nach der Erstellung eines Zielsystems (situative, vollständige, operationale, überschneidungsfreie Ziele) ist das Entscheidungsfeld abzugrenzen, d. h. Alternativen hinsichtlich ihrer Realisierbarkeit vorauszuwählen. Danach wird die Zielertragsmatrix erstellt, d. h. je Alternative wird für jedes Ziel oder Unterziel das Wirkungsergebnis prognostiziert oder festgestellt. Die Zielerträge werden durch die anschließende Bewertung und Skalierung in Zielwerte übertragen, wobei die Zielgewichtungen einfließen können. Die abschließende Wertsynthese ermittelt je Alternative einen Gesamtnutzwert, der zu der Entscheidung führt. Insbesondere bei den konstitutiven Entscheidungen (→ *Standort*, → *Rechtsform*, → *Unternehmenszusammenschlüsse*) wird die NWA erfolgreich eingesetzt (Abbildung N-3).

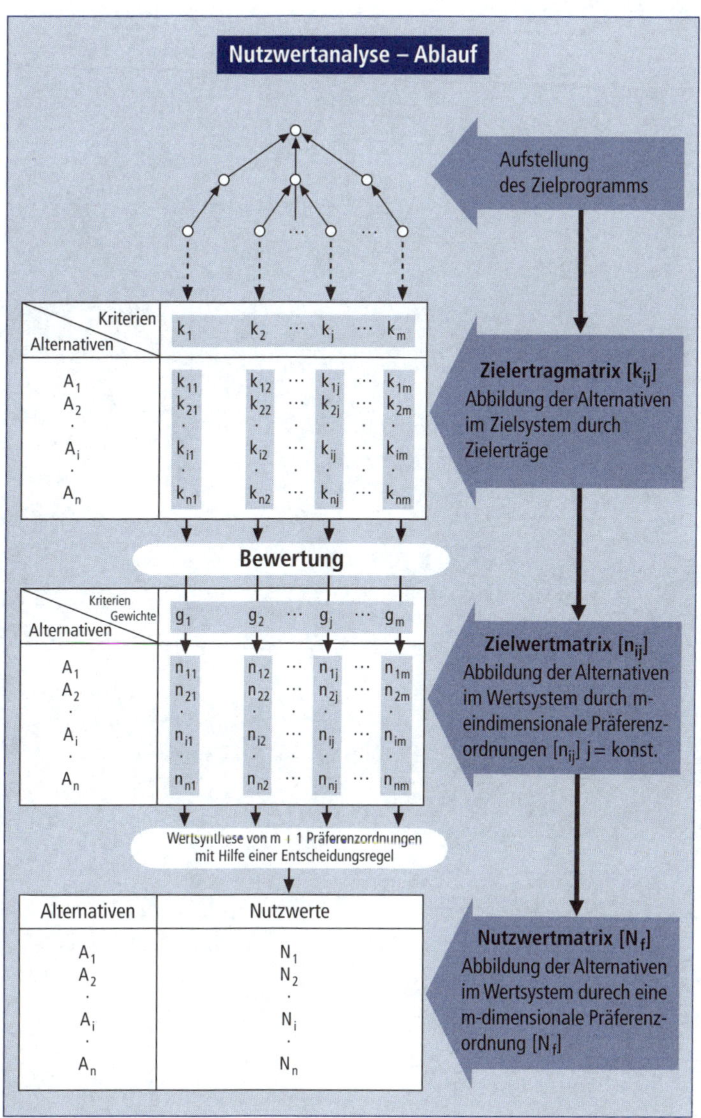

Abb. N-3: Der Ablauf der Nutzwertanalyse (Quelle: Zangemeister, Ch.: Nutzwertanalyse in der Systemtechnik, München 1970, S. 73)

O

► Objektprinzip

→ *Divisionale Organisation*

► Objektsteuer

Steuern (→ *Steuer*), die sich auf Realien beziehen, z. B. Grundsteuer.

► Obliegenheiten

Pflichten eines Vertragspartners aus dem dispositiv vereinbarten → *Vertrag*. Bei einem Versicherungsnehmer z. B. die Schadensanzeige, Schadensminderung u. a. Meldepflichten.

► Obligation

→ *Anleihe*

► Obligo

(**1**) Bezeichnung für die Summe aller Verbindlichkeiten eines Schuldners aus der Sicht einer → *Bank*.

(**2**) Ausschluss einer Verpflichtung bzw. Gewährleistung (o. O. für ohne Obligo).

▶ Obsoleszenz

Bewusste Reduktion der Nutzungsdauer eines Produktes, um den Absatz durch Ersatzkäufe zu steigern. Dies kann durch technische Maßnahmen (z. B. Sollbruchstelle) oder durch psychische Maßnahmen (z. B. face-lifting oder Modellpflege bei Autos) erfolgen. Kunden kaufen dann das Ersatz- oder vermeintliche Nachfolgmodell, um die Funktion bzw. das neueste Design zu erhalten.

▶ Öffentlicher Betrieb

Betrieb, der ganz oder teilweise im → *Eigentum* der öffentlichen Hand ist (→ *Betrieb*). Hinsichtlich der Zielsetzung können erwerbswirtschaftliche, kostendeckende und Zuschussbetriebe unterschieden werden. Erwerbsbetriebe (z. B. Sparkassen, Berg-, Hütten- und Elektrizitätswerke) sind Betriebe, die einem öffentlichen Haushalt Einnahmen verschaffen und den privatwirtschaftlichen Betrieben mit Ausnahme der Trägerschaft gleichzusetzen sind. Kostendeckende Betriebe (z. B. *Bahn AG,* Unternehmen der Post) sind Betriebe, bei denen → *Sachziele* dominieren (z. B. Transport, Informationsversorgung) und Zuschussbetriebe sind öffentliche Betriebe, die ohne Entgelt oder zu nicht-kostendeckenden Gebühren Leistungen erbringen, wie z. B. Theater und Museen. Alle genannten Betriebe sind im Gegensatz zu den erwerbswirtschaftlichen Privatbetrieben gemeinwirtschaftlich. Hinsichtlich ihrer Rechtsformen kann → *Regiebetrieb,* Sondervermögen, → *Körperschaft,* → *Anstalt* und öffentliche → *Stiftung* unterschieden werden. Aber auch privatrechtliche Rechtsformen können von öffentlichen Betrieben gewählt werden, so z. B. *Salzgitter AG, Saarbergwerk AG* oder die *Arbed Saarstahl GmbH,* die sich z. Zt. jeweils zu 100 % in öffentlichem Besitz befinden (→ *Non Profit-Organisation*).

▶ Öffentlichkeitsarbeit

→ *Public Relations (PR)*

▶ Ökoaudit

→ *Ökobilanz*

▶ Ökobilanz

Darstellung der in der traditionellen Finanzbuchhaltung und Bilanzierung nicht erfassten ökologischen Umweltwirkungen (Ressourcenverbrauch, Emission), differenziert nach verschiedenen Input- und Output-Arten analog zur kaufmännischen Kostenartenrechnung, um das Aufkommen und die Verwendung eingesetzter Rohstoffe bzw. Energieträger darzustellen (→ *Ökologischer Ansatz der Betriebswirtschaftslehre).* Ein Vorschlag einer solchen Untergliederung der Bilanz nach umweltrelevanten Positionen stellt Abbildung O-1 dar.

Aktiva	Passiva
A. Anlagevermögen I. Immaterielle Vermögensgegenstände – Rechte an der Mitbenutzung von Umweltanlagen – geleistete Anzahlungen auf Rechte an Umweltschutzanlagen II. Sachanlagen – technische Anlagen und Maschinen, die für den Umweltschutz eingesetzt werden – andere Anlagen, Betriebs- und Geschäftsausstattung, die für den Umweltschutz eingesetzt werden – geleistete Anzahlungen und Anlagen im Bau, die für den Umweltschutz eingesetzt werden B. Umlaufvermögen I. Vorräte – Roh-, Hilfs- und Betriebsstoffe, die dem Umweltschutz zuzurechnen sind – Unfertige Erzeugnisse, unfertige Leistungen, die dem Umweltschutz dienen – umweltschützende fertige Erzeugnisse und Waren – geleistete Anzahlungen und Vorräte, die dem Umweltschutz dienen	A. Eigenkapital III. Gewinnrücklagen – Rücklagen für Umweltschutzinvestitionen B. Rückstellungen – Rückstellungen für ungewisse Verbindlichkeiten aus Umweltschäden – Rückstellungen für Rekultivierung von Landschaftsflächen – Rückstellungen für Abraumbeseitigung gemäß § 249 (1) Nr. 1 Handelsgesetzbuch C. Verbindlichkeiten – Verbindlichkeiten gegenüber Kreditinstituten aus Krediten für Umweltschutzmaßnahmen – Verbindlichkeiten aus Lieferungen und Leistungen, die dem Umweltschutz zuzurechnen sind – Verbindlichkeiten gegenüber Kreditinstituten aufgrund verursachter Umweltschäden

Aktiva	Passiva
II. Forderungen und sonstige Vermögensgegenstände – Forderungen aus Lieferungen und Leistungen, die dem Umweltschutz zuzurechnen sind	

Abb. O-1: Beispiele für eine tiefere Untergliederung der Bilanz nach umweltrelevanten Positionen

▶ Ökologischer Ansatz der Betriebswirtschaftslehre

Angesichts verschiedenster Umweltkatastrophen (Waldsterben, Ozonloch, Treibhauseffekt, Artensterben) nimmt die ökologische Herausforderung an die Unternehmen bei der Gütererstellung und Auswahl der zu erstellenden Güter und Rohstoffe zu. Sich ökologisch verantwortlich zu verhalten, kann eine Ausprägung der → *Führungsethik* sein und moralisch begründet werden. Im Vordergrund der ökologischen Führung steht z. B. das Eintreten für die Schonung der Regenwälder (Konferenz von Rio 1992), der Verzicht auf Ressourcen verschwendende Rüstungsgeschäfte, unnötige Tierversuche, Sicherung der Boden-, Luft- und Wasserqualität, Lärmschutz usw. Aus derartigen Verhaltensweisen können sich neben der Verbesserung des Unternehmensimages und Befriedigung des eigenen moralischen Gewissens künftige Wettbewerbsvorteile (Abfallentsorgungsmarkt) ergeben. Eine Zielantinomie zu den traditionellen Unternehmenszielen (z. B. → *Wirtschaftlichkeit,* → *Rentabilität*) muss daher langfristig nicht bestehen. Eine ökologische Führung hat Auswirkungen auf sämtliche Unternehmensbereiche, so bei der Beschaffung (Lieferantenauswahl), der Produktion bis hin zum Absatz (Verpackung). Neuerdings werden derartige Erkenntnisse zur Darstellung so genannter „Schadschöpfungsketten“ bzw. „Ökologischer Wertschöpfungsketten“ verwendet.

▶ Ökonomie

→ *Wirtschaftswissenschaft*

▶ Ökonomisches Eigenkapital

→ *Eigenkapital von Banken*

▶ Ökonomisches Prinzip

Prinzip, mit dem ein → *Betrieb,* der von vielerlei Wissenschaften (z. B. Soziologie, Psychologie, Politologie, Jurisprudenz) untersuchbar ist, für die → *Betriebswirtschaftslehre* als Erfahrungsobjekt ausgewählt wird. Das Ökonomische Prinzip hat im Zeitablauf einige Veränderungen erfahren und wird dies zukünftig weiter tun. Während in der traditionellen Betriebswirtschaftslehre das Prinzip der → *Gewinnmaximierung* als oberstes und rationales Prinzip gilt, später die Ergiebigkeit bei der Kombination von Produktionsfaktoren (→ *Produktivität*) und bis dato das „optimale Entscheiden über knappe Güter" als Ökonomisches Prinzip gilt, ist künftig evtl. die → *Soziale Verantwortung* oder ein „ökologischer Nutzen" als *ergänzendes* Prinzip denkbar. Die Gewinnmaximierung eines homo oeconomicus, dem soziale Ziele gleichgültig sind, kann nicht mehr das aktuelle Oberziel von Unternehmen sein. Die aus dem allgemeinen Rationalprinzip abgeleitete Maxime, dass gegebene Ziele durch minimale Einsätze oder gegebene Einsätze zur Maximierung des Zieles einzusetzen bzw. zu kombinieren sind, kann derzeit noch als Ökonomisches Prinzip gelten. Aus diesem allgemeinen Ökonomischen Prinzip, das sich seinerseits aus dem allgemeinen Rationalprinzip für menschliches Verhalten ableiten lässt, können die drei Prinzipien Produktivität (mengenmäßige Rationalität), → *Wirtschaftlichkeit* (wertmäßige Rationalität) und → *Rentabilität* abgeleitet werden.

▶ Ökosteuer

Von einer Steuerreform ist immer nur dann die Rede, wenn die vier wesentlichen Bereiche, die ein → *Steuergesetz* regelt, einer Revision unterzogen werden und dies zu einer nach übergeordneten Gesichtspunkten abgeleiteten Systematik führt. Im Rahmen der ökologischen Steuerreform kommt dem Lenkungszweck der Steuer große Bedeutung zu. Steuerpflichtige sollen i. d. R. diejenigen sein, die die natürlichen Ressourcen angreifen. Steuerobjekt ist demnach der

Grad der Ressourceninanspruchnahme. Der Tarif ist meistens so ausgestaltet, dass er Anreize zu einem veränderten Verhalten oder zu Innovationen schaffen soll. Am Beispiel der Erhöhung der Energiesteuer kann dies gezeigt werden: Der Kraftfahrer zahlt für die Verwendung der nur begrenzt zur Verfügung stehenden Ressource Öl eine Steuer, die, bei einer Höhe von z. B. 2,50 €/l Benzin, sicherlich dazu anreizt, Fahrten mit dem Pkw zu verringern, oder aber Entwicklungen in Gang setzt, andere Antriebsarten zu finden, die nicht auf der Verwendung von Öl basieren. Seit dem 1.4.1999 wird eine Stromsteuer auf den Verbrauch erhoben, soweit der Strom vom Letztverbraucher aus dem Leitungsnetz entnommen wird. In weiteren Vorschlägen zur Einführung von Ökosteuern werden insbesondere Steuern und Abgaben in den Bereichen: Energieverwendung (Steuern auf Einsatz von Primärenergieträger, Abwärmesteuer, Glühlampen- und Batteriesteuer), Verkehr (Energiesteuer, Kraftfahrzeugsteuer), Luft (CO^2-Abgabe, FCKW-Steuer), Boden- und Naturschutz (Bodenversiegelungsteuer, Stickstoffsteuer, Pestizidsteuer, Tropenholzsteuer, Massentierhaltungsteuer), Abfall (Verpackungsteuer) und Wasser (Wassersteuer, Waschmittelsteuer), vorgeschlagen. Ein Kritikpunkt an ökologischen Steuerreformvorschlägen ist, dass der Staat gegebenenfalls nicht gesicherte Einnahmen hat, wenn die Anreizwirkungen der einzelnen Steuern greifen. Tendenziell muss er mit sinkenden Steuereinnahmen rechnen, was zu einer Einschränkung der Bereitstellung öffentlicher Güter führen muss.

▶ Off-Balance Sheet Bilanzierung

→ *Special Purpose Entities (SPE)*

▶ Offenbarungseid

→ *Eidesstattliche Versicherung (E.V.)*

▶ Offene Handelsgesellschaft (OHG)

Rechtsform (→ *Rechtsform*) des privaten Rechts (→ *Personengesellschaft*), deren gesetzliche Grundlagen in §§ 105–160 HGB geregelt sind. Ergänzend gelten die Vorschriften zur → *BGB-Gesellschaft*

(GbR) (§§ 705 ff. BGB). Die OHG hat als Firma gem. § 19 HGB mindestens den Namen eines Gesellschafters mit einem Zusatz (z. B. & Co. oder OHG) zu führen. Die OHG entsteht durch einen Gesellschaftsvertrag, für den weit gehende Gestaltungsmöglichkeiten bestehen. Es sind hierfür mindestens zwei Gesellschafter (→ *Natürliche Person* oder → *Juristische Person*) erforderlich, wobei nach Gesetz für die Geschäftsführung nach innen jeder Gesellschafter Handlungen, die der gewöhnliche Betrieb mit sich bringt, vornehmen kann. Die Handlungen nach außen (→ *Vertretung*) kann jeder einzelne unbeschränkt vornehmen. Durch Vertrag sind diese Rechte abänderbar und auszuschließen. Neben der OHG mit ihrem Vermögen haften alle Gesellschafter unbeschränkt, d. h. auch mit dem Privatvermögen, unmittelbar, d. h. nicht erst, nachdem die OHG gehaftet hat, und solidarisch, d. h. als Gesamtschuldner. Selbst nach Austritt aus der Gesellschaft kann noch fünf Jahre für die Altverbindlichkeiten gem. §§ 128 ff. HGB gehaftet werden. Die Finanzierungsmöglichkeiten sind wie bei allen Personengesellschaften beschränkt auf die Einlagen der Gesellschafter (Neuaufnahmen) und die Kreditwürdigkeit bei der Gewährung von Fremdkapital. Die Einlage kann in Geld, Sachwerten oder anderen Leistungen erfolgen. Sofern keine anderen Regelungen getroffen wurden, kann jeder Gesellschafter bis zu 4 % seines Kapitalanteiles jährlich entnehmen. Der → *Gewinn* wird, sofern keine anderen Regelungen vorhanden sind, so verteilt, dass die Einlagen zu 4 % verzinst werden und der Rest nach Köpfen verteilt wird. Verluste werden nach Köpfen verteilt. Die Fortführung der Gesellschaft über den Tod einzelner Gesellschafter hinaus ist durch Vertrag möglich. Die Rechnungslegungsvorschriften und Besteuerung entsprechen denen der → *Einzelunternehmung* und sind damit wenig streng. Publizitäts- und Prüfungspflichten bestehen nur für Großunternehmen, die in den Geltungsbereich des Publizitätsgesetzes fallen.

▶ Offene-Posten-Buchführung

→ *Buchführungsverfahren*

▶ Offene Rücklagen

→ *Rücklagen*

▶ Offenlegungspflicht

→ *Publizität*

▶ Offenmarktpolitik

Instrument der → *Europäische Zentralbank (EZB)*, um auf die Geldmenge der Volkswirtschaft Einfluss zu nehmen. Hier kauft oder verkauft die Zentralbank Wertpapiere am → *Kapitalmarkt* und greift somit direkt in das Kapitalangebot bzw. die Kapitalnachfrage ein.

▶ Offshore

Finanzmärkte, die nicht regional einem Staat oder einem Land zugeordnet werden, d. h. als Freihandelszonen meist steuerfrei operieren können. Die bedeutendsten Freihandelszonen für Finanztitel sind dabei die Kaimaninseln und die Bahamas. Aber auch in Europa entstehen immer mehr derartige Offshore-Zentren, wie z. B. die England vorgelagerten Kanalinseln.

▶ Offshoring

Eine Form der Verlagerung unternehmerischer Funktionen und Prozesse ins Ausland. Auslöser für eine Offshoring-Entscheidung sind in der Regel die im Ausland günstigeren Rahmenbedingungen, insbesondere bei den Arbeitskosten.

Die Abgrenzung zum → *Outsourcing* liegt zum einen in der grenzüberschreitenden Verlagerung, die beim Outsourcing nicht immer gegeben ist. Zum anderen kann es sich beim Offshoring sowohl um eine Verlagerung von Aktivitäten an ein ausländisches Fremdunternehmen als auch um eine Gründung eines Tochterunternehmens oder eines Joint Ventures im Ausland handeln kann. Dahingegen beschreibt Outsourcing stets die Auslagerung von Prozessen und Funktionen an ein externes Unternehmen.

▶ OHG

→ *Offene Handelsgesellschaft (OHG)*

▶ Oligopol

→ *Marktformen*

▶ Omega

Kennzahl einer Optionsanlage, die auch effektiver Hebel genannt wird. Sie ist das Produkt aus der Kennzahl → *Delta* und dem Hebel. Ein Omega von acht bedeutet beispielsweise, dass eine Kaufoption (Verkaufsoption) theoretisch um acht Prozent im Wert steigt (sinkt), wenn der zu Grunde gelegte Basiswert um ein Prozent steigt (fällt) (→ *Gamma*, → *Option*, → *Rho*, → *Theta*, → *Vega*).

▶ On First Demand

→ *Garantie*

▶ Online-Banking

Die Abwicklung von Bankgeschäften wie Abbuchungen, Überweisungen, Einrichtung von Daueraufträgen über Computernetze; insbesondere über das Internet. Synonym werden auch die Begriffe Telebanking, Homebanking, Internet-Banking oder Net-Banking gebraucht.

▶ Online-Marketing

→ *Internet-Marketing*

▶ Online-Vertrieb

Die Nutzung des Internet als Vertriebskanal. Der Kunde kann vom PC aus Waren aussuchen und direkt bestellen. Unternehmen nutzen diese neue Vertriebsschiene sowohl im Handel mit anderen Unternehmen (→ *Business to Business*) als auch mit Endverbrauchern (→ *Business to Consumer*). Für den Kunden bietet sich der Vorteil, ohne zeitliche Reglementierung einkaufen zu können und in der Regel auch ausführliche Produktinformationen vorab zu erhalten. Für die Zukunft wird mit weiterhin rapidem Wachstum dieses → *Distributionswegs* gerechnet.

▶ Operating Auditing

→ *Interne Revision*

▶ Operating Profit

→ *Erfolgsspaltung*

▶ Operations Research (OR)

Forschungsrichtung der → *Betriebswirtschaftslehre,* die unter Verwendung quantitativer wissenschaftlicher Methoden eine optimale Lösung von Planungsmodellen anstrebt. Kurz gefasst handelt es sich um eine modellgestützte Entscheidungsvorbereitung, deren Techniken (z. B. → *LP-Modelle,* → *Simulation*, → *Netzplantechnik*) vor allem bei der Lagerhaltung, Produktion und im Transportwesen verwendet werden. So können in der → *Ablauforganisation* Warteschlangenmodelle bei der → *Fließproduktion,* Lagerhaltungsmodelle oder Transportoptimierungen Gegenstand des OR sein. Dem OR wird häufig Modellplatonismus, d. h. Modellbildung um der Modellbildung willen vorgeworfen. Tatsächlich ist stets zu prüfen, wie realistisch derartige Optimierungsmodelle sind, wenn zahlreiche Prämissen (→ *Ceteris-paribus*-Annahmen) die Lösung einschränken. Die Entwicklung des OR wird durch die Fachvereinigung *Deutsche Gesellschaft für Operations Research DGOR* gefördert.

▶ Operative Planung

→ *Strategische Planung*

▶ Operatives Ergebnis

Abgeleitet von dem angelsächsischen Operating Profit als Zwischenergebnis in der → *Gewinn- und Verlustrechnung (GuV),* die auch als → *Betriebsergebnis* bezeichnet werden kann.

▶ Opferprinzip

→ *Steuern*

▶ Opinion Leader

→ *Meinungsführer (Opinion Leader)*

▶ Opportunitätskosten

Nicht real entstandene → *Kosten,* die sich durch eine entgangene Nutzungsmöglichkeit knapper Ressourcen, z. B. einem entgangenen Gewinn oder einer entgangenen Zahlung aufgrund einer alternativen Verwendung ergeben.

▶ Optimal

Ausmaß eines Zieles im Rahmen eines Entscheidungsmodells (→ *Entscheidungsmatrix*). Abbildung O-2 stellt die verschiedenen Ausprägungen des Begriffes Optimal dar. So können Gewinne maximiert, Kosten minimiert werden (Extrema) oder die Produktivität ab einem bestimmten Punkt gesteigert werden (Satisfizierung) oder es ist eine exakte Einhaltung eines Zielpunktes anzustreben.

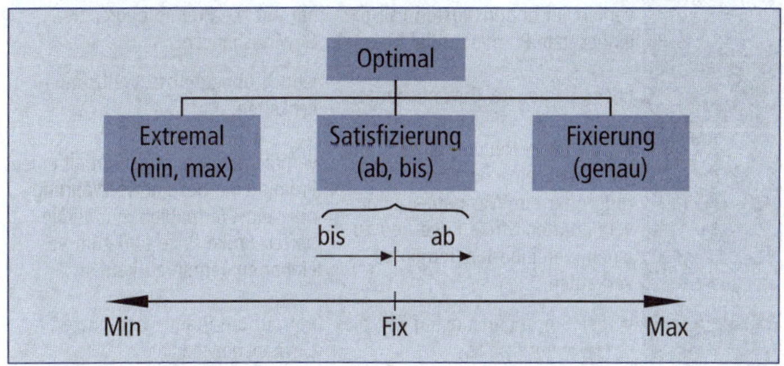

Abb. O-2: Die Komponenten des Begriffes ‚Optimal'

▶ Optimale Betriebsgröße

→ *Betriebsgröße, optimale*

▶ Optimale Losgröße

→ *Losgröße, optimale*

▶ Option

Termingeschäft zur Absicherung gegen → *Währungsrisiko*, insbesondere Wechselkursrisiken, sowie Kursschwankungen von Wertpapieren an einer → *Börse* bzw. einem → *Terminmarkt* (→ *Eurex*). Abbildung O-3 stellt die vier Grundvarianten des Optionsgeschäftes dar. Mit dem Kauf einer Call-Option erwirbt man das Recht, zu einem fest vereinbarten Basispreis (Strike Price) innerhalb einer bestimmten Laufzeit (amerikanische Option) bzw. zu einem bestimmten Zeitpunkt (europäische Option) einen im Voraus festgelegten Währungsbetrag oder ein im Voraus zu einem festgelegten Kurs vereinbartes Wertpapier zu kaufen. Der Käufer einer Verkaufsoption erwirbt das analoge Recht, allerdings zum Verkauf der Position.

	Käufer	Stillhalter (Verkäufer)
Kaufoption Call	kauft gegen Zahlung einer Prämie das Recht, eine bestimmte Währung oder ein Wertpapier zum vereinbarten Strike Price und zum vereinbarten Termin zu kaufen,	verpflichtet sich, gegen Erhalt einer Prämie eine bestimmte Währung oder ein Wertpapier zum vereinbarten Strike Price und zum vereinbarten Termin zu verkaufen,
	verliert im ungünstigsten Fall die eingesetzte Prämie (Initial Margin),	hat auf die Prämie begrenzte Gewinnchancen,
	hat unbegrenzte Gewinnchancen.	jedoch unbegrenzte Verlustmöglichkeiten.
Verkaufsoption Put	kauft gegen Zahlung einer Prämie das Recht, eine bestimmte Währung oder ein Wertpapier zum vereinbarten Strike Price und zu einem vereinbarten Termin zu verkaufen,	verpflichtet sich, gegen Erhalt einer Prämie eine bestimmte Währung oder ein Wertpapier zum vereinbarten Strike Price und zum vereinbarten Termin zu kaufen,
	verliert im ungünstigsten Fall die eingesetzte Prämie,	hat auf die Prämie begrenzte Gewinnchancen,
	hat auf die Prämie begrenzte Gewinnchance.	jedoch unbegrenzte Verlustmöglichkeiten.

Abb. O-3: Optionsarten

Im Gegensatz hierzu fungiert der Verkäufer einer Option als Stillhalter, d. h. er verpflichtet sich im Gegenzug bei einer Call-Option zu verkaufen bzw. bei einer Put-Option zu kaufen. Im Gegensatz zu einem → *Währungsterminkontrakt* oder → *Zinsterminkontrakt* handelt es sich bei Optionen nicht um standardisierte Produkte, d. h. Kurs, Laufzeit, Basispreis und Prämie können individuell vereinbart werden. Im Gegensatz zu den erwähnten Termingeschäften kann, muss aber die Option nicht ausgeübt werden. Gemischte Optionen sind insbesondere bei Währungen (→ *Währungsoption*) üblich. Abbildung O-4 stellt die Chancen und Risiken von Optionsgeschäften dar.

▶ Option, amerikanische

→ *Option*

▶ Option, europäische

→ *Option*

▶ Optionsanleihe

→ *Optionsschuldverschreibung*

▶ Optionskontrakte

→ *Option*

▶ Optionsprämie

→ *Option*, → *Optionsschein*

▶ Optionspreis

→ *Optionsschein*

▶ Optionsschein

Verbrieftes Recht zum Kauf (Call) oder Verkauf (Put) eines dem Optionsschein zugrunde liegenden Basiswerts innerhalb einer be-

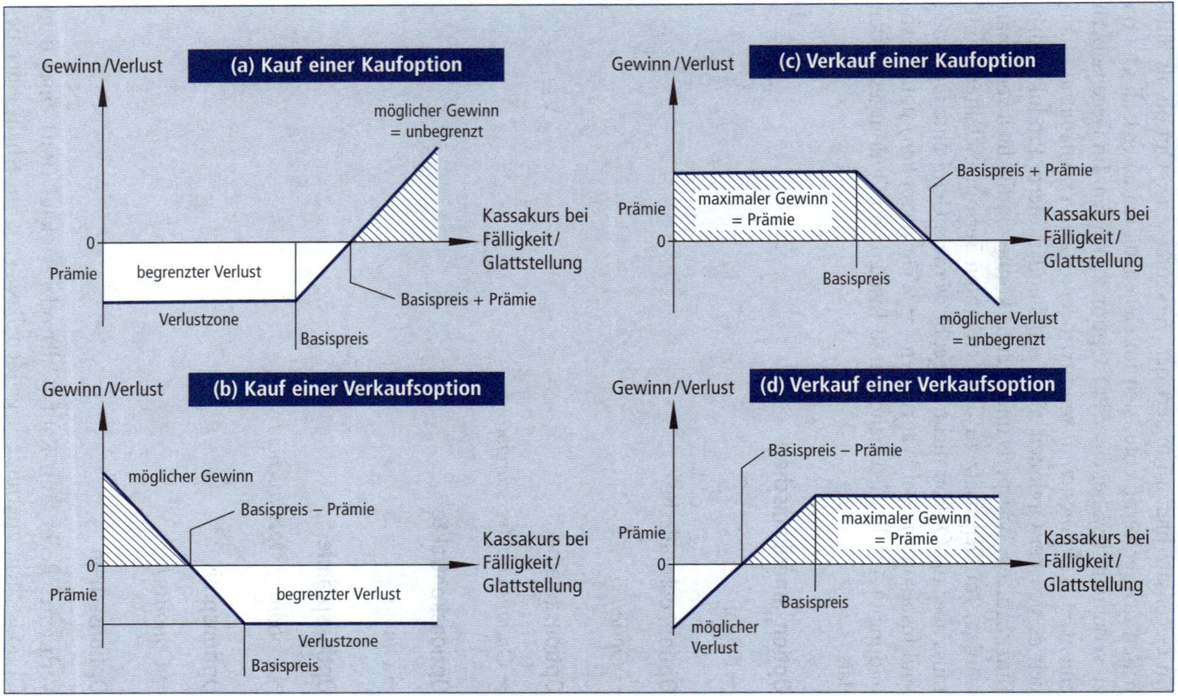

Abb. O-4: Chancen und Risiken von Optionsgeschäften (Quelle: Perridon, L.; Steiner, M.: Finanzwirtschaft der Unter-

stimmten Optionsfrist (amerikanische Option) oder zu einem Optionstermin (europäische Option). Basiswert kann eine → *Aktie*, → *Anleihe*, ein → *Genussschein* oder auch Währungen oder Waren sein. Werden die als Warrant bezeichneten Optionsscheine ohne zugrunde liegende Wertpapiere, wie z. B. bei der → *Optionsschuldverschreibung*, gehandelt, so werden sie als Naked Warrant bezeichnet. Zur Bewertung von Optionsscheinen bzw. der Feststellung des → *Inneren Wertes* kann die → *Black-Scholes-Formel* herangezogen werden. Der Preis, den ein Optionskäufer dem Verkäufer für die Ausübung des Optionsrechts zahlt, wird als Optionsprämie bezeichnet. Im Gegensatz hierzu ist der Optionspreis derjenige Preis, den der Käufer einer Option an den → *Stillhalter* bei Geschäftsabschluss zahlt. Wird eine automatische Optionsauslösung bzw. ein Optionsverfall bei Eintritt eines bestimmten Ereignisses (z. B. Erreichen eines definierten Wertes oder → *Aktienindex*) vereinbart, so spricht man von einem Knock-out-Optionsschein bzw. Barrier Optionsschein.

▶ Optionsschuldverschreibung

Anleihe, die von der → *Aktiengesellschaft (AG)* emittiert wird und zusätzlich ein Recht auf den Bezug von Aktien des Unternehmens verbrieft (→ *Anleihe*). Die auch als Warrant Bond bezeichnete Schuldverschreibung beinhaltet also eine → *Option*, d. h. das Recht, aber nicht die Verpflichtung zum Aktienerwerb innerhalb eines definierten Optionszeitraums oder zu einem Optionstermin. Im Gegensatz zur → *Wandelschuldverschreibung*, bei der die Anleihe in eine Aktie umgewandelt wird, kann hier zusätzlich zur Anleihe noch ein Anteilsschein erworben werden. Die Optionsschuldverschreibung ist mit einem → *Optionsschein* ausgestattet, der eigenständig handelbar ist und dessen Wert nach der → *Black-Scholes-Formel* errechnet werden kann. In der Optionsschuldverschreibung ist das Optionsverhältnis, d. h. die Anzahl der zusätzlich erwerbbaren Aktien, und die Optionsfrist bzw. der Optionstermin genannt. Der Optionskurs bestimmt sich nach dem Kurs, zu dem die Aktien bei Optionsausübung erhältlich sind.

▶ OR

→ *Operations Research (OR)*

▶ Order

(**1**) Börsenauftrag an eine → *Bank,* eine bestimmte Menge von Wertpapieren zu kaufen oder zu verkaufen. Die Order kann dabei limitiert oder unlimitiert (→ *Bestens,* → *Billigst*) sein.

(**2**) Namentliche Bezeichnung eines Gläubigers auf einem → *Wechsel* (an die Order von ...).

▶ Orderklausel

→ *Orderpapier*

▶ Orderpapier

Wertpapier, das im Gegensatz zu einem → *Inhaberpapier* auf einen Namen lautet bzw. ausgestellt ist (→ *Wertpapier*). Es lassen sich so genannte geborene Orderpapiere (Scheck, → *Wechsel,* → *Namensaktie*) von den gekorenen Orderpapieren (z. B. → *Konnossement,* Ladeschein, Lagerschein, → *Exportdokumente*) unterscheiden. Bei geborenen Orderpapieren ist gem. § 363 HGB die Übertragung ohne eine ausdrückliche Orderklausel möglich, während die gekorenen Orderpapiere erst durch eine entsprechende Übertragungs- bzw. Orderklausel zum Orderpapier werden. Ohne eine derartige Orderklausel wären die Papiere Rektapapiere und somit nicht durch bloßes → *Indossament,* sondern lediglich durch eine → *Zession* übertragbar. Statt geborenen wird häufig auch von gesetzlichen, statt gekorenen von gewillkürten Orderpapieren gesprochen.

▶ Orderschuldverschreibung

Anleihe, die im Gegensatz zur → *Inhaberschuldverschreibung* auf einen Namen lautet bzw. ausgestellt ist (→ *Anleihe*). Ein Schuldner verpflichtet sich hier, an einen bestimmten namentlich genannten Gläubiger oder dessen explizite Order zu zahlen. Eine Order kann eine weitere bestimmte Person als Berechtigter sein. Orderschuldverschreibungen werden durch → *Indossament* übertragen.

▶ Ordinalskala

→ *Skalierung*

▶ Organgesellschaft

→ *Organschaft*

▶ Organigramm

Formale Darstellungsweise der Aufbauorganisation in einem Schaubild bzw. Strukturplan (Abbildung O-5). In dem Plan sollen die Über- und Unterordnungen, Stellenbezeichnungen, die → *Leitungsspanne* und → *Liniensysteme* (Kommunikationswege) zum Ausdruck kommen. Zur Darstellung eines Organigramms sollen aussagekräftige Symbole eingesetzt werden.

▶ Organisation

Zielorientierte und dauerhafte Strukturierung bzw. Regelung oder Ordnung von Betriebsteilen bzw. -elementen. Die Organisation ist Teil der → *Unternehmensführung* (Gestaltung von Unternehmen). Die ordnende Gestaltung von Betrieben kann vorausschauend oder augenblicklich erfolgen. Nur die vorausschauende Gestaltung durch generell und langfristig geltende (dauerhafte) Regelungen wird als Organisation bezeichnet (→ *Führung*). Die vorausschauende, wie auch die augenblickliche Gestaltung, die sich nur auf einen Einzelfall bezieht (einmalige Regelung), wird **Disposition**, die augenblickliche Gestaltung für eine begrenzte Anzahl von Fällen, die durch kurzfristig geltende Regelungen erfolgt, wird **Improvisation** genannt. Als Ergebnisse des Organisierens kann zum einen die Struktur, d. h. die → *Aufbauorganisation* z. B. in Gestalt eines → *Organigramms* und zum anderen ein sinnvoller Ablauf der Aufgabenbewältigung, d. h. die → *Ablauforganisation* stehen. Das Organisieren kann in die Phasen der → *Aufgabenanalyse* und -synthese getrennt werden. Organisationen sollen → *Organisationsziele* erreichen.

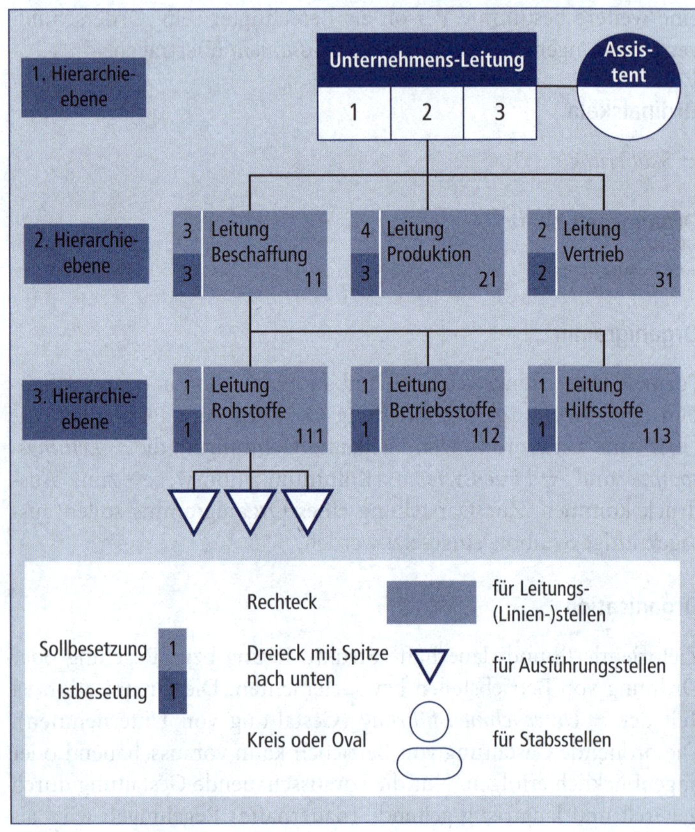

Abb. O-5: Darstellung eines Organigramms

► Organisationsentwicklung

Organisationen sollten zur Erhaltung und Entwicklung des Unternehmens systematisch (z. B. mit Hilfe der → *Planungstechnik*) und antizipativ, d. h. vorausschauend angepasst werden. Alle übrigen Formen der reaktiven oder unsystematischen Anpassung können in einer turbulenten → *Umwelt* nicht mehr den Erhalt eines Unternehmens sichern. Organisationen sind daher nicht nur nach der Neugründung z. B. alle zehn Jahre durch einen externen Berater zu überprüfen, sondern **laufend** (→ *Evolutionstheoretischer Ansatz*) an die externe Umwelt und interne Situation (z. B. Bedürfnisse der Mitarbeiter) **anzupassen**. Diese Anpassung ist geplant, systematisch, partizipativ und erfahrungsgeleitet vorzunehmen. Der organisatorische Wandel soll nicht dem Zufall überlassen bleiben und mit den Mitarbeitern besprochen werden, um Demotivationen vorzubeugen und diesen dadurch die Möglichkeit zu eigenen Erkenntnissen (learning by doing) zu geben. Überlegungen zur Humanisierung der Arbeitswelt und das Streben nach mehr Selbstverantwortung und Mitbestimmung in der Arbeit sind Ursachen für diese neue Art des Organisierens.

▶ Organisationsziel

Ziele von Organisationen bzw. der → *Organisationsentwicklung*. Organisationen sollen trotz deren Dauerhaftigkeit (→ *Organisation*) **flexibel** genug, d. h. an Veränderungen der → *Umwelt* anpassungsfähig sein, **wirtschaftlich**, d. h. die Kosten der Organisation und des Organisierens dessen Nutzen nicht übersteigen, **sozial**, d. h. von den Mitarbeitern akzeptiert sein sowie **klar gegliedert** und **übersichtlich** gestaltet sein. Weitere Ziele sind die **Kongruenz**, d. h. die Übereinstimmung von Kompetenz und Verantwortung je Organisationseinheit, die **Harmonie**, d. h. die Abstimmung zwischen Struktur und Strategie (→ *Situativer Ansatz*) sowie die **Kommunikationsförderung** und Realisierbarkeit der neuen Organisation. Diese Ziele **der** Organisation werden häufig überlagert von den Zielen **für** die Organisation (z. B. Arbeitsplatzsicherheit, Prestige und Macht auf Organisationsebenen) von Seiten der Organisatoren oder Organisationsauftraggeber, so dass die gewählte Organisationsform nicht immer die optimale Organisation ist.

▶ Organschaft

Steuerliche Einordnung bestimmter Unternehmenszusammenschlüsse. Das Steuerrecht kennt die umsatzsteuerliche Organschaft (§ 2 II Nr. 2 UStG), die gewerbesteuerliche Organschaft (§ 2 II 2 GewStG) und die körperschaftsteuerliche Organschaft (§ 14 KStG).

Eine Organschaft liegt vor, wenn eine → *Juristische Person* nach dem Gesamtbild der tatsächlichen Verhältnisse finanziell, wirtschaftlich und organisatorisch in das Unternehmen des Organträgers eingegliedert ist. Für die gewerbesteuerliche und körperschaftsteuerliche Organschaft wird weiter gefordert, dass der Organträger der unbeschränkten → *Steuerpflicht* unterliegt und keine steuerbefreite → *Körperschaft,* Personenvereinigung oder Vermögensmasse darstellt. Zusätzlich muss als Voraussetzung für die körperschaftsteuerliche Organschaft ein → *Gewinnabführungsvertrag* abgeschlossen sein, in dem sich die Organgesellschaft verpflichtet, ihren gesamten Jahresüberschuss an den Organträger abzuführen. Finanzielle Eingliederung ist gegeben, wenn dem Organträger die Mehrheit der Stimmrechte aus den Anteilen an der Organgesellschaft zusteht. Oftmals liegt eine organisatorische Eingliederung vor, wenn zwischen Organträger und Organgesellschaft ein → *Beherrschungsvertrag* nach § 291 I AktG geschlossen ist oder sie eine nach den Vorschriften der §§ 319–327 AktG eingegliederte Gesellschaft ist (→ *Konzern*). Umsatzsteuerlich folgt für die Organschaft die Nichtsteuerbarkeit der Umsätze zwischen Organgesellschaft und Organträger. Im Rahmen der → *Gewerbesteuer* werden Organgesellschaften als Betriebsstätten angesehen mit der Folge, dass der Gewerbeertrag dem Organträger zuzurechnen ist. Für körperschaftsteuerliche Zwecke wird das → *Einkommen* der Organgesellschaft dem Organträger zugerechnet. Dies ist insbesondere in Verlustsituationen der Organgesellschaft von Vorteil, weil nur auf diesem Weg ein Verlust aus einer → *Kapitalgesellschaft* heraustransferiert werden kann. Ist der Organträger eine natürliche Person, greifen dann bei ihm die einkommensteuerlichen Regelungen über den → *Verlustausgleich.*

▶ OTC

→ *Over the Counter (OTC)*

▶ Outbound Marketing

Outbound Marketing wird oft auch als „Old Marketing“ bezeichnet, da es sich hier um die traditionelle Art des Marketings handelt, in der Unternehmen ihre Werbebotschaft über verschiedene Kanäle verbreiten, um potentielle Kunden zu erreichen. Diese werden durch die klassischen → *Werbemittel* wie z. B. Werbeanzeigen in Printprodukten und auf Webseiten, Postwurfsendungen, Plakaten, Flyern oder in Radio- und Fernsehspots oder Promotion-Veranstaltungen aktiv umworben. Die jeweilige Reichweite ist abhängig vom ausgewählten Kanal.

Wesentliches Kennzeichen ist, dass die Zielkunden direkt angesprochen werden, ohne dass die potenziellen Kunden vorher eine Kaufabsicht geäußert haben müssen. Hierdurch entstehen häufig hohe Streuverluste, da die Zahl der potentiellen Kaufinteressenten vergleichsweise niedrig sein kann. Dies führt dann auch zu den typischen Nachteilen dieser Maßnahmen in der heutigen Zeit:

- vergleichsweise hohe Kosten durch ungenaue Ansprache
- damit schwierige Messbarkeit des Erfolges der Maßnahme
- Abwehrhaltung beim Konsumenten („Wegzappen“, Anti-Spamfilter)

Dies führte in den vergangenen Jahren immer häufiger dazu, dass zunehmend Maßnahmen des → *Inbound Marketing* in den Fokus rückten, welches darauf ausgerichtet ist, vom Kunden gefunden zu werden und auf diese Weise → *Leads* zu generieren.

▶ Outcontracting

→ *Outsourcing*

▶ Outperformer

Bezeichnung für ein Wertpapier, das sich besser entwickeln soll als der Index, in dem es enthalten ist.

▶ Outplacement

Personalfreisetzung bzw. -entlassung, bei der der freizusetzende Mitarbeiter bewusst in die Entscheidung der Freisetzung einbezogen wird und dadurch eine einvernehmliche Trennung, meist unter Federführung eines erfahrenen Personalberaters (Outplacement-Beraters) angestrebt wird (→ *Personalfreisetzung*). Da Entlassungen (→ *Kündigung*) meist die materiellen Lebensverhältnisse des Arbeitnehmers und dessen psychisch-physische Konstitution beeinflussen, wird in jüngster Zeit zunehmend versucht, durch ein systematisches und gemeinsames Suchen nach einem neuen Arbeitsplatz dem freizusetzenden Mitarbeiter Hilfestellungen beim Arbeitsplatzwechsel anzubieten.

▶ Output

→ *Ausbringungsmenge*, → *Produktionsfunktion*

▶ Outsourcing

Ausgliederung von Unternehmensfunktionen auf externe Spezialisten. Insbesondere in konjunkturellen Krisenzeiten der Versuch, Unternehmensbereiche aus Kostengründen auszulagern und Kapazitäten abzubauen. Die Erfahrung, dass der Fremdbezug von Gütern oder Diensten auf dem freien Markt häufig günstiger als die Eigenfertigung ist, geht auf die Transaktionskostentheorie zurück (→ *Eigenfertigung versus Fremdbezug*). Outsourcing kann auch die Auslagerung von Wertschöpfungsprozessen aus dem Unternehmen in Zulieferunternehmen zur Verringerung der Wertschöpfungstiefe bedeuten. Dies entspricht der Strategie der „Konzentration auf Schwerpunkte" nach dem Bestseller von *Peters & Waterman* „In search of excellence". Die Auslagerung kann raumbezogen (→ *Offshoring*), produktbezogen oder funktionsbezogen (z. B. Forschung, Bildung, Buchhaltung) sein. Sofern Betriebsteile nicht vollständig, d. h. wirtschaftlich und rechtlich ausgelagert werden sollen, bieten sich als Vorstufen Strategische Allianzen oder Joint Ventures (→ *Gemeinschaftsunternehmen*) an. Aktuell verlagern immer mehr Unternehmen ihre Buchhaltung bis hin zum Controlling ins Ausland, wobei das ausgewertete Zahlenmaterial via Satellit zurückübermittelt wird.

► Over the Counter (OTC)

Bezeichnung für außerbörslichen Handel mit Waren, → *Wertpapieren* oder → *Devisen.* Während OTC im europäischen Finanzmarkt in Relation zum klassischen → *Kapitalmarkt* und → *Geldmarkt* noch wenig bedeutend ist, hat der außerbörsliche Handel insbesondere mit Bank- und Versicherungsaktien sowie öffentlichen und privaten Anleihen in den USA einen bedeutenden Stellenwert. Insbesondere der Handel mit Terminkontrakten (→ *Futures*) wird OTC abgewickelt.

P

▶ Pacht

Durch einen gegenseitigen Vertrag zustande kommendes Dauerschuldverhältnis, d. h. gegenseitiges Schuldverhältnis von Beteiligten (Verpächter und Pächter), das den Verpächter verpflichtet, dem Pächter den Gebrauch des verpachteten Gegenstandes und im Gegensatz zur → *Miete* zusätzlich den Genuss der Früchte während der Pachtzeit zu gewähren. Der Pächter ist im Gegenzug verpflichtet, dem Verpächter den vereinbarten Pachtzins zu entrichten. Besondere Regelungen gelten für die Landpacht, Kleingartenpacht, Jagdpacht, Fischerei- und Apothekenpacht. Der Unterschied zur Miete und → *Leihe* ist zu beachten.

▶ Pagatorisch

Auf Zahlungsvorgängen beruhend, mit Zahlungen zusammenhängend. Sowohl Barzahlungen, als auch buchhalterische Verrechnungen (→ *Finanzbuchhaltung*, → *Bilanz* und → *Gewinn- und Verlustrechnung (GuV)*) können als pagatorische Werte bezeichnet werden.

▶ Page Impression

Seitenabruf (auch: Page View) bezeichnet die Anzahl der Abrufe einer einzelnen Webseite im Internet. Dies ist eine zentrale Messgröße im Onlinemarketing und wird vor allem als Maß für die Nutzung von Onlinewerbeträgern verwendet.

In Deutschland misst die Interessensgemeinschaft zur Feststellung der Verbreitung von Werbeträgern (IVW) regelmäßig die Online-Nutzungsdaten. Ziel ist hier die neutrale Prüfung der erhobenen Nutzungsdaten, die dann als Basis für Entscheidungen und Preissetzung von allen Marktpartnern akzeptiert werden kann. Mit den geprüften Leistungswerten Visit, Kategorienvisit und Page Impression stellt die IVW dem deutschsprachigen Online-Werbemarkt Basisdaten zu Online-Angeboten, mobilen Websites und Apps zur Verfügung. Die IVW-Verfahren stellen sicher, dass die Nutzung der digitalen Werbeträger nach einheitlichen Kriterien gemessen wird und somit dem Werbemarkt vergleichbare Basisdaten zur Wirksamkeit, Bewertung und Planung des Werbeträgereinsatzes zur Verfügung stehen.

Nach Angaben der IVW ist seit der Einführung der technischen Nutzungsmessung im Jahr 1997 die Anzahl der Mitglieder in der IVW-Prüfung von Digital-Medien permanent gestiegen. 1.112 Online-Angebote, 309 mobile Websites (MEW) und 323 Apps waren im November 2014 bei der IVW zur Erfassung, Prüfung und Ausweisung angemeldet.

▶ Page View

→ *Page Impression*

▶ Panel

Kreis der Auskunftspersonen bei einer speziellen Art der → *Befragung* (→ *Erhebungsmethode*). Bei einer Panel-Befragung wird ein gleich bleibender Personenkreis wiederholt zu ein und demselben Thema befragt. So lässt sich beispielsweise das Kaufverhalten von Haushalten über einen längeren Zeitraum beobachten, indem die Panelhaushalte ihre gesamten Einkäufe in einem Haushaltsbuch erfassen. In der Bundesrepublik Deutschland werden u. a. von der *GfK* (Gesellschaft für Konsumforschung, Nürnberg) und *Infratest*-Forschungsgemeinschaft zwei Haushalts-Panels mit jeweils 5000

Haushalten befragt. Weitere Panel-Arten sind die Individual-Panels und im Bereich der Handels-Panels das Einzelhandels- sowie das Großhandels-Panel (Abbildung P-1).

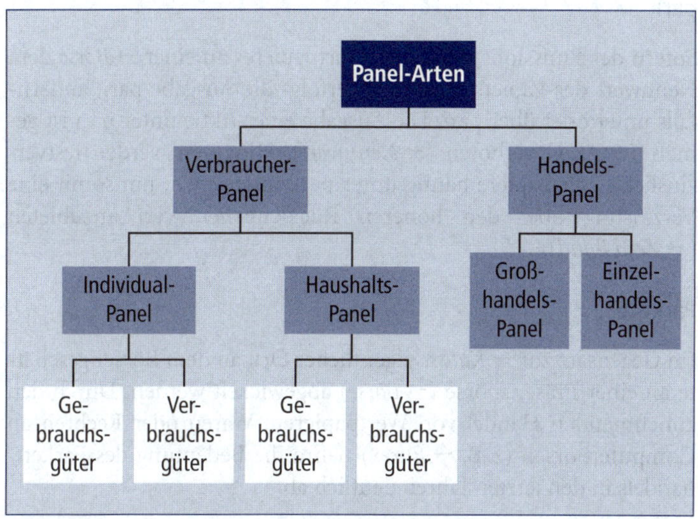

Abb. P-1: Panel-Arten (Quelle: Berndt, R.: Marketing 1. Käuferverhalten, Marktforschung und Marketing-Prognosen, 3. Aufl., Berlin u. a. 1996, S. 182)

Als Hauptprobleme bei Panel-Befragungen sind der Panel-Effekt und die Panel-Sterblichkeit zu nennen. Unter Panel-Effekt wird dabei die Verhaltensbeeinflussung aufgrund der wiederholten Befragung verstanden, unter Panel-Sterblichkeit die Verringerung der Teilnehmerzahl durch Ausscheiden im Zeitablauf.

▶ Paradigma

Nach *Thomas S. Kuhn* eine wissenschaftliche Leistung bzw. Leitidee, die beispiellos genug ist, um eine beständige Gruppe von Anhängern anzuziehen, gleichzeitig aber noch offen genug ist, um der neu bestimmten Gruppe von Fachleuten alle möglichen Probleme zur Lösung zu überlassen. Vorstufe eines Ansatzes. Aktuell entwickelt sich die Leitidee der Prozessoptimierung im Gegensatz zur bisherigen Strukturoptimierung in der Betriebswirtschaftslehre zu einem neuen Paradigma (z. B. → *Prozesskostenrechnung*).

▶ pari

Sofern der Emissionspreis eines Wertpapieres an einer → *Börse* dem Nennwert des Papiers entspricht, erfolgt die Ausgabe pari, andernfalls unter oder über pari. Die Ausgabe einer Aktie unter pari ist gemäß § 9 AktG verboten (→ *Nennwert*). Hingegen werden festverzinsliche Wertpapiere häufig unter pari ausgegeben, um somit eine Verzinsung über den höheren Rückkaufsnennwert anzubieten (→ *Zero Bond*).

▶ Parkett

Im Gegensatz zur → *Kulisse* eigentlicher Ort, an dem Börsengeschäfte an einer Präsenzbörse (→ *Börse*) abgewickelt werden. Durch den zunehmenden Handel von Wertpapieren, Waren oder Rechten an Computerbörsen (z. B. → *Eurex*) nahm die Bedeutung des Parketthandels in den letzten Jahren deutlich ab.

▶ Partialuntersuchung

→ *Erhebungsmethode*

▶ Partiarisches Darlehen

Darlehen, das ähnlich der Beteiligung als → *Stille Gesellschaft (StG)* dem Gläubiger anstelle oder zusätzlich zur Zinszahlung einen Anteil am Gewinn verspricht (→ *Darlehen*).

▶ Partieproduktion

→ *Chargenproduktion*

▶ Partizipation

(1) Grad der Teilhabe von Mitarbeitern an den Entscheidungen des Betriebes (→ *Mitbestimmung*). Der Partizipationsgrad drückt sich im → *Führungsstil* von Vorgesetzten (partizipativer Führungsstil) aus.

(2) Inzwischen bedeutungslose → *Rechtsform* (Gelegenheitsgesellschaft in der Form der → *BGB-Gesellschaft (GbR)*), die nach außen nicht in Erscheinung tritt und lediglich eine Innengesellschaft darstellt. Der Begriff taucht bisweilen noch bei Sozietäten von Rechtsanwälten in der Rechtsform der BGB-Gesellschaft oder bei Unternehmensberatungsgesellschaften als Ausdruck der Beteiligung von Mitarbeitern am Kapital auf.

▶ Partizipationsschein

Beteiligungspapier (z. B. GmbH-Anteil oder Aktie), das zwar mit sämtlichen Vermögensrechten ausgestattet ist, aber kein Mitspracherecht verbrieft. Die Partizipation bezieht sich damit lediglich auf monetäre Rechte (→ *Optionsschuldverschreibung*).

▶ Partnerschaftsgesellschaft

Rechtsform des privaten Rechts, die durch das Gesetz zur Schaffung von Partnerschaftsgesellschaften (PartGG) vom 25. 7. 1994 speziell für Angehörige Freier Berufe geschaffen wurde (→ *Rechtsform*).

Dieses Gesetz war das Ergebnis einer jahrzehntelangen rechtspolitischen Diskussion über eine maßgeschneiderte Gesellschaftsform für die berufliche Zusammenarbeit verschiedener oder gleicher Freiberufler. Bisher firmierten Angehörige der Freien Berufe meist als → *Gesellschaft mit beschränkter Haftung (GmbH)* oder → *BGB-Gesellschaft (GbR)*. Problematisch war und ist hier stets die volle und persönliche Haftung. Mit Einführung der PG ist die Möglichkeit einer vertraglichen Haftungskonzentration auf einzelne Partner möglich. In der Praxis wird die Haftung häufig auf eine Berufshaftpflichtversicherung abgewälzt.

Die PG ist von der Grundstruktur eine Personengesellschaft. Mindestens zwei Gesellschafter müssen sich wie bei einer BGB-Gesellschaft zusammenschließen, um einen gemeinsamen Zweck zu verfolgen und hierfür Beiträge zu leisten. Die Partnerschaft tritt allerdings stets als Berufsausübungsgesellschaft analog einer OHG nach außen auf. Zur Führung der Geschäfte ist jeder Partner berechtigt und verpflichtet. Die PG kann also unter ihrem Namen klagen und verklagt werden und ist wechselrechts-, konkurs-, vergleichs- und grundbuchfähig. Partner müssen → *Natürliche Personen* sein. In § 1 II PartGG sind explizit die Zielgruppen aufgeführt, für die die PG geschaffen wurde. Genannt sind hier u. a. Ärzte, Heilpraktiker, Krankengymnasten, Hebammen, Rechts- und Patentanwälte, vereidigte Buchprüfer, Steuerberater, Ingenieure, Architekten, Künstler und Unternehmensberater. Eine Partnerschaft setzt eine tatsächliche Mitarbeit voraus. Rein finanzielle Beteiligungen sind in einer PG nicht möglich. Die PG muss im Gegensatz zur BGB-Gesellschaft beim zuständigen Amtsgericht publizitätswirksam in ein Partnerschaftsregister eingetragen werden. Sie hat im Gegensatz zur GmbH den Vorteil, kein Mindestkapital zu benötigen, und wird steuerlich wie eine Personengesellschaft behandelt. Die PG firmiert unter dem Namen mindestens eines Partners mit dem Zusatz „und Partner" oder „Partnerschaft". Seit Juli 2013 gibt es zusätzlich die Partnerschaftsgesellschaft mit beschränkter Berufshaftung (PartGmbB).

▶ Passiva

Finanzielle Mittel, die dem Unternehmen zur Finanzierung der Aktiva zur Verfügung stehen und auf der Haben-Seite der → *Bilanz* ausgewiesen werden. I. d. R. wird nach der Fälligkeit der Mittel in → *Eigenkapital* und → *Fremdkapital* sowie in die passiven → *Rechnungsabgrenzungsposten (RAP)* unterschieden. Darüber hinaus bestehen spezifische Gliederungsvorschriften sowohl für die Passiva als auch die Aktiva der Bilanz gem. §§ 266 ff. HGB.

▶ Passivgeschäft

Spezielle Bezeichnung für das Kredit- und Ausleihgeschäft der Banken (→ *Bankgeschäfte*). Die Verbindlichkeiten einer → *Bank* gegenüber ihren Kunden durch Hereinnahme von Spargeldern, Sichtguthaben oder langfristigen Anlagen werden wie bei allen Bilanzen auf der Passivseite gebucht (→ *Aktivgeschäfte*).

▶ Passivierung

→ *Bilanzierung*

▶ Passivierungspflicht

→ *Bilanzierung*

▶ Passivierung, steuerliche

Ansatz und → *Bewertung* der Wirtschaftsgüter auf der Passivseite der → *Steuerbilanz.* Besonderheiten gegenüber der handelsrechtlichen Passivierung sind zu beachten. Die steuerlichen Passivierungsansätze und -bewertungen sind in der Regel strenger als die nach Handelsrecht. So besteht ein Ansatzverbot für Aufwandsrückstellungen und insbesondere Drohverlustrückstellungen, die handelsrechtlich zwingend zu bilden sind. Für → *Pensionsrückstellungen* gelten die in § 6a EStG festgelegten Kriterien, wann und inwieweit eine entsprechende Rückstellung gebildet werden kann. Während beim → *Eigenkapital* der Nominalwert bei der → *Bewertung* auf der Passivseite anzusetzen ist, muss bei den → *Rückstellungen,* insbesondere den Pensionsrückstellungen, die Bewertung mit dem → *Teilwert* zum Bilanzstichtag erfolgen im Gegensatz zum handelsrechtlichen Erfüllungsbetrag, der auch künftige Wertänderungen bereits antizipieren soll.

▶ Passivierungsverbot

→ *Bilanzierungsverbot*

▶ Passivierungswahlrecht

→ *Bilanzierungswahlrechte*

▶ Passivtausch

Bilanzveränderung, die sich nur auf der Passivseite der → *Bilanz* niederschlägt und erfolgsneutral ist, da nur eine Umbuchung, ein „Tausch", zwischen Passivpositionen erfolgt, so dass die Bilanzsumme und damit das Eigenkapital unverändert bleibt. Ein Passivtausch ergibt sich z. B. beim Begleichen einer Lieferantenverbindlichkeit durch Ausstellung eines Wechsels, wodurch sich ein Zugang bei den

Wechselverbindlichkeiten und eine entsprechende Verminderung der Lieferverbindlichkeiten ergeben.

▶ Patent

Schutzrecht auf eine technische Erfindung, so dass dessen Inhaber das alleinige Nutzungsrecht für die Erfindung besitzt. Patentschutz erteilt in der Bundesrepublik Deutschland auf Antrag (Patentanmeldung) und gegen Gebühren das Deutsche Patentamt, für das Gebiet Europas das Europäische Patentamt (beide mit Sitz in München). Patente lassen sich für längstens 20 Jahre schützen und können auch gegen eine → *Lizenz* an Dritte vergeben werden. Patente werden in der → *Buchführung* als immaterielles Anlagevermögen geführt. Patente werden im Patentblatt bekannt gemacht und in die Patentrolle eingetragen. Voraussetzung einer Eintragung ist nach dem Patentgesetz eine soziologische und technische Brauchbarkeit mit den Kriterien der objektiven Ausführbarkeit, Wiederholbarkeit, Neuheit und bisher fehlenden Öffentlichkeit. Einsprüche gegen Patenterteilungen werden vor dem Bundespatentgericht verhandelt.

▶ Patronatserklärung

Verpflichtungserklärung einer Muttergesellschaft zugunsten der Tochtergesellschaft in einem → *Konzern* oder einer → *Holding* gegenüber einer Bank als → *Kreditsicherheiten,* dass die Mutter ihre Beteiligung an der Tochter während der Kreditlaufzeit nicht aufgibt. Eine derartige Erklärung kann auch als Verlustübernahmeverpflichtung formuliert sein.

▶ Pauschalwertberichtigung auf Forderungen

Abschreibung auf → *Forderungen* zur Erfassung des sog. **allgemeinen** Kreditrisikos, das sich nicht unmittelbar aus den Gegebenheiten einer Forderung ableitet, sondern einem Gesamtbestand inhärent ist. Zum allgemeinen Kreditrisiko zählen insb. Konjunkturrisiken, politische Risiken (Enteignungs-, Transfer- oder Abwertungsrisiken) sowie das Risiko, dass ein Schuldner von an sich guter Bonität durch nicht vorhersehbare Ereignisse in Schwierigkeiten gerät. Bemessungsgrundlage sind die bereits einzelwertberichtigten Forderungen, auf die ein bestimmter prozentualer Abschlag gebildet wird, der sich aus Erfahrungswerten und unter Berücksichtigung aktueller Entwicklungen ergibt. Steuerrechtlich ist die Pauschalwertberichtigung wegen allg. Kreditrisiko nicht zulässig.

▶ Pay-back-, Pay-off-, Pay-out-Rechnung

→ *Amortisationsrechnung*

▶ Peer Review

Überprüfung (Review) der Arbeit der → *Wirtschaftsprüfer* durch andere **externe** Prüfer (Peers), d. h. eine „Prüfung der Prüfer". Zielsetzung ist vor allem die Sicherstellung der Qualität der Abschlussprüfung, indem die Tätigkeit und Arbeitsweise sowie die internen Kontrollmechanismen der Wirtschaftsprüfer regelmäßig überprüft werden. Die Berufsgrundsätze der Wirtschaftsprüfer (WPO) schreiben für Wirtschaftsprüfer, die gesetzlich vorgeschriebene Abschlussprüfungen durchführen, in einem Turnus von drei Jahren einen Peer Review vor.

▶ Penetrationsstrategie

Die Penetrationsstrategie ist ein Teil der → *Preispolitik* im → *Marketing*. Sie bezeichnet eine preispolitische Strategie im Rahmen von Produktneueinführungen. Hierbei wird der Preis anfangs möglichst niedrig gehalten, um so schnell einen hohen Marktanteil zu erlangen. Später wird der Preis schrittweise erhöht.

Sie beruht auf der Ausgangssituation, dass ein Anbieter über vergleichsweise hohe freie Kapazitäten verfügt und u. U. einen Einstieg des Wettbewerbs in den Markt befürchtet. Auf jeden Fall will er den Markt schnell durchdringen und gegenüber Wettbewerbern abschotten.

Ziele dieser Strategie sind u. a. das Abhalten potentieller Wettbewerber vom Markt durch niedrige Marktpreise, die Realisierung geringer Produktionsstückkosten durch hohe Absatz- und Produktionsmengen, das Ausnutzen vorhandener großer Fertigungskapazitäten oder die Realisierung von Preissteigerungen nach Erreichen einer dominanten Marktposition.

▶ Penny Stock

Amerikanische Bezeichnung für in der Regel hochspekulative Aktien mit ausgesprochen niedrigem Kurswert, zumeist weniger als einem US-Dollar.

▶ Pensionsfonds

→ *Rentenbesteuerung*

▶ Pensionskasse

Als nicht rechtsfähige Zusatzversorgungseinrichtungen des öffentlichen Dienstes oder als rechtsfähige Gesellschaften privater Unternehmen gegründete Einrichtungen, die Leistungsberechtigten, in der Regel den Mitarbeitern, Pensionen oder andere Rechtsansprüche gewähren bzw. die in Form von → *Pensionsrückstellungen* gebildeten Gelder verwalten können. Sie unterliegen dem strengen Versicherungsaufsichtsgesetz (VAG) und sind damit der Bundesanstalt für Finanzdienstleistungsaufsicht unterworfen (→ *Rentenbesteuerung*).

▶ Pensionsrückstellungen

Passive, gem. § 266 II HGB separat zu zeigende Bilanzposition, die die Verpflichtung eines Unternehmens gegenüber ihren Arbeitnehmern zur Zahlung von zukünftigen Pensionen oder ähnlicher Leistungen erfasst, sie gehört zu den → *Rückstellungen* für ungewisse Verbindlichkeiten. In der → *Handelsbilanz* und → *Steuerbilanz* besteht seit 1.1.1987 eine Passivierungs**pflicht**. Die Höhe der Pensionsrückstellung und damit des Altersversorgungsaufwands ist nicht nur von der Höhe der Pensionszusage, sondern auch von dem Berechnungsverfahren und den -parametern abhängig.

Die Berechnung muss nach einem versicherungsmathematischen Verfahren erfolgen, dabei wird unterschieden in (1) Anwartschafts-

barwertverfahren und (2) Anwartschafts**deckungs**verfahren. In der → *Steuerbilanz* ist nur das Anwartschaftsdeckungsverfahren in Form des sog. Teilwertverfahrens zulässig, nach HGB sind beide Verfahren erlaubt. IFRS (IAS 19) und US-GAAP schreiben ein Anwartschaftsbarwertverfahren (projected unit credit method) vor.

Die Parameter (u. a. Zinssatz, Dynamisierung, Ansparbeginn, Fluktuation, Biometrische Daten, Finanzierungsendalter) sind für die Steuerbilanz in § 6a EStG weitgehend vorgegeben, insbesondere der Zinssatz von 6 %. Für HGB-Abschlüsse bestimmt § 253 II HGB, dass sie für den bilanziellen Ausweis mit dem durchschnittlichen Marktzinssatz der vergangen zehn Geschäftsjahre abzuzinsen sind, der von der Deutschen Bundesbank monatlich ermittelt und auf deren Homepage veröffentlicht wird. IFRS (IAS 19) und US-GAAP orientieren sich dagegen am Kapitalmarktzins am Bilanzstichtag. Zur Bestimmung des Zinssatzes kann im Hinblick auf die Restlaufzeit für HGB-Abschlüsse pauschal für alle Mitarbeiter eine Laufzeit von 15 Jahren unterstellt werden. Die Zinsaufwendungen/-erträge sind gem. § 277 Abs. 5 S. 1 HGB in der GuV im Finanzergebnis gesondert auszuweisen.

Soweit gehaltsabhängige Pensionszusagen gewährt wurden, ist gem. § 253 I 2 HGB nicht das heutige Gehaltsniveau maßgeblich, sondern das erwartete zum Zeitpunkt des Rentenbezugs. Diese sog. Dynamisierung ist nach § 6a II Nr. 1 EStG in der Steuerbilanz nicht zulässig, während sie nach IFRS und US-GAAP ebenfalls vorgeschrieben ist.

Unternehmen, die sog. zweckgebundenes Pensionsvermögen ausweisen, d. h. Vermögen, das dem Zugriff aller Gläubiger – außer den betroffenen Mitarbeitern – entzogen ist, müssen gem. § 246 II HGB dieses mit den Pensionsrückstellungen in der Bilanz saldieren. Die Bewertung des zweckgebundenen Pensionsvermögens erfolgt zum beizulegenden Zeitwert, auch wenn dieser die Anschaffungskosten übersteigt. Allerdings besteht eine → *Ausschüttungssperre*. Diese Saldierung ist nach § 5 Ia EStG in der Steuerbilanz nicht zulässig, jedoch nach IFRS und US-GAAP ebenfalls Pflicht.

▶ PER (Price-Earnings Ratio)

→ *Kurs-Gewinn-Verhältnis (KGV)*

▶ Perceived Value Pricing

Verfahren der kundenorientierten → *Preisbildung*. Hier wird die Preisgestaltung für ein Produkt auf die Einschätzung des Produktnutzens seitens der Käufer im Verhältnis zum Preis dieses Produkts und dem Preis der Konkurrenzprodukte abgestimmt.

Es handelt sich somit um eine Preisgestaltung, die die nachfrage-, konkurrenz- und nutzenorientierte Preisbestimmung kombiniert.

▶ Percentage of Completion-(PoC-)Method

Methode zur Ermittlung und zum Ausweis des Erfolges in der GuV, die nach IFRS (IFRS 15) und US-GAAP bei langfristiger, sog. zeitraumbezogener, Fertigung (Fertigungsdauer i. d. R. mehr als ein Jahr), wie z. B. beim Bau von Gebäuden, Brücken, Schiffen, Satelliten, Kraftwerken etc., zwingend vorgeschrieben ist. Dabei erfolgt eine Gewinnrealisierung entsprechend dem Fertigstellungsgrad. Dieser wird häufig gemäß dem Verhältnis der angefallenen Aufwendungen zu den geschätzten gesamten Aufwendungen oder der bereits erbrachten Leistungen (z. B. Arbeitsstunden) zu den gesamten geplanten Leistungen ermittelt. Entsprechend diesem Verhältnis werden dann die gesamten erwarteten Umsatzerlöse anteilig in der GuV der einzelnen Perioden erfasst.

Wesentliche Voraussetzung für die Anwendung der PoC-Methode ist nach IFRS und US-GAAP, dass die künftigen Aufwendungen und Erträge verlässlich geschätzt werden können. Hierzu müssen entsprechende Projektkosten- und Erlösrechnungen vorliegen. Bei einem drohenden Verlust aus einem Auftrag ist der gesamte erwartete Verlust sofort zu berücksichtigen, es erfolgt also keine anteilige Verlustrealisierung. Nach herrschender Meinung ist im deutschen Recht aufgrund des Vorsichtsprinzips die PoC-Methode grundsätzlich nicht zulässig.

▶ Performance

Ausdruck für die Ertragskraft einer Kapitalanlage. Häufig wird der Begriff zur Messung der Leistung eines Kapitalanlage-Managements bzw. so genannter institutioneller Investoren, wie z. B. Investmentgesellschaften, → *Versicherung* oder → *Kapitalanlagegesellschaft (KAG)* verwandt. Er drückt den Wertzuwachs inklusive der Ausschüttungen des verwalteten Vermögens als Leistung der Geschäftsführung aus. Die Performance soll nicht die absolute → *Rentabilität*, sondern vielmehr den Vergleich zu anderen Anlageformen bzw. den Durchschnitt des gesamten Marktzuwachses ausdrücken. Sie wird somit häufig mit dem → *Aktienindex* verglichen. Anleger interessieren sich häufig für die Performance eines gesamten → *Portefeuille*.

▶ Periode

→ *Fristigkeit*

▶ Permission Marketing

Marketingmaßnahmen, die auf die Einwilligung des Konsumenten als Voraussetzung für den Versand für Werbebotschaften beruhen. Typisches Beispiel sind Newsletter, die über die Homepage des Anbieters bestellt werden können und die über aktuelle Angebote oder neue Produkte informieren. Aufgrund der Zustimmung des Kunden können in Verbindung mit den dabei erhobenen Daten kundenindividuelle Ansprachen durchgeführt werden.

▶ Personal

→ *Angestellter*, → *Arbeiter*

▶ Personalauswahl

Auswahl des für eine → *Stelle* geeigneten Personals. Vor der Auswahl muss neben dem → *Personalbedarf* der Weg der → *Personalbeschaffung* geklärt werden. Bei der Aufstellung der Auswahlprinzipien ist gem. § 95 BetrVG der → *Betriebsrat* einzuschalten (z. B. Recht des Betriebsrats, Stellen zunächst intern zu besetzen). Die Personalauswahl und -beschaffung ist daher häufig Gegenstand einer → *Betriebsvereinbarung*. Die Auswahlprinzipien können in einer → *Stellenbeschreibung* formuliert sein und lassen sich in fachliche, physische, psychische und soziale Kriterien aufteilen. Zur Analyse des Qualifikationsprofils eines Bewerbers (Eignungsprüfung) lassen sich verschiedene Verfahren einsetzen. Diese können die Prüfung der Bewerbungsunterlagen (Lebenslauf, Form des Anschreibens), die Beurteilung anhand eines Vorstellungsgespräches (Gestik, Mimik, Reaktionsvermögen), verschiedenste psychologische Tests (z. B. Intelligenztest, Gruppendiskussionen) oder graphologische Gutachten sein. Aufgrund gestiegener Personalkosten und den arbeitsrechtlichen Risiken einer Fehlbesetzung von Stellen ist ein Trend zu mehrtägigen und umfassenden Auswahlverfahren (→ *Assessment Center*) feststellbar.

▶ Personalbedarf

Anzahl des Personals, das zur Erfüllung der gegenwärtigen und/oder zukünftigen betrieblichen Aufgaben notwendig ist. Der Personalbedarf ist zu ermitteln bzw. hinsichtlich des Zeitpunktes und der Dauer (zeitlich), des Einsatzortes (räumlich) und der Anzahl (quantitativ) sowie der Art (qualitativ) des Personals zu planen. Der Personalbedarf ergibt sich dabei aus der Differenz aus dem notwendigen Personalbedarf (Bruttopersonalbedarf) und dem verfügbaren Personalbestand (= Nettopersonalbedarf). Der quantitative Personalbedarf lässt sich mit Näherungsverfahren (z. B. Faustregeln, Abbildung P-2) oder aufgrund von Erfahrungswerten ermitteln. Der quantitative Personalbedarf fußt auf der → *Arbeitsbewertung* und den erstellten → *Stellenbeschreibungen*.

▶ Personalbeschaffung

Beschaffung des durch die Personalbedarfsermittlung errechneten → *Personalbedarfs*. Der gesamte Prozess der Beschaffung erstreckt sich von der → *Arbeitsmarktforschung*, der Anwerbung, Auswahl (→ *Personalauswahl*) über die Einstellung bis zur Eingliederung der Personen im → *Betrieb*. In der → *Personalwirtschaft* werden die An-

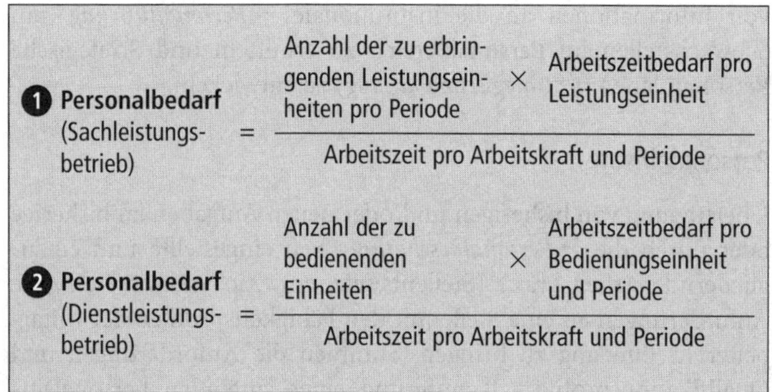

Abb. P-2: Berechnung des Personalbedarfs bei Sach- und Dienstleistungsunternehmen

werbungsmethoden in aktive und passive bzw. in interne oder externe Methoden gegliedert. Bei den **passiven Methoden** handelt es sich um die Reaktion des Unternehmens auf Stellengesuche in Zeitungen oder Fachzeitschriften sowie auf mündliche oder schriftliche Anfragen an den Betrieb. Bei den **aktiven Methoden** handelt es sich um die indirekte Anwerbung von Personen über bisherige Betriebsangehörige, andere Unternehmen, Institute oder Bildungseinrichtungen, die Anwerbung über Personalberater (→ *Headhunting*) oder Arbeitsvermittler (z. B. Arbeitsamt). Als direkte Formen lassen sich die Anwerbung durch Stellenanzeigen, Aushänge, Plakate, direkte Ansprache in Seminaren, Informationsveranstaltungen oder der direkte Einsatz von Anwerbern (oder Abwerbern) unterscheiden. Auch die zeitlich befristete Personalbeschaffung (→ *Personalleasing*) zählt zu diesen Verfahren. Zu den Auswahl-Methoden → *Personalauswahl.* Die Einstellung erfolgt mit dem → *Arbeitsvertrag* und die Eingliederung des neuen Personals bezieht sich auf die fachliche Einarbeitung und soziale Eingliederung (→ *Motivation*).

▶ Personalcontrolling

Über das Berichtswesen der → *Personalverwaltung* hinausreichendes Analysieren von Personaldaten in Verbindung mit Arbeitsmarktdaten (→ *Arbeitsmarktforschung*) zur Gewinnung und Weitergabe von Informationen an die institutionale → *Personalführung,* um Schwachstellen im Personalbereich zu ermitteln und Strategische Personalpläne (→ *Strategische Planung*) zu entwickeln.

▶ Personaleinsatz

Übertragung von bisherigen und/oder neuen Aufgaben an bisherige oder durch die → *Personalbeschaffung* neu eingestellte und einzugliedernde Arbeitskräfte (Stellenbesetzung). Ziel muss es sein, die Anforderungen an eine Stelle mit den Fähigkeitsprofilen der Mitarbeiter in Einklang zu bringen. Stimmen die Anforderungen und Qualifikationsprofile z. B. aufgrund einer laufenden Personaleinsatzplanung nicht überein, sind Maßnahmen der → *Personalentwicklung* zu ergreifen oder Mitarbeiter durch andere zu ersetzen (→ *Personalfreisetzung,* → *Outplacement*).

▶ Personalentwicklung

Maßnahmen zur Erhaltung, Entwicklung und Verbesserung der → *Arbeitsleistung* bzw. des Qualifikationsprofils von Mitarbeitern zur Abdeckung der im → *Betrieb* an die Mitarbeiter gestellten gegenwärtigen und künftigen Leistungsanforderungen. Einmal eingestellte Mitarbeiter (→ *Personalbeschaffung*) können evtl. in der Planung des → *Personaleinsatzes* den Anforderungen nicht mehr entsprechen. Statt einer → *Personalfreisetzung* und -neueinstellung können durch Aus- und Weiterbildungsmaßnahmen Leistungsfähigkeit und -anforderungen wieder aufeinander abgestimmt werden. Zur Personalentwicklung zählt auch die individuelle Aufstiegsplanung (Laufbahnplanung) für Mitarbeiter aufgrund von Beförderungen, Versetzungen oder Ausscheiden von anderen Mitarbeitern.

▶ Personalfreisetzung

Möglichkeiten des Abbaus von Personal, z. B. durch Entlassungen (Kündigung), Verkürzungen der → *Arbeitszeit* (Kurzarbeit, Teilzeitarbeit, Überstundenabbau), Nutzung der natürlichen → *Fluktuation,* Umsetzungen oder → *Outplacement.* Neuerdings wird insbesondere Outplacement als für Arbeitgeber und -nehmer vorteilhafte

Alternative der Personalfreisetzung in Betrieben angewandt. Entstehen einem Mitarbeiter Nachteile nach § 111 BetrVG, so sind Maßnahmen i. S. eines → *Sozialplanes* zu treffen.

Gründe der Personalfreisetzung können ein zu hoher Personalbestand (quantitativ) im Gegensatz zum → *Personalbedarf* oder mangelnde Eignungsprofile, d. h. Qualifikation der Mitarbeiter sein (vgl. die Ergebnisse einer empirischen Studie zu den Gründen der → *Kündigung*).

▶ Personalführung

Zielorientierte Einflussnahme auf Personen bzw. Mitarbeiter (→ *Führung*) im Gegensatz zur → *Unternehmensführung*. Analog zur Einteilung der Unternehmensführung in strategische, taktische und operative Führung hat sich in der jüngsten Literatur auch bei der Personalführung diese Einteilung i. S. von **Personalführungsebenen** durchgesetzt. So hat die strategische Personalführung weitgehend konzeptionelle Aufgaben wie z. B. die Entwicklung von Führungsgrundsätzen oder -leitlinien zu erfüllen und hat dabei die Gesamtheit der Mitarbeiter im Blick (**Führungskultur**). Die taktische Personalführung leitet aufgrund der strategischen Vorgaben → *Führungsmodelle* und -konzepte ab, die sich in Aussagen zum → *Führungsstil* niederschlagen und Gruppen von Mitarbeitern betreffen (**Kollektivführung**). Die operative Führung hingegen betrachtet den einzelnen Mitarbeiter (**Individualführung**) und die notwendigen situativen Verhaltensweisen der Führung bzw. Leitungsebenen. Die operative Führung überschneidet sich hier mit Themenstellungen der → *Personalwirtschaft* (z. B. → *Personalauswahl*). Im angloamerikanischen Sprachraum findet sich zunehmend der Begriff Human Resource-Management für die o. g. Inhalte.

▶ Personalintensität

(im Gegensatz zu Kapitalintensität) → *Betriebsarten*

▶ Personalkosten

Kosten (→ *Kosten*) bei der Einstellung (Anwerbung, Auswahl), Umsetzung (Einarbeitung, Ausbildung), Freisetzung (Abfindung, Überbrückung) und dem laufenden Betrieb (Lohn, Gehalt). Hierzu gehören Löhne und Gehälter (→ *Lohnformen*) sowie gesetzliche und freiwillige Sozialleistungen (Nebenkosten). Zu den Nebenkosten gehören die gesetzlich geregelten Beiträge des Arbeitgebers an die Kranken-, Renten- und Arbeitslosenversicherung sowie die freiwilligen Sozialleistungen aufgrund eines Tarifvertrages (z. B. Trennungsgeld, Treueprämien) oder betrieblicher Vereinbarungen (z. B. Fortbildungskosten, Wohnungsbeihilfen). Nach neuesten international vergleichenden Untersuchungen sind die Personalkosten in der Bundesrepublik Deutschland mit am höchsten in der Welt, setzen sich bereits zu über 50 % aus Nebenkosten zusammen und sind in Dienstleistungsbetrieben durchschnittlich höher als im Sachleistungsbetrieb (→ *Betrieb*).

▶ Personalleasing

Zeitlich befristete Arbeitnehmerüberlassung von Dritten (Leasing-Geber), die zunehmend als Instrument der → *Personalbeschaffung* eingesetzt wird (→ *Leasing*). Die gewerbliche Vermittlung von Leiharbeitnehmern wird durch das Arbeitsüberlassungsgesetz (AÜG) geregelt und bedarf der Genehmigung durch die → *Bundesagentur für Arbeit (BA)*, die detaillierte Regelungen bezüglich der Entlohnung, → *Arbeitszeit* etc. vorschreiben kann. Personalleasing hat für den Leasingnehmer die Vorteile eines kurzfristig einsetzbaren, zeitlich befristeten und preislich fest kalkulierbaren Personaleinsatzes zum Ausgleich von Kapazitätsschwankungen und zur Flexibilisierung der Arbeitszeit für das Stammpersonal. Evtl. negative Auswirkungen auf die → *Motivation* des Stammpersonals sind zu beachten.

▶ Personalmarketing

Personalmarketing umfasst zunächst alle Aktivitäten der Personalbeschaffung, um im Unternehmen zur rechten Zeit in den gewünschten Bereichen die notwendigen Mitarbeiter mit der richtigen

Qualifikation zur Verfügung zu haben. Über diese Betrachtungsweise der Identifikation vakanter Positionen, der Ausschreibung und der Bewerberauswahl hinaus kann das Personalmarketing in einer weiteren Fassung als Planung, Gestaltung und Kontrolle der Attraktivität eines Unternehmens sowohl auf dem internen als auch auf dem externen Arbeitsmarkt definiert werden. Damit umfasst dieses Konzept zum einen die Strukturen, Verhaltensweisen und Aktivitäten, die die Attraktivität des Unternehmens beeinflussen, zum Zweiten die entsprechende Positionierung des Unternehmens auf diesen Märkten und zum Dritten die Akquisition, Motivation und Förderung geeigneter Mitarbeiter.

▶ Personalpolitik

Bewusster Einsatz von Instrumenten der → *Personalwirtschaft* und der → *Personalführung.*

▶ Personalrat

Mit dem → *Betriebsrat* in privatwirtschaftlichen Betrieben vergleichbare Vertretung der Mitarbeiter im öffentlichen Dienst (→ *Öffentlicher Betrieb*).

▶ Personalsicherheiten

→ *Kreditsicherheiten*

▶ Personalverwaltung

Die Tätigkeit bzw. Abteilung, die sich mit dem Personalberichtswesen, d. h. der Verwaltung von Personaldaten (Bewerberdaten und Mitarbeiterdaten) zur Erstellung von Personalstatistiken (→ *Fehlzeiten,* Bestand, Bewertungszahlen), der Ermittlung der → *Personalkosten* und Fragen der Entlohnung bzw. Sozialversicherung beschäftigt. Die in der Personalverwaltung gewonnenen Daten können i. R. eines → *Personalcontrolling* aufbereitet und analysiert werden.

▶ Personalwesen

→ *Personalwirtschaft*

▶ Personalwirtschaft

Betriebswirtschaftliches Fachgebiet, das sich mit Problemstellungen und -lösungsmöglichkeiten des Personals eines Betriebes beschäftigt (Personalwesen). Im Gegensatz zur → *Personalführung,* die sich mit der zielorientierten Verhaltensbeeinflussung von Menschen beschäftigt (→ *Motivation*), werden in der Personalwirtschaft die Ziele, Probleme und Instrumente von der Personalbeschaffung und → *Personalauswahl* über den → *Personaleinsatz,* die → *Personalentwicklung* bis hin zur → *Personalfreisetzung* diskutiert.

▶ Personengesellschaft

Kategorie von Rechtsformen des privaten Rechts (im Gegensatz zur → *Einzelunternehmung,* → *Kapitalgesellschaft,* Genossenschaften, Stiftungen und Mischformen), deren Art und Zweck ihrer Errichtung auf die Personen des Gesellschaftsvertrages abgestellt sind. Die Existenz der Gesellschaft hängt grundsätzlich vom Gesellschafter ab und wird von diesem persönlich geführt, so dass ein Gesellschafterwechsel grundsätzlich ausgeschlossen ist. Grundsätzlich besteht gegenüber den Kapitalgesellschaften eine persönliche Haftung der Gesellschafter, die nach „Köpfen" bei Entscheidungen stimmberechtigt sind. Personengesellschaften sind nicht selbständig rechtsfähig und unterscheiden sich von den Kapitalgesellschaften in der Besteuerung wesentlich. Diese Grundsätze sind durch Gesellschaftervertrag zu präzisieren.

Als Personengesellschaften werden die → *BGB-Gesellschaft (GbR),* → *Kommanditgesellschaft (KG),* → *Offene Handelsgesellschaft (OHG)* sowie die → *Stille Gesellschaft (StG)* unterschieden. Mischformen wie z. B. die GmbH & Co. KG oder die → *Doppelgesellschaft* tragen Züge von Personen- und Kapitalgesellschaften.

▶ Personenkonto

→ *Kontenarten*

▶ PERT (Program Evaluation and Review Technique)

→ *Netzplantechnik*

▶ Pessimismus-Optimismus-Regel (Hurwicz-Regel)

→ *Entscheidungsregeln*

▶ Peter-Prinzip

Von *Lawrence Peter* formuliertes und von *Raymond Hull* publiziertes ironisches Prinzip der → *Personalentwicklung,* wonach in einer → *Organisation* jeder Beschäftigte dazu neigt, so lange aufzusteigen bzw. befördert zu werden, bis er seine persönliche Stufe der Unfähigkeit (Inkompetenz) in der Hierarchie erreicht hat.

▶ Pfad, kritischer

→ *Netzplantechnik*

▶ Pfand

Gemäß §§ 1204 ff. BGB eine bewegliche Sache zur Sicherung einer Forderung insoweit, dass der Gläubiger berechtigt ist, bei Nichterfüllung von Vertragspflichten die Sache zu beschlagnahmen (Verpfändung). Zur Bestellung eines Pfandrechts ist eine Einigung und Übergabe des Vermögensgegenstands an den Gläubiger erforderlich. Durch die Übergabepflicht wird automatisch die Frage der Verpfändbarkeit von Objekten auf bewegliche Sachen, sowie gemäß §§ 1273 f. BGB auf Rechte begrenzt. Verpfändete bewegliche Sachen sind zumeist Wertpapiere oder leicht transportierbare Materialien, sowie leicht übertragbare Rechte wie → *Hypothek,* → *Grundschuld* oder Patente. Im Gegensatz zu den beweglichen Objekten ist eine Verpfändung von Rechten nur wirksam, wenn sie dem Schuldner gegenüber durch den Gläubiger angezeigt wird. Das Pfandrecht ist streng akzessorisch, d. h. an Bestand, Umfang und Dauer der Hauptforderung gebunden. Häufig wird in der Kreditvergabepraxis von Banken eine Pfandklausel vereinbart, wonach eine Übergabe von Objekten entbehrlich ist und dafür die Sachen durch ein Pfandsiegel (z. B. → *Kuckuck*) markiert werden. Bei weniger beweglichen Objekten bieten sich andere → *Kreditsicherheiten,* wie z. B. die → *Sicherungsübereignung* an.

▶ Pfandbrief

Anleihe, die von privaten Hypothekenbanken, öffentlich-rechtlichen Kreditanstalten sowie Schiffspfandbriefbanken ausgegeben wird und diesen Institutionen zur Finanzierung ihrer Geschäftstätigkeit dient (→ *Anleihe*). So finanziert beispielsweise eine Hypothekenbank die Ausgabe eines Kredits an einen Bauherrn gegen eine → *Hypothek* als Sicherheit durch derartige Schuldverschreibungen. Für alle drei genannten Emittenten gelten spezielle Vorschriften (Hypothekenbankgesetz, Pfandbriefgesetz, Schiffsbankgesetz), welche die Höhe der Nennwerte, Besicherung und Ausgabebegrenzungen in Relation zum haftenden Eigenkapital des Emittenten vorsehen. Der Begriff Pfandbrief ist gesetzlich geschützt. Trotz der → *Mündelsicherheit* und Deckungsstockfähigkeit (→ *Deckungsrückstellung*) nimmt die Bedeutung des Pfandbriefumlaufs in den letzten Jahren stark ab. Dies liegt nicht zuletzt daran, dass von In-house-Banken ausländischen Emittenten und den privaten Banken meist attraktivere Angebote für Investoren bzw. Anleger geboten werden.

▶ Pflichtangebot

→ *Wertpapier- und Übernahmegesetz (WpÜG)*

▶ Pflichtanteil

→ *Geschäftsanteil*

▶ Pflichtenheft

Bei der Planung von Projekten, insbesondere bei EDV-Anwendungen häufig eingesetztes Instrument zur Dokumentation von Anforderungen an den Anwender, die Hard- und Software, die erforderlichen Daten und Schnittstellen bis hin zu Kosten und Terminen. Die Dokumentation in Form einer → *Checkliste,* die als Formular die o. g. Anforderungen enthalten kann, dient der Projektüberwachung, Kapazitätsplanung und zunehmend auch der Qualitätskontrolle. Das Pflichtenheft wird bei der → *Ausschreibung* auch als Lastenheft bezeichnet.

▶ Pflichtteil

Teil eines Erbes, der Abkömmlingen des Erblassers gem. den erbrechtlichen Vorschriften der §§ 2303 BGB unabhängig vom Testament des Erblassers zusteht.

▶ PIMS

→ *Profit Impact of Market Strategy (PIMS)*

▶ PIN-Zahlungssystem

→ *Point of Sale Banking (POS)*

▶ Plankosten

Im Rahmen der → *Plankostenrechnung* zugrunde gelegte → *Kosten* künftiger Abrechnungsperioden bzw. Zeitpunkte, auf die sich die → *Kostenrechnung* bezieht. Abhängig vom Umfang des Einbezugs von Güterverbräuchen wird zwischen Vollkosten- und Teilkostenbasis unterschieden. Wird der Beschäftigungsgrad der Zukunft als Kosteneinflussgröße einbezogen, so können die Plankosten sich auf eine Normalbeschäftigung beziehen und damit als Standardkosten bzw. künftige Normalkosten in die → *Kostenträgerrechnung* einbezogen werden. Die Prognose künftiger Kosten kann zudem bisherige Soll-Ist-Abweichungen sowie Variationsmöglichkeiten der Beschäftigung und anderer Kosteneinflussgrößen einbeziehen. Kostenabweichungen, die für die Plankosten relevant sind, können sowohl auf einer Veränderung der Intensität einer Kapazitätsnutzung, der Ausbringungsmenge (Losgrößenvariation) als auch auf Verfahrensabweichungen (z. B. veränderte Mischungsverhältnisse) basieren.

▶ Plankostenrechnung

Eine Variante der → *Kostenrechnungssysteme*, die im Gegensatz zur Istkostenrechnung oder Normalkostenrechnung eine → *Kostenrechnung* mit geplanten Kosten durchführt. Nach dem Umfang der zu verrechnenden → *Kosten* werden Plankostenrechnungen auf Vollkostenbasis und auf Teilkostenbasis unterschieden (Abbildung P-3). In Abhängigkeit von der zu berücksichtigenden Anzahl möglicher Beschäftigungszustände wird von der → *Starren Plankostenrechnung* im Gegensatz zur → *Flexiblen Plankostenrechnung* gesprochen. Alle Arten stellen Vorausrechnungen dar, die eine Prognose künftiger Kosten voraussetzen. Die Prognose kann auf den Daten der Vergangenheit (Normalkosten, Standardkosten) oder einem → *Szenario* der künftigen Preisentwicklung für die eingesetzten Produktionsfaktoren beruhen.

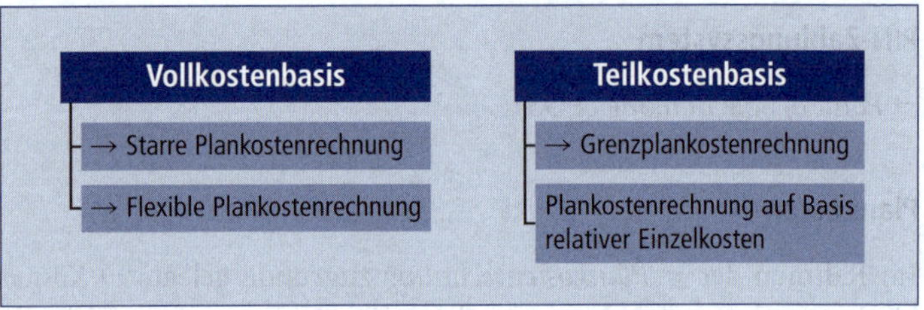

Abb. P-3: Plankostenrechnungssysteme

▶ Planung

Systematischer Prozess zur Erkennung und Lösung von Zukunftsproblemen. Menschen streben nach Sicherheit und wollen Probleme lösen. Die Planung soll, i. S. eines laufenden **Prozesses**, im Gegensatz zu einer Einmalhandlung, systematisch, d. h. nicht zufällig oder ad hoc, zur Erkennung der Probleme beitragen und Lösungskonzepte aufzeigen. Die Planung stellt ein funktionales Element der → *Führung*, d. h. des Führungsprozesses dar. An die Planung können sich die Realisation der Pläne, die → *Kontrolle* der Ergebnisse und eine → *Abweichungsanalyse* zur Feststellung von Abweichungsursachen anschließen. Die Planung soll zur Erreichung von Metazielen, d. h. → *Planungszielen* selbst beitragen.

▶ Planungsarten

Einteilung bzw. Typologie von Plänen bzw. → *Planung* hinsichtlich ihrer Bezugsgrößen, hierarchischen Einordnung, Ganzheitlichkeit sowie nach der Art der → *Koordination* und Anpassungsmöglichkeit. Zu den sachlichen, zeitlichen und hierarchischen Arten der Koordination vgl. Koordination innerhalb der Planung. Bei den Bezugsgrößen kann hinsichtlich des Bezugszeitraumes (kurz-, mittel-, langfristige Pläne), des Funktionsbereiches (Beschaffungs-, Finanzierungs-, Absatzplanung etc.) und der → *Hierarchie* (Gesamtunternehmens-, Teilbereichs-, Stellenplan) unterschieden werden. Die maximale zeitliche Reichweite eines Planes wird als **Planungshorizont** bezeichnet. Nach der Ganzheitlichkeit unterscheidet man **synoptische**, d. h. ganzheitliche Pläne und **inkrementale**, d. h. bruchstückhafte Pläne. Die inkrementale Planung wird im angelsächsischen Raum als „muddling through" bezeichnet. Nach der Anpassungsfähigkeit können rhythmische (rollende oder nicht-rollende) und verbindliche (flexible oder starre) Pläne unterschieden werden. Eine **rollende Planung** schreibt einen Planungszeitraum laufend fort, während bei der **nicht-rollenden Planung** einzelne Zeiträume aneinander gereiht oder ineinander einfügt werden (Reihung, Schachtelung). Die **flexible Planung** lässt spätere Entscheidungen aufgrund von „Schubladen-" oder „Alternativplänen" zu, während die **starre Planung** einen Weg fest vorzeichnet (→ *Entscheidungsbaum*).

▶ Planungshorizont

→ *Planungszeiträume*

▶ Planungsprozess

Prozess der → *Planung* und seiner Teilphasen, der → *Zielbildung*, → *Problemanalyse*, → *Alternativensuche*, → *Prognose*, Bewertung und → *Entscheidung* (→ *Führung*). Bei der Bildung von → *Zielen* sollen vollständige, geordnete und realistische Ziele gebildet werden (→ *Zielbestandteile*). In der Problemanalysephase sollen die richtigen Probleme rechtzeitig erkannt und z. B. hinsichtlich der Dringlichkeit geordnet werden (→ *Frühwarnsysteme*). Danach sind Alternativen, d. h. realisierbare, überschneidungsfreie Handlungsmöglichkeiten zu suchen (→ *LP-Modelle*), deren Auswirkungen durch eine Prognose zu untersuchen sind. Die Prognoseergebnisse, d. h. Ergebniswerte der Alternativen je Ziel, können zu deren Bewertung und schließlich der Auswahl, d. h. Entscheidung für eine Alternative führen.

▶ Planungsrechnung

→ *Operations Research (OR)*

▶ Planungstechnik

Planung ist ein systematischer Prozess, der Informationen verarbeitet (→ *Planung*). Diese Informationsverarbeitung kann gedanklich in einen Wahrnehmungs- und Denkprozess zerlegt werden, d. h. Probleme sind beispielsweise erst wahrzunehmen, bevor nach Lösungsalternativen gesucht werden kann. Da die menschlichen Wahrnehmungs- und Denkkapazitäten von Natur aus begrenzt sind und Menschen oft emotional und intuitiv wahrnehmen und denken, ist der Planungsprozess zu rationalisieren, d. h. mit Techniken zu unterstützen, die Manipulationen ausschließen und dem Menschen den Planungsprozess erleichtern sowie helfen, die Planergebnisse zu verbessern. Als Planungstechniken werden daher strukturierte und formalisierte Instrumente zur Erleichterung und Verbesserung von Wahrnehmungs- und Denkprozessen bezeichnet, die bei der Planung einsetzbar sind. Durch den Einsatz solcher Techniken ist auch eine Arbeitsteilung zwischen dem **Wahrnehmen** und **Denken** möglich. So kann z. B. der Ablauf einer Netzplananalyse von einem Netzplantechniker konzipiert werden, die Zeitanalyse ist nur noch von einer Hilfskraft auszurechnen. Je nach der Absicht, die mit dem Technikeinsatz verfolgt wird, kann in Such-, Ordnungs-, Analyse- oder Entscheidungstechniken unterschieden werden. Je nach Vorgehensweise lassen sich logisch-systematische (→ *Netzplantechnik*) oder kreative Techniken (→ *Brainstorming*) unterscheiden. Auch hinsichtlich des → *Planungsprozesses* lassen sich die Techniken nach deren Vorteilhaftigkeit des Einsatzes in bestimmten Teilphasen unterscheiden (→ *Kennzahlensysteme,* → *Frühwarnsysteme,* → *Szenario,* → *Checkliste,* → *Wertanalyse,* → *Netzplantechnik,* → *Synektik,* → *Brainstorming,* → *Morphologischer Kasten,* → *Kosten-Nutzen-Analyse,* → *Nutzwertanalyse (NWA)*).

► Planungsträger

Personen bzw. organisatorische Aktionseinheiten, die Pläne erstellen (→ *Planung*). Hier kann es sich je nach → *Zentralisation* dieser Aufgabe um Planungsstäbe, -abteilungen oder -kollegien handeln. Planungsträger können zur Erleichterung und Verbesserung ihrer Arbeit eine → *Planungstechnik* einsetzen.

► Planungszeiträume

Bezeichnungen der unterschiedlichen Planungs- und Kontrollzeiträume (Abbildung P-4).

► Planungsziele

Planung soll erfolgen bzw. Pläne sollen erstellt werden, um dazu beizutragen, die Unsicherheit der Zukunft (→ *Entscheidungssituationen*) sowie die Komplexität der Probleme zu reduzieren. Durch die Planung sollen Mitarbeiter motiviert, informiert und ihnen → *Ziel* und → *Strategie* aufgezeigt werden. Sie soll weiterhin eine geeignete Basis für die → *Kontrolle* von Handlungsergebnissen darstellen. Fraglich ist, ob bei steigender Unsicherheit und Komplexität der Umwelt sowie De-Motivation der Mitarbeiter eine vermehrte oder intensivere Planung nötig ist.

► Planwirtschaft

→ *Wirtschaftssystem*

► Platzierung

→ *Emission*

▶ Point & Figure-Chart

→ *Wertpapieranalyse*

▶ Point of Sale Banking (POS)

Bargeldloses und kartengesteuertes Zahlungssystem, bei dem der Kunde mit Hilfe einer Kunden- oder Kreditkarte an einem POS-Terminal seine Kontendaten eingibt bzw. den Rechnungsbetrag bestätigt und durch Datenträgeraustausch sein Kundenkonto belastet. Gleichzeitig wird der Betrag auf dem Gutschriftskonto (z. B. Händlerkonto) gebucht. Im Gegensatz zur bargeldlosen Bezahlung mit Scheck, ec-Karte oder Kreditkarte ermöglicht das POS-Banking durch eine elektronische Verbindung von Zahlungsstelle (z. B. Kasse im Supermarkt) mit der kontoführenden Bank eine direkte Verrechnung von Zahlungen.

▶ Point of Sale-Werbung

Maßnahmen oder → *Werbeträger*, die am Point of Sale eingesetzt werden, um den Käufer bei seiner Kaufentscheidung zu beeinflussen. Hierzu zählen z. B. Großflächenplakate, Instore-Radio, Floor Graphics (Bodenbedruckung mit Werbung), Plakate an Einkaufswagen u. Ä. Nach verschiedenen Untersuchungen werden bei schnelldrehenden Konsumgütern bis zu 70 % der letztendlichen Kaufentscheidungen vor Ort getroffen. Zwar ist der Anteil dieser Maßnahmen an den gesamten Werbeaufwendungen bisher noch gering, er weist aber deutliche Wachstumsraten auf. Insbesondere im Zusammenhang mit der zunehmenden Informationsüberlastung setzen die Konsumgüterhersteller auf Werbekontakte kurz vor der Kaufentscheidung.

▶ Polaritätenprofil

Instrument der mehrdimensionalen Einstellungsmessung (→ *Image*). Bei einem Polaritätenprofil wird ein Objekt mit Hilfe von ca. 25 Rating-Skalen, an deren Skalenenden jeweils – vom Objekt unabhängige – Wortgegensatzpaare stehen, charakterisiert. Beispiele hier-

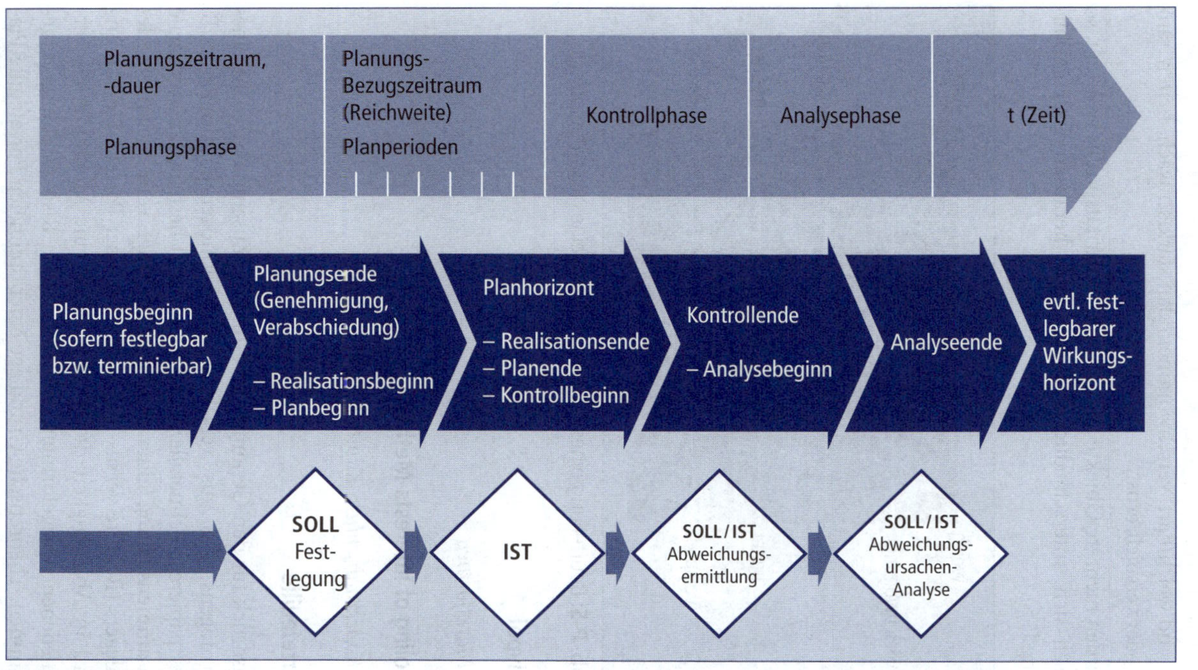

Abb. P-4: Planungszeiträume

für sind weich/hart, verschwommen/klar, stark/schwach, heiter/traurig oder verspielt/ernst.

Werden mehrere Objekte anhand eines Polaritätsprofils beurteilt, so lassen sich unterschiedliche Einstellungen herausarbeiten (Abbildung P-5).

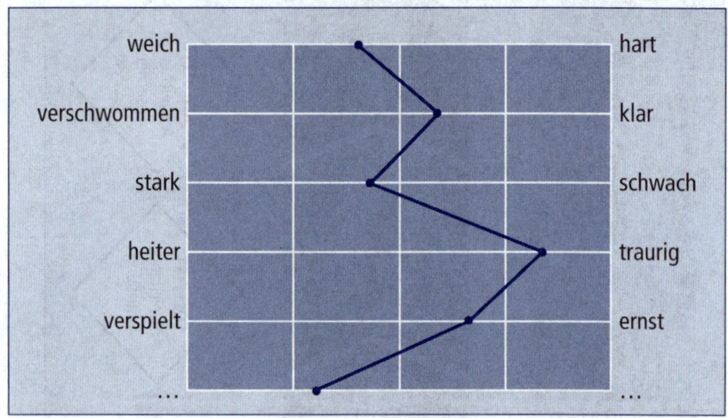

Abb. P-5: Beurteilung eines Objektes anhand eines Polaritätsprofils

▶ Polypol

→ *Marktformen*

▶ Pooling of Interests-Methode

→ *Konzernabschluss, Kapitalkonsolidierung*

▶ Portefeuille

Ausdruck für den Gesamtbestand und die Zusammensetzung eines Vermögens, das aus verschiedenen Vermögenspositionen (z. B. Wertpapiere, Edelmetalle oder Immobilien) besteht. Eine optimale Zusammenstellung eines Portefeuilles hängt vom Zielsystem des Anlegers (Rendite versus Risiko) ab. Bei einer Portefeuille-Planung wird in Abhängigkeit dieses Zielsystems eine Mischung aus verschiedenen Anlageformen zur gewünschten Risikostreuung vorgenommen. Theoretische Grundlage einer optimalen Portefeuille-Planung stellt die so genannte Portfolio-Selection-Theorie dar. Aufgrund von Wahrscheinlichkeitsurteilen über die Erwartung von Gewinnen verschiedener Anlageformen soll mit Hilfe von statistischen Maßgrößen, wie der → *Varianz* oder → *Standardabweichung* eine entsprechend dem Anlegerwunsch zusammengestellte Vermögensmischung hergestellt werden. Der Begriff Portefeuille stellt den Ursprung der → *Portfolioanalyse* im Rahmen der Strategischen Planung dar.

► Porter

→ *Wettbewerbsstrategien nach Porter*

► Portfolioanalyse

Planungstechnik (→ *Planungstechnik*), die insbesondere bei der → *Strategischen Planung* Anwendung findet, um die → *Strategischen Geschäftseinheiten (SGE)* in einer Matrix (Portfolio) zu positionieren

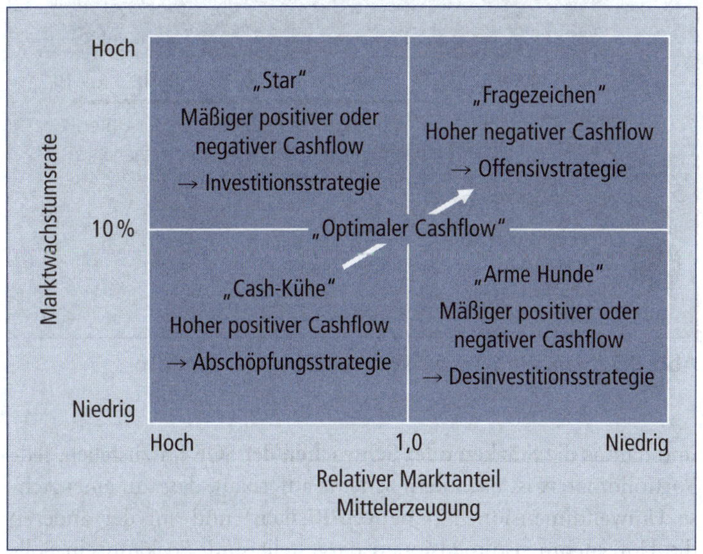

Abb. P-6: Marktanteils-Marktwachstums-Portfolio

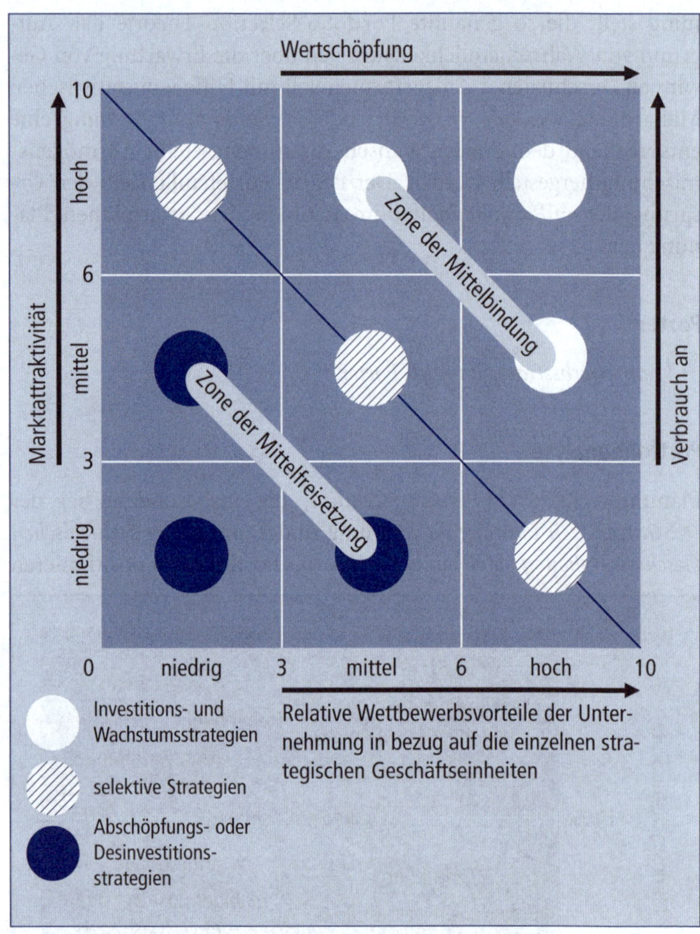

Abb. P-7: Marktattraktivitäts-Wettbewerbsvorteil-Portfolio

und daraus die **Stärken oder Schwächen** der SGE festzustellen. Jede Portfoliomatrix ist nach dem Schema aufgebaut, dass auf einer Achse Umweltdimensionen (**Chancen/Risiken**) und auf der anderen die Unternehmensdimensionen dargestellt sind. So kann ein Soll-Portfolio einem Ist-Portfolio gegenübergestellt werden, um die strategische Lücke zu ermitteln bzw. zu erkennen, welche → *Strategie-Arten* notwendig sind, um zum Soll-Portfolio zu gelangen. Eines der bekanntesten Portfolios ist das Marktanteils-Marktwachstums-Portfolio (Abbildung P-6), das den relativen Marktanteil (Marktanteil in Relation zum stärksten Konkurrenten) in Bezug zum Marktwachstum setzt. Die Portfolio-Felder, deren Bezeichnung und vorgeschlagene Strategien sind in der Abbildung zusammengefasst. Andere Portfolio-Arten sind das Marktattraktivitäts-Wettbewerbsvorteils-Portfolio (Abbildung P-7), das Wettbewerbspositions-Produktlebenszyklus-Portfolio, das Geschäftsfeld-Ressourcen-Portfolio, das Anfälligkeitsportfolio und das Innovationsportfolio.

▶ POS-Banking

→ *Point of Sale Banking (POS)*

▶ Positive Vertragsverletzung

Vor der Schuldrechtsreform am 1.1.2002 gesetzlich nicht geregelte Rechtsprechung, die alle Pflichtverletzungen bei Verträgen abdecken sollte, die nicht zur → *Unmöglichkeit*, dem → *Verzug*, der mangelhaften Lieferung (→ *Mängelgewährleistung*, → *Gewährleistung*) oder der → *Culpa in contrahendo (cic)* zu zählen waren. Mit der Neufassung der §§ 241 und 280 BGB werden alle Fälle der Pflichtverletzung, gleich ob es sich um Schlechtleistung oder um Verletzung von Nebenpflichten, um Mangel- oder Mangelfolgeschäden handelt, abgedeckt. Wo immer bei der Erfüllung eines Schuldverhältnisses eine Pflicht aus dem Schuldverhältnis verletzt wird und der Schuldner nicht darlegen und beweisen kann, dass er die Pflichtverletzung nicht zu vertreten hat, ist ein daraus dem Gläubiger entstehender → *Schaden* ersatzfähig.

▶ Post Office Protocol (POP 3)

Protokoll, mit dem die Übertragung von E-Mails geregelt wird.

▶ Potentialfaktoren

→ *Produktionsfaktoren (nach Gutenberg)*

▶ PPS

→ *Produktionsplanungs- und Steuerungssystem (PPS)*

▶ PR

→ *Public Relations (PR)*

▶ Prämie

(1) Beim Handel mit einem → *Wertpapier* → *Gratifikation* oder → *Courtage.*

(2) Als Lohnzuschlag (→ *Lohnformen*).

▶ Prämienlohn

→ *Lohnformen*

▶ Prämisse

Eine für ein Modell oder eine Entscheidung zugrunde gelegte Annahme (z. B. → *Ceteris paribus*). Insbesondere im → *Operations Research (OR)* spielen Prämissen i. S. von Nebenbedingungen eine entscheidende Rolle.

▶ Präsenzbörse

→ *Börsenhandelsformen*

▶ Praxiswert

→ *Firmenwert*

▶ Preis

(1) Geldsumme, die auf dem → *Markt* für die Mengeneinheit eines → *Gutes* bezahlt wird.

(2) Wichtigstes Instrument i. R. der betrieblichen → *Preispolitik,* da der Preis auf die Wert- und Mengenkomponente des Umsatzes direkt einwirkt und damit den → *Gewinn* beeinflusst.

▶ Preis-Absatz-Funktion

Funktionaler Zusammenhang zwischen der Höhe des Preises und der zugehörigen Absatzmenge. Sie gibt also an, welche Menge eines Gutes bei einem bestimmten Preis abgesetzt werden kann. In der Regel ist die Preis-Absatz-Funktion fallend, d. h. mit sinkenden Preisen steigt die Absatzmenge. Ermittelt werden kann eine Preis-Absatz-Funktion z. B. auf der Grundlage von Vergangenheitsdaten über Preise und zugehörige Absatzmengen (→ *Regressionsanalyse*), Preisexperimente und Experten- oder Konsumentenbefragungen (Abbildung P-8). → *Conjoint Measurement.*

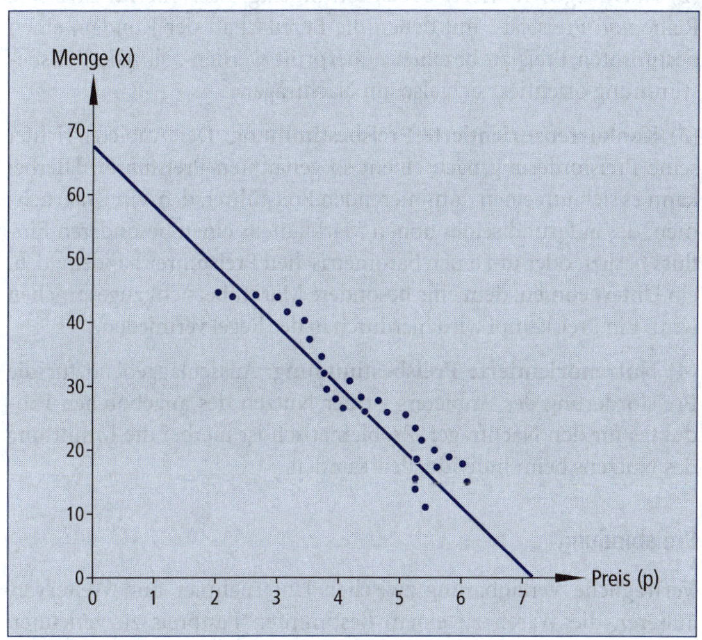

Abb. P-8: Empirisch ermittelte Preis-Absatz-Funktion

▶ Preisbildung

Entscheidung (→ *Entscheidung*) über die Höhe des Preises (→ *Preis*) i. R. der betrieblichen → *Preispolitik* (→ *Marketing*). Es lassen sich in der Praxis vor allem vier Arten der Preisbildung kennzeichnen:

(1) **Kostenorientierte Preisbestimmung**: Zugrunde liegt hierbei die Überlegung der Preiskalkulation auf Selbstkostenbasis zuzüglich eines vom Unternehmen angesetzten Gewinnzuschlags. Diese Art der Preisbestimmung ist sowohl auf Vollkostenbasis als auch auf Teilkostenbasis möglich.

(2) **Nachfrageorientierte Preisbestimmung**: Basis hierfür sind eine Reihe von Preistests, mit denen die Bereitschaft der Kunden, einen bestimmten Preis zu bezahlen, überprüft werden soll. Die Preisbestimmung orientiert sich also am Nachfrager.

(3) **Konkurrenzorientierte Preisbestimmung**: Der Anbieter richtet seine Preisforderung nach einem so genannten Preisführer. Hierbei kann es sich um einen dominierenden Preisführer, d. h. ein Unternehmen, das aufgrund seines hohen Marktanteils einen besonderen Einfluss besitzt, oder um einen barometrischen Preisführer handeln, d. h. ein Unternehmen, dem eine besondere Marktübersicht zugesprochen wird. Ein Preiskampf wird hierdurch in der Regel vermieden.

(4) **Nutzenorientierte Preisbestimmung**: Ausschlaggebend für die Preisforderung des Anbieters ist der Nutzen des angebotenen Produktes für den Nachfrager. Problematisch ist hierbei die Ermittlung des Nutzens beim individuellen Kunden.

▶ Preisbindung

Vertragliche Vereinbarung zwischen Unternehmer und Weiterveräußerer, die Waren zu einem bestimmten Festpreis zu verkaufen (§ 16 GWB, Preiskartell, → *Kartell*). Seit 1974 grundsätzlich nicht mehr zulässig. Ausnahmen gelten z. B. bei Verlagserzeugnissen gem. § 16 GWB, sowie für Post, Bahn und andere Verkehrsträger. Ausnahmen sind weiterhin möglich für landwirtschaftliche Erzeugervereinigungen (Genossenschaften), Kreditinstitute, Versicherungsunternehmen, Bausparkassen, Verwertungsgesellschaften und Versorgungsunternehmen gem. §§ 99 ff. GWB. Die Preisbildung ist nicht zu verwechseln mit den unverbindlichen Preisempfehlungen gem. § 38 GWB, die ausdrücklich als unverbindlich bezeichnet werden und bei denen der Weiterveräußerer das Recht hat, einen anderen Preis als den vom Hersteller empfohlenen zu verlangen.

▶ Preisdifferenzierung

Verkauf ein und desselben Produktes an verschiedene Käufergruppen zu unterschiedlichen Preisen. Eine Preisdifferenzierung kann grundsätzlich nach Personengruppen (z. B. Schüler/Erwachsene), nach Einkaufsmengen, nach Verwendungszweck (z. B. Mineralöl zum Heizen und als Dieselkraftstoff), in räumlicher Hinsicht (Inlands-/Auslandsmarkt) und in zeitlicher Hinsicht (Vor- und Hauptsaison) erfolgen.

In der Theorie der Preisdifferenzierung lassen sich zwei Formen unterscheiden: Bei der **vertikalen** Preisdifferenzierung liegen unterschiedliche, voneinander unabhängige Teilmärkte mit unterschiedlicher → *Preis-Absatz-Funktion* vor. Sinn der Preisdifferenzierung ist es hier, für jeden Teilmarkt den optimalen, d. h. gewinnmaximalen Preis zu fordern. Bei der **horizontalen** Preisdifferenzierung wird von einer Preis-Absatz-Funktion für den Gesamtmarkt ausgegangen. Zum Beispiel durch eine Preissenkung im Zeitablauf werden unterschiedliche Käuferschichten nacheinander angesprochen, d. h. die Käuferschichten, die bereit sind, einen höheren Preis zu zahlen, werden zuerst angesprochen, danach die nächste Käuferschicht usw. (Abbildung P-9). Man spricht von einer Abschöpfungspreisstrategie (Skimming Pricing). Demgegenüber wird bei erstrebter Marktdurchdringung zuerst ein niedriger Preis angesetzt, um schnell den Massenmarkt zu erschließen und mit steigender Akzeptanz der Käufer für das Produkt wird der Preis erhöht. Es wird eine so genannte Penetrationspreisstrategie (Penetration Pricing) verfolgt.

Gegenüber einer undifferenzierten Preissetzung, z. B. in Höhe von 5 Geldeinheiten, steigt der Umsatz (p × x) von der Fläche OCDE auf die Summe der Teilflächen pro Käuferschicht. Unterstellt man konstante Kosten, so steigt dementsprechend auch der Gewinn.

Problematisch hierbei ist, dass Kunden, die zu einem höheren Preis gekauft haben, verärgert werden. Aus diesem Grund ist meist eine zusätzliche → *Produktdifferenzierung* notwendig, die aber wiederum zu höheren Kosten führt.

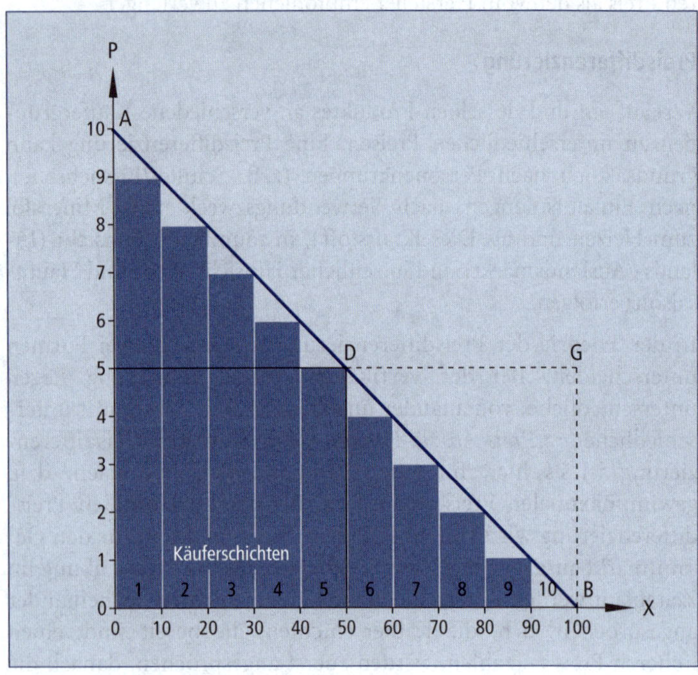

Abb. P-9: Horizontale Preisdifferenzierung

▶ Preiselastizität

Relative Änderung der nachgefragten Menge bei einer Preisänderung (→ *Elastizität*).

▶ Preisempfehlung

→ *Preisbindung*

▶ Preisführerschaft

→ *Erfahrungskurve*, → *Strategie-Arten*

▶ Preiskalkulation

→ *Kalkulation*

▶ Preiskartell

→ *Kartell*

▶ Preisnachlass

Minderung des Verkaufspreises in Form von → *Bonus*, → *Skonto* oder → *Rabatt*. Preisnachlässe sind Teil der Preispolitik im Rahmen des → *Marketing-Mix*. Vor 2004 galten hier die strengen Regelungen des so genannten Rabattgesetzes aus dem Jahr 1933. Danach waren solche Nachlässe nur unter Auflagen und unter bestimmten Voraussetzungen möglich. Heute sind Preisnachlässe jederzeit und ohne Begründung gegenüber einer Aufsichtsbehörde erlaubt und können an Mengengrößen (Rabatt), Zahlungsmodalitäten bzw. -fristen (Skonto) oder an sonstige persönliche oder sachliche Voraussetzungen wie z. B. Alter, Familienstand oder andere Zielgruppenmerkmale (Bonus) geknüpft sein. Saisonale Preisnachlässe (Sommer- und Winterschlussverkauf) sind inzwischen ebenfalls nicht mehr reglementiert und können frei gestaltet werden.

▶ Preispolitik

Teil der → *Kontrahierungspolitik* i. R. des → *Marketing*. Es ist die → *Entscheidung* über die Höhe des zu fordernden Preises, über eine evtl. notwendige Preisvariation und über eine mögliche → *Preisdifferenzierung* zu treffen.

Beeinflusst wird die betriebliche Preispolitik durch unternehmensinterne Daten (z. B. Kostenstruktur eines Unternehmens), unternehmensexterne Daten (z. B. Marktstruktur, Marktform und daraus resultierende → *Preis-Absatz-Funktion*) sowie rechtliche Einschränkungen (z. B. → *Gesetz gegen Wettbewerbsbeschränkungen (GWB)*, → *Gesetz gegen den unlauteren Wettbewerb (UWG)*).

Zu beachten sind im Rahmen der Preispolitik auch die so genannten Preisschwellen und die gebrochenen Preise. Preisschwellen existieren vor allem in Form von Preisobergrenzen, bei deren Überschreitung der Konsument nicht mehr kauft. In diesem Zusammenhang sind auch die gebrochenen Preise (z. B. 1,99 €, 9,95 €) zu sehen, die vom Anbieter deshalb gesetzt werden, da runde Preise als Preisschwellen betrachtet werden (→ *Absatzpolitisches Instrumentarium*, → *Marketing-Mix*).

▶ Preistypen

Artikelspezifische Kalkulationsregeln im → *Handel*, die der unterschiedlichen Bedeutung einzelner Artikel gerecht werden sollen. Als Formen sind zu nennen:

(1) Schlüsselartikel, die der Demonstration des Preisniveaus eines Unternehmens und seiner Stellung im Wettbewerb dienen, werden unterdurchschnittlich kalkuliert.

(2) Zugartikel sollen v.a. Kunden gewinnen und werden deswegen extrem niedrig, z. T. unter dem Einstandspreis angeboten.

(3) Sonderangebotsartikel sollen Impulskäufe induzieren, überhöhte Lagerbestände abbauen oder Liquiditätsengpässe abbauen und werden i. d. R. leicht überdurchschnittlich kalkuliert.

(4) Kompensationsartikel sollen für den Ausgleich sorgen und werden (weit) überdurchschnittlich kalkuliert. Geeignet sind hier vor allem Komplementärprodukte zu Schlüssel- und Zugartikeln mit relativ geringer Preiselastizität und Preistransparenz.

▶ Preisuntergrenze

Durch die → *Kostenrechnung*, insbesondere → *Kostenträgerrechnung*, ermittelte Mindestgröße für den Verkaufspreis eines Produktes bzw. einer erstellten Leistung. In Abhängigkeit der → *Kostenrechnungssysteme* bezieht die Preisuntergrenze die → *Fixen Kosten* ganz oder nur teilweise ein (→ *Vollkostenrechnung*, → *Teilkostenrechnung*). Die

Preisuntergrenze kann auch marktorientiert durch Vergleiche mit Konkurrenzpreisen bzw. aufgrund der → *Marktforschung* als die Größe, die Kunden in jedem Fall bereit sind für eine Leistung zu bezahlen, ermittelt werden. Analog zur Preisuntergrenze lassen sich Preisobergrenzen im Beschaffungsbereich feststellen.

▶ Present Value Theory

→ *Wertpapieranalyse*, → *Barwert*

▶ Pretest

Test über die Verwendbarkeit von Marktforschungsverfahren, z. B. Vorabbefragung ausgewählter Testpersonen mit einem zu prüfenden Fragebogen.

▶ Pretiale Lenkung

Ausdruck für die Steuerung eines Betriebs mit Hilfe so genannter interner Verrechnungspreise.

▶ Price-Earning-Ratio

→ *Kurs-Gewinn-Verhältnis (KGV)*

▶ Primäre Kosten

→ *Kosten*, die im Gegensatz zu sekundären Kosten beim Verbrauch von Gütern entstanden sind, die von außen, d. h. vom Beschaffungsmarkt, dem Produktionsprozess zugeführt wurden.

▶ Primärforschung

→ *Erhebungsmethode*

▶ Primärmarkt

→ *Börse*

▶ Principal-Agent-Theorie

Theorie, die sich mit der optimalen institutionalisierten Beziehung zwischen einem Prinzipal (z. B. Aktionär) und einem Agenten (z. B. Vorstand einer Aktiengesellschaft) im Sinne eines Beauftragenden und Beauftragten beschäftigt. Die Interessenkonflikte und Möglichkeiten deren Lösung bzw. Gleichschaltung sind Gegenstand der Aussagesysteme. Hierzu werden ausführlich Anreiz- und Kontrollmechanismen untersucht bzw. vorgeschlagen. Eng verwandt mit dem Transaktionskostenansatz (→ *Transaktionskosten*).

▶ Prinzip der Bilanzklarheit

→ *Grundsatz der Klarheit und Übersichtlichkeit*

▶ Prinzip der Bilanzkontinuität

→ *Grundsatz der formellen Bilanzkontinuität*, → *Grundsatz der materiellen Bilanzkontinuität (Stetigkeit)*

▶ Prinzip der Bilanzwahrheit

→ *Grundsatz der Richtigkeit und Vollständigkeit*

▶ Prinzip der Einzelbewertung

→ *Grundsatz der Einzelbewertung*

▶ Privatdiskonten

Am → *Geldmarkt* gehandelte erstklassige → *Wechsel* von zum Privatdiskontmarkt zugelassenen Akzeptbanken, die von der Privatdiskont AG zum Privatdiskontsatz (meist unter dem → *Diskontsatz*) angekauft werden. Die Aussteller der von den Banken akzeptierten Wechsel müssen eine ausgezeichnete → *Bonität* und ein sehr gutes → *Standing* besitzen.

▶ Private Equity

Sammelbegriff für alle Beteiligungsformen von privaten Investoren an einem Unternehmen, z. B. den Kauf verbriefter Eigenkapitalanteile oder stille Einlagen. Als Gegensatz zu Public Equity, dem Verkauf von Anteilen am anonymen → *Kapitalmarkt*, zu verstehen.

▶ Privater Veräußerungsgewinn

Gewinn der entsteht, wenn vom Steuerpflichtigen Wirtschaftsgüter, auch des Privatvermögens, innerhalb einer bestimmten Frist gekauft und zu einem höheren Preis wieder verkauft werden oder wenn der Verkauf früher erfolgt als der Erwerb. Die Behaltensdauer beträgt bei Grundstücken und grundstücksgleichen Rechten zehn Jahre, bei anderen Wirtschaftsgütern ein Jahr. Im Rahmen einer → *Freigrenze* bleiben weniger als 512 € Gewinn aus privaten Veräußerungsgeschäften pro Kalenderjahr steuerfrei. Verluste können bis zur Höhe von im gleichen Kalenderjahr erzielten Gewinnen abgezogen werden sowie mit Einkünften aus privaten Veräußerungsgeschäften des unmittelbar vorausgegangenen Kalenderjahres oder in den folgenden Kalenderjahren verrechnet werden. Bei Wirtschaftsgütern im → *Betriebsvermögen* zählt der Veräußerungsgewinn vorrangig zu den Einkünften aus Gewerbebetrieb oder Einkünften aus selbständiger Arbeit. Außerhalb der Behaltensdauer erzielte Veräußerungsgewinne bleiben im Privatvermögen steuerfrei. Bei ab 2009 angeschafften Wertpapieren im Privatvermögen unterliegen Veräußerungsgewinne und -verluste unabhängig von der Behaltensdauer der → *Abgeltungsteuer.*

▶ Privatrecht

→ *Rechtsquellen*

▶ Privatvermögen

→ *Aktivierung, steuerrechtliche,* → *Betriebsvermögen*

▶ Privatwirtschaftslehre

Von *Wilhelm Rieger* 1927 in seiner Schrift „Einführung in die Privatwirtschaftslehre" geprägte Bezeichnung für den Teil der heutigen

Betriebswirtschaftslehre, der sich ausschließlich mit privaten Unternehmen und nicht mit Haushalten oder öffentlichen Unternehmen beschäftigt. Die Bezeichnung setzte sich nach dem Ersten Weltkrieg nicht durch (→ *Methodenstreit*).

▶ Problemanalyse

Abweichung zwischen dem angestrebten Zustand in der Zukunft (Soll), dem gegenwärtigen Zustand (Ist) und einem künftigen Zustand, sofern keine Maßnahmen erfolgen (Wird). Eine Soll-Wird-Abweichung kann zum Dritten ebenfalls als Problem bezeichnet werden. Probleme sollen nach Umfang und Intensität i. R. der → *Planung* frühzeitig erkannt und z. B. nach deren Dringlichkeit geordnet werden. Hierzu stehen Planungstechniken wie z. B. die → *Frühwarnsysteme*, → *Szenario*, → *Checkliste*, → *Wertanalyse* oder die Portfoliotechniken zur Verfügung.

▶ Product Placement

Innovative Form der → *Kommunikationspolitik*, unter der die gezielte Platzierung eines → *Markenartikels* als reales Requisit in der Handlung eines Spielfilms, einer Fernsehsendung oder eines Videoclips gegen Entgelt verstanden wird. Hierbei kann es sich um die kostenlose Überlassung des Markenartikels, die Gewährung bestimmter Dienstleistungen oder um die Zahlung von Geld handeln. Beim **Generic Placement** handelt es sich um die Platzierung einer Produktart (z. B. Tee), z. B. im Rahmen einer kooperativen Kommunikationspolitik mehrerer Anbieter. **Image Placement** liegt vor, wenn das Gesamtthema eines Films auf ein einziges Produkt oder ein einziges Unternehmen zugeschnitten ist. Handlungsmöglichkeiten beim Product Placement liegen zum einen in einer visuellen Platzierung, zum anderen in einer akustischen Platzierung, z. B. durch eine Namensnennung oder eine positive Bewertung.

▶ Produkt

Menge von Eigenschaften, die kombiniert werden und die es dem Nachfrager erlauben, ein bzw. mehrere Bedürfnisse zu befriedigen.

Es handelt sich also um eine Leistung, die eine Unternehmung produziert, um sie auf dem → *Markt* anzubieten. Bei mehreren Produkten einer Unternehmung ist das einzelne Produkt damit Teil der Gesamtleistung. Aus der Sicht des Nachfragers kann ein Produkt als Problemlösung angesehen werden, die er erwirbt, um durch seine Nutzung ein spezifisches Problem zu lösen. Umgekehrt stellt ein Produkt für einen Anbieter ein Leistungsangebot dar, das dem Nachfrager die Problemlösung bieten und gleichzeitig die Ziele des Anbieters, z. B. → *Gewinn* zu realisieren, erfüllen soll (→ *Gut*).

▶ Produktdifferenzierung

Änderung einer oder mehrerer Eigenschaften eines bereits bestehenden Produkts derart, dass eine Reihe von Produktvarianten entstehen (z. B. Pkw: Limousine, Coupé, Cabrio). Dies ermöglicht die Befriedigung der Bedürfnisse mehrerer Marktsegmente. Oft wird gleichzeitig eine → *Preisdifferenzierung* vorgenommen oder eine differenzierte Werbestrategie angewandt.

▶ Produkteinteilung

Produkte lassen sich in Abhängigkeit vom empfundenen Kaufrisiko und dem Budgetanteil beim Konsumenten unterscheiden:

- Speciality Goods: Komplexe Anschaffungen, die in größerem Abstand mit beachtlichem Aufwand an Information und Alternativensuche stattfinden
- Shopping Goods: Selten gekaufte Güter, die auf Basis rationaler Preis-Leistungsvergleiche ausgewählt werden
- Convenience Goods: Häufig gekaufte Güter, bei denen der Kauf auf programmierten Kaufentscheiden beruht und mit einem Minimum an Aufwand durchgeführt wird.

▶ Produktgestaltung

→ *Produktpolitik*

▶ Produkthaftpflichtgesetz

→ *Produkthaftung*

▶ Produkthaftung

Nach dem Produkthaftungsgesetz von 1990 (ProdHaftG) geltende → *Haftung* eines Produzenten (→ *Hersteller*) für fehlerhafte Produkte und die daraus entstandenen oder entstehenden Schäden. Dabei handelt es sich um Schäden (Personen-, Sach- und Vermögensschäden), die auch ohne Verschulden des Produzenten aus Entwicklungs-, Konstruktions-, Fabrikations-, Instruktions- oder Produktionsfehlern entstehen können. Bei Arzneimitteln gilt zusätzlich die Wirkungslosigkeit als Schaden. Im Gegensatz zu der auf § 823 BGB beruhenden verschuldensabhängigen Produzentenhaftung betrifft das Produkthaftungsgesetz die verschuldensunabhängige Haftung des Produzenten, Importeurs, Lieferanten oder Lizenznehmers für alle durch ein Produkt verursachten Körper- und Gesundheitsschäden. Um sich als Unternehmer vor Schadensersatzprozessen zu schützen, werden auf Produkten zunehmend Hinweise auf sämtliche Gefahrenquellen angebracht. Bei Dienstleistungen werden entsprechend die → *Allgemeinen Geschäftsbedingungen (AGB)* erweitert. Durch die aktuelle Rechtsprechung (z. B. Holzschutzmittel-Urteile) wird der Schutz der Verbraucher bzw. Produktnutzer zunehmend in den Vordergrund gestellt. Die Beweislast der Fehlerhaftigkeit des Produktes liegt grundsätzlich beim Hersteller, Zulieferer oder Händler. Ist das Entstehen eines Fehlers durch ein Produkt unklar, muss der Hersteller (Produzent) den Entlastungsbeweis führen. Die Haftung gilt grundsätzlich für 10 Jahre. Außerdem bieten zahlreiche Versicherungen neue Produkthaftpflichtversicherungen zur Deckung von Schadensersatzansprüchen gegenüber Herstellern, Zulieferern oder Händlern an.

▶ Produktinnovation

→ *Innovationsmanagement*

▶ Produktion

Nach *Erich Gutenberg* eine Leistungserstellung, die außer menschlicher Arbeitsleistung und dem Einsatz von Betriebsmitteln auch den Produktionsfaktor Werkstoffe, d. h. Roh-, Hilfs- oder Betriebsstoffe, einbezieht (→ *Produktionsfaktoren (nach Gutenberg)*). Im technischen Sinne umfasst Produktion alle Aktivitäten, die ein Gut mindestens in einer Eigenschaft (z. B. räumlicher, zeitlicher, qualitätsmäßiger Zustand) verändert. Diese Veränderung wird auch als Transformation bezeichnet. Der Prozess ist durch fertigende, bewegende und ruhende Vorgänge beschreibbar. Fertigen bedeutet bearbeiten und prüfen von Werkstoffen, die Bewegung ist durch den Transport zum, im und vom Unternehmen gekennzeichnet, und ruhende Prozesselemente kennzeichnen Lagervorgänge. In Abhängigkeit von der eingesetzten Menge und verbrauchten Zeit lassen sich für die einzelnen Teilprozesse im Rahmen der Produktion die → *Produktivität* berechnen. In der → *Produktionstheorie* wurden bereits zahlreiche Produktionsfunktionen, d. h. Erklärungsansätze über den Einsatz von Leistungs- oder Gütermengen (Input) im Verhältnis zur ausgebrachten Menge (Output) entwickelt. Weiterhin lassen sich im Rahmen der Produktion das → *Produktionsprogramm* unterscheiden.

▶ Produktionsfaktoren (nach Gutenberg)

Im volkswirtschaftlichen Sinn werden Arbeit, Kapital und Boden als Produktionsfaktoren unterschieden. In der → *Betriebswirtschaftslehre* hat sich die Einteilung der Produktionsfaktoren nach *Erich Gutenberg* in elementare und dispositive Faktoren durchgesetzt (Abbildung P-10). Die Elementarfaktoren, die aus den Werkstoffen, Betriebsmitteln und der objektbezogenen Arbeit zusammengesetzt sind, stehen dem dispositiven Faktor, d. h. der Planung, Organisation, Geschäftsleitung (Personal) und Überwachung gegenüber. Die Werkstoffe lassen sich wiederum in Roh-, Hilfs- und Betriebsstoffe (RHB) unterscheiden. Rohstoffe sind Materialien, die unmittelbar in ein Produkt eingehen und wesentlicher Teil dessen sind, während Hilfsstoffe ebenfalls in das Produkt eingehen, aber nur einen unwesentlichen Teil darstellen. Betriebsstoffe (z. B. Schmieröl bzw. Repitierfaktoren) sind nötig, um die Betriebsmittel (Maschinen bzw. Potentialfaktoren) am Laufen zu halten.

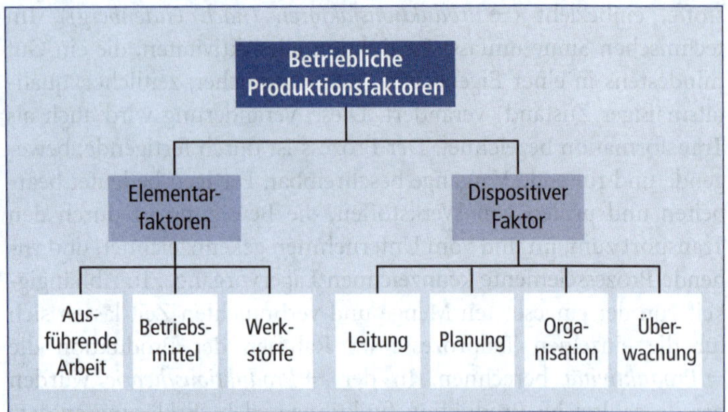

Abb. P-10: Produktionsfaktoren nach Gutenberg

► Produktionsfunktion

Mathematische Beschreibung der Beziehung zwischen der Menge × zu erstellender Produkte aus den Mengen r_i der eingesetzten Produktionsfaktoren (i = 1, 2,. . ., i'). Werden mehrere Produkte erstellt, so wird die Variable x; durch $x^1, x^2, \ldots, x^j$ ersetzt. Existiert bei den Einsatzfaktoren $r^1, r^2, \ldots, r^i$ eine feste Faktorkombination, z. B. ein Rezept oder eine feste Stückliste zur Herstellung eines Produktes, so kann mit Hilfe so genannter konstanter Produktionskoeffizienten bei gegebenem Faktorbestand $R^1, R^2, \ldots, R^i$ die Formel wie folgt vereinfacht werden:

$$a_{ij} = \frac{r_i}{x_j}$$

für i = (1, 2,. . ., i'), j = (1, 2,. . ., j').

Für 2 Produkte und 2 Faktoren wird beispielsweise geschrieben: $a_{11}x_1 + a_{12}x_2 \leq R_1$ $a_{21}x_1 + a_{22}x_2 \leq R_2$. Bekannte Produktionsfunktionen der →*Produktionstheorie* sind das Ertragsgesetz bzw. die →*Produktionsfunktion vom Typ A*, die →*Produktionsfunktion vom Typ B* und die →*Produktionsfunktion vom Typ C.*

▶ Produktionsfunktion vom Typ A

Produktionsfunktion (→ *Produktionsfunktion*), die auch als Ertragsgesetz bezeichnet wird und bereits im 18. Jahrhundert von dem Franzosen *Anne R. J. Turgot* (1727–1781) für die landwirtschaftliche Produktion formuliert wurde. Der Ansatz geht von den Prämissen aus, dass die bei der Produktion (z. B. Getreideanbau) eingesetzten Inputfaktoren eine konstante Qualität aufweisen, nur ein Produkt hergestellt wird, die Produktionstechnik unverändert bleibt und die Einsatzmengen (z. B. Kunstdünger) beliebig teilbar und steigerbar sind. Außerdem wird ein unmittelbarer Zusammenhang zwischen Input und Output angenommen. Wird nun der Einsatzfaktor r_1 vermehrt eingesetzt und alle anderen Produktionsfaktoren r_i konstant gehalten, so ergibt sich die in Abbildung P-11 dargestellte ertragsgesetzliche Produktionsfunktion. Im ersten Bereich der Gesamtertragskurve X steigt der Output progressiv bis zum Punkt A, um dann bis zum Punkt B weiterhin degressiv zu steigen und im Punkt C ein Maximum zu erreichen, das auch durch eine weitere Steigerung des Produktionsfaktors r_1 nicht erhöht werden kann. So ist sicherlich in der landwirtschaftlichen Produktion bei noch so viel Einsatz von Kunstdünger ein Getreideertrag nicht beliebig steigerbar bzw. wird irgendwann ein Wendepunkt erreicht, bei dem der Ertrag durch steigenden Einsatz von Kunstdüngern abnimmt. In der Abbildung ist außerdem der Durchschnittsertrag × und der Grenzertrag x‘ dargestellt. Wird diese Produktionsfunktion nicht nur mit einem Inputfaktor, sondern mehreren analysiert, so erhält man ein so genanntes→ *Ertragsgebirge* (Abbildung E-10 mit zwei Einsatzfaktoren r_1 und r_2). Kritisch anzumerken ist bei der Produktionsfunktion vom Typ A, dass außer den eingangs genannten Prämissen weiterhin von substitutionellen Faktoreinsatzbeziehungen ausgegangen wird. Dies bedeutet, dass angenommen wird, dass jeder Produktionsfaktor beliebig durch einen anderen ersetzbar ist. Im Gegensatz hierzu geht die → *Produktionsfunktion vom Typ B* von limitationalen Produktionsfaktoreinsatzbeziehungen aus.

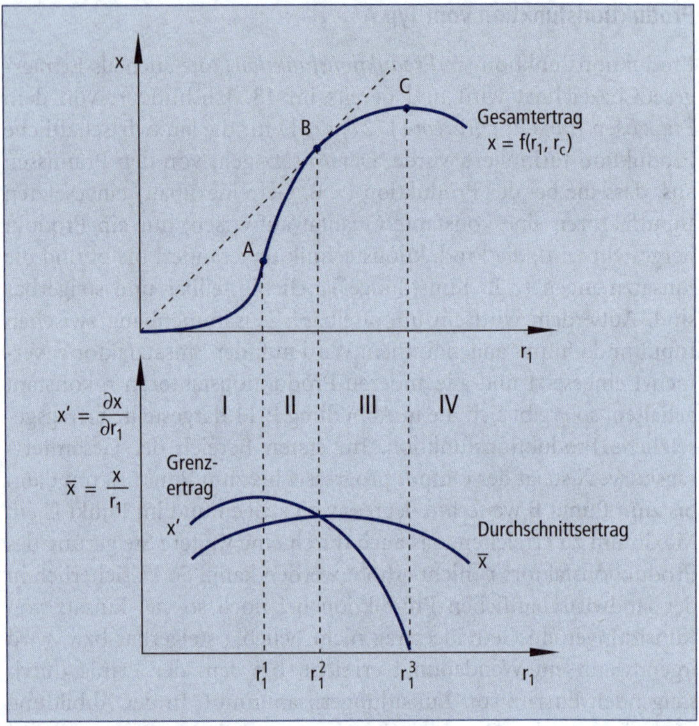

Abb. P-11: Produktionsfunktion vom Typ A

▶ Produktionsfunktion vom Typ B

Im Gegensatz zur → *Produktionsfunktion vom Typ A* geht die auf *Erich Gutenberg* zurückzuführende Produktionsfunktion vom Typ B von limitationalen Faktoreinsatzbeziehungen aus, d. h. von nicht gegenseitig ersetzbaren (substitutionalen) Produktionsfaktoren. Bedingung ist, dass sich die einzelnen Produktionsfaktoren, *Gutenberg* spricht von Potentialfaktoren (z. B. Maschinen) und Repetirfaktoren (z. B. Roh-, Hilfs-, Betriebsstoffe), getrennt bezüglich ihres Verbrauchs erfassen lassen und bezüglich ihrer Leistung für den Output bestimmbar sind. Außerdem ist zu beachten, dass neben der unmittelbaren Input-Output-Beziehung auch mittelbare Beziehungen existieren können, d. h. der Verbrauch eines Faktors (z. B. Betrieb einer Maschine) den Verbrauch eines anderen Faktors (z. B. Schmiermittel) mit sich bringt. *Gutenberg* fordert daher, für jeden Produktionsprozess bzw. jedes Aggregat eine so genannte Verbrauchsfunktion aufzustellen, die eine eindeutige funktionale Beziehung zwischen den Verbrauchsmengen und der technischen Leistung (Intensität) herstellt. Diese Intensität ist dann wiederum Funktionalbedingung für den Output. Um eine optimale Faktorkombination zu erzielen, schlägt *Gutenberg* die Variation dieser Verbrauchsfunktionen hinsichtlich einer zeitlichen, intensitätsmäßigen und quantitativen Anpassung vor, bis mit minimalem Faktoreinsatz ein gegebener Output oder mit gegebenem Faktoreinsatz ein maximaler Output erzielt wird (Abbildung P-12).

$$\lambda = \frac{x}{t}$$

$$r_{ij} = f\left(z_1, z_2, \ldots, z_n, R_j\right)$$

λ = Intensität
x = Output
t = Zeit
r = Faktoreinsatz
i = Faktorant i
j = Aggregat j
z = Situation (z. B. Temperatur)

Abb. P-12: Produktionsfunktion vom Typ B

▶ Produktionsfunktion vom Typ C

Produktionsfunktion (→ *Produktionsfunktion*), die auf *Edmund Heinen* zurückzuführen ist und als Weiterentwicklung der → *Produktionsfunktion vom Typ B* von *Erich Gutenberg* gelten kann. Erstmals wird zwischen technischen und ökonomischen Verbrauchsfunktionen unterschieden. Bei der technischen Betrachtung werden die Leistungen der Potentialfaktoren (z. B. Maschinen und Aggregate) untersucht, während die ökonomische Betrachtung im Sinne einer Kombinationsleistung den Gesamteinsatz an Produktionsfaktoren zur letztlichen Outputmenge in Relation sieht. Es findet somit eine Zerlegung des Produktionsprozesses in Teilprozesse statt, wobei von Elementarkombinationen und Gesamtkombinationen gesprochen werden kann. Im Gegensatz zur Produktionsfunktion vom Typ A oder B nimmt *Heinen* sowohl substitutionale als auch limitationale Faktoreinsatzbeziehungen auf und versucht die zerlegten Teilprozesse der Produktion bezüglich ihrer zeitlichen Intensität darzustellen. So entstehen so genannte Zeitbelastungsbilder, deren Analyse die Unterschiedlichkeit der Auslastung von → *Kapazitäten* darstellt. Ziel der Überlegungen ist dann hier nicht nur eine Optimierung der Input-Output-Relation, sondern auch eine Gleichmäßigkeit der Auslastung (→ *Beschäftigung*).

▶ Produktionskoeffizient

Verhältnis zwischen der Menge eingesetzter Produktionsfaktoren r_i und der Ausbringungsmenge × (r_i/x_j). Sofern für die Erstellung eines Produktes eine feste Stückliste, ein Rezept oder feste Mischungsverhältnisse bestehen, kann ein konstanter Produktionskoeffizient in die → *Produktionsfunktion* eingesetzt werden. In den meisten Fällen sind aufgrund der Veränderlichkeit der Mischungsverhältnisse eingesetzter Produktionsfaktoren auch die Produktionskoeffizienten variabel.

▶ Produktionsplanungs- und Steuerungssystem (PPS)

Software zur Realisierung einer computergestützten Produktion (→ *Computer Integrated Manufacturing*), die in der Lage ist, eine Termin-, Kapazitäts-, Mengen- und Produktionsprogrammplanung zu integrieren sowie die Auftragsveranlassung und Überwachung zu steuern. Bei der Termin- und Kapazitätsplanung sollen Start- und Endtermine für Arbeitsvorgänge festgelegt werden (→ *Netzplantechnik*). Die Mengenplanung muss die zu beschaffenden Materialien für die zu fertigenden Teile und Baugruppen bestimmen. Im Rahmen der Produktionsprogrammplanung muss das zu produzierende Enderzeugnis nach Art, Menge und Termin festgelegt und hinsichtlich des zu wählenden Produktionsverfahrens bestimmt werden. Die Auftragsveranlassung bedeutet sowohl die Freigabe von Fertigungsaufträgen als auch die Verfügbarkeitsplanung von Materialien (→ *Logistik*). Während der Auftragsüberwachung sind die Termintreue, Kapazitätsauslastung, Durchlaufzeit, der Lagerbestand, Lieferbereitschaft und wenn möglich auch die zugehörigen Beschaffungs-, Material- und Planungskosten zu steuern. Dieser hohe Anspruch an ein Produktionsplanungssystem wird mit zunehmender Zahl an Produkten (Produktvielfalt) sowie einer Vielfalt an einzusetzenden Materialien zunehmend schwer zu erfüllen. Es ist daher fraglich, ob bei einem komplexen und dynamischen Produktionsvorgang mit vielfältigen Umwelteinflüssen (z. B. Mode) der Einsatz eines dem Regelkreismechanismus entsprechenden Computersystems flexibel genug ist, um sich an verändernde Bedingungen rechtzeitig und richtig anpassen zu können.

▶ Produktionsprogramm

In Abhängigkeit vom Mengenanfall und dem Organisationstyp der Erstellung von Gütern lassen sich verschiedene Typen der Fertigung bzw. → *Produktion* unterscheiden. Hinsichtlich des Mengenanfalls lassen sich die → *Massenproduktion,* → *Sortenproduktion,* → *Serienproduktion,* → *Chargenproduktion* und Partieproduktion von der → *Einzelproduktion* unterscheiden. Hinsichtlich des Organisationstyps lassen sich die → *Werkstattproduktion,* → *Fließproduktion,* → *Gruppenproduktion* und → *Baustellenproduktion* unterscheiden. Neben dieser mengenmäßigen und organisatorischen Einteilung der Produktionsprogramme lassen sich noch zahlreiche weitere Typisierungen industrieller Produktionssysteme nennen. So wird nach der Anzahl der zu durchlaufenden Produktionsstellen zwischen einstufiger und mehrstufiger Produktion unterschieden. Hinsichtlich der zeitlichen Zuordnung der Produkte zu den Produktionsstellen ist die Wechselproduktion der Parallelproduktion gegenüberzustellen. In Abhängigkeit von dem Grad der Verknüpfung der einzelnen Prozessschritte im Rahmen einer Prozessfolge sind Straßen-, Linien-, Reihen- und Fließbandfertigungen zu unterscheiden.

▶ Produktionsprozess

→ *Produktion*

▶ Produktionstheorie

Gebiet der Betriebswirtschaftslehre, das sich mit der Vorteilhaftigkeit von Produktionsprogrammen, dem optimalen Einsatz von Produktionsfaktoren im Produktionsprozess, der Berechnung der → *Produktivität* und Ableitung von Produktionskosten beschäftigt. Je nachdem, wie umfassend → *Produktion* definiert wird, werden Aussagen zur Materialeinsatzplanung über die Bestellmengenplanung, Lagerung, Lieferantenauswahl, die Organisation des Fertigungsablaufes im Sinne von Materialflussplanung und die Bereitstellungsplanung untersucht. Während die traditionelle Produktionstheorie sich vornehmlich mit den Produktionsfunktionen, d. h. der mathematischen Abbildung zwischen Einsatzmenge und Ausbringungsmenge beschäftigt, erweitert die moderne Produktionstheorie die Betrachtung auf Zeit- und Motivationsaspekte innerhalb des Produktionsprozesses. So ist die Optimierung von Durchlaufzeiten in vielen Unternehmen wichtiger als die optimale Kombination von Einsatzgütermengen. Außerdem wurde in den letzten Jahrzehnten deutlich, dass eine rein mathematische Betrachtung optimaler Faktorkombinationen, d. h. meist einer idealen Anordnung von Maschinen und Bereitstellung von Material ohne Beachtung der menschlichen Bedürfnisse der ausführenden Arbeiter zu kurz greift. So wurde seit langem unter dem Aspekt der Monotonie der Arbeitsleistung von der → *Fließproduktion* zur → *Gruppenproduktion* oder → *Werkstattproduktion* übergegangen. Aktuelle Begriffe wie die „Atmende Fabrik" oder → *Fraktale Fabrik* zeugen von dieser veränderten Betrachtungsweise.

▶ Produktionstiefe

Anzahl der in einem Betrieb realisierten Produktions- bzw. Wertschöpfungsstufen. Es stellt sich hier die Frage, inwieweit Vor-, Zwischenprodukte oder Halbfabrikate durch die Unternehmung selbst erstellt werden oder von anderen Unternehmen fremdbezogen werden sollen (→ *Eigenfertigung versus Fremdbezug*). Dieses auch als Make or buy bezeichnete Entscheidungsproblem wurde aus Kostengesichtspunkten in den letzten Jahren zunehmend zugunsten der

Auslagerung (→ *Outsourcing*) von Produktionsstufen auf Vor- bzw. Zulieferer gelöst, wodurch die Produktionstiefe drastisch abgenommen hat. Nach Untersuchungen von *Hermann Simon* zeichnen sich allerdings so genannte „Hidden Champions", d. h. kleine, weniger bekannte Weltmarktführer (z. B. *Britta* Wasserfilter) gerade durch eine große Produktionstiefe aus.

▶ Produktionstypen

→ *Produktionsprogramm*

▶ Produktionsverfahren

→ *Produktionsprogramm*

▶ Produktivität

In Mengen- und/oder Zeiteinheiten ausgedrückte → *Wirtschaftlichkeit* im Gegensatz zur wertmäßigen Wirtschaftlichkeit (Gewinn, Umsatz...). Diese, nach *Konrad Mellerowicz* als Technizität bezeichnete Produktivität kann sich als Mengenverhältnis von Einsatzgütern zu Ausbringungsgütern in Stück oder als Mengen/Zeitrelation (z. B. 3 Autos je Stunde) etc. ausdrücken. Insbesondere im Sachleistungsbereich, z. B. der Automobilindustrie wird aktuell die Diskussion über die ungenügende Produktivität geführt. Eine Konsequenz hieraus kann eine noch stärkere → *Rationalisierung* sein. Da es schwierig ist, die Produktivitat bezogen auf die gesamten Einsatzmengen der Produktionsfaktoren zu berechnen, werden Produktivitätskennzahlen für einzelne Produktionsfaktorarten ermittelt (partielle Produktivität).

▶ Produktlebenszyklus

Empirische Grundlage des Instrumenteneinsatzes beim → *Marketing* und für die → *Strategische Planung*. Empirische Studien ergaben, dass i. d. R. jedes Produkt gewisse Entwicklungsstadien durchläuft (Einführung, Wachstum, Reife, Sättigung, Degeneration), was auf Erkenntnisse der Diffusionstheorie, d. h. der Annahme, dass Innovationen sich in sozialen Systemen in Phasen vollziehen, zurückzuführen ist. Die Phaseneinteilung sowie die daraus ableitbaren Strategien lassen sich auch auf ganze Branchen (junge, reife Branchen…) übertragen. Die Kosten- bzw. Umsatzentwicklung sowie die Einteilung der Phasen und die vorgeschlagenen Preis-, Sortiments- und Werbestrategien je Phase sind in den Abbildungen P-13 und P-14 zusammengefasst.

	Phasen			
	Einführung	Wachstum	Reife	Sättigung
Preis	niedrig	folgt den Kosten	differenziert	differenziert
Sortiment	eng	eng/breiter	differenziert	enger
Markt	Testmarkt	national/ international	multinational	differenziert
Technologie	differenziert	standardisiert	standardisiert	standardisiert
Kapazität	langsam wachsend	schnell wachsend	stagnierend	Abbau
Werbung	intensiv	weniger intensiv	intensiv	wenig/keine

Abb. P-13: Verhaltensweisen bzw. Strategien in den Produktlebensphasen

► Produktmanager

Im Gegensatz zum Projektmanager (→ *Projekt*) ein Mitarbeiter, der auf Dauer für ein Produkt verantwortlich ist. Die Produktverantwortung kann von der Produktentwicklung, Überwachung der Produkterstellung bis hin zum Verkauf und dem Einsatz marketingpolitischer Instrumente reichen. Insbesondere durch die → *Matrixorganisation* wurde dieses Berufsbild gefördert. Koordination mit den Funktionsmanagern ist nötig.

► Produkt-/Marktstrategien nach Ansoff

Strategien von *Harry I. Ansoff*, die sich in vier → *Strategie-Arten* einteilen lassen. Er kombiniert in einer Matrix (Abbildung P-15) die Kriterien → *Produkt* und → *Markt* zu den dort genannten vier Grundstrategien, die im Marketing als auch für die → *Strategische Planung* große Bedeutung haben.

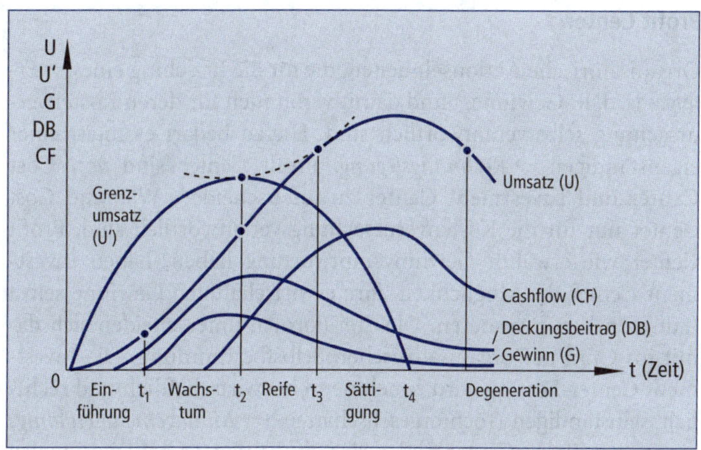

Abb. P-14: Produktlebenszyklus mit Finanzgrößen

Produkte	Märkte	
	vorhanden	neu
vorhanden	Marktdurchdringung = Verstärkte Bearbeitung der bisherigen Märkte mit vorhandenen Produkten	Marktausweitung = Suche nach neuen Märkten für bisherige Produkte
neu	Differenzierung = Suche nach neuen Produkten für bisherige Märkte	Diversifikation = Suche nach neuen Produkten für neue Märkte

Abb. P-15: Produkt-/Marktstrategien nach Ansoff

▶ Produktpolitik

Teil des → *Absatzpolitischen Instrumentariums i. R.* des → *Marketing.* Zu den Aufgaben der Produktpolitik gehören die Entwicklung neuer Produkte (Produktinnovation), die Produkt- und die Verpackungsgestaltung, die → *Produktdifferenzierung* und -variation sowie die Produkteliminierung, d. h. die Herausnahme eines Produktes aus dem → *Markt.*

▶ Profit Center

Organisatorische Aktionseinheiten, die für die Erzielung eines → *Erfolges* (i. d. R. Gewinnes) und damit verbunden für deren Kostenverursachung selbstverantwortlich sind. Hierzu bedarf es meist einer eigenständigen → *Rechnungslegung.* Profit Center sind von **Cost Center** und **Investment Center** zu unterscheiden. Während Cost Center nur für die Kostenverursachung verantwortlich sind, Profit Center wie erwähnt Gewinnverantwortung haben, haben Investment Center die Möglichkeit, ihre erwirtschafteten Gewinne selbst (autonom) zu investieren. Die drei Formen unterscheiden sich damit im Grad der organisatorischen Selbstbestimmung. Die Investment Center-Lösung wird zunehmend bei wirtschaftlich und rechtlich selbständigen Tochtergesellschaften (→ *Management-Holding*) eingeführt. Profit Center finden sich am häufigsten bei Divisionalen Organisationen.

▶ Profit Impact of Market Strategy (PIMS)

Seit 1960 von *General Electric* in Zusammenarbeit mit der Harvard Business School entwickelte und seitdem laufende empirische Untersuchung über die strategischen Erfolgsfaktoren von Unternehmen. Hier wird angenommen dass es Marktgesetze („laws of the market place") gibt, die durch Untersuchung einer großen Zahl von Unternehmen herauszufinden sind. Heute eigenständiges Institut, bei dem ca. 300 Unternehmen weltweit an dieser Datenerhebung und -auswertung beteiligt sind. Die Teilnahme an PIMS schließt die Beratung und Analyse des Einzelunternehmens ein. Als Spitzenkennzahl wird der → *Return on Investment (RoI)* betrachtet, auf den nach den Ergebnissen insbesondere die Kapitalintensität und der Marktanteil großen Einfluss ausüben. Eine der Strategien aufgrund von PIMS lautet, dass kapitalintensive Unternehmen hohe Marktanteile anstreben sollen, um einen hohen RoI zu erzielen.

▶ Prognose

Wahrscheinlichkeitsurteil über das Auftreten von Ereignissen in der Zukunft, die auf Beobachtungen der Vergangenheit und einer möglicherweise nur wenig ausgeprägten Erklärungstheorie und einer Annahme über die Fortsetzung der Beobachtung beruhen. Im Gegensatz zu einer Projektion (z. B. → *Szenario*) werden hier also nicht denkbare oder mögliche, sondern wahrscheinliche Entwicklungen der Zukunft vorhergesagt (→ *Vorhersage*). Des Weiteren sind für eine Prognose Beobachtungen von Vergangenheitswerten nötig und diese sind mit einer möglichst gut verifizierten → *Theorie* zu extrapolieren, d. h. in die Zukunft fortzuschreiben. Neben der Lageprognose, d. h. der Vorhersage über die künftige Entwicklung von Randbedingungen (ohne Eingriffe) sind Wirkungsprognosen, d. h. Vorhersagen über Wirkungen von Maßnahmen möglich. Die Grenzen der Prognose liegen bei den zugrunde gelegten Theorien, der Genauigkeit der Vergangenheitsbeobachtung und den eingesetzten statistischen Verfahren. Als Prognosetechniken lassen sich die → *Befragung*, Indikatorprognose, Zeitreihe (Regression, Trend) und die → *Simulation* unterscheiden.

▶ Program Evaluation and Review Technique (PERT)

→ *Netzplantechnik*

▶ Progression

Bezeichnung für eine nichtlineare Zunahme der Steuerbelastung bei zusätzlichem zu versteuernden Einkommen. Der → *Durchschnittssteuersatz* steigt mit steigender → *Steuerbemessungsgrundlage,* wobei der → *Grenzsteuersatz* stets darüber liegt. Lineare Progression bezeichnet eine konstante Zunahme des Grenzsteuersatzes bei Zunahme der Bemessungsgrundlage um eine Einheit. Ist die Zunahme des Grenzsteuersatzes geringer als die Zunahme der Bemessungsgrundlage, liegt eine verzögerte Progression vor, steigt der Grenzsteuersatz stärker, liegt eine beschleunigte Progression vor. Direkte Progression ist bereits beim → *Tarif* angelegt, z. B. durch eine Tarifformel mit einem Polynom zweiten oder höheren Grades. Die indirekte Progression wird durch einen Abzug von der Bemessungsgrundlage bewirkt und kann somit auch einen linearen Tarif progressiv wirken lassen.

▶ Progressionszone

Abschnitt einer steuerlichen Tariffunktion, in der eine Steigerung (→ *Progression*) einsetzt. Im z. Zt. gültigen Einkommensteuertarif erfolgt eine Progression nach dem Grundfreibetrag (2014: 8.354 € Grundtabelle, 16.708 € Splittingtabelle).

▶ Projekt

Zeitlich befristete Aufgabe, die relativ neuartig und komplex zugleich ist (z. B. Einführung eines neuen Produktes, Bau eines Staudammes oder Aufbau eines neuen Vertriebsnetzes). Nach Erledigung der Aufgabe ist das Projekt beendet. Problematisch sind hier insbesondere die Suche nach geeigneten Projektmanagern und nach einer geeigneten → *Projektorganisation* sowie die Auswahl geeigneter → *Planungstechnik* (z. B. → *Netzplantechnik*). Der Projektmanager hat insbesondere die Aufgabe der Koordination der zeitlich befristeten Aufgaben, um Verzögerungen oder Engpässe zu vermeiden.

▶ Projektcontrolling

Maßnahmen zur Beurteilung eines Projekts, insbesondere um Projektabbruchentscheidungen, aber auch Entscheidungen zur Projektbeschleunigung (mit entsprechenden Kostenwirkungen) zu fundieren. Neben so genannten „Milestones" (wichtige Meilensteinen im Projekt) hat sich das integrierte Fortschrittscontrolling als Standard gegenüber der isolierten Budgetbetrachtung durchgesetzt. Im Einzelnen geht es im Projektcontrolling um folgende Bereiche:

Bei der Projektplanung steht die Aufgliederung des Projekts in Phasen und/oder in Arbeitspakete (synonym: Teilprojekte, Aufgaben o. Ä.) im Vordergrund. **Bei der Einführung** hat sich ein Stufenkonzept bewährt, bei dem zunächst Kernteile des Projekts erfasst werden, während Rand-Arbeitspakete erst nachfolgend in das Projektmanagement eingegliedert werden. Darüber hinaus ist zu fragen, welche Funktionen durch das Projektmanagement abgedeckt werden sollen. **Die Projektkontrolle** im Sinne einer Nachrechnung und zum Zwecke des Aufbaus von Erfahrungsdatenbanken erlaubt auch dem Controller eine Kontrolle. **Die Projektsteuerung** wird häufig anhand von zeitlichen sog. „Milestones“ vorgenommen, bei denen vordefinierte Projektziele erreicht sein müssen (= Leistungscontrolling). Darüber hinaus erfolgt ein Budgetdenken (= Kostenkontrolle).

▶ Projektion

Vorhersage (→ *Vorhersage*) zukünftiger Ereignisse, die im Gegensatz zur → *Prognose* nicht unbedingt auf der Beobachtung der Vergangenheit und einer Erklärungstheorie, sondern auf subjektiven Einschätzungen basieren können. Bekanntestes Beispiel ist das → *Szenario.*

▶ Projektmanager

→ *Projekt*

▶ Projektorganisation

Aufbauorganisation (→ *Aufbauorganisation*) für Projektaufgaben. Projekte lassen sich innerhalb der bestehenden Organisation bewältigen durch Kollegien, die sich für die Zeit des Projektes treffen, um die Projektaufgabe zusätzlich zu ihren Funktionsaufgaben zu erledigen, oder durch reine Projektorganisationen, also für die Zeit des Projektes ausgelagerte Organisationsformen. Bei der reinen Projektorganisation (Abbildung P-16) werden Mitarbeiter für die Projektdauer voll einem Projektleiter (Projektmanager) unterstellt und fehlen entsprechend für diese Zeit der normalen Unternehmensorganisation. Das Gleiche gilt für die Sachmittel, die der Projektgruppe oder -abteilung zur Verfügung gestellt werden. Insbesondere in einer sehr turbulenten Umwelt, in der es gilt, sich an ständig neuartigen und komplexen Aufgaben zu bewähren, sind Projektorganisationen sinnvoll.

▶ Prokura

Vertretungsmacht, die vertraglich vereinbart wird. Es gelten daher grundlegend die §§ 164 ff. BGB. Diese Form der Vertretung wird gem. § 166 II BGB auch als → *Vollmacht* bezeichnet. Prokura kann

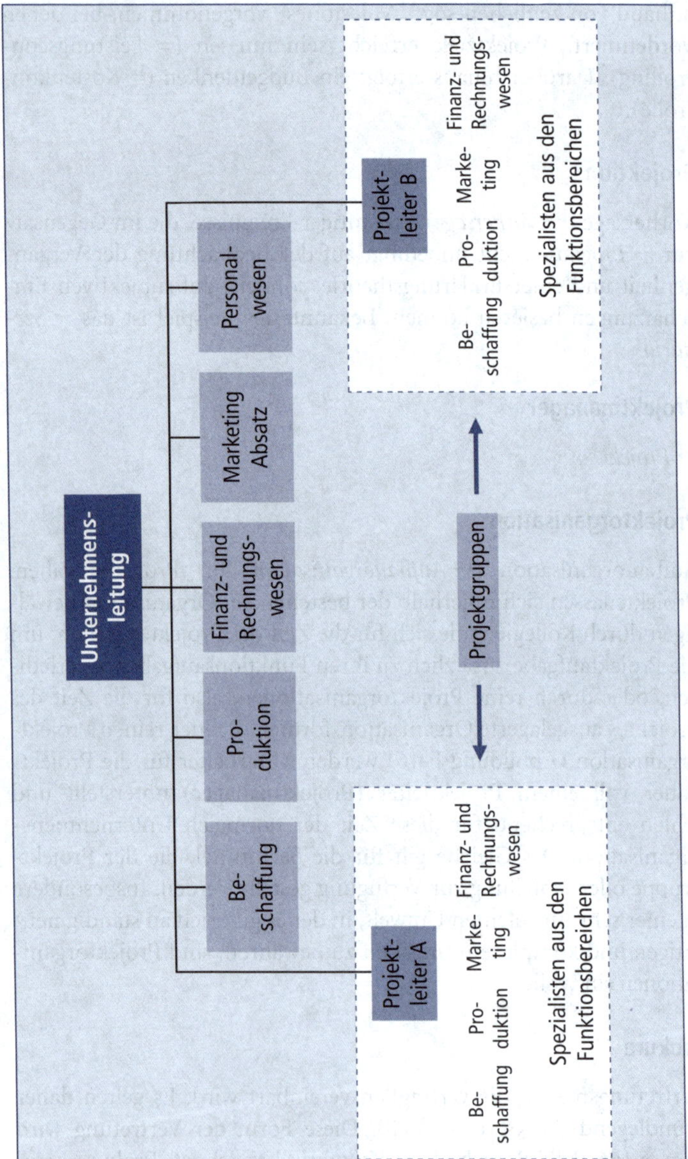

Unternehmensleitung

Beschaffung

Produktion

Finanz- und Rechnungswesen

Marketing Absatz

Personalwesen

Projektleiter A

Beschaffung | Produktion | Marketing | Finanz- und Rechnungswesen

Spezialisten aus den Funktionsbereichen

Projektgruppen

Projektleiter B

Beschaffung | Produktion | Marketing | Finanz- und Rechnungswesen

Spezialisten aus den Funktionsbereichen

Abb. P-16: Projektorganisation

nur von Vollkaufleuten (→ *Kaufmann*), und zwar „ausdrücklich" erteilt werden. Diese Erteilung sowie die Lösung muss im Gegensatz zur einfachen (Handlungs-)Vollmacht im → *Handelsregister* eingetragen werden. Die Rechte eines Prokuristen sind in §§ 48 ff. und §§ 54 f. HGB geregelt. Die Prokura ermächtigt den Prokuristen zu allen Arten von gerichtlichen und außergerichtlichen Geschäften und Rechtshandlungen, die der Betrieb eines Handelsbetriebes überhaupt mit sich bringt. Der Prokurist muss mit dem Zusatz **ppa.** (per prokura) unterzeichnen.

► Prolongation

Verschiebung einer Erfüllungsfrist, insbesondere bei Verpflichtungen aus einem → *Kredit*, → *Wechsel* oder Termingeschäft. Im Terminhandel haben sich eigenständige Prolongationsgeschäfte, d. h. die Abnahme einer Verpflichtung durch einen Dritten unter Verlängerung der Erfüllungsfrist durchgesetzt.

► Property Rights-Theorie

Theorie (→ *Theorie*) zur Struktur von Verfügungsrechten an Gütern durch Personen sowie deren Durchsetzung. Dabei wird die Art der Verfügungsrechte über ein Gut in vier Einzelrechte unterteilt: **(1)** Die Nutzung des Gutes (usus), **(2)** das Recht der Veränderung des Gutes, in Form und Substanz (abusus), **(3)** das Recht, die entstehenden Gewinne einzubehalten bzw. die Verluste zu tragen (usus fructus), **(4)** das Recht, das Gut zu veräußern und den Liquidationserlös zu vereinnahmen (ius abutendi).

Der Wert eines Gutes bestimmt sich aus ökonomischer Sicht somit nicht nur aus dessen Substanz, sondern vor allem daraus, was man mit dem Gut anfangen kann. Ein Grundstück in bester Lage ist zum Beispiel wesentlich weniger wert, wenn man es nur als Garten verwenden darf. Durch den Besitz des Eigentumsrechts ist die Möglichkeit gegeben, andere Personen von der Nutzung knapper Güter auszuschließen. Die entstehenden → *Transaktionskosten*, Interessenkonflikte sowie deren Lösung sind Gegenstand der Property Rights-Theorie.

▶ Proportionale Kosten

→ *Variable Kosten*

▶ Prospekthaftung

→ *Börsenzulassung*

▶ Protestwechsel

→ *Wechselprotest*

▶ Provider

→ *Internet Service Provider (ISP)*

▶ Provision

Anspruch (→ *Anspruch*) gem. § 354 BGB bzw. das Entgelt für bestimmte betriebliche Leistungen, z. B. für die Vermittlung von Geschäften (→ *Handelsvertreter*), für die Lagerung (Lagerprovision) oder Übernahme von Waren zum Verkauf (→ *Kommissionsgeschäft*) bzw. zum Transport (→ *Spediteur*) sowie für Finanzdienstleistungen (→ *Darlehen*, → *Kredit*).

▶ Prozentnotierung

→ *Kursnotierung*

▶ Prozess

Folge logisch zusammenhängender Aktivitäten zur Erstellung einer Leistung oder Veränderung eines Objektes (Transformation). Ein Prozess hat einen definierten Anfang (Auslöser, Input) und ein definiertes Ende (Ergebnis, Wert, Output). Innerhalb des Prozesses ist das Hauptziel ein Wertzuwachs bzw. eine Wertschöpfung, die vorab zu definieren ist. Prozesse sind zeitlich mit Managementtechniken, z. B. der → *Netzplantechnik* zu unterstützen und dessen Teile ggf. isoliert betrachtbar (→ *Outsourcing*, → *Eigenfertigung versus Fremdbezug*).

▶ Prozesscontrolling

Ausprägung des → *Controlling*, bei dem basierend auf der → *Prozesskostenrechnung* so genannte Wertketten bzw. Wertschöpfungsketten gestaltet werden sollen. Teilprozesse werden als eigenständige Kalkulationsobjekte hinsichtlich der Entscheidung → *Eigenfertigung versus Fremdbezug* (→ *Outsourcing*) beurteilt. Das Prozesscontrolling ist im Zusammenhang mit der → *Zielkostenrechnung* und dem → *Conjoint Measurement* und der → *Portfolioanalyse* zu sehen. Typische Portfoliodimensionen in einem Prozess sind der Prozessvorteil, das Marktwachstum, die Mengenausprägung der Kostentreiber (Cost Driver), zeitliche Nachfragefrequenzen, internes Marktwachstum und externer Marktbezug sowie Reifegrade eines Produktes.

▶ Prozesskostenrechnung

Ein insbesondere in den USA entwickeltes Kostenrechnungssystem (Activity Based Costing), das auf der Grundaussage basiert, dass Kosten nicht durch → *Kostenträger* verursacht werden, sondern durch Aufträge oder Aktivitäten entstehen, die sich wie ein Prozess durch das ganze Unternehmen ziehen (Fließprinzip versus Verursachungsprinzip). Es ähnelt insofern bezüglich des Grundgedankens der → *Relativen Einzelkostenrechnung.* Da die Höhe der → *Gemeinkosten,* die insbesondere bei Dienstleistungsunternehmen einen bedeutenden Anteil an den Gesamtkosten ausmachen, wesentlich von der Anzahl der angebotenen Produktvarianten sowie der Anzahl vorgenommener Aktivitäten zur Produktentwicklung abhängen, sollen Haupt- und Teilprozesse definiert werden. Sämtliche Kosten (→ *Vollkostenrechnung*) auf dem Prozessweg werden dann dem Produkt zugerechnet, das diese Haupt- oder Teilprozesse veranlasst hat. Wenn beispielsweise die Materialbeschaffung hinsichtlich ihrer Teilprozesse untersucht wird, so kann als Gemeinkostentreiber (Cost Driver) z. B. die Anzahl der Bestellungen definiert werden. Werden nun die Gemeinkosten der Materialbeschaffung in Relation zu den Gesamtbestellzahlen gesetzt, so errechnet sich ein Gemeinkostensatz einer Bestellung (Aktivität). Verursacht nun ein Produkt drei, das andere zehn Bestellvorgänge, so wird deutlich, dass die Produkte unterschiedlich mit dem Gemeinkostensatz belastet werden müssen.

▶ Prozessorganisation

Organisation (→ *Organisation*), bei der weniger der Aufbau (→ *Ablauforganisation*) als der Ablauf einer Aufgabenerfüllung im Mittelpunkt der Betrachtung steht. Ziel ist die optimale Auslastung der Prozessbeteiligten bzw. eine optimale Durchlaufzeit. Durch den Einsatz der begleitenden → *Prozesskostenrechnung* lassen sich die → *Gemeinkosten* verursachungsgerechter als bei der klassischen → *Kalkulation* bzw. → *Kostenrechnung* verteilen und dem Prozessauslöser anlasten. Die Prozessorganisation ist durch die Zeitbetrachtung im Gegensatz zur Funktions- oder Objektbetrachtung anderer Organisationsformen (→ *Funktionale Organisation*, → *Divisionale Organisation*) besser in der Lage, Entscheidungen hinsichtlich der Elimination, dem Auslagern (→ *Outsourcing*), Zusammenfassung, Parallelisieren, Verlagern oder Beschleunigen von Teilaufgaben zu treffen.

▶ Prüfung

Kurzbegriff für die Überprüfung der Einhaltung der gesetzlichen Vorschriften bezüglich des Jahresabschlusses bzw. der Aufstellung einer → *Bilanz* durch einen → *Wirtschaftsprüfer.* Prüfungshandlungen im Rahmen der gesetzlichen Jahresabschlussprüfungen sind Vorbehaltsaufgaben der Wirtschaftsprüfer. Nach § 316 HGB ist die → *Kapitalgesellschaft,* sofern es keine kleine im Sinne § 267 I HGB ist, prüfungspflichtig mit ihrem Einzelabschluss und Konzernabschluss. Die GmbH & Co. KG wurde im Rahmen des Kapitalgesellschaften- und Co-Richtlinie-Gesetz (KapCoRiLiG) der Kapitalgesellschaft gleichgestellt. Die Prüfungshandlungen und Prüfungsfeststellungen werden in einem → *Prüfungsbericht* niedergelegt. Das Ergebnis einer Prüfung wird in einem → *Prüfungsvermerk* bzw. → *Bestätigungsvermerk* festgehalten. Dieser richtet sich vornehmlich an einen großen Kreis externer Adressaten. Dies unterscheidet die Jahresabschlussprüfung von der freiwilligen Prüfung, die meistens einen bestimmten Auftraggeber hat (z. B. Gläubigerbank) und deren Ergebnis auch nur dem Auftraggeber bekannt gegeben wird.

▶ Prüfungsbericht

Bericht des Wirtschaftsprüfers über die Erteilung des Prüfungsauftrages, Annahme des Auftrages, den Umfang der Prüfung, die vorgenommenen Prüfungshandlungen und -methoden sowie die Prüfungsfeststellungen und das Prüfungsergebnis. Im Rahmen der Änderungen des HGB durch das KonTraG (Gesetz zur Kontrolle und Transparenz im Unternehmensbereich) soll der Prüfer im Prüfungsbericht eine Aussage zur Beurteilung der Lage, insbesondere des Fortbestandes und der zukünftigen Entwicklung des Unternehmens abgeben, soweit sich dies aus den geprüften Unterlagen herleiten lässt. Andererseits soll darauf einzugehen sein, ob der Abschluss insgesamt ein den tatsächlichen Verhältnissen entsprechendes Bild der Vermögens-, Finanz- und Ertragslage vermittelt. Hier werden vom Prüfer erstmals nicht nur Aussagen über vergangene Sachverhalte verlangt, vielmehr soll er Prognoseentscheidungen in den Prüfungsbericht aufnehmen. Dies wird seitens der Wirtschaftsprüfer, insbesondere vor dem Hintergrund der Haftung, sehr kritisch beurteilt.

▶ Prüfungsvermerk

Zusammenfassende Feststellung der Ergebnisse der → *Prüfung*, in der der Übereinstimmungsgrad zwischen Ist- und Sollzustand beschrieben wird. Bei gesetzlichen Jahresabschlussprüfungen kommt dies im → *Bestätigungsvermerk* zum Ausdruck.

▶ Public Relations (PR)

(Öffentlichkeitsarbeit) Teilbereich der → *Kommunikationspolitik* und der → *Corporate Identity (CI)* -Politik. Ziel der Öffentlichkeitsarbeit ist es, das Ansehen einer einzelnen Unternehmung, einer Branche, eines Wirtschaftszweiges oder einer Behörde zu heben und Vertrauen gegenüber dieser zu wecken. Hierzu gehören die Information der Öffentlichkeit über die Ziele, Leistungen und sozialen Aktivitäten der Unternehmung. Im Gegensatz zur traditionellen → *Werbung* ist dabei nicht der kurz- oder mittelfristige Absatz das Ziel. Vielmehr soll langfristig eine positive Einstellung gegenüber der Unternehmung erreicht werden. Maßnahmen hierzu sind z. B.

Pressekonferenzen, eine attraktive Gestaltung der Geschäftsberichte, die Herausgabe von Sozialberichten, Werkszeitschriften und von Jubiläumsschriften, die Durchführung von Betriebsbesichtigungen und von Veranstaltungen für die Öffentlichkeit, das Einrichten von Stiftungen, die Errichtung von Sportstätten, die Förderung wissenschaftlicher Vorhaben oder die Vergabe von Preisen.

▶ Publikumsfonds

→ *Kapitalanlagegesellschaft (KAG)*

▶ Publizität

I. w. S. die Veröffentlichung von Unternehmensdaten, i. e. S. die Offenlegung von Informationen (disclosure) über die Vermögens-, Finanz- und Ertragslage des Unternehmens. Im Hinblick auf den Berichtsrhythmus kann in **regelmäßige** Publizität (z. B. jährlicher → *Geschäftsbericht*) und **unregelmäßige** Publizität (z. B. bei Unternehmensgründungen, Kapitalerhöhungen, Unternehmenszusammenschlüssen) unterschieden werden. Im Hinblick auf die Verpflichtung zur Publizität lässt sich in eine **gesetzliche** Publizität (z. B. Offenlegungspflicht des Jahresabschlusses von Kapitalgesellschaften) und eine **freiwillige** Publizität im Sinne einer vertrauensschaffenden Maßnahme (z. B. Finanzanzeigen in Zeitungen) unterscheiden. Das Publizitätsniveau deutscher Unternehmen, insbesondere der börsennotierten Gesellschaften, hat sich in den letzten Jahren deutlich verbessert.

Gesetzliche regelmäßige Publizitätsvorschriften bestehen insbesondere für die → *Kapitalgesellschaft*, dabei wird der Publizitätsumfang für den **Einzelabschluss** – ähnlich dem Umfang der → *Rechnungslegung* – davon abhängig gemacht, ob es sich um Kleinstkapitalgesellschaften, kleine, mittelgroße oder große Kapitalgesellschaften handelt. Größenmerkmale sind gem. § 267 I u. II HGB sowie § 267a HGB die Bilanzsumme, die Umsatzerlöse und die Arbeitnehmerzahl. Beispielweise müssen gem. § 326 HGB kleine Kapitalgesellschaften und Kleinstkapitalgesellschaften keine GuV-Rechnung offen legen. Für die Kleinstkapitalgesellschaft entfällt überdies die

Offenlegung eines Anhangs. Für die Pflicht zur Offenlegung des **Konzernabschlusses** einer Kapitalgesellschaft sind die Größenmerkmale nach § 293 I HGB relevant. Die Offenlegungspflichten bzw. Bestandteile des Konzernabschlusses sind im Vergleich zum Einzelabschluss umfassender, insbesondere ist neben dem Anhang immer eine Kapitalflussrechnung und ein Eigenkapitalspiegel zu veröffentlichen; für kapitalmarktorientierte Unternehmen kommt gemäß IFRS 8 noch die Segmentberichterstattung hinzu. Zusätzlich enthält das → *Publizitätsgesetz* bestimmte Offenlegungspflichten **unabhängig** von der Rechtsform für alle Unternehmen, die bestimmte Größenmerkmale überschreiten. Die GmbH & Co. KG wurde in § 264a HGB im Hinblick auf die Rechnungslegung, Prüfung und Offenlegung der Kapitalgesellschaft gleichgestellt.

Im Sinne einer aktiven Publizitätspolitik haben viele Unternehmen eigene Bereiche für die Öffentlichkeitsarbeit eingerichtet, zum Teil speziell für Investor Relations, d. h. ein Bereich, der in ständigem Kontakt mit den Anteilseignern, insbesondere den institutionellen Anlegern, steht, um durch eine offene und umfassende Informationspolitik deren Investitionsverhalten positiv im Interesse des Unternehmens zu beeinflussen.

▶ Publizitätsgesetz (PublG)

Gesetz über die Rechnungslegung bestimmter Unternehmen und Konzerne. Das PublG schreibt insbesondere für Personengesellschaften und Einzelunternehmen die Aufstellung, Offenlegung und Prüfung des Einzelabschlusses in Abhängigkeit von bestimmten Größenmerkmalen vor, wenngleich diese Unternehmen aufgrund ihrer Rechtsform hierzu eigentlich nicht verpflichtet sind (§§ 1–10 PublG). Danach müssen an drei aufeinander folgenden Abschlussstichtagen mindestens zwei der drei folgenden Kriterien erfüllt sein, wobei pro Jahr nicht zwingend die gleichen Kriterien betroffen sein müssen:

- Bilanzsumme > 65 Mio. €
- Umsatzerlöse > 130 Mio. €
- Arbeitnehmer > 5.000.

Das PublG verlangt auf Basis dieser Größenkriterien auch eine **Konzernrechnungslegung**, d. h. ein Unternehmen (Mutterunternehmen) ist, unabhängig von seiner Rechtsform und unabhängig davon, ob es selbst die Größenmerkmale erfüllt, zur Erstellung, Offenlegung und Prüfung eines Konzernabschlusses gem. §§ 11 ff. PublG verpflichtet, wenn es einen beherrschenden Einfluss über andere Unternehmen (Tochterunternehmen) ausübt und der Konzern insgesamt die genannten Größenmerkmale erfüllt (→ *Konzernabschluss, Aufstellungspflicht*).

▶ Pufferzeit

→ *Netzplantechnik*, → *Lager*

▶ Punkteskala

→ *Skalierung*

▶ Put

Verkaufsoption (→ *Option*), bei der ein Käufer das Recht erwirbt, zum vereinbarten Fälligkeitstag den der Option zugrunde liegenden Vermögensgegenstand (→ *Wertpapier* oder → *Devisen* oder Waren) an einen → *Stillhalter* zum vereinbarten Optionspreis zu verkaufen (engl.: go short).

Q

► Qualifizierte Gründung

→ *Sachgründung*

► Qualität

Güte von Produkten und Prozessen in Betrieben. Sie umfasst den stofflich-technischen Gebrauchswert sowie die subjektive Qualitätseinschätzung. Der Gebrauchswert kann die Funktionstüchtigkeit, Verkehrssicherheit, Störanfälligkeit, Robustheit, Haltbarkeit, Dauerhaftigkeit, Integrierbarkeit und Lebensdauer sein. Bei Lebensmitteln kann weiterhin der Nähr- oder Genusswert untersucht werden. Diese Qualität kann objektiv messbaren technischen Maßstäben bzw. normierten Grenzwerten entsprechen oder subjektiv z. B. aus der Sicht des Nachfragers definiert werden. Subjektive Qualitätsmaßstäbe können dabei häufig durch Geltungs- statt Gebrauchsnutzen (z. B. Statussymbole, Image) geprägt sein. Weitere Qualitätsgrößen können neben dem bloßen Gewicht, der Ergiebigkeit oder Fehlerfreiheit der ökologische oder soziale Nutzen eines Produktes darstellen. Nach neueren Erkenntnissen ist der Qualitätsbegriff wesentlich durch kulturelle Einflüsse bestimmt. So werden z. B. in Schweden unter Qualität lange Lebensdauer, in Italien Stil, in Frankreich Eleganz und in Deutschland vor allem Funktionalität und Produktsicherheit assoziiert. Neben der Nationalität scheinen das Lebensalter und der Familienstand auf die Qualitätsanschauung

Einfluss zu haben. Im Gegensatz zu der dominierenden Kosten- und Preisbeachtung der letzten Jahrzehnte ist ein zunehmendes Qualitätsbewusstsein seitens der Kunden und damit in der Güterproduktion feststellbar. Qualitätsprodukte haben z. B. keine Mängel, Schäden oder Fehler und führen damit auch nicht zu Reklamation, → *Mängelgewährleistung* und Folgekosten. Die Qualität (Kundennutzen) wird bereits als entscheidende Wettbewerbsstrategie der Zukunft (*Michael Porter*) genannt. Qualitätsanforderungen können in einem → *Pflichtenheft* festgeschrieben werden. Aktuell findet eine Institutionalisierung der Qualitätsprüfung durch ISO-Normen statt, um sich als Betrieb Produkt- oder Prozessqualitäten zertifizieren zu lassen. Neuere Entwicklungen sind z. B. das Konzept Six Sigma.

▶ Qualitätsführerschaft

→ *Wettbewerbsstrategien nach Porter*

▶ Qualitätsgruppe

→ *Qualitätszirkel*, → *Lernstatt*, → *Werkstattzirkel*

▶ Qualitätsmanagement

Bewusste Verfolgung des Zieles der → *Qualität* von Produkten und Produktionsprozessen im Betrieb. In allerjüngster Zeit wird der Begriff des Qualitätsmanagements bzw. des Total Quality Management (TQM) in der Betriebswirtschaftslehre, insbesondere i. R. des → *Marketing* und der Strategischen Planung diskutiert. TQM soll organisatorisch durch die Einführung von Lenkungsausschüssen, Qualitätssicherungs-Koordinatoren, TQM-Beauftragte, → *Qualitätszirkel* oder Q-Projektgruppen bzw. durch die intensive Qualitätsschulung der Mitarbeiter und die Verbesserung des internen Vorschlagswesens erreicht werden. Um die subjektive Qualitätseinschätzung von Kunden zu fördern, ist bei dem Produkt auf Design (z. B. Sterne), → *Markenzeichen* oder Warenzeichen (z. B. Knopf im Ohr), Individualität (z. B. Namensgravur) oder psychologische Ansprache (z. B. pädagogischer Wert eines Spielzeuges durch Testurteil) zu achten. Als Maßgrößen für die Qualität werden Termintreue, Verfügbarkeit, Beanstandungszahlen, Fehlerkosten, Prüfkosten u. a. genannt (Six Sigma).

▶ Qualitätszirkel

Freiwillige Treffs von Mitarbeitern in einer formalen, d.h. nicht spontan organisierten Gruppe, um durch Erfahrungsaustausch und Ideenproduktion die technische, soziale oder Verfahrens-Qualität der Gütererstellung an ihren Arbeitsplätzen zu verbessern. Typische Fragestellungen sind neben der Verringerung von Ausschuss und der Fehlerquoten (Qualität der Produkte) Probleme der Arbeitsgeschwindigkeit. Durch die Einbeziehung der Mitarbeiter in die Planung des Arbeitsprozesses kann die → *Motivation* der Arbeiter durch ein günstiges Gruppen- und Betriebsklima gesteigert werden. Neben den Zeit- und Kostenüberlegungen für die Durchführung von Qualitätszirkeln sind die soziologisch bekannten Probleme des Gruppenzwanges zu beachten. Qualitätszirkel fanden Anfang der 1950er Jahre zuerst in Japan Anwendung, was durch das dortige ausgeprägte Gruppen- und Familienbewusstsein zu erklären ist. In den sechziger Jahren wurden Qualitätszirkel auch in den USA und erst in den achtziger Jahren in Deutschland eingeführt. Das Konzept der Qualitätszirkel ist abzugrenzen von den teilautonomen Gruppen, der → *Lernstatt* und dem → *Werkstattzirkel.*

▶ Quality Circle

→ *Qualitätszirkel*

▶ Quartalsabschlüsse

→ *Publizität*

▶ Quartalsberichterstattung

→ *Zwischenberichterstattung*

▶ Quartil

→ *Statistik*

▶ Quellensteuer

Steuer, die direkt an der Einkunftsquelle einbehalten wird (z. B. → *Lohnsteuer,* Zinsabschlagsteuer). Häufig bestehen strenge Haftungsregeln für denjenigen, der die Quellensteuer einzubehalten und abzuführen hat.

▶ Querschnittsanalyse

→ *Erhebungsmethode*

▶ Querschreibung

→ *Akzept*, → *Wechsel*

▶ Quotenaktie

→ *Aktie*, → *Nennwert*

▶ Quotenkonsolidierung

→ *Konzernabschluss, Quotenkonsolidierung*

R

▶ Rabatt

Mengenmäßiger → *Preisnachlass* als Instrument der Preispolitik im Rahmen des → *Marketing*. Das aus dem Jahr 1933 stammende Rabattgesetz, das die Möglichkeiten der Einräumung von Rabatten begrenzte, wurde 2001 abgeschafft.

▶ Rabattgesetz

→ *Rabatt*

▶ Rabattkartell

→ *Kartell*

▶ Rabattpolitik

Absatzpolitisches Instrument, das Art und Höhe von Rabatten festlegt. Durch die Rabattpolitik des Anbieters wird der vom Abnehmer zu zahlende Preis direkt beeinflusst; hierin zeigt sich die Verwandtschaft zur → *Preispolitik*. Insbesondere ein Mengenrabatt entspricht einer → *Preisdifferenzierung*. Abhängig ist die Wirkung von Rabatten für den Anbieter vor allem von der Preiselastizität der Nachfrager, d. h. der Intensität, mit der diese auf die Gestaltung des von ihnen geforderten Preises reagieren.

▶ Radio-Frequency Identification (RFID)

Technologie zum automatischen und berührungslosen Identifizieren und Lokalisieren von Objekten mittels Radiowellen.

Ein RFID-System besteht aus einem Transponder, der sich am Objekt befindet und einen kennzeichnenden Code enthält, sowie einem Lesegerät zum Auslesen dieser Kennung.

RFID-Transponder können verhältnismäßig klein sein. Die Vorteile dieser Technik ergeben sich aus der Kombination der geringen Größe, der unauffälligen Auslesemöglichkeit (z. B. bei dem am 1.11.2010 neu eingeführten Personalausweis in Deutschland) und dem geringen Preis der Transponder (teilweise im Cent-Bereich). Diese neue Technik kann den heute noch weit verbreiteten Barcode ersetzen.

Die Kopplung geschieht durch vom Lesegerät erzeugte magnetische Wechselfelder geringer Reichweite oder durch hochfrequente Radiowellen. Damit werden nicht nur Daten übertragen, sondern auch der Transponder mit Energie versorgt. Nur wenn größere Reichweiten erzielt werden sollen und die Kosten der Transponder nicht sehr kritisch sind, werden aktive Transponder mit eigener Stromversorgung eingesetzt.

Das Lesegerät enthält eine Software, das den eigentlichen Leseprozess steuert, und eine RFID- Middleware mit Schnittstellen zu weiteren EDV-Systemen und Datenbanken.

▶ Räumungsverkauf

Gem. § 8 UWG (→ *Gesetz gegen den unlauteren Wettbewerb (UWG)*) zulässiger Sonderverkauf wegen Räumungszwangslage (12 Werktage) oder wegen Aufgabe des gesamten Geschäftsbetriebes (24 Werktage). Räumungszwangslagen sind z. B. Feuer oder Umbau. Nach Aufgabe des gesamten Geschäftsbetriebes ist eine Neueröffnungssperrfrist von zwei Jahren am selben Ort oder in einer benachbarten Gemeinde für eine gleiche Art von Geschäftsbetrieb vorgesehen.

▶ Random Walk-Hypothese

These von *L. Bachelier* im Rahmen der technischen Analyse (→ *Chart,* → *Wertpapieranalyse*) von Wertpapieren, wonach der Kurs des Papiers zufällig um den so genannten inneren Wert des Anteiles schwankt. Das Zufallsweg-Modell führte zur Suche nach dem so genannten inneren Wert durch Gewichtungen von Erwartungen oder einfachen Größen wie dem → *Kurs-Gewinn-Verhältnis (KGV).*

▶ RAP

→ *Rechnungsabgrenzungsposten (RAP)*

▶ Ratenkredit

Kredit (→ *Kredit*), bei dem die Tilgung in gleichmäßigen Beträgen zu festgesetzten regelmäßigen Terminen stattfindet. Häufig im Versandhandel gewählte Zahlungsform, bei dem das Handelsunternehmen direkt oder indirekt über eine so genannte Teilzahlungsbank den Kredit beim Kauf der Konsumgüter gewährt.

▶ Ratenlieferungsvertrag

In § 505 BGB geregelter Vertrag mit vereinbartem Zahlungsaufschub bzw. der Möglichkeit von Teilzahlungen. Wichtig ist hier das Widerspruchsrecht des Kunden gem. § 507 BGB zwei Wochen nach Vertragsschluss. Diese Regelungen gelten auch für elektronisch abgeschlossene Ratenlieferungsverträge (→ *E-Commerce-Vertrag,* → *Fernabsatz,* → *Elektronischer Geschäftsverkehr*).

▶ Rating

Die Beurteilung der wirtschaftlichen Lage und der Bonität von Unternehmen, Institutionen oder Staaten. Mit der Umsetzung von → *Basel I, II, III* haben sie einen erheblichen Einfluss auf die Konditionen der Kreditvergabe. Bei einem Rating werden neben „hard facts", wie Finanzkennzahlen, auch „soft facts", wie z. B. die Managementqualität oder die Strategie, berücksichtigt. Als Ergebnis eines

Ratings erhält man eine Einordnung in eine Bonitätsstufe oder Rating-Klasse. Die Bezeichnungen der Stufen variieren zwischen den Ratingagenturen. Dabei gilt, je höher die Stufe (Abbildung R-1) desto höher die Sicherheit für das Finanzinstitut und desto niedriger der zu hinterlegende Eigenkapitalanteil. Ratings werden sowohl von Banken (bankeninternes Rating), als auch von unabhängigen Ratingagenturen (externes Rating) anhand von quantitativen und qualitativen Faktoren durchgeführt. Die bekanntesten privaten Ratingagenturen sind Standard and Poor's sowie Moody's.

Bonitätsbewertung		Rating-Symbol		
		S&P	Moody's	Fitch
Sehr gute Anleihen	Beste Qualität, geringstes Ausfallrisiko	AAA	Aaa	AAA
	Hohe Qualität, aber etwas größeres Risiko als die Spitzengruppe	AA+ AA AA–	Aa1 Aa2 Aa3	AA+ AA AA–
Gute Anleihen	Gute Qualität, viele gute Investmentattribute, aber auch Elemente, die sich bei veränderter Wirtschaftsentwicklung negativ auswirken können	A+ A A–	A1 A2 A3	A+ A A–
	Mittlere Qualität, aber mangelnder Schutz gegen die Einflüsse sich verändernder Wirtschaftsentwicklung	BBB+ BBB BBB–	Baa1 Baa2 Baa3	BBB+ BBB BBB–
Spekulative Qualität	Spekulative Anlage, nur mäßige Deckung für Zins- und Tilgungsleistungen	BB+ B BBB–	Ba1 Ba2 Ba3	BB+ BB BB–
	Sehr spekulativ, generell fehlende Charakteristika eines wünschenswerten Investments, langfristige Zinszahlungserwartung gering	B+ B B–	B1 B2 B3	B+ B B–
Junk Bonds	Niedrigste Qualität, geringster Anlegerschutz. In Zahlungsverzug oder indirekte Gefahr des Verzugs	CCC CC C	Caa Ca.	CCC CC C
Zahlungsunfähig	In Zahlungsverzug oder Insolvenz	SD/D	C	SD/D

Abb. R-1: Ratingsymbole von S & P, Moody's und Fitch

▶ Rating-Skala

Definition einer Rangreihe (Ordinalskala) von Rating-Noten (→ *Rating*). Instrument der eindimensionalen Einstellungsmessung (→ *Image*). Die Einstellung gegenüber einem Objekt wird dadurch gemessen, dass einer Testperson z. B. folgende Frage gestellt wird: „Wie schätzen Sie die Marke XY ein?". Der Befragte gibt seine Einschätzung dann z. B. anhand einer → *Skalierung* von sehr gut bis sehr schlecht an.

▶ Rationalisierung

Maßnahmen mit dem Ziel, einen höheren Output (z. B. Menge, Umsatz, Gewinn) mit demselben Input (z. B. Arbeit, Betriebsmittel, Werkstoffe) oder einen gleichen Output mit geringerem Einsatz von Produktionsfaktoren (Input) zu erzielen. Die Verfolgung des aus dem allgemeinen Rationalprinzip abgeleiteten → *Ökonomischen Prinzips* entspricht daher der Zielsetzung einer Rationalisierung, so dass stets eine Verbesserung der → *Produktivität,* → *Rentabilität* oder → *Wirtschaftlichkeit* erfolgen soll. Rationalisierungspotentiale lassen sich bei allen Produktionsfaktoren vorstellen. So können beispielsweise bei dem Faktor Arbeit durch → *Automatisierung,* d. h. Ersetzen von menschlicher Arbeit (z. B. Schweißer) durch schnellere oder leistungsfähigere Maschinen (z. B. Schweißroboter) Kosten eingespart werden (→ *REFA*). Durch Rationalisierungsinvestitionen (→ *Investition*) lassen sich evtl. gleich teure Betriebsmittel (Maschinen) mit erheblich mehr Leistung einsetzen. Bei den Werkstoffen lässt sich evtl. der Lagerbestand rationalisieren (verringern), wodurch die → *Kapitalbindung* verringert wird. Unter Rationalisierung wird in der Wirtschaftspraxis auch die Vereinheitlichung von Fertigungsteilen (z. B. **Normung** von Schrauben) oder Herstellungsgütern (z. B. Typung von Automarken → *Normung*) sowie die Spezialisierung auf wenige Spezialprodukte verstanden. Für die Rationalisierung können fallweise externe Berater hinzugezogen werden oder i. S. einer laufenden Aufgabe spezielle organisatorische Einheiten im Unternehmen zuständig sein (→ *Mintzberg-Konfiguration*). Die Auswirkungen auf die → *Motivation* von Mitarbeitern bei Rationalisierungsmaßnahmen sind zu beachten.

▶ Rationalisierungsinvestition

Investition (→ *Investition*) im Rahmen einer → *Rationalisierung* eines Unternehmens, die bei einer Investitionsentscheidung von einer Erst-, Ersatz- oder Erweiterungsinvestition zu unterscheiden ist (→ *Investitionsarten*).

▶ Rationalprinzip

→ *Ökonomisches Prinzip*

▶ Reaktanz

Reaktion von Konsumenten, bei der sich eine Person einer wahrgenommenen Beeinflussung widersetzt. Diese Reaktion erfolgt deshalb, weil vom Individuum eine Absicht erkannt wird, seine Meinungs- oder Verhaltensfreiheit einzuschränken. Übersteigt die aufgebaute Reaktanz eine bestimmte Schwelle, wird sie verhaltenswirksam und führt zu einem gefühlsmäßigen Widerstand gegen die Beeinflussung bis hin zu einer Resistenz gegenüber Beeinflussungsversuchen. Die Stärke der Reaktanz ist abhängig vom wahrgenommenen Beeinflussungsdruck, von der Bedeutung des Meinungsobjekts oder der Verhaltensweise für die Person, von der Distanz der beiden Meinungen und vom Umfang des bedrohten Freiheitsspielraums.

▶ Real Estate Investment Trust (REIT)

Börsennotierte Aktiengesellschaften, deren Geschäftszweck der Erwerb, die Veräußerung, die Vermietung und die Verpachtung von Immobilien ist und Anleger durch den Kauf ihrer Aktien in die Lage versetzen auch mit Kleinstanlagen sich an Immobilienanlagen zu beteiligen. Kennzeichnend für REITs ist, dass lediglich die Anlegerseite besteuert wird. REITs an sich sind steuerbefreit, wobei sie verpflichtet sind, von ihren Erträgen einen Mindestbetrag an die Anleger auszuschütten. Es existieren hierzu auch → *Zertifikate*, deren Basisprodukt eine REIT-Aktie darstellt.

▶ Realgüterstrom

→ *Gut*

▶ Realisationsprinzip

Einer der → *Grundsätze ordnungsmäßiger Bilanzierung (GoBil)* gem. § 252 I Nr. 4 u. 5 HGB, der besagt, wann und in welcher Höhe Ausgaben und Einnahmen im → *Jahresabschluss* als Aufwand und Ertrag realisiert, d. h. ergebniswirksam zu verrechnen sind. Als Realisationszeitpunkt bei Lieferungen und Leistungen gilt der Zeitpunkt, zu dem sie erbracht wurden. Dies ist im Allgemeinen der Zeitpunkt der Rechnungsstellung und des Gefahrenübergangs. Bis zu diesem Zeitpunkt sind die selbst erstellten oder erworbenen Unternehmenserzeugnisse zu den Herstellungs- bzw. Anschaffungskosten zu bewerten. Erst im Zeitpunkt der Lieferung und Leistung tritt eine Erfolgsrealisation ein. Bei langfristiger Fertigung (z. B. beim Bau von Satelliten, Schiffen, Häusern etc.) führt eine Erfolgsrealisation erst zum Zeitpunkt der Lieferung und Leistung des gesamten Auftrags zu einer nicht periodengerechten Darstellung der Ertragslage in der GuV, da in der Periode der Lieferung und Leistung ein Ertrag ausgewiesen wird, der betriebswirtschaftlich betrachtet über mehrere Jahre hinweg erwirtschaftet wurde. Dennoch ist – entsprechend dem Vorsichtsprinzip – nach h. M. im deutschen Recht bei langfristiger Fertigung eine anteilige Erfolgsrealisation in den einzelnen Fertigungsperioden nicht zulässig, es sei denn, es erfolgen Teilabrechnungen, die mit einem Gefahrenübergang verbunden sind. In Ausnahmefällen erlaubt aber auch das HGB den Ausweis noch nicht realisierter Gewinne, wie z. B. gem. § 256a HGB für Fremdwährungsposten mit einer Restlaufzeit von bis zu einem Jahr.

Nach IFRS und US-GAAP wird das Realisationsprinzip weniger streng interpretiert, beispielsweise ist unter bestimmten Voraussetzungen nach IFRS 15 bei langfristiger Fertigung eine Teilgewinnrealisierung vorgeschrieben, unabhängig davon, ob effektiv Teilabrechnungen erfolgen. Diese Methode wird als → *Percentage of Completion-(PoC-)Method* bezeichnet.

▶ Realkredit

Kredit (→ *Kredit*), der durch reale, d. h. dingliche → *Kreditsicherheiten,* insbesondere Vermögenswerte wie Grundstücke (→ *Grundschuld,* → *Hypothek*) abgesichert ist. Derartige Kredite werden von so genannten Realkreditinstituten, z. B. Hypothekenbanken und Bausparkassen im Rahmen der Eigenheimfinanzierung begeben. Hier wird im Rahmen der Kreditprüfung hauptsächlich auf die wirtschaftliche → *Kreditwürdigkeit,* im Gegensatz zur persönlichen Kreditwürdigkeit, eines Kreditnehmers Wert gelegt. Für den Kreditgeber (Kreditor) stellt die Verwertbarkeit von Sachwerten (→ *Pfand,* Grundstücke oder Gebäude), ausgedrückt im so genannten → *Beleihungswert,* die Sicherheit für eine rechtzeitige Zins- und Tilgungszahlung durch den Kreditnehmer (Debitor) dar.

▶ Realkreditinstitut

→ *Realkredit*

▶ Reallokation

→ *Kapitalallokation*

▶ Realsicherheiten

→ *Kreditsicherheiten*

▶ Rechnungsabgrenzungsposten (RAP)

Aktive oder passive Bilanzpositionen, die der periodengerechten Erfolgsermittlung dienen, indem zeitraumbezogene Einnahmen und Ausgaben, die mehrere Perioden betreffen, so abgegrenzt werden, dass jeder Periode die Aufwendungen und Erträge zugeordnet werden, die sie betreffen. Dabei kann in **transitorische** und **antizipative** Abgrenzungsposten unterschieden werden.

Ein **transitorischer** Abgrenzungsposten ergibt sich, wenn eine Ausgabe oder Einnahme **vor** dem Abschlussstichtag erfolgt, wenngleich sie einen Zeitraum danach betrifft. Entsprechend führt eine Ausgabe/Einnahme, die erst nach dem Abschlussstichtag erfolgt, die aber wirtschaftlich die Zeit davor betrifft, zu einem **antizipativen** Abgrenzungsposten. Je nachdem, ob es sich um eine Ein- oder Auszahlung handelt, ergeben sich somit die in Abbildung R-2 dargestellten vier Fallgruppen.

Rechnungs-abgrenzungsposten	Aktiv	Passiv
Transistorisch	Ausgabe vor Abschlussstichtag, Aufwand nach Abschlussstichtag (z. B. im Voraus bezahlte Löhne)	Einnahme vor Abschlussstichtag, Ertrag nach Abschlussstichtag (z. B. im Voraus erhaltene Zinsen)
Antizipatisch	Einnahme nach Abschlussstichtag, Ertrag vor Abschlussstichtag (z. B. noch zu erhaltende Zinsen)	Ausgabe nach Abschlussstichtag, Aufwand vor Abschlussstichtag (z. B. noch zu zahlende Löhne

Abb. R-2: Rechnungsabgrenzungsposten

Für transitorische Rechnungsabgrenzungsposten besteht sowohl in der Handelsbilanz (gem. § 250 I u. II HGB) als auch in der Steuerbilanz (gem. § 5 V EStG) eine Ansatzpflicht. Sie sind in der Bilanz separat als solche auszuweisen. Dagegen sind antizipative Rechnungsabgrenzungsposten innerhalb der „Sonstigen Forderungen“ oder „Sonstigen Verbindlichkeiten“ zu zeigen. Transitorische Posten im weiteren Sinne, wie z. B. die Ausgaben für Werbefeldzüge oder die Entwicklung neuer Produkte, dürfen entsprechend dem → *Grundsatz der Vorsicht* nach HGB und auch nach IFRS und US-GAAP grundsätzlich nicht aktiviert werden.

▶ Rechnungshof

→ *Bundesrechnungshof*

▶ Rechnungslegung

Bezeichnung für die Dokumentation des betrieblichen Geschehens sowohl für externe Zwecke, insb. der → *Handelsbilanz* und → *Steuerbilanz,* als auch im Rahmen interner Aufgabenstellungen, u. a. → *Kostenrechnung,* Unternehmens- und → *Finanzplanung.* Die für die Rechnungslegung relevanten Daten werden im Rahmen des

→ *Rechnungswesen* erfasst. Inhalt und Umfang der handelsrechtlichen Rechnungslegung sind im Wesentlichen von der Rechtsform, der Unternehmensgröße und der Branche abhängig. Kleine Einzelkaufleute sind nach § 241a i. V. m. § 242 IV HGB von der handelsrechtlichen Rechnungslegung ganz befreit, während alle übrigen Kaufleute die allgemeinen Vorschriften zur Rechnungslegung der §§ 238 bis 261 HGB beachten müssen. Für Kapitalgesellschaften sind zusätzlich die ergänzenden Vorschriften der §§ 264 bis 335 HGB relevant, die wiederum unterschiedlich sind, je nachdem, ob es sich um Kleinstkapitalgesellschaften, kleine, mittelgroße oder große Kapitalgesellschaften handelt. (Zu den Größenmerkmalen → *Publizität.*) Die GmbH & Co. KG wurde in § 264a HGB der Kapitalgesellschaft in der Rechnungslegung grundsätzlich gleichgestellt. Alle Erleichterungen, die für kleine Kapitalgesellschaften bestehen, gelten gem. § 267a II HGB auch für die Kleinstkapitalgesellschaften. Für kleine Kapitalgesellschaften bestehen vor allem längere Aufstellungsfristen (§ 264 I S. 4 HGB), Möglichkeiten zur verkürzten Darstellung der Bilanz und GuV (§ 266 I S. 3 und § 276 HGB) sowie des Anhangs (§ 288 I HGB) und die Befreiung von der Abschlussprüfung (§ 316 I S. 1 HGB) sowie der Erstellung eines Lageberichts (§ 264 I S. 4 HGB). Für mittelgroße Kapitalgesellschaften besteht die Möglichkeit einer verkürzten Darstellung der GuV (§ 276 HGB) und des Anhangs (§ 288 II HGB). Für Kleinstkapitalgesellschaften bestehen darüber hinaus zusätzliche Erleichterungsregelungen, wie beispielsweise die Möglichkeit weiterer Gliederungsverkürzungen in Bilanz und GuV (§ 266 I und § 275 V HGB) und die Option, auf die Erstellung und damit auch Offenlegung eines Anhangs ganz zu verzichten (§ 264 I S. 5 HGB). Neben diesen im HGB kodifizierten Rechnungslegungsvorschriften sind die unabhängig von der Rechtsform geltenden Vorschriften des → *Publizitätsgesetz (PublG)* zu beachten, die ausschließlich an bestimmten Größenmerkmalen anknüpfen. Ferner bestehen spezifische Rechnungslegungsvorschriften für einzelne Rechtsformen, z. B. Aktiengesellschaften, und bestimmte Branchen, wie Banken, Versicherungen und Rohstoffe. Tochtergesellschaften eines Konzerns können unter bestimmten Voraussetzungen (u. a. Einstandspflicht der Mutter) von bestimmten Teilen der handelsrechtlichen Rechnungs-

Drittes Buch: Handelsbücher					
(1)	(2)	(3)	(4)	(5)	(6)
§§ 238–263	**§§ 264–335c**	§§ 336–339	§§ 340–341y	§§ 342–342a	§§ 342b–342e
Vorschriften für alle Kaufleute	Ergänzende Vorschriften für Kapitalgesellschaften sowie bestimmte Personengesellschaften	Ergänzende Vorschriften für eingetragene Genossenschaften	Ergänzende Vorschriften für Unternehmen bestimmter Geschäftszweige	Privates Rechnungslegungsgremium und Rechnungslegungsbeirat	Prüfstelle für Rechnungslegung

§§ 238–241a	**§§ 242–256a**	§§ 257–261	§§ 262–263
Buchführung, Inventar	Eröffnungsbilanz, Jahresabschluss	Aufbewahrung, Vorlage	Landesrecht

§§ 242–245	§§ 246–251	§§ 252–256a
allg. Vorschriften	Ansatzvorschriften	Bewertungsvorschriften

§§ 264–289f	§§ 290–315e	§§ 316–335c
Jahresabschluss der Kapitalgesellschaft und Lagebericht	Konzernabschluss und Lagebericht	Vier weitere Unterabschnitte

§§ 264–265	§§ 266–274a	§§ 275–277	§§ 284–288	§§ 289–289f
allg. Vorschriften	Bilanz	GuV	Anhang	Lagebericht

Abb. R-3: Grundstruktur der Rechnungslegungsvorschriften (Drittes Buch HGB) (Quelle: Wöhe: Einführung in die Allgemeine Betriebswirtschaftslehre, 26. Aufl., München 2016, S. 667)

legung befreit werden (§ 264 III, IV HGB und § 5 VI PublG) (Abbildung R-3).

▶ Rechnungswesen

System zur zahlenmäßigen, d. h. mengen- und wertmäßigen Erfassung, Aufbereitung und Darstellung der wirtschaftlichen Situation eines Unternehmens (= *betriebliches Rechnungswesen*) oder einer Volkswirtschaft (= *volkswirtschaftliches Rechnungswesen*). Das betriebliche Rechnungswesen wird dabei in der Regel in vier Funktionsbereiche unterteilt, die je nach Größe des Unternehmens eigene organisatorische Einheiten (Abteilungen) bilden, d. h.:

(1) Buchhaltung und Jahresabschluss

- Buchführung
- Inventar
- Jahresabschluss
- Sonderabschlüsse

(2) Steuern

- Ertragsteuern
- Substanzsteuern
- Verkehrsteuern
- Auslandssteuern

(3) Kostenrechnung und Leistungsrechnung

- Kostenartenrechnung
- Kostenstellenrechnung
- Kostenträger-Stückrechnung
- Kostenträger-Zeitrechnung
- Kurzfristige Erfolgsrechnung (Betriebsergebnisrechnung)

(4) Investition und Finanzierung

- Investitionsrechnung
- Finanzwirtschaft (Cash- und Treasury-Management)
- Finanzplanung

- Unternehmensplanung

Kosten- und Leistungsrechnung sowie Investition und Finanzierung werden als internes Rechnungswesen bezeichnet, das sich primär an unternehmensinterne Stellen und Personen richtet. Als externes Rechnungswesen hingegen, das sich an unternehmensexterne Personen und Institutionen (Staat, Banken, etc.) richtet, werden die Funktionsbereiche Buchhaltung und Jahresabschluss sowie Steuern bezeichnet.

Jeder der vier Funktionsbereiche hat unterschiedliche Aufgabenstellungen und demzufolge auch unterschiedliche Rechenelemente (→ *Erfolgsrechnung*). Dennoch bestehen zwischen ihnen interdependente Beziehungen. Überlagert werden die Funktionsbereiche daher von einem Berichtswesen (Betriebswirtschaftliche Statistik), das vor allem auch die Aufgabe hat, die interdependenten Zusammenhänge zwischen den Bereichen aufzuzeigen und im Rahmen von Management-Informationssystemen an die Entscheidungsträger heranzutragen. Teilweise werden die Aufgabenstellungen auch in Form von Projektarbeiten mit Mitarbeitern aus den unterschiedlichen Bereichen des Rechnungswesen abgewickelt, z. B. im Rahmen sog. → *Due Diligence* Untersuchungen beim Kauf neuer Unternehmen. Zurzeit werden in vielen Unternehmen Maßnahmen zum Reengineering des Rechnungswesens eingeleitet (Lean Management), indem versucht wird, das externe Rechnungswesen (insb. → *Jahresabschluss*) und das interne Rechnungswesen (insb. → *Kostenrechnung*) im Hinblick auf die Rechen- und Ergebnisgrößen möglichst weitgehend zu vereinheitlichen, d. h. letztlich die externe Rechnungslegung stärker an betriebswirtschaftlichen Kriterien (u. a. im Rahmen von Überlegungen zur Umstellung auf IFRS und US-GAAP auszurichten.

▶ Rechnungswesen, kameralistisches

Rechnungswesen, das auf der kameralistischen Buchhaltung basiert, die ihren Ursprung in der Kameralistik im 18. Jahrhundert hat. Sie stellt in ihrer einfachsten Form eine Einnahmen-/Ausgabenrechnung dar, die weder eine Inventur noch eine Bewertung der Vermögensgegenstände und Schulden beinhaltet. Sie entspricht nicht den → *Grundsätzen ordnungsmäßiger Buchführung (GoB)* und ist für kaufmännische Unternehmen nicht geeignet. In der Öffentlichen Verwaltung und in Öffentlichen Betrieben ist sie auch heute noch in Form der Verwaltungskameralistik und der Betriebskameralistik verbreitet. Bei der Privatisierung Öffentlicher Betriebe muss daher eine umfassende Umstellung des Rechnungswesens erfolgen.

▶ Rechtsbehelfsverfahren

Außergerichtliches Verfahren zur Anfechtung von Verwaltungsakten in öffentlich-rechtlichen Abgabeangelegenheiten. Nach §§ 347 ff. AO ist der Einspruch der entsprechend statthafte Rechtsbehelf. Er muss innerhalb der Rechtsbehelfsfrist, ein Monat nach Bekanntgabe des Verwaltungsaktes, gegen den er sich richtet, beim → *Finanzamt* schriftlich eingelegt werden. Begründungen und Beweismittel können später angebracht werden. Über den Einspruch entscheidet die Einspruchstelle des Finanzamtes durch Entscheid. Hiergegen kann nur Klage beim Finanzgericht erhoben werden. Das außergerichtliche Verfahren erfolgt ohne Verfahrenskosten, es besteht für den Einspruchsführer kein Vertretungszwang, d. h. jeder Steuerpflichtige kann gegen einen entsprechenden Verwaltungsakt der Finanzbehörde Einspruch einlegen. Oftmals wird der Einspruch kombiniert mit dem Antrag auf Aussetzung der Vollziehung, um die Zahlung einer Steuer bzw. die Einleitung einer Vollstreckungsmaßnahme bis zur Einspruchsentscheidung hinauszuschieben. Über diesen Antrag wird separat entschieden. Bei Ablehnung durch die Finanzbehörde kann er nach § 69 IV FGO beim Finanzgericht gestellt werden.

Rechtsform	Rechtsform		
	Einzelunternehmen (Eu)	OHG	KG
Rechtsgrundlage	§§ 1–104a HGB	§§ 105–160 HGB	§§ 161–177a HGB
Leitungsrechte	Eigentümer	alle oder ein(-zelne) Gesellschafter (§ 114)	Komplementär(e) (§ 164)
Kontrollrechte	Eigentümer	alle Gesellschafter (§ 118)	volle K.-rechte für Komplementäre; beschränkte für Kommanditisten (§ 166)
Haftung	uneingeschränkt (mit Betriebs- und Privatvermögen)	uneingeschränkt für alle Gesellschafter als Gesamtschuldner (§ 128)	uneingeschränkt für Komplementäre; eingeschränkt für Kommanditisten
Mindesteigenkapital	keine Vorschrift	keine Vorschrift	keine Vorschrift
GuV-Verteilung	Eigentümer	nach Gesellschaftsvertrag; sonst nach § 121	nach Gesellschaftsvertrag; sonst nach § 168
Entnahmebeschränkung	keine	nach Gesellschaftsvertrag; sonst nach § 122	nach Gesellschaftsvertrag; sonst nach § 169
Finanzierungsmöglichkeiten[1]	EF beschränkt durch Vermögen des Inhabers; FF beschränkt durch Kreditwürdigkeit des Inhabers	bessere Finanzierungsmöglichkeit als Eu, da mehrere Vollhafter	bessere Finanzierungsmöglichkeit als Eu und OHG, weil Teilhafter zusätzliches Kapital einbringen
Publizität und Prüfung	nicht erforderlich, Ausnahme Großunternehmen[2]	wie Eu	wie Eu
Unternehmerische Mitbestimmung für Arbeitnehmer	keine	keine	keine

[1] EF Eigenfinanzierung; FF Fremdfinanzierung, [2] Publizitäts- und Prüfungspflicht für Großunternehmen nach § 1 PublG, [3] Die Montanmitbestimmung gilt nicht für Genossenschaften.

Rechtsform			
Stille Gesellschaft	**AG**	**GmbH**	**Genossenschaft**
§§ 230–236 HGB	AktG	GmbHG	GenG
stiller G. üblicherweise ausgeschlossen (§ 230 Abs. 2)	Vorstand (§ 76 Abs. 1)	Geschäftsführer; Weisungsrecht der Gesellschafterversammlung (§ 45)	Vorstand; satzungsmäßige Beschränkung möglich (§ 27)
volle Kontrollrechte für Inhaber; beschränkte für stillen G. (§ 233)	volle Kontrollrechte für AR; (§ 111); beschränkte Informationsrechte für HV	volle Kontrollrechte für Gesellschafterversammlung	volle Kontrollrechte für Aufsichtsrat; beschränkte für Generalversammlung
uneingeschränkt für Inhaber; stiller G. wird Insolvenzgläubiger (§ 236)	uneingeschränkt für Gesellschaft; eingeschränkt für Aktionäre (§ 1)	uneingeschränkt für Gesellschaft; eingeschränkt für Gesellschafter	uneingeschränkt für Genossenschaft; eingeschränkt für Mitglieder; ggf. Nachschusspflicht
keine Vorschrift	€ 50.000,– (§ 7)	€ 25.000,– (§ 5)	keine Vorschrift
stiller G. muss am Gewinn, kann am Verlust beteiligt werden (§ 231)	gleichmäßig auf Stammaktien; Sonderregelungen für Vorzugsaktien (§ 60)	nach Gesellschaftsvertrag; sonst nach Stammkapitalanteilen (§ 29)	nach Satzung; sonst nach Geschäftsguthaben (§ 19)
Gewinnanteil ggf. gekürzt um Verlustvortrag (§ 232)	Gewinnthesaurierung durch Vorstand zulässig (§ 58 Abs. 2)	nach Gesellschaftsvertrag möglich (§ 29)	nach Satzung möglich (§ 19)
besser als Eu, da stiller G. zusätzliches Kapital einbringt	Hervorragend: ▪ kleine EK-Anteile ▪ Handel an Börse ▪ Kapitalmarktzugang für FF	EF-Vorteil: Haftungsbeschränkung für Gesellschafter; FF-Nachteil: Gläubiger verlangen zusätzliche Sicherheit	EF-Vorteil: kleine Stückelung; EF-Nachteil: schwankende EK-Basis durch Austrittsrecht; FF kann durch Nachschusspflicht gestärkt werden
wie Eu	zwingend	zwingend	zwingend
	Erleichterung für kleine und mittelgroße Gesellschaften		
keine	**Drittelparität,** wenn mehr als 500, aber weniger als 2.001 Beschäftigte **Unterparität,** wenn mehr als 2.000 Beschäftigte **Volle Parität** für Montanbetriebe ab 1.001 Beschäftigte		

Abb. R-4: Rechtsformen (Quelle: Wöhe: Einführung in die Allgemeine Betriebswirtschaftslehre, 26. Aufl., München 2016, S. 211)

▶ Rechtsfähigkeit

Fähigkeit, Träger von Rechten und Pflichten zu sein. Der Begriff der Rechtsfähigkeit ist nirgends gesetzlich geregelt und ist abzugrenzen von der → *Geschäftsfähigkeit* (Fähigkeit, rechtsverbindlich Geschäfte abschließen zu können) und von der Deliktsfähigkeit (für evtl. entstandene Schäden verantwortlich zu sein).

▶ Rechtsform

Rechtliche → *Organisation* bzw. rechtlicher Rahmen eines Unternehmens, durch den Teile der rechtlichen Beziehungen innerhalb des Betriebs und zur Unternehmensumwelt geregelt werden. Die Rechtsform drückt sich aus in der → *Firma* bzw. dem Firmennamen der Unternehmung. Anlass einer Rechtsformentscheidung kann die Gründung (→ *Sachgründung*), Umwandlung oder der Zusammenschluss (→ *Unternehmenszusammenschluss*) mehrerer Unternehmen sein. Auch steuerliche oder finanzielle Überlegungen können eine Rechtsformänderung zur Folge haben. In der Bundesrepublik Deutschland besteht eine generelle Wahlfreiheit (Typenfreiheit) bezüglich der Rechtsformwahl. Nur einige Betriebsarten (z. B. Hypothekenbanken, bestimmte Versicherungen, gemeinnützige Wohnungsunternehmen, Genossenschaften oder Kapitalgesellschaften) sind einem Formzwang unterstellt. Das Gesellschaftsrecht (BGB, HGB, GmbHG, AktG, GenG) sowie das Steuerrecht und sonstige Wirtschaftsgesetze (GWB) determinieren die Rechtsformwahl von der rechtlichen Seite. Die wirtschaftlichen Ziele fasst Abbildung R-5 zusammen (die einzelnen Rechtsformen in Abbildung R-4 im Hinblick auf die in Abbildung R 5 genannten Ziele bei den entsprechenden Buchstaben).

▶ Rechtsgeschäft

→ *Willenserklärung*

▶ Rechtsobjekte

→ *Rechtssubjekte*

▶ Rechtsquellen

Abbildung R-6 fasst die Quellen des Privatrechts zusammen.

Mögliche Zielinhalte der Rechtsformwahl

1. Haftung (Grad der Beschränkung)
2. Finanzierungsmöglichkeiten (Möglichkeiten der Eigen- und Fremdfinanzierung)
3. Leitungsbefugnis (Klarheit der Weisungsbefugnis nach innen und Vertretung nach außen, Selbständigkeit, Mitbestimmungsgrad)
4. Gewinn- und Verlustverteilung (Gerechtigkeit, Gleichmäßigkeit)
5. Rechnungslegung und Publizität (Grad der Offenheit)
6. Steuerbelastung (Minimierung der Ausschüttung)
7. Rechtsformabhängige Kosten (Minimierung der Gründungskosten und Folgekosten durch Publizität und Organbestellung)
8. Unternehmenskontinuität (Möglichkeit des Gesellschafterwechsels, Nachfolgeregelung)
9. (9) Firma (Möglichkeiten der Namensgebung)

Abb. R-5: Mögliche Zielinhalte der Rechtsformwahl

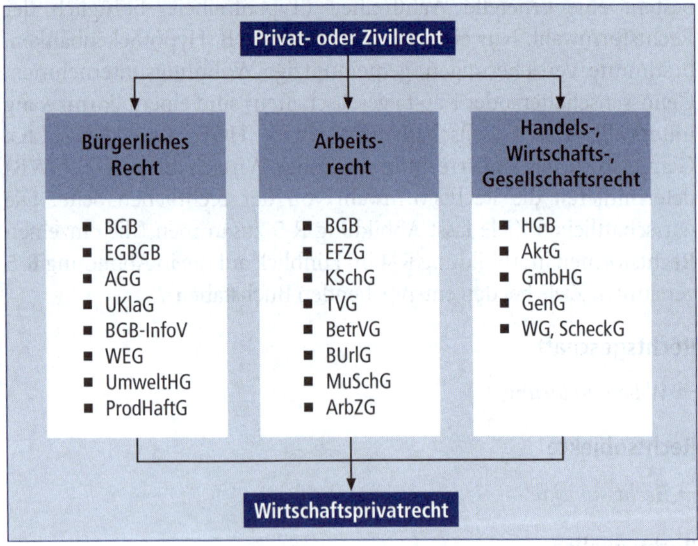

Abb. R-6: Rechtsquellen (Quelle: Führich, E.: Wirtschaftsprivatrecht, 13. Aufl. München 2017, S. 5)

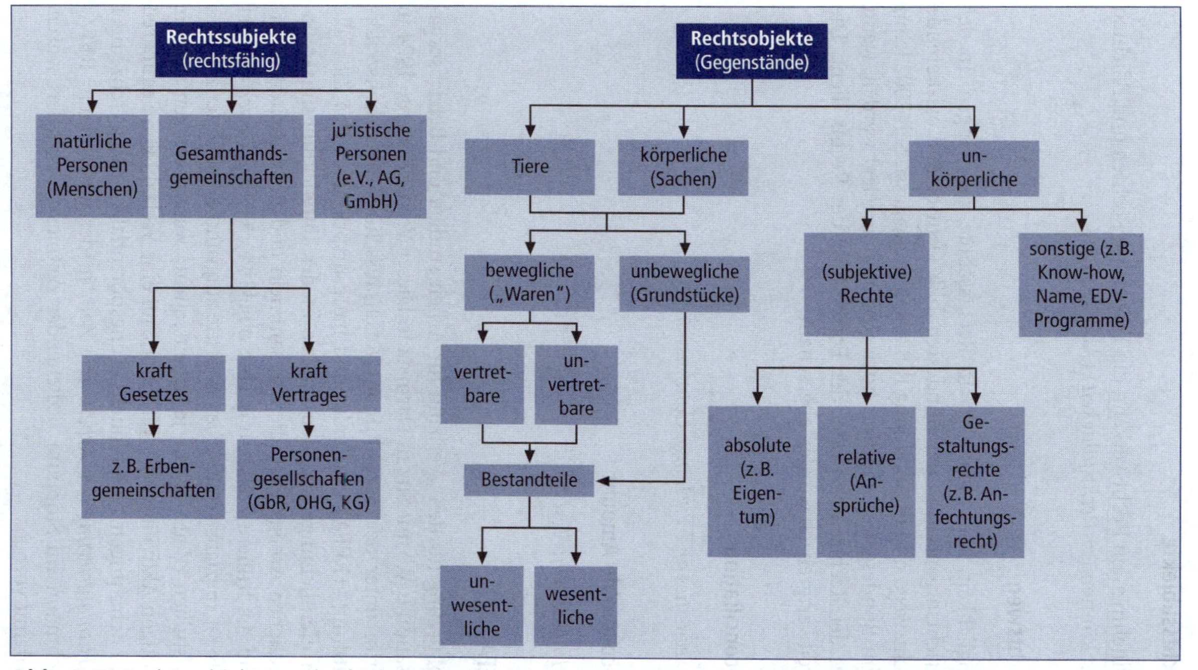

Abb. R-7: Rechtssubjekte und -objekte (Quelle: Schünemann, W.: Wirtschaftsprivatrecht, 5. Aufl., München 2006, S. 80)

▶ Rechtssubjekte

Teilnehmer am Rechtsverkehr, die Träger von Rechten und Pflichten sein können (→ *Rechtsfähigkeit*) (Abbildung R-7).

▶ Rechtsweg

Möglichkeit, bei einem Gericht Rechtsschutz zu erlangen. In der Gerichtsorganisation der Bundesrepublik Deutschland existierende Rechtswege sind in Abbildung R-8 zusammengefasst. Seit 2002 kann beim Bundesgerichtshof nur noch Revision eingelegt werden, wenn dies der Rechtseinheit oder der Fortbildung des Rechts dient. Die Streitwertgrenzen wurden abgeschafft.

▶ Reconciliation

→ *Securities and Exchange Commission (SEC)*

▶ Recoverable Amount

→ *Impairment-Test*

▶ REFA

Abkürzung für den „Verband für Arbeitsstudien und Betriebsorganisation e. V." mit Sitz in Darmstadt. Dieser Verband wurde 1924 in Berlin unter der Bezeichnung „Reichsausschuss für Arbeitszeitermittlung" (REFA) gegründet und hatte ursprünglich das Ziel, alle Veröffentlichungen zu den damals in der Entwicklungsphase befindlichen Arbeitszeitstudien zu sammeln und zu verbreiten. Während die frühere Zielsetzung eine objektive → *Arbeitsbewertung* der äußerst spezialisierten Arbeitsschritte aufgrund detaillierter Arbeitszeitstudien (Zeitmessung je Arbeitsschritt) war, erstrecken sich die heutigen Aktivitäten des Verbandes auf eine Vielzahl von Seminaren und Schulungen zu Rationalisierungspotentialen und gleichzeitiger → *Humanisierung der Arbeit.* Die Zeit, in der unter einem REFA-Fachmann ein Stoppuhr bedienender Zeitmesser assoziiert wurde, ist damit vorbei.

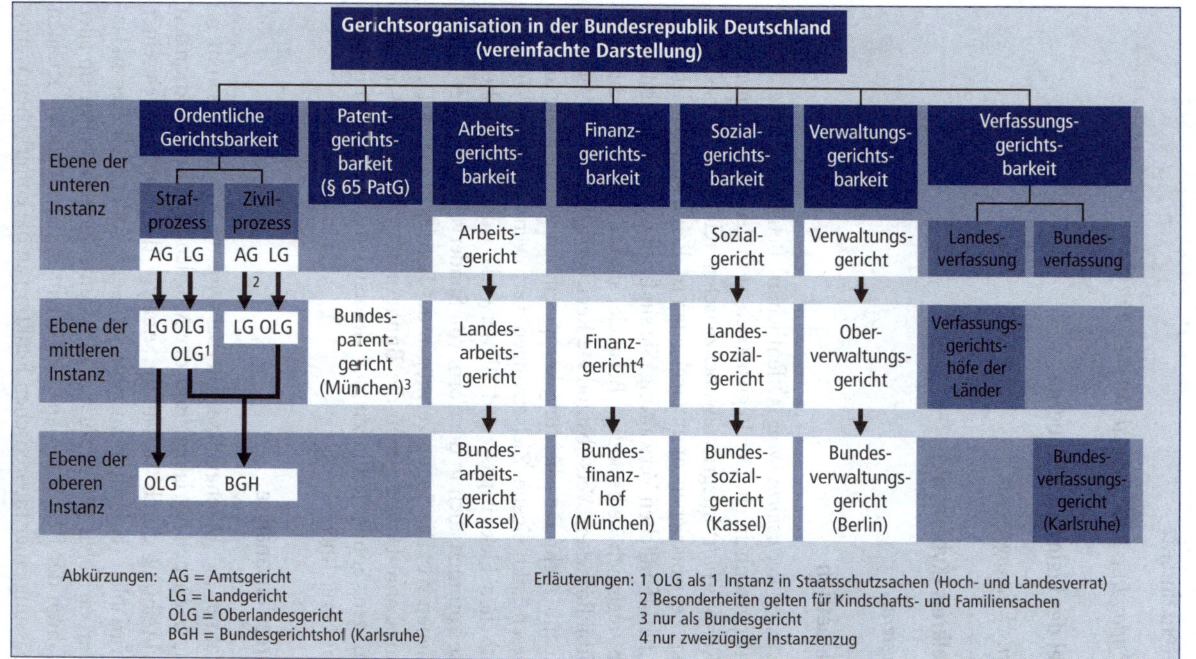

Abb. R-8: Rechtswege bzw. Gerichtsbarkeit in der Bundesrepublik Deutschland (Quelle: Schünemann, W.: Wirtschaftsprivatrecht, 5. Aufl., München 2006, S. 72)

▶ Referenzzinssatz

→ *London Interbank Offered Rate (LIBOR)*

▶ Regel des kleinsten Bedauerns

→ *Entscheidungsregeln*

▶ Regelkreis (Kybernetik)

→ *System*

▶ Regiebetrieb

Älteste → *Rechtsform* von Öffentlichen Betrieben ohne eigene Rechtspersönlichkeit. Der Regiebetrieb ist in der Trägerkörperschaft (→ *Körperschaft*) integriert, wobei zwischen reinen und verselbständigten Regiebetrieben zu unterscheiden ist. Reine Regiebetriebe sind Teil der öffentlichen Verwaltung. Sie sind also weder organisatorisch noch rechtlich selbständig. Beispiele sind die Müllabfuhr oder Stadtbibliotheken. Verselbständigte Regiebetriebe sind im Vergleich dazu mit mehr Entscheidungskompetenz ausgestattet. Sie können eingeschränkt eigene Zielsetzungen verfolgen. Beispiele sind die städtischen Elektrizitäts- und Wasserwerke oder Verkehrsbetriebe. Diese kommen auch in der Form von Sondervermögen oder Eigenbetrieben vor. Die Sondervermögen des Bundes sind z. B. Deutsche Bundesbahn, Unternehmen der Bundespost oder das ERP-Sondervermögen. Sondervermögen der Gemeinden werden als Eigenbetriebe bezeichnet.

▶ Regressionsanalyse

Verfahren der Datenanalyse. Hierbei wird die Art des Zusammenhangs zwischen Variablen und der Möglichkeit ihrer funktionalen Beschreibung durch statistische Analyse der Abhängigkeit einer Zielvariablen (Kriteriumsvariable) und einer oder mehrerer erklärenden Variablen (Prädiktorvariablen) untersucht. Das Prinzip aller Verfahren der Regressionsanalyse besteht in der möglichst genauen Anpassung einer theoretischen Funktion an die empirischen Wertepaare, wie sie in einem Streudiagramm dargestellt werden können (Abbildung R-9).

Als Verfahren zur Berechnung der Regressionsgerade wird meist die Methode der kleinsten Quadrate angewendet, bei der die Parameter der Regressionsgerade so bestimmt werden, dass die Summe der quadrierten Abstände zwischen den empirischen Werten und der Regressionsgerade minimiert wird.

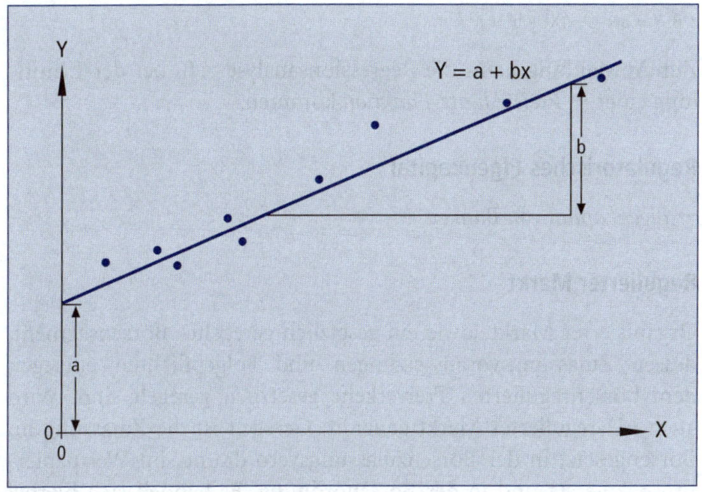

Abb. R-9: Lineare Einfachregression

Zu unterscheiden sind folgende Analysearten:

(1) **Lineare Einfachregression**, bei der von einer linearen Beziehung zwischen einer unabhängigen (X) und einer abhängigen Variablen (Y) ausgegangen wird:

$$Y = a + b \times X$$

(2) **Lineare Mehrfachregression**, bei der eine lineare Beziehung zwischen mehreren unabhängigen Variablen (Y^1, Y^2,…,Y^n) und einer abhängigen Variablen unterstellt wird:

$$Y = a + b^1 \times X^1 + b^2 \times X^2 + \ldots + b^n \times X^n$$

(3) Nichtlineare Einfachregression, bei der der funktionale Zusammenhang zwischen unabhängiger Variable (X) und abhängiger Variable (Y) nichtlinear ist:

$Y = a \times X^b$

(4) Nichtlineare Mehrfachregression, bei der von einem nichtlinearen Zusammenhang zwischen den unabhängigen Variablen (X^1, X^2,…,X^n) und der abhängigen Variablen (Y) ausgegangen wird:

z. B. $Y = a + b^1 \times X^1 + b^2 \times X^{2\,2}$

Zur Anwendung kann die Regressionsanalyse z. B. bei der Ermittlung einer → *Preis-Absatz-Funktion* kommen.

▶ Regulatorisches Eigenkapital

→ *Eigenkapital von Banken*

▶ Regulierter Markt

Organisierter Markt sowie ein gesetzlich geregeltes Börsensegment, dessen Zulassungsvoraussetzungen und Folgepflichten entgegen dem börsenregulierten Freiverkehr gesetzlich geregelt sind. Wird auch EU-regulierter Markt genannt. Geregelt ist die Zulassung im Börsengesetz, in der Börsenzulassungsverordnung, im Wertpapierprospektgesetz und in der Börsenordnung. Es handelt sich hierbei um ein öffentlich-rechtliches Zulassungsverfahren.

▶ Reichweite

Anteil (z. B. Prozentsatz) der Bevölkerung oder einer → *Zielgruppe*, die zu einem bestimmten Zeitpunkt oder in einem bestimmten Zeitraum Kontakte mit einem → *Werbeträger* hatten bzw. haben. Zu unterscheiden sind in Abhängigkeit von der Anzahl der durchgeführten Einschaltungen folgende Reichweiten:

(1) Reichweite einer Einschaltung in einem Werbeträger (Leser pro Nummer, Hörer pro Zeiteinheit, usw.),

(2) Reichweite von je einer Einschaltung in mehreren Werbeträgern (Nettoreichweite),

(**3**) Reichweite von mehreren Einschaltungen in einem Werbeträger (kumulierte Reichweite),

(**4**) Reichweite von mehreren Einschaltungen in mehreren Werbeträgern (kombinierte Reichweite).

▶ Reihenfolgeplanung

Überbegriff über die Planung der Auftragsreihenfolge und den → *Maschinenbelegungsplan.* Während die Maschinenfolge darlegt, wie die Vorgänge des Auftrags aufgrund der technologischen Gegebenheiten aufeinander abfolgen sollen bzw. müssen, legt die Auftragsfolge die Reihenfolge fest, in der die Aufträge auf Maschinen bzw. Aggregaten zu bearbeiten sind. Hierzu ist die Kenntnis der einzelnen Elemente der → *Durchlaufzeit* (Bearbeitungs-, Rüst-, Transport- und Fertigungszeiten) notwendig. Als Kriterien der Planung können sowohl zeitliche als auch qualitative Kriterien und → *Kosten* dienen.

▶ Reihenregress

→ *Wechselregress*

▶ Reinvermögen

→ *Vermögen*, → *Betriebsvermögen*, → *Eigenkapital*

▶ Reisekreditbrief

In der → *Außenhandelsfinanzierung* eingesetzte schriftliche, zeitlich befristete und nicht übertragbare Anweisung einer → *Bank* an die namentlich genannten Korrespondenzbanken im Ausland, an die ebenfalls namentlich genannte Person auf dem Reisekreditbrief gegen Vorlage und Legitimation Zahlung in der maximal genannten Höhe zu leisten. Reist beispielsweise ein Importeur durch mehrere Länder oder Regionen im Ausland, so kann er sich bei den Korrespondenzbanken immer wieder Barzahlungsmittel in Inlandswährung besorgen und die jeweils ausgezahlten Beträge auf der Rückseite des Reisekreditbriefes im Sinne eines → *Indossaments* vermerken lassen. Gebräuchlich ist der Reisekreditbrief vor allem noch in der Türkei und einigen arabischen Staaten.

▶ Reisender

Absatzmittler, der im Gegensatz zum Handelsvertreter Angestellter eines Unternehmens und damit „betriebseigenes" Absatzorgan ist (Abbildung bei → *Handelsvertreter*). Damit ist er weisungsgebunden. Er besitzt Inkassorecht und kann Zahlungsziele festlegen; ihm gegenüber ausgesprochene Mängelrügen sind rechtswirksam. Die Entlohnung setzt sich aus einem Grundlohn (Fixum) und umsatzabhängiger → *Provision* zusammen, wobei der Provisionssatz in der Regel geringer als beim Handelsvertreter ist (→ *Lohnformen*). Rechtsgrundlagen sind hier die §§ 59–75 HGB.

▶ Reisezahlungsmittel

Im Rahmen des → *Clean Payment* der → *Außenhandelsfinanzierung* eingesetzten Instrumente des Reisekreditbriefes, der → *Sorten,* Reiseschecks und → *Kreditkarten.* Die Bedeutung der nichtdokumentären Reisezahlungsmittel nimmt angesichts der steigenden Risiken im Außenhandel und damit der Präferenz für dokumentäre Instrumente (→ *Dokumenteninkasso,* → *Dokumentenakkreditiv*) relativ an Bedeutung ab.

▶ REIT

→ *Real Estate Investment Trust (REIT)*

▶ Reklame

→ *Werbung*

▶ Rektapapier

Wertpapier (→ *Wertpapier*), das auf einen Namen lautet bzw. ausgestellt ist und dessen Rechte aus dem Papier ausschließlich dem Genannten zustehen. Eine Übertragung erfolgt durch Abtretung des Anspruchs (→ *Zession*) und nicht wie beim → *Inhaberpapier* ausschließlich durch Übertragung oder beim → *Orderpapier* durch → *Indossament.*

▶ Relative Einzelkosten

→ *Relative Einzelkostenrechnung*

▶ Relative Einzelkostenrechnung

Kostenrechnungssystem, insbesondere → *Kostenträgerrechnung,* die den Begriff der → *Kosten* entscheidungsorientiert im Sinne von *Paul Riebel* durchführt. Im Gegensatz zur klassischen Kostenrechnung, bei der als Hauptkosteneinflussgröße die Beschäftigung bzw. Ausbringungsmenge definiert wird, versteht *Riebel* als Ursache von Kosten betriebliche Entscheidungen, die nach dem so genannten Identitätsprinzip diesen zuzurechnen sind. Danach sind nur Kosten einerseits und Leistungen bzw. daraus resultierende Erlöse andererseits gegenüberzustellen, die sich auf dieselbe Entscheidung beziehen bzw. von der identischen Entscheidung verursacht wurden. Anstatt von fixen Kosten und → *variablen Kosten* bzw. von → *Einzelkosten* und → *Gemeinkosten* zu sprechen, definiert *Riebel* sämtliche Kosten als relative Einzelkosten. In einer ersten **Grundrechnung** werden systematisch alle relativen Einzelkosten der Unternehmung, die in einer Abrechnungsperiode angefallen sind, erfasst. Diese Grundrechnung entspricht der klassischen Kostenarten-, Kostenstellen- und Kostenträgerrechnung und bildet die Basis für die so genannte Auswertungsrechnung. Dabei kann in der Grundrechnung je Kostengröße deren Disponierbarkeit, Zurechenbarkeit, Dauerhaftigkeit oder auch Aktivierungspflicht in der Rechnungslegung erfasst werden. Eine wesentliche Einteilung ist auch die in → *Leistungskosten* und → *Bereitschaftskosten.* Im Rahmen der **Auswertungsrechnung** wird die Betrachtung auf die relativen Einzelkosten begrenzt, die von einem Kostenstellenleiter tatsächlich beeinflussbar sind. Dies erfolgt weitgehend nach dem Prinzip der → *Deckungsbeitragsrechnung.* Eine Zurechnung auf Produkte erfolgt somit nicht, sondern es gilt die Einzelkosten zu kontrollieren, die unmittelbar und zusätzlich durch einen Kostenträger verursacht werden.

▶ Relaunch

Produktvariation, bei der von einem bereits angebotenen → *Produkt* eine oder mehrere Eigenschaften variiert werden. Die alte Variante wird durch eine neue ersetzt, um den veränderten Kundenbedürfnissen zu entsprechen. Unterstützt wird diese „Verjüngung" durch eine entsprechende geänderte Darstellung des Produktes bei der Verpackung und in der Werbung. Strategie zur Verlängerung des → *Produktlebenszyklus* eines Produktes.

▶ Relevanzbaum

Alternativenhierarchie, deren einzelne Alternativen gewichtet bzw. bewertet wurden, so dass die Teilmaßnahmen hinsichtlich ihrer Relevanz zur Erreichung der Gesamtmaßnahme beurteilbar sind.

▶ Reliabilität

Maß für die Zuverlässigkeit bzw. Genauigkeit von wissenschaftlichen Ergebnissen z. B. aus einer empirischen Untersuchung (→ *Erhebungsmethode*). Eine Untersuchung und damit die gewonnenen Aussagen sind beispielsweise als reliabel zu bezeichnen, wenn sie bei wiederholter Untersuchung zum gleichen Ergebnis gelangen. Gütekriterien können statistische Maße (z. B. Standardabweichung, Varianz) sein.

▶ Remboursakkreditiv

→ *Dokumentenakkreditiv*

▶ Rembourskredit

Meist im Rahmen eines → *Dokumentenakkreditivs* vorkommende Akzeptierung eines auf sie gezogenen → *Wechsels* durch eine vom Zahlungspflichtigen beauftragte → *Bank*. Die Akzeptierung erfolgt im Auftrag und für Rechnung des Zahlungspflichtigen (z. B. Importeur). Das Akzept wird im Rahmen des Dokumentenakkreditivs als Ersatz für die sofortige Bezahlung gegen die Dokumente des Exporteurs getauscht. Im Gegensatz zum verwandten → *Akzeptkredit* liegt beim Rembourskredit stets ein Warengeschäft zugrunde. Der Akzeptkredit kann hingegen ausschließlich durch einen Finanzwechsel zustande kommen.

▶ Remittent

Person, an die ein → *Bezogener* eines → *Wechsels* bei Fälligkeit zu zahlen hat (Wechselnehmer).

▶ Rendite

→ *Rentabilität*

▶ Rentabilität

Eine bedeutende → *Kennzahl* zur Beurteilung des wirtschaftlichen Erfolgs eines Unternehmens, in dem der Gewinn in Relation zum eingesetzten Kapital (Investment) gesetzt wird. Abhängig von der Art des eingesetzten Kapitals (Eigenkapital, Fremdkapital) lassen sich verschiedene Rentabilitätskennziffern unterscheiden. Bei der **Eigenkapitalrendite** wird der für die Eigentümer letztlich zur Verfügung stehende Gewinn in Relation zum Eigenkapital gesetzt. Zur Ermittlung der **Gesamtkapitalrendite** müssen zum Gewinn zunächst Steuern und Fremdkapitalzinsen im Sinne erwirtschafteter Erfolge für die Gläubiger addiert werden, bevor diese Summe in Relation zum Gesamtkapital gesetzt wird. Zur Berechnung der **Umsatzrendite** wird der Gewinn in Relation zum Umsatz gesetzt. Die Kennziffer des → *Return on Investment (RoI)* kann ebenfalls als Rentabilitätsmaßstab dienen. Abbildung R-10 ist eine Übersicht über die vier genannten Kennzahlen. Kritisch anzumerken ist bei allen Renditekennziffern die Problematik der Gewinngröße. Abgesehen vom Problem der Prognose eines künftigen Gewinns, das auch bei der → *Rentabilitätsvergleichsrechnung* im Rahmen der Beurteilung einer → *Investition* auftritt, ist stets fraglich, welche Gewinngröße zum Einsatz kommen soll. Dies könnte neben dem Residualgewinn auch der Jahresüberschuss vor oder nach Steuern sowie das so genannte → *Betriebsergebnis* oder der Operating Profit sein.

Eigenkapitalrendite: $\frac{\text{Gewinn} \times 100}{\text{Eigenkapital}}$

Gesamtkapitalrendite: $\frac{(\text{Gewinn} + \text{Steuern} + \text{Fremdkapitalzins}) \times 100}{\text{Gesamtkapital}}$

Umsatzrendite: $\frac{\text{Gewinn}}{\text{Umsatz}} \times 100$

Return on Investment: $\frac{\text{Gewinn}}{\text{Umsatz}} \times \frac{\text{Umsatz}}{\text{betriebsnotwendiges Vermögen}} \times 100$

Abb. R-10: Betriebsnotwendiges Vermögen

▶ Rentabilitäts-Liquiditäts-Kennzahlensystem (RL-System)

Kennzahlensystem, das von *Reichmann* und *Lachnit* 1976 zur unternehmensinternen Führung und Steuerung vorgestellt wurde. In einem sog. Allgemeinen Teil, der für alle Unternehmen relevant ist, werden gleichrangig der Erfolg und die Liquidität als unternehmerische Zielgrößen betrachtet und für beide Ziele ein Ordnungssystem mit den jeweils wesentlichen Bestimmungsgrößen vorgegeben. Daneben enthält das System einen sog. Sonderteil, der unternehmensspezifisch für Einzelentscheidungen, z. B. Festlegung der Absatzpreise, relevant ist.

▶ Rentabilitätsvergleichsrechnung

Statisches → *Investitionsrechenverfahren,* bei dem zwei oder mehrere Investitionsalternativen im Rahmen einer Investitionsentscheidung hinsichtlich ihrer Vorteilhaftigkeit bezüglich der → *Rentabilität* beurteilt werden. Abhängig davon, wie die → *Investition* finanziert wurde (Eigenkapital und/oder Fremdkapital), kann eine Eigenkapitalrendite oder Gesamtkapitalrendite errechnet werden. Dabei sagt das absolute Ergebnis der Rendite noch wenig über die Vorteilhaftigkeit der Investition aus, sondern dieses muss mit einer vergleichbaren Investition, z. B. auf dem → *Finanzmarkt,* verglichen werden. Eine entsprechende Rechnung findet sich in Abbildung R-11. Die Daten basieren auf den bei der → *Kostenvergleichsrechnung* und

→ *Gewinnvergleichsrechnung* abgebildeten Beispielen. Wie aus dem Fall zu ersehen ist, ist nicht nur Maschine B gegenüber Maschine A hinsichtlich der Eigen- und Gesamtkapitalrendite vorteilhafter, sondern voraussichtlich auch gegenüber alternativen Anlagen auf dem → *Geldmarkt* oder → *Kapitalmarkt* als vorteilhaft zu bezeichnen. Kritisch ist bei dieser Methode anzumerken, dass die Rentabilitätsrechnung nicht nur bezüglich der exakten Prognose von Umsätzen, sondern insbesondere der Ermittlung kalkulatorischer Kosten zahlreiche Unsicherheiten aufweisen kann, die sich signifikant auf das Renditeergebnis auswirken können. So ist z. B. bei einer Erhöhung des kalkulatorischen Zinssatzes automatisch über höhere Kosten eine Gewinnschmälerung möglich. Aus dem Beispiel wird zudem deutlich, dass die Eigenkapitalrendite trotz eines relativ gleichhohen Anteils an Fremdkapital stets höher ist als die Gesamtkapitalrendite. Dieser → *Leverage-Effekt* ist bei der Beurteilung von Investitionsalternativen zu beachten.

BEISPIEL: Der geschätzte Periodengewinn belaufe sich auf 40.000 € und der Kapitaleinsatz für die Investition auf 800.000 €. Die Rentabilität beträgt demnach: (40.000/250.000) × 100 = 16 %.

	Maschine A	**Maschine B**
Anschaffungs- oder Herstellungskosten	90.000	100.000
Eigenkapitaleinsatz EK	45.000	**50.000**
Fremdkapitaleinsatz FK	45.000	**50.000**
Nutzungsdauer	10 Jahre	10 Jahre
Auslastung pro Jahr (x)	10.000 Stück	15.000 Stück
Erlöse pro Stück	4,– €	3,50 €
Erlös bei Vollauslastung (E)	40.000	52.500
– variable Betriebskosten (k_v)	15.000 (1,50/Stück)	20.000 (1,33/Stück)
– kalkulatorische Fixkosten K_F	13.500	15.000
10 % auf Fremdkapitaleinsatz (FKZ)	4.500	5.000
kalk. lineare Abschreibung	9.000	10.000
Gesamtkosten	28.500	35.000
Gewinn (K–E)	11.500	17.500

	Maschine A	Maschine B
Gewinn pro Stück	1,15	1,16
Eigenkapitalrendite G × 100/EK	**25,55 %**	**35 %**
Gesamtkapitalrendite (G + FKZ) × 100/GK	**17,77 %**	**22,50 %**

Abb. R-11: Beispiel einer Rentabilitätsvergleichsrechnung

Der Vorteil ist darin zu sehen, dass unterschiedlich hohe Kapitaleinsätze berücksichtigt werden können. Darüber hinaus wird eine grobe Vergleichsmöglichkeit mit Kapitalmarktzinsen geboten. Weil das Verfahren aber keine finanzmathematische Fundierung (→ *Finanzmathematik*) aufweist, Zinsen und Zinseszinsen also unberücksichtigt bleiben, sollte ein dynamisches Investitionsrechenverfahren wie die → *Kapitalwertmethode* immer ergänzend herangezogen werden. Dennoch erfreut sich die Rentabilitätsmethode aufgrund ihres methodisch einfachen Aufbaus in der Praxis großer Beliebtheit und wird häufig zur Beurteilung von Erweiterungsinvestitionen eingesetzt.

▶ Rente

(**1**) Bezeichnung für ein festverzinsliches → *Wertpapier,* insbesondere festverzinsliche → *Anleihe.* Der Teilmarkt des Kapitalmarkts, auf dem derartige Renten gehandelt werden, wird als Rentenmarkt bezeichnet. Seit 1991 wird hierfür ein eigener deutscher Rentenindex (REX) notiert, der konzeptionell dem → *Deutschen Aktienindex (DAX)* entspricht. Neue Rentenindizes sind seit 1999 der EBOX und BOIX (→ *Aktienindex*).

(**2**) Bezeichnung für eine regelmäßige Verpflichtung bzw. Zahlung. Zur Berechnung der Rente steht in der Finanzmathematik der so genannte Rentenbarwertfaktor zur Verfügung. Dies ist, im Gegensatz zum so genannten Wiedergewinnungsfaktor, der Betrag, mit dem eine Geldsumme multipliziert werden muss, um sie auf eine definierte Laufzeit in gleich hohen Beträgen zu verteilen (Beispiel bei → *Finanzmathematik*).

▶ Rentenbarwert

→ *Barwert*, → *Finanzmathematik*

▶ Rentenbarwertfaktor

→ *Finanzmathematik*

▶ Rentenbesteuerung

Mit dem Alterseinkünftegesetz hat der Gesetzgeber die Entscheidung des Bundesverfassungsgerichts vom 6.3.2002 zur Rentenbesteuerung umgesetzt. Die Neuregelungen traten zum 1.1.2005 in Kraft. Bei der Neuordnung der einkommensteuerrechtlichen Behandlung von Alterseinkünften wird schrittweise zur **nachgelagerten Besteuerung** übergegangen. Zugleich wird der Abzug der Aufwendungen für die Altersvorsorge in größerem Umfang zugelassen. Im Einzelnen beruht die Rentenbesteuerung auf folgenden Säulen:

(**1**) Die Einführung der nachgelagerten Besteuerung von Altersbezügen unter Anwendung langfristiger Übergangsregelungen erfolgt zum 1. 1. 2005 in der Weise, dass alle Bestandsrenten und Neurenten des Jahres 2005 mit einem Ertragsanteil von 50 % versteuert werden. Der residuale Freibetrag in Höhe von 50 % wird diesen Rentnern bis zu deren Ableben festgeschrieben. Bei den nachfolgenden Rentenjahrgängen erhöht sich der Ertragsanteil bis 2025 um jeweils 2 %, danach steigt der Ertragsanteil um 1 %, bis im Jahr 2040 die Renten vollständig der Besteuerung zu unterwerfen sind.

(**2**) Abzugsfähig sind die Aufwendungen für die Altersvorsorge in Höhe von 60 % der Beiträge, max. 20000 €/Jahr abzüglich des Arbeitgeberanteils. Die Abzugsmöglichkeit steigt jährlich um 2 %, bis im Jahr 2025 (und liegt im Jahr 2019 bei 88 % der Vorsorgeaufwendungen) die ganzen Beiträge zur Altersvorsorge, ggf. durch einen Absolutbetrag begrenzt, zum steuerlich wirksamen Abzug kommen.

(**3**) Den Übergang auf die nachgelagerte Besteuerung bei allen fünf Durchführungswegen der betrieblichen Altersversorgung wird vollzogen. Damit werden auch die Wege über die Direktversicherung, Pensionskasse und Pensionsfonds den heute schon nachgelagert versteuerten Wegen der Direktzusage und der Unterstützungskasse gleichgestellt. Ab 2005 gibt es für die Direktversicherung und die Pensionskasse bei Neuzusagen keine Möglichkeit der pauschalierten Versteuerung mehr. Die Beiträge werden vielmehr steuerfrei behandelt, dafür sind die Renten später in vollem Umfang steuerpflichtig. Allerdings lässt der Gesetzgeber nicht eine beliebig hohe Beitragszahlung steuerfrei. Die Deckelung greift bei 4 % der Beitragsbemessungsgrenze für die staatliche Rentenversicherung plus 1800 €.

Zusätzlich wird die Portabilität der betrieblichen Altersversorgung verbessert. Grundsätzlich kann der Arbeitnehmer seine betriebliche Altersversorgung von einem Arbeitgeber zum nächsten mitnehmen. Dies bleibt einkommensteuerfrei, solange die Altersversorgung beim neuen Arbeitgeber im Wesentlichen im selben Durchführungsweg bleibt.

▶ Rentenformel

Durch die Rentenreform von 1992 geänderte Formel zur Berechnung der Altersrente, niedergelegt im Sozialgesetzbuch (SGB). Monatliche Rente = persönliche Entgeltpunkte × Rentenart-Faktor × aktueller Rentenwert. Die persönlichen Entgeltpunkte werden errechnet, indem das versicherte Arbeitsentgelt des Versicherten (bis zur Beitragsbemessungsgrenze) für jedes Jahr durch das Durchschnittsentgelt aller Versicherten für dieses Jahr geteilt wird, wobei eine frühere oder spätere Inanspruchnahme einer Rente ein Zu- oder Abschlag bei den Entgeltpunkten ergibt. Der aktuelle Rentenwert ergibt sich aus der monatlichen Altersrente, die sich aus Beiträgen aufgrund eines Durchschnittsgehaltes für ein Kalenderjahr ergibt.

▶ Rentenschuld

Grundpfandrecht wie die → *Grundschuld* oder → *Hypothek*, bei der gemäß §§ 1199 f. BGB keine einmalige Verwertung zu erlangen ist, sondern aus dem Grundstück eine regelmäßig wiederkehrende Rente zu zahlen ist. Sie kommt daher als Mittel der → *Kreditsicherheiten* kaum vor.

▶ Reorganisation

→ *Organisationsentwicklung*

▶ Repo-Geschäft

Verkauf eines Wertpapiers mit gleichzeitiger Vereinbarung eines Termins für den Rückkauf.

▶ Report

Differenz zwischen dem Termin- und Kassakurs einer Währung. Ist der Terminkurs höher als der Kassakurs, so handelt es sich um einen Report, im umgekehrten Fall um einen Deport.

▶ Repräsentativbefragung

→ *Erhebungsmethode*, → *Stichprobenverfahren*

▶ Request for Information (RFI)

Einholung von Informationen von Anbietern über ihre Produkte und Dienstleistungen im → *E-Business* bzw. E-Procurement. Ein RFI ist weniger formal und aufwendig als ein Request for Proposal (RFP), das klare Informationsansprüche wie Kosten und Produktinformationen verlangt, oder ein Request for Quotation (RFQ), das sehr detaillierte und strukturierte Angebote abverlangt.

▶ Request for Proposal (RFP)

→ *Request for Information (RFI)*

▶ Request for Quotation (RFQ)

→ *Request for Information (RFI)*

▶ Restrukturierung

→ *Sanierung*

▶ Return on Capital Employed (RoCE)

→ *Return on Investment (RoI)*

▶ Return on Equity

Eigenkapitalrentabilität, die je nach Definition des Equity = Eigenkapital unterschiedlich definiert und interpretiert werden kann. Sind im Zähler der Relation Gewinn/Eigenkapital auch eigenkapitalähnliche Mittel wie Rückstellungen enthalten, ergeben sich andere Werte.

▶ Return on Investment (RoI)

Kennziffer zur Bemessung der → *Rentabilität* eines Unternehmens, die insbesondere in der angloamerikanischen Literatur vorkommt. Der RoI lässt sich anhand eines Kennzahlenbaums (Abbildung R-12) darstellen, aus dem deutlich wird, dass die Multiplikation aus Kapitalumschlag und Umsatzrentabilität den RoI ergibt. International tätige Unternehmen verwenden den RoI häufig in Form des **Return on Capital Employed** (**RoCE**) oder des **Return on Net Assets** (**RoNA**). Diese Kennzahlen ergeben sich, indem der Operating Profit (= Betriebliches Ergebnis) in Beziehung zu dem im betrieblichen Bereich investierten Kapital (Capital Employed, → *Betriebsnotwendiges Kapital*) bzw. dem investierten Vermögen (Net Assets) gesetzt wird. Das investierte Kapital/Vermögen wird allerdings je nach Unternehmen unterschiedlich definiert, zum Teil auf Basis der bilanziellen Buchwerte, der historischen Anschaffungswerte oder der Zeitwerte.

Anstelle einer Ergebnisgröße – wie beim RoI, RoCE und RoNA – geht in den **Cashflow Return on Investment (CFRoI)** in den Zähler eine zahlungsstromorientierte Größe ein, die im Allgemeinen definiert ist als das Betriebliche Ergebnis vor Zinsaufwendungen und Steuern zuzüglich der Abschreibungen = sog. **Earnings before Interest, Taxes, Depreciation and Amortization** (**EBITDA**). In den Nenner gehen i. d. R. die historischen Anschaffungswerte als investiertes Kapital ein, d. h. die Buchwerte zuzüglich der kumulierten Abschreibungen. Interessant am RoI ist die Teilbarkeit der Erfolgszurechnung in zwei Rechenkreise. Während der Kapitalumschlag eine interne Betrachtung über die Umschlagshäufigkeit von Waren, und damit Aussagen zum Beschaffungs- und Lagerwesen zulässt, kann mit Hilfe der Umsatzrendite eine Vertriebs- und Kostenanalyse vorgenommen werden. Im Gegensatz zur klassischen Kennziffer der Gesamtkapitalrendite kann somit durch den RoI auch die Frage nach der Erfolgsherkunft ansatzweise beantwortet werden.

▶ Return on Net Assets (RoNA)

→ *Return on Investment (RoI)*

▶ Return on Risk Adjusted Capital

Insbesondere bei Kreditinstituten eingesetztes Renditemaß, um auszudrücken, dass Geschäftsbereiche mit höherem Risiko auch eine höhere Rendite zu erwirtschaften haben. Hierzu wird analog dem → *Value at Risk (VAR)*-Modell ein Risikokapital definiert und dieses mit einem Risikofaktor multipliziert, bevor die → *Rentabilität* analog der → *Return on Equity* (RoE)-Methode ermittelt wird. Der Return on Risk Adjusted Capital bezeichnet die Rendite des Nettoergebnisses auf das zugewiesene ökonomische Eigenkapital

$$\text{RoRAC} = \frac{\text{Nettoergebnis}}{\text{K}}$$

Der Risk Adjusted Return on Capital stellt zusätzlich die → *Opportunitätskosten* des vorgehaltenen Eigenkapitals in Rechnung:

$$\text{RARoC} = \text{RoRAC} - r_1$$

wobei r die Zielrendite des eingesetzten ökonomischen Kapitals bezeichnet. Diese Zielrendite kann etwa auf Basis eines Marktvergleichs oder mit Hilfe von Portfoliotheorien ermittelt werden.

▶ Reverse Marketing

Anwendung der an den Kunden ausgerichteten → *Marketing-Konzeption* auf den Beschaffungsbereich.

Hierbei geht der Einkäufer aktiv auf den Lieferanten zu und versucht eine Optimierung der Beschaffung durch die Auswahl der besten Lieferanten zu erreichen. Es übernimmt also nicht der Lieferant, sondern der Einkäufer die Initiative.

Ziel ist eine langfristige strategische Partnerschaft mit dem Lieferanten, die auch im Rahmen der Neuproduktplanung helfen soll, Fehlentwicklungen zu vermeiden.

▶ Revision

→ *Interne Revision*

▶ Revolving Underwriting Facility (RUF)

1978 erstmals durch die *Citi Corporation* für die *New Zealand Shipping Corporation* eingesetztes Finanzierungsinstrument, bei dem ein kapitalsuchendes Unternehmen unter Vermittlung einer Bank mit einer Bankengruppe (→ *Bankenkonsortium*) einen Kreditvertrag schließt, in dem sich die Bankengruppe verpflichtet, vom Unternehmen emittierte Geldmarktpapiere (z. B. → *Commercial Paper (CP)*) in ihre eigenen Bestände zu nehmen, wenn die Platzierung am → *Finanzmarkt* nicht gelingt. Für den Fall, dass die Bankengruppe die Papiere aufnehmen muss, wird ein Zinssatz, der sich an einem Referenzzinssatz (z. B. → *London Interbank Offered Rate (LIBOR)*) orientieren kann, vereinbart. Die arrangierende Bank erhält hierfür eine Provision.

▶ REX

→ *Rente*

▶ RFI

→ *Request for Information (RFI)*

▶ RFID

→ *Radio-Frequency Identification*

▶ RFP

→ *Request for Information (RFI)*

▶ RFQ

→ *Request for Information (RFI)*

▶ Rho

Kennzahl einer prozentualen Kursänderung einer → *Option*, wenn sich der rechnerische Alternativzinssatz verändert (→ *Delta*, → *Gamma*, → *Omega*, → *Theta*, → *Vega*).

▶ Risiko

(→ *Entscheidungssituationen*). Künftige Umweltzustände, die mehrwertig sind, wobei bei den mehrwertigen Erwartungen im Gegensatz zur Ungewissheit die Eintrittswahrscheinlichkeiten bekannt sind. Es lassen sich folgende Risiken unterscheiden: Natürliche Risiken (z. B. Erdbeben, Sturm, Wasserschaden), technische Risiken (z. B. Produktmängel, Maschinenschaden), soziale Risiken (z. B. → *Fluktuation,* Untreue, Folgen von De-Motivation), persönliche Risiken (z. B. Tod, Krankheit, Unfall), politische Risiken (z. B. Putsch, Verstaatlichung, Handelssperre, Gesetzgebung), Marktrisiken (z. B. Konjunktureinbruch, Konkurrenz, Inflation). Nach empirischen Studien scheinen Risiken z. B. mit zunehmender Umweltdynamik und -komplexität, zunehmender Unternehmensgröße und Neuartigkeit von Herstellungsverfahren zuzunehmen. Gegen viele dieser Risiken ist eine geeignete → *Versicherung* vorstellbar, gegen das Marktrisiko ist allerdings nur ein bewusstes → *Risikomanagement* sinnvoll.

▶ Risikokapital

→ *Venture Capital (VC)*

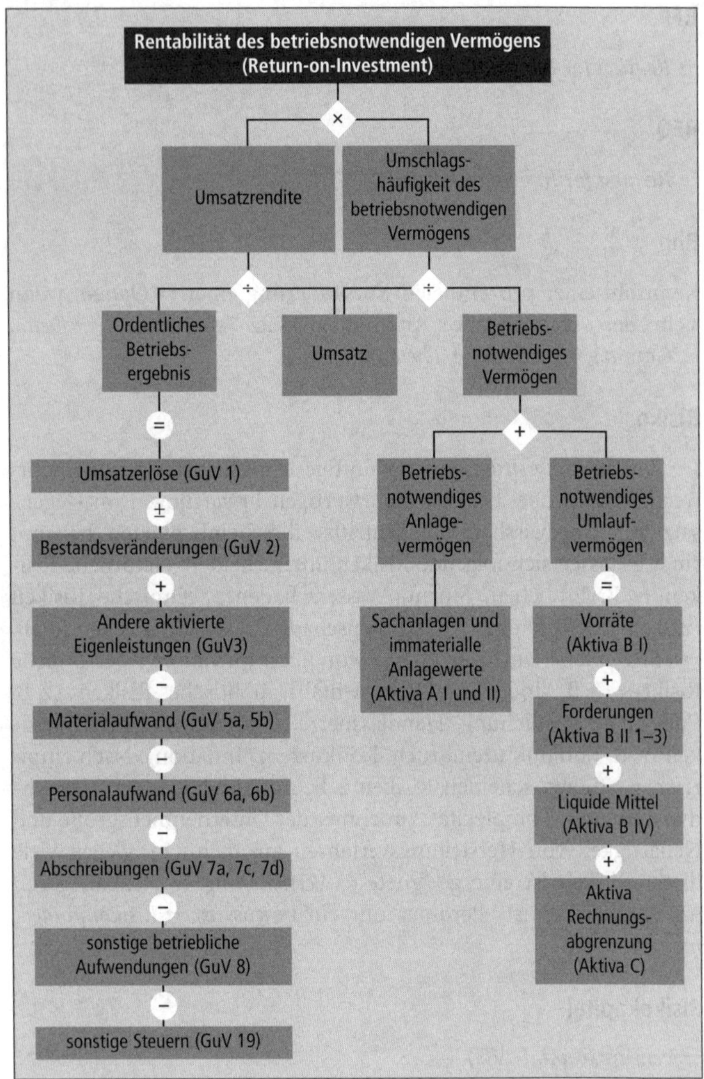

Abb. R-12: RoI-Kennzahlensystem (Ziffern gem. § 266 II bzw. § 275 II HGB).

▶ Risikomanagement

(1) Optimaler Einkauf von Versicherungsschutz (Insurance Management) und damit Teil der Versicherungslehre.

(2) Bewusste Handhabung der verschiedenen Arten des → *Risikos.* Die zunehmende Zahl von Risiken aufgrund der dynamischen und komplexen Umwelt erfordert eine antizipative und differenzierte Risikostrategie. Neben dem rechtzeitigen Erkennen und Analysieren der Risiken hinsichtlich ihrer Bedeutung, Dramatik und den Erwartungswerten ist ein Maßnahmenplan zur Beeinflussung des Risikos oder dessen Folgen zu erstellen. Dieser kann eine Schadensverhütung durch Risikovermeidung bzw. -minderung oder auch eine Schadensüberwälzung vorsehen. Risiken durch Unterlassung von Handlungen zu vermeiden bedeutet jedoch häufig die Aufgabe einer „Unternehmung". Bei der Abwälzung von Risiken wird ein → *Vertrag* mit Dritten, z. B. einer → *Versicherung* geschlossen. Risiken teilen lässt sich beispielsweise mit Genossenschaften, in → *Fonds* oder durch eine geplante → *Diversifikation.* Dadurch erfolgt ein Ausgleich z. B. unter den Geschäftspartnern oder Unternehmensbereichen. Durch → *Hedging* lassen sich Risiken kompensieren. Letztlich sollte aber stets beachtet werden, dass die Risikotragung zwar die größten

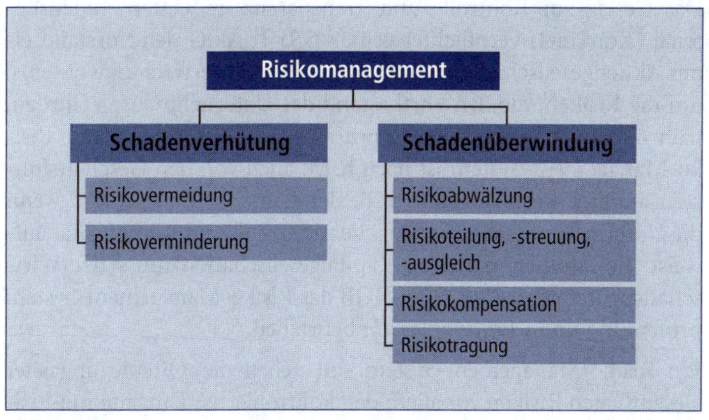

Abb. R-13: Risikomanagement (Quelle: Marcharzina, K.: Unternehmensführung, 4. Aufl., Wiesbaden 2005, S. 514)

Unsicherheiten beinhaltet, gleichzeitig aber bedeutet einen potentiellen Gewinn mit keinem Dritten teilen zu müssen. Marktwirtschaftliche Unternehmen können, wenn sie erfolgreich sein wollen, nicht alle Risiken ihrer Geschäftstätigkeit verhüten oder überwinden (Abbildung R-13).

▶ Risikomischung

→ *Risiko*

▶ Risikopräferenz (Risikoaversion, -freude, -neutralität)

→ *Entscheidungssituationen*

▶ Risikostreuung

→ *Risiko*

▶ Risk Adjusted Return on Capital (RARoC)

→ *Return on Risk Adjusted Capital*

▶ Risk Management-Systeme (lt. KonTraG)

Das Gesetz zur Kontrolle und Transparenz im Unternehmensbereich (KonTraG) verpflichtet gemäß § 91 II AktG den Vorstand einer Aktiengesellschaft zur Einrichtung eines Überwachungssystems, um die Risiken, die den Fortbestand des Unternehmens gefährden, frühzeitig zu erkennen (→ *Frühwarnsysteme*). Ein solches sog. Risiko-Management-System ist nach h. M. auch von den Geschäftsführern anderer Rechtsformen (z. B. der GmbH) einzurichten, wenn die Unternehmung eine entsprechende Größe und Komplexität aufweist. Bei amtlich notierten Kapitalgesellschaften muss der Wirtschaftsprüfer gemäß § 317 IV HGB das Risiko-Management-System prüfen und im → *Prüfungsbericht* beurteilen.

Ein Risiko-Management-System soll neben der Offenlegung aller wesentlichen Risiken vor allem den kontrollierten Umgang mit Risiken ermöglichen und dazu beitragen, die Eintrittswahrscheinlichkeiten von Risiken, zu verringern. Kernstück eines Risiko-Management-Systems ist das sog. **Risikoinventar,** in dem alle wesentlichen leistungswirtschaftlichen sowie finanzwirtschaftlichen Risiken aber auch allgemeine externe Risiken (z. B. Änderung der rechtlichen Rahmenbedingungen) und die Risiken aus der Unternehmensorganisation und -kultur (→ *Corporate Governance*) systematisch aufgelistet werden. Die einzelnen Risiken sind dann in der Risikoinventur weiter zu spezifizieren im Hinblick auf deren Eintrittswahrscheinlichkeit (z. B. in hoch, mittel, niedrig) und Schadenshöhe (z. B. in Höchstschaden, mittlerer Schaden, Kleinschaden). Ferner sollte die Risikoinventur konkrete Maßnahmen zur Vermeidung oder Verminderung der einzelnen Risiken enthalten und die Risiken in ihrer Gesamtheit bewerten. Die Risikoinventur ist in regelmäßigen Abständen zu aktualisieren und in zusammengefasster Form in das interne Berichts- und Kontrollsystem aufzunehmen. Eine Konkretisierung des Risiko-Management-Systems erfolgt auch im DRS 5 (DRSC).

▶ Road Show

→ *Bookbuilding-Verfahren*

▶ RoE

→ *Return on Equity*

▶ Roh-, Hilfs-, Betriebsstoffe

→ *Produktionsfaktoren (nach Gutenberg)*

▶ Rohstoffe

→ *Produktionsfaktoren (nach Gutenberg)*

▶ Rohvermögen

→ *Vermögensteuer*

▶ RoI

→ *Return on Investment (RoI)*

▶ Roll-Over

Bezeichnung für eine regelmäßige Neufeststellung des Zinssatzes, z. B. aufgrund von Veränderungen eines Referenzzinssatzes (z. B. → *London Interbank Offered Rate (LIBOR)*). Entsprechende Kredite, die eine Roll-Over-Klausel enthalten, werden als Roll-Over-Kredite bezeichnet.

▶ RoNA

→ *Return on Investment (RoI)*

▶ RoRAC

→ *Return on Risk Adjusted Capital*

▶ Rückflusszeit

→ *Amortisationsrechnung*

▶ Rückkaufswert

Wert einer Lebensversicherung vor dem Auszahlungszeitpunkt. Dieser richtet sich nach dem vom Versicherer aus dem Sparanteil der Lebensversicherung gebildeten Summe an → *Deckungsrückstellung*.

▶ Rücklagen

Teil vom → *Eigenkapital*. Dabei wird entsprechend dem Ausweis in der Bilanz in **offene** Rücklagen und → *Stille Rücklagen* (Reserven) unterschieden. Offene Rücklagen als eigenständige Bilanzposition werden nur bei Kapitalgesellschaften (im Einzel- und Konzernabschluss) gezeigt. Personengesellschaften und Einzelunternehmen kennen diese Eigenkapitalposition nicht, da hier die nicht ausgeschütteten Gewinne den Eigenkapitalkonten zugeschrieben werden. Die Rücklagen bei einer Kapitalgesellschaft setzen sich gem. § 266 II HGB wie folgt zusammen:

(1) Kapitalrücklage

(2) Gewinnrücklage, davon

- gesetzliche Rücklage
- Rücklage für eigene Anteile
- satzungsmäßige Rücklagen
- andere Gewinnrücklagen.

In die **Kapitalrücklage** gehen die von den Anteilseignern über das Nominalkapital (Gezeichnetes Kapital) hinaus von außen zugeführten Eigenkapitalbeträge ein. Hierzu gehören gem. § 272 II HGB vor allem das so genannte Agio, d. h. Beträge, die bei der Ausgabe von Aktien und Bezugsrechten über den Nennbetrag hinaus erzielt wurden, sowie Zuzahlungen der Gesellschafter.

Die **Gewinnrücklagen** umfassen die Teile, die aus im Unternehmen erwirtschafteten Gewinnen in die Rücklagen eingestellt wurden. Nach § 150 II AktG ist in die **gesetzliche** Rücklage 5 % des Jahresüberschusses einzustellen, und zwar so lange, bis diese zusammen mit den Beträgen, die gem. § 272 II Nr. 1–3 HGB zwingend in die Kapitalrücklage einzustellen sind (Agio), 10 % des Grundkapitals oder einen in der Satzung bestimmten höheren Prozentsatz erreicht haben. **Satzungsmäßige** Rücklagen umfassen die Rücklagen, zu deren Bildung eine Gesellschaft gemäß Gesellschaftsvertrag oder Satzung verpflichtet ist. Die **anderen** Gewinnrücklagen stellen eine Sammelposition dar, sie erfassen diejenigen Rücklagen, die aus dem Jahresüberschuss gebildet wurden, jedoch nicht gesondert auszuweisen sind. Für Aktiengesellschaften enthält § 58 AktG Vorschriften, wonach, je nachdem, ob der Vorstand und Aufsichtsrat oder die Hauptversammlung den Jahresüberschuss feststellen, bestimmte Teile in die anderen Gewinnrücklagen eingestellt werden können. Stellen Vorstand und Aufsichtsrat den Jahresabschluss fest, so können sie nach § 58 II AktG einen Teil des Jahresüberschusses, höchstens jedoch die Hälfte, in andere Gewinnrücklagen einstellen. Die Position Rücklage für eigene Anteile ist in dem Umfang aus dem Jahresüberschuss oder vorhandenen, frei verfügbaren Gewinnrücklagen zu bilden, in dem eigene Anteile gehalten werden, um zu verhindern, dass diese Beträge an die Aktionäre ausgeschüttet werden.

▶ Rücklagen für eigene Anteile

→ *Rücklagen*

▶ Rückstellungen

Verpflichtungen, die dem Grunde und/oder der Höhe sowie dem Zeitpunkt nach noch nicht sicher feststehen. Dabei gilt gem. § 249 I 1 HGB eine **Passivierungspflicht** für folgende **Schuldrückstellungen**:

- ungewisse Verbindlichkeiten
- drohende Verluste aus schwebenden Geschäften
- Gewährleistungen, die ohne rechtliche Verpflichtung erbracht werden

und folgende **Aufwandsrückstellungen:**

- unterlassene Instandhaltungen, die innerhalb von 3 Monaten nach dem Bilanzstichtag nachgeholt werden
- Abraumbeseitigungen, die im folgenden Geschäftsjahr nachgeholt werden.

Diese Rückstellungen sind wegen dem → *Maßgeblichkeitsprinzip* auch in der Steuerbilanz zu bilden. Allerdings dürfen nach § 5 IVa EStG Rückstellungen für drohende Verluste aus schwebenden Geschäften in der Steuerbilanz nicht gebildet werden.

Der Unterschied zwischen einer Schuld- und Aufwandsrückstellung besteht darin, dass bei einer Schuldrückstellung gegenüber **Dritten** eine ungewisse Rechtsverpflichtung besteht, während bei einer Aufwandsrückstellung eine Selbstverpflichtung vorliegt, z. B. in Form eines Beschlusses der Unternehmensleitung zur Durchführung von Instandhaltungsmaßnahmen. IFRS (IAS 37) und US-GAAP lassen grundsätzlich nur den Ausweis von Schuldrückstellungen, nicht jedoch von Aufwandsrückstellungen, zu.

Rückstellungen sind nach § 253 I 2 HGB in Höhe des nach vernünftiger kaufmännischer Beurteilung notwendigen Erfüllungsbetrags anzusetzen. Dabei sind erwartete Preis- und Kostensteigerungen zu berücksichtigen. Dies gilt auch nach IFRS und US-GAAP. Für die

Steuerbilanz sind dagegen gem. 6 I Nr. 3a EStG die Wertverhältnisse am Abschlussstichtag relevant. Rückstellungen mit einer Restlaufzeit von mehr als einem Jahr sind in der Handelsbilanz gem. § 253 II HGB mit dem durchschnittlichen Marktzinssatz der vergangenen sieben bzw. bei Pensionsrückstellungen zehn Geschäftsjahre abzuzinsen. Der je nach Restlaufzeit unterschiedliche durchschnittliche Marktzinssatz wird von der Deutschen Bundesbank monatlich berechnet und bekannt gegeben. In der Steuerbilanz sind dagegen nach § 6 I Nr. 3a EStG die langfristigen Rückstellungen generell mit einem Zinssatz von 5,5 % abzuzinsen. Für die → *Pensionsrückstellungen* gilt gem. § 6a III EStG ein abweichender Zinssatz von 6 %. Nach IFRS und US-GAAP sind langfristige Rückstellungen ebenfalls abzuzinsen.

Nach IFRS (IAS 37) und US-GAAP muss der Eintritt der Verpflichtung **wahrscheinlich** sein, wobei wahrscheinlich nach IFRS explizit mit größer 50 % interpretiert wird, während nach HGB gem. dem Vorsichtsprinzip auch bei einer Eintrittswahrscheinlichkeit von weniger als 50 % Rückstellungen gebildet werden.

▶ Rürup-Verträge

Verträge, die nach der sog. „Rürup-Kommission" benannt sind, die die Reform der Altersvorsorge wesentlich beeinflusst hat. Diese Verträge sind kapitalgedeckte Rentenversicherungsverträge, die kein Kapitalwahlrecht am Ende der Laufzeit haben. Für diese Verträge gelten strenge Voraussetzungen. Die Ansprüche sind nicht vererbbar, nicht beleihbar, nicht veräußerbar, nicht verpfändbar und nicht kapitalisierbar. Zudem darf die Rentenzahlung bei Vertragsabschluss bis 31.12.2011 nicht vor dem 60. Lebensjahr, bei Vertragsabschluss ab 1.1.2012 nicht vor dem 62. Lebensjahr liegen. Dieser Vertragstyp soll dem Aufbau einer privaten Altersversorgung dienen, die besondere steuerliche Vergünstigungen erhält, wie sie auch der staatlichen Rente im Rahmen der Anspar- und Auszahlungsphase bei der → *Rentenbesteuerung* gewährt werden.

▶ Rüstkosten

→ *Rüstzeit*

▶ Rüstzeit

Teil der → *Durchlaufzeit,* die am Beginn einer → *Produktion* bzw. der Bearbeitungszeit eines Werkstücks zur Herstellung eines betriebsfähigen Zustands von Betriebsmitteln (z. B. Maschinen, Informationssystemen) steht. Die Rüstkosten sind als Vorbereitungskosten von den Herstellkosten und Lagerkosten im Rahmen der Produktionskosten zu trennen und bei der → *Kostenstellenrechnung* mit dem → *Betriebsabrechnungsbogen (BAB)* zu verteilen.

▶ Rumpfgeschäftsjahr

Ausdruck für ein steuerliches → *Wirtschaftsjahr,* das nicht 12 Monate umfasst. In der Regel vorkommend bei erstmaliger Publizitätspflicht eines neu am → *Finanzmarkt* bzw. einer → *Börse* gehandelten Unternehmens.

S

▶ Sabbatical

→ *Arbeitszeit*

▶ Sachanlagen

Aktiva (→ *Aktiva*), die gem. § 266 II HGB zusammen mit den → *Finanzanlagen* und den → *Immateriellen Vermögensgegenständen* als → *Anlagevermögen* in der → *Bilanz* auszuweisen sind. Dabei ist weiter zu unterteilen in:

- Grundstücke, grundstücksgleiche Rechte und Bauten einschließlich der Bauten auf fremden Grundstücken;
- Technische Anlagen und Maschinen;
- Andere Anlagen, Betriebs- und Geschäftsausstattung;
- Geleistete Anzahlungen und Anlagen im Bau.

Im Gegensatz zu den Finanzanlagen sind die Sachanlagen, soweit deren Nutzung zeitlich begrenzt ist, um **planmäßige** → *Abschreibung* zu vermindern. Wertobergrenze nach HGB bilden die Anschaffungs- oder Herstellungskosten, während IFRS (IAS 16 und IAS 40) auch eine Bewertung darüber hinaus zu Marktwerten bei Anwendung der Neubewertungs- bzw. Zeitwertmethode erlaubt.

▶ Sachbezüge

Nicht-monetäre, d. h. nicht in → *Geld* ausgedrückte → *Lohnformen*, z. B. Verköstigung, Firmenwagen, Einkaufsrabatte. In der → *Gleich-*

heitstheorie von Adams werden Sachbezüge als Instrumente der → *Motivation* von Mitarbeitern untersucht. Für den Betrieb können derartige Lohnformen steuerliche Vorteile gegenüber einer traditionellen Entlohnung haben.

▶ Sacheinlage

→ *Sachgründung*

▶ Sachgründung

Im Gegensatz zur → *Bargründung,* bei der die Mindesteinlagen in gesetzlichen Zahlungsmitteln geleistet werden, wird hier bei der Gründung einer Gesellschaft das → *Eigenkapital* ganz oder teilweise durch Sachen (z. B. Grundstücke, Maschinen, → *Immaterielle Vermögensgegenstände*) eingebracht.

▶ Sachgüter

→ *Gut*

▶ Sachinvestition

→ *Investition*

▶ Sachkonto

→ *Kontenarten*

▶ Sachleistungsbetrieb

→ *Betriebsarten*

▶ Sachmittel

→ *Gut,* → *Produktionsfaktoren (nach Gutenberg)*

▶ Sachsicherheit

→ *Kreditsicherheiten*

▶ Sachziele

Nach *Erich Kosiol* die Art, Menge und der Zeitpunkt der Produkterstellung, im Gegensatz zu den → *Formalzielen,* die finanzwirtschaftliche Größen zum Inhalt haben (→ *Ziel*). Sachzieldominante Unternehmen sind z. B. Öffentliche Betriebe, bei denen nicht ein Formalziel (z. B. → *Gewinn,* → *Umsatz*), sondern die Leistungserstellung (z. B. Personentransport bei der *Bahn AG* oder die Rundfunkversorgung beim öffentlich-rechtlichen Fernsehen) im Vordergrund steht.

▶ Saldierungsverbot

→ *Grundsatz der Klarheit und Übersichtlichkeit*

▶ Saldo

→ *Konto*

▶ Sale and Lease Back

→ *Leasing*

▶ Salespromotions

→ *Verkaufsförderung*

▶ Sammelbewertungsverfahren

Verfahren zur vereinfachten Ermittlung der Anschaffungskosten oder → *Herstellungskosten* **gleichartiger** Vermögensgegenstände des Vorratsvermögens. Sie stellen eine Abweichung vom → *Grundsatz der Einzelbewertung* dar. Zu den Verfahren gehören i. e. S. die Durchschnittsmethode und die → *Verbrauchsfolgeverfahren* (§ 256 HGB). I. w. S. können auch die → *Festwertbewertung* (§ 240 III HGB) und die → *Gruppenbewertung* (§ 240 IV HGB) sowie die → *Pauschalwertberichtigung auf Forderungen* hierunter subsumiert werden.

▶ Sammeldepot

→ *Depotgeschäft*

▶ Sammelkonto

→ *Kontenarten*

▶ Sanierung

Alle planvollen Maßnahmen, die geeignet sind, ein „notleidendes" Unternehmen, d. h. einen → *Betrieb* in finanziellen Schwierigkeiten, vor dem Zusammenbruch (→ *Insolvenz*) zu bewahren und seine Leistungsfähigkeit wieder herzustellen. Die Sanierung ist daher im Gegensatz zur Insolvenz auf die Fortführung des Unternehmens gerichtet und wird insbesondere bei der Umgestaltung der Wirtschaft in den neuen Bundesländern kontrovers diskutiert. Sanierungen setzen i. d. R. die Mithilfe der → *Bank* (Schuldenerlass, Stundung) oder intern eine → *Kapitalherabsetzung* oder die Aufnahme neuer Gesellschafter (neues Kapital) voraus. Evtl. ist im Gesellschaftsvertrag eine → *Nachschusspflicht* für die alten Gesellschafter vorgesehen, so dass die Sanierung aus eigener Kraft gelingen kann. Sanierungen dienen häufig personalwirtschaftlichen Zielen und können evtl. durch die → *Mitbestimmung* der Arbeitnehmer erzwungen werden (→ *Betriebsverfassungsgesetz (BetrVG)*).

▶ Sanktionen

Maßnahmen gegen ein fehlerhaftes oder ungenügendes Verhalten von Mitarbeitern. Insbesondere beim Einsatz von Belohnungs- und Bestrafungsmacht (→ *Macht*) relevant, da ohne tatsächliche Sanktionen bei einem Fehlverhalten angedrohte Sanktionen wirkungslos werden. Monetäre Sanktionen in Form von Verlustbeteiligungen oder Gehaltskürzungen sind in der Bundesrepublik unüblich. Der Verlust des Arbeitsplatzes oder von Vergünstigungen (→ *Sachbezüge*) kann dagegen eine Form der Sanktion sein.

▶ Sarbanes-Oxley-Act

→ *Bilanzeid*

▶ Satisfizierung

→ *Optimal*

▶ Satzung

→ *Gesellschaft mit beschränkter Haftung (GmbH)*

▶ Savage-Niehans-Regel

→ *Entscheidungsregeln*

▶ SB-Markt

→ *Distributionsweg*; → *Handelsvertriebsweg*

▶ Scanning

Aufzeichnung des Kaufverhaltens mit speziellen „Scanner-Kassen". Mit Hilfe der Scanner-Technik ist es möglich, an Supermarktkassen die vom einzelnen Kunden gekauften Waren zu erfassen. Dies erfolgt durch optoelektronische Erfassungsgeräte (Scanner), die mit Hilfe von Laserstrahlen den an der Ware angebrachten Strichcode lesen, worauf ein Computer den zugehörigen Preis an die Kasse weiterleitet, der dann gemeinsam mit der Warenbezeichnung auf dem Kassenzettel ausgedruckt wird (Abbildung S-1).

Die Scanner-Technik bietet vor allem zwei Vorteile:

(**1**) Dem → *Handel* erlaubt sie, die Lagerhaltung zu optimieren, Bestellvorgänge an Lieferanten bei Erreichen eines Mindestbestandes automatisch ablaufen zu lassen und die Umschlagshäufigkeiten einzelner Waren oder Warengruppen zu überwachen. Hierdurch lassen sich Ladenhüter leicht von Produkten, die häufig gekauft werden, trennen.

(**2**) Im Rahmen so genannter experimenteller Märkte lässt sich die Wirkung bestimmter Marketingmaßnahmen beurteilen. Hierzu erhalten ausgewählte Testhaushalte Identitätskarten, die sie beim Bezahlen im Supermarkt vorlegen. Da diese Testhaushalte durch bestimmte Medien (z. B. durch mit speziellen Anzeigen versehene Zeitschriften oder nur für diese Haushalte ins Kabelnetz eingespeiste Werbespots) angesprochen werden können, lassen sich durch die Aufzeichnungen des Kaufverhaltens im Gegensatz zu dem einer Kontrollgruppe, Rückschlüsse auf die Wirkung einzelner Maßnahmen ziehen.

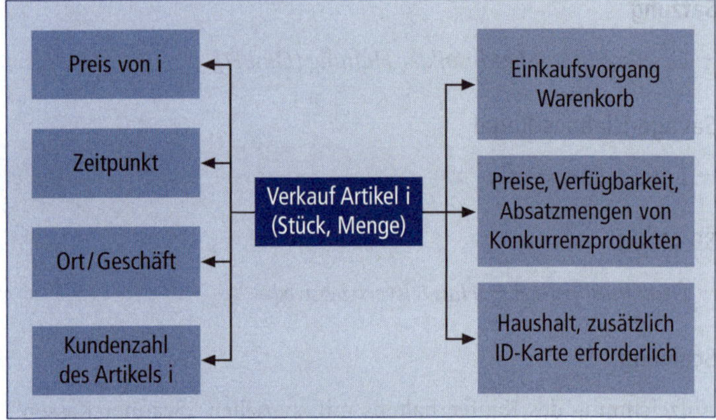

Abb. S-1: Auf Scanner-Basis bestehende Mess- und Zuordnungsmöglichkeiten des Verkaufs eines Artikels. (Quelle: Simon, H.; Kucher, E.; Sebastian K. H.: Scanner-Daten in Marktforschung und Marketingentscheidungen, in ZfB, 58. Jg., 1988, S. 557)

▶ Schachtelbeteiligung

→ *Schachtelprivileg*

▶ Schachtelprivileg

Möglichkeit der Kürzung von Gewinnanteilen einer → *Beteiligung* bei der Berechnung des Gewerbeertrags, die bei Kapitalgesellschaften mindestens 15 % der am Beginn des Erhebungszeitraums (i. d. R. 1.1. eines Jahres) betragen muss, wenn diese in der Ausgangsgröße → *Gewinn* aus Gewerbebetrieb enthalten sind. Daneben gibt es für Personengesellschaften eine Kürzung im Rahmen der → *Gewerbeertragsteuer* unabhängig von der Höhe der Beteiligung als Mitunternehmer.

▶ Schaden

Nachteil, der sich für eine Person (**Personenschaden**) oder ein Gut, das sich in der Verfügung einer Person befindet (**Sachschaden**) aufgrund einer Pflichtverletzung ergibt. Schadensersatz kann jemand gem. § 280 BGB aufgrund gesetzlicher Bestimmungen oder vertraglicher Vereinbarungen leisten müssen, wenn dieser dem anderen oder dessen Gut einen Schaden zugefügt hat. Unerheblich für die Pflichtverletzung ist, ob eine Haupt- oder eine Nebenpflicht verletzt wurde, ob schlecht, zu spät, am falschen Ort, in der falschen Weise, zu viel oder zu wenig, ob etwas anderes als das Geschuldete oder ob ganz oder teilweise überhaupt nicht geleistet wurde. Die Beweislast für das Verschulden liegt beim Schuldner. Der Schadensersatzanspruch ist darauf gerichtet, den Zustand herzustellen, der bestanden hätte, wenn das schädigende Ereignis nicht eingetreten wäre. Statt Naturalersatz kann ggf. auch Geldersatz verlangt werden. Beispiele können der Sachmangel (→ *Mängelgewährleistung*), unerlaubte Handlungen oder Gefährdungen sein. Problematisch ist zumeist der immaterielle Schaden, z. B. Imageschaden oder die Bemessung eines Schmerzensgeldes, sowie die Schätzung des Schadens aufgrund eines entgangenen Gewinns. Schadensersatz setzt gem. § 281 BGB Verschulden voraus. Bei der → *Gewährleistung* kann Schadensersatz bei Pflichtverletzungen und erfolgloser Fristsetzung zur Leistung oder Nacherfüllung eingefordert werden. Der Rücktritt und gleichzeitige Schadensersatzanspruch schließen sich gem. §§ 323 ff. BGB nicht aus. Aus Abbildung S-2 geht das System des Schadensersatzes mit seinen Arten, gesetzlichen Bestimmungen und Voraussetzungen hervor.

▶ Schadensersatzanspruch

→ *Schaden*

Einfacher Schadensersatz		
Schadensersatz neben der Leistung (cic. pVV)	§ 280 BGB	1. Pflichtverletzung 2. Verschulden (vermutet)
Verzögerungsschaden	§§ 280, Abs. 2, 286 BGB	1. Pflichtverletzung 2. Verzug 3. Verschulden (vermutet)
Schadensersatz statt der Leistung		
Schlechtleistung	§§ 280, Abs. 1, 3, 281 BGB	1. Pflichtverletzung 2. Verschulden (vermutet)

<table>
<tr><th colspan="3">Schadensersatz statt der Leistung</th></tr>
<tr><td>Verzug</td><td>§§ 280, Abs. 1, 3, 281 BGB</td><td>3. Erfolglose Fristsetzung zur Nacherfüllung</td></tr>
<tr><td>Nebenpflichtverletzung (§ 241 Abs. 2 BGB)</td><td>§§ 241 Abs. 2, 280 Abs. 1, 3, 282 BGB</td><td>1. Pflichtverletzung
2. Verschulden vermutet)
3. Leistung durch den Schuldner dem Gläubiger nicht zumutbar</td></tr>
<tr><td>Nachträgliche Unmöglichkeit</td><td>§§ 280 Abs. 1, 3, 283 BGB</td><td>1. Pflichtverletzung (Unmöglichkeit)
2. Verschulden (vermutet)</td></tr>
<tr><td>Anfängliche Unmöglichkeit</td><td>§ 311a Abs. 2 BGB</td><td>1. Pflichtverletzung (Unmöglichkeit)
2. Kenntnis/fahrlässige Unkenntnis des Schuldners vom Leistungshindernis</td></tr>
<tr><th colspan="3">Schadensersatz statt der ganzen Leistung</th></tr>
<tr><td>Schlechtleistung</td><td>§ 281 Abs. 1 Satz 2, 3, Abs. 5 BGB</td><td rowspan="2">1. Pflichtverletzung
2. Verschulden (vermutet)
3. Erfolglose Fristsetzung zur Nacherfüllung
4.1 bei Teilleistung: kein Interesse des Gläubigers
4.2 bei Schlechtleistung: Pflichtverletzung nicht unerheblich</td></tr>
<tr><td>Verzug</td><td>§ 281 Abs. 1 Satz 2, 3, Abs. 5 BGB</td></tr>
<tr><td>Nebenpflichtverletzung (§ 241 Abs. 2 BGB</td><td>–</td><td>–</td></tr>
<tr><td>Nachträgliche Unmöglichkeit</td><td>§ 281 Abs. 1 Satz 2, 3, Abs. 5 BGB, § 283 Satz 2 BGB</td><td>1. Nachträgliche Unmöglichkeit
2. Verschulden (vermutet)
3.1 bei Teilleistung: kein Interesse des Gläubigers
3.2 bei Schlechtleistung: Pflichtverletzung nicht unerheblich</td></tr>
<tr><td>Anfängliche Unmöglichkeit</td><td>§ 281 Abs. 1 Satz 2, 3, Abs 5 BGB, § 311a Abs. 2 Satz 3 BGB</td><td>1. Anfängliche Unmöglichkeit
2. Kenntnis/fahrlässige Unkenntnis des Schuldners vom Leistungshindernis (vermutet)
3.1 bei Teilleistung: kein Interesse des Gläubigers
3.2 bei Schlechtleistung: Pflichtverletzung nicht unerheblich</td></tr>
</table>

Abb. S-2: Das System des Schadensersatzes

▶ Schätzkurs

→ *Kurszusätze*

▶ Schätzung

Im Rahmen der Gewinnermittlung mögliche Form, den → *Gewinn* festzulegen, wenn der Steuerpflichtige seinen Mitwirkungspflichten nicht nachkommt. Die Schätzung wird immer von Amts wegen vorgenommen. Es kann eine Vollschätzung oder eine Hinzuschätzung vornehmen. Dabei muss sich die → *Finanzbehörde* nicht an dem für den Steuerpflichtigen günstigsten Fall orientieren, vielmehr hat die Schätzung, die an die obere Grenze des Vertretbaren geht, einen erzieherischen Charakter, um den Steuerpflichtigen zur Mitwirkung im Besteuerungsverfahren anzuhalten. Eine Schätzung entbindet den Steuerpflichtigen nicht von seinen Mitwirkungspflichten. Für Schätzungszwecke gibt es bei der Finanzverwaltung sog. Richtsatzsammlungen, die einerseits für Plausibilitätsprüfungen herangezogen werden, andererseits Grundlage für Schätzungen darstellen. Bei einer Schätzung sind aber über diese Richtsätze hinaus alle Umstände zu berücksichtigen, die für die Schätzung von Bedeutung sind.

▶ Schanz

→ *Verhaltenswissenschaftlicher Ansatz*

▶ Scheingeschäft

Rechtsgeschäft, das einem anderen gegenüber mit dessen Einverständnis nur zum Schein vorgenommen wird, um z. B. ein anderes Rechtsgeschäft zu verdecken oder Dritte zu täuschen. Scheingeschäfte sind nichtig (→ *Nichtigkeit*).

▶ Scheingesellschaft

Gesellschaft, die ohne Abschluss eines Gesellschaftsvertrages einen Handelsbetrieb unter einer → *Firma* aufnimmt. Die Scheingesellschafter haften gutgläubigen Dritten gegenüber wie Gesellschafter einer ordentlich zustande gekommenen Gesellschaft persönlich und als Gesamtschuldner gem. § 128 HGB.

▶ Scheinkaufmann

→ *Kaufmann*

▶ Schenkung

Vertrag (→ *Vertrag*) über die unentgeltliche Zuwendung von Vermögensgegenständen gem. §§ 516 ff. BGB. Bei der Handschenkung fallen die Verpflichtung und die Erfüllung des Vertrages zusammen, während bei der nicht sofort vollzogenen Schenkung (Schenkungsversprechen) eine → *Notarielle Beurkundung* zur Wirksamkeit der Schenkung notwendig ist. Der Formmangel kann durch Vollzug (→ *Erfüllung*) geheilt werden.

▶ Schenkungsteuer

→ *Erbschaft- und Schenkungsteuer*

▶ Schicht

Arbeitszeitmodell, bei dem an einem Arbeitsplatz nach Ablauf einer vereinbarten → *Arbeitszeit* der → *Arbeiter* durch einen anderen Arbeitnehmer ersetzt wird, so dass Anlagen weitgehend ausgelastet werden können (→ *Kapazität*). Problematisch an der Schichtarbeit bzw. Einteilung der Schichten ist die Festlegung von Arbeitszeiten, die dem Biorhythmus bzw. Organismus eines Menschen (Nachtarbeit) sowie dem sozialen Leben (Familienleben, Einkaufsmöglichkeiten) entgegenstehen können. Eine verstärkte arbeitsmedizinische Vorsorge und Betreuung ist daher bei dieser Arbeitszeitregelung notwendig.

▶ Schickschuld

→ *Erfüllung*

▶ Schiedsgericht

→ *Börsenorgane*

▶ Schleichwerbung

Werbung (→ *Werbung*), die ohne Vorliegen einer entsprechenden Genehmigung durch unentgeltliche Nutzung eines Massenmediums erfolgt. Ziel ist es, die Werbewirkung zu erhöhen und die Werbekosten zu senken. Eine offene, aber erschlichene Werbung ist zwar erlaubt, wird aber von den Medien zu vermeiden versucht. Eine redaktionell gestaltete, getarnte Werbung, bei der der werbliche Charakter nicht auf Anhieb durchschaut wird, verstößt hingegen gegen das → *Gesetz gegen den unlauteren Wettbewerb (UWG)* sowie das Presserecht und ist unzulässig.

▶ Schlichtung

→ *Streik*

▶ Schlussbilanz

→ *Eröffnungsbilanz*

▶ Schlusskurs

→ *Kurs*

▶ Schmalenbach

Einer der bedeutendsten Wissenschaftler der → *Betriebswirtschaftslehre,* der dem Fach Betriebswirtschaftslehre den Namen gab. Zuvor konkurrierten die Begriffe Privatwirtschaftslehre (*Wilhelm Rieger*) u. a. mit dem Vorschlag von *Eugen Schmalenbach.* Sein Andenken wird in der Eugen Schmalenbach-Gesellschaft – Deutsche Gesellschaft für Betriebswirtschaftslehre e. V. (SG-DGfB) wachgehalten, die sich zum Ziel gesetzt hat, die Beziehungen zwischen betriebswirtschaftlicher Forschung und Lehre sowie der Wirtschaftspraxis zu pflegen.

▶ Schnelldreher

Waren im Handel, die einem schnellen Verkauf bzw. Verbrauch unterliegen. Dadurch entstehen eine kurze Durchlaufzeit und ein geringes Lagerrisiko. Häufig werden derartige Produkte → *Just in Time (JiT)* eingekauft.

▶ SCHUFA

→ *Schutzgemeinschaft für allgemeine Kreditsicherung (SCHUFA)*

▶ Schulden

(**1**) Bilanziell: Bezeichnung für die insgesamt auf der Passivseite der → *Handelsbilanz ausgewiesenen* → *Verbindlichkeiten* **und** → *Rückstellungen,* die dem auf der Aktivseite gezeigten → *Vermögen* gegenüberstehen. Die in der → *Steuerbilanz* enthaltenen Verbindlichkeiten und Rückstellungen werden nicht als Schulden, sondern als negative → *Wirtschaftsgüter* bezeichnet, wobei insbesondere bei den Rückstellungen Unterschiede bestehen.

(**2**) Zivilrechtlich: Bezeichnung für eine aus einem sog. **Schuldverhältnis** gem. § 241 BGB sich ergebende Verpflichtung eines Schuldners an einen → *Gläubiger,* eine bestimmte Leistung, die auch in einem Unterlassen bestehen kann, zu erbringen. Nach dem Leistungsort wird in Holschuld und Bringschuld unterschieden, je nachdem, ob der → *Erfüllungsort* der Ort des Schuldners oder der Ort des Gläubigers ist.

(**3**) Umgangssprachlich: Bezeichnung für eine Geldschuld (→ *Kredit*).

▶ Schuldenkonsolidierung

→ *Konzernabschluss, Konsolidierung/Eliminierung*

▶ Schuldnerverzeichnis

Beim Amtsgericht (Vollstreckungsgericht) geführte Liste aller Personen, die ihre Vermögenslosigkeit an Eides statt gem. § 284 AO und § 807 ZPO bekundet haben (→ *Eidesstattliche Versicherung (E.V.)*).

▶ Schuldschein

Von einem Schuldner ausgestellte Urkunde, die dem Gläubiger als Beweismittel über die Schuldverpflichtung dient. Der Schuldschein ist kein → *Wertpapier,* wie dies beispielsweise bei einer Schuldverschreibung (→ *Anleihe*) der Fall ist. Er ist nach erbrachter Leistung durch den Schuldner an ihn zurückzugeben und wird insbesondere bei → *Schuldscheindarlehen* eingesetzt.

▶ Schuldscheindarlehen

Darlehen (→ *Kredit*), das gemäß § 607 BGB in Verbindung mit § 344 HGB gegen einen → *Schuldschein* als Beweismittel gewährt wird. Da es sich beim Schuldschein nicht um ein → *Wertpapier* handelt, kann die Übertragung nur durch eine → *Zession* erfolgen. Vor allem von Lebensversicherungen, Pensionskassen und Sozialversicherungsträgern ausgegeben, stellen sie ein Großdarlehen dar, das meist von großen Industrieunternehmen aufgenommen wird. Dem Nachteil einer geringen → *Fungibilität* stehen Vorteile bei den → *Finanzierungskosten* der klassischen Industrieobligation (→ *Anleihe*) gegenüber.

▶ Schuldübernahme

Vertragliche Vereinbarung zwischen Gläubiger und einem Dritten (unabhängig vom Schuldner), wonach der Dritte an die Stelle des bisherigen Schuldners tritt und dessen Schuld gem. § 414 BGB übernimmt.

▶ Schuldurkunde

→ *Anleihe*

▶ Schuldverschreibung

→ *Anleihe*

▶ Schutzgemeinschaft für allgemeine Kreditsicherung (SCHUFA)

Eine ursprünglich 1927 von der kreditgebenden Wirtschaft gegründete Organisation mit dem Geschäftszweck, ihre Vertragspartner vor Kreditausfällen zu schützen. Die SCHUFA Holding AG hat ihren Sitz in Wiesbaden, der Bestand der SCHUFA umfasst aktuell 440 Mio. Datensätze von 65 Mio. Bürgern. Die SCHUFA bearbeitet jährlich mehr als 91,5 Mio. Anfragen zur Kreditwürdigkeit. Davon sind 1,3 Mio. Selbstauskünfte von Bürgern, die ihre Daten einsehen wollen.

▶ Schwarzarbeit

Betreiben eines → *Gewerbes* ohne Anmeldung bei den zuständigen Behörden. Ordnungswidrigkeit, die mit Geldbuße bis 25 000 € und mit bis zu drei Jahren Freiheitsstrafe bestraft werden kann. Tatbestände sind u. a. Leistungsmissbrauch, z. B. Inanspruchnahme von Sozialleistungen trotz Beschäftigung, Beauftragung anderer mit Schwarzarbeit, Verleih von Arbeitnehmern ohne die Erlaubnis der Bundesagentur für Arbeit, Beschäftigung ausländischer Arbeitnehmer ohne Arbeitserlaubnis oder Beschäftigung von Arbeitnehmern bei Vorenthaltung von Sozialleistungen.

▶ Schwebende Geschäfte

Gegenseitige Verträge, die noch von keinem Vertragspartner erfüllt wurden, werden bis zur → *Erfüllung* als schwebend bezeichnet. Nach den → *Grundsätzen ordnungsmäßiger Buchführung (GoB)* finden schwebende Geschäfte nur dann Eingang in die → *Buchführung,* wenn sie → *Verlust* erwarten lassen (→ *Realisationsprinzip,* → *Imparitätsprinzip*).

▶ Schwebende Unwirksamkeit

Rechtsgeschäfte, deren Gültigkeit von der → *Zustimmung* eines anderen abhängig ist, sind schwebend unwirksam. Bei Erteilung der Genehmigung wird das Geschäft rückwirkend gültig, bei Verweigerung rückwirkend nichtig (→ *Nichtigkeit*).

▶ SCM

→ *Supply Chain Management (SCM)*

▶ Scoring-Modell

Punktbewertungsmodell bzw. → *Nutzwertanalyse (NWA),* die die Entscheidungsfindung unter mehreren Alternativen bei mehreren Zielen, die sowohl quantitativer als auch qualitativer Natur sein können, erlaubt. Hierbei wird in folgenden fünf Stufen vorgegangen:

(1) Auswahl der relevanten, aus den verfolgten Zielen abgeleiteten Beurteilungskriterien K^i (i=1,…,n); evtl. können diese Kriterien in Haupt- und Unterkriterien untergliedert werden.

(2) Gewichtung der Kriterien gemäß ihrer relativen Bedeutung im Hinblick auf das Oberziel (Gewichtungsfaktoren g^i, i=1,…,n).

(3) Messung der Erfüllung der einzelnen Kriterien durch die Alternativen (e^{ij} = Erfüllungsgrad der Alternative j beim Kriterium i, i=1,…,n; j=1,…,m). Im Einzelnen wird hierbei wie folgt vorgegangen: Erfassen und Beschreiben der möglichen Erfüllungsgrade für jedes Kriterium; Skalierung der Erfüllungsgrade: bei jedem Kriterium wird jedem möglichen Erfüllungsgrad ein bestimmter Punktwert zugeordnet; damit wird für qualitative und quantitative Kriterien eine einheitliche Skala verwendet, womit die Zielerfüllungsgrade vergleichbar werden; anhand des jeweiligen Zielerfüllungsgrades wird jeder Alternative bei jedem Kriterium eine bestimmte Punktzahl zugeordnet.

(4) Zusammenfassung der einzelnen Punktwerte zu einem Gesamtnutzenwert; dies geschieht durch Bildung der gewichteten Punktsumme einer Alternative:

$$GPZ_j = \sum_{i=j}^{m} g_i \times e_{ij}$$

(5) Bildung einer Rangfolge der Alternativen gemäß der gewichteten Punktsumme und Auswahl der Alternative mit der höchsten Gesamtpunktzahl.

Zu beachten ist hierbei, dass sich die Kriterien nicht überschneiden dürfen, da diese sonst implizit eine höhere Gewichtung erhalten.

▶ S. E.

→ *Societas Europaea (S. E.)*

▶ SEC

→ *Securities and Exchange Commission (SEC)*

▶ Securities and Exchange Commission (SEC)

US-amerikanische Börsen- und Wertpapieraufsichtsbehörde, die 1934 vom US-amerikanischen Kongress im Rahmen des sog. Securities Exchange Act als Reaktion auf den Börsencrash von 1929 und die anschließende Weltwirtschaftskrise gegründet wurde. Hauptaufgabe der SEC ist die Sicherung der Offenlegung relevanter Informationen börsennotierter Unternehmen für die Investoren (Shareholder). Die SEC stellt eine bedeutende und mächtige Bundesbehörde in den USA (Hauptsitz Washington, DC) dar. Zu ihren Aufgaben zählen vor allem die Überwachung der Bundesgesetze im Wertpapierbereich, der Erlass von Ausführungsbestimmungen zur Zulassung und zum Handel mit Wertpapieren einschließlich der Rechnungslegungsvorschriften.

▶ Securitization

Tendenz zur Verbriefung von Vermögensgegenständen, z. B. von Forderungen (→ *Asset Backed Securities (ABS)*) oder von Kassenbeständen (→ *Commercial Paper (CP)*). Diese Tendenz zur Kapitalbeschaffung mit Hilfe der Ausgabe verbriefter Wertpapiere über das eigene Vermögen führt zur so genannten Disintermediation, d. h. zur Verdrängung von Banken, die bisher als Finanzintermediäre bei der Kapitalbeschaffung eingeschaltet wurden und die Sicherstellung der Kredite besorgten.

▶ Segmentberichterstattung

Berichterstattung über Produktbereiche (Business Segments) oder Geographische Märkte (Geographical Segments) eines Unternehmens. Nicht kapitalmarktorientierte Unternehmen müssen nach

§ 285 4 HGB bzw. § 314 I 3 HGB im Anhang nur die Umsatzerlöse nach Tätigkeitsbereichen sowie nach geographisch bestimmten Märkten aufgliedern. Der HGB-Konzernabschluss **kann** aber auch gem. § 297 I HGB um eine vollständige Segmentberichterstattung erweitert werden. Dies gilt nach § 264 I 2 HGB auch für die HGB-Einzelabschlüsse kapitalmarktorientierter Kapitalgesellschaften, die nicht zur Aufstellung eines Konzernabschlusses verpflichtet sind. Kapitalmarktorientierte Mutterunternehmen, die nach § 315e I und II HGB den Konzernabschluss nach IFRS erstellen, **müssen** eine Segmentberichterstattung offen legen, da der IFRS 8 diese für kapitalmarktorientierte Unternehmen zwingend verlangt.

Der IFRS 8, der faktisch US-GAAP (SFAS 131) entspricht, basiert auf dem sog. Management Approach. Danach knüpft die die Segmentberichterstattung unmittelbar an das interne Berichtswesen an, d. h. sowohl die Segmentdefinition als auch die Segmentberichtsgrößen orientieren sich am internen Rechnungswesen. Soweit ein im Rahmen der internen Führung und Steuerung definiertes Segment eine bestimmte Größenordnung erreicht (z. B. 10 % des Gesamtumsatzes) muss über dieses berichtet werden. Dabei sind grundsätzlich die von der Unternehmensleitung im Rahmen der internen Führung und Steuerung verwendeten Berichtsgrößen offen zu legen. Bestimmte Mindestberichtsumfänge sind aber zu beachten, insb. ist immer über das (intern definierte) Ergebnis pro Segment zu berichten.

Soweit die Segmentberichterstattung im Rahmen von HGB-Abschlüssen freiwillig erfolgt, ist grundsätzlich der DRS 3 heranzuziehen, der die berichtspflichtigen Segmente und deren Berichtsgrößen stärker normiert als der IFRS 8, da er auf dem sog. Risks and Rewards Approach und weniger auf dem Management Approach basiert.

▶ Segmentierung

→ *Marktsegmentierung*

▶ Sekundäre Kosten

→ *Kosten,* die im Gegensatz zu primären Kosten beim Verbrauch von Gütern entstanden sind, die innerhalb des Unternehmens entstanden sind. Darunter sind auch Dienstleistungen im Betrieb zu verstehen, die im Wege der → *Kostenartenrechnung* ermittelt und bei der → *Kostenstellenrechnung* auf die → *Kostenstelle* verteilt werden.

▶ Sekundärforschung

→ *Erhebungsmethode*

▶ Sekundärmarkt

→ *Börse*

▶ Selbsteintritt

Ein Kommissionär, → *Makler,* → *Spediteur* oder Treuhänder, der für einen Auftraggeber ein Geschäft ausführen soll, kann selbst als Vertragspartei eintreten (§§ 400 ff. HGB). So ist z. B. der Selbsteintritt bei Börsenmaklern üblich, wobei die Regelungen für Insider hier zu beachten sind. Der Selbsteintritt ist von der Selbstkontrahierung zu unterscheiden. Hier wird ein → *Vertrag* oder Rechtsgeschäft eines Vertreters (→ *Vertretung*) im Namen des Vertretenen mit sich selbst im eigenen Namen oder mit sich selbst als Vertreter eines Dritten abgeschlossen. Dies ist gem. § 181 BGB grundsätzlich unzulässig, es sei denn, dem Vertreter liegt eine → *Vollmacht* vor oder das Geschäft wird später genehmigt.

▶ Selbstfinanzierung

Art der → *Finanzierung* im Rahmen der → *Innenfinanzierung,* bei der der Kapitalbedarf eines Unternehmens durch die Einbehaltung (→ *Thesaurierung*) von Gewinnen gedeckt wird. Häufig wird in der Literatur der Begriff Selbstfinanzierung und Innenfinanzierung synonym verwendet, was nicht exakt ist. Abhängig davon, ob die Rücklagenbildung offen in der Bilanz sichtbar wird oder so genannte stille Rücklagen gebildet werden, wird zwischen offener und stiller Selbstfinanzierung unterschieden.

▶ Selbsthilfeverkauf

Verkauf einer Ware an Dritte bei → *Verzug* der Annahme durch den Käufer gem. § 389 HGB. Vor dem Kauf bzw. der öffentlichen Versteigerung ist grundsätzlich eine vorherige Anzeige an den Käufer erforderlich. Käufer und Verkäufer können bei der öffentlichen Versteigerung mitbieten.

▶ Selbstkosten

Summe der → *Kosten,* die für die Herstellung (→ *Herstellkosten*) sowie für den Vertrieb und die Verwaltung in einem Unternehmen anfallen. Sie werden in der → *Kostenrechnung* im Rahmen der → *Kostenträgerrechnung* durch eine → *Zuschlagskalkulation* oder → *Divisionskalkulation* ermittelt. Insbesondere für die Preispolitik (Stückpreis, Preisuntergrenzen) sind die Selbstkosten eine wichtige Entscheidungsgrundlage.

▶ Selbstschuldnerische Bürgschaft

→ *Bürgschaft*

▶ Selling Center

Gegenstück zum → *Buying Center.* Als Selling Center wird die gedankliche oder auch organisatorische Zusammenfassung der auf der Anbieterseite an Verkaufsverhandlungen beteiligten Personen bezeichnet, z. B. Verkäufer, Techniker, Servicemitarbeiter, Controller, Entwickler. Selling Center werden vor allem beim Absatz von Investitionsgütern gebildet, die sich durch langwierige und komplexe Verkaufsprozesse mit vielen Beteiligten auch auf der Käuferseite auszeichnen.

▶ Sensitivitätsanalyse

Prüfung der Stabilität eines Rechenergebnisses bei Variation des Dateninputs der Rechnung. Unter der → *Ceteris-paribus*-Annahme werden Variablen variiert (→ *Simulation*) und die Reaktion der abhängigen Variablen getestet. Solche Rechnungen werden häufig bei Berechnungen von Kapitalwerten, Internem Zinsfuß oder der Amortisationsdauer von Investitionen eingesetzt. Auch bei Marktstudien i. R. des → *Marketing* kann die Empfindlichkeit der Nachfrage in Abhängigkeit von Datenvariationen geprüft werden. Im Produktionsbereich kann die SA im Rahmen der → *Wertanalyse* Verwendung finden.

▶ SEPA

→ *Bankleitzahl*

▶ Serie

→ *Serienproduktion*

▶ Serienproduktion

→ *Produktionsprogramm,* das im Gegensatz zur → *Massenproduktion* und → *Sortenproduktion* nicht eine Vielzahl von Produkten aus gleichen Grundstoffen mit gleichen Eigenschaften erzeugt, sondern hinsichtlich der Einsatzfaktoren, Konstruktion, Zusammensetzung und dem Aussehen differenzierte Produktionsmengen (Serien) hervorbringt. Die Stückzahl einer Serie muss dabei nicht unbedingt gering sein. So lassen sich Klein- und Großserien unterscheiden. Beispiel für eine Serienproduktion ist die Automobilherstellung, bei der ein Fahrzeugtyp in begrenzter Stückzahl mit einer besonderen Ausstattungskombination hergestellt wird.

▶ Service

Kundendienst i. S. einer Zusatzleistung für ein Produkt, um dem Kunden den Ge- oder Verbrauch des Gutes zu ermöglichen oder zu erleichtern. Der Aufbau eines eigenen Servicenetzes (Kundendienstnetz) ist oft mit erheblichen Kosten verbunden, weshalb in der heutigen Zeit (do-it-yourself-Gesellschaft) meist auf einen eigenen Kundendienst verzichtet wird und in Schadensfällen ein externer oder ausgegliederter Service einspringt.

▶ Servicecontrolling

Eng mit dem Wertketten- und dem Dienstleistungscontrolling verknüpftes → *Controlling,* das sich auf den unternehmensinternen Service bezieht, wobei die → *Kosten* solcher Dienstleistungsprozesse im Mittelpunkt stehen. Den gemessenen und mit Kosten bewerteten Serviceleistungen müssen dabei Erlöse z. B. über interne → *Verrechnungspreise* oder im Wege der → *Zielkostenrechnung* zugerechnet werden. Hierzu sind zunächst die Serviceprozesse transparent zu gliedern, z. B. Front-Services (Kundengespräche) und back office (Gestaltung hausinterner Dienstanweisungen, Abteilungsgespräche). Außerdem ist eine Einteilung der Serviceleistungen nach der Kundennähe (nahe, ferne Kunden) möglich. Aufbauend auf der Rechenmethodik der → *Prozesskostenrechnung* kann dann versucht werden, einen Zusammenhang zwischen einzelnen Service-Kostenarten einerseits und Servicezielen herzustellen. Es wird angegeben, welche Kosten sich wie zuordnen lassen: Als verursachungsgerecht kontierte Einzelkosten, als Prozesskosten oder hingegen lediglich pauschal als Gemeinkosten. Es empfiehlt sich, auch beim strategischen Servicecontrolling bevorzugt die → *Portfolioanalyse* anzuwenden.

▶ Service-Marketing

→ *Dienstleistungsmarketing*

▶ SFAS

→ *Financial Accounting Standards Board (FASB)*

▶ Share Economy

Früher war Besitz bzw. Eigentum bei vielen Produkten wichtig (Auto, Immobilien, allgemein besonders teure Produkte). Inzwischen zählt häufig nicht der Besitz bzw. das Eigentum, sondern die Nutzung von Produkten (z. B. Carsharing-Angebote wie Cargo o. ä.). Knappe und entsprechend teure Güter werden einfach geteilt, z. B. auch Übernachtungen in teuren Großstädten bei Privatpersonen (die eine Übernachtungsmöglichkeit anbieten) anstatt in teuren Hotels. Durch entsprechende Internetportale werden Angebot und Nachfrage sowie Qualitätssicherung koordiniert.

▶ Shareholder

→ *Anteil*

▶ Shareholder Value

Wert (value) eines Anteils (share) für den Anteilseigner, der mit dem Bilanz- oder Börsenkurs nicht übereinstimmen muss. Zur Berechnung dieses Wertes werden verschiedene Methoden vorgeschlagen. Dies kann zunächst im Sinne eines abgezinsten → *Cashflow* (→ *Finanzmathematik*) erfolgen, was in den USA sehr gebräuchlich ist (Discounted Cashflow). Da nach den → *United States Generally Accepted Accounting Principles (US-GAAP)* amerikanische Bilanzen mit einer Kapitalflussrechnung, und damit mit der Aussage zum Cashflow des Unternehmens, auszustatten sind, kann dieser in die Zukunft projiziert werden und mit einem entsprechend der Risikoneigung des Shareholders festgelegten kalkulatorischen Zinsfuß abgezinst werden. Weitere Möglichkeiten stellen der so genannte Cashflow-RoI, d. h. die Relation zwischen Cashflow als Erfolgsgröße und dem investierten Kapital, dar. Der Shareholder Value ist hier weniger als absoluter Wert im Vergleich zum Börsenkurs, als vielmehr unter Rentabilitätsgesichtspunkten zu sehen. Die dritte bekannte Form der Berechnung stellt der so genannte → *Economic Value Added (EVA)* als Überschuss der vom Unternehmen getätigten Investitionen (ermittelbar aus dem Anlagenspiegel des → *Jahresabschlusses*) über die Eigenkapitalkosten dar. Neben diesen Möglichkeiten der → *Unternehmensbewertung* wird unter Shareholder Value auch eine grundsätzlich wertorientierte Unternehmenspolitik verstanden. Während klassischerweise Unternehmensziele als Konsens verschiedener Anspruchsgruppen (Stakeholders) anzusehen sind, bedeutet ein Bekenntnis zum Shareholder-Value-Ansatz, Konflikte zwischen Kunden, Fiskus, Öffentlichkeit und Eigentümern ausschließlich zugunsten der Anteilseigner zu lösen. Allein die Verbesserung deren Einkommens- und Vermögensposition ist Ziel des Shareholder-Value-Ansatzes. Während anfangs der neunziger Jahre diese Sichtweise „in" war und in Geschäftsberichten offen propagiert wurde, ist inzwischen eine Rückbesinnung auf die vielfältigen Stakeholderinteressen feststellbar.

▶ Sharpe Ratio

Quotient aus dem Ertrag abzüglich der Verzinsung des eingesetzten Kapitals (Capital Employed) zum zugehörigen Risiko, gemessen als Varianz des → *Earnings before Interest, Taxes, Depreciation und Amortization (EBITDA)*. Ebenso wie der Return on Risk Adjusted Capital (RoRAC) oder der Risk Adjusted Return on Capital (RARoC) ist die Sharpe Ratio eine Performance-Kennzahl, die Risiko- und Rentabilitätsinformationen in Verbindung bringt. Über die Sharpe Ratio erfolgt die Darstellung des Rendite-/Risiko-Profils eines Unternehmens.

Eine andere bekannte Performance-Kennzahl, die Rendite und Risiko miteinander verbindet, ist der Unternehmenswert (→ *Unternehmensbewertung*).

$$\text{Sharpe-Ratio} = \frac{\text{EBIT} - (i_0 \cdot \text{CE})}{\text{EBIT}}$$

▶ Shopping Goods

→ *Produkteinteilung*

▶ Short

Spekulation auf fallende Kurse (→ *Long*).

▶ Short-Position

Situation, die durch den Verkauf eines Kontraktes oder Basiswertes entstanden ist. Gegenteil zur Long-Position.

▶ Sicherheit

(1) → *Kreditsicherheiten* für eine → *Bank* oder andere Gläubiger.

(2) → *Entscheidungssituationen* i. R. der Entscheidungstheorie.

▶ Sicherungsabtretung

Analog der → *Sicherungsübereignung,* die für bewegliche Vermögensgegenstände vorgesehen ist, können auch Rechte und Forderungen als → *Kreditsicherheiten* an einen Gläubiger abgetreten werden. So kann beispielsweise ein Schuldner ein Patent weiterhin nutzen, das Eigentum hieran ist allerdings an einen Gläubiger, z. B. eine → *Bank,* abgetreten (→ *Zession*).

▶ Sicherungsübereignung

Im Gegensatz zum → *Eigentumsvorbehalt* nicht gesetzlich geregelte Rechtskonstruktion, wonach bewegliche Vermögensgegenstände meist zur Sicherheit eines Kredits an einen Kreditgeber übereignet werden, ohne dass der Besitz übergeht bzw. das Gut übergeben wird. So kann der Kreditnehmer, d. h. Sicherungsgeber, das Gut weiterhin nutzen, der Sicherungsnehmer, z. B. eine → *Bank,* aber bei Nichterfüllung der Vertragsbedingungen sich aus dem Eigentum am Gut befriedigen. Der weitere Nutzer des Sicherungsguts wird gemäß § 930 BGB Besitzer, was auch als Besitzmittlungsverhältnis bzw. Besitzkonstitut bezeichnet wird. Es muss darauf hingewiesen werden, dass der Gläubiger, der als → *Kreditsicherheiten* eine Sicherungsübereignung akzeptiert, das Risiko eingeht, dass der Schuldner im Besitz des Sicherungsguts dieses vertragswidrig veräußert, verbraucht oder untergehen lässt.

▶ Sichteinlagen

Einlagen bei einer → *Bank,* über die im Gegensatz zu → *Spareinlagen* oder → *Termineinlagen* jederzeit verfügt werden kann. Die Verfügung kann durch Scheck, Überweisung, Barabhebung, → *Lastschrift* oder → *Wechsel* erfolgen. Derartige täglich fällige Gelder werden im Geschäftsverkehr auch als → *Kontokorrent* bezeichnet. Sie werden regelmäßig niedriger verzinst als Spar- oder Termineinlagen.

▶ Sichtwechsel

→ *Wechsel*

▶ Sieben-S-Modell (7-S-Modell)

Graphische Darstellung der Beziehungen zwischen den einzelnen Teilbereichen eines Unternehmens. So werden zunehmend Untersuchungen angestellt, ob die Struktur einer Unternehmung an die Strategie anzupassen ist und darauf aufbauend die Systeme, der Führungsstil und die Personalpolitik auszurichten sind, oder ob umgekehrte Einflüsse bestehen. In diesem Zusammenhang ist der → *Situative Ansatz* zu beachten. Abbildung S-3 stellt die Begriffe der 7 S, die auf ein Modell der Beratungsunternehmung *McKinsey* zurückgehen, im Zusammenhang dar.

▶ Signifikanz

Maß i. R. der statistischen Hypothesenprüfung. Hierbei geht es um die Prüfung, ob ein mit Hilfe einer → *Stichprobe* gefundener Wert durch Zufall zustande gekommen ist oder ob er einen wahren Wert in der Grundgesamtheit repräsentiert. Die Signifikanz ist nun ein Maß der Wahrscheinlichkeit für die Richtigkeit einer Aussage über ein Stichprobenmerkmal im Verhältnis zur Grundgesamtheit und bezeichnet die bei jedem Test vorgegebene Wahrscheinlichkeit des Eintretens eines Fehlers 1. Art, d. h. die Wahrscheinlichkeit der Ablehnung einer richtigen Nullhypothese. Das Signifikanzniveau ist die meist in Prozenten ausgedrückte Irrtumswahrscheinlichkeit, die für den Fall der Annahme der Alternativhypothese angibt, wie viele falsche Entscheidungen getroffen würden, wenn derselbe Test einhundertmal wiederholt würde (→ *Signifikanztest*).

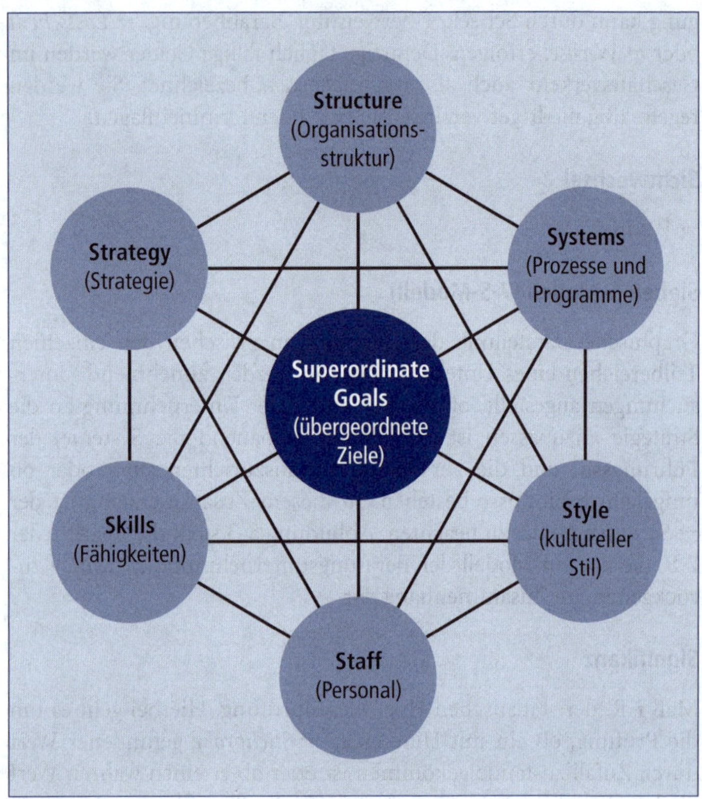

Abb. S-3: Das 7-S-Modell von McKinsey

► Signifikanztest

Test zur Prüfung der Hypothese, dass Unterschiede zwischen den Daten einer Stichprobe wirkliche Unterschiede zwischen den Daten in der Grundgesamtheit widerspiegeln. Abhängig vom Skalenniveau (→ *Skalierung*) und dem zugrunde liegenden Datenmaterial lassen sich in der Statistik zahlreiche Signifikanztests wie z. B. der *Cochran*-, *Friedman*- oder *Wald*-Test unterscheiden.

▶ Simplex-Methode

→ *Operations Research (OR)*

▶ Simulation

→ *Planungstechnik,* die insbesondere zur → *Prognose* künftiger Umweltzustände (→ *Umwelt*) oder der Wirkung von Lösungsalternativen eingesetzt wird. Durch die Variation der Einflussgrößen eines Simulationsmodells in zahlreich wiederholten Experimenten soll eine möglichst objektive Entscheidung herbeigeführt werden. Im Gegensatz zu einer Zeitreihe oder einer → *Befragung* werden Zusammenhänge mittels Elektronischer Datenverarbeitung vielfach durchgerechnet, so dass eine Optimierung der Lösung angestrebt wird, wobei zu beachten ist, dass z. B. bei 1 000 Durchrechnungen eines Algorithmus evtl. gerade die 1 001. Rechnung das optimale Ergebnis geliefert hätte. Es handelt sich also auch hier um Näherungslösungen.

▶ Simultaneous Engineering

Gleichzeitige Entwicklung von Produkten und zu deren Produktion nötigen Produktionsmitteln. Aus Japan stammende Idee zur Verkürzung der Entwicklungszeiten neuer Produkte oder Produktvarianten, wo es seit langem möglich ist, bereits nach zwei bis drei Jahren ein neues Automodell auf den Markt zu bringen. Hierzu sind regelmäßige Besprechungen zwischen den Marketingfachleuten und den Technikern zur Entwicklung von Produktionsmitteln nötig (→ *Mechatronik-Management*). Entwicklungsschleifen bedingt durch Rückfragen sollen vermieden werden. Es soll nicht auf exakte Vorgaben für die Entwicklung gewartet werden, ungenaue oder fehlende Eingangsdaten werden durch entsprechende neue Denkmuster (→ *Fuzzy Logic*) ersetzt. Parallele statt serielle Aufgabenerledigung soll zur Systemführerschaft und Setzung von Standards beitragen.

▶ Simultanplanung

→ *Koordination innerhalb der Planung,* → *Planungsarten*

▶ Single Euro Payments Area (SEPA)

→ *Bankleitzahl*

▶ Single Resolution Mechanism (SRM)

→ *Bankenunion*

▶ Single Supervisory Mechanism (SSM)

→ *Banken- und Finanzaufsicht*

▶ Sittenwidrigkeit

Rechtsgeschäfte sind sittenwidrig, wenn sie gegen die guten Sitten, d. h. das Wertesystem der Gesellschaftsordnung verstoßen. Dies lässt sich nur bei einer Gesamtwürdigung und im Einzelfall (zeitgebunden) prüfen (z. B. Knebelungsverträge, Übersicherung von Krediten, Schmiergeld- oder Schweigegeldzahlungen, Wucher, Ausnutzung von Zwangslagen). Sittenwidrige Geschäfte sind gem. § 138 BGB von Anfang an nichtig (→ *Nichtigkeit*).

▶ Situativer Ansatz

Ansatz der Betriebswirtschaftslehre, der die These, dass es optimale, d. h. zielorientierte → *Organisation,* → *Planung,* → *Führungsstil,* etc. gibt, aufgibt und stattdessen bei jeder dieser Überlegungen die Situation (→ *Umwelt*) in der betreffenden → *Entscheidung* miteinbezieht. Während also bisher überlegt wurde, ob z. B. die funktionale oder die divisionale Organisationsform nach Abwägung aller systemimmanenten Vor- und Nachteile als die bessere anzusehen ist, wird mit dem neuen Ansatz versucht, so genannte Wenn-dann-Aussagen unter Einbezug der jeweiligen Situation zu treffen. Diese Aussagen könnten z. B. lauten: Wenn die Situation × (als Funktion von Größe, Alter, Technologie, Leistungsprogramm, Qualität der Mitarbeiter, Lieferanten-, Kundenbeziehungen, etc.) vorliegt, sollte die Organisation y (als Funktion des Spezialisierungs-, Zentralisierungs-, Formalisierungsgrades, Ebenenzahl, etc.) gewählt werden. Derart multivariable Aussagesysteme sind komplex und schwierig

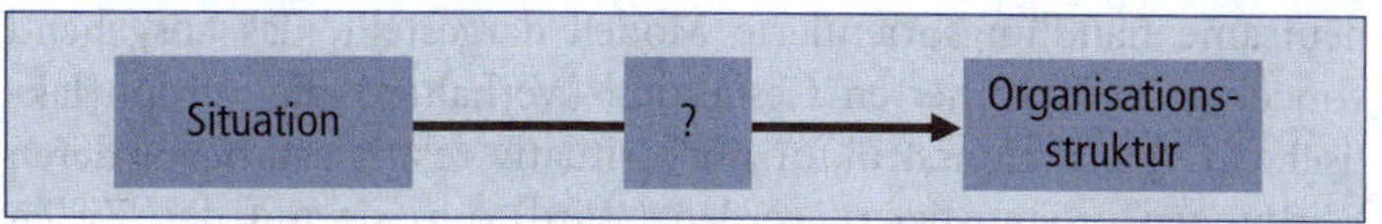

Abb. S-4: Das analytische Grundmodell des situativen Ansatzes

zu erforschen. Insbesondere in der Organisationstheorie werden aktuell derartige Untersuchungen angestellt, obgleich der Ansatz in allen Bereichen der → *Betriebswirtschaftslehre* Eingang findet (→ *Mintzberg-Konfiguration*, → *Sieben-S-Modell (7-S-Modell)*). Die Entwicklung des situativen Ansatzes wird nach *Kieser/Kubicek* in drei Abbildungen (S-4, S-5, S-6) dargestellt. Während bei der analytischen Variante (Abbildung S-4) zunächst einfache, meist singuläre Aussagen aufgrund von Beobachtungen einzelner Organisationen getroffen wurden, ohne die Wirkungen der Situation näher zu untersuchen, soll bei der verhaltensorientierten Variante (Abbildung S-5) das Verhalten der Mitarbeiter als Reaktion auf die Situation und die Organisationsgestaltung mit einbezogen werden. Das Verhalten von Mitarbeitern bei der Reorganisation von Unternehmen kann entscheidenden Einfluss auf die → *Effizienz* der Organisation haben. Als dritte Variante (Abbildung S-6) wurde das aktuell be-

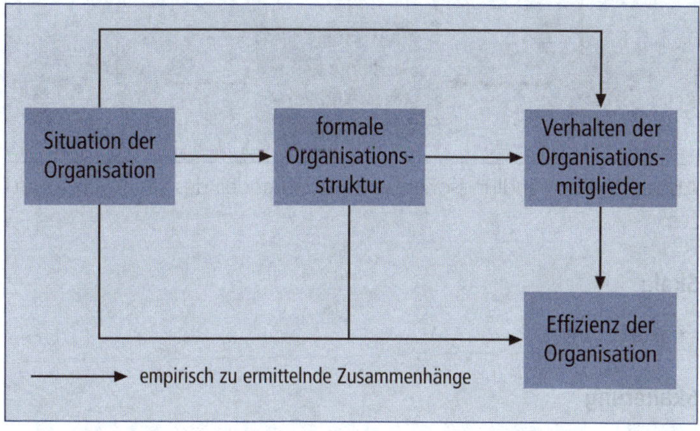

Abb. S-5: Das verhaltensorientierte Grundmodell des situativen Ansatzes

deutsame handlungsorientierte Modell dargestellt, das ausgehend von einer zielorientierten Gestaltung (Verhalten) die „prophylaktische" Organisationsstruktur noch situativ relativiert, bevor deren Wirkungen prognostiziert werden (Wird), um sie mit den Zielen (Soll) zu vergleichen. Sofern sich Ziele und Prognosen decken, kann ein → *FIT* festgestellt werden, d. h. eine optimale Abstimmung von Organisation und Situation vermutet werden.

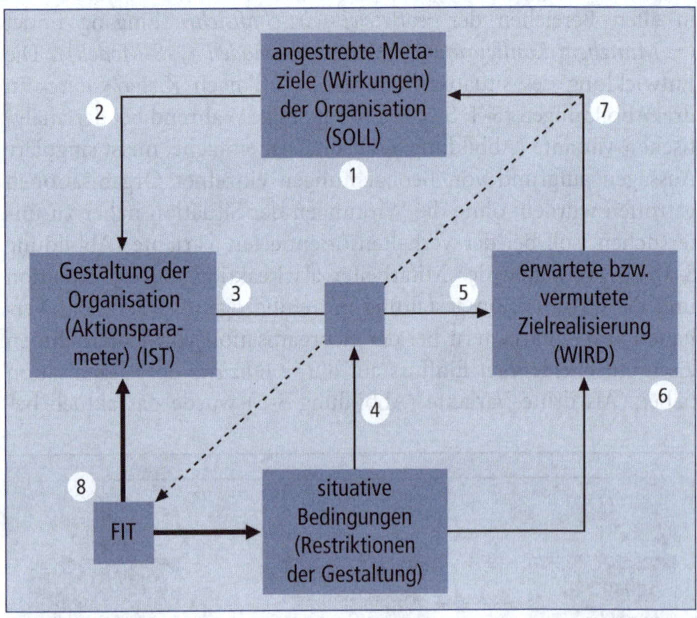

Abb. S-6: Das handlungsorientierte Grundmodell des situativen Ansatzes

▶ Skala

→ *Skalierung*

▶ Skalierung

Merkmale, z. B. Konsumentenmerkmale, die i. R. der → *Marktforschung* erhoben werden, weisen unterschiedliche Ausprägungen, so genannte Skalenniveaus auf, die wiederum unterschiedliche Rechenoperationen oder Aussagen ermöglichen. Es lassen sich zur quantitativen Messung von Ausprägungen von Merkmalen vier verschiedene Skalen unterscheiden

(1) **Nominalskala:** die Ausprägungen der Merkmale besitzen keine natürliche Reihenfolge, sondern bestehen gleichberechtigt nebeneinander (z. B. Religionszugehörigkeit: katholisch, evangelisch; Farbe: schwarz, weiß, …).

(2) **Ordinalskala:** Die Ausprägungen der Merkmale lassen sich in einer Rangreihe anordnen (z. B. Platzierung im Sport: Erster, Zweiter, Dritter), ohne dass die Abstände zwischen der Rangreihe angebbar sind.

(3) **Intervallskala:** Eine Rangskala, bei der die Abstände zwischen den Ausprägungen angebbar sind (z. B. Celsius-Temperaturskala) und der Nullpunkt frei wählbar ist.

(4) **Verhältnisskala:** Eine Rangskala, bei der die Abstände angebbar sind und ein absoluter Nullpunkt existiert (z. B. Umsatz, Gewinn).

Die zulässigen Rechenoperationen bei den einzelnen Skalen und Beispiele enthält Abbildung S-7.

▶ Skonto

Zeitbedingter → *Preisnachlass* im Gegensatz zu mengenmäßigen Nachlässen (→ *Rabatt*) oder Nachlässen aufgrund qualitativer Kriterien (→ *Bonus*). Im Geschäftsverkehr werden Skonten von zwei bis drei Prozent bei Zahlung innerhalb von 20 bis 30 Tagen gewährt. Ein Kunde kann sich dann leicht ausrechnen, ob eine spätere Zahlung, und damit ein Zinsvorteil, für ihn günstiger ist als die Bezahlung innerhalb der Skontierungsfrist.

▶ Skontration

→ *Skontro*

▶ Skontro

In der → *Buchhaltung* der → *Bank* häufig verwendete Nachweisliste des Bestandes bzw. der Bestandsveränderungen von Wertpapieren

		zulässige Rechenoperation	empirische Aussage	zulässige Maßzahlen und Verfahren	Beispiel
	Nominalskala	jede eindeutige Operation	Feststellung von Identitäten	Modus, Kontingenzmaße	Geschlecht des Probanden: 1 = männlich 2 = weiblich
	Ordinalskala	jede monotone, rangerhaltende Operation	Feststellung von größeren oder kleineren Werten	Median, Centile, Rangkorrelation	Rangreihe von Produkten nach ihrer Präferierung durch einen Probanden: Produkt B = Rang 1 Produkt C = Rang 2 Produkt A = Rang 3
Kardinalskala	Intervallskala	lineare Transformation	Feststellung der Gleichheit von Intervallen oder Differenzen	arithmetisches Mittel, Varianz, Produkt-Moment-Korrelation, t-Test, F-Test	Einstellung eines Probanden zu einem Produkt:[1)] 1 2 3 4 5 6 sehr gut … sehr schlecht
	Verhältnisskala	Ähnlichkeitstransformation	Feststellung eines Verhältnisses zweier Werte	geometrisches Mittel, harmonisches Mittel	Einkommen in EUR

1) Die Antwortskala hat zunächst ordinales Niveau. Sie nimmt die Eigenschaft einer Intervallskala an, wenn die Hypothese zugrunde gelgt werden kann, dass die semantischen Abstände zwischen den Skalenwerten als gleich eingeschätzt werden.

Abb. S-7: Skalenniveaus (Quelle: in Anlehnung an: Berndt, R.:Marketing 1, Käuferverhalten,Marktforschung und Marketingprognosen, 3. Aufl., Berlin u. a. 1996, S. 159)

oder Devisen. Das Buch, in das ein → *Kursmakler* seine Kauf- und Verkaufsaufträge ein- und austrägt, wird ebenfalls als Skontro bezeichnet. Darüber hinaus ist der Begriff für eine mengen- und wertmäßige Erfassung von Warenbeständen und deren Veränderungen gebräuchlich. Sie ist in diesem Zusammenhang Hilfsmittel der → *Materialwirtschaft*.

▶ Small Cap

Kleine an Börsen gehandelte Unternehmen, im Gegensatz zum → *Blue Chip*. Im Allgemeinen werden Firmen, deren Börsenkapitalisierung weniger als 256 Mio. € beträgt, und die sich zusätzlich als besonders wachstumsstark zeigen, als „Small Caps" bezeichnet (→ *Finanzmarkt*).

▶ SMAX

→ *Aktienindex*

▶ SME-IFRS (Small and Medium Sized Entities-IFRS)

→ *International Financial Reporting Standards (IFRS)*

▶ Snob-Effekt

→ *Veblen-Effekt*

▶ Social Marketing

Konzept zum geplanten sozialen Wandel, bei dem durch den Einsatz eines geeigneten → *Marketing-Mix* eine Verhaltensänderung im Sinne des Übergangs von sozial unerwünschtem Verhalten eines einzelnen oder einer Gruppe hin zu gesellschaftlich erwünschtem Verhalten erreicht werden soll. Träger sind meist Nonprofit-Organisationen (→ *Öffentlicher Betrieb*) wie z. B. kirchliche Organisationen (*Misereor, Brot für die Welt*) oder auch Behörden (Anti-Aids-Kampagne).

▶ Social Media

Der im Deutschen auch als „Soziale Medien" verwendete Begriff umschreibt die Nutzung von digitalen Medien zur Vernetzung von Personen im und über das Internet sowie zum Austausch aller möglichen Informationen.

Dabei bilden entsprechende Plattformen die Basis für die Vernetzung und die Kommunikation sowie den Austausch von Inhalten. Das Internet ermöglicht dabei eine ortsunabhängige und immens schnelle Nutzung der Kontakte, die der von klassischen persönlichen Netzwerken weit überlegen ist.

Als Formen lässt sich eine Vielzahl unterschiedlicher Varianten subsumieren:

- Persönliche und kommerziell ausgerichtete Plattformen wie z. B. Facebook
- Plattformen zum Sharing von Fotos oder Videos wie z. B. Instagram oder YouTube
- Beruflich orientierte Netzwerke wie z. B. LinkedIn oder Xing
- Unternehmensnetzwerke
- Blogs
- Webinare
- Foren
- Instant Messenger
- Wikis: Hypertext-Systeme für Websites, deren Inhalte von den Benutzern gelesen und auch online bzw. im Netzwerk geändert werden können und deren Inhalt kontinuierlich durch die Gemeinschaft geprüft, aktualisiert und verbessert wird (z. B. Wikipedia)
- Podcasts

Grundsätzlich eröffnen die Sozialen Medien eine neue Form der Kommunikation und den Austausch zwischen Individuen. Von Unternehmen wird immer stärker erwartet, in diesen Medien präsent zu sein, sei es zur Produktpräsentation, Information über Neuprodukte, als Basis zur Kommunikation und dem Austausch mit aktuellen und potentiellen Kunden, als Instrument der Personalpolitik und zur Mitarbeiterakquisition. Insbesondere Unternehmen mit einem breiten Kundenpotential sind heute in breiter Form in Sozialen Medien aktiv.

▶ Societas Europaea (S. E.)

2004 von der EU-Kommission geschaffene und am 29.12.2004 durch das Gesetz zur Einführung der Europäischen Gesellschaft (SE-Einführungsgesetz) in nationales Recht überführte europäische → *Rechtsform* für Betriebe, die auch als Europa AG bezeichnet wird. Genutzt werden kann die Rechtsform von europaweit tätigen Firmen, die in mindestens zwei EU-Ländern einen Sitz haben.

Geleitet wird die Europa AG wie eine deutsche AG vom Vorstand und kontrolliert vom Aufsichtsrat. Die SE gilt in dann für den Betrieb in all den Ländern, in denen der Betrieb einen Sitz hat, wobei die nationalen Rechnungslegungs- und Steuergesetze zu beachten sind. Vorteil der Rechtsform ist allerdings deren Gültigkeit in allen EU-Ländern, so dass eine Sitzverlegung nicht mit einer Auflösung und Neugründung verbunden ist.

▶ Society for Worldwide Interbank Financial Telecommunication (SWIFT)

1973 in La Hulpe, Belgien, gegründete internationale Genossenschaft der Geldinstitute, die ein Telekommunikationsnetz (das SWIFT-Netz) für den Nachrichtenaustausch zwischen den Mitgliedern betreibt. SWIFT leitet Transaktionen mit einem Volumen von täglich über 6 Billionen Dollar weiter und wickelt den Nachrichtenverkehr von über 800 Geldinstituten in mehr als 200 Ländern weltweit ab, wobei die Zahl der SWIFT-Nachrichten durchschnittlich bei 15 Mio. pro Tag liegt. Der SWIFT-Code, auch BIC (Bank Identifier Code) genannt, ist ein international standardisierter Code, über den jede teilnehmende Bank eindeutig identifiziert werden kann.

▶ Solawechsel

→ *Wechsel*

▶ Solidaritätszuschlag

Steuer, die auf Basis der festgestellten → *Einkommensteuer* und → *Körperschaftsteuer* zu entrichten ist (so genannte Annexsteuer). Der Zuschlag wird als Prozentsatz (ab 1998: 5,5 %) vom festgesetzten Steuerbetrag der genannten Steuern seit 1.1.1995 erhoben. Das Aufkommen (2013: rd. 14,49 Mrd. €) steht dem Bund alleine zu. Begründet wurde die Einführung 1995 mit den hohen vereinigungsbedingten Belastungen des Staatshaushaltes. Allerdings handelt es sich bei dem Zuschlag nicht, wie der Name suggeriert, um einen Beitrag zur Förderung der Solidarität zwischen den ostdeutschen und westdeutschen Bundesländern, vielmehr fließt das Aufkommen in den Staatshaushalt und wird für die darin festgeschriebenen Aufgaben in der ganzen Bundesrepublik ausgegeben. In der Legislaturperiode 2017–2021 soll der Zuschlag deutlich reduziert werden.

▶ Soll

Negativer Saldo auf einem Konto einer → *Bank* sowie Bezeichnung für die Aktivseite eines Kontos in der → *Buchhaltung* (Aktiva).

▶ Soll-Ist-Vergleich

→ *Kontrolle*

▶ Sollkaufmann

→ *Kaufmann*

▶ Sollkosten

Bei der Kostenabweichungsanalyse im Rahmen der → *Plankostenrechnung* aus den fixen und variablen Plankosten bestehende Kostengröße, die den Istkosten gegenübergestellt wird. Eine ermittelte Abweichung zu den Sollkosten kann durch eine Verbrauchsabweichung oder Preisveränderung geplant einzusetzender → *Produktionsfaktoren (nach Gutenberg)* bedingt sein.

▶ Sollzins

→ *Zins*

▶ Sollzinssatzmethode

Analog der Berechnung des in der Praxis weit verbreiteten Internen *Zinssatzes* durch Nullsetzen der Kapitalwertfunktion C^0 (→ *Kapitalwertmethode*), wird bei diesem dynamischen → *Investitionsrechenverfahren* der kritische Sollzins ermittelt, bei dem der Vermögensendwert (→ *Vermögensendwertmethode*) gerade Null ist ($V^T = 0$). Wird hierbei ein Zinssatz ermittelt, der unter dem von einem Gläubiger bzw. einer → *Bank* verlangten Kreditzins liegt, so kann die Investition getätigt werden.

▶ Solvabilität

→ *Solvency II*

▶ Solvency II

Seit 2009 gültiges und bisher noch nicht in nationales Recht umgesetztes Versicherungsaufsichtsrecht in Europa zur Eigenmittelausstattung von Versicherungsunternehmen. Ziel ist die dauerhafte Erfüllbarkeit von Versicherungsverträgen. Zu den Eigenmitteln einer Versicherung im Sinne der Solvabilität gehören: Eigenkapital, Genussrechte, nachrangige Verbindlichkeiten, freie Teile der „Rückstellungen für Beitragsrückerstattung", freie „Rückstellungen für Beitragsrückerstattung", Schlussüberschussanteile sowie auf Antrag und mit Zustimmung der Bundesanstalt für Finanzdienstleistungsaufsicht stille Reserven und 50 % der künftigen Überschüsse. I. S. d. § 53c VAG müssen Versicherungsunternehmen zur Sicherstellung der dauernden Erfüllbarkeit der Verträge Eigenmittel von mindestens einer Solvabilitätsspanne vorhalten.

▶ Sonderabgabe

Selbständige Erhebungsform von Geldmitteln durch den Staat. Neben → *Steuern,* Gebühren und → *Beitrag* werden durch Art. 73 GG die Sonderabgabenkompetenzen des Staates geregelt. Sonderabgaben dienen nicht der Deckung des allgemeinen Finanzbedarfs und werden nicht von der Allgemeinheit der Staatsbürger erhoben; ihr

Aufkommen wird einem Sonderfonds zugeführt. Sonderabgaben bedürfen der besonderen Rechtfertigung, da sie zusätzlich zu den Steuern erhoben werden. Das Bundesverfassungsgericht unterscheidet Sonderabgaben mit Finanzierungszweck (z. B. Kopiergeräteabgabe) und Sonderabgaben mit Lenkungszweck (z. B. Schwerbehindertenabgabe). Folgende Voraussetzungen müssen kumulativ erfüllt sein, damit eine Sonderabgabe erhoben werden kann:

(**1**) Sonderabgaben dürfen keine Gemeinlast zur Finanzierung allgemeiner Staatsaufgaben darstellen;

(**2**) Sonderabgaben dürfen nur homogenen Gruppen aufgebürdet werden, die dem Abgabezweck deutlich näher stehen als die Allgemeinheit;

(**3**) Sonderabgaben müssen gruppennützig, also im Interesse der Gruppe der Abgabepflichtigen verwendet werden;

(**4**) Sonderabgaben dürfen nur so lange erhoben werden, bis der Zweck erreicht ist.

Sonderabgaben stehen sehr häufig auf dem Prüfstand vor dem Bundesverfassungsgericht. Dieses hat z. B. im Urteil vom 24.1.1995 die Feuerwehrabgabe oder Feuerschutzabgabe, die in Baden-Württemberg und Bayern von männlichen Gemeindebewohnern erhoben wurde, für verfassungswidrig erklärt, ebenso den sog. Kohlepfennig (11.10.1994), da die strengen Kriterien für die Erhebung einer Sonderabgabe nicht gegeben waren.

▶ Sonderabschreibungen

Zusätzlich zu der → *Absetzung für Abnutzung (AfA)* mögliche Abschreibungsart. Sie dienen im Gegensatz zu den AfA nicht der Berücksichtigung des Werteverzehrs, sondern sind als Lenkungsnormen zu verstehen. Der Gesetzgeber will mittels Sonderabschreibungen Anreize bieten, eine bestimmte → *Investition* zu tätigen. Sonderabschreibungen wirken bei gleich bleibendem → *Steuertarif* steuerstundend und führen ggf. zu einem Zinsgewinn. Bei Inanspruchnahme kommt es zu einer Steuerminderzahlung, die in zukünftigen Jahren durch Steuermehrzahlungen wegen geringeren Abschreibungsbeträgen ausgeglichen wird. Die z. Zt. wichtigste Art der Sonderabschreibung ist: Sonderabschreibung zur Förderung kleiner und mittlerer Betriebe in Form von 20 % der AK/HK (→ *Anschaffungskosten, handelsrechtliche,* → *Herstellungskosten*) bei Investitionen in neues → *Anlagevermögen,* hierbei kann die Sonderabschreibung auch in Form eines Investitionsabzugsbetrags (bis zu 40 % AK/HK) bis zu drei Jahre vor der Investition bereits in Anspruch genommen werden. Von den Sonderabschreibungen sind die erhöhten Absetzungen für Abnutzung abzugrenzen.

▶ Sonderausgaben

Bei der Ermittlung der → *Steuerbemessungsgrundlage* für die → *Einkommensteuer* gesetzlich erlaubter Abzug privat veranlasster Ausgaben. Im § 10 EStG ist ein abschließender Katalog der zum Abzug zugelassenen Sonderausgaben festgelegt, allerdings gewähren auch die §§ 10a–i EStG noch Abzugspositionen. Folgende Ausgaben sind in unbegrenzter Höhe abzugsfähig:

(**1**) Eine Versorgungsleistung und dauernde Lasten aus besonderen Verpflichtungsgründen, die nicht mit Einkünften in wirtschaftlichem Zusammenhang steht,

(**2**) gezahlte → *Kirchensteuer*,

(**3**) Leistungen auf Grund eines schuldrechtlichen Versorgungsausgleichs,

In begrenzter Höhe abzugsfähig sind:

(**1**) Vorsorgeaufwendungen,

(**2**) Unterhaltszahlung an den geschiedenen Ehegatten bei Realsplitting,

(**3**) Aufwendungen für die erstmalige Berufsausbildung,

(**4**) Schulgeld,

(**5**) Steuerbegünstigung für schutzwürdige Kulturgüter,

(**6**) Steuerbegünstigung für Sanierungsobjekte,

(**7**) Spenden und Mitgliedsbeiträge,

(**8**) Verlustabzug.

Die Vorsorgeaufwendungen stellen im Rahmen der Sonderausgaben eine wichtige Gruppe dar. Diese werden bei nichtselbständig Tätigen in der Regel durch die Beiträge zur gesetzlichen Sozialversicherung abgedeckt. Die Begrenzung liegt ab 2018 nach der Neuregelung der Rentenbesteuerung bei 86 % der Aufwendungen, max. 23.712 € jährlich. Der Begrenzungssatz steigt jährlich um 2 % an. Hiervon ist allerdings der steuerfreie Arbeitgeberanteil zur Sozialversicherung abzuziehen. Bei zusammen veranlagten Ehegatten verdoppelt sich der maximal abzugsfähige Betrag auf 47.424 im Jahr. Für Aufwendungen außerhalb der Altersvorsorge – Kranken-, Pflege-, Arbeitslosenversicherung u. ä. – gibt es einen maximalen Abzugsbetrag in Höhe von 1900 € jährlich, der sich für Ehepaare verdoppelt. In voller Höhe abzugsfähig sind die Beiträge zur Basisversorgung in der Kranken- und Pflegeversicherung.

▶ Sonderbetriebsvermögen

Für die Steuerbilanz auszuweisende → *Wirtschaftsgüter,* die im Alleineigentum eines Gesellschafters stehen, aber der → *Personengesellschaft* zur Nutzung überlassen werden. Im Rahmen der Gewinnermittlung ist beim Bestandsvergleich das → *Betriebsvermögen* zu ermitteln. Insbesondere bei Personengesellschaften kann es bezüglich einzelner Wirtschaftsgüter zu unterschiedlichen juristischen Eigentumsverhältnissen kommen. Zum einen gibt es Gesamthandseigentum, das sind Wirtschaftsgüter, die der Personengesellschaft als juristischer Eigentümerin gehören. Zum anderen gibt es Wirtschaftsgüter, die juristisch im Alleineigentum eines Gesellschafters stehen, aber von der Personengesellschaft genutzt werden (wirtschaftliches Eigentum). Sonderbetriebsvermögen gibt es nur für steuerrechtliche Zwecke, die → *Handelsbilanz* kennt nur Gesamthandseigentum.

▶ Sonderbilanzen

Außerordentliche Bilanzen, die im Gegensatz zu sog. ordentlichen Bilanzen **nicht regelmäßig** sondern nur bei bestimmten Anlässen, wie Gründung, → *Umwandlung,* → *Fusion,* → *Sanierung* oder → *Insolvenz* erstellt werden. Für Sonderbilanzen gelten teilweise spezifische Rechnungslegungs- und Prüfungsvorschriften.

▶ Sondereinzelkosten

Als SEK der Fertigung oder als SEK des Vertriebes in der → *Kalkulation* verwendete kalkulatorische → *Kosten* (→ *Einzelkosten*) zur Ermittlung der → *Selbstkosten* einer Leistungseinheit. Beispiele für SEK der Fertigung sind Kosten für Konstruktionszeichnungen, Spezialwerkzeuge oder Lizenzgebühren. Beispiele für SEK des Vertriebes sind Vertreterprovisionen, Transportversicherungen oder Verpackungsmaterial und Frachtkosten.

▶ Sonderverwahrung

→ *Depotgeschäft*

▶ Sonstige finanzielle Verpflichtungen

Künftige Zahlungsansprüche Dritter an ein Unternehmen, die nicht zu passivieren sind und keine → *Haftungsverhältnisse* gem. § 251 HGB darstellen. Sie sind gem. § 285 3 und 3a HGB bei der → *Kapitalgesellschaft* (mit Ausnahme der kleinen Gesellschaften) im → *Anhang* anzugeben, sofern diese Angabe für die Beurteilung der Finanzlage von Bedeutung ist. Hierzu gehören z. B. Verpflichtungen aus Miet- oder Leasingverträgen, aus künftigen Großreparaturen, aus begonnenen Investitionsvorhaben oder auch aus Finanzinstrumenten.

▶ Sonstiges Vermögen

→ *Betriebsvermögen*

▶ S-O-R-Modell

Modell des Neobehaviorismus, d. h. eine Weiterentwicklung des Behaviorismus und des dort entwickelten → *S-R-Modell.* Menschliches Verhalten wird als Reaktion (**R**) auf externe Stimuli (**S**) verstanden, die im Organismus (**O**) verarbeitet werden. Als Organismus wird hierbei die Gesamtheit der individuellen intervenierenden Variablen gesehen. Intervenierende Variablen sind die zwischen Stimuli und Reaktionen vermittelnden aktiven Prozesse (Emotion, Motivation und Einstellung) und kognitiven Prozesse (Wahrnehmung, Entscheidung und Lernen), die jedoch der direkten Beobachtung nicht zugänglich sind, sondern durch Rückschluss von bestimmten Ausprägungen des beobachtbaren Verhaltens angenommen werden. Es handelt sich bei intervenierenden Variablen also um hypothetische Konstrukte.

▶ Sorten

Ausländische Banknoten und Münzen (Geldarten). Handelsübliche Sorten werden an den Devisenbörsen täglich mit ihren Ankaufskursen (Briefkurs) und Verkaufskursen (Geldkurs) gehandelt. Die Differenz aus Brief- und Geldkurs wird auch als Spread bezeichnet.

▶ Sortenproduktion

Produktionsprogramm (→ *Produktionsprogramm*), bei dem von einer Produktart verschiedene ähnliche Typen bzw. Ausprägungen hergestellt werden (z. B. Bier oder Zigaretten). Häufig wird die Sortenfertigung mit der → *Massenproduktion* kombiniert, indem aus gleichen oder ähnlichen Grundstoffen zunächst in Masse gleiche Halbfertigerzeugnisse erstellt werden, die dann in einem abschließenden Produktionsprozess mit verschiedenen Eigenschaften versehen, zu unterscheidbaren Sorten verfeinert werden.

▶ Sortiment

Alle zum Verkauf angebotenen Waren eines Handelsbetriebes (→ *Handel*). Charakterisiert wird das Sortiment zum einen durch die **Sortimentsbreite**, d. h. die Zahl der angebotenen Warengruppen, und zum anderen durch die **Sortimentstiefe**, d. h. die Zahl der Artikel und Sorten innerhalb einer Warengruppe. Die Bestimmung des Sortiments erfolgt i. R. der → *Sortimentspolitik*.

▶ Sortimentspolitik

Teil des → *Absatzpolitischen Instrumentariums*. Wesentliche Fragestellung i. R. der Sortimentspolitik ist, welche Produkte in welchen Mengen in einer Planungsperiode produziert und abgesetzt werden sollen. Hierbei wird der Begriff → *Sortiment* vorwiegend für Handelsbetriebe (→ *Handel*) verwandt. Der synonyme Begriff für Industriebetriebe ist das → *Produktionsprogramm.* Das Sortiment sollte so geplant werden, dass das verfolgte Ziel, z. B. Gewinn- oder Erlösmaximierung, erreicht wird.

▶ Sortimentsverbund

Bewusste Strukturierung bzw. Zusammenstellung von Artikeln oder Warengruppen im Rahmen der → *Sortimentspolitik* durch den Handel mit dem Ziel, in der Wahrnehmung der Kunden Verbundbeziehungen aufzubauen, die diesen dann zu Verbundeinkäufen bewegen bzw. animieren. Damit soll erreicht werden, dass Kunden bestimmte Artikel mehr oder weniger eng gedanklich zusammenfassen und sie diese bei einem anstehenden Einkauf gemeinsam kaufen.

Entsprechend der unterschiedlichen Motivation beim Kunden lassen sich verschiedene Verbundtypen unterscheiden: Beim **Bedarfsverbund** handelt es sich um die Bündelung von Artikeln, die aus Sicht der Kunden in einem komplementären Ge- oder Verbrauchsverhältnis wahrgenommen werden (Brot und Butter, Hemd und Krawatte). Beim **Nachfrageverbund** fasst der Kunde unterschiedliche Artikel gedanklich zusammen, die ihm eine Beschaffungsminimierung ermöglichen. Dieser Verbundtyp korreliert sehr stark mit der Einkaufsstätte, da der Kunde diejenige aufsucht, bei der er die meisten Produkte seiner Einkaufsliste erhält (Bequemlichkeitsverbund).

▶ Sourcing, Single-, Double-, Multiple-

Beschaffung einer kompletten Produkt- oder Leistungspalette aus einer einzigen Quelle (Single), zweier (Double) oder mehreren Quellen (Multiple). Ziel ist es, durch die Bündelung der Nachfragemenge auf einen Lieferanten den günstigsten Preis zu erzielen oder bei der Auswahl mehrerer Lieferanten Beschaffungsrisiken zu verringern oder auch die Verhandlungsposition zu stärken.

Sozialbericht

Berichterstattung über den Personal- und Sozialbereich des Unternehmens. Bei größeren Gesellschaften häufig ein separates Kapitel innerhalb des → *Geschäftsberichts* oder → *Nachhaltigkeitsberichts.* Gegenstand sind vor allem Angaben und Erläuterungen zur Anzahl und Zusammensetzung der Arbeitnehmer (Arbeiter, Angestellte, Auszubildende; Geschlecht; Alter; Fluktuation, etc.), zu bestehenden Tarifverträgen, Veränderungen der Entlohnungs- und Arbeitszeitsysteme, Urlaubsregelungen, Aus- und Weiterbildung, Werkswohnungen, Altersversorgung, betriebliche Gesundheitsfürsorge, Sonderzuwendungen und Gewinnbeteiligungen, Ausgabe von Belegschaftsaktien, usw. Die Berichterstattung geht in der Regel weit über die für die GuV und den Anhang vorgeschriebenen Pflichtangaben (Personal- und Altersversorgungsaufwand, Anzahl und Zusammensetzung der Arbeitnehmer) hinaus. Sie soll vor allem die soziale Verantwortung des Unternehmens zum Ausdruck bringen. Einzelne Gesellschaften haben in den letzten Jahren versucht, die Sozialberichterstattung auf eine gesellschaftsbezogene Berichterstattung in Form einer sog. → ***Sozialbilanz*** oder **Wertschöpfungsrechnungen** zu erweitern, in denen einerseits der gesellschaftliche Nutzen und andererseits die gesellschaftlichen Kosten der Unternehmenstätigkeit gegenübergestellt werden. Da diese Größen nur schwer eindeutig quantifizierbar sind, hat sich bisher keine normierte Berichterstattung durchsetzen können.

Sozialbilanz

Gesellschaftsbezogene → *Rechnungslegung,* bei der nicht nur über die ökonomischen Leistungen eines → *Betriebes* berichtet wird, sondern die deren Beitrag für die Gesellschaft dokumentiert. Die Erstellung einer Sozialbilanz kann Ausdruck einer → *Sozialen Verantwortung* des Betriebes sein. Der Anteil der Unternehmen, die in der Bundesrepublik neben dem → *Jahresabschluss* eine Sozialbilanz erstellen, ist noch relativ gering. In der Bilanz können die Beiträge zur Lösung gesellschaftlicher Probleme, z. B. durch die Produktion entsprechender Güter, hervorgehoben werden oder Größen erscheinen, wie z. B. die Fluktuationsrate, die → *Lohnformen* und Erfolgsbeteiligungsmodelle oder besondere Arbeitszeitmodelle und vertragliche Mitbestimmungsregelungen. Auch die Investitionen in z. B. strukturschwachen Regionen können Gegenstand einer Sozialbilanz sein. Eine einheitliche Terminologie und Gliederung besteht bisher nicht.

▶ Soziale Verantwortung

Eventuell implizit oder explizit als Unternehmensziel verfolgte Anstrengung eines Betriebes, über die gesetzlichen Sozialleistungen hinaus Maßnahmen zur → *Humanisierung der Arbeit* und zur Befriedigung sozialer Bedürfnisse der Mitarbeiter zu ergreifen (→ *Bedürfnispyramide von Maslow*). Sozial verantwortliche Unternehmungen bekennen sich zu einer bewussten Führungsethik i. R. einer Unternehmensphilosophie. Im weitesten Sinn wird zur sozialen Verantwortung auch die Verantwortung des Betriebes gegenüber der Gesellschaft durch die Produktion benötigter Güter gezählt. Die soziale Verantwortung ist im Zusammenhang mit der ökologischen Verantwortung eines Betriebes zu sehen. Das Ausmaß der sozialen Verantwortung kann sich an einem vorhandenen Sozialbudget, → *Sozialplan* oder einer Sozialbilanz dokumentieren.

▶ Sozialgesetzbuch

Gesetz, in dem u. a. auch Regelungen zur Erreichung hoher Beschäftigung enthalten sind. Die Regelungen zur Arbeitsförderung wurden 2002 durch das Job-Aqtiv-Gesetz ergänzt, worin die Arbeitsvermittlung, Berufsberatung, die Förderung beruflicher Bildung und Umschulung sowie Weiterbildung enthalten sind. In dem dritten Buch des Sozialgesetzbuches sind außerdem die Regelungen zur Arbeits- und Aufenthaltserlaubnis für Ausländer und die Abläufe eines Arbeitsgenehmigungsverfahrens enthalten.

▶ Sozialplan

Entstehen einem → *Arbeitnehmer* durch Maßnahmen der → *Personalfreisetzung* gem. § 111 BetrVG (→ *Betriebsverfassungsgesetz (BetrVG)*) wesentliche Nachteile, so hat das Unternehmen zu deren

Ausgleich Sozialpläne zu vereinbaren, die der Härte des Einzelfalles Rechnung tragen und sowohl sozial als auch wirtschaftlich vertretbar sind (§ 112 BetrVG). Regelmäßig sind solche Sozialpläne bei ganzen Betriebsstilllegungen oder im Falle einer → *Insolvenz* zu erstellen. Als mögliche Leistungen können hierin enthalten sein: Lohnausgleichszahlung, → *Abfindung*, Zuschüsse bei vorzeitiger Pensionierung, Umzugskosten, Umschuldungskosten, Einarbeitungskosten oder Zuschüsse zum Arbeitslosengeld sowie Umschulungen und Umsetzungen.

▶ Sozialversicherung

→ *Versicherung*

▶ Soziographie

Wissenschaft zur Beschreibung der Veränderungen und des Aufbaus der Bevölkerung und Bevölkerungsentwicklung, erweitert um Daten zur Beschreibung der Wirtschaft, Kultur und der Gesellschaft. Darstellungsmöglichkeiten ist die → *Sozialbilanz* oder das Soziogramm.

▶ Spam

In der Regel auf elektronischem Weg übertragene Nachrichten, die vom Empfänger nicht erwünscht sind und häufig Werbung oder auch Schadsoftware wie Viren oder Malware transportieren. Beim Öffnen wird entweder Werbung übertragen oder Schadsoftware wird auf dem Computer installiert.

Weitere Formen von Spam sind auf Webseiten platzierte Werbebanner, die anschließend eine Reihe von Pop-ups mit zusätzlicher nicht erwünschter Werbung öffnen sowie unrechtmäßig platzierte Werbeeinblendungen oder Hyperlinks in Internetforen.

Als besondere Form von Spams kann das sog. „Phishing“ angesehen werden, bei dem versucht wird, über möglichst original aussehende E-Mails vertrauliche Daten des Nutzers (z. B. zu Bankkonten) in Erfahrung zu bringen.

▶ Spannweite

→ *Statistik*

▶ Spareinlagen

Auf Sparkonten eingelegte Gelder bei einer → *Bank*, über die in der Regel eine Urkunde (Sparbuch) ausgestellt wird. Im Gegensatz zu → *Termineinlagen* oder → *Sichteinlagen* dürfen Spareinlagen nicht befristet werden und dürfen nicht dem laufenden Geschäftsbetrieb bzw. Zahlungsverkehr dienen. Die Rückzahlung der Spareinlagen erfolgt durch Ausbuchung im Sparbuch, das als Schuld- und Beweisurkunde als Namenspapier ausgestellt wird. Das Sparbuch kann auch als **hinkendes Inhaberpapier** bezeichnet werden, da das Recht am Papier (das Eigentum am Sparbuch) dem Recht aus dem Papier (dem Anspruch aus dem Sparvertrag) folgt. Insofern handelt es sich um kein Wertpapier im engeren Sinn, da die Bank an jeden Inhaber ohne Prüfung der Person bei Vorlage des Sparbuches befreiend auszahlen könnte, dies allerdings in der Praxis nur durch eine qualifizierte Legitimationsprüfung tut. Die Übertragung der Spareinlage kann nicht durch Einigung und Übergabe des Sparbuches, sondern ausschließlich durch → *Zession* der Forderung gegenüber der Bank erfolgen. Spareinlagen können bei längerfristiger Anlage auch in der Form eines Sparbriefes dokumentiert werden. Wird zwischen Sparer und Bank keine besondere Vereinbarung über die Kündigungsfrist (z. B. bei Sparbriefen) getroffen, so gilt die dreimonatige Kündigungsfrist. Demnach dürfen Spareinlagen nur mit einer Kündigungsfrist von drei Monaten ausbezahlt werden. Die Bank kann unter Umständen → *Vorschusszinsen* berechnen.

▶ Sparte (Division)

→ *Divisionale Organisation*

▶ Spartenorganisation

→ *Divisionale Organisation*

▶ Special Purpose Entities (SPE)

Gesellschaften, die für einen genau definierten Zweck gegründet werden, z. B. um ein Leasinggeschäft, eine Forschungs- und Entwicklungsaktivität oder eine Verbriefung von Finanzinstrumenten durchzuführen, bezeichnet auch als Special Purpose Vehicle (SPV). Beim Einsatz solcher Zweckgesellschaften handelt es sich häufig um ein Instrument der Off-Balance-Sheet-Bilanzierung, d. h. der Verlagerung von Aktivitäten in eine Konzerngesellschaft, die nicht in den Konzernabschluss einbezogen wird. Nach § 290 II HGB sind Zweckgesellschaften losgelöst von den Mehrheitsverhältnissen in den Konzernabschluss einzubeziehen, wenn das Mutterunternehmen die Mehrheit der Risiken und Chancen trägt.

▶ Spediteur

Kaufmann (→ *Kaufmann*, Musskaufmann), der es gewerbsmäßig übernimmt, Güter durch einen Frachtführer (Verfrachter) auf Rechnung des Versenders in eigenem Namen zu versenden. Rechtliche Grundlagen dieses Transportgeschäftes sind §§ 425 ff. HGB. Der Spediteur bestätigt die Übernahme der Ware mit einer Spediteurübernahmebescheinigung, die bei Aushändigung der Ware vorzulegen und auszuhändigen ist. Dieses Papier ist bei internationalen Transporten für den → *Zoll* ebenfalls maßgeblich. Folgende vier Personen sind an einem Speditionsgeschäft beteiligt (Abbildung S-8).

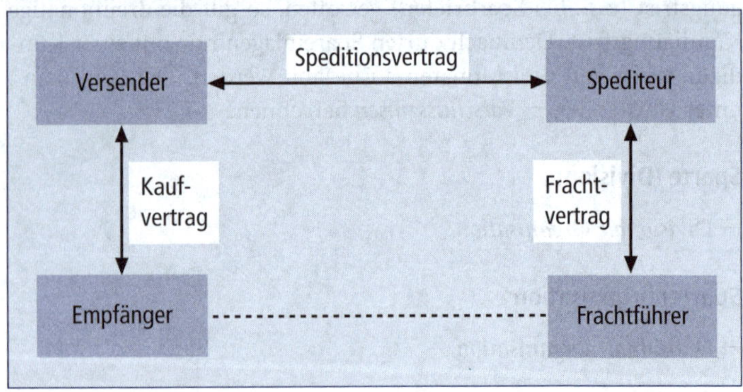

Abb. S-8: Speditionsgeschäft

▶ Sperrminorität

Da auf einer → *Hauptversammlung* einer AG oder Gesellschafterversammlung einer GmbH bzw. Generalversammlung einer Genossenschaft wichtige Beschlüsse regelmäßig mit einer qualifizierten Mehrheit von 75 % zu erfolgen haben (z. B. → *Kapitalherabsetzung,* → *Kapitalerhöhung,* Satzungsänderungen), genügen 25 % plus einer Stimme am Nennkapital einer → *Kapitalgesellschaft,* um derartige Beschlüsse zu verhindern.

▶ Spezialfonds

→ *Kapitalanlagegesellschaft (KAG)*

▶ Spezialisierung

(1) Grad der Arbeitsteilung im Unternehmen, der u. a. vom → *Produktionsprogramm* abhängig ist.

(2) Detailliertheit der → *Aufgabenanalyse* im Organisationsprozess mit dem Ergebnis einer spezialisierten → *Stelle.*

▶ Spezialisierungskartell

→ *Kartell*

▶ Spezifikationskauf

→ *Kauf*

▶ Spieltheorie

Erweiterung der → *Entscheidungstheorie,* bei der lediglich eigene Handlungsmöglichkeiten im Hinblick auf deren Zielwirkung gegenübergestellt werden. Demgegenüber bezieht die Spieltheorie das Verhalten eines oder mehrerer Gegenspieler mit ein. Relevant ist die Spieltheorie z. B. beim Preiskalkül, wenn mit preispolitischen Reaktionen eines Konkurrenten zu rechnen und eine „optimale Preisstrategie" auszuwählen ist.

▶ Spin off

Wirtschaftliche und rechtliche Verselbstständigung einer Betriebsfunktion, z. B. der Forschungs- und Entwicklungsabteilung. (So geschehen bei *Nixdorf*, *BMW* und *Siemens*.) Die Auslagerung einer Funktion kann mit Hilfe der Muttergesellschaft oder auch in der Form eines → *Management Buy Out* bzw. durch die Finanzierung einer → *Venture Capital (VC)*-Gesellschaft erfolgen.

▶ Spitzensteuersatz

Höchster → *Grenzsteuersatz* bei einem → *Steuertarif*. Dieser hat insbesondere im internationalen Vergleich psychologische Signalwirkung. Obwohl die zu zahlende Steuer ein Zusammenspiel von → *Steuerbemessungsgrundlage* und → *Steuersatz* ist, und das gleiche Ergebnis mit einer schmalen Bemessungsgrundlage und hohem Steuersatz oder breiten Bemessungsgrundlage und niedrigerem Steuersatz erreicht werden kann, hat bei ausländischen Investoren der Spitzensteuersatz große Bedeutung. Er erscheint in einer Zahl, während die Breite der Bemessungsgrundlage durch ein verflochtenes Regelwerk festgelegt wird.

▶ Split-Screen-Werbung

Split-Screen ist die parallele Ausstrahlung redaktioneller und werblicher Inhalte im Fernsehen. Split-Screen kann in einem gesonderten Fenster als Spotwerbung oder durch optisch hinterlegte Laufbandwerbung erfolgen. Das Werbefenster ist während des gesamten Verlaufs durch den Schriftzug „Werbung" zu kennzeichnen. Split-Screen-Werbung ist auf die Dauer der Spotwerbung anzurechnen. Bei der Übertragung von Gottesdiensten und bei Kindersendungen ist Split-Screen verboten, nicht aber bei Nachrichtensendungen. Insbesondere bei privaten Fernsehsendern wird das Instrument bei Übertragungen von Großereignissen wie Sportveranstaltungen immer häufiger eingesetzt, damit der Zuschauer keine entscheidende Szene verpasst, aber dennoch Werbung konsumiert (→ *Kommunikationspolitik*).

▶ Splitting

→ *Veranlagung*

▶ Sponsoring

Zielbezogene Zusammenarbeit zwischen einem Sponsor und einem Gesponserten. Der Sponsor überlässt dem Gesponserten Geld, Sachzuwendungen oder Dienstleistungen, der Gesponserte gewährt dem Sponsor eine vertraglich vereinbarte Gegenleistung. Diese vertraglich vereinbarte Gegenleistung bildet den Unterschied zum klassischen Mäzenatentum, bei dem der Förderer uneigennützig vorgeht. Im Wesentlichen lassen sich drei Sponsoringarten unterscheiden: Sportsponsoring (z. B. Sportvereine, Sportler, Sportveranstaltungen), Kultursponsoring (z. B. Museen, Theater, etc.) und Sozialsponsoring (z. B. Hochschulen, Umweltschutzorganisationen, etc.).

Wesentliche Ziele, die mit dem Sponsoring durch Unternehmen verfolgt werden, sind beim Sportsponsoring die Steigerung der Unternehmens- bzw. Markenbekanntheit, ein Imagetransfer vom Sportler auf das Unternehmen und seine Produkte oder die Steigerung des → *Goodwill* gegenüber dem Unternehmen. Ein Einsatz erfolgt hier auch, um bestehende Werbeeinschränkungen zu umgehen oder andere kommunikationspolitische Maßnahmen zu unterstützen. Im Bereich des Kultursponsoring bestimmen Gründe wie Image- und Kundenpflege, Mitarbeitermotivation oder persönliches Interesse der Unternehmensleitung den Einsatz als Sponsor (Abbildung S-9).

	Sportsponsoring	Kultursponsoring	Sozialsponsoring
zu fördernde Bereiche	Sportarten wie Fußball, Tennis, Motorsport, Eissport, usw.	Kulturbereiche wie Bildende Kunst, Musik, Bühnenkunst, Literatur, usw.	Sozialbereiche wie Gesundheit, Umweltschutz, Wissenschaft und Ausbildung
Leistungsebenen	Leistungssport Breitensport Nachwuchs	Spitzenkünstler Nachwuchskünstler	Sitzenforschung Breitenforschung Nachwuchsforschung

	Sportsponsoring	Kultursponsoring	Sozialsponsoring
zu fördernde organisatorische Einheiten	Verband Verein Team Sportler	Veranstaltungen Institutionen Gruppen Individuen	Institutionen wie z. B. Hochschulen Lehrstühle
Leistungsarten	Geld Sachzuwendungen Dienstleistungen		
Arten von Gegenleistungen	Gestaltung von Ausrüstungs-/Ausstattungsgegenständen Präsenz im Umfeld von Veranstaltungen Nutzung offizieller Titel Benennung einer Veranstaltung nach dem Sponsor Einsatz von geförderten Personen/Teams bei Werbe-, Verkaufsförderungsmaßnahmen		

Abb. S-9: Handlungsmöglichkeiten des Sponsoring (Quelle: Berndt, R.: Marketing 2, Marketing-Politik, 3. Aufl., Berlin u. a., S. 302)

▶ Spread

Differenz bzw. Spanne zwischen zwei Zinssätzen oder Preisen auf Waren-, Wertpapier- oder Devisenmärkten. So wird insbesondere die Spanne zwischen einem Devisenankaufs- und -verkaufskurs, zwischen dem Kassa- und Terminkurs für → *Devisen* oder ein → *Wertpapier* sowie zwischen einem kurzfristigen und langfristigen Zinssatz als Spread bezeichnet.

▶ Sprecherausschuss

Auch als → *Betriebsrat* der leitenden Angestellten zu bezeichnen. Gem. Sprecherausschussgesetz vom 20. 12. 1988 sind mit dem Sprecherausschuss tarifvertragliche Regelungen und Betriebsvereinbarungen mit Leitenden Angestellten zu regeln, da diese nicht unter die allgemeinen Regelungen im → *Betriebsverfassungsgesetz (BetrVG)* fallen (→ *Angestellter*).

▶ Sprungregress

→ *Wechselregress*

▶ Squeeze-out

Nach dem → *Wertpapier- und Übernahmegesetz (WpÜG)* mögliche Form des Ausschlusses eines Minderheitsanteilseigners einer Kapitalgesellschaft. Besitzt ein Hauptaktionär mehr als 95 % der Anteile an einer Gesellschaft, so können auf Antrag des Hauptaktionärs die übrigen Kleinaktionäre durch Beschluss der → *Hauptversammlung* von der Gesellschaft ausgeschlossen werden. Ziel dieses Ausschlusses gegen eine Abfindung auf Basis der letzten Börsenwerte ist regelmäßig die Einsparung teurer Hauptversammlungskosten und die Verzögerungen aufgrund der Einholung von Stimmen von Kleinanteileignern, die ihre Stimmrechte für Klagen und gerichtliche Verfahren missbrauchen.

▶ SRM

→ *Bankenunion*

▶ S-R-Modell

Ausdruck des behavioristischen Forschungsparadigmas in so genannten Reiz-Reaktions- bzw. **S**timulus-**R**esponse-Modellen. Der Behaviorismus als verhaltenswissenschaftliche Forschungsrichtung besteht darauf, dass alle Erklärungen für das menschliche Verhalten unmittelbar und ausschließlich auf die Beobachtung von Reizen und Reaktionen aufzubauen sind. Das Verhalten (→ *Verhaltenswissenschaftlicher Ansatz*) eines Individuums wird hierbei nur aufgrund des erfassbaren Stimulus und der entsprechenden Reaktion erklärt; nicht beobachtbare physische Vorgänge im Organismus werden im Gegensatz zum → *S-O-R-Modell* nicht berücksichtigt.

▶ SSM

→ *Banken- und Finanzaufsicht*

▶ Stab

Assistenzeinheit einer → *Instanz.* Diese Stelleninhaber erfüllen Hilfsfunktionen zur Vorbereitung von Entscheidungen der Instanzen.

Sie haben weiterhin Beratungs- und Informationsaufgaben (z. B. Planungs- und Koordinationsstab). Problematisch erweist sich häufig die Diskrepanz zwischen den hohen Qualifikationsanforderungen an Stabsstellen und deren fehlenden Weisungskompetenzen. Aufgrund dieser De-Motivationsproblematik (→ *Motivation*) werden Stabsstellen meist nicht langfristig besetzt und deren Stelleninhaber wechseln nach einer gewissen Zeit in Instanzenstellen mit Linienfunktion (→ *Aufgabenanalyse*, → *Aufgabensynthese*).

▶ Stablinienorganisation

→ *Liniensysteme*

▶ Stärken-Schwächen-Analyse

Instrument der Unternehmensanalyse i. R. der → *Strategischen Planung*. Auch als Potential- oder GAP-Analyse bezeichnet. Ziel ist die Erforschung wettbewerbsbezogener Handlungsspielräume in den unterschiedlichen Funktionsbereichen des Unternehmens. Dazu wird entweder die → *Strategische Geschäftseinheit (SGE)* mit Hilfe von Planungstechniken (z. B. → *Portfolioanalyse*) positioniert, um deren Stärken bzw. Schwächen zu erkennen, oder es werden mit Hilfe von Polaritätsprofilen und → *Checkliste* die Potentiale der Bereiche Finanzen, Personal, FuE, Produktion, usw. untersucht. Eine Beurteilung der eigenen Stärken und Schwächen lediglich aufgrund der Gegenüberstellung von ausgeschöpften und noch freien Potentialen ist dabei schwierig. Einfacher ist die Beurteilung bei Kenntnis von Konkurrentendaten aus einer → *Konkurrentenanalyse.*

▶ Stärken-/Schwächen-/Chancen-/Risikenanalyse (SWOT)

Die so genannte SWOT-Analyse (**S**trengths, **W**eaknesses, **O**pportunities, **T**hreats) ist ein gängiges Instrument der Strategischen Planung, mit Hilfe dessen strategische Geschäftseinheiten mit Konkurrenten verglichen werden können. Während sich die → *Stärken-Schwächen-Analyse* lediglich auf die Fähigkeiten und Ressourcen, über die eine Unternehmung verfügt bzw. die sie unter Kontrolle hat, bezieht (z. B. hohe Qualitätsstandards), untersucht die SWOT-

Analyse zusätzlich die Chancen und Risiken, die sich durch externe Faktoren, auf die das Unternehmen selbst keinen unmittelbaren Einfluss hat, ergeben (z. B. eine wettbewerbsrechtliche Bestimmung).

▶ Stakeholder

Koalitionspartner und Anspruchsnehmer (beispielsweise Anteilseigner, Kunden, Banken, Sponsoren, Staat), deren Interessen das Unternehmen mitberücksichtigen muss. Die Bedeutung solcher Koalitionspartner kann z. B. durch Koordinationskosten grob quantifiziert werden. Bekannt geworden ist in den letzten Jahren hingegen der Begriff Shareholder als Teil der Stakeholder, denen im Rahmen einer wertorientierten, den Investorenzielen gerecht werdenden Unternehmensführung viel Beachtung geschenkt wurde.

▶ Stammaktie

→ *Aktienarten*

▶ Stammeinlage

→ *Stammkapital*

▶ Stammhaus

→ *Holding*

▶ Stammkapital

Bezeichnung für das → *Gezeichnete Kapital* (= Nominalkapital) einer GmbH, welches das haftende Kapital der Gesellschaft darstellt. Es muss gem. § 5 i. V. m. § 7 GmbHG mindestens 25 000 € betragen und vor der Anmeldung zum Handelsregister mindestens in Höhe von 12 500 € eingezahlt sein. Der Nennbetrag des Geschäftsanteils eines jeden Gesellschafters muss auf volle € lauten.

▶ Standardabweichung

(Mittlere quadratische Abweichung σ, s), Maß der Streuung einer Verteilung um ihr arithmetisches Mittel. Es wird für Grundgesamtheiten mit σ, für Stichproben mit s abgekürzt. Die Berechnung erfolgt als der absolute Wert der Quadratwurzel der Abweichungen der einzelnen Elemente einer Beobachtungsreihe vom arithmetischen Mittel, dividiert durch die Anzahl der Reihenglieder, d. h. als Quadratwurzel aus der → *Varianz.* Bei einer → *Normalverteilung* wird sie durch die beiden Wendepunkte der Kurve bestimmt.

Für eine einfache Reihe errechnet sich die Standardabweichung nach folgender Formel (→ *Statistik*):

$$\sigma = \sqrt{\frac{1}{N}\sum_{i=1}^{N}\left(X_i - \overline{X}\right)^2}$$

Sind Wahrscheinlichkeiten bei einer Verteilung bekannt, kann die Standardabweichung als die wahrscheinliche Abweichung vom errechneten Mittelwert μ berechnet werden:

$$\sigma = \sqrt{\frac{1}{N}\sum_{i=1}^{N}\left(X_i - \mu\right)^2}$$

▶ Standardisierung

(**1**) Vereinheitlichung von Produkten oder Bauteilen dieser Produkte i. S. der → *Normung.*

(**2**) Vereinheitlichung von Abläufen in der → *Ablauforganisation* oder von Tätigkeiten in der → *Stellenbeschreibung.* Die Standardisierung kann sich im Betrieb durch vereinheitlichte Formulare, Firmenlogos (→ *Corporate Identity (CI)*) oder geregelte und einzuhaltende Dienstwege (→ *Liniensysteme*) ausdrücken.

▶ Standardkosten

→ *Standardkostenrechnung*

▶ Standardkostenrechnung

Im Rahmen der → *Flexiblen Plankostenrechnung* auf Vollkostenbasis verwendetes Kostenrechnungssystem, das mit Festpreisen, die sich üblicherweise bei den bisherigen Materialeinkäufen oder Lohnzahlungen ergeben haben, kalkuliert. Die Standardkosten basieren dabei auf einer angenommenen Normalbeschäftigung.

▶ Standard Setter

→ *International Financial Reporting Standards (IFRS)*, → *United States Generally Accepted Accounting Principles (US-GAAP)*

▶ Standing

Begriff auf dem → *Finanzmarkt* für die → *Bonität* bzw. → *Performance* eines Unternehmens am → *Geldmarkt* oder → *Kapitalmarkt*.

▶ Standort

Geographischer Ort, an dem ein → *Betrieb* seine → *Produktionsfaktoren (nach Gutenberg)* einsetzt, um Leistungen bzw. Güter zu erstellen. Bei der Wahl eines Standortes für einen Betrieb oder eine Fabrik (Werk) handelt es sich um eine grundlegende konstitutive Entscheidung, die bei Gründung oder Verlagerung oder räumlicher Ausdehnung zu treffen ist. Zur Wahl des optimalen Standortes können so genannte Standortfaktoren herangezogen werden (Abbildung S-10). Als Entscheidungshilfe kann die → *Nutzwertanalyse (NWA)* eingesetzt werden. Die Konzentration von Betrieben auf engem Raum bzw. einem Standort, z. T. bedingt durch eine besondere Infrastruktur, Rohstoffvorkommen oder grundsätzlich dem Vorhandensein von Produktionsfaktoren, wird als Standortagglomeration bezeichnet. Insbesondere bei Gewinnungsunternehmen (z. B. Bergbau), dem Handel (z. B. Konzentration von Schuhgeschäften) oder bei spezialisierten Unternehmen (z. B. *Silicon Valley* für die Chip-Produktion) vorkommend.

① Beschaffungsorientierte Standortfaktoren

- Grundstücke (Beschaffenheit, Anschaffungspreis, Miethöhe)
- Roh-, Hilfs- und Betriebsstoffe (Preise, Transportkosten)
- Arbeitskräfte (Arbeitskräftepotential in Abhängigkeit u.a. von der Zahl der Bevölkerung und der Lebensqualität eines Standortes – Schulen, Theater, Freizeitwert –, Lohnniveau, Qualifikation der Arbeitskräfte, Einstellung zur Arbeit)
- Energie (Verfügbarkeit, Energiekosten)
- Verkehr (Verkehrsinfrastruktur wie z.B. Autobahnanschluss, Nähe zum Flughafen, Transportkosten)

② Fertigungsorientierte Standortfaktoren

- Natürliche Gegebenheiten (Beschaffenheit des Bodens, des Klimas)
- Technische Gegebenheiten (räumliche Nähe kooperationsbereiter Unternehmen)

③ Absatzorientierte Standortfaktoren

- Absatzpotential (Bevölkerungsstruktur, Kaufkraft, Konkurrenz, Herkunftsgoodwill = ein Standort hat aufgrund der Qualität der dort erzeugten Produkte ein hohes Image, z.B. Stahl aus Solingen)
- Verkehr (Verkehrsanbindung, Transportkosten)
- Absatzkontakte (Vorhandensein von Absatzhilfen wie Makler, Messen, Werbeagenturen)

④ Staatlich festgelegte Standortfaktoren

- Steuern (Hebesätze bei den Gemeindesteuern z.B. im Jahre 2018 in Frankfurt 460% und in Fulda 380%. Steuerbegünstigungen für bestimmte Standorte bei Regionalfördermaßnahmen, internationale Steuerunterschiede mit der Folge von Steueroasen wie Schweiz und Liechtenstein.)
- Grenzüberschreitende Regelungen (Zölle, Außenhandelsgesetze)
- Wirtschaftsordnung (wirtschaftsrechtliche Bestimmungen wie Wettbewerbsgesetze, Bestimmungen zur Unternehmensordnung) sowie Risiken einer Änderung der Wirtschaftsordnung aufgrund politischer Instabilität (z.B. Beschränkungen des Kapitalverkehrs, Enteignungen)
- Umweltschutzmaßnahmen (Auflagen zur Reduktion von Umweltbelastungen)
- Staatliche Hilfen (Förderungsprogramme in Form von Investitionshilfen für strukturschwache Regionen, Existenzgründungshilfen, Förderung von Forschungs- und Entwicklungsvorhaben).

Abb. S-10: Standortfaktoren bei der Standortentscheidung (Quelle: Bea, F.X.; Dichtl, E.; Schweitzer, M.: Allgemeine Betriebswirtschaftslehre, Bd. 1: Grundfragen, 10. Aufl., Stuttgart 2009, S. 353)

▶ Starre Plankostenrechnung

Im Gegensatz zur → *Flexiblen Plankostenrechnung* Kostenrechnungssystem, bei dem auf Vollkostenbasis die geplanten Kosten für einen bestimmten Zeitraum als konstant angenommenem Beschäftigungsgrad angesetzt werden. Dadurch entstehen aufgrund fehlender Variabilität der Beschäftigungsgrade keine geplanten Kostenabweichungen bei Planbeschäftigung.

▶ Starre Planung

→ *Planungsarten*

▶ Start up

Begriff für eine Unternehmensgründung. Meist verwendet für innovative, wachstumsorientierte Gründungen in Hightech-Branchen (→ *Inkubator*, → *Venture Capital (VC)*).

▶ Statement of Financial Accounting Standards (SFAS)

→ *Financial Accounting Standards Board (FASB)*

▶ Statement of Recognised Income and Expense (SORIE)

→ *Comprehensive Income*

▶ Statische Investitionsrechenverfahren

→ *Investitionsrechenverfahren*

▶ Statistik

Methodische Hilfswissenschaft mit der Aufgabe, Methoden für die Sammlung, Aufbereitung, Analyse und Interpretation numerischer Daten bereitzustellen, um die Struktur von Massenerscheinungen zu erkennen. Die **deskriptive** Statistik umfasst das Erheben, Ordnen, Aufbereiten und Darstellen von Daten sowie das Bestimmen von Kenngrößen dieses Datenmaterials sowie deren Interpretation. Die **analytische** Statistik beschäftigt sich hingegen mit den statistischen Schlussfolgerungen zur Prüfung von Hypothesen. I. R. der deskriptiven Statistik können Daten hinsichtlich ihrer Streuung, Häufigkeiten oder Konzentrationen (Standardabweichung, Varianz, Median, Modus, Arithmetisches Mittel, Zentralwert, Quartil) analysiert werden. Der Median gibt in einer aufsteigend sortierten Datenreihe den numerischen Mittelwert an. Quartile geben den Wert an, bei dem 25 % der Werte (1. Quartil), 50 % der Werte (2. Quartil = Median) bzw. 75 % der Werte (3. Quartil) darunter liegen. Der Modalwert ist der am häufigsten vorkommende Wert. Das arithmetische Mittel errechnet sich aus der Addition aller Werte dividiert durch die Anzahl der Werte. Die → *Standardabweichung* misst die Streuung um den Mittelwert und die Reichweite den Abstand vom kleinsten zum größten Wert. Das Zahlenbeispiel in Abbildung S-11 veranschaulicht diese Maße.

Ausgegangen wird von 8 Werten (x_i; i = 1, …, 8)

x_1	x_2	x_3	x_4	x_5	x_6	x_7	x_8
5	6,2	8	10	11	11,1	14	15,2

Hieraus errechnen sich folgende Maße:

Median (Z):	10,5	Arithmetisches Mittel (z):	10,06
1. Quartil (Qu):	6,2	Standardabweichung (s):	3,56
3. Quartil (Qo):	14,0	Spannweite (R):	10,20
Quartilsspanne (Qs):	7,8		

Abb. S-11: Statistische Auswertungsmöglichkeiten von Daten aufgrund einer Erhebung

▶ Statistik, betriebliche

Methodische Hilfestellung zur Datenerhebung und -auswertung für die betriebliche Dokumentation und → *Führung* (z. B. Umsatzstatistik, Kundenstammstatistik, Verkaufszahlenstatistik, etc.) (→ *Statistik*).

▶ Stelle

Kleinste organisatorische Aktionseinheit zur Bewältigung eines Aufgabenkomplexes (→ *Aufgabenanalyse*, → *Aufgabensynthese*). Stellen werden meist personenunabhängig gebildet, so dass bei einem Personalwechsel die Stelle erhalten bleibt und neu besetzt werden kann.

A. Bezeichnung der Stelle
Leiter Vertrieb Inland
B. Zielsetzung der Stelle
Konzipierung und Vollzug aller Vertriebsaktivitäten des Geschäftsbereichs A im Ausland
C. Einzelaufgabe der Stelle
Erarbeitung eines Marketingkonzeptes und -planes für den Geschäftsbereich A Zielvereinbarung mit den Leitern der Verkaufsregionen Gewährung von Verkaufshilfen zur Realisierung des Marketingplanes „Key Account-Management" bei überregionalen inländischen Großkunden Entscheidung über Sonderkonditionen bei regionalen Großkunden Überwachung der Vertriebstätigkeit im Inland Personalentscheidungen über Einstellung, Entlassung, Einsatz, Entwicklung und Vergütung für direkt unterstellte Mitarbeiter
D. Kompetenzen der Stelle
Vertretung des Vertriebsbereiches nach außen im Inland, einschließlich rechtlich verbindliche Geschäfte abzuschließen
E. Rang des Stelleninhabers
Abteilungsleiter
F. Vorgesetzter des Stelleninhabers
Geschäftsbereichsleiter A als disziplinarischer Vorgesetzter Leiter Marketing als Fachvorgesetzter
G. Unmittelbar unterstellte Mitarbeiter
Leiter der Verkaufsregionen I–V Leiter Verkaufsunterstützung
H. Stellvertretung
durch Leiter Verkaufsunterstützung
I. Zusammenarbeit mit anderen Stellen
Koordinierte Tätigkeit mit der Entwicklung und Produktion, um eine kundenorientierte Leistungserstellung sicherzustellen
J. Mitarbeit in Gremien
Mitglied im Investitionsausschuss und der Abteilungsleiterkonferenz des Geschäftsbereiches A Mitglied im Verbandsausschuss AA des inländischen xy-Fachverbandes
K. Anforderungen an den Stelleninhaber
Technische und kaufmännische Vorbildung mit Fachhochschul- oder Hochschulabschluss. Mehrjährige Branchenerfahrung im Vertrieb. Kontaktfreudigkeit und Führungskompetenz im Fachlichen und Sozialen.

Abb. S-12: Beispiel einer Stellenbeschreibung

Die Bezeichnung, die → *Kompetenz* und Verantwortlichkeiten einer Stelle sind in der → *Stellenbeschreibung* geregelt. Stellen mit Weisungsbefugnis werden als → *Instanz* bezeichnet. Stellen lassen sich i. R. des → *Job Sharing* und anderer Modelle der Arbeitszeitflexibilisierung zunehmend auch teilen. Voraussetzung hierfür sind teilbare Aufgaben.

▶ Stellenbeschreibung

In schriftlicher Form (evtl. Formblatt) abgefasste Beschreibung der Arbeitsinhalte einer → *Stelle.* In der Stellenbeschreibung (Abbildung S-12) werden neben der Stellenbezeichnung die Aufgaben, Ziele, Befugnisse und Verantwortlichkeiten (hierarchische Einordnung), die → *Vertretung,* Entlohnung und qualitativen Anforderungen an die Stelle genannt. Diese Inhalte werden zusammenfassend auch als Instanzen-, Aufgaben- und Leistungsbild bezeichnet. Hauptzweck der Stellenbeschreibung ist die formale Regelung der Zuständigkeiten innerhalb einer → *Organisation.*

▶ Stetigkeitsprinzip

→ *Grundsatz der formellen Bilanzkontinuität,* → *Grundsatz der materiellen Bilanzkontinuität (Stetigkeit)*

▶ Steuerabgrenzung

→ *Steuerlatenz*

▶ Steuerarten

→ *Steuern*

▶ Steuerbemessungsgrundlage

Ausgangsgröße zur Anwendung eines Steuertarifs. Einige Beispiele bei wichtigen Steuerarten (Abbildung S-13).

Steuerart	Bemessungsgrundlage	Rechtsnorm
Einkommensteuer	zu versteuerndes Einkommen	§ 2 V EStG
Körperschaftsteuer	zu versteuerndes Einkommen	§ 7 II KStG
Umsatzsteuer	i. d. R. Entgelt	§ 10 I UStG
Gewerbesteuer	Steuermessbetrag	§ 11 I GewStG
Erbschaft- und Schenkungsteuer	Wert des steuerpflichtigen Erwerbs	§ 10 ErbStG

Abb. S-13: Steuerbemessungsgrundlagen

► Steuerberater

Geschützte Berufsbezeichnung für Berufsträger, die nach Ablegen der Berufsprüfung vor der Landesfinanzbehörde durch Urkunde der zuständigen Kammer bestellt werden. Der Berufsstand als Freier Beruf ist durch Zwangsmitgliedschaft in Kammern organisiert, die die Berufsaufsicht ausführen. Der Berufsstand ist befähigt, geschäftsmäßige Hilfeleistung in Steuersachen anzubieten und auszuüben. Der unternehmerische Zusammenschluss von Berufsträgern führt zu Sozietäten, Partnerschaftsgesellschaften oder Kapitalgesellschaften. Für alle Formen gibt es im Berufsgesetz Vorschriften für die Anerkennung.

► Steuerbilanz

Instrument zur Ermittlung des Gewinns innerhalb der ersten drei → *Einkunftsarten* mit Hilfe eines Betriebsvermögensvergleichs. Zu unterscheiden sind die originäre Steuerbilanz und die abgeleitete Steuerbilanz. Zur Erstellung einer originären Steuerbilanz ist verpflichtet, wer z. B. als Gewerbetreibender nicht nach Handelsrecht zur Buchführung und Erstellung eines → *Jahresabschluss* verpflichtet ist, aber die Umsatzgrenze von 600 000 € oder die Gewinngrenze von 60 000 € überschreitet. Weiterhin können Land- und Forstwirte und Selbständige freiwillig nach § 4 I EStG eine Steuerbilanz erstellen und so ihren Gewinn ermitteln. Hierbei sind die Regeln über den Umfang des Betriebsvermögens sowie die Regeln über die Aktivierung, Passivierung und → *Bewertung* nach § 6 EStG zu beachten.

▶ Steuerdurchführungsverordnung

Im vereinfachten Gesetzgebungsverfahren aufgrund von Ermächtigungsvorschriften im eigentlichen → *Steuergesetz* erlassene Regelung, die einzelne Gesetzesnormen näher spezifiziert. Im Steuergesetz wird gemäß Art. 80 GG entweder die Bundesregierung oder der zuständige Bundesminister ermächtigt, solche Verordnungen zu erlassen. Ob der Bundesrat zustimmen muss, regelt sich nach Art. 80 II 2 GG, je nachdem, ob durch die Verordnung die Belange der Länder und Gemeinden berührt werden. An diese Verordnungen sind alle Beteiligte des Besteuerungsverfahrens, insbesondere der Steuerpflichtige und die → *Finanzbehörde*, gebunden.

▶ Steuererhebung

Abschnitt im Besteuerungsverfahren. Nach der Durchführung des Besteuerungsprozesses und der Feststellung der → *Steuerschuld* folgt das Erhebungsverfahren. Es regelt insbesondere Fragen nach der Verwirklichung des Steueranspruchs, der Fälligkeit und des Erlöschens. In diesem Zusammenhang sind insbesondere Vorschriften zur Zahlung, zum Erlass, zur → *Verjährung* sowie zur Verzinsung und zum Säumniszuschlag zu beachten. Durch das Verfahrensrechtsmodernisierungsgesetz sind die gesetzlichen Grundlagen für eine zunehmende automatisierte Veranlagung gelegt worden.

▶ Steuererklärung

Erklärung eines Steuerpflichtigen hinsichtlich seiner → *Steuerbemessungsgrundlage* im Rahmen der Durchführung der Besteuerung an die → *Finanzbehörde*. Der Steuerpflichtige hat hierbei gesetzlich festgelegte Mitwirkungspflichten. Insbesondere hat er richtige und glaubhafte Angaben in der Steuererklärung zu machen sowie die ordnungsgemäße Abgabe der Erklärung zu gewährleisten. Es gilt zwar die Selbsterklärung des Steuerpflichtigen in der Steuererklärung, jedoch hat die Finanzverwaltung den Untersuchungsgrundsatz, dass sie von Amts wegen den Sachverhalt ermitteln muss, zu beachten. Hierzu steht ihr ein abgestuftes Verfahren von Nachfragen, über Vorlage von Unterlagen bis zur → *Außenprüfung* zur Verfügung. Steuererklärungen, wie die Lohnsteueranmeldung und die Vorsteueranmeldung, haben selbst die Qualität eines Steuerbescheides. Deshalb ist der Steuerpflichtige zu großer Sorgfalt bei der Erklärung verpflichtet. Bei unrichtigen Angaben drohen Sanktionsmaßnahmen. Bei anderen Steuererklärungen setzt erst die Finanzbehörde nach Anwendung des Amtsermittlungsgrundsatzes die Steuer im Rahmen eines Bescheides fest. Die Abgabefristen für Steuererklärungen sind unterschiedlich. Bei den o. g. Erklärungen, die zugleich die Wirkung eines Steuerbescheides entfalten, sind die Abgabefristen sehr kurz, i. d. R. 10 Tage nach Ablauf des Voranmeldezeitraums. Für die Abgabe der Steuererklärung im Rahmen der → *Einkommensteuer* hat der Steuerpflichtige i. d. R. Zeit bis Ende Juli des dem Besteuerungszeitraum folgenden Kalenderjahres. Verlängerungsmöglichkeiten sind vorgesehen. Zunehmend wird von der Finanzverwaltung erwartet, die elektronische Übermittlung per ELSTER-Verfahren zu nutzen.

▶ Steuergesetz

Rechtsnorm, die im Rahmen des normalen Gesetzgebungsverfahrens die Grundlage für die Steuererhebung festlegt. Es sollte so abstrakt formuliert sein, dass möglichst viele Alltagssachverhalte unter die gesetzlichen Vorschriften subsumiert werden können. Die Steuergesetze werden unterschieden in formelle und materielle Steuergesetze. Die formellen Steuergesetze wie die → *Abgabenordnung (AO)* und das → *Bewertungsgesetz (BewG)* regeln Verfahrensabläufe bzw. einheitliche Bewertungsverfahren. So enthält die Abgabenordnung allgemeine Definitionen, Regeln über das Steuerschuldrecht, allgemeine Verfahrensgrundsätze, spezielle Regeln über die Durchführung der Besteuerung, das Erhebungsverfahren und die Vollstreckung sowie Regeln über das → *Rechtsbehelfsverfahren.* Das Bewertungsgesetz regelt allgemeine Bewertungsvorschriften für bestimmte Vermögensarten und bestimmte Zwecke. Diese Werte gehen dann in die Anwendung der materiellen Steuergesetze ein. Materielle Steuergesetze regeln die einzelnen → *Steuern* und wenden sich an einen Adressatenkreis. In ihnen müssen immer die vier Fragen nach Steuersubjekt, Steuerobjekt, Bemessungsgrundlage und

Tarif geklärt werden. Ein besonderes Problem stellen gerade bei Steuergesetzen die vielfältigen Änderungen dar. Insbesondere bei unechter Rückwirkung, d. h. wenn der Gesetzgeber im Laufe eines Kalenderjahres Rechtsnormen ändert, die bereits begonnene, aber noch nicht abgeschlossene Tatbestände tangiert, schützt der verfassungsrechtliche Vertrauensschutz nicht. Die Aufsplitterung in viele Einzelsteuergesetze und Verfahrensgesetze wird häufig kritisiert, da hierunter die Transparenz und Akzeptanz der Besteuerung wesentlich leidet. *Joachim Lang* hat deshalb 1993 einen Entwurf eines Steuergesetzbuches vorgelegt, das mit einem ähnlichen Aufbau wie das BGB alle Steuergesetze vereint.

▶ Steuerharmonisierung

Im Rahmen der Europäischen Gemeinschaft zur Verwirklichung eines gemeinsamen Binnenmarktes durchgeführte und geplante Maßnahmen. Die weitestgehende Harmonisierung ist bei den speziellen Verbrauchsteuern und der → *Umsatzsteuer* erreicht. Die Harmonisierungsmaßnahmen bei den Indirekten *Steuern* konzentrieren sich seit 1993 auf die Abschaffung von Bagatellsteuern (z. B. Salzsteuer, Zuckersteuer, Leuchtmittelsteuer, Teesteuer); das Verbot oder Einführung neuer Verbrauchsteuern in einzelnen Staaten der Gemeinschaft, wenn hierdurch das Diskriminierungsverbot tangiert wird. Weiter wurden Mindestsätze eingeführt und Vorbereitungen getroffen, im Rahmen der Umsatzsteuer auf das Ursprungslandprinzip überzugehen. Dies sollte zum 1.1.1997 umgesetzt werden, jedoch konnte noch keine Einigung über ein Clearing-Verfahren im Zusammenhang mit der Vorsteuererstattung erreicht werden. Für → *Direkte Steuern* ist die Harmonisierung noch nicht sehr weit fortgeschritten. Im Rahmen der so genannten Mutter-Tochter-Richtlinie (EWG 90/435 Abl. EG Nr. L 225 S. 6) wurde der § 8b KStG eingeführt, der eine prinzipiell steuerfreie Gewinnausschüttung zwischen Mutter- und Tochtergesellschaften regelt. Die Fusionsrichtlinie (EWG 90/434 Abl. EG Nr. L. 225 S. 1) wurde im Wesentlichen umgesetzt im Rahmen des neuen → *Umwandlungsgesetz* und → *Umwandlungssteuergesetz (UmwStG)*. Durch verschiedene Verfahren vor dem Europäischen Gerichtshof wurden

Regeln betreffend die → *Steuerpflicht* für im europäischen Ausland ansässige Personen, die in Deutschland den größten Teil ihres → *Einkommens* erwirtschaften, ins → *Einkommensteuergesetz (EStG)* aufgenommen. Eine weitergehende Harmonisierung, wie sie beispielsweise vom *Ruding-Ausschuss* 1992 zur Angleichung der Körperschaftsteuersysteme vorgeschlagen wurde, ist bisher nicht absehbar. Die Europäische Kommission hat im Oktober 2016 wieder einmal einen Vorschlag zur Neuauflage der Gemeinsamen Konsolidierten Körperschaftsteuer-Bemessungsgrundlage vorgelegt, über deren Umsetzung wegen des Einstimmigkeitsprinzips noch beraten wird.

▶ Steuerhoheit

Das Recht einer Körperschaft des öffentlichen Rechts → *Steuern* zu erheben (z. B. durch Bund, Länder, Gemeinden, Kirchen).

▶ Steuerklasse

Steuerklassen gibt es bei der → Lohnsteuer und → Erbschaft- und Schenkungsteuer.

▶ Steuerlatenz

Korrekturgröße des laufenden Steueraufwands einer Periode. Der Terminus „latent" kommt aus dem Lateinischen und bedeutet soviel wie „versteckt" oder „verborgen". Im angelsächsischen Sprachraum spricht man zutreffender von „deferred taxes", also „aufgeschobenen Steuern", da es sich um aus handelsrechtlicher Perspektive bereits begründete zukünftige steuerliche Be- und Entlastungen handelt, die aus vorübergehenden Abweichungen zwischen den handelsbilanziellen und steuerlichen Wertansätzen resultieren. Neben diesen sog. temporären Differenzen können sich zusätzlich latente Steuererträge (Steuerminderungen) aus der Vortragsfähigkeit steuerlicher Verluste ergeben. Nicht berücksichtigt werden sog. permanente Differenzen, d. h. dauerhafte Differenzen, wie z. B. steuerlich nicht abzugsfähige Betriebsausgaben, aus denen keine zukünftigen steuerlichen Be- oder Entlastungen mehr entstehen.

Im Hinblick auf die Erfassung der Differenzen zwischen den steuerlichen und handelsrechtlichen Wertansätzen ist zwischen dem GuV-orientierten Timing-Konzept und dem Bilanz-orientierten Temporary-Konzept zu unterscheiden. Im Rahmen des BilMoG erfolgte in § 274 HGB ein Wechsel vom Timing- auf das Temporary-Konzept. Danach ist auf die Differenzen der Bilanzposten abzustellen und wie in Abbildung S-14 zu systematisieren.

Aktive Steuerlatenz				Passive Steuerlatenz			
1. Fall: Vermögen	HB	<	StB	1. Fall: Vermögen	HB	>	StB
2. Fall: Schulden/Rückstellungen	HB	>	StB	2. Fall: Schulden/Rückstellungen	HB	<	StB
→ steuerlich noch abzugsfähige Differenz				**→ noch zu versteuernde Differenz**			

Abb. S-14: Aktive und passive Steuerlatenz nach dem Temporary-Konzept

Eine aktive Steuerlatenz ergibt sich z. B. aus der Ansatzpflicht einer Rückstellung für drohende Verluste gem. § 249 I HGB, während nach § 5 IVa EStG ein Ansatzverbot besteht. Die Differenz wird später steuerlich abzugsfähig, wenn der Verlust tatsächlich eintritt. Eine passive Steuerlatenz entsteht z. B. aus der Höherbewertung von Vermögensgegenständen in der Handels- im Vergleich zur Steuerbilanz. Die Differenz ist später, z. B. bei Verkauf, noch zu versteuern. In die Berechnung der latenten Steuern gehen gemäß dem Temporary-Konzept auch solche Differenzen zwischen den Bilanzposten ein, die nicht GuV-wirksam entstanden sind, wie z. B. infolge der erfolgsneutralen Neubewertung der sog. Available for Sale → *Wertpapiere* nach IFRS.

In § 274 HGB wird bestimmt, dass zunächst zu ermitteln ist, ob sich insgesamt, d. h. über alle Bilanzpostendifferenzen hinweg und zuzüglich der aktiven latenten Steuern auf Verlustvorträge, ein sog. Aktiv- oder Passivsaldo ergibt. Für einen verbleibenden **Aktivsaldo** besteht ein **Ansatzwahlrecht**, während für einen Passivsaldo eine Ansatzpflicht besteht. Der Ausweis in der Bilanz kann aber auch unsaldiert erfolgen. In der GuV sind die latenten Steueraufwendungen/-erträge separat innerhalb der Ertragsteuern zu zeigen. Aktive und passive latente Steuern sind nicht abzuzinsen. Nach § 306 HGB sind im Konzernabschluss zusätzlich latente Steuern aus Konsolidierungsvorgängen zu berücksichtigen. Kleine Kapitalgesellschaften und damit auch Kleinstkapitalgesellschaften sowie Nicht-Kapitalgesellschaften fallen nicht in den Anwendungsbereich der latenten Steuern nach § 274 HGB.

Nach IFRS (IAS 12) und US-GAAP besteht sowohl für aktive als auch passive latente Steuern eine Ansatzpflicht. Ferner sind weitaus umfangreichere Erläuterungen im Anhang als nach HGB vorgeschrieben.

▶ Steuerliche Nebenleistungen

Nach § 3 AO Verspätungszuschläge, Zinsen auf Steuernachforderungen oder -erstattungen, Säumniszuschläge sowie Zwangsgelder. Gegen die Festsetzungen der steuerlichen Nebenleistungen kann mittels Einspruch (→ *Rechtsbehelfsverfahren*) vorgegangen werden.

▶ Steuermessbetrag

Bemessungsgrundlage (→ *Steuerbemessungsgrundlage*) für Hebesatzsteuern. Insbesondere bei der → *Gewerbesteuer* und der → *Grundsteuer* ermittelt die → *Finanzbehörde* als Bemessungsgrundlage den Steuermessbetrag und erteilen hierüber einen Steuermessbescheid. Den Gemeinden obliegt danach die Festsetzung der Steuer durch Anwendung des → *Steuersatzes* (= → *Hebesatz, steuerlicher*) auf die Bemessungsgrundlage in einem Steuerbescheid.

▶ Steuermesszahl

Multiplikator, der auf eine Ausgangsgröße angewendet zur → *Bemessungsgrundlage*, dem → *Steuermessbetrag* führt. So wird im Rahmen der → *Gewerbeertragsteuer* der Gewerbeertrag mit einer Steuermesszahl (3,5), bei der → *Grundsteuer* der → *Einheitswert* mit der entsprechenden Steuermesszahl multipliziert.

Ertragskompetenz	Bundessteuern, Landessteuern, Gemeinschaftsteuern, Gemeindesteuern, Kirchensteuern
Besitzsteuern	vom Einkommen: Einkommensteuer; Körperschaftsteuer, Gewerbesteuer vom Vermögen: Erbschaftsteuer, Grundsteuer
Verkehrsteuern	Umsatzsteuer, Grunderwerbsteuer, Kraftfahrzeugsteuer, Versicherungssteuer
Verbrauchsteuern	Branntweinsteuer, Biersteuer, Schaumweinsteuer, Energiesteuer, Tabaksteuer, Kaffeesteuer
Direkte Steuern	Einkommensteuer, Körperschaftsteuer
Indirekte Steuern	Umsatzsteuer
Personensteuern (Subjektsteuer)	Einkommensteuer
Realsteuer (Objektsteuer)	Grundsteuer, Gewerbesteuer
Gewinnsteuer	Einkommensteuer
Kostensteuer	Gewerbesteuer
Laufende Steuern	Einkommensteuer, Gewerbesteuer, Umsatzsteuer, Grundsteuer
Einmalige Steuern	Grunderwerbsteuer, Erbschaftsteuer
Veranlagungssteuern	Einkommensteuern
Fälligkeitssteuern	Versicherungssteuer

Abb: S-15: Typologie der Steuern

► Steuern

Gem. § 3 AO Geldleistungen, die nicht eine Gegenleistung für eine besondere Leistung darstellen und von einem öffentlich-rechtlichen Gemeinwesen zur Erzielung einer → *Einnahme* allen auferlegt werden, bei denen der Tatbestand zutrifft, an den das Gesetz die Leistungspflicht knüpft; die Erzielung von Einnahmen kann Nebenzweck sein. Mit dem letzten Nebensatz hat der Gesetzgeber die Lenkungsfunktion von Steuern in der Legaldefinition verankert. Dies ist in der Besteuerungstheorie äußerst umstritten. Lenkungsanreize sollten über direkte Transfers stattfinden und nicht mit Abgaben des Individuums an den Staat vermischt werden, da hierdurch die Wirkung jeder einzelnen Komponente verschleiert wird und bei mehr als zwei Komponenten nicht mehr die Wirkung für die einzelne Komponente errechnet werden kann. Steuern, von denen es in Deutschland derzeit ca. 40 Arten gibt, und die dem Staat 2013 insgesamt 620 Mrd. € Einnahmen brachten, lassen sich wie aus den Abbildungen S-15 und S-16 ersichtlich, einteilen.

Steuerart	Gesetzgebungs-kompetenz	Ertragskompetenz	Verwaltungs-kompetenz
Einkommensteuer	Bund	Bund/Länder/ Gemeinden	Länder
Körperschaftsteuer	Bund	Bund/Länder	Länder
Umsatzsteuer	Bund	Bund/Länder/ Gemeinden	Länder
Gewerbesteuer	Bund	Gemeinden (mit Umlage für Bund und Länder)	Gemeinden
Erbschaft- und Schenkungsteuer	Bund	Länder	Länder
Kraftfahrzeugsteuer	Bund	Bund	Bund (Zoll)
Energiesteuer	Bund	Bund	Bund (Zoll)
Kirchensteuer	Länder	Kirchen	Länder/Kirchen
Schankerlaubnissteuer	Länder	Landkreise	Gemeinden
Hundesteuer	Länder	Gemeinden	Gemeinden
Zölle	EU/Bund	EU	Bund (Zoll)

Abb. S-16: Steuerkompetenzen ausgewählter Steuerarten

▶ Steuerneutralität

Forderung an den Gesetzgeber Steuergesetze so zu formulieren, dass sie hinsichtlich betriebswirtschaftlicher Entscheidungen neutral bleiben, damit sich diese Entscheidungen an Marktergebnissen orientieren und nicht an steuerlichen Rahmenbedingungen. Weil das dem Gesetzgeber nicht gelingt, werden betriebswirtschaftliche Entscheidungen hinsichtlich der Wahl der → *Rechtsform*, der → *Finanzierung* und des Standortes nicht ohne die Einbeziehung steuerlicher Auswirkungen getroffen.

▶ Steuerobjekt

→ *Steuerbemessungsgrundlage*

▶ Steuerpflicht

Verpflichtung für ein Steuersubjekt zur Mitwirkung im Besteuerungsverfahren und zur Abführung der → *Steuern* an die → *Finanzbehörde.* Der Steuerpflichtige ist Beteiligter im Besteuerungsverfahren und hat bestimmte Pflichten (Mitwirkungspflicht), aber auch Rechte (Vertretungsrecht). Er muss aber nicht zugleich derjenige sein, der die Steuer letztlich auch trägt.

▶ Steuerprogression

→ *Progression*

▶ Steuerprüfung

→ *Außenprüfung*

▶ Steuerrichtlinien

Ebenso wie Verwaltungsvorschriften und Erlasse vom Bundesfinanzminister erlassene Rechtsnorm, die nicht die Qualität von Steuergesetzen und Steuerdurchführungsverordnungen hat. Steuerrichtlinien werden aufgrund des Weisungsrechts der vorgesetzten Finanzbehörde erlassen und sind für nachgeordnete Behörden verbindlich. Eine Bindungswirkung für den Steuerpflichtigen entfalten sie nicht. Allgemein unterscheidet man zwischen norminterpretierenden Richtlinien, Typisierungsvorschriften und das Ermessen der → *Finanzbehörde* bindende Vorschriften. Sie sollen eine einheitliche Vorgehensweise der Finanzverwaltung im Besteuerungsverfahren sicherstellen.

▶ Steuerrückstellungen

Rückstellungen (→ *Rückstellungen*), die gem. § 266 III HGB separat in der → *Bilanz* zu zeigen sind. Sie enthalten die noch nicht abgeführten laufenden → *Steuern* einer Periode. Hierzu zählen noch nicht festgesetzte Steuern vom Einkommen und vom Ertrag (z. B. → *Einkommensteuer* bzw. → *Körperschaftsteuer* und → *Gewerbeertragsteuer*) sowie → *Substanzsteuern* (z. B. → *Grundsteuer*), aber auch → *Verkehrssteuern* (z. B. → *Umsatzsteuer*). Die voraussichtliche Steuerschuld ist um geleistete Vorauszahlungen zu kürzen, nur der verbleibende Betrag ist als Steuerrückstellung auszuweisen. In die Steuerrückstellung sind auch erwartete Nachzahlungen aus steuerlichen Betriebsprüfungen einzubeziehen. Soweit bereits Steuerbescheide vorliegen, sind die hieraus noch resultierenden Zahlungsverpflichtungen nicht als Steuerrückstellungen auszuweisen, sondern innerhalb der Position „Sonstige Verbindlichkeiten".

▶ Steuersatz

Multiplikator, der auf die → *Steuerbemessungsgrundlage* angewendet zum Steuerbetrag führt. Für wirtschaftliche Aussagen werden oftmals besondere Steuersätze (→ *Grenzsteuersatz* und → *Durchschnittsteuersatz*) gebildet.

▶ Steuerschuld

Betrag, der sich nach Anwendung des Steuersatzes auf die → *Steuerbemessungsgrundlage* ergibt. Die Steuerschuld kann vom Steuerpflichtigen selbst zu berechnen sein (→ *Umsatzsteuer*, → *Lohnsteuer*) oder durch Steuerbescheid von der → *Finanzbehörde* festgesetzt werden. In besonderen Fällen, z. B. Scheidung, Betriebsübernahme, Gesamtrechtsnachfolge, können auch vermeintlich Unbeteiligte zu Steuerschuldnern werden. Insbesondere die steuerlichen Haftungsvorschriften sind hierbei zu beachten.

▶ Steuersubjekt

→ *Einkommensteuerpflicht*, → *Steuerpflicht*

▶ Steuertarif

In der Regel mathematische Funktion, die das Zusammenwirken von → *Steuerbemessungsgrundlage* und → *Steuersatz* beschreibt. Als Tariffunktionen können alle Arten mathematischer Funktionen in Frage kommen. Am häufigsten sind lineare Tariffunktionen (z. B. → *Körperschaftsteuer*, → *Umsatzsteuer*) oder Polynome (→ *Einkommensteuer*). Allerdings sind die Formulierungen der → *Steuergesetze* oftmals juristischer Natur und entsprechen nicht immer den strengen mathematischen Voraussetzungen an eine homogene Funktion. Deshalb wird in den Anlagen zu den Steuergesetzen, insbesondere dem → *Einkommensteuergesetz (EStG)*, die → *Steuerschuld* tabellarisch aufgelistet. Die näheren wirtschaftlichen Auswirkungen werden durch Bildung der Grenzsteuerfunktion und der Durchschnittssteuerfunktion sichtbar.

▶ Steuerüberwälzung

Weitergabe der Steuerbelastung des Steuerpflichtigen über den Preis an die Marktteilnehmer (= Steuerträger). Typisch bei der → *Verbrauchsteuer* und der → *Umsatzsteuer*. Bei der Steuerüberwälzung kürzt die Steuer nicht das verfügbare Einkommen des Steuerpflichtigen. Vielmehr bekommt er den Steuerbetrag über einen höheren (Angebots-)Marktpreis bezahlt oder er kann durch Kostensenkung (Verminderung der Einkaufspreise) die Steuererhöhung auffangen. Grundsätzlich eignet sich die → *Indirekte Steuer* für die Steuerüberwälzung. Die Frage der Steuerüberwälzung wird immer bei Erhöhungen der Umsatzsteuer und Mineralölsteuer diskutiert, da sie potentiell preissteigernd wirken kann.

▶ St. Galler Führungsmodell

Prinzip des → *Management by Systems* und damit der Systemtheorie, das Anfang der siebziger Jahre von *Hans Ulrich* und dessen Schülern in St. Gallen entwickelt wurde (→ *Führungsmodelle*). Dieses Modell soll nach den Vorstellungen von *Hans Ulrich* Personal- und Unternehmensführungsaspekte integrieren, einen klaren und einheitlichen, aus der Systemtheorie abgeleiteten Begriffsapparat zur Verfügung stellen und in der Praxis leicht implementierbar sein. Tatsächlich liefert es einen systemtheoretisch geprägten und im Modell konsistent verwendeten Begriffsapparat.

▶ Stichprobe

Menge an Beobachtungsdaten oder Messwerten, die aus der Gesamtmenge bzw. Grundgesamtheit aller Beobachtungsdaten oder Messwerte in eine konkrete Untersuchung bzw. ein konkretes Experiment oder einen Test einbezogen werden. Es werden also n Elemente aus der Gesamtheit aller N Elemente berücksichtigt. Ziel der Stichprobe ist es, einerseits Hypothesen zu entwickeln und anhand der Ergebnisse Verallgemeinerungen von der Stichprobe auf die Grundgesamtheit vorzunehmen (Repräsentationsschluss), andererseits Hypothesen an einer Stichprobe zu testen, die aus der durch die Hypothesen festgelegten Grundgesamtheit gebildet wurde (Inklusionsschluss). Wesentlicher Grund für den Einsatz von Stichproben liegt in der Senkung von Zeit, Geld und Energie. Stichproben müssen deshalb bestimmten Ansprüchen genügen:

- Die Stichprobe muss ein verkleinertes Abbild der Grundgesamtheit hinsichtlich der Heterogenität der Elemente und der für die Hypothesenprüfung relevanten Variablen sein.
- Die Einheiten oder die Elemente der Grundgesamtheit müssen definiert sein.
- Die Grundgesamtheit sollte angebbar und empirisch definiert sein.
- Das Auswahlverfahren (→ *Stichprobenverfahren*) muss angebbar sein und die erste Forderung erfüllen (→ *Erhebungsmethode*).

▶ Stichprobenverfahren

Vorgehensweise, mit der bei einer Teilerhebung (→ *Erhebungsmethode*) die → *Stichprobe* aus der Grundgesamtheit ausgewählt wird (Abbildung S-17). Zu unterscheiden sind zunächst die repräsentative Auswahl, bei der die Stichprobe im Hinblick auf die untersuchungsrelevanten Merkmale für die Grundgesamtheit repräsenta-

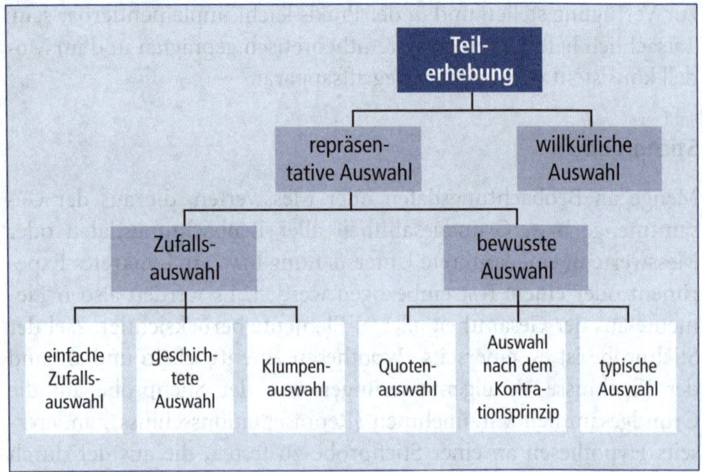

Abb. S-17: Überblick über Grundformen von Auswahlverfahren

tiv ist, und die willkürliche Auswahl, bei der diese Repräsentativität nicht gegeben ist und die damit verzerrte Ergebnisse liefert. Bei der repräsentativen Auswahl lassen sich des Weiteren die Zufallsauswahl und die bewusste Auswahl unterscheiden. Wesentliches Charakteristikum der Zufallsauswahl ist, dass jedes Element einer Grundgesamtheit dieselbe Wahrscheinlichkeit aufweist, in die Stichprobe zu gelangen. Bei der bewussten Auswahl fehlt dieses Zufallsprinzip, die Erhebungselemente werden vielmehr unter Berücksichtigung sachrelevanter Merkmale gezielt ausgewählt.

▶ Stiftung

Rechtsform (→ *Rechtsform*), die sowohl im privaten wie auch öffentlichen Recht zu finden ist. Die Stiftung des privaten Rechts basiert auf den Rechtsgrundlagen der §§ 80 ff. BGB. Das Besondere an der Stiftung (z. B. *Carl Zeiss Stiftung*) ist, dass sie keinem → *Eigentümer* gehört und damit einem Unternehmen seine Fortführung (Kontinuität) sichern kann bzw. streng an den Zweck des Stifters gebunden ist. Die Stiftung, auch die des öffentlichen Rechts, ist ein Vermögensbestand mit eigener Rechtspersönlichkeit, mit Stiftungsvorstand und Stiftungssatzung (Zweck der Stiftung). Öffentliche Stiftungen sind z. B. die *Stiftung preußischer Kulturbesitz* oder Stiftungen von Museen und Bibliotheken. Diese rechtliche Verselbständigung von Vermögen bedarf eines schriftlichen oder testamentarischen Stiftungsaktes und einer staatlichen Genehmigung. Im Übrigen gelten die Vorschriften zum Verein (→ *Eingetragener Verein (e.V.)*) gem. BGB.

▶ Stille Gesellschaft (StG)

Rechtsform (→ *Rechtsform*) des privaten Rechts, deren Rechtsgrundlagen §§ 230–237 HGB und ergänzend die Vorschriften zur → *BGB-Gesellschaft (GbR)* sind. Eine StG liegt vor, wenn sich jemand am Handelsgewerbe eines anderen mit einer in dessen → *Vermögen* übergehenden Einlage per Gesellschaftsvertrag beteiligt. Diese Beteiligung muss nach außen nicht zum Ausdruck kommen. Es handelt sich um eine reine Innengesellschaft. Die Stille Gesellschaft begründet grundsätzlich keine Mitspracherechte. Durch Vertrag kann jedoch eine Beteiligung an der Unternehmensleitung (z. B. → *Prokura*, → *Vollmacht*) erteilt werden. Die Beteiligung am Verlust ist ebenfalls vertraglich auszuschließen, nicht jedoch die Beteiligung am Gewinn. Der Stille Gesellschafter haftet nur mit seiner Einlage und ist „angemessen" am Gewinn zu beteiligen. Die Stille Gesellschaft ist daher eine ideale Form für Personengesellschaften zur Kapitalbeschaffung. Die bisherigen Gesellschafter werden i. d. R. in ihren Entscheidungskompetenzen nicht berührt und für den Stillen Gesellschafter kann der Verlustausschluss attraktiv sein.

▶ Stille Reserven

→ *Stille Rücklagen*

▶ Stille Rücklagen

Eigenkapitalbeträge, die **nicht** offen aus der → *Bilanz* ersichtlich sind. Sie korrespondieren mit den entsprechenden, in der Bilanz nicht ersichtlichen Vermögenswerten, **den stillen Reserven**. Stille Rücklagen/Reserven entstehen, wenn aufgrund der Bilanzierungs- und Bewertungsvorschriften bestimmte Vermögenswerte nicht erfasst bzw. zu niedrig bewertet oder wenn bestimmte Verbindlichkeiten (insb. Rückstellungen) über dem tatsächlichen Wert ausgewiesen werden. In der Regel wird der Zeitwert (Tageswert) als Vergleichswert zu den Buchwerten herangezogen.

Nach deutschem Recht ergeben sich – aufgrund des Vorsichtsprinzips – tendenziell höhere stille Reserven als nach IFRS und US-GAAP. Die stillen Reserven können in sog. **Zwangsreserven**, die aufgrund der Rechtsvorschriften (z. B. → *Realisationsprinzip*) zwingend entstehen, und in sog. **Ermessens- und Schätzreserven** eingeteilt werden. Diese ergeben sich durch die zweckentsprechende Ausübung von → *Bilanzierungswahlrechten* und → *Bewertungswahlrechten* sowie durch die bewusste vorsichtige Bewertung bei sog. Risikosachverhalten.

▶ Stillhalter

Vertragspartner bei einer → *Option,* der sich zum Kauf oder Verkauf des vereinbarten Wertpapiers oder der Devisen bzw. anderer Basisprodukte per Termin verpflichtet.

▶ Stock Options

Aktienbezugsrechte als Bestandteil der Mitarbeitervergütung. Die Begünstigten erhalten das Recht (→ *Option*), eine bestimmte Anzahl von Aktien des eigenen Unternehmens zu einem im Voraus festgelegten Preis (Optionspreis) nach Ablauf einer Sperrfrist innerhalb eines bestimmten Zeitraums zu erwerben. Als Ausgabepreis wird i. d. R. der Börsenkurs zum Zeitpunkt der Einräumung des Optionsrechts festgelegt.

Stock Options sollen bei den begünstigten Mitarbeitern einen Leistungsanreiz und damit eine Steigerung des Unternehmenswertes (Börsenwertes) bewirken, da die Mitarbeiter selbst an steigenden Aktienkursen partizipieren können. Auf diese Weise sollen die unterschiedlichen Ziele der Aktionäre (Principals) einerseits und der Unternehmensleitung (Agenten) andererseits zum Ausgleich gebracht werden (→ *Principal-Agent-Theorie*).

▶ Stopp-Loss-Order

Auftrag an einen Börsenmakler zu verkaufen, wenn ein bestimmter Kurs unterschritten wird.

▶ StR

→ *Steuerrichtlinien*

▶ Straddle

→ *Währungsoption*

▶ Straight Bond

→ *Industrieobligation*

▶ Strangle

→ *Währungsoption*

▶ Straßenproduktion

→ *Fließproduktion*, → *Gruppenproduktion*

▶ Strategie

Aussagen darüber, wie ein Unternehmen seine vorhandenen und seine potentiellen Stärken einsetzen kann, um Veränderungen der → *Umwelt* zielgerecht zu begegnen. Eine genauere Kennzeichnung wurde von *Hans-Christian Pfohl* 1981 entwickelt, der nach der Planungshierarchie in strategische, taktische und operative Planungsebenen unterteilt (Abbildung S-18). Von der Utopie, die eine z. T. unrealistische Vision darstellt, und dem Leitbild i. S. der → *Unternehmensphilosophie* ist die Strategie durch ihre konkretisierteren Inhalte und Formen abzugrenzen. Insbesondere durch die empirischen Untersuchungen von *Harry J. Ansoff*, der feststellte, dass Unternehmen immer mehr Zeit zur Reaktion benötigen (Trägheit) und die Unternehmensumwelt immer dynamischer und komplexer wird (Turbulenz), wurde die Notwendigkeit einer → *Strategischen Planung* erkannt.

Ebene der Planung und Kontrolle	Merkmale von Planungs- und Kontrollproblemen					
	Aggretation/Differenziertheit (Aufgliederung in Teilpläne und entsprechende Teilbereiche)	Detailliertheit (Erfassung von Einzelheiten)	Präzision/Bestimmtheit (Information über die zu erfassenden Größen)	Fristigkeit (Planungshorizont/ Prognosereichweite)	Problemstruktur (Abgrenzung des Suchraums für zulässige Lösungen)	Bedeutung von Normen (Verhältnis von normativen zu empirischen Informationen)
strategisch	wenig differenziert (Gesamtplan)	globale Größen (Problemfelder)	grobe Informationen über die Größen	langfristig	schlecht definierte Probleme	relativ große Bedeutung
taktisch	↓	↓	↓	↓	↓	↓
operativ	stark differenziert (viele Teilpläne)	detaillierte Größen (Detailprobleme)	feine („exakte") Informationen über die Größen	kurzfristig	wohl-definierte Probleme	relativ geringe Bedeutung

Abb. S-18: Charakterisierung strategischer, taktischer und operativer Planung (Quelle: Pfohl, H.-Chr.: Planung und Kontrolle, Stuttgart 1981, S. 123)

► Strategie-Arten

Strategien (→ *Strategien*) lassen sich hinsichtlich ihres organisatorischen Geltungsbereiches, der Funktionen, die von der Strategie betroffen sind, hinsichtlich des Mitteleinsatzes und des Marktverhaltens, hinsichtlich der Produkt- / Marktkombination oder der Wettbewerbsvorteile unterscheiden. Insbesondere die → *Wettbewerbsstrategien nach Porter* und die → *Produkt- / Marktstrategien nach Ansoff* sowie die verschiedenen Portfolio-Strategien sind in der Literatur ausführlich beschrieben (Abbildung S-19).

Unterscheidungskriterium/ Gegenstand	Bezeichnung
Organisatorischer Geltungsbereich (Leistungshierarchie) (Hofer-Schedel)	Unternehmensgesamtstrategien (corporate strategies) Geschäftsbereichsstrategien (business strategies) Funktionsbereichsstrategien (functional area strategies)
Funktionsbereich des Unternehmens	Absatzstrategien Produktionsstrategien Forschungs- und Entwicklungsstrategien Investitionsstrategien Finanzierungsstrategien Personalstrategien
Entwicklungsrichtung/ Mitteleinsatz (Portfolio)	Wachstumsstrategien (Investieren) Stabilisierungsstrategien (Halten) Schrumpfungsstrategien (Desinvestieren)
Marktverhalten	Angriffsstrategien (z. B. Promotionsstrategien) Verteidigungsstrategien (z. B. Imitationsstrategien)
Produkte/Märkte (Ansoff)	Marktdurchdringungsstrategie Marktentwicklungsstrategie Produktentwicklungsstrategie Diversifikationsstrategie
Wettbewerbsvorteile/ Marktabdeckung (Porter)	Strategie der Kostenführerschaft Differenzierungsstrategie Konzentrationsstrategie (auf Kostenführerschaft oder Produktdifferenzierung)
regionaler Geltungsbereich	lokale Strategie multinationale Strategie globale Strategie

Abb. S-19: Strategie-Arten

▶ Strategische Allianz

Zusammenschluss (→ *Unternehmenszusammenschluss*) wirtschaftlich und rechtlich selbständiger Unternehmen, die in bestimmten Funktionsbereichen zum Zweck der Risikosenkung, Kostenverteilung, zur gemeinsamen Entwicklung von Standards und Normen oder zur Ausmerzung selektiver Schwächen zusammenarbeiten. Im Gegensatz zur → *Management-Holding* besteht keine gemeinsame Obergesellschaft. So kann beispielsweise im Bereich der Forschung und Entwicklung eine kostenintensive Grundlagenforschung z. T. nur noch gemeinsam erfolgen (z. B. *IBM* und *Siemens* zur Entwicklung des neuen Megabyte-Chips). Wenn ein Unternehmen Know-how, das andere Unternehmen evtl. Marketingstärken aufweist, lassen sich hier selektive Schwächen durch „Tauschgeschäfte" ausmerzen (→ *Bartering*). Konkurrenten eines Landes können auch zusammenarbeiten, um eine einheitliche Norm (z. B.: HDTV, D2MAC beim Fernsehen) zu entwickeln. So hat z. B. der *VW*-Konzern strategische Allianzen mit *Nissan*, *Renault*, *Volvo*, *Fiat*, *Toyota*, u. a. Wie zu ersehen ist, nimmt die Verflechtung der Wirtschaft und dadurch evtl. die Gefahr der Konzentration durch strategische Allianzen zu. Zum Leitmotiv der Vorteilhaftigkeit von strategischen Allianzen ist der Begriff → *Synergie* geworden. Konkret können dies finanzwirtschaftliche Gründe (z. B. Verbesserung der Kapitalbasis, Risikostreuung), beschaffungspolitische Gründe (z. B. Zugang zu Rohstoffen), marketingpolitische Gründe (z. B. Marktbeherrschung) oder verwaltungstechnische Gründe (z. B. Zentralisierung des Rechnungswesens, der Personalentwicklung) sein.

▶ Strategische Geschäftseinheit (SGE)

Unternehmenseinheit, auf die eine Strategieart bezogen ist und auf die Maßnahmen oder Ressourcen zugeteilt werden können. SGE sollen abgrenzbar sein, um den Erfolg der Strategie eigenständig abzurechnen, und sollen eindeutige Führungszuständigkeiten aufweisen. I. d. R. handelt es sich um einheitliche Kundengruppen, Regionen oder eindeutig abgrenzbare Märkte (Konkurrentengruppen). Die SGE sind in Verbindung mit den → *Profit-Center*-Konzepten der Organisation zu sehen.

▶ Strategische Kontrolle

Überwachung der Durchführung der → *Strategischen Planung* (Durchführungs- und Durchführbarkeitskontrolle) sowie Überprüfung der künftigen Gültigkeit gesetzter Planannahmen (Prämissenkontrolle). Um künftige Probleme rechtzeitig zu erkennen, sind strategische → *Frühwarnsysteme* zu implementieren.

▶ Strategische Planung

Bewusste Verfolgung von Strategien durch eine besondere Art der Planung. Geht insbesondere auf *Ansoff* zurück (→ *Strategie*). Durch eine Umweltanalyse, in der die Risiken und Chancen der künftigen Unternehmensumwelt (→ *Umwelt*) festzustellen sind, und durch eine Unternehmensanalyse, in der die gegenwärtigen und potentiellen Stärken und Schwächen der Unternehmung festzustellen sind, soll ein Vergleich dieser Größen die Ermittlung einer eventuell vorhandenen strategischen Lücke ermöglichen. Durch Strategische Pläne (→ *Strategie-Arten*) soll diese Lücke gefüllt werden bzw. das strategische Problem gelöst werden. Es lassen sich für die Strategische Analyse → *Planungstechnik* (z. B. → *Stärken-Schwächen-Analyse*, → *Konkurrentenanalyse*, GAP-Analyse, Wertprofile, → *Portfolioanalyse*) als auch Erkenntnisse von empirischen Untersuchungen (→ *Erfahrungskurve*, → *Profit Impact of Market Strategy (PIMS)*, → *Produktlebenszyklus*) einsetzen. Zur Ableitung von Strategien ist zunächst eine so genannte → *Strategische Geschäftseinheit (SGE)* zu bilden, deren Entwicklung in der gewählten Strategie zum Ausdruck kommen soll.

▶ Strategisches Geschäftsfeld

→ *Strategische Geschäftseinheit (SGE)*

▶ Strategisches Management

Management (→ *Management*) unter strategischen Gesichtspunkten (→ *Strategie*), das sich sowohl auf die → *Personalführung* als auch → *Unternehmensführung* (→ *Strategische Planung*) beziehen kann.

▶ Streifbanddepot

→ *Depotgeschäft*

▶ Streik

Gem. Abs. 9 III GG erlaubte Form des Arbeitskampfes der Arbeitnehmer in offenen Tarifverhandlungen (→ *Tarifvertrag*). Da Löhne und Gehälter nicht vom Staat festgesetzt, sondern in Autonomie zwischen den Tarifparteien vereinbart werden (Tarifautonomie), müssen die beteiligten Vertragsparteien Maßnahmen zur Durchsetzung ihrer Forderungen zur Verfügung haben. Ruft z. B. eine Gewerkschaft zu einem Streik auf, so stellen die betreffenden Arbeitnehmer gemeinsam und planmäßig die Arbeit vorübergehend ein. Durch den Streik werden Arbeitsverhältnisse (→ *Arbeitsvertrag*) nur ausgesetzt, also nicht aufgelöst. Es existiert zwar kein Streikrecht, dieses ist aber durch Richterrecht ausgeformt. Nicht streiken dürfen Beamte und Soldaten. Die Teilnahme an einem Streik von streikberechtigten Mitarbeitern stellt keinen Grund zur → *Kündigung* dar. Bevor ein Streik eingeleitet und beendet wird, können verschiedene Verhandlungsstufen durchlaufen werden. Zur Beendigung eines Streiks sind je nach Gewerkschaftsverfassung unterschiedliche Mehrheitsbeschlüsse der Arbeitnehmer in einer Urabstimmung notwendig. (Abbildung S-20).

Generalstreik	sämtliche Arbeitnehmer eines Landes sind zum Streik aufgerufen
Sympathiestreik	Arbeitnehmer anderer Branchen oder Tarifzonen werden zum Streik aus Sympathie für die eigenen Ziele aufgerufen
Warnstreik	befristeter und regional begrenzter Streik zur Demonstration der Streikbereitschaft, z. B. vor einem Generalsteik
Wilder oder organisierter Streik	ein wilder Streik ist im Gegensatz zum organisierten Streik nicht durch Gewerkschaften organisiert bzw. es liegt keine Urabstimmung oder ein Streikbefehl vor

Abb. S-20: Streikarten

▶ Strike Price

→ *Option*, → *Währungsoption*

▶ Stripping

Separierung der einzelnen Rechte (Zins, Tilgung) aus einem Wertpapier und Verbriefung derselben zu einem eigenständigen Wertpapier (z. B. Kuponanleihe). Das gegenteilige Verfahren einer Verbindung von Rechten wird als Bundling bezeichnet.

▶ Stromsteuer

→ *Ökosteuer*

▶ Struktur

→ *Organigramm*, → *Organisation*

▶ Strukturkrisenkartell

→ *Kartell*

▶ Stückelung

→ *Anleihe*

▶ Stückliste

Tabellarische Darstellung der in einer → *Produktion* einzusetzenden → *Produktionsfaktoren (nach Gutenberg)* bzw. Roh-, Hilfs- und Betriebsstoffe sowie Halbfertigfabrikate. Mengenübersichtsstücklisten dokumentieren, welche Bestandteile in welcher Menge in ein Erzeugnis eingehen. Auch die Strukturstückliste enthält alle benötigten Teile über alle Fertigungsstufen hinweg, jedoch ist sie zusätzlich nach diesen gegliedert, so dass die gesamte Erzeugnisstruktur eindeutig erkennbar ist. Baukastenstücklisten enthalten nur die Teile der nächst tieferen Fertigungsstufe. Die unterschiedlichen Darstellungsformen der Stücklisten können sich im Produktionsprozess sehr gut ergänzen. So eignet sich die Mengenübersichtsstückliste zur

Beschaffung und Lagerhaltung, die Baukastenstückliste insbesondere zur modularen Fertigung und die Erzeugnisstrukturliste zur Übersicht über alle Fertigungsstufen. Eine grafische Darstellung wird als → *Gozinto-Graph* bezeichnet.

► Stücknotierung

→ *Aktienarten*

► Stückzinsen

Teilanspruch auf → *Zins* bei einer → *Anleihe*, wenn diese zwischen zwei Zinsterminen gehandelt wurden, so dass der Käufer nur das Recht auf einen Teil der Zinszahlung erheben kann.

► Stundung

Zwischen Gläubiger und Schuldner vertraglich vereinbarte Aufschiebung der Fälligkeit von → *Forderungen*. Die Verjährungsfrist (→ *Fristigkeit*) gem. § 202 BGB wird ebenfalls aufgeschoben. Ein von einem Kreditgeber gewährter Zahlungsaufschub fälliger Zinsen oder Tilgungen wird auch als Moratorium bezeichnet. Dies kommt häufig bei der → *Sanierung* von Unternehmen oder zur Abwehr einer drohenden Insolvenz zur Erhaltung der kurzfristigen → *Liquidität* vor.

► Submission

→ *Ausschreibung*, → *Einschreibung*

► Subsidiaritätsprinzip

Ursprünglich Begriff aus der katholischen Soziallehre, wonach im Staat auf der obersten Ebene nur das geregelt werden soll, was von der unteren Ebene nicht gewährleistet werden kann. Übertragen wurde der Begriff auf die betriebliche → *Personalführung* und im Bereich der → *Versicherung*. Demnach hat sich ein Vorgesetzter nur um Probleme zu kümmern, die von einer unteren → *Hierarchie* nicht bewältigt wird bzw. Individualversicherungen sollen den

Zwangs- oder Kollektivversicherungen vorgehen, d.h. jeder soll seine Alters-, Unfallrisiken, etc. selbst freiwillig tragen. Das Kollektiv soll nur hinzutreten, wenn der Einzelne bei der Entscheidung überfordert ist.

▶ Substance over Form

Zentraler Bilanzierungsgrundsatz der IFRS und US-GAAP. Danach ist bei der Beurteilung eines Sachverhalts primär nicht auf seine rechtliche Gestaltung, sondern auf die wirtschaftlichen Auswirkungen abzustellen. Beispielsweise erfolgt nach IFRS 16 und US-GAAP bei Sale-and-Lease-Back-Verträgen häufig keine Realisierung des vollen Buchgewinns im Zeitpunkt der Veräußerung, wenn das wirtschaftliche Eigentum (Nutzungsrecht) beim Verkäufer verbleibt. Im deutschen Recht ist – mit Ausnahme von Aspekten der Vermögenszuordnung gem. § 246 I HGB entsprechend dem Prinzip des wirtschaftlichen Eigentums in bestimmten Fällen – im Vergleich zu IFRS und US-GAAP stärker die getroffene rechtliche Gestaltung für die Bilanzierung maßgeblich als die wirtschaftliche Betrachtungsweise.

▶ Substanzerhaltung

→ *Kapitalerhaltungstheorien*

▶ Substanzsteuern

Steuern (→ *Steuern*), deren Steuerobjekte sich auf Substanzgrößen (Vermögen, Gewerbekapital) beziehen.

▶ Substanzwert

Im Rahmen der → *Unternehmensbewertung* ermittelter Wert, der sich ausschließlich an der vorhandenen Vermögenssubstanz orientiert. Hierbei können die historischen Anschaffungswerte oder die so genannten Versilberungswerte oder Wiederbeschaffungswerte angesetzt werden. Dieses sehr statische Verfahren genügt oft nicht den Anforderungen moderner Unternehmensbewertungen.

▶ Substitutionalität

Ersetzbarkeit von Gütern bzw. Produktionsfaktoren, ohne dass sich z. B. am Grad der Bedürfnisbefriedigung, der → *Qualität* oder Ausbringungsmenge etwas ändert. Kann z. B. bei der Möbelproduktion der Einsatz einer geringeren Menge an Holz durch eine höhere Menge an Kunststoff ersetzt werden, liegt Substitutionalität vor. Die Faktoreinsatzkombination, die zu den geringsten Kosten führt, bezeichnet man als Minimalkostenkombination. Bei Konsumgütern ist Substitutionalität gegeben, wenn ein Gut durch ein anderes Gut ersetzt werden kann, ohne dass es zu einem Nutzenentgang kommt. Es sind verschiedene Grade der Substituierbarkeit zu unterscheiden. Vollständige Substituierbarkeit ist in Produktionsprozessen gegeben, wenn ein Produktionsfaktor vollständig durch einen anderen ersetzt werden kann, ohne dass eine mengenmäßige Änderung der Ausbringung erfolgt. Bei teilweiser Substituierbarkeit kann zwar das Mengenverhältnis zwischen zwei Faktoren geändert werden, aber nicht deren Zusammensetzung (z. B. lässt sich bei Maschinen die Schmiermittelzusammensetzung in gewissen Grenzen verändern). Kann das Verhältnis der Einsatzfaktoren nicht variiert werden, liegt Limitationalität vor.

▶ Substitutionsgüter

→ *Gut*

▶ Sukzessivplanung

→ *Planungsarten*

▶ Sunk Costs

Unter die Entscheidungsoberfläche versunkene → *Kosten,* die für Zukunftsentscheidungen häufig als irrelevant eingestuft werden, aber dennoch als Kosten vorliegen. Beispiel sind etwa bereits vorhandene Materialbestände, die anderweitig nicht mehr eingesetzt werden können, nicht wieder beschafft werden müssen und die insofern bei der Kostenkalkulation eines speziellen Auftrags, für den sie gerade noch verwendet werden, außer Acht gelassen werden. Sunk Costs liegen demnach vor, wenn über ihre Existenz bereits entschieden worden und die Entscheidung irreversibel ist (beispielsweise unwiderruflich getätigte Auszahlung), aber für die aktuelle Preiskalkulation irrelevant. Die Nähe zum Begriff der Fixkosten ist einsichtig. Sunk Costs können, müssen indes nicht zwingend zum Aufbau von Fixkosten führen.

▶ Supermarkt

→ *Distributionsweg,* → *Handelsvertriebsweg*

▶ Supplementinvestition

→ *Differenzinvestition*

▶ Supply Chain Management (SCM)

Mit einer Logistiksoftware gestützte Vertriebsstrategie, bei der systematisch die Daten der Wertschöpfungskette (→ *Wertschöpfung*) im Unternehmen miteinander verknüpft und für den Vertrieb zur Verfügung gestellt werden. Dabei werden in die Wertschöpfungskette auch Lieferanten und Abnehmer einbezogen, d. h. dass Lieferanten ihre Preise und → *Kosten,* Kunden ihre → *Nutzen* bzw. Preisvorstellungen über ein Produkt offen legen sollen, um diese mit den Daten des Unternehmens, z. B. Kapazitäts-, Personal- und Finanzdaten, zu vernetzen. Ziel ist eine drastische Verkürzung der → *Durchlaufzeit,* Lagerbeständen und letztlich von Kosten sowie eine stärkere Lieferanten- und Kundenbindung. Der Begriff Supply Chain ist aus der Betrachtung der zwischen Lieferanten, Produzenten bzw. Dienstleistern und Kunden gedachten Kette ableitbar und im Rahmen eines neuen prozessorientierten Ansatzes der → *Betriebswirtschaftslehre* (→ *Prozess,* → *Prozessorganisation*) zu sehen. Als Weiterentwicklung des SCM im Sinne der Datenverarbeitung kann die Vernetzung von Informationssystemen der in einem Wertschöpfungsprozess beteiligten Unternehmen unter dem Begriff → *Collaborative Business* bezeichnet werden.

▶ Swap

Austausch unterschiedlicher Zins- oder Devisenfazilitäten, d. h. Rechte und Pflichten aus Währungs- oder Zinspositionen. Tauschen beispielsweise zwei Partner ihre Zinszahlungsvereinbarung, z. B. Partner 1 mit fixem Zinssatz und Partner 2 mit variabler Verzinsung, so liegt ein Zinssatzswap vor. Werden zwei verschiedene Währungen getauscht bzw. diese noch zu unterschiedlichen Terminen (z. B. Kauf von € am → *Kassamarkt* und gleichzeitig Verkauf des Gegenwertes in Dollar am → *Terminmarkt*), so liegt ein Currency Swap vor. Bei einer Kombination aus Zins- und Devisen-Swap spricht man von Cross Currency Swap. Dies liegt beispielsweise vor, wenn ein Inländer einen €-Kredit mit fixer Zinszahlung aufnimmt, ein Ausländer beispielsweise einen Dollarkredit mit variabler Verzinsung erhält, und die beiden Partner im Innenverhältnis sowohl Währungen als Zinsmodalitäten austauschen, ohne dass deren Banken dieses Swap-Geschäft verhindern können oder davon gar nicht erfahren.

▶ Swap-Satz

Zinssatzdifferenz aus Devisenkassakurs und Devisenterminkurs in Abhängigkeit von der Laufzeit des zugrunde gelegten → *Devisentermingeschäftes.* Als Heuristik lässt sich der Swap-Satz mit folgender Formel errechnen:

$$\frac{\text{Kassakurs} \times \text{Zinsdifferenz} \times \text{Zeit}}{100 \times 360} = \text{Swap-Satz.}$$

▶ Swaption

Option (→ *Option*) auf den Kauf oder Verkauf eines Zinsswaps (→ *Swap*). Sie stellt damit ein bedingtes Termingeschäft dar.

▶ SWIFT

→ *Society for Worldwide Interbank Financial Telecommunication (SWIFT)*

▶ Syndikat

→ *Kartell*

▶ Syndikus

Geschäftsführer von Verbänden oder Bearbeiter von Rechtsangelegenheiten.

▶ Synektik

Eine der → *Kreativitätstechniken*, die auf *T. J. Gordon*, einen Psychologen, zurückgeht, der die These vertritt, dass kreative Prozesse laufend unbewusst geordnet ablaufen. Diese Prozesse gilt es zu kanalisieren und zu ordnen. In der Informatik nutzt man diese Erkenntnisse bei der Konzeption von → *Künstlicher Intelligenz (KI)* (→ *Fuzzy Logic*). Auch in der Lernpsychologie findet diese Technik bereits große Anwendung. Nach einer eingehenden Beschäftigung mit einem Thema soll eine räumliche und/oder zeitliche Entfernung vom Stoff erfolgen, in der das Gehirn unbewusst verarbeitet (Inkubation), so dass nach einer Zeit eine spontane Lösung z. B. durch eine Analogie oder Assoziation zustande kommt. Insbesondere bei der Phase der → *Alternativensuche* in der → *Planung* findet diese Technik Anwendung.

▶ Synergie

Insbesondere beim → *Unternehmenszusammenschluss* als Begründung verwendeter Effekt, der ausdrücken soll, dass bei optimaler Kombination von Einzelelementen die sich ergebende Gesamtheit mehr ist als die Summe der Einzelteile. So kann beispielsweise durch die gemeinsame Nutzung von Ressourcen oder Vertriebswegen ein höherer Erfolg bzw. können geringere Kosten realisiert werden (→ *Economies of Scope*). Insbesondere in der Strategischen Planung (→ *Strategie*) und bei der → *Portfolioanalyse* ist die Diskussion von Synergien durch die optimale Kombination von Geschäftsfeldern im Rahmen einer → *Diversifikation* von Bedeutung.

▶ Synoptische Planung

→ *Planungsarten*

▶ System

Ein aus Elementen (evtl. Subsystemen) und Beziehungen zwischen diesen Elementen bestehendes Ganzes. Die Übertragung dieses Gedankens aus der allgemeinen, insbesondere in der Mathematik bedeutsamen Systemtheorie auf die → *Betriebswirtschaftslehre* ist *Hans Ulrich* zu verdanken, der 1968 in St. Gallen mit dem Buch „Die Unternehmung als produktives soziales System" die Grundlagen dieses Ansatzes der Betriebswirtschaftslehre lieferte. Ähnlich der Kybernetik (Regelungslehre) sollen in dem System Unternehmung deren Elemente so gesteuert werden (z. B. durch → *Controlling*), dass das System nicht aus dem Gleichgewicht (evtl. Liquidität) gerät.

Diese Sicht geht nicht von den Entscheidungen (→ *Entscheidungsorientierter Ansatz*) im Betrieb, sondern von den organisatorischen Elementen (→ *Aktionseinheiten, organisatorische*) und deren Beziehungen (Kommunikation) aus. Aus diesem Grund beeinflusste dieser Ansatz zunächst und vor allem die Organisationsforschung. Kritiker bezeichnen diesen Ansatz als menschenleer und rein institutional sachlich orientiert.

▶ Szenario

Planungstechnik (→ *Planungstechnik*), bei der mögliche bzw. denkbare Entwicklungen der Zukunft vorhergesagt werden sollen. Im Gegensatz zu einer → *Prognose*, bei der wahrscheinliche Entwicklungen möglichst objektiv (Trends) vorhergesagt werden, handelt es sich hier um eine Projektion von Prämissen in die Zukunft, die grafisch z. B. als Trichter (Abbildung S-21) darstellbar ist. Innerhalb eines Szenarios können selbstverständlich Prognosen (Trends) Platz finden. Ein Schnitt durch diesen Trichter kann alle denkbaren Zustände der Zukunft zu diesem Zeitpunkt darstellen. Deshalb wird die Szenariotechnik zunehmend nicht nur im ökologischen und militärwissenschaftlichen Bereich, sondern auch bei der Projektion von Umweltzuständen für Unternehmen eingesetzt (Unterschiede von → *Vorhersage*).

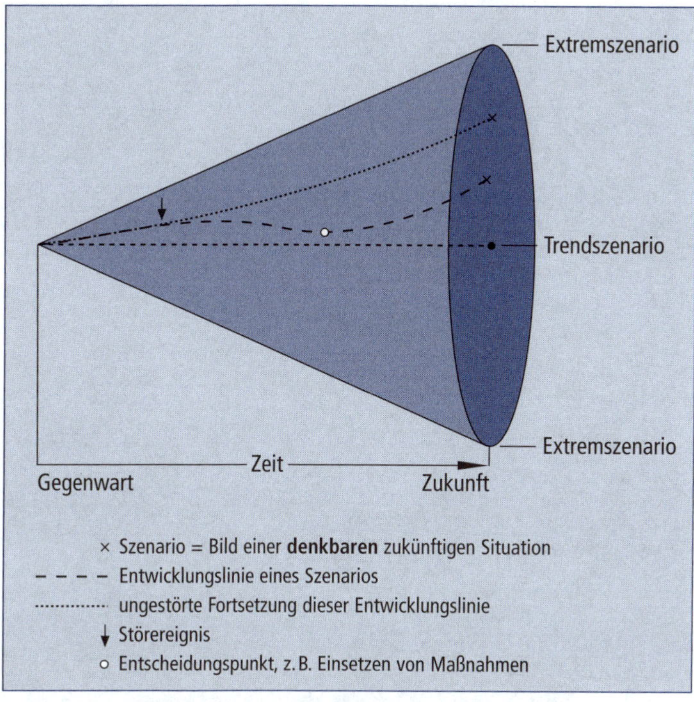

Abb. S-21: Denkmodell zur Entwicklung von Szenarien

T

▶ T

→ *Kurszusätze*

▶ Tabaksteuer

→ *Verbrauchsteuer*

▶ Tafelgeschäft

Im Gegensatz zum → *Depotgeschäft* reale Aushändigung gedruckter Wertpapiere bzw. Aushändigung von Sorten am Schalter einer → *Bank.* Da es über die ausgehändigten Wertpapierstücke bzw. Devisen keine Verzeichnisse gibt, ist eine Kontrolle des Wertpapierbesitzes, z. B. in einem Steuerstrafverfahren, schwer möglich (→ *Geldwäschegesetz*).

▶ Tagesgeld

Aufnahme bzw. Anlage am → *Geldmarkt,* meist durch eine → *Bank* für meist 24 Stunden. Als tägliches Geld wird eine Anlage bzw. Aufnahme mit täglicher Kündigungsfrist bezeichnet, die sich jeweils um 24 Stunden verlängert, sofern keine Kündigung erfolgt. An den international bekannten Geldmarktplätzen in London, Frankfurt oder Paris werden entsprechende Tagesgeldmarktsätze (→ *London*

Interbank Offered Rate (LIBOR), Frankfurt Interbank Offered Rate (FIBOR), Paris Interbank Offered Rate) notiert.

▶ Tageswert

Wert, der einem Vermögensgegenstand am **Bilanzstichtag** auf dem Absatz- oder Beschaffungsmarkt zugeordnet wird (→ *Vorratsvermögen,* → *Wertpapier*). Er wird auch als Zeitwert bezeichnet. I. d. R. entspricht er dem Marktwert (Market Value). Er stellt eine handelsbilanzielle Wertkategorie dar, die je nach Bilanzposten und je nachdem, ob der Wert über oder unter den Anschaffungskosten liegt, zwingend oder fakultativ als Bewertungsmaßstab heranzuziehen ist (→ *Anlagevermögen,* → *Umlaufvermögen*).

▶ Take over

Unternehmensübernahme (Akquisition) eines Unternehmens durch ein anderes Unternehmen. Die Übernahme kann entweder „friendly", d. h. einvernehmlich, oder auch „unfriendly", d. h. für das übernommene Unternehmen zunächst unbewusst und unbemerkt, erfolgen. Nach der Übernahme eines Unternehmens ist über die Form des → *Unternehmenszusammenschlusses* zu entscheiden. Durch das → *Wertpapier- und Übernahmegesetz (WpÜG)* wurde versucht, einheitliche Richtlinien für ein Take over zu bestimmen. Beim Take over können mehrere Vorgehensweisen aus Sicht der Übernehmers und mehrere Abwehrmaßnahmen aus Sicht des zu Übernehmenden unterschieden werden.

Aus Sicht des Übernehmers

(**1**) Unterbreitung eines öffentlichen Übernahmeangebotes (Tender Offer)

(**2**) Erlangung der Stimmen-Vollmacht von Aktionären für HV (Proxy Fight)

(**3**) Veröffentlichung des Übernahmeangebotes, zu einem Zeitpunkt, bei dem das Management machtlos ist (Saturday Night Special)

(**4**) Überbieten eines bereits erfolgten Angebotes (White Knight)

(5) Überreden des Aufsichtsorganes (AR) des Übernahmekandidaten (Bear Hug)

(6) Frühzeitiges Kaufen von Aktienpaketen vor Übernahmeschlacht (Creeping Tender)

(7) Erlangung der Sperrminorität (Greenmailing)

(8) Finanzierung des Anteilserwerbes durch Barzahlung und späteren Aktientausch (Two Step Tender)

Aus Sicht des Übernommenen

(1) Überzeugungsarbeit bei Anteilseignern (Investor Relations)

(2) Suche nach einer Drittpartei, die mehr bietet (White Knight)

(3) Veräußerung der besonders interessanten Unternehmensteile (Crown Jewels)

(4) Umkehrung der Übernahme durch Übernommenen (Pac Man)

(5) Nutzung der Sperrminorität (Greenmailing)

▶ Takt

Die bei der → *Fließproduktion* zugrunde gelegte Arbeitszeit für einen Arbeitsschritt, die in jedem Fall nicht zu überschreiten ist, um keine Engpässe für den folgenden Ablauf entstehen zu lassen (starre Taktzeit). Der → *Engpass* im Ablauf des Arbeitsprozesses bestimmt die Taktzeit, d. h. den Rhythmus der übrigen Arbeitsschritte. Bei flexibler Taktzeit müssen Zwischenlager (Puffer) angelegt werden.

▶ Taktische Planung

→ *Strategische Planung*

▶ Talon

Der im Rahmen des Tafelgeschäftes von Wertpapieren den realen Stücken und Zins- und Dividendenscheinbögen beigefügter Erneuerungsschein zum Bezug neuer Zins- und Dividendenbogen, sofern diese verbraucht bzw. abgetrennt sind.

▶ Tantieme

(**1**) Teil der Vergütung für Geschäftsführungs-, Vorstands- oder Aufsichtsratsmitglieder, die i. d. R. als Prozentsatz des Jahresüberschusses (Gewinnbeteiligung) oder des Umsatzes (Umsatzbeteiligung) vereinbart wird.

(**2**) Entgelt für urheberberechtigte Personen aus der entgeltlichen Überlassung der Verwertungsrechte an Dritte (z. B. Musikproduktion).

▶ Tara

Bezeichnung für das Gewicht der Verpackung einer Ware. Bruttogewicht abzüglich Tara ergibt das Nettogewicht. Zollrechtlich (→ *Zoll*) handelt es sich um das Gewicht aller Umschließungen einer Ware. Durch einen Taratarif können zur Berechnung des Eigengewichtes von Waren bei handelsüblichen Umschließungen Vomhundertsätze des Rohgewichts, sog. Tarasätze, festgelegt werden. Umgekehrt können für nicht oder nicht handelsüblich verpackte Waren bei Bestehen von Rohgewichtszöllen Zuschläge in Hundertteilen des Eigengewichtes, sog. Tarazuschlagssätze, festgesetzt werden.

▶ TARGET

→ *Deutsche Bundesbank*

▶ Target Costing

→ *Zielkostenrechnung*

▶ Tarif

(**1**) Preisliste einer → *Versicherung* oder im → *Handel.*

(**2**) Tabelle bzw. mathematische Formel für Zwecke der Besteuerung (→ *Steuertarif*) oder Entlohnung (→ *Tarifvertrag*).

▶ Tarifautonomie

→ *Streik*

▶ Tarifierung

Kalkulation des Preises für ein Produkt, insbesondere für die Prämie einer → *Versicherung.* Tarife müssen seit Juli 1994 in der Versicherungswirtschaft nicht mehr genehmigt werden. Hauptproblem bei der Tarifierung des Versicherungsschutzes ist, dass zum Zeitpunkt des Vertriebes und der Prämienzahlungen die Schadensquoten, -zahlen und -kosten nicht bekannt sind.

▶ Tarifvertrag

Durch Verhandlungen unter den Tarifpartnern ausgehandelte Vereinbarung über Arbeitszeiten und -löhne. Tarifpartner sind die Gewerkschaften als Arbeitnehmervertreter einerseits und die → *Arbeitgeberverbände* (Verbandstarif) und einzelne Arbeitgeber (Haus-, Werk- oder Firmentarif) andererseits. Gem. Art. 9 GG handeln die Tarifparteien autonom, d. h. eigenverantwortlich i. R. des Tarifvertragsgesetzes (Tarifautonomie).

Während der Laufzeit eines Tarifvertrages verpflichten sich die Vertragsparteien, keine Arbeitskampfmaßnahmen (→ *Streik,* → *Aussperrung*) einzuleiten (Friedenspflicht).

Bindend sind Tarifverträge grundsätzlich nur für die Tarifgebundenen, d. h. die Tarifparteien. Arbeitnehmer, die nicht einer Gewerkschaft i. S. einer Tarifpartei angehören, kommen dadurch theoretisch nicht in den Genuss einer Tarifvereinbarung. Praktisch werden aber i. d. R. alle Verträge eines bestimmten Tarifgeltungsbereiches angepasst.

Als Arten von Tarifverträgen lassen sich die Lohn- und Gehaltstarifverträge (→ *Ecklohn*) einerseits, die die Mindest- und Tarifentlohnung der Arbeitnehmer regeln, und die Manteltarifverträge andererseits, die Arbeitsbedingungen wie z. B. → *Arbeitszeit,* Urlaubsbestimmungen, Einstellungs- und Entlassungsregeln regeln, unterscheiden. Ein Flächentarifvertrag gilt für einen bestimmten räumlichen Geltungsbereich (Tarifgebiet), wie zum Beispiel Nordrhein-Westfalen.

▶ Task Forces

→ *Kollegium*

▶ Tausch

Wechselseitige Übertragung von Gütern. Real- oder Naturaltausch liegt vor, wenn ein Gut direkt gegen ein anderes Gut getauscht wird, während in einer arbeitsteiligen Wirtschaft mit einer Geldverfassung der Naturaltausch durch Zwischenschaltung von → *Geld* ersetzt wird. Insbesondere in den ehemaligen Planwirtschaften hatte das Tauschgeschäft große Bedeutung und hat es in der gegenwärtigen Übergangszeit in Form des sog. Ringtausches (→ *Bartering*) immer noch.

▶ Tausenderpreis

Maßeinheit der Werbeforschung, der i. R. der → *Mediaselektion* die Beurteilung einzelner Werbeträger anhand eines Kosten-Nutzen-Vergleichs ermöglichen soll. Der Tausenderpreis gibt in seiner allgemeinen Form darüber Auskunft, welche → *Kosten* entstehen, um 1000 Personen (Leser, Zuschauer, Hörer) durch einen bestimmten Werbeträger zu erreichen. Ermittelt wird der Tausenderpreis durch folgende Formel:

$$T = \frac{\text{Einschaltkosten} \times 1000}{\text{Reichweite}}$$

Als Einschaltkosten werden hierbei beispielsweise die Belegungskosten für eine 1/1-seitige Anzeige oder einen 30-Sek.-Fernsehspot verwendet. Die Reichweite resultiert z. B. aus der Zahl der Leser pro Ausgabe einer Zeitschrift oder der Zahl der Zuschauer im Fernsehen.

▶ Tautologie

→ *Definition*

▶ Taxkurs (T)

→ *Kurszusätze*

▶ Taylorismus

Rationalisierungsmaßnahme benannt nach *Frederick W. Taylor* (1856–1915). Dabei sollte durch die Teilung der Arbeit in kleinste Einheiten, zu deren Bewältigung keine oder nur geringe Denkarbeit zu leisten und die aufgrund des geringen Umfangs schnell zu wiederholen sind, eine höhere Produktivität erreicht werden. Die Aufteilung der Arbeit in diese kleinsten Einheiten basierte auf erstmalig wissenschaftlich durchgeführten Zeit- und Bewegungsstudien von Taylor. Insbesondere nach dem zweiten Weltkrieg wurden in den Vereinigten Staaten erhebliche Produktivitätssteigerungen mit dieser Methode erzielt. Doch ab Mitte der 1960er Jahre stellten sich die Arbeiter gegen die resultierende monotone Arbeit, die kein eigenständiges Denken mehr abverlangte, die damit verbundene Entfremdung vom Gesamtprozess der Produktion, die hohe Arbeitsintensität und nicht zuletzt deren gesundheitliche Folgen.

▶ Teamorganisation

Organisationsform (→ *Aufbauorganisation*), bei der auf Hierarchieebenen und klare Weisungsbefugnisse verzichtet wird und stattdessen kollektive Gruppenentscheidung und -verantwortung gelten sollen (→ *Teilautonome Gruppe*). Durch das Fehlen einer eindeutigen → *Stellenbeschreibung*, Statussymbolen und hierarchischen Strukturen soll die → *Motivation* der Mitarbeiter durch die Partizipation an sämtlichen Entscheidungen und durch die völlige Transparenz über das betriebliche Geschehen maximiert werden. Die Problematik der → *Gruppe*, die langwierigen Entscheidungs- und Koordinationsprozesse sowie vorprogrammierte, aber evtl. auch gewollte Konflikte sind als mögliche Nachteile zu beachten. Aufgrund soziologischer Untersuchungen kann behauptet werden, dass die → *Effizienz* dieser Organisationsform bei zunehmender Organisationsgröße abnimmt. Eventuell ist bei dem zunehmenden Wertewandel hinsichtlich der Infragestellung von Autoritäten und Hierarchien künftig mit einer zunehmenden Bedeutung dieser Organisationsform zu rechnen. Kreativität und Selbstverwirklichung lässt diese Form jedenfalls zu.

▶ Technische Analyse

→ *Wertpapieranalyse*

▶ Technizität

Andere Ausdrucksweise für die → *Produktivität* im Sinne der technischen Ergiebigkeit.

▶ Technologie

Wissenschaft (→ *Wissenschaft*) von den technischen Produktionsprozessen und -abläufen. I. w. S. alle Techniken oder Methoden zur betrieblichen Planung (→ *Planungstechnik*), Organisation, Kontrolle und zur Steuerung der betrieblichen Funktionsbereiche. Um neue Technologien zu entwickeln, sind Innovationen notwendig. Neuerdings werden zunehmend hochschulnahe Technologieparks eingerichtet, um Forschungs- und Entwicklungsergebnisse unmittelbar in die betriebliche Praxis zu übertragen (Technologietransfer). Im Gegensatz zu Planungstechniken handelt es sich bei der Technologie um praktische Durchführungswerkzeuge bei der Gütererstellung (z. B. Transport-, Lagerungs-, Verlade-, Auftragsbearbeitungstechniken). Nicht alle Technologien lassen sich in einem Unternehmen einsetzen oder sind verfügbar. Die verfügbaren und eingesetzten Technologien sind Ausdruck des Know-how in einem Unternehmen. Das Auffinden und die Prüfung der Einsetzbarkeit neuer Technologien im Betrieb wird als Technologiemanagement bezeichnet.

▶ Technologiemanagement

→ *Technologie*

▶ Teilamortisationsvertrag

→ *Leasing*

▶ Teilautonome Gruppe

Konzept zur → *Motivation* der Mitarbeiter und gleichzeitigen Sicherung der → *Qualität* des Produktes, erstmals eingeführt in Skandinavien. Die Gruppe soll aus 3–10 Personen bestehen und eine Aufgabe von Anfang bis Ende ohne einen formellen Führer bearbeiten. Die Regelung der Arbeitszeit, Pausen und Verteilung der Teilaufgaben sind ausschließlich in der Gruppe zu treffen. Lediglich Produktionsnormen oder standort- bzw. betriebsbedingte Rahmenbedingungen sind einzuhalten. Die Erfahrungen von Skandinavien (z. B. *Volvo*) zeigen, dass → *Fehlzeiten* gesenkt, die Qualität von Produkten gesteigert und die Motivation der Mitarbeiter gesteigert werden können. Allerdings mussten diese Vorteile durch i. d. R. höhere Produktions- und Personalkosten erkauft werden. Die TAG ist von den übrigen Gruppenkonzepten (→ *Qualitätszirkel*, → *Lernstatt*, → *Werkstattzirkel*) zu unterscheiden.

▶ Teileinkünfteverfahren

Im Rahmen der Dividendenbesteuerung bestehendes Verfahren zur Einbeziehung in die Bemessungsgrundlage der Einkommensteuer. Hierbei entsteht auf der Ebene der ausschüttenden Kapitalgesellschaft (AG, GmbH) eine Definitivbelastung mit Gewerbe- und Körperscahftsteuer in Höhe von ca. 30 %. Das dann verbleibende Volumen der Ausschüttung wird beim Anteilseigner nur zu 60 % in die Bemessungsgrundlage für seine Einkommensteuer einbezogen. Damit verbunden ist aber auch nur noch ein 60 %-Abzug von Werbungskosten, die unmittelbar mit diesen Einnahmen aus Dividenden zusammenhängen. Folgendes Beispiel zeigt die Struktur des Verfahrens. Zu versteuerndes Einkommen der Kapitalgesellschaft 100. Hierauf Definitivsteuer (Gewerbe- und Körperschaftsteuer) 30 %, somit stehen 70 zur Ausschüttung zur Verfügung. 60 %, = 42 muss der Anteilseigner mit seinem individuellen Steuersatz versteuern. Beträgt dieser z. B. 40 %, so bleiben eine Nettodividende (= verfügbares Einkommen) von (70 –16,8 =) 53,2 beim Anteilseigner übrig. Das Finanzamt hat somit aus einem zu versteuernden Einkommen von 100 bei der Kapitalgesellschaft 46,8 Steuern (30 Definitivsteuer der Kapitalgesellschaft und 16,8 Einkommensteuer des Anteilseigners).

▶ Teilerhebung

→ *Erhebungsmethode*, → *Stichprobenverfahren*

▶ Teilhaber

→ *Stille Gesellschaft (StG)*

▶ Teilkostenrechnung

Eine Variante der → *Kostenrechnungssysteme*, die im Gegensatz zur → *Vollkostenrechnung* nicht sämtliche Kosten, d. h. nicht sämtliche → *Gemeinkosten*, auf die → *Kostenträger* zurechnet. Hierzu müssen die Kostenträgergemeinkosten in → *Fixe Kosten* und → *Variable Kosten* getrennt werden, und die Kostenstelleneinzelkosten direkt bzw. die Kostenstellengemeinkosten indirekt über Schlüssel auf Kostenstellen verteilt werden. Hier wird deutlich, dass die Teilkostenrechnung voraussetzt, dass bei der Kostenartenrechnung die Kosten in fixe und variable Bestandteile differenziert wurden. Die beiden wesentlichen Systeme der Teilkostenrechnung sind die Teilkostenrechnung auf Basis relativer Einzelkosten (→ *Relative Einzelkostenrechnung*) und die Teilkostenrechnung auf Basis variabler Kosten (→ *Deckungsbeitragsrechnung*).

▶ Teilschuldverschreibung

→ *Anleihe*

▶ Teilwert

Wertmaßstab in der → *Steuerbilanz*. Nach § 6 I Nr. 1 S. 3 EStG ist Teilwert der Betrag, den ein Erwerber des ganzen Betriebs im Rahmen des Gesamtkaufpreises für das einzelne → *Wirtschaftsgut* ansetzen würde; dabei ist davon auszugehen, dass der Erwerber den Betrieb fortführt. In der Rechtsprechung hat sich bereits der Reichsfinanzhof mit Kriterien für eine → *Schätzung* des Teilwertes, auseinandersetzen müssen. Die zuerst gefundene Differenzmethode, wonach der Teilwert für ein Wirtschaftsgut der Wert sei, um wie viel der Betrieb weniger wert wäre, wenn das Wirtschaftsgut fehlen würde, versagte, da gezeigt werden konnte, dass es Wirtschaftsgüter gibt, deren Fehlen den Betrieb stilllegen würde und somit der Gesamtwert des Betriebes auch den Teilwert dieses Wirtschaftsgutes darstellen müsste. Auch die Zurechnungsmethode scheitert. Die Rechtsprechung argumentiert hierbei, dass vom Gesamtwert des Betriebes der → *Firmenwert* abzuziehen sei, der dann verbleibende Betrag sei auf die einzelnen bilanzierungsfähigen → *Wirtschaftsgüter* aufzuteilen. Zwar lässt sich der Gesamtwert einer Unternehmung nach Verfahren der → *Unternehmensbewertung* ermitteln und formal auf die beiden Summanden Teilwert der Wirtschaftsgüter und Geschäfts- und Firmenwert aufteilen, dennoch bleibt es bei einer Gleichung mit zwei Unbekannten, für die keine zweite unabhängige Bestimmungsgleichung existiert. Daher hat sich die Rechtsprechung im weiteren Verlauf an der so genannten → *Teilwertvermutung* orientiert.

▶ Teilwertabschreibung

Eine steuerlich zulässige → *Abschreibung* auf einen Wert, der bei dauernder Wertminderung unterhalb der Anschaffungskosten oder → *Herstellungskosten* bzw. den fortgeführten Anschaffungs- und Herstellungskosten liegt. Diese Abschreibung ist bei allen, auch nicht abnutzbaren bilanzierungsfähigen Wirtschaftsgütern möglich. Das handelsrechtliche Pendant ist die außerplanmäßige Abschreibung. Der gefundene niedrigere Wert darf nur beibehalten werden, wenn der → *Teilwert* auch in der Zukunft niedrig bleibt. Sonst gilt ein Zuschreibungsgebot. Zuschreibungen sind dann als Ertrag zu buchen und ggf. zu versteuern, ohne dass entsprechende Geldmittel zugeflossen sind.

▶ Teilwertvermutung

Von der Rechtsprechung im Rahmen der Teilwertfindung aufgestellte Vermutungen:

(1) An Bewertungsstichtagen nahe dem Anschaffungszeitpunkt entspricht der → *Teilwert* den tatsächlichen Anschaffungs- oder Herstellungskosten.

(2) Bei einem nicht abnutzbaren → *Wirtschaftsgut* im → *Anlagevermögen* verbleibt es auch an späteren Bewertungsstichtagen bei den Anschaffungskosten.

(3) Bei abnutzbaren Wirtschaftsgütern des Anlagevermögens entspricht der Buchwert (=Anschaffungs- oder Herstellungskosten abzüglich → *Absetzung für Abnutzung (AfA)*) dem Teilwert.

(4) Bei Wirtschaftsgütern des → *Umlaufvermögens* ist der Teilwert aus dem Einkaufspreis abzuleiten. Für alle Vermutungen gibt es Widerlegungsgründe, die zu anderen Werten führen können, allerdings trägt der Steuerpflichtige die Nachweispflicht für die Widerlegungsgründe.

▶ Teilzahlungskredit

→ *Ratenkredit*

▶ Teilzeitarbeit

→ *Arbeitszeit*, → *Job Sharing*

▶ Telefonverkehr

→ *Freiverkehr*

▶ Tensor-Organisation

In der Praxis (noch) unbedeutende Form der → *Aufbauorganisation*, bei der nicht nur zwei Organisationskriterien wie bei der → *Divisionalen Organisation*, sondern drei Kriterien der → *Aufgabenanalyse* und → *Aufgabensynthese* kombiniert werden. Die Organisationsform lässt sich demnach dreidimensional oder hilfsweise wie in Abbildung T-1 darstellen. Die Zunahme des Koordinationsaufwands und der damit verbundenen Probleme wird deutlich.

▶ Terminbörse

→ *Börse*, an der Termingeschäfte, d. h. der Handel mit Optionen, → *Futures* und terminbezogenen Swaps, abgewickelt wird. Die wichtigsten Terminbörsen sind bezüglich der Warenterminkontrakte

Chicago, beim → *Devisentermingeschäft* London sowie für Wertpapiertermingeschäfte die → *Eurex.*

▶ Termineinlagen

Im Gegensatz zu → *Spareinlagen* zeitlich befristete Einlage bei einer → *Bank.* Sie werden auch als Festgelder bezeichnet und dürfen bankindividuell meistens erst über einer bestimmten Mindesteinlagenhöhe abgeschlossen werden.

▶ Termingeld

Kurzfristige Einlagen bei einer → *Bank,* meist ohne Kündigungsfrist, die bei Privatanlegern auch als Festgeld und im gewerblichen Handel unter Banken bzw. Unternehmen mit Banken als Kündigungsgelder und Depositengelder bezeichnet werden. Werden Termineinlagen verbrieft, so handelt es sich um ein → *Certificate of Deposit (CD).*

▶ Terminmarkt

Im Gegensatz zum → *Kassamarkt* auf dem → *Finanzmarkt,* bei dem die Lieferung von Wertpapieren oder Devisen sofort, d. h. spätestens zwei Börsentage nach Vertragsschluss, erfolgt, wird die Erfüllung eines Kauf- oder Verkaufsvertrages am Terminmarkt für einen späteren Zeitpunkt vereinbart. Häufig erfolgt die Abnahme bzw. Lieferung der Ware, Wertpapiere oder Devisen zu einem späteren Zeitpunkt mit einem bereits heute vereinbarten Preis bzw. → *Kurs.* Bekannte Terminmärkte sind die → *Eurex* und die London International Financial Futures Exchange (LIFFE). Seit Februar 1998 existiert in Deutschland, vorerst nur in Hannover, eine Warenterminbörse.

▶ Terminus

Fachausdruck einer → *Wissenschaft.* Ein Terminus ist ein Wort, das einen fachlichen Begriffsinhalt hat und durch → *Definition* i. S. einer Konvention zu bilden ist. Ein Fachausdruck sollte zweckmäßig ausgewählt werden.

▶ Terms of Trade

→ *Handelsklauseln*

▶ Testat

→ *Bestätigungsvermerk*

▶ Testimonial

→ *Werbung*, bei der Verbraucher oder Prominente ein Produkt oder eine Dienstleistung empfehlen. Abgeleitet aus dem englischen Begriff „Testimonial" = Referenz, Zeugnis soll die Glaubwürdigkeit der Werbung erhöht und beim Verbraucher ein erhöhtes Vertrauen in das Produkt oder die Dienstleistung erzielt werden.

Beim Einsatz „normaler" Verbraucher als Testimonial soll der Nutzen in vergleichbarem Einsatz wie beim Kaufinteressenten demonstriert werden. Evtl. vorhandene besondere Fachkenntnisse sollen die Glaubwürdigkeit weiter erhöhen.

Beim Einsatz von Prominenten soll der Bekanntheitsgrad und ein positives Image als Medium zur Übertragung der Werbebotschaft genutzt werden. Stellenweise wird in diesem Zusammenhang auch versucht, Elemente wie Humor oder besondere Situationskomik einzusetzen, um die Bedeutung der Werbung gegenüber Konkurrenzspots zu erhöhen. Ein gewisses Risiko besteht allerdings immer dann, wenn sich das Außenbild des Prominenten oder sein Image im Zeitablauf in der Öffentlichkeit negativ entwickelt.

▶ Testmarkt

→ *Marktforschung*

▶ Theorem

Allgemein gültiger Satz (→ *Axiom*). Im Gegensatz zur → *Theorie* ist ein Theorem mit dem Kriterium der Wahrheit zu versehen, da es allgemein gültig ist. Theoreme finden sich in der → *Betriebswirtschaftslehre* im Gegensatz zu Naturwissenschaften sehr selten.

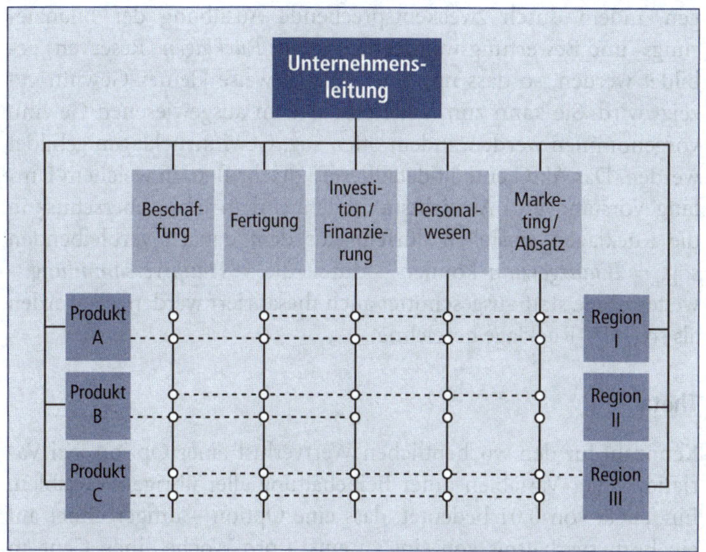

Abb. T-1: Grundmodell einer Tensor-Organisation

▶ Theorie

Verifiziertes und zumindest bisher nicht falsifiziertes Aussagensystem. Es handelt sich also um bestätigte Hypothesen bzw. Thesen, die an der Realität überprüft wurden (→ *Deduktion*). Die Aufgabe der → *Wissenschaft* ist u. a. die Bildung solcher Theorien (theoretisches bzw. kognitives Wissenschaftsziel). Eine Theorie, die Allgemeingültigkeit erlangt, ist ein → *Theorem*.

▶ Theorie X/Y

→ *X/Y-Theorie*

▶ Thesaurierung

Einbehaltung von Gewinnen im Unternehmen, im Gegensatz zur Ausschüttung. Sie stellt eine Form der → *Selbstfinanzierung* dar. Die Thesaurierung kann zum einen in verdeckter (stiller) Form erfolgen, indem durch zweckentsprechende Ausübung der Bilanzierungs- und Bewertungswahlrechte → *Stille Rücklagen* (Reserven) gebildet werden, so dass nur ein vergleichsweise kleiner Gewinn gezeigt wird. Sie kann zum anderen aus dem ausgewiesenen Gewinn vorgenommen werden, indem offen sog. Gewinnrücklagen gebildet werden. Das AktG enthält detaillierte Vorschriften, in welchem Umfang Vorstand und Aufsichtsrat Teile aus dem Jahresüberschuss in die Rücklagen einstellen dürfen. Aus dem danach verbleibenden sog. → *Bilanzgewinn* können – durch die → *Hauptversammlung* – weitere Teile statt ausgeschüttet auch thesauriert werden, sie werden als sog. HV-Rücklage bezeichnet.

▶ Theta

Kennzahl für den wöchentlichen Wertverlust einer Option, bei Variation einer Variablen unter Beibehaltung aller übrigen Variablen. Ein Theta von 0,01 bedeutet, dass eine Option – umgerechnet auf ein Bezugsverhältnis von eins zu eins – pro Woche einen Cent an Wert verliert, wenn sich ansonsten kein anderer Parameter geändert hat. (→ *Delta*, → *Gamma*, → *Omega*, → *Rho*, → *Vega*).

▶ Ticket-Leasing

→ *Leasing*

▶ Tilgung

Vertraglich vereinbarte Ab- bzw. Rückzahlung einer Schuld. Als Tilgungsformen lassen sich eine einmalige, ratenweise und unregelmäßige Rückzahlung (z. B. durch Auslosung) unterscheiden. Während bei Darlehen eine ratenweise Rückzahlung, häufig in der Form einer → *Annuität* (gleich bleibende Summe aus Zins und Tilgung), vereinbart wird, finden sich bei festverzinslichen Wertpapieren häufig Formen der Auslosung von Einzelstücken, Serien oder Gruppen, die über den Markt aus einem Tilgungsfonds vom Unternehmen zurückgekauft werden. Die Durchführung der Tilgung wird als Tilgungsdienst, die vorherige vertragliche Regelung als Tilgungsplan bezeichnet.

▶ Timesharing

Teilung von Nutzungszeiten an einem Produkt (z. B. Wohnung, PKW) oder einer betrieblichen Funktion (z. B. EDV).

▶ Time to Market

Zeitdauer von der Produktentwicklung bis zur endgültigen Platzierung des Produkts am Markt (Vorlaufzeit, Produkteinführungszeit).

Eine kurze „Time to Market" bietet mehrere Vorteile: Zum einen der Wettbewerbsvorteil, da der Hersteller dann das Produkt als Erster an den Markt bringt und dort in der Regel höhere Preise realisieren kann. Sind bereits mehrere Wettbewerber am Markt lassen sich nur niedrigere Preise realisieren. Insbesondere bei Produkten mit kurzem Produktlebenszyklus (wie z. B. High Tech Produkten wie PCs oder Mobiltelefonen), die häufig einem rapiden Preisverfall unterliegen, kann dies für ein Unternehmen von existenzieller Bedeutung sein. Ein weiterer Vorteil ist darin zu sehen, dass bis zur Markteinführung zunächst nur Kosten, aber keine Umsätze auflaufen. Je kürzer die „Time to Market" ist, desto schneller können Entwicklungs- und Markteinführungsaufwendungen amortisiert werden.

▶ Tochtergesellschaft

→ *Konzernabschluss, Aufstellungspflicht*

▶ Top-Management

→ *Management*

▶ Total Quality Management (TQM)

→ *Qualitätsmanagement*

▶ Totaluntersuchung

→ *Erhebungsmethode*

▶ TQM

→ *Qualitätsmanagement*

▶ Tracking Stock

Anteilsschein an einzelnen Geschäftsbereichen (Geschäftsbereichsaktien), auch als Alphabet Stock, Letter Stock, Targeted Stock bezeichnet. Alle Anteilsrechte (Mitbestimmung, Gewinnanteil, Liquidationserlös) beziehen sich demnach nur auf einen Geschäftsbereich. In Deutschland ist diese Form der Anteilsfinanzierung im Gegensatz zu den USA noch unüblich, bzw. werden Teile von Unternehmen eher ausgelagert, um sie gesondert an der Börse zu handeln. Der Grund für die Ausgabe von Tracking Stocks ist vor allem ihr Einsatz als Managementvergütung, da damit bereichsspezifische Anreize möglich sind. Außerdem werden sogenannte Diversifikationsabschläge bei den Kursen an der Börse vermieden, die bei Konzernen auftreten, bei denen manche Geschäftsbereiche erfolgreich und andere weniger erfolgreich sind.

▶ Trader

Bezeichnung für einen Marktteilnehmer am → *Finanzmarkt* mit spekulativen Motiven (→ *Hedging*).

▶ Trainee-Programm

Form der Ausbildung bzw. Weiterbildung von Mitarbeitern durch das Prinzip „learning by doing", d. h. angewandten Lernens am Arbeitsplatz. Das training on the job bietet gegenüber dem training off the job den Vorteil, die theoretischen Erkenntnisse aus der Lehre nicht erst in der Praxis umsetzen zu müssen, sondern in der Praxis zu erfahren. Dies kann evtl. mühsam bzw. langwierig sein, da Erfahrungen auch weitergegeben werden können und nicht von jedem selbst zu machen sind.

▶ Tranche

Teil einer Wertpapieremission (→ *Emission*), sofern die → *Anleihe* zu verschiedenen Zeitpunkten oder in verschiedenen Ländern, und damit nicht als Gesamtemission ausgegeben werden soll.

▶ Transaktionskosten

Kosten (→ *Kosten*), die nicht bei der Gütererstellung, sondern bei der Übertragung von Gütern von einem Wirtschaftssubjekt zum anderen entstehen (Einsatz-, Zusatz-, Absatzgüter). Zunächst entstehen bei der Übertragung Informationskosten bei der Suche nach Transaktionspartnern, der Anbahnung von Transaktionen (z. B. Vertragsabschlusskosten, Versicherungsprämien) und der Transaktion selbst (z. B. Transportkosten). Bei zunehmendem Wettbewerb und abnehmender Markttransparenz ist die Betrachtung der TK von besonderer Bedeutung. Der Transaktionskostenansatz basiert auf den Überlegungen des Nobelpreisträgers *Ronald Coase*, der die Effizienz unterschiedlicher Transaktionsformen (→ *Eigenfertigung versus Fremdbezug*) vergleicht, indem die innerorganisatorischen Transaktionskosten mit den Transaktionskosten auf dem Markt verglichen werden. Seine Studien lagen bereits 1937 vor. Den Nobelpreis hierfür erhielt er 1992. Viele Transaktionen sind nach *Coase* ausschließlich innerhalb der Unternehmung aufgrund des Marktversagens (z. B. mangelnde Transparenz) möglich. Eine Integration dieser Aktionen in das Unternehmen ist dann sinnvoll und wird als Internalisierung bezeichnet. Die Internalisierung einzelner Funktionen im Gegensatz zur Marktbeschaffung widerspricht der aktuellen Tendenz des Auslagerns (→ *Outsourcing*) von Unternehmensfunktionen.

▶ Transformationsprozess

→ *Produktion*

▶ Transitorische Posten

→ *Rechnungsabgrenzungsposten (RAP)*

▶ Transmission Control Protocol/Internet Protocol (TCP/IP)

Protokoll, mit dem festgelegt wird, wie der Austausch von Daten zwischen Computern im Intranet oder im Internet zu erfolgen hat. Die Daten werden dabei vom TCP in Pakete aufgeteilt, die vom IP übertragen und beim Empfänger vom TCP wieder zusammengesetzt werden.

▶ Transparenz-Richtlinien-Umsetzungsgesetz (TUG)

→ *Zwischenberichterstattung*, → *Bilanzeid*

▶ Transportversicherungsschein

→ *Orderpapier*

▶ Trassat

→ *Bezogener*

▶ Tratte

Ein Wechsel (→ *Wechsel*), der zwar ausgestellt, aber noch nicht vom Bezogenen akzeptiert wurde.

▶ Treasurership

Angelsächsische Bezeichnung für einen Teilbereich der finanzwirtschaftlichen Aufgaben in einer Unternehmung. Im Einzelnen umfasst diese betriebliche Teilfunktion die Kapitalbeschaffung in Form von kurz- und langfristigem → *Fremdkapital*, die Aufnahme von → *Eigenkapital*, die Anlage frei verfügbarer Mittel auf dem → *Geldmarkt* und → *Kapitalmarkt* sowie die Schaffung und Pflege entsprechender Beziehungen zu einer → *Bank*, Anteilseignern und sonstigen Investoren. Weitere Aufgabenbereiche sind die Absicherung von Währungs- und Zinsänderungsrisiken bei internationaler Geschäftstätigkeit, allgemeine Versicherungsangelegenheiten (→ *Versicherung*), die Überwachung des Forderungseingangs und häufig auch betriebliche Steuerangelegenheiten (→ *Steuern*). Die Abgrenzung zum → *Controlling* ist zu beachten.

▶ Trend

Von Zufallsschwankungen unabhängige Grundrichtung einer Zeitreihe. Zur Trendbestimmung stehen in der Statistik unterschiedliche Verfahren zur Verfügung, z. B. grafische wie die Freihandmethode oder rechnerische Verfahren wie das Verfahren der gleitenden Durchschnitte oder die Methode der kleinsten Quadrate (→ *Trendextrapolation*).

▶ Trendextrapolation

Grundrichtung einer Zeitreihe, die die langfristige Entwicklung der untersuchten Daten angibt. Im Falle eines linearen → *Trend* kann mit Hilfe der Methode der kleinsten Quadrate jene Trendgerade gesucht werden, welche die Summe der quadrierten Abweichungen der tatsächlichen empirischen Werte von denen einer zu bestimmenden Trendgerade minimiert.

Gegeben seien die Beobachtungswerte für die Perioden $t = 1,\ldots,n$; zu schätzen sind die Parameter α und β der Trendgeraden nach folgender allgemeiner Form:

$X^*_t = \alpha$ und βt

Aus der Summe der quadrierten Abweichungen und der Ableitungen nach $\alpha + \beta$ Umformungen:

$$\hat{\alpha} = \bar{X} - \hat{\beta} \times \bar{t} \qquad \text{und } \hat{\beta} = \frac{\frac{1}{n}\sum_t t \times X_t - \bar{X} \times \bar{t}}{\frac{1}{n}\sum_t t^2 - (\bar{t})^2}$$

$$\text{mit } \bar{X} = \frac{1}{n}\sum_t X_t \qquad \text{und } \bar{t} = \frac{1}{n}\sum_t t$$

Auf der Grundlage der ermittelten Parameterwerte können dann gemäß der Trendgerade Prognosewerte für zukünftige Perioden bestimmt werden, indem die entsprechenden Periodenwerte in die unabhängige Variable der Trendgeraden t eingesetzt werden (s. oben).

▶ Treugeber, -händer, -handwesen

→ *Treuhandschaft*

▶ Treuhandschaft

Recht eines dafür Beauftragten (Treuhänder, Trustee), für eine andere Person (Treugeber) im eigenen Namen mit Weisung des Treugebers zu handeln. Treuhandgesellschaften, die fremdes Vermögen verwalten, sind meist Wirtschaftsprüfungs- und Steuergesellschaften oder Tochtergesellschaften einer → *Bank.* Als Treuhänder fungiert beispielsweise auch ein Vormund eines → *Mündels.*

▶ Treu und Glauben

Gem. § 242 BGB sämtlichen Rechtsgeschäften bzw. Kaufverträgen zugrunde liegender Grundsatz, nachdem jeder Schuldner die ihm obliegenden Leistungen mit Rücksicht auf die geltende Verkehrssitte zu bewirken hat. Was unter Verkehrssitte bzw. guter Sitte zu verstehen ist, ist strittig und sicherlich abhängig vom Zeitgeist. Zu beachten sind ferner die Handelsbräuche (→ *Usancen*) einer Branche (→ *Gesetz gegen den unlauteren Wettbewerb (UWG)*).

▶ True and Fair View

→ *Fair Presentation*

▶ Trust

→ *Fusion*, → *Konzern*

▶ Trustee

→ *Treuhandschaft*

▶ Turn around

Sanierung (→ *Sanierung*) eines Unternehmens aus einer Verlustsituation im Sinne einer Trendwende.

▶ Typisierung

→ *Normung*

▶ Typologie

Ordnung verschiedener Sachverhalte (z. B. Betriebe) nach einheitlichen Kriterien (Typen, z. B. Betriebstypen nach der Trägerschaft oder Größe). Die Typologie nimmt in der → *Wissenschaftstheorie* einen bedeutenden Platz ein. Eine in der Planungstheorie angewandte Form der Typologisierung stellt z. B. der → *Morphologische Kasten* dar.

▶ Typung

→ *Normung*

U

▶ Ubiquität

(Überallerhältlichkeit) Drückt eine hundertprozentige Distributionsquote eines Artikels im → *Handel* aus und war lange Zeit vor allem das Charakteristikum des → *Markenartikels.* Ubiquität kann sowohl lokal als auch regional oder national bestehen. Sie drückt ein Extremziel aus und kann in der Praxis nur in seltenen Fällen erreicht werden. Ubiquität wird dann nicht angestrebt, wenn aus bestimmten Gründen (z. B. Qualität, Exklusivität, etc.) nur ausgewählte Händler beliefert werden.

▶ Überbewertung

→ *Wertpapieranalyse*

▶ Überkreuzkompensation

Ausnahme vom Grundsatz des Saldierungsverbots für Banken. Danach dürfen Wertberichtigungen auf Forderungen und Wertpapiere (→ *Einzelwertberichtigung auf Forderungen*; → *Pauschalwertberichtigung auf Forderungen*) mit Erträgen aus Zuschreibungen zu Forderungen und Wertpapieren, Erträgen aus abgeschriebenen Forderungen sowie der Veräußerung von Wertpapieren verrechnet werden.

▶ Überlappende Gruppen

→ *Linking Pin*

▶ Übernahme

→ *Take over,* → *Unternehmenszusammenschluss,* → *Wertpapier- und Übernahmegesetz (WpÜG)*

▶ Übernahmegesetz bzw. -richtlinien

→ *Wertpapier- und Übernahmegesetz (WpÜG)*

▶ Überschuldung

Grund für die Eröffnung eines Insolvenzverfahrens. Ermittelt sich durch Gegenüberstellung von Gesamtvermögen abzüglich → *Schulden.* Wenn dieser Saldo negativ ist, liegt Überschuldung vor. Zuvor kommt es meist zu einer buchmäßigen Unterbilanz. Fraglich ist, mit welchen Werten das → *Vermögen* in der Überschuldungsbilanz anzusetzen ist. Wenn eine betriebswirtschaftliche Fortbestehensanalyse positiv ausfällt, sind die Unternehmensfortführungswerte (→ *Teilwert*) anzusetzen, sonst die Zerschlagungswerte. Dieses Verfahren wird auch als zweistufige Überschuldungsprüfung bezeichnet.

▶ Überwachung

Oberbegriff für → *Kontrolle,* → *Abweichungsanalyse* und → *Interne Revision* bzw. externe Wirtschaftsprüfung (→ *Prüfung*). Die Kontrolle wird dabei als prozessabhängige Überwachung und die Prüfung als prozessunabhängige Überwachung bezeichnet. Die Überwachung in und von Betrieben kann Informations-, d. h. Dokumentationsfunktionen und Sicherungs- bzw. Präventivfunktionen haben. Bedeutung erlangt die Überwachung zunehmend bei der Qualitätskontrolle (→ *Qualitätsmanagement*).

▶ UKV

→ *Umsatzkostenverfahren (UKV)*

▶ Ulrich

→ *System*

▶ Ultimo

Bezeichnung für den letzten Tag eines Monats oder Jahres bei Banken oder an der → *Börse*.

▶ Umlaufvermögen

Vermögensgegenstände (→ *Vermögensgegenstand*), die zusammen mit dem → *Anlagevermögen* und den aktiven → *Rechnungsabgrenzungsposten* die → *Aktiva* in der → *Bilanz* ergeben. Das HGB enthält zwar keine Legaldefinition, im Umkehrschluss zur Definition des Anlagevermögens in § 247 II HGB sind aber im Umlaufvermögen die Vermögensgegenstände auszuweisen, die nicht dazu bestimmt sind, dauernd dem Geschäftsbetrieb zu dienen. Nach dem Gliederungsschema in § 266 II HGB gehören zum Umlaufvermögen folgende vier Posten

(1) Vorräte (→ *Vorrat*)
(2) → *Forderungen* und sonstige Vermögensgegenstände
(3) Wertpapiere (soweit keine Finanzanlagen; → *Wertpapier*)
(4) → *Zahlungsmittelbestand*.

Die Bewertung des Umlaufvermögens erfolgt nach HGB höchstens zu den Anschaffungskosten oder → *Herstellungskosten*. Soweit der Börsen- oder Marktpreis (→ *Tageswert*) bzw. ein → *Beizulegender Wert* niedriger ist, muss auf diesen abgeschrieben werden, da im Umlaufvermögen das strenge → *Niederstwertprinzip* gem. § 253 IV HGB gilt. Für den Fall, dass es sich um eine nicht dauerhafte Wertminderung handelt, darf in der Steuerbilanz gem. § 6 I Nr. 2 EStG jedoch nicht abgeschrieben werden. Zuschreibungen bei wieder gestiegenen Werten sind nach § 253 V HGB vorzunehmen. Die Zuschreibungspflicht gilt auch für die Steuerbilanz.

Die IFRS und US-GAAP erlauben in bestimmten Fällen Wertansätze, die höher als die Anschaffungs- oder Herstellungskosten sind, z. B. bei bestimmten Wertpapieren oder Edelmetallen.

▶ Umsatz

Summe der mit den Verkaufspreisen bewerteten Absatzmengen oder Dienstleistungen eines Unternehmens während einer Abrechnungsperiode. Der Umsatz wird im Rahmen der handelsrechtlichen GuV der Kapitalgesellschaften als sog. Umsatzerlöse bezeichnet und stellt i. d. R. die erste Position in der GuV gem. § 275 HGB sowohl im Rahmen des Gesamt- als auch Umsatzkostenverfahrens dar. Er enthält gem. § 277 I HGB die Erlöse aus dem Verkauf (→ *Kauf*) und der Vermietung oder Verpachtung von Produkten sowie der Erbringung von Dienstleistungen nach Abzug der Erlösschmälerungen (Boni, → *Rabatt*, Skonti), der → *Umsatzsteuer* und sonstiger direkt mit dem Umsatz verbundener Steuern, wie z. B. der Stromsteuer. Nach dieser Neudefinition der Umsatzerlöse im Rahmen des Bilanzrichtlinie-Umsetzungsgesetzes (BilRUG) ab 2016 kommt es für den Ausweis von Umsatzerlösen nicht mehr darauf an, ob es sich um Erträge aus der gewöhnlichen Geschäftstätigkeit handelt, die für das Unternehmen typisch sind. D. h. auch außerordentliche Umsatzerlöse, z. B. im Zusammenhang mit Stilllegungen, sowie Erlöse aus Nebentätigkeiten, die nicht typisch für das Unternehmen sind, wie z. B. aus konzerninternen Umlagen oder Verkäufen an Mitarbeiter, sind nach der Neudefinition in den Umsatzerlösen auszuweisen.

▶ Umsatzerlöse

→ *Umsatz*

▶ Umsatzkostenverfahren (UKV)

Verfahren der → *Gewinn und Verlustrechnung (GuV)* zur Ermittlung des Periodenerfolgs. Im Unterschied zum → *Gesamtkostenverfahren (GKV)* werden dabei die Aufwendungen nicht nach Aufwandsarten (Material, Personal, Abschreibungen), sondern nach **Funktionsbereichen** (Herstellung, Verwaltung, Vertrieb) unterteilt, und den Umsatzerlösen nur die Herstellungskosten gegenübergestellt, die ursächlich für die Umsätze waren.

Bei Anwendung des Umsatzkostenverfahrens wird üblicherweise nach Abzug der Herstellungskosten vom Umsatz als Zwischengröße ein sog. **Bruttoergebnis vom Umsatz** (Gross Profit) ausgewiesen. Nach Abzug der Verwaltungs- und Vertriebskosten sowie der sonstigen betrieblichen Aufwendungen und Erträge zeigen viele Unternehmen als weitere Ergebnisgröße ein sog. **Ergebnis des betrieblichen Bereichs**. Die weiteren Ertrags- und Aufwandsposten (Beteiligungserträge, Zinserträge und -aufwendungen, usw.) sind grundsätzlich beim Umsatz- und Gesamtkostenverfahren identisch. Das Umsatzkostenverfahren weist im Vergleich zum Gesamtkostenverfahren insbesondere den Vorteil auf, dass die Ergebnisgröße „Gross Profit" abgeleitet werden kann, die Einblick in die produktionswirtschaftliche Ertragskraft gibt, und dass die Aufwandsstruktur stärker nach Verantwortungsbereichen (Produktion, Verwaltung, Vertrieb) untergliedert dargestellt wird. Das Umsatzkostenverfahren eignet sich daher bei einer entsprechenden – i. d. R. nur unternehmensintern möglichen – Differenzierung nach Geschäftsfeldern oder Produkten besser zur zielorientierten Führung. Wegen der z. T. nicht eindeutig objektivierbaren Abgrenzung zwischen Herstellungs-, Verwaltungs- und Vertriebskosten ist der zwischenbetriebliche Vergleich der Aufwandsstruktur allerdings erschwert.

Gem. § 275 I HGB ist sowohl das Umsatz- als auch das Gesamtkostenverfahren zulässig, allerdings muss bei Anwendung des Umsatzkostenverfahrens im → *Anhang* zusätzlich gem. § 285 8 HGB der Personal- und Materialaufwand bzw. im Konzernabschluss gem. § 314 I 4 HGB nur der Personalaufwand angegeben werden.

Das Umsatzkostenverfahren (Cost of Sales Method) ist international weitaus verbreiteter als das Gesamtkostenverfahren. Es ist nach US-GAAP vorgeschrieben, während IFRS) (IAS 1) beide Verfahren zulässt. Das Gliederungsschema der GuV nach dem Umsatzkostenverfahren wird für HGB-Abschlüsse in § 275 III HGB vorgegeben, von dem aber in bestimmten Ausnahmefällen abgewichen werden kann.

▶ Umsatzrentabilität

→ *Rentabilität*

▶ Umsatzsteuer

Variante der → *Verkehrsteuern,* die den Letztverbrauch bzw. Konsum von Gütern und Dienstleistungen besteuert. Sie ist bezüglich ihres Aufkommens eine der bedeutendsten Einnahmequellen des Bundes. Steuersubjekt ist der → *Unternehmer,* dessen umsatzsteuerpflichtige Definition sehr weit reichend ist und sich von der Definition des Begriffes im Rahmen der → *Einkommensteuer* unterscheidet. Steuerobjekte sind nach → *Umsatzsteuergesetz (UStG)*

(1) Lieferungen einschließlich Eigenverbrauch,

(2) Sonstige Leistungen einschließlich Eigenverbrauch,

(3) Einfuhr und

(4) Innergemeinschaftlicher Erwerb.

Zusätzlich zu den vorstehenden Merkmalen sind die Merkmale der Entgeltlichkeit, der Inlandsbezogenheit und der Unternehmensbezogenheit in unterschiedlicher Ausprägung gefordert. → *Steuerbemessungsgrundlage* stellt in der Regel das Entgelt dar. Der → *Steuertarif* beträgt in Deutschland seit 1.1.2007 19 %. Daneben existiert noch ein ermäßigter Steuersatz in Höhe von 7 % für Güter und Dienstleistungen, die der Existenzsicherung dienen. Daneben existiert ein langer Katalog von Steuerbefreiungen. Insbesondere Lieferungen und Leistungen im Rahmen des Exports, der Bankgeschäfte, des Gesundheitswesens, Immobiliengeschäfte und Vermietungen sind hier aufgelistet. Die Steuer ist vom Unternehmer selbst zu berechnen und an das → *Finanzamt* abzuführen. Je nach Größenordnung der Umsatzsteuerschuld muss der Unternehmer neben der obligatorischen Jahressteuererklärung monatlich oder vierteljährlich so genannte Umsatzsteuervoranmeldungen abgeben. Hierbei darf er bei der Berechnung der Steuerzahllast selbst bezahlte Umsatzsteuer auf Vorleistungen, die er für sein Unternehmen eingekauft hat, abziehen. Dies entspricht dem so genannten Vorsteuerabzug. Das zurzeit gültige System ist das einer → *Allphasen-Netto-Umsatzsteuer* mit Vorsteuerabzug. Hierbei gilt noch das Bestimmungslandprinzip, d.h. das Land, für das der Umsatz bestimmt ist, hat die Besteuerungshoheit. An einer Harmonisierung der europäischen Steuersysteme wird aktuell gearbeitet. Erster „Vorbote" eines möglichen harmonisierten

Systems ist das Reverse Charge-Verfahren, bei dem der Empfänger der Leistung sowohl die USt abführt als auch zeitgleich die Vorsteuer ziehen kann. Damit soll in erster Linie Missbrauchsbekämpfung innerhalb der EU ein Riegel vorgeschoben werden.

▶ Umsatzsteuergesetz (UStG)

Das bei Einführung im Jahre 1968 mit wenigen Paragrafen auskommende Gesetz zur Regelung der → *Umsatzsteuer* ist zwischenzeitlich auf nominal 29 Paragrafen, die aber inhaltlich 77 gesetzliche Regelungsbereiche beschreiben, angewachsen. Gerade durch den Einfluss der europaweiten Harmonisierung und der Bekämpfung des Missbrauchs kommen immer wieder neue Regelungen ins Gesetz. Dennoch müssen Steuerpflichtige und deren Berater bei umsatzsteuerlichen Fragen oftmals auf die entsprechenden Richtlinien der EU zurückgreifen, da der Gesetzgeber die Umsetzung nicht immer im Sinne dieser Richtlinien vorgenommen hat.

▶ Umschlagsdauer

Kennzahl, die angibt, in welcher Zeitspanne in Tagen sich ein Bestand einmal umgeschlagen hat. Der Wert ergibt sich aus dem reziproken Wert der Umschlagshäufigkeit multipliziert mit 365 Tagen.

▶ Umschlagshäufigkeit

Als Kennzahl der Lagerhaltung Ausdruck für die Geschwindigkeit, mit der sich ein Warenbestand im Lager erneuert. Als Kapitalumschlagshäufigkeit der Quotient aus Umsatz und eingesetztem Kapital (→ *Kennzahl*, → *Return on Investment (RoI)*). Die *Schmalenbach-Gesellschaft* empfiehlt die Ermittlung folgender Umschlagshäufigkeiten:

$$\text{Umschlagshäufigkeit der Vorräte} = \frac{\text{Umsatzerlöse lt. GuV}}{\text{Vorratsbestände lt. Bilanz}}$$

$$\text{Forderungsumschlagshäufigkeit} = \frac{\text{Umsatzerlöse lt. GuV}}{\text{Forderungsbest. a. Lief. u. Leist. lt. Bilanz}}$$

$$\text{Kapitalumschlagshäufigkeit} = \frac{\text{Umsatzerlöse lt. GuV}}{\text{Gesamtkapital lt. Bilanz}}$$

Die Bilanzbestände sollten als Durchschnittsbestand aus Anfangs- und Endbestand ermittelt werden. Häufig wird anstelle der Umschlagshäufigkeit die Umschlagsdauer verwendet.

▶ Umwandlung

Veränderung des Rechtskleids (→ *Rechtsform*) eines Rechtsträgers durch Verschmelzung, Spaltung (Auf- und Abspaltung), Vermögensübertragung und Formwechsel. Seit 1.10.1995 gibt es in Deutschland ein umfangreiches neues → *Umwandlungsgesetz.* Dies entspricht einer Umsetzung von EU-Richtlinien, die umfangreiche Regelungen hinsichtlich von Umwandlungsvorgängen beinhalteten. Im Prinzip ist nun handels- und gesellschaftsrechtlich jede vernünftige Form eines Rechtskleidwechsels aller Rechtsformen möglich. Probleme ergeben sich bei Umwandlungen insbesondere im Bereich der → *Haftung,* der → *Mitbestimmung* und des → *Gläubigerschutzes,* da diese Merkmale für bestimmte Rechtsformen besondere Regelungen enthalten, die nicht durch Umwandlungen ausgehöhlt werden sollen. Teilweise ergeben sich durch Umwandlung erweiterte Rechnungslegungspflichten (→ *Konzern*).

▶ Umwandlungsgesetz

Gesetzliche Grundlagen für eine → *Umwandlung* in der → *Rechtsform* von Unternehmen ab dem 1. 1. 1995. Mit 325 Paragrafen ein sehr umfangreiches Gesetz, was jedoch vor dem Hintergrund der vielfältigen Rechtsformen und deren Änderungsmöglichkeiten nicht verwundert.

▶ Umwandlungssteuergesetz (UmwStG)

Steuerrechtliches Pendant zum → *Umwandlungsgesetz.* Gemäß der Zielrichtung, eine → *Umwandlung* so wenig wie möglich zu behindern, sieht das Umwandlungssteuerrecht im Kern Steuerfreiheit von Umwandlungsvorgängen durch die Möglichkeit der Buchwertverknüpfung vor. Allerdings muss sichergestellt sein, dass die vorhandenen stillen Reserven steuerverstrickt bleiben. Der Gesetzgeber hat hierzu umstrittene Besitzzeiten (i. d. R. fünf Jahre) geregelt, was den

Erfordernissen einer wirtschaftlich rationalen Handlungsweise widerspricht. Das Umwandlungssteuergesetz ist ebenfalls zum 1.1. 2007 durch die Umsetzung europarechtlicher Regelungen grundsätzlich reformiert worden. Es hat auch mit 28 Paragrafen einen überschaubaren Inhalt, allerdings hat die Finanzverwaltung in einem über 150 Seiten starken Schreiben ihre Sichtweise von Auslegungsmöglichkeiten des Gesetzes festgelegt.

▶ Umwelt

Im Gegensatz zur naturwissenschaftlich erforschbaren Umwelt i. S. der Natur, betriebswirtschaftlich die Sachverhalte, welche die Entscheidungen von Personen oder Unternehmen beeinflussen, von diesen zum Zeitpunkt der Entscheidung aber nicht beeinflussbar sind (→ *Entscheidungstheorie*, → *Entscheidungsorientierter Ansatz*). Die Umwelt i. S. der Natur kann daher ebenfalls eine Umweltbedingung oder -variable z. B. für eine Standortentscheidung (→ *Entscheidungen, konstitutive*) sein. Die Umweltbedingungen beeinflussen bei Entscheidungsmodellen je nach → *Entscheidungssituationen* (Risiko, Ungewissheit, Sicherheit) das Ergebnis der → *Entscheidung*.

▶ Umweltbericht

Dokumentation der von der unternehmerischen Tätigkeit ausgehenden Umweltwirkungen. Wesentlicher Bestandteil der Umweltberichte sind die **Umweltbilanzen** in Form sog. mengenmäßiger Input/Output-Bilanzen. Als Input gehen die tatsächlich während einer Periode eingesetzten Ausgangsstoffe des betrieblichen Leistungserstellungsprozesses und als Output die produzierten Güter bzw. Dienstleistungen und emittierten Schadstoffe ein. Zusätzlich zu den Stromgrößen „Input /Output“ wird häufig auch der Bestand am Periodenende für diese Größen erfasst, um so die hiervon ausgehenden Umweltwirkungen beurteilen zu können. Wesentliche Inputgrößen stellen das Einsatzmaterial (z. B. Roh-, Hilfs- und Betriebsstoffe), Energieträger (z. B. Erdöl, Kohle), Wasser (z. B. Trinkwasser, Brauchwasser) und Luft (z. B. Druckluft) dar. Wesentliche Outputgrößen sind die Produkte (Endprodukte, Zwischenprodukte, Verpackungen), Abwasser und Abfälle, ggf. unterschieden nach Abfallklassen. Der Umweltbericht ist häufig Bestandteil des → *Nachhaltigkeitsberichts.*

▶ Umweltschutz

Ein zunehmend Bedeutung gewinnendes Unternehmensziel. Maßnahmen des Umweltschutzes erstrecken sich von der Produktionsplanung, der Verwendung entsprechender → *Produktionsfaktoren (nach Gutenberg),* der Entsorgung bis hin zur Investition und Finanzierung von Umweltfonds. Es lassen sich weiterhin Maßnahmen des integrierten Umweltschutzes (vor und während der → *Produktion*) von Maßnahmen des nachgelagerten Umweltschutzes unterscheiden.

▶ UmStG

→ *Umwandlungssteuergesetz (UmwStG)*

▶ Underwriter

Bezeichnung für die Versicherungsspezialisten, die für ein bestimmtes Fachgebiet oder Land in einer Versicherung zuständig sind und über den Abschluss eines Vertrages entscheiden.

▶ Unfertige Erzeugnisse

→ *Erzeugnisse, fertige und unfertige*

▶ Ungerechtfertigte Bereicherung

Vermögensverschiebung zwischen zwei Personen ohne Rechtsgrund (§§ 812–822 BGB), z. B. irrtümliche Bezahlung einer nicht bestehenden Schuld aufgrund eines ungültigen Vertrages. Gem. §§ 812 ff. BGB ist der Bereicherte zur Herausgabe verpflichtet.

▶ Ungewissheit

→ *Entscheidungssituationen*

▶ Unique Advertising Proposition

Von der → *Unique Selling Proposition (USP)* abweichender Ansatz, der als rein werbliche Technik versucht, durch intelligente werbliche Umsetzung in der Meinung der Nachfrager eine Alleinstellung zu erreichen. Ausschlaggebend ist nicht die reale Alleinstellung (USP), sondern die emotionale Alleinstellung in der Vorstellung der Zielperson. Eine reale Alleinstellung erleichtert zwar die Emotionalisierung, ist aber nicht zwangsläufig Voraussetzung dafür.

▶ Unique Selling Proposition (USP)

Ein „einzigartiges Verkaufsversprechen", das i. R. einer Werbebotschaft gemacht werden soll. Die besondere Betonung eines spezifischen Nutzens eines Gutes durch die → *Werbung* soll dieses Gut bei der → *Zielgruppe* von den Konkurrenzangeboten abheben. Dieser Nutzen kann dabei physischer, psychischer, sozialer, örtlicher, zeitlicher oder monetärer Art sein. Die angesprochene Zielgruppe soll dadurch Präferenzen für das beworbene Objekt entwickeln und das Gut letztendlich dann auch erwerben.

▶ United States Generally Accepted Accounting Principles (US-GAAP)

US-amerikanische Rechnungslegungsgrundsätze, die teilweise auch als die Grundsätze ordnungsmäßiger Buchführung (GoB) in den USA bezeichnet werden. Sie unterscheiden sich von den deutschen Rechnungslegungsvorschriften grundlegend in der **Rechtsnatur**, der **Zielsetzung** und im **Inhalt**.

(1) **Rechtsnatur:** Während die GoB in Deutschland weitgehend **kodifiziertes Recht** darstellen, werden die US-GAAP von privaten Einrichtungen verabschiedet. Seit 1973 nimmt diese Funktion vor allem der Financial Accounting Standards Board (FASB) wahr. Die Verlautbarungen dieser Institution sind durch fallrechtsspezifisches Denken geprägt und weisen i. d. R. einen sehr hohen Detaillierungsgrad auf.

(2) **Zielsetzung:** Elementare Unterschiede bestehen auch in der Zielsetzung der Rechnungslegung. Während in Deutschland primär

die **Gläubigerschutzfunktion** im Vordergrund steht, dominiert in der US-amerikanischen Rechnungslegung die **Informationsfunktion** für die Anteilseigner (Shareholder).

(3) Inhalt: Infolge der unterschiedlichen Zielsetzungen steht bei den US-GAAP nicht das Vorsichtsprinzip, sondern das Prinzip der → *Fair Presentation* im Vordergrund. Hieraus ergeben sich vor allem folgende nachgelagerte Grundsätze: → *Substance over Form,* → *Matching Principle,* → *Materiality Principle* und Consistency Principle (→ *Grundsatz der materiellen Bilanzkontinuität (Stetigkeit)).* Gemeinsam ist der deutschen und US-amerikanischen Rechnungslegung, dass die Wertermittlung auf Basis des → *Going-Concern-Prinzips,* also unter der Annahme der Unternehmensfortführung, erfolgt, und dass die Periodenabgrenzung auf Basis von → *Aufwand* und → *Ertrag* – und nicht etwa Einnahmen und Ausgaben – vorgenommen wird, wenngleich diese je nach Sachverhalt unterschiedlich definiert werden.

▶ Unmöglichkeit

Aus einem Schuldverhältnis wird ein Schuldner verpflichtet, dem Gläubiger eine Leistung zu erbringen. Gem. §§ 241, 275 BGB muss der Schuldner die Leistung nicht erbringen, wenn er diese nicht erbringen kann, ohne dass es insoweit auf ein Vertretenmüssen ankommt. Von der Leistungsbefreiung ist das zugrunde liegende Schuldverhältnis zu trennen. Es bleibt also bestehen, ganz gleich, ob die Unmöglichkeit eine anfängliche oder nachträgliche ist. In der Rechtsprechung wird schließlich die tatsächliche, praktische und persönliche Unmöglichkeit unterschieden.

▶ Unsicherheit

→ *Entscheidungssituationen*

▶ Unterbilanz

→ *Überschuldung*

▶ Untergesellschaft

→ *Organschaft*

▶ Unternehmensanalyse

→ *Kennzahl*

▶ Unternehmensberatung

→ *Consulting*

▶ Unternehmensbeteiligungsgesellschaft (UBG)

Unternehmen, deren Zweck sich allein auf den Erwerb, die Verwaltung und Wiederveräußerung von Minderheitsbeteiligungen (→ *Beteiligung*) als → *Stille Gesellschaft (StG)* an anderen Unternehmen richtet. Als UBG ist gemäß Gesetz über Unternehmensbeteiligungsgesellschaften (UBGG, zuletzt durch das 3. Finanzmarktfördergesetz 1998 modifiziert) lediglich die Rechtsform der → *Aktiengesellschaft (AG)* möglich sowie die Verpflichtung, ein Mindestkapital aufzuweisen und dieses voll einzuzahlen. Außerdem regelt das Gesetz, dass innerhalb von zehn Jahren nach Anerkennung als UBG 70 % ihrer Aktien öffentlich zum Erwerb angeboten werden müssen. UBG müssen ihren Sitz und ihre Geschäftsleitung im Inland haben und werden von einer speziellen, im UBGG genannten Behörde, zugelassen sowie beaufsichtigt. UBG sollen als Vermittler kleiner und mittelständischer Unternehmen zum öffentlichen → *Kapitalmarkt* dienen und durch ihre Beteiligung die meist unzureichende Eigenkapitalausstattung verbessern. Durch die Beteiligung als Stiller Gesellschafter verbleibt dem Unternehmen volle Entscheidungsgewalt und wird zugleich das Haftungskapital im Sinne einer besseren → *Kreditwürdigkeit* und als Sicherheit für bestehende Gläubiger erhöht (→ *Kapitalanlagegesellschaft (KAG)*).

▶ Unternehmensbewertung

Wertfindung ganzer Unternehmungen für unterschiedliche Zwecke. Meistens sind Kauf und Verkauf von Unternehmen, Unternehmensteilen oder eine → *Beteiligung* Anlass für eine Unternehmensbewertung. Zum Teil verlangen auch Kreditgeber vor ihrem Engagement eine entsprechende → *Bewertung* der Unternehmung. Es gibt im Steuerrecht auch festgelegte Anlässe (→ *Erbschaft- und Schenkungsteuer*) für eine Unternehmensbewertung. Verändert sich der Unternehmenswert aufgrund der Bekanntgabe einer wertbeeinflussenden Information, so wird eine Veränderung unmittelbar nach Bekanntgabe Announcement Effect und für einen längerfristigen Zeitraum Aftermarket Effect genannt. Eine große Zahl Unternehmensbewertungsverfahren werden in der Betriebswirtschaftslehre diskutiert. Ein täglich stattfindendes Unternehmensbewertungsverfahren ist die Börsennotierung. Im Preis der → *Aktie* spiegelt sich die abgezinste zukünftige Ertragserwartung eines Aktionärs wider. Multipliziert mit der Anzahl der ausgegebenen Aktien, ergibt sich ein Unternehmenswert, der auch Börsenkapitalisierung genannt wird. Betriebswirtschaftliche Verfahren werden in Substanzwertverfahren, → *Ertragswertverfahren* und gemischte Verfahren unterschieden. Substanzwertverfahren orientieren sich am Wert der einzelnen vorhandenen Vermögensgegenstände und ermitteln als Summe den Unternehmenswert. Die Ertragswertverfahren stellen die größte Gruppe von Bewertungsverfahren dar und sind betriebswirtschaftlich am besten geeignet, den „wahren" Wert des Unternehmens zu ermitteln. Mit Hilfe der → *Investitionsrechenverfahren* werden die Unternehmenswerte i. d. R. als Kapitalwert errechnet. Unterschiedlich sind hauptsächlich die Größen, die in den Netto-Cashflow eingehen. Hier sind der → *Gewinn,* der → *Cashflow,* jeweils mit oder ohne Berücksichtigung von Risikokomponenten die häufigsten Ausgangsgrößen der Kapitalisierung. Im Zuge der Neuregelung der → *Erbschaft- und Schenkungsteuer* hat der Gesetzgeber das vereinfachte Ertragswertverfahren in den §§ 199 ff. BewG normiert.

► Unternehmensform

→ *Rechtsform*

▶ Unternehmensführung

Zielorientierte Gestaltung von Unternehmen (→ *Führung*) im Gegensatz zur Verhaltensbeeinflussung von Personen (→ *Personalführung*). I. S. von Ebenen der Unternehmensführung hat sich in der Literatur die Typologie in strategische, taktische und operative Führung durchgesetzt (→ *Strategie*).

▶ Unternehmenskultur

Gesamtheit aller Normen, Werte und Grundeinstellungen einer Organisation (→ *Unternehmensphilosophie,* → *Betriebsklima*). Die Kultur eines Unternehmens ist geprägt durch seine Geschichte, Legenden und Mythen über bisherige Vorgänge und Verhaltensformen im → *Betrieb.* Eine wichtige Rolle kommt hier Symbolen (z. B. Orden für den Tagessieger) und Ritualen (z. B. Weihnachtsgeschenk) im Unternehmen zu. Die Kultur kann sich in den Führungsgrundsätzen des Unternehmens ausdrücken. Kultur ist überindividuell, erlernt und anpassungsfähig sowie verhaltenssteuernd. Es sollte nie vergessen werden, dass Kultur niemals normal bzw. „natürlich" ist, sondern stets von Menschen geschaffen wurde und wird. Die Unternehmenskultur ist heute eine wesentliche Grundlage der Strategischen → *Planung* („Strategy and structure follows culture.").

▶ Unternehmensleitbild

→ *Unternehmensphilosophie*

▶ Unternehmensphilosophie

Explizite, z. B. als → *Führungsgrundsätze* dokumentierte oder implizit verfolgte Einstellungen eines Eigentümers oder der Manager eines → *Betriebes* gegenüber der Gesellschaft, Wirtschaft und gegenüber dem Individuum (Menschen). Die Unternehmensphilosophie umfasst damit die drei Komponenten

(1) Gesellschaftsbild (Bezug des Unternehmens zur Gesellschaft und Politik),

(2) Leitbild (Bezug des Unternehmens zum Wettbewerb, d. h. den anderen Wirtschaftsobjekten) und

(3) Menschenbild (→ *Führungsphilosophie*). Diese Philosophie beeinflusst daher maßgeblich die → *Soziale Verantwortung* des Betriebes, die → *Strategie* und das → *Ziel* des Unternehmens sowie den → *Führungsstil* und die Führungsgrundsätze im Betrieb.

▶ Unternehmenspolitik

Operationalisierte, d. h. konkretisierte Form der → *Unternehmensphilosophie*, die sich in schriftlich dokumentierten → *Führungsgrundsätzen* niederschlagen kann.

▶ Unternehmensregister

Zentrales elektronisches Register, über das die wichtigsten veröffentlichungspflichtigen Unternehmensdaten online unter der Internet-Adresse www.unternehmensregister.de abgerufen werden können. Rechtsgrundlage für das seit 1.1.2007 geführte Register ist das Gesetz über elektronische Handelsregister und Genossenschaftsregister sowie das Unternehmensregister (EHUG) vom 10.11.2006. Danach sind die Unternehmen verpflichtet, ihre regelmäßig offen zulegenden Daten (insbesondere Jahres- und Konzernabschlüsse, Lageberichte sowie Zwischenberichte) beim elektronischen Bundesanzeiger zur Offenlegung einzureichen. Eine Einreichung beim → *Handelsregister* (Amtsgericht) entfällt. Der Betreiber des Bundesanzeigers leitet die Daten an das Unternehmensregister weiter. Kleinstkapitalgesellschaften können gem. § 326 II HGB anstelle einer Offenlegung auch nur eine Hinterlegung beantragen. Die Einsichtnahme ist dann nur auf Antrag durch die Übersendung einer kostenpflichtigen Kopie möglich. Über das Unternehmensregister können auch die unregelmäßig zu veröffentlichenden Unternehmensdaten (Gründung, Sitzverlagerung etc.) abgerufen werden, die in den ab 1.1.2007 bei den Amtsgerichten elektronisch zu führenden Handels-, Genossenschafts- und Partnerregistern enthalten sind. Mit dem Unternehmensregister wurde eine zentrale Stelle geschaffen, bei der alle wesentlichen veröffentlichungspflichtigen Unternehmensdaten gebündelt online zur Verfügung stehen, sog. One-Stop-Shopping.

▶ Unternehmensübernahme

→ *Akquisition,* → *Take over*

▶ Unternehmensverband

Verband (→ *Unternehmenszusammenschluss*), bei dem sich mehrere Unternehmen zur Wahrnehmung gemeinsamer Interessen und Erfüllung gemeinsamer Aufgaben zusammenschließen. Beispiele sind → *Arbeitgeberverbände,* → *Wirtschaftsverbände* und → *Kammern.*

▶ Unternehmensverfassung

Alle Regelungen, die sich auf die Kompetenzverteilung und Entscheidungsbefugnisse der Mitarbeiter in einem Betrieb beziehen. Die Unternehmensverfassung ergibt sich meist aus der Wahl der → *Rechtsform,* die im Außenverhältnis (z. B. → *Vertretung,* Aufsicht) eindeutige rechtliche Bestimmungen vorsieht und im Innenverhältnis (z. B. Unterschriftsmacht, → *Prokura*) dispositiv ist. Sofern intern eine Satzung, Richtlinie oder → *Stellenbeschreibung* formuliert ist, zählen diese ebenfalls zur Unternehmensverfassung.

▶ Unternehmenswert

→ *Unternehmensbewertung*

▶ Unternehmenszusammenschluss

Vereinigung bestehender Unternehmen mit dem Zweck gemeinschaftlicher Aufgabenerfüllung, z. B. als → *Arbeitsgemeinschaft (ARGE),* → *Kartell,* → *Gemeinschaftsunternehmen,* → *Unternehmensverband,* → *Konzern* oder → *Fusion.* Mit Ausnahme des Konzerns und der Fusion, die eine Vollintegration unter einheitlicher Leitung des Gesamtunternehmens anstreben, sind die übrigen Formen Teilintegrationen, die sich durch die Bindungsintensität unterscheiden. Je nach Richtung des Zusammenschlusses kann zwischen horizontalen oder vertikalen, also zwischen gleichartigen oder vor- und nachgelagerten Produktionsstufen in der Wirtschaft unterschieden werden. Zusammenschlüsse über Branchengrenzen oder Produktionsstufen hinweg werden als lateral bezeichnet. Ursachen von Zusammenschlüssen können persönliche Bedürfnisse von Managern (Prestige bei größerem Unternehmen), Synergieeffekte bei der Beschaffung, Forschung und Entwicklung oder in einem anderen → *Funktionsbereich* sowie finanzielle oder steuerliche Überlegungen sein.

▶ Unternehmen, Unternehmung

→ *Betrieb*

▶ Unternehmer

Im Sinne des Gesetzes gem. § 14 BGB „natürliche oder juristische Person oder rechtsfähige Personengesellschaft, die bei Abschluss eines Rechtsgeschäftes in Ausübung ihrer gewerblichen oder selbständigen beruflichen Tätigkeit handelt". Im Sinne der Betriebswirtschaft → *Betrieb.*

▶ Unternehmergesellschaft (UG)

Unternehmergesellschaft haftungsbeschränkt oder UG (haftungsbeschränkt) nennt sich nach § 5a GmbHG eine Gesellschaft, deren Stammkapital den Betrag des Mindeststammkapitals in Höhe von 25.000 € bei der Gründung unterschreitet. Damit hat der Gesetzgeber auf die zunehmende Beliebtheit der Limited reagiert und auch in Deutschland die Gründung sog. „1-€-Gesellschaften" unter strengen Auflagen zugelassen. So müssen erzielte Gewinne vorrangig dazu verwendet werden, das Mindeststammkapital von 25.000 € aufzubauen, bevor sie ausgeschüttet werden können.

▶ Unternehmerlohn, kalkulatorischer

→ *Kalkulatorischer Unternehmerlohn*

▶ Unterordnungskonzern

→ *Konzernabschluss, Aufstellungspflicht*

▶ Unterstützungskasse

Eine von fünf so genannten Durchführungswegen der betrieblichen Altersvorsorge, die als rechtlich selbständige Versorgungseinheit mit eigenem Vermögen die Vorsorgeleistungen erbringt (→ *Rentenbesteuerung*).

▶ Untervermietung des Handels

Konzepte des Handels, bei denen verschiedene Ausgestaltungen vorkommen:

- **Shop-in-the-Shop-System:** Untervermietung von Geschäftsfläche an Hersteller, der auch eine eigenständige Präsentation der Waren vornimmt. Beispiele sind *Esprit*-Sportwear oder *Rosenthal*-Porzellan. Üblicherweise führt dies zu einer Auflockerung der Präsentation und einer Anreicherung des Sortiments.
- **Store-in-the-Store-System:** weitergehende Form der Untervermietung, wobei eine komplette Abteilung einem Dritten überlassen wird. Beispiel hierfür sind die von Einzelhandelsunternehmen wie *Edeka* betriebenen Lebensmittelabteilungen in Kaufhäusern wie *Karstadt*.
- **Rack-Jobber:** Form, bei der der Hersteller oder Großhändler fest anmietet und selbst bewirtschaftet. Der Händler stellt den Platz zur Verfügung, der Rack-Jobber übernimmt Warenbereitstellung und → *Merchandising*. Beispiel hierfür sind *Tchibo*-Regalflächen in Supermärkten.
- **Konzession:** In dieser Form erhalten Händler in Ladenpassagen oder Einkaufszentren Flächen für sortimentsergänzende oder periphere Angebote. Konzessionäre sind rechtlich selbständig. Beispiele hierfür sind Bäckereien, Schlüsseldienste, Reinigungen, etc. in den Eingangsbereichen von Verbrauchermärkten oder Einkaufszentren.

▶ Upselling

Aktivitäten eines Unternehmens, den Kunden beim Kauf eines Produktes oder einer Dienstleistung von einer höherwertigen und teureren Variante zu überzeugen. Durch entsprechende Darstellung der Vorzüge gepaart mit Angeboten wie z. B. einer Probefahrt oder einer Testnutzung soll der Vorteil der höherwertigen Variante den Kaufentschluss des Kunden entsprechend beeinflussen. Höherer Komfort oder Nutzen sind typische Argumente in der Überzeugungsarbeit (z. B. längere Akkulaufzeit, bessere Sicherheitsausstattung beim Neuwagen, nächst höhere Zimmerkategorie im Hotel, Menü im Fastfood Restaurant anstatt Einzelbestellung).

Gelingt es dem Verkäufer, die Produktdemonstration mit dem höherwertigen Produkt zu machen, muss sich der Kunde anschließend wieder gedanklich von den Vorzügen lösen, die er nun gegenüber der ursprünglichen Basisvariante erfahren konnte.

Risiken bei dieser Verkaufsstrategie sind allerdings auch, dass sich der Kunde aus Unsicherheit gar nicht für einen Kauf entscheidet oder sich später übervorteilt fühlt und den höherpreisigen Kauf bereut. Auch das Gefühl, zu einer anderen Entscheidung als der anfänglichen gedrängt zu werden, kann den Umkehreffekt auslösen.

▶ Urabstimmung

→ *Streik*

▶ Ursprungszeugnis

Bescheinigung über den Ursprung einer Ware beim Export entsprechend Abs. 9 der EU-Ursprungs-VO, die bei der Einfuhr aufgrund zolltariflicher und außenwirtschaftlicher Vorschriften gefordert wird (→ *Exportdokumente*). In der Bundesrepublik Deutschland erstellt durch Zollstellen oder die → *Industrie- und Handelskammer (IHK)* bzw. die → *Handwerkskammer*.

▶ Usancen

Bankwirtschaftliche Bezeichnung für Handelsbräuche zumeist unter Kaufleuten (→ *Kaufmann*), die nicht in den → *Allgemeinen Geschäftsbedingungen (AGB)* geregelt werden müssen. Hierzu zählen z. B. Abkürzungen beim internationalen Zahlungsverkehr im Rahmen des SWIFT (→ *Society for Worldwide Interbank Financial Telecommunication (SWIFT)*) oder bestimmte Handzeichen amtlicher Kursmakler an einer → *Börse.*

▶ US-GAAP

→ *United States Generally Accepted Accounting Principles (US-GAAP)*

▶ USP

→ *Unique Selling Proposition (USP)*

▶ UStDV

→ *Steuerdurchführungsverordnung*

▶ UStG

→ *Umsatzsteuergesetz (UStG)*

▶ UWG

→ *Gesetz gegen den unlauteren Wettbewerb (UWG)*

V

► Validität

Maß für die inhaltliche Gültigkeit einer Untersuchung (→ *Erhebungsmethode*) und deren Ergebnisse. Neben der → *Reliabilität* (Zuverlässigkeit) soll die Validität das Ausmaß der Interpretierbarkeit einer Untersuchung i. S. des Untersuchungszieles ausdrücken. Die Validität fragt also danach, ob das gemessen wurde, was gemessen werden sollte. Die Messung selbst sollte objektiv sein. Objektivität, Validität und Reliabilität bilden damit drei zentrale Anforderungen wissenschaftlicher Arbeiten.

► Value Analysis

→ *Wertanalyse*

► Value at Risk (VAR)

Maximal zu erwartender Verlust aus dem Ausfall von Aktiva sowie aus der Veränderung von Zinsen, Währungen und Kursen, der unter üblichen Marktbedingungen innerhalb einer bestimmten Periode mit einer bestimmten Wahrscheinlichkeit eintreten kann. Insbesondere bei der Bilanzierung von → *Derivaten* ist die VAR-Methode gebräuchlich. Ebenfalls können so Ausfall-, Zinsänderungs- und Währungsrisiken bei Banken und Unternehmen berechnet und publiziert werden. Hierfür ist zunächst ein Risikovolumen zu bestimmen. Dies sind z. B. bei einer Bank die „Risikoaktiva" gem. → *Kreditwesengesetz (KWG)* und evtl. bei einem Unternehmen die Forderungen oder Wertpapiere mit hoher → *Volatilität.* Anschließend ist dieses Risikovolumen mit einem Risikofaktor zu multiplizieren bzw. zu gewichten, wodurch ausgedrückt werden soll, mit welchem potentiellen Verlust gerechnet werden kann. Dieser Risikofaktor hängt von der Wahrscheinlichkeit des Risikoeintritts und der prozentualen Risikoeinschätzung ab. Werden letztlich alle so gewichteten Risikopotentiale des Unternehmens addiert, so ist das Ergebnis eine Größe nach VAR. Ähnliche Modelle sind das → *Return on Risk Adjusted Capital* und das → *Financial Mobility at Risk.*

▶ Value-Based Management

→ *Wertorientierte Unternehmensführung*

▶ Value Based Selling

Ansatz, gewinnschmälernde Preiszugeständnisse gegenüber dem Kunden zu verhindern. Der Kunde erhält eine für ihn im Vergleich zu Wettbewerberangeboten vorteilhafte und damit „wertvolle" Leistung und ist bereit, einen Preis ohne Abschlag zu akzeptieren. ist damit vorteilsorientiertes Verkaufen. Je wertvoller der Kunde die Vorteile einer Leistung einschätzt, desto höher wird seine Zahlungsbereitschaft sein. Die → *Kundenzufriedenheit* und die damit verbundene → *Kundenbindung* sollen erhöht und dem stark preisorientierten und damit häufig margenschwachen Verkaufen begegnet werden.

▶ Valuta

(1) Bezeichnung für Fremdwährungen. Das Umwechseln ausländischer Währung in heimisches Geld wird daher auch als Valutageschäft bezeichnet.

(2) Bezeichnung für den Zeitpunkt, an dem eine Gutschrift oder Belastung auf einem Bankkonto erfolgt ist. Dies wird auch als Wertstellung bezeichnet. Ab dem Zeitpunkt der Valutierung, der z. B. auf jedem Girokonto angegeben werden muss, wird der betreffende Betrag verzinst.

▶ VAR

→ *Value at Risk (VAR)*

▶ Variable Kosten

Im Gegensatz zu Fixen Kosten in Abhängigkeit von der → *Beschäftigung* des Unternehmens sich verändernde → *Kosten.* Neben der Beschäftigung können auch andere Bezugsgrößen für die Veränderbarkeit der variablen Kosten ursächlich sein. So ist beispielsweise der Benzinverbrauch eines PKW nicht allein von der Kilometerleistung, sondern auch vom Gewicht und der Geschwindigkeit des Autos abhängig. Variable Kosten lassen sich weiterhin einteilen in proportionale, degressive, progressive und regressive Kosten. Einen Spezialfall stellen intervallfixe Kosten dar (Abbildung V-1). Bei einem proportionalen Kostenverlauf verändern sich die Kosten im gleichen Verhältnis wie eine Beschäftigungsänderung bzw. Änderung der Ausbringungsmenge. Degressive Kosten erhöhen sich unterproportional und progressive Kosten überproportional zur Änderung der Ausbringungsmenge. Ob intervallfixe Kosten als variabel, da schrittweise mit der Beschäftigung veränderbar, anzusehen sind, ist strittig (→ *Fixe Kosten*). Regressive Kosten stehen in umgekehrter Beziehung zur Beschäftigung. Zu den variablen Kosten gehören in der Regel die → *Einzelkosten,* insbesondere Materialeinzelkosten sowie die unmittelbar mit der Beschäftigung zusammenhängenden Löhne, wie z. B. der → *Akkordlohn.*

▶ Variable Notierung

→ *Börse*

▶ Variabler Handel

→ *Börse*

▶ Variabler Kurs

→ *Börsenhandelsformen*

▶ Variable Verzinsung

→ *Floating Rate Note (FRN)*, → *Zins*

▶ Varianz

Maß für die Streuung von metrischen Variablen, das die Verteilung der einzelnen Merkmalswerte einer Häufigkeitsverteilung um den Mittelwert ausdrückt. Die Varianz σ^2 und die Stichprobenvarianz s^2 misst die mittleren quadratischen Abweichungen der Messungen vom arithmetischen Mittel. Die Varianz ist das Quadrat der → *Standardabweichung* (s. folgende Formeln).

$$s^2 = \frac{1}{N\;1} \sum_{i=1}^{N} (X_i - \bar{X})^2$$

$$\sigma^2 = \frac{1}{N} \sum_{i=1}^{N} (X_i - \mu)^2$$

▶ Veblen-Effekt

Nachfrageeffekt (nach *Thorstein Veblen*, 1857–1929), auch als Snob-Effekt bezeichnet.

Der Effekt tritt insbesondere bei Gütern mit hohem Prestige auf und führt zu untypischen Nachfragereaktionen: Die Nachfrage steigt mit steigendem Preis (→ *Preis-Absatz-Funktion*).

Beim Veblen-Effekt zeigt sich die paradoxe Erscheinung, dass ein höherer Preis zu einer größeren Nachfrage führt als ein niedrigerer Preis. Die Nachfragesteigerung tritt in Abhängigkeit von der Preissteigerung ein. Es wird mehr gekauft, nur weil der Preis höher ist. Mit dem hohen Prestige-Preis wird hohes Einkommen und damit ein hoher sozialer Status demonstriert.

▶ Vega

Kennzahl der Preisänderung einer Option, wenn sich ihre implizite → *Volatilität* um ein Prozent verändert – bezogen auf ein Bezugsverhältnis von eins zu ein (→ *Delta*, → *Gamma*, → *Omega*, → *Rho*, → *Theta*)

▶ Venture Capital (VC)

Eigenkapitalinvestition (→ *Beteiligungsfinanzierung*) mit einem langfristigen aber zeitlich begrenzten Horizont in private, wachstumsträchtige Jungunternehmen für die Gründung, frühe Entwicklung oder Erweiterung des Geschäftsbetriebs.

Der Venture Capital-Investor verfügt über umfangreiche Eingriffs- und Kontrollmöglichkeiten und übernimmt dadurch einen Teil des unternehmerischen Risikos mit dem Ziel, über eine Wertsteigerung des Geschäftsmodells einen Erlös beim Verkauf der Beteiligung zu erwirtschaften (Exit). Der Verkauf geschieht häufig durch einen Börsengang (→ *Going Public*). So genanntes Corporate Venture Capital (CVC) unterscheidet sich vom klassischen Venture Capital (VC) dadurch, dass CVC-Gesellschaften mehrheitlich von Großunternehmen gehalten werden. Diese stellen gegebenenfalls das Fonds-Kapital oder lassen die so genannte CVC-Einheit als dann unabhängige Unternehmensbereiche direkt aus ihrer Bilanz ohne feste Limitierung investieren. Dabei verfolgen CVC-Einheiten typischerweise nicht nur rein finanzielle Ziele, sondern streben stets nach der Realisierung weiterer strategischer Ziele ihrer Muttergesellschaft (z. B. Technologietransfer und Marktbeobachtung).

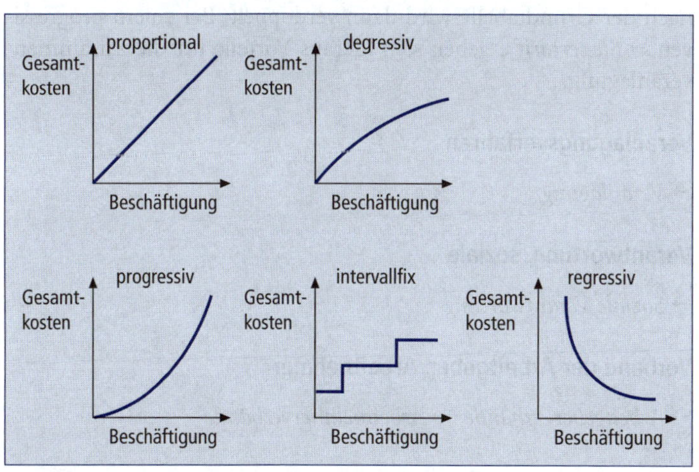

Abb. V-1: Verhalten variabler Kosten

▶ Veränderungsbilanz

→ *Bewegungsbilanz*

▶ Veranlagung

Form des Steuererhebungsverfahrens im Gegensatz zur Steueranmeldung. Bei der Veranlagung wird die Steuerfestsetzung von Amts wegen vorgenommen nach Prüfung der Angaben der Steuerpflichtigen vom → *Finanzamt.* Hierbei bedient sich die Finanzverwaltung zunehmend automatisierter Verfahren unter Einsatz eines Risikomanagementverfahrens. Bei der Veranlagung gibt es verschiedene Formen. Grundsatz ist die Einzelveranlagung, d. h. jeder Steuerpflichtige wird allein veranlagt, bekommt also seine individuelle → *Steuerschuld* festgesetzt. Daneben gibt es bei der → *Einkommensteuer* noch die Form der Zusammenveranlagung. Hierbei werden Ehepartner, die nicht dauernd getrennt leben, wie ein Steuerpflichtiger behandelt und die Steuerschuld wird für sie gemeinsam nach der Splittingtabelle festgesetzt. Dieses Verfahren ist Ausfluss des besonderen grundgesetzlichen Schutzes von Ehe und Familie. Beim Splittingtarif wird die → *Steuerbemessungsgrundlage* (= zu versteuerndes Einkommen) halbiert, die hierauf entfallende Steuer nach der Grundtabelle wird dann verdoppelt. Bei einem progressiven → *Steuertarif* ergeben sich hieraus Vorteile für die Zusammenveranlagung.

▶ Veranlagungsverfahren

→ *Veranlagung*

▶ Verantwortung, soziale

→ *Soziale Verantwortung*

▶ Verband der Arbeitgeber, Arbeitnehmer

→ *Arbeitgeberverbände*, → *Arbeitnehmerverbände*

▶ Verbindlichkeiten

Verpflichtungen (→ *Schulden*), die auf der Passivseite der Bilanz gezeigt werden. Sie sind durch folgende drei Merkmale charakterisiert:

(1) Zivilrechtliche oder wirtschaftliche unumgängliche Verpflichtung gegenüber einem Dritten

(2 Die Erfüllung stellt eine wirtschaftliche Belastung dar

(3) Die Verpflichtung ist eindeutig quantifizierbar – im Gegensatz zu den → *Rückstellungen.*

Gem. § 266 III HGB sind auf der Passivseite der Bilanz separat auszuweisen:

- Anleihen, davon konvertibel
- Verbindlichkeiten gegenüber Kreditinstituten
- Erhaltene Anzahlungen auf Bestellungen
- Verbindlichkeiten aus Lieferungen und Leistungen
- Verbindlichkeiten aus der Annahme gezogener Wechsel und der Ausstellung eigener Wechsel
- Verbindlichkeiten gegenüber verbundenen Unternehmen
- Verbindlichkeiten gegenüber Unternehmen, mit denen ein Beteiligungsverhältnis besteht
- Sonstige Verbindlichkeiten, davon aus Steuern, davon im Rahmen der sozialen Sicherheit.

Kapitalgesellschaften müssen ferner gem. § 268 V HGB zu jedem Posten den Betrag mit einer Restlaufzeit bis zu einem Jahr und von mehr als einem Jahr gesondert vermerken. Zusätzlich ist im Anhang der Gesamtbetrag mit einer Restlaufzeit von mehr als fünf Jahren anzugeben sowie der Umfang, der durch Pfandrechte oder ähnliche Rechte gesichert ist. Verbindlichkeiten sind nach § 253 I HGB grundsätzlich mit ihrem Erfüllungs- bzw. Rückzahlungsbetrag anzusetzen. Neben den in der Bilanz auszuweisenden Verbindlichkeiten sind unter der Bilanz sog. Eventualverbindlichkeiten, d. h. → *Haftungsverhältnisse* und → *Sonstige finanzielle Verpflichtungen*, zu vermerken.

Der nach IFRS und US-GAAP verwendete Begriff der **Liabilities** ist umfassender als der Begriff Verbindlichkeiten, er umfasst auch die sog. Accrued Liabilities bzw. Accruals, die nach deutschem Recht wegen der hier bestehenden Ungewissheit der Höhe und/oder des Fälligkeitstermins als Rückstellungen ausgewiesen werden.

▸ Verbraucherdarlehen

Darlehen (→ *Darlehen*) gem. § 491 BGB, bei dem nicht beide Vertragsparteien Kaufleute sind und das der Schriftform bedarf. Die Bestimmungen zum Überziehungskredit (§ 493 BGB), dem Widerrufsrecht (§ 495 BGB) und der Gesamtfälligkeitsstellung (in § 498 BGB) sind hier zu beachten. Kommt der Schuldner bei der Tilgung in → *Verzug*, so sind → *Verzugszinsen* von 2,5 Prozentpunkten über dem → *Basiszinssatz* anzusetzen.

▸ Verbrauchermarkt

→ *Distributionsweg*; → *Handelsvertriebsweg*

▸ Verbraucherschutz

Im rechtlichen Sinne die Planung, der Erlass und/oder die Durchsetzung von Rechtsnormen, mit denen der Verbraucher vor den Praktiken der Anbieter privater und öffentlicher Güter, die seine individuellen oder kollektive Interessen beeinträchtigen, geschützt werden soll. Hierzu bestehen in der Bundesrepublik Deutschland unterschiedliche Regelungen wie z. B. der Schutz vor überhöhten Preisen, die Produzentenhaftung, die Gewährleistungshaftung oder der Schutz vor Irreführung und Täuschung (→ *Mängelgewährleistung*, → *Fernabsatz*, → *Allgemeine Geschäftsbedingungen (AGB)*)

▸ Verbraucherverhalten

→ *Konsumentenverhalten*

▸ Verbrauchsfaktoren

→ *Produktionsfaktoren (nach Gutenberg)*

▶ Verbrauchsfolgeverfahren

Verfahren (→ *Sammelbewertungsverfahren*) zur vereinfachten Ermittlung der Anschaffungs- oder Herstellungskosten **gleichartiger** Vermögensgegenstände des Vorratsvermögens. Sie gehen von einer bestimmten Annahme (Fiktion) aus, in der die Gegenstände verbraucht oder veräußert werden. Diese Fiktion kann grundsätzlich entweder **zeitabhängig** oder **preisabhängig** sein.

Zu den zeitabhängigen Verfahren gehören das Fifo-(First in first out-)Verfahren, bei dem unterstellt wird, dass die zuerst angeschafften oder hergestellten Gegenstände auch zuerst verbraucht oder veräußert werden und das Lifo (Last in first out)-Verfahren, bei dem die genau umgekehrte Verbrauchsfolge unterstellt wird, d. h. dass die zuletzt angeschafften oder hergestellten Gegenstände zuerst verbraucht oder veräußert werden. Preisabhängige Verfahren sind das Hifo (Highest in first out-) und das Lofo-(Lowest in first out-) Verfahren. Beim Hifo-Verfahren (Lofo-Verfahren) wird davon ausgegangen, dass die am teuersten (billigsten) eingekauften oder hergestellten Gegenstände zuerst verbraucht oder veräußert werden.

Nach § 256 HGB sind nur die zeitabhängigen Verfahren Fifo und Lifo zulässig. Steuerrechtlich ist nach § 6 I 2a EStG nur das Lifo-Verfahren erlaubt. Nach IFRS (IAS 2) ist dagegen nur das Fifo-Verfahren zulässig.

Rechentechnisch sind zwei Formen der Verbrauchsfolgeverfahren zu unterscheiden, eine **periodenbezogene** und eine **permanente** Ermittlung, je nachdem, ob gemäß der Verbrauchsfolgefiktion eine Bestandsbewertung nur zum Jahresende vorgenommen wird oder ob die Zugänge fortlaufend erfasst und nach jedem Abgang eine entsprechende Bewertung erfolgt. Auch bei Anwendung der Verbrauchsfolgeverfahren muss das → *Niederstwertprinzip* beachtet werden, d. h. die (vereinfacht) ermittelten Anschaffungs- oder Herstellungskosten sind gegebenenfalls auf den niedrigeren Markt- oder Börsenpreis abzuwerten.

▶ Verbrauchsfunktion

Funktionaler Zusammenhang zwischen der Ausbringungsmenge an Gütern oder Dienstleistungen und den eingesetzten Mengen an → *Produktionsfaktoren (nach Gutenberg)* (→ *Produktionsfunktion*).

▶ Verbrauchsgüter

→ *Gut*

▶ Verbrauchsgüterkaufrichtlinie

EU-Norm, die am 1. 1. 2002 in das BGB (Bürgerliche Gesetzbuch) aufgenommen wurde und maßgeblich ein neues Schuldrecht definiert hat, bei dem der Letztverkäufer aufgrund einer Vertragsverletzung, die auf das Handeln oder Unterlassen des Herstellers zurückzuführen ist, einen Regressanspruch gegenüber dem Vorlieferanten bzw. bis zum Hersteller hat (§§ 474, 478 BGB).

▶ Verbrauchsteuer

Abgaben, die als → *Steuern* auf die Einkommensverwendung, den Verbrauch oder Gebrauch bestimmter Waren (Güter) belasten. Hier fallen Steuerschuldner (-subjekt), also derjenige, der die Steuer an das → *Finanzamt* schuldet und abführt, und Steuerträger, also derjenige, der wirtschaftlich mit der Steuer belastet ist, auseinander. Allerdings nur dann, wenn eine → *Steuerüberwälzung* auf den Preis gelingt. Gelingt dies nicht, trägt der Steuerschuldner auch wirtschaftlich die Steuer. Folgende Gruppen von Verbrauchsteuern werden nach der Ertragskompetenz unterschieden:

(1) Verbrauchsteuern, deren Aufkommen dem Bund zusteht.

(2) Verbrauchsteuern, deren Aufkommen den Ländern zusteht.

(3) Verbrauchsteuern, deren Aufkommen Bund und Ländern zusteht.

(4) Verbrauchsteuern, deren Aufkommen den Gemeinden zusteht.

Die Verbrauchsteuern tragen etwa zu 25 % zu dem gesamten Steueraufkommen bei.

▶ Verbundene Unternehmen

Bezeichnung für rechtlich selbständige Unternehmen, die in einem bestimmten Verhältnis zueinander stehen. Gem. § 15 AktG gehören hierzu:

(**1**) in Mehrheitsbesitz stehende und mit Mehrheit beteiligte Unternehmen (§ 16 AktG);

(**2**) Abhängige und herrschende Unternehmen (§ 17 AktG), → *Konzernabschluss, Aufstellungspflicht*;

(**3**) Konzernunternehmen (§ 18 AktG), → *Konzernabschluss, Aufstellungspflicht*;

(**4**) Wechselseitig beteiligte Unternehmen (§ 19 AktG) sowie

(**5**) Vertragspartner eines Unternehmensvertrags, insb. bei Beherrschungs- und Gewinnabführungsvertrag (§§ 291 u. 292 AktG).

Im HGB ist der Begriff der verbundenen Unternehmen wesentlich enger als im AktG definiert. Gem. § 271 II HGB gelten als verbundene Unternehmen nur Mutter- und Tochterunternehmen, die nach § 290 HGB grundsätzlich in den Konzernabschluss einzubeziehen sind.

▶ Verdeckte Gewinnausschüttung

Vermögensminderung oder verhinderte Vermögensmehrung, die durch das Gesellschaftsverhältnis veranlasst ist, sich auf die Höhe des → *Einkommens* auswirkt und nicht auf einem den gesellschaftsrechtlichen Vorschriften entsprechenden Gewinnverteilungsbeschluss beruht. Eine Veranlassung durch das Gesellschaftsverhältnis liegt dann vor, wenn ein ordentlicher und gewissenhafter Geschäftsleiter die Vermögensminderung oder verhinderte Vermögensmehrung gegenüber einer Person, die nicht Gesellschafter ist, unter sonst gleichen Umständen nicht hingenommen hätte. Es geht bei der Beurteilung einer verdeckten Gewinnausschüttung um die richtige Einkommensermittlung auf der Ebene der → *Körperschaft*. Diese soll ihr „wahres“ Einkommen versteuern. Hierbei geht es allerdings nicht nur um die Körperschaftsteuer, sondern auch um die Gewerbesteuer. Schuldrechtliche Absprachen (Lohn, Miete, Zinsen) sind meistens Gründe für verdeckte Gewinnausschüttungen. Die Zahlungen, die im Rahmen dieser Absprachen erfolgen, sind bei der Körperschaft → *Betriebsausgaben* und beim Empfänger Einnahmen im Rahmen einer → *Einkunftsart.* Sofern es sich bei den Empfängern um unbeschränkt Steuerpflichtige handelt, geht dem Fiskus keine → *Einkommensteuer* verloren. Allerdings wird durch den Betriebsausgabenabzug auf der Ebene der Körperschaft die → *Steuerbemessungsgrundlage* für die Gewerbe- und Körperschaftsteuer geschmälert. Dies ist der Hauptgrund für Rückgängigmachung der verdeckten Gewinnausschüttung. Werden Sachverhalte, z. B. überhöhte Lohnzahlung an den Gesellschafter-Geschäftsführer, durch die → *Finanzbehörde* im Rahmen einer → *Außenprüfung* als verdeckte Gewinnausschüttungen qualifiziert, wird der überhöhte Teil dem Einkommen der Körperschaft wieder hinzugerechnet und es findet eine Nachversteuerung bei der → *Gewerbesteuer* und der → *Körperschaftsteuer* statt.

▶ Vereidigter Buchprüfer

Eine in § 128 der Wirtschaftsprüferordnung (WPO) vorgesehene Berufsbezeichnung nach einer bestandenen Berufsprüfung, die dazu befähigt, nur bestimmte Prüfungen von Jahresabschlüssen durchführen zu können. Letztmalig konnte die berufliche Qualifikation im Jahr 2004 erworben werden.

▶ Verein

→ *Eingetragener Verein (e. V.)*

▶ Verflechtung

→ *Konzentration*

▶ Vergleichsordnung

→ *Insolvenzrecht*

▶ Verhältnisskala

→ *Skalierung*

▶ Verhaltenswissenschaftlicher Ansatz

In den siebziger Jahren entwickelter Ansatz der Betriebswirtschaftslehre, der nicht nur die Entscheidungen im → *Betrieb* (→ *Entscheidungsorientierter Ansatz*) oder die → *Organisation* des Betriebes (Systemtheoretischer Ansatz), sondern auch den Mitarbeiter als Mensch und dessen Verhalten in die Betrachtung der → *Betriebswirtschaftslehre* einbezieht. *Günther Schanz* als ein Vertreter dieses Ansatzes betont, dass die Betriebswirtschaftslehre eine Sozialwissenschaft sei und vor allem die Motivation der Mitarbeiter (Koalitionspartner) zu untersuchen habe. Tatsächlich wurden vor allem in den siebziger Jahren sehr viele Motivations- und Bedürfnistheorien entwickelt. Gleichzeitig wurde über die → *Humanisierung der Arbeit,* die Einführung von Erfolgsbeteiligungsmodellen und die Konzeption neuer Führungsstile diskutiert. Etwa zeitgleich versuchten die Gewerkschaften (*DGB*), eine eigenständige Betriebswirtschaftslehre, die so genannte AOEWL (→ *Arbeitsorientierte Einzelwirtschaftslehre (AOEWL)*) zu kreieren. Im Gegensatz zu dem Ansatz von *Schanz* war dieser Versuch weniger erfolgreich.

▶ Verifikation

→ *Theorie*

▶ Verjährung

Ein → *Anspruch* unterliegt regelmäßig der Verjährung. Gem. § 195 BGB verjähren Ansprüche regelmäßig nach 3 Jahren. Die verschuldensunabhängige Haftung ist damit einheitlich mit der europarechtlich zwingenden verschuldensabhängigen Dreijahresfrist für die → *Produkthaftung* geregelt. Die regelmäßige Verjährungsfrist beginnt mit dem Schluss des Jahres, in dem der Anspruch entstanden ist und der Gläubiger von den den Anspruch begründenden Umständen und der Person des Schuldners Kenntnis erlangt oder ohne grobe Fahrlässigkeit erlangen müsste (§ 199 BGB). Die Regelverjährung von 3 Jahren verlängert sich bei bestimmten Verträgen auf 2, 5, 10 oder 30 Jahre. Die zweijährige Verjährung gilt für alle Ansprüche aus → *Gewährleistung.* Die Frist beginnt hier bereits mit der Lieferung der Kaufsache, bei Werken mit der Abnahme. Die fünfjährige Verjährung gilt für werkvertragliche Gewährleistungen, für Mängel eines Bauwerkes und eines Werkes, dessen Erfolg in der Erbringung von Planungs- oder Überwachungsleistung hierfür besteht (§ 634a BGB). Gleiches gilt für kaufrechtliche Mängelansprüche bei Bauwerken und bei Sachen, die entsprechend ihrer üblichen Verwendungsweise für ein Bauwerk verwendet worden sind und dessen Mangelhaftigkeit verursacht haben. Der 30-jährigen Verjährung unterliegen gem. § 197 BGB Herausgabeansprüche aus Eigentum und anderen dinglichen Rechten, familien- und erbrechtliche Ansprüche, rechtskräftig festgestellte Ansprüche, Ansprüche aus vollstreckbaren Vergleichen oder vollstreckbaren Urkunden und Ansprüche, die durch die im Insolvenzverfahren erfolgte Feststellung vollstreckbar geworden sind. Bei Verletzung des Lebens, Körpers, der Gesundheit oder Freiheit ohne Rücksicht auf ihre Entstehung und bei Kenntnis oder grob fahrlässigen Unkenntnis der Umstände der Verjährung ist ebenfalls von einer 30-jährigen Verjährung auszugehen.

▶ Verkauf

Rechtliche und wirtschaftliche Güterübertragung. Der → *Absatz* umfasst hingegen auch ein → *Absatzpolitisches Instrumentarium* wie z. B. Preis- oder Produktpolitik.

▶ Verkaufsförderung

(Sales Promotions) Kombination mehrerer spezieller Instrumente des → *Marketing,* die zeitlich befristet eingesetzt werden und die Wirkung der anderen Marketinginstrumente unterstützen sollen. Hierzu zählen z. B. an die Verbraucher gerichtete Maßnahmen wie Preisausschreiben, Probepackungen, Sonderpreisaktionen, Verlosungen, Autogrammstunden, Mehrfachpackungen oder an den Handel gerichtete Maßnahmen wie Händlerwettbewerbe, Preisaktionen, Displays, Werbehilfen oder Werbekostenzuschüsse.

▶ Verkaufsoption (Put)

→ *Option*

▶ Verkaufspolitik

Teil des → *Absatzpolitischen Instrumentariums* und der → *Distributionspolitik.* Gegenstand der Verkaufspolitik sind alle betrieblichen Aktivitäten im Zusammenhang mit dem persönlichen Verkauf durch Mitarbeiter eines Unternehmens an die Nachfrager. Hierbei sind alle Aufgaben von der Kontaktaufnahme über die Beeinflussung des Kunden bis zum Kaufabschluss zu planen. Im Einzelnen wird die Erlangung von Aufträgen, die Beeinflussung der Einstellungen der Nachfrager gegenüber dem Unternehmen, die Erfüllung logistischer Aufgaben und die Informationsbeschaffung über die Nachfrager angestrebt. Zu planen sind i. R. der Verkaufspolitik die Höhe des Verkaufsbudgets, also der für Verkaufszwecke eingesetzten finanziellen Mittel, der Umfang des Außendienstes, die Zahl und die Größe der Verkaufsbezirke, aber auch die Verkäufer-Akquisition und -Schulung, die Steuerung des Außendienstes und die Planung von Außendienstbesuchen (→ *Marketing-Mix*).

▶ Verkehrsteuern

Einteilungsart der indirekten Steuern. In Abs. 106 GG genannte Steuerart, deren Aufkommen, soweit nichts anderes bestimmt ist, den Ländern zusteht. Steuerobjekte sind Vorgänge des Rechtsverkehrs, also Rechtsakte (Kaufverträge) oder Realakte (Wechsel, Überschreitung der Staatsgrenze). Die Abgrenzung zu den Verbrauchsteuern ist sehr umstritten. So wird z. B. die → *Umsatzsteuer* vom BFH als allgemeine Verkehrsteuer angesehen, während in der juristischen Literatur die Einstufung zunehmend als Verbrauchsteuer erfolgt. Dies folgt daraus, dass als entscheidendes Kriterium für die Einteilung der Wertschöpfungsbezug angesehen wird. Während Verbrauchsteuern immer einen Wertschöpfungsvorgang besteuern und nicht zu einer Mehrfachbelastung führen, greifen Verkehrsteuern unmittelbar an Vorgängen des Rechtsverkehrs an, auch ohne dass ein Wertschöpfungsvorgang stattgefunden hat. Hier kann es bei mehrfacher Erfüllung des Steuertatbestandes zu einer mehrfachen Steuerbelastung kommen (Kumulationseffekt, z. B. wenn ein Grundstück zum gleichen Preis mehrmals hintereinander verkauft wird, fällt bei jedem Verkauf Grunderwerbsteuer auf den Kaufpreis an). Eindeutige Verkehrsteuern sind die → *Grunderwerbsteuer,* die → *Erbschaft- und Schenkungsteuer* und die frühere Wechselsteuer.

▶ Verkehrswert

Auch als → *Gemeiner Wert* bezeichneter Preis, der im täglichen Verkehr für ein → *Gut* gleicher Art und Beschaffenheit am → *Markt* gezahlt wird. Problematisch, wenn kein Markt vorhanden oder sehr eng ist.

▶ Verlängerte Werkbank

Auslagerung gewisser vor- oder nachgelagerter Arbeiten an einem Produkt aus der Produktion. So kann ein Karosseriehersteller die Lackierarbeiten von einem externen Spezialbetrieb durchführen lassen oder die Fertigung des Armaturenbrettes im Auto wird auf einen Lieferanten verlagert. Sofern die Verlagerung ins Ausland stattfindet, wird auch von → *Lohnveredelung* gesprochen.

▶ Verlust

Negatives Ergebnis unternehmerischen Handelns, das i. d. R. in quantitativer Form gemessen wird. In den unterschiedlichen Varianten der → *Erfolgsrechnung* wird er jeweils spezifisch bezeichnet. In der handelsbilanziellen → *Gewinn- und Verlustrechnung (GuV)* als **Jahresfehlbetrag**, wenn der → *Aufwand* größer als der → *Ertrag* ist, bzw. im Rahmen der → *Gewinnverwendungsrechnung* als **Bilanzverlust**. In der → *Kostenrechnung* als Betriebsverlust, wenn die → *Kosten* höher als die → *Leistung* sind, und in der steuerlichen Einkommensermittlung als negatives Einkommen, wenn die → *Betriebsausgaben* die → *Betriebseinnahmen* übersteigen.

▶ Verlustausgleich

Saldierung von positiven und negativen Einkünften innerhalb der → *Einkunftsarten* (horizontaler Verlustausgleich). Verbleibt ein → *Verlust* einer bestimmten Einkunftsart, wird er mit positiven anderen Einkünften verrechnet (vertikaler Verlustausgleich). Zu beachten sind Verlustausgleichsbeschränkungen (Verluste des Kommanditisten) und Verlustausgleichsverbote (z. B. bestimmte ausländische Verluste, Spekulationsverluste).

▶ Verlustrücktrag

Ergibt sich bei der Berechnung des Gesamtbetrags der Einkünfte ein negativer Betrag, dann kann der Steuerpflichtige wählen, ob er den → *Verlust* mit positiven Einkünften des letzten Jahres oder mit Einkünften zukünftiger Jahre verrechnen will. Dabei kann er auch die Höhe des Betrages wählen. Allerdings bleibt der Rücktrag beschränkt auf höchstens 511.500 € (bei zusammenveranlagten Ehegatten 1.023.000 €) des entstandenen Verlustes.

▶ Verlustvortrag

Besteht für den Steuerpflichtigen keine Möglichkeit, den Verlust zurückzutragen, wird der Verlust zwingend auf die folgenden Jahre vorgetragen. Er wird dann bis zu einer Höhe von 1 Mio. € unbeschränkt, darüber hinaus bis zu 60 % des 1 Mio. € übersteigenden Gesamtbetrages der Einkünfte vorrangig von den Sonderausgaben abgezogen. Somit ergibt sich bei hohen Verlustvorträgen faktisch eine Mindestbesteuerung.

▶ Vermögen

Sammelbegriff für die Summe der einer natürlichen oder juristischen Person zustehenden materiellen oder immateriellen → *Güter.* Im bilanziellen Sinne die Summe des auf der Aktivseite der → *Bilanz* ausgewiesenen → *Anlagevermögens* und → *Umlaufvermögens.* Nach Abzug der → *Verbindlichkeiten* ergibt sich das Reinvermögen (→ *Eigenkapital*). Im Steuerrecht wird zwischen → *Betriebsvermögen* und Privatvermögen differenziert. In der → *Kostenrechnung* und im Rahmen der → *Kennzahlenanalyse* wird der Begriff des betriebsnotwendigen Kapitals (Vermögens) verwendet.

▶ Vermögensbestand

→ *Betriebsvermögen*

▶ Vermögensbildungsgesetz (5. VermBG)

Für Sparleistungen, die der Arbeitgeber für den → *Arbeitnehmer* anlegt, gewährt das Vermögensbildungsgesetz eine Arbeitnehmersparzulage. Neben dem Ziel der Vermögensbildung in Arbeitnehmerhand soll vor allem die Förderung der Beteiligung der Arbeitnehmer am Produktivvermögen erreicht werden. Das Gesetz selbst schreibt keinen Rechtsanspruch des Arbeitnehmers auf vermögenswirksame Leistungen des Arbeitgebers fest. Vielmehr muss dies tarifvertraglich oder arbeitsvertraglich zwischen Arbeitnehmer und Arbeitgeber vereinbart werden. Der Arbeitgeberzuschuss zählt dann zum Arbeitslohn. Als begünstigte Anlageformen gelten:

(1) Wertpapier-Kaufverträge;

(2) Wertpapier- und Vermögensbeteiligungs-Sparverträge;

(3) Beteiligungsverträge;

(4) Bausparbeiträge;

(5) Unmittelbare wohnungswirtschaftliche Aufwendungen.

Das reine Kontensparen wird nicht mehr gefördert. Der Arbeitgeber muss bei der Anlage vermögenswirksamer Leistungen im eigenen Unternehmen Vorkehrungen zur Absicherung dieser Leistungen bei Zahlungsunfähigkeit treffen. Außer bei Punkt (5) müssen die Sparbeiträge mindestens 6 Jahre, in den Fällen der Punkt (2) und (4) mindestens 7 Jahre festgelegt werden (Sperrfrist). Bemessungsgrundlage für die Förderung sind die Sparbeiträge, jedoch nur bis höchstens 400/470 € pro Jahr. Die Förderung beträgt 9–18 % der Sparbeiträge, wenn bei einem Steuerpflichtigen, der nach der Grundtabelle versteuert wird, ein → *Zu versteuerndes Einkommen* 17.900/20.000 € nicht übersteigt (bei zusammen veranlagten Ehegatten 35.800/40.000 €). Die Sparzulage wird auf Antrag des Arbeitnehmers von seinem zuständigen Finanzamt auf Antrag festgesetzt und am Ende der Sperrfrist ausbezahlt. Sie zählt nicht zum steuerpflichtigen Einkommen hinzu.

▶ Vermögensendwert

→ *Vermögensendwertmethode*

▶ Vermögensendwertmethode

Dynamisches → *Investitionsrechenverfahren,* bei dem eine durch eine → *Investition* ausgelöste Zahlungsreihe auf einen späteren Zeitpunkt T aufgezinst wird (→ *Finanzmathematik*). Der Vermögensendwert berechnet sich nach der Formel $V^T = \Sigma\ (E^t - A^t)\ (1 + i)^t$. Das ebenfalls bei der → *Kapitalwertmethode* angeführte Beispiel wird in Abbildung V-2 genutzt, um die Anfangsinvestition von 4000 € und die künftigen Zahlungen durch deren Aufzinsung gegenüberzustellen. Es lässt sich ein Vermögensendwert von 11 546 € errechnen, wobei davon ausgegangen wurde, dass die Zahlungen jeweils am Ende der Periode angefallen sind. Wie bei allen dynamischen Investitionsrechenverfahren ist kritisch anzumerken, dass hier in der Regel unsichere künftige Zahlungen mit einem fiktiven kalkulatorischen Zinssatz als Basis für eine Investitionsentscheidung herangezogen werden.

Jahre	0	1	2	3
Anschaffung	– 4.000			
Einzahlungen		+ 2.000	+ 10.000	+ 20.000
Auszahlungen		– 5.000	– 5.000	– 5.000
Endwerte (10 %)		– 3.993	+ 6.050	+ 15.000
	– 5.324	– 3.630	+ 5.500	+ 15.000
	– 4.000 $(1{,}1)^3$	– 3.000 $(1{,}1)^2$	+ 5.000 $(1{,}1)^1$	+ 15.000
Vermögensendwert				11.546

Abb. V-2: Beispiel für eine Vermögensendwertmethode

▶ Vermögensgegenstand

Begriff aus dem Handelsrecht für Sachen **und** Rechte, die folgende drei – aus den GoB abgeleitete – Kriterien erfüllen, nämlich

(1) die **rechtliche** oder **wirtschaftliche** Zugehörigkeit zum Unternehmen,

(2) die **selbständige Verwertbarkeit** (durch Veräußerung oder Nutzungsüberlassung) und

(3) die **selbständige Bewertbarkeit**.

Diese Gegenstände sind grundsätzlich, sofern kein spezielles Aktivierungswahlrecht oder -verbot besteht, in der → *Handelsbilanz* auf der Aktivseite auszuweisen. Der im Steuerrecht verwendete Begriff des → *Wirtschaftsgutes* ist weiter definiert.

Die in den IFRS und US-GAAP für Vermögenswerte verwendete Bezeichnung „Asset" ist ebenfalls umfassender als der Begriff des Vermögensgegenstandes. Ein „Asset" liegt vor, wenn ein Unternehmen rechtlich oder wirtschaftlich über eine Ressource verfügt und hieraus zukünftig einen Nutzen (Ertragspotential) erwartet. Soweit diese Kriterien für das Vorliegen eines Assets erfüllt sind, so folgt daraus aber noch nicht zwingend der Bilanzansatz, vielmehr muss zusätzlich der Nutzenzufluss wahrscheinlich sein und die Kosten bzw. der Wert müssen zuverlässig ermittelt werden können. Weiterhin müssen die spezifischen Rechnungslegungsstandards für die einzelnen Assets, z. B. IAS 38 für Immaterielle Werte, beachtet werden.

▶ Vermögensrechte

→ *Aktie*

▶ Vermögensstruktur

→ *Vermögensstrukturkennzahlen*

▶ Vermögensstrukturanalyse

→ *Vermögensstrukturkennzahlen*

▶ Vermögensstrukturkennzahlen

Kennzahlen zur Analyse der Vermögensstruktur. Hierzu werden einzelne Aktivposten der → *Bilanz* zum Gesamtvermögen oder zu anderen Aktivposten ins Verhältnis gesetzt, z. B.

$$\text{Anlagenintensität} = \frac{\text{Anlagevermögen}}{\text{Gesamtvermögen}}$$

$$\text{Arbeitsintensität} = \frac{\text{Umlaufvermögen}}{\text{Gesamtvermögen}}$$

Diese Kennzahlen geben Einblick in die Struktur der im Unternehmen gebundenen Mittel. Sie sind insbesondere im Rahmen von Zeit- und Branchenvergleichen relevant. Darüber hinaus wird die Dauer der gebundenen Mittel mit Hilfe der Kennzahl → *Umschlagsdauer* bzw. → *Umschlagshäufigkeit* gemessen.

▶ Vermögensteuer

Bis 22.6.1995 erhobene Steuer auf Besitz, deren Aufkommen (1994: rd. 3 Mrd. € = 0,8 % des gesamten Steueraufkommens des Staates) den Ländern zugeflossen ist. Aufgrund des Beschlusses des Bundesverfassungsgerichtes vom 22.6.1995 konnte die Vermögensteuer wegen ihrer teilweisen Verfassungswidrigkeit ab 1997 nicht mehr erhoben werden. Dennoch hat der Gesetzgeber die Vermögensteuer nicht abgeschafft, vielmehr verzichtet er lediglich auf eine verfassungskonforme Neuregelung, so dass dieses → *Steuergesetz* auf dem Papier weiterbesteht und nur auf die Erhebung verzichtet wird. Das bedeutet aber auch, dass jederzeit über eine Reaktivierung der Vermögensteuer, eventuell auch nur in Teilen, entschieden werden kann.

▶ Vermögensvergleich

→ *Betriebsvermögensvergleich*

▶ Vermögenswirksame Leistungen

→ *Vermögensbildungsgesetz (5. VermBG)*

▶ Verpackung

Umhüllung eines Produktes zum Schutz des Verpackungsinhaltes, zur leichteren Handhabung oder zum besseren Transport (Transportverpackung). Logistisch haben Verpackungen den Zusammenhalt kleiner Einzelteile, die Verhinderung des Zerbrechens oder Auslaufens zur Zielsetzung. Zunehmend hat die Verpackung marketingpolitische Ziele (Verkaufsverpackung) und verfolgt damit Ziele der Produktpolitik. Darüber hinaus hat die Verpackung eine rechtliche Funktion, indem sie dem Verbraucher gesetzlich vorgeschriebene Mindestinformationen z. B. über die Packungsmenge, das Mindesthaltbarkeitsdatum, den Anteil gesundheitsgefährdender Stoffe (Nikotin, Konservierungsstoffe, etc.) bietet. Durch die Verpackungsverordnung von 1992 werden die Hersteller von Produkten zur Rücknahme der Verkaufs- und Transportverpackungen verpflichtet. Eine neue Verpackungssteuer zur Abfallvermeidung wird aktuell diskutiert. Im Zuge des ökologisch- sozialen Ansatzes der Betriebswirtschaftslehre werden derartige Probleme erörtert bzw. die Notwendigkeit von Verpackungen zunehmend in Frage gestellt. Das Gewicht der Verpackung wird als → *Tara* bezeichnet.

▶ Verrechnungspreise

Wertansätze für innerbetriebliche Leistungen, die im Wege der → *Kalkulation* ermittelt werden. Insbesondere bei organisatorisch getrennten Unternehmensbereichen, die für ihre Kosten (Cost Center) und evtl. den für das Unternehmen erbrachten Renditeanteil (Profit Center) verantwortlich sind. In Unternehmen, deren → *Kostenrechnung* als → *Plankostenrechnung* ausgestaltet ist, erfolgt die Bewertung der künftigen Materialverbrauchsmengen in der Regel zu festen internen Verrechnungspreisen.

▶ Verrichtungsprinzip funktionale Organisation

→ *Aufgabenanalyse*

▶ Versandhandel

→ *Handel*

▶ Versandklauseln

Regelungen ähnlich den → *Handelsklauseln,* die festsetzen, welche Kosten der Käufer und welche Kosten der Verkäufer beim Versand oder Transport der Waren zu tragen hat (Abbildung V-3).

Lieferung	Klauselerläuterung
frei Haus	Im Angebotspreis sind alle Transportkosten enthalten.
frachtfrei	Im Angebotspreis sind alle Transportkosten bis zur Empfangsstation (z. B. Bahnhof) enthalten.
frei Waggon	Alle Transportkosten nach der ersten Verladung sind vom Käufer zu zahlen.
unfrei	Alle Transportkosten sind vom Käufer ab erster Versandstation zu zahlen.
ab Werk	Der Käufer zahlt sämtliche Versandkosten.

Abb. V-3: Versandklauseln

▶ Verschleiß

Unerwünschte Veränderung der Oberfläche eines Gebrauchsgegenstands durch Lostrennen kleiner Teilchen infolge mechanischer Ursachen, z. B. Reibung bei aufeinander gleitenden Oberflächen.

▶ Verschmelzung

→ *Umwandlung*

▶ Verschuldungsgrad

Kennzahl (→ *Kennzahl*), die in zwei Formen im Rahmen der → *Bilanzanalyse* relevant ist. Zum einen als statischer Verschuldungsgrad (Fremdkapital: Gesamtkapital) zur Analyse der Kapitalstruktur anhand der → *Bilanz* und zum andern als dynamischer Verschuldungsgrad (Effektivverschuldung: → *Cashflow*), der zum Ausdruck bringt, welche Zeitspanne (Jahre) benötigt wird, um aus dem Cashflow die effektiven Schulden (Forderungen abzgl. Verbindlichkeiten) zu tilgen.

▶ Versicherung

Betriebsart und → *Branche*, die Risiken von Betrieben und Personen absichert, und zugleich Bezeichnung für deren Produkt (Abbildung V-4). Ein Versicherer deckt gegen Prämien der Versicherten deren Risiko und erbringt im Schadensfall bzw. im Versicherungsvertrag

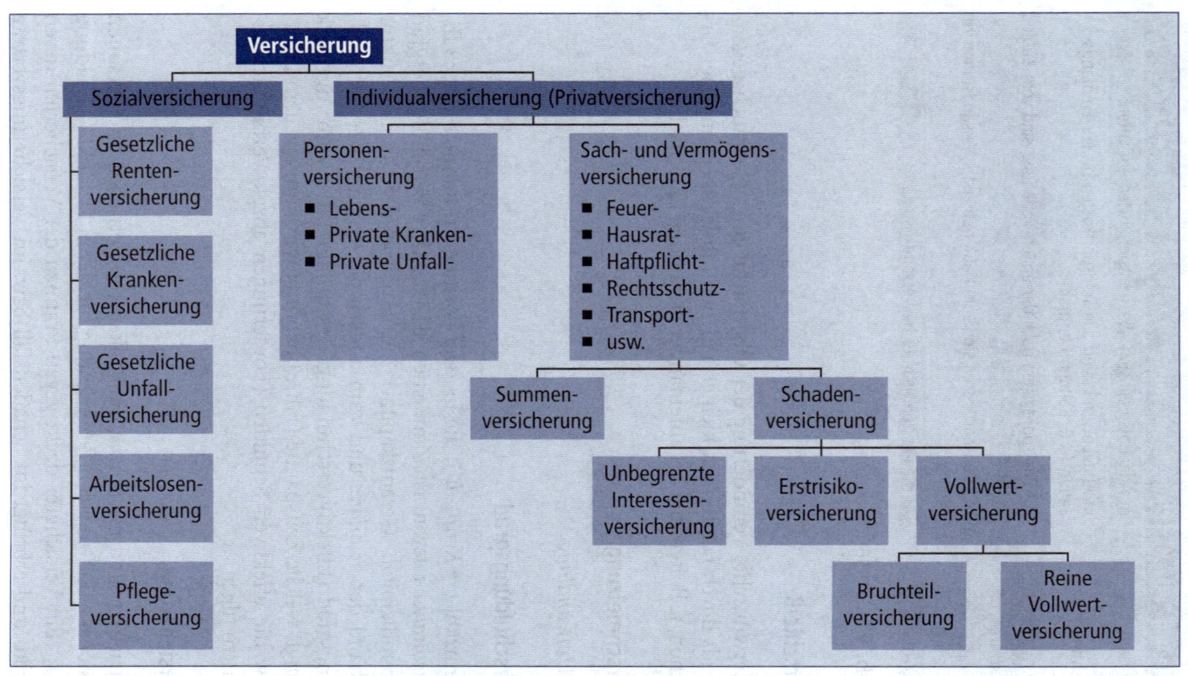

Abb. V-4: Strukturierung des Versicherungsbereiches

geregelten Fall die vereinbarte Leistung bis zu maximal der vereinbarten Versicherungssumme. Jeder Bundesbürger besaß 1994 im Durchschnitt sechs Versicherungsverträge und die Versicherer vereinnahmten 1994 allein 200 Mrd. DM an Prämien (→ *Beitrag*). Bereits daran lässt sich die große Bedeutung dieser Branche ermessen. Es lassen sich **Individualversicherungen** und **Sozialversicherungen** unterscheiden (Sparten). Während bei der Sozialversicherung (Krankheit, Arbeitslosigkeit) weitgehend Versicherungspflicht besteht, ist die Individualversicherung (Leben, Unfall, Hausrat, etc.) freiwillig abschließbar. Innerhalb der Individualversicherungen unterscheidet man Sach- und Personenversicherungen. Der Versicherer verpflichtet sich bei Eintritt des Versicherungsfalles zur Zahlung der Versicherungssumme, der Versicherungsnehmer verpflichtet sich zur fristgemäßen Zahlung der Prämien und zur wahrheitsgemäßen Angabe der Daten bei Versicherungsabschluss.

▶ Versicherungsaufsicht

Analog der → *Banken- und Finanzaufsicht* durch die Bundesanstalt für Finanzdienstleistungsaufsicht wahrgenommene Beaufsichtigung der Versicherungsunternehmen (→ *Versicherung*) durch das Versicherungsaufsichtsgesetz vom 13.10.1983.

▶ Versicherungsfremde Leistungen

Leistungen, die nicht i. S. des Äquivalenzprinzips als Gegenleistung für einen Beitrag gewährt werden. So z. B. die in den letzten Jahren im Zusammenhang mit der gesetzlichen Sozialversicherung diskutierten Renten an Personen, die keine Beiträge an die gesetzlichen Rentenversicherungen gezahlt haben.

▶ Versicherungstechnische Rückstellungen

→ *Deckungsrückstellung*

▶ Versicherungssteuer (VersSt)

Steuer (→ *Steuer*) auf Umsätze aus Versicherungsverhältnissen. Sie wird bei jeder Prämienzahlung fällig, egal ob das Versicherungsverhältnis durch einen Vertrag oder auf sonst eine Weise zustande gekommen ist. Ausgenommen von der Versicherungspflicht sind Prämienzahlungen an die staatlichen Sozialversicherungen, die private Kranken- und Lebensversicherung. → *Steuerbemessungsgrundlage* ist in der Regel die Prämienzahlung, der allgemeine Steuersatz beträgt 19 %, kann jedoch abweichen wie z. B. bei der Seeschiffskaskoversicherung (3 %). Das Aufkommen beträgt rd. 2 % des gesamten Steueraufkommens des Staates. Es fließt dem Bund zu.

▶ Versicherungsverein auf Gegenseitigkeit (VVaG)

Rechtsform (→ *Rechtsform*) für das Versicherungswesen. Ein VVaG betreibt die Versicherung seiner Mitglieder nach dem Grundsatz der Gegenseitigkeit, d. h. er verfolgt also nicht eine Gewinnerzielung, sondern einen möglichst preisgünstigen Versicherungsschutz für seine versicherten Mitglieder. Der VVaG trägt damit Züge einer Genossenschaft. Rechtliche Grundlage ist das Versicherungsaufsichtsgesetz VAG. Die Organe des VVaG sind der Vorstand, Aufsichtsrat und die Vollversammlung der Mitglieder, ähnlich einer → *Aktiengesellschaft (AG)*.

▶ Versorgungsaufwendungen

→ *Sonderausgaben*

▶ Versteigerung

→ *Zwangsversteigerung*

▶ Vertikales Marketing

Neben der Ausrichtung auf den Endkunden hat sich die Bedeutung des Handels für die Industrie im Laufe der letzten Jahrzehnte verstärkt. Dies beeinflusst das → *Marketing* der Industrie zum einen quantitativ über den Einfluss auf die an den Endverbraucher abverkauften Mengen und zum anderen qualitativ durch die Umsetzung des Endverbrauchermarketing im Handel. Das vertikale Marketing bildet damit eine Konzeption der Industrie für die Zusammenarbeit mit dem Handel. Inhaltlich geht es vor allem darum, wie die Funktionsaufteilung zwischen Hersteller und Handel gehandhabt wird und welchen Anteil an der Vertriebsspanne der Hersteller realisieren möchte. Während zunächst insbesondere die → *Rabattpolitik* und Konditionenpolitik Schwerpunkte des Marketing waren, hat sich inzwischen die Beschäftigung mit der größtmöglichen gemeinsamen Wertschöpfung („Wertschöpfungspartnerschaften") in den Vordergrund geschoben. Vertikales Marketing wird damit immer mehr zu einem Thema des strategischen Marketing.

▶ Vertrag

Mehrseitiges Rechtsgeschäft, das durch übereinstimmende Willenserklärungen zustande kommt. Ein Vertrag kommt i. d. R. durch → *Angebot* und Annahme desselben (zweiseitiges Rechtsgeschäft), also durch zwei sich deckende Willenserklärungen (→ *Anfechtung*) zustande. I. d. R. handelt es sich hier um einen Kaufvertrag (→ *Kauf*). Das Vertragsrecht im BGB (§§ 145 ff.) ist für jeden Kaufvertrag (§§ 433 ff.) maßgeblich. Es gilt der Grundsatz der → *Vertragsfreiheit* (Privatautonomie). Seit 2000 gelten durch das Gesetz über Fernabsatzverträge und andere Fragen des Verbraucherrechts erweiterte Widerrufsrechte durch den Verbraucher.

▶ Vertragsfreiheit

Nach geltender Rechtsordnung soll bei Verträgen (→ *Vertrag*) jeder selbst bestimmen können, ob, mit wem, wie und was er vertraglich vereinbart. Diese Freiheiten nennt man Abschluss-, Form- und Gestaltungsfreiheit. Ausnahmen von der Abschlussfreiheit sind für bestimmte Verträge z. B. im Beförderungswesen, der Energiewirtschaft oder der Telekommunikation zu beachten, wenn Monopolanbieter verpflichtet werden, bestimmte Verträge bzw. Verbindungen einzugehen (Kontrahierungszwang). Ebenso sind bestimmte Formvorschriften (→ *Beglaubigung*, → *Notarielle Beurkundung*) für bestimmte Geschäfte zu beachten. Durch das sog. dispositive Recht wird eine inhaltliche Gestaltungsfreiheit der Verträge ermöglicht, d. h., dass Gesetze nur dann Anwendung finden, wenn sich die Vertragsparteien nicht über andere Regelungen verständigt haben (Disposition) (Abbildung V-5).

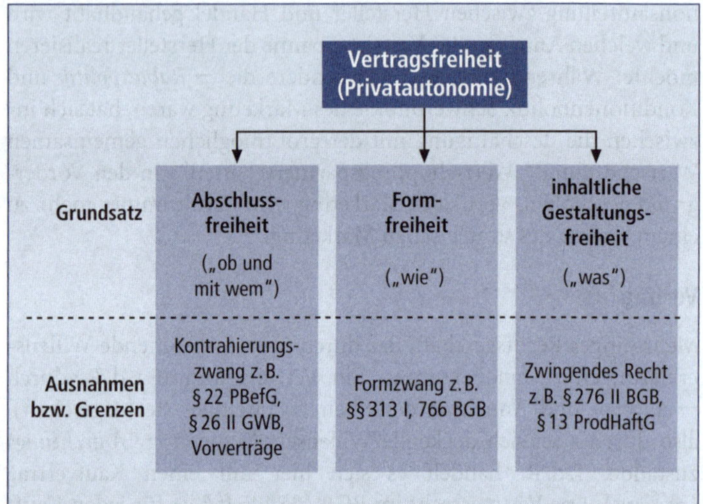

Abb. V-5: Möglichkeiten und Grenzen der Vertragsfreiheit (Quelle: Schünemann, W. B.: Wirtschaftsprivatrecht, 5. Aufl., Stuttgart 2006, S. 112)

▶ Vertragsstrafe (Konventionalstrafe)

Gem. § 339 BGB vertraglich vereinbarte Geldstrafe für den Fall, dass der Schuldner seine Leistungen (Lieferungen oder Zahlungen) überhaupt nicht oder nicht in der vereinbarten Weise erbringt (→ *Erfüllung*). Die Strafe ist fällig, wenn der Schuldner mit seiner Leistung in → *Verzug* gerät. Die Höhe ist prinzipiell unbegrenzt.

▶ Vertretbarkeit

→ *Fungibilität*

▶ Vertretung

Stellvertretung (Handlung für andere) bei Geschäften in der Wirtschaftspraxis, z. B. von noch Geschäftsunfähigen (→ *Geschäftsfähigkeit*) durch ihre gesetzlichen Vertreter (z. B. Eltern) oder die

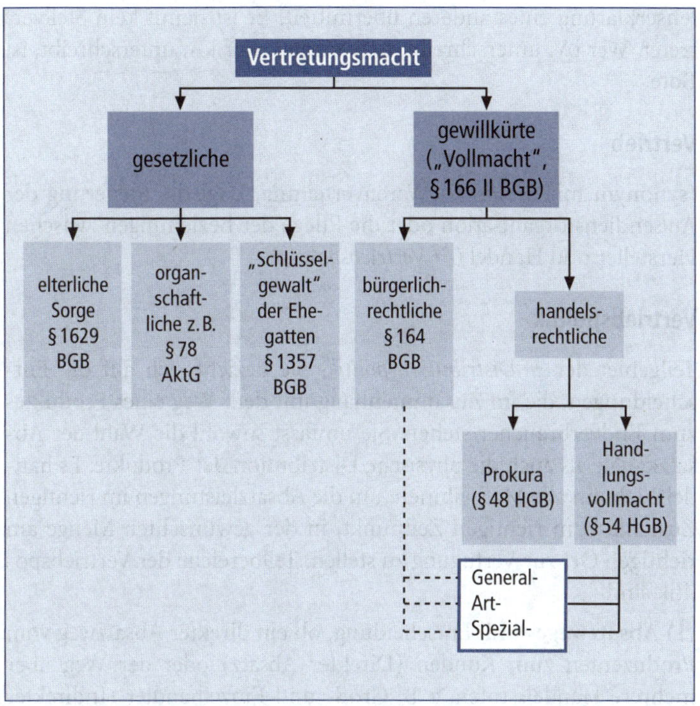

Abb. V-6: Arten der Vertretungsmacht (Quelle: Schünemann, W. B.: Wirtschaftsprivatrecht, 5. Aufl., Stuttgart 2006, S. 100)

Stellvertretung für eine → *Juristische Person* durch ihre Organe. Die Stellvertretung kann auch Ausdruck einer Arbeitsteilung oder Vertretung im Bedarfsfall (z. B. Krankheit, Urlaub) sein, um den Geschäftsverkehr nicht stillzulegen. Der Vertretene muss sich gem. BGB die Handlungen und Willenserklärungen des Stellvertreters wie eigenes Handeln entgegenhalten lassen. Der Stellvertreter handelt gem. § 164 I BGB im fremden Namen. Daher ist der Stellvertreter vom Kommissionär und → *Spediteur* zu unterscheiden. Ein vertraglich vereinbartes Vertretungsrecht („gewillkürte Vertretung" gem. § 166 BGB) nennt man auch → *Vollmacht* (Abbildung V-6). Vom Vertreter zu unterscheiden ist der Bote, der lediglich eine Willenserklärung eines anderen übermittelt. Er ist damit kein Stellvertreter. Wer i.V. unterschreibt, ist Vertreter, wer i.A. unterschreibt, ist Bote.

▶ Vertrieb

(synonym mit → *Absatz*) Warenverteilung, Logistik, Steuerung der Außendienstorganisation oder die Pflege der Beziehungen zwischen Hersteller und Handel (→ *Vertriebspolitik*).

▶ Vertriebspolitik

Teilgebiet der → *Distributionspolitik.* Sie bezieht sich auf die Entscheidungen, die im Zusammenhang mit dem Weg eines Produktes zum Endverbraucher stehen. Sie umfasst sowohl die Wahl der Absatzkanäle als auch die physische Distribution der Produkte. Es handelt sich um alle Maßnahmen, um die Absatzleistungen im richtigen Zustand, zum richtigen Zeitpunkt, in der gewünschten Menge am richtigen Ort zur Verfügung zu stellen. Teilbereiche der Vertriebspolitik sind

(1) **Absatzwegewahl:** Entscheidung, ob ein direkter Absatzweg vom Produzenten zum Kunden (Direkter Absatz) oder der Weg über mehrere Handelsstufen, z. B. Groß- und Einzelhändler (Indirekter Absatz) gewählt werden soll.

(2) **Absatzmittlerwahl:** Entscheidung über den Einsatz von betrieblichen (→ *Reisender*) oder außerbetrieblichen (→ *Handelsvertreter*) Absatzpersonen.

(3) **Marketing-Logistik:** Fragen der Absatzlagergestaltung (also z. B. dem Lagerstandort, der Lagergröße oder dem Lagerhaltungssystem) sowie des Transports (wie Transportwegewahl und Wahl der Transportmittel). Hieraus resultieren Auswirkungen auf die Liefer- und Servicebereitschaft eines Anbieters.

▶ Vertriebsweg

→ *Distributionsweg,* → *Handelsvertriebsweg*

► Verursachungsprinzip

→ *Kostenrechnung*

► Verwahrung

Verpflichtung durch einen Verwahrungsvertrag (→ *Vertrag*) gem. §§ 688 ff. BGB, eine dem Verwahrer vom Hinterleger übergebene bewegliche Sache aufzubewahren. Beispielsweise liegt ein derartiger Vertrag bei der Wertpapierverwahrung durch eine → *Bank* im Depot (→ *Depotgeschäft*) vor. Waren sind bei → *Mängelgewährleistung* ebenfalls sachgerecht zu verwahren, bis die Ware ausgetauscht oder ersetzt wird.

► Verwaltung

Im Gegensatz zur → *Führung* und → *Leitung* Einheiten, die bestimmte Anweisungen **ausführen**. Die Verwaltung wird häufig mit dem Begriff der Bürokratie und dem bürokratischen → *Führungsstil* in Verbindung gebracht, d. h. nicht Kreativität und Entscheidungsfreude sind hier wichtig, sondern die Einhaltung eines → *Dienstwegs* sowie die Verfolgung vorgegebener Regelungen für sämtliche Abläufe.

► Verwertung

→ *Zwangsvollstreckung*

► Verzug

Wenn ein → *Gläubiger* die ihm angebotene Leistung zur rechten Zeit, am rechten Ort und in gehöriger Weise nicht annimmt, kommt er in einen Annahmeverzug. Umgekehrt kommt der Schuldner gem. § 286 BGB in Zahlungsverzug, wenn er die versprochene Zahlung (Zahlungsverzug) oder Ware (Lieferverzug) nicht leistet. Für die betriebliche Praxis entscheidend ist insbesondere der Zahlungsverzug, in den der Schuldner automatisch 30 Tage nach Fälligkeit kommt. Der Verzug tritt also unabhängig von der Mahnung oder der Zustellung eines Mahnbescheides ein. Die Entbehrlichkeit der Mahnung setzt eine Bestimmtheit der Leistungszeit voraus. Diese kann im Vertrag durch eine kalendermäßige Bestimmtheit oder durch Gesetze oder Urteile erfolgen. Ein früherer Verzug als nach 30 Tagen ist vertraglich möglich. Der Gläubiger kann im Verzugsfalle den Verzugsschaden (→ *Schaden*) sowie die → *Verzugszinsen* einfordern.

▶ Verzugszinsen

Die vom Gläubiger im Falle eines → *Verzugs* neben dem Verzugsschaden in geltend machbare Zinsen für die verspäteten Leistungen bzw. Zahlungen. Die Verzugszinsen liegen gem. § 288 BGB bei 5 Prozentpunkten p.a. über dem → *Basiszinssatz* bei Geldschulden und 8 Prozentpunkten p.a. über dem Basiszinssatz bei Entgeltforderungen.

▶ Verzugszinssatz

In § 288 BGB genannter Zinssatz, mit dem im Fall eines → *Verzuges* eine Geldschuld zu verzinsen ist. Er beträgt 8 Prozentpunkte über dem → *Basiszinssatz* p.a. bei Rechtsgeschäften, an denen ein Verbraucher nicht beteiligt ist, ansonsten 5 Prozentpunkte über dem Basiszinssatz.

▶ VGA

→ *Verdeckte Gewinnausschüttung*

▶ VIE-Theorie von Vroom

Motivationstheorie von *Victor H. Vroom*, die mathematisch formuliert wird durch drei Variablen:

(1) Valenz (V), d. h. die Stärke der Bevorzugung bestimmter Objekte oder Handlungen für das Individuum gegenüber dem erreichbaren Ziel oder Ergebnis und

(**2**) die Instrumentalität (I), d. h. der Schätzwert subjektiver Wahrscheinlichkeit, von der das Individuum meint, dass das Ergebnis eintritt. Der Wert der Instrumentalität kann zwischen –1 (d. h. der Handlungsausgang führt voraussichtlich nicht zum Ziel) und +1 (d. h. der Zielerreichung) liegen. Weiterhin ist

(**3**) die Erwartung (E), d. h. die Wahrscheinlichkeit des konkreten Handlungsausganges, die zwischen 0 und 1 liegt, einzubeziehen.

Das darauf aufbauende mathematische Modell drückt aus, dass die Anstrengung eines Individuums (Mitarbeiter), seine Ziele zu erreichen, als eine Funktion aus seinen Erwartungen (E) und der Valenz (V), die dieses Resultat für den Betreffenden hat, darstellbar ist. Der Mitarbeiter wird also motiviert sein, d. h. hohe Leistungen erbringen, wenn er eine hohe Wahrscheinlichkeit darin sieht, dass seine persönlichen Bemühungen auch zu hoher Arbeitsleistung führen oder wenn er eine hohe Wahrscheinlichkeit darin sieht, dass gute Arbeitsleistung zu erwünschten persönlichen Zielerreichungen führt oder wenn er diese Ziele und Ergebnisse (z. B. Bezahlung) als positiv und attraktiv für sich empfindet. Kritiker werfen diesem Modell „Modellplatonismus“, d. h. die Kreation eines Motivationsmodells um der Kreation willen, vor. Tatsächlich kann Motivation nur schwer in quantitativen Modellen abgebildet werden.

▶ Vinkulierte Namensaktie

→ *Aktienarten*

▶ Virales Marketing (VM)

Eine Form des Marketing, das auf der Ausbreitung über soziale Netze beruht und dabei Aufmerksamkeit auf Produkte, Marken oder Unternehmen lenken will. Es wird auch Viral-Marketing oder manchmal Virus-Marketing, kurz VM genannt. Eine anfänglich überraschende, unerwartete, möglicherweise sogar (für die Zielgruppe) sensationelle Botschaft verbreitet durch Mundpropaganda wie ein Virus. Die Verbreitung der Nachrichten basiert im Wesentlichen auf der Kommunikation zwischen den Kunden oder Konsumenten untereinander. VM unterstützt die spontane Mundpropaganda von Kunden aktiv, indem sie zur Mundpropaganda auffordert und den Kunden dafür Mittel zur Verfügung stellt. Typische Beispiele sind Ausfüllen von Formularen im Internet, mit denen die Information der Seite als E-Mail an die Empfänger (Freunde) geschickt wird („Artikel als E-Mail senden"), das Weiterleiten von E-Mails mit Preisausschreiben, interessanten Bildern, Ton- und Filmclips u. Ä. oder die Einbindung in Weblogs. Insbesondere die Ausbreitung von Internet und E-Mail-Verkehr hat also für das Anwachsen dieser Werbeform gesorgt. (→ *Kommunikationspolitik*)

▶ Virtuelle Werbung

Werbung (→ *Werbung*), die mittels digitaler Technik nur für den Zuschauer auf dem Bildschirm sichtbar ist. In der Regel werden Logos von Firmen eingefügt. Bei Fußballübertragungen kann mit dieser Technik die im Stadion vorhandene Bandenwerbung (virtuelle Billboards) durch eine andere Werbung ersetzt oder ein Logo auf dem Rasen eingeblendet werden (→ *Kommunikationspolitik*)

▶ Volatilität

Schwankungsbreite von Wertpapier- und Wechselkursen. Sie wird gemessen als Standardabweichung σ um den Mittelwert über einen festgelegten Zeitraum, um die wahrscheinliche Abweichung einer künftigen Kursentwicklung von der erwarteten durchschnittlichen Entwicklung zu bestimmen. Wertpapiere, bzw. Währungen mit hohen Volatilitäten können als spekulative Anlagen bezeichnet werden. Die Volatilität wird außerdem verwandt, um die sogenannte → *Black-Scholes-Formel* und damit den Optionspreis zu berechnen.

▶ Volkswirtschaftslehre

→ *Wirtschaftswissenschaft*

▶ Vollamortisationsvertrag

→ *Leasing*

▶ Vollerhebung

→ *Erhebungsmethode*

▶ Vollkaufmann

→ *Kaufmann*

▶ Vollkostenrechnung

Variante der → *Kostenrechnungssysteme*, bei dem sämtliche Kosten, d. h. alle → *Einzelkosten* und alle → *Gemeinkosten*, im Wege der → *Kostenartenrechnung* erfasst, in der → *Kostenstellenrechnung* verteilt und in der → *Kostenträgerrechnung* auf die → *Kostenträger* (Leistungseinheiten) zugerechnet wird. Im Gegensatz zur → *Teilkostenrechnung*, bei der nur Teile der Kosten auf die Kostenträger verteilt werden, entsteht hier das Problem, dass sowohl → *Fixe Kosten* als auch Gemeinkosten, für die der Kostenträger, auf den diese verteilt werden, nicht ursächlich ist, bei der → *Kalkulation* von Preisen zu Fehlinformationen führen können. So muss bei der Wahl zwischen → *Eigenfertigung versus Fremdbezug* darauf geachtet werden, dass auch beim Fremdbezug Teile der fixen und gemeinen Kosten in die Abwägung einbezogen werden.

▶ Vollmacht

Rechtsgeschäftlich erteilte Vertretungsmacht (→ *Vertretung*). Befähigung zur Vertretung einer Person durch eine andere → *Natürliche Person* oder → *Juristische Person* gegenüber Dritten (z. B. Kunden, Lieferanten). Die Handlungsvollmacht ist in § 54 HGB geregelt und wird im Gegensatz zur → *Prokura* nicht in das → *Handelsregister* eingetragen. Je nach Umfang der Vollmacht unterscheidet man die **Generalvollmacht**, die Ermächtigung zu allen Geschäften, die zum Betrieb eines derartigen Handelsgewerbes gewöhnlich gehören, die **Artvollmacht**, eine Ermächtigung, nur bestimmte Geschäftsarten auszuführen, und die **Spezialvollmacht**, d. h. die Vollmacht für einzelne bestimmte Geschäfte. Der Handlungsbevollmächtigte muss, wenn er für die → *Firma* unterschreibt, den Zusatz i.V. oder bei einer Spezialvollmacht i.A. vor seinen Namen setzen. Im Gegensatz zur Prokura sind die Handlungsmöglichkeiten gem. § 54 2 HGB weiter eingeschränkt.

▶ Vollstreckbarer Titel

→ *Zwangsversteigerung*, → *Zwangsvollstreckung*

▶ Vollstreckungstitel

Urkunde, die eine → *Zwangsversteigerung* ermöglicht.

▶ Vorbörse

→ *Freiverkehr*

▶ Vorgesellschaft

Im Gründungsstadium ab Verfassen des Gesellschaftsvertrages bis zur Rechtsfähigkeit durch Eintragung im Handelsregister sich befindliche Gesellschaft.

▶ Vorhersage

Zukunftsaussagen, die objektiv (→ *Prognose*) oder subjektiv fundiert sein können (Abbildung V-7).

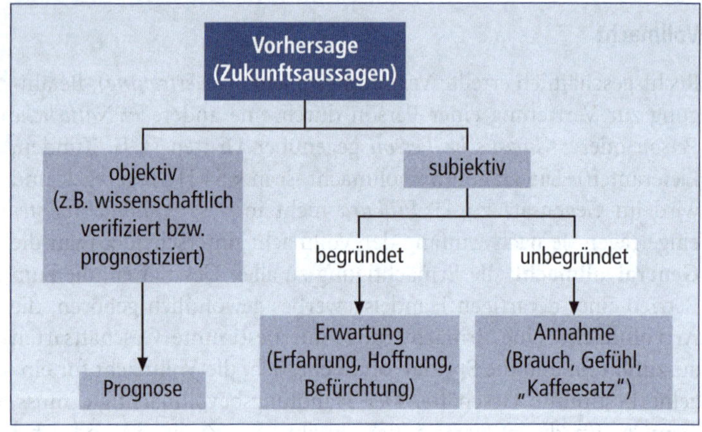

Abb. V-7: Vorhersagearten

▶ Vorkalkulation

→ *Kalkulation*

▶ Vorrat

Gelagerte Roh-, Hilfs- und Betriebsstoffe, Ersatzteile, halbfertige und fertige Erzeugnisse (→ *Lager*, → *Produktionsfaktoren (nach Gutenberg)*). In Handelsbetrieben (→ *Handel*) zählen hierzu die gelagerten Waren. Des Weiteren gehören die Enderzeugnisse zum Vorrat (→ *Bewertung*, → *Bewertungsmaßstäbe*).

▶ Vorratsvermögen

Teil des Umlaufvermögens, der gem. § 266 II HGB grundsätzlich zu untergliedern ist in:

(**1**) Roh-, Hilfs- und Betriebsstoffe

(**2**) unfertige Erzeugnisse, unfertige Leistungen

(**3**) fertige Erzeugnisse und Waren

(**4**) geleistete Anzahlungen

Die Bewertung erfolgt nach dem für das Umlaufvermögen gem. § 253 III HGB geltenden strengen → *Niederstwertprinzip*, d. h. grundsätzlich sind die Anschaffungskosten oder → *Herstellungskosten* maßgeblich, sofern aber der Börsen- oder Marktpreis niedriger ist, muss auf diesen abgewertet werden. Je nach Vorratsposition ist nach bislang herrschender Meinung vom Beschaffungs- und/oder Absatzmarkt auszugehen (Abbildung V-8).

Vorräte	relevanter Markt
Roh-, Hilfs- und Betriebsstoffe	grundsätzlich Beschaffungsmarkt Ausnahme: Überbestände = Absatzmarkt
unfertige Erzeugnisse/Leistungen und fertige Erzeugnisse	grundsätzlich Absatzmarkt Ausnahmen: ▪ soweit Fremdbezug möglich = Beschaffungsmarkt ▪ Überbestände = Beschaffungs- und Absatzmarkt (niedrigerer Wert)
Waren	Beschaffungs- und Absatzmarkt (niedrigerer Wert)

Abb. V-8: Relevanter Markt zur Bewertung der Vorräte

Nach Auffassung des IDW (2013) ist bei Roh-, Hilfs- und Betriebsstoffen dann nicht auf den Beschaffungspreis abzustellen, wenn das Erzeugnis, das sich nach der Verarbeitung der Roh-, Hilfs- und Betriebsstoffe ergibt, kostendeckend veräußert werden kann. Soweit der Absatzmarkt heranzuziehen ist, ist der Verkaufspreis abzüglich aller noch anfallenden Aufwendungen anzusetzen. Soweit vom Beschaffungsmarkt auszugehen ist, sind von den → *Wiederbeschaffungskosten* ggf. noch Gängigkeitsabschläge vorzunehmen. Liegt **kein** Börsen- oder Marktpreis vor, ist ersatzweise ein → *Beizulegender Wert* heranzuziehen. In bestimmten Fällen kann im Vorratsvermögen anstelle der Einzelbewertung eine vereinfachte Wertermittlung mit Hilfe der → *Sammelbewertungsverfahren,* der Festwertbewertung oder der → *Gruppenbewertung* erfolgen.

Nach IFRS (IAS 2) und ähnlich nach US-GAAP erfolgt die Bewertung nach der sog. „Lower of cost or market-Methode", d. h. die Anschaffungs- bzw. Herstellungskosten sind – soweit niedriger – auf den Absatzpreis abzuwerten.

▶ Vorschlagswesen

Aufgrund der stetigen Abnahme von Lohn und Gehalt als Motivationsfaktor und dem zunehmenden Wertewandel hin zur Selbstentfaltung bzw. -verwirklichung nimmt das betriebliche Vorschlagswesen in Verbindung mit einem Prämiensystem eine zunehmend bedeutende Stellung in Unternehmen ein. Durch das Prämiensystem sind alle Mitarbeiter aufgerufen, unternehmerisch zu denken und zu handeln, um damit durch einen kontinuierlichen Verbesserungsprozess KVP (→ *Kaizen*) die Qualität der Produkte und Abläufe zu erhöhen. Die in einer Untersuchung von 1992 am häufigsten genannten Anreizprämiensysteme sind dabei Anteilsscheine, Incentive-Reisen, Sonderurlaub oder Geldprämien. Ganz im Gegensatz zu diesem Trend schlägt *Reinhard K. Sprenger* in seinem Bestseller „Mythos Motivation" von 1992 vor, das Vorschlagswesen abzuschaffen, um Mitarbeiter nicht in eine zunehmende Konsumhaltung zu treiben und damit den Leistungswillen lediglich von Prämien abhängig zu machen.

▶ Vorschusszinsen

Zins (→ *Zins*), den eine Bank bei vorzeitiger Rückzahlung von → *Spareinlagen* oder anderer Festeinlagen vom Kunden erhebt. Seit 1993 besteht nach einem Bundesverfassungsgerichtsurteil keine Pflicht mehr, Vorschusszinsen zu berechnen, so dass der Sparer auf die → *Allgemeinen Geschäftsbedingungen (AGB)* seines Sparvertrages achten muss. Häufig verzichten Banken auf deren Berechnung, wenn die Rückzahlung der ungekündigten Spareinlage im Fall einer wirtschaftlichen Notlage des Sparers erfolgt. Andernfalls berechnet sich der Vorschusszins regelmäßig aus einem Viertel der Zinssatzdifferenz, wenn das Geld nicht als Spareinlage, sondern als Sichtguthaben eingelegt worden wäre.

▶ Vorsichtsprinzip

→ *Grundsatz der Vorsicht*

▶ Vorstand

Neben der → *Hauptversammlung* (Beschlussfassung) und dem → *Aufsichtsrat* (Überwachung) drittes, insbesondere leitendes Organ einer → *Aktiengesellschaft (AG)*. Der Vorstand führt die laufenden Geschäfte eigenverantwortlich und, bei mehreren Vorständen, kollegial. Er vertritt die Gesellschaft gerichtlich und außergerichtlich nach außen und hat eine regelmäßige Berichtspflicht an Aufsichtsrat und Hauptversammlung. Er ist zur Führung der Handelsbücher, der Aufstellung und Vorlegung von Jahresabschlüssen und Geschäftsberichten sowie für die Einberufung der Hauptversammlung verantwortlich. Rechte und Pflichten (§ 76 Leitung; § 77 Geschäftsführung; § 78 Vertretung; § 79 Zeichnungsvollmacht; § 83 Vorbereitung und Ausführung der Hauptversammlung; § 88 Wettbewerbsverbot; § 90 Berichte an den Aufsichtsrat; § 91 Buchführung), Berufung und Abberufung (§ 84 durch den Aufsichtsrat), Amtszeit (§ 84 maximal 5 Jahre) sowie Bezüge (§§ 86 ff. Gewinnanteil) sind detailliert im Aktiengesetz geregelt. Die Bezeichnung Vorstand wird darüber hinaus auch für die Leitungsorgane einer anderen → *Kapitalgesellschaft* (→ *Kommanditgesellschaft auf Aktien (KGaA)*, → *Stiftung*,

→ *Genossenschaft, eingetragene (eG))* verwandt. Das Äquivalent zum Vorstand ist der oder die Geschäftsführer einer → *Gesellschaft mit beschränkter Haftung (GmbH).*

▶ Vorsteuer

→ *Umsatzsteuer*

▶ Vorsteuerabzug

→ *Umsatzsteuer*

▶ Vorzugsaktie (Vorzüge)

→ *Aktie*

▶ VUCA

Akronym für die englischen Begriffe *volatility, uncertainty, complexity* und *ambiguity, also Unbeständigkeit,* → *Unsicherheit,* → *Komplexität* und → *Mehrdeutigkeit.* Damit werden die Umfeldveränderungen von Unternehmen und Institutionen in heutiger Zeit beschrieben. Als Strategie zum „Überleben" in einer VUCA-Welt wird die → *Agilität* propagiert.

W

▶ WACC

→ *Weighted Average Cost of Capital (WACC)*

▶ Wachstum

(1) Volkswirtschaftlich eines der vier stabilitätspolitischen Ziele des Stabilitäts- und Wachstumsgesetzes (StWG). Dieses „stetige und angemessene" Wirtschaftswachstum wird als volkswirtschaftliches Ziel zunehmend in Frage gestellt.

(2) Mögliches → *Ziel* von Betrieben, das z. B. durch → *Unternehmenszusammenschluss* (Kooperationen) erreicht werden kann (Krisenstrategie/→ *Krisenmanagement* nach *Greiner*, → *Strategie*).

▶ Wachstumsfaktor

→ *Wachstumsrate*

▶ Wachstumsrate

Die auf den Wert der vorhergehenden Periode bezogene relative Änderung bei einer Zeitreihe von Beobachtungswerten x^{t-1}, x^t,… einer Variablen. Dabei wird der Quotient von x^t und x^{t-1} als Wachstumsfaktor bezeichnet. Wird die relative Änderung auf eine weiter zurückliegende Periode bezogen, so lässt sich die periodische Wachstumsrate als n-te Wurzel (n = Anzahl der Perioden) des Wachstumsfaktors minus eins berechnen. Bei einer Periodendauer von einem Jahr spricht man von der so genannten Compound Annual Growth Rate (CAGR).

$$r_t = \frac{x_t}{x_t - 1} - 1 \qquad \text{(1) Wachstumsrate}$$

$$r_{t,n} = \sqrt[n]{\frac{x_t}{x_t - n}} - 1 \qquad \text{(2) periodische Wachstumsrate bei n Perioden}$$

▶ Währungsoption

Im Gegensatz zum → *Devisentermingeschäft* oder → *Währungsterminkontrakt* nicht die Pflicht, sondern die Möglichkeit, zu einem bestimmten Termin → *Devisen* zu kaufen oder zu verkaufen. Besteht die Möglichkeit zu einem bestimmten Termin, so spricht man von einer europäischen Option, im Gegensatz zur Möglichkeit innerhalb einer bestimmten Laufzeit zu kaufen oder zu verkaufen (amerikanische Option). Der bei der Option zugrunde gelegte fixe Kurs, zu dem ein Stillhalter bei Termin kaufen oder verkaufen soll, wird als Strike Price bezeichnet. Ähnlich wie beim Geschäft mit einer → *Option* von Wertpapieren lassen sich bei Currency Options vier Handlungsvarianten unterscheiden. Beim Kauf einer Kaufoption (Long Call) will beispielsweise ein Importeur spätere Fremdwährungsausgaben zu einem heutigen Kurs absichern. Der Verkauf einer Kaufoption (Short Call) stellt die Gegenposition dar. Bei dem Kauf einer Verkaufsoption (Long Put) sichert beispielsweise ein Exporteur seine späteren Einnahmen in Fremdwährung zu einem heutigen Kurs ab. Der Verkauf einer Verkaufsoption (Short Put) stellt auch hier die Gegenposition dar. Neben diesen klassischen Varianten lassen sich auch Kombinationen der Grundvarianten vorstellen. Bei einem **Spread** handelt es sich um einen gleichzeitigen Verkauf und Kauf von Puts und Calls mit unterschiedlichen Strike Prices und gleicher Laufzeit (vertikaler Spread) oder mit gleichen Strike Prices, aber unterschiedlicher Laufzeit (horizontaler Spread).

▶ Währungsrisiko

Summe aus Wechselkurs-, Transfer- und Leistungs- bzw. Erfüllungsrisiko (→ *Risiko*). Die Kursschwankungen an den Devisenmärkten sowie die Paritätenänderungen in Währungssystemen stellen das Wechselkursrisiko dar. Ein Transferrisiko liegt vor, wenn die Gefahr eines Entzugs der Umtausch- und Verfügungsmöglichkeiten über eine ausländische Währung besteht. Möglichkeiten der Bekämpfung von Währungsrisiken stellen die Fakturierung in Inlandswährung und damit die Abwälzung der Risiken auf den ausländischen Importeur, die Vereinbarung von Währungsklauseln, → *Matching,* Netting, → *Leading,* → *Lagging* oder als externe Maßnahmen die Absicherung durch Dritte (z. B. → *Euler-Hermes-Kreditversicherungs AG*) sowie die Möglichkeit der Abtretung von Forderungen in Auslandswährung (→ *Factoring,* → *Forfaitierung*) dar. Mit zunehmender Bedeutung werden auch → *Währungsterminkontrakt,* → *Devisentermingeschäft* oder → *Währungsoption* zur Absicherung von Währungsrisiken eingesetzt.

▶ Währungsswap

→ *Swap*

▶ Währungsterminkontrakt

Bei Currency Futures standardisierte Produkte im Devisenmarkt (→ *Devisen*). Im Gegensatz zum → *Devisentermingeschäft* findet eine Standardisierung von Erfüllungszeitpunkt, Kontrakthöhen und zugrunde gelegten Währungsindizes statt (z. B. Euro-Dollar-Kontrakt über 150 000 US-$ jeden dritten Mittwoch des letzten Monats im Quartal an der London International Financial Futures Exchange. Die weltweit bedeutendsten Umsätze finden nach wie vor an der Währungsterminbörse in Chicago (CBT) statt. Innerhalb Europas ist die London International Financial Futures Exchange (LIFFE) sowie die → *Deutsche Terminbörse (DTB)* von entscheidender Bedeutung. Die Terminkontrakte werden an der → *Börse* täglich neu bewertet (→ *Währungsterminkontrakt*). Ein Käufer eines derartigen Terminkontraktes hat eine Sicherungsmarge (Initial Margin) bei einem so genannten Clearing House zu hinterlegen (Einschuss). Dies soll verhindern, dass wenig solvente Marktteilnehmer hohe offene Positionen auf Termin eingehen, die sie später nicht erfüllen können (vgl. *Barings* Bank-Skandal in den neunziger Jahren).

▶ Währungsumrechnung

Im Einzelabschluss: Die Umrechnung **einzelner** Fremdwährungspositionen, wie z. B. von Forderungen oder Verbindlichkeiten in US-$ in €, da der Abschluss gem. § 244 HGB in € aufzustellen ist. Im Konzernabschluss: Die Umrechnung eines **vollständigen** Jahresabschlusses einer nicht in € bilanzierenden Konzerngesellschaft in €, da der Konzernabschluss gemäß dem Weltabschlussprinzip auch die ausländischen Gesellschaften umfasst, jedoch gem. § 298 i. V. m. § 244 HGB in € aufzustellen ist.

Die Währungsumrechnung kann – im Einzel- und Konzernabschluss – nach verschiedenen Methoden, die sich im Wesentlichen im Hinblick auf den relevanten Kurs (Stichtagskurs, historischer Kurs, Durchschnittskurs) für die jeweiligen Bilanzpositionen unterscheiden (→ *Konzernabschluss, Währungsumrechnung*), erfolgen. Im Einzelabschluss sind gem. § 256a HGB auf fremde Währung lautende Vermögensgegenstände und Schulden mit einer Restlaufzeit von bis zu einem Jahr mit dem Devisenkassamittelkurs am **Bilanzstichtag** umzurechnen, losgelöst vom historischen Kurs. Dies kann zum Ausweis noch nicht realisierter Kursgewinne führen. Dagegen sind Posten mit einer Restlaufzeit von mehr als einem Jahr unter Beachtung des → *Imparitätsprinzip* umzurechnen, d. h. Kursgewinne dürfen nicht ausgewiesen werden. Nach IFRS und US-GAAP erfolgt, losgelöst von der Fristigkeit der Fremdwährungsposten, immer eine Umrechnung zum Devisenkurs am Bilanzstichtag.

▶ Wagniskapital

→ *Venture Capital (VC)*

▶ Wagnisse, kalkulatorische

→ *Kalkulatorische Wagnisse*

▶ Wahrscheinlichkeit

Maß zur Quantifizierung der Sicherheit bzw. Unsicherheit des Eintretens eines zukünftigen Ereignisses oder Zustandes (→ *Entscheidungssituationen*). Nach der neuen (statistischen) Wahrscheinlichkeitstheorie lassen sich subjektive und objektive Wahrscheinlichkeiten unterscheiden. Die Wahrscheinlichkeiten sind insbesondere in der → *Entscheidungstheorie* (Risikosituation) von Bedeutung.

▶ Wald-Regel

→ *Entscheidungsregeln*

▶ Wandelanleihe

→ *Wandelschuldverschreibung*

▶ Wandelschuldverschreibung

Anleihe (→ *Anleihe*) der → *Aktiengesellschaft (AG),* die dem Inhaber das Recht einräumt, das an sich festverzinsliche → *Wertpapier* (Obligation, Schuldverschreibung) in eine oder mehrere Aktien des Unternehmens umzutauschen. Es handelt sich somit beim Convertible Bond um eine Art → *Option,* da der Inhaber der Wandelanleihe das Recht, aber nicht die Verpflichtung zur Umwandlung hat. Der Anreiz zur Umwandlung in eine Aktie hängt demnach entscheidend von der Kursrelation zwischen Anleihe einerseits und Aktie andererseits sowie dem Wandlungsverhältnis, d. h. einer eventuellen Zuzahlung, ab. Häufig ist in den Anleihebedingungen kein Umtauschtag, sondern eine Umtauschfrist genannt. Häufig wird eine derartige Anleihe von Unternehmen ausgegeben, die zunächst eine Veränderung der Eigentümerstruktur nicht wünschen bzw. die Hauptversammlung einer → *Kapitalerhöhung* mit Dreiviertelmehrheit nicht zustimmt, so dass das Unternehmen sich durch die Ausgabe von Schuldverschreibungen langfristiges Fremdkapital besorgt. Andererseits können mit Ausgabe einer derartigen Anleihe die Vorschriften bezüglich einer Kapitalerhöhung sowie die Hauptversammlungsmehrheit umgangen werden. Es ist allerdings darauf hinzuweisen, dass auch bei der → *Emission* von Wandelanleihen gemäß § 221 AktG ein Hauptversammlungsbeschluss von mindestens Dreiviertelmehrheit erforderlich ist. Eventuell ist aber die Hemmschwelle für eine derartige Mehrheit geringer als bei einer direkten Kapitalerhöhung. Im Gegensatz zur Wandelschuldverschreibung hat der Inhaber einer → *Optionsschuldverschreibung* das Recht zum zusätzlichen Erwerb einer Aktie neben der fortbestehenden Anleihe.

▶ Wandlung

→ *Gewährleistung*

▶ Warenhaus

→ *Handel*

▶ Warentermingeschäft

→ *Terminbörse*

▶ Warenwirtschaftssystem (WWS)

Computergestütztes System zur artikel-, artikelgruppen- oder warengruppengenauen sowie stück-, mengen- und wertgenauen Bestandserfassung und -führung des vorhandenen Sortiments und Lagerbestandes an Waren in einem Handelsbetrieb. Die Erfassung der Warendaten bei Bestellung bzw. Wareneingang und im gesamten Warenfluss kann mittels Registrierkassen, Kassenterminals oder Scanner erfolgen. Bei Verkauf der Waren wird durch das WWS automatisch die Lagerdisposition bzw. auch die Bestellung gesteuert. Erweitert werden kann das WWS durch Auftragsabwicklung, Fakturierung sowie Kundendaten- und Debitorenverwaltung. Ein WWS dient als Informationsquelle für das → *Marketing,* um laufend das Sortiment bedarfsgerecht an Kundenwünsche anzupassen, den Lagerumschlag zu optimieren, exakte Daten für die → *Inventur* zu erhalten (Bilanzierung) sowie um den Personaleinsatz zu planen und Warenverluste und Auszeichnungsfehler zu vermeiden. Offene WWS erfassen lediglich den Warenein- und -ausgang, geschlossene

WWS sollen alle Phasen im Warenkreislauf dokumentieren. Voraussetzung für eine computergenaue Erfassung von Daten sind geeignete Warenauszeichnungen (z. B. Etikettierung mit Strichcode) und Datenerfassungsgeräte. Die Entscheidung für ein WWS ist abhängig von den Einführungs- und laufenden Kosten des WWS, die i. d. R. mit zunehmender Breite, Tiefe und Dynamik des Sortiments und der Anzahl der Verkaufsstellen steigen.

▶ Warenzeichen

Schutzrecht für bestimmte Zeichen (z. B. Schriftzüge, Symbole etc.), die Unternehmen zur Kennzeichnung ihrer Produkte einsetzen und die auf dem Warenzeichengesetz beruhen. Nur der Inhaber des Schutzrechtes ist berechtigt, das Warenzeichen zu benutzen. Bei Rechtsverletzung durch ein anderes Unternehmen kann diesem Unternehmen die Benutzung gerichtlich verboten werden. Um ein solches Schutzrecht erteilt zu bekommen, darf kein älteres verwechslungsfähiges Warenzeichen eines anderen Unternehmens bestehen. Für den Einsatz von Warenzeichen relevante Bereiche der Unternehmenspolitik sind die → *Werbung,* die Produktgestaltung oder der Einsatz im Rahmen einer → *Corporate Identity (CI).* Geregelt im Warenzeichengesetz (WZG) in der Fassung vom 2.1.1968. Das Warenzeichen erlangt Rechtsschutz durch Eintragung in die vom Deutschen Patentamt in München geführte Zeichenrolle (§ 1 WZG). Eintragbar sind nur flächenmäßig begrenzte Gebilde, die kraft ihrer Einheitlichkeit und Geschlossenheit so einprägsam sind, dass sie mit einem Blick erfasst werden können. Über die Eintragungsfähigkeit entscheidet das Patentamt. Gegen verwechselbare Zeichen kann Unterlassungsklage gemäß §§ 24 ff. WZG erhoben werden. Wer schuldhaft handelt, ist schadensersatzpflichtig, wer vorsätzlich verletzt, ist strafbar. Durch die zunehmende Produktpiraterie, vor allem aus ostasiatischen Ländern, wird das WZG aktuell häufig in Anspruch genommen. Problematisch dabei ist allerdings, dass es noch kein EU- bzw. internationales Warenzeichenrecht gibt.

▶ Warrant

→ *Optionsschein*, → *Optionsschuldverschreibung*

▶ Warrant Bond

→ *Optionsschuldverschreibung*

▶ Wechsel

Wertpapier (→ *Wertpapier*), das die Verpflichtung eines Wechselschuldners gegenüber einem Wechselgläubiger begründet, bei Fälligkeit Zahlung zu leisten. Der Wechsel ist ein abstraktes Orderpapier, d. h. die Forderung aus dem Wechsel ist unabhängig vom dem Wechsel zugrunde liegenden Handelsgeschäft und es ist an die im Wechsel explizit genannte Person (Ordervermerk) zu zahlen. Die strengen Haftungs- und Formvorschriften des Wechselrechts bedingen die starke Verbreitung dieses Zahlungsinstruments auch bei der → *Außenhandelsfinanzierung*. Das Wechselrecht ist seit 1930 (Genfer Abkommen) weitgehend europaeinheitlich, so dass der deutsche Wechsel, der angelsächsische **bill of exchange** sowie das französische **lettre de change** die gleiche Wechselstrenge und damit Sicherheit bietet. Zur Gültigkeit des Wechselformulars sind acht gesetzliche Bestandteile notwendig.

(1) Die Bezeichnung Wechsel (bill of exchange, lettre de change),

(2) die unbedingte Zahlungsanweisung (Betrag und Währung),

(3) der Name des Bezogenen, und damit des Wechselschuldners,

(4) die Verfallzeit (Datum oder Frist). Anm: Statt einem Fälligkeitstag kann der Vermerk „bei Sicht" angebracht werden (Sichtwechsel),

(5) Zahlungsort (Domizilstelle),

(6) Ordervermerk (Name des Wechselbegünstigten),

(7) Tag und Ort der Ausstellung und

(8) Unterschrift des Ausstellers.

Neben der üblichen Form des gezogenen Wechsels (Aussteller als Wechselgläubiger zieht einen Wechsel auf einen Bezogenen als Wechselschuldner) ist der Solawechsel zu unterscheiden. Hierbei handelt es sich um einen Wechsel, den ein Aussteller auf sich selbst als Bezogenen zieht (Eigener Wechsel). Dieser dient häufig als Absicherung von Geschäften im Rahmen der Außenhandelsfinanzierung bzw. als Sicherheit für eine → *Bank.* Neben dem Aussteller und Bezogenen existiert noch der Begriff Remittent, d. h. dies ist eine Bezeichnung für den Wechselnehmer, an den oder dessen Order gezahlt werden soll. Dies muss nicht unbedingt der Wechselaussteller sein. Fungiert eine Bank als Zahlstelle, so wird diese als Domizilstelle bezeichnet. Um im Außenhandelsgeschäft eine schnellere Abwicklung zu ermöglichen, werden häufig mehrere Ausfertigungen eines Wechsels ausgestellt, die an die verschiedenen Beteiligten, z. B. beim → *Dokumentenakkreditiv*, versandt werden. Der Ablauf eines typischen Wechselgeschäfts ist in Abbildung W-1 am Beispiel eines Exportgeschäftes zu entnehmen.

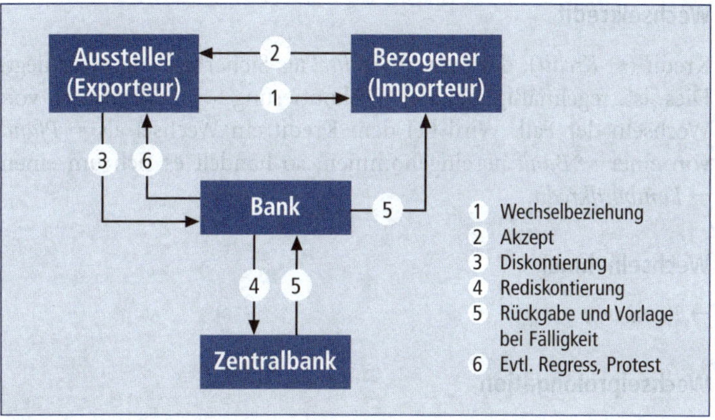

Abb. W-1: Ablauf eines Wechselgeschäfts

▶ Wechselbürgschaft

Bürgschaft (→ *Bürgschaft*) oder Aval (Bankbürgschaft) gegenüber einem Beteiligten an einem Wechselgeschäft (→ *Wechsel*). Da bei einem → *Wechselregress* keine Reihenfolge der Zahlungspflichtigen einzuhalten ist, hat auch der Bürge, im Gegensatz zur normalen Bürgschaft, keine → *Einrede der Vorausklage.* Er kann somit nicht verlangen, dass zunächst die per Indossament vor ihm genannten Personen in Anspruch genommen werden. Er haftet selbstschuldnerisch und unmittelbar.

▶ Wechselgesetz (WG)

Gesetz vom 21. 6.1933 mit letzten Änderungen von 2006, das in vier Teilen den gezogenen Wechsel, eigenen Wechsel, ergänzende Vorschriften und den Geltungsbereich des Gesetzes regelt. Der umfangreiche erste Teil betrifft die Ausstellung und wesentlichen Formerfordernisse bei einem gezogenen → *Wechsel,* die Formerfordernisse und Voraussetzungen für das → *Indossament,* einer → *Wechselbürgschaft,* des Verfalls und der Zahlungspflichten sowie die Möglichkeiten und formalen Anforderungen für den → *Wechselprotest,* → *Wechselregress* und → *Wechselprozess.*

▶ Wechselkredit

Kredit (→ *Kredit*), dem ein → *Wechsel* als Sicherheit zugrunde liegt. Dies ist regelmäßig bei der Diskontierung (→ *Diskontsatz*) von Wechseln der Fall. Wird bei dem Kredit ein Wechsel als → *Pfand* von einer → *Bank* hereingenommen, so handelt es sich um einen → *Lombardkredit.*

▶ Wechselnehmer

→ *Remittent*

▶ Wechselprolongation

Verlängerung des Zahltages bei einem → *Wechsel* bei oder vor Fälligkeit durch den Aussteller zugunsten des Bezogenen. Der Zahlungsaufschub erfolgt durch die Ausstellung eines neuen Wechsels mit neuem Verfalltag.

▶ Wechselprotest

Gemäß Art. 44 Wechselgesetz (WG) durch einen Notar oder Gerichtsvollzieher, sowie ausnahmsweise durch einen Postbeamten, ausgestellte öffentliche Urkunde, die bestätigen soll, dass ein → *Wechsel* innerhalb der auf der Wechselurkunde genannten Frist dem Bezogenen vorgelegt, aber nicht eingelöst bzw. bezahlt wurde. Die Urkunde wird auch als → *Allonge* bezeichnet.

▶ Wechselprozess

Durch den Begünstigten eines Wechsels bei dem für die Zahl- bzw. Domizilstelle zuständigen Amtsgericht angestrengtes Verfahren, durch das der Wechselgläubiger einen vollstreckbaren Titel gegenüber einem Wechselverpflichteten (→ *Bezogener,* → *Indossament*) erlangen will. Die Fristen des Wechselprozesses sind gegenüber üblichen Zivilprozessen besonders kurz, um der besonderen Strenge des Wechselrechts Rechnung zu tragen.

▶ Wechselregress

Rückgriff nach erfolgloser Vorlage eines Wechsels beim Bezogenen und Ausstellung eines Wechselprotestes, bei den auf der Wechselurkunde sonst genannten Beteiligten, d. h. Indossanten (→ *Indossament*). Jeder einzelne der Wechselbeteiligten haftet dem Wechselinhaber als Gesamtschuldner gemäß Art. 78 Wechselgesetz.

▶ Wechselreiterei

Nach § 138 BGB nichtige Rechtsgeschäfte, bei denen zwei Beteiligte aufeinander gegenseitig einen → *Wechsel* ziehen. Durch die gegenseitige Ausstellung und Ziehung eines Wechsels auf die jeweils andere Person handelt es sich im Innenverhältnis zwar um ein Kompensationsgeschäft, im Außenverhältnis sollen die Wechsel zur Diskontierung (→ *Diskontsatz*), und damit Kapitalbeschaffung bei einer → *Bank* verwendet werden.

▶ Wechselrückgriff

→ *Wechselprotest*

▶ Wechselübertragung

→ *Indossament*

▶ Weighted Average Cost of Capital (WACC)

Gewichtete Gesamtkapitalkosten eines Unternehmens. Der ermittelte WACC wird häufig bei der → *Abzinsung* als Kalkulationszinsfuß genommen, so z. B. für die Wertorientierte Unternehmensführung bei der → *Discounted-Cashflow-Methode*. Es kann daher als Alternative zum → *CAPM-Satz* betrachtet werden:

WACC = rEK × EK/GK + i FK/GK

rEK = Eigenkapitalrendite in %; i = Zinssatz für Fremdkapital in %; EK = Eigenkapital bzw. Ziel-Eigenkapital; FK = Fremdkapital bzw. Ziel-Fremdkapital; GK = Gesamtkapital bzw. Ziel-Gesamtkapital bzw. Gesamtinvestment

▶ Weiße Marke

→ *No Name-Produkt*

▶ Weisungsbefugnis

Kompetenz einer → *Instanz* bzw. einer Person, einer anderen Person oder organisatorischen Aktionseinheit Weisungen erteilen zu können. Der Grad der → *Kompetenz* ist z. B. in der → *Stellenbeschreibung* als Ausdruck der formalen → *Organisation* geregelt. Die Ausnutzung der Weisungskompetenzen bzw. die Zulassung von Partizipation der Mitarbeiter ist abhängig von der Person des Weisungsbefugten und dessen → *Führungsstil*.

Die Weisungsbefugnis des Arbeitgebers ist ein typisches Merkmal eines Arbeitsverhältnisses (→ *Arbeitsvertrag*).

▶ Weltabschluss

→ *Konzernabschluss, Konsolidierungskreis*

▶ Weltbankgruppe

Überbegriff der in Washington, D.C. (USA) ansässigen Weltbank, International Development Association (IDA), International Finance Corporation (IFC) und Multilateral Investment Guarantee Agency (MIGA). Im Rahmen der → *Außenhandelsfinanzierung* werden vor allem Kredite an Staaten zum Aufbau der Wirtschaft oder

Wiederaufbau nach Kriegen vergeben. Die IDA und IFC vergeben insbesondere Kredite für Exporteure in so genannte arme bzw. wenig entwickelte Länder. Die MIGA übernimmt vor allem Garantien gegen politische Risiken.

▶ Welteinkommen

→ *Einkommensteuer*

▶ Werbemittel

Verbal oder visuell gestaltete Werbebotschaften, die für eine Verbreitung durch → *Werbeträger* vorgesehen sind. Die einzelnen Arten können nach den Werbeträgern, in denen sie geschaltet werden sollen, klassifiziert werden: Anzeigen in Insertionsmedien, Fernsehspots für das Fernsehen, Funkspots für den Hörfunk, Plakate für die Medien der Außenwerbung, Werbebriefe für postalische Direktwerbung sowie Werbebanner auf Internetseiten oder in Apps.

▶ Werbeträger

Medien, in denen → *Werbemittel* geschaltet werden. Unterscheiden lassen sich grundsätzlich Print-, Insertions- bzw. Druckmedien (Zeitungen, Zeitschriften), elektronische Medien (Fernsehen, Funk, Film), Medien der Außenwerbung, die Medien der Direktwerbung sowie Werbung im Internet.

▶ Werbung

Teilbereich der → *Kommunikationspolitik.* Gegenstand der Werbung ist die Belegung der → *Werbeträger* mit einem → *Werbemittel* gegen Entgelt, um vorgegebene Werbeziele zu erreichen. Rechtlich knüpft das Recht auf → *Gewährleistung* und die → *Mängelgewährleistung* auch auf die Aussagen der Werbung und Etikettierung. Wenn hier bestimmte Eigenschaften zugesichert werden, so haftet der Verkäufer gem. § 434 BGB für dessen Erbringung.

Im Wesentlichen lassen sich vier Hauptaufgaben der Werbung nennen: Die Information, die Überzeugung, die Veranlassung zum Kauf und die Unterhaltung. Inhaltlich ist i. R. der Werbeplanung eine → *Entscheidung* über die Werbeobjekte (was soll beworben werden?), die Ziele der Werbung, die angestrebte → *Zielgruppe*, das Werbebudget (welche finanziellen Mittel sollen investiert werden?), die zu belegenden Medien (→ *Mediaselektion*), die Werbemittel und die Werbebotschaft (was soll dem Konsumenten mitgeteilt werden?) zu treffen. Ziele der Werbung sind zum einen ökonomische Größen (z. B. Gewinn oder Umsatz), zum anderen psychologische (z. B. Aufmerksamkeit, Bekanntheit oder Einstellung) und streutechnische Größen (Zahl der erreichbaren Personen, Zahl der erreichbaren Ansprachen).

Nicht zu verwechseln mit Werbung ist der Begriff **Reklame**. In der einen Fassung wird hierunter Werbung für wirtschaftliche Zwecke (= Wirtschaftswerbung) im Gegensatz zur Werbung für außerwirtschaftliche (politische, religiöse, etc.) Zwecke (= Propaganda) verstanden. In einer zweiten Fassung ist hierunter die Werbeperiode ab Ende der dreißiger Jahre zu verstehen, in der davon ausgegangen wurde, dass der Verbraucher problemlos beeinflussbar sei, wenn es gelinge, seine Aufmerksamkeit für die Werbebotschaft zu wecken. Konsequenz hieraus war die Gestaltung mit stupiden Wiederholungen und massiven, meist aufdringlichen Beeinflussungsversuchen („Kaufen Sie...“).

▶ Werbungskosten

Aufwand (→ *Aufwand*) zur Erwerbung, Sicherung und Erhaltung der Einnahmen. Sie sind bei den → *Einkunftsarten* abzuziehen, bei der sie erwachsen sind. Werbungskosten werden bei der Einkunftsermittlung nach → *Einnahmen-Ausgaben-Überschussrechnung* angesetzt bei den Einkunftsarten 4. bis 7. Neben dieser allgemeinen Definition kennt das Einkommensteuergesetz noch folgenden Katalog von Werbungskosten. Dazu zählen beispielsweise Schuldzinsen, Renten, Fahrten zwischen Wohnung und Arbeitsplatz, Aufwendungen für Arbeitsmittel, Absetzungen für Abnutzung und Substanzverringerung, die bei der entsprechenden Einkunftsart abgezogen werden können. Daneben hat der Gesetzgeber noch Werbungskostenpauschbeträge für bestimmte Einkunftsarten festgelegt. Diese werden gewährt, soweit eine → *Einnahme* der entsprechenden Einkunftsart vorliegt. Auf einen Nachweis, dass überhaupt Werbungskosten entstanden sind, wird verzichtet. Abbildung W-2 zeigt die Pauschbeträge.

Einkunftsart	Höhe des Pauschbetrages
Einkünfte aus nichtselbständiger Arbeit	1000 €/pro Jahr/pro Arbeitnehmer
Einkünfte aus Kapitalvermögen Sparer-Pauschbetrag	801 €/pro Jahr 1602 €/pro Jahr bei zusammenveranlagten Ehegatten
sonstige Einkünfte (Renten und Unterhaltsleistungen)	102 € pro Jahr und Empfänger

Abb. W-2: Werbungskosten: Pauschbeträge

▶ Werklieferungsvertrag

Werkvertrag (→ *Werkvertrag*), bei dem sich der Hersteller des Werkes verpflichtet, das Werk aus einem von ihm zu beschaffenden Stoff herzustellen. Generell sind auf Werkverträge die Vorschriften über den Kaufvertrag § 442 BGB anzuwenden. Neben den üblichen Ansprüchen der → *Gewährleistung* bzw. → *Mängelgewährleistung* sind speziell bei Werklieferungsverträgen über nicht vertretbare Sachen die §§ 642 ff. BGB zu beachten (Mitwirkungsrecht des Bestellers, Kündigungsrecht bei unterlassener Mitwirkung und Kostenvoranschlag).

▶ Werkstattproduktion

Produktionsprogramm (→ *Produktionsprogramm*), bei dem die Leistungserstellung in verschiedenen räumlich getrennten Einheiten organisiert ist. Die Werkstätten können entweder hinsichtlich des organisatorischen Verrichtungsprinzips, d. h. nach Tätigkeiten (z. B. Sägerei, Schleiferei, Lackiererei) oder nach dem organisatorischen Objektprinzip (Werkstatt für Stühle, Sofas, Tische) organisiert sein. Die Anordnung der verschiedenen Werkstätten kann dabei hinsichtlich der Chronologie des Produktionsprozesses oder dem sinnvollen Einsatz der verschiedenen Produktionsfaktoren (z. B. eingesetzte Werkzeuge) erfolgen. Als rein zeitliche Ablauforganisation der Fertigung ist die → *Fließproduktion* von der Werkstattproduktion zu unterscheiden. Dem Nachteil der evtl. längeren Durchlaufzeit durch die verschiedenen Werkstätten ist der Vorteil der höheren Flexibilität hinsichtlich Änderungen beim Produkt und den Produktionsmengen gegenüberzustellen.

▶ Werkstattzirkel

Gruppe (→ *Gruppe*), die im produzierenden Bereich eines Betriebes als Problemlösungsgruppen eingesetzt wird. Ausgangspunkt der Einsetzung eines WZ ist ein konkretes Problem, das z. B. vom → *Meister* erkannt wird. In maximal fünf Sitzungen sollen die verpflichteten Gruppenmitglieder des WZ (im Gegensatz zur freiwilligen Mitgliedschaft beim → *Qualitätszirkel* und der → *Lernstatt*) eine Lösung für das Problem finden.

▶ Werkvertrag

Vertrag (→ *Vertrag*), in dem sich ein Unternehmen bzw. Hersteller zur Herstellung eines Werkes, der andere Vertragspartner, d. h. der Besteller, zur Bezahlung einer Vergütung gem. §§ 633 ff. BGB verpflichtet. Das Werk kann körperlicher oder geistiger Natur (z. B. Werbeidee) sein. Die Vergütung ist bei Abnahme des Werkes fällig. Wie beim Kaufvertrag ist auch beim Werkvertrag eine → *Gewährleistung* bzw. → *Mängelgewährleistung* bei Sach- und Rechtsmängeln möglich. Der Sachmangel liegt vor, wenn eine vereinbarte Beschaffenheit oder Verwendungsmöglichkeit fehlt bzw. nicht geleistet wird. Der Rechtsmangel liegt vor, wenn Dritte in Bezug auf das Werk vertragswidrig Rechte gegenüber dem Besteller geltend machen können. In diesen Fällen kann eine Nacherfüllung, Rücktritt oder Schadenersatz sowie die Selbsterfüllung unter Rechnungsstellung der Aufwendungen sowie der Ersatz vergeblicher Aufwendungen beansprucht werden. Der → *Werklieferungsvertrag* ist eine spezielle Form dieser Vertragsart.

▶ Wertanalyse

Analyse (→ *Planungstechnik*), die insbesondere zur Erkennung von Problemen und zur Entwicklung neuer Lösungskonzepte (Alternativen) Anwendung findet. Die in den 1950er Jahren in den USA von Technikern entwickelte Vorgehensweise ist seit 1973 durch die → *Deutsche Industrienorm (DIN)* 69 910 formalisiert worden. Der Arbeitsplan besteht aus sechs Schritten, wobei die Grundfrage ist, ob bestimmte Funktionen sich durch günstigere, billigere Substitutionsmaterialien realisieren lassen (Abbildung W-3). Die Wertanalyse wird von einigen Beratungsunternehmen (z. B. *McKinsey*) vorzugsweise auf die → *Gemeinkosten* angewandt (→ *Zero Base Budgeting (ZBB)*).

Arbeitsplan der Wertanalyse	
Grundschritt	**Teilschritt**
1. Vorbereitende Maßnahmen	1.1 Auswählen des WA-Objektes und Stellen der Aufgabe 1.2 Festlegen des quantifizierten Zieles 1.3 Bilden der Arbeitsgruppe 1.4 Planen des Ablaufs
2. Ermitteln des Ist-Zustandes	2.1 Information beschaffen und Beschreiben des WA-Objektes 2.2 Beschreiben der Funktionen 2.3 Ermitteln der Funktionskosten
3. Prüfen des Ist-Zustandes	3.1 Prüfen der Funktionserfüllung 3.2 Prüfen der Kosten
4. Ermitteln von Lösungen	4.1 Suchen nach allen denkbaren Lösungen
5. Prüfen der Lösungen	5.1 Prüfen der sachlichen Durchführbarkeit 5.2 Prüfen der Wirtschaftlichkeit
6. Vorschlag und Verwirklichung einer Lösung	6.1 Auswählen der Lösung(en)6.2 Empfehlen einer Lösung6.3 Verwirklichen der Lösung

Abb. W-3: Ablauf der Wertanalyse (Quelle: Deutscher Normenausschuss (DIN 69 910))

▶ Wertaufholung

Zuschreibung, d. h. Erhöhung des Wertansatzes eines → *Vermögensgegenstandes* im Vergleich zum Buchwert in der vorhergehenden Bilanz bzw. ggf. auch im Vergleich zu den Anschaffungskosten. Gem. § 253 V HGB besteht grundsätzlich für alle Kaufleute und Vermögensgegenstände, mit Ausnahme des erworbenen Goodwill, eine **Zuschreibungspflicht**, wenn später die Gründe für eine in früheren Jahren vorgenommene außerplanmäßige Abschreibung entfallen sind. Dies gilt nach § 6 I Nr. 1 EStG auch in der Steuerbilanz. Obergrenze der Zuschreibungen stellen sowohl nach HGB als auch EStG grundsätzlich die, ggf. um planmäßige Abschreibungen verminderten, Anschaffungs- oder Herstellungskosten dar. Diese Obergrenze gilt aber nicht für die → *Finanzinstrumente*, die von Kreditinstituten im Handelsbestand gehalten werden. Diese sind nach § 340e III 1 HGB und nach § 6 I Nr. 2b EStG mit dem beizulegenden Zeitwert abzüglich eines Risikoabschlags zu bewerten, auch wenn der Wert über den Anschaffungskosten liegt. IFRS und US-GAAP beinhalten nicht nur für Finanzinstrumente, sondern auch für bestimmte Sachanlagen und Immaterielle Vermögensgegenstände eine Zuschreibungsmöglichkeit über die Anschaffungskosten hinaus.

▶ Wertberichtigung

Korrekturgröße zur Erfassung der Wertminderung einer auf der Aktivseite der → *Bilanz* ausgewiesenen Position, z. B. der → *Forderungen.* Sie wird auf der Passivseite der Bilanz gezeigt. Synonym wird auch die Bezeichnung indirekte → *Abschreibung* verwendet. Dadurch kann auf der Aktivseite der ursprüngliche Wert unverändert ausgewiesen werden. Dieser passivische Ausweis der Wertkorrektur ist grundsätzlich für Kapitalgesellschaften nicht zulässig. Die ursprünglichen (historischen) Anschaffungskosten werden dadurch nicht mehr aus der Bilanz ersichtlich. Für das Anlagevermögen können sie aber dem → *Anlagenspiegel* gem. § 284 III HGB entnommen werden. Der Terminus Wertberichtigung wird – trotz der aktivischen Abschreibung – in der betrieblichen Praxis unverändert für die Einzelwertberichtigung, aber auch Pauschalwertberichtigung auf Forderungen verwendet.

▶ Werthaltigkeitstest

→ *Impairment-Test*

▶ Wertkette

→ *Wertschöpfung*

▶ Wertorientierte Unternehmensführung

Aufgrund der zunehmenden Orientierung von Managern von → *Shareholder Value* und damit dem Wert für die Anteilseigner werden zahlreiche Kennziffern einer wertorientierten Unternehmensführung diskutiert. Hier können z. B. → *Return on Equity,* Return on Net Asset, → *Economic Value Added (EVA),* → *Market Value Added,* → *Discounted-Cashflow-Methode,* Discounted Free Cashflow oder → *Cashflow Return on Investment (CFRoI)* genannt werden. Allen Kennzahlen gemein ist, dass sie den Wertzuwachs eines Unternehmens oder Unternehmensteiles in einer Zeiteinheit bezogen auf die Investition betrachten.

▶ Wertpapier

Urkunde, die ein Vermögensrecht verbrieft, das zur Geltendmachung bzw. Übertragung in Besitz sein muss. Verlorene oder anderweitig abhanden gekommene Wertpapiere müssen daher zunächst für kraftlos erklärt werden, bevor im Rahmen eines Aufgebotsverfahrens ein Ersatzpapier ausgestellt werden kann. In § 2 I WpHG (→ *Wertpapierhandelsgesetz (WpHG)*) ist in drei Absätzen eine ausführliche Aufstellung von Wertpapieren enthalten, die unter die dort geregelte Aufsicht der → *Bundesanstalt für Finanzdienstleistungsaufsicht (BaFin)* fallen. Wertpapiere werden traditionell nach deren Übertragbarkeit in Inhaberpapiere, Orderpapiere und Rektapapiere eingeteilt (Abbildung W-4). Während Inhaberpapiere ohne namentliche Nennung eines Berechtigten auf dem Wertpapier jeder Inhaber des Papiers die Rechte aus dem Papier erlangen kann, d. h. eine Übertragung durch eine einfache Übergabe erfolgt, muss beim Orderpapier, das auf einen Namen lautet, zur Übertragung eine schriftliche Erklärung (→ *Indossament*) in der Regel auf der Rückseite des Papiers angebracht werden. Bei einem Rekta- oder Namenspapier, das ebenfalls wie Orderpapiere auf einen Namen lautet, ist eine Übertragung ausschließlich durch eine schuldrechtliche Abtretung (→ *Zession*) möglich. Die Übertragung durch ein einfaches Indossament ist damit unzulässig. Beispiele für Inhaberpapiere ist die normale → *Aktie*, von Orderpapieren → *Wechsel*, Scheck oder → *Namensaktie* und zahlreiche → *Exportdokumente* (z. B. Konnossement). Beispiele für Rektapapiere sind Hypothekenbriefe (→ *Hypothek*), Sparbücher und Grundschuldbriefe (→ *Grundschuld*). Wertpapiere lassen sich nach der Art der Forderung auch in Geld-, Devisen- und Warenpapiere unterscheiden. Geldpapiere verbriefen Geldforderungen wie z. B. ein Scheck oder Wechsel, Devisenpapiere sind z. B. Devisenterminkontrakte und Warenpapiere und verbriefen eine Warenforderung, z. B. als Ladeschein oder → *Konnossement*. Vertretbare, d. h. börsengehandelte Wertpapiere werden auch als Effekten bezeichnet.

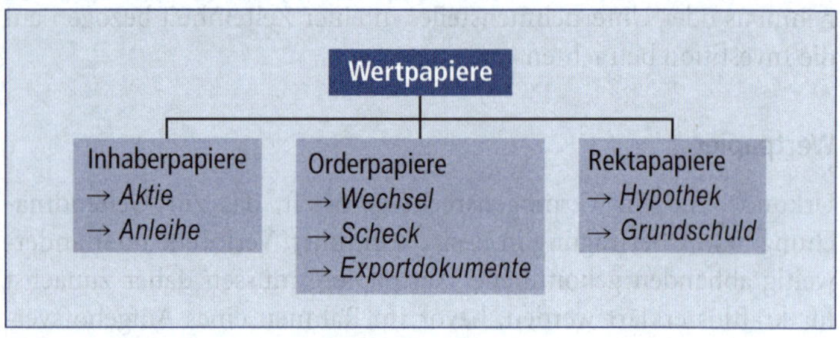

Abb. W-4: Wertpapier-Einteilung

Im Hinblick auf die Bewertung der Wertpapiere in der → *Bilanz* gelten gem. HGB, je nachdem, ob die Wertpapiere im → *Umlaufvermögen* oder → *Anlagevermögen* ausgewiesen werden, unterschiedliche Regelungen (strenges bzw. gemildertes → *Niederstwertprinzip*), wobei die Anschaffungskosten die Wertobergrenze bilden. Ausnahmen bestehen für die → *Bankbilanz*.

Nach IFRS 9 ist im Hinblick auf die Bewertung von Wertpapieren zunächst zu bestimmen, ob es sich um ein **Schuldinstrument** oder **Eigenkapitalinstrument** handelt. Darauf aufbauend erfolgt eine weitere Einteilung in Abhängigkeit von bestimmten Kriterien in die **drei Bewertungskategorien** „Zu fortgeführten Anschaffungskosten", „Erfolgswirksam zum beizulegenden Zeitwert" und „Erfolgsneutral zum beizulegenden Zeitwert". Bei der Bewertung zum Zeitwert bilden die Anschaffungskosten **nicht** die Obergrenze. Erfolgsneutral bedeutet, dass die Wertschwankungen direkt im Eigenkapital (→ *Comprehensive Income*) ohne Berührung der GuV erfasst werden. Eigenkapitalinstrumente, wie z. B. Aktien, die zu Handelszwecken gehalten werden, sind erfolgswirksam zum beizulegenden Zeitwert zu bewerten. Für alle übrigen Eigenkapitalinstrumente besteht ein Wahlrecht zur erfolgswirksamen oder erfolgsneutralen Bewertung zum beizulegenden Zeitwert. Bei Schuldinstrumenten, wie z. B. Anleihen, sind, je nach Ausgestaltung, alle drei Bewertungskategorien denkbar.

▶ Wertpapieranalyse

Analyse zur Beurteilung und Bewertung von Wertpapieren im Hinblick auf die → *Finanzierungsziele* wie z. B. Sicherheit, Fungibilität, Bonität des die Wertpapiere emittierenden Unternehmens und insbesondere der Rendite der Wertpapieranlage. Grundsätzlich lassen sich die so genannte Fundamentalanalyse von der technischen Analyse unterscheiden. Bei der Fundamentalanalyse wird der aktuelle Kurs eines Wertpapiers dem so genannten inneren Wert des Papiers gegenübergestellt. Während noch vor einigen Jahren als Basis zur Berechnung des inneren Werts lediglich betriebsinterne Substanzdaten, z. B. aus der Bilanz, verwendet wurden, setzt sich heute zunehmend eine ertragswertorientierte Sichtweise durch. Ausdruck dieses Wandels ist die so genannte Present Value Theory, die davon ausgeht, dass der Kurs einer Aktie fundamental durch die Summe aller noch ausstehenden bzw. anfallenden Dividenden bestimmt wird. Die künftigen Dividenden werden hier mit der → *Barwertmethode* abgezinst und als innerer Wert dem aktuellen Börsenkurs gegenübergestellt. Weitere Ansätze der Fundamentalanalyse sind neben der Barwertbetrachtung die Betrachtung des → *Kurs-Gewinn-Verhältnis (KGV)* oder die Relation zwischen dem Kurs und dem Cashflow eines Unternehmens. In diese Betrachtungen werden häufig zusätzliche fundamentale Daten über z. B. die Konjunkturentwicklung, Geldmengen- und Zinspolitikvorhersagen sowie Wechselkurseinflüsse einbezogen. Die zweite Form der Wertpapieranalyse stellt die so genannte Technische Analyse dar, die insbesondere im Rahmen der Aktienanalyse eingesetzt wird. Hier kann die Chartanalyse von der Indexanalyse unterschieden werden. Bei der Indexanalyse wird ein → *Aktienindex* (z. B. Dow Jones, Deutscher Aktienindex DAX) herangezogen und dessen Entwicklung mit dem zu analysierenden Wertpapier verglichen. Bei der Chartanalyse handelt es sich um die Auswertung einer grafischen Darstellung der langfristigen Kursentwicklung des betrachteten Wertpapiers. Es lassen sich hier Liniencharts, Balkencharts sowie Point and Figure Charts unterscheiden (→ *Chart*). Die verschiedenen Möglichkeiten der Wertpapieranalyse fasst Abbildung W-5 zusammen.

▶ Wertpapierhandel

→ *Börse*, → *Börsenhandelsformen*

▶ Wertpapierhandelsgesetz (WpHG)

Gesetz zur Verbesserung der Attraktivität und der internationalen Wettbewerbsfähigkeit des Finanzplatzes Deutschland. Hierin sind Bestimmungen zum Anlegerschutz, Aufsichtsbestimmungen (§§ 3 ff.) zur Gewährleistung der Funktionsfähigkeit einer → *Börse* für im Gesetz genannte Wertpapiere (gem. § 2) sowie die Ausdehnung der Geschäftsmöglichkeiten für eine → *Kapitalanlagegesellschaft* geregelt. Das Gesetz entspricht einer Umsetzung von EU-Richtlinien in deutsches Recht und war insbesondere zur Bekämpfung spekulativer Geschäfte der Insider (§ 13) an Börsen gedacht. In § 38 sind Strafvorschriften (bis zu 5 Jahren Freiheitsstrafe) und in § 39 Bußgeldvorschriften für Ordnungswidrigkeiten geregelt.

▶ Wertpapierrat

Institution zur Beaufsichtigung des Wertpapierhandels. Er berät die Bundesanstalt für Finanzdienstleistungsaufsicht (BaFin) und soll → *Insidergeschäften* entgegenwirken. Das Organ besteht aus Länder-

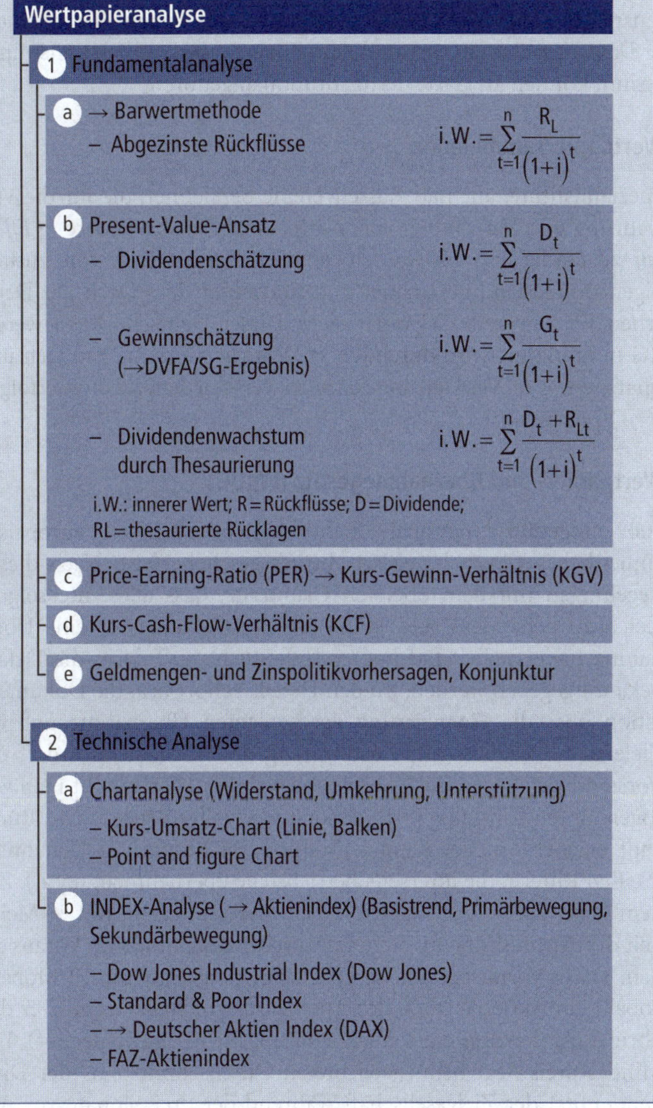

Abb. W-5: Möglichkeiten der Wertpapieranalyse

vertretern, die bisher insbesondere Insiderrichtlinien und Verhaltensregeln für → *Börsenteilnehmer* aufgestellt haben. Vertreter der → *Deutschen Bundesbank* und dem Finanz- sowie Wirtschaftsministerium können als Gäste der Institution angehören.

▶ Wertpapiersammelbank

Spezialinstitute, auch als Kassenvereine bezeichnet, die für die Verwahrung und Verwaltung von Wertpapieren, insbesondere → *Effekten,* zuständig sind. Sie werden gemäß § 1 Depotgesetz vom zuständigen Bundesland bezeichnet und sind unter dem Dach der Deutschen Kassenverein AG organisiert. Dieser Deutsche Kassenverein AG in Frankfurt wird durch die → *Deutsche Börse AG* getragen und finanziert. Die Verwahrung kann in verschiedener Form erfolgen (→ *Depotgeschäft*).

▶ Wertpapier- und Übernahmegesetz (WpÜG)

2002 eingeführte nationale Richtlinien, nachdem ein europäisch einheitliches Übernahmegesetz bisher gescheitert ist. Nach diesen Regelungen mit dem obersten Grundsatz, dass alle Anteilseigner gleich zu behandeln sind, muss die Entscheidung für eine Übernahme unverzüglich (ad hoc) veröffentlicht und darin die Details bekannt gegeben werden. Zu den Details gehört u. a. die Dokumentation über die Finanzierung der geplanten Übernahme und die Ziele des Erwerbes. Mit Zustimmung des Aufsichtsrates darf der Vorstand sich gegen die Übernahme wehren. Hier spricht man von sogenannten Giftpillen (z. B. Verkauf wertvoller Betriebsteile, Rückkauf eigener Anteile, Kapitalerhöhung, Suche nach so genannten Weißen Rittern, die ihrerseits Betriebsteile übernehmen, u.v.a.). Zudem kann dem Aufsichtsrat die Hauptversammlung mit ¾-Mehrheit die Zustimmung für weitere Abwehrmaßnahmen im Voraus geben. Diese Vorratsbeschlüsse gelten allerdings nur für 18 Monate. Sobald ein Aktionär 30 % der Anteile oder mehr hält, muss er den übrigen Aktionären ein Kaufangebot machen (Pflichtangebot). Der Mindestpreis liegt beim gewichteten Durchschnittspreis der Dividendentitel der Zielgesellschaft während der drei Monate vor Ankündigung des Übernahmeangebotes. Hat der Übernehmende bereits einen höheren Preis an einen Anteilsverkäufer bezahlt, so muss er dieses Angebot auch an alle anderen Anteilseigner machen. Hält er 95 % der Aktien, kann er die Übertragung der restlichen Anteile gegen eine angemessene Abfindung verlangen (Squeeze out). Ausgedehnt wurden mit dem Gesetz gem. § 21 WpÜG auch die Mitteilungspflichten bei Erreichen bestimmter Beteiligungsgrenzen (5, 10, 25, 50, 75 %).

▶ Wertpapierverwaltung

→ *Depotgeschäft*

▶ Wertpapierzulassungsstelle

→ *Börsenzulassung*

▶ Wertschöpfung

Beitrag, den ein Unternehmen zum Bruttoinlandsprodukt beiträgt. Es handelt sich um den (ideologisch missbrauchten) Begriff des Mehrwertes, der durch die Produktion im Betrieb geschaffen wird. Dies ist eine volkswirtschaftliche Betrachtung, wenngleich das Wertschöpfungsdenken zunehmend auch in der Betriebswirtschaftslehre, insbesondere i. R. der Strategischen Planung, an Bedeutung gewinnt. Zu nennen ist hier das Konzept der Wertschöpfungskette nach *Porter* (Abbildung W-6), durch die die Wertschöpfungsstufen im betrieblichen Gütererstellungsprozess ermittelt und visualisiert werden sollen. Danach sollen die strategisch relevanten und interessanten Wertschöpfungsketten bewusst verfolgt werden (Value Chain).

▶ Wertstellung

→ *Valuta*

▶ Werturteil

Positive oder negative Empfehlungen zu einem Sachverhalt. In der → *Betriebswirtschaftslehre* wurde der Streit um die Frage, ob die Betriebswirtschaftslehre eine angewandte, d. h. normativ-empfehlende Wissenschaft oder eine rein theoretische und deskriptive Wissenschaft sein soll, bekannt unter dem Begriff Werturteilsstreit. Das Wertfreiheitspostulat von *Max Weber* konnte sich in der neueren Betriebswirtschaftslehre, die stark anwendungsorientiert und praxisbezogen ist, nicht durchsetzen.

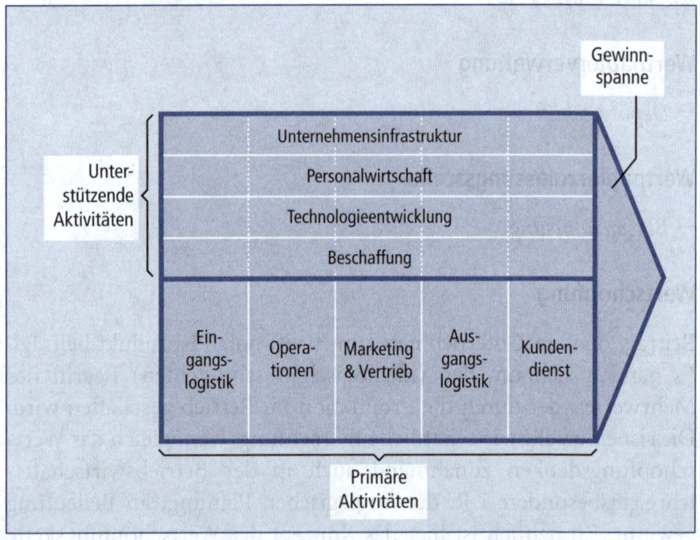

Abb. W-6: Die Wertschöpfungskette nach Michael Porter

▶ Wettbewerb

Leistungskampf zwischen Wirtschaftseinheiten (→ *Konkurrent*) am Markt. Dem Wettbewerb werden folgende Funktionen zugeschrieben:

(**1**) Verteilungsfunktion, d. h. gerechte Einkommensverteilung und damit Erhöhung des Wohlstandes.

(**2**) Anreizfunktion, d. h. Förderung des technischen Fortschrittes und Voraussetzung für Innovation.

(**3**) Steuerungsfunktion, d. h. Ermöglichung eines Güterangebotes entsprechend den Präferenzstrukturen der Konsumenten und Lenkung der Produktionsfaktoren in ihre effizienteste Verwendung (optimale Ressourcenallokation).

Der Wettbewerb kann durch ein politisches System mehr oder weniger gefördert werden, um das Leistungsprinzip der Marktwirtschaft zu steuern bzw. es nicht zur Konzentration in der Wirtschaft kommen zu lassen. Diese Konzentrationsprozesse werden durch die Ziele der Unternehmenszusammenschlüsse gefördert. Um Absprachen oder Behinderungen von Konkurrenten zu verhindern bzw. zu sanktionieren, existieren in Deutschland zahlreiche Vorschriften zur Förderung bzw. zum Erhalt des Wettbewerbs (→ *Gesetz gegen Wettbewerbsbeschränkungen (GWB),* → *Gesetz gegen den unlauteren Wettbewerb (UWG)*). Aus Sicht des Betriebes sind verschiedene Wettbewerbsstrategien zu unterscheiden.

▶ Wettbewerbsabrede

Vereinbarung eines Arbeitnehmers mit seinem ehemaligen Arbeitgeber nach Ausscheidung aus dem Arbeitsverhältnis, nicht als Konkurrent in der gleichen Branche aufzutreten. Rechtliche Grundlage einer derartigen Abrede sind §§ 74 ff. HGB. Die Vereinbarung ist nur gültig, wenn für die Einhaltung des Wettbewerbsverbotes eine angemessene Entschädigung (→ *Abfindung*) gezahlt wird. Das Verbot gilt auch für Mitarbeiter vor deren Ausscheiden. Zur Durchsetzung der Vereinbarung werden häufig Konventionalstrafen vereinbart.

▶ Wettbewerbsbeschränkung

→ *Gesetz gegen Wettbewerbsbeschränkungen (GWB)*

▶ Wettbewerbsfähigkeit

→ *Wettbewerbsstrategien nach Porter*

▶ Wettbewerbsklausel

→ *Wettbewerbsabrede*

▶ Wettbewerbsstrategien nach Porter

Michael H. Porter entwickelte in den achtziger Jahren ein bekanntes Schema, das die Wettbewerbskräfte einer Branche visualisiert. Je nach Branchenanalyse dieser fünf Kräfte (Abbildung W-7) soll eine vorgeschlagene → *Strategie* (Kostenführerschaft, Differenzierung, Nischenstrategie) verfolgt werden. In reifen Branchen soll die Kostenführerschaft, in schrumpfenden Branchen die Nischenstrategie und in weltweiten Branchen die Differenzierung angewandt werden. Die Kostenführerschafts-Strategie soll durch Ausnutzung von Rationalisierungspotentialen und Kostendegressionseffekten eine einmalige Position im Markt bezüglich der günstigsten Kosten ermöglichen. Die Differenzierung besagt, dass etwas Einzigartiges i. S. einer Qualitätsführerschaft anzustreben ist, um sich vom Konkurrenten abzugrenzen. Durch die Nischenstrategie soll sich das Unternehmen auf Kunden, Produkte oder bestimmte Regionen konzentrieren und die Marktnische besetzen.

▶ Wettbewerbsverbot

→ *Wettbewerbsabrede*

▶ Widerspruchsrecht im Fernabsatz

→ *Fernabsatz*

▶ Wiederbeschaffungskosten

Zu Wiederbeschaffungspreisen bewerteter, dem Sachziel des Unternehmens entsprechender Güterverbrauch. Als Wiederbeschaffungspreis ist der Preis für eine Ersatzbeschaffung gleicher Art und Güte zu verstehen.

▶ Wiederbeschaffungswert

Wert, zu dem ein → *Vermögensgegenstand* am Bilanzstichtag wieder beschafft werden könnte. Diese Wertkategorie ist insbesondere im Rahmen der Ermittlung der kalkulatorischen → *Abschreibung* relevant, die von den Wiederbeschaffungswerten ausgeht, aber auch im

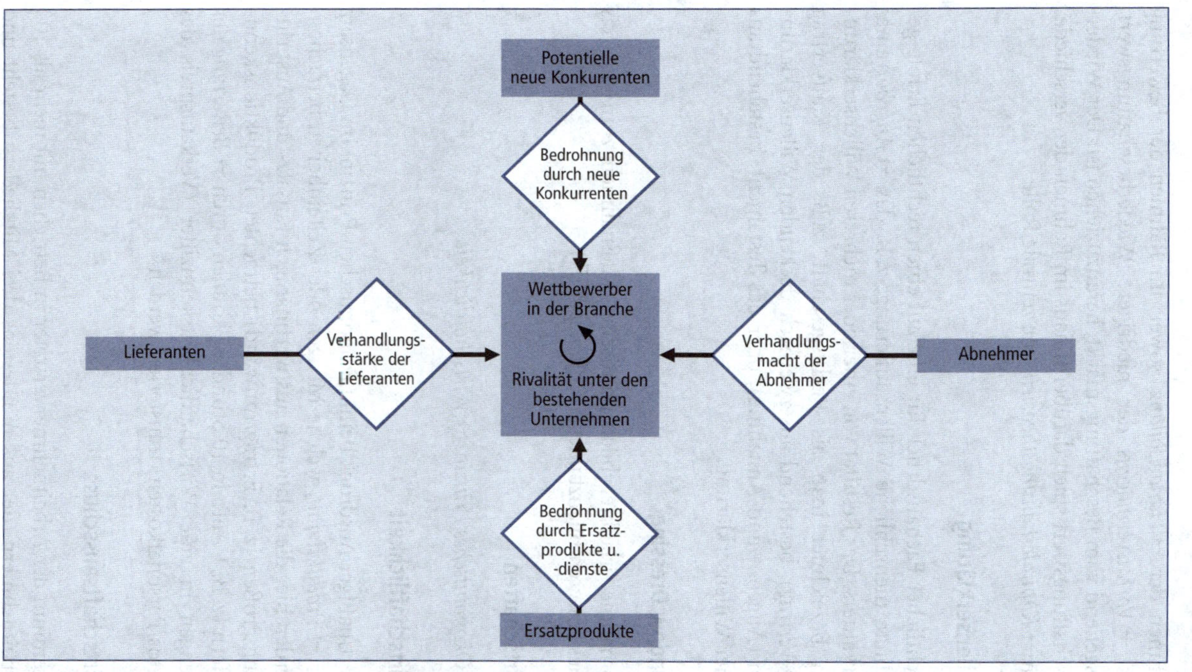

Abb. W-7: Die Komponenten der Wettbewerbsanalyse nach Porter

Rahmen der → *Handelsbilanz,* soweit im Rahmen der Bewertung des → *Vorratsvermögens* der niedrigere Wiederbeschaffungswert, ausgehend vom Beschaffungsmarkt, heranzuziehen ist. Der Wiederbeschaffungswert spielt darüber hinaus im Rahmen der verschiedenen → *Kapitalerhaltungstheorien* eine zentrale Rolle.

▶ Willenserklärung

Rechtlicher Fachausdruck für eine auf einen rechtlichen Erfolg gerichtete menschliche Willensäußerung, z. B. das → *Angebot* eines Verkäufers. Das Resultat von einer oder mehreren Willenserklärungen bezeichnet man als Rechtsgeschäft, z. B. der Kaufvertrag (→ *Vertrag*), bestehend aus zwei sich deckenden Willenserklärungen (Angebot und Annahme), oder das Testament, bestehend aus einer Willenserklärung.

▶ Window Dressing

Vornahme erlaubter bilanzpolitischer Maßnahmen zum Ausweis eines besseren Bilanzbildes (→ *Bilanzpolitik*).

▶ Wirtschaften

→ *Ökonomisches Prinzip,* → *Wirtschaftlichkeit*

▶ Wirtschaftlichkeit

Wertmäßiger Ausdruck beim Ökonomischen Prinzip. Im Gegensatz zur → *Produktivität,* welche Mengen oder Zeiteinheiten betrachtet, werden hier die Relationen aus wertmäßigen Einsatz- und Ausbringungsgrößen (z. B. Ertrag/Aufwand) betrachtet. Produktionskennziffern (z. B. 1 Auto in 10 Stunden) können durch → *Bewertung* der Mengen in eine Wirtschaftlichkeitskennziffer (Verkaufspreis des Autos/Personalkosten) transferiert werden.

▶ Wirtschaftsausschuss

Gremium der Arbeitnehmervertreter in Betrieben mit mehr als 100 Arbeitnehmern, der aus mindestens drei Mitgliedern besteht und vom → *Betriebsrat* bestimmt wird. Mindestens ein Mitglied muss dem Betriebsrat angehören. Ziel ist die Gewährleistung einer vertrauensvollen Zusammenarbeit zwischen Betriebsführung und Betriebsrat. Die Betriebsführung ist verpflichtet gem. § 106 BetrVG, im Wirtschaftsausschuss hinsichtlich der finanziellen, Produktions- und Absatzlage sowie beabsichtigten Stilllegungen, Verlegungen oder Zusammenschlüssen zu informieren.

▶ Wirtschaftsgut

Bezeichnung für die Bewertungsobjekte, die das Betriebsvermögen bilden. Der Begriff selbst ist im Steuerrecht nicht definiert, jedoch wegen der Maßgeblichkeit weitgehend identisch mit dem handelsrechtlichen → *Vermögensgegenstand.* Allerdings wird steuerrechtlich nicht zwingend die Einzelveräußerbarkeit vorausgesetzt, es genügt die Übertragbarkeit zusammen mit dem Betrieb (z. B. derivativer Geschäftswert oder → *Firmenwert*).

Die Rechtsprechung hat den Begriff entwickelt, der erst seit 1934 im → *Einkommensteuergesetz (EStG)* steht. Im Prinzip bezeichnen Rechtsprechung und Gesetzgebung einen durch Ausgaben geschaffenen Nutzungsvorrat als Wirtschaftsgut. Hierdurch wird der Begriff umfassender als der zivilrechtliche Gegenstandsbegriff. Im Rahmen der → *Steuerbilanz* werden aktive und passive Wirtschaftsgüter unterschieden. Ausgaben, die zur Schaffung eines aktiven Wirtschaftsgutes führen, stellen somit entweder einen → *Aktivtausch* oder eine Bilanzverlängerung dar. Sie sind in diesem Zeitpunkt erfolgsunwirksam. Von der Definition des Begriffes Wirtschaftsgut ist auch die Abgrenzung zwischen Erhaltungsaufwendungen (i. S. von Instandsetzungsaufwendungen) und aktivierungspflichtigen → *Herstellungskosten* abhängig. Dass bei der Begriffsbestimmung die wirtschaftliche Sichtweise stärker zum Tragen kommt als die rein juristische, zeigt sich auch daran, dass ein Gebäude in vier Wirtschaftsgüter zerfallen kann, je nach Funktion der Gebäudeteile (→ *Betriebsvermögen*).

▶ Wirtschaftsjahr

Zeitraum, für den der → *Gewinn* als Grundlage für die Besteuerung zu ermitteln ist; umfasst grundsätzlich einen Zeitraum von zwölf Monaten. Er darf weniger als zwölf Monate umfassen, wenn (1) ein Betrieb eröffnet, erworben, aufgegeben oder veräußert wird oder (2) eine Umstellung des Wirtschaftsjahres von einem bestimmten Tag auf einen anderen bestimmten Tag erfolgt. Wird hierbei vom Kalenderjahr abgewichen, ist das Einverständnis des Finanzamtes notwendig. Das Wirtschaftsjahr bezieht sich regelmäßig auf folgenden zwölfmonatigen Zeitraum (Abbildung W-8).

Steuerpflichtige	Zeitraum
Gewerbetreibende, deren Firma im Handelsregister steht	regelmäßiger Abschlusszeitpunkt nach Handelsrecht
sonstige Gewerbetreibende	Kalenderjahr
Land- und Forstwirte mit überwiegendem Futterbauanteil (> 80 %)	1. Mai bis 30. April
Reine Forstwirtschaft	1. Oktober bis 30. September
Reiner Weinbau	1. September bis 31. August
sonstige Land- und Forstwirte	1. Juli bis 30. Juni

Abb. W-8: Wirtschaftsjahr (Kalenderjahr ist immer zu bestimmen)

▶ Wirtschaftsordnung

Für den → *Betrieb* maßgebliche Rahmenbedingungen der Volkswirtschaft. In dieser Ordnung, die sich in Gesetzen ausdrücken kann (Wirtschaftsverfassung), wird geregelt, in welchem Umfang einzelne Wirtschaftssubjekte über Entscheidungskompetenz (z. B. über Produktionsfaktoren) verfügen und in welchem Rahmen sich die Beziehungen zwischen den Wirtschaftssubjekten bewegen dürfen (z. B. → *Vertragsfreiheit*). Die Wirtschaftsordnung stellt damit eine Rahmenbedingung für das Verhalten von Wirtschaftssubjekten dar, wobei sich die konkrete Ordnungsform zwischen den beiden Extremformen des Liberalismus und des Sozialismus (→ *Wirtschaftssystem*) bewegt. Bei der Wirtschaftsordnung der Bundesrepublik Deutschland handelt es sich um die „Soziale Marktwirtschaft".

▶ Wirtschaftspolitik

Maßnahmen eines Staates, i. R. der → *Wirtschaftsordnung* ein bestimmtes → *Wirtschaftssystem* zu realisieren. Die Wirtschaftspolitik der Bundesrepublik Deutschland basiert aktuell vor allem auf dem 1967 erlassenen Stabilitäts- und Wachstumsgesetz (StWG), das die Ziele der Wirtschaftspolitik festschreibt. Die vier Ziele (magisches Viereck) sind

(**1**) Preisniveaustabilität,

(**2**) hoher Beschäftigungsstand,

(**3**) angemessenes Wachstum und

(**4**) ausgeglichene Zahlungsbilanz.

Darüber hinaus lassen sich Ziele wie z. B. die Verteilungsgerechtigkeit, Umweltschutz oder Entscheidungsbeteiligung aller Wirtschaftssubjekte verfolgen.

▶ Wirtschaftsprüfer

Geschützte Berufsbezeichnung für Berufsträger, die nach Ablegen der Berufsprüfung und dem Berufseid von dem zuständigen Landesministerium für Wirtschaft durch Urkunde öffentlich bestellt werden. Der Berufsstand als Freier Beruf ist durch Zwangsmitgliedschaft in der Wirtschaftsprüferkammer organisiert, die die Berufsaufsicht ausführt. Wirtschaftsprüfer haben die berufliche Aufgabe, betriebswirtschaftliche Prüfungen, insbesondere solche von Jahresabschlüssen wirtschaftlicher Unternehmen, durchzuführen und einen → *Bestätigungsvermerk* über die Vornahme und das Ergebnis solcher Prüfungen zu erteilen. Sie sind weiterhin befugt, ihre Auftraggeber in steuerlichen und rechtlichen Angelegenheiten nach Maßgabe der bestehenden Vorschriften zu beraten und zu vertreten. Weiterhin können sie als Sachverständige auf den Gebieten der wirtschaftlichen Betriebsführung auftreten. Der unternehmerische Zusammenschluss von Berufsträgern führt zu einer Sozietät, → *Partnerschaftsgesellschaft* oder → *Kapitalgesellschaft.* Für alle Formen gibt es im Berufsgesetz (= Wirtschaftsprüferordnung) Vorschriften für die Anerkennung. Die Qualifikation zum Wirtschaftsprüfer kann über ähnliche Wege wie zum Steuerberater erreicht werden, allerdings ist bei der praktischen Tätigkeit i. d. R. eine vierjährige Prüfungstätigkeit vorgeschrieben. Für → *Steuerberater* und vereidigte Buchprüfer gibt es noch Sonderregelungen betreffend die Zulassung zur Prüfung und deren Umfang. Zurzeit sind in Deutschland etwa 10 000 Wirtschaftsprüfer und Wirtschaftsprüfungsgesellschaften zugelassen. Mit der Änderung wichtiger Vorschriften über die gesetzliche Jahresabschlussprüfung kommen auch auf den Wirtschaftsprüfer Neuerungen zu. So ist eine interne Pflichtrotation eingeführt worden, institutionalisierte Zusammenarbeit zwischen → *Aufsichtsrat* und Wirtschaftsprüfer ist vorgeschrieben und die Haftungssumme ist wesentlich erhöht worden. Weiterhin ist eine Qualitätskontrolle mittels → *Peer Review* für die Wirtschaftsprüfer verpflichtend, die gesetzliche Jahresabschlussprüfung börsennotierter Gesellschaften vornehmen. Die Prüfungspflichten sind um die → *Prüfung* eines von der → *Aktiengesellschaft (AG)* einzurichtenden Risikomanagements und um die Prüfung der Angaben im → *Lagebericht* erweitert worden.

▶ Wirtschaftssystem

Aufgrund der beiden politisch-gesellschaftlichen Denkströmungen des Liberalismus einerseits und des Sozialismus andererseits (→ *Wirtschaftsordnung*) lassen sich die beiden grundlegenden Wirtschaftssysteme der Marktwirtschaft einerseits und der Zentralverwaltungswirtschaft andererseits ableiten. In einer zentral gelenkten Wirtschaft werden die wirtschaftlichen Aktivitäten in einem genau festgelegten Abstimmungsverfahren zwischen verschiedenen Institutionen, z. B. von Ministerien, letztlich von einer zentralen Behörde geplant und gelenkt. Die Erstellung und Verteilung von Gütern erfolgt damit stets mit Hilfe von Plänen. Im Gegensatz dazu beruhen die Aktivitäten in einer Marktwirtschaft auf individuellen (dezentralen) Wirtschaftsplänen von Haushalten und Unternehmen. Die Gütererstellung und -verteilung erfolgt mittels des Marktes, d. h. über den Preismechanismus (Abbildung W-9).

Kennzeichen	Wirtschaftsordnungen	
	Marktwirtschaft	zentral gelenkte Wirtschaft
1. Politische Grundlage	Liberalismus	Sozialismus
2. Produktionsentscheidung	dezentral	zentral
3. Koordination des Wirtschaftens	Markt	Wirtschaftsplan
4. Motivation der Wirtschaftssubjekte	Gewinn	Prämie
5. Eigentum an Produktionsmitteln	Privateigentum	Staatseigentum

Abb. W-9: Kennzeichnung der verschiedenen Wirtschaftssysteme

▶ Wirtschaftsverbände

Unternehmenszusammenschlüsse, bei denen sich Unternehmen nach fachlichen Gesichtspunkten (z. B. nach der Branchenzugehörigkeit) **freiwillig** in Verbänden zusammenschließen, um gemeinsame Interessen wahrzunehmen oder Aufgaben gemeinsam zu erfüllen. Dazu können die Beratung der Mitglieder in rechtlichen und steuerlichen Fragen oder der Informationsaustausch über Marktdaten (→ *Marktforschung*) sowie die Vertretung der Mitglieder in der Öffentlichkeit und gegenüber ausländischen Behörden gehören. Beispiele sind der Verband der deutschen Automobilindustrie, der Verband der Chemischen Industrie und der Zentralverband der Elektrotechnischen Industrie (→ *ZVEI-Kennzahlensystem*). Die Wirtschaftsverbände treten im Gegensatz zu den Arbeitgeberverbänden nicht bei Tarifverhandlungen in Erscheinung.

▶ Wirtschaftsverfassung

→ *Wirtschaftsordnung*, → *Wirtschaftssystem*

▶ Wirtschaftswissenschaft

Wissenschaft (→ *Wissenschaft*), die sich mit dem ökonomischen Verhalten von Menschen in Volkswirtschaften und Betrieben beschäftigt. Während die Volkswirtschaftslehre aus aggregierter Sicht die Wirtschaft betrachtet, untersucht die Betriebswirtschaftslehre aus der Perspektive einzelner Betriebe.

▶ Wissenschaft

Inbegriff von Forschung und Lehre eines Wissens aufgrund der Erkenntnisse dieser Zeit. Die Wissenschaften lassen sich zunächst einteilen in Universal- und Einzelwissenschaften. Universalwissenschaften beschäftigen sich mit der Logik, Ethik und Metaphysik (Philosophie), während sich die Einzelwissenschaften einzelne Beobachtungsbereiche herausgreifen. Einzelne Bereiche können realer oder formaler Natur sein. Formalwissenschaften sind die Logik und Mathematik. Die Realwissenschaften lassen sich in Natur- und Kultur- oder Geisteswissenschaften unterteilen. Die Naturwissenschaften untersuchen die Natur des Menschen u. a. Lebewesen (z. B. Medizin, Biologie, Ingenieurwissenschaften), die Kulturwissenschaften den Kulturbereich des Menschen (Soziologie, Psychologie, Politologie, Rechtswissenschaft und Wirtschaftswissenschaft). Die Wirtschaftswissenschaft beschäftigt sich damit im Kulturbereich des Menschen nicht mit dem gerechten Verhalten von Menschen (Rechtswissenschaft), dem individuellen Verhalten (Psychologie) oder Gruppenverhalten (Soziologie), sondern mit dem ökonomischen Verhalten, in Abhängigkeit davon, was unter dem Ökonomischen Prinzip im Zeitablauf zu verstehen ist.

▶ Wissenschaftstheorie

Aussagesysteme über die Wissenschaft, insbesondere die Ziele und Methoden wissenschaftlichen Arbeitens. Als Wissenschaftsziel lassen sich das kognitive (Erklärung und Theoriebildung), das deskriptive (Beschreibung) und das pragmatische (Anwendungsorientierung) Ziel unterscheiden. Die bewusste Wahl für eines dieser Ziele ist sowohl bei der Wissensermittlung (Forschung) als auch bei der Wissensvermittlung (Lehre) in jeder Wissenschaftsdisziplin (→ *Wissenschaft*) zu treffen. Jede Wissenschaft hat ein so genanntes Erfahrungsobjekt, also den Gegenstand der Erfahrung (z. B. Betrieb), und ein Erkenntnisobjekt, d. h. ein Auswahlprinzip, unter welchem Blickwinkel („Scheinwerferfunktion“) dieses Erfahrungsobjekt zu betrachten ist (z. B. Wirtschaften).

▶ Wissenschaftsziele

→ *Wissenschaftstheorie*

▶ Working Capital

Absolute Bilanzkennzahl, die sich aus der Differenz des Umlaufvermögens abzüglich der kurzfristigen Verbindlichkeiten ergibt. Wird anstelle der Differenz der Quotient dieser beiden Größen gebildet, ergibt sich die Working Capital Ratio, eine Liquiditätskennzahl. Das Working Capital und insbesondere seine Veränderung im Zeitablauf zeigt, welche Mittel im operativen Bereich kurzfristig gebunden und freigesetzt wurden. Die Veränderung des Working Capital ist daher i. d. R. auch separater Bestandteil des Operativen Cashflow im Rahmen der → *Kapitalflussrechnung*.

▶ WpHG

→ *Wertpapierhandelsgesetz (WpHG)*

▶ WpÜG

→ *Wertpapier- und Übernahmegesetz (WpÜG)*

▶ Wucher

Sonderfall der Sittenwidrigkeit gem. § 138 II BGB, wonach die Leistung oder deren Vermittlung in einem auffälligen Missverhältnis zur Gegenleistung steht. Das Missverhältnis kann entstehen durch das Ausbeuten und Ausnutzen einer Zwangslage, der Unerfahrenheit oder des Mangels an Urteilsvermögen sowie der erheblichen Willensschwäche eines anderen. Man unterscheidet Mietwucher, Kreditwucher, Leistungswucher und Vermittlungswucher. Das wucherische Rechtsgeschäft ist nichtig (→ *Nichtigkeit*) und kann nach § 302a StGB mit Geld- oder Freiheitsstrafe bis zu 3 Jahren und in besonders schweren Fällen bis zu 10 Jahren bestraft werden.

X/Y

► Xetra

Computerhandelssystem der → *Deutschen Börse AG* in Frankfurt. Im Gegensatz zur Präsenzbörse handelt es sich hier um eine der → *Börsenhandelsformen,* die im November 1997 das technisch veraltete elektronische IBIS-System ablöste. Seit 1997 ist jedes an der Frankfurter Börse gehandelte bzw. handelbare → *Wertpapier* auch über Xetra handelbar.

► X/Y-Theorie

Führungstheorie von *Douglas M. McGregor.* Er teilte in den sechziger Jahren Menschen und deren Einstellung zur → *Führung* in zwei einfache Typen ein. Je nach Menschentyp (Typ des Arbeitnehmers) sollte ein entsprechender → *Führungsstil* gewählt werden. Langfristig sollte nach *McGregor* der Mitarbeiter zur Theorie Y geführt werden (Abbildung X-1).

► XYZ-Analyse

Ordnung der einzukaufenden Produkte und Dienste nach der mengen- und termingemäßen Vorhersagegenauigkeit. X-Produkte haben eine sehr hohe Vorhersagegenauigkeit. Sie sind langfristig planbar und führen zu keinem Bestandsrisiko. Sie können laufend und regelmäßig bestellt werden. Y-Produkte mit mittlerer Vorhersagegenauigkeit sind zwar planbar, es muss jedoch mit Bedarfsschwankungen gerechnet werden. Wetter, Mode und andere Einflussgrößen determinieren hier den Einkauf (z. B. Badeartikel, Regenschirme, Schneeketten). Z-Produkte haben keine definitive Vorhersagegenauigkeit. Hier ist eine auftragsbezogene Beschaffung sinnvoll. Dies sind z. B. Zubehör- oder Ersatzteile für eine Maschine.

Theorie X	Theorie Y
Der Mensch hat eine angeborene Abscheu vor der Arbeit und versucht, sie so weit wie möglich zu vermeiden.	Der Mensch hat keine angeborene Abneigung gegen die Arbeit, im Gegenteil, Arbeit kann eine wichtige Quelle der Zufriedenheit sein.
Deshalb müssen die meisten Menschen kontrolliert, geführt und mit Strafandrohung gezwungen werden, einen produktiven Beitrag zur Erreichung der Organisationsziele zu leisten.	Wenn der Mensch sich mit den Zielen der Organisation identifiziert, sind externe Kontrollen unnötig; er wird Selbstkontrolle und eigene Initiative entwickeln. Die wichtigsten Arbeitsanreize sind die Befriedigung von Ich-Bedürfnissen und das Streben nach Selbstverwirklichung.
Der Mensch möchte gerne geführt werden, er möchte Verantwortung vermeiden, hat wenig Ehrgeiz und wünscht vor allem Sicherheit.	Der Mensch sucht bei entsprechender Anleitung eigene Verantwortung. Einfallsreichtum und Kreativität sind weit verbreitete Eigenschaften in der arbeitenden Bevölkerung; sie werden jedoch in industriellen Organisationen kaum aktiviert.

Abb. X-1: Theorie X und Y (Quelle: McGregor, D.: The Human Sight of Enterprise, New York 1960 (Auflage: Updated 2005), S. 33 ff. und 47 f.)

▶ Yield Management

Yield steht im angelsächsischen Sprachraum für Rendite. YM ist somit Umsatz- oder Ertragsmanagement. Immer mehr Produkte im Dienstleistungsbereich (z. B. Flugticket einer Fluggesellschaft) sind nach einem bestimmten Verkaufsdatum wertlos. Um einen maximalen Ertrag zu erzielen, ist eine Produkt- und vor allem Preisdifferenzierung (z. B. last minute kurz vor Abflugtermin) anzustreben.

Z

▶ Z

→ *Kurszusätze*

▶ Zahlung

→ *Einzahlung*

▶ Zahlungsaufschub

→ *Wechselprolongation*, → *Zielkauf*

▶ Zahlungsbericht

Unternehmen der mineralgewinnenden Industrie oder des Holzeinschlags in Primärwäldern, die als große Kapitalgesellschaften i. S. d. § 267 HGB gelten, haben gem. §§ 341q bis 341y HGB jährlich einen sog. Zahlungsbericht zu erstellen und offen zu legen. Zielsetzung des Berichts ist die Korruptionsbekämpfung durch mehr Transparenz. In dem Bericht sind die geleisteten Zahlungen an staatliche Stellen (Behörden und Unternehmen), die einen Betrag von 100.000 € überschreiten, pro Land offenzulegen. Dabei ist auch die Art der Zahlungen (wie z. B. Nutzungsentgelte, Lizenzen, Bonuszahlungen, Steuern) anzugeben. Der Zahlungsbericht unterliegt nicht der Prüfungspflicht durch den Abschlussprüfer. Er ist außerhalb des

Abschlusses/Lageberichts separat im elektronischen Bundesanzeiger offenzulegen.

▶ Zahlungsfähigkeit

→ *Liquidität*

▶ Zahlungsmittel

→ *Geld*

▶ Zahlungsmittelbestand

Bestandsgröße, die sich aus der Summe der Kassenbestände (Bargeld) und der jederzeit verfügbaren Bankguthaben (= Giralgeld bzw. Sichtguthaben) an einem bestimmten Stichtag ergibt. Synonym wird die Bezeichnung liquide Mittel verwendet. Eine → *Einzahlung* führt zu einer Erhöhung des Zahlungsmittelbestandes, während eine → *Auszahlung* eine Verminderung bewirkt. Der Zahlungsmittelbestand ergibt zusammen mit dem Saldo aus Forderungen und Verbindlichkeiten den → *Geldvermögensbestand.*

▶ Zahlungsreihe

→ *Investitionsrechenverfahren*

▶ Zahlungsunfähigkeit

→ *Illiquidität*

▶ Zahlungsverkehr

Ausdruck für das → *Girogeschäft* von Banken, d. h. der Ausführung von Überweisung, → *Dauerauftrag* oder → *Lastschrift* im Auftrag von Kunden. Im internationalen Zahlungsverkehr hat sich die Überweisung mittels eines SWIFT-Auftrags durchgesetzt (→ *Society for Worldwide Interbank Financial Telecommunication (SWIFT)*). Innerhalb von Unternehmen wird der Zahlungsverkehr im Rahmen des → *Cash Management* als gegenseitiger Liquiditätsausgleich verstanden (→ *Cash Pooling*, → *Matching*). Durch die zunehmende Verbreitung des Electronic Banking und der Zahlung von Einkäufen via Kreditkarten (→ *Point of Sale Banking (POS)*) nimmt insbesondere der bargeldlose Zahlungsverkehr in den letzten Jahren deutlich zu.

▶ Zahlungsziel

→ *Zielkauf*

▶ ZBB

→ *Zero Base Budgeting*

▶ Zedent

→ *Zession*

▶ Zeitakkord

→ *Akkord*

▶ Zeitlohn

→ *Lohnformen*

▶ Zeitreihe

→ *Prognose*, → *Statistik*

▶ Zeitwert

→ *Tageswert*

▶ Zentralisation

Entscheidung bei der Gestaltung der → *Aufbauorganisation*, welche Funktionen besser zentral und welche dezentral in den Teilbereichen der → *Organisation* zu bewältigen sind. Die Zentralisation stellt damit ein Problem der optimalen → *Koordination* von Organisationen dar. Je stärker die Zentralisierung in einer Organisation ist, desto größer ist die Zahl der Hierarchieebenen und i. d. R. autoritärer ist der → *Führungsstil* (vgl. Zentralverwaltungswirtschaft im Gegensatz zur Marktwirtschaft → *Wirtschaftssystem*). Die neuen Formen der Organisation (→ *Management-Holding*) gehen von einer zunehmenden Dezentralisation von Aufgaben aus, da die → *Motivation* der Mitarbeiter dadurch verbessert und die Flexibilität des Unternehmens in turbulenter → *Umwelt* erhöht wird. Dezentrale Organisationen setzen qualifiziertes Personal voraus. Zentrale Lösungen bieten sich bei komplizierten Funktionen wie z. B. dem Finanzbereich oder bei Funktionen mit starken Synergieeffekten, z. B. beim Einkauf (→ *Rabatt*), an.

▶ Zentralverband des Deutschen Handwerks (ZDH)

Zentralverband des Deutschen Handwerks mit Sitz in Berlin. Der ZDH vertritt die 53 Handwerkskammern, 36 Zentralfachverbände des Handwerks, sowie bedeutende wirtschaftliche und wissenschaftliche Einrichtungen des Handwerks in Deutschland gegenüber Politik und Öffentlichkeit.

▶ Zentralverwaltungswirtschaft

→ *Wirtschaftssystem*

▶ Zero Base Budgeting (ZBB)

Analyse- und Planungsmethode (→ *Planungstechnik*), die eine Ressourceneinsparung und -umverteilung nach Notwendigkeit und Bedürftigkeit i. R. der Budgetierung des Verwaltungsbereiches zum Ziel hat. Ursprünglich 1969 von *Texas Instruments* in den USA entwickelt, sollten anstehende Maßnahmen grundlegend neu beurteilt werden. Das System setzte sich dann aber als auslaufendes Budgetierungssystem im Unternehmen durch. Konzipiert für den Verwaltungsbereich öffentlicher Haushalte, fand das ZBB in den siebziger Jahren Anwendung und wird heute zunehmend in privatwirtschaftlichen Betrieben getestet. Die Grundüberlegung ist, dass sämtliche Bereiche des Betriebes ihre Finanzierungswünsche periodisch neu stellen und begründen müssen. Dadurch sollen keine festen Gemeinkostenblöcke auf Dauer entstehen. Ein bloßes Fortschreiben vom → *Budget* oder Etat wird dadurch vermieden und Finanzen dorthin geleitet, wo sie jeweils am dringendsten benötigt werden, d. h. am besten begründet wurden.

▶ Zero Bond

Anleihe (→ *Anleihe*), die unter pari, d. h. unter dem Nennwert, emittiert wird und bei Fälligkeit zum Nominalwert zurückgekauft wird. Die Differenz (→ *Disagio*) stellt die akkumulierten Zinsen dar. Ein derartiges → *Wertpapier* wird auch als Nullkuponanleihe bezeichnet, da bei einer ausgefertigten Wertpapierurkunde der Zinsschein (→ *Kupon*) fehlt. Das Gegenteil vom Zero Bond stellt der klassische Straight Bond (→ *Industrieobligation*) dar. Soll aus einer derartigen klassischen Schuldverschreibung ein Zero Bond gemacht werden, so kann der → *Aktienmantel* vom Zinsschein getrennt werden, was zu einem so genannten Stripped Bond führt. Zero Bonds haben in der Regel eine sehr lange Laufzeit. Durch die Zinsfestschreibung können bei Veränderungen des Marktzinsniveaus erhebliche Kursschwankungen der Anleihe eintreten, was sie insbesondere für spekulative Anleger interessant macht. Im steuerlichen Sinn ist der Diskontbetrag nicht auf die Laufzeit zu verteilen, sondern in voller Höhe im Jahr der Einlösung bzw. des Rückkaufs zu versteuern. Auch unter diesen Aspekten kann bei dem Wunsch der Verlagerung von Erträgen in spätere Jahre der Zero Bond eine interessante Anlageform sein.

▶ Zerschlagung

→ *Liquidation*

▶ Zertifikat

Anlageprodukte, die aufgrund ihrer Vielfältigkeit und Flexibilität in der Ausgestaltung kaum im Überblick fassbar sind und auch als Wetten bezeichnet werden. Meist werden Basiswerte (Aktien, Rohstoffe, Devisen) mit Versprechungen (Boni, Discount, Garantien) kombiniert, die bei Eintreffen bestimmter Zustände (Veränderungen von Indices oder Kursen) eintreten. Der Anleger wettet damit auf die Entwicklung dieser Basiswerte und der Zertifikatsbedingungen. So ermöglichen Index-Zertifikate den Anlegern auf einen → *Aktienindex* zu setzen. Die Anleger partizipieren daher eins zu eins von der Entwicklung einer ganzen Börse. Garantiezertifikate sind Anlageprodukte, bei denen der Anleger bei Kursverfall zu bestimmten Prozentsätzen gegen Verlust geschützt ist. Bei Discount-Zertifikaten erwirbt der Anleger ein Produkt mit einem Abschlag (Discount), erhält dafür aber nicht den vollen Ertrag oder Gewinn. Meist ist die Partizipation an einer Kurssteigerung limitiert. Beim Bonus-Zertifikat wird neben der Partizipation an einer Kursentwicklung ein zusätzlicher Bonus oder eine Garantieverzinsung versprochen. Dieser Bonus hängt meist an einer Kursbarriere oder einem Sicherheitslevel, das nicht über- oder unterschritten werden darf. Einige weitere Zertifikatsarten sind Basketzertifikate (Wette auf die Entwicklung in einem Korb von Basisprodukten), Zins-, Devisen- oder Rohstoffzertifikate.

▶ Zession

In §§ 398 ff. BGB grundgelegte Form der Übertragung von → *Forderungen* durch Abtretung. Die Abtretung von Forderungen kann vom Gläubiger (Zedent) durch Vertrag mit einem anderen (Zessionar) auf diesen übertragen werden. Eine Abtretung ist nicht möglich nach § 613 BGB für Dienstleistungen, die persönlich zu erbringen sind, oder bei verpfändeten Forderungen (§ 400 BGB). Die Abtretung ist nach § 399 BGB weiterhin ausgeschlossen, wenn dies im ursprünglichen Schuldvertrag zwischen Erstgläubiger und Schuldner vereinbart wurde. Die Abtretung von Forderungen wird auch als → *Factoring* bezeichnet und kann in offener oder stiller Form (je nach Information des Schuldners) erfolgen. Weitere Formen der Abtretung (z. B. Gehaltsabtretung, Übertragung anderer Rechte) sind im BGB ab § 411 geregelt.

▶ Zessionar

→ *Zession*

▶ Zeugnis

Gem. § 630 BGB, § 73 HGB, § 113 GO und § 8 BBiG hat der Arbeitgeber bei Beendigung des Arbeitsverhältnisses dem Arbeitnehmer auf dessen Verlangen hin ein qualifiziertes Arbeitszeugnis (schriftlich) zu erstellen. Die Art und Dauer des Arbeitsverhältnisses sowie die erbrachten Leistungen und das Verhalten des Mitarbeiters sind darin zu dokumentieren. Häufig werden zur Beurteilung so genannte Zeugnisfloskeln (z. B. zu unserer vollsten Zufriedenheit für ausgezeichnete Leistungen) verwendet, um dem Leser eines Zeugnisses eine verschlüsselte Beurteilung der Leistungen zu ermöglichen.

▶ Ziel

Erwünschter Zustand in der Zukunft. Ziele sollen vollständig formuliert sein. Vollständig sind sie, wenn sie sämtliche → *Zielbestandteile* enthalten und die möglichen → *Zielbeziehungen* einbeziehen. Werden bei mehreren Zielen die Beziehungen zwischen Ober- und Unterzielen sowie Haupt- und Nebenzielen aufgezeigt, so kann von einem Zielsystem gesprochen werden. Nach *Erich Kosiol* lassen sich → *Sachziele* und → *Formalziele* eines Betriebes unterscheiden.

▶ Zielantinomie

→ *Zielbeziehungen*

▶ Zielausmaß

→ *Zielbestandteile*

▶ Zielbestandteile

Ein → *Ziel,* das vollständig formuliert ist, enthält neben dem Zielinhalt (**was** soll erreicht werden) das Zielausmaß (**wie**), den zeitlichen (**wann**) und sachlichen (**wo, was**) Geltungsbereich. Beim Zielausmaß ist insbesondere der Begriff → *Optimal* zu präzisieren.

▶ Zielbeziehungen

Sofern mehrere Ziele vorliegen, ist davon auszugehen, dass zumindest einige davon in einer Beziehung zueinander stehen (Abbildung Z-1). Diese Zielbeziehungen sind i. R. der → *Zielbildung* bei der Zielstrukturierung zu beachten. Man unterscheidet Interdependenzen, d. h. Ziele, die komplementär sind, sich also gegenseitig fördern, konfliktär oder konkurrierend sind, d. h. sich gegenseitig behindern oder gar antinomisch sind, d. h. sich gegenseitig ausschließen. Neutrale oder identische Ziele sind keine eigentlichen Zielbeziehungen. Neben den Interdependenzen lassen sich Ziel-Mittel-Beziehungen (d. h. Ober-Unterziele in einer Zielhierarchie) und Präferenzen (d. h. Haupt-, Nebenziele durch eine Zielgewichtung) unterscheiden. Eine Möglichkeit, Zielbeziehungen sich zu vergegenwärtigen, ist die → *Zielkonfliktmatrix* von *Jürgen Wild.*

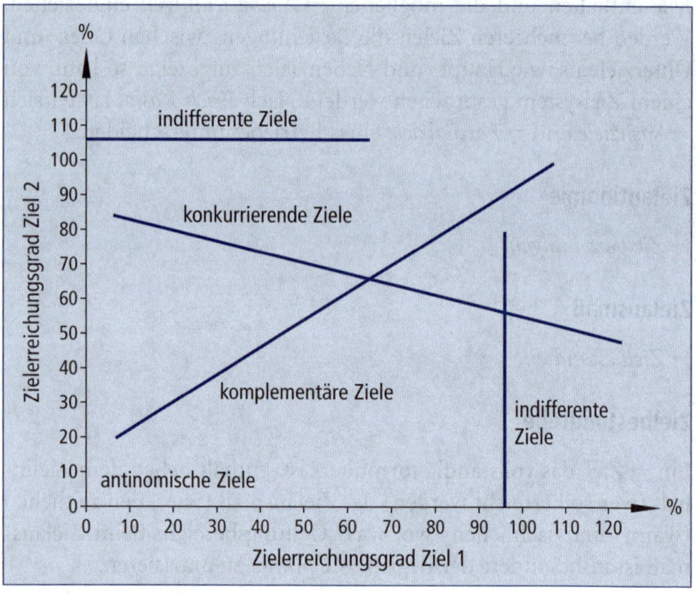

Abb. Z-1: Zielbeziehungen

▶ Zielbildung

Bildung von Zielen i. S. der Planungstheorie nach den Teilphasen

(1) Zielfindung, d. h. Suche nach möglichen (vagen) Zielvorstellungen, z. B. mit → *Kreativitätstechniken,*

(2) der Zielpräzisierung, d. h. Kennzeichnung der Ziele hinsichtlich der → *Zielbestandteile,*

(3) der Zielstrukturierung, d. h. Ordnung der Ziele zu einem Zielsystem in Form von Zielhierarchien, d. h. Ober-, Unterziele (→ *Kennzahlensysteme*) oder gewichteten Haupt- und Nebenzielen,

(4) der Prüfung, ob die Ziele realisierbar sind in dem Sinne, dass → *Zielbeziehungen* aufgezeigt werden, und schließlich

(5) Zielauswahl.

Nach *Werner Kirsch* kann die Zielfindung soziologisch durch gruppendynamische Prozesse erklärt werden, d. h. aus einer Vielzahl von Individualzielen **für die** Unternehmung (z. B. der Mitarbeiter) werden die Ziele **der** Unternehmung. Neu einsteigende Individuen können sich an bestehende Unternehmensziele anpassen oder versuchen, diese i. S. ihrer Individualziele zu manipulieren.

▶ Zielerreichungsgrad

→ *Effizienz,* → *Zielbestandteile*

▶ Zielfunktion

→ *Zielbestandteile*

▶ Zielgewicht

Bei der Ordnung von Zielen können Ziele Gewichten zugemessen werden, so dass eine Prioritätenfolge i. S. von Haupt- und Nebenzielen entsteht. Zielgewichte könnten nominal skaliert (Zuordnung von Zahlen) oder lediglich ordinal skaliert („wichtiger als“) sein (→ *Skalierung*). Bei ordinalen Skalen lässt sich die → *Lexikographische Ordnung* anwenden (→ *Relevanzbaum*).

▶ Zielgruppe

Die Gesamtheit der Personen, an die planmäßig marketingpolitische Instrumente gerichtet werden. Die Definition der Zielgruppen durch demographische oder psychographische → *Marktsegmentierung* in der Marketing-, Media- und Werbeplanung hat das Ziel, Streuverluste beim Mitteleinsatz zu minimieren (→ *Lifestyle-Konzept*).

▶ Zielhierarchie

→ *Zielbildung*

▶ Zielinhalt

→ *Zielbestandteile*

▶ Zielkauf

Kaufvertrag (→ *Kauf*), bei dem die Bezahlung zu einem späteren Zeitpunkt (auf Ziel) vereinbart wird.

▶ Zielkonflikt

→ *Zielbeziehungen*

▶ Zielkonfliktmatrix

Planungstechnik (→ *Planungstechnik*) zur Prüfung der Realisierbarkeit mehrerer Ziele i. R. der → *Zielbildung*, bei der sämtliche Ziele in einer Matrix nach unten und nach rechts notiert werden und in der Matrix die jeweiligen Spalten- und Zeilenkombinationen durch die Ausprägungen der → *Zielbeziehungen* bezeichnet werden. Dadurch wird dem Entscheidungsträger das ganze Ausmaß an Zielbeziehungen z. B. von antinomischen oder konfliktären Zielen deutlich.

▶ Zielkonkurrenz

→ *Zielbeziehungen*

▶ Zielkostenrechnung

In den siebziger Jahren in japanischen Unternehmen (insbesondere *Toyota*) entwickelte Variante der → *Kostenrechnungssysteme,* die auf der japanischen Denkweise einer kundenorientierten Preispolitik *(Genka Kikako)* beruht. Es sollen aufgrund einer Marktforschung zunächst Zielpreise ermittelt werden, die Kunden für einen bestimmten Nutzenaspekt eines neuen Produkts zu zahlen bereit sind. Mit Hilfe einer so genannten Contrient-Analyse (→ *Nutzwertanalyse (NWA)*) wird ein Gesamtnutzen für das Produkt definiert und dieser in Teilnutzen zerlegt (Zielkostenspaltung analog der → *Wertanalyse*). In Abhängigkeit von den Teilnutzen (z. B. Schnelligkeit eines Autos, Fahrkomfort, Design) werden Teilbudgets für die einzelnen Entwicklungsproduktionsbereiche im Unternehmen vergeben. Legt beispielsweise ein Kunde viel Wert auf Design, so wird aus dem Zielpreis, der das Gesamtbudget der Produktentwicklung und Herstellung darstellt, ein großer Preisanteil für den Designzweig reserviert usw. Damit wird eine eindeutige Gewichtung der eingesetzten Produktionsfaktoren vorgenommen und mit dem → *Budget* die gesamte Produktentwicklung und Herstellung koordiniert.

▶ Zielsystem

→ *Ziel*

▶ Zins

Preis für die Überlassung von Kapital, der sich in Abhängigkeit von der Überlassungsdauer und Kapitalhöhe sowie dem Zinsfuß berechnet. Der Zinsfuß richtet sich dabei regelmäßig an den Leitzinsen einer Zentralbank sowie an den Referenzzinssätzen am internationalen → *Geldmarkt.* Soweit nichts anderes vereinbart ist, bezieht sich der Zinsfuß auf ein Jahr und wird als Prozentsatz zum Kapitalbetrag ausgedrückt. Der Zins wird nach folgender Formel berechnet:

$$\text{Zins} = \frac{\text{Kapital} \times \text{Zinsfuß} \times \text{Zinstage}}{100 \times 360}$$

Bei Kreditvergabe durch Banken für den Kreditnehmer anfallende Zinsen nennt man Sollzinsen, für Bankeinlagen anfallende Zinsen Habenzinsen.
Sofern Zinsen akkumuliert, d. h. angesammelt, werden, erfolgt ein Zinseszinseffekt, d. h. die nicht fälligen oder nicht bezahlten Zinsen sind wiederum zu verzinsen. Im Rahmen der → *Kapitalwertmethode* zur Berechnung eines → *Barwertes* ist dieser Effekt einbezogen. Die Zinsen können fix oder variabel vereinbart werden, d. h. der Zinsfuß kann über eine Laufzeit fest bleiben oder in Abhängigkeit von den Leitzinsen schwanken. Nach § 246 BGB ist eine Schuld, sofern vertraglich keine andere Regel getroffen wird, mit 4 % zu verzinsen.

▶ Zinsänderungsrisiko

Risiko (→ *Risiko*) von Unternehmen und vor allem der → *Bank*, anfallende → *Liquidität* aufgrund von Einnahmen bei sich änderndem → *Zins* anzulegen. Starke Zinsschwankungen werden analog den Währungsschwankungen mit dem Begriff → *Volatilität* beschrieben. Zinsänderungen werden hervorgerufen durch Veränderungen der Leitzinsen eines Landes sowie durch spekulative Verhaltensweisen von Marktteilnehmern an Geld- und Kapitalmärkten. Durch die internationalen Verflechtungen der Finanzmärkte wird die Vorhersage von Zinsverläufen immer schwieriger. Instrumente der Zinsabsicherung ist z. B. der → *Zinsterminkontrakt,* → *Forward Rate Agreement (FRA),* → *Swap,* → *Cap,* → *Floor* oder → *Collar.* International anerkannte Referenzzinssätze, an denen sich zahlreiche Absicherungsinstrumente orientieren, sind der FIBOR (Frankfurt Interbank Offered Rate (FIBOR)) oder LIBOR (→ *London Interbank Offered Rate (LIBOR)*) sowie die an den anderen Terminbörsen notierten Referenzzinssätze (z. B. in Paris PIBOR).

▶ Zinsausfall

→ *Kreditsicherheiten*

▶ Zinsbesteuerung

→ *Abgeltungsteuer*

▶ Zinseszinsrechnung

→ *Barwert*, → *Finanzmathematik*

▶ Zinsformel

→ *Zins*

▶ Zinshöhe

→ *Zins*

▶ Zinsschein

→ *Kupon*

▶ Zinsscheinbogen

→ *Anleihe*

▶ Zinsstruktur

Fristigkeitsstruktur der (nominalen) Zinssätze von lang- und kurzfristigen Anlagen. Im Vergleich der Zinssätze bei kurz- und langfristigen Engagements lässt sich aufgrund der Zinsstrukturkurve (dreidimensionale Darstellung von Zeit, Zinssätzen und Fristen bzw. Restlaufzeiten von Anlage bzw. Ausleihungen) die Attraktivität von Geldanlagen bzw. -vergaben erkennen. Man spricht von einer normalen Zinsstruktur, wenn die langfristigen Zinsen über den kurzfristigen Zinsen liegen. Im umgekehrten Fall handelt es sich um eine inverse Zinsstruktur.

▶ Zinsswap

→ *Swap*

▶ Zinsterminkontrakt

Analog dem → *Währungsterminkontrakt* standardisiertes Produkt am → *Terminmarkt* für Devisen. Sowohl Kontraktgröße, Laufzeit als auch zugrunde liegender Referenzzinssatz (z. B. → *London Interbank Offered Rate (LIBOR)*, Frankfurt Interbank Offered Rate (FIBOR)) sind standardisiert. Teilnehmer an diesem Terminmarkt (Futures-Markt) müssen eine Sicherheitsmarge (Initial Margin) bei einem Clearing House hinterlegen. Es findet eine tägliche Verrechnung von Gewinnen und Verlusten durch eine so genannte Market-to-Market-Bewertung statt. Zugrunde liegende Basisobjekte der Kontrakte sind häufig Bundesanleihen, deren Lieferung oder Kauf zu einem fixen Kontrakttermin vereinbart wird. Sind bis dahin die Zinsen gestiegen oder gesunken, so hat der Stillhalter des Geschäftes einen Zinsausgleich vorzunehmen. Im Gegensatz zu einem → *Forward Rate Agreement (FRA)* können also hier bei Termin Kapitalbewegungen stattfinden. Häufig geschieht dies allerdings unter Händlern nur durch Glattstellung von Positionen.

▶ Zins-/Währungsswap

→ *Swap*

▶ Zoll

Abgabe (→ *Abgabe*), die bei Ein- oder Ausfuhr von Waren, Devisen oder Wertpapieren von einem Land erhoben wird. Es handelt sich, im Gegensatz zu Gebühren und Beiträgen, um Steuern gemäß § 3 AO, die gemäß Artikel 105 GG ausschließlich dem Bund zustehen und in einem eigenen Zollgesetz geregelt sind. Im Rahmen der → *Außenhandelsfinanzierung* verlangen Importeure bzw. Exporteure häufig so genannte Zollgarantien, d. h. die → *Garantie* einer → *Bank*, dass der Ex- oder Importeur die Zölle bezahlen kann.

▶ Zollfaktura

→ *Exportdokumente*

▶ Zollgarantie

→ *Zoll*

▶ Zuflussprinzip

→ *Einnahme*

▶ Zugabe

Nebenleistung in beliebiger Art zu einer Hauptleistung zur Förderung des Absatzes der Hauptleistung. Die aus dem Jahr 1932 stammende Zugabeverordnung, welche die Möglichkeiten der Einräumung von Zugaben begrenzte, wurde 2001 abgeschafft.

▶ Zug um Zug

Möglichkeit einer Vertragsgestaltung gem. BGB, wenn eine Leistung gleichzeitig mit der Gegenleistung zu bewirken ist.

▶ Zulässiger Bereich

I. R. der Alternativensuche im → *Planungsprozess* bezeichneter Bereich, innerhalb dessen sich eine Lösungsmöglichkeit für das Problem abzeichnet. Grafisch kann der zulässige Bereich als eine Schnittmenge aus den Funktionen der Restriktionen dargestellt werden (Abbildung Z-2). Mathematisch werden derartige → *LP-Modelle* i. R. des → *Operations Research (OR)* durch die Simplexmethode gelöst. Ein Grundmodell einer grafischen Lösung derartiger Probleme ist in der Abbildung dargestellt. Die Linien 1–4 begrenzen dabei den zulässigen Bereich, innerhalb dessen die Lösung des Entscheidungsmodells zu suchen ist.

▶ Zulage

Zuschlag zum → *Lohn,* der vertraglich vereinbart oder freiwillig vom Arbeitgeber geleistet werden kann. Beispiele sind Hitzezulage, Mehrarbeitszulage, Nachtarbeitszulage, Ortszuschläge oder Alters- und Treuezulagen.

▶ Zulassungsstelle

→ *Börsenorgane,* → *Börsenzulassung*

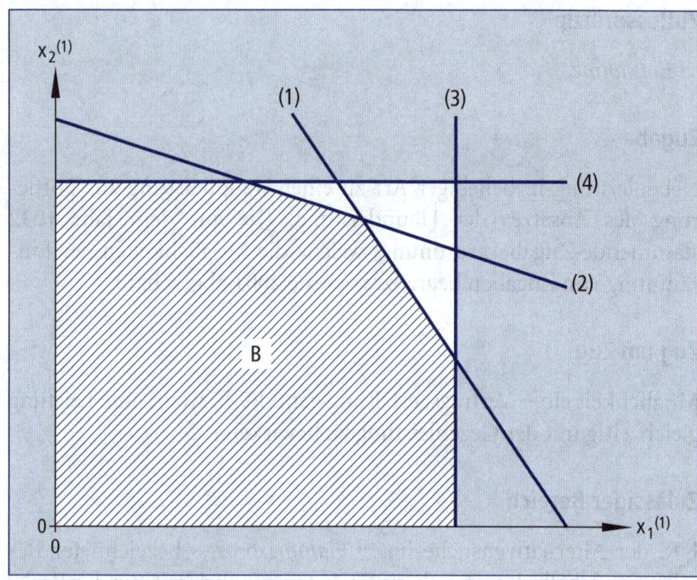

Abb. Z-2: Zulässiger Bereich

▶ Zunft

Z.T. noch gebräuchlicher Begriff für den → *Unternehmenszusammenschluss* von Handwerkern (→ *Kammer*). Im Mittelalter bestimmte die Zunft als wichtigste Institution der gewerblichen Wirtschaft alle Lebensbereiche (Betrieb, Familie, Freizeit) des Angehörigen. Ein freiwilliges Ausscheiden war nicht möglich. Insbesondere in der neuen Managementliteratur wird diese Organisationskultur (→ *Unternehmenskultur*) des Führens durch Symbole und Werte wieder als Vorbild für ein neues „Management by Ideologie" betrachtet (→ *Corporate Identity (CI)*).

▶ Zusammenschlussformen

→ *Unternehmenszusammenschluss*

▶ Zusatzinvestition

→ *Differenzinvestition*

▶ Zusatzkosten

Teil der → *Kalkulatorischen Kosten,* die dem Gedanken der → *Opportunitätskosten* entsprechen. Sie stellen Kosten dar, die einen Nutzen widerspiegeln sollen, der dem Unternehmen dadurch entgeht, dass er knappe Ressourcen (z. B. Unternehmerzeit, Eigenkapital, eigene Räume) dem Unternehmen und nicht für andere Zwecke zur Verfügung stellt. Beispiele hierfür sind der → *Kalkulatorische Unternehmerlohn,* die → *Kalkulatorischen Zinsen* (Eigenkapitalzinsen) und die → *Kalkulatorische Miete.* Als Gegenstück zu den Zusatzkosten sind die → *Anderskosten* zu nennen.

▶ Zuschlagskalkulation

Im Rahmen der → *Kostenträgerrechnung* als → *Kalkulationsverfahren* eingesetzte Vorgehensweise zur Ermittlung von Selbstkosten einer Leistungseinheit. Mit Hilfe von Zuschlagssätzen, die z. B. mit dem → *Betriebsabrechnungsbogen (BAB)* ermittelt werden, wird den Einzelkosten jeweils ein Gemeinkostenzuschlag hinzuaddiert, und so im Wege einer summarischen bzw. differenzierten bzw. stufenweisen Vorgehensweise die Selbstkosten ermittelt. Während bei der summarischen, einfachen Zuschlagskalkulation die gesamten Gemeinkosten des Betriebs auf die gesamten Einzelkosten für Material und Löhne zugeschlagen werden und anschließend durch die Summe der erbrachten Ausbringungsmenge dividiert wird, geht die differenzierte Zuschlagskalkulation stufenweise für die Bereiche Material, Fertigung, Vertrieb und Verwaltung vor. Das Grundschema der Zuschlagskalkulation ist in Abbildung Z-3 vorgestellt, woraus deutlich wird, dass der Betrieb hier für Entscheidungen Informationen bezüglich der Materialkosten, Fertigungskosten, Herstellkosten und letztlich Selbstkosten benötigt.

	Materialeinzelkosten	MEK
+	Materialgemeinkosten	MGK
=	Materialkosten	MK
+	Fertigungslöhne	FL
+	Fertigungsgemeinkosten	FGK
+	Sondereinzelkosten der Fertigung	SEK
=	Herstellkosten	HStK
+	Verwaltungsgemeinkosten	VGK
+	Vertriebsgemeinkosten	VtGK
+	Sondereinzelkosten des Vertriebs	SEKV
=	Selbstkosten	SK

Abb. Z-3: Grundschema der Zuschlagskalkulation

▶ Zuschreibung

→ *Wertaufholung*

▶ Zustandsbaum

→ *Entscheidungsbaum*

▶ Zustimmung

Bestimmte Rechtsgeschäfte, insbesondere die von nicht oder beschränkt Geschäftsfähigen (→ *Geschäftsfähigkeit*), bedürfen nach §§ 107 ff. BGB u. a. der Einwilligung (vorherigen Zustimmung) oder der Genehmigung (nachträglichen Zustimmung) des gesetzlichen Vertreters. Derartige Zustimmungserfordernisse für Geschäfte lassen sich auch vertraglich z. B. bei der Prokura oder → *Vertretung* des Betriebes durch Personen regeln.

▶ Zu versteuerndes Einkommen

Bemessungsgrundlage für die Anwendung des → *Einkommensteuertarifs* ist das zu versteuernde → *Einkommen.*

▶ ZVEI-Kennzahlensystem

Kennzahlensystem, das von dem Zentralverband der Elektrotechnischen Industrie erstmals im Jahre 1970 vorgestellt wurde und inzwischen in vielen Unternehmen auch außerhalb der Elektrotechnischen Industrie verwendet wird (→ *Kennzahl*). Das Kennzahlensystem beinhaltet mehr als 140 Kennzahlen und enthält sowohl Bestandteile eines Rechen- als auch Ordnungssystems. Dabei werden zwei Analysebereiche unterschieden, eine qualitative **Wachstumsanalyse** sowie ein **Strukturanalyse,** die von der Eigenkapitalrentabilität als Spitzenkennzahl ausgeht und sich auf mehrere Sektoren erstreckt. Abbildung Z-4 stellt das ZVEI-Kennzahlensystem aufgrund seines erheblichen Umfangs schematisch dar.

▶ ZVG (Gesetz über die Zwangsversteigerung und die Zwangsverwaltung)

→ *Zwangsversteigerung*

▶ Zwangsvergleich

In Insolvenzverfahren (→ *Insolvenz*) durch einen Insolvenzrichter gerichtlich zustande gekommener Vergleich, sofern ein außergerichtlicher Vergleich nicht zustande kam, aber das Insolvenzverfahren (z. B. mangels Masse oder angesichts hoher zu erwartender Insolvenzkosten) nicht eröffnet werden soll. Der Zwangsvergleich kommt zustande, wenn drei Viertel der Gläubigerforderungen dem Vorschlag zustimmen.

▶ Zwangsversteigerung

Im Rahmen des Zwangsvollstreckungsverfahrens vorgenommene öffentliche Versteigerung gemäß § 383 BGB. Rechtsgrundlage ist das Zwangsversteigerungsgesetz (ZVG). Sie findet durch einen Gerichtsvollzieher in der Gemeinde statt, in der die Pfändung der beweglichen Vermögensgegenstände vorgenommen wurde bzw. die unbeweglichen Vermögensgegenstände sich befinden. Der Zwangsverkauf setzt einen vollstreckbaren Titel (→ *Zwangsvollstreckung*) voraus und erfolgt durch so genannten freihändigen Verkauf zu dem vor Ort

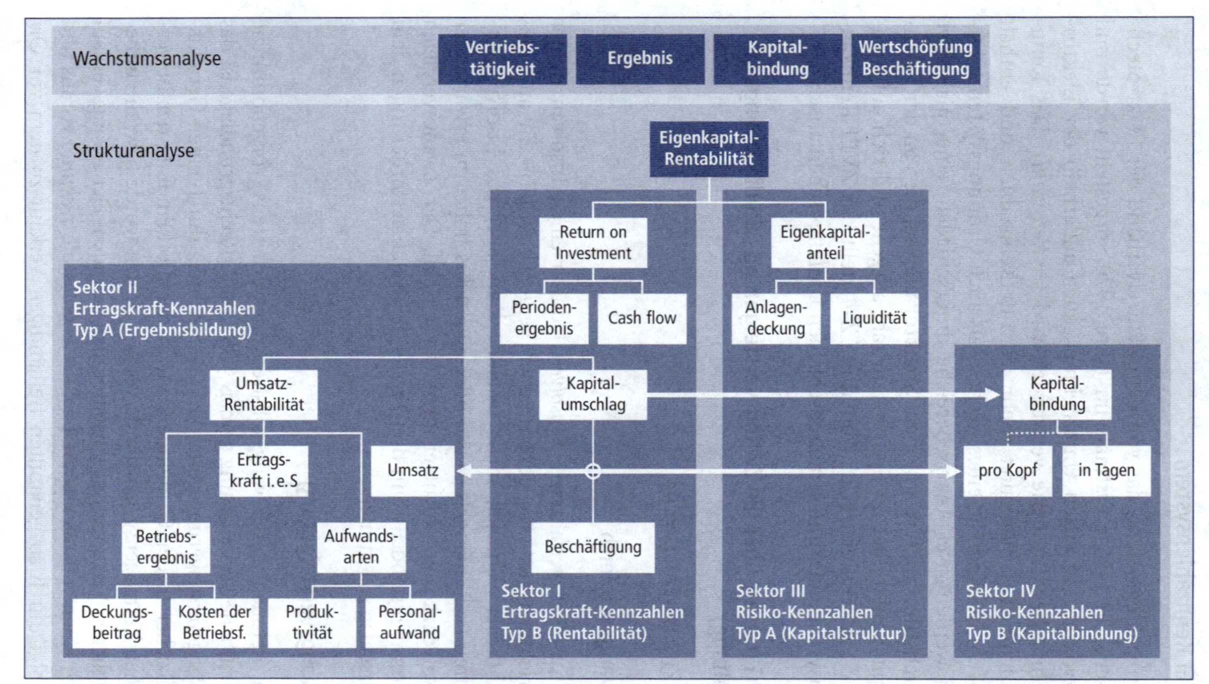

Abb. Z-4: Das ZVEI-Kennzahlensystem

höchstgebotenen Preis. Der Verkauf kommt zustande durch die Sprachformel „zum ersten, zweiten und dritten" evtl. mit einem Hammerschlag unterstützt durch den Gerichtsvollzieher. Dadurch wird Mitbietern die Gelegenheit bzw. Zeit geboten, das Gebot zu erhöhen.

▶ Zwangsverwaltung

Neben der → *Zwangsversteigerung* zweite Möglichkeit der → *Zwangsvollstreckung* bei unbeweglichen Vermögensgegenständen, sofern die Gläubiger kein Interesse am Verkauf der Objekte, vielmehr an den Erträgen aus dem unbeweglichen Vermögen haben. So werden z. B. Grundstücke auf Antrag der Gläubiger durch Gerichtsbeschluss beschlagnahmt und von einem amtlich bestellten Zwangsverwalter mit dem Ziel der Befriedigung von Gläubigerinteressen verwaltet. Die Zwangsverwaltung kommt insbesondere in Betracht, wenn zu erwarten ist, dass durch eine Zwangsversteigerung ein Objekt unter Wert verkauft würde und damit den Gläubigerinteressen nicht ausreichend dient.

▶ Zwangsvollstreckung

Bei Vorhandensein eines beim zuständigen Amtsgericht zu erlangenden vollstreckbaren Titels in der Zivilprozessordnung (ZPO) geregeltes Verfahren zur zwangsweisen Durchsetzung einer gerichtlichen Entscheidung. Zuletzt durch das 2. Gesetz zur Änderung zwangsvollstreckungsrechtlicher Vorschriften vom 17.12.1997 dahin gehend geändert, dass vollstreckbare Titel auch bei einem Gerichtsvollzieher zu erhalten sind. Die Zwangsvollstreckung bei beweglichen Gütern erfolgt durch Pfändung und öffentliche Versteigerung. Die Pfändung wird durch einen Gerichtsvollzieher sichtbar gemacht durch eine amtliche Pfandmarke („Kuckuck"). Die öffentliche Versteigerung wird im Wege der → *Zwangsversteigerung* vorgenommen.

▶ Zweckaufwand

→ *Kosten*

▶ Zwei-Faktoren-Theorie v. Herzberg

Frederick Herzberg stellte 1968 durch empirische Untersuchungen (Pittsburgh-Studie) fest, dass das Verhalten von Mitarbeitern (→ *Motivation*) durch zwei unterschiedliche Faktoren beeinflusst wird. Nach seiner Überzeugung gibt es **Hygienefaktoren** (dissatisfiers), die Menschen aus einer extremen Unzufriedenheit in einen motivationsneutralen Zustand versetzen können. Diese Hygienefaktoren (z. B. Gehalt, Arbeitsplatzsicherheit, Arbeitsplatzgestaltung) vermögen aber noch keine Motivation der Mitarbeiter herbeizuführen. Erst durch den Einsatz von **Motivatoren** (satisfiers) (z. B. Verantwortung, Aufstiegsmöglichkeit, Anerkennung) können Mitarbeiter aus dem motivationsneutralen Zustand in den Zustand der „Zufriedenheit" versetzt werden.

▶ Zweitwohnungsteuer

Örtliche Aufwandsteuer, die insbesondere von Gemeinden in Fremdenverkehrsgebieten erhoben wird. Sie knüpft an das Innehaben einer Zweitwohnung in der besteuernden Gemeinde an. Es kommt dabei nicht darauf an, ob der Inhaber der Zweitwohnung Eigentümer oder Mieter ist. → *Steuerbemessungsgrundlage* ist der jährliche Mietaufwand, bei Eigentümern die sonst ortsübliche Miete. Erstmals 1972 in der Bodenseegemeinde Überlingen erhoben. Verfassungsrechtlich durch Beschluss vom 6.12.1993 für zulässig erklärt, hat sich die Zweitwohnungsteuer nicht nur in Fremdenverkehrsgebieten etabliert.

▶ Zwischenberichterstattung

Offenlegung von Informationen, die sich auf eine Teilperiode eines Geschäftsjahres erstrecken. Sie sollen den Adressaten entscheidungsrelevante Informationen über den unterjährigen Geschäftsverlauf vermitteln. Gemäß §§ 115 und 117 WpHG müssen alle Unternehmen, die als → *Inlandsemittent* Aktien und/oder Schuldtitel an einem organisierten Markt ausgeben, sog. → *Halbjahresfinanzberichte* offen legen. Eine gesetzliche Verpflichtung zur Zwischenberichterstattung zum ersten und dritten Quartal besteht nicht. Allerdings müssen Unternehmen, die im sog. Prime Standard notiert sind, gemäß den Bestimmungen der Börsenordnung der Frankfurter Wertpapierbörse auch zum ersten und dritten Quartal sog. Quartalsmitteilungen offen legen.

▶ Zwischenergebniseliminierung

→ *Konzernabschluss, Konsolidierung/Eliminierung*

▶ Zwischenkredit

Kurzfristiger → *Kredit* zur Überbrückung eines vorläufigen Finanzmittelbedarfs, der sich z. B. durch Ablauf eines langfristigen Darlehens bis zum Neuabschluss eines Anschlussdarlehens ergeben kann. Im privaten Bereich gewährt eine → *Bank* Zwischenkredite im Rahmen der Eigenheimfinanzierung insbesondere bis zur Fälligkeit eines Bausparvertrags.

Literatur nach Fachgebieten

Grundlagen der Betriebswirtschaft

Bea, F. X.; Dichtl, E.; Schweitzer, M. (Hrsg.): Allgemeine Betriebswirtschaftslehre; Bd. 1: Grundfragen, Bd. 2: Führung, Bd. 3: Leistungsprozeß, 10. Aufl., Stuttgart 2009/2011/2006.

Domschke, W.: Grundlagen der Betriebswirtschaftslehre, 4. Aufl., Wiesbaden 2008.

Wöhe, G.; Döring, U.; Brösel, G.: Einführung in die Allgemeine Betriebswirtschaftslehre, 26. Aufl., München 2016.

Personalwirtschaft und Personalführung

Berthel, J.; Becker, Fred G.: Personal-Management, 11. Aufl., Stuttgart 2017.

Bröckermann, R.: Personalwirtschaft, 7. Aufl., Stuttgart 2016.

Drumm, H. J.: Personalwirtschaft, 6. Aufl., Berlin 2008.

Scholz, Ch.: Personalmanagement, 6. Aufl., München 2014.

Stock-Homburg, R.: Personalmanagement, 3. Aufl., Wiesbaden 2013.

Weibler, J.: Personalführung, 3. Aufl., München 2016.

Planung, Management, Strategische Unternehmensführung

Bea, F. X.; Haas, J.: Strategisches Management, 6. Aufl., Stuttgart 2016.

Burghardt, M.: Projektmanagement, 9. Aufl., Erlangen 2012.

Müller, A.: Strategisches Management mit der Balanced Scorecard, 2. Aufl., Stuttgart 2005.

Porter, M. E.: Nationale Wettbewerbsvorteile, 2. Aufl., Frankfurt 2004.

Porter, M. E.: Wettbewerbsstrategie (Competitive Strategy), 12. Aufl., Frankfurt 2013.

Porter, M. E.: Wettbewerbsvorteile (Competitive Advantage), 8. Aufl., Frankfurt 2014.

Staehle, W.: Management, 8. Aufl., München 1999.

Organisation

Frese, E.: Grundlagen der Organisation, 10. Aufl., Wiesbaden 2011.

Picot, A.: Organisation, 6. Aufl., Wiesbaden 2012.

Schmidt, G.: Einführung in die Organisation, 2. Aufl., Wiesbaden 2002.

Schulte-Zurhausen, M.: Organisation, 6. Aufl., München 2013.

Controlling und Information

Baum, H.; Coenenberg, A.; Günther, T.: Strategisches Controlling, 5. Aufl., Stuttgart 2013.

Freidank, C.-C.; Mayer, E.: Controlling-Konzepte, 6. Aufl., Wiesbaden 2003.

Friedl, B.: Controlling, 2. Aufl., Konstanz 2013.

Hansen, H. R.; Neumann, G.: Wirtschaftsinformatik 1, 11. Aufl., Stuttgart 2015.

Horváth, P.: Controlling, 13. Aufl., München 2015.

Horváth, P.; Reichmann, T.: Vahlens Großes Controllinglexikon, 2. Aufl., München 2002.

Küpper, H.-U.: Controlling, 4. Aufl., Stuttgart 2005.

Küpper, H.-U.; Friedl, G.; Hofmann, C.; Hofmann, Y.: Controlling, 6. Aufl., Stuttgart 2013.

Mertens, P.; Bodendorf, F.; König, W.; Picot, A.; Schumann, M.: Grundzüge der Wirtschaftsinformatik, 12. Aufl., Berlin u. a. 2017.

Reichmann, T.: Controlling mit Kennzahlen und Managementberichten, 9. Aufl., München 2017.

Scheer, A. W. (Hrsg.): Betriebliche Informationssysteme, 2. Aufl., Wiesbaden 2001.

Schröder, E. F.: Modernes Unternehmens-Controlling, 8. Aufl., Ludwigshafen 2003.

Schwarze, J.: Einführung in die Wirtschaftsinformatik, 5. Aufl., Herne 2000.

Stahlknecht, P.: Einführung in die Wirtschaftsinformatik, 11. Aufl., Berlin u. a. 2004.

Stock, W.: Informationswirtschaft, München 2000.

Weber, J.; Schäffer, U.: Einführung in das Controlling, 14. Aufl., Stuttgart 2014.

Ziegenbein, K.: Controlling, 10. Aufl., Ludwigshafen 2012.

Produktion, Fertigung, Materialwirtschaft, Beschaffung, Logistik

Arnold, U.: Praxishandbuch innovativer Beschaffung, Wiesbaden 2006.

Bichler, K.; Schröter, N.: Praxisorientierte Logistik, 3. Aufl., Stuttgart 2004.

Corsten, H.: Produktionswirtschaft, 13. Aufl., München 2012.

Dyckhoff. H.: Produktionstheorie, 5. Augl. Berlin 2016.

Eggers, B.: Strategisches E-Commerce-Management, Wiesbaden 2001.

Haasis, H.-D.: Produktions- und Logistikmanagement, München 2008.

Hahn, D.: Handbuch industrielles Beschaffungsmanagement, 2. Aufl., Wiesbaden 2002.

Piontek, J.: Beschaffungscontrolling, 4. Aufl., München 2012.

Schönsleben, Ch.: Integrales Logistikmanagement,76. Aufl., Berlin 2016.

Schulte, Ch.: Logistik, 7. Aufl., München 2017.

Weber, J.: Logistikkostenrechnung, 3. Aufl., Berlin 2012.

Zäpfl, G.: Grundzüge des Produktions- und Logistikmanagement, 2. Aufl., München 2001.

Investition und Finanzierung

Blohm, H.; Lüder, K., Schäfer, Ch.: Investition, 10. Aufl., München 2012.

Däumler, K.: Grundlagen der Investitions- und Wirtschaftlichkeitsrechnungen, 13. Aufl., Herne 2014.

Drukarczyk, J.: Finanzierung, 10. Aufl., Stuttgart 2008.

Drukarczyk, J.; Schüler, A.: Unternehmensbewertung, 7. Aufl., München 2016.

Hofmeister, R.: Der Business Plan, 3. Aufl., München 2003.

Kruschwitz, L.: Finanzierung und Investition, 5. Aufl., München 2009.

Perridon, L.; Steiner, M.; Rathgeber, A.: Finanzwirtschaft der Unternehmung, 17. Aufl., München 2017.

Schneck, O.: Finanzierung, 2. Aufl., München 2004.

Schneck, O.: Alternative Finanzierungsformen, Weinheim 2006.

Wambach, M.; Rödl, B.: Rating, Frankfurt 2001.

Internes Rechnungswesen, Kostenrechnung

Bitz, M.; Schneeloch, D.; Wittstock, W.; Patek, G.: Der Jahresabschluss, 6. Aufl., München 2014.

Coenenberg, A. G.: Kostenrechnung und Kostenanalyse, 9. Aufl., Landsberg 2016.

Ebert, G.: Kosten- und Leistungsrechnung, 11. Aufl., Wiesbaden 20124.

Eisele, W.; Knobloch, A.: Technik des betrieblichen Rechnungswesens, 8. Aufl., München 2011.

Ewert, R.: Interne Unternehmensrechnung, 8. Aufl., Berlin 2014.

Gabele, E.: Buchführung, 8. Aufl., München 2015.

Jossé, G.: Basiswissen Kostenrechnung, 7. Aufl., München 2018.

Kloock, J.: Kosten- und Leistungsrechnung, 11. Aufl., Düsseldorf 2005.

Schweitzer, M.; Küpper, H.-U.; Friedl, G; Hofmann, Ch.;Pedell, B.: Systeme der Kosten- und Erlösrechnung, 11. Aufl., München 2016.

Steger, J.: Kosten- und Leistungsrechnung, 5. Aufl., München 2010.

Externes Rechnungswesen, Bilanzierung

Achleitner, A.-K.; Behr, G.; Schäfer, D.: Internationale Rechnungslegung, 4. Aufl., München 2011.

Bitz, M.; Schneeloch, D.; Wittstock, W.; Patek, G.: Der Jahresabschluss, 6. Aufl., München 2014.

Buchholz, R.: Internationale Rechnungslegung,13. Aufl., Bielefeld 2017.

Buchner, R.: Buchführung und Jahresabschluss, 7. Aufl., München 2005.

Coenenberg, A.; Haller, A., Schultze, J.: Jahresabschluss und Jahresabschlussanalyse, 24. Aufl., Stuttgart 2016.

Gräfer, H.; Scheld, G.: Grundzüge der Konzernrechnungslegung, 13. Aufl., Berlin 2016.

Hahn, K.: BilMoG-Kompakt, 3. Aufl., Weil im Schönbuch 2011.

Küting, K.; Weber, C.-P.: Die Bilanzanalyse, 11. Aufl., Stuttgart 2015.

Küting, K.; Weber, C.-P.: Der Konzernabschluss, 14. Aufl., Stuttgart 2018.

Marten, K.-U.; Quick, R., Ruhnke, K.: Wirtschaftsprüfung, 5. Aufl., Stuttgart 2015.

Pellens, B.; Fülbier, R.; Gassen, J.; Sellhorn, T.: Internationale Rechnungslegung, 10. Aufl., Stuttgart 2017.
Quick, R.; Wolz, M.: Bilanzierung in Fällen, 6. Aufl., Stuttgart 2016.

Steuern

Birk, D, Dessens, M., Tappe, H.: Steuerrecht, 20. Aufl., Heidelberg 2017.
Drüen, Kl.-D.: Allgemeines Steuerrecht, 17. Auflage, Münster 2018
Grotherr, S.; Herfort, C.; Strunk, G.: Internationales Steuerrecht, 4 Aufl., Osnabrück 2017.
Homburg, St.: Allgemeine Steuerlehre, 7. Aufl., München 2015.
Jacobs, O.: Internationale Unternehmensbesteuerung, 8. Aufl., München 2016.
Jacobs, O.; Scheffler, W, Spengel, Ch..: Unternehmensbesteuerung und Rechtsform, 5. Aufl., München 2015.
*Kaminski, B.; Strunk, G.:*Einfluss von Stuern auf unternehmerische Entscheidungen, 2. Auflage, Heidelberg, 2016.
Lippross, O.-G.: Basiskommentar Steuerrecht, Köln, 2018
Lüdicke, J. (Hrsg.): Neue Grenzen für die internationale Steuerplanung? Köln 2014
Schaumburg, H.: Internationales Steuerrecht, 4. Aufl., Köln 2017.
Schaumburg, H., Englisch, J.: Europäisches Steuerrecht, Köln 2015
Scheffler, W.: Besteuerung von Unternehmen I-III, 3 Bde., Heidelberg 2016.
Schleder, H.: Steuerrecht für Vereine, 12. Aufl., Berlin-Herne 2018.
Schmidt, L.: Einkommensteuergesetz, Handkommentar, 37. Aufl., München 2018.
Stahl, R, Strahl, M., Carle, T. u. a.: Steuerplanung und Unternehmensumstrukturierung, Köln, 2016
Stobbe, Th.: Steuern kompakt, 15. Auflage, Sternenfels, 2017
Tipke, K.: Die Steuerrechtsordnung, 2. Aufl., Köln 2012.
Tipke, K.; Lang, J.: Steuerrecht, 23. Aufl., Köln 2018.
Zimmermann, R.; Reyher, U., Hottmann, J.: Einkommensteuer, 20. Aufl., Stuttgart 2013.

Marketing

Backhaus, K.; Büschken, J.; Voeth, M.: Internationales Marketing, 6. Aufl., Stuttgart 2010.

Becker, J.: Marketing-Konzeption, 11. Aufl., München 2019.

Berekoven, L.; Eckert, W.; Ellenrieder, P.: Marktforschung, 12. Aufl., Wiesbaden 2009.

Bruhn, M.: Marketing, 12. Aufl., Wiesbaden 2014.

Esch, F.-R.; Herrmann, A.; Sattler, H.: Marketing, 5. Aufl., München 2017.

Fantapié Altobelli, C.: Marktforschung, 3. Aufl., Stuttgart 2017.

Fantapié Altobelli, C.; Hoffmann S.: Grundlagen der Marktforschung, Stuttgart 2011.

Kotler, P.; Armstrong, G.; Wong, V., Saunders, J.: Grundlagen des Marketing, 6. Aufl., München 2010.

Kotler, P.; Keller, K. L.; Opresnik, M. O.: Marketing-Management, 15. Aufl., Stuttgart 2017.

Kroeber-Riel, W.; Gröppel-Klein, A.: Konsumentenverhalten, 10. Aufl., München 2014.

Meffert, H., Burmann, C.; Kirchgeorg, M.: Marketing, 12. Aufl., Wiesbaden 2012.

Meffert, H.; Bruhn, M.: Dienstleistungsmarketing, 7. Aufl., Wiesbaden 2012.

Nieschlag, R.; Dichtl, E.; Hörschgen, H.: Marketing, 19. Aufl., Berlin 2002.

Weis, C.: Marketing, 16. Aufl., Ludwigshafen 2012.

Zentes, J.; Swoboda, B.; Schramm-Klein, H.: Internationales Marketing, 3. Aufl., München 2013.

Recht für Betriebswirte

Führich, E.: Wirtschaftsprivatrecht, 13. Aufl., München 2017.

Klunzinger, E.: Einführung in das Bürgerliche Recht, 16. Aufl., München 2013.

Klunzinger, E.: Übungen im Privatrecht, 10. Aufl., München 2012.

Klunzinger, E.: Grundzüge des Gesellschaftsrechts, 16. Aufl., München 2012.

Klunzinger, E.: Grundzüge des Handelsrechts, 14. Aufl., München 2011.

Müssig, P.: Wirtschaftsprivatrecht, 20. Aufl., Heidelberg 2018.
Steckler, B.: Kompendium Wirtschaftsrecht, 8. Aufl., Ludwigshafen 2016.

Wissenschaftstheorie und Wissenschaftliches Arbeiten

Atteslander, P.: Methoden der empirischen Sozialforschung, 13. Aufl., Berlin 2010.
Grunwald, K.: Wissenschaftliches Arbeiten, 10. Aufl., Eschborn 2013.
Schnell, R.: Methoden der empirischen Sozialforschung, 10. Aufl., München 2013.
Seiffert, H.: Einführung in die Wissenschaftstheorie, 3 Bde., Frankfurt 2006.
Theisen, M. R.: Wissenschaftliches Arbeiten, 17. Aufl., München 2017.

Grundlagen der Volkswirtschaft

Mankiw, G.: Grundzüge der Volkswirtschaftslehre, 6. Aufl., Stuttgart 2016.
Mussel, G.: Einführung in die Makroökonomik, 11. Aufl., München 2013.
Mussel, G.; Pätzold, J.: Grundfragen der Wirtschaftspolitik, 8. Aufl., München 2012.

Wissenschaftliche Zeitschriften für Betriebswirte

Das Wirtschaftsstudium (Wisu). Deubner und Lange Verlag, Köln und Werner Verlag, Düsseldorf.
Deutsches Steuerrecht (DStR). Verlag C.H.Beck, München.
Finanzrundschau (FR). Otto Schmidt Verlag, Köln.
Internationales Steuerrecht (IStR). Verlag C.H.Beck, München.
Steuer und Wirtschaft (StuW). Otto Schmidt Verlag, Köln.
Wirtschaftswissenschaftliches Studium (WiSt). Verlage C.H. Beck/Franz Vahlen, München.
Zeitschrift für Betriebswirtschaft (ZfB). Gabler Verlag, Wiesbaden.
Zeitschrift für betriebswirtschaftliche Forschung (ZfbF). Verlagsgruppe Handelsblatt, Düsseldorf/Frankfurt.